어둠의
세계

어둠의 세계

무기산업을 둘러싼
부패의 내막과 전쟁 기획자들

THE SHADOW WORLD

앤드루 파인스타인 지음
공동조사 ― 폴 홀든 · 바나비 페이스
조아영 · 이세현 옮김

오월의봄

나의 어머니 에리카 파인스타인(1929~2009),
에리손 두르다이(2000~2008)를 비롯해
게르데츠에서 숨진 모든 이들
그리고 권력에 맞서 진실을 밝힌 '숨은 애국자',
공익제보자들에게 이 책을 바친다.

전쟁에서 누가 이윤을 얻는지 알면
전쟁을 끝내는 방법을 알 수 있다.

—헨리 포드Henry Ford

한번 무기밀수업자는 영원한 무기밀수업자다.

—이프라임 디버롤리Efraim Diveroli

한국의 독자들에게

《어둠의 세계》가 한국에서 출간되어 기쁘다. 그동안 여러 언어로 번역되었는데, 그 열 번째가 한국어판이다. 이 책을 바탕으로 한 다큐멘터리영화 〈섀도 월드〉가 한국을 포함해 세계 각지에서 상영되기도 했다. 출판사, 번역자를 비롯하여 한국에서 나의 활동을 지원하고 널리 알려준 수많은 단체들, 그리고 무기산업의 규제 강화와 부패 척결, 평화를 위해 지칠 줄 모르고 헌신하는 이들에게 깊은 감사를 전한다.

지난 몇 년간 세계 무기산업은 매우 우려되는 방향으로 흘러왔고, 이 책에서 설명하는 것처럼 무기산업의 뿌리 깊은 부패와 살상이 끊임없이 확인되고 있다.

스톡홀름국제평화연구소SIPRI는 2019년 세계의 군비 지출이 1조 9,000억 달러로 추산된다고 발표했다.[1] 이는 세계 인구 1명당 약 250달러에 해당하는 금액이다. 그중 미국은 국방예산 7,300억 달러를 포함해 연간 1조 달러 이상을 국가안보에 지출하고 있다.[2] 크고 작은 재래식 무기거래와 군사서비스 산업의 규모는 연간 4,000억 달러에 달한다.[3]

무기산업의 사회경제적 기회비용은 전 세계가 코로나19 팬데믹에 신음하는 가운데 특히 두드러진다. 불안정하고 폭력적인 세계에서 무기 보유는 분명 필요하다. 그러나 평화로운 국가와 위협에 시달리는 국가 모두에서, 방대한 국방예산은 사회와 발전에 꼭 필요한 자원을 가져가며, 이는 다시 안정과 안보를 저해한다.

막대한 국방예산을 지출하는 미국과 영국이 코로나19 팬데믹에 전혀 대비하지 못한 현실이 이를 잘 보여준다. 2020년 회계연도 기준으로 미국의 공식적인 군사예산은 7,380억 달러지만, 국제정책센터

빌 하팅에 따르면 국방 관련 지출을 모두 합할 경우 실제 지출은 연간 1조 2,500억 달러에 달한다. 이 금액의 절반만 갖고도 코로나19 대응에 필요한 의료 수요를 대부분 충족할 수 있지만, 이 글을 쓰는 지금 의료체계는 심각한 자원 부족에 시달리고 있다. 영국은 코로나19의 2차 유행이 한창 진행 중인 가운데 국방예산을 냉전 이후 최대 규모인 160억 파운드로 늘린다고 발표했다.[4] 반면 코로나19 팬데믹이 시작된 지 몇 달이 지난 후에도 최전선의 보건 및 돌봄 인력은 가장 기본적인 방역물품조차 제공받지 못했다. 이를 볼 때 미국과 영국의 1인당 코로나19 사망률이 세계 최고 수준인 것은 그리 놀라운 일이 아니다.[5]

그러나 무기산업의 가장 직접적인 피해자는 언제나 분쟁으로 인한 사망자들이다. 무기에 의해 직접 살해당한 이들, 그리고 분쟁으로 인한 인도적 위기 속에서 간접적인 피해를 입은 이들이 모두 여기에 포함된다. 예멘 내전은 최근의 가장 끔찍한 사례다. 2015년 3월 이후 민간인 2만 명가량이 사망했으며, 2,400만 명은 인도적 지원이 시급한 상황이다. 유니세프는 예멘의 상황을 세계 최대의 인도적 위기로 규정했다.[6]

예멘 내전은 미국, 영국, 프랑스, 이탈리아 등이 수출한 무기에 의해 더욱 불붙고 있다. UN 예멘 전문가위원회UN Expert Panel on Yemen는 주로 사우디아라비아와 아랍에미리트UAE가 주도하는 연합군에 의해 국제 인도주의법 위반행위와 전쟁범죄가 저질러졌다고 기록했다. 또한 위원회는 보고서를 통해, 예멘의 민간인들이 분쟁 중에 흔히 발생하는 '부수적 피해'에 따라 희생된 것이 아니라 고의적으로 살상의 표적이 되었을 가능성을 제기했다. 이를 볼 때 예멘에 대한 무기수출은 각국의 국내법은 물론 경우에 따라 지역적·국제적 조약을 위반한 행위였음을 알 수 있다.[7]

2019년 6월, 영국 항소법원은 UN 등의 보고서를 토대로 사우디에 대한 무기판매가 불법이라고 판결했다. 각 부처 장관들이 민간인에 대한 위험을 적절히 평가하지 않은 채 무기수출을 불법적으로 승인했다고 본 것이다.[8] 이러한 판결에도 불구하고 영국 정부는 사우디에 대한 무기수출을 줄곧 허가해왔고, 2020년 7월에는 사우디에 대한 무기판매를 전면적으로 재개한다고 발표했다.[9] 국제법 위반 및 전쟁범죄에 대해서는 그것이 "예외적 사건"에 불과하다고 주장했다.[10] 그러나 이러한 발표 며칠 뒤, 영국 국방부는 지금까지 파악된 사우디의 예멘 내 국제법 위반행위가 500건 이상이라고 인정했다.[11] 그 발표 전후로 최소 8명의 예멘 어린이들이 사우디의 공습으로 목숨을 잃었다.[12]

이처럼 세계 최대 무기수출국들의 불법행위로 예멘 내전에는 무기가 끊임없이 유입되고 있으며, 이는 무기수출 통제 조치가 실패했음을 보여준다. 이처럼 대놓고 법치를 위반하는 행위가 어떻게 묵인될 수 있을까? 영국과 미국 정부는 끔찍한 인명피해를 낳을 것이 명백한 분쟁에 왜 끊임없이 무기를 공급하는 것일까?

이러한 의문의 답은 이 책에서 설명하는 것처럼 세계 무기산업의 매우 독특한 성격에서 찾을 수 있다. 무기거래는 국제적으로 이루어지는 모든 거래 중에서 가장 부패하고 무책임한 행위다. 이는 고위급 정치인, 방산업체 임원, 군 고위급 인사, 그리고 대부분 비윤리적인 중개인의 비밀스러운 공모에 의해 이루어진다. 이들은 잘못된 행위에 대해 사실상 처벌받지 않은 채 자신들만의 세계에서 살아간다. 불법행위는 거의 드러나지 않고, 수사 대상이 되는 경우는 드물며, 기소까지 이어지는 경우는 사실상 없다. 무기거래는 원래 규제와 법에 따라 제한되어야 하지만, '규칙 기반의 국제질서'를 수호한다고 자부하는 각국 정부는 규제를 교묘하게 비틀어 불법행위를 일시적으로 합법화하고, 비윤리적 행위를 묵인한다. 무기거래는 민주주의를 침식하고, 취약국을 더욱 약화시키며, 국가안보를 강화하는 것이 아니라 오히려 저해한다.

사우디에 대한 무기판매를 일부 중단시킨 독일처럼 실질적 무기통제가 조금이라도 이뤄지는 국가의 무기업체들은 최근 들어 수출 거점을 해외로 이전하는 수법을 사용하기 시작했다. 이처럼 우려되는 현상의 대표적 사례는 라인메탈Rheinmetall이다. 독일 기업인 라인메탈은 이탈리아 사르데냐에서 군수물자를 생산해 예멘에 수출했다. 그런데 이에 대해 이탈리아에서는 라인메탈이 독일 기업이므로 규제할 권한이 없다고 주장하고, 독일에서는 생산시설이 이탈리아에 있으므로 당국에 책임이 없다고 주장한다.[13] 이들의 주장은 모두 법적으로 잘못된 것으로, 각국 정부가 무기수출에 대한 실질적 감독을 회피하기 위해 얼마나 억지를 부리는지를 보여준다. 라인메탈은 또한 남아프리카공화국의 국영 무기수출기업과 파트너십을 맺고 있다. '라인메탈 데넬 뮤니션Rheinmetall Denel Munitions'은 예멘 내전 당사자들에게 무기를 수출한 혐의도 받는다.[14] 더욱 우려되는 것은 라인메탈의 전 CEO가 현재 사우디의 국영 무기업체 '사우디아라비아 군사산업Saudi Arabian Military Industries'을 이끌고 있다는 사실이다.[15] 이는 사우디가 자체적인 무기제조 능력을 보유할 경우 무기의 종류와 활용 방식에 대한 통제를 완전히 피할 수 있고, 더욱 쉽게 국제법을 위반하고 전쟁범죄를 저지를 수 있음을 말해준다.

항상 그렇듯 부패는 무기산업의 핵심 축이다. 《어둠의 세계》가 처음 출간된 2011년, 많은 반부패 활동가들은 영국의 무기업체 BAE를 세계에서 가장 부패한 기업 중 하나로 꼽았다. 이 책에서 서술한 바와 같이 거대한 부패가 20년간 누적된 결과였다.

BAE의 대표적인 에이전트로는 유럽 곳곳에서 커미션 전달을 도운 무기딜러 알폰스 멘스도르프-포윌리 백작이 있다. 그의 화려한 이력은 필자가 직접 진행한 인터뷰와 함께 이 책 10장과 11장에 정리되어 있다. 오스트리아 검찰은 흔히 '백작'으로 불리는 그를 유로파이터 전투기 도입 관련 뇌물 혐의로 구속하려 했다. 그러나 법적 문제, 그리고 국가 차원의 무기딜러 보호에 부딪힌 나머지, 증거조작 혐의로 집행유예 선고만을 이끌어냈을 뿐이다. 미카엘 라다스틱스 검사는 '정확히 누가 뇌물을 지급받았는지 증명할 수 없어' 뇌물공여 혐의로는 백작을 기소하지 못했다고 법원에 밝혔다. 슈테판 아포스톨 판사는 "이것으로 모든 혐의가 벗겨진 것은 아니다. 여기저기서 악취가 난다"는 견해를 드러내기도 했다.[16] 불법을 저질러도 처벌받지 않는 세계 무기산업의 관행은 지난 몇 년 사이 오히려 악화되었다.

기업형 로펌, 은행, 감사인, 컨설턴트는 이처럼 처벌을 무마하는 결정적 역할을 한다. 2018년 3월,《가디언》은 430억 파운드 규모의 영국-사우디 무기거래 '알야마마' 사업에 대한 미국의 수사가 '프리 스포킨 앤 설리번Freeh Sporkin & Sullivan'이라는 로펌의 영향을 받았다고 보도했다. 이 로펌은 미 법무부가 발간한 조사 보고서에서 수사 대상에게 불리할 수 있는 정보를 삭제하는 데 성공했다며 '실적'을 내세우기도 했다. 이 로펌의 대표는 FBI 국장을 역임한 루이스 프리Louis Freeh다.[17] 2020년 5월, 트럼프 대통령은 BAE의 사우디아라비아 자회사 BAES SAL과의 거래를 금지한 오바마의 행정명령을 취소했다. 이로써 세계에서 가장 부패한 거래에 대한 처벌조차도 일시적이며 이후의 무기거래를 결코 막지 못할 수 있다는 사실이 드러났다.[18]

물론 BAE는 끊임없이 부패 혐의에 시달리고 있다. 2013년 5월,《선데이타임즈》는 탐사보도를 통해 BAE가 스텔라 식카우Stella Sigcau 남아공 전 공기업부 장관에게 뇌물을 제공했다고 폭로했다. BAE가 식카우 전 장관의 딸을 런던의 한 마케팅 업체에 취업시켜주고 3년간 이를 지원할 예산을 책정했으며, 그가 학업을 마칠 때까지 숙소 등 각종 편의를 봐주었다는 것이다.[19] 익명의 제보자는 또한 식카우 장관의 딸과 남아공 국방장관의 정치적 조언자이자 BAE 에이전트인 파나 통웨인, 기타 정치인들이 스코틀랜드에서 열리는 골프대회에 다 같이 모여 휴가를 즐길 수 있도록 BAE가 비용을 대주었다고 폭로했다.

2019년 5월, 호주 국방부는 해군 무기도입 사업에서 수백만 달러의 비용을 근거 없이 부풀린 혐의로 BAE와 프랑스의 무기업체 탈레스Thales(구 톰슨CSF—옮긴이)에 대한 조사에 착수했다. 외부 조사위원들은 BAE의 애들레이드급 프리깃함 가격이 3,300만 호주달러(약 2,300만 달러)가량 부풀려졌고, 이 프리깃함의 유지 보수 비용으로 탈레스가 1,600만 호주달러가량을 불필요하게 지급받기로 했다는 혐의를 확인할 예정이다.[20] 무기 가격 부풀리기는 부패가 발생했음을 의미하는 경우가 많다.

현재 세계에서 가장 부패한 기업이라는 영광스러운 칭호는 아마도 이탈리아의 레오나르도Leonardo에 돌아가야 할 것이다. 레오나르도는 지금까지 한국, 인도, 파나마, 인도네시아 등 여러 국가에서 수많은 부패 혐의에 연루되었다.[21] 이들은 이 책에 등장하는 다른 사건들에서 그랬던 것처럼 중개인 또는 중간상인을 통해 뇌물을 지급함으로써 주요 평가 기준을 바꾸거나 핵심 의사결정권자에게 영향력을 행사해 무기조달에 부적절한 영향을 미치는 수법을 사용했다. 그 결과 역시 다른 사건들과 비슷했다. 각국은 부적합한 장비에 수십억 달러를 낭비했고, 부패에 연루된 이들은 처벌받지 않았다.

빈곤에 시달리는 니제르에서는 최근 일련의 무기거래와 관련해 부패가 발생했다. 규모는 레오나르도 사건에 비하면 작았지만, 니제르 국민들의 삶과 거버넌스, 법치주의에 대한 악영향은 훨씬 컸다. '조직 범죄와 부패 보도 프로젝트Organized Crime and Corruption Reporting Project' 아프리카 지부의 대담한 취재에 따르면 니제르는 2011년부터 2019년까지 미국의 지원을 받아 막대한 군비 지출을 단행했는데, 그 과정에서 부패한 관료들과 브로커들이 예산을 빼돌릴 수 있도록 여러 국제 무기거래의 비용을 부풀렸다.

부패의 중심에는 무기거래의 중개인 역할을 한 니제르의 기업인 2명이 있었다. 유명한 무기딜러 아부바카르 히마Aboubacar Hima, 그리고 방산 부문 경력이 없는 건설업자 아부바카르 샤르푸Aboubacar Charfo가 그들이다. 무기거래를 감사한 전문가들은 이들이 경쟁입찰이 이루어진 것처럼 보이기 위해 자신들이 관리하는 업체들을 활용한 것으로 보았다. 2016년 니제르 국방부는 러시아의 국영 방산업체 로소보로넥스포르트Rosoboronexport로부터 군용 수송/공격 헬리콥터 Mi-171Sh 2대를 구매했다. 계약에 포함된 유지 보수 및 탄약에 대해 니제르는 5,480만 달러를 지급하기로 했는데, 감사원에 따르면 이는 부패와 기만으로 약 1,970만 달러가 부풀려진 것이었다. 놀랍게도 히마는 거래 양측에 모두 관여했다. "그는 국방부를 대신해 구매를 관장하는 동시에 자신의 업체 TSI가 니제르에서 로소보로넥스포르트를 대표하도록 했다."[22] 이는 필자가 세계 무기산업을 20년 이상 파헤치면서 본 것 중에서도 가장 대담하고 극단적인 부패다.

이 책에 등장하는 여러 부패 인사들의 처지는 지난 몇 년 사이 달라졌다. 대표적인 사례는 아파르트헤이트 시기 남아공에 대한 제재를 위반하고 BAE를 위한 무기딜러로 활약했던 존 브레덴캄프일 것이다. 브레덴캄프는 2020년 6월 사망했다. 그의 동료이자 고객이었던, 부패하고 잔인한 독재자 로버트 무가베가 사망한 지 1년이 채 되기 전이었다.

2017년, 앙골라의 부패한 대통령 도스 산토스는 건강 악화로 인해 40년 가까운 철권통치를 마감했다. 그는 아들이나 딸에게 권좌를 넘겨주고자 했지만 집권 세력 앙골라해방인민운동MPLA이 마침내 그에게 반기를 들었다. 도스 산토스의 국가 수탈로 커다란 이익을 본 그의 아들과 딸은 사실 심각한 법적 문제를 겪고 있었다. 앙골라 국부펀드 운영 책임자로 임명되었던 아들 조즈Jose는 영국의 한 은행으로 5억 달러를 불법 송금한 혐의로 해임되고 유죄 판결을 받았다. 형량은 징역 5년이었으며, 실제 복역한 기간은 7개월이었다.[23]

도스 산토스의 딸 이자벨Isabel은 2020년 국제탐사보도언론인협회ICIJ 및 BBC가 불법행위에 관한 자료를 입수해 폭로한 '루안다 리크스Luanda Leaks'의 핵심 인물이다.[24] ICIJ는 그녀가 20년간의 부패를 바탕으로 아프리카에서 가장 부유한 여성이 된 과정, 그리고 석유와 다이아몬드가 풍부한 앙골라가 세계 최빈국이 된 이유를 매우 상세하게 밝혔다. 산토스가 물러나자마자 이자벨은 앙골라의 국영 석유기업 소낭골Sonangol 대표이사에서 해임되었다. 소낭골은 앙골라와 러시아의 무기거래에서 비롯된 국가부채 문제를 해결하는 과정에서 심각한 부패에 관여되어 있었는데, 자세한 내용은 이 책 19장과 20장에서 다루고 있다. 국제통화기금IMF은 이자벨이 대표이사로 재임하는 동안 소낭골에서 3,200억 달러가 사라진 것으로 추산했다.[25] ICIJ는 이자벨과 최근 사망한 그녀의 남편이 41개국에 400여 개의 업체를 소유해 자신들의 '제국'을 건설했다고 보도했다. 이러한 업체 중 94개는 몰타, 모리셔스, 홍콩 등 비밀거래가 가능한 지역에 설립되었다. 2019년 12월 이자벨의 자산은 앙골라로부터 압류되었으며, 그녀가 부정축재한 자산을 대규모로 숨겨놓은 것으로 알려진 포르투갈에서는 2020년 2월 은행 계좌에 대한 동결명령이 내려졌다.[26] 이자벨은 교묘한 수법을 사용하는 부패 인사들이 항상 그렇듯 현재 런던에서 평온하게 살고 있다. 그녀의 부패와 돈세탁을 가능하게 해준 은행, 기업형 로펌, 감사인, 컨설턴트 역시 사법당국이나 직업윤리 감독기관으로부터 아무런 제재도 받지 않고 있다.[27]

제이컵 주마 남아공 전 대통령은 사법당국의 수사를 피하지 못했다. 이 책 10장과 11장에서 설명하는 남아공 무기거래에서 뇌물을 수수한 주마는 뇌물을 공여한 프랑스 무기업체 탈레스와 함께 부패, 사기, 횡령 등의 혐의로 기소되었다. 주마는 언제든 법정에서 결백을 증명하겠다고 주장했지만, 실제로는 법정에 서지 않기 위해 변호인단에 막대한 돈을 쏟아부었다. 그의 재판은 2021년 시작될 예정이다. 필자는 이 책에 서술한 사건들에 관해 208명의 다른 증인들과 함께 주마의 유죄를 증명할 증거를 제출할 날을 고대하고 있다.

《어둠의 세계》가 출간된 뒤로도 주마는 대통령직에 8년 이상 머무르면서 자신의 무기거래 경험을 살려 '국가 포획state capture'이라고 불리는 거대한 부패를 통해 남아공 GDP의 3분의 1을 수탈했다.[28] 무기거래 관련 부패에 대한 재판은 주마에게 시작일 뿐이다. 이는 부패한 무기거래가 남아공의 신생 민주주의에서 거버넌스와 책임성에 얼마나 치명적인 타격을 주었는지 잘 보여준다. 주마의 '국가 포획'을 가능하게 해준 은행, 로펌, 감사인, 컨설턴트 들은 도스 산토스 일가의 앙골라 수탈을 도운 이들과 다를 바 없다.[29]

6장과 8장에서 등장하는, 악명 높은 무기딜러이자 전쟁범죄를 사주한 거스 코웬호벤은 주마의 재임 기간 동안 남아공 비자를 얻어 호화롭게 생활했다. 2017년, 코웬호벤은 이 책에서 설명한 복잡한 법적 절차를 거쳐 결국 네덜란드 법원에서 전쟁범죄, 라이베리아 및 기니에서의 불법 무기거래 등 세 가지 혐의에 대해 징역 19년형을 선고받았다. 판결에 따르면 그는 민간인 3명의 머리를 절단하고 아기들을 벽에 던져 살해했으며, 민간인들에게 총기를 사용하고 재산을 빼앗기도 했다.[30] 이러한 판결에도 불구하고 남아공 주마 정권은 체포를 피해 도망친 코웬호벤에게 비자를 발급했다. '남아프리카공화국 소송센터Southern African Litigation Centre'의 끈질긴 캠페인 끝에 그의 비자는 2020년 말 취소되었으며, 그를 네덜란드에 인도하지 않는다는 남아공 법원 판결에 대한 항소가 즉시 진행될 예정이다. 그러나 코웬호벤의 범죄와 악행이 남아공 언론에 활발히 보도되는 와중에 국제기구인 '채굴산업 투명성 이니셔티브Extractive Industries Transparency Initiative, EITI'는 코웬호벤의 사업 파트너를 콩고민주공화국에 대한 산하 감시기구 위원으로 임명했다. 콩고민주공화국 역시 코웬호벤이 잔인하고 부패한 정권을 등에 업고 막대한 부를 쌓은 곳인데도 말이다.[31] 이처럼 각국 정부가 무기딜러 및 전범들에게 계속 피난처를 제공한다면, 그리고 EITI 같은 단체가 무기딜러들을 위한 '평판 세탁'을 그만두지 않는다면, 끔찍한 인권침해를 낳는 무기거래는 돈을 쉽게 벌 수 있다고 장려하면서 참가자들을 계속해서 끌어모을 것이다.

미국의 행동은 언제나 그렇듯 세계 무기산업의 향배를 결정할 것이다. 도널드 트럼프는 대선후보 시절 미국의 국제적 군사모험주의와 과도한 국방비 지출에 반대했지만, 당선 이후 입장을 바꿔 사우디를 비롯한 억압적 정권들에 대대적으로 무기를 판매하고 무기수출 규제를 완화해왔다. 또한 이라크 및 아프가니스탄 철군을 말하면서도 공화당 신보수주의 세력과 미국의 동맹인 사우디, UAE, 이스라엘의 오랜 표적이었던 이란을 공격하겠다고 위협하고 있다.

트럼프는 후보 시절 행정부가 F-35 전투기에 무려 1조 5,000억 달러를 쏟아붓고 있다며 비판했으나, 대통령에 당선되자 역사상 가장 비싼 무기체계인 F-35를 찬양하기 시작했다. F-35는 중대한 소프트웨어 결함부터 기관포 조준 오류까지 각종 문제에 끊임없이 시달리고 있다. F-35가 "너무 자주 고장난다"며 국방부가 이례적으로 인정할 정도였다.[32] 그럼에도 이 책의 4부에서 밝히는 것처럼 록히드마틴 등 방산업체들은 설계 결함, 일정 지연, 과도한 지출 등 무기체계의 여러 문제에 대해 책임을 지는 경우가 거의 없다. F-35는 그것의 개발에 막대한 비용을 들였음에도 감독 및 책임성의 부재가 심각했던 경우라고 할 수 있다.[33]

바이든 행정부에서는 상황이 달라질까? 방산업체들의 정치자금 기여도, 선거운동 과정에서의 발언, 그리고 다양한 국가안보 엘리트와의 긴밀한 관계를 고려할 때 바이든 집권 이후에도 현상은 그대로 유지될 가능성이 높다. 바이든 행정부가 결코 실패해서는 안 되는 분야가 있다면 분쟁과 기후의 관계를 인식하는 것이다. 군사주의와 전쟁이 환경에 광범위한 영향을 미친다는 사실은 '분쟁과 환경 관측소Conflict and Environment Observatory'의 연구에서 잘 드러난 바 있다. 이 연구는 군사력 강화와 분쟁 자체의 영향은 물론, 분쟁 이후에 대규모 이재민이 발생하여 사람과 환경에 치명적 영향이 미치는 상황을 다루고 있다.[34]

9·11 테러 이후 미국이 6조 4,000억 달러를 투입한 전쟁으로 3,700만 명의 이재민이 발생하고 80만 1,000명이 사망했다.[35] 이와 더불어 우리가 잊지 말아야 하는 것이 있다. 우선은 이 책의 도입부에서 설명하듯 끝없는 '테러와의 전쟁'의 핵심 축은 서구와 사우디의 관계라는 사실이며, 그다음은 당시 주미 사우디 대사가 알야마마 사업에서 부정하게 지급받은 10억 파운드 중 일부가 반다르 왕자의 부인 계좌를 거쳐 9·11 테러 당시 비행기를 납치한 사우디인 15명 중 2명의 계좌로 '우연히' 흘러들어갔다는 사실이다.

전 세계의 시민들은 낭비가 심한 국방 부문, 그리고 이를 뒷받침하는 비밀 무기거래에 지금처럼 많은 세금이 투입되는 관행을 거부해야 한다. 그렇게 하지 않는다면 부패는 더욱 심화되고 민주주의는 약화되며, 세계의 건전성과 안전성은 오히려 후퇴할 것이다. 여기에는 의문의 여지가 없다.

2020년 11월

차례

한국의 독자들에게   9
이야기의 시작   23
등장인물   29
들어가며   35

1부 세상에서 두 번째로 오래된 직업

1. 커미션이라는 죄악   49
2. 나치 커넥션   70

2부 부자가 되는 가장 쉬운 방법

3. 사우디아라비아 커넥션   91
4. 인류를 보호하기 위해   121
5. 최고의 거래인가, 최악의 범죄인가   145
6. 다이아몬드와 무기   177
7. 반다르에게 굴복하다   216
8. 그리고 아무도 처벌받지 않았다   250

3부 무기산업의 일상

9. 모든 것이 무너지다, BAE 덕분에   277
10. 베를린장벽 붕괴 이후: BAE식 자본주의   306
11. 결정적 책임 회피   344

4부 무기 초강대국

12. 합법적 뇌물 359
13. 엉클 샘의 이름으로 392
14. 레이건과 변기시트 스캔들 407
15. 불법적 뇌물 450
16. 방산업체 유토피아 이후, 희망은 있는가 483
17. 미국 무기의 전시장 537
18. 죽음의 거래로 떼돈을 벌다: 이라크와 아프가니스탄 .. 566

5부 킬링필드

19. 아름다운 대륙, 아프리카의 눈물 615

6부 대단원

20. 세계에 평화를 697
21. 불완전한 미래 725

후기 737
감사의 말 761
옮긴이의 말 767
주 769
찾아보기 879

이야기의 시작

번쩍거리는 전용기에서 반다르 왕자가 내렸다. 머릿속은 오직 당면한 과제, 자신의 친구가 전쟁을 일으키도록 설득하는 일로 가득 차 있었다.

2002년 8월, 사우디아라비아의 왕자이자 주미 대사인 반다르 빈 술탄 빈 압둘 아지즈 알-사우드Bandar bin Sultan bin Abdul Aziz Al-Saud는 조지 W. 부시 미국 대통령을 만나기 위해 텍사스주 크로퍼드 목장을 찾았다. 서로가 편안한 두 사람은 목장에서 1시간 동안 담소를 나눴다. 부시 대통령은 결의에 차 있었다. 반다르 왕자는 그에게 '물러나서는 안 된다' '아버지가 해내지 못한 일을 마무리해야 한다' '사담 후세인 정권을 완전히 파괴해야 한다'고 충고했고, 부시 대통령은 마음이 흡족했다. 서로의 뜻을 더욱 굳건히 한 것에 만족한 채, 말쑥한 얼굴의 수수께끼 같은 왕자와 카우보이 대통령은 각자의 부인, 그리고 반다르 왕자의 자녀 8명 중 7명과 함께 오찬을 했다.

몇 주 후, 부시 대통령은 캠프데이비드에서 토니 블레어 영국 총리를 만났다. 두 사람은 사담 후세인 정권에 대한 양국의 행동이 이라크의 대량살상무기 개발 증거로 충분히 정당화되며, UN의 지지 여부는 신경 쓰지 않겠다고 선언했다.

워싱턴과 런던에서 반다르 왕자의 역할은 특별했다. 실로 비범한 외교관이자 중재자, CIA 비밀작전의 자금조달책, 무기딜러라는 1인 4역을 소화한 것이다. 그는 미국, 사우디아라비아, 영국 사이에 특별한 관계를 구축했고, 그 과정에서 엄청난 부를 챙겼다.

미식축구팀 '댈러스 카우보이스'의 상징색인 은색과 파란색으로 장식된 반다르 왕자의 전용기는 7,500만 파운드짜리 에어버스로, 영국의 무기업체 BAE가 사우디아라비아 국방장관의 아들인 그가 세계 최대의 무기거래를 위해 수행한 역할에 대해 감사의 표시로 보낸 선물이었다. 1985년 영국과 사우디아라비아가 합의한 알야마마Al Yamamah(비둘기라는 의미) 사업은 400억 파운드가 넘는 규모였다. 이 거래는 역사상 가장 부패한 거래이기도 했다. 10억 파운드 이상이 반다르 왕자가 관리하는 계좌에 입금되었다. 적어도 2007년까지 BAE가 유지 보수 및 운영을 책임진 에어버스는 반다르 왕자의 1988년 생일에 보너스처럼 지급된 선물이었다.

10억 파운드 이상의 자금 중 상당 부분은 백악관 건너편, 워싱턴 D.C. 펜실베이니아 애비뉴의 릭스은행Riggs Bank 개인 계좌와 사우디아라비아 대사관 계좌로 들어갔다. 각국 대통령, 대사, 대사관이 즐겨 찾는 것으로 유명한 릭스은행은 CIA와 긴밀한 관계가 있었는데, 은행 임원 몇몇은 CIA 기밀에 모두 접근할 수 있을 정도였다. 당시 부시 대통령의 삼촌 조너선 부시Jonathan Bush는 릭스은행의 고위급 임원이었다. 하지만 릭스은행과 백악관은 공교롭게도 9·11 테러를 저지른 사우디아라비아인 15명 중 2명에게 1999년부터 반다르 왕자의 부인 계좌에서 자금이 흘러들어갔다는 폭로로 타격을 입게 된다.

2000년 8월 4일 밤, 경찰은 이탈리아 북부 밀라노 외곽의 평범한 마을 시니셀로 발사모의 유로파호텔 341호실을 급습했다. 방에는 쉰세 살의 창백하고 깡마른 남성이 잠옷과 속옷 더미에 뒤엉켜 누워 있었다. 포르노를 틀어놓은 벽 앞에서는 러시아, 알바니아, 케냐, 이탈리아 매춘부들이 그의 주위를 둘러싸고 있었다. 바닥에는 코카인과 50만 달러 상당의 다이아몬드가 어지럽게 흩어져 있었다.

우크라이나계 이스라엘인이자 해당 호텔의 지분을 소유한 레오니드 미닌Leonid Minin은 방 2개가 딸린 스위트룸을 침실, 사무실, 유흥의 공간으로 사용했다. 급히 이루어진 수색 결과 영어, 러시아어, 독일어, 네덜란드어, 프랑스어로 된 서류 수백 장이 발견되었다. 미닌이 무기업체, 무기딜러, 은행, 유령회사, 마약밀매업자, 부패한 정치인, 첩보요원, 정부 관료, 나치 부역자, 전투적 이슬람주의자로 이루어진 특별한 네트워크에서 어떤 역할을 했는지 알려주는 내용이었다.

발견된 서류 중에는 라이베리아 정부에 수백만 달러 규모의 무기를 판매하고 그 대가로 다이아몬드와 벌목권을 받는다는 내용을 상세히 기록한 서신이 있었다. 경찰은 비행 기록과 최종사용자증명서를 바탕으로 무기와 군수물자가 서아프리카를 비롯한 분쟁 지역으로 여러 차례 운반된 과정을 재구성했다. 그 상당수는 미닌 개인이 소유한 BAC I-II기로 이루어졌다. 한때 비행기를 소유했던 농구팀 시애틀 소닉스의 로고가 그대로 붙은 채였다.

미닌의 비행기는 BAE 그룹 계열사가 생산한 것으로, 반다르 왕자의 호화로운 전용기에 비하면 소박한 편이었다. 하지만 이 비행기가 끼친 영향은 결코 작지 않았다.

1999년 1월 6일 오전 3시, 시에라리온의 수도 프리타운Freetown에서 참극이 벌어졌다.

정부군 내 반란 세력은 혁명연합전선Revolutionary United Front에 합류해 프리타운 공격에 나섰다. 살상과 파괴로 점철된 이 공격의 작전명은 '전멸No Living Thing'이었다.

'내전의 대륙'에서도 가장 끔찍했던 시에라리온 내전은 1991년 3월, 라이베리아 사태의 확산으로 인해 발생했다. 라이베리아는 이미 장관 출신이자 CIA와 연계된 것으로 알려진 찰스 테일러Charles Taylor가 소수 무장병력으로 일으킨 1989년 크리스마스 이브 침공 이후 내전으로 초토화된 상태였다. 찰스 테일러는 라이베리아와 이웃한 시에라리온의 막대한 다이아몬드 자원을 이용하기 위해 전쟁을 확산시켰다. 그 과정에서 도움을 준 것은 혁명연합전선, 그리고 한때 사진가였으며 하사로 복무하다 파면된 사이코패스 지도자 포다이 상코Foday Sankoh였다.

혁명연합전선은 11년의 내전 기간 동안 자신이 대변한다는 민간인들을 상상 이상으로 잔인하게 살해하고 팔다리를 절단했다. 이와 동시에 시에라리온의 풍부한 다이아몬드 자원을 약탈하고 찰스 테일러, 그리고 레오니드 미닌을 포함한 그의 네트워크를 통해 외국에 판매해 이익을 챙겼다.

포다이 상코가 1998년 말 사로잡히자 혁명연합전선 부사령관 샘 보카리Sam Bockarie(일명 '모기')는 그를 구출하기 위해 시에라리온의 모든 것을 "마지막 닭 한 마리까지" 죽이겠다고 선언했다. 1999년 초, 혁명연합전선은 분쟁으로 파괴된 주변 마을을 떠나 프리타운으로 몰려든 민간인들 사이에 숨어들었다. 대원들은 지저분한 보따리 속에 무기를 숨겼다. 일부 부대는 프리타운의 동쪽 끝을 내려다볼 수 있는 오레올 산까지 진격한 상태였다. 산 정상은 험한 길을 통해 프리타운 동쪽 끝의 중심이라 할 수 있는 세비지 광장까지 연결되어 있었다. 이제 필요한 것은 추가 무기 보급이었다.

1998년 12월 22일, 레오니드 미닌은 총기를 비롯한 장비를 자신의 BAC I-II기에 실어 니제르의 니아메이Niamey부터 라이베리아의 몬로비아Monrovia까지 운반했다. 찰스 테일러 대통령의 군용 차량이 이 화물을 프리타운 외곽으로 실어 날랐다. 불법 무기가 안전하게 도착하자 공격 명령이 떨어졌다.

1월 6일 이른 새벽, 칠흑 같은 어둠 속에서 혁명연합전선은 파뎀바로드 감옥에 들이닥쳤다. 그들은 출입문을 폭파한 후 수감자들을 풀어주고 무장시켰다. 하지만 포다이 상코는 이미 2주 전 다른 곳으로 이감된 상태였다.

거대한 파괴와 공포가 이틀 동안 프리타운을 가득 채웠다. 소년병 수천 명이 도시를 휩쓸었다. 거의 대부분이 크랙 코카인을 피부 속에 숨기기 위해 머리 한쪽을 절개한 흔적인 두툼한 붕대를 두르고 있었다. 광기 속에서 민간인에 대한 공격이 시작되었다. 돈을 내놓지 않는다는 이유로, 혁명연합전선을 충분히 환영하지 않는다는 이유로, 배부르게 먹고사는 것 같다는 이유로, 아니면 단지 외모가 마음에 들지 않는다는 이유로 수많은 이들이 살해되었다. 무고한 민간인 수천 명이 집에서 총에 맞아 숨지고, 거리에 줄지어 선 채 학살당했다. 높은 건물에서 내던져진 이들, 인간방패로 이용된 이들도 있었고, 집이나 차 안에 갇혀 산 채로 불태워지는 경우도 있었다. 팔다리가 잘려나가고, 안구를 적출당하고, 망치에 손과 턱이 부서지고, 끓는 물에 화상을 입은 이들이 즐비했다. 성인 여성과 여아는 조직적으로 성적 학대를 당했으며, 청년과 아동 수백 명이 납치되었다.

일부 부대는 생필품을 구하기 위해 세계식량계획 창고를 습격했다. 그러나 창고에는 원래 작물 재배용이지만 실제 사용된 적은 없는 큰 칼 수백 개밖에 없었다. 여기서 발견된 칼은 수백 명의 손을 잘라내는 데 조직적으로 쓰였다. 성인, 아동, 심지어 갓난아이도 이들의 잔혹성을 피할 수 없었다. 부대원들은 구호기관에서 손 봉합수술을 해준다는 소문을 듣고 잘라낸 손을 가져갔다.

전기가 끊긴 칠흑 같은 밤, 혁명연합전선 부대원들은 민간인들을 집에 가둔 채 '우리는 평화를 원한다! 우리는 평화를 위해 왔다!'는 구호를 외치며 집에 불을 질러 거리를 밝혔다. 불길이 여기저기서 치솟았다. 나무 돗자리를 말아 등유에 적신 횃불로 집집마다 불이 붙었다. 불길은 산까지 집어삼켰다. 일가족이 산 채로 불에 타 숨지는 일도 부지기수였다.

차량 바리케이드 옆에서 한 여성 부대원은 붙잡힌 여성들을 손가락으로 직접 찔러보며 '처녀'인지 확인한 다음, 옷을 모두 벗기고 바닥에서 움직이지 못하게 했다. 부대의 상급자들은 준비가 됐다는 보고를 받았다. 시내에서도 역시 젊은 여성 수백 명이 혁명연합전선의 지휘소로 사용되는 의사당 건물 앞으로 끌려왔다. 사무실이나 복도에서 강간이 일어날 차례였다. 여성들은 부대원들의 눈에 들지 않기 위해 초췌한 모습을 보이려 노력했다. 피부색이 밝은 이들은 물과 흙, 잿더미를 섞어 몸에 바르기도 했다.

혁명연합전선은 부대마다 임무를 부여했다. 집에 불을 지르는 부대, 손을 절단하는 부대, 사람을 죽이고 피를 보는 부대 등이었다. 피를 보지 않으면서 사람을 때려 죽이는 부대, 옷을 모두 벗긴 후 살해하는 부대 등 자기들만의 방식을 사용하는 부대도 있었다.

2주도 채 지나지 않아 10만 명가량의 이재민이 발생했다. 수만 명이 불구가 되고 부상을 입었다. 민간인 6,000명이 살해되었다.* 무기거래가 이러한 야만의 원인은 아니었지만 야만을 촉진하고 부채질한 것은 분명했다.

당시 시에라리온은 세계 최빈국 중 하나였다. 인구 대부분은 하루 70센트 미만으로 생활했고, 기대수명은 37세에 불과했다. 찰스 테일러, 레오니드 미닌, 그리고 알카에다를 포함한 이들의 네트워크는 참혹한 내전과 연계된 무기밀수와 다이아몬드 거래로 수천만 달러를 벌어들였다.

---

* Daniel Bergner, *Soldiers of Light*, London: Penguin Books, 2004. Lansana Gberie, *A Dirty War in West Africa*, London: Hurst & Company, 2005. 휴먼라이츠워치Human Rights Watch 발간 보고서에서 인용한 수치.

등장인물

바실 자하로프
Basil Zaharoff
BAE의 대부

마르셀 다소
Marcel Dassault
프랑스 무기산업의 개척자

게르하르트 메르틴스
Gerhard Mertins
메렉스Merex 창업자

반다르 왕자
Prince Bandar
알야마마 사업의 수혜자

리처드 에번스
Richard Evans
전 BAE 회장

와픽 사이드
Wafic Said
알야마마 사업의 중개인

투르키 빈 나세르 왕자
Prince Turki Bin Nasser
알마마마 사업의 수혜자

조지프 데르 호세피안
Joseph der Hovsepian
메렉스의 무기딜러

레오니드 미닌
Leonid Minin
무기딜러

찰스 테일러
Charles Taylor
독재자, 무기 에이전트

빅토르 부트
Viktor Bout
'죽음의 상인'

몬제르 알-카사르
Monzer Al-Kassar
무기딜러

로버트 와들
Robert Wardle
전 영국 중대비리수사청장

헬렌 갈릭
Helen Garlick
전 영국 중대비리수사청 조사관

리처드 앨더먼
Richard Alderman
현 영국 중대비리수사청장

타보 음베키Thabo Mbeki(좌),
제이컵 주마Jacob Zuma(우)
남아프리카공화국의 대통령

샤이크 형제
The Brothers Shaik
SA 무기거래의 주인공

존 브레덴캄프
John Bredenkamp
무기딜러

앤드루 첸지
Andrew Chenge
전 탄자니아 법무장관

알폰스 멘스도르프-포윌리 백작
Alfons Mensdorff-Pouilly
무기 에이전트

존 머사
John Murtha
'지정예산의 왕'

찰리 윌슨
Charlie Wilson
'무기 역류의 왕'

척 스피니
Chuck Spinney
미국 국방부 내부자, 비판자

고다마 요시오
児玉誉士夫
일명 '몬스터'

아드난 카슈끄지
Adnan Khashoggi
무기 에이전트

달린 드루이언
Darleen Druyun
유죄 판결을 받은 관료

랜디 커닝엄
Randy Cunningham
부패한 전 연방의원

이프라임 디버롤리
Efraim Diveroli
무기밀수업자

에리손 두르다이
Erison Durdaj
무기산업의 피해자

아미르 아르데빌리
Amir Ardebili
이란의 무기조달업자

마누체르 고르바니파르
Manucher Ghorbanifar
이란의 무기딜러

데일 스토펠
Dale Stoffel
미국의 모험적 무기딜러

장-크리스토프 미테랑
Jean-Christophe Mitterrand
앙골라 게이트의 수혜자

아르카디 가이다막
Arcadi Gaydamak
무기딜러

피에르 팔콘
Pierre Falcone
무기딜러

등장인물 사진 출처

바실 자하로프 © H. C. Engelbrecht and F. C. Hanighen, *Merchants of Death*, Dodd, Mead & Company; 1st edition, 1934. 마르셀 다소 © Richard Melloul/Sygma/Corbis. 반다르 왕자 © Alexander Natruskin/Reuters/Corbis. 리처드 에번스 © Nicolas Asfouri/Getty Images. 투르키 빈 나세르 왕자 © Kamal Mustafa/epa/Corbis. 와픽 사이드 © Topham/PA, 2002. 조지프 데르 호세피안 © Joe der Hovsepian 제공. 레오니드 미닌 © AFP/Getty Images. 찰스 테일러 © Pascal Guyot/AFP/Getty Images. 빅토르 부트 © Saeed Khan/AFP/Getty Images. 몬제르 알-카사르 © AFP/Getty Images. 헬렌 갈릭 © Helen Garlick 제공. 로버트 와들 © Robert Wardle 제공. 리처드 앨더먼 © Jim Watson/AFP/Getty Images. 타보 음베키, 제이컵 주마 © Guy Tillum/Reuters/Corbis. 샤이크 형제 © Beeld/Gallo Images/Getty Images. 존 브레덴캄프 © Desmond Kwande/AFP/Getty Images. 앤드루 첸지 © Edwin Mjwahuzi. 알폰스 멘스도르프-포윌리 백작 © Clemens Fabry. 존 머사 © Larry Downing/Reuters/Corbis. 찰리 윌슨 © Fred Prouser/Reuters/Corbis. 척 스피니 © Chuck Spinney 제공. 고다마 요시오 © Bettmann/Corbis. 아드난 카슈끄지 © Pascal Le Segretain/Getty Images. 랜디 커닝엄 © Mike Blake/Reuters/Corbis. 에리손 두르다이 © Feruzan Durdaj 제공. 마누체르 고르바니파르 © Alex Majoli/Magnum Photos. 데일 스토펠 © David J. Stoffel 제공. 장-크리스토프 미테랑 © Lionel Bonaventure/AFP/Getty Images. 아르카디 가이다막 © Gali Tibbon/AFP/Getty Images. 피에르 팔콘 © Stéphane Ruet/Sygma/Corbis.

들어가며

기술의 발전, 테러리즘, 글로벌 범죄, 국가폭력, 사회경제적 불평등이 치명적으로 결합하여, 오늘날 세계의 불안정과 위험은 심각한 수준이 되었다. 동시에 상황을 이처럼 악화시킨 엔진인 세계 무기산업은 더욱 복잡하고 정교한 형태로 변하면서 그 어느 때보다 해로운 영향을 미치고 있다.

따라서 세계의 민주국가들은 무기산업 문제에 집단적으로 즉각 대처해야 한다. 무기산업의 존립이 불가피하다면 철저한 규제, 합법적 자금 조달, 사법당국의 효과적 감시, 투명성 확보가 필요하며, 안전과 안보라는 필요에도 부합해야 할 것이다.

그러나 현실에서 무기산업은 돈, 부패, 기만, 죽음으로 이루어진 '그들만의 세계'다. 무기산업은 순전히 자기만의 규칙에 의해 움직이고, 극소수에게 어마어마한 이득을, 수많은 이들에게는 고통과 불행을 불러온다. 무기산업은 대부분의 경우 민주주의를 저해하고, 취약국을 더욱 약화시키며, 국가안보를 오히려 해친다.*

2010년 세계의 군비 지출은 총 1조 6,000억 달러로 추산된다. 인구 1명당 235달러꼴이다. 이는 2000년에 비해 53% 증가한 수치이며, 세계 GDP의 2.6%에 해당한다.[1] 오늘날 미국은 7,030억 달러가 넘는 국방예산을 비롯해 거의 1조 달러를 국가안보에 사용한다.[2] 재래식 무

---

* 이 책은 주로 대형화기 및 소형화기를 포함하는 재래식 무기의 거래를 다룬다. 재래식 무기는 대량살상무기WMD와 달리 정부가 사용하는 합법적 수단이다. 군용 차량, 항공기, 선박, 잠수함, 헬리콥터, 미사일, 폭탄은 물론 소형화기와 탄약도 여기에 해당한다. 핵무기는 무기거래, 즉 무기산업의 작동과 그 생산물의 거래와 관련 있는 부분에 한해 언급할 것이다.

기거래(대형화기 및 소형화기 모두 포함) 규모는 연간 약 600억 달러에 달한다.[3]*

미국, 러시아, 영국, 프랑스, 독일, 스웨덴, 네덜란드, 이탈리아, 이스라엘, 중국은 무기 및 군수물자**의 생산과 거래 면에서 꾸준히 상위권을 차지한다.

무기거래는 언제나 비밀의 장막에 둘러싸여 있으며 그중 상당수가 정부 간의 합의를 거쳐 사기업인 무기제조업체에서 실행된다. 정부가 민간업체와 직접 계약을 체결하는 경우도 있다. 업체들은 직접 혹은 제3자를 통해 거래하는데, 그중에는 법적 실체가 없는 경우도 있다. 여기에는 무장 민병대, 반란군, 비공식적 '테러리스트' 무리 같은 비국가 행위자, 그리고 '고립국가pariah state'가 포함된다. 무기의 판매와 공급에는 의심스러운 중개인 또는 에이전트가 개입하는 경우가 많고, 이들은 무기 브로커 또는 딜러라고 불리기도 한다.***

이와 같은 무기거래 관계망은 합법성과 윤리성의 정도에 따라 공식적 거래부터 흔히 그레이마켓grey market, 블랙마켓black market이라고 부르는 '어둠의 세계'에 이르기까지 다양하다. 그레이마켓이란 합법적 경로를 통하지만 비밀스럽게 이루어지는 거래를 말한다. 각국 정부가 외교정책에 부정하게 영향을 미치기 위해 자주 사용하는 방식이다. 블랙마켓이란 구상과 실행 모두 불법인 경우다. 블랙마켓과 그레이마켓에서 이루어지는 거래들은 무기금수조치, 국내법과 국제법, 협약, 규

---

* 구체적 수치는 매년 크게 변한다. 소형화기 거래 규모는 연간 약 40억 달러에 달하는데, 사용 및 유지 보수가 쉽고 공급량이 풍부하다는 점을 고려할 때 그 영향은 단순히 거래 규모를 훨씬 넘어선다. R. Stohl and S. Grillot, *The International Arms Trade*, Cambridge: Polity Press, 2009.
** '군수물자'란 군대의 장비, 기구, 보급품을 말한다.
*** 일반적으로 딜러는 무기를 구매하고 이윤을 남겨 판매하는 중간상인을 말한다. 반면 브로커는 무기를 소유하지 않고 판매를 중개하며 그 대가로 현금이나 다이아몬드, 석유, 목재 같은 원자재를 받는다.

제를 빈번하게 위반한다. 현실에서 공식적 거래, 그레이마켓, 블랙마켓의 경계는 모호하다. 뇌물과 부패가 '필수'인 무기거래의 세계에서 100% 합법적인 거래는 극소수에 불과하다.****

무기거래는 각국의 지도자, 첩보요원, 첨단기술을 보유한 기업, 금융기관 및 은행, 운송업체, 불법행위를 일삼는 중개인, 돈세탁업자, 보통의 범죄자 들의 공모에 의해 작동한다.

이 신성치 못한 동맹은 무기거래의 참혹한 결과에 대한 책임을 회피하기 위해 흔히 이렇게 주장한다. "사람을 죽이는 건 총이 아니라 사람이다."[4] 그러나 적을 사살하는 무인기 같은 첨단기술이 동원되는 전쟁에서도 무기거래의 잔인함과 파괴적 결과는 결코 최소화되지 않는다.*****

무기딜러, 무기제조업체, 나아가 각국 정부는 양차 세계대전은 물론 냉전, 테러와의 전쟁, 소규모 반란, 대규모 혁명에 이르기까지 여러 다양한 분쟁에 무기를 공급해왔고, 이윤 창출을 위해 긴장을 고조시키며 영속해왔다. 심지어 분쟁 중인 양측 모두에 무기를 판매한 경우도 있다.

무기산업은 그것이 생산하는 '제품'이 파괴를 낳는다는 커다란 도

**** 모든 무기거래가 불법은 아니며, 불법성 여부는 특정 거래가 이루어진 시점의 국내법 및 국제법의 기준에 의해 결정되는 경우가 많다. 법적 관할권의 문제나 법적 기준의 변화로 인해 어떤 법적 틀을 적용할지 불분명한 거래도 존재한다. 따라서 '뇌물' '부패' '커미션' 등의 용어는 각 거래의 맥락에서 이해되어야 하며, 반드시 위법이라는 의미는 아니다. 마찬가지로 무기거래에 직간접적으로 관련된 모두가 범죄행위를 수행하거나 그러한 행위를 보호 또는 묵인하는 것은 아니다.
***** 이처럼 민간인 살상이 없는 '깨끗한 전투sanitized combat'라는 개념은 실제로 민간인 살상을 크게 줄이지 못했다는 점에서 비판받고 있다. 또한 경우에 따라 분쟁 지역에서 수백 킬로미터 떨어진 곳에 있는 무인기 조종사가 그러한 물리적·심리적 거리하에서 더욱 쉽고 무분별하게 살상을 벌일 수 있다는 도덕적 문제도 제기된다. 이와 반대로 히로시마, 나가사키 원폭 직후에 가장 강력하게 제기되었던, '표적 살상을 통해 나중의 폭력과 죽음을 최소화할 수 있다'는 주장도 있다.

덕적 문제 외에도 기회비용의 문제를 갖고 있다. 불안정하고 위험한 오늘날의 세계에서 무기 보유는 분명 필요하지만, 위협을 받는 국가든 평화로운 국가든 사회와 개발에 필요한 자원이 대규모 군비 지출로 빠져나가고, 이로 인해 다시 불안정이 심화되기 때문이다.

이러한 기회비용의 극명한 사례는 남아프리카공화국의 민주화 초기 사례에서 발견할 수 있다. 남아공 정부는 국제 무기업체들과 타국 정부의 권유에 따라 필요하지도 않은 무기류에 약 60억 파운드를 쏟아부었다. 당시 남아공 대통령은 '예산 부족'으로 HIV/에이즈 감염인 600만 명의 목숨을 살릴 수 있는 항레트로바이러스제를 구매하기 어렵다는 입장을 고수하고 있었다. 무기거래 커미션 3억 달러가 중개인, 에이전트, 정관계 고위 인사, 그리고 당시 여당인 아프리카국민회의 African National Congress로 흘러들어갔다. 이후 5년간 남아공 국민 35만 5,000명 이상이 항레트로바이러스제를 구하지 못한 채, 피할 수도 있었던 죽음을 맞았다.[5] 대규모로 도입된 무기들은 대부분 쓰이지도 않았다.

부패하고 은밀한 무기산업의 작동 방식은 판매국과 구매국 모두의 민주적 책임성을 약화시킨다. 무기거래는 전 세계 무역 관련 부패의 40% 이상을 차지한다.[6] 거대한 계약 규모, 소수에 집중된 구매 결정권, 국가안보라는 장막은 어마어마한 뇌물과 부패를 낳는 최적의 조건이다. 몇몇 국가는 이러한 불법행위에 적극 참여하고, 다수의 다른 국가들은 이를 묵인한다. 재정에 큰 영향을 미치는 무기구매 사업에 관해 거의 모든 정부가 비용 대비 효과는 물론 국익에도 부합하지 않는 결정을 내린다. 구매하기로 한 무기는 최초 견적보다 훨씬 비싸지고, 약속한 성능을 발휘하지 못하며, 기한보다 한참 늦게 만들어지고 인도되기 일쑤다.

물론 국가안보와 거래비밀 보호의 필요성은 존재한다. 하지만 무기거래의 모든 것이 비밀에 부쳐지면 부패, 이해충돌, 잘못된 의사결정, 국가안보에 관한 부적절한 선택이 모두 은폐된다. 가장 강력한 관리 및 규제 대상이 되어야 할 무기거래가 정부 및 민간의 활동 중에서 가장 적은 감시와 책임성을 요구받게 되는 것이다. 부정을 감추려는 시도는 또 다른 불법행위로 이어지고, 정부의 기능은 계속해서 약화된다. 남아공의 사례를 보면, 의회의 권한은 약화되었고 부패방지기구는 해체되었으며 검찰 역시 힘을 쓰지 못했다. 대통령을 포함한 정치권 인사들을 보호하기 위해서였다.

국정 운영의 중심이 무기제조업체와 그 후원자들의 이해관계에 달려 있는 것은 전혀 놀라운 일이 아니다. 정부, 군대, 무기산업 사이에서는 '회전문'을 통해 지속적인 인적 교류가 이루어진다. 무기업체들은 정치인과 정당에 거액의 자금을 지원할 뿐만 아니라 전직 관료, 퇴역 장교, 낙선한 정치인에게 자리를 제공하기도 한다. 이러한 현상이 가장 두드러진 곳은 바로 미국이다.

무기제조업체, 국방부, 정보기관, 의회, 행정부가 공유하는 이해관계에 대한 도전이 거의 존재하지 않는 미국은 실질적으로 안보국가national security state라 할 수 있다. 미국의 안보 증진과 거의 무관한 무기사업에 매년 수십억 달러의 예산이 배정된다. 일례로 경제가 어려운 상황에서도 미국은 전투기 사업에 3,800억 달러를 투입할 전망인데, 해당 전투기는 현재 진행 중인 분쟁에 쓸모가 없을 뿐만 아니라 전직 국방부 항공기 설계 전문가로부터 '완전한 쓰레기'라는 혹평을 듣기도 했다.[7] 평범한 미국인들의 진정한 안보와 경제적 이익은 이처럼 합법화된 뇌물의 제단에서 희생되는 것이다.

사람과 돈의 '회전문'은 찰스 라이트 밀스Charles Wright Mills의 표현에 따르면 '형이상학적 군사주의', 즉 '항구적 전쟁경제'를 정당화하는 군사주의적 현실 규정을 뒷받침한다.[8] 이에 관해 아이젠하워Dwight D. Eisenhower는 대통령 퇴임 연설에서 다음과 같이 경고한 바 있다.

거대한 군사체계와 대규모 무기산업의 결합과 함께 …… 정부
는 군산복합체의 부당한 영향력 획득을 경계해야 합니다. 잘못
주어진 권력이 부상할 재앙적 가능성은 지금도 존재하며 앞으
로도 사라지지 않을 것입니다. 이러한 결합의 영향력이 우리
의 자유나 민주적 절차를 위협하도록 놔두어서는 절대 안 됩
니다.[9]

조지 W. 부시가 대통령에 취임한 지 1년도 되지 않아 무기업체 임
원, 컨설턴트, 로비스트 30명 이상이 행정부의 여러 고위직에 올랐다.
2001년에는 록히드마틴Lockheed Martin 한 곳에서만 임원급 6명이 요직
에 임명되었다. 같은 해 연말, 국방부는 록히드마틴과 미국 역사상 최
대 규모의 계약을 체결했다.[10]

딕 체니Dick Cheney는 '아버지 부시' 행정부에서 국방장관을 역임한
이후 핼리버튼Halliburton의 CEO로 취임했다. 그가 다시 조지 W. 부시
행정부의 부통령으로 재임하는 동안 핼리버튼은 국방부 사업 60억 달
러 이상을 수주했다.[11] 핼리버튼이 이라크의 석유와 관련해 따낸 사업
규모는 그 세 배였다.[12] 체니는 핼리버튼의 주식을 계속 보유하고 있었
고, 퇴임할 때는 어마어마한 부자가 되어 있었다.[13] 오바마 행정부에서
도 변한 것은 거의 없었다.

그런데 문제는 사업 수주만이 아니다. 군산복합체가 경제정책과
외교정책, 전쟁을 개시한다는 결정을 포함해 국가 운영의 모든 측면에
해로운 영향을 미친다는 점도 심각한 문제다. 의회, 사법부, 미디어, 시
민사회단체가 군산복합체의 활동 상당 부분을 감시하거나 파악하지
못하는 현실에서 이는 더욱 우려스럽다.

무기산업, 그리고 이들과 가까운 유력 정치인들은 정치적으로 '그
들만의 세계'를 구축했다. 국가안보를 내세우기만 하면 다른 이들의
영향이나 판단에서 자유로워지는 곳, 바로 '어둠의 세계'다.

미국과 유사하게 영국 역시 주요 무기업체, 특히 거대한 규모와 영향력을 가진 BAE 시스템BAE Systems, 이하 'BAE'*과 무기산업의 대표 세일즈맨이나 다름없는 행정부의 공모에 인질로 잡혀 있다. 이러한 관계는 마거릿 대처 정권에서 강화되었고, 토니 블레어의 신노동당에 의해 충실히 계승되었다. BAE는 지난 10년간 최소 5건의 무기거래와 관련해 뇌물을 제공한 혐의로 수사를 받았다.

국가가 여전히 무기산업의 일부를 소유한 프랑스에서도 무기업체들은 정권의 성향과 관계없이 국가의 적극적인 지원을 받는다. 하지만 프랑스의 미디어와 여론주도층 대부분은 무기산업의 음습한 행태에 대해 별로 우려하지 않는 것으로 보인다. 프랑스의 검사 한두 사람이 영국 검사들보다 과감하게 대규모 부패를 사법처리하기도 했지만 말이다. 독일, 스웨덴, 이탈리아의 무기업체들 역시 정부로부터 어마어마한 지원을 받는다. 독일의 경우 검찰이 무기업체들을 수사하기는 하지만 공개적으로 타격이 될 만한 결과를 내는 일은 거의 없다. 이탈리아와 스웨덴에서는 현재 의혹이 있는 여러 무기거래와 관련해 사브Saab가 BAE의 제휴사로 참여했는데, 수사 자체가 거의 이루어지지 않고 있다.

민주주의 발전 수준이 낮은 나라일수록 무기산업과 정부는 끈끈한 공생관계를 이룬다. 중국 인민해방군은 갈수록 상업적으로 거대한 제국을 구축하고 있는데, 여기서 무기산업의 역할은 결정적이다. 이는 중국의 '폭압적 통제자본주의'에서 불가결한 특징이다. 역사적으로 무기는 언제나 외교정책의 수단이었지만, 저렴한 무기판매로 영향력을 확대하려는 중국의 움직임은 전례 없는 수준에 도달했다.[14] 러시아를 좌지우지하는 세력(블라디미르 푸틴을 중심으로 한 '실로비키')은 자신들의 주

---

* 1999년 '브리티시 에어로스페이스British Aerospace'에서 'BAE 시스템'으로 사명이 변경되었다. 이 책에서는 시기에 관계없이 'BAE'로 칭한다.

요 자금원인 무기산업을 완벽히 통제한다.[15]

중국과 러시아는 수단, 시리아, 버마, 이란, 북한, 짐바브웨 등 세계의 여러 독재정권에 무기를 판매한다.* 이렇게 판매되는 소형화기는 다르푸르Darfur에서 물라이티부Mullaitivu까지 다양한 분쟁 지역에 확산된다. 중국은 이집트의 무바라크 정권에 적극적으로 무기를 공급했다. 러시아, 프랑스, 영국, 미국도 마찬가지였다.[16] 리비아 공격에 나선 NATO 회원국들은 카다피 정권이 러시아뿐만 아니라 프랑스, 독일, 이탈리아, 영국에서 구입한 무기도 상대해야 했다.[17]

이와 같은 역류 현상blowback, 즉 무기를 판매할 때 의도하거나 예상치 않았던 부정적 결과는 무기거래에서 흔히 발생하며, 판매국의 안보를 저해하는 경우가 많다. 미국이 아프가니스탄의 무자헤딘을 무장시킨 것이 가장 극명한 사례일 것이다. 무자헤딘은 아프가니스탄에서 소련을 몰아낸다는 목적하에 무기 및 훈련을 제공받았는데, 바로 이들이 똑같은 무기를 갖고 탈레반, 그리고 오늘날 미국 최대의 적인 알카에다 네트워크를 형성했다.

역류 현상은 특히 냉전, 발칸 분쟁, 이라크나 아프가니스탄 전장의 무기 재고가 레오니드 미닌Leonid Minin, 빅토르 부트Viktor Bout 같은 '죽음의 상인'들에 의해 재판매될 때에도 흔히 발생한다. 이러한 무기는 대부분 소형화기 및 경화기로, 아프리카, 중동, 중남미, 남아시아의 분쟁을 부채질하고 장기화했다.

이처럼 수많은 역류 현상에 대해 무기제조업체와 이들을 비호하는 정부를 비판하면, '불행한 사건도 있지만 무기산업이 일자리 창출 등 경제에 기여하는 바가 더 크다'는 반론이 돌아온다. 현실은 그렇게 보기 어렵다.

무기산업이 경제에 주는 긍정적 효과는 무기산업의 자금 지원을

---

* 북한과 짐바브웨는 중국에서 대부분의 무기를 구매한다.

받는 강력한 홍보기관, 연구소, 로비스트에 의해 과장되는 경우가 많다. 일자리 규모가 크게 부풀려지는 것은 물론, 무기산업의 일자리 창출에 대규모 정부 지원금이 필요하다는 점, 그리고 그만큼의 지원금을 다른 산업에 투자했다면 도덕적으로 문제가 적은 일자리를 훨씬 더 많이 창출할 수 있었다는 점은 간과된다.

무기산업이 기술 발전에 크게 기여해왔음은 의심의 여지 없는 사실이다.[18] 하지만 다른 산업은 그보다 적거나 같은 자원으로 비슷한 성과를 충분히 낼 수 있다.

록히드마틴, BAE, 보잉, 노스롭그루먼Northrop Grumman, 그리고 이들과 긴밀히 연결된 KBR, 핼리버튼, 블랙워터Blackwater 등 전 세계의 주요 업체들이 거대한 부패, 비효율, 공적 자원의 낭비에 빈번하게 연루된다는 점을 고려할 때 무기산업의 경제적 기여는 그 의미가 크게 줄어든다. 이들은 부정을 저지르고도 합당한 대가를 치르는 일이 거의 없으며, 정부가 발주하는 대규모 사업에 입찰할 자격을 계속 유지한다.

무기거래에 대해서는 국가적·지역적·다자적·국제적 규제가 수없이 존재하지만, 현실에서는 무기산업, 중개인, 각국 정부의 비밀스러운 공생관계로 인해 제대로 이행되는 경우가 거의 없으며, 완전히 무시되기도 한다. UN이 현대적 무기금수조치를 도입한 이래 금수조치 위반 혐의로 조사, 기록, 공개된 사건은 총 502건이다. 이 중 어떤 형태로든 법적 책임을 추궁한 경우는 단 1건에 불과하며, 그마저도 무죄 판결이 났다.[19]

무기산업은 분쟁을 부채질하고 영속화할 뿐만 아니라 각국 정부에 지대한 영향력을 발휘하면서 전 세계 사람들 대부분의 삶에 큰 영향을 미친다. 이는 어떤 전쟁이 얼마나 일어나는지만 봐도 알 수 있다. 무기제조업체가 있는 국가의 납세자들, 대개 상대적으로 더 빈곤한 무기구매국가의 국민들, 그리고 당연히 무기가 최종적으로 살상을 일으키는 곳에 있는 이들을 포함해 모두가 피해자다.

공식적 거래와 어둠의 세계 사이, 그리고 정부, 무기업체, 범죄행위 사이에서 얽히고설킨 무기거래 네트워크는 우리를 풍요롭고 안전하게 만드는 것이 아니라 오히려 가난하고 위험하게 만든다. 또한 국가가 우리 시민의 이익이 아니라, 국가안보와 비밀주의를 내세워 법위에 군림하며 누구도 책임을 지지 않는 소수의 사익 추구 엘리트 집단의 이익에 복무하도록 만든다.

《어둠의 세계》는 이처럼 강력하면서도 비밀스러운 세계를 들여다보는 여정이다. 이 책은 나치 독일의 패망 직후 전직 독일군 고위급 장교들이 설립한 후 오늘날 세계에서 가장 사악한 무기딜러들의 네트워크로 성장한 무기업체의 이야기로 시작되고, 이라크와 아프가니스탄에서 일어난 무분별한 전쟁이 미국과 그 동맹국의 무기제조업체는 물론 어둠의 세계에 '대박'이 된 과정으로 마무리된다.

또한 이 책은 사우디아라비아가 부를 축적하고 전 세계 무기산업에 대한 영향력을 확대해온 과정을 추적하며, 특히 사상 최대의 무기거래로 악명 높은 알야마마Al Yamamah 사업을 통해 영국의 거대 무기업체 BAE의 성장에 어떤 역할을 했는지 살펴본다. 그리고 BAE와 미국의 록히드마틴이 각국 정부, 정보기관과 관계를 돈독히 하고 이를 통해 본국에서 무기 계약을 수주한 과정, 동시에 이러한 계약은 물론, 음습한 에이전트들을 활용해 뇌물을 제공함으로써 해외에서 거대한 알짜배기 계약을 따낸 과정을 들여다본다.

한편 레바논계 아르메니아인 조 데르 호세피안Joe der Hovsepian 같은 '깡패 딜러'들이 성장한 과정을 살피고, 국가, 범죄행위, 무기밀수의 결합이 메렉스Merex 에이전트 출신인 찰스 테일러Charles Taylor 라이베리아 대통령의 다이아몬드-무기 맞교환 거래에서 절정에 이르렀던 과정 또한 파헤친다. 무기거래의 탐욕이 부채질한 끝없는 내전과 민족 분쟁으로 아프리카의 수많은 지역이 황폐화된 과정도 자세히 살펴본다. 그리고 이스라엘부터 스웨덴까지 세계에서 가장 부유한 국가들이 이러한 무기거래를 어떻게 부추기고 있는지도 살펴본다.

마지막으로《어둠의 세계》는 이 책에서 추적한 주요 인물과 업체가 현재 어디에서 무엇을 하고 있는지 밝힌다. 최근 무기산업에서 떠오르는 경향, 나아가 무기거래 규제가 어떻게 개선될 것이고, 그 이행이 어떻게 강제될 것이며, 책임성은 어떻게 고쳐질 것인지를 주로 살펴본다.

독자들이 이 책을 읽은 후, 모두의 삶에 영향을 주는 이 어둠의 세계에 대해 우리 납세자들이 지금보다 훨씬 더 많이 알아야 하는 것은 아닌지 의문을 가져주었으면 한다. 우리가 정치인, 군, 정보기관, 검찰과 경찰, 무기제조업체와 딜러, 그리고 그들만의 세계에 사는 모든 사람들에게 더 많은 투명성과 책임성을 요구해야 하는 것은 아닌지, 그리고 세계를 황폐화하는 '어둠'에서 벗어나야 하는 것은 아닌지를 말이다.

1부

세상에서 두 번째로 오래된 직업

BAE의 대부 바실 자하로프
ⓒ H. C. Engelbrecht and F. C. Hanighen,
Merchants of Death, Dodd, Mead &
Company, 1st edition, 1934.

1. 커미션이라는 죄악

"나는 사람들을 불구로 만들거나 죽여서 떼돈을 번다." 조지 버나드 쇼의 희곡 《바버라 소령Major Barbara》에 등장하는 군수품 제조업자 앤드루 언더샤프트는 자랑스럽게 말한다. 이후 100년 남짓 많은 문학 작품이나 TV 프로그램, 영화에서 무기를 제조하고 거래하는 '전쟁의 왕'들과 '죽음의 상인'들을 일차원적으로 그려낸 것과는 달리, 언더샤프트는 무기 제조 및 거래의 복합적인 면면과 모순을 담고 있는 인물이다.

언더샤프트는 구원받기 위해 필요한 것은 '돈과 화약' 두 가지뿐이며, 정부는 '말 많은 멍청이들이 떠들어대는 곳'이라고 말한다.

> 너는 우리에게 돈이 되는 일을 하게 될 거야. 전쟁을 일으키는 것이 우리에게 유리하다면 전쟁을 일으키고, 그렇지 않다면 평화를 유지하지. 우리가 무역에 대한 정책을 만들고 나면, 그 정책은 이제 무역에 꼭 필요한 정책이 되는 거야. 내 이익을 지키기 위해 뭔가가 필요해지면, 그건 국가적 차원에서 필요한 것이 되는 거고. 다른 사람들 때문에 내 이익이 줄어든다면 너는 경찰과 군대를 부르게 될 거야. 그 대가로 내가 가진 신문사에서는 너를 지지하고 칭찬하는 기사를 내보내고, 너는 자신이 훌륭한 정치가라고 느끼면서 기뻐하겠지.[1]

쇼의 작품에 등장하는 무기제조업자에게 참된 신앙이란 '인간이나 원칙에 대한 존중 없이 적절한 가격을 제시한다면 누구에게나 무기를 파는 것'이며, '아군과 적군을 가리지 않고 기쁜 마음으로 무기를 파는 것'이다. 하지만 언더샤프트의 딸을 탐내는 멋쟁이 신사는 "대포를 파는 일이 필요한 경우도 있고, 대포 없이는 성공할 수 없는 것도 맞지만, 이 일이 옳지 못하다는 것을 알지 않느냐"고 반박한다.[2]

앤드루 언더샤프트라는 등장인물의 탄생에 영감을 준 실존 인물은 스웨덴과 독일 무기제조업계의 거물 알프레드 노벨Alfred Nobel, 알프레드 크루프Alfred Krupp, 그리고 BAE의 대부 바실 자하로프Basil Zaharoff다. '죽음의 슈퍼 세일즈맨' '유럽의 미스터리' '이 시대의 몬테 크리스토 백작' 같은 다양한 별명으로 불린 자하로프는 이전의 무기상과는 판이하게 다른, 화려한 이력을 가진 전설적 무기딜러이자 많은 이들의 롤모델이었다.

《무기시장The Arms Bazaar》의 저자로 잘 알려진 앤서니 샘슨Anthony Sampson은 바실 자하로프에 대해 이렇게 말했다.

> 자하로프는 역사적인 인물이었다. 단순히 판매기술과 매수의 대가가 아니라 무기와 외교, 무기와 정보의 관계를 이해하는 수완가로서, 세일즈맨과 스파이 역할을 모두 해낼 수 있는 사람이었다. 급성장하는 무기산업이 지니는 뒤엉킨 신의의 표본이었던 자하로프는 이렇게 말했다. "무기를 사려는 모든 이에게 무기를 팔았다. 나는 러시아에 가면 러시아인이었고, 그리스에서는 그리스인, 파리에서는 프랑스인이었다."[3]

전 세계를 누빈 자하로프의 출생일과 출생지, 본명을 포함한 모든 정보는 베일에 싸여 있다. 사업에 유리하게 활용하기 위해 일부러 숨겼기 때문이다.[4] 그리스의 가난한 집안에서 1849년에서 1851년 사이 태어난 것으로 추정되는 자하로프는 지역 사창가의 호객꾼으로 일했다. 또한 콘스탄티노플의 툴룸밧쉬Tulumbadschi라는 소방관 패거리의 일원이기도 했다. 이들은 뇌물이 없으면 불을 꺼주지 않았고, 수입을 늘리기 위해 일부러 불을 지르기도 했다. 이후 자하로프는 러시아 장교의 아들로 신분을 속이고 프린스 고르차코프Prince Gortzacoff라는 이름으로 전 세계를 여행했다.

무일푼으로 키프로스에 도착한 자하로프는 처음에는 사냥총을, 후에는 저렴한 군사장비를 팔며 무기거래를 시작했다. 그 자신의 말에 따르면, 전쟁물자를 배에 가득 싣고 아프리카 해안으로 가서 전쟁 중인 서아프리카의 두 부족에게 팔기도 했다. 후에 그는 이렇게 말했다. "초기에는 야만적인 부족들에게 불법으로 총기를 팔았다. 양쪽 모두에게 팔기 위해 전쟁을 부추겼다. 세상에서 무기를 가장 많이 판 사람은 바로 나일 것이다."[5]

자하로프의 천직이라 할 수 있는 무기거래 일을 처음 주선한 것은 1874년 당시 아테네에서 영향력 있는 정치부 기자로,[6] 후에 그리스의 총리가 되는 인물이다. 무기거래에 막 뛰어들 무렵 자하로프는 스웨덴 무기제조업체 노르덴펠트Nordenfelt와 일하며 무기에 대한 지식을 빠르게 쌓아갔다. 그는 노르덴펠트를 설득해 고국인 그리스뿐만 아니라 그리스의 숙적 터키에도 신형 잠수함을 팔았다. "자하로프는 그리스의 원수라 할 수 있는 터키 해군에 잠수함을 파는 것이 애국적이지 못하며 다소 부도덕한 일이라고 생각했으나, 그에게는 이러한 고민을 이겨내는 힘이 있었다."[7]

언론에 군사적 프로파간다를 퍼뜨리고 뇌물로 주요 인사를 매수하는 자하로프의 대표적 수법은 이처럼 무기거래에 몸담은 초창기에 시작된 것이다. 어떤 이는 그에 대해 이렇게 말하기도 했다.

아무리 베테랑 무기 세일즈맨이라도 의회 감독위원회가 있는 상황에서 국방부 장관에게 고액 수표를 전달하는 것은 주저하게 된다. 하지만 자하로프는 전혀 그렇지 않았다. 그는 반부패 전담 검사가 있는 상황에서도 망설임 없이 장관의 책상에 금화를 채운 가방을 올려놓았다.[8]

영국의 대형 무기업체 비커스Vickers와 암스트롱Armstrong, 독일의 거대 무기업체 크루프Krupp, 프랑스의 슈나이더-크뢰소Schneider-Creusot 등 노르덴펠트의 경쟁사들은 가장 저렴한 가격을 제시하면 거래가 성사될 가능성이 가장 높다고 생각했다. 자하로프의 방식은 정반대였다. "그는 경쟁사들보다 두 배나 비싼 가격에 무기를 판매했고, 구매를 결정하는 정치인들에게는 뇌물을 세 배 더 주었다."[9]

자하로프는 무기를 더 많이 팔기 위해 언제나 기꺼이 분쟁을 조장했다. 19세기 말부터 1차대전이 끝난 이후까지도 발칸반도가 평화를 되찾지 못하는 주된 이유에 대해 다음과 같은 견해도 있다. "평소 평화를 지지하는 신문사 편집장에게 뇌물로 몇 천 골드프랑을 주고, 한 번도 총을 쏴본 적 없는 국경경비대에 뇌물로 몇 백 레프만 주면 새로운 사건이 벌어지게 할 수 있었다. 의회는 추가 군비 지출을 승인했으며, 정부 부처들은 (여전히 대부분 높은 가격에 입찰된) 무기를 새로 주문했다."[10]

자하로프는 특히 볼리비아-파라과이 전쟁과 스페인-미국 전쟁을 부추겼다는 비판을 받기도 했다.[11] 보어전쟁Boer War과 러일전쟁 당시에는 전쟁을 일으킨 양측 모두에 무기를 팔아, 이를 문제삼은 로이드 조지Lloyd George(이후 1차대전기 영국 총리가 되는 인물—옮긴이) 하원의원과 충돌하기도 했다.[12]

자하로프는 전 세계 법원과 고위 관료들의 비위를 맞추는 데 엄청난 비용과 노력을 들였다.[13] 유럽 각국의 수도에 그의 부정부패에 대한 이야기가 퍼져나갔다. 자하로프의 무기사업 확보를 일부 염두에 두고 노르덴펠트를 인수한 비커스에 대해, 비커스를 연구한 어느 역사학자는 이렇게까지 말했다. "1989년 세르비아에서 두세 번, 그리고 이후 러시아와 터키에서 자하로프가 비공개 커미션, 즉 뇌물을 건넸다는 증거가 있다."[14]

당시 무기거래에서 고위 관료들에게 뇌물을 준 이유는 오늘날과 동일하다. 챙길 수 있는 커미션이 커질수록 고위 관료들은 자국의 여력이나 필요를 넘어서는 큰 규모의 거래를 선호하게 된다. 그럴수록 자신이 챙길 몫이 더욱 커지기 때문이다. 유럽의 어떤 국가 정부와 순양함 계약을 맺기 위해 고위 관료들에게 연이어 커미션을 준 어떤 세일즈맨의 일화가 있다. 고위 관료 하나가 매우 과도한 요구를 하기에 세일즈맨이 "그러면 순양함을 만들 수가 없지 않느냐"고 묻자, 그 관료는 "우리 둘 다 돈을 받기만 하면 되지, 순양함을 만드는 게 무슨 상관이냐"고 답했다고 한다.[15]

자하로프는 1차대전 발발을 앞두고 돈이 된다면 뭐든 했던 것으로 보인다. 직접적인 부정청탁뿐만 아니라 영향력과 정보를 활용하는 데 능통한 자신의 능력을 기반으로 경쟁자들보다 한발 앞서 나갔다.[16] 일부 영국 정치인들은 많은 무기업체들, 그중에서도 특히 자하로프가 자체적으로 외교정책을 수립하고 정부에 부당한 영향력을 끼치고 있다는 사실에 깊이 우려하기도 했다.[17] 1914년 7월 28일, 무기산업이 그토록 기다려온 전쟁이 선포되었다. 자하로프는 그중에서도 가장 많은 이익을 챙길 완벽한 조건을 갖추고 있었다. 당시 그는 전쟁에 참전한 양측 모두에 무기를 팔고 있었으며 1915년까지 양측 모두와 거래를 지속했을 것으로 추정된다.[18] 사실 전쟁이 시작되기 30년 전부터 영국 무기산업은 적국의 군사력 증대에 여타 국가들만큼이나 많이 기여했다. 영국 해군을 위해 함정 서른여섯 척을 건조한 암스트롱-위트워스 Armstrong-Whitworth는 약 100여 척을 외국 함대에 수출했고, 그중 스물여섯 척은 실제로 적국 함대에서 사용되었다.[19]

한때 무기산업에 비판적이었던 로이드 조지는 군수장관 재직 당시 자하로프와 가까워졌고, 총리가 된 후에도 좋은 관계를 유지했다. 자하로프는 로이드 조지를 위해 직접 스파이로 활동하기도 했다.[20] 물론 자하로프는 "다른 국가에 무기를 팔면 그 국가의 군대 및 해군의 실제 내부 상황을 가장 잘 알 수 있다"며, 무기판매를 스파이 활동을

위한 것이라며 정당화했다.[21]

1차대전으로 수백만 명이 목숨을 잃고 믿을 수 없을 정도로 심각한 피해가 발생했지만, 자하로프는 "엄청난 명예를 얻고 백만장자가 되었다".[22] 그는 영국 국왕으로부터 기사 작위와 최고 등급의 공로훈장을 받았고, 총리에게 평화협상과 관련된 조언을 제공하는 고문으로 임명되었다.[23] 하지만 그는 전쟁으로 피폐해진 동맹국들이 종전을 논의하고자 할 때마다 "끝장을 볼 때까지" 전쟁을 이어가야 한다고 강력히 주장했다.[24]

몬테카를로Monte Carlo(프랑스 남부에 접한 작은 나라 모나코의 도시—옮긴이)에서 노년을 보낸 자하로프의 주된 관심사는 한때 '죽음의 슈퍼 세일즈맨'이라 불린 과거에 대한 증거를 없애는 것이었다. 그는 1936년 11월 27일, 호텔 드 파리Hotel de Paris의 발코니에서 휠체어에 앉아 입가에 차가운 미소를 띤 채 87세의 나이로 세상을 떠났다. 전쟁으로 얻은 엄청난 부로 자하로프는 작위, 높은 계급, 온갖 사치를 누렸다. 그와 관련된 여러 비밀이 사후에도 밝혀지지 않은 상태로 남았지만, 미스터리한 분위기, 화려하고 사치스러운 생활, 정치권력의 중심에 있는 인사들과의 친분, 상습적인 뇌물 제공과 부패를 조장하는 수법, 상대를 가리지 않고 무엇이든 팔 수 있는 능력과 매력, 잔인성 같은 자하로프의 특징은 무기딜러의 전형으로 여겨지게 되었다. 사기행각은 물론 첩보 활동에 참여하고, 언론 매체를 소유하거나 매체에 영향력을 행사해 공공정책 및 여론을 조작하며, 무기거래뿐만 아니라 거래 후 수익 세탁에 매우 중요한 금융서비스에도 관여한 것 역시 마찬가지다. 다시 말해 자하로프는 합법과 불법의 모호한 경계를 넘나들며 뇌물과 기부, 부유하고 힘 있는 이들과의 관계를 통해 돈으로 존경을 사는 삶을 살았던 것이다.

1차대전은 무기제조업체에 대한 거센 비판을 불러왔다.[25] 자하로프와 가까운 로이드 조지는 평화조약에 서명하기 위해 동맹국들이 파리에 모인 당시를 회상하며 "세계 평화를 유지하기 위해서는 무기를 제조해 엄청난 이익을 얻을 수 있다는 생각 자체를 없애버려야 한다는 데 모두가 동의했다"고 말했다.[26]

자하로프가 이끈 무기업체 비커스가 영국의 적국에 무기를 제공했다는 사실이 밝혀지자 여론은 더욱 악화됐다. 하지만 무기제조업체를 비판한 인물 중 가장 영향력 있는 이는 국제연맹 창설에 대한 의지로 가득했던 우드로 윌슨 미국 대통령이었다. "사기업의 무기 및 군수품 제조는 심각한 반대에 직면할 수 있다"는 국제연맹 규약의 역사적 조항에 영감을 준 것도 윌슨 대통령이었다.[27] 이로 인해 군비축소를 위한 위원회가 설립되었다. 위원회가 1921년 작성한 보고서에는 무기제조업체들이 "전쟁에 대한 공포를 조장하고, 정부 관료들에게 뇌물을 제공했으며, 각국의 국방계획에 대한 거짓 정보를 퍼트렸고, 국가 간의 갈등을 일으켜 군비 경쟁을 부추기기 위한 국제적 동맹을 조직했다"는 강력한 비판이 담겼다.[28]

이러한 신랄하고 광범위한 비판에도 변한 것은 거의 없었다. 무기산업이 유례 없는 불황을 겪으며 비커스와 그 라이벌 암스트롱이 경영난에 처하자 영국 정부는 두 회사를 강제 합병했고, 그 결과 비커스-암스트롱Vickers-Armstrong이 탄생했다.[29]

1차대전이 끝나고 2차대전이 발발하기 전, 비커스-암스트롱을 포함한 거대 무기제조업체들은 항구적 평화 정착에 대한 반대의 목소리를 높였다. 1927년 제네바 군축회의에서 미국의 3대 조선업체가 고용한 무기 로비스트 윌리엄 G. 시어러William G. Shearer는 공포를 조장하고 군함을 늘려야 한다고 선동해, 군축을 위한 국제협약 체결을 방해하는 데 큰 역할을 했다. 하지만 시어러의 로비 활동은 전례 없이 강력한 무기제조업체 개혁운동이라는 의도치 않은 결과를 낳았다. 제네바 군축회의가 끝나고 얼마 뒤, 세 조선업체가 약속한 25만 8,000달러를 지급하지 않자 시어러는 이들을 고소했다. 그 결과 무기업체들이 로비에 터무니 없는 비용을 들이고 있을 뿐만 아니라 군축에 반대해왔다는 사실이 만천하에 드러난 것이다.[30]

1910년대 미국 대중은 군축에 대해 대체로 무관심했다. 하지만 시어러의 폭로는 평화주의의 확산 그리고 1929년 주가 대폭락 사태로 한층 커진 대기업에 대한 불신과 맞물리며 반향을 일으켰다. 세일즈맨 개인의 부도덕한 행동으로 치부되었던 것이 이제 국가적 관심사로 떠오른 것이다. 1933년 말, 젊고 진보적인 제럴드 나이Gerald P. Nye 공화당 노스다코타주 상원의원은 "이보다 비이성적인 협잡이 부패한 자들에 의해 자행된 적이, 아니 계몽된 이들에 의해 용인된 적이 있습니까?"라는 강렬한 수사와 함께 무기거래 반대운동에 참여해 평화주의자들에게 힘을 보탰다.[31]

1934년 4월, 상원은 제럴드 나이 의원을 위원장으로 하는 위원회를 설립했고, 언론은 이를 환영했다. 같은 해 봄《포춘Fortune》은 '무기와 인류'라는 제목의 기사를 통해 1차대전에서 병사 1명을 죽이기 위해 2만 5,000달러의 비용이 들었으며, "그 대부분은 무기제조업체의 호주머니에 들어갔다"며 강하게 비판했다.[32] 무기제조업체를 비판한《죽음의 상인들The Merchants of Death》이라는 책이 베스트셀러에 올랐고, 《시카고데일리뉴스Chicago Daily News》는 200개에 달하는 무기업체들이 "두개골을 박살내고 다리를 짓뭉개 현금을 벌어들인 방법"에 대해 보도했다.[33]

그해 말, 나이 위원회는 충격적인 보고서를 발표했다. 보고서는 일렉트릭보트Electric Boat와 비커스의 회장들이 주고받은 편지를 공개하며 무기산업에 만연한 부도덕성을 폭로했다. 편지에는 무기거래를 향한 모든 형태의 통제에 대한 경멸, 평화 정착을 위한 노력에 대한 반감, 뇌물 제공에 거리낌 없는 태도가 그대로 드러나 있었다.[34] 위원회가 미국 항공기 제조업체 커티스-라이트Curtiss-Wright의 클래런스 웹스터Clarence Webster에게 '커미션'의 의미에 대해 "사실상 뇌물이 아니냐"고 묻자, 그는 "뇌물이라는 표현은 조금 강한 것 같지만 엄밀히 말하면 그렇다"고 답했다.

위원회는 무기산업이 '지속적으로 뇌물을 제공해왔으며 무기를 판매하기 위해 국가 간 분쟁을 부추겼다'는 사실을 생생히 밝혀냈다. 또한 무기 세일즈맨들이 자국 정부로부터 얼마나 많은 지원을 받는지에 대해서도 폭로했다. 제럴드 나이 상원의원은 "미국 정부의 자금으로 운영되는 육군과 해군이 민간 기업 세일즈맨들을 위한 조직에 불과한 것인지 의문을 품게 된다"고 말했다.[35] 한 증인은 이렇게 말하기도 했다. "가장 부정이 심한 곳은 비커스다. 대사관 하나에 맞먹을 만큼 많은 사람들이 비커스를 위해 일하고 있으며, 수상한 여성들을 활용하는 데에도 거리낌이 없다."[36]

이와 같은 위원회의 조사 결과는 꽤 많은 비판을 받긴 했지만 결과적으로 국립 군수물자 통제위원회National Munitions Control Board 설립이라는 결실을 맺었다. 이로써 정부가 평시에 무기거래를 막을 권한을 갖게 된 것은 아니었지만, 무기거래 규제에 대한 국제적 동의를 이끌어낼 수 있다는 희망이 생겼다.

1934년 영국에서는 나이 위원회가 밝혀낸 사실과 대중의 압력으로 인해 노동당이 '민간의 무기제조 금지'를 요구하기도 했다. 의회에서 이 사안이 논의되는 동안, 나중에 총리에 오른 클레멘트 애틀리Clement Attlee 의원은 무기거래를 성매매 및 노예제에 비교했다. 영국인 대상 조사 결과 응답자의 90% 이상이 "사익을 위한 무기의 제조 및 판매는 국제협약에 의해 금지되어야 한다"고 답해, 정부는 어쩔 수 없이 해당 사안을 담당하는 왕립위원회Royal Commission를 설립했다.[37] 위원회는 영국의 무기거래에 대해 다소 절제된 어조로 폭넓은 비판을 가했는데, 여기에는 "무기제조에서 민간의 역할이 적을수록 전쟁을 선동할 동기가 줄어든다고 본다"는 로이드 조지의 강력한 발언도 포함되었다.[38] 당시 연로한 자하로프가 그에게 미치는 영향력은 크게 줄어들었던 것이 분명하다.

비커스의 대변인이 위원회에 출석해 밝힌 비커스의 수법은 다음과 같다.

앱(비커스 측): …… 에이전트에게 1%를 커미션으로 지급합니다.

레이철 크라우디: 1%요?

앱: 그렇습니다. 하지만 그중에 에이전트 개인의 몫은 얼마나 되는지, 혹은 커미션으로 무엇을 하는지를 밝혀낼 권한이 우리에게는 없습니다.

레이철 크라우디: 그렇다면 모든 접대는 커미션으로 이루어지는 것이겠군요.

찰스 크레이븐 경(비커스 측): 그렇습니다.

레이철 크라우디: 뇌물의 경우도 마찬가지입니까?

찰스 크레이븐 경: 물론입니다.[39]

왕립위원회가 이러한 사실을 보고할 무렵, 나치 독일이 매우 적극적인 움직임을 보이자 영국 무기제조업체들의 상황은 물론 여론이 반전되었다. 당시 독일의 알프레드 크루프는 히틀러에게 크루프 공장을 넘기고 그곳에서 무기를 제조하는 것에 동의한 상태였다. 이에 대응한 영국의 대규모 재군비는 무기업체들에게 그야말로 구세주와 같았다. 국가에 대한 직접적인 위협, 그에 따른 전쟁 프로파간다, 군에 대한 찬양으로 인해 무기제조업체에 대한 비판은 더 이상 설 자리가 없었다.

무기업체들은 정부의 막대한 지원을 받아 조선소와 공장을 다시 활성화했으며, 업체들이 거둬들인 수익은 정부의 엄격한 관리를 받았기 때문에 전쟁을 통해 폭리를 취한다는 비판에서 어느 정도 자유로울 수 있었다. 무기수출의 속도는 늦춰지고 수출에 대한 통제는 더욱 엄격해졌다. 영국 항공부는 운송 지연과 물량 부족에 대해 비커스 등 무기업체들과 격론을 벌이다, 결국 폭격기 수량을 확보하기 위해 미국의 록히드마틴으로 눈길을 돌려야 했다. 하지만 영국 본토 항공전 이후 스피트파이어Spitfire 전투기가 신화적인 존재로 거듭나면서, 비커스는 이미 세상을 떠난 바실 자하로프의 흔적을 지우고 이미지를 크게 개선할 수 있었다. 이때 비커스는 자국에서 가장 큰 역할을 했고, 대외적인 이미지도 가장 좋았다.[40]

2차대전을 계기로 영국을 비롯한 세계 각국에 군산복합체가 탄생했다. 제국주의 체제에서 탄생해 전쟁이 진행되는 동안 막대하게 팽창한 군사경제는 냉전기에 접어들 때까지 계속 유지되었다.

전쟁이 끝난 뒤 10년 동안의 무기거래는 영국과 미국이 사실상 독점했다.[41] 영국으로부터 독립한 국가들이 지위와 안보 강화를 위해 무기를 사들이면서, 영국의 무기산업은 제국의 몰락 속에서도 호황을 누렸다. 1945년부터 1955년까지 영국은 민간업자와 외국 정부에 각각 20억 달러, 17억 달러 규모의 무기를 판매했다(군함은 제외).[42] NATO의 창설과 미국의 대유럽 원조로 무기수출의 기회가 늘었다. 이윤 창출보다는 외교적 문제를 더 우려했던 미국은 영국에서 장비를 구입해 유럽 대륙에 공급했다. 영국과 미국은 각자의 영역에 대한 암묵적 이해를 바탕으로 협조하면서 과도한 무기판매 경쟁을 피했다.[43]

놀라운 점은 인류 역사상 가장 참혹했던 2차대전의 여파로 무기판매가 급증했지만 1차대전에 비해 사회적 우려가 크게 제기되지 않았다는 것이다. 그 어느 때보다 활발하게 이루어진 군축 논의와 회담에서는 거의 핵군축만 초점이 되었다. 핵무기를 사용한 대량학살이라는 새로운 위협과 비교하면 재래식 무기의 수출은 상대적으로 무해하며, 냉전체제의 불가피한 부산물이라 여겨졌기 때문이다.

냉전체제가 확산되고 영국의 영향력이 줄어들면서, 미국이 영국을 대신해 소련의 위협과 무기산업에 대응하는 역할을 맡게 되었다. 60년대 초반 미국은 다른 국가들을 크게 앞지르는 최대 무기수출국이 되었고, 그로 인해 영국은 해외시장 확보를 위해 더욱 치열하게 경쟁할 수밖에 없었다.

최대 무기제조업체의 자리를 지키려던 비커스-암스트롱의 노력은 물거품이 되었다. 지난 50년간 비커스의 가장 큰 강점이었던 전함은 2차대전 이후 중요성이 크게 줄었고, 전투기는 비커스 단독으로 만들어내기에는 너무 복잡하고 비용이 많이 들었다.[44]

프랑스가 주요 무기제조국, 특히 항공기 제조국으로 새롭게 떠오르면서 영국은 유럽 시장에서도 어려움을 겪게 되었다. 프랑스의 무기산업은 마르셀 다소Marcel Dassault가 이끌었다. 유대인 의사의 아들로 태어나 19세기 말 파리에서 자란 마르셀은 어린 시절부터 비행기에 대한 열정을 키웠다. 1차대전 중 비행기를 생산하는 회사를 직접 설립하기도 했던 그는 1940년 나치가 프랑스를 점령한 후 다른 프랑스 항공기 설계 전문가들과 함께 포로로 억류되었다. 자유를 빼앗기면서도 나치에 부역하기를 거부한 마르셀은 부헨발트 강제수용소로 옮겨졌다. 그는 나치에 협력하기를 계속 거부하고 사형을 선고받았으나 이내 연합군이 도착하면서 구출되었다. 쇠약한 상태로 구출된 52세의 마르셀은 청력을 일부 잃고 시력도 좋지 않았지만 항공기를 만들고자 하는 열정으로 가득했다. 전쟁이 끝난 후 그는 블로흐Bloch에서 다소로 이름을 바꾸고 드골De Gaulle과 긴밀한 정치적 동맹을 맺었다('다소'는 마르셀의 형제가 레지스탕스에서 사용한 가명이다). 다소는 1951년부터 7년간 프랑스 하원의원을 지냈고, 비커스보다 작지만 인상적인 회사를 키워냈다.[45] 그가 만들어낸 항공기 중 최고로 꼽히는 것은 삼각형 날개와 로켓 부스터로 잘 알려진 미라주Mirage 전투기다. 미라주는 프랑스의 무기수출 중 가장 큰 성공을 거두며 외교정책에서 중요한 부분을 차지하게 되었다. 다소는 막대한 부와 프랑스 무기산업을 좌우하는 영향력, 정치권 인맥, 신문사를 통해 '1인 군산복합체'가 되었다.

하지만 영국과 프랑스 모두 성장을 거듭하는 미국 무기산업과 장기적으로 경쟁할 만한 적수는 못 되었다. 이에 영국 정부는 무기산업의 구조조정을 상려했고, 그 결과 일련의 합병을 거쳐 롤스로이스Rolls-Royce, 호커시들리Hawker Siddeley, BAC British Aircraft Corporation 등이 주요 업체로 떠오르게 되었다.[46] BAC는 1960년 7월 1일 비커스-암스트롱의 항공 부문과 소규모 업체 세 곳이 합병되면서 설립되었으며, 비커스-암스트롱이 지분의 40%를 소유했다. BAC의 유일한 성공작은 자그마한 민간 여객기 BAC I-II로, 후에 레오니드 미닌이 이 여객기를 소유하기도 했다. 정부는 BAC의 파산을 우려하면서도 구제금융은 꺼렸고, 결국 1977년 국영화와 함께 호커시들리 및 스코티시항공Scottish Aviation과 BAC를 통합하는 조치를 단행했다. 이렇게 탄생한 것이 BAE의 전신인 브리티시에어로스페이스British Aerospace다.[47]

1979년 선거를 통해 마거릿 대처가 집권했다. 대처의 근본주의적 자유시장주의에 따라 공공 부문이 대거 민영화되었다. 이에 따라 브리티시에어로스페이스는 국영화한 지 불과 4년 만인 1981년에 사기업으로 전환되었고, 영국 정부는 그해 2월 보유 지분의 약 51%를 매각했다. 1985년에는 외국 자본에 거부권을 행사할 수 있는 황금주를 제외한 모든 지분을 매각했다.[48]

1987년 브리티시에어로스페이스는 탄약, 소형화기, 전차, 포, 폭발물을 제조하는 통합 국영 무기업체 로열오디넌스Royal Ordinance를 인수했다. 4년 후에는 소형화기 제조업체인 헤클러운트코흐Heckler & Koch도 인수했다.[49] 또한 1999년 마르코니전자시스템Marconi Electronic System을 인수합병함과 동시에 회사명을 지금의 BAE 시스템으로 바꿨다. 이름을 바꾼 것은 영국 국방부보다 미국 국방부와의 거래량이 더 많아지면서 영국 기업이라는 이미지를 탈피하고자 했기 때문이다.[50]

'새롭게 태어난' BAE가 초기에 살아남을 수 있었던 것은 미국 국 방부 덕분이 아니라 평판이 좋지 않은 사막의 한 왕국 덕분이었다. 사 우디아라비아는 이븐 사우드Ibn Saud라고도 알려진 압둘 아지즈Abdul Aziz가 24년에 걸쳐 아라비아 전역의 다양한 부족들을 정복하고 통일 한 후 1925년 세운 근대국가다. 현재까지도 절대군주제를 유지하는 사우디는 압둘 아지즈 국왕의 후손들이 국가의 주요 부처 대부분을 통제하고 있다.[51] 사우디가 누리는 부와 지위는 동부의 거대한 유전과 이슬람교의 두 성지, 메카와 메디나 덕분이다. 석유로 벌어들인 막대 한 부와 엄격하고 근본주의적인 종교의 결합으로 세상에서 가장 불가 사의한 국가가 탄생하게 되었다.

사우디는 전 세계적으로 확인된 석유 매장량의 5분의 1을 보유하 고 있으며,[52] 최근 러시아에 자리를 빼앗기기 전까지 오랫동안 세계 최 대의 석유수출국으로 자리매김해왔다.[53] '검은 황금'이라 불리는 석유 는 사우디 세수의 80%, 수출 이익의 90%, GDP의 45%를 차지한다.[54] 사우디에서 처음 석유가 발견된 것은 1938년으로, 왕실의 영국인 고 문 잭 필비Jack Philby가 국왕으로부터 탐사 허가를 얻은 후의 일이었다. 잭 필비는 악명 높은 소련 스파이 킴 필비Kim Philby의 아버지였는데, 영 국 정부는 그가 '단역배우' 이상의 역할은 아니었다고 밝혔다. 이후 캘 리포니아스탠더드오일Standard Oil of California에 채용된 그는 선불로 낸 금 화 17만 5,000달러와 60만 달러의 차관으로 석유개발권을 확보했다. 약 93만km²에 달하는 지역의 개발권을 60년간 확보한 이 계약은 그 야말로 세기의 도둑질이었다. 석유 발견 이후 한 세기 동안 사우디 석 유산업을 실질적으로 통제한 것은 사우디와 미국 석유회사의 컨소시 엄인 아람코The Arabian American Oil Company, ARAMCO였다.[55]

풍부한 석유자원 덕분에 사우디는 서방 국가들에게 석유를 충분 히 공급하고 그 대가로 암묵적인 보호와 끝없는 무기거래를 보장받는 공생관계를 맺을 수 있었다. 미국과 영국은 무기수출 시 수입국의 인권 상황을 고려해야 한다는 국제법과 협약의 당사국이지만, 사우디 정권의 독재적이고 억압적이며 여성혐오적인 행태를 묵과한 채 무기를 판매해왔다. 인권유린이 만연한 사우디에서 이슬람교를 제외한 다른 종교활동 및 정당 설립은 불법이다. 2009년 국제앰네스티는 사우디의 인권 실태를 다음과 같이 묘사했다.

> 수천 명에 달하는 사람들이 계속해서 사법적 절차 없이 구금되고 있다. 양심수를 포함해 인권운동가들과 정부를 비판하는 사람들은 구금 또는 수감된다. 표현, 종교, 집회, 결사의 자유는 엄격히 제한되어 있다. 여성들은 법적·관행적으로 심각한 차별을 받는다. 이주노동자들은 착취와 학대에 시달리며, 이에 대한 배상을 받을 가능성도 희박하다. 사법 집행은 불투명하며 정식 절차를 생략하는 경우가 많다. 구금자에 대한 고문과 학대가 광범위하고 조직적으로 자행되며 그에 대한 처벌 또한 없다. 태형이 처벌 수단으로 널리 쓰이며 사형 또한 개발도상국 출신의 이주노동자들과 여성, 빈곤층에 대한 차별의 수단으로 널리 사용된다. 최소 102명이 처형되었다.[56]

제프리 에드워즈Geoffrey Edwards는 권위 있는 목소리, 큰 하관, 사자 같은 풍성한 머리가 눈에 띄는 요크셔 출신 사업가로, 1960년 토목 사업 기회를 찾아 사우디를 방문했다가 거기서 무기시장으로서의 잠재력을 발견했다. 에드워즈는 여러 영국 무기업체에 연락을 취했고, BAC, AEIAssociated Electrical Industries, 에어워크Airwork로 구성된 컨소시엄의 에이전트가 되었다. 그는 제다에 머무르며 1962년부터 사우디의 국방항공부 장관을 맡은 술탄Sultan 왕자와 친밀한 관계를 맺었다. 술탄 왕자는 파이살Faisal 왕의 이복 형제이자 반다르Bandar 왕자의 아버지다. 에드워즈는 영리하게도 술탄 왕자의 형제인 압둘 라만 왕자를 에이전트로 고용하고 자신이 AEI로부터 받는 커미션의 절반을 주었다. 에드워즈는 영향력 있는 사우디 자본가 가이스 파라온Gaith Pharaon에게 조언을 구하기도 했다. 가이스 파라온의 아버지는 국왕의 주치의였다. 에드워즈는 후에 파라온에게 8만 파운드를 주었다고 밝혔다.[57]

당시 사우디는 최신 전투기를 도입하고자 했다. 하지만 사우디 공군과의 계약 입찰에 참여한 것은 에드워즈만이 아니었다. 프랑스의 다소와 미국의 록히드마틴, 노스롭그루먼도 경쟁에 적극 뛰어들었다. 당초 영국 외무부는 사우디를 미국의 영향권으로 생각해 전투기 계약에 큰 관심을 두지 않았으나, 1964년 노동당 집권 후 금융위기가 발생하자 우파였던 에드워즈는 기회를 포착했다. 그는 사우디와의 계약이 엄청난 경제적 이득을 가져다줄 것이라며 당시 항공부 장관을 설득했다. 장관은 존 스톤하우스John Stonehouse 항공부 정무차관을 파견해 사우디와의 협상을 지원했다. 스톤하우스 정무차관은 후에 다음과 같이 말했다.

> 정부 관계자들은 대부분 제프리 에드워즈가 막대한 커미션을 보고 덤벼드는 무기 세일즈맨이라며 못마땅해했지만, 나는 그렇지 않았다. 아라비아 같은 곳에서는 어차피 그가 챙긴 커미션의 대부분이 다시 뇌물로 쓰였다. 또한 그 계약을 수주해야 영국의 공장들이 돌아가고, 국제수지를 개선할 외화를 벌 수 있는 상황에서 '나는 너보다 깨끗하다'는 태도가 무슨 소용이 있단 말인가.[58]

에드워즈는 술탄 왕자가 영국의 라이트닝Lightning 전투기를 원한다는 것을 알고 있었다. 그는 왕자가 미국에 불만을 느끼고 있으며, 미국에 크게 의존하는 상황에서 벗어나고 싶어 한다는 소식을 들었다. 술탄 왕자는 경쟁을 부추기고 미국과의 계약에서 더 유리한 조건을 이끌어내기 위해 이러한 정보를 일부러 흘렸을 것으로 보인다. 영국과 미국이 서로의 무기거래 '영역'을 침범하지 않기 위해 조심스럽게 행동하면서 상황은 더욱 복잡해졌다. 1965년 9월, 영국은 미국과의 경쟁에서 패배하는 듯했다. 하지만 미국은 최첨단 무기인 록히드마틴의 스타파이터Starfighter 전투기가 역내 힘의 균형, 특히 이스라엘과 사우디 간의 힘의 균형을 무너뜨릴 것을 우려했다. 영국과 미국은 고위급 협상을 통해 양국이 사우디에 공동 계약을 제의하기로 결정했다. 1965년 12월, 사우디는 영국이 BAC의 라이트닝 전투기 42대와 AEI의 레이더 시스템을 판매하고 미국이 해당 전투기 및 기술 사용에 필요한 교육을 제공한다는 공동 계약을 수락했다. 영국 역사상 최대 규모의 수출 계약이었다.

영국과 미국 정부가 협상을 진행하는 동안 무기제조업체들과 에이전트들이 말썽을 일으켰다. 당시 모든 무기업체는 에이전트를 자체적으로 고용하고 있었는데, 일부 에이전트가 비밀리에 1개 이상의 무기업체와 계약을 맺은 것이다. 무기업체들은 서로가 뇌물을 썼다며 비난했다. 이란에서 모사데크Mossaddegh 총리를 축출하고 샤Shah 국왕을 다시 권좌에 앉히기 위해 CIA가 유도한 쿠데타의 책임자였던 킴 루스벨트Kim Roosevelt는 노스롭그루먼의 에이전트로 일하며 자신이 확보한 주요 기밀정보를 거리낌 없이 제공했다. 그는 노스롭그루먼 경영진에게 "CIA 동료들이 상황을 주의 깊게 지켜보고 있다"고 말하기도 했다.[59] 모하메드Mohammed 왕자 또한 노스롭그루먼의 에이전트로 일하며 록히드마틴이 제공하는 뇌물에 대한 정보를 국왕에게 지속적으로 알렸다. 록히드마틴에 고용된 아드난 카슈끄지Adnan Khashoggi는 당시에는 거의 알려지지 않은 젊은 무기딜러였으나 후에 바실 자하로프의 뒤를 잇는 전설적인 인물이 된다. 그는 술탄 왕자와 긴밀한 관계를 맺고 추후 문제가 생기더라도 그 존재를 부인할 수 있는 뇌물 전달책으로 활동했다.[60]

영국 수출신용보증국, 재무부, 국세청 등 3개 정부기관이 협의하여 이 계약에 최소 780만 파운드에 달하는 커미션을 지급했다.[61] BAC의 라이트닝 전투기 수주에 매우 큰 역할을 한 제프리 에드워즈는 총 계약금액의 1.5%를 커미션으로 청구해 당시로서는 어마어마한 액수인 200만 파운드를 챙겼다.[62] 에드워즈는 태연하게도 이렇게 말했다. "커미션은 일반적인 관행에 따라 합법적이고 공개적으로 지급되었다. 사업 용역을 제공한 대가일 뿐이다."[63] BAC는 막대한 커미션 지출을 상쇄하기 위해 전투기 가격을 1대당 5만 파운드 올리고 이를 '대행 수수료'라고 기록했다. 이렇게 지급된 커미션은 가이스 파라온뿐만 아니라 사우디 왕자 5명에게 전달되었다.[64]

거래가 끝난 후 에드워즈는 그가 아니라 다른 수상쩍은 에이전트에게만 커미션을 지급한 AEI를 고소했다. 그 에이전트는 나중에 파리에서 살해당했다. 에드워즈 또한 압둘 라만 왕자를 포함한 에이전트 3명에게 고소를 당했는데, 에드워즈가 거래 과정에서 돈을 빌려갔다는 이유였다.[65] 에드워즈는 영국 저지섬으로 몸을 피한 후, 록히드마틴에서 잠시 에이전트로 일하다가 중동 국가들과 거래하는 회사를 직접 설립했다. 나중에 알려진 바로는 영국이 수주한 계약과 에드워즈에게 지급된 커미션은 록히드마틴, 노스롭그루먼의 수주 규모와 카슈끄지가 받은 엄청난 커미션에 비하면 미미한 편이었다.

계약을 성사시키는 데 아주 중요한 역할을 한 존 스톤하우스는 사우디에서의 경험을 계기로 '어둠의 세계'에 발을 들인 것으로 보인다. 정부에서 높은 자리에 오른 후 곧 개인 사업에 위험한 투자를 시작한 그는 결국 엄청난 빚을 지게 되었다. 이후 그는 1974년 마이애미 해변에서 자취를 감춘 뒤, 1976년 호주에서 가명으로 생활하다 발각되어 사기와 위조 혐의로 7년형을 선고받았다.[66]

사우디에게 이 계약은 성공적이라 하기 어려웠다. 라이트닝 전투기는 영국의 해안 방어에는 적합했으나 아라비아반도의 드넓은 사막에는 맞지 않았다.[67] 인도 과정에서 수많은 기술적 문제를 겪은 라이트닝 전투기는 1966년 사우디 수도 리야드 상공을 시험 비행하던 중 추락하고 말았다. 하지만 사우디를 골치 아프게 한 가장 큰 문제는 교육 및 유지 보수 서비스를 제공하기로 했던 에어워크의 역량 부족이었다. 에어워크가 약속한 것에 비해 재원이 부족했던 것이다. 결국 영국 국방부가 더욱 깊이 관여할 수밖에 없었다. 국방부는 공군 조종사 출신들을 채용해 전투기를 조종하도록 했는데, 사실상 이는 사우디에 영국 정부가 후원하는 용병을 파견한 것이나 다름없었다. 영국 정부는 결국 사업관리를 위한 조직을 사우디와 공동으로 리야드에 설립하기도 했다. 나중의 사례들과 마찬가지로, 단순한 상업적 판매로 시작된 무기거래가 정부의 전면적 개입으로 이어진 것이다.[68]

이 계약에 그다지 만족하지 못한 데다 경쟁력 있는 미국 무기 업체들이 있었음에도 불구하고, 사우디는 1973년 영국 정부와 2억 5,400만 파운드 규모의 계약을 다시 체결했다.[69] 스트라이크마스터 Strikemaster 전투기 10대 및 유지 보수를 제공하는 이 계약을 위해 최소 3,000만 파운드가 커미션으로 쓰였다.[70] 영국 국방부가 BAC를 주공급업체로 삼아 사우디 정부와 직접 계약을 체결했기 때문에 정부는 커미션 지급에 직접 관여할 수밖에 없었다. 정부가 공식적으로 관리한 BAC의 이윤은 커미션 지급을 위해 조작된 수치였으며, 이렇게 조달된 커미션은 스위스의 여러 비밀계좌로 입금되었다.[71]

1968년부터 1972년까지 주사우디 영국 대사로 일한 윌리 모리스 Willie Morris는 이렇게 기록했다. "사우디 왕실은 사우디를 자신들이 운영하는 회사처럼 생각한다. 참으로 놀라운 점은 계약금액의 20%는 왕자의 몫임을 모두가 알고, 이처럼 모두가 안다는 사실을 왕자도 알고 있지만 뻔뻔하게도 옳고 그름에 대해 끊임없이 논한다는 것이다."[72] 그는 또한 사우디에서 이루어지는 무기거래가 '기형적'이라며, 다음과 같이 말했다. "부정부패가 매우 심각한 문제다. …… 무기거래 '시스템'은 잘해야 대단히 귀찮은 문제고, 사실 왕실의 지배하에서 언제든 폭발할 수 있는 시한폭탄과 같다. …… 마치 한치 앞도 내다볼 수 없어 신중에 신중을 기해야 하는, 맹수들이 사는 정글과 같다." 또한 술탄 왕자가 "모든 계약을 통해 부정한 이익을 취했다"고 덧붙였다.[73]

1977년 영국 외무장관으로 취임한 데이비드 오언David Owen은 다음과 같은 긴급 공문을 통해 사우디 왕실을 매수하는 관행에 대해 알게 되었다. "무기제조업체가 계약을 따내기 위해서는 상당한 커미션을 청구하는 유명 에이전트를 통해 서열이 높은 왕자뿐만 아니라 관련된 여러 장관 및 관료의 지지 또한 확보해야 한다."[74]

이러한 관행을 합법화하기 위해 1977년 5월 쿠퍼 훈령Cooper Directive이 제정되었다. 입안자인 프랭크 쿠퍼Frank Cooper 국방부 사무차관의 이름을 딴 이 비밀훈령으로 고위 관료들은 정부 간 계약에 대한 커미션을 허가할 권한, 그리고 커미션 지급에 대한 정보를 장관에게 공유하지 않을 권한을 갖게 되었다. 또한 영국 기업이 합법적으로 계약을 수주할 수 있다는 것만 확인되면 커미션 지급을 허용할 수 있었다. 훈령에는 정부 관료들에게 해당 기업에 대한 '과도한 조사'를 피할 것을 지시하는 내용도 담겼다.[75] 1994년 쿠퍼 훈령은 한층 모호한 표현을 사용해 "정부 관료들은 더 이상 커미션 지급을 가시적으로 '허가'하거나 커미션에 관한 서신을 주고받지 말아야 하며, 커미션에 대한 '고려' 및 '조언'을 하는 것만 가능하다"는 내용으로 개정되었다. 정보공개법에 따라 문의한 결과, 이 훈령은 현재도 유효한 정책으로 남아 있다.[76]

이처럼 영국 정부는 관료적 수단과 최고 책임자인 총리의 승인에 따라 사우디와의 무기거래에 있어 영원히 불법을 자행하겠다는 돌이킬 수 없는 결정을 내렸다.[77] 총리가 비공식적인 자리에서 각료들에게 "영국은 부패에 관해 미국처럼 엄격한 기준을 지킬 수 없다"고 말할 정도였다.

이러한 결정으로 양국 관계는 더욱 긴밀해졌다. 1975년 3월 파이살 국왕이 사망하자 영국 정부를 대표해 조문한 이가 국방장관이었다는 사실은 양국 관계를 잘 보여준다. 1976년, 당시 사우디 국방항공부 장관이었던 술탄 왕자가 런던을 처음 방문했다. 당시 영국은 재규어 Jaguar 전투기를 사우디에 판매하려고 했다.[78] 사우디 정부는 미국과 지속적으로 거래해왔지만 1976년 미 의회가 매버릭Maverick 미사일의 사우디 판매를 금지하고 진보 성향의 지미 카터가 대통령으로 당선되면서 상황이 크게 바뀌었다. 이렇듯 불확실성이 커지자 사우디 정부는 다른 무기수출국과의 거래를 서둘렀다.

1977년 9월 BAC는 사우디 공군의 '사우디화'를 1982년까지 지속하기로 하는 내용의 후속 계약을 체결했다. 규모는 약 5억 파운드로 추정되며,[79] 영국 정부와의 협의를 통해 6,000만 파운드의 커미션이 지급되었다. 영국 방산판매국 국장은 커미션의 규모에 대해 "총액이 매우 크기는 하지만 일반적인 수준"이었다며, "적절한 제약을 두지 않으면 방위사업의 규모가 점점 커지면서 지불해야 할 대행 수수료도 어마어마하게 증가할 것"이라고 말했다.[80]

총 계약금액의 15%에 달하는 커미션 중 10%는 사우디 정부에 '허용원가admissible cost'로 청구했고, 나머지 5%는 BAC가 마진을 부풀려 충당했다.[81]

1970년대 내내 군비에 크게 투자한 사우디는 영국뿐만 아니라 미국과 프랑스에도 지속적으로 수익을 안겨줬다. 1967년, 1973년, 1977~1978년 영국이 사우디와 체결한 계약의 총규모는 현재 가치로 환산할 경우 약 45억 파운드에 달하며, 그중 최소 5억 파운드가 커미션으로 사용되었다.[82]

하지만 진정한 '대박'은 아직 터지기 전이었다.

2. 나치 커넥션

영국과 미국의 대형 무기제조업체들이 공식적 무기산업의 정점에 있다면, 합법과 불법의 경계에 있는 어둠의 세계에서 가장 음습한 모습을 보여준 것은 서글서글하고 넉넉한 인상의 전직 나치 당원과 그가 운영하는 독일의 소규모 무기업체였다.

메렉스의 기원은 아돌프 히틀러의 자살 이후 한 달쯤 지난 1945년 6월 초로 거슬러 올라간다. 라인하르트 겔렌Reinhard Gehlen 장군과 존 R. 보커 주니어John R. Boker Jr.는 히틀러가 목숨을 끊은 지 불과 한 달이 채 지나지 않은 때에 독일 서부 비스바덴의 어느 베란다에 함께 앉아 있었다. 겔렌 장군은 한 달 전 연합군에 투항한 독일 전쟁포로였고, 보커는 연합군에 잡혀온 독일 고위 정보원들을 심문하는 미군 정보장교였다. 그들은 독일과 전 세계의 미래에 큰 영향을 끼칠 결정을 내렸다. 나치 독일의 정보요원 중 생존자들을 확보해 서방에서 활용하도록 한 것이다.[1]

겔렌과 그가 이끈 많은 정보요원들에게 2차대전은 다가올 전 세계적 분쟁의 서막에 불과했다. 1942년 5월 겔렌은 독일의 동부전선 참모본부 정보국FHO의 총책임자로 임명되었다.[2] 그는 FHO에서 확보한 정보를 통해 독일의 승전 가능성이 매우 희박하다는 사실을 깨달았다. 소련의 전투 방식과 위력을 직접 목도한 겔렌은 FHO 동료였던 게르하르트 베셀Gerhard Wessel 중령에게 '전쟁에 의해 감춰진 위기가 극명히 드러나게 될 것'이라 말했다. 향후 세계가 동구권과 서구권으로 나뉜다고 예상한 것이다. 더 중요한 것은 어느 한 진영에 대한 충성을 요구하는 동서 간의 대립을 누구도 피할 수 없으리라는 점이었다. 베셀은 후에 미국 측에 "어느 한쪽을 택해야만 했고, 중립을 지키는 것은 불가능했다"고 진술했다.[3] 선택의 기로에 선 겔렌과 베셀은 서구를 택했다.

이러한 사실을 깨달은 겔렌과 FHO는 계획을 세웠다. 소련의 공업단지를 촬영한 사진과 소련 공군의 군사력에 대한 자세한 정보 등 소련에 대해 독일이 확보한 방대한 기밀문서를 모두 모아 숲속 오두막의 마룻바닥 아래 구덩이를 파고 숨겼다. 적절한 때가 되면 겔렌과 동료들은 연합군에 자진 항복하고 그간 모은 자료를 넘겨주는 대가로 처벌 완화를 요구할 생각이었다.

존 R. 보커 주니어는 그들의 계획이 아주 훌륭하다고 생각했다. 독일이 양질의 정보를 확보했다고 확신한 그는 숨겨진 서류를 복원하는 작업을 지휘하고 포로수용소를 샅샅이 뒤져 과거 겔렌과 함께 일한 동료들을 찾아냈다. 나치 장교들에게 호의적이지 않은 미국 당국이 자신의 계획을 망칠까 염려한 보커는 행적을 감추고 겔렌이 이끄는 조직을 보호하기 위한 작업을 은밀히 실행했다.[4] 그해 8월, 겔렌과 그의 고위급 동료들은 보커가 주시하는 가운데 미군 장성의 전용기를 타고 워싱턴으로 이동했으며, 워싱턴에서 다시 미 국방부로 이동했다.

겔렌은 처음에 독방에 감금되었으나[5] 집중 훈련을 받으며 미국 정보기관을 감탄케 했고, 1년이 채 되지 않아 독일로 돌아가 미국이 지원하는 대규모 대소련 정보기관을 이끌었다. 이후 10년간 미국은 흔히 '겔렌 조직Gehlen Org'이라고 알려진 이 정보기관에 약 2억 달러를 쏟아부었다.

1955년, 수백 명의 요원을 둔 겔렌 조직은 서독 정부에 정식 인계되어 새로 설립된 정보기관 연방정보국BND에 통합되었다.[6] 독일 비밀 요원들의 우상이었던 겔렌은 1968년까지 BND를 이끌었다. 우표수집가로도 유명했던 존 보커는 뒤늦게 '선견지명'을 인정받고 1990년 '군사첩보 분야 명예의 전당'에 올랐다.

종전 후 연착륙에 성공한 겔렌과 마찬가지로 이름 있는 나치 당원들이 전후 재편된 국제질서에 손쉽게 편입되었다. 그중 다수는 전후 사회에서 서로 긴밀한 관계를 맺고 겔렌 조직 및 BND 활동에 빈번히 참여했다. 러시아에서 2만 4,000명의 민간인을 살해한 경력이 있는 나치 친위대 우수대원이 BND 요원으로 일하는 경우는 어렵지 않게 찾아볼 수 있었다.[7] 학살당한 2만 4,000명 중 대부분은 유대인이었다. 전 나치 당원으로 이루어진 이 네트워크는 추악한 경력에 걸맞게 고문 훈련, 용병 파견 같은 사업을 벌였으며, 특히 무기거래에 적극 참여했다.

게르하르트 메르틴스Gerhard Mertins 또한 전쟁의 폐허에서 살아돌아와 겔렌 조직과의 연줄을 잘 활용한 인물이다. 전쟁 중 출중한 능력으로 소령까지 진급한 그는 독일군 7,000명에게만 수여된 기사철십자 훈장을 받는 영예를 누리기도 했다. 노르망디 상륙작전을 감행한 연합군을 격퇴하지는 못했지만 용감하게 맞선 공로를 인정받은 것이었다.[8]

메르틴스는 기꺼이 남을 도울 줄 아는 태평한 사람처럼 보였으나, 그의 측근에 따르면 상황 판단이 빠르고 "모두에게 거짓말을 하는" 사람이었다.[9] 그는 전쟁이 끝나고 얼마 지나지 않아, 나치 독일 치하에서 국영기업으로 설립된 폭스바겐에 들어갔다. 이후 1950년대 초반까지의 행적은 거의 알려지지 않았지만 특이한 회사를 운영했던 것은 확실하다. 미 육군 정보기관의 자료에 따르면, 메르틴스는 2차대전 참전 공수부대원으로 이루어진 조직 그린데빌Green Devils의 브레멘 지부 대표였다. 이들은 독일의 재무장을 강력히 주장했다.[10] 여기서 일한 다양한 전범 용의자 중에는 네덜란드, 벨기에, 룩셈부르크 침공을 지휘한 쿠르트 슈트덴트Kurt Student 장군도 있었다.

온갖 네오나치주의자들과 긴밀한 관계를 맺은 메르틴스는 나치에 협력했다는 것에 대해 가책을 느끼지 않았으며 전후 네오나치주의의 확산을 반겼다. 일례로 1950년 사회주의제국당Socialist Reich Party의 설립자 오토 에른스트 레머Otto Ernst Remer는 메르틴스의 초청으로 그린데빌 브레멘 지부에서 연설하기도 했다. 사회주의제국당의 강령은 히틀러가 주창한 것과 매우 유사했고 홀로코스트 또한 부인했다. 독일의 재무장에 대해서는 레머와 의견이 맞지 않는 부분도 있었지만,[11] 메르틴스는 "사회주의제국당의 주요 지지자"였으며, 미국 정보기관은 그가 "사회주의제국당을 재정적으로 지원했을 것"으로 보았다.[12]

메르틴스가 참전 군인 및 전 나치 당원들과 맺은 인맥은 폭스바겐을 떠난 후 매우 큰 도움이 되었다. 1951년 9월, 메르틴스는 특이한 프로젝트에 참여하기 위해 이집트로 떠났다. 이를 통해 그는 무기거래의 세계에 첫발을 디뎠다.

1948년, 이집트는 당시 신생국가였던 이스라엘과의 전쟁에서 참패하는 수모를 당했다. 이에 파루크Farouk 당시 이집트 국왕은 군인 출신의 독일인을 여러 명 고용해 이집트군의 훈련을 돕도록 했다. 전해진 바에 따르면 CIA와 겔렌 조직이 이를 암암리에 지원했다. 1951년 9월 이집트에 도착한 메르틴스는 책임자 역할을 맡고 있던 빌헬름 파엄바허Wilhelm Fahrmbacher 전 독일군 장군의 수석보좌관이 되었다. 메르틴스와 마찬가지로 파엄바허 또한 기사철십자 훈장을 받은 바 있다.[13]

1952년 7월 파루크 국왕에 대항해 쿠데타를 일으킨 젊은 장군 가말 압델 나세르Gamal Abdel Nasser는 파루크의 군대를 훈련시킨 독일인들의 힘을 빌리고자 했다. 자신만의 정보망 및 안보망을 구축해 세력을 공고히 하기 위해서였다. 메르틴스를 비롯한 독일 파견대는 재빨리 파루크에게서 등을 돌리고 새로운 계획에 착수했다. CIA와 겔렌 조직의 지원은 계속되는 상태였다. 2차대전 당시 연합군에 붙잡힌 이탈리아 독재자 무솔리니의 탈옥을 도운 정예부대 출신으로 유명한 전 나치 당원 오토 슈코르체니Otto Skorzeny가 훈련을 이끌었다. 슈코르체니 또한 1948년 미국 정보기관의 묵인하에 포로수용소에서 탈출한 후 자신과 비슷한 생각을 가진 스페인 독재자 프란시스코 프랑코 장군과 힘을 합친 바 있었다. 슈코르체니는 다양한 스페인 무기업체, 특히 알파ALFA

의 에이전트를 자처했다. 1954년, 슈코르체니와 나세르는 무기거래를 위해 협상을 벌이고 있었다. 메르틴스는 해당 거래에 대해 논의하기 위해 슈코르체니에게 연락을 취했다.

메르틴스의 인터뷰는 현재 거의 남아 있지 않은데, 그가 1968년에 자랑한 것처럼 파루크 국왕의 '심복'이었을 가능성은 낮지만,[14] 나세르와 이념적으로 잘 맞지 않았던 것은 분명하다. 특히 나세르가 이집트 총리가 된 이후 소련의 지지를 얻기 위해 소련과 우호관계를 맺었다는 점에서 말이다. 메르틴스는 이집트를 떠났지만 1950년대 중반까지 중동에서 계속 활동했다. 시리아의 공수부대를 훈련시켰으며, 중동 전역에서 많은 독일 업체의 판매 에이전트로 일했다. 그를 고용한 업체 중 가장 악명 높은 곳은 헤르베르트 콴트Herbert Quandt의 회사다. 콴트를 위해 메르틴스는 중동에 메르세데스-벤츠 차량을 팔았는데, 특히 사우디아라비아의 장교단에 와인색 자동차 500대를 판 일화가 가장 유명하다.[15] 메르틴스와 같은 공수부대에서 복무한 콴트 또한 열성적인 나치 부역자였다. 콴트의 어머니 마그다Magda는 히틀러의 나치 선전장관이었던 요제프 괴벨스와 결혼했으며, 패전이 다가오자 히틀러를 따라 총통 벙커에서 스스로 목숨을 끊었다.[16]

중동에서의 활동 이후에, 메르틴스는 유용한 정보자산이 될 수 있는 인물로 평가되었다. 1950년대 중반 미 육군 정보기관은 메르틴스에게 접근해 그를 고용했다. 임무는 그가 중동에서 판매 에이전트로 일하며 얻은 정보를 제공하는 것이었다.[17] 이로써 메르틴스는 처음으로 정보기관과 관계를 맺어 수익을 올렸다. 이것은 시작에 불과했다.

메르틴스는 1950년대 말 독일로 돌아가 다시 독일군에 합류하려 했으나 실패했다. 하지만 라인하르트 겔렌이 엄청난 돈이 될 제안을 던지자 실망감은 금세 사라졌다. 겔렌은 그에게 제3세계에 독일의 무기를 판매하는 중개인 역할을 맡아줄 것을 요청했다. 겔렌은 잠재 고객에 대한 정보를 제공하고, 모든 무기거래에 필수적인 최종사용자증

명서와 수출허가서 등의 서류 준비를 도왔다.[18]

당시 독일은 재무장을 준비하고 있었다. 무기판매를 통해 영향력을 키우고 오래된 재고품을 팔아 새로운 무기구매에 꼭 필요한 자금을 확보하겠다는 속셈이었다. 이를 위해 1963년 메르틴스는 독일의 본과 스위스 브베에 본사를 둔 메렉스라는 새로운 회사를 설립했다.[19] 그는 메렉스라는 이름이 '메르세데스-엑스포트Mercedes-Export'를 줄인 것이라고 주장하면서도, "메르세데스-벤츠와는 관계가 없다"고 밝혔다.[20] 차마 '메르틴스-엑스포트Mertins-Export'의 줄임말이라고 인정할 만큼 뻔뻔하지는 못했던 모양이다.

메르틴스는 얼마 안 있어 자신의 거대한 정보망에 필수적인 인맥을 새로 구축했다. 1965년 메렉스는 악명 높은 샘 커밍스Sam Cummings가 운영하는 인터암스Interams의 독일 판매 에이전트가 되었다. '제2의 자하로프'라고 불리기도 한 샘 커밍스는 몬테카를로에 있는 자신의 집이 예전 자하로프의 집 근처라고 자랑하기도 했다.[21] 커밍스는 2차대전 당시 미 육군 정보기관에서 중위로 복무했으며, 이후 CIA에 비밀요원으로 채용되어 블랙마켓에서 독일군의 불용 군수품을 사들이는 임무를 수행했다.[22] 1953년 26세의 젊은 나이로 인터암스를 설립한 그는 CIA의 도움을 받아 거액을 벌어들이기 시작했다. 1954년에는 CIA가 주도한 중요 임무를 처음으로 수행했다. 과테말라에서 쿠데타를 일으킨 우익 반군에 무기를 공급하는 일이었다. 3년 후 인터암스는 CIA의 허가하에 쿠바의 피델 카스트로에게 무기를 공급했다.[23] 미국은 카스트로에게 무기를 공급함으로써 우호적인 관계를 유지할 수 있다고 믿었던 것이다. 잘못된 전략과 역류의 대표적 사례다.

힘을 합친 메르틴스와 커밍스는 무기산업의 강자가 되었다. 1965년 그들은 미국이 생산한 F-86 전투기 74대를 베네수엘라에 판매했다. 그중 54대는 미국이 사들인 독일의 불용 장비였으며, 나머지 20대는 독일 공군이 전시에 사용한 제품이었다.[24] 이 계약의 수익은 엄청났다. 독일군 불용 장비였던 F-86을 1대당 4만 6,400달러에 구입해 베네수엘라 공군에 1대당 14만 1,000달러에 팔아 총 692만 6,000달러의 순이익을 올렸다. 커밍스는 후에 이 수익이 온전히 메르틴스에게 넘어갔다고 주장했다.[25] 이 거래는 부정부패로 점철되어 있었다.[26]

이듬해 메렉스는 많은 논란을 일으킨 계약을 연달아 성사시켰다. 그 논란들로 인해 메르틴스는 막 시작된 무기딜러로서의 커리어를 마감할 뻔했다. 자하로프와 마찬가지로 메르틴스는 당시 분쟁 중인 파키스탄과 인도 양측에 전투기를 팔았다. 양국의 분쟁으로 당시 남아시아는 전 세계에서 가장 불안정한 지역 중 하나였다. 처음에 그는 파키스탄에 F-86 전투기 90대를 판매했다. 독일군의 불용 군수품을 구입한 뒤 다시 판매한 것이었다. 당시 파키스탄은 인도와의 분쟁 심화로 인해 NATO의 무기금수조치 대상국이었다. 이러한 조치를 피해 파키스탄에 무기를 판매할 수 있었던 것은 이란 국왕의 도움 덕이었다. 독일 공군이 테헤란까지 전투기를 운반하면 파키스탄 장교처럼 옷을 입은 이란 조종사들이 파키스탄까지 전투기를 마저 운반하는 속임수를 사용할 수 있도록 허가한 것이다.[27]

메렉스가 인도와 거래를 지속하고 있었음에도 메르틴스는 파키스탄에 무기를 팔았다. 1965년 8월 인도는 메렉스에 시호크Seahawk MK-100과 시호크 MK-101 전투기 28대를 주문했다. 시호크 MK-100과 101은 독일 공군이 사용한 오래된 아음속(마하 1.0 이하—옮긴이) 전투기로, 인도가 발주할 당시에는 불용 장비로 간주되고 있었다. 인도-파키스탄 전쟁이 발발하자 양국은 모두 금수조치를 당했다. 하지만 1966년 6월 메르틴스는 이탈리아 업체에 전투기를 판매해도 좋다는 독일 당국의 승인을 얻었다. 그는 화물을 운송할 선박 빌레탈호를 빌렸다. 독일 노르덴함Nordenham의 작은 항구에서 출항한 배는 지중해에 들어서자 이탈리아 영해를 그대로 통과해 수에즈 운하를 거쳐 인도에 도착했다.[28] 메렉스는 1대당 약 62만 5,000달러에 구매한 전투기

를 인도에 1대당 87만 5,000달러에 팔아 총 500만 마르크가량의 수익을 올렸다.[29]

빌레탈호가 인도를 향하던 바로 그때, 자매선 베레탈호는 메렉스가 파키스탄에 판매한 코브라Cobra 대전차로켓을 운송하기 위해 거의 비슷한 항로를 따라 파키스탄으로 향하고 있었다.[30] 베레탈호는 중간에 이란에 들러 미사일, 대포, 기관총을 비롯한 군수물자를 한가득 쏟아냈다. 이는 이란에 대한 두 번째 운송으로, 이란의 대독일 특사가 서명한 최종사용자증명서가 있었기에 합법적인 거래였다. 하지만 파키스탄과 체결한 거래의 경우 화물의 운송 경로를 1년 전 독일과 국교를 단절했던 사우디로 변경해야 했다.[31] 이 배에는 총 1,200만 5,800마르크 상당의 화물이 실려 있었다.[32]

메르틴스가 비도덕적인 사업을 벌이고 있다는 사실이 언론에 새어 나갔다. 스위스의 한 신문은 메르틴스가 이제 스위스에서 떠나야 한다는 캠페인을 대대적으로 벌였다.[33] 메르틴스의 소식은 미국에서도 공분을 샀다. 메렉스가 파키스탄에 판매한 전투기들은 원래 미국의 재고 전투기를 종전 후 독일에 제공한 것이었기 때문이다. 늘 그렇듯 이러한 경우에는 제공국이 모든 무기판매를 거부할 권한을 가진다. 분쟁 중인 파키스탄에 무기를 판매하는 것은 미국 국내법과 국제법을 모두 위반하는 행위였다. 스튜어트 사이밍턴Stuart Symington 상원의원 주재하에 의회 청문회가 개최되었다. 메르틴스는 사이밍턴 의원을 따로 만났고, 소환을 당하지는 않았다. 하지만 샘 커밍스는 청문회에 출석해야 했다. 사이밍턴 의원은 "미국 정보기관이 당시 F-86 전투기가 파키스탄에 전달될 것임을 정확히 알고 있었다"는 놀라운 사실을 밝혀냈고, 커밍스는 청문회에서 그것이 사실이라고 증언했다.[34]

미 의회가 파키스탄과의 무기거래에 관한 청문회를 진행하는 동안 FBI는 메렉스를 서독 정부의 에이전트로 등록해야 하는지를 놓고 조사를 진행하고 있었다. 메렉스가 미 국무부 및 국방부와 지속적으로 접촉해왔음을 시사하는 상당한 양의 문서가 입수된 후 미 육군 정보기관은 메렉스가 에이전트로 등록되는 일이 절대 발생하지 않도록 조치를 취했다. 메렉스의 비밀이 공개되고 익명성을 잃게 될까 우려했던 것이다. 군 당국은 "〔그들을〕 지속적으로 활용할 수 없게 될 것을 우려해 어떠한 이유에서든 메렉스나 메르틴스가 〔전직 에이전트로〕 등록되는 것을 반대"했다.[35]

미 육군 정보기관의 지원을 얻은 메르틴스는 미국에도 자회사를 설립하기로 결정했다. 워싱턴 D.C. 바로 북쪽 메릴랜드주의 작은 도시 베세즈다에 위치한 한 주택에 메렉스 코퍼레이션Merex Corporation이 설립되었다. 남아시아에서 메르틴스가 벌인 사업에 대한 청문회에서, 그는 미국이 제공한 불용 장비의 판매 허가 여부를 결정하는 담당자 헨리 J. 커스Henry J. Kuss를 '헨리'라 부르며 미국 기득권층과 친밀한 관계를 맺고 있음을 시사하기도 했다.[36] 메르틴스는 언론의 부정적 반응에도 동요하지 않고 메렉스 기념 달력을 배포했다. 달력은 '새로운' 독일과 '과거' 독일의 경험을 모두 보여주는, 중무장한 채 전투를 벌이는 군인들의 감동적인 사진으로 채워졌다.[37]

메르틴스와 샘 커밍스의 관계는 둘에게 막대한 수익을 가져다주었으나, 파키스탄과의 무기거래가 세상에 알려지자 틀어지기 시작해 그리 오래가지 못했다. 메르틴스가 미국에 자회사를 설립하자 이전까지 메르틴스의 미국 에이전트 역할을 해준 인터암스의 도움은 더 이상 필요 없게 되었고, 이는 둘의 관계가 끝나게 된 결정적 이유였다. 그들은 과거 행적의 책임을 서로에게 떠넘기며 덕담과는 거리가 먼 이야기를 언론에 흘렸다. 메르틴스는 커밍스가 스스로를 뽐내며 한 유명한 말을 종종 인용하며 이렇게 말하기도 했다. "커밍스를 안다. 자신을 위대한 무하마드 알리라고 칭하지 않았나. 나도 들었다. 커밍스는 고철상이다. 아직도 군에서 하사로 일하며 배운 방식으로 파일을 보관한다. 메렉스는 고철상 수준은 아니다."[38] 아이러니하게도 메르틴스가 독일 당국과의 공감대를 잃자 이득을 본 것은 커밍스였다. 메르틴스의 자리를 대체한 전직 나치 중장 게르하르트 엥겔Gerhard Engel의 회사가 커밍스와 공동 에이전트 계약을 맺은 것이다. 게르하르트 엥겔은 히틀러의 부관이었던 인물이다.[39]

메렉스의 미국 자회사는 유럽의 메렉스 본사 소유였지만, 메르틴스는 측근 헤라르트 바우슈Gerard Bausch를 미국 자회사의 CEO 겸 회장으로 임명했다. 자신의 집 지하실에서 메렉스 코퍼레이션을 운영한 바우슈에게는 유용한 인맥이 있었다. 메르틴스와 마찬가지로 독일 정보기관에서 자신에게 딱 맞는 분야를 개척해낸 그는 1962년 라인하르트 겔렌의 지시에 따라 카이로 사무소의 책임자로 임명되었다. 카이로는 한때 메르틴스가 활발한 활동을 펼친 곳이다. 1965년 바우슈는 볼프강 로츠Wolfgang Lotz가 모의한 계획에 연루되었다는 혐의로 잠시 체포되었다. 독일과 이스라엘의 공동 에이전트였던 로츠는 나세르에 불만을 가진 이집트 장군들에 대한 정보를 이스라엘의 비밀 정보기관 모사드에 제공하고 나세르와 협력하던 독일 과학자들에게 편지 폭탄을 보내다 발각되었다. 바우슈는 한스-하인리히 보르기즈키Hans-Heinrich Worgitzky 연방정보국 부국장이 이집트를 세 차례 방문한 끝에 풀려났다.[40]

바우슈가 화려한 인맥을 동원했지만 파키스탄과의 무기거래 이후 메르틴스와 독일 정보기관의 관계는 얼어붙었다. 메르틴스는 결국 이로 인해 형사고발을 당했다. 비슷한 시기에 메르틴스가 나이지리아 정부에 탄약 600만 발을 판매했다는 사실도 그에게 불리했다. 나이지리아에 군사 쿠데타가 일어난 이후 서독 정부가 공식적으로 그 나라에 무기공급을 중단한 상태였기 때문이다.[41] 그에 반해 기꺼이 무기를 공급한 소련과 나이지리아의 관계는 점점 가까워지는 상황이었다.[42] 메르틴스는 자국 정부의 뜻을 거스르고 소련과 관계된 국가에 무기를 공급했던 셈이다.

독일 정부와의 관계가 약화된 상태에서 메르틴스는 새로운 판매처를 찾기 위해 다른 지역에서 새로운 수단을 강구했다. 미국 정보기관과의 관계가 도움이 될 때도 있었다. 일례로 메르틴스가 정치적 견해의 차이로 이집트를 떠난 지 10년이 지난 1972년, 새로운 이집트 대통령 안와르 사다트의 신임을 받던 사디크 장군이 메르틴스를 이집트로 불렀다. 당시 이집트 정부는 소련이 공급하는 무기의 인도 기간이 너무 길다는 것에 불만을 갖고 있었다. 이집트에서 메르틴스와 만난 사디크 장군은 그에게 이집트가 소련과의 거래를 중단하면 미국이 그 자리를 대신할 의향이 있는지 미국 정부 관료들을 통해 알아봐줄 것을 요청했다. 또한 메렉스가 공급하는 교량가설 장비 거래에 대한 논의도 이루어졌다.[43]

하지만 메르틴스가 다시 나치와의 관계를 이용해 확보한 새로운 거래의 대부분은 남아메리카에서 이루어졌다. 메르틴스는 페루에서 커머셜 애그리콜라Commercial Agricola라는 회사를 메렉스의 페루 법인으로 삼았다.[44] 커머셜 애그리콜라를 운영한 프리츠 슈벤트Fritz Schwend는 2차대전 당시 베른하르트 작전에 참여한 경험이 있었다(베른하르트 작전은 막대한 양의 위조지폐를 영국 시장에 풀어 영국 경제를 약화시킨다는 무모한 작전이었다).[45] 슈벤트는 전후 다른 많은 나치 당원들과 마찬가지로 전쟁범죄에 대한 처벌을 피해 페루에 정착했다. 슈벤트와 메르틴스는 페루 정보기관과 긴밀한 관계를 맺은 오토 슈코르체니의 도움을 받아 페루 정부에 M14 전차를 판매했다.[46]

메르틴스의 남아메리카 네트워크에는 한스 루델Hans Rudel, 클라우스 바비Klaus Barbie 같은 더욱 극단적인 나치 당원들도 포함되어 있었다.[47] 강성 우익이었던 루델은 1950년대 초반 그가 후원한 자유군단Freikorps의 연설 요청에 따라 독일을 자주 방문했다.[48] 자유군단은 "나치 이후 서독에서 가장 노골적인 민족주의적 우익 단체로, 나치의 정책을 고수하고 심지어는 독재정권이 다시 들어서야 한다고 주장."했다.[49]

하지만 메르틴스의 남아메리카 네트워크에서 가장 악명 높았던 인물은 클라우스 바비였다. '리옹Lyon의 학살자'로 불리기도 한 그는 프리츠 슈벤트와 막역한 사이였다. 바비는 2차대전 중 독일의 리옹 점령 당시 주민 4,000명을 고문하고 살해하는 과정을 직접 지휘했다. 피해자 중에는 그가 강제수용소로 이송한 유대인 고아들도 포함되어 있었다. 종전 후 볼리비아에 정착하기 전에는 미국 정보기관에서 일했다. 프랑스 당국이 그의 소재를 알아내자 미국은 그가 남아메리카에 정착할 수 있도록 도움을 주었다. 바비의 사악한 능력은 볼리비아의 군부 독재정권에 유용하게 쓰였다. 우고 반세르Hugo Banzer 정권은 바비를 고용해 정적들을 고문하고 처형하기 위한 포로수용소를 만들도록 했다. 바비는 반세르 정권의 공식 무기구매 에이전트가 되어 메르틴스의 사업에 큰 도움을 주기도 했다. 1968년 2월 슈벤트는 메르틴스에게 편지를 써 바비가 운영하는 회사 트랜스마리티마Transmaritima가 볼리비아 해군을 위해 중고 선박을 구매하고자 한다는 사실을 알려주었다. 해당 거래가 이루어졌는지는 알 수 없지만, 바비에게 연락을 취하라는 메르틴스의 요청이 메렉스의 해군 담당부서에 전달되었던 것으로 보아, 그가 바비에게 도움을 주고자 했던 것은 확실하다.[50]

메르틴스가 남아메리카에서 관계를 맺은 국가 중 가장 긴밀하고 가장 수익성이 높았던 곳은 칠레였다. 메렉스는 1971년 헤라르트 바우슈와 함께 처음 칠레 시장에 발을 들였다. 당시 바우슈는 칠레 기병대에 80만 달러 상당의 기마용 굴레와 안장, 탄약 2만 발을 판매하기 위해 칠레를 방문했다.[51*] 그들의 교섭 상대는 영향력 있는 야심가 아우구스토 피노체트 장군이었다. 피노체트는 그로부터 2년 후 미국의

---

* 이 거래를 끝으로 바우슈와 메르틴스의 관계도 끝이 났다. 바우슈는 메르틴스의 커미션이 합당하지 않다고 생각했기 때문이다. 메르틴스는 무기딜러로 일하는 내내 이런 불평을 들었다.

지원을 받아 쿠데타를 일으켰다. 사상 최초로 선거를 통해 선출된 대통령 살바도르 아옌데가 쿠데타 과정에서 사살되었는지, 혹은 자살을 강요받고 목숨을 끊었는지는 명확히 밝혀지지 않았다. 메르틴스는 칠레가 강경한 반공주의 독재자의 손에 들어갔다는 사실에 기뻐했다. 칠레를 자주 방문한 그는 폭력과 고문을 일삼는 피노체트의 잔혹함을 직접 목격했다. 메르틴스는 칠레를 찾을 때면 안데스 남부에 위치한 독일인 집단 거주지 콜로니아디그니다드Colonia Dignidad에 자주 머물렀다. 이 거주지에 깊은 인상을 받은 메르틴스는 독일에 '친우회Circles of Friends'라는 단체를 만들어 콜로니아디그니다드를 재정적으로 지원하기도 했다.[52]

콜로니아디그니다드는 평범한 집단 거주지가 아니었다. 전 나치 당원이자 아동 성추행 혐의로 자국에서 도망친 독일 성직자 파울 샤퍼Paul Schafer에 의해 1961년 처음 조성된 이곳은 거주자들이 도망가지 못하고 방문객들은 들어오지 못하도록 하기 위해 감시탑과 철조망으로 둘러싸여 있었다. 콜로니아디그니다드에는 기이한 사회적 가치들이 뒤섞여 있었다. 자급자족과 1930년대 독일 농민들의 생활 방식을 추구했으며 스스로를 의용군이라 여겼다. 피노체트가 축출된 후 무력을 동원한 위협 끝에 콜로니아디그니다드가 폐쇄되자 개인 소유의 권총, 유탄발사기, 땅에 묻어둔 전차 1대를 포함해 엄청난 양의 숨겨둔 무기가 발견되었다. 지하에는 미로 같은 비밀터널이 만들어져 있었으며, 그 안에는 칠레의 비밀경찰조직 국가정보국과 긴밀히 협력한 CIA 요원 마이클 타운리Michael Townley가 설계한 것으로 알려진 고문실이 있었다.[53] 콜로니아디그니다드와 정기적으로 무전 연락을 주고받은 칠레 국가정보국은 이 고문실에서 "바그너와 모차르트의 음악을 틀어놓은 채" 정부의 정적들을 고문하곤 했다.[54] 또한 그 고문실은 시설을 잘 갖추고 있어 생물무기의 개발 및 검증을 위한 실험실로 쓰였으며, 그 생물무기는 그곳에서 고문받은 사람들에게 사용된 것으로 추정된다. 마침내 콜로니아디그니다드가 수사 대상이 되자 그곳에 강제로 거주했던 소년들을 샤퍼가 상습적으로 추행했다는 사실도 밝혀졌다. 이에 대해 2004년 칠레 법원은 궐석재판에서 그에게 유죄 판결을 내렸다.[55]

1960년대 말과 1970년대 초, 메르틴스는 동아시아에서도 거래를 성사시키기 위해 노력했다. 1978년 미 상원 청문회 내용에 따르면 메렉스는 대한민국의 악명 높은 사업가 박동선에게 가격표를 보내주었다고 한다. 박동선은 1970년대 미국 의원들에게 뇌물을 제공한 혐의로 고발당한 인물이다.[56] 2005년에는 이라크의 석유-식량 연계프로그램 관련 비리에 연루된 혐의를 받았다. 2년 후 그는 사담 후세인의 지시를 받고 UN 관계자들에게 뇌물을 전달하려 한 혐의로 징역 5년을 선고받았다.[57] 1972년 메르틴스는 중국의 준국영 무기업체인 중국북방공업NORINCO와 장기적인 관계를 맺게 되었으며, 사담 후세인도 여기에 연루되어 있었다.

남아메리카에서 아시아까지 전 세계를 누비며 계약을 따낸 1960년대 말과 1970년대 초는 메렉스와 게르하르트 메르틴스의 전성기였다.[58]

하지만 좋은 시절은 그리 오래가지 않았다. 메르틴스가 명성을 쌓을 수 있었던 것은 그가 처음에는 독일, 나중에는 미국의 정보기관과 긴밀한 관계를 유지했기 때문이다. 1970년대 초반 메르틴스는 미 육군의 정보부대인 현장활동사령부USAFAC 요원으로 일했다. 그의 임무는 전 세계의 인적 정보, 즉 사람들이 어떤 일을 왜 하는지에 대한 정보를 수집하는 것이었다. 하지만 메르틴스는 아무리 좋게 표현해도 '반미주의적'이라 할 수 있는 국가들과 거래를 하며 현장활동사령부의 심기를 건드렸다. 1972년 베트남 전쟁 중에 메르틴스가 사이공 미군 사령부에 무작정 들어가 자신이 미국 정보기관에서 나왔으니 책임자를 만나게 해달라고 요구한 이후 그와 미국 정보기관과의 관계는 끝이 났다.[59] 메르틴스의 허세와 무분별한 행동이 도를 넘었던 것이다.

그는 현장활동사령부에서 해고되었다. 이를 받아들이지 못한 메르틴스는 현장활동사령부를 고소하는 전대미문의 선택을 한다. 소송 절차는 공개되지 않았지만, 메르틴스가 일으킨 사건으로 인해 현장활동사령부는 아예 해체되었다.

메르틴스의 시대는 독일에서도 저물어가고 있었다. 독일 언론은 메르틴스가 파키스탄에 무기를 팔았다는 사실을 여전히 강하게 비판하고 있었다. 그리고 한 지방 검사가 메렉스를 독일 수출법 위반과 문서 위조로 기소하기로 결정하자 언론은 메르틴스에 대한 보도를 대폭 늘렸다. 메르틴스 밑에서 나치 공수부대원으로 복무한 군터 라우리슈Gunter Laurisch, 공군에서 복무한 칼 폰 브라켈Karl von Brackel, 메렉스의 판매 에이전트 역할을 한 오스트리아 총기제조업자 하인츠 함브루슈Heinz Hambrusch 등 메르틴스의 사업 파트너들도 함께 기소되었다. 법적 절차가 진행되면서 1980년대 초반까지 메렉스의 수익은 폭락했다. 재판이 끝난 뒤 메르틴스는 '파산'했으며, 그는 "독일 정부가 지시한 것이기 때문에 법률을 거의 위반하지 않았다"고 주장했다. 한때 자신만만한 무기딜러였던 그는 "지치고 헝클어진 모습"이었다.[60]

메르틴스의 변호인단은 그가 독일 정부의 명백한 지시에 따라 파키스탄에 무기를 판매한 것이라고 주장했다. 메르틴스는 독일 정보기관 BND와의 관계를 설명했으며, 판사는 그의 증언이 거짓이라는 증거를 거의 찾지 못했다. 특히 메르틴스가 파키스탄에서 벌인 일에 대해 독일 정부가 대부분 알고 있었으며[61] 이는 우라노스Uranus라는 프로젝트의 일환이었다는 BND 요원의 증언[62]도 나왔다. 1975년 말, 마침내 메르틴스는 '파키스탄과의 무기거래에서 법을 어기고 분쟁 당사국 모두에 무기를 제공했지만 법적으로 범법행위는 인정되지 않는다'는 판결을 받았다. 하지만 메르틴스는 매우 전투적인 태도를 보였다. 재판 때문에 자신의 평판에 금이 갔다고 생각한 그는 금전적인 보상을 요구하며 독일 정부를 고소했다. 메르틴스가 이러한 선택을 한 것은 자존심 때문이기도 했지만 더 큰 이유는 경제적 어려움이었다. 1977년에는 심한 자금난으로 라인강변의 저택을 압류당하기까지 했다.[63] 이후 메렉스의 재무제표는 그야말로 처참했다. 1980년 메렉스의 지출은 820만 마르크였으나, 보유 자산은 100만 마르크, 매출액은 50만 마르크에 불과했다.[64] 이후 메렉스는 독일 정부를 상대로 한 재판에서 보상금으로 500만 마르크를 지급받아 한숨을 돌릴 수 있었다. 메르틴스가 요구한 금액은 1,200만 마르크였다.

1970년대 후반 메르틴스는 생존을 위해 분투하며 전보다 더 무차별적으로 무기를 팔기 시작했다. 그는 냉전시대에 이념적으로 충돌한 양측 모두에 무기를 팔며 역류의 대표적 사례를 선보이기도 했다. 1980년대 메르틴스는 놀랍게도 다시 한번 미국 정보기관의 환심을 샀다. 이번에는 CIA였다. 메르틴스는 CIA와 긴밀한 관계를 맺고 있던 미국인 제임스 애트우드James Atwood와 친구가 되었다. 애트우드는 《나치 독일의 단도와 검The Daggers and Edged Swords of Hitler's Germany》이라는 책으로 네오나치주의자 사이에서 약간 유명해진 괴짜 소형화기 딜러였다. 1980년대 중반 애트우드와 메르틴스는 미국의 사무실을 함께 쓰며 계약 1건을 성사시켰다. 이 계약은 이란-콘트라 사건의 일환으로 1986년 9월 니카라과의 콘트라 반군에 무기를 공급하기 위한 것이었다.

이란-콘트라 사건은 큰 논란을 낳았다. 당시 아야톨라 호메이니가 이끄는 이슬람 정권의 통치하에 있었던 이란은 미국의 무기금수조치 대상국이었다. 그럼에도 미국은 이란에 불법으로 무기를 팔고, 그 수익금으로 니카라과의 좌익 산디니스타Sandinista 정권을 전복하려는 우익 반군을 지원했다. 이 작전을 구상한 것은 로널드 레이건 행정부 최고위층이었으며, 올리버 노스Oliver North 대령이 그 실무를 맡았다. 조지 H. W. 부시 부통령이 주도하고 반다르 사우디 왕자, 이스라엘, 많은 부도덕한 무기딜러들이 합세해 일으킨 이 사건은 오늘날 미국과 이스라엘의 주적인 이란을 무장시켜주는 결과를 낳았다.

이란-콘트라 사건에서 메렉스의 역할은 곤란한 문제 하나를 해결하는 것이었다. 올리버 노스의 유령회사 엔터프라이즈Enterprise는 '마르베야의 왕자'로 알려진 악명 높은 무기딜러 몬제르 알-카사르Monzer Al-Kassar로부터 220만 달러 상당의 불법 무기를 구매했다. 이때 사용된 자금은 이란에 무기를 팔아 번 것이었다. 당시 공산주의 국가였던 폴란드에서 구매한 무기가 폴란드에서 포르투갈로 이송되던 도중, 미 당국은 니카라과 콘트라 반군에 대한 무기금수조치를 해제했다. 이로 인해 엔터프라이즈는 막대한 양의 값비싼 무기를 갑자기 떠안게 되었다. 체면을 세우기 위해 메르틴스와 애트우드는 엔터프라이즈를 대신해 CIA 측에 무기를 구매해달라고 요청했다. 메르틴스의 아들 헬무트 메르틴스Helmut Mertins는 적절한 시기에 포르투갈에 가서 새로운 선박을 계약하고 미국에 위치한 CIA 창고까지 무기가 이송되는 과정을 감독하며 상황을 정리했다. 알려진 바에 따르면, 그는 CIA 창고까지 이송한 무기를 다시 콘트라 반군에게 전달했다.[65]

콘트라 반군을 지원하기 위해 CIA와 협력하던 바로 그 시기, 메르틴스는 중국과의 관계 또한 발전시키고 있었다. 앞서 언급한 바와 같이 메렉스는 1972년 이미 중국 준국영 무기업체 중국북방공업과 인연을 맺고 서방 국가의 무기 및 정보 네트워크에 접근할 매우 유용한 기회를 제공했다.[66] 그 덕택에 메르틴스는 자오 페이Zhao Fei 중국북방공업 회장과 우호적인 관계를 쌓았다. 당시 중국은 독일의 대형 무기제조업체 라인메탈Rheinmetall의 120mm 구경 박격포를 탐내고 있었다. 메르틴스는 강한 화력과 정밀도로 잘 알려진 이 박격표의 설계도를 구해 중국북방공업에 넘겼다.[67] 메르틴스의 윤리 관념이 여실히 드러나는 대목이다. 독일 정보기관이 비밀스러운 거래를 위해 길러내고 육성한 무기딜러 메르틴스가 불과 10년 뒤 공산국가인 중국을 지원하기 위해 조국 독일의 군사능력에 기꺼이 해를 입힌 것이다.

메르틴스와 자오 페이가 주고받은 편지를 통해 메렉스가 미국 정보기관과 협력하는 동시에 미국의 정책에 정면으로 반하는 중국과의 무기거래에도 개입했다는 것이 명백히 밝혀졌다. 또한 이 편지에서는 이란-콘트라 사건이 일어나기 불과 2년 전, 이란-이라크 전쟁이 한창일 당시 사담 후세인이 메렉스의 잠재적 고객이었다는 사실도 드러났다. 메르틴스가 자오 페이에게 보낸 편지에서 "사담 후세인과 연락을 취했으며, 중국이 고품질의 무기를 생산한다는 것을 다시 한번 전했다"고 슬쩍 언급한 것이다.[68]

메르틴스와 자오 페이의 관계는 또 다른 미심쩍은 거래로 인해 세상에 알려지게 된다. 1982년 미국의 무기업체 페어차일드 웨스턴 Fairchild Weston은 자사 제품을 중국에 파는 것을 도와달라며 메렉스를 찾았다. 중국은 로랩LORAP이라는 장거리 첩보카메라에 관심을 보였다. 중국북방공업은 카메라 2대를 2,000만 달러에 구입하기로 결정했다. 미 국방부는 첩보카메라로 중국의 정보능력이 크게 향상될 것을 우려했다. 국방부는 "해당 제품에 사용된 기술과 중국의 정보수집 능력 향상에 따른 미국 동맹국 위협으로 인해 판매를 거부할 것을 권고한다"고 밝혔다.[69] 하지만 미 행정부 관계자들은 동의하지 않았다. 그에 따라 국방부는 앞서 제시한 반대 의견을 뒤집고 첩보카메라 판매를 허가했다. 거래가 성사되었지만 메르틴스는 자신의 커미션이 너무 적다며 분개했다. 페어차일드 웨스턴은 메르틴스가 거래에 도움은커녕 방해가 되었다며 이에 동의하지 않았다. 메르틴스는 페어차일드 웨스턴을 고소했으나 항소심 재판부는 페어차일드 웨스턴의 손을 들어주었다. 결국 그는 이 계약을 통해 어떠한 수익도 올리지 못했다.

메르틴스가 무기딜러로서 성공하지 못한 이유는 배신과 기만을 일삼고, 특정 국가나 이념에 대한 충성심은 물론 가장 긴밀한 파트너들과의 의리조차 저버렸기 때문이다. 하지만 그가 설립한 회사 메렉스는 어둠의 세계 한가운데에서 계속해서 번창해나갔다.

2부

부자가 되는 가장 쉬운 방법

메렉스의 무기딜러 조지프 데르 호세피안
© Joe der Hovsepian 제공.

3. 사우디아라비아 커넥션

총리는 너무 깊이 허리를 숙인 나머지 거의 앉은 것처럼 보였다. 반다르 왕자가 '정말 대단한 인물'이라고 표현하기도 했던 철의 여인, 마거릿 대처는 비굴한 태도를 좋아하지 않는 사람이었다. 하지만 여성에게 정치 참여는 물론 운전도 금지되어 있는 사우디아라비아에 도착한 그녀는 사우디 왕실에 기꺼이 예를 표했다. 사우디 왕실이 사상 최대 규모의 무기거래를 통해 갓 민영화된 BAE를 재정 파탄에서 구해줄 참이었기 때문이다.

1985년 성사된 알야마마 사업에서 BAE를 주축으로 한 영국 무기업체들은 파나비아 토네이도Tornado 대지공격형 전투기 96대, 토네이도 방공요격형 전투기 24대, BAE 호크Hawk 전투기 50대, 필라투스 Pilatus PC-9 훈련기 50대, 해군 특수함정, 미사일, 포탄, 지원 서비스, 다양한 인프라 건설 등을 제공하고 43억 파운드의 순이익을 올렸다. 그 대가로 사우디는 하루에 40만 배럴의 석유를 영국에 공급했다.[1] 후에 양측은 군수물자와 석유 공급량을 모두 늘렸다.*

영국이 이 계약을 수주할 수 있었던 것은 영국제 무기가 더 우수했기 때문이 아니라, 이스라엘의 강력한 로비와 압력 때문에 미 의회가 사우디에서 요구한 F-15 전투기 판매를 반대했기 때문이다. 그런데 사실 영국을 제치고 계약을 거의 따낼 뻔한 것은 프랑스였다. 1984년과 1985년에는 프랑스의 미라주 2000 전투기가 저렴한 비용과 빠

---

* 영국과 사우디가 체결한 정부 간 계약이었지만, 실제로 무기를 공급한 업체는 국영기업이 아닌 BAE와 BAE의 협력업체 롤스로이스, 플렛세이Plessey, 페란티Ferranti, 제너럴일렉트릭컴퍼니GEC, 다우티Dowty였고, 석유 역시 영국 민영석유회사 BP와 셸Shell에 전달되었다.

른 인도기일을 내세워 영국을 제치는 듯 보였다. 이에 사우디 왕실을 설득하기 위해 마이클 헤슬타인Michael Heseltine 영국 국방장관이 리야드를 방문했다. 하지만 파드Fahd 사우디 국왕은 좀 더 유화적인 대중동 외교정책을 펼치는 프랑스에 마음이 끌렸던 터라, 헤슬타인을 그다지 반기지 않았다.[2] 프랑스의 미라주 전투기는 이미 그리스, 인도, 아부다비에 성공적으로 판매된 바 있었고, 토네이도 전투기보다 25~30% 저렴하다는 것이 큰 장점이었다.[3] 프랑수아 미테랑 프랑스 대통령은 1985년 2월에 압둘라Abdullah 왕세자를 만나 로비를 벌였고, 3월이 되자 프랑스와의 계약이 거의 성사되는 듯했다.[4] 여전히 미국으로부터 F-15 전투기를 구매하기를 원했던 사우디가 프랑스와의 논의를 진전시키며 미국에 압박을 가하려 한 것으로 보인다.[5] 하지만 4월이 되자 미국이 F-15 전투기를 팔지 않을 것이라는 사실이 명확해졌다.[6]

대처 총리는 헤슬타인 국방장관이 실패한 일을 해냈다. 그는 오스트리아 잘츠부르크에서 휴가를 보내고 있던 반다르 왕자를 찾아갔다.[7] 당당하고 카리스마 있는 반다르 왕자는 토네이도 전투기 판매 요청이 담긴 파드 국왕의 친서를 대처 총리에게 전달했다. 대처는 곧바로 "그렇게 하자"고 답했다. 반다르 왕자는 협의에 25분이 채 걸리지 않았으며 자신이 성사시킨 그 어떤 무기거래보다도 수월했다고 주장했다.[8] 계약을 따내기 위해 영국이 정확히 무엇을 제시했는지에 대한 논란은 지금도 계속되고 있다.

군용기 132대를 거래한 첫 알야마마 사업은 1985년 9월 25일 랭커스터하우스에서 마이클 헤슬타인과 사우디 국방장관 술탄 왕자가 계약서에 서명함으로써 공식 체결되었다. 미테랑 대통령은《옵저버》에 프랑스 특유의 절제된 표현을 사용해 "이해할 수 없는 뜻밖의 대이변"이 일어났고 "이처럼 급작스러운 결정은 정치적인 것이었다"며 충격을 드러냈다.[9] 이는 뇌물 의혹을 의미한 것일 수도 있고, F-15 전투기를 공급하지 못한 미국이 그들의 충성스러운 동맹국인 영국과 사우디가 계약을 맺도록 했다는 의혹을 제기하려던 것일 수도 있다. 영국의 한 '항공 관계자'는 "미국계 유대인들의 로비 덕을 봤다"고 말하기도 했다.[10]

업계 전문가들은 요격형 및 공격형을 모두 갖춘 토네이도가 공격 능력이 상대적으로 떨어지는 미라주보다 전략적으로 좋은 선택이라 말했다.[11] 하지만 사우디에 판매된 전투기들은 '최첨단'과는 거리가 멀었다. 이전에 체결된 거래에서 공급된 영국 전투기에 대한 신뢰도는 매우 낮은 상태였다. 특히 앞서 언급했듯 영국은 사막에 적합하지 않은 라이트닝 전투기를 사우디에 판매한 바 있었다. 다란Dhahran 공군기지의 엔지니어들은 "하늘에 띄울 수 있는 토네이도 전투기는 정문 밖에 있는 토네이도 동상 밖에 없다"는 농담을 던질 정도였다.[12]

계약에 따라 BP와 셸은 전투기 대금으로 지급된 석유를 가공 처리해서 판매했다. 수수료를 제외한 수익금은 국방부의 영란은행 계좌로 입금되었고, 다시 BAE에 지급되었다. 알야마마 사업은 향후 수십 년간 BAE의 생명줄이 되어주었다.*

1988년 7월, 2차 알야마마 사업의 윤곽이 드러났다. 규모는 총 100억 파운드가량으로 추정된다.[13] 2차 사업에는 토네이도 전투기 48대, 전투기에 탑재되는 무기 및 필수 예비품, 호크 전투기 60대, 블랙호크Black Hawk를 주축으로 한 웨스트랜드Westland 헬리콥터 88대, 샌드다운Sandown급 소해함 6척, BAE 125 및 BAE 146 제트여객기 몇 대, 공군기지 건설(나중에 취소), 소해함용 시설, 공군 및 해군 훈련이 포함되었다. 1988년 7월 3일 술탄 왕자와 조지 영거George Younger 영국 국방

★ 이 계약의 집행을 위해 영국 방산수출청Defence Export Services Organization 소속 공무원들에게 사우디의 자금으로 보수가 지급되었다. 심지어 2008년 회계연도에는 공무원 100여 명과 군 인사 100여 명이 사우디로부터 총 4,180억 파운드에 달하는 액수를 지급받았다(CAAT, 정보공개법에 따라 2009년 7월 15일 자로 요청한 정보, http://www.caat.org.uk/campaigns/controlBAE/).

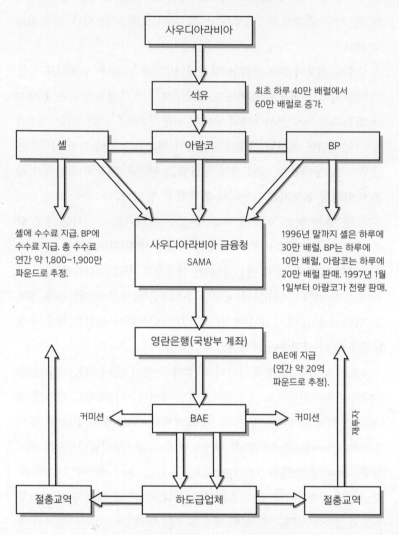

그림 1. 알야마마 사업의 대금 지급 체계

사우디아라비아

↓

석유 — 최초 하루 40만 배럴에서 60만 배럴로 증가.

↓

셸 — 아람코 — BP

셸에 수수료 지급. BP에 수수료 지급. 총 수수료 연간 약 1,800~1,900만 파운드로 추정.

사우디아라비아 금융청 SAMA

1996년 말까지 셸은 하루에 30만 배럴, BP는 하루에 10만 배럴, 아람코는 하루에 20만 배럴 판매. 1997년 1월 1일부터 아람코가 전량 판매.

↓

영란은행(국방부 계좌)

BAE에 지급 (연간 약 20억 파운드로 추정).

↓

커미션 ← BAE → 커미션

재투자

절충교역 ← 하도급업체 → 절충교역

장관이 계약에 서명했다. 마거릿 대처도 협상 과정에 참여했다.[14]

알야마마 사업이 지속된 것은 무기수출을 꺼리는 미국의 태도에 사우디가 큰 불만을 느꼈기 때문이다. 1차 알야마마 사업이 끝나고 2차 사업이 시작되기 전의 수년 동안 사우디는 대규모 무기거래 체결을 시도했으나 미 의회가 이를 저지했다. 미국이 판매를 거절하지 않았다면 BAE는 2차 사업을 따내지 못했을 것이다. 사우디 정부의 한 관계자는 이렇게 말하기도 했다. "미국 기술이 전반적으로 더 우수하기 때문에 미국제 무기를 구매하고 싶다. 하지만 우리가 매저키스트도 아니고, 수십억 달러를 내고 모욕을 당하고 싶지는 않다."[15] 1986년 5월 미 의회는 사우디에 미사일을 판매하는 것을 강력히 반대했다. 재적 3분의 2 이상이 반대표를 던짐으로써, 친사우디 정책을 폈던 레이건 대통령조차 거부권을 행사하지 못했다. 이러한 투표 결과는 이스라엘 로비의 저력, 미국의 리비아 공습 이후 사우디가 과연 미국을 지지하는가에 관한 회의론이 모두 반영된 것이었다. 일부 미국 정치인들은 사우디가 미국에서 산 무기를 '테러리스트'들에게 공급할지도 모른다며 우려를 표했다.[16]

1차 및 2차 알야마마 사업 모두 1989년 유가 하락의 영향을 받았다. 유가가 떨어지는 바람에 거래대금을 지불하기 위해서는 당초 계약했던 하루 40만 배럴보다 더 많은 석유를 지급해야 했다. 또한 유가 하락으로 사우디 정부는 예산 부족에 시달렸다. 대규모 차관 도입을 꺼린 사우디는 지금까지 과도하게 늘려온 군비 지출을 줄여야 하는 상황이었다. 이에 1차 알야마마 사업을 통해 구매한 장비 중 일부를 이라크에 판매하려 했으나 1988년 이란-이라크 전쟁이 끝나면서 계획이 틀어졌다.[17] 하지만 무기 그 자체와 그 거래에 따라오는 뇌물에 대한 끝없는 욕심으로 인해 결국 사우디 정부는 13억 파운드를 현금으로 지불하고 석유 공급량을 하루에 10만 배럴씩 더 늘려서 지불하기로 했다.[18]

알야마마 사업에서는 석유를 대금지불 수단으로 사용하면서 뇌물을 더욱 쉽게 숨길 수 있었다. 그뿐 아니라 사우디 정부는 OPEC의 눈을 피해 감산 할당량 이상으로 석유를 생산할 수 있게 되었으며, 이로써 사우디 국방부는 감독을 받지 않은 채 무기를 계속해서 구매할 수 있게 되었다.[19] 1998년부터 2002년까지 방산수출청을 이끈 토니 에드워즈Tony Edwards는 다음과 같이 인정했다. "사우디가 석유를 지불 수단으로 사용함으로써 알야마마 사업은 기록이 남지 않는 비공식 거래가 되었다. 사우디 재무부를 거치지도 않았다."[20] 영국 석유회사들은 알야마마 사업으로 공급받은 석유를 판매한 수익을 영국 국방부가 관리하는 은행 계좌로 전달했으며, BAE는 관리자 역할을 했다. 채스 프리먼Chas Freeman 전 주사우디 미국 대사는 이러한 메커니즘을 다음과 같이 묘사했다. "사우디 국방부를 위한 비자금이나 다름없었다. 이 계좌로 원하는 것은 무엇이든 구매할 수 있었고, BAE는 조달을 맡았다. 영국에서도, 사우디에서도 공적 감독을 받을 필요가 없었다. 예산에 포함되지도 않았고, 비공식적으로 이루어지다 보니 더욱 부정부패의 온상이 되었다."[21]

1990년 8월 이라크가 쿠웨이트를 침공하면서 미군은 사담 후세인의 공격으로부터 사우디를 보호하기 위해 대대적인 공수空輸작전을 펼쳤다. 이 사건을 계기로 아랍 국가들에 대한 미국 정계의 역학구도가 바뀌게 된다. 지칠 줄 모르는 외교적 노력과 다양한 방법을 동원해 상대의 비위를 맞추는 반다르 왕자의 능력 덕에 사우디아라비아는 다시 한번 중동에서 서방 국가들의 이익을 대변할 중요한 수호자로 여겨지게 되었다.* 이러한 변화로 인해 영국이 무기를 공급하는 대신, 동맹국인 사우디에 미국이 직접 무기를 공급할 수 있게 되었다. 중동 지역에서 이미 실전에 투입된 바 있는 미국의 무기는 품질이 우수하다고 인식되었던 것에 반해, BAE의 토네이도 전투기에 대한 신뢰도는 매우 낮았다.[22] 사실 토네이도 전투기는 사막의 모래와 레이더 오작동 탓에, 스톱워치를 이용해 목표물을 수동으로 조준해야 해서 정상적 활

---

* 뇌물도 중요한 역할을 하긴 했지만, 미국과 사우디의 관계는 근본적으로 사우디가 중동 석유 매장량의 3분의 1을 보유하고 있다는 사실 때문에 형성되었다.

용이 불가능한 상태였고, 이 때문에 미국은 전투기를 추가로 출격시킬 수밖에 없었다.[23] 딕 체니 미 국방장관은 "걸프 지역의 상황이 크게 바뀌었다"는 사실에 근거해 이전까지 의회의 반대로 제공하지 못했던 새로운 군사장비를 충분히 공급할 것을 사우디에 약속했다.[24]

하지만 1990년 9월 반다르 왕자는 이렇게 못박는다. "영국과의 거래량을 줄일 계획은 없다. 오히려 영국을 포함한 더 많은 유럽국가들과 협력해나감으로써, 사우디군이 사용할 장비를 더욱 많이 확보할 것이다."[25] 여전히 정치적 불확실성이 있는 미국과의 무기거래에 대한 의존도를 줄이고자 한 것이다. 1991년 반다르 왕자는 아직 최종 확정되지 않은 상태였던 2차 알야마마 사업에 도장을 찍기로 결정했다. 수많은 반증에도 불구하고 반다르는 1차 걸프전에 투입된 영국 무기의 성능을 칭찬했다. 그는 이렇게 말했다. "걸프전쟁에서 토네이도 전투기가 보여준 성능에 아주 만족했다. 1985년 처음 토네이도를 구입했을 때 사우디는 타격 능력이 있는 전투기가 필요한 상태였고, 전투기의 성능은 걸프전을 통해 입증되었다. 또한 사우디에 대한 대처 총리의 지지와 메이저 장관의 끊임없는 지원에 감사한다."[26] 알야마마 사업으로 BAE는 총 430억 파운드에 달하는 수익을 벌어들였다.[27]

2차 알야마마 사업에는 계약금액의 일정 부분을 사우디의 다른 부문에 투자해야 한다는 절충교역 항목이 포함되었지만, 투자는 매우 한정적으로 이루어졌고 창출된 일자리도 수백 개 수준에 그쳤다.[28] 또한 영국 축구대표팀이 사우디에서 원정 친선경기를 치러야 한다는 엉뚱한 항목도 포함되었다. 1988년 11월 영국 축구대표팀은 BAE의 전세기인 콩코드 초음속여객기를 타고 사우디를 방문했다. 비행기는 "회사 관계자들과 고객들로 북적였다". 그레이엄 켈리Graham Kelly 잉글랜드 축구협회 회장은 "영국 정부가 사우디아라비아에 대한 의무를 다할 수 있도록 돕게 되어 몹시 기쁘다"고 밝혔다.[29]

알야마마 사업에 마거릿 대처 총리만큼 중요한 역할을 한 영국 측 인물은 딕Dick이라는 이름으로도 알려진 BAE의 리처드 에번스Richard Evans였다. 영국 블랙풀 출신의 에번스는 허세 가득하고 호전적인 사람이었다. 그는 알야마마 사업을 따내기 위해서라면 사우디의 비위를 맞추기 위해 "양의 눈알도 카나페처럼 삼킬 수 있다"고 말할 정도로 뭐든지 할 준비가 되어 있었다.[30] 그는 1960년 교통부에서 일을 시작한 이후 기술부(지금은 사라진 정부 부처—옮긴이)로 자리를 옮겼다. 1967년 군사용 전자기기를 판매하는 페란티Ferranti에 정부 계약담당관으로 입사한 에번스는 정부와 민간 부문을 잇는 '회전문'에 들어서게 되었다. 2년 뒤에는 합병을 통해 BAE로 재탄생한 업체 중 하나인 BAC에 합류해 1978년 BAE 워튼Warton 사업부 영업 담당 상무, 1983년에는 BAE 워튼 전무로 임명되었다.

에번스의 커리어는 알야마마 사업 협상을 담당할 사업본부장으로 사우디에 파견된 이후 본격적으로 시작되었다. 그가 사우디에서 쌓은 인맥은 전설적인 수준이었다. 알야마마 사업을 성사시킨 그는 1990년 BAE의 CEO로 임명되었고, 1998년에는 회장 자리에 올랐다. 에번스가 회장직에 있는 동안 씨티은행의 한 애널리스트는 이런 평가를 남기기도 했다. "BAE는 '마피아'가 운영한다. 딕 에번스 회장은 법을 무시하고 멋대로 행동한다."[31] 전 BAE 직원은 이렇게 말했다. "에번스는 아주 상냥한 사람이었고 인기도 많았지만 무자비한 면이 있었다. 그와 악수를 하고 난 후에는 다섯 손가락이 모두 남아 있는지 세어 봐야 한다."[32]

하지만 알야마마라는 거대한 쇼의 진정한 주인공은 반다르 빈 술탄Bandar bin Sultan 왕자였다. 그의 이름에서 알 수 있듯 반다르는 사우디 국방장관이었던 술탄 왕자의 아들로, 건강에 별다른 이상이 없다면 왕위를 물려받게 될 터였다. 반다르는 1949년 3월 키자란이라는 16세 하녀의 아들로 태어났다. 그의 모친은 왕실의 노예라고도 언급되었는데, 반다르는 '첩'이라 표현했다.[33] 이슬람 율법 샤리아에 따라 적자와 서자에 대한 차별은 없었으나, 반다르는 늘 자신을 아웃사이더라 여겼다. 32명의 이복 형제자매 중에서 자신은 사생아라고 생각한 것이다. 어린 시절에는 아버지와 왕래가 거의 없는 상태로 어머니, 이모와 함께 살았다. 하지만 다행히도 할머니인 후사 공주가 그를 마음에 들어 해 함께 살게 되었다. 압둘 아지즈 국왕이 가장 아끼는 부인이자 영향력 있는 인물이었던 후사 공주는 술탄 왕자에게 사생아인 반다르를 아들로 공식 인정하라고 설득했다.[34] 그 결과 반다르 왕자는 열한 살의 나이에 어머니, 할머니와 함께 왕궁에서 살게 되었다.[35] 반다르 왕자는 이에 대해 "아버지로서는 실리에 따른 결정이었겠지만 내 삶은 완전히 뒤바뀌었다"고 말했다.[36] 왕궁에 들어가기 전에 그는 리야드의 흙바닥을 맨발로 뛰어놀며 전기가 일부만 들어오는 집에서 제 손으로 장난감을 만들며 소박한 유년기를 보냈다.[37] 반다르 왕자는 이제 매우 부유한 왕족이 되었지만, 이러한 유년 시절 때문에 스스로를 '촌뜨기 왕자'라 부르기도 한다.[38]

사우디 왕실 중 다수가 이튼칼리지Eton College를 나온 반면 반다르는 리야드대학교Institute of Riyadh 부설 학교에 진학했다.* 이는 상대적으로 낮은 그의 지위를 반영한 결정이었던 것으로 보인다. 반다르 본인의 감수를 거친, 칭찬 일색의 전기를 쓴 저자 윌리엄 심슨William Simpson은 그의 학창 시절 친구이자 현재는 장군이 된 미프가이Mifgai가 반다르에 대해 한 이야기를 다음과 같이 인용했다. "반다르는 학업 성적이 아주 우수했다. 매력적이고 사교적이며 재미있는 친구여서 인기도 많았다. 성숙하고 차분하며 분별력 있는 사람이었다. 성미가 느긋하고 절대 화를 내지 않았으며, 화를 내는 대신 자리를 피했다."[39]

반다르가 전투기 조종사라는 명망 있는 직업을 선택한 데는 여러

---

* 흥미롭게도 반다르의 아들 중 3명은 이튼칼리지를 나왔다.

이유가 있었다. 1962년 아버지가 국방장관에 오른 이후 군인들과 자주 어울린 것이 한 가지 이유였다. 또 다른 이유는 사우디가 예멘 내전에 개입해 왕당파를 지원하게 되면서, 사우디 왕실에 애국심을 중시하는 분위기가 크게 확산되었다는 점이다. 여기에 아버지의 눈에 들고자 했던 그의 바람이 더해져 반다르는 조종사의 길을 걷게 되었다. 조종사라는 직업을 택한 것에 대해 반다르는 이렇게 말했다. "비행기를 몰 때는 내가 누구인지 전혀 중요하지 않다. 비행기는 내가 반다르 왕자인지 아닌지 전혀 알지 못한다. 내가 지금 무엇을 하고 있는지를 아는 것이 가장 중요하다. 알면 살고, 그렇지 않으면 목숨을 잃는 것이다."[40]

반다르는 크랜웰 영국 공군사관학교Royal Air Force College Cranwell에 입학하기 위해 지원서에 나이를 속여서 기입했다.[41] 영국에서 지내는 반다르를 위해 아버지 술탄 왕자는 흰색 메르세데스벤츠를 선물했는데, 얼마 지나지 않아 사고로 파손되었다. 이후 반다르는 차량을 애스턴마틴으로 바꾸고 주말이면 런던까지 몰고 다녔다. 경찰이 차를 멈춰 세울 때면 사우디 운전면허증을 보여주며 외교관의 면책특권을 주장했다. 반다르의 훈련을 맡았던 중사는 다음과 같이 말했다. "반다르의 서랍에는 런던에서 받은 주차위반 딱지가 가득했지만 과태료를 절대 내지 않았다. 또 주말에는 차에 외교관용 번호판을 달곤 했다."[42]

반다르 왕자의 조종 실력에 대한 의견은 크게 갈린다. 반다르가 훈련을 9시간밖에 받지 않고도 첫 단독비행을 해냈다고 말하는 사람도 있다. 그런가 하면 조종사 동료이자 친구인 존 워터폴John Waterfall은 반다르가 "공군사관학교에서 아주 형편없었다"는 직설적인 평을 내놓기도 했다.[43] 한번은 반다르가 비행 활주로에 역방향으로 진입해 다른 비행기들과 정반대 방향으로 운항한 적도 있었다고 한다. 그의 교관이었던 토니 율Tony Yule은 이렇게 보고했다. "반다르는 용기와 열정을 갖고 비행기를 조종한다. 활주로에서 문제가 있긴 했지만 비행코스 막바지에는 잘 대처했다."[44]

1969년 공군사관학교를 졸업한 반다르는 사우디 공군에 소위로 임관하고 다란에 배치되었다. 다란에서 반다르는 피스호크Peace Hawk 훈련프로그램에서 미국 교관의 지도를 받았다.[45] 그는 중대장으로서 카리스마와 리더십을 갖추었다는 찬사를 받았다. 군에 복무한 다른 왕족들과는 달리 반다르는 '왕자'보다는 대위나 소령 같은 계급으로 불리는 것을 선호했다. 그는 주미 대사로 임명되기 전까지 왕자라는 칭호를 사용하지 않았다.[46] 하지만 겸손하다고 알려진 것과는 달리 반다르는 동료 조종사들에게 그가 방에 들어서면 모두 기립할 것을 요구하며 신분을 내세웠다고 한다.[47] 1970년에는 미국 텍사스주, 사우스캐롤라이나주, 애리조나주에서 사우디 공군이 구매한 F-102와 F-5A/B 전투기 조종법을 배웠다.[48]

미국에 도착한 첫날, 댈러스에서 비행기를 갈아타던 중 반다르는 댈러스 카우보이스 소속의 시끌벅적한 미식축구 선수들과 마주치게 된다. 공항 터미널에서 큰 이목을 끈 것은 선수들이었지만, 반다르의 시선을 끈 것은 '아름다운' 치어리더들이었다. 이후 댈러스 카우보이스의 열렬한 팬이 된 반다르는 홈경기가 열릴 때마다 귀빈 자격으로 경기장을 찾았고, 아예 1년에 50만 달러짜리 개인 전용 박스석을 직접 구매했다. 반다르 왕자는 댈러스 카우보이스 선수들 사이에서도 유명했으며, 선수들은 그를 '왕자'라고 불렀다. 반다르는 스스로를 '카우보이의 1등 외국인 치어리더'라 칭했다.[49]

1972년 F-5 전투기 조종사로 다시 사우디에 배치된 반다르는 하이파 빈트 파이살 빈 압둘 아지즈 알-사우드Haifa bint Faisal bin Abdul Aziz Al-Saud 공주와 결혼했다. 하이파 공주는 당시 사우디를 통치한 파이살 국왕의 딸이었다. 이듬해 4차 중동전쟁(욤 키푸르 전쟁)이 발발하자 반다르는 다른 조종사들과 함께 요르단 국경 인근의 이스라엘 석유시설을 공격하라는 명을 받았다. 조종사 10명 중 9명이 임무수행 중 사망할 것으로 예상되었다. 반다르는 이 임무에 대해 이렇게 말했다. "출발 준비를 하며 활주로 끝까지 간 상태였다. 마지막 순간 공격 명령이 철회되어 매우 놀랐다." 휴전 협상에 성공한 헨리 키신저가 반다르의 목숨을 구해준 것이라 해도 과언이 아니었다.[50] 1974년 왕자는 부인과 함께 미국으로 돌아가 새로운 F-5E 전투기의 조종법을 훈련받았다. 이후 수년간 그는 사우디에서 조종사들에게 새로운 전투기 조종법을 가르쳤다.

반다르는 자신이 조종사, 훈련 교관, 지휘관으로 성공적인 커리어를 쌓았다는 사실에 만족스러워했다. 그의 전기를 쓴 저자는, 수백 피트 상공을 날아다니고 전투기를 360도 회전시키면서도 목숨을 잃지 않을 수 있다는 사실이 반다르의 "자부심과 자기만족에 큰 영향을 주었다"고 적었다.[51] 1977년에는 곡예비행에 대한 열정이 큰 화를 부르기도 했다. 사우디아라비아 남서부의 아브하에서 열린 에어쇼 도중 그가 탄 전투기의 착륙장치가 고장난 것이다. 반다르는 훈련받은 대로 탈출하는 대신 전투기 동체의 아랫부분으로 착륙을 시도했다. 그는 활주로를 크게 들이받고 척추에 큰 부상을 당했다. 이로써 조종사로서의 커리어는 막을 내렸으며, 평생 부상으로 인한 후유증에 시달렸다.

1978년 4월, 당시 29세였던 반다르는 여전히 공군에서 커리어를 쌓는 것에 집중하고 있었다. 캘리포니아주에서 사우디로 돌아가던 길에 그는 워싱턴 D.C.에서 하룻밤 묵었다. 부유한 사우디인들을 비롯한 상류층 인사들이 애용하는, 백악관에서 걸어서 5분 거리에 위치한 매디슨호텔 로비를 지나던 중 반다르는 그의 손위 처남 투르키 알 파이살 왕자와 우연히 마주쳤다.[52] 반다르가 공군 임무를 마치고 사우디로 돌아가는 길이라고 설명하자 투르키가 말했다. "하늘이 우리를 만나게 해 준 것 같다. 도움이 필요하다." 당시 투르키는 미국이 사우디에 F-15 전투기 60대를 판매하도록 하기 위한 로비 활동을 이끄는 중이었다. 투르키는 반다르를 미국 고문들과 홍보 전문가들이 가득 앉아 있는 방으로 데려갔다. 그러자 젊은 공군 소령인 그에게 F-15 전투기가 사우디군에 필요한지에 대한 질문이 쏟아졌다. 반다르는 석유 인프라 및 이슬람 성지 메카와 메디나를 보호하고, 남예멘의 마르크스주의자들로 인한 위협에 대응하기 위해 꼭 필요하다고 답했다. F-15 전투기를 이스라엘에 근접한 타부크Tabuk 공군기지에 배치할 것이라는 사실을 절대 언급하지 않으면서, 이스라엘에 위협이 될 수 있지 않느냐는 질문을 노련하게 피했다.

투르키와 미국 자문위원들에게 깊은 인상을 남긴 반다르는, 사우디로 돌아가지 말고 계속 남아달라는 요청을 받았다. 이튿날 그는 미상원 군사위원회의 핵심 위원이자 전직 조종사인 존 글렌John Glenn, 배리 골드워터Barry Goldwater 상원의원을 만났다. 두 의원은 F-15 전투기 판매를 찬성하는 입장이었다. 다음으로는 판매를 반대하는 프랭크 처치Frank Church, 제이컵 재비츠Jacob Javits 상원의원을 만났다. 반다르는 의원들의 사무실을 터벅터벅 오가며 주로 판매에 반대하는 의원들의 질문에 대답하는 '지루한 일'을 했고, 부인과 고국으로 돌아가고 싶어 했다.[53] 하지만 투르키가 파드 왕세자에게 연락해 반다르를 미국에 더 있도록 해달라고 요청했다. 파드가 동의하고 투르키가 칙령을 전달했지만, 반다르는 이를 믿지 않고 "이미 친구이자 동료로서 도움을 주기 위해 이틀이나 더 머물렀으니 사양하겠다"고 대답했다. 반다르는 부인과 만나기 위해 파리로 향했다. 하지만 바로 다음 날 파드 왕세자가 그에게 전화해 F-15 전투기 판매에 대한 찬성표 확보를 위해 "백악관에 보고하라"는 지시를 내렸다.[54] 반다르는 1973년 앨라배마주에 배치되었을 당시 관광 삼아 백악관을 방문한 이후로는 백악관에 가본 경험이 전무했다. 그는 두 번째 백악관 방문에 대해 이렇게 회고했다. "백악관에 가자 해밀턴 조던Hamilton Jordan 수석보좌관이 나를 카터 대통령에게 데려갔다. 나는 참모총장 집무실에 앉아 있다가 갑자기 대통령 집무실로 향했다. 정말 어리둥절한 상태였다."[55]

반다르의 도움이 필요했던 이유는 1972년 통과된 법률로 인해

2,500만 달러가 넘는 규모의 모든 무기거래는 의회에 30일 전에 통지하고 그로부터 동의를 얻어야 했기 때문이다. 카터 정권이 사우디와의 긴밀한 동맹을 통해 미국에 공급되는 석유 확보에 중점을 두었던 것은 사실이다. 하지만 미국-이스라엘 공공문제위원회American Israel Public Affairs Commmittee, AIPAC를 주축으로 한 친이스라엘 로비스트들은 적대적이거나 그럴 가능성이 있는 아랍 국가에 무기를 판매하지 않도록 적극적으로 로비를 벌이고 있었다. AIPAC의 조사 보고서는 F-15 전투기를 '전 세계에서 가장 발전한 전투기'로 묘사하며, 해당 전투기를 통해 사우디가 "이스라엘의 깊숙한 곳까지 공격"할 수 있게 될 것이라고 주장했다.[56] 제럴드 포드 대통령은 1976년 노후된 영국 라이트닝 요격기를 대체할 F-15 전투기를 사우디에 판매하겠다고 비밀리에 약속했다. 그리고 카터 정부는 1977년 5월 파드 왕세자가 워싱턴을 방문했을 때 포드 대통령의 약속을 이행했다.

사우디에 F-15 전투기 60대, 이스라엘에 F-16 전투기 75대, 이집트에 F-5 전투기 50대를 각각 판매하여 역내 세력균형을 유지하는 것이 원래의 비공식 계약 내용이었다. 1978년 4월 18일 미 의회에 계약 내용이 통지되었고, 동의 확보를 위한 30일이라는 시간이 흐르기 시작했다. 반다르는 로비 활동을 도우라는 지시를 받았다. 사우디 측은 노련한 미국 정치 고문들을 엄선해 고용했다. 존 F. 케네디 대통령의 외교 특별보좌관이자 의회 담당 차관보를 지낸 프레더릭 더턴Frederick Dutton, 전 사우스캐롤라이나 주지사였던 존 웨스트John West 주사우디 미국 대사, 국무부 중동 지역 전문가이자 국제정치학 교수 데이비드 롱David Long을 포함한 전문가들이 여기에 포함되었다.[57] 그중에서도 더턴은 이후 27년간 반다르의 가까운 친구이자 정치 고문으로 남아 백악관 기자단 사이에서 '아라비아의 프레더릭'이라는 별명으로 불렸다. 더턴의 부인 낸시Nancy는 당시 워싱턴에서 사우디 외교부를 위해 법 관련 사무를 맡았으며 2007년 말까지 사우디 대사관에서 법률 자문

으로 일했다.[58]

반다르는 워싱턴에서 로비가 어떻게 이루어지는지 금세 파악했다. 그의 목표는 AIPAC의 성공적인 전략을 그대로 활용해 아랍을 위한 라이벌 로비단체를 만드는 것이었다.[59] 카터 대통령 보좌진이 조사한 결과 AIPAC은 필요하다면 언제든 상원에서 65~75표를 확보할 수 있는 것으로 나타났다. 이런 상황에서 상원의 동의를 확보하는 것은 결코 쉽지 않은 일이었다. 존 웨스트 주사우디 미국 대사가 "F-15 전투기 구매경쟁에 가장 큰 행운"[60]이었다고 말한 반다르는 판매에 찬성하는 의원 확보에 나섰다. 사우디 측은 AIPAC 지지 의원들에게 최대한 많이 개인적으로 연락을 취했다. 또한 F-15 전투기 제조업체인 맥도널더글러스McDonnell Douglas(이후 보잉에 합병)를 비롯해 많은 방산업체와 하청업체, 노동조합에 의회가 판매에 찬성하도록 로비해줄 것을 요청했다. 반다르는 언론, 의원들, 연줄로 이익을 얻으려는 사람들을 상대하는 홍보 담당자였다.

로비 활동의 일환으로 반다르는 당시 대선 출마를 계획하던 로널드 레이건 전 공화당 주지사를 찾았다. 그는 레이건이 누구인지 전혀 몰랐고, 카터 대통령은 이 사실을 매우 재미있어 했다. 반다르와 카터는 레이건이 판매에 지지를 보내고, 사우디의 확고한 반공주의적 행보를 근거로 다른 공화당원들도 설득해주기를 바랐다. 반다르는 F-5 전투기 제조업체인 노스롭그루먼의 회장이자 레이건의 측근이었던 토머스 존스Thomas Jones에게 연락을 취했고, 곧 캘리포니아주에서 레이건과 만날 수 있었다. 이 만남에 대해 반다르는 다음과 같이 말했다.

레이건 주지사와 앉아서 잠시 이야기를 나누었다. 그리고 나는 사우디가 F-15 전투기를 필요로 하는 이유를 설명했다. 대화가 끝나갈 때쯤, 그는 나에게 이렇게 말했다. "한 가지 묻고 싶습니다. 사우디 정부는 사우디가 미국의 동맹국이라 생각하니까?" 나는 이렇게 답했다. "그렇습니다. 제 조부이신 압둘아지즈 국왕과 루스벨트 대통령이 만났을 때부터 사우디와 미국은 매우 가까운 동맹국이었고, 지금도 마찬가지입니다." 그러자 레이건 주지사는 나에게 "왕자께서는 반공주의자입니까?"라고 물었다. "주지사님, 사우디는 공산주의 국가와 어떤 관계도 맺고 있지 않은 유일한 나라일 뿐만 아니라 공산주의자가 탄 비행기가 사우디를 경유하는 경우 그 사람을 내리지 못하게 하는 유일한 나라입니다."[61]

레이건과 오래 대화할 것으로 예상했던 반다르의 생각은 빗나갔다. "그게 다였다. 중요한 것은 딱 두 가지였다. 사우디가 미국의 동맹국인지, 그리고 반공주의 진영인지. 내가 두 질문에 모두 '그렇다'고 답하자 레이건은 '무기판매를 지지하겠다'고 말했다." 이어 반다르는 레이건에게 부탁해, 더턴이 미리 언질을 넣어둔 《LA 타임스》 기자에게 그의 무기판매 지지를 표명해달라고 했다. 반다르에 따르면, 그 기자가 "카터 대통령의 제의에 따라 사우디에 F-15 전투기를 판매하는 것을 찬성하느냐"고 묻자 레이건은 이렇게 답했다. "그렇다. 동맹국인 사우디를 지지하며, 사우디가 F-15 전투기를 보유할 수 있어야 한다고 생각한다. 그러나 이 밖의 모든 사안에 대해서는 카터 대통령의 의견에 반대한다."[62]

로비 활동을 벌이는 동안 반다르는 상원 재무위원회의 영향력 있는 위원장인 러셀 롱Russell Long 상원의원도 만났다. 러셀 롱은 부정부패로 악명 높은 상원의원이자, 루이지애나 주지사 휴이 롱Huey Long의 아들이다. 반다르는 롱 의원이 보좌관 없이 둘이서만 만나자고 요청하자 매우 놀랐다. 둘만 남게 되자 롱 의원은 곧바로 "제가 찬성표를 던지기를 원하는 것 아니냐"고 물었다. 반다르가 그렇다고 답하자 롱 의원은 "사례비는 1,000만 달러"라고 말했다. 반다르에게 팔을 두르고 그를 의자에 앉힌 롱 의원은 "놀랐느냐"고 물은 뒤, 그 돈은 자신을 위한 것이 아니라 재선을 위한 선거운동의 주요 후원자인 루이지애나의 한 은행에 전달해야 한다고 설명했다. 은행이 국제거래 자격을 얻기 위해서는 1,000만 달러의 외국 예금을 보유해야 하는 제도 때문이었다. 반다르는 사우디 정부에 1,000만 달러를 요청하는 것에 동의했다. 실제로 1,000만 달러가 전달되었는지는 알려지지 않았다. 롱 의원은 F-15 전투기 판매에 찬성표를 던지고 재선에 성공했지만 진실을 밝히지 않은 채 2003년 세상을 떠났다.[63]

투표 결과는 55대 44로 사우디의 승리였다. 1978년 5월 15일 자로 전투기 판매가 승인되었다. 존 웨스트는 반다르가 '끝없는 에너지'와 '엄청나게 예의 바르고 정중한' 태도로 의원들을 대했다며 그를 칭찬했다. 웨스트는 파드 왕세자에게 "반다르 왕자가 세계적으로 유명한 정치인이나 외교관과 견주어도 될 만한 성숙함을 뽐냈다"고 전했다.[64] 반다르가 사우디의 로비에 큰 힘이 되었던 것은 사실이지만, 카터 대통령과 많은 장관들 스스로의 로비 활동이 없었다면 효과를 발휘하지 못했을 것이다.

F-15 전투기를 위한 로비가 끝난 후 반다르는 사우디로 돌아가 공군 복무를 이어갔다. 그는 존 웨스트와 친분을 유지하며 미국 정치와 중동 평화 정착에 대한 의견을 종종 나누었다. 1978년 가을, 카터 대통령과 파드 왕세자는 반다르를 미국과 사우디를 잇는 연락책으로 활용하기 시작했다. 처음에는 그들 모두 이스라엘과의 캠프데이비드 Camp David 평화협상 이후 아랍권에서 배척을 당하던 사다트 이집트 대통령과 사우디의 관계를 걱정했다. 이에 파드 왕세자는 "이집트와의 문제는 미국이 아니라 이집트와 직접 해결하겠다"고 말하며 카터 대통령의 도움을 거절했다.[65] 하지만 이미 비밀외교의 세계에 발을 들인 반다르는 사우디 왕위 계승자인 삼촌과 가까운 관계였다. 머지 않아 실질적 통치자인 파드 왕세자는 반다르를 사실상의 주미 대사로 삼았다.

1979년 공군 장교의 신분으로 미국에 돌아간 반다르는 맥스웰의 공군훈련학교에 들어갔다. 하지만 존 웨스트와 데이비드 롱이 반다르를 위해 워싱턴의 존스홉킨스대학교에 특별 프로그램을 주선해주었다.[66] 1979년 5월의 기록에 따르면, 롱은 해밀턴 조던 백악관 수석보좌관과 사이러스 밴스Cyrus Vance 국무장관의 "지원을 받아" 이를 추진했다.[67] 이 특별 프로그램을 통해 반다르는 앨라배마주와 워싱턴을 오가며 교수들에게 한 달에 두 번 개인지도를 받았다. 그를 지도한 교수들에게는 추가 수당이 지급되었다. 그는 국제 경제학과 정치학을 공부해 국제정책 석사학위를 취득했다. 석사논문으로는 미국 외교정책의 기원에 대해 썼는데, 이는 분명 프레터릭 더턴의 도움을 받은 것으로 보인다.[68]

국제유가가 상승하는 가운데 1979년 카터 대통령의 재선 도전이 시작되었다. 카터는 반다르의 도움으로 파드 사우디 국왕에게 편지를 보내 시장에 석유를 더 많이 공급해줄 것을 요청했다.[69] 파드는 "나의 친구 미합중국 대통령에게, 우리의 도움을 필요로 한다면 절대 실망시키지 않을 것이라고 전해달라"고 답하면서,[70] "중동에 정당하고 항구적인 평화를 가져오기 위한 필수적인 일이기에 재선을 위해 대내외적으로 할 수 있는 모든 것을 하겠다"고 약속했다.[71] 카터를 돕기 위해 사우디는 다른 산유국보다 4~5달러 낮은 가격에 석유를 판매했고, 그로 인해 매일 3,000만~4,000만 달러의 손해를 보았다. 감사의 표시로 카터는 1979년 12월 초 반다르를 백악관에 초대해 중동 정치 및 미국과 사우디 간의 관계에 대한 의견을 나누었다.

이전에 카터가 사우디와 이집트의 관계를 회복시켜달라고 요청한 것을 염두에 두고 있었던 반다르는 1979년 11월 직접 호스니 무바라크 당시 이집트 부통령과 워싱턴 D.C.에서 만남을 가졌다. 사우디 정부의 허가나 파드 왕세자의 사전 인가는 받지 않은 상태였다. 회담 이후 파드는 양국 관계 회복을 추진해나가는 것에 찬성했다.[72] 반다르는 파드가 화해를 요청하는 내용의 편지를 쓰면 그 편지를 사다트 이집트 대통령, 이스라엘의 메나헴 베긴Menachem Begin, 카터가 만나는 자리에서 직접 이집트 측에 전달하겠다는 계획을 세웠다. 파드는 처음에는 망설였으나 편지를 때맞춰 완성해 카터와 사다트의 회담 도중 전달될 수 있었다. 반다르는 관계 회복을 더욱 촉진할 수 있도록 파드가 쓴 편지 내용을 직접 고치기까지 했다. 그는 뻔뻔하게도 "파드가 하고자 하는 말이 무엇이었는지, 또 해야 하는 말이 무엇이었는지 알고 있었기에 그것이 반영될 수 있도록 고친 것"이라 변명했다.[73] 이 사건의 경우 큰 위험을 감수했던 반다르의 독창적인 외교술은 실패했다. 이집트와 사우디의 관계 회복은 불투명한 상태로 남았다. 하지만 이를 통해 중재자의 역할이 얼마나 중요한지가 명백히 드러나게 되었다.

1980년, 영국에서 〈공주의 죽음Death of a Princess〉이라는 다큐드라마가 방영되면서 사우디의 인권탄압 실태와 폭력적이고 불공평한 대우를 받는 사우디 여성들의 모습이 세간의 주목을 받았다. 이를 계기로 미국에 대한 사우디의 의존은 더욱 심화되었다. 〈공주의 죽음〉은 가상의 중동 이슬람 국가의 어린 공주와, 간통으로 공개처형을 당한 그녀의 연인에 대한 이야기를 극화한 다큐드라마로, 가상의 이야기이기는 했지만 칼리드Khalid 왕의 종손녀 미샤알 빈트 파드 알 사우드Misha'al bint Fahd al Saud 공주의 비극적인 실화에 기반한 것이라는 의견이 지배적이다. 미샤알 공주는 1977년 제다의 한 주차장에서 땅에 무릎을 꿇은 채로 총에 맞아 죽었고, 레바논인이었던 그녀의 연인 칼리드 물할랄Khalid Mulhalal은 참수당한 채로 발견되었다. 사우디 왕실은 공주가 "수영장에서 사고로" 죽었다며 둘의 죽음을 감추려 했다.[74] 〈공주의 죽음〉이 방영되자 사우디 정부는 격분했다. 영국과 사우디의 관계가 얼어붙었고, 사우디는 미국을 제외하면 군수품을 구매할 곳이 없게 되었다.

사우디는 F-15 전투기의 성능을 극대화하기 위해 미국으로부터 공중급유기를 구매하고 싶어 했으나, AIPAC이 준비하고 상원의원 70명이 서명한 서한으로 결국 실패했다. 하지만 1980년에 발발한 이란-이라크 전쟁으로 상황이 바뀌었다. 분쟁이 자국 쪽으로 번질 것을 우려하는 사우디를 위해 존 웨스트 대사는 술탄 왕자에게 "공중조기경보통제기AWACS나 호크 대공미사일 포대 같은 장비를 구매하고 싶은가"를 물었다.[75] 이번에도 반다르가 중개인 역할을 맡았다. 이 거래는 레이건 정권 초기를 강타한 거대한 싸움의 시작이었다.

당시 가장 정교한 통제-지휘-감시 시스템이었던 AWACS는 NATO 회원국들만 사용이 가능했다. 이스라엘조차도 AWACS를 손에 넣지 못한 상태였다. AWACS는 보잉 707 전투기 기체에 특유의 레이돔을 탑재한 군용기다. 반다르는 사우디의 고위 관료들이 AWACS를 직접 타볼 수 있는 기회를 마련했다. 일단 직접 AWACS를 경험해보면 자신에게 설득당할 거라고 확신한 것이다. "마치 새 차를 파는 것처럼" 말이다.[76] 카터 정부는 AWACS 시스템을 판매할 의지가 없었지만, 사우디의 안보를 위해 노력하고 있음을 보여주기 위해 유인 AWACS 4대를 사우디로 보냈다. 이것이 사우디 측의 요청에 의한 것인지 혹은 미국이 먼저 제의한 것인지를 두고 외교적 논쟁이 벌어질 가능성이 있었다. 반다르는 아랍어로 발표되는 공식 보도자료와 영어로 발표되는 보도자료의 내용을 다르게 해서 외교적 논쟁을 피할 것을 제안했다. 미국이 AWACS 4대를 보내왔다는 사실에 매우 만족한 파드는 미 국방부가 사우디에 요청한 것을 기쁜 마음으로 '전부' 승인했다. 그는 전쟁물자를 사전 배치하고, 합동 군사계획을 수립하며, AWACS 사용을 위해 사우디 기지에 대한 접근권을 제공해달라는 미 국방부의 요청을 모두 받아들였다. 그리고 당시 국가방위군 사령관이었던 압둘라 왕자와 함께 메카를 방문해 카터의 재선 성공을 기원하는 특별 기도를 올리기도 했다.[77]

1980년 대선에서 로널드 레이건이 당선되며 그들의 기도는 허사로 돌아갔다. 사우디 왕족 중에서 유일하게 레이건과 안면이 있었던 반다르가 대통령이 된 레이건과 첫 만남을 갖기로 했다. 1981년 4월 반공주의 운동에 대한 지지 확보를 위해 알렉산더 헤이그 주니어 Alexander Haig Jr. 국무장관이 사우디를 방문했다. 헤이그 국무장관은 팔레스타인 관련 사안과 AWACS 시스템 구입이 사우디의 최고 관심사라는 것을 전해 들었다. AWACS 판매에 대한 미 의회의 동의를 얻는 문제를 논의하던 중 국무장관은 "반다르 왕자를 다시 미국으로 보내 의회를 설득하도록 하는 것은 어떠냐"고 제안했다. 파드도 그의 제안에 동의했다.[78] 이로써 반다르는 왕실의 권한을 위임받은 가장 중요한 사우디 로비스트가 되었다.

레이건 행정부는 사우디에 AWACS를 판매하는 것이 "아랍 국가 중 비교적 온건한 행보를 보이고 있는 사우디와의 관계를 발전시키는 데 큰 역할을 할 것"이라 믿었으며, 이는 "사우디산 원유가 미국 경제에 필수적이기 때문이기도 하지만, 이스라엘과 마찬가지로 사우디 또한 중동 내에서 소련의 공산주의 팽창정책을 막고자 하기 때문"이었다.[79] 하지만 이스라엘은 AWACS 거래가 자국에 대한 명백한 위협이라 여겼다. AWACS 시스템을 통해 사우디가 이스라엘군의 움직임을 파악할 수 있게 될 뿐만 아니라, 레이건이 이 계약에 F-15 전투기의 업그레이드 또한 포함시키고자 했기 때문이다. F-15 전투기가 업그레이드되면 사우디의 이스라엘 공습이 가능했다. 이 때문에 AWACS의 판매에 대한 의회 논의는 장장 아홉 달 동안이나 이어졌다.[80] 예상되는 결과는 늘 박빙이었다. 반다르의 고문 프레더릭 더턴은 '레이건이냐 베긴이냐'라는 노골적인 문구를 AWACS 판매 찬성을 위한 캠페인 슬로건으로 사용할 것을 제안했다. 메나헴 베긴 이스라엘 총리가 이스라엘의 로비 활동에 큰 골칫거리가 되면서 더턴의 제안은 아주 적절한 것으로 판명됐다. 우선 총리는 사전에 레이건 정부에 알리지 않은 채 이라크에 위치한 오시라크Osirak 원자로에 폭격을 가할 것을 지시했다.

그리고 미국을 방문해서는, AWACS 거래에 대한 논의가 이어지고 있는 동안에는 AWACS 판매를 반대하는 로비를 벌이지 말아달라는 레이건 대통령의 부탁을 받았음에도 그 직후 백악관 정문 밖에서 로비 활동을 벌였다.

반다르는 여전히 서른두 살의 젊은 나이였고 정식 외교관도 아니었지만 AWACS 거래에서 다시 한번 전면에 나섰다. 《뉴스위크》는 반다르가 어떻게 "그의 재치와 매력으로 상원의원들을 현혹시켰는지" 보도했다. 반다르 왕자는 합참의장 데이비드 존스David Jones 장군과 정기적으로 스쿼시를 즐겼으며, 전직 조종사이자 우주비행사 존 글렌 민주당 상원의원과는 '오랜 동료 조종사'가 된 것처럼 전투기 추격전 흉내를 내며 어울리기도 했다.[81] 레이건 대통령의 수석보좌관이었던 제임스 베이커 3세James Baker III와도 친한 사이가 되었다. 조지 H. W. 부시 정권 시절 국무장관을 지낸 베이커는 AWACS 거래 성사에 필요한 절충안 협상에 어느 순간부터 관여하게 되었다.[82] 결국 미국과의 정보 공유와 제3자의 시스템 접근 방지를 위한 다양한 보호조치를 조건으로 AWACS 거래가 성사되었다. 이 거래와 더불어 중동에서 군사적 영향력을 증대하고자 했던 사우디의 다른 여러 기획들은 결국 미국이 사우디를 1차 걸프전쟁의 전초기지로 활용하는 결과를 가져오게 된다.

AWACS 거래가 성사된 직후 반다르는 워싱턴 D.C.에 위치한 주미 사우디 대사관의 국방무관defence attaché으로 임명되었다. 대사관의 국방무관은 언뜻 영광스러운 직책처럼 보일 수 있으나, 일반적으로는 군인으로서의 커리어에 종지부를 찍는 자리라 여겨졌다. 하지만 반다르는 칼리드 왕이 자신의 능력을 시험하기 위해 이러한 결정을 내렸다고 생각했다.[83] 반다르가 새로운 직책을 맡게 되자마자 이스라엘은 팔레스타인해방기구Palestine Liberation Organization, PLO를 몰아내고 야세르 아라파트를 제거할 목적으로 레바논에 대한 대규모 침공을 개시했다. 침공 일주일 후 칼리드 국왕은 세상을 떠났으며 반다르의 삼촌이자 멘토였던 파드가 1982년 6월 왕위를 물려받았다. 반다르는 당시 자신이 PLO의 레바논 철수에 관한 협상의 중심에 있었다고 주장했으나, 나중에 레이건 대통령과 국무장관들은 당시를 회상하며 그 일을 지나가듯 언급하는 데 그쳤다. 이 사건에서 반다르의 역할이 무엇이었든 간에, 1983년 10월 24일 그가 주미 사우디 대사로 임명된 것은 그다지 놀랍지 않은 일이었다.

레이건 대통령은 신임장을 제출하는 반다르에게 이렇게 말했다. "많은 일을 해내셨습니다. 우리가 처음 만났을 때는 젊은 공군 장교였는데, 지금은 사우디에서 미국으로 보낸 대사가 되셨군요." 반다르는 다음과 같이 답했다. "시간이 많이 흘렀는데 대통령께서는 전혀 나이가 들지 않으신 것 같습니다. 처음 뵈었을 때는 전직 주지사였는데, 지금은 세계 최고의 강대국을 이끄는 대통령이 되셨군요."[84]

반다르와 레이건이 너무나 정기적으로 만남을 가진 나머지 주미 이스라엘 대사가 불만을 표하기도 했다.[85] 레이건을 통해 강력한 이스라엘 로비 세력을 견제할 수 있을 것이라 여겼던 사우디는 레이건 행정부에 많은 도움을 주었다.

머지않아 이란-콘트라 사건에서 레이건이 자신의 역할을 해낼 기회가 왔다. 앞서 언급했듯 1984년 미 의회는 니카라과의 우익 콘트라 반군에 대한 미 정부의 물질적 지원을 금지했다. 하지만 레이건 대통령과 그가 창설한 국가안보기획단은 중미에서 공산주의가 확산되는 것을 막기 위해 콘트라 반군을 지원했다. 레이건은 로버트 맥팔레인 국가안보 담당 보좌관에게 '콘트라 반군을 하나로 결집시키는 데 최선을 다할 것'을 지시했다. 이란-콘트라 사건을 요약하자면 미국이 이스라엘을 통해 이란에 무기를 판매하고, 그 수익금으로 콘트라 반군을 지원한 사건이다. 이란에 무기를 판매하는 것이 미국 국내법 위반이자 호메이니 정권에 대한 무기판매 중단을 촉구한 공식적 주장에 반하는 결정이었음에도 말이다.

이 복잡한 계획을 제대로 시행하는 데는 시간이 걸렸다. 미 의회가 콘트라 반군에 대한 자금 지원을 취소한 이후, 맥팔레인은 이란과의 거래에서 얻은 수익금을 활용할 수 있을 때까지 반다르 왕자에게 부족한 비용을 충당해줄 것을 요청했다. 맥팔레인 및 캐스퍼 와인버거Casper Weinberger 국방장관과 만남을 가진 이후 반다르는 1984년 중반부터 콘트라 반군이 매달 100만 달러를 지원받을 수 있도록 하겠다고 약속했다. 1985년 초반 레이건과 조찬회동을 가진 파드 국왕은 지원 금액을 두 배로 늘리겠다고 제안했다. 사우디는 콘트라 반군에 총 3,200만 달러를 지원했다.[86] AWACS 거래를 통해 만들어진 자금이 매달 콘트라 반군에 전달되었다는 점에서 콘트라 반군 지원과 AWACS 거래는 서로 관련되어 있었다.[87]

반다르는 후에 "나는 콘트라 반군에는 전혀 관심이 없었고, 니카라과가 어딘지도 몰랐다"고 말했다.[88] 그럼에도 사우디가 콘트라 반군을 지원한 것은 미국과의 관계를 미국-이스라엘 관계에 버금가는 수준으로 구축하기 위한 투자라고 생각했기 때문이다.[89] 다양한 수단을 동원해 상대의 비위를 맞추는 사우디의 전설적인 능력으로 미국-사우디 관계는 한층 발전해나갔다. 파드 왕은 미국의 대의를 지지한다는 의미에서 대통령과 영부인에게 200만 달러 상당의 아라비아 말과 다이아몬드를 잔뜩 선물했다. 반다르는 대통령 부부가 왕의 선물을 외교관례에 따라 미국 국민을 대표해 수락하고 등록하는 대신 개인자산으로 챙길 기발한 방법을 생각해냈다. 낸시 레이건Nancy Reagan 영부인과 특히 친했던 반다르는 대통령 일가에 셀 수 없이 많은 도움을 줬다. 마이클 디버 비서실 부실장이 법적 문제와 음주 문제로 빈털터리가 되어 백악관을 떠나자 영부인은 반다르에게 디버를 고용해달라고 부탁했다. 그러자 반다르는 디버를 컨설턴트로 고용하고, 이후 1년 동안 그를 단 한 차례도 만나지 않았음에도 매달 월급 5만 달러를 지급했다.[90]

사우디가 콘트라 지원을 비밀로 하고 싶어 했으므로, 와인버거 국방장관은 의회가 이 사건을 조사하는 동안 사우디의 개입 사실을 감추기 위해 노력했다.[91] 1987년 7월 31일 청문회에서, 와인버거는 매주 열려온 조찬모임에서 윌리엄 케이시William Casey CIA 국장과 나눈 대화에 대한 질문을 받았다. 당시 대화에서는 콘트라 반군에 500만 달러 늘어난 2,500만 달러를 지원하겠다는 반다르 왕자의 결정이 언급되었으며, 와인버거는 해당 내용을 메모해두기도 했다. 하지만 와인버거는 청문회 내내 마치 기억상실증에 걸린 것처럼 그렇게 말한 기억이 없다고 주장했다. 당시 합참의장이었던 존 베시John Vessey 장군은 와인버거가 콘트라 반군에 2,500만 달러를 약속한 사실을 밝히며 와인버거의 진술을 반박했다. 또한 베시 장군은 1992년 조사 과정에서 반다르가 자신에게 지원금에 대해 두 차례나 언급했다고 검사에게 진술했다. 1984년 5월 25일 백악관 회의 중 AWACS 판매에 대한 이야기가 나왔고, 그 자리에는 로버트 맥팔레인도 참석해 있었다.[92] 와인버거는 이러한 대화 내용의 상당 부분을 수첩에 메모해두었으며, 반다르와는 국방부에서 열여섯 차례 만남을 가진 것을 포함해 최소 예순네 차례 접촉한 것으로 드러났다.[93]

와인버거 국방장관은 위증과 사법방해 혐의로 기소되었으나 1992년 조지 H. W. 부시 대통령에 의해 사면되었다. 반다르 또한 1986년 10월 21일 공식 발표를 통해 "사우디아라비아는 현재는 물론 과거에도 니카라과와 관련된 어떠한 단체를 위한, 혹은 단체와 연관된 군사적 활동이나 어떠한 종류의 지원 활동에도 직접적 또는 간접적으로 관여한 바 없다"고 주장하며 연루 의혹을 부정했다. 거짓말이 들통나자 그는 사우디가 "본질적으로 어떠한 미국 국내법도 위반하지 않았다"고 주장하며 자신의 행동을 정당화했다.[94] 하지만 미 의회가 타국에 콘트라 반군 지원을 요청하는 것을 명백히 금지했기 때문에 미국 국내법을 위반하지 않았다는 말 또한 거짓이었다. 케이시는 의회가 금지한 일을 하기 위해 사우디를 대리인으로 활용했던 것이다. 와인버거를 비롯하여 악명 높은 올리버 노스 대령 등 고위 관료들의 개입 증거가 발견되었지만, 케이시는 증거를 남기지 않기 위해 콘트라 반군 사안을 절대로 직접 사우디와 논의하지 않았다. 반다르 또한 자금을 스위스의 은행에서 영국령 케이맨제도 계좌로 이체한 뒤 콘트라 반군에 전달해 증거가 될 만한 기록을 남기지 않았다.[95] 외교관 면책특권이 있는 반다르 왕자는 조사가 진행되는 내내 협조를 거부했다. 반다르는 맥팔레인에게 사우디의 역할이 노출된 것에 대한 실망감을 표하며 말했다. "진실이 무엇인지에는 관심 없다. 말을 하기 전에 미리 말을 맞추고 거짓말을 하려거든 다 같이 거짓말을 하자."[96]

사우디 왕실은 조나스 사빔비Jonas Savimbi가 이끄는 잔혹한 앙골라 완전독립민족동맹UNITA 세력에 자금을 지원하기도 했다. 사빔비는 인종차별정책을 펼친 이웃 국가 남아프리카공화국의 상당한 지원을 받으며 공산주의 성향의 앙골라해방인민운동MPLA 정권 타도를 꾀하고 있었다. 팔레스타인계 미국인 사업가 샘 바미에Sam Bamieh는 1981년에 파드 당시 왕세자와 만났으며, 그는 사우디가 AWACS를 구매할 수 있게 된다면 "전 세계적인 반공주의 운동"에 기꺼이 자금을 대겠다고 말했다고 미 하원 아프리카분과위원회에서 증언했다.[97] 또한 바미에는 실제로 반다르가 자금을 지원하는 역할을 맡았다고 진술했다. 두 사람은 1984년 2월 프랑스 칸에서 만나 앙골라 반군과 아프가니스탄에 자금을 전달할 유령회사 설립을 논의했다. 반다르는 바미에에게 케이시와 파드도 사우디 왕족의 요트에서 똑같은 사안을 논의하고 있다는 사실을 알려주었다. 바미에는 사우디가 모로코를 통해 앙골라 반군에 약 5,000만 달러를 지원했다고 주장했다.

반다르의 다음 비밀 임무는 레이건 대통령의 측근이기도 한 윌리엄 윌슨William Wilson 주바티칸 미국 대사의 부탁으로 시작되었다고 알려져 있다. 전해지는 바에 따르면 반다르는 1985년 선거에서 공산주의 진영이 승리를 거두는 것을 막기 위해 이탈리아 기독교민주당

Christian Democratic Party에 200만 달러의 자금을 지원 및 전달해달라는 부탁을 받았다.[98] 반다르는 여행 가방에 사우디의 '기부금'을 챙기고는 전용기를 타고 로마에 도착한 뒤, 사우디 외교관용 차를 타고 직접 바티칸은행으로 갔다. 은행으로 들어가는 계단 앞에 나와 있던 한 신부가 어떠한 질문도 없이 여행 가방을 받아갔다. 바티칸은 이 자금을 기독교민주당에 나눠주었고, 결과적으로 기독교민주당은 4% 차이로 선거에서 승리했다.[99] 이 이야기를 들은 사람은 반다르의 전기를 쓴 윌리엄 심슨과 《워싱턴포스트》 소속 기자 3명 외에 없기 때문에 그 진위 여부를 밝혀내기란 쉽지 않다. 윌슨 대사는 이에 대해 아는 것이 전혀 없다고 주장하며 만약 그런 일이 있었다면 "내가 모르는 사이에 벌어진 것이 분명하다"고 말했다.[100] 윌리엄 심슨은 레이건과 파드, 대처가 기획하고 반다르가 실행에 옮긴 이 계획에 대해 다음과 같이 말했다. "미국(또는 영국)의 개입 흔적이 전혀 남지 않았기에 모든 혐의를 피해 갈 수 있었다. 직접 자금을 조달하지도, 미국이나 영국 의회의 승인을 거치지도 않았다. 모두가 '나와 전혀 관련 없다'고 시치미를 뗄 수 있는 방식을 활용했다. 이 사건은 레이건과 파드, 대처가 다양한 사안에 대해 전략적으로 협력한 방식을 잘 보여주는 대표적인 사례다."[101]

반다르가 교황을 위한 정치자금 조달자 역할을 했던 것일까? 이 이야기가 조금이라도 사실이라면 반다르는 1993년 법정에서 대단히 위선적인 진술을 한 셈이 된다. 그는 자신이 비밀리에 영국 보수당에 정치자금을 기부했다고 보도한 《가디언》을 명예훼손으로 고소했다. 법정에서 반다르는 자신이 다른 나라의 선거에 개입하고자 했다는 주장 자체만으로 매우 "당혹스럽고 괴롭다"고 말했다.[102]

1985년 3월 8일, 당시 신생 정당이었던 헤즈볼라Hezbollah의 종교 지도자 셰이크 모하마드 후세인 파드랄라Sheikh Mohammad Hussein Fadlallah가 거주하는 아파트 인근 모스크 밖에서 대규모 차량폭탄 테러가 발생했다. 8명이 사망하고 최소 200여 명이 다쳤다. 피해자 대부분은 모스크를 나서던 신자였다. 파드랄라는 무사했다. 퓰리처상을 수상한 《워싱턴포스트》 밥 우드워드Bob Woodward 기자는 윌리엄 케이시와 반다르 왕자가 영국 특공대원을 고용해 암살을 모의했으며, 반다르가 그 대가로 300만 달러를 지불했다고 주장했다.[103] 사우디는 이러한 혐의를 완강히 부인했지만, 우드워드는 2001년 〈프론트라인Frontline〉이라는 다큐멘터리 프로그램을 통해 같은 주장을 반복했다. 그는 반다르와 윌리엄 케이시가 버지니아주 매클레인에 위치한 반다르의 저택에서 "정원을 산책"하며 사우디가 "돈을 주고 전문가를 고용해 차량폭탄 테러로 셰이크 파드랄라를 암살"하기로 결정했다고 주장했다. 케이시는 이 작전이 레이건조차 모르게 "비공식적으로" 진행되어야 한다고 말했다.[104] 이 작전이 실패하고 노출되면서 당시 사우디 대통령의 국가안보 보좌관 자리를 노리던 반다르는 그 꿈을 접어야 했던 것 같다.[105] 반다르는 파드랄라의 암살에 사우디가 연관되어 있다는 주장은 전혀 근거가 없다며 단호히 부인했다.[106]

사우디는 소련을 상대로 전쟁을 벌이고 있는 아프가니스탄에 수십억 달러 규모의 군사적·경제적 지원을 제공했으며, 1980년대에는 CIA와 협력해 아프간의 마드라사Madrassa(이슬람 학교—옮긴이)들을 재정적으로 지원했다.[107] 반다르 왕자는 자신이 미하일 고르바초프 대통령을 설득해 아프간에서 소련군을 철수시키는 데 매우 중요한 역할을 했다고 주장했다. 1988년 모스크바를 방문한 반다르에게 고르바초프는 사우디가 무장 게릴라 조직 무자헤딘에 매년 2억 달러를 지원하고 있음을 소련 정부도 알고 있다고 말했다. 이에 반다르는 이렇게 답했다. "완전히 잘못 알고 계십니다, 대통령님. 2억 달러가 아니라 5억 달러를 지원하고 있고, 소련군이 아프간에서 철수하지 않으면 10억 달러를 더 지원할 계획입니다."[108] 반다르의 주장에 따르면 고르바초프는 그의 답변을 듣고 거의 즉각적으로 오는 3월까지 소련군을 철수시키기로 결정했다고 한다. 진실이 무엇이든 간에 반다르가 매우 특별한 기념품을 들고 사우디로 돌아간 것은 분명하다. 고르바초프가 자신과 레이건이 찍은 사진 1장을, 전 세계에 실물이 딱 50장 밖에 없는 사진 중 1장을 반다르에게 건넨 것이다. 이후 레이건을 만난 반다르는 "고르바초프 대통령이 왜 저에게 그 사진을 줬을까요?"라고 물었다. 그러자 레이건은 "고르바초프 대통령이 사진을 주면서 뭐라고 하던가요?"라고 되물었다. 반다르는 "나도 당신의 친구 미국과 친구라는 사실을 알아주면 좋겠다'고 말했습니다"라고 답했다. 그러자 레이건은 그 사진에 '반다르 왕자께. 신뢰하되 검증하라Trust But Verify'라는, 자신이 가장 좋아하는 문구를 써서 건넸다. 몇 년 후 반다르와 고르바초프가 다시 만났을 때 고르바초프도 그 사진 위에 러시아어로 '신뢰하되 검증하라'라는 문구를 써줬다. 반다르는 몇 년 동안이나 사무실에서 가장 잘 보이는 곳에 그 사진을 두었다.[109]

반다르 왕자는 권력자의 마음을 사로잡는 능력이 있었고, 사우디의 재력을 활용해 우정과 영향력을 살 수도 있었다. 독창적인 방식으로 법과 규제를 교묘히 피하는 데 거리낌이 없었으며 진실이 무엇인지에 대해서는 그다지 신경 쓰지 않는 모습을 자주 보였다. 반다르가 사상 최고의 무기거래를 성사시키기에 제격이었던 것은 이러한 면모 덕택이다.

반다르가 말했듯 대처 총리는 사우디의 무기판매 요청을 매우 잘 수용해주었다. 미국은 사우디에 무기를 판매하는 것을 꺼렸고, 프랑스는 이란산 석유 수입을 늘리며 자충수를 두었다. 하지만 이러한 요인들 외에 영국에서 무기를 수입한다는 사우디의 결정에 영향을 준 가장 근본적인 요인은 바로 돈이었다. 역사상 가장 부정한 무기거래로 남을 이 거래로 반다르와 대처 총리의 아들을 비롯해 거래에 연루된 수많은 사람들은 막대한 돈을 벌어들였다.

반다르는 전직 사우디 국가고문 니하드 가드리에게 당시를 회상하며 다음과 같이 말했다. "대처 총리에게 이 거래는 사우디와 영국,

두 국가만의 일이어야 한다고 말했다. 다른 국가가 개입해서는 안 되며, 양국과 관련된 일은 양국만 관여해야 한다고 말했다. 또한 왕족으로서 우리 가족 주위에는 수많은 사람들이 있고 수많은 책임이 따른다는 말도 전했다. 대처 총리는 내 의도를 잘 이해했고, 그로써 우리의 대화는 마무리되었다."[110]

4. 인류를 보호하기 위해

1989년 베를린장벽 붕괴 이후 전 세계 무기딜러들의 사업 방식은 크게 바뀌었다. 시장경제에 기반한 미국식 민주주의가 전 세계적으로 퍼져나가는 가운데 탈냉전에 접어든 세계는 '역사의 종언'과 함께 분쟁에 종언을 고하는 대신, 어느 때보다 복잡한 무력분쟁에 시달렸다. 불안정한 상태에서도 전 세계 많은 국가들이 하나의 국가로 유지될 수 있었던 것은 냉전시대 미국과 소련으로 대표되는 양쪽 진영에 대한 소속감 덕이었다. 이러한 세계질서가 무너지면서 민족 간, 국가 내의 집단 간, 비국가 세력 간의 분쟁이 대규모로 발생했다. 한 국가 안에서 생겨난 서로 다른 집단들이 민족적 유토피아, 경제적 이익, 종교적 이상 실현 같은 다양한 명목으로 권력을 추구하거나 엄청난 혼란을 일으켰다. 종교적 극단주의 세력의 경우에는 특정 국가에 대한 소속감마저 없었다. 이러한 세력들은 어둠의 세계에서 활동하는 소규모 무기딜러들에게 막대한 이익을 안겨줄 새로운 고객이 되었다.

메렉스는 다양한 대륙에서 폭발적으로 발생한 내전과 민족 분쟁을 기회로 삼아 재빨리 새로운 시장에 진출했다. 라이베리아의 찰스 테일러Charles Taylor, 밥 테일러Bob Talyor 형제 같은 수많은 악명 높은 판매 에이전트를 통해 사업을 급격히 확장해나갔고, 유고슬라비아 내전, 라이베리아 및 시에라리온 내전, 미국의 이라크 침공을 포함해 이후 15년간 발생한 가장 악명 높은 분쟁을 이용해 이익을 얻었다. 그 과정에서 메렉스는 무기딜러, 혁명가, 독재자, 사기꾼, 전쟁광, 종교적 극단주의자, 고문 전문가, 제재 위반자, 자금세탁업자, 수상한 첩보원, 기회주의적인 사업가로 이루어진 방대한 규모의 국제적 네트워크의 일부가 되었다. 이들은 모두 혼란을 이용해, 이익을 얻을 수 있다면 어디든

가리지 않았다. 미로처럼 뒤얽힌 이 무질서한 네트워크는 새로운 국제 질서하에 새롭게 생겨난 어둠의 세계였다.

1990년 메렉스는 법적·재정적 어려움을 해결하고 새로 재편된 국제질서 속에서 수익성 있는 기업으로 거듭나기 위해 구조조정을 실시했다. 조 데르 호세피안을 파트너로 데려오는 중대한 결정도 내렸다. 아르메니아와 레바논 혈통인 데다 독일, 이탈리아, 스위스, 프랑스와도 밀접한 관계가 있는 데르 호세피안은 스스로를 "지구촌 시민"[1]이라고 부른다.

2010년 5월 요르단 수도 암만에서 그를 만났다. 메카Mecca가에 위치한 그의 사무실은 유리와 어두운 목재로 장식되어 있었으며, 총을 비롯한 무기사진 포스터도 있었다. 중후한 인상의 데르 호세피안은 세계 여러 민족의 특성을 담아낸 우락부락한 생김새를 자랑한다. 이목구비에서는 게르만과 중동 민족의 특징이 두루 느껴지고, 불그스름하고 뭉툭한 코 밑으로는 콧수염을 잘 정돈해서 길렀다. 그가 즐겨 쓰는 커다란 검정색 카우보이 모자와 부츠 때문에 키는 실제보다 커 보인다.

수다스럽고 가끔은 퉁명스럽기도 한 데르 호세피안은 필자에게 자신이 커리어를 막 시작했을 당시에 대해 들려주었다. 군인 아버지와 레바논계 어머니 사이에서 태어난 그는 군 조직의 일원으로 전 세계를 여행했다. 아버지의 재능을 물려받은 그는 레바논군에 입대해 미국 공군기지를 비롯한 다양한 곳에서 전투기 조종사 훈련을 받았다. 모험심이 강한 그의 성격과 레바논에서 최고로 손꼽히는 가문 출신의 부인 덕에 데르 호세피안은 젊은 나이에 대령 자리에 올랐으며, 무기업계에서도 '대령'이라는 별명으로 통했다.

1978년 데르 호세피안은 레바논군을 떠나 독일 본에 소총 및 사격 전문점을 열었다. 본은 전직 나치 당원이자 메렉스의 설립자, 게르하르트 메르틴스의 고향이기도 하다. 1980년대 초반부터 데르 호세피안은 메르틴스와 함께 무기딜러로 일하기 시작했다.[2] 일을 막 시작한

1980년대 당시에는 메렉스와 자신이 실제로 어떤 일을 하는지 정확히 알지 못했다. 하지만 메르틴스의 소유지에서 살았다는 점으로 미루어 데르 호세피안이 메르틴스의 일에 언제나 관여한 것은 분명하다. 독일 정보기관 BND를 상대로 한 재판에서 승소해 큰돈을 챙긴 메르틴스는 토마스베르크Thomasberg에 위치한 양계장과 토지를 대규모로 사들였다. 토마스베르크는 본과 라인강을 사이에 두고 있는 쾨니히스빈터Königswinter에 위치한 곳이다. 데르 호세피안은 메르틴스가 화려한 정계 인맥을 활용해 그가 소유한 부동산의 가격을 올렸다고 주장했다. 독일 외교부에서 일하는 메르틴스 조카의 남편을 통해 그가 소유한 부지 옆에 사무단지를 지으라고 외교부를 설득했다는 것이다.

1980년대 금전적 어려움을 겪던 메르틴스는 자신을 위해 일해준 대가로 현금을 지급하는 대신 토마스베르크의 땅을 조금씩 떼서 주기도 했다. 데르 호세피안도 그렇게 받은 땅에서 메르틴스와 함께 살며 메르틴스의 파트너들과 새롭게 인맥을 쌓았다. 데르 호세피안은 메르틴스가 그에게 거의 300만 달러 규모의 사기를 쳤다고 주장했다. 메르틴스는 데르 호세피안에게 보수를 지급하는 대신 토마스베르크 소유지 중에서도 위치가 가장 좋은 땅을 주었다. 개발되기만 하면 가격이 급등할 것으로 예상되는 땅이었다. 하지만 메르틴스 혼자만 알고 있는 사실이 하나 있었다. 개발 규제에 따라 데르 호세피안이 받은 땅에는 어떠한 건물도 지을 수 없다는 점이었다. 이 일은 데르 호세피안이 메르틴스에게 속아 돈을 받지 못했다고 주장하는 수많은 사례 중 하나가 되었다.

1990년 데르 호세피안이 메렉스의 동업자로서 합류할 당시 메렉스는 큰 위기에 처해 있었다. 재무보고서에 따르면 수입이 줄어드는 가운데 비용이 급증해 전성기에 벌어들인 자산이 거의 바닥난 상태였다.[3] 메르틴스는 오랜 파트너인 사우디아라비아에 도움을 요청했다. 당시 사우디는 레오파드Leopard 전차를 독일로부터 구매할 계획이었다. 메르틴스는 자신의 정계 인맥을 활용해 거래를 성사시키기로 했으며, 사우디는 그 대가로 그에게 1,600~1,700만 마르크를 지급하는 데 동의했다. 파산을 모면하기에 충분한 금액이었다. 메르틴스가 소유한 토마스베르크의 땅을 담보로 현금이 선지급되었다. 이렇게 흔치 않은 방식으로 일을 진행할 수 있었던 것은 메르틴스의 친구, 투르키 알 파이살 왕자 덕분이었다. 사우디 외무장관의 형제이자 반다르 왕자의 손위 처남, 파이살 국왕의 아들인 투르키 왕자는 당시 사우디 정보기관 무카바라트의 국장을 맡고 있었다. 계약은 투르키의 보좌관 아흐메드 바딥과 게르하르트 메르틴스의 이름으로 체결되었다.

이 거래에서 메르틴스가 가장 주요하게 활용한 정계 인맥은 많은 논란을 일으킨 바이에른주 출신 정치가이자 전직 국방장관 프란츠 요제프 슈트라우스Franz Josef Strauss였다. 그는 다른 사건들 중에서도 특히 1960년대 초반 록히드마틴 뇌물사건(12장 참조)에 휘말린 바 있었다. 데르 호세피안이 슈트라우스를 "매우 부패한" 인물이라고 묘사한 것으로 미루어, 슈트라우스가 메르틴스 및 메렉스와 관계를 맺고자 한 이유를 짐작할 수 있다. 하지만 슈트라우스는 1988년 사냥을 나갔다가 불의의 사고로 목숨을 잃게 된다. 그로 인해 메르틴스는 레오파드 전차 거래에 대한 대가는 이미 지급받았으나 전차를 사우디에 전달하지 못하는 상황에 처했다. 돈을 돌려주고 싶지는 않고, 그렇다고 전차를 공급할 방법도 없던 메르틴스에게 남은 선택지는 딱 하나였다. 바로 메렉스를 폐업하고 새로운 회사를 다시 설립하는 것이었다.

그 결과 도이치메렉스Deutsche Merex라는 이름의 새로운 회사가 설립되었다. 도이치메렉스는 고령에 접어든 메르틴스의 역할이 점점 줄고 있다는 사실을 반영해 조직되었다. 설립 3년 만인 1993년, 메르틴스는 사망했다. 현실적인 협상을 거친 끝에 도이치메렉스의 소유권은 데르 호세피안과 메르틴스의 아들 헬무트, 요에르크 토마스Joerg Thomas(일명 'JT')가 동일하게 나눠갖게 되었다. 지분의 1%는 여전히 게

르하르트 메르틴스가 설립한 미국의 주식회사 메렉스가 보유했다.[4]

메렉스 네트워크의 일부는 다소 괴상한 형태로 바뀌었다. 그중 하나인 메렉스AG는 쾨니히스빈터 교외 지역인 구트부쉬호프Gut Buschhof에 호텔과 스포츠센터를 운영하는 회사로 재탄생했다.[5] 메르틴스와 함께 사업을 한 이들 중 일부가 무기거래보다 스트레스가 덜한 사업을 벌이고자 했던 것이다. 구트부쉬호프에 스포츠센터가 만들어지고 1993년 메르틴스가 사망한 이후, 스포츠센터 운영을 위한 회사인 '토마스베르크 호텔 앤 스포츠센터'가 설립되었다.[6] 이 회사의 공식 책임자는 투르키 왕자의 보좌관 아흐메드 바딥이었다.

사우디 정보기관과 깊이 연관되어 있는 바딥의 커리어는 1980년대 소련이 아프가니스탄을 침공하기 전까지만 해도 비교적 특별할 것이 없었다. 그는 사우디 교육부 소속 생물학 교사로 일했으며, 제자 중 가장 유명한 인물은 오사마 빈라덴이다. 바딥은 예멘의 같은 지역 출신인 빈라덴과 가까운 사이가 되었다.[7] 사우디 정부에서 고위직에 오른 바딥은 30대 중반의 나이로 투르키 알 파이살 왕자의 비서실장이 되었다. 투르키 왕자의 아버지 파이살 국왕이 이복형제의 아들에게 암살을 당한 후에도 투르키는 계속 승승장구해 20년 동안 무카바라트 국장을 맡았다.[8] 투르키는 2003~2005년에는 주영국 사우디 대사로, 이후 2005년 7월부터 2006년 12월까지는 반다르 왕자를 대신해 잠시 주미 사우디 대사로 일했다.[9]

사우디 정보 분야에서 가장 영향력 있는 인사의 오른팔인 바딥은 무기거래를 성사시키고 현금을 직접 전달하기 위해 주요 동맹국을 종종 방문했다. 한번은 거래를 위해 파키스탄에 가서 독재자 무함마드 지아 울-하크Muhammad Zia ul-Haq 대통령과 만나기도 했다. 투르키 왕자의 지시로 상당한 양의 현금을 가지고 파키스탄을 방문한 바딥은 '파키스탄이 중국 업체에서 다양한 고정밀 로켓추진미사일을 구매할 수 있도록 자금을 제공할 용의가 있다'는 사우디의 입장을 전했다. 이를 믿지 않은 파키스탄 측은 바딥이 지아 대통령과 이야기를 나누는 도중 그의 여행가방을 열어 거액의 자금이 들어 있는 것을 확인하기도 했다.[10] 바딥은 아프가니스탄에서도 활발히 활동하며 자신의 고국 예멘과 무자헤딘 간의 관계를 이끌어나갔다. 또한 그는 메르틴스가 이행하지 못한 레오파드 전차 계약에서 메르틴스가 사우디 측에 현금 대신 지급한 토마스베르크 땅의 소유권을 갖게 된 것으로 추정된다.

메렉스가 겪은 어려움을 고려할 때 같은 이름을 고집한 것은 다소 납득하기 어렵지만, 도이치메렉스도 그 나름대로 강점이 있었다. 데르 호세피안에 따르면 도이치메렉스는 독일 및 네오나치주의와 연관되어 있다는 점에서 아랍 고객들의 관심을 끌었으며, 일부 아랍 고객들은 '히틀러가 그때 유대인들을 모두 죽여버렸다면 지금 우리가 이스라엘과 이 모든 문제를 겪지 않아도 되었을 것'이라 생각했다.[11] 데르 호세피안은 이렇게 잘못된 견해를 가진 이들과 사업을 벌이는 것에 전혀 거리낌이 없었으며, 아랍 고객을 맞을 때면 아랍어와 독일어를 모두 사용해 인사를 건넸다. "〔무기거래에서〕 성공하기 위해서는 탁월한 수법과 고품질의 장비가 필요하며 절대 고객을 속여서는 안 된다"는 그의 말에서 '수법'이란 바로 이런 의미일지도 모른다.[12] 권력자들과 긴밀한 관계를 맺는 능력 또한 중요하다. 많은 무기딜러들이 사교적이고 호들갑스러운 성격을 갖고 있는 이유이기도 하다. 데르 호세피안 또한 사우디에서 권력자들과의 관계를 차근차근 발전시켜, 새롭게 태어난 메렉스가 첫 대규모 계약을 따내는 데 큰 역할을 했다.

1990년 8월, 이란과 10년에 걸친 기나긴 분쟁을 막 끝낸 사담 후세인은 쿠웨이트를 침공했다. 사우디는 후세인이 생화학무기를 사용할지도 모른다는 사실을 크게 우려했다. 메렉스는 사우디가 방독면 100만 개를 구입할 수 있도록 나섰다. 큰 규모의 계약이기에 믿을 수 있는 조력자가 필요했던 데르 호세피안은 미국에 있는 메르틴스 형제를 다시 불러들였다. 여러 업체에서 물량을 끌어모은 끝에 방독면

100만 개를 확보한 그는 방독면을 직접 사우디로 운송했다. 메렉스는 이 거래로 엄청난 수익을 올렸으며, 데르 호세피안 개인의 몫만 1억 2,600만 달러에 달했다. 방독면을 신속히 인도한 대가로 사우디 정부는 그에게 공식 감사장을 수여했다.

그럼에도 데르 호세피안은 사우디와 사업을 할 때 드는 '특별한' 비용을 크게 비판했다. 그는 사무실 책상에 놓인 컵을 보며 사우디와 거래하는 과정을 설명해주었다. "사우디 왕족들은 욕심이 아주 많다. 항상 뇌물을 줘야 한다. 이 컵을 사겠다고 해서 가격이 5달러라고 하면 1달러까지 깎은 다음 '좋다, 3달러를 낼 테니 2달러는 나에게 돌려줘야 한다'는 식이다." 그는 사우디와 거래를 하려면 거래를 통해 받는 금액의 절반 이상을 뇌물로 돌려줘야 하며, 그 커미션은 사우디 대사관의 무관을 통해 전달된다고 주장했다. 그는 "독일에서 지급이 이루어지면 대사관 무관에게 뒷돈이 전달되고, 대사관 무관은 그 돈을 왕자들에게 다시 전달한다. 미국에서 사우디로 판매되는 무기 중 반다르가 커미션을 받지 않은 무기는 단 하나도 없을 것"이라고 말했다.[13]

냉전 이후 유고슬라비아연방이 붕괴되면서 메렉스와 데르 호세피안은 발칸반도에서 매우 중요한 역할을 하게 되었다. 1991년 6월 슬로베니아가 유고연방으로부터 독립을 선언한 직후 크로아티아와 마케도니아가 잇따라 독립을 선언하며 유고연방이 무너지기 시작했다. 극도로 복잡하고 잔혹한 4년간의 전쟁이 시작되었다. 이 전쟁은 내전을 인종청소의 기회로 삼은 세르비아인들이 보스니아 무슬림들을 학살하는 아픈 역사를 남겼다.

즉시 해당 지역에 무기금수조치가 취해지면서 참전국들은 무기 확보를 위해 쟁탈전을 벌여야 했다. 대담한 무기딜러들에게는 그야말로 축제나 다름없었다. 전쟁 발발을 예상한 크로아티아는 1991년 1월부터 무기를 비축하기 시작했다. 이탈리아 국적의 로렌초 마체가 Lorenzo Mazzega는 크로아티아에 무기를 공급하기에 제격인 인물이었다.

당시 마체가는 크로아티아의 자라Zara라는 도시를 기반으로 활동하며 크로아티아 지도부와 긴밀한 관계를 맺었다.[14] 명성이 자자해진 마체가의 소식은 프랑코 조르지Franco Giorgi에게도 전해졌다. 1943년 이탈리아에서 태어난 조르지는 비밀스러운 일을 하기 위해 1975년 리비아로 떠났다. 1979년 리비아 당국은 이스라엘의 스파이 노릇을 하는 조르지가 안보에 위협이 된다고 판단했다. 8개월의 수감생활 끝에 조르지는 이탈리아를 '배신'하고 이탈리아 등지의 인물들에 대한 정보를 리비아 측에 제공했다. 1990년 그는 베네치아에서 가게를 운영하는 부인에게 돌아가 이탈리아에서 새로운 인맥을 쌓았다.[15] 조르지는 사업상 알게 된 지인으로부터 마체가가 베님펙스Venimpex라는 회사를 통해 동유럽 전역에서 자유롭게 무기를 거래하고 있다는 사실을 전해 들었다. 두 사람 모두와 친분이 있는 지인의 소개로 베네치아에서 마체가를 만난 조르지는 사업에 관한 논의를 위해 자라로 떠났다.[16] 메렉스를 대표해 크로아티아에 무기와 보급품을 판매하는 것이 그의 목표였다. 마체가는 후에 조르지가 "이탈리아 및 크로아티아, 동유럽에서 메렉스를 대표하는 사람이라 주장하며 메렉스 카탈로그를 보여줬다. 자라에 온 이유는 메렉스가 쌍안경, 방탄조끼, 라디오 등 경찰용 장비를 제조하기 때문이라고 말했다"고 회상했다.[17] 둘의 만남 덕에 메렉스는 마체가가 자문을 맡은 자라의 한 회사로부터 발주를 받는 방식으로 크로아티아와 거래를 성사시켰다. 조르지는 때맞춰 데르 호세피안과 접촉해 거래의 세부사항을 알려주었다. 처음에는 망설이던 데르 호세피안도 결국 거래에 참여하기로 했다.

크로아티아 당국은 약 100만 달러어치의 탄약을 급히 구매하고자 했다. 데르 호세피안은 오랜 지인인 엘리 와잔Eli Wazan에게 탄약 확보를 도와달라고 요청했다. 와잔은 1980년대 초반 레바논에서 기독교 민병대에 무기를 공급하며 자수성가한 무기딜러다. 1980년대 중반에는 이스라엘 정보기관과 인연을 맺은 후 동베이루트에서 무기를 거래하며 자기 사업을 꾸렸다. 그는 유용한 외교특권이 주어지는 레바논 명예영사로 임명되기도 했다. 와잔의 가장 중요한 공급업체는 남아프리카공화국의 준국영기업 암스코어Armscor였다. 암스코어는 아파르트헤이트 정권 시절 UN이 남아공에 무기금수조치를 내린 이후 설립되었다. 금수조치에 따라 암스코어의 해외수출 또한 전면 금지되었다. 상당한 자금을 공급받아 거대 산업체로 거듭난 암스코어는 아파르트헤이트 정권이 자국은 물론 사하라 이남 지역 전체에 공포정치를 자행하기 위해 필요로 하는 물자를 대량으로 생산해냈다. 내수용 무기생산을 위한 자금줄인 해외매출 확보를 위해 암스코어는 수상한 중개인과 에이전트 네트워크에 의존하는 경우가 잦았다. 그중에서도 와잔은 암스코어가 가장 선호한 에이전트였으며, 1983년 이후 줄곧 함께 일했다. 1990년 와잔은 암스코어의 '독점 에이전트'로 임명되었다.[18]

데르 호세피안과 와잔이 크로아티아에 탄약을 보급하기 위해서는 UN의 무기금수조치를 위반해야 했다. 메렉스를 통해 거래하면 독일 정부에 위반 사실이 발각될까 우려한 데르 호세피안은 자매회사 인터시스템 베이루트Intersystems Beirut를 통해 거래를 진행하기로 결정했다. 하지만 데르 호세피안은 그전에 이미 거래에 관한 논의를 위해 독일에서 조르지를 만났고, 둘의 만남 자체가 불법행위에 해당했다. 데르 호세피안과 와잔은 남아공 정부 관료들도 속여야 했다. 당시 남아공의 행정명령에 따라 암스코어는 유고슬라비아연방에 속한 적 있는 국가와 거래하는 것이 금지되어 있었다.[19] 하지만 레바논과 거래하는 것은 가능했다. 따라서 와잔은 암스코어가 생산한 물건들이 베이루트에 도착하고 하역된 뒤 레바논 기독교 민병대에 전달될 것이라고 거짓말을 했다.[20] 하지만 실제로는 앙케Anke호에 무기를 실어 크로아티아로 향했고 1991년 3월 무사히 도착했다.[21] 크로아티아 당국은 크게 안도했다. 탄약 가격은 총 100만 달러가량에 불과했지만 프랑코 조르지는 중개인 역할의 대가로 20만 달러를 받았다.

비교적 작은 거래 규모에 비해 꽤 큰 수고를 들여야 했으나, 조르지와 데르 호세피안은 이 거래를 통해 크로아티아 당국의 신뢰를 얻을 수 있었다. 전쟁이 시작되고 UN이 분쟁 당사자 모두에 대한 무기 금수조치를 의무화한 지 1년 만인 1992년,[22] 크로아티아는 무기를 추가로 구매하고자 했다. 이번에는 미사일을 포함해 훨씬 많은 양이었으며, 총 거래 규모는 2,610만 달러였다.[23] 이 거래 또한 로렌초 마체가가 크로아티아 당국을 대신해 프랑코 조르지에게 연락을 취하면서 시작되었다. 기회를 재빨리 낚아챈 조르지는 크로아티아로 가서 여러 크로아티아 장성들을 비롯하여 요조 마르티노빅Jozo Martinovic 재무장관과 거래에 관해 논의했다.[24] 크로아티아 국영은행 프리브레드나Privredna 은행장을 지낸 마르티노빅은 UN 무기금수조치에 위반되는 수많은 무기거래 협상 과정에 깊이 관여한 의혹을 받고 있다.[25]

조르지는 또다시 데르 호세피안에게 도움을 청했다. 데르 호세피안은 크로아티아와의 첫 거래에서 활용한 인맥을 그대로 활용해 암스코어와 연락을 취했고, 거래는 성사되었다. 미국 해운업자 마이클 스틴버그Michael Steenberg가 운송을 담당했다.[26] 1992년 중반, 무기를 실은 스카이버드Sky Bird호가 운송을 시작했다. 이번 거래에서만 UN 무기금수조치 2건을 위반했으며, 이를 은폐하기 위해 송장을 위조했다. 이들은 첫 번째 거래에서 사용한 전략대로, 배에 적재된 화물은 레바논 기독교 민병대에 전달될 예정이라 주장했다.[27] 실제 목적지는 크로아티아의 항구도시 우마그Umag였으며, 최종사용자증명서를 발급해준 것은 마르티노빅 재무장관이었다.[28] 또한 그는 데르 호세피안에게 착수금 500만 달러를 지급하고 이후 5개월 동안 프리브레드나를 통해 매달 435만 달러를 지급하겠다는 약속어음을 발행했다.[29] 화물이 도착하기 시작하면서 데르 호세피안에게 지속적으로 대금이 지급되었다. 하지만 크로아티아 당국은 데르 호세피안에게 약 1,200만 달러를 지급한 이후 1,400만 달러가 미지급된 상황에서 돌연 지급을 중단했다.[30]

크로아티아가 대금 지급을 멈춘 이유는 여전히 미스터리로 남아 있다. 데르 호세피안에 따르면 크로아티아 당국은 인도받은 무기가 오래된 중고품인 데다 사용할 수 없는 수준이라며 무기의 품질에 불만을 제기했다. 데르 호세피안은 매우 어리둥절했다. 생산된 지 5년이 지나긴 했지만 한 번도 사용된 적 없는 장비들이었으며, 자신이 개인적으로 테스트를 했을 때는 완벽하게 작동했던 것이다. 프랑코 조르지에 따르면 크로아티아 정부는 '레바논군이 버린' 장비를 받았다고 주장했다.[31] 하지만 해당 장비는 모두 남아공의 암스코어에서 조달된 것이었다. 암스코어가 음지에서 사업을 벌인 것은 사실이었으나 훌륭한 품질의 무기를 생산하는 회사로도 정평이 나 있었다. 따라서 크로아티아 정부의 주장이 사실일 가능성보다는 데르 호세피안이 크로아티아 정부에 속았을 가능성이 더 높다. 무기를 모두 전달하고 나면 딜러는 더 이상 대금 지급을 보장받을 방법이 없다. 프랑코 조르지에 따르면, 크로아티아에서 보낸 수상한 사람 2명과 로렌초 마체가 독일에 있는 데르 호세피안을 찾아갔다고 한다. 조르지는 다음과 같이 전했다. "그들은 데르 호세피안에게 그가 공급한 무기에 대해 긍정적으로 보고하는 대가로 뇌물을 요구했다. 데르 호세피안은 요구를 거절하고 그 사람들을 차갑게 쫓아냈다."[32] 자금 부족에 시달리던 크로아티아 정부가 데르 호세피안을 속인 것일 수도 있고, 좋은 연줄을 가진 크로아티아 관료들이 커미션을 받기 위해 판 함정에 데르 호세피안이 걸려든 것일 수도 있다. 어쨌든 그는 더 이상 대금을 지급받지 못했다.

상황은 계속 악화되었다. 이 계약이 진행되는 동안 메렉스 소속의 다른 수출 에이전트 게르하르트 되르펠Gerhard Doerfel이 크로아티아 정부와 연락을 취했다. 되르펠은 엔지니어였으며, 게르하르트 메르틴스의 측근이었다. 화폐를 새로 발행하고자 한 크로아티아 당국은 독일 화폐 제조사 G&DGiesecke & Devrient와 관계가 있는 되르펠에게 관심을 보였다.[33] 크로아티아가 진행한 사업 대부분을 중개해준 바 있는 로렌조 마체가가 되르펠의 매니저 역을 자처했으며, 둘은 친한 사이가 되었다. 마체가는 메르틴스의 사유지가 있는 토마스베르크로 가서 메르틴스와 되르펠을 만나곤 했으며, 거기서 데르 호세피안이 차를 타고 지나가는 것을 종종 보았다고 말했다. 크로아티아 정부와의 거래를 메르틴스에게 비밀로 하려 한 데르 호세피안에게는 이렇듯 사업관계가 겹치는 것이 매우 치명적인 일이었다. 데르 호세피안이 크로아티아 당국과 거래했다는 것을 알게 된 되르펠은 즉시 메르틴스에게 그 사실을 알렸다. 메르틴스는 격분했다. 같은 무기딜러로서 데르 호세피안에게 질투심이 생겼기 때문이기도 하지만, 불필요하게 독일 정부의 관심을 끄는 것이 두려웠기 때문이다. 그는 토마스베르크 땅과 관련된 데르 호세피안의 문서를 샅샅이 뒤져 데르 호세피안에게 죄를 뒤집어씌울 만한 모든 문서를 독일 당국에 넘겼다.[34] 메르틴스가 자신의 파트너를 밀고한 것이다.

독일 사법당국은 수사에 착수했으며, 프랑코 조르지와 로렌초 마체가가 구 유고연방에서 벌인 활동에 대해 이미 조사에 착수한 이탈리아 경찰과 협력하기도 했다. 메르틴스가 도덕적인 이유에서 데르 호세피안을 배신하지는 않은 것으로 보인다. 오히려 금전적 이익 때문이었을 가능성이 더 높다. 데르 호세피안이 보낸 무기를 크로아티아 당국이 거절한 이후 마르티노빅은 문제를 해결할 작정으로 마체가를 통해 메르틴스와 연락을 취했다. 그는 메르틴스에게 "크로아티아 정부에 잔금 지급 요구를 중단하면 마지막으로 약 100만 달러를 한 번에 주겠다"고 데르 호세피안을 설득해달라고 부탁했다. 데르 호세피안과 대화를 해보려는 의지가 전혀 없었음에도 메르틴스는 일단 알겠다고 답했다. 1992년 8월 뮌헨 공항의 바에서 로렌초 마체가는 메르틴스에게 현금으로 100만여 달러가 든 여행가방을 전달했다.[35] 메르틴스는 매우 그답게 행동했다. 자신의 배신으로 독일 검찰을 상대하느라 정신이 없는 데르 호세피안에게 그 돈을 전달하지 않은 것이다.

메르틴스의 폭로로 데르 호세피안은 기소를 피하기 위해 독일을 떠났으며, 몇 년 뒤 수사가 중단된 것이 확실해진 후에야 돌아올 수 있었다.[36] 이 사건으로 메르틴스는 100만 달러를 더 벌었지만 그의 배신으로 둘의 관계는 끝이 났고, 도이치메렉스도 문을 닫았다. 데르 호세피안은 메르틴스의 두 아들과는 친분을 유지했다. 두 아들 모두 아버지의 부정한 사업 방식에 대해 속속들이 알고 있었다. 게르하르트 메르틴스가 사망한 후 아들 J. T. 메르틴스는 친절하게도 데르 호세피안에게 편지를 보내 그가 "게르하르트 메르틴스가 속인 수많은 사람들 중 열두 번째"밖에 되지 않는다는 사실을 고백했다.[37]

데르 호세피안은 독일에서 강제추방을 당한 뒤에도 크로아티아와의 계약을 포기하지 않았고, 결국 좋지 않은 결말을 맞았다. 1998년 그는 잔금 지급을 요구하며 스위스 법원에 크로아티아 정부를 고소하는 예기치 못한 선택을 한다.[38] 마침내 2001년 3월, 데르 호세피안이 제기한 항소 끝에 스위스 대법원은 미지급된 대금을 지급하라는 그의 요구를 기각했다. 법원은 약속어음의 내용에 전혀 모호함이 없으며, UN 제재 위반이 계약 취소의 이유가 되지 않으나(거래가 이루어질 당시 스위스는 UN 회원국이 아니었다), 유고슬라비아에 무기를 전달한 것이 비윤리적인 행위이기 때문에 해당 거래는 사회질서에 대한 스위스 및 전 세계의 관념에 어긋나는 행위라고 판단했다.[39] 필자가 데르 호세피안에게 법원의 판결에 대해 묻자 그의 표정이 어두워졌다. 산뜩 화가 난 그는 욕설을 내뱉으며 주먹으로 테이블을 내리쳤다. 무기거래는 도덕적인 목적을 갖고 하는 일인데 어떻게 그것이 비윤리적인 행위로 여겨질 수 있느냐는 것이었다. 그는 자신이 "무기산업에 뛰어든 것은 인류를 보호하기 위해서였다"며, "평화를 위해서는 전쟁을 준비해야 한다"고 말했다. 운명의 장난인지, 결과적으로 데르 호세피안은 의도치 않게 평화와 인류를 지키는 데 어느 정도 일조한 꼴이 되었다. 법률 전문가들 사이에서 스위스 법원의 판결에 대한 논의가 활발히 이루어졌고, 전 세계 사회질서 유지를 위한 스위스의 법적 의무에 따라 음지에서 이루어지는 다른 많은 거래를 막을 수 있을지도 모른다는 희망이 생긴 것이다.

크로아티아 사업의 실패로 구 유고연방을 상대로 한 메렉스의 사업이 막을 내린 것은 아니었다. 대부분의 무기딜러와 마찬가지로 메렉스는 크로아티아의 주적들에게 무기를 공급하는 여러 에이전트와 연줄이 있었다. 특히 니컬러스 오먼Nicholas Oman은 발칸반도에서 매우 활발한 활동을 펼치고 있었다. 그는 1990년대 초반 해외 각국에서 메렉스 소속으로 사업을 벌여 2005년 독일의 수사 대상에 포함되었다. 1943년 슬로베니아 포드코렌Podkoren에서 태어났다는 것을 제외하면 그의 배경에 대해서는 거의 알려진 바가 없다.[40] 그는 적어도 1960년대부터 쭉 호주에서 거주했다. 발칸반도에서 펼친 활동에 대해 이탈리아 당국의 심문을 받을 당시, 그는 자신이 1960년대 NASA에서 조종사 훈련을 수료했으며 슬로베니아에 깊은 유대감을 가진 열성적 민주주의자라고 주장했다.[41] 하지만 이러한 주장은 호주 당국이 밝힌 사실과는 다소 달랐다. 인터폴 캔버라 지부는 오먼이 수차례 범법행위를 저질렀다는 사실을 확인해주었다. 1966년에는 '흉기를 사용한 폭행' 혐의로 유죄 판결을 받았으며, 1년 뒤에는 '제한물질' 소지 사실이 발각되기도 했다. 1973년에는 폭행죄로 기소되었고, 1980년대에는 '기망에 의한 절취' '불법 차량번호판 사용' '무장 강도' 혐의로 기소되었으나 무죄 판결을 받았다.[42]

1989년 오먼은 이탈리아로 가서 악명이 자자한 리치오 젤리Licio Gelli와 세 차례 만남을 가졌다.[43] 젤리는 1980년대 초반 대규모 금융 스캔들에 연루되며 이름을 알렸다. 그러나 이탈리아의 거대 은행 방코 암브로시아노Banco Ambrociano에서 10억 달러가 넘는 자금이 연기처럼 사라져버린 이 사건으로 기소를 당하지는 않았다. 젤리는 프로파간다 듀오Propaganda Duo 혹은 P2라고 알려진 프리메이슨 지부의 지부장으로 임명되었다.[44] 이탈리아 산업계와 언론계, 정계의 극우 인사들로 이루어진 이 네트워크는 세력을 확대해나갔으며, 네트워크에 소속된 이들 중 다수는 이탈리아 정계에 큰 영향을 미치려는 목표를 갖고 있었다.[45] 1987년 젤리는 이탈리아 우익 테러조직에 자금을 제공한 혐의로 유죄 판결을 받았다. 유죄 선고가 내려질 당시 그는 이미 스위스로 달아난 상태였으며, 처벌 대상을 이 정치범죄로 제한한다는 범죄인 인도협약을 맺고 나서야 이탈리아로 돌아갔다.[46]

니컬러스 오먼은 태평양의 작은 나라 통가를 대표해 투자를 유치하려고 노력하는 과정에서 젤리와 만남을 가진 바 있다고 주장했다.[47] 통가 정부는 주요 투자자들에게 외교관의 지위를 인정, 즉 면책특권을 부여했기 때문에 오먼은 젤리가 투자에 관심을 보일 것이라 믿었다.[48] 1989년 두 사람의 만남에서 오먼은 자신이 여객기 조종사였다고 말했는데, 이는 거짓이었다. 오먼의 비서 예르네이 체핀Jernej Cepin은 심문을 받는 동안 오먼이 자신에게 어떻게 엄청난 재산을 모을 수 있었는지 설명해준 적이 있다고 시인했다. 체핀은 "오먼이 이란-이라크 전쟁 당시 이란과 함께 일한 대가로 엄청난 돈을 받았으며, 그 돈으로 무기사업을 한 것이다. 그가 받은 총액은 3,500만 달러"라고 말했다.[49] 체핀은 1990년 오먼이 이란을 방문한 것을 추가적인 증거로 들며 오먼의 설명이 사실이라고 보았다.

1991년 오먼은 호주를 떠나 고국 슬로베니아로 돌아갔다. 그는 블레드Bled에 호화로운 성을 마련했고, 사업 대부분을 여기서 진행했다. 그는 슬로베니아가 공산주의 체제에서 벗어나 독립을 이룰 수 있도록 돕는 것이 자신의 목표라 주장했다.[50] 오먼은 마르고 호리호리한 체형 탓에 종종 대벌레를 닮았다고 묘사되기도 했다. 슬로베니아 경찰은 그의 볼품없는 인상착의에 대해 "185cm의 평균 키, 쐐기꼴의 얼굴, (흰머리가 섞인) 어두운 갈색 머리, 어두운 갈색 눈, 중간 크기의 코, 비딱한 머리, 타원형의 귀"라고 묘사했다.[51]

오먼은 자신의 외모와는 대조되는 화려한 성에서 부패를 일삼는 공범들과 큰돈을 벌기 위한 인맥을 쌓기 시작했다. 그는 라이베리아 정부에서 준비된 사업 파트너를 발견했다. 그리고 얼마 안 있어 빈곤국 라이베리아에서 유럽 곳곳으로 다이아몬드를 수출하는 사업에 참여했다. 1992년 테일러 닐Taylor Nill 라이베리아 대사(184쪽을 참조하라—옮긴이)가 오먼을 만나기 위해 라이베리아로 들어갔다. 후에 닐은 메렉스 에이전트이기도 한 잔혹한 독재자 찰스 테일러와 절친한 친구가 되었다. 며칠 뒤 오먼을 슬로베니아의 주라이베리아 명예영사로 임명한다는 발표가 났으며, 그로 인해 그는 외교관 여권을 사용하는 것은 물론 외교관의 면책특권도 누릴 수 있게 되었다.[52]

1992년 라이베리아에 내려진 UN 무기금수조치에도 불구하고 오먼은 라이베리아 엘리트 계층이 다이아몬드를 판매하고 무기를 구매할 수 있도록 해주고 그 대가로 외교관 지위를 얻었다. 체핀은 오먼이 '사업상의 이유로' 라이베리아를 자주 방문했으며, 밀수를 돕기 위해 항상 대기 중인 남아공 다이아몬드 전문가를 고용했다고 말했다. 오먼이 반대심문 중 '상냥한 이탈리아인 친구'[53]라 부른 로렌초 마체가는 1990년대 중반 오먼이 라이베리아 수도를 열흘 동안 방문했다는 것을 기억해냈다. 마체가는 이렇게 말했다. "오먼이 라이베리아에 도착한 직후 전쟁이 발발했기에, 다소 아이러니하지만 그에게 전쟁을 촉발시키기 위해 라이베리아에 간 것이냐고 물었다. 그는 나에게 무기공급을 위한 계약을 체결하기 위해서 간 것이라고 명확히 말했다."[54] 라이베리아 진실화해위원회Truth and Reconciliation Commission는 '불법 무기거래' '유럽공동체 관계자(즉 무기공급업자)의 범행 방조' '밀수 및 기타 관세법 위반' 등 오먼이 저지른 다양한 경제범죄를 유죄로 판단했다.[55]

슬로베니아에 기반을 두고 외교관 면책특권을 보유한 오먼은 유고슬라비아 내전의 참전국 대부분에 무기를 공급할 수 있는 독보적인 위치에 있었다. 슬로베니아는 구 유고연방에 속해 있었으나 1991년 6

월, 크로아티아와 같은 날 연방으로부터 독립을 선언했다. 독립선언은 유고연방군과의 전쟁으로 이어졌고, 유고연방군은 크로아티아와 슬로베니아를 동시에 상대해야 했다. 열흘간 이어진 이 전쟁에서 유고연방군은 큰 성과 없이 휴전을 선언했다. 휴전은 곧 슬로베니아의 독립을 의미했으며, 크로아티아가 세르비아로부터 슬로베니아를 보호하는 지리적 완충지대 역할을 한 덕에 슬로베니아는 더 이상 분쟁에 휘말리지 않게 되었다. 이러한 이점과 상대적으로 안정적인 상황 덕분에 슬로베니아는 무기거래를 벌이기에 완벽한 곳으로 거듭났다. 니컬러스 오먼은 슬로베니아 정계 최고위층 및 군사당국과 맺은 인맥을 활용해 재빨리 기회를 잡았다.

오먼은 자신의 성에서 화려한 외교행사를 공들여 주최하며 슬로베니아 국방장관 및 내무장관과 가까운 사이가 되었다. 또한 밀란 쿠찬Milan Kucan 슬로베니아 대통령과도 '끈끈한 관계'를 맺었다.[56] 초기에 오먼은 매우 침착한 태도로 쿠찬 정부가 차관과 외화를 확보할 수 있도록 도왔다.[57] 곧 쿠찬 정부는 오먼에게 독립 준비를 위해 무기를 확보할 수 있도록 도와달라고 요청했다. 오먼은 그리스에 있는 측근 콘스탄틴 다페르마스Konstantin Dafermas에게 연락을 취했고, 다페르마스가 운영하는 회사 스콜피온Scorpion은 오먼을 통해 슬로베니아 정부에 상당한 양의 무기를 신속히 전달했다.[58]

슬로베니아의 분쟁이 금세 끝나자 오먼은 유고슬라비아 내선의 다른 참전국에 무기를 공급하기 시작했다. 처음에는 크로아티아에 무기를 공급하는 일에 집중했다. UN 무기금수조치가 선언된 직후인 1991년 10월 28일 자로 작성된 청구서에는 '크로아티아 공화국 국방부' 앞으로 '블로우파이프Blowpip 휴대용 대공미사일'을 전달하라는 내용이 적혀 있었고, 편지지 상단에는 오먼이 운영하는 업체인 오벌 마케팅서비스Orbal Marketing Services의 회사명이 찍혀 있었다. 이 블로우파이프 미사일은 1980년 영국에서 제조하고 NATO가 구매해 보관하던 것이었다.[59] 오먼은 MK40 미사일 400발과 발사기 80대를 전달하는 대가로 총 1,560만 달러를 청구했다.[60]

1992년 오먼은 크로아티아와 보스니아 양측 모두에 무기를 공급하고 있었다. 당시 보스니아의 세르비아인들은 보스니아-헤르체고비나로 영토를 확장하고자 하는 크로아티아와 대치하고 있었다. 슬로베니아의 조사에 따르면 1992년 1월 8일, 카리브해의 국가 앤티가 바부다Antigua and Barbuda의 국기를 단 헬Hel이라는 이름의 선박이 슬로베니아 코페르Koper의 부두에 들어섰다. 송장에는 크로아티아에 전달할 농기구를 싣고 있다고 적혀 있었다. 하지만 46개 화물 컨테이너를 배에서 내려 수색한 결과 AK-47 소총 1만 3,000정, 탄약 1,300만 발, 마카로프 권총과 탄약 500만 발, 박격포 14문, 겨울용 군복 2,000벌이 발견되었다. 이 장비들은 오먼의 회사 오벌 마케팅이 공급한 것으로, 스콜피온을 통해 모든 내전 참전국들에 재판매되었다.[61] 배에 실려 있던 군수품은 890만 달러어치였다.[62]

오먼은 러시아와도 관계를 발전시켜나갔다. 그는 냉전기에 대량으로 비축한 무기를 처리하고자 하는 소련 장군 출신들과 연락을 취했다. 다른 VIP 고객과 함께 오먼이 소유한 레스토랑에 초대를 받은 풀비오 레오나르디Fulvio Leonardi는 슬로베니아 블레드에 위치한 오먼의 성을 찾았다. 레오나르디는 자신이 주요 무기밀수업자들의 모임에 초대받았다는 사실에 놀라워했다. 손님 중에는 주요 무기제조업체인 러시아 수호이 코퍼레이션Sukhoi Corporation의 전 회장과 쿠진Kuzin이라는 이름의 전직 장성도 있었다. 동유럽식 과일 브랜디 라키야rakija를 몇 병 마신 뒤 쿠진은 부패한 관료들이 '붉은 군대Red Army'라고도 알려진 구 소련군의 중화기 및 다양한 비축무기 판매 임무에 자신을 임명했다고 떠벌렸다. 레오나르디는 "쿠진이 스스로를 고위급 무기밀매업자라고 당당히 소개했다"고 밝혔다.[63]

오먼과 러시아의 관계는 1994년 보스니아 내 세르비아계 지도자라도반 카라지치가 그에게 특별한 주문을 하려고 연락을 취하면서 시작되었다. 현재 스레브레니차Srebrenica 학살사건을 비롯한 전쟁범죄로 재판을 받고 있는(2016년 40년형을 얻도받았다—옮긴이) 카라지치는 당시 발칸반도에서 벌어지는 분쟁의 흐름을 완전히 바꾸어놓을 대량살상무기를 손에 넣고자 했다.[64] 그는 러시아군과 관계가 있는 오먼을 통해 일명 '배큠vakuum'이라 불리는 초소형 중성자탄을 손에 넣을 수 있을 것이라 생각했다. 배큠은 대략 여행가방 정도의 크기로 적수은이나 오시뮴이라는 핵물질을 사용해 1킬로톤에 달하는 어마어마한 폭발력을 내는 것으로 알려져 있었다.[65]

인종차별과 반유대주의적 발언으로 유명한 러시아의 극단적 국수주의 정치인 블라디미르 지리놉스키Vladimir Zhirinovsky는 세르비아에서 러시아의 '비밀무기'에 대한 자랑을 끊임없이 늘어놓았다.[66] 그는 미국을 방문해 히스패닉과 흑인 세력이 우세해질 것을 대비해 '백인종을 보존하는 일'에 더 노력해야 한다고 경고한 일화로 잘 알려져 있으며, 호주와 일본에서 입국금지 처분을 받기도 했다. 세르비아에서 영향력 있는 인사인 그는 니컬러스 오먼과 가까운 사이였으며 오먼의 성에 한 차례 머무르기도 했다.[67] 이러한 인맥은 카라지치가 원하는 핵무기를 공급해줄 수 있다는 오먼의 주장에 신빙성을 더했다. 카라지치는 배큠을 무기로 제공받는 대가로 6,000만 달러를 내겠다고 했다. 착수금으로 10%에 해당하는 600만 달러를 현금으로 지급했으며, 동료이자 중개인 로렌초 마체가 자신의 사브 승용차 뒷자리에 현금을 싣고 슬로베니아로 운반했다.[68] 잔금에 대한 담보로 오먼은 보스니아의 정유 공장에 저당권을 설정했다.

오먼은 카라지치를 만족시킬 만한 무기를 공급하지 못했다. 1996년 오먼의 안전금고를 수색했을 당시 오시뮴 30그램이 발견된 것으로 보아 핵물질 확보에는 성공한 것으로 보인다.[69] 하지만 프랑코 조르지는 오먼이 자신에게 오시뮴 1kg을 되팔자고 제안했다고 밝혔다.[70] 즉 오먼은 실제로 폭탄을 전달할 의도가 없었으며 600만 달러를 위해 처음부터 카라지치를 속인 것이다. 《뉴욕타임스》는 다른 의견을 제시했다. 오먼이 임시변통으로 만든 폭탄을 여행 가방에 담아 카라지치에게 전달했으나, 가방 안의 붉은색 젤리 같은 튜브 속의 적수은은 비활성화 상태였다는 것이다.[71]

결과적으로 카라지치는 600만 달러도 잃고 무기도 손에 넣지 못했다. 격분한 그는 돈을 돌려받기로 결심하고 전직 민병대 사령관이자 듀기Dughi라는 별명으로 알려진 사업가 브라니슬라프 라이노비치Branislav Lainovic에게 도움을 청했다.[72] 라이노비치는 '무기딜러이자 마피아 단원'인 프랑코 조르지가 오먼을 협박해 돈을 받아낼 수 있다고 생각해 조르지에게 연락을 취했다.[73] 한편 카라지치가 불만을 품고 있다는 사실을 모르는 오먼은 뻔뻔스럽게도 잔금 수령을 위해 마체가를 비롯한 2명의 운반책을 사라예보에 보냈다. 두 사람은 잔금 5,400만 달러를 받기는커녕 라이노비치에게 여권을 빼앗기고 인질로 붙잡혔다. 라이노비치는 오먼이 돈을 돌려주지 않으면 두 사람을 풀어주지 않겠다고 했다. 하지만 마체가와 그의 동료는 붙잡힌 지역에 미국이 폭격을 퍼부은 틈을 타 탈출했고, 라이노비치는 더욱 분노했다.[74]

이에 굴하지 않고 라이노비치는 카라지치를 배신한 오먼을 암살하고 돈을 돌려받을 목적으로 오먼이 있는 슬로베니아를 방문했다. 하지만 교활한 오먼은 라이노비치를 설득해 자신의 목숨을 살려주고 윗선에는 '찾지 못했다'고 보고하는 대가로 뇌물 120만 달러를 건넸다. 오먼을 살려준 라이노비치는 결국 살해된 채로 발견되었다. 라이노비치가 배신했다는 것을 윗선에서 알게 된 직후의 일이었다.[75] 라이노비치의 사망 소식을 들은 오먼은 자신의 성을 떠나 호주에 자리를 잡았다. 유고슬라비아에서 가장 성공적이고 비양심적인 무기딜러였던 그의 커리어는 그렇게 5년 만에 끝이 났다.

데르 호세피안과 오먼에게 유고슬라비아 사업은 그야말로 대실패였다. 하지만 은둔하는 처지가 된 오먼과 달리 데르 호세피안은 원래 활동하던 중동으로 돌아갔다. 1993년 9월 그는 메렉스의 예전 고객들과 갈등을 빚고 있는 남예멘의 좌익 민병대에 무기를 공급하기 시작했다.[76] 데르 호세피안이 이 거래에 참여할 수 있었던 것은 사우디아라비아 왕족, 특히 안와르 빈 파와즈 빈 나와프 알-샬란Anwar Bin Fawaz Bin Nawaf Al-Shalaan 왕자와의 친분 덕이었다. 해당 거래에 대한 남아프리카공화국 조사위원회의 보고서에 따르면 "왕자는 동업자 데르 호세피안을 깊이 신뢰했으며, 왕자의 궁극적 이익에 부합하고 명예에 누를 끼치지만 않는다면 부정한 이익을 취할 수 있는 권한까지 주었다".[77]

전형적인 사우디 왕족인 알-샬란 왕자는 사업으로 상당한 부정이득을 취하고 있었다. 그는 특히 큰 수익이 예상되고 대부분 미개척지로 남아 있는 남예멘의 원자재 시장에 관심이 많았다. 그는 원자재 시장 진출을 위해서는 분리독립운동을 펼치고 있는 남예멘 측에 무기를 제공해야 한다는 정보를 입수했다.[78] 독립운동 세력은 1990년 예멘 통일 이후 다소 주춤한 상태였다. 왕자는 무기공급을 위해 그가 신임하는 동료 데르 호세피안에게 도움을 청했다. 조사위원회는 데르 호세피안을 "국제 무기산업에 이해가 깊은" 인물이라 묘사했다.[79]

데르 호세피안은 왕자에게 무기를 공급하기 위해 과거 크로아티아에서 활용한 네트워크를 다시 가동했다. 엘리 와잔을 통해 암스코어에서 소총과 탄약을 구매한 뒤 마이클 스틴버그를 통해 빈란드 사가 Vinland Saga호에 싣고 예멘으로 보냈다. 암스코어는 여전히 무기금수조치하에 있었다. 무기 운송에 대해 설명하라는 요구를 받자 암스코어는 이전과 마찬가지로 송장에 표기된 최종사용자는 레바논 기독교 민병대이며 그 이후 제3자에게 전달되는 것에 대해서는 책임이 없다고 주장했다. 레바논과 전혀 관계가 없는 알-샬란 왕자가 무기를 점검하기 위해 직접 남아공을 방문하기까지 한 상황에서, 레바논이 최종사용자가 아니라는 사실을 암스코어가 모를 리 없었다. 또한 데르 호세피안은 최종사용자증명서에 기재된 바와 관계없이 무기가 어디로 전달되는지 항상 확인했다.[80] 이 거래로 데르 호세피안이 얼마를 받았는지는 정확히 밝혀지지 않았다. 구매가는 35만 175달러였으나, 당초 51만 달러를 낸 알-샬란 왕자는 동일한 조건으로 두 번째 거래를 진행하기로 하면서 추가로 90만 2,455달러를 지불했다. 그중 48만 4,780달러가 1993년 9월에서 1994년 사이 와잔에게 지급된 것을 통해 무기산업의 커미션 규모를 짐작해볼 수 있다.[81]

암스코어와의 두 번째 무기거래에는 G3 소총, AK-47 소총, 탄약이 포함되었다. 이번에도 동일한 루트를 통해 조달한 무기를 아크티스 파이어니어Arktis Pioneer호에 실어 운송했다.[82] 이미 검증된 루트였기에 거래는 문제없이 진행될 것으로 보였다. 하지만 데르 호세피안과 그의 동료들은 변덕스러운 고객이나 서로를 기만하는 무기딜러 간의 관계를 신뢰하지 않았다. 엘리 와잔은 두 번째 거래에서 거의 배제된 상태였으나 최종사용자증명서를 위조하려면 꼭 필요했기 때문에 다시 참여할 수 있었다. 와잔이 엄청난 돈을 받고 대강 만들어낸 위조 문서는 금방 들통났다. 하지만 이번 거래가 실패한 가장 큰 원인은 갑자기 마음을 바꾼 남예멘이었다.

화물이 마침내 예멘에 도착했으나 남예멘 측은 접수를 완강히 거부했다. 무기의 품질이 실망스럽다는 것이 그들의 공식적인 주장이었다. 하지만 데르 호세피안은 속지 않았다. 사실 무기가 도착할 무렵 남예멘 측은 제한된 예산으로 해군 함정을 구매하는 것이 더 시급하며, 소총과 탄약은 더 이상 필요하지 않다고 판단했다. 그로 인해 아크티스 파이어니어호는 갔던 길을 되돌아[83] 남아공에 도착했다. 최초의 민주적 선거를 통해 아프리카민족회의African National Congress, ANC의 넬슨 만델라가 대통령으로 선출된 직후였다. 남아공에 도착한 무기에 대한 정보를 입수한 언론은 1994년 말 ANC가 이 거래에 대해 알고 있었으며, 운송된 무기 일부를 팔레스타인의 동맹 세력에 전달하고자 했다고 보도했다. 그 결과 선박이 압수되고 공식 조사위원회가 설치되었다. 조사 결과 데르 호세피안이 크로아티아 및 예멘에서 암스코어와 체결한 거래의 전말이 낱낱이 공개되었다. 거래에 연루된 사람들에게 이는 재앙이나 다름없었다. 추가적인 법적 조치가 두려웠던 스틴버그는 조사에 응했으며, 암스코어 고위 관계자인 베르막은 자진 사임했다.

인터뷰를 요청하며 데르 호세피안에게 처음 연락을 취할 당시 필자는 그가 조사위원회에 대해 어떠한 공식 입장도 발표하지 않았다는 점을 언급하며 이제 입장을 밝혀보는 것은 어떤지 물었다. 그는 무심한 표정으로 "개가 짖어도 내 캐러밴은 계속 나아간다"고 답했다. 아크티스 파이어니어호가 압수되어 상당한 화물과 자본을 잃게 될 처지였던 그에게 가장 큰 고민은 다름 아닌 금전적 손실이었다. 데르 호세피안은 압수당한 선박의 반환을 위해 남아공 변호사를 선임했고, 1998년 마침내 선박을 돌려받았다. 아크티스 파이어니어호는 가치가 엄청나게 하락한 화물을 싣고 4년이나 늦게 예멘에 도착했다. 구매자인 남예멘 측이 "가격을 엄청 깎는 바람에 막대한 돈을 잃었다"고 데르 호세피안은 말했다.[84]

데르 호세피안은 예멘과 크로아티아에서의 경험 덕에 유용한 교훈을 많이 얻었다고 말한다. 첫 번째 교훈은 정부 간 계약에만 참여해야 한다는 것이다. 앞으로는 후불로 물품을 공급하면서 그 계획이 성사되기만을 바라지는 않을 것이며 모든 대금은 선불로 받아야 한다는 것이 두 번째 교훈이었다. 인터뷰 내내 그다지 많은 말을 하지 않은 그가 밝힌 세 번째 교훈은 세간의 주목을 피해야 한다는 것이다. 2001년 경솔하게 크로아티아를 상대로 소송을 제기한 것을 제외하면 그는 10년 넘게 언론에서 언급되지 않고 있다. 필자가 처음 그에게 연락을 취했을 때 그는 이렇게 말했다. "인터뷰를 해서 내가 얻는 건 무엇인가? 나는 평생 아무런 대가 없이 뭔가를 해주거나 받은 적이 없다."

데르 호세피안의 오랜 침묵은 그에 대한 공포스러운 이미지만 더욱 강화했다. 스틴버그와 베르막은 모두 데르 호세피안을 겁낸 적이 있다고 고백했다.[85] 이에 대해 묻자 그는 킥킥 웃으며 말했다. "당연히 나를 무서워한다. 머리에 총을 겨누고 죽이겠다고 말했으니까. 하지만 그들은 내가 평화주의자라는 걸 몰랐다. 무기를 팔긴 하지만 직접 사용하지는 않는다."[86]

5. 최고의 거래인가, 최악의 범죄인가

릭스은행Riggs Bank은 워싱턴 D.C.에서 가장 긴 역사와 큰 규모뿐만 아니라 최고의 권위를 자랑하는 금융기관이다.[1] 1847년 미국-멕시코 전쟁, 1868년 소련령 알래스카 매입, 국회의사당 완공에 필요한 자금을 지원했으며,[2] 링컨, 루스벨트, 아이젠하워, 닉슨을 포함해 22명의 대통령[3]과 워싱턴 D.C.에 위치한 대부분의 대사관과 거래했다.[4] 백악관 인근의 웅장한 은행 본관의 모습이 수십 년간 10달러 지폐 뒷면을 장식할 정도로 릭스은행은 미국 기득권층에게 중요한 기관이었다.[5]

오랜 기간 주미 사우디아라비아 대사를 지냈으며 부시 일가의 측근이기도 한 반다르 빈 술탄 왕자도 그 은행의 주요 고객이었다. 당시 조지 W. 부시의 삼촌은 릭스은행에서 임원직을 맡고 있었다.[6]

2000년, 릭스은행의 화려한 명성에 금이 가는 사건이 발생했다. 사우디아라비아인인 오마르 알-바유미Omar al-Bayoumi가 9·11 테러의 비행기 납치범 2명에게 계좌를 개설해준 2주 뒤부터 알-바유미의 부인에게 수만 달러에 달하는 금액이 매달 지급되었으며, 지급된 자금의 출처가 반다르 왕자의 부인 하이파 빈트 파이살 공주가 소유한 릭스은행 계좌라는 사실이 알려진 것이다.[7]

이 사실을 안 FBI는 릭스은행이 자금세탁 및 테러자금 지원에 연루되어 있는지 조사하기 시작했다.[8] FBI와 9·11 테러 진상조사위원회 모두 릭스은행이 테러리스트를 지원하기 위해 자금을 유용한 것은 아니라고 결론지었으나,[9] 특히 CIA와 긴밀히 연관된 것으로 알려진[10] 릭스은행의 보호장치가 매우 허술하다는 사실에 수사관들은 놀라움을 금치 못했다.[11]

릭스은행에서는 라이베리아의 독재자이자 한때 메렉스 무기딜러로 활동하기도 한 찰스 테일러, 칠레의 군사 독재자 아우구스토 피노체트를 비롯한 다양한 독재자들의 계좌가 발견된 것에 이어, 필수 신원조회를 생략하거나 연방 은행법에 위반되는 대규모 은행거래를 규제당국에 지속적으로 보고하지 않는 등의 부정행위를 저지른 사우디 계좌도 여러 개 발견되었다.[12]

대규모 거래 중 다수는 반다르 왕자가 직접 연루되어 있었으며, 한 번에 100만 달러 이상을 송금하는 경우도 잦았다. 일례로 그는 리야드에 있는 자신의 저택을 설계하고 건설한 업자에게 총 약 1,747만 8,870달러를 보냈다.[13] 반다르의 계좌에 있던 자금 대부분은 영국 무기제조업체 BAE로부터 받은 것이었다. BAE는 영국의 무기수출 진흥기관인 방산수출청과 공동으로 관리하는 영란은행 계좌에서 반다르 소유의 릭스은행 계좌로 15년여 동안 10억 파운드가 넘는 돈을 보냈다.[14] 그중 일부는 반다르가 세계 최대 규모의 무기거래에 참여한 대가로 지급해준 커미션이었다.[15]

경찰 추산에 따르면 알야마마 사업을 통해 지급된 약 60억 파운드의 커미션은 주로 영국령 버진아일랜드에 본사를 둔 '포세이돈 트레이딩 인베스트먼트Poseidon Trading Investment'와 영란은행 계좌를 통해 하도급 대금 형태로 전달되었다.[16] 반다르 왕자의 계좌로 입금된 약 10억 파운드 외에도,[17] 당시 마거릿 대처 총리의 아들 마크 대처Mark Thatcher가 알야마마 사업의 에이전트 역할을 한 대가로 약 1,200만 파운드에 달하는 커미션을 받았다고 알려졌으나 그는 이러한 혐의를 부인했다.[18]

석유 개발 이후 사우디에 만연한 부정부패는 주로 세 가지 방식으로 자행되었다. 가장 흔한 방식은 공급자가 에이전트에게 직접 뇌물을 주는 것이다. 사우디 지배층과 연줄이 있는 사우디인이나 외국인이 에이전트가 되어 공급업체로부터 받은 돈을 자신의 후원자 또는 왕실의 주요 결정권자에게 전달한다. 두 번째는 무기와 석유를 맞교환하는 것이다. 예를 들어 사우디가 무기구매 대금으로 석유 44만 배럴을 지급하는 경우 무기업체의 에이전트에게는 40만 배럴이 전달된다. 나머지 4만 배럴은 사우디 무기딜러와 그의 동료들이 직접 판매해 수익을 얻는 것이다.[19] 이러한 물물교환 시스템은 남용될 가능성이 크다. 특히 양측이 지출을 충당하기 위해 원유 펀드를 조성하는 경우 더욱 위험하다. 마지막으로 간단하면서도 신뢰성 높은 방식인, 모든 거래대금을 부풀려 청구하는 방법이 있다.

알야마마 사업에서는 세 가지 방식이 모두 활용되었으며, 사우디 왕족들과 에이전트들은 수백만에서 수십억 파운드에 달하는 이익을 취했다. 길모어Gilmour 전 영국 국방장관은 BBC 〈뉴스나이트〉와의 인터뷰에서 다음과 같이 말했다. "뇌물을 주고 계약을 따내거나, 뇌물을 주지 않고 계약을 잃거나. 둘 중 하나였다. 사우디의 방식과 요구를 따를 것인지 미국과 프랑스가 사업을 다 가져가는 것을 지켜만 볼 것인지 결정해야 했다. 칭찬하거나 자랑스러워할 일은 아니다. 어쩌다 보니 뇌물이 거래의 조건이 되었을 뿐이다."[20]

알야마마 사업에서 뇌물이 오갔다는 의혹이 제기되기 시작한 것은 계약의 세부사항을 최종적으로 협상하고 있을 때였다. 아랍 시사지 《사우라키아Sourakia》는 알야마마 사업이 발표된 직후 1985년 10월호에 뇌물 의혹을 보도했다. 이 소식을 들은 《가디언》은 1면에 '전투기 계약에 6억 파운드 뇌물'이라는 제목의 기사를 실었다.[21] 기사가 나기 하루 전, 덴질 데이비스Denzil Davies 노동당 국방대변인은 계약 수주를 위해 3~6억 파운드에 달하는 커미션을 지급했다는 보도의 사실 여부를 정부 측에 확인해줄 것을 요청했다. 국방부는 "답변을 거부했으나, 관계자들은 협상이 진행 중이라고 답했다".[22] 당시 《가디언》은 파드 국왕의 인척 2명과 사업 에이전트 등 주요 왕족 2~3명이 커미션을 나눠 가질 것이라는 아랍 정보원의 말을 인용했다. 영국 정부는 장관들에게 혐의를 부인할 시도조차 하지 않을 것을, 국방부에는 '어떠한 답변도

하지 않을 것'을 권고했다.[23]

수년간 영국 보수정권은 알야마마 사업을 위해 커미션을 지급한 사실을 꾸준히 부인했다. 로저 프리먼Roger Freeman 방위조달부 장관은 1994년 10월 하원에서 "영국 정부와 사우디아라비아의 거래는 정부 간 계약을 통해 이루어진 것이며, 커미션 지급 및 에이전트나 중개인의 개입은 없었다"고 말했다. 또한 "계약의 세부 사항은 영국 및 사우디 정부만 공유한 기밀"이라고 덧붙였다.[24]

하지만 같은 해 알야마마 사업에 하도급업체로 참여한 '손 EMI'Thorn EMI 경영진이 폭탄 신관 공급계약을 맺는 대가로 4,000만 파운드의 커미션을 지급한 사실을 시인해 정부의 거짓말은 곧 들통났다. 총계약금액의 26%에 달하는 커미션은 사우디 에이전트와 전직 BAE 직원이 운영하는 런던 프레스턴Preston 소재 에이전시의 버뮤다 계좌로 전달되었다.[25] 폭로가 시작되자 다른 하도급업체의 부정도 밝혀지기 시작했다. 토네이도 및 호크 전투기 엔진을 생산한 롤스로이스는 파나마에 설립된 기업 AEDCAerospace Engineering Design Corporation에 계약금액의 8%에 해당하는 2,300만 파운드를 커미션으로 지급한 사실을 인정했다. AEDC는 파드 왕이 아끼는 인척인 이브라힘Ibrahim 가문의 통제하에 있었다. 이브라힘 가문은 롤스로이스가 엔진 공급계약을 체결하는 대가로 전체 거래액 6억 파운드의 15%에 달하는 커미션을 지급하기로 약속했다고 주장했다. AEDC는 1997년 12월 12일 잔금 지급 요구서를 발송해 롤스로이스와 BAE 경영진을 패닉에 빠트렸다. 난처한 상황이 계속되자 롤스로이스와 AEDC는 소송으로 이어지기 전 서둘러 영향력 있는 법률팀을 고용하고 협상을 통해 사태를 해결하고자 했다.[26]

보스퍼 소니크로프트Vosper Thorneycroft 또한 알야마마 사업을 위해 상당한 커미션을 지급한 것으로 알려져 있다. 조지 갤러웨이George Galloway 하원의원은 의원 면책특권의 보호하에 하원에서 다음과 같이 말했다.

알야마마 사업의 일환으로 사우디는 1988년 보스퍼 소니크로프트로부티 소해함을 구입하기로 결정했다. 보스퍼는 파하드 알-아델Fahad al-Athel이라는 이름의 사우디인을 에이전트로 활용했다. 알-아델은 노스타넷North Thanet 지역구 의원 조너선 아이트켄Jonathan Aitken과 마찬가지로 모하메드 왕자를 위해 일했다. 보스퍼가 알-아델의 회사에 막대한 자금을 지급하면 알-아델은 사우디의 유령회사를 통해 자금을 세탁한 뒤 20%는 자신에게, 40%는 모하메드 왕자에게, 나머지 40%는 영국에서 영향력 있는 인사들을 포함한 익명의 인물들에게 전달했으며, 보스퍼도 이러한 사실을 알고 있었다.[27]

헬리콥터 제조업체 시콜스키Sikorsky에서 임원직을 맡은 토머스 둘리Thomas Dooley 대령은 미국 법정에서 사우디 왕실에 블랙호크 헬기를 판매하는 과정에서 '뇌물 경쟁'을 벌였다고 증언했다. 그는 반다르 왕자가 "계약을 따내기 위해 정확히 어떤 뇌물을 어떤 중개인을 통해 지급해야 하며, 그 돈을 다른 왕족들에게 어떻게 배분해야 하는지" 상세히 알려줬다고 밝혔다.[28]

1997년, 갤러웨이 의원에게 지목된 조너선 아이트켄 전 방위조달부 장관이 《가디언》과 그라나다TV를 상대로 제기한 명예훼손 소송 항소심이 진행되면서 영국 정부의 불안감은 가중되었다. 아이트켄이 임원직을 맡은 BMARC라는 회사의 전직 임원 데이비드 트리거David Trigger는 자신이 BAE와 로열오디넌스 사이에서 토네이도 전투기에 탑재되는 무기에 관한 계약을 성사시켰다고 증언했다. 커미션이 얼마냐는 질문에 그는 "대답할 수 없다"고 답했다. 커미션에 관한 사항은 비밀이냐는 질문에 대한 그의 답변은 다음과 같았다. "그렇다. 알야마마 사업은 정부, BAE 외에도 많은 사람들이 관련된 상당히 복잡한 사안이다. 따라서 정확한 커미션 금액을 밝히기는 매우 어렵다. 커미션이 지급된 것은 맞지만, 알야마마 사업과 관련된 나의 모든 활동은 공직자비밀엄수법Official Secrets Act에 따라 공개해서는 안 되는 것으로 알고 있다."[29] 그는 아이트켄의 사업파트너 셰이크 파하드 알-아델Sheikh Fahad al-Athel과 향후 커미션을 15%로 하기로 협의한 사실 또한 인정했다.[30] 사우디법이 허용하는 에이전트 커미션은 5%다. 증언을 마친 트리거는 법정 뒤쪽으로 걸어가 서류 가방에서 꺼낸 기념품 하나를 아이트켄에게 건넸다. 당시 법정에 있던 기자들은 "아이트켄 전 장관은 겉으로는 평소처럼 일그러진 듯한 웃음을 지으며 다정하게 관심을 보이는 척했으나, 속으로는 분명 트리거에 대한 불신을 가득 품고 있었을 것"이라고 기록했다.[31]

수년 후 위증죄로 수감된 아이트켄은 커미션의 존재를 지속적으로 부인해온 정부의 입장과 반대로 다음과 같이 발언했다. "현실 세계에서는 훈련, 예비 물품, 시공 같은 계약의 일부분에 대해 에이전트가 언제나 커미션을 받는다. 판매 커미션은 무역의 세계가 돌아갈 수 있게 해준다. 거시적으로 보았을 때 사우디는 정보활동 측면에서 필수적인 동맹국이며 불안정한 중동 지역을 안정화하는 역할을 한다."[32] 마이클 헤슬타인 전 국방장관도 그의 말에 동의했다. "사우디가 이런 방식으로 무기를 조달하고자 한다면 업체들은 그 방식을 따를 수밖에 없다. 국방과 관련해 영국과 사우디가 이러한 관계를 맺고 있다는 사실은 우리에게도, 중동 지역의 안정 도모에도 매우 중요하다."[33]

하지만 아직 알야마마 사업의 주 계약업체 BAE의 비리를 밝혀내기에는 부족했다. BAE의 비리를 모두 밝혀낼 수 있었던 것은 대담한 활약을 펼친《가디언》데이비드 레이David Leigh 및 롭 에번스Rob Evans 기자, 조사에 도움을 준 많은 제보자 덕이었다.[34]

데이비드 레이 기자는 겸손한 사람이다. 안경을 낀 학구적인 모습의 그는 얼핏 야심 없는 학자 같은 인상을 풍긴다. 하지만 다소 거친 느낌도 함께 보이는데, 그가 순탄치만은 않은 흥미로운 삶을 살아왔음을 보여준다. 20년 넘게 《가디언》에서 일한 베테랑이자 세계적인 탐사보도 기자인 레이는 조너선 아이트켄 전 장관을 실각시킨 것으로 잘 알려져 있다. 《가디언》은 아이트켄이 파리를 방문할 당시, 파드 국왕의 아들 모하메드 왕자의 '대리인'으로 알려진 사이드 아야스Said Ayas의 리츠호텔 숙박비를 모두 댔다는 사실을 보도했다. 그러자 아이트켄은 《가디언》을 고소했다. 파리 방문을 부인한 아이트켄은 "진실이라는 검과 영국식 페어플레이라는 방패로 영국 언론계의 뒤틀리고 일그러진 암 덩어리를 잘라내겠다"고 선언했다.[35] 그러나 레이는 아이트켄이 서명한 리츠호텔 영수증을 증거로 제시했고, 아이트켄은 위증죄로 징역 1년 6개월을 선고받았다. 아이트켄은 결국 총 7개월을 복역했으며, 이 사건으로 레이는 명성을 얻게 되었다.

레이는 세심한 성격의 동료 기자 롭 에번스와 함께 영국 정부와 무기거래에 대한 기사를 여러 차례 썼다. 그중에는 미국이 동유럽에서 계약에 입찰하는 과정에서 BAE가 속임수를 썼다며 불만을 제기했다는 기사도 있었다. 정부 문서를 샅샅이 뒤진 두 사람은 방산판매국(1985년 방산수출기구로 개칭) 설립의 계기가 된 《스톡스 보고서Stokes Report》를 발견했다. 보고서를 쓴 사업가 도널드 스톡스Donald Stokes는 "상당수의 무기거래는 무기가 필요해서가 아니라 그 과정에서 지급되는 커미션 때문에 체결"[36]되었으며, "무기를 판매하기 위해서는 필수적으로 뇌물을 줘야 하는 경우가 잦았다"고 밝혔다.[37] 또한 그는 "일반적이지 않은 형태의 인센티브를 나눠주기에는 정부 관료보다 능력 있는 에이전트가 더 유리하다"고 말하기도 했다.[38] 이러한 견해, 그리고 보고서 발간 이후 영국과 사우디가 부정한 방식으로 체결한 무기거래는 레이와 에번스의 호기심을 자극했다. 두 사람은 그즈음 BAE가 사업을 벌여온 방식에 대해 더욱 깊이 조사하기 시작했다.

조사 결과 두 사람은 영국 리버풀의 어두침침한 공공주택에 살고 있는 에드워드 커닝엄Edward Cunningham을 찾아냈다. 커닝엄은 예전에 근무한 로버트리인터내셔널Robert Lee International, RLI이라는 회사에 불만을 품고 있었다. RLI는 1986년 BAE와 계약을 체결하고 알야마마 사업과 관련해 사우디 조종사들이 영국을 방문할 수 있도록 주선하는 역할을 맡았다. RLI는 조종사들을 '접대'해달라는 요구를 받았고, 커닝엄은 조종사들을 맞이하고 관리하는 역할이었다. 그는 BAE의 비밀을 기꺼이 폭로했다.

커닝엄은 조종사들을 '접대'하기 위해 수백만 파운드를 들여 차량과 요트를 제공하고, 여행을 보내주고, 여성들을 끊임없이 공급했다고 말했다. "여성들을 하루에 2~3명씩 불러달라고 했다. 그러고는 새벽 3시에 갑자기 밥을 먹으러 가자고 하더니, 돌아와서는 똑같은 짓을 반복했다. 정말 지치는 일이었다."[39] BAE 고위 임원들은 커닝엄에게 접대 비용은 알야마마 사업에 포함되어 사우디 자금으로 지불하는 것이며, "이렇게 하지 않으면 이 계약은 무산되고 사우디는 다른 업체로 눈을 돌릴 것"이라 말했다.[40]

1996년 커닝엄은 BAE 보안 담당자에게 '접대용' 자금이 부정한 방식으로 운영되고 있다는 사실을 알렸다. 담당자는 다음과 같은 보고를 남겼다.

전직 매춘부가 사우디 조종사들과의 성관계 및 변태적 성행위를 폭로하겠다고 협박했으며, 탈세와 부가가치세 부정신고 금액이 100만 파운드가 넘었다. 또한 BAE가 매입했으나 사우디 왕자의 명의로 등록된 주택은 실제로는 RLI에 고용된 BAE 임원과 그의 내연녀가 사용하고 있었다. RLI 임원은 그 집이 사우디 왕자의 선물이라고 주장했다.[41]

예의 바르고 밝은 성격의 BAE 임원 토니 윈십Tony Winship의 내연녀 실비아 세인트존Sylvia St. John은 부정 사용된 자금의 특징과 규모를 확인해주었다. 영국 공군 중령 출신인 토니 윈십은 BAE의 사우디 '고객관리 담당자'이자 '접대용' 자금의 공식 책임자였다. 세인트존은 각각 런던 남서부와 북아일랜드에 위치한 30만 파운드짜리 주택 2채를 직접 구입했다. 구입 자금은 세인트존에게 직접 전달되었으나 장부에는 투르키 왕자에게 지급한 것으로 기록되었다. RLI 임원 존 샤프John Sharp가 서명한 명세서에 따르면 "BAE가 지출을 허가 및 승인"했다. 런던에 위치한 주택은 투르키 왕자의 명의로, 북아일랜드에 위치한 주택은 세인트존의 명의로 등록되어 있었으나 세인트존은 런던에 있는 주택의 부동산 권리증서도 자신이 보유하고 있으며, 그 집에서 윈십과 함께 살았다고 주장했다.[42] 샤프는 투르키 왕자가 그 집을 세인트존에게 선물로 주고 싶어 했다고 주장했다. 북아일랜드 집에 부과되는 지방세 및 공과금은 윈십이 관리하는 자금으로 냈으며, 건물 보수공사부터 '앤틱 황동 장작받침쇠 한 쌍' 구매 비용까지 다양한 명목의 영수증 또한 BAE에 청구되었다고 덧붙였다. 세인트존은 RLI에 고용되었음에도 자신을 'BAE 사우디아라비아 지원부서의 고객가족 지원 담당자'라 소개했다. 그녀는 자신이 받은 선물은 암으로 투병 중인 투르키 왕자의 여동생을 문병하고 위로해준 대가였으며, 따라서 "받을 만한 자격이 있었다"고 해명했다.[43]

《가디언》은 토니 윈십이 '접대용' 자금으로 8만 파운드짜리 요트 파예사만다Faye Samantha호를 구입해 소유하고 있으며, 그의 자택과 가까운 영국 햄프셔주 항구도시 리밍턴Limington에 그 배가 정박되어 있다는 사실을 밝혀냈다.[44]

커닝엄은 자금 부정사용을 지적한 직후 해고당했다. 분노한 그는 BAE 측에 이의를 제기해 합의금으로 2만 파운드를 받았다. 이에 만족하지 못한 그는 2001년 영국 중대비리수사청Serious Fraud Office, SFO에

RLI가 BAE에 매달 최대 25만 파운드에 달하는 사용처가 불확실한 대금을 청구한 증거, 그리고 '과도한 경비와 접대, 자산의 사적 유용에 대한 증거'를 제출했다.[45]

SFO는 알야마마 사업을 담당한 국방부 측에 문제를 제기했다. 하지만 케빈 테빗Kevin Tebbit 국방부 사무차관은 "정부에 피해를 주는 무임승차자들을 그냥 둘 생각은 없지만, 서한을 통해 제기한 민감한 사안이 국방부에 어떤 영향을 미칠 것인지 신중히 조사했다"며 정부 자금이 남용되고 있다는 SFO의 우려를 부인했다.[46] 사무차관이 말한 '조사'는 딕 에번스Dick Evans BAE 회장으로부터 직접 "조사할 필요가 없다"는 확언을 받는 것이 전부였던 것으로 보인다. 화가 난 커닝엄은 이렇게 주장했다. "국방부와 BAE가 결탁해 부정한 관계를 맺었다. 국방부는 '영국이 엄청나게 큰 돈을 벌게 해주는 사우디의 기분을 상하게 하지 말고 사소한 것들은 그냥 넘어가야 한다'는 식의 태도를 보였다."[47]

국방부는 테빗의 행동이 '정부의 강력한 반부패정책'에 따른 것임을 재차 강조하는 성명을 발표했다. 성명에는 'SFO는 국방부가 적절한 조치를 취한 것을 확인했으며, 테빗 사무차관의 도움에 감사를 표했다'는 내용도 담겼다.[48]

커닝엄은 사우디 조종사들의 접대에 사용된 비용이 빙산의 일각에 불과하다고 주장했다. 사우디 왕족들은 BAE가 RLI 및 소규모 여행사 트레블러스월드Traveller's World를 통해 조성한 막대한 비자금을 유용해 더욱 큰 대가를 받았다. 트레블러스월드의 운영자는 피터 가디너Peter Gardiner였다.

가디너는 《가디언》에 자신의 회사와 관련된 기사들이 실리자 레이와 에번스에게 연락을 취했다. 커닝엄의 폭로에 절박해진 가디너는 피의자보다는 증인이 되기를 택하고 제보자가 되었다. 그는 레이와 에번스에게 자신이 운영하는 작은 여행사가 어떻게 수백만 파운드에 달하는 BAE의 뇌물을 사우디 왕족에게 전달했는지 설명했다. 주장을 뒷받침할 엄청난 양의 서류도 있었다. 두 기자는 몇 주에 걸쳐 가디너와 함께 청구서 무더기를 뒤지고 사건과 장소, 사람들의 관련성을 파악했다. 레이와 에번스는 커닝엄에게 정보보호법Data Protection Act을 활용해 더 많은 정보를 입수하라고 권했다.

그들은 가디너가 보관한 문서에서 확보한 정보와 커닝엄이 정보보호법을 통해 입수한 정보를 종합해 거대한 비자금이 운영되어온 방식을 알아냈다. 비자금의 '주요 수령인Principal Beneficiary'은 투르키 빈 나세르 왕자로, 코드명은 단순하게도 'PB'였다. 압둘라 국왕의 조카이자 술탄 왕자의 딸 누라Nura 공주와 결혼한 투르키 왕자는 사우디 공군참모총장을 맡았으며 2000년까지 정치인으로서 무기거래에서 중요한 역할을 했다. 그는 다양한 특혜를 비롯하여 로스앤젤레스의 뱅크오브아메리카 계좌로 총 1,700만 파운드에 달하는 뇌물을 받았다.[49] 여기서 특혜란 호화로운 여행, 쇼핑, 성접대 등을 말한다.

사우디 지도자들은 국민에게 엄격한 이슬람 계율과 청렴을 중시하는 와하비즘Wahhabism에 따를 것을 요구하면서 정작 자신들은 정반대의 생활을 누렸다. 쾌활한 성격의 배우이자 리어나도 디캐프리오의 전 여자친구로도 잘 알려진 아누스카 볼턴-리Anouska Bolton-Lee는 자신이 2년 동안 투르키 왕자의 내연녀로 지냈다는 사실을 밝혔다. 그녀를 왕자에게 소개한 것은 토니 윈십이었다. 2001~2003년 윈십은 런던 홀랜드파크Holland Park에 위치한 볼턴-리의 아파트 임대료 1만 3,000파운드를 '해결'해줬으며, 2년짜리 연기 수업의 수업료도 내주었다. 공과금과 운전 교습료에 쓰라며 흰 봉투에 현금을 넣어 몇 차례 건네기도 했다. 이런 방식으로 그녀는 약 4,000파운드를 받았으며, 이것이 "모두 왕자의 돈인 줄 알았다"고 말했다. 윈십이 전달한 돈 외에도 투르키 왕자가 직접 현금 뭉치를 주기도 했다. 양가죽 코트를 사라고 1만 2,000파운드를, 명품 가방을 사라고 3,000파운드를 건네는 식이었다. 그녀는 "왕자가 아파트 임대료와 연기 수업료, 운전 교습료를 모두 내주었다고 생각했지만, 사실은 왕자가 아니라 BAE였다. 그 사실을 알고 매우 슬펐다"고 말했다.[50]

왕자는 BAE의 돈으로 아름다운 여성들을 만나는 한편 자신의 가족도 부족함 없이 챙겼다. BAE는 왕자의 가족들에게 주로 차를 선물했다. 왕자의 딸은 3만 달러짜리 메르세데스벤츠를, 아내는 진한 청록색의 롤스로이스를, 왕자 자신은 17만 5,000파운드짜리 애스턴마틴 르망Le Mans 레이싱카를 받았다. 이렇게 받은 차량들은 주기적으로 전세기를 통해 사우디에서 로스앤젤레스로, 로스앤젤레스에서 사우디로 이송되었다. 1995년에는 투르키 왕자가 쇼핑한 물건들을 사우디로 옮기기 위해 거의 30만 달러를 들여 화물수송기를 빌리기도 했다.[51] 왕자의 가족들은 매년 하인과 운전기사, 경호원 등 총 35명을 동반한 채 세계에서 가장 비싼 호텔에서 호화로운 휴가를 즐긴다.

2001년 8월, 투르키 일가는 휴가를 보내기 위해 전용기 2대를 나눠 타고 멕시코 칸쿤으로 향했다. 1대는 에어버스였으며, 다른 1대는 집안 소유의 분홍색 보잉 비즈니스 제트기였다. BAE는 칸쿤 리츠칼튼 호텔에 4만 1,000파운드를 선납해둔 상태였다. 또한 BAE는 누라 공주의 아들 파이살 왕자(당시 30세)가 콜로라도의 전용 리조트에서 스키를 탈 수 있도록 9만 9,000파운드를 지불했으며, 왕자가 탈 전세기 대여에 5만 6,000파운드를 썼다. 왕자는 밀라노 포시즌스호텔에서 2만 1,000파운드를 쓴 뒤 곧바로 콜로라도로 향했다. 그해 여름 그의 어머니 누라 공주는 아테네 인터컨티넨탈호텔에서 사용한 5만 6,000파운드와 리무진 이용료 3만 6,000파운드를 BAE에 청구했다. 얼마 후 요트 대여료 1만 3,000파운드도 추가되었다. 그러고는 이탈리아로 가서 리미니Rimini 인근의 그랜드호텔데뱅Grand Hotel des Bains에 머물며 BAE로부터 2만 6,000파운드를 더 받았다. 리무진과 경호 비용으로도 2만 8,000파운드, 1만 4,000파운드가 각각 추가 청구되었다. 누라 공주와 가족들은 다시 프랑스 남부로 이동해 칸의 마제스틱호텔에서 9만 9,000파운드를 더 썼다. 이 여름 휴가의 하이라이트는 대서양을 건너 고급 쇼핑가로 유명한 로데오드라이브Rodeo Drive와 매우 가까운 베벌리힐스 힐튼호텔에서 친구들, 손님들과 함께 묵은 것이었다. 이를 위해 BAE에 청구한 비용은 10만 1,000파운드였다.[52]

남편과 칸쿤 여행을 즐긴 누라 공주는 다시 미국으로 향했다. '맨해튼 5번가의 꽃'이라 불리는 플라자호텔에서 머물며 무려 19만 5,000파운드를 썼다. 그런 다음 파리의 호텔르브리스톨Hôtel Le Bristol에서 10만 2,000파운드를, 이집트에 잠시 들러 카이로의 메리어트호텔에 머물며 3만 5,000달러를 더 썼다. 이 외에도 BAE는 40만 파운드를 들여 여름 휴가 내내 투르키 일가 소유의 베벌리힐스 저택에 24시간 경호원을 배치했다.[53]

또한 BAE는 스키를 즐기고 서구를 동경하는 파이살 왕자(투르키 왕자의 아들), 그리고 리마 빈트 반다르Reema bint Bandar 공주(반다르 왕자의 딸)의 신혼여행을 위해 비자금으로 25만 파운드를 비밀리에 지급했다. 전용 제트기를 타고 호주의 그레이트배리어리프로 여행을 다녀온 파이살 왕자는 장인과 마찬가지로 댈러스 카우보이스의 팬이었으며, 중요한 경기를 놓치지 않고 싶어 했다. 부부는 약 90km 떨어진 곳의 프라이빗 클럽을 통째로 빌려 경기를 생중계로 관람했다. 3시간 대여료는 6,000파운드였다.[54]

2002년 비자금 운영이 중단될 무렵에는 한 달에 100만 파운드 이상, 1년 평균 약 700만 파운드에 달하는 금액을 청구했다. 피터 가디너는 모든 비용을 그의 회사가 지불한 후 매월 말 BAE에 '해외고객 방문에 대한 숙박, 서비스, 지원 비용'이라는 항목으로 한 번에 청구했다고 말했다. BAE는 가디너가 청구한 모든 비용을 지급했으며, 승인이 거부된 항목은 없었다.[55] 스티븐 모그퍼드Steven Mogford 전 COO, 토니 윈십, 윈십의 측근인 딕 에번스 회장 등이 이 사실에 대해 알고 있었다.[56] 영국 국방부는 BAE가 허위로 작성한 청구서에 따라 대금을 지급하고, 사우디 정부로부터 그 비용을 상환받기 위해 청구서의 내용이 사실이라고 확인해주었는데, 이로 인해 결과적으로 비자금 운영에 동참한 꼴이 되었다.[57]

《가디언》의 폭로로 2004년 11월 3일 새벽, SFO와 런던시 경찰청 경제사범전담반 소속 경찰관 및 조사관 80명이 런던 북쪽에 위치한 하트퍼드셔Hertfordshire의 한 창고를 수색했다. 창고에서 발견된 박스 386개 분량의 비자금 장부에는 BAE로부터 고급주택을 받은 주런던 대사관의 사우디 무관 여러 명과 투르키 왕자의 가족을 포함해 BAE가 혜택을 제공한 모든 사우디 관료의 이름이 기록되어 있었다.[58]

토니 윈십과 존 샤프도 체포되었다.[59] 윈십은 사우디에 현금과 각종 특혜를 제공한 혐의뿐 아니라 국방부, 방산수출청, 국방부 사우디 군프로젝트Saudi Armed Forces Project 관계자에게 후한 선물을 준 혐의로 기소되었다.[60] 하지만 유죄 선고를 받은 사람은 아무도 없었으며, 검거된 이들도 모두 무혐의로 석방되었다.

엄청난 사건을 밝혀냈다고 생각한 데이비드 레이, 롭 에번스 기자는 BAE가 침묵을 지키는 것을 보고 어리둥절했다. "우리는 비자금의 존재를 밝혀냈다는 사실에 매우 기뻤으나, BAE가 함구하고 있는 이유를 몰라 다소 의아했다. BAE는 '비자금만 들켜서 정말 다행'이라고 생각하고 있었던 것이다."[61]

막대한 비자금을 폭로한 뒤 두 기자는 BAE와 사이가 틀어진 전직 BAE 에이전트로부터 연락을 받았다. 그 에이전트와 데이비드 레이는 영국이 아닌 다른 나라에서 만남을 가졌다. 에이전트는 자신이 미로처럼 얽힌 네트워크를 통해 돈을 지급받고, 그 대가로 주요 결정권자들에게 뇌물을 준 사실을 고백했다. 또한 은행거래 기록을 건네며 "이는 영국 정부의 묵인하에 장기간 유지된, 말 그대로 수십억 달러에 달하는 현금을 세탁해온 전 세계적 시스템을 밝혀낼 열쇠"라고 말했다.[62]

자금세탁 시스템의 중심에는 '포세이돈트레이딩 인베스트먼트'와 영국령 버진아일랜드에 등록된 무명의 업체, '레드다이아몬드 트레이딩'이 있었다. 콜럼버스가 1493년 아메리카 대륙을 향한 2차 항해 중 발견한 카리브해의 제도 버진아일랜드는 60개의 섬으로 이루어져 있다. 콜럼버스는 이 제도에 '성 우르술라Saint Ursula와 1만 1,000명의 처녀Virgin'라는 이름을 붙였고, 그 뒤로 사람들은 이를 줄여 '버진아일랜드'라는 이름으로 불러왔다. 2000년 기준으로 전 세계 페이퍼컴퍼니의 41%(약 82만 개)가 등록된 버진아일랜드는 '순결'과는 거리가 멀다.[63] 에이전트와 사우디 왕족에게 지급되는 막대한 불법자금과 비자금을 감추기 위해, BAE가 버진아일랜드에 여러 회사를 설립한 것은 자연스러운 선택이었다.

데이비드 레이가 영국으로 돌아온 직후 두 기자는 기사를 작성했다. 당초 데스크는 무기거래나 역외금융에 관한 기사일 것으로 생각해 이를 다음 날 발간되는 신문 7면에 배치할 예정이었다. 그러나 엄청난 불법행위를 밝혀냈다는 것을 깨달은 레이와 에번스는 자신들이 확보한 정보를 SFO와 공유하고 영국 및 전 세계 기자들과 협력해 BAE의 범죄행위를 낱낱이 밝혀내고자 했다. 이 사안을 조사할 수밖에 없게 된 SFO는 로이드은행Lloyds Bank 등에 BAE 관련 기록을 모두 넘길 것을 지시했다. 그렇게 넘겨받은 기록들은 귀중한 자료가 되었다.

1998년 2월 버진아일랜드에 설립된 레드다이아몬드는 로이드은행, UBS, 체이스맨해튼Chase Manhattan의 런던, 스위스, 뉴욕 계좌를 활용했다.[64] 레드다이아몬드는 영국을 비롯해 남미, 탄자니아, 루마니아, 남아프리카, 카타르, 칠레, 체코에 있는 에이전트들에게 돈을 지급했다. BAE는 레드다이아몬드 계좌에서 최종 수령인에게 현금을 자동이체 해주는 로이드은행의 온라인뱅킹 서비스를 활용했다.[65] BAE는 레드다이아몬드의 존재를 회계 공시에 일절 언급하지 않았으며 설립 이유에 대해서도 함구했다.

레드다이아몬드는 BAE가 뇌물과 부정부패를 감추기 위해 만든 정교한 세계적 네트워크의 일부에 불과했다. 1995년 BAE는 이미 자회사인 로열오디넌스 및 헤클러운트코흐를 포함해 700여 곳의 에이전트와 계약을 체결한 상태였으며, 최소 300명의 에이전트를 통해 연간 거의 5,000만 파운드에 달하는 뇌물을 지급했다. 체결한 에이전트 계약이 너무 많아 '일일이 다 기억하는 것이 불가능한' 수준이었다.[66] '스위스 지부를 통해 다른 그룹사에 서비스를 제공'한다는 명분으로 노블마이트Novelmight라는 회사가 설립되기도 했다. 이 회사는 당초 판버러Farnborough에 위치한 BAE 본사와 동일한 주소에 본사를 두고 있었으나,[67] 1999년 영국에서의 운영을 중단하고 주소를 버진아일랜드로 옮겼다.[68] 노블마이트는 사실 BAE 본사 마케팅서비스 부서에서 운영했으며, 책임자는 영국 정보기관 MI6과 BAE를 잇는 연락책 휴 디킨슨Hugh Dickinson, 그리고 그와 오랫동안 함께 일한 부하직원 줄리아 앨드리지Julia Aldridge였다.[69] 기록에 따르면 이사회급의 회의를 통해 각 에이전트 계약을 승인한 것으로 보인다.[70]

범죄행위 은폐를 위해 영국 사법관할권 밖에서 계약을 체결하는 경우도 있었다. 한 정보원은 1980년대 인도와 비밀리에 무기거래 계약을 맺기 위해 스위스까지 간 적이 있었다고 밝혔다.[71] 지급 방식이 결정되면 에이전트 계약서를 1장만 작성한 뒤 BAE 대리인이 그 계약서를 제네바에 안전하게 보관했다. 부정부패로 악명 높은 마르코스 필리핀 전 대통령의 자금을 은닉해준 것으로 유명한 스위스의 프라이빗 뱅크 롬바드오디에Lombard Odier에서 계약을 체결하기도 했다. 롬바드오디에는 단 1장뿐인 계약서를 보관하고 계약의 양 당사자가 모두 있는 자리에서만 계약서를 열람할 수 있도록 했다.[72] 1997년부터는 스위스 변호사 르네 메르크Rene Merkt와 시릴 아베카시스Cyril Abecassis가 계약서를 관리하는 역할을 맡았는데, 그들은 나중에 무기 에이전트를 위해 페이퍼컴퍼니를 설립한다.[73]

2002년 초 OECD 뇌물방지협약이 영국 국내법으로 통합되면서 외국 공무원에게 뇌물을 제공하는 것이 법적으로 완전히 금지되었다. BAE는 매우 조심스럽게 로이드 TSB 스위스 지부의 도움을 받아 제네바 아카시아가 48번지 건물 6층의 보안이 철저한 사무실을 빌렸다. CCTV와 암호화 팩스 및 전화 시스템이 설치되었고, 믿을 수 있는 영국인 전문가가 직접 도청장치 설치 여부를 확인했다. OECD 뇌물방지협약이 조인되기 직전 어느 날 밤, BAE는 영국 당국의 감시를 피해 계약서 및 에이전트 계약서가 든 서류 캐비닛과 금고를 평범한 승합차에 싣고 제네바로 떠났다.[74] 운전은 믿을 수 있는 직원에게 맡겼다. 제네바로 옮긴 문서에 서명해야 하거나 계약을 갱신해야 하는 경우, BAE 직원이 직접 제네바에 가서 아카시아가 48번지의 사무실 문을 열었다. 런던에서는 합법적인 방식으로 합리적인 수준의 커미션을 지급한다는 내용의 계약서에 서명한 뒤, 스위스에서는 불법적인 방식으로 더욱 큰 액수의 커미션을 지급한다는 계약을 다시 체결하는 경우도 있었다.[75]

BAE는 알야마마 사업을 위해 1999년 6월 25일 버진아일랜드에 '포세이돈트레이딩 인베스트먼트'를 설립했다. 포세이돈의 로이드은행 계좌를 통해 사우디 에이전트들에게 전달한 자금은 거의 10억 파운드에 달한다.[76]

무기거래를 위해 지급한 커미션을 은닉하고 세탁하는 일을 맡아온 한 에이전트는 레이와 에번스에게 약간의 경외심마저 묻어나는 말투로 "다양한 항공기 회사를 위해 일해봤지만 이 정도로 제도화된 시스템을 갖춘 곳은 BAE뿐"이라고 말했다.[77] 당시 이런 자금지급 시스템 자체는 불법이 아니었지만, 거대 다국적기업이 에이전트와 중개인에게 돈을 지급하기 위해 비밀 회계체계를 갖추고 있다는 사실은 많은 의혹을 일으켰다. SFO는 나중에 "전체 시스템이 매우 비밀스럽게 운영되고 있어 시스템을 통해 지급된 자금의 진짜 목적에 대한 정당한

의혹이 제기되었다"고 결론지었다.[78]

버진아일랜드에 설립된 회사들을 통해 전달된 10억 파운드는 에이전트를 비롯해 알야마마 사업을 체결한 국방장관과 술탄 왕자, 반다르 왕자의 아버지와 관련된 것으로 보이는 스위스의 은행 계좌로 옮겨졌다. 이렇게 지급된 커미션을 충당하기 위해 판매가를 크게 부풀리기도 했는데, 토네이도 전투기의 경우 가격을 최대 32%까지 올렸다.[79] 앞서 언급한 바와 같이 일반적으로 사용하는 세 가지 뇌물 전달 방법을 모두 활용해 알야마마 사업에서 지급된 뇌물은 총 약 60억 파운드에 달한다.[80]

그동안 반다르 왕자의 릭스은행 계좌에는 분기마다 방산수출청의 승인을 받은 자금이 송금되었다. 1년에 1억 파운드 이상, 총 10억 파운드 이상의 자금이 전달되었다. 그중 일부는 에어버스의 와이드바디 여객기 A340을 '선물'하는 데 쓰였다. 연료, 유지 보수, 승무원 고용에 필요한 비용도 짧게는 2007년까지 BAE가 부담했다.[81]

반다르 왕자와 술탄 왕자가 받은 자금의 상당 부분은 그들의 계좌로 직접 전달되었지만, 일부는 와픽 사이드Wafic Said와 모하마드 사파디Mohammad Safadi라는 조력자들을 통해 전달되었다.

시리아 국적의 와픽 사이드는 영국 최고의 부호 중 하나로 손꼽힌다. 약 10억 파운드의 자산을 보유한 그는 《선데이타임스》가 2009년 발표한 부자 순위 40위에 올랐다.[82] 항상 맞춤 정장을 차려입는 그는 전 세계 곳곳에 으리으리한 집을 소유하고 있다.[83] 옥스퍼드셔의 3,500만 파운드짜리 별장을 비롯해[84] 보잉 737 항공기, 경주마 여러 마리,[85] 모네, 모딜리아니,[86] 피카소, 마티스의 작품 등을 소유하고 있다고 한다.[87]

사이드는 1939년 안과 의사 출신으로 시리아 교육부 장관을 지낸 인물의 아들로 태어났다. 1963년 제네바 UBS에서 투자은행 업무를 처음 시작한 그는 어느 사업가의 딸 로즈메리를 만나 결혼했다.[88] 사이드 부부는 1960년대 말 런던으로 거처를 옮기고 상류층이 즐겨 찾는 켄싱턴하이스트리트Kensington High Street에서 레스토랑을 운영하는 그의 형제를 도왔다. 어느 날 저녁 유쾌한 사우디 왕자 반다르와 칼리드가 레스토랑을 찾았다. 사이드는 왕자들과 안면을 텄고 몇 주 후 세 사람은 친구가 되었다.[89] 사이드 부부는 1969년 사우디로 거처를 옮겼다. 사이드는 사우디 정부에서 잠시 일한 뒤 건설사업을 성공적으로 펼쳐나가기 시작했다.

1969년 사이드는 사우디 무기딜러이자 자산가 아크람 오제Akram Ojjeh와 협력관계를 맺었다. 오제의 아들 만수르Mansour는 마거릿 대처의 아들 마크 대처와 공통 관심사인 자동차 레이싱을 함께 즐기며 가까워진 인물이다. 1973년 오제의 도움으로 파리 TAG건설 회장에 오른 사이드는 국방 관련 사업의 건설계약을 중개하기 시작했다. 또한 미사일 및 폭탄 제조사로 가장 잘 알려진 미국 기업 레이시온Raytheon의 에이전트로 일하며 사우디와의 호크 미사일 거래에 관여했다.[90] 사이드와 오제는 1980년 버뮤다에 투자금융회사 시프코프Sifcorp를 설립했으나 실제로는 룩셈부르크에서 사이드신탁Said Trust을 통해 이를 운영했다.[91]

사이드는 다양한 매력을 발휘해 사우디의 부유하고 영향력 있는 인사들과 친구가 되었다. 특히 런던의 레스토랑에서 만난 적 있는 두 왕자와 옛 친분을 되살리고, 그들의 아버지 술탄 왕자와도 친분을 쌓았다. 후에 사이드는 두 왕자의 개인 재무담당자가 되어 재산관리와 투자를 맡았다. 1981년 칙령에 따라 사우디 시민권을 얻었으나, 같은 해 그의 열 살짜리 장남 카림이 술탄 왕자의 집 수영장에서 익사하는 일을 겪기도 했다.[92]

사이드가 알야마마 사업에 관여한 사실은 원래 비밀로 부쳐졌다. 현재 그는 알야마마 사업과 관련해 자신이 자문을 한 것은 사실이나 커미션을 받은 적은 없다고 주장하고 있다. 그는 2001년 《데일리텔레그래프》에 다음과 같이 말했다.

> 알야마마 사업으로 수천 개에 달하는 일자리가 창출되고 영국의 산업이 크게 활성화되었다. 어떤 이유에서인지 언론은 알야마마 사업을 수상하고 비밀스러운 계약으로 묘사하고 싶어 한다. 나는 사우디에서 폭넓은 인맥을 맺은 덕에 아주 작은 역할을 했을 뿐이다. 알야마마 사업에서 중요한 역할을 한 것은 대처 총리였다.
>
> 솔직히 영국에 좋은 일을 한 것이라 생각했다. 나는 작은 주머니칼 하나도 판 적이 없다. (BAE 자문 역할을 하며) 한 푼도 받지 않았다. 알야마마 사업으로, 내가 운영하는 회사가 사우디아라비아에서 진행된 공사에 참여하면서 이익을 얻었을 뿐이다.
>
> 하지만 (알야마마 사업 때문에) 사람들은 나를 다양한 무기를 파는 무기딜러로 여긴다. 아직도 중고 전차나 탄약을 파는 것을 도와달라는 편지를 받는다.[93]

사이드는 "내가 무기딜러라면 BAE 회장도, 총리도 무기딜러"라고 말하기도 했다.[94] 그가 자신의 역할을 어떻게 설명하든 간에 알야마마 사업에서 사우디가 이득을 얻을 수 있도록 조력자 역할을 한 것은 분명하다.

또한 영국 총리에게 접근하기 위해 그의 아들 마크 대처에게 수백만 파운드를 전달한 이가 바로 사이드라는 주장도 있다.[95] 그는 이러한 주장이 "대처 총리와 마크 대처에게 매우 부당하다"고 일축하며 자신의 정치적 우상을 옹호했다.[96] 악명 높은 무기딜러 아드난 카슈끄지는(13장 참조) 이렇게 말했다. "사이드는 마크 대처의 정보를 이용했다. 그에게 마크 대처가 필요했던 것은 당연히 그가 대처 총리의 아들이었기 때문이다. 사이드가 궁금해하는 것이 있으면 마크가 자신의 어머니에게 직접 물어봐주었다."[97] 그러나 카슈끄지는 후에 말을 바꿔 "알야마마 사업에 대한 마크 대처의 개입 여부에 대해 어떠한 정보도 갖고 있지 않다"고 주장했다.[98]

마크 대처는 알야마마 사업과 관련해 1,200만 파운드를 받았다는 혐의를 지속적으로 부인했다.[99] 1,200만 파운드라는 금액은 사우디 왕자들과 에이전트들의 대화 녹취록에 언급되었다. 그들의 대화는 알야마마 사업을 따내기 위한 영국, 프랑스, 미국 간의 경쟁을 모니터링하기 위해 사우디 정보국이 녹음했다. 녹취록은 모하메드 키웰리Mohammed Khiweli 주유엔 사우디 1등서기관의 폭로로 공개되었으며, 키웰리는 1994년 5월 미국의 망명 허가를 받아 사우디를 떠났다.[100]

1980년대 레이건 행정부 국가안전보장회의에 중동 전문가로 참여한 하워드 테이처Howard Teicher는 다음과 같이 주장했다.

주사우디아라비아 대사관에서 보내온 긴급 공문, 사우디와 유럽에서 모은 정보 보고서, 다른 유럽국가 수도에서 보내온 외교 공문을 통해 마크 대처가 알야마마 사업에 개입했다는 정보를 입수했다. 이 공문들은 매우 분명하고 정확했다. 확실한 증거도 없이 총리의 아들이 이러한 거래에 개입했다는 혐의를 제기할 리 없다고 생각했으며, 출처가 다양한 여러 문서에서 그의 이름이 등장했기에 나는 마크 대처가 최소한 어느 정도로 개입한 것은 사실이라 확신했다. 그가 두 정부의 거래 체결을 어떠한 방식으로든 도운 것이 분명했다.[101]

테이처는 몇 년 후 "마크 대처는 알야마마 사업에서 적극적 역할을 했으며 비즈니스 관계자로서 관여한 것이 분명하다"고 재차 말했다.[102] 그 근거는 사우디가 "군사장비와 관련해" 마크 대처의 "훌륭한

정부 인맥"을 활용하기 위해 그에게 뇌물을 제공했다는 사실을 밝힌 키웰리의 녹취록이었다.[103]

마크 대처의 최측근들을 통해서도 그의 연루 사실을 확인할 수 있었다. 그의 친구 로드니 타일러Rodney Tyler는 "사이드의 전화를 받은 마크가 그를 헬기로 총리 지방관저에 데려가 대처 총리를 만나도록 해준 적이 있다는 사실을 확실히 알고 있다"고 말했다.[104] 당시 BAE 임원들도 마크 대처가 알야마마 사업에 개입했으며 1,200만 파운드의 커미션을 받았다는 사실을 확인해주었다.[105] 사이드의 측근인 전 BAE 자문위원은 "마크는 대처 총리가 우리 편이라는 것을 확인하는 데 큰 도움이 되었다"고 말했다.[106] 한 영국 하원의원은 익명으로 보낸 문서를 통해 "BAE 경영진의 말에 따르면 영국과 보수당에 단 한 푼의 세금도 내지 않는 마크 대처와 그의 친구 와픽 사이드, 그리고 다른 중개인들이 얻은 금전적 이득은 그야말로 엄청나다"고 주장했다.[107]

마크 대처에 관한 책을 쓴 저자들은 대처 총리가 자신의 아들이 알야마마 사업을 통해 돈을 벌고 있다는 사실을 알았다고 주장한다. 마크 대처가 사이드 및 반다르 왕자와 총리의 만남을 주선했다는 사실을 볼 때 총리가 아들의 연루 사실을 몰랐을 리 없다. 그리고 와픽 사이드 밑에서 항공 부문 책임자로 일한 어느 인물에 따르면 마크 대처와 사이드의 거래 관계는 "대처 총리의 제안에 따라 형성된" 것이다.[108] 방산업체 임원 출신인 제럴드 제임스Gerald James는 마크가 2차 알야마마 사업에서도 금전적 이익을 얻었다고 주장한다.[109]

마크 대처의 이력을 아는 사람이라면 그가 자신의 어머니가 중요한 역할을 한 거래를 통해 이득을 챙기는 사례를 어렵지 않게 봐왔을 것이다. 2003년 아버지의 준남작 지위를 이어받은 그의 자산은 6,000만 파운드로 추정되며,[110] 대처 총리는 이러한 자산 축적에 적지 않은 역할을 했다. 1981년 대처 총리의 도움으로 영국의 한 건설업체가 오만에 대학을 건설하는 3억 파운드 규모의 계약을 따냈을 때도 마크 대처가 이득을 챙겼다. 의회에서 이와 관련한 질문을 받은 마거릿 대처는 자신이 그저 "영국을 도운 것"뿐이라며 모든 혐의를 부인했다.[111] 또한 마크는 아부다비에서 중요한 계약을 수주하기 위해 어머니의 친필 메모를 이용했다는 혐의도 받고 있다.[112]

하지만 마크 대처의 커리어는 2004년 8월 25일 적도기니 쿠데타에 관여한 혐의로 남아공 케이프타운 교외의 콘스탄시아Constantia에서 체포되며 크게 손상됐다. 마크 대처는 그와 친한 영국 용병 사이먼 만Simon Mann이 계획한 쿠데타에 자금 및 물류를 지원한 혐의로 기소되었다. 쿠데타는 실패로 돌아갔다. 어머니의 개입 덕에 남아공의 용병금지법에 따른 양형 거래에 성공한 마크 대처는 항공기가 아프리카에서 환자 수송기로 사용되는 줄 알았다고 주장하며 '사용처에 대한 적절한 조사 없이' 항공기에 투자한 '과실'을 인정했다.[113] 그는 300만 랜드(45만 달러)의 벌금과 집행유예 4년을 선고받고 강제추방되었다. 최근 사이먼 만은 마크 대처가 35만 달러를 지원하는 등 쿠데타에 깊이 연루되었으며, "단순한 투자자가 아니라 관리팀의 일원이었을 정도로 깊이 개입했다"고 재차 주장했다.[114]

알야마마 사업 성사 후 마크 대처는 와픽 사이드의 사무실 주소로 등록되어 있는 파나마 회사 포르미골Formigol을 통해 런던의 고급주택지구 벨그라비아의 호화 아파트를 구입했다.[115] 사이드는 마크와 함께 반다르 왕자의 사유지가 있는 옥스퍼드셔에서 사격과 골프를 종종 즐겼다. 알야마마 사업이 진행되는 동안 BAE 역학 부문 상무이사를 맡은 알렉스 샌슨Alex Sanson은 《옵저버》에 사이드가 알야마마 사업에서 중심적인 역할을 했다고 주장하며 다음과 같이 말했다. "마크 대처는 와픽 사이드, 반다르 왕자와 매우 친했다. 많은 사람들이 그가 계약에 관여하고 있음을 알고 있었다. 그는 골칫거리였다. 인맥을 쌓기 위해 사람들을 이용하는 것이 그의 수법이었으며, 당시 대처 총리의 이미지까지 더해서 마크는 자신의 수법을 매우 유용하게 활용했다."[116]

마크 대처는 알야마마 사업을 통해 앞서 언급한 것처럼 엄청난 이익을 봤으며, 일부는 이를 두고 '알야마마'가 아니라 '후즈야마마Who's ya mama' ('네 엄마가 누구니?'라는 의미—옮긴이)라고 풍자하기도 했다.[117]

와픽 사이드는 사실상 은퇴한 상태지만, 1975년 설립된 미트라수르코퍼레이션Mitrasur Corporation과 알물크홀딩스SAAl Mulk Holdings SA라는 두 파나마 회사의 임원으로 여전히 등록되어 있다. 미트라수르 임원진에는 마그나Magna라는 리비아 관광개발업체의 CEO 나빌 나만Nabil Naaman도 포함되어 있다.[118] 사이드는 대처 총리의 전직 고문이자 BAE 자문위원 찰스 파월Charles Powell이 회장을 맡고 있는 마그나를 후원하는 것으로 알려졌다. 찰스 파월의 형제 조너선 파월Jonathan Powell은 토니 블레어 전 총리의 비서실장이었다.[119] 또한 사이드는 AHI유한책임회사라고도 불리는 조너선 아이트켄의 은행, 아이트켄흄홀딩스Aitken Hume Holdings에서 임원을 맡은 적도 있다. 그는 지금도 조너선 아이트켄과 함께 "중동의 빈곤층 어린이와 청소년의 밝은 미래를 위해 노력하는"[120] 사이드재단Said Foundation의 임원을 맡고 있다.[121]

1996년 옥스퍼드대학교에 사이드경영대학원Said Business School이 설립되었으며, 새 대학원 건물은 와픽 사이드로부터 2,000만 파운드를 기부받아 2001년 완공되었다.[122] 2008년 그는 이 대학원에 2,500만 파운드를 더 기부했다. 찰스 파월도 대학원 이사 중 하나였다.[123] 대처 총리가 대학원 건물의 건축허가 절차가 빠르게 진행될 수 있도록 개입했다는 주장이 제기되기도 했다.[124] 사이드의 연루 사실을 안 학생들과 교수진,[125] 사회운동가들[126]은 거세게 반발했다. 필자는 몇 년 전 사이드경영대학원 산하의 '데즈먼드 투투 아프리카 리더십연구소Desmond Tutu African Leadership Institute'에 강연을 하러 간 적이 있다. 이 대학원이 와픽 사이드와 실제로 관련되어 있다는 사실을 몰랐던 필자는 '무기딜러로 알려진 사이드와 같은 이름의 학교에서 윤리에 대한 강연을 하게 되다니 참 아이러니하다'는 농담을 던졌다. 강연이 끝난 뒤 주최 측은 사이드경영대학원이 필자가 말한 바로 그 와픽 사이드의 기부로 설립되었다는 사실을 정중히 알려줬다.

와픽 사이드는 모하메드 왕자의 '대리인'이자 조너선 아이트켄과도 연줄이 있는 사이드 아야스와 함께 레바논연구소Centre for Lebanese Studies의 설립을 후원하기도 했다.[127] 이렇듯 다양한 직함을 보유한[128] 사이드는 1996년부터 주유네스코 세인트빈센트그레나딘 대사 및 수석대사직을 맡기도 했다.[129] 그는 기득권층의 비위를 맞춰주고 그 대가로 각종 훈장과 작위를 받으며 바실 자하로프의 계보를 이어가고 있다. 영국 정계와 긴밀한 관계를 맺고 있다는 점도 유사하다. 대처 총리와 보수당의 집권 기간에 사이드는 보수당에 최소 35만 파운드를 기부했다.[130] 2004년과 2005년 사이드 일가는 경매를 통해 보수당에 약 55만 파운드를 기부했다.[131] 외국 국적자가 영국 정당에 기부하는 것을 금하는 법이 새롭게 제정되었음에도 2005년 사이드 일가는 보수당에 수만 파운드에 달하는 기부금을 전달한 것으로 알려져 있다.[132]

신노동당이 집권하자 사이드는 신노동당의 '어둠의 왕자'라고 알려진 피터 맨덜슨Peter Mandelson과 친밀한 사이를 유지하기 위해 노력했다. 맨덜슨은 북아일랜드 장관에서 물러나기 몇 주 전 시리아에서 사이드를 만났다. 맨덜슨은 시리아 방문을 외무부에 신고하지 않은 이유에 대해 개인적인 일정이었기 때문이라고 주장했다.[133] 하지만 그는 시리아 방문 중 바샤르 알-아사드Bashar al-Assad 대통령과 2시간 동안 만남을 가졌다. 사이드 소유의 회사 퍼스트사우디인베스트먼트First Saudi Investment는 당시 시리아에서 큰 수익이 예상되는 계약을 따내기 위해 아랍 컨소시엄에 참여한 상태였다.[134] 사이드의 측근 맨덜슨과 찰스 파월은 서로 친한 사이였다. 이러한 인맥을 통해 와픽 사이드는 30년 넘게 다양한 정치 세력과 가까운 관계를 유지할 수 있었다.

알야마마 사업의 두 번째 주요 조력자 모하마드 사파디는 와픽 사이드와 마찬가지로 방대한 인맥을 자랑한다. 하지만 사파디 자신이 정치인이라는 사실은 사이드와 차별화된 점이다. 레바논의 억만장자 사업가이자 정치인인 사파디는 사우디 왕실 및 BAE와 수십 년간 가까운 관계를 유지했으며, 그의 스위스 은행 계좌는 알야마마 사업 커미션 전달에 활용되었다. 그는 알야마마 사업에서 투르키 빈 나세르 왕자의 이익을 대변했으며, 왕자의 사업을 관리하는 역할을 맡은 것으로 알려져 있다. SFO가 수사 중인 사건의 한 잠재적 증인은 레이와 에번스 기자에게 다음과 같이 말했다. "SFO가 사파디의 역할에 대해 물었다. 나는 사파디가 소유한 영국 회사 존스컨설턴트Jones Consultants가 사우디 공군참모총장인 투르키 빈 나세르 왕자를 대신해 각종 자금을 지급했다고 답했다."[135]

1944년 리비아의 수도 트리폴리에서 태어난 사파디는 베이루트 아메리칸대학교American University of Beirut에서 경영학을 전공했다. 유명 무역업체 사파디브라더스Safadi Brothers에서 가업에 힘을 보태다 카다피가 일으킨 쿠데타가 한창이던 1969년 베이루트로 떠났다. 베이루트에서 그는 주택, 항공기, 관광업, 컴퓨터, 은행업 등에 투자하는 사업을 시작했다.[136] 1975년 레바논 내전이 발발하자 사파디는 리야드로 거처를 옮겨 BAE 같은 업체들을 위한 주거단지를 건설했으며, 술탄 왕자 친척들의 일을 대신 처리해주기 시작했다.

1995년 그는 레바논으로 돌아가 사파디그룹Safadi Group을 설립하고 정계에 입문해 2005년 건설부 장관이 되었다.[137] 2009년 11월에는 사드 하리리Saad Hariri가 헤즈볼라와 손잡고 구성한 연합정부의 경제통상부 장관으로 임명되었다.[138] 레바논 정부가 체결하는 계약에서 가장 중요한 역할을 하는 경제통상부 장관직을 맡은 동안에도 그는 지속적으로 사파디그룹 계열사를 관리했다. 그가 관리한 회사 중에는 자산 2억 파운드 규모의 부동산 업체 스토우시큐리티Stow Security와 런던의 여러 사무용 건물의 지분 1억 2,000만 파운드 상당을 보유한 부동산 업체들이 포함되어 있었다.[139] 스토우시큐리티는 대부분 저지섬과 지브

롤터에 설립된 익명의 해외법인으로 이루어져 있다. 투자자 중에는 전 사우디 공군 사령관 아흐메드 이브라힘 베헤리Ahmed Ibrahim Behery 장군 도 있었다.[140] 스토우시큐리티는 판버러공항을 기반으로 운영되는 민 간항공사 TAG항공에도 투자했다. 판버러공항은 BAE 본사가 운영하 는 민영공항이다. 사파디는 만수르 오제, 압둘아지즈 오제Abdulaziz Ojjeh 와 함께 TAG항공의 이사직을 맡고 있다.[141] 사파디의 영국 회사 존 스컨설턴트와 사우디 회사 얼라이드메인터넌스Allied Maintenance 모두 BAE에서 계약을 수주했다.[142]

사파디는 자신의 페이퍼컴퍼니를 통해 딕 에번스 BAE 회장에게 런던의 고급주택지구 메이페어의 로즈베리코트에 위치한 호화 펜트하 우스를 제공하기도 했다. 사파디와 BAE의 긴밀한 관계를 잘 알 수 있 는 대목이다. 딕 에번스가 받은 펜트하우스는 그가 와픽 사이드 소유 의 회사를 통해 별도로 받은 아파트 인근에 있다.[143] 사파디는 1994년 중동과 영국을 오갈 목적으로 설립된 영국지중해항공British Mediterranean Airways에도 투자했다.[144] 와픽 사이드 또한 해당 항공사에 투자했으며 찰스 파월이 이사직을 맡았다.[145] 이러한 관계로 미루어 보아 사파디가 알야마마 사업에서 자금 전달책으로 주요한 역할을 했다는 사실은 그 다지 놀랍지 않다.

주목할 점은 2002년 영국에서 '반부패 및 자금세탁 방지에 관한 법'이 제정되기 전까지는 해외 은행계좌를 통한 자금 유통이 합법이었 다는 것이다.

와픽 사이드와 마찬가지로 알야마마 사업에 연루된 이들은 모두 개입을 부정하거나 자신이 아주 작은 역할만 했다고 주장했다. 하지만 반다르 왕자에게는 선택의 여지가 없었다. 그 대신 그는 자신이 석유 판매금액의 2%를 커미션으로 받아 영란은행 방산수출청 계좌에 넣어 뒀고, 미국이 사우디에 직접 판매하기를 꺼리는 무기를 BAE와 방산수출청이 사우디를 대신해 구입할 때 이 자금을 사용한다고 주장했다. 반다르 왕자와 친한 정보원들은 "사우디 정부가 슈퍼퓨마Super Puma 헬기 10대를 구입하고 싶지만 국방부 예산이 모자라는 경우, 재무부는 예산을 늘려주지 않는다. 다음 해까지 구입을 미뤄야 한다는 뜻이다" 라고 말했다. 그리고 구입을 미루는 동안 미국의 친이스라엘 로비 세력 AIPAC이 무기판매에 반대하는 로비를 벌인다고 주장했다. 이와 같은 주장을 한 정보원은 다음과 같이 설명했다.

> 그럴 때 무기를 구매해주는 대가로 석유를 지급하기로 한 알야마마 사업을 활용한다. 사우디가 프랑스 등과 계약을 맺은 뒤 알야마마 사업을 통해 영국에 석유를 지급하면 영국이 사우디를 대신해 대금을 지불한다. 이렇게 사우디는 알야마마 사업 자체에는 포함되지 않은 무기체계를 손에 넣을 수 있게 되는 것이다. 미 의회가 반대하기 전에 당장 특정 무기를 구매하고 싶은데 국방예산이 부족한 경우, 사우디는 알야마마 사업으로 돈을 돌려쓰면 된다.[146]

반다르 왕자의 주장을 뒷받침하는 증거도 있다. 일례로 2004년 사우디 국무부는 해외전문을 보내 쿠거Cougar 헬기 12대를 5억 달러, 벨 412Bell 412 헬기 44대를 4억 달러에 구매하기 위한 자금이 알야마마 사업을 통해 조달될 것이라고 전달한 바 있다. BAE는 알야마마 사업을 통해 받은 석유를 판매한 자금으로 사우디를 대신해 프랑스 업체 유로콥터Eurocopter와 캐나다 업체 벨에 대금을 지불했다. 국무부는 전문에서 터무니없이 비싼 헬기 가격에 의문을 제기했지만, 나중에 "두 계약과 관련한 금전적 유인책, 인센티브, 커미션, 절충교역, 투자에 대해 전혀 알지 못한다"고 주장했다.[147]

또한 해당 전문에는 "금전적 유인책 전반에 대해 현지 정보원들을 조사하자 그들은 눈썹을 치켜올리거나 비웃으면서 '그 금액이면 프랑스 남부에 거대한 성을 살 수도 있다'고 말했다. 쿠거 헬기 계약에 커미션이 포함될 것이라 추측만 할 수 있을 뿐이며 커미션의 금액이나 지급 대상은 알 수 없다"는 내용과,[148] "사우디 공군이 사용할 항공 수색 및 구조용 헬기 구입을 추진한 사람은 공군 작전국장 투르키 빈 나세르 빈 압둘 알 아지즈 알 사우드 왕자다. 그는 헬기가 너무나 갖고 싶지만 구입할 형편이 되지 않자 알야마마 사업을 통해 석유로 대금을 지불하는 방법을 생각해낸 것으로 보인다(BAE가 이러한 결정에 격분한 것은 말할 것도 없다)"는 내용이 담겼다.[149]

반다르 왕자의 변호사이자 1993~2001년 FBI 국장을 역임한 루이스 프리Louis Freeh 또한 알야마마 사업으로 인해 미 의회의 수출감독과 예산 집행의 책임성이 저해된 것은 사실이지만, 알야마마 사업을 통해 전용한 자금은 사우디가 무기를 구입하는 데 쓰인 것이 맞다고 변명했다.

이런 미심쩍은 변명을 믿어주더라도 막대한 자금을 사적으로 유용한 것과 관련한 모든 의문이 해결되지는 않는다. 반다르 왕자는 모든 혐의를 부인하고 있다. 루이스 프리는 알야마마 사업에 사용된 계좌에 들어 있던 자금 중에서도 반다르 왕자의 저택을 짓는 데 사용된 1,700만 달러에 대해 미국 공영방송 PBS에 다음과 같이 설명했다.

> **해설자:** 의심거래 신고 내역에 따르면 사우디아라비아에서 반다르 왕자의 새 저택을 지은 건축가에게 총 1,700만 달러가 지급되는 등 개인적인 용도로 자금을 사용한 것으로 보입니다.
>
> **데니스 로멜**Dennis Lormel: 개인이 사업용 계좌에서 사적인 용도로 1,700만 달러를 이체하는 것은 일반적인 사업 방식으로는 보이지 않습니다.
>
> **프리:** 왕자의 '저택'에 1,700만 달러를 썼다고 말하는데, 왕자

의 개인 저택이 아닙니다. 사우디 고위 왕족들에게 제공되는 사우디 정부 소유의 관저입니다.

뇌물수수 혐의에 대해서는 이렇게 설명했다.

프리: 제 의뢰인이 뇌물로 총 20억 달러와 에어버스 340 항공기를 받았다는 주장은 모두 완전히 거짓입니다.

로웰 버그먼 Lowell Bergman: 미국 정부 문서에 따르면 알야마마 사업은 사우디 국방부 정규 예산에 포함되지 않은 계약이라고 하는데, 맞습니까?

프리: 항공기 대금으로 석유를 지급한, 장부에 기록되지 않은 물물교환식의 거래였습니다.

버그먼: 하지만 계약을 통해 막대한 자금이 사우디 정부의 정규 예산집행 과정을 거치지 않고 유통된 것은 사실 아닙니까?

프리: 맞습니다.

해설자: 프리치는 워싱턴으로 전달된 20억 달러에 대해 설명했습니다.

프리: 알야마마 사업은 최대한 융통성 있게 무기를 구매할 수 있도록 하는 계약이었다고 생각하시면 됩니다. 사우디 국방항공부가 미국으로부터 무기를 구매하고자 할 때, 미 의회의 판매 반대를 피해 BAE나 영국 정부가 대신 구매할 수 있도록 한 거죠.

버그먼: 알야마마 사업에 따라 석유판매 수익금을 사용해 미국을 포함한 다른 국가에서 무기를 구입했다는 말씀이신가요?

프리: 그렇습니다.

해설자: 이 인터뷰 이후 PBS 다큐멘터리 시리즈 〈프론트라인〉은 루이스 프리에게 반다르가 받은 20억 달러로 미국에 대금

을 지불한 계약은 어떤 것들이 있는지 구체적인 예를 들어줄 것을 요청했으나 답을 들을 수 없었습니다. 에어버스 340 항공기에 대해서는 다음과 같이 답했습니다.

버그먼: 반다르 왕자가 항공기를 받은 것에 대해 전혀 미심쩍은 부분이 없다고 생각하십니까?

프리: 네. 전혀요. 해당 항공기는 반다르 왕자에게 배정된 것입니다. 항공기를 소유하고 관리하는 것은 사우디 공군이며, 제 의뢰인이 장거리 이동이 가장 잦기 때문에 해당 항공기를 주로 사용한 것이지, 선물 혹은 뇌물로 받은 것은 아닙니다.

버그먼: 댈러스 카우보이스를 상징하는 색으로 칠해진 다른 군용기에 대해 알고 계십니까?

프리: 모릅니다.

버그먼: 특정 팀을 상징하는 색으로 항공기를 칠하는 것은 개인용 항공기에나 할 법한 일이라고 생각하지 않습니까?

프리: 아니오. 그렇지 않습니다.

버그먼: 그렇다면 사우디 정부에서 반다르 왕자 정도의 위치에 있는 인물이 자금을 사용하는 경우, 어떤 경우가 정부 지출에 속하고 어떤 경우가 개인 지출에 속하는 걸까요?

프리: 사우디 입장에서 생각해봅시다. 사우디아라비아 국왕과 국방항공부 장관이……

버그먼: 반다르 왕자의 아버지죠.

프리: 네, 맞습니다. 국왕과 국방항공부 장관, 석유부 장관, 재무부 장관 모두 누가, 얼마를, 어떻게 지출하는지 사용처를 알고 있고 지출에 동의했다면, 그것이 개인적인 지출인지 아닌지는 미국이 상관할 바가 아닙니다.[150]

전직 FBI 국장이 반다르 왕자의 이러한 행태를 변호한다는 것은 놀라운 일이다. 하지만 동시에 미국 정계 엘리트층과 사우디 왕족이 맺은 관계의 본질을 보여주는 사건이기도 하다. 반다르 왕자는 부정부패를 대하는 사우디 왕족들의 태도를 잘 보여준다.

반다르 왕자: 비리를 저지르는 것이 우리뿐이라고 생각한다면 매우 기분이 상할 겁니다.

해설자: 반다르 왕자는 이번 인터뷰에 응하지 않았으나, 2001년 〈프론트라인〉이 부정부패와 사우디 왕족에 대해 질문했을 때 이렇게 답했습니다.

반다르: 부정부패 혐의에 대해 이렇게 답하고 싶습니다. 지난 30년간 우리는 약 4,000억 달러 규모에 달하는 개발사업을 벌여왔습니다. 예를 들어 3,500억 달러 이하로는 이 모든 것을 해낼 수 없었을 거라 칩시다. 4,000억 달러 중에 3,500억 달러를 써서 사우디를 이만큼 발전시켰고, 그중 500억 달러를 악용하거나 부정하게 사용했느냐고 물으신다면 '그렇다'고 답하겠습니다. 얼마든지요.

하지만 더 중요한 것은 당신이 우리를 추궁할 자격이 있느냐는 겁니다. 미국은 물론 영국, 유럽에서도 각종 스캔들이 터지지 않나요? 제가 하고 싶은 말은, 우리가 비리를 좀 저질렀다 한들 그게 뭐 어떠냐는 겁니다. 우리가 처음 시작한 것도 아닌데요. 아담과 이브도 불경한 짓을 저질러 천국에서 쫓겨난 것 아닙니까? 그러니까 이건 인간의 본성에 따른 일이라는 거예요. 우리는 여러분이 생각하는 것만큼 나쁜 사람이 아니라는 거죠![151]

6. 다이아몬드와 무기

끊이지 않는 분쟁으로 무기거래의 메카가 된 아프리카에서 메렉스 네트워크의 여러 멤버들은 무기밀매에 적극 참여했다. 자칭 '평화주의자'인 데르 호세피안과 니컬러스 오먼도 마찬가지였다. 메렉스 네트워크는 아프리카 대륙에서도 비교적 불안정한 지역에서 세력을 넓혀갔으며, 악명 높은 군사독재자 찰스 테일러 라이베리아 대통령과 영국 바클레이은행Barclays Bank의 직원으로 일한 그의 형제 밥 테일러도 메렉스 에이전트로 활동한 바 있다.[1]

찰스 테일러는 화려한 인맥을 활용해 서아프리카의 작은 나라 라이베리아에서 권력을 잡았다. 라이베리아는 1821년 미국에서 '고향으로 돌아갈 자유를 얻은 노예'들이 세운 국가다. 애초에 빈곤한 상태였던 라이베리아는 테일러의 권력 장악 및 유지를 위한 투쟁 때문에 비인간적인 학살의 장으로 전락했다. 라이베리아 내전의 참상은 자원이 풍부한 이웃 나라 시에라리온에까지 번져, 신체 절단, 집단학살, 참수, 종교의식적 살인 등의 잔혹행위가 대규모로 자행되었다. 이 모든 것을 가능케 한 것은 어둠의 세계를 구성하는 무기딜러, 다이아몬드 밀수업자, 목재 상인들이었다. 이들은 대부분 국제 사법관할권이 닿지 않는 곳에서 활동하는 폭력적인 범죄자였다. 메렉스와 관계된 무기딜러들이나 외화를 세상에서 가장 이동이 쉬운 자산인 다이아몬드로 바꾸려는 알카에다 다이아몬드 딜러들처럼 조직화된 네트워크도 있었다.

테일러의 성장 배경만 보아서는 나중에 그가 잔혹한 군벌이 될 것이라고 예상하기 어렵다. 그는 1948년 라이베리아의 수도 몬로비아 인근의 미국계 라이베리아 가정에서 열다섯 남매 중 셋째로 태어났다.[2] 교사인 아버지 덕에 그의 가족은 안정적인 중산층의 삶을 누렸다. 원래 그는 아버지를 따라 교사가 되고자 했으나, 1972년 라이베리아 엘리트에게 희망의 땅이라 할 수 있는 미국으로 떠나 보스턴 근처의 벤틀리칼리지Bentley College에서 경제학을 공부했다.[3] 테일러는 벤틀리칼리지에서 보낸 5년 동안 동기들 사이에서 거침없는 리더로 명성을 떨치며 지역 정계에도 깊은 인상을 남겼다.[4]

테일러는 학력과 정치적 야심을 기반으로 라이베리아 엘리트층에 당당히 자리잡았다. 1979년 뉴욕에서 열린 한 시위에서 그는 윌리엄 톨버트William Tolbert 당시 라이베리아 대통령에 대한 반감을 공개적으로 표현했다. 이듬해 그는 라이베리아로 가서 새뮤얼 캐니언 도Samuel Kanyon Doe의 군사 쿠데타를 적극 지지했다. 톨버트를 축출한 도는 이후 10년 동안 라이베리아를 철권통치했다. 테일러는 나중에 도를 축출하는 데 참여하지만, 1980년 당시에는 그를 지지했으며, 도 정권에서 모든 공공조달을 관리하는 고위직을 맡았다.[5] 하지만 얼마 지나지 않아 자신의 지위를 이용해 90만 달러를 착복한 혐의를 받으며 테일러의 호시절은 막을 내렸다.[6] 그는 횡령 혐의로 기소되는 것을 피하기 위해 1980년대 초 라이베리아를 떠나야 했다. 예전에 주로 활동했던 메사추세츠주에서 재기를 도모했으나 라이베리아가 그의 본국 송환을 요청하며 수배자 신세가 되었다. 결국 그는 1984년 체포되어 플리머스카운티Plymouth County 교도소에 수감되었다.

감옥도 찰스 테일러를 오래 붙잡아두지는 못했다. 이듬해 그는 플리머스카운티 교도소에서 탈옥했는데, 탈옥 과정은 여전히 미스터리로 남아 있다. 전해지는 이야기에 따르면 그가 다른 수감자 4명을 5만 달러로 매수해 함께 톱으로 철창을 자르고 침대 시트 여러 장을 묶어 탈출했다고 한다.[7] 하지만 매우 쉽게 탈옥에 성공했다는 점, 신속히 출국할 수 있었다는 점을 고려하면 단순한 탈옥 사건으로 보기는 어렵고, 정부기관의 도움을 받은 것으로 보인다. 테일러는 자신이 탈옥한 것이 아니라 미국 정보기관의 도움으로 '석방'되었다고 설명했다.[8] 교도소에서 가장 경비가 삼엄한 구역의 감방에 있는 자신을 누군가가 밖으로 안내했으며, 이후 최소한의 경비만 갖춰진 구역까지 걸어간 뒤 그곳에서 밧줄처럼 묶어둔 침구를 이용해 탈출했다고 회상했다. 밖으로 나가자 그를 미국 어디든 데려다줄 차가 한 대 서 있었다.[9] CIA는 그의 탈옥을 공모한 혐의를 전면 부인했으나[10] 두 가지 사실을 통해 CIA의 주장이 거짓임을 알 수 있다. 우선 테일러가 탈옥한 지 며칠 지나지 않아 미국의 지원을 어느 정도 받은 것으로 알려진 조력자 토머스 퀴원크파Thomas Quiwonkpa가 새뮤얼 도 대통령 축출을 시도했다는 점이다.[11] 두 번째로 테일러가 본인의 여권을 사용해 플리머스카운티에서 워싱턴으로, 워싱턴에서 애틀랜타로, 그리고 마지막으로 멕시코로 출국했으나, 그 과정에서 어떠한 제지도 받지 않았다는 사실이다.[12]

그는 새뮤얼 도 정권을 무너뜨리고 라이베리아에서 권력을 잡기 위해 아프리카로 신속히 돌아갔다. 부르키나파소를 포함한 다수의 아프리카 국가들은 그에게 호의적인 태도를 보였다. 그는 라이베리아에서 추방당한 이들과 함께 힘을 합쳤다. 그중에는 퀴원크파의 실패한 쿠데타에 참여한 프린스 존슨Prince Johnson도 있었다. 그들은 함께 라이베리아애국전선National Patriotic Front of Liberia이라는 반군을 결성하고 이후 15년간 라이베리아에서 잔혹행위를 일삼았다. 큰 야심을 품은 데다 군사훈련까지 받은 라이베리아 반군은 부르키나파소의 유력한 대통령 후보 블레즈 콩파오레Blaise Compaore의 관심을 샀다. 콩파오레는 라이베리아애국전선 측에 토머스 상카라Thomas Sankara 당시 부르키나파소 대통령의 축출을 도와달라고 요청했다. 거기에 우푸에부아니Houphouët-Boigny 코트디부아르 대통령의 지원까지 더해져 쿠데타 계획은 한층 힘을 얻었다. 1987년 10월 15일, 프린스 존슨을 비롯해 다수의 라이베리아 정보원이 포함된 부르키나파소의 소규모 부대가 상카라 대통령을 살해했다.[13] 이때 테일러가 중요한 역할을 했을 것이라는 의견이 지배적이다.[14] 그 결과, 테일러는 2년 후 부르키나파소와 코트디부아르의 도움을 받아 라이베리아 공격을 준비할 수 있었다. 이들은 처음에는 외교적 지원을 제공했으며 나중에는 무기와 보급품을 전달하는 역할을 했다.

이처럼 테일러와 라이베리아애국전선은 든든한 외교적 지원을 받을 수 있었으나, 외교적 지원 이상을 제공해줄 후원자도 필요했다. 리비아의 독재자 무아마르 카다피가 이에 제격이었다. 1987년 리비아로 떠난 테일러와 그의 조력자들은 카다피의 세계혁명본부World Revolutionary Headquarters를 방문했다.[15] 세계혁명본부는 카다피가 지원하는 세력이 권력을 잡고 카다피의 과도한 권력욕을 채울 수 있도록 훈련시키는 시설이다.[16] 리비아는 군사적 음모에 자주 연루된 산유국답게 테일러와 라이베리아애국전선에 꼭 필요한 군사훈련, 무기, 탄약, 수백만 달러에 달하는 자금을 제공했다.

그와 동시에 카다피는 혁명연합전선Revolutionary United Front의 결성도 지휘하고 있었다. 당시 혁명연합전선은 다이아몬드가 풍부한 라이베리아의 이웃 국가인 시에라리온을 무력으로 장악하기 위해 준비하고 있었다.[17] 테일러는 혁명연합전선 지도자 포다이 상코Foday Sankoh와 가까워졌다.[18] 이들의 만남은 운명적이었다. 1990~2005년 혁명연합전선과 라이베리아애국전선은 세계에서 가장 많은 다이아몬드가 생산되는 각자의 국가에서 권력을 잡기 위해 서로의 자원을 활용하며 공생했다.

찰스 테일러와 라이베리아애국전선은 1989년 크리스마스 이브에 행동을 개시했다. 목표는 간단했다. 라이베리아 농촌 지역을 거쳐 진격하면서 지지자를 모으고 독재자를 축출하는 동시에 수도 몬로비아를 장악하는 것이었다. 라이베리아 전역을 지나며 수도를 향해 나아가는 동안 그는 지역 주민들의 든든한 지지를 받았다. 일부 주민들은 테일러가 평판이 나쁜 새뮤얼 도를 제거하고 책임감 있는 정부를 수립해줄 것이라 믿었다. 소위 '현지인'이라 불리는 주민들의 지지에

는 아메리코라이베리안Americo-Liberian(미국 흑인 노예 출신의 이주민—옮긴이)
에 대한 반감이 깔려 있었다. 반면 약탈의 유혹에 이끌려 테일러를 지
지한 자들도 있었다. 테일러는 나중에 라이베리아애국전선이 진군해
나간 과정에 대해 "우리는 아무것도 할 필요가 없었다. 사람들이 우리
에게 와서 '총을 달라. 내 어머니를 죽인 놈들을 죽이려면 어떻게 해야
하느냐'고 물었다"고 말했다.[19] 1990년 6월, 라이베리아애국전선은 수
도까지 진군해 승리가 확실시되었다.[20] 톨버트 전 대통령을 살해하고
대통령 자리에 오른 새뮤얼 도 당시 대통령은 똑같은 최후를 맞았다.
테일러가 아니라 프린스 존슨이 이끄는 애국전선 분파가 도의 집무실
을 습격했다. 고통스러운 몇 시간이 흐른 뒤 도는 잔인하게 살해당했
다. 간담을 서늘하게 하는 비명소리와 함께 도의 귀가 잘려나가는 동
안 존슨은 도에게 은행 계좌 정보를 내놓을 것을 요구하며 태연하게
버드와이저 맥주로 축배를 들었다.[21] 소름 끼치는 살해 장면이 담긴 비
디오는 즉시 복제되어 서아프리카 전역에서 불티나게 팔렸다.[22]

　　테일러가 라이베리아 장악에 성공했다고 믿고 있을 무렵, 다른 서
아프리카 국가들이 그의 진군을 막아섰다. 특히 나이지리아는 테일러
의 집권이 역내 힘의 균형에 미칠 영향을 우려했다. 부르키나파소와
코트디부아르의 지원을 받는 테일러가 대통령이 되면 나이지리아의
정치적 영향력이 줄어들게 된다고 생각한 것이다. 그래서 서아프리카
경제공동체Economic Community of West African States는 테일러와 라이베리아
애국전선의 권력 장악을 막기 위해 군사력을 합쳤다. 명목상으로는 서
아프리카경제공동체 감시단Economic Community of West African States Monitoring
Group이라는 이름을 사용한 독립적인 단체였으나, 대부분의 병력은 나
이지리아가 투입했다. 경제공동체 감시단이 파견될 당시 테일러가 이
끄는 병력은 이미 몬로비아에 도착한 뒤였으나 대통령궁을 장악하지
는 못한 상태였다. 감시단은 즉시 테일러의 병력이 확보한 영토 중 일
부를 탈환했다. 테일러는 이후 한동안 감시단의 개입으로 계획에 차질

이 생긴 것을 분하게 여겼다.

1990년 말, 애국전선과 감시단은 교착 상태에 이르렀다. 몬로비아는 감시단의 통제하에 있었다. 몬로비아에서 범죄와 사업을 통해 이익을 얻고 있던 감시단 소속 장교 다수는 전쟁을 지속시키고 싶어 했다. 프린스 존슨이 이끄는 애국전선 분파는 몬로비아에서 독립적으로 세력을 키우고자 했으나 별다른 영향을 미치지는 못했다. 반면 테일러는 라디오 제작시설 및 국제 언론매체와의 긴밀한 관계와 정치적 기지를 활용해 라이베리아애국전선의 독보적인 리더로 자리매김했다. 그는 자신의 통제하에 있는 지역에 '대라이베리아Greater Liberia'라는 명칭을 붙이고 사실상의 국가처럼 운영했다.[23]

대라이베리아 수립은 권력을 공고히 하고 엄청난 돈을 벌어들일 완벽한 기회였다. 그는 자신이 장악한 지역에서 가장 규모가 큰 기업인 파이어스톤타이어Firestone Tyre가 영업을 재개할 수 있도록 했다. 1992년 파이어스톤은 상당한 이윤을 올렸고, 테일러가 이끄는 라이베리아애국전선에 자사를 '보호'해주는 대가로 매년 200만 달러를 지급했다.[24] 나중에 테일러의 가장 악명 높은 사업들은 파이어스톤의 자산에서 시작되었다는 주장이 제기되기도 했다.[25] 테일러는 라이베리아 목재산업의 부흥을 이끌기도 했는데, 목재업계가 납부하는 '세금' 덕에 그의 '임시 국가'는 한층 발전할 수 있었다. 그는 외국 사업가들에게 도로를 놓고 기타 필수 인프라를 짓도록 요구했을 뿐만 아니라 모든 사업 계약에서 자신의 몫을 챙겼다. 이런 식으로 그가 취한 부당이득은 매년 7,500만에서 1억 달러에 달한 것으로 추정되며, 자금은 아프리카 전역에 마련해둔 여러 개인 계좌에 은닉되었다.[26] 테일러는 1997년 마침내 대통령으로 당선되며 자신이 구축한 시스템을 최종 완성시켰다.

시에라리온의 혁명연합전선은 테일러가 재산을 불리고 군사력을 키울 수 있도록 도왔다. 혁명연합전선은 라이베리아애국전선과 꼭 닮은 단체였다. 소수의 시에라리온 망명자들로 구성되어 있었으며 무아마르 카다피의 세계혁명본부에서 공식 설립되었다. 1991년 혁명연합전선은 라이베리아애국전선의 도움을 받아 시에라리온을 공격했다.[27] 표면적으로는 수도 프리타운을 장악하고 권력을 잡는 것이 목적이었으나, 사실은 다이아몬드를 가져다줄 넓은 농촌 지역을 장악하는 것이 더 중요했다. 혁명연합전선은 "여전히 대부분 제대로 된 교육을 받지 못한 소외계층 출신 지도자들의 생존 욕구를 충족하는 강도 집단이었다".[28]

무장한 강도와 폭력배로 이루어진 혁명연합전선은 많은 전투에 소년병을 동원하며 라이베리아애국전선만큼 잔혹행위를 일삼았다. 지역 주민들은 사지절단과 성폭행이 자행되는 가운데 순종을 강요받고 강제노역에 동원되었다. 다이아몬드를 역내에서 통용되는 실질 화폐, 즉 무기로 바꾸기 위해 주민들을 강제노역에 동원한 것이다. 그들은 매장지에서 캔 다이아몬드를, 허술하게 관리되는 라이베리아-시에라리온 국경까지 도보로 나르고 라이베리아애국전선 측에 이를 건넨 뒤 무기상자를 받아왔다. 혁명연합전선의 '인간 노새'들은 휴식을 취할 수도 없었고, 비틀거리면 지속적으로 구타를 당해 그들 대부분이 두어 달 안에 사망했다.[29] 이를 통해 라이베리아는 자국에서 생산되는 다이아몬드의 양이 매우 적음에도 불구하고 엄청난 양의 다이아몬드를 수출했다. 시에라리온의 공식 다이아몬드 수출량은 1960년대 연간 200만 캐럿에서 1999년 9,000캐럿으로 폭락했다.[30] 반면 2000년 초반 라이베리아 매장지에서 생산된 다이아몬드는 20만 캐럿에 불과했으나 라이베리아의 연간 다이아몬드 수출량은 600만 캐럿에 달했다.[31]

라이베리아에서 군사력을 활용한 권력장악 시도를 이어나가고 혁명연합전선에 대한 지원을 지속하기 위해 테일러는 1990년대 초반부터 무기거래, 다이아몬드 밀수, 자금세탁이라는 서로 연관된 세 가지 사업을 활용했다. 국제적 합의가 도출됨에 따라 각 사업에는 많은 제약이 가해졌다. 특히 무기거래의 경우 1992년 11월 UN 무기금수조치에 따라 라이베리아 내전의 모든 당사자에 대한 무기판매가 금지되면서 상황이 더욱 어렵게 되었다.[32] 세 가지 사업을 계속 이어나가기 위해 테일러는 메렉스 에이전트 네트워크를 활용했으며, 그 과정에서 자신도 에이전트가 되었다.

발칸 지역에서 메렉스 네트워크의 일원으로 활동한 호주계 슬로베니아인 니컬러스 오먼은 1992년부터 라이베리아로 활동 지역을 넓히기 시작했다. 그는 찰스 테일러와 동맹을 맺고 무기를 공급했다. 둘의 관계를 추측할 수 있는 정황은 많다. 1996년 찰스 테일러가 대통령으로 당선되기 직전, 라이베리아의 외교 관계가 단절되었을 당시 니컬러스 오먼과 그의 아들 마크 오먼Mark Oman은 주호주 라이베리아 대표부의 대표로 임명되었으며 테일러가 실각할 때까지 자리를 유지했다.[33] 또한 마크는 아버지 니컬러스 오먼의 회사 오벌마케팅을 라이베리아에서 계속 운영했으며,[34] 2003년 국제적 금수조치 위반임에도 불구하고 다이아몬드를 재고 처리하듯 싼 가격에 판매하겠다고 발표하기도 했다.[35] 이러한 사실들을 통해 오먼 일가가 테일러 및 라이베리아 애국전선과 가까운 관계를 유지했음을 알 수 있다.

니컬러스 오먼은 비교적 덜 알려진 테일러 닐이라는 인물과도 긴밀히 협력했다. 닐은 자신을 주라이베리아 미국 대사라고 속였다. 후에 그는 혁명연합전선의 이브라힘 바Ibrahim Bah, 찰스 테일러 등 다른 주주들과 함께 인터내셔널비즈니스컨설트International Business Consult, IBC의 주요 인물이 되었다.[36] IBC는 테일러가 한층 확장된 메렉스 네트워크를 활용해 상당한 양의 무기를 확보하기 위해 사용한 업체다. 로저 도노프리오Roger D'Onofrio는 위 내용들이 모두 사실임을 확인해주었다. 미국과 이탈리아 시민권을 모두 보유한 도노프리오는 1990년대 초반 현역에서 은퇴한 CIA 요원으로, 자주 구설수에 올랐다.[37] 그는 상황에 따라 말을 이리저리 바꿔가며 CIA와의 관계를 시인하기도, 부인하기도 했다. CIA에서 '은퇴'한 이후 도노프리오는 나폴리에 정착해 이탈리아의 주요 범죄 및 마피아 조직의 사업에 분주히 참여했으며, 그 과정에서 나중에 자신의 측근이 되는 이탈리아 카타니아 출신 변호사 미켈레 파파Michele Papa를 만났다.[38]

파파는 1970~1980년대 이탈리아와 리비아의 사업을 중개한 것으로 이탈리아에서 명성을 떨쳤다. 리비아는 1970년대부터 이탈리아 기업들의 주식을 엄청나게 사들였고, 한때는 이탈리아 거대 기업 피아트FIAT 지분을 13%나 보유하기도 했다.[39] 1980년대 이탈리아는 미국에 이어 리비아산 석유를 두 번째로 많이 수입하는 국가였다.[40] 리비아는 이탈리아 중개인이 필요한 상태였고 미켈레 파파는 그중에서도 가장 영향력 있는 중개인으로 자리매김했다. 파파는 시칠리아-리비아 친선협회를 이끌고 이탈리아 최초의 모스크 건설을 감독하는 등의 활동으로 자신의 입지를 다졌다.[41] 논란의 대상이 되기도 했던 그의 활동에 대해 프랑스 일간지《르몽드Le Monde》는 다음과 같이 보도했다.

> 그는 카다피와 산드로 페르티니Sandro Pertini 이탈리아 대통령의 대형 사진을 걸고 이탈리아-리비아 우호행사를 주기적으로 주최해 이탈리아 행정부의 반발을 샀다. 리비아인들이 시칠리아 지역 TV 방송국 두 곳에 대한 간접적인 지배권을 가질 수 있도록 해주기도 했다. 그가 소유한 신문《시칠리아 오지Sicilia Oggi》를 통해 그는 리비아 혁명의 업적을 극찬하고 혁명을 이끈 지도자를 찬양한다.[42]

리비아와의 관계로 인해 그는 1970년대 후반 미국에서 벌어진 이른바 '빌리게이트Billygate' 사건에 휘말리기도 했다. 빌리게이트라는 명칭은 지미 카터 대통령의 친동생 빌리 카터Billy Carter의 이름에서 따온 것이다. 1970년대 초반부터 리비아는 대미관계 경색으로 인한 압박에

시달렸다. 3억 달러 규모의 무기 및 항공기 거래가 중단되기도 했다.[43]
리비아는 백악관과 긴밀한 관계이면서도 리비아에도 우호적인 인물이
필요했다. 빌리 카터가 적임자였다. 1978년 1월 파파는 빌리 카터를
리비아로 초대했다. 이후 12개월 동안 빌리 카터는 파파와 함께 리비
아를 수차례 방문했으며, 파파가 이끄는 친선단체와 유사한 리비아-
아랍-조지아 친선협회Libya-Arab-Georgia Friendship Society를 직접 설립하기
까지 했다.[44] 그는 리비아와의 관계를 개선하기 위해 너무 적극적으로
나선 나머지 CIA에 해외요원으로 등록할 수밖에 없었다.[45] 그가 리비
아로부터 22만 달러의 대출을 받았다는 뉴스가 터지자 워싱턴은 그야
말로 아수라장이 되었다. 지미 카터가 빌리 카터의 적극적인 권유에
넘어간 적이 없다는 사실이 밝혀졌지만, 로널드 레이건을 상대로 한
재선운동이 막 시작된 시점에 '빌리게이트'가 터지면서 카터는 재선에
실패했다.

　1992년 파파와 도노프리오는 아프리카로 눈길을 돌렸다. 그들은
IBC를 통해 다양한 물건을 수출입하고자 했다.[46] 파파는 리비아와 긴
밀한 관계를 맺고 있는 라이베리아에서 사업을 하자고 제안했다. 도노
프리오는 이탈리아 조사관들에게 "라이베리아는 역외금융 거래를 하
기에 좋은 국가"라고 열성적으로 말하기도 했다.[47] 그는 계획을 실행
에 옮기기 위해 라이베리아 포야Foya로 갔다. 당시 찰스 테일러의 통제
하에 있던 포야는 시에라리온 및 기니와 국경을 접하고 있었다. 그곳
에서 그는 리비아에서 훈련받은 혁명연합전선 지도자 이브라힘 바 및
테일러와 만남을 가졌다.[48] 테일러가 보기에 IBC는 다이아몬드를 팔
아 무기를 사들이기에 제격인 회사였다. 도노프리오는 "나는 테일러,
바와 긴 이야기를 나누었고 IBC를 통해 무기를 공급하겠다는 결정을
내렸다"고 말했다.[49] IBC는 혁명연합전선이 강제노역을 통해 시에라
리온에서 라이베리아로 밀반입한 다이아몬드로 무기거래 대금을 지불
했다. 파파와 도노프리오는 자신들이 계약을 성실하게 이행할 것이라

는 확신을 테일러에게 주기 위해, IBC 지분의 50%를 테일러와 그의 측근들에게 지급하고 이후 발생한 모든 수익의 절반을 테일러 및 그의 측근들의 계좌로 확실히 전달하게끔 조치했다.[50] 1993년 한 해에만 IBC는 300만 달러의 수익을 올렸다.[51]

　IBC 계약을 체결한 양측 모두 부정한 출처를 숨기면서 자금을 옮길 방법을 알지 못했다. 또한 많은 무기딜러들은 테일러와 바가 약속한 대로 다이아몬드를 지급할 것이라고 생각하지 않았다. 해결책을 제공한 것은 메렉스 에이전트 데니스 앤서니 무어비Dennis Anthony Moorby였다.[52] 그는 1990년대 초 IBC와 다양한 업무협약을 체결한 캐나다 업체 스위프트인터내셔널서비스Swift International Services의 CEO이기도 했다.[53] 이탈리아와 캐나다 경찰의 합동수사 결과에 따르면 무어비는 악명 높은 고티Gotti 일가, 감비노Gambino 일당 등을 포함한 미국의 마피아 조직과 깊게 연관되어 있었다.[54] 무어비는 프란체스코 엘모Francesco Elmo라는 인물을 스위프트인터내셔널서비스의 법률 책임자로 임명했다.[55] 엘모는 엄청난 인맥을 자랑하는 이탈리아인으로, 무기딜러로 체포된 이후 이탈리아 당국이 도노프리오, 무어비, 니컬러스 오먼, 프랑코 조르지, 조 데르 호세피안, 게르하르트 메르틴스가 벌인 활동의 진상을 밝혀내는 데 도움이 되는 구체적 증거를 제공했다.

　스위프트인터내셔널은 2차대전 이전에 발행된 독일 채권과 미국 등지의 은행에 보관된, 희귀광물을 기반으로 한 복잡한 자금 유통 시스템을 활용해 IBC가 라이베리아의 다이아몬드를 효과적으로 세탁해 무기를 구매하는 데 사용할 '깨끗한' 자금을 제공했다. 1993년 스위스 인맥을 통해 체결한 거래를 통해 시스템이 효과적으로 작동한다는 것이 입증되었다. 이에 따라 그들은 불가리아 무기제조업체 킨텍스Kintex 측에 IBC에 다양한 탄약과 총기를 공급해달라는 주문을 넣고 세탁된 자금으로 대금을 지불했다. 주문한 무기는 오렌지와 올리브로 둔갑해 라이베리아까지 운송되었다.[56]

서방 국가에서는 킨텍스가 적어도 1985년부터 대규모 마약 및 무기 밀수와 연관되어 있다고 보았다. 일설에 의하면, 1990년대 초반에는 킨텍스가 불가리아의 최대 외화 수입원이었다. 미국이 사담 후세인에게 자금을 제공하는 데 활용했던 이탈리아 은행 BNLBanca Nationale del Lavoro은 1980년대 말 이라크 대신 킨텍스가 장비를 구입할 수 있도록 무담보 대출을 두 차례 제공했다. 미국이 처음 빌려준 3,000만 달러로 이라크는 컴퓨터 장비를 구입했다. 이때 구입한 컴퓨터는 후에 이라크가 핵무기 실험의 일환으로 고성능 폭발물을 연구한 것으로 알려진 알하틴Al Hatteen이라는 연구 단지에서 쓰였다. 두 번째로 빌려준 1,100만 달러는 이라크 국방부를 위한 전자장비, 원재료, 기계를 구입하는 데 사용되었다.[57]

1990년대 중반 라이베리아 내전은 교착 상태에 빠졌다. 서아프리카경제공동체 감시단 병력은 찰스 테일러 세력을 농촌 지역까지 몰아냈다. 테일러를 완전히 격퇴할 뻔한 순간도 있었다. 하지만 그는 계속 전력을 정비하고 감시단에 반격을 가해 몬로비아의 불안한 평화를 위협했다. 1993년 바방기다Babangida 나이지리아 대통령이 대통령직에서 물러난 이후 테일러와 나이지리아의 관계가 개선되기 시작했다. 1996년 말에는 테일러가 선거를 통해 대통령에 취임하려고 하는 시도를 나이지리아가 허용할 것이라는 것이 확실해졌다. 1997년 8월, 라이베리아 내전 발발 7년 만에 찰스 테일러가 대통령으로 당선되었다. 지지자들이 "그는 내 아버지와 어머니를 죽였지만 나는 그를 뽑겠다"는 구호를 외친 것으로 잘 알려진 선거에서 라이베리아애국전선은 75%에 달하는 득표율을 기록했다.[58] 잔혹한 군벌이 자유롭고 공정한 선거에서 압승을 거두었다는 것은 다소 뜻밖이다. 하지만 많은 라이베리아인들은 테일러의 당선이 아프리카 역사상 가장 잔혹한 전쟁을 끝낼 유일한 방법이라 생각했을 것이다.[59]

그러나 얼마 지나지 않아, 특히 1999년 이후부터 테일러 정부에 대한 반란이 끊임없이 발생해 평화 정착에 대한 희망은 사그라들었다. 테일러는 지속적으로 시에라리온의 혁명연합전선 반군을 지원하며 시에라리온과 함께 도둑정치를 통한 이익을 거둬들였다. 대통령의 권한을 활용해 대라이베리아 시절 이미 완벽하게 발전시킨 시스템을 한층 강화해 목재 생산과 광물 채취를 통해 상당한 수익을 올렸다. 당선 후에도 내전 당시와 마찬가지로 무기, 다이아몬드 밀수, 자금세탁을 해줄 누군가가 필요했다. 하지만 1997년 이전까지 활용한 네트워크를 다시 가동하는 것은 불가능했다. 니컬러스 오먼은 라도반 카라지치의 추적을 피해 발칸반도를 떠나야 했으며, 다른 멤버들은 체포된 상태였기 때문이다. 1996년 이탈리아 경찰은 '체크 투 체크Cheque to Cheque'라는 수사의 일환으로 전 세계로 확산되는 국제 범죄들의 연결고리를 파악하는 작업을 하고 있었다. 그 결과 오먼, 무어비, 로저 도노프리오, 스위프트인터내셔널의 루돌프 메로니Rudolf Meroni를 포함한 메렉스 네트워크의 주요 인사들에 대한 체포영장이 발부되었다. 아무도 기소되지는 않았으나 체포로 인해 이들의 활동이 일시적으로나마 지장을 받은 것은 사실이었다.

하지만 메렉스 네트워크만큼이나 부도덕하며 기꺼이 그들의 빈자리를 채우고자 한 이들이 있었다. 테일러에게는 다행스러운 일이었다. 이스라엘 방위군 출신의 예비역 대령 야이르 클라인Yair Klein은 UN의 무기금수조치를 어기고 라이베리아 대테러부대에 군수품과 훈련을 제공했으며, 도브 카츠Dov Katz, 댄 게틀러Dan Gertler라는 다른 두 이스라엘인이 참여한 무기-다이아몬드 맞거래를 통해 혁명연합전선에도 군수물자와 훈련을 제공했다. 1999년 1월 클라인은 혁명연합전선에 무기를 밀수해준 혐의로 시에라리온에서 체포되었다.[60]

1998년 9월 테일러는 악명 높은 우크라이나계 이스라엘인 레오니드 미닌과 운명적 만남을 가졌다.[61] 1947년 우크라이나 오데사Odessa

에서 태어난 그의 본명은 레오니드 블루브스타인Leonid Bluvstein이며, 여느 러시아계 유대인 망명자들과 마찬가지로 오스트리아를 통해 이스라엘에 정착했다. 1975년 무렵 그는 다시 서독으로 이주해 영주권을 취득하고 본과 쾰른 인근의 뇌르벤니히Nörvenich라는 마을에 살기 시작했다.[62]

미닌은 1970~80년대에 여러 사업에 손을 댔으나 모두 실패했다. 1990년대 초반 그는 이탈리아를 비롯한 여러 나라의 수사기관의 관심을 끌기 시작했다. 1992년 그는 미술품 및 골동품 밀수에 연루되었다는 혐의로 러시아 경찰의 수사를 받았다.[63] 2년 뒤 전직 모델 크리스티나 칼카테라Kristina Calcaterra가 작은 봉투에 든 코카인을 소지한 채 프랑스 국경을 넘어 스위스로 가다가 붙잡혔다. 칼카테라는 코카인이 미닌의 것이며, 그의 부탁으로 스위스까지 코카인을 전달하고 있는 중이었다고 주장했다. 미닌은 1997년 3월 프랑스 니스에서 개인 전용기에 오르던 중 경찰에게 체포당했고, 코카인을 소량 소지한 혐의로 징역 8개월을 선고받았다. 당시 미닌은 모나코에서 다양한 사업을 벌이고 있었으나 이 사건으로 모나코 당국은 1997년 6월 서한을 통해 미닌의 입국을 금지하겠다고 통보했다. 독일 비자 또한 취소되었으며, 셍겐조약 가입국의 '입국 금지' 인물로 등록되었다.[64]

마약 관련 범죄는 미닌이 우크라이나에서 가담한 마피아 활동에 비하면 경범죄에 속했다. 소련의 붕괴는 영리하고 사악한 범죄자들에게 절호의 기회였다. 정부의 일시적 붕괴, 고위 정치인들의 비리, 주요 자원의 급격한 사유화를 통해 마피아 그룹들은 귀중한 자산을 손에 넣었다. 활발한 수출시장 덕에 석유, 가스 산업을 통해 금세 큰 수익을 올렸다.[65] 1990년대 초반에는 러시아 석유 수출 중 67%가 권력 최상층까지 마수를 뻗친 조직범죄 집단에 의해 통제되었다고 한다.[66] 흑해 연안에 위치한 우크라이나 오데사는 동부 지역 석유 및 가스 수출의 관문 역할을 했다. 1990년대 초반, 오데사의 석유마피아가 그 지역의 수출 관련 시설들을 장악했다.[67] 미닌은 전체 석유마피아 네트워크에서 '가장 중요한 인물 중 하나'였다. 그의 회사 리매드Limad와 갤럭시에너지Galaxy Energy는 오데사에서 수출거래 대부분을 관리하며 기반을 탄탄히 다진 상태였다. 그들은 오데사의 수출용 원유 정제량을 크게 늘릴 요량으로 정제 시설 건설 계약을 수주했다.[68] 미닌이 관리한 마피아 네트워크는 석유산업을 통해 거액을 벌어들이고, "국제 무기 및 마약 밀수, 자금세탁, 갈취 및 기타 범법행위에 관여한" 것으로 추정되었다.[69]

전 세계 경찰 조직은 이러한 추정을 뒷받침할 구체적인 증거를 찾아 이들을 기소하기 위해 노력했다. 그러던 중 벨기에 경찰은 미닌이 한 살인사건과 관련이 있음을 입증할 충분한 정보를 수집했다고 확신했다. 1994년 12월 러시아 사업가 블라디미르 미슈린Vladimir Missiourine이 브뤼셀 외곽의 위클Uccle에서 총을 맞고 사망한 상태로 발견되었으며, 범인은 3명으로 추정되었다. 벨기에 경찰은 미슈린의 사업체에서 미닌 소유의 갤럭시 그룹으로 건 통화 내역을 추적했다. 러시아 범죄조직과도 관계가 있는 것으로 보이는 미슈린은 미닌과 사이가 나빠지기 전에 함께 사업을 했다. 경찰은 미슈린이 갤럭시에너지 측에 11만 7,240달러의 커미션 지급을 요구하는 청구서를 보냈다는 사실을 발견했다. 해당 청구서는 미슈린이 살해당한 채로 발견되기 불과 나흘 전 발송된 것이었다.[70] 하지만 미닌과 관련된 다른 대부분의 수사와 마찬가지로, 그를 살인과 확실히 관련지을 구체적인 증거를 거의 찾지 못했다. 그는 아무런 제약 없이 자유롭게 사업을 계속해나갔다.

미닌이 소유한 회사들과 그가 관여한 활동들을 고려하면 1990년대 후반 일부 러시아 마피아 세력이 그를 청부살인 하려 한다는 소문이 널리 퍼진 것은 그리 놀랍지 않다.[71] 상황이 이렇다 보니, 미닌은 그의 마피아 제국을 유럽을 넘어 다른 지역으로 확대하고자 노력했다. 1998년, 그는 라이베리아로 떠날 수 있는 기회를 마련해줄 한 인물을 만난다. 당시 부동산 사업 진출을 고려하고 있던 미닌은 스페인 이비사Ibiza에서 러시아 부동산 중개인 바딤 세모프Vadim Semov를 만났다. 세모프는 자신의 스페인 친구 페르난도 로블레다Fernando Robleda를 미닌에게 소개해주었다. 긴 대화 끝에 로블레다가 라이베리아에 있는 그의 회사 ETTEExotic Tropic Timber Enterprises를 통해 미닌을 아프리카로 도피시켜줄 수 있음을 확인했다.[72]

로블레다는 1997년 2월 벌목업체 ETTE를 설립했다.[73] 제대로 이윤을 내기 위해서는 정부의 허가나 승인이 필요했다. 같은 해 5월, ETTE는 상당한 규모를 자랑하는 라이베리아의 '카발라 재식림 연구 조림지Cavalla Reforestation and Research Plantation' 벌목 허가를 받았다.[74] 하지만 안타깝게도 이는 찰스 테일러의 반대 세력이 대통령 선거 두 달 전 결정한 사안이었으며, 1997년 11월 테일러 정부의 라이베리아 산림개발청Forest Development Agency은 '일방적으로' 벌목 허가를 철회했다.[75] 결국 로블레다는 벌목업체는 세웠으나 벌목권을 확보하지 못한 상황에 처했다. 이전 정부에 세금을 사전 납부하고 장비를 구입하느라 거의 50만 달러를 지출한 로블레다에게는 큰 타격이었다.[76]

로블레다는 새로운 투자자들이 회사에 자금을 제공해주고 카발라 숲의 벌목권을 되찾아주기를 기대했다. 1998년 9월 로블레다와 함께 라이베리아로 떠난 미닌은 찰스 테일러와 만남을 가졌다. 이 만남에서 무슨 일이 있었는지에 대해서는 의견이 분분하다. 후에 이탈리아 경찰 조사를 받던 중 로블레다는 자신이 미닌과 함께 라이베리아로 이동한 것은 맞지만 테일러와 미닌의 만남을 주선하지는 못했다고 말했다. 그는 그 주에 미닌이 테일러와 따로 수차례 만남을 가졌다고 주장했다. 테일러와 미닌이 논의한 것에 대해서는 밝혀지지 않았으나, 미닌이 계속 "테일러에게 빚을 졌다"는 말을 했다는 로블레다의 발언으로 미루어 일종의 계약을 체결한 것으로 보인다.[77] 그에 반해 미닌은 로블레다가 테일러와 만나는 자리에 함께했으며, 자신을 설득해 테일러에게 '세금을 사전 납부'하도록, 즉 뇌물을 제공하게 했다고 주장했다. 그리고 테일러 대통령은 그에게 지속적인 커미션 지급을 약속하라고 했다는 것이다.[78] 미닌은 이러한 증언을 통해 강제성 유무를 떠나 자신이 테일러의 요구에 따라 비리를 저질렀음을 명백히 시인한 꼴이 되었다.

테일러와의 만남 이후 일은 일사천리로 진행되었다. 12월 19일 몬로비아의 호텔 아프리카Hotel Africa에서 ETTE 이사회가 개최되었다. 내전 이후 살아남은 라이베리아의 모든 모사꾼, 사업가, 무기딜러 중에서도 선택받은 이들만이 모인 자리였다. 이사회에서 ETTE의 조직 구조 및 지분 구조가 조정되었다. 미닌이 지분 34%를, 로블레다와 그의 친구 세모프가 나머지를 보유했다. 미닌은 이사장으로, 세모프와 로블레다는 각각 회장과 회계 책임자로 임명되었다.[79] 이사회 개최 나흘 만에 ETTE는 카발라 숲 벌목 허가를 받았다. 향후 다른 사안에 대해서도 허가를 내주겠다는 정부의 의도를 엿볼 수 있는 결정이었다.[80]

테일러에 대한 미닌의 영향력을 보여주는 이 결정은 ETTE에 엄청난 호재였다. 미닌은 테일러 대통령에게 현금으로 지급되는 커미션은 물론 무기도 공급할 수 있다는 것을 확실히 보여주었다. 벌목 허가를 받은 지 일주일도 지나지 않아 미닌은 테일러가 상당한 양의 무기를 옮길 수 있도록 도왔다. 1998년 12월 두 차례에 걸쳐 미닌이 우크라이나에서 미리 조달해둔 무기를 몬로비아로 옮긴 것으로 추정된다. 두 번째로 무기를 운반한 비행기에는 약 150만 달러 상당의 탄약과 무기 68톤이 실려 있었다.[81] 이 무기들은 신속히 국경을 넘어 시에라리온으로 전달되어 1월 초 '전멸No Living Thing'이라는 작전명이 붙은 잔혹한 공격에 사용되었다.

공격을 시작한 지 2주도 채 되지 않아 무고한 시민 6,000여 명이 사망했으며 수만 명에 이르는 부상자가 발생했다. 그들 중 대부분은 평생 장애를 안게 되었다. 화재와 약탈로 500채가 넘는 건물이 파괴되어 도시는 껍데기만 남게 되었다.[82] "대상을 가리지 않고 미쳐 날뛰는, 결국 아무도 피할 수 없는 테러는 마치 천년왕국설(기독교 종말론의 일종―옮긴이)을 현실에 옮겨놓은 것 같았다."[83]

이 밀수 사건은 잔혹한 결과로 이어지긴 했으나 그 규모만 놓고 보았을 때는 미닌이 이후 추진한 무기밀수 건보다 훨씬 소규모였다. 이후 1년 반 동안 그는 라이베리아와 최소 두 차례 더 거래했으며, 한 차례 더 거래가 있었을 것으로 추정되지만 이에 대해서는 지금까지도 관련 정보가 전혀 파악되지 않은 상태다. 라이베리아와의 첫 번째 추가 거래를 통해 무기 및 탄약 715상자, 화약 408상자, 대전차미사일, 로켓추진수류탄RPG 발사기와 유탄 등 68톤에 달하는 무기를 전달했다.[84] 무기조달처는 우크라이나 국영기업 우르크스페츠엑스포트Urkspetsexport였다. 1999년 2월 10일 자로 작성된 최종사용자증명서에는 해당 무기가 지브롤터에 본사를 둔 '차터드엔지니어링앤테크니컬서비스Chartered Engineering and Technical Services'에 판매된 것이며 대형 수송기 안토노프-124를 통해 부르키나파소 국방부로 운반되는 것으로 되어 있었다. 이에 서명한 이는 부르키나파소 대통령 경호처의 질베르 디엥데레Gilbert Diendere 중령이었다.[85] 운반된 무기 중 일부는 수도 와가두구에 남겨졌으며 나머지는 모두 트럭에 실려 보보디울라소Bobo Dioulasso라는 도시로 옮겨졌다. 3월 17일부터 30일까지 미닌은 그의 개인 항공기를 사용해 와가두구와 보보디울라소 두 곳에 보관된 무기를 운반했다.[86] 후에 법정에서 무기 상자를 고급스러운 가죽 좌석에 허둥대며 고정시키는 모습을 찍은 사진이 증거로 제시되기도 했다.[87]

1999년 미닌이 두 번째 무기거래를 주선했는지의 여부는 아직도 분명하지 않은데, 이는 미닌의 사업 파트너 에르키 타미부오리Erkki Tammivuori에게 좋은 상황이었다. 핀란드 출신의 타미부오리는 정계에 오랜 연줄을 갖고 있었다. 그의 아버지 올라비 타미부오리Olavi Tammivuori는 터키에서 핀란드 사업가들에게 사업 기회를 마련해준 것으로 명성을 떨친 유명 사업가였으며, 1980년대 말 주이스탄불 핀란드 명예영사가 되었다.[88] 아들 에르키 또한 두 차례나 핀란드 총리직에 오른 아티 카르얄라이넨Ahti Karjalainen의 딸과 결혼해 핀란드 정계의 유력 가문에 들어갔다. 그는 아버지의 발자취를 따라 터키에서 다양한 사업을 펼쳤다. 1999~2000년 사이에 레오니드 미닌과 종종 주고받은 서한에는 그 당시에 운영한 업체 중 하나인 MET AS의 회사 정보가 찍혀 있었다.

미닌은 그를 위해 일하던 한 핀란드 조종사의 소개로 2000년 새해 첫날 스위스에서 처음 타미부오리를 만났다고 주장한다.[89] 하지만 그들이 주고받은 서한을 보면 두 사람의 만남이 2000년 이전에 이루어졌음을 알 수 있다. 1999년 3월 20일, 타미부오리는 미닌에게 팩스를 보내 터키 해군에 공기부양정을 포함한 우크라이나산 선박을 조달할 수 있는지 물었다.[90] 이후 1년 동안 두 사람은 찰스 테일러와 미닌의 인맥뿐 아니라, '처키Chucky' 혹은 '주니어Junior'라고 알려진 테일러의 아들과 타미부오리 간의 친분을 바탕으로 라이베리아에서 수차례 거래를 시도했다.[91] 1999년 6월 타미부오리는 미닌의 회사에서 공식 '자문위원'으로 일하며[92] 라이베리아의 항구 및 공항 시설 민영화를 도울 기회를 함께 탐색했다.[93] 또한 1999년 9월 19일 미닌이 타미부오리에게 보낸 팩스에는 타미부오리가 암스테르담의 잠재 고객에게 보여줄 '물품 10개 패키지'를 구매했다는 사실이 담겨 있다. 이탈리아 검찰은 타미부오리가 말한 '물품 10개 패키지'가 라이베리아와 시에라리온에서 수출한 '피의 다이아몬드blood diamond'일 것이라 보았다.[94]

타미부오리는 처키 테일러를 통해 라이베리아에서 독자적으로 무기거래를 체결한 것으로 추정된다. 1999년 3월 23일 타미부오리는 미닌에게 '콘쿠르스Konkurs 미사일 조달'이라는 제목의 팩스를 보내 '특별한' 기회가 생겼다고 전했다. 팩스에는 "'반응장갑 관통용 이중탄두'를 갖춘 콘쿠르스 미사일(발사대 제외, 미사일만)을 조달"해야 한다는 세부 사항이 적혀 있었다.[95] 타미부오리는 '구매자'가 미사일 80발을 구매할 계획이며, 원하는 가격을 맞춰준다면 100발을 구매할 것이라 예상했다. 흥미로운 것은 그가 해당 거래를 "최종사용자증명서만 갖고 진행하거나 증명서 없이 진행"해도 된다며 합법적 거래를 위한 필수 서류가 없어도 기꺼이 거래를 진행하겠다는 뜻을 내비쳤다는 점이다.[96] 그해 말, 타미부오리는 미닌에게 다시 한번 편지를 보내 "주니어를 위한 특별 패키지" 작업을 시작했으며, "주니어가 비용을 댈 수 있다면" 기꺼이 전달하겠다고 전했다. 그는 또한 미닌에게 "필요할 경우를 대비해 주니어와의 연락 수단"을 마련해달라고 요청했으며, "패키지는 전에 이야기한 100개 항목과 20~30개 추가 항목으로 구성되어 있다"고 전했다.[97] 언론 인터뷰 당시 그는 해당 거래가 라이베리아와는 관련 없는 것이며, 이름을 밝힐 수 없는 다른 잠재적 구매자와 체결한 계약이라 주장했다.[98] 그러나 테일러의 심복 산지반 루프라Sanjivan Ruprah가 2000년 5월 라이베리아로 운송된 모든 무기의 목록을 UN 수사관들에게 제공했으며, 그중에 다양한 종류의 미사일과 여러 대의 콘쿠르스 미사일 발사대가 포함되어 있었다.[99]

미닌이 마지막으로 성공시킨 거래는 2000년 중반 이루어졌다. 이번에는 부르키나파소 대신 코트디부아르를 통해 무기를 운반했다. 2000년 7월 14일, 거대한 안토노프-124 기가 우크라이나 호스토멜 공항에서 이륙했다. 비행기는 "AK-47 돌격소총 1만 500정, 저격총 120정, 유탄발사기 100대, 야간투시경, 탄약 800만 발"을 포함한 총 113톤의 화물을 싣고 있었다.[100] 우크라이나에서 무기를 조달한 것은 지난번과 동일했으나 이번에는 스페체노엑스포트Spetsehnoexport라는 다른 국영기업이 참여했다. 수송기는 중간 기착지에 잠시 머무른 뒤 7월 15일 코트디부아르에 도착했다. 코트디부아르 정부 관계자가 서명한 최종사용자증명서를 기반으로 착륙을 허가받았다. 비행기가 무사히 도착하면 적재된 무기 절반을 코트디부아르 정부에 넘기는 조건으

그림 2. 코트디부아르에서 라이베리아로 무기를 운송하기 위해
레오니드 미닌이 위조한 최종사용자증명서

Présidence de la République ——— **Le Président** *N°22 /PR*	*République de Côte d'Ivoire* *Union – Discipline – Travail* ——— *Abidjan, le 26 Mai 2000*

CERTIFICAT D'ACHAT

Nous, son Excellence Général de Brigade, Robert GUEI, Ministre de la Défense de la République de Côte d'Ivoire autorisons la **Compagnie AVIA TREND** représentée par **Monsieur CHERNY VALERY** de conclure le contrat d'achat des articles ci-dessous désignés :

N° D'ORDRE	LIBELLES	QUANTITES
1 a	Ammunition 76 2x39 mm Ball	5 000 000
1 b	Grenade Launcher M93 30 mm	50
2	30 mm Bombs for M93 Launcher	10 000
3	Thermal Image Binoculars	20
4	Thermal Image Weapon Sights	20
5	RPG-26 Launcher or M80 launcher	50
6	Grenade for RPG – 26 or M80	5000
7	PG-OG7 Grenades	1000
8	Ammunition 9X19 mm Parabellum	1 000 000
9	AGS-17 Grenade Launcher	50
10	Grenades for AGS-17	1000
11	Night VisionMonocular	50
12	GP –Kastyor Launcher	80
13	45 Pistol or CZ 99 9mm Para Pistol	2000
14	RPG-7	200
C1)	Sniper Gun 12,7 mm	50
2	Ammunition =?=cal 12,7	5000
3	Sniper Gun cal 7,9 mm	50
4	Ammunition cal7,92 mm	5000
5	Sniper cal 7,62X51 (308)	70
6	Ammunition cal 7,62X51 mm	50 000
7	AK-47 Assualt Rifle	10 500
	End of list–Total 21 items (Twenty-one)	
8	PK/ms	200
9	Ammunition PK/Ms	2 000 000
10	Pallard	2 000
11	40 mm Grenade for Pallard	10 000
12	60 mm	50
13	Rounds for 60 mm	1000

Nous Ministre de la Défense de la République de Côte d'Ivoire certifions que ces présents articles sont exclusivement pour utilisation et emploi sur le territoire ivoirien et non pour exportation dans un pays tiers.

Vu pour la légalisation de la signature apposée ci-dessus de St Me le Général Robert GUEI Ministre de la défense, Président de la République de Côte d'Ivoire

N° 018/2000

le 02 Juin 2000

L'Ambassadeur

Président de la République

Général Robert GUEI

로 받아낸 서명이었다. 화물은 테일러의 부관 산지반 루프라의 지휘하에 소형 항공기를 통해 코트디부아르에서 라이베리아로 무사히 운송되었다.

놀랍게도 라이베리아와 코트디부아르는 113톤에 이르는 무기로 만족하지 못했다. 2000년 7월 미닌과 체결한 계약에는 첫 번째 화물 운반이 끝나면 두 번째 운반을 시작하는 것으로 되어 있었다. 그러나 두 번째 화물은 전달되지 못했다.

그다음 달인 8월 초, 레오니드 미닌은 라이베리아와의 성공적인 거래를 축하하던 중 체포되었다.[101] 이탈리아 치니셸로 발사모Cinisello Balsamo 경찰서장은 인정사정없는 체포 과정에 대해 이렇게 말했다. "호텔 유로파Hotel Europa를 급습해 미닌을 깜짝 놀라게 했다. 미닌은 나체로 침대에 있었고 4명의 매춘부도 마찬가지로 나체였다. 그들은 마약이 든 작은 병을 서로에게 건네주고 있었다."[102] 미닌이 돈을 지불하지 않자 화가 난 매춘부 하나가 경찰에 신고를 한 것으로 추정된다.[103] 방을 수색하던 경찰은 그들이 체포한 무기력하고 몽롱한 상태의 남성이 마약에 찌든 흔한 범죄자가 아님을 깨달았다. 방에서는 미닌이 적법한 공급자로부터 제공받은 것임을 증명하지 못한 50만 달러 상당의 다이아몬드와 총 3만 5,000달러 상당의 헝가리, 미국, 이탈리아, 모리셔스 화폐가 든 가방이 발견되었다. 하지만 진정한 '금맥'은 미닌의 서류 가방이었다. 가방에는 라이베리아 최고의 무기딜러인 그의 전력을 생생히 보여주는, 다양한 언어로 작성된 1,500장의 서류가 들어 있었다.[104]

이탈리아 경찰은 1990년대 초반부터 쭉 미닌의 뒤를 쫓았음에도 체포 직후에는 그가 바로 그 레오니드 미닌임을 알아보지 못했다. 며칠 뒤 그가 갖고 있던 서류를 번역하고 난 후에야 비로소 그의 정체를 알아차렸다. 그는 마약범죄로 기소되었으며 이어 불법 무기거래 혐의로도 기소되었다. 미닌은 상당 기간 활동을 중단해야 했다. 이로써 찰스 테일러는 무기딜러 1명을 잃었다.

미닌의 라이베리아 활동을 방해한 것은 자신이 체포당한 것뿐만이 아니었다. ETTE와의 관계에도 문제가 있었다. 신문 도중 미닌은 페르난도 로블레다가 돈 문제로 자신을 속였으며, 큰돈을 횡령해 회사 장부에 30만 달러라는 큰 '구멍'을 냈다고 주장했다.[105] 이에 로블레다는 미닌이 회사 경영에 참여하자마자 우크라이나 '폭력배'들을 동원해 회사를 장악했다고 주장했다. 겁을 집어먹은 로블레다는 목숨을 잃을 것을 걱정한 나머지 그 이후 라이베리아를 떠나기까지 했다.[106] 1999년 9월 로블레다는 그해 초 설립된 포럼라이베리아Forum Liberia라는 회사를 발견하고 새로운 파트너로 삼았다.[107] 미닌은 포럼라이베리아 측으로부터 돈을 받는 조건으로 ETTE에서 손을 떼는 데 동의했다. 포럼라이베리아는 목재와 기계를 구입하는 계약으로 위장해 그에게 500만 달러를 지급했다. 이로써 미닌은 처음 투자한 90만 달러로 400만 달러가 넘는 이윤을 올렸다. 로블레다는 그 정도면 미닌이 업계를 떠나게 만들기에 충분할 것이라 믿었다. 그러나 로블레다에 따르면 150만 달러를 미리 지급받고도 미닌은 벌목권 및 자신의 지분을 양도하지 않았다. 미닌이 이런 식으로 버틸 수 있었던 것은 포럼라이베리아가 계약서에 소유권 이전에 관한 사항을 언급하는 것을 삼갔기 때문이다. 당시 라이베리아산 목재에 금수조치가 취해진 상황이었기에 자신들이 라이베리아 벌목산업에 연루되었다는 사실을 숨기고자 했던 것이다. 미닌이 체포된 뒤 몇 개월간 로블레다는 포럼라이베리아와 다시 사업을 하기 위해 미닌에게 ETTE 소유권을 포기하도록 설득하는 내용의 편지를 열성적으로 보냈다.

로블레다에게는 안타까운 일이지만 2006년 5월, 포럼필라텔리코Forum Filatelico라는 포럼라이베리아의 스페인 지주회사[108]가 벌인 사업은 모두 대규모 사기였다는 것이 밝혀졌다.[109] 포럼라이베리아가 끝장난 것은 말할 필요도 없었다.

개인적, 법적, 사업적인 어려움에 심각한 약물 문제까지 더해져 미닌은 체포되기 수년 전부터 변덕이 심하고 미덥지 않은 모습을 보였다. 한번은 미닌의 조종사 중 한 사람이 미닌을 보고 배우기라도 한 듯 술을 너무 많이 마셔 라이베리아에 화물을 전달하지 못하는 일이 발생했다. 찰스 테일러는 격분했다. 그의 아들 처키는 본인 소유의 비행기 일부를 라이베리아에 등록해두고 무엇이든 목적지를 가리지 않고 운송할 수 있다고 주장하는 빅토르 부트라는 이름의 한 러시아인을 알고 있었다. 그는 부트에게 연락을 취했고, 부트는 테일러 일가를 도울 조종사들을 재빨리 소개해주었다.[110]

바우토프Boutov, 버트But, 버드Budd, 바우타Bouta 등의 다양한 가명으로 알려진 빅토르 부트는 1990년대 말과 2000년대 초반 가장 악명 높았던 무기딜러다. 1963년, 당시 소련에 속한 두샨베Dushanbe의 작은 마을에서 태어난[111] 그는 외국어에 능했으며 기초 군사훈련을 받은 뒤 소련의 군 외국어학교에 진학해 중위까지 진급했다.[112] 부트가 높은 직책을 맡은 이 대학은 러시아 최대의 대외 정보기관 GRU와 매우 긴밀한 관계였다. 부트의 장인은 소련의 비밀경찰 및 첩보 조직 KGB의 고위 요원이었으며, 한때 부국장을 지내기도 한 것으로 추정된다.[113]

6개 국어를 유창하게 구사하며 다양한 항공기를 조종할 줄 아는 부트는 1991년 베를린장벽 붕괴 후 이어진 혼란스러운 시기에 많은 이들과 마찬가지로 무기산업에 발을 들이기로 결심했다.[114] 항공기를 구하는 것은 어렵지 않았다. 손쉽게 돈을 벌고자 한 군 관계자들은 불용 군수품을 아무런 제약 없이 판매했고, 그 덕에 부트는 12만 달러로 거대한 수송기를 3대나 구입할 수 있었다.[115] 부트의 전기를 쓴 저자 더글러스 파라Douglas Farah와 스티븐 브라운Stephen Braun은 광범위하고 세세한 구소련의 무기구매자 목록을 제시하며 부트가 KGB의 지원을 받아 항공기를 매우 저렴하게 구매했을 것이라는 의혹을 제기했다.[116] 러시아군 관계자들은 종종 멀쩡한 항공기를 사용할 수 없는 상태라 보고한 뒤 폐품으로 판매했으며, 그 덕에 부트는 금세 항공기를 50대나 소유하게 되었다.[117]

1992년 부트는 음습한 무기거래의 세계에 들어섰다. 그의 첫 의뢰인은 갓 결성된 탈레반군을 상대로 처참한 전쟁을 치르고 새롭게 권력을 잡은 아프가니스탄의 북부동맹Northern Alliance 정권이었다. 부트는 아프간을 자주 방문했으며, 그러던 중 아흐메드 샤 마수드Ahmed Shah Massoud를 알게 되었다. 마수드는 군벌이자 시인이었으며, '판지시르Panjshir의 사자'라 불리는 유명 지역 정치인이었다. 마수드와 부트는 호화로운 저녁식사와 사냥을 좋아한다는 공통점을 통해 친밀한 사이가 되었다. 두 사람은 마수드의 헬기에서 저격총을 사용해 종종 사냥을 즐겼다. 마수드와의 친분 덕에 부트는 그에게 여러 차례 러시아제 무기를 판매해 수익을 올렸다.[118]

부트는 북부동맹과의 거래로 상당히 곤란한 처지에 처했다. 1995년 평소와 다름없이 아프간 수도 카불에 전달할 탄약을 싣고 가던 부트의 수송기 중 하나가 탈레반 소유의 낡은 미그 전투기에 의해 피랍되어 강제로 착륙하는 사건이 일어났다. 수송기에 탄 부트의 고용인들은 모두 인질로 잡혔으며 수송기에 실린 군수물자도 모두 빼앗겼다. 1996년 8월 피랍된 조종사들이 감시자들을 제압하고 도망쳤다는 소식이 전해졌다. 이 소식은 당시 부트의 새로운 고객이 된 탈레반의 무시무시한 명성을 해치지 않으면서 조종사들을 풀어주기 위해 꾸며낸 이야기로 추정된다. 천부적인 세일즈맨답게, 납치된 항공기와 승무원들을 놓고 탈레반과 협상을 벌이는 과정에서 부트는 자신이 능력 있는 무기딜러임을 탈레반 측에 납득시켰다. 이후 수년 동안 그는 아랍에미리트 샤르자Sharjah에 위치한 자신의 근거지에서 탈레반에 대량의 무기를 전달하며 약 5,000만 달러의 수익을 올렸다.[119] 그는 또한 1998년 탈레반에 화물수송기 여러 대를 판매하고 탈레반이 전용 수송망을 갖출 수 있게 도왔다.[120] 9·11 테러 이후 부트는 탈레반과의 관계로 인해 전 세계적 '왕따'가 되었다.

하지만 부트는 탈레반과 사업 관계를 맺기 전에도 이미 보스니아에서 무기거래 관련 제재를 어긴 바 있었다. 그는 세르비아 민족주의자들의 약탈에 시달리는 보스니아 무슬림들에게 무기를 공급했다. 오사마 빈라덴을 비롯한 이슬람 극단주의 세력과 관계가 있는 제3세계구호기구Third World Relief Agency가 무기거래에 필요한 자금을 지원했다. 1992년부터 1995년까지 전달된 자금은 약 4억 달러에 달했다.[121] 1992년 9월, 부트는 전달된 자금 중 일부로 일류신Ilyushin-76 1대를 동원해 수단의 수도 카르툼에서 보스니아 인근에 위치한 슬로베니아의 마리보르Maribor 공항으로 상당한 양의 무기를 운송했다.[122] 해당 항공기의 소유자는 부트였다. 그는 무기조달 과정에도 관여했을 것으로 보인다. 결국 당시 부트, 데르 호세피안, 니컬러스 오먼 등 최소 3명의 메렉스 네트워크 멤버들이 발칸반도에서 벌어진 분쟁의 여러 당사국에 무기를 공급하고 있었던 셈이다.

　분쟁이 끊이지 않고 자원이 풍부한 아프리카 대륙은 빅토르 부트를 비롯한 대부분의 무기딜러에게 매력적인 시장이었으며, 지금까지도 그 사실은 변치 않고 있다. 부트는 르완다의 대량학살을 막기 위한 UN 평화유지군 프랑스 파견대를 르완다로 수송했다. 하지만 뒤늦은 평화유지군 투입으로 집단학살을 막아내지는 못했다. 아프리카에서 부트의 첫 주요 고객은 앙골라 정부였다. 당시 앙골라 정부는 한때 미국, 남아프리카공화국의 동맹이던 앙골라완전독립민족동맹 세력과 10년에 걸친 긴 분쟁을 겪고 있었다. 부트는 앙골라군, 특히 공군과 친밀한 관계를 맺었다. 앙골라군에 다양한 군수품을 공급하기 위해 벨기에에 회사를 새로 설립하기까지 했다. 1994~1998년 앙골라 공군과 체결한 계약 규모는 3억 2,500만 달러에 달했다.[123] 하지만 1998년 앙골라 정부는 그가 앙골라완전독립민족동맹 측에도 불가리아 업체들이 제조한 다양한 무기를 지속적으로 공급했다는 사실을 알게 되었다. 부트는 앙골라완전독립민족동맹 측에 무기를 37회 전달했으며 대금은 '피의 다이아몬드'로 지불받았다. 그가 수송한 화물에는 탄약 수백만 발과 로켓 발사기, 대포, 대공포, 박격포 포탄, 대전차로켓이 포함되어 있었다.[124] 그가 양측 모두와 거래를 하고 있었다는 사실이 밝혀지자 앙골라 정부는 계약을 철회했다. 부트가 분쟁 중인 양측 모두에 무기를 판매해 고객을 분노케 한 경우는 이뿐만이 아니었다.

라이베리아와 관계를 맺게 된 부트는 테일러의 부관 산지반 루프라가 담당하는 항공기 등록 규정이 매우 허술하다는 것을 알게 되었으며, 그 점을 다양하게 활용했다. 케냐 국적의 루프라는 케냐의 광업에 관심을 갖고 있었으며, 시에라리온의 다이아몬드 채굴권을 보유한 브랜치에너지Branch Energy라는 업체와도 관계를 맺고 있었다.[125] 본래 루프라는 혁명연합전선의 반대 세력인 시에라리온 정부에 아파르트헤이트 체제 남아공의 전직 특수부대원을 비롯한 다양한 인원으로 이루어진 용병집단, 이그제큐티브아웃컴Executive Outcomes[126]을 소개해주었다.[127] 이그제큐티브아웃컴은 1995년 참전 이후 혁명연합전선의 진군을 막고 여러 주요 다이아몬드 매장지를 탈환하며 탁월한 전투력을 선보였다.[128] 아프리카의 정치 상황이 매우 변덕스럽다 보니 2년 뒤 루프라는 혁명연합전선이 시에라리온에서 권력을 잡도록 도운 찰스 테일러를 위해 일하게 되었다. 1999년 11월, 테일러 정권의 핵심 인사로 자리매김한 루프라는 라이베리아 민간항공기 관리기구의 '국제 민간항공기 관리자'로 임명되었다.[129] 사실상 그는 라이베리아 항공기 관리기관의 최고 책임자였으며 부트는 이미 라이베리아의 항공기 관리 시스템을 이용해 성공적으로 무기거래 사실을 숨겨왔다. 2000년이 되자 루프라는 코트디부아르 아비장Abidjan에 무기거래에 활용할 유령회사들을 설립하고 부트의 사업에 직접 참여하기 시작했다. 부트의 '사업 파트너'가 된 것이다.

당시 부트는 테일러에게 한창 무기를 전달하고 있었다. 그는 놀라울 정도로 많은 유령회사를 활용했다. 세계 각국에 샌항공San Air, 센트라프리칸항공Cetrafrican Airlines, 몰드트랜사비아Mold Transavia 같은 항공

에이전시를 등록했다.[130] 부트는 부패한 정부 관계자를 이용해 중앙아프리카공화국 정부 몰래 센트라프리칸항공의 항공기를 등록하기도 했다. 2000년 7월과 8월 동안 부트 소유의 항공기 일류신-76기가 네 차례에 걸쳐 라이베리아와 유럽을 오가며 무기를 운반했다. 일류신-76기는 1996년 라이베리아에서 에어세스Air Cess라는 자신의 회사 명의로 등록된 바 있었다. 이후 라이베리아에서 등록을 취소한 뒤 스와질란드에 이를 등록했으나, 스와질란드의 항공 관리당국이 조사를 통해 해당 항공기가 비정상적인 방식으로 등록되어 있다는 사실을 발견했다. 해당 항공기는 이후 중앙아프리카공화국에서 다시 센트라프리칸항공 소유의 항공기로 등록되었다. 항공기 꼬리 부분에 적힌 호출부호는 어느 부패한 정부 관계자가 정부 몰래 부정한 방식을 통해 부여한 것이었다.[131] 또한 해당 항공기는 이중으로 등록되어 있어 콩고(수도 브라자빌Brazzaville) 소속의 항공기로도 등록, 운항하기도 했다. 그리고 화물을 수송하지 않을 때는 부트의 주 활동지인 아랍에미리트 샤르자에 보관되었다.[132] 다양한 곳에 중복 등록된 이 항공기로 화물을 수송하기 전에는, 본래 루프라 소유의 유령회사 아비장프레이트Abidjan Freight 소유의 항공기로 이를 등록한 뒤 운송하기도 했다.[133]

이렇게 대단히 복잡한 시스템을 활용함으로써 로켓탄과 탄약의 기본 운반비뿐만 아니라 고객의 군사력을 크게 향상시킬 수 있는 첨단 무기체계 전체를 숨길 수 있었다. UN에 따르면 "화물에는 공격용 헬기와 예비용 로터(회전자—옮긴이), 대전차 및 대공 시스템, 장갑차, 기관총, 약 100만 발에 달하는 탄약이 포함되어 있었다".[134] 부트는 2001년 초반까지 지속적으로 라이베리아에 무기를 판매했다. 그는 마치 합법적으로 계약을 수주한 방산업체처럼 헬리콥터 예비용 부품과 날개를 지원하는 애프터서비스까지 제공했다.

부트와 미닌이 공급한 무기 대부분은 우크라이나에서 조달한 것이었다. 소련 붕괴 이후 우크라이나에는 소련이 비축한 무기가 상당량 남아 있는 상태였다. 우크라이나에 경제 위기가 닥치자 군 관계자들은 음지에서 활동하는 무기딜러들과 공모해 비축된 무기를 횡령했다. 불법 무기거래 혐의 조사를 위해 의회 차원에서 설치한 위원회는 1992년 우크라이나가 보유한 불용 군사장비가 890억 달러 규모였으나, 6년 만에 320억 달러 상당의 무기, 장비, 군용재산을 도둑맞았으며 그중 대부분이 재판매되었다는 놀라운 결론을 내렸다. 위원회가 밝혀 낸 사실의 파급력이 너무 컸던 탓인지 조사는 돌연 중단되었고, 총 열일곱 권에 달하는 조사 결과는 감쪽같이 사라졌으며, 위원회 위원들은 입을 다물라는 위협을 받았다. 조사를 이끈 전직 국방부 차관 올렉산드르 이그나텐코Oleksandr Ignatenko 중장은 군법회의에 회부되어 직위를 박탈당했다.[135] 부트는 과거에 맺은 군사적·정치적 인맥을 통해, 미닌은 범죄조직 인맥을 통해 우크라이나에 비축된 무기에 접근했던 것으로 보인다.

하지만 2001년 말, 부트와 라이베리아의 무기거래에 큰 차질이 생겼다. 라이베리아와 시에라리온 간의 분쟁을 조사하던 UN 조사관들이 줄곧 그와 루프라의 이름을 언급하며 두 사람을 여행금지 제재 대상에 포함시킬 것을 권고했던 것이다. 하지만 부트의 계획을 모두 망쳐놓은 것은 바로 9·11 테러였다. 테러 발생 이후 부트가 탈레반 무장에 기여한 사실을 밝혀낸 미국은 '테러와의 전쟁'을 선포하고 부트를 주요 표적 중 하나로 삼았다. 2002년 벨기에가 세무당국으로부터 약 3억 달러에 달하는 자금 흐름을 숨긴 혐의로 부트에 대한 구속영장을 발부해 상황은 더욱 악화되었다.[136] 루프라는 같은 해 벨기에에서 체포되었으나 풀려났다.[137] 부트는 재빨리 움직였다. 아프리카를 떠나 정부의 보호를 받을 수 있는 러시아로 갔다. 이후 부트의 모습이 러시아에서 자주 목격되었으나 정부는 그의 체류 사실을 부인했다. 부트가 잠시나마 법의 심판을 피해 달아난 사이 찰스 테일러는 미닌에 이어 자신을 위해 일하던 무기딜러를 또 하나 잃게 되었다.

테일러와 혁명연합전선은 알카에다라는 더 악랄한 세력을 통해 무기를 구하기로 했다. 케냐와 탄자니아의 미 대사관에 폭탄테러를 감행한 알카에다의 자금줄을 차단하기 위해 미국이 노력하기 시작한 1998년 이후부터 알카에다는 라이베리아, 시에라리온에서 다이아몬드를 구하기 위해 애썼다. 1998년 6월 미국은 약 2억 4,000만 달러에 달하는 알카에다 자산을 동결했으며,[138] 그중 대부분은 미국 연방준비은행에 예치된 금이었다.[139] 부피가 작고 가치가 크며 이동이 매우 자유롭고 찾아내기도 어려운 다이아몬드는 미국의 추적을 피하고자 한 알카에다에게 완벽한 자금원이었다. 아랍 전역에서 활용할 수 있는, 은행을 통하지 않고 자금을 유통하는 이슬람 전통 송금 시스템 하왈라hawala 또한 자금 이동 및 비밀 유지라는 알카에다의 요구를 모두 충족시키는 적절한 수단이었다.[140]

자산 동결 3개월 뒤 알카에다 고위 조직원 압둘라 아흐메드 압둘라Abdullah Ahmed Abdullah가 라이베리아를 방문했다.[141] 미국 대사관 공격을 지휘한 것으로 추정되는 압둘라에 대해 FBI는 '빈라덴의 최고 조언자'[142]이자 아프가니스탄과 파키스탄에서 알카에다의 자금을 관리한 인물이라고 보았다.[143] 그는 FBI 지명수배 테러리스트 명단에 처음으로 이름을 올린 22명 중 하나였으며 여전히 그 명단에 포함되어 있다.[144] 압둘라는 혁명연합전선의 이브라임 바 장군을 리비아에서 만난 바 있었는데, 당시 바 장군은 아프간에서 무자헤딘과 협력한 이후 리비아에서 훈련을 받는 중이었다.[145] 라이베리아에 도착한 압둘라는 '모기'라는 별명으로 잘 알려진 샘 보카리 혁명연합전선 지도자를 만나 소량의 다이아몬드를 받고 그 대가로 10만 달러를 건넸다. 그런 다음 찰스 테일러와 만나 라이베리아 헬기를 타고 수년 전 로저 도노프리오가 방문했던 포야의 다이아몬드 생산지로 이동했다.[146]

첫 번째 만남 이후 혁명연합전선과 테일러는 알카에다가 그들에게 무기를 공급해줄 것이라 기대했다. 1999년 3월 알카에다 조직원 아흐메드 칼판 가일라니Ahmed Khalfan Ghailani와 파줄 압둘라 모하메드Fazul Abdullah Mohammed가 중앙아프리카공화국, 콩고민주공화국, 앙골라 등에서 다량의 다이아몬드를 마구 사들인 이후 테일러를 만나기 위해 라이베리아로 왔다. 하지만 테일러에게 전할 무기를 갖고 오지는 않았다. 그로 인해 테일러와 알카에다의 관계는 잠시 멀어졌다.[147] 미닌이 체포된 지 몇 달 뒤인 2000년 12월, 가일라니와 모하메드가 라이베리아를 다시 한번 방문했다. 두 사람은 몬로비아에 위치한 호텔 불러바드Hotel Boulevard에서 알리 다르위시Ali Darwish와 사미 오세일리Samih Ossaily를 만났다. 그들은 아프리카 전역에서 활동하며 콩고민주공화국의 부패한 독재자 모부투 세세 세코Mobutu Sese Seko의 '집사' 역할을 하는 레바논 다이아몬드 딜러 아지즈 나수르Aziz Nassour를 위해 일하고 있었다.[148] 네 사람은 시에라리온으로 건너가 혁명연합전선과 최소 3일간의 만남을 가졌다. 오세일리의 역할은 나수르를 대신해 협상을 진행하고 혁명연합전선이 다이아몬드를 전달할 수 있다는 명백한 증거를 확보하는 것이었다. 그는 혁명연합전선이 계약을 성실히 이행할 것이라는 확신을 갖고, 무기를 공급받는 대가로 나수르에게 대량의 다이아몬드를 제공하는 데 동의한 혁명연합전선과 계약을 체결했다.[149]

2001년 3월, 계약이 본격적으로 이행되었다. 라이베리아를 다시 찾은 가일라니와 모하메드는 이후 최소 9개월 동안 혁명연합전선과의 다이아몬드 거래를 이어나갔다. 당초 그들은 샘 보카리의 제2의 고향 같은 곳이자 사미 오세일리의 근거지인 호텔 불러바드에 머물렀으나, 모하메드는 곧 혁명연합전선과의 관계를 관리·감독하기 위해 외곽 지역으로 파견되었고 가일라니만 계속 몬로비아에 머물렀다. 이후 가일라니도 아지즈 나수르가 빌려둔 은신처로 이동했다. 사업은 매우 순조롭게 진행되어 2001년 7월에는 나수르가 직접 라이베리아를 방문해 테일러에게 시에라리온의 다이아몬드 생산량을 두 배로 늘려달라고 요청하기까지 했다. 요청을 들어주는 대가로 대통령에게 25만 달러의

'기부금'이 전달되었다. 나수르가 테일러와 가까운 관계를 유지해오는 동안 전달된 '기부금'은 이미 100만 달러에 달했다.[150]

나수르는 다이아몬드를 공급받는 대가로 라이베리아에 제공하기로 약속한 무기를 조달하기 위해 직접 나서기도 했다. 의욕적으로 시작한 그의 첫 시도는 실패로 돌아갔다. 2000년 12월, 그는 콜롬비아 불법 무장단체에 무기를 공급한 전직 이스라엘 군 관계자이자[151] 자신이 한때 집사로 일했던 모부투 세세 세코의 보안 책임자로 일한 경력이 있는[152] 시몬 옐레닉Shimon Yelenik에게 접근했다. 옐레닉은 자신의 근거지 파나마에서 이스라엘 특수부대에서 복무한 오리 졸러Ori Zoller가 대표직을 맡고 있는 어느 과테말라 무기업체에 접근했다. 졸러는 니카라과군 합동참모총장에게 연락을 취해 구입 가능한 무기와 가격이 적힌 목록을 받았다. 나수르는 그의 심복 다르위시와 오세일리를 통해 혁명연합전선에 이 사실을 알렸다. 하지만 거래는 성사되지 못했다. 오세일리가 갑자기 마음이 바뀌었다며 그가 종종 방문하던 세계적인 다이아몬드의 도시 앤트워프Antwerp에 머무르는 동안 벨기에 당국에 모든 것을 자백한 것이다.[153] 당시 벨기에 당국은 아무런 조치도 취하지 않았으나 나수르가 추진했던 무기거래는 중단되었다.

2002년 5월과 6월, 나수르는 무기를 구하기 위한 두 번째 시도에 나섰다. 나수르가 대금을 지불한 무기와 탄약은 파리의 중개인을 통해 불가리아에서 조달되어 니스를 통해 라이베리아 하퍼Harper로 두 차례에 걸쳐 운송되었다. 첫 번째 화물에는 탄약 30톤가량이, 두 번째 화물에는 탄약 15톤가량이 들어 있었다. 라이베리아에 도착한 탄약은 트럭에 실려 로파Lofa주로 운반되었다. 테일러 정권은 전달받은 탄약을 정권에 가장 위협적인 존재인 '화해와 민주주의를 위한 라이베리아 연합Liberians United for Reconciliation and Democracy'의 대규모 병력을 진압하는 데 사용했다.[154]

나수르의 두 번째 무기거래 시도가 성공하기 전, 더글러스 파라

《워싱턴포스트》 서아프리카 특파원은 조사를 통해 해당 거래와 관련된 모든 사항을 낱낱이 밝혀냈다. 라이베리아와 시에라리온 네트워크에서 고위직을 차지하고 있는 정보원들을 통해, 복잡하게 얽힌 무기거래의 전말을 밝혀낸 그는 미국 당국에 이와 같은 사실을 알렸다.[155] 미국 당국, 특히 CIA는 이 기자가 자신들의 영역을 침범했다는 사실에 불편한 심기를 드러냈다. 반면 다른 국가들은 그가 제공한 정보에 주목했다. 2002년 4월 12일 사미 오세일리는 벨기에에서 '피의 다이아몬드' 거래 혐의로 체포되어 징역 3년을 선고받았다. 해당 재판에 불출석한 나수르 또한 유죄 판결을 받았으나 그의 행방은 지금까지도 오리무중이다.

이 시기 테일러의 또 다른 무기공급원은 거스 코웬호벤Gus Kouwen-hoven이라는 네덜란드인이었다. 그는 레오니드 미닌과 마찬가지로 벌목산업과 무기거래에 모두 연루되어 있었다. 가슴이 떡 벌어진 건장한 체격에 부스스한 검은 머리의 코웬호벤은 금 세공품과 밝은 빛을 비추면 어두운 빛을 띠는 독특한 금테 안경을 좋아했다.

로테르담에서 태어난[156] 그는 일종의 국제적 사업가로 명성을 떨쳤다. 1970년대 초반 군 복무를 마친 그는 NATO 직원들을 위해 세금이 면제되는 차량을 공급하는 사업에 발을 들였으며 나중에는 남아시아에서 쌀을 수출입하는 사업을 벌였다. 1970년대에는 외교계에 진출해 고위 인사들이 참석하는 파티에서 자주 목격되었으며 암스테르담 시내의 바와 클럽을 자주 드나들었다. 한 바텐더는 그를 "입담과 비싼 차, 행실이 바르지 못한 여성들을 손에 넣은 호화로운 차림의 남자"로 기억했다.[157] 군 복무 당시 휘발유를 훔치다 발각된 것으로 전해지는 등 항상 부정을 일삼던 '플레이보이' 코웬호벤은 로스앤젤레스에서 훔친 렘브란트 작품을 판매하려다 FBI의 함정수사에 걸려 체포되었다.[158] 그는 17일 만에 석방되었으나 미국에서 강제추방되었다.

잠시 자취를 감춘 코웬호벤은 1970년대 말 시에라리온에서, 1980년대 초 라이베리아에서 모습을 드러냈다. 당시 새뮤얼 도 대통령 집권하의 라이베리아에서 금세 자리를 잡은 코웬호벤은 라이베리아 여성과 결혼해 아이를 여러 명 낳았다.[159] 그가 라이베리아에서 처음 시작한 사업은 사치품, 그중에서도 고가의 차량을 공급하는 것이었다. 하지만 그의 주요 투자처는 몬로비아 중심에 자리한 300실 규모의 다 쓰러져가는 낡은 호텔, 호텔 아프리카였다. 그는 호텔에 디스코텍, 클럽, 레스토랑, 수영장, 카지노를 새로 짓고 막대한 수익을 벌어들였다.[160] 그의 표현을 빌리자면 호텔 아프리카는 "몬로비아의 오아시스"로 거듭났다.[161] 라이베리아뿐만 아니라 전 세계의 유명 인사들이 모여 계약을 체결하고 만남을 가지는 장소가 된 것이다. 호텔의 한 전직 경비원은 "매일 의원들과 장관들이 줄지어 호텔을 방문했다"고 말했다.[162] 그 덕에 코웬호벤은 라이베리아 엘리트층 한가운데에 자리잡게 되었다.

1999년 코웬호벤은 화려한 호텔 경영인으로 지내며 맺은 엄청난 정부 인맥을 활용해 새로운 분야에 진출했다. 1999년 7월 오리엔탈팀버컴퍼니Oriental Timber Company, OTC라는 한 목재회사가 라이베리아 생산림의 42%에 해당하는 약 1만 6,000km² 면적에 대한 벌목권을 확보했다.[163] OTC 지분의 절반 이상은 홍콩의 글로벌스타홀딩스Global Star Holdings가 보유하고 있었으며, 글로벌스타홀딩스는 인도네시아의 잔자얀티Djan Djajanti 그룹 소속이었다. 코웬호벤은 OTC 지분의 30%를 확보하고 OTC와 OTC의 자매회사 로열팀버컴퍼니Royal Timber Company의 상무이사가 되었다.[164] 그는 두 회사를 운영하고 OTC가 찰스 테일러 정권하의 라이베리아에 투자한 1억 1,000만 달러를 관리하는 역할을 맡았다. 뷰캐넌Buchanan 항구를 중심으로 사업을 펼친 OTC는 작은 정부나 다름없었다. 항구에서 라이베리아 중심지로 이어지는 170km에 달하는 도로를 보수하고, 항구를 재단장했으며,[165] 약 2,500명의 무장

군인으로 이루어진 민병대를 거느리기까지 했다.[166]

테일러는 OTC를 매우 아꼈다. OTC는 그에게 '매화오리나무' 같은 존재라고 공개적으로 밝히기도 했는데, 매화오리나무는 그에게 개인적으로 큰 의미가 있는 식물이라고 한다.[167] 그가 OTC를 이렇게 아낀 이유는 OTC 덕에 상당한 이익을 얻었기 때문이다. 벌목 허가를 내준 대가로 코웬호벤은 테일러에게 자주 큰돈을 지급했으며 후에 이를 '홍보' 비용이라 변명했다.[168] 테일러가 받은 금액은 정확히 밝혀지지 않았으나, '사전 납부한 세금' 500만 달러를 제외하고도 상당한 금액을 챙긴 것으로 보인다.[169] 코웬호벤은 한 인터뷰에서 OTC에서 받은 금액의 약 50%를 테일러 정부에 지급했다고 시인했다.[170] 테일러는 이러한 특별 자금 외에도 OTC 지분 또한 받은 것으로 추정된다.[171]

테일러가 OTC를 중요하게 생각한 이유는 또 있다. OTC가 뷰캐넌항과 인근 교통망을 보수하고 관리한 덕에 라이베리아로 무기를 들여올 새로운 루트를 확보할 수 있었던 것이다. 수송기를 사용한 미닌, 부트와 달리 OTC와 코웬호벤은 선박을 주로 활용했다. 다수의 증인에 따르면 코웬호벤은 목재 수출용으로도 종종 사용된 OTC 소유의 선박 앤타틱마리너Antarctic Mariner를 통해 무기를 대량 수입했다.[172] 증인들은 2001년 7월부터 2002년 5월 사이, 그리고 2002년 9월부터 2003년 5월 사이 해당 선박이 부두에 여러 차례 정박해 엄청난 양의 무기를 쏟아냈다고 밝혔다. 하역한 AK-47 소총, RPG, 탄약 등은 트럭과 지프차에 실려 테일러 대통령의 관저로 운반된 후 라이베리아애국전선 부대에 지급되었다.[173]

대부분의 수송 건은 산지반 루프라가 설립한 유령회사 아비장프레이트를 통해 처리되었다. UN 조사 결과 빅토르 부트와 코웬호벤 모두 아비장프레이트를 활용해 "군수품을 싣고 몬로비아로 가는 항공기의 정확한 경로와 최종 목적지를 숨겼다"는 것이 드러났다.[174] 불법행위를 감추기 위한 노력에도 불구하고 OTC와 코웬호벤은 금세 수사망에 올랐다. 반부패 시민단체 글로벌위트니스Global Witness와 UN의 조사를 통해 2000년 12월부터 자행된 무기밀수에 코웬호벤과 그가 운영한 목재회사들이 연루되었다는 사실이 밝혀졌다. 얼마 지나지 않아 부트와 미닌과 마찬가지로, 코웬호벤도 UN의 여행금지 제재 대상에 올랐으며 그의 자산은 동결되었다. 그럼에도 그는 주변 국가에서 자주 목격되던 중에, 결국 자신의 고향 로테르담에서 제재 위반으로 체포되었다.

2003년 중반, 찰스 테일러의 시대가 막을 내리기 시작했다. 라이베리아 자원의 상당 부분을 손에 넣었음에도 그의 입지는 점차 좁아졌다. 기니의 지원을 받은 '화해와 민주주의를 위한 라이베리아 연합'은 1999년 처음 라이베리아애국전선 대항 운동을 시작한 이후 서서히 테일러의 영토로 진군해오고 있었다.[175] 2003년 코트디부아르의 지원으로 또 다른 반군 세력, 라이베리아민주운동Movement for Democracy in Liberia이 탄생했다.[176] 라이베리아민주운동은 라이베리아 전역을 급습해 영토의 상당 부분을 장악했다. 테일러에게 남은 영토는 수도 일대를 포함해 전체 국토의 3분의 1에 불과했다. UN과 국제단체들의 노력으로 미닌, 부트, 코웬호벤, 나수르 같은 테일러의 무기공급원이 사라진 것이 그의 기반 약화에 큰 영향을 미쳤다.

2003년 3월, UN과 시에라리온이 합동으로 설치한 시에라리온 특별법원Special Court for Sierra Leone은 테일러를 비밀기소했다. 2003년 6월, 전쟁범죄와 반인도 범죄 등 11건의 혐의로 찰스 테일러를 체포하겠다는 기소 내용이 공개되었다.[177] 테일러는 만약 체포되어 유죄 판결을 받으면 여생을 감옥에서 보내야 하는, 권좌는 물론 자유까지 위협받는 상황에 처했다.

숨이 막힐 듯한 부담감을 안고 테일러는 반대 세력과 평화협상을 시작했다. 한 달간의 힘겨운 논의 끝에 협정이 타결되었다. 협정에 따라 2003년 8월 협정 비준 이후 2005년 선거 실시 전까지 라이베리아에 임시정부를 구성하는 것으로 결정되었다. 모든 당사자들은 정보 공개를 조건으로 라이베리아의 악랄한 과거 행적 및 정치범 사면 검토를 위한 진실화해위원회 설치에 동의했다.[178] 이 협정에 따라, 시에라리온 특별법원의 기소에도 불구하고 찰스 테일러는 자유의 몸이 되었다. 대통령직에서 평화롭게 물러나는 대가로 그는 올루세군 오바산조Olusegun Obasanjo 나이지리아 대통령에게 정치적 망명을 허가받았다. 테일러는 TV 방송을 통해 자신의 사임과 망명을 알리며 "별일이 없는 한 돌아오겠다"는 으스스한 말을 남겼다.[179]

테일러는 나이지리아 칼라바르Calabar에 새롭게 자리를 잡았다. 나이지리아 남부에 위치한 칼라바르는 한쪽에는 바다가, 다른 한쪽에는 푸른 열대림이 펼쳐진 아름다운 곳이다. 테일러와 그의 수행원들이 거주하는 거대한 저택은 다이아몬드힐Diamond Hill이라 알려진 구역에 위치했으며, 한때 나이지리아를 통치한 영국 총독들의 관저로 쓰인 건물과도 매우 가까웠다. 오바산조 대통령이 칼라바르를 방문할 때마다 머무르던 관저 또한 지척에 있었다.[180]

테일러가 머무른 저택은 정부 관리구역 내에 위치해 있었으며, 나이지리아 경비대가 저택 주변을 순찰하는 등 테일러는 철저한 보안 아래 칼라바르 거처에만 머물렀던 것으로 전해진다. 그러나 라이베리아 국민들은 그가 지속적으로 자국 정치에 영향을 주고 있다고 확신했다. 그에게는 그럴 만한 수단도 있었다. 대통령 재임 기간 중 벌어들인 약 6억 8,500만 달러 중 매년 군사작전에 7,000~8,000만 달러를 지출해 나이지리아 망명 당시 그의 수중에는 1억 5,000만에서 2억 달러가 있었다.[181] 또한 라이베리아 정부에서 계속해서 활동하는 그의 지지자들이 나이지리아로 꾸준히 자금을 전달해주기도 했다.[182] 그는 막대한 부를 활용해 취약한 라이베리아 정계에 지속적으로 개입했다. 시에라리온 특별법원의 주장에 따르면 2005년 대선에 출마한 18개 정당 중 거의 절반이 테일러에게서 자금을 지원받았다. 이에 관해 코피 아난 UN 사무총장은 UN 안보리에 "테일러 밑에서 일한 군 사령관 및 사업 동료들과 테일러의 정당에 소속된 의원들이 그와 정기적으로 연락을 취하고 있으며 평화협상 이행 과정을 방해할 계획"이라 보고 했다.[183]

테일러가 나이지리아에서도 지속적으로 영향력을 행사한다는 사실은 국제사회에 큰 실망을 안겨주었다. 특히 미국은 테일러를 라이베리아로 돌려보내고 시에라리온에서 그가 저지른 범죄에 대한 심판을 받게 할 것을 강력히 요구했으나 나이지리아는 이러한 요구를 지속적으로 거절했다. 하지만 2006년 새롭게 취임한 엘렌 존슨-설리프Ellen Johnson-Sirleaf 나이지리아 대통령은 테일러를 나이지리아에서 라이베리아로 송환할 것을 공식 요청했다. 테일러가 베푼 관용으로 이익을 본 것으로 알려진 오바산조 전 대통령은 마지못해 2006년 3월 말 "라이베리아 정부는 테일러 대통령을 얼마든지 구속해도 좋다"고 발표했다.[184]

하지만 테일러는 라이베리아 정부가 행동을 취할 때까지 기다리지 않았다. 그는 흰색 가운을 입은 채 외교관 번호판을 단 지프차를 타고 칼라바르에서 달아났다. 차 안에는 여러 나라의 화폐가 숨겨져 있었다. 그는 카메룬으로 향했으나 칼라바르에서 무려 900km가량 떨어진, 나이지리아 국경에 위치한 갬바루Gamborou에서 붙잡혔다.[185] 테일러는 도망갈 의도는 전혀 없었으며, 사전에 나이지리아 당국에 알린 것처럼 차드로 여행을 가는 중이었을 뿐이라 잡아뗐다.[186] 그럼에도 그는 국경 지역에서 체포되어 바로 몬로비아로 이송되었으며, 헬기로 몬로비아에서 프리타운으로 이송된 후 프리타운에 감금되었다.

찰스 테일러가 잔악한 도둑정치를 펼친 6년 동안 6만에서 8만 명에 달하는 라이베리아인이 사망했고, 비인간적인 취급을 당한 사람은 셀 수 없을 정도였으며, 특히 소년병으로 강제 징집되어 자신의 부모를 비롯한 피해자들을 죽여야 했던 아이들은 심각한 정신적 충격에 시달렸다.[187] 메렉스 에이전트 중에서도 가장 잔악무도하고 부패한 인물임이 분명한 테일러는 메렉스 네트워크 내에서 너무도 편안한 삶을 누렸다.

7. 반다르에게 굴복하다

헬렌 갈릭Helen Garlick은 조각 같은 외모를 가진 50대 여성이다. 매력적이고 온화한 얼굴과 멋진 백발, 목소리만으로는 마치 영국의 전통적 상류층 같아 보인다. 하지만 이런 모습 뒤에는 강철 같은 의지가 숨어 있다. 30년이 넘는 경력을 자랑하는 변호사인 갈릭은 부정부패 및 비리 사건 수사로 명성이 높다. 그녀는 사니 아바차Sani Abacha 전 나이지리아 대통령의 대규모 자금 횡령에 대한 수사와 실비오 베를루스코니 전 이탈리아 총리의 비리 혐의에 대한 이탈리아 당국의 수사를 도왔다. 영국 SFO 정책실장으로 일하다 2004년 7월 처음 조직된 해외부패전담국의 초대 국장으로 임명되어 알야마마 사업에 대한 수사를 이끌었다.

SFO가 알야마마 사업 관련 비리를 처음 의심한 것은 사우디 왕족의 접대를 담당한 에드워드 커닝엄이 BAE의 비자금이 부정하게 운영되고 있다는 증거를 SFO에 제시한 2001년이었다. 케빈 테빗 국방부 사무차관은 별로 심각한 일이 아니라는 리처드 에번스 BAE 회장의 주장을 근거로 SFO의 우려를 부인했다. 그럼에도 SFO와 런던시 경찰청 경제사범전담반은 피터 가드너 등을 신문하고 수사를 진행해 2004년 말 하트퍼드셔의 한 창고를 급습, 증거를 확보했다.

《가디언》의 데이비드 레이와 롭 에번스가, 전 세계 에이전트에 커미션을 지급하기 위한 BAE의 비밀 자금 시스템에 관한 정보를 SFO에 제공한 이후 헬렌 갈릭의 해외부패전담국은 신속히 움직였다. 수사관들은 엄청나게 많은 해외 사법기관에 공조를 요청하고 BAE의 금융 거래 기록을 요구했다. 이를 통해 그들은 BAE의 자금 지급 시스템과 그것을 감추기 위한 복잡한 구조를 파악했다. 2006년 초 영국인 BAE

에이전트 베리 조지Berry George를 체포하며 수사에 돌파구가 마련되었다. 루마니아 여성과 결혼한 그는 2003년 루마니아에 영국의 불용 프리깃함 2척을 판매하는 놀라운 계약을 주선한 대가로 비밀리에 700만 파운드를 받았다. 14년 전, 영국 정부는 약 2억 5,000만 파운드의 세금을 들여 프리깃함 2척을 건조했다. 그러나 영국 국방부는 1대당 10만 파운드라는 헐값에 BAE에 해당 선박을 넘겼다. BAE는 루마니아로부터 1억 1,600만 파운드를 받아 선박을 개조했으며, 선박 유지 보수를 위한 대규모 계약도 맺었다.[1] 조지에게 커미션이 지급된 루트를 파악하고 스위스 당국으로부터 특히 유용한 정보를 제공받은 SFO는 2006년 9월 반다르 왕자를 비롯한 사우디 왕족들에게 비밀리에 커미션을 전달하는 데 활용된 핵심 페이퍼컴퍼니, 레드다이아몬드와 포세이돈을 찾아냈다.[2]

수사 초기부터 영국 정부는 모순적인 태도를 보였다. 1985년 의회에서 알야마마 사업의 커미션에 대한 질문이 제기될 당시와 동일한 양상으로 일이 진행되었다. 정부는 국가감사원에 감사를 요청하며 책임을 회피했다. 감사원은 1989년부터 1992년까지 조사를 진행했으나, 처음이자 마지막으로 사건에 대한 감사보고서를 발표하지 않은 채 조사를 마무리했다.[3] 정보공개법에 따라 해당 보고서를 열람하려는 시도는 국제관계의 민감성, 의회의 권한, 상업적 이해관계 등의 이유로 거절되었다. 한 국방부 대변인은 보고서가 발표되지 않은 것이 사우디와의 비밀유지 계약에 위반되기 때문이며 "보고서에는 민감한 사안이 담겨 있어, 공개될 경우 양국의 관계와 영국의 상업적 이익에 해가 될 것"이라 밝혔다.[4] 의회의 대정부질문을 대비하기 위한 존 메이저John Major 전 총리의 짧은 원고에는 다음과 같은 내용이 담겨 있었다. "국가감사원은 국방부가 반드시 적절한 회계 방식을 따르도록 하기 위해 알야마마 사업과 관련한 국방부 활동을 예의주시해왔다. 특히 국방부는 사우디 측의 기밀을 유지할 수 있도록 특별한 회계 방식을 마련했다. 일반적인 방식을 사용했다면 의회에 제출하는 국방부의 지출항목에 매년 사우디와의 계약이 기록되었을 것이므로, 우리는 이를 피해야 한다."[5] SFO와 국방경찰은 2003년과 2006년 알야마마 사업에 대한 감사원 보고서 입수를 시도했으나, 사우디와의 관계가 틀어질 우려가 있어 해당 보고서 공개가 금지되었다는 답변을 받았다. SFO는 해당 보고서를 입수하기 위해 감사원을 수색하는 것까지 고려했다.[6]

당시 국가감사원장이었던 존 본John Bourne 경은 독립적 감시기구의 청렴성을 저해했을 뿐만 아니라 1985년부터 국방부에서 국방조달 담당 차관으로 일하며 알야마마 사업에 관여해 이해충돌 방지 원칙을 위반했다는 비판을 받았다.[7] 본 감사원장이 지속적으로 알야마마 사업 관련 보고서를 공개하지 않은 것으로 미루어, 이후 집권한 영국 정부도 알야마마 사업의 진실을 감출 준비가 되어 있었음을 알 수 있다.

SFO의 수사가 진행되는 동안 내각에서 법적 문제를 총괄하는 피터 골드스미스Peter Goldsmith 법무장관은, 자그마한 체구에 긴장된 듯한 모습의 로버트 워들Robert Wardle SFO 청장, 그리고 국방부 비리전담반장을 여러 차례 만나 수사 진행에 대해 논의했다. 수사의 운명이 골드스미스 장관의 손에 달려 있다고 해도 과언이 아닐 만큼 그의 역할은 중요했다.

BAE는 SFO의 수사가 시작된 순간부터 이를 중단시키기 위해 치밀한 노력을 기울였다. 유명 로펌 앨런앤오버리Allen & Overy를 고용했으며, 로펌은 골드스미스 법무장관과 개인적으로 친분이 있는 변호사를 고용했다. 그 변호사는 자신의 친분을 활용해 골드스미스 장관을 집으로 초대하고 사건에 관한 논의를 나누었다. 골드스미스는 자신이 이러한 "개인적이고 비밀스러운" 제안을 거절했다고 주장한다.[8]

딕 에번스 BAE 회장은 거스 오도넬Gus O'Donnell 내각장관에게 자발적으로 서한을 보냈으며, 서한을 받은 오도넬 장관은 갓 시작된 SFO의 수사를 중단하는 것이 공익에 부합하는지 여부를 정부 부처와의 협의를 통해 결정할 수 있도록 힘써주었다.[9] BAE 법무책임자 마이클 레스터Michael Lester는 2005년 11월 법무장관에게 서한을 보내 "최근 SFO의 수사는 공익에 관해 심각한 문제를 일으킬 수 있으므로 기소 재량과 관련해 장관님께서 직접 챙겨주셔야 한다고 생각한다"고 전했다.[10] 레스터는 케빈 테빗 국방부 사무차관과 해당 사안을 논의했다고도 밝혔다. 해당 서한에는 공익을 위해 수사를 중단해야 한다는 내용의 4장짜리 메모가 첨부되어 있었다. 그 메모에서 BAE는 그에 대한 근거로서 2005년 7월 27일 자발적으로 "각각 BAE의 회계 자문 및 법률 자문인 프라이스워터하우스쿠퍼스Price Waterhouse Coopers와 앨런앤오버리를 통해 준비한 ○○○의 회계처리에 대한 분석 결과를 서면으로" 공개했다는 것을 제시했으며, 분석 결과 "고객과 체결한 계약 조건에 따라 고객인 사우디 측이 실질적인 비용을 부담했다"는 것이 밝혀졌다고 주장했다. 또한 메모에는 "앨런앤오버리 측은 수사를 통해 범죄행위에 대한 어떠한 증거도 밝혀내지 못했다는 사실 및 2005년 7월 27일 SFO에 제공한 분석 결과를 기반으로 여러 차례 SFO에 수사를 지속할 법적 근거가 있는지를 묻는 서한을 보냈다"는 내용도 담겨 있었다.[11] 한마디로 BAE의 주장은 '우리가 스스로 조사해본 결과 아무런 범법행위도 밝혀지지 않았는데 왜 우리를 조사하느냐'는 것이었다.

BAE는 SFO의 지속적인 요청에도 회사에 소속된 에이전트들의 신분 확인을 거부했으며, 다음과 같은 불만을 제기했다.

내국세입청Inland Revenue이 비밀 유지에 대한 보장을 서면으로 자사에 제공했으며, 케빈 테빗 국방부 사무차관과 니컬러스 몬터규Nicolas Montagu 내국세입청장과의 대화를 통해 자사가 내국세입청에 제공한 정보가 기밀임을 설명했음에도, SFO가 자사와 관련된 자문위원들의 이름 및 그들이 지급 받은 금액에 관한 정보를 획득했다.[12]

메모에는 토니 블레어가 최근 사우디를 방문한 것과 향후 방문할 계획이 "양국 관계를 발전시키기 위함"이며, 블레어 총리와 국방부의 노력은 "차기 알야마마 사업 확보"를 위한 것이라는 내용을 비롯해[13] 다음과 같은 내용이 담겼다.

〔사실상 영장과 다름없는〕 형사법 제2조에 따른 통지(1987년 영국 형사법 제2조에 따라 SFO가 모든 수사 관련 정보를 요청할 수 있도록 하는 권한—옮긴이)를 통한 SFO의 알야마마 사업 관련 정보 공개 요청은 사우디 정부에 BAE와 영국 정부의 중대한 기밀 누설로 받아들여질 수 있다. 당사는 해당 정보가 공개된다면 토네이도 전투기 유지 보수와 타이푼Typhoon 전투기 판매에 관한 영국 정부와 사우디 정부 간의 차기 알야마마 사업이 성사될 가능성이 매우 적을 것이라 생각한다.[14]

알야마마 사업 관련 정보를 제공하는 것이 "매우 공익에 반하는 행위"라 주장한 BAE 측의 논거를 요약하자면 다음과 같다.

1) 영국 정부, 특히 총리가 중동 지역에서 영국의 전략적 목표를 위해 영국과 사우디 간의 관계를 발전시키고자 하는 시점에 양국 정부의 관계에 부정적이고 중대한 영향을 미치게 될 것이며,
2) 지난 10년간 체결된 수출계약 중 최대인 ○○○ 규모의 수출계약을 수주하지 못할 것이 불가피해 영국 및 유럽 대륙의 경제 전반과 고용 시장에 악영향을 주게 될 것이다.[15]

이러한 주장은 영국이 초대 비준국이기도 한 OECD의 뇌물방지협약 위반이다. 뇌물방지협약은 국제관계에 미치는 영향 또는 상업적

이해관계를, 뇌물과 부정부패 방지를 위한 조치를 취하지 못하는 이유로 인정하지 않고 있다.[16]

메모는 "당사가 범죄행위를 저질렀다고 의심할 만한 이유가 있다는 SFO의 주장에도 불구하고, 당사는 ○○○ 알야마마 사업과 관련해 어떠한 범죄행위도 저지르지 않았다. SFO는 해당 의혹에 대한 어떠한 근거도 제시하지 못했다"고 결론지었다.[17]

엄청난 인맥과 이를 통한 일종의 보호막으로 무장한 BAE는 비리를 저질렀다는 강력한 증거가 있음에도 결백을 주장하고, 영향력 있는 정치인들의 이름을 거론하며, 사우디의 심기를 거슬러 수사를 진행하면 향후 계약을 수주하지 못할 것이라는 주장을 끊임없이 반복하는 전략을 택했다.

비밀 유지를 위한 BAE의 노력과 정계가 돌아가는 방식에 대한 BAE의 생각은 골드스미스 법무장관에게 쓴 '매우 사적이고 비밀스러운' 편지에 잘 나타나 있다. 골드스미스 법무장관의 비서관은 BAE 측에 "법무장관님께 이렇듯 사적이고 비밀스러운 방식으로 항의를 제기하는 것은 적절치 못하다. 이러한 항의는 SFO에 제기해야 하므로, 서한과 메모를 청장님께 전달했다"고 전했다.[18] 그러자 BAE는 "법무장관께 11월 7일 자로 보낸 서한은 관행에 따라 사적이고 비밀스러운 서한이라 표기했다. 그러나 기꺼이 해당 표기를 삭제한 후 메모를 다시 제출하겠다. 서한을 통해 제기한 항의는 영국의 국제관계에 영향을 주는, 공익과 관련된 사안이다. 따라서 장관급 인사에게 이러한 항의가 전달되어야 한다고 결론지었다. SFO를 책임지는 장관은 법무장관이라 생각해 그에게 서한을 쓴 것이다"라고 답했다.[19]

이 사건 수사에 정통한 소식통에 따르면 로버트 워들, 헬렌 갈릭, 사건 실무담당자 매슈 코위Matthew Cowie는 범법행위 혐의로 조사를 받고 있는 BAE가 법무장관에게 항의를 제기했다는 사실에 격분했다고 한다. 더욱이 이는 사실상 정보를 요구하는 영장인 '5차 통보'에 대한 답변을 거부하는 와중에 이루어진 일이었다. SFO는 BAE 측 변호사들에게 영국 특유의 정중하고 무뚝뚝하면서도 신랄한 내용의 서한을 보냈다.

어제 오후 3시에 수신된 팩스와 관련해 말씀드립니다.
여러분께서는, 자신들이 아닌 BAE 측에서 작성한 것이 분명하고, SFO가 아닌 법무장관에게 송부되었으며, 우리 기관에 사본을 제공하지 않음은 물론, 이러한 사실에 대한 통지조차 하지 않은 메모의 내용을 완전하고 적절하게 검토해달라는 요청을 SFO 측에 하셨습니다.
'5차 통보'에 따른 서류 제출 기한은 어제였습니다. 10월 14일 자로 작성되었으며, 해당 날짜에 여러분에게 송부되었습니다. 제출 기한을 겨우 일주일 앞둔 11월 7일 자로 작성된 여러분의 메모는 5차 통보의 이행을 정면으로 거부하는 것으로 보입니다. 또한 메모를 통해 또다시 공익을 근거로 들어 본청이 진행 중인 수사를 전면 중단할 것을 주장했습니다. 어제 자 편지에서 말씀드린 바와 같이, 귀사는 본청과 지금까지 주고받은 어떠한 서한에서도 그와 같은 우려 또는 반박을 제기하고자 한 적이 없습니다.
정보 제공을 위한 영장으로 인해 귀사가 영장 집행에 불응할 만한 타당한 사유가 되는 문제는 전혀 발생하지 않습니다. …… 더욱이 귀사가 법에 따른 강제적 요구 사항에 응하는 것이 기밀 유출에 해당한다는 주장이나, 독립적인 수사권을 통한 SFO의 수사가 영국 정부의 비밀 유지 의무 위반에 해당한다는 주장에 대한 설명이 전혀 이루어지지 않았습니다. ……
OECD 뇌물방지협약 제5조에 근거해, 메모를 통해 말씀하신 경제적 문제를 야기할 수 있어 공익에 반한다는 주장은 타당한 이유가 되지 못한다는 점을 자신 있게 말씀드립니다. ……
본청은 수사와 관련한 사항을 기타 정부 부처와 논의해야 할
의무가 전혀 없습니다만, 저희 측에 적합한 방식으로 제기되는
모든 반박을 수용하고 고려하겠습니다. 엄밀히 말해 SFO는 수
사 완료 전까지 공익과 관련된 어떠한 반박도 받아서는 안 되
지만, 사안이 엄중한 만큼 현재 단계에서 본청에 직접 전달되
는 정보를 막지 않았습니다. 귀사는 본청에 관련 정보를 전달
할 기간이 한 달이나 있었지만 어떠한 정보도 전달하지 못했
습니다.[20]

SFO 수사팀과 법무장관은 12월 2일 만남을 갖고 '쇼크로스 협의
Shawcross exercise'라 알려진 검토 과정을 거치기로 결정했다.[21] 쇼크로스
협의란 수사 지속과 관련된 모든 사항을 검토하기 위해 정부 각료들
의 의견을 조사하고 각료들과 논의하는 절차를 뜻한다. 이 사건의 경
우 쇼크로스 협의를 통해 SFO는 국무총리실, 외무부, 국방부, 통상산
업부, 내무부, 재무부와 논의를 진행했다.[22] 내무장관은 해당 수사가
"알야마마 사업의 상업적 중요성"에 미칠 영향이 우려된다는 총리, 외
무장관, 국방장관의 의견이 담긴 문서를 SFO에 전달했다. 또 해당 문
서에는 수사로 인해 대테러 협력에 차질을 빚게 될 가능성도 제기했
으나, 워들은 "그러한 일이 당장 일어날 것이라 생각되지는 않는다"고
밝혔다.[23]
　SFO는 쇼크로스 협의를 위한 회신을 요청하는 서한을 통해
OECD 뇌물방지협약 제5조에서 제외된 사항은 수사의 공익 부합 여
부 검토 기준에 포함되지 않는다는 점을 재차 밝혔다. 그러나 내각장
관이 전한 문서를 보면 이러한 전달 사항이 완전히 무시되었음을 알
수 있다. 문서에는 "물론 뇌물방지협약 제5조가 현재 상황과 어떤 관
련이 있는지와 기소 여부는 법무장관 및 기소당국이 결정하는 것이다.

그러나 우리는 수사의 진행 가능 여부를 조기에 판단하기 위해 최소한 제5조에 언급된 내용을 검토하는 것은 가능하다고 본다"는 내용이 담겼다.[24]

또한 해당 문서에는 "사우디와의 관계의 중요성과, 양국 관계에 초석이 되어준 토네이도 전투기 업그레이드 프로그램을 포함한 알야마마 방공 사업의 중요성" 역시 언급되었다.[25] 사우디의 차세대 유로파이터 타이푼Eurofighter Typhoon 전투기 구매 의사 및 이슬람 테러 세력 척결을 위한 사우디의 중요성, 수사를 지속하는 경우 영국의 국가안보에 미칠 수 있는 피해에 대한 내용이 특히 구체적으로 언급되었다. 또한 온건한 외교정책을 지지하는 사우디가 중동 지역에서 주요한 역할을 한다고 주장하며, 사우디의 안정성 보장이 영국과 서구권 전반의 전략적 이익에 매우 중요하다고 결론지었다.[26]

쇼크로스 협의가 진행되는 동안 SFO 알야마마 사업 수사팀은 에이전트와 관련된 BAE 서류를 확보하기 위해 부단히 노력했다. 2005년 12월 7일 매슈 코위와 헬렌 갈릭은 BAE 법무책임자 마이클 레스터에게 전화를 걸어 "공익 부합 여부에 대한 공식 협의를 진행했으나, 우리가 BAE 측에 요청한 서류 제출과 공익 간의 연관성은 발견하지 못했다"는 점을 확실히 전했다. 레스터와 BAE는 시간을 벌고자 했다. 레스터는 "비밀 유지 의무와 관련된 연관성이 있으며, 추가로 항의를 제기하겠다"고 밝혔다. 이에 코위와 갈릭은 "BAE가 용의선상에 올라 있는 현재 단계에서는 서면으로 반박을 제시하는 것이 가장 좋으며, 기분을 상하게 하려는 것은 아니지만, 수사 용의자가 진행 중인 수사의 공익 부합 여부에 대해 항의를 제기하는 것은 정부 부처가 동일한 항의를 제기하는 것보다 훨씬 영향력이 적을 것"이라고 답했다.[27] 그럼에도 SFO는 에이전트 정보가 담긴 문서 제출 기한을 연장해주었다.

이튿날, BAE는 알야마마 사업이 정부 간 계약이었다는 것을 다시 한번 강조하는 내용의 메모를 SFO에 보냈다. BAE는 "첫째, 한 국가가 다른 국가에 국방장비를 제공하는 것은 정치적·전략적 관계 발전에 매우 중요하며, 양국 간의 상호신뢰를 보여주는 일이다. 둘째, 사우디의 문화는 서방 국가와 매우 다르며, 특히 비밀을 지키는 것을 훨씬 중요하게 생각한다"고 주장했다.[28] BAE는 에이전트 정보를 제공하는 것은 기밀 유출이며, 영국 국방부도 관련 문서를 기밀로 취급하는 것을 통해 관련 정보가 '극비'임을 알 수 있다며 이전까지의 주장을 또 한번 반복했다. 그리고 "민감하고 전략적인 정부 간 관계에 있어 기밀 사항을 지키기로 한 합의는 엄격한 법적 의무에 기반한 것인지의 여부와 관계 없이 반드시 지켜야 한다는 점을 이해해야 한다"고 주장했다. 다음 내용은 일부 삭제되어 열람할 수 없었으며, 삭제된 부분 뒤에는 "정치적·경제적 사안을 누출한 것으로 여겨지는 경우 제재를 가할 수 있다. 법적인 비밀 유지 의무가 없기 때문에 사우디 정부가 기밀로 생각하는 정보를 공개해도 기밀 유출이 아니라는 주장을 근거로 수사를 진행하는 것은 현명하지 못한 선택이다"라고 적혀 있었다.[29]

즉 다른 국가와 공모해 영국 국내법을 어겼으나 해당 국가가 비밀을 지키고 싶어 한다면 영국은 범죄 사실을 그냥 못 본 척 넘겨줘야 한다는 것이 BAE의 주장이었다. 영국 사법제도와 법치주의에 미치는 명백한 영향 외에도, 사우디를 추종하는 이들이 언제나 외면하는 움직일 수 없는 사실이 하나 더 있다. 바로 사우디 왕족들도 그들의 부패한 행태와 방탕한 생활을 사우디 국민들에게 숨기고 싶어 한다는 것이다.

또한 메모에는 BAE의 측근인 영국 정계 인사들이 곧 사우디로 가서 영국에 더 많은 사업을 따올 것이라는 점을 SFO에 상기시키는 내용도 담겼다.

12월 19일 국방장관이 사우디를 방문할 계획이다. 이번 방문 동안 국방장관은 사우디 국왕 및 국방장관과 함께 알야마마 사업의 일환으로 타이푼 전투기 72대 구입에 관한 MOU 체결을 위해 회담을 가질 예정이다. 사우디 정부는 이미 2004년 11월 SFO가 발표한 수사에 관해 영국 정부에 불만을 제기한 바 있다.[30]

매슈 코위는 그의 상관들에게 전달한 다음과 같은 짧은 글을 통해 BAE의 주장에 격렬히 맞섰다.

SFO는 범죄를 수사해야 합니다. 범죄행위가 자행되었다고 믿을 만한 합리적 근거가 있습니다. SFO는 모든 타당한 사안을 수사해야 하며, 수사 과정에서 영국의 국가적·국제적 의무를 고려해야 합니다. 국제 협약들은 경제적·정치적 사안에 영향을 받지 않는 독립적인 법 집행을 전제합니다. 이러한 협약들이 제대로 효과를 발휘하기 위해서는 예상되는 결과의 경중과 관계없이 적용되어야 합니다. 방위계약에 대한 주요 수사에는 언제나 정치경제적 결과가 따릅니다. 그렇기 때문에 결국 독립적인 수사를 위해서는 정치경제적 결과를 고려해서는 안 되는 것입니다.
SFO의 수사가 중단된 것으로 드러날 경우 크게 훼손될 수 있는 법치주의, SFO와 국방부의 독립성, 중앙정부의 역할과 관련한 공익을 내각이 제대로 검토했다면, (이후 문장 삭제)[31]

2006년 1월 11일 BAE, 법무장관, 국방부 경찰의 로버트 앨런 총경과 만남을 가졌을 때에도 SFO는 이러한 입장을 견지했다. 다소 딱딱한 분위기 속에서 헬렌 갈릭과 로버트 워들은 여러 이견에 대해 잘 알고 있다는 점을 분명히 밝히면서도, 해외 부정부패 척결의 중요성과 OECD 협약에 따른 영국 정부의 부정부패 척결 의무를 재차 강조했다. 또한 수사 중단이 SFO와 영국 정부의 평판에 미칠 부정적 영향을 지적했다. 걸걸한 목소리의 앨런 총경도 이 점을 강조했다. SFO는 BAE가 뇌물방지법에 따른 처벌을 피하기 위해 기소를 중단시키려 하는 것으로 보인다고 밝혔다. 로버트 워들은 수사를 계속하고 BAE가 관련 서류를 제출하라는 통보에 따르도록 하는 것이 공익에 부합하는 일이라 판단했다. 이 만남 이후 법무장관은 수사를 계속할 수 있도록 허가했으며,[32] 이후 몇 달간은 아무런 방해 없이 수사를 진행할 수 있었다.[33]

그러나 2006년 4월과 5월, 수사 중단 압력이 다시 커지기 시작했다. 골드스미스 법무장관은 지급된 커미션이 사우디 정부의 허가를 받은 사실이 있는지 여부가 영국의 뇌물방지법상 매우 중요하다고 판단했다. 즉 뇌물을 받은 자들이 정부의 허가를 받고 뇌물을 받은 것인지 확인해야 한다는 것이다. OECD는 이전에도 영국의 뇌물방지법에 이러한 허점이 있음을 지적하며 개정을 요구한 바 있다. 사우디 정부가 뇌물을 받으라는 허가를 내렸다는 증거를 요구함으로써 법무장관은 영국의 허점투성이 뇌물방지법을 사실상 무력화시켰다.[34] 골드스미스 장관은 9월과 10월까지 이 같은 주장을 밀어붙이면서, 사우디 정부가 뇌물을 허가했다는 증거를 찾아내거나 혹은 그런 증거가 존재하지 않는다는 사실을 입증하기 위해 머리를 싸매고 있던 갈릭과 코위에게 큰 좌절감을 안겼다.[35]

2006년 9월 29일 내각은 대테러 협력 문제와 타이푼 전투기 계약 수주 실패로 인한 경제적 여파를 다시 한번 강조하며 SFO에 추가로 항의했다.[36] 이튿날 법무장관은 여전히 장관이 수사 지속을 지지한다고 믿고 있던 로버트 워들에게 편지를 건넸다.

9월 30일, 쇼크로스 협의에 대한 내각의 반응을 논의한 열띤 내부 회의 끝에 헬렌 갈릭은 수사로 인해 기밀이 유출된다는 불만 때문에 수사가 중단되는 일은 없을 것이라고 명확히 밝혔다.[37] 또한 현재 진행 중인 수사로 어떠한 상업적 피해도 발생하지 않았으며 피해가 발생했다 하더라도 부정부패에 대한 수사를 지속하는 것이 SFO의 의무라고 강조했다.[38] 그녀는 석유 공급 차질, 계약 수주 실패, 중동 평화 주도권 저해, 정보협력 철회 등 당시 제기되었던 여러 우려와 위협을 다시 언급하며, 피의자인 사우디와 BAE 측이 수사를 중단시키기 위해서는 무슨 말이든 할 것이라고 동료들에게 경고했다. 또한 이러한 실질적 우려가 1년 전에 제기되지 않았다는 사실이 놀랍고, 사우디의 위협이 믿을 만한 것인지 의심스럽다고 말했다. 그녀는 BAE가 이미 오래전에 자신들이 요청한 자료를 제출했어야 한다는 말로 발언을 마무리했다.[39] 그녀의 분노와 의지는 그 자리에 있던 모두에게 전해졌다.

2006년 11월 신노동당 성향의 장관이자 하원 원내대표 잭 스트로Jack Straw는 법무장관에게 BAE 사건 논의를 위한 만남을 요청했다. 스트로는 이전에 내무장관을 지냈으며 나중에는 법무장관직에도 오른다. 그는 자신의 지역구 블랙번Blackburn에 BAE 직원이 많이 살기 때문에 BAE를 강력 지지한 것으로 알려져 있다.[40] 같은 달, 셰라드 쿠퍼-콜스Sherard Cowper-Coles 주사우디 영국 대사는 로버트 워들, SFO 수사팀원들, 법무장관 비서실장, 내각 및 외무부 관계자들을 만났다. 쿠퍼콜스 대사와 법무장관실은 이후 두 달간 두 차례 더 회의를 가졌으며, 12월 12일에 진행된 마지막 회의에는 골드스미스 장관도 참석했다.[41] 신노동당 중진들이 뭔가 계획을 꾸미고 있는 것이 분명했다.

2006년 말이 되면서 수사를 중단시키고자 하는 BAE와 사우디의 대대적인 노력이 한층 강화되었다. 12월, SFO는 BAE 측과 접촉해 BAE와 특정 임원들이 유죄를 인정하면 감형을 해주는 방안을 협상하는 것까지 고려했다.[42] 딕 에번스가 상대적으로 죄질이 가벼운 비자금 관련 혐의를 인정하면, 그 대가로 반다르 왕자, 사파디, 사이드가 관리한 막대한 자금과 관련된 무거운 죄목에 대해서는 처벌받지 않도록 해주는 것이다.[43] 그러나 수사 중단 압력이 계속 커져가는 와중에도 SFO 내부에서는 이러한 양형거래에 대한 찬성 의견이 많지 않아 결국 무산되었다.

그해 11월《선데이타임스》는 영국 정부가 수사를 중단시키지 않으면 사우디가 영국과의 외교관계를 단절하겠다고 위협하고 있다고 보도했다.[44] 며칠 후에는 영국의 일자리 5만 개가 위태로운 상황에 처했다는 내용이《데일리메일Daily Mail》헤드라인을 장식했다.[45] 11월 말 BAE는 유로파이터 전투기 계약이 교착 상태에 빠졌다는 사실을 공개적으로 밝혔으며,《파이낸셜타임스》는 마이크 터너Mike Turner BAE CEO의 말을 인용해 "우리가 사법절차에 개입하고자 하는 것은 아니지만, 해결책을 찾고 싶은 것은 맞다. 우리 사업에 해가 되기 때문이다"라고 보도했다.[46] 11월 30일, 거대한 BAE 공장이 위치한 필드Fylde 지역구의 마이클 잭Michael Jack 보수당 하원의원은 하원에서 SFO의 수사가 계약 협상을 "망쳐놓고" 있다고 말했다. 그는 "원내대표의 지역구에도 항공우주산업 종사자가 많기 때문에 잘 알고 있겠지만, SFO의 수사가 중요한 협상에 영향을 주고 있어 큰 우려가 제기되고 있다"고 주장했다. 원내대표도 잭 하원의원의 발언을 칭찬하며, "영국 항공우주산업의 이익을 대변해준 잭 의원에게 박수를 보내며, 존경하는 법무장관께 그의 의견을 전달하겠다"고 답했다.[47]

그해 12월《데일리텔레그래프》는 SFO가 열흘 안에 수사를 중단하지 않으면 영국은 사우디와 향후 체결할 계획이었던 알살람Al Salam 계약을 수주하지 못하게 될 것이라 밝혔다고 보도했다.[48]《선데이타임스》는 지역 하원의원들이 토니 블레어 총리에게 압박을 가할 계획이라고 보도했다.[49] 롤스로이스 CEO 존 로즈John Rose 경이 회장을 맡고 있는 국방산업협회National Defence Industries Council는 앨리스터 달링Alistair Darling 통상산업부 장관에게 연락을 취하겠다고 발표했다.[50]

이러한 여론전을 기획한 것은 티모시 벨Timothy Bell이었다. 그는 알야마마 사업이 진행되는 동안 마거릿 대처의 자문 역할을 했으며, 마거릿 대처가 오만을 방문한 후 아들 마크 대처가 계약을 수주했다는 논란에 대해 대응 방안을 조언하기도 했다.[51] 보수당이 집권에 실패한 이후 벨은 댐을 지어주는 대가로 말레이시아와 13억 파운드 규모의 무기 계약을 체결한 이른바 '페르가우Pergau 댐 사건'에 연루된 제너럴 일렉트릭 말레이시아 지부에서 일했다.[52] 알야마마 사업 관련 인터뷰에서 그는 다음과 같이 말했다.

> 거액의 현금이 오가는 이런 막대한 규모의 계약에 대해서는 의혹이 생기기 마련이다. 물론 사람들은 의혹을 제기할 자유가 있지만, 의혹과 팩트는 엄연히 다른 것이다. 내가 볼 때 영국 정부와 사우디 정부가 권한에 따라 무기거래 계약을 맺고, 그 결과 영국에는 수많은 일자리와 막대한 부가 창출되고 사우디 가 스스로를 지킬 수 있게 되었다면 알야마마 사업은 모두를 행복하게 한 훌륭한 계약이다.[53]

그는 SFO의 수사가 "모두 허튼 수작"이며, 확실한 증거가 없다고 주장했다.[54]

이러한 벨의 잘못된 견해는 SFO 수사로 인해 최대 10만여 개의 일자리가 위협받고 있다고 주장하는 여론전 전략에도 반영되었다.[55] 여기서 제시된 수치는 완전히 가짜였다. 쇼크로스 혐의 당시 국방부는 BAE와 하청업체에서 1만에서 1만 5,000명이, 알야마마 사업과 관련 해 사우디에서 일하고 있는 2,000명이 일자리를 잃게 될 것이라 추산 했다.[56] 요크대학교는 줄어드는 일자리가 5,000개 정도밖에 되지 않을 거라 예상했다.[57] 그러나 수사로 인한 일자리 감소 위협에 대한 불만을 정부에 제기하라는 지시를 받은 하원의원들과 노동조합원들은 부풀려 진 가짜 수치를 적극적으로 활용했다.[58]

알살람 사업은 부풀린 일자리 수치와 무역을 근거로 수사를 반대 하는 데 매우 중요한 역할을 했다. 무기딜러들이 아랍어로 평화를 뜻하는 '알살람Al Salam'이라는 모순적 이름을 붙인 이 사업은 알야마마의 후속 사업으로, 유로파이터 타이푼 전투기 72대를 약 44억 3,000만 파운드에 판매한다는 내용이다. 정확한 계약 조건은 공개되지 않고 있으나 전투기 가격만 약 44억 3,000만 파운드이며 여기에는 훈련, 물자 공급, 예비용 부품 비용이 포함되지 않았기 때문에 실제 계약 규모는 훨씬 클 것으로 보인다. 일부는 총계약금액이 400억 파운드에 달할 것이라 추정하기도 한다.[59] 협상은 2005년 12월 21일 시작되어 2007년 9월 마무리되었다.[60] 이번 사업 역시 알야마마 사업처럼 BAE를 주 도급업체로 한 정부 간 계약이었다. 이번에는 석유 대신 사우디 국방부 예산에서 현금으로 대금을 지급했다. 랭커셔Lancashire 워튼Warton에 위치한 BAE 공장에서 24대를 생산하고, 나머지 48대는 독일과 스페인의 EADSEuropean Aeronautic Defence and Space Company, 이탈리아의 알레냐아에로스파지오Alenia Aerospazio를 포함한 컨소시엄을 통해[61] 사우디에서 생산했다.[62]

유로파이터 전투기는 원래 유럽에서 소련과의 공중전에 활용하기 위해 개발되었으나, 전투기의 활용도는 현저히 떨어지는 반면 개발 비용은 급증하는 문제가 발생했다. 유로파이터 개발 프로젝트에서 영국이 부담한 비용은 최소 200억 파운드로,[63] 당초 예상보다 130억 파운드 더 많은 비용이 들었다.[64] 모든 영국 국민 1인당 350파운드를 낸 꼴이며, 해당 프로젝트로 창출된 것으로 추정되는 일자리 1개당 110만 파운드가 들었다는 의미다. 프로젝트에는 30년이 소요되었으며, 전투기는 당초 예상보다 10년이나 늦게 실전에 투입되었다.[65] 영국 재정이 낭비된 것은 둘째치고, 소련과의 공중전을 위한 전투기를 소련 붕괴 후에 개발한 셈이었다. 앨런 클라크Alan Clark 전 국방장관은 유로파이터에 대해 특유의 직설적 화법으로 "결함투성이에 구식이다. ……우리는 구멍 뚫린 양동이에 낭비하는 돈을 줄일 방법을 찾아야만 한다"고 말했다.[66] 영국이 유로파이터 판매에 필사적인 것은 정부가 해당 전투기를 정해진 수량만큼 의무 구매해야 하고, 주문을 취소할 경우 상당한 위약금을 물어야 하기 때문이다. 현재 영국 정부의 무기조달사업 예산은 약 360억 파운드 부족한 상태이기도 하다.[67]

알살람 및 알야마마 사업은 당시 영국이 체결한 거의 유일한 무기거래였다. 영국의 대사우디 무기수출은 1997~1999년 영국의 전체 무기수출의 62%를, 1987~1991년에는 73%를 차지했다.[68] 마이크 터너 당시 BAE CEO는 2005년 블레어 총리의 리야드 방문 직전 다음과 같이 말했다. "목표는 사우디에 타이푼을 판매하는 것이다. 지난 20년간 알야마마 사업으로 430억 파운드를 벌어들였고, 앞으로 400억 파운드를 더 벌어들일 수 있을 것이다."[69]

영국 무기산업이 알살람 사업에 크게 의존하고 있다는 사실에도 불구하고 알살람 사업은 영국의 인권보호 의무 및 영국과 EU의 무기수출 규정과 어긋난다는 비판을 받았다. 한 연구는 "증거에 따르면 영국 정부는 사우디와 이런 대규모 거래를 체결함으로써 EU 윤리강령 Code of Conduct의 여러 주요 기준을 완전히 위반했다. 이는 영국 정부가 직접 서명한 행동강령의 일관된 이행을 위해 영국이 진정으로 노력하고 있는 것인지에 대한 중대한 의문을 불러일으킨다"고 결론지었다.[70]

신노동당이 추진한 윤리적 외교정책은 버려진 지 오래였고 정부는 알살람 사업을 지켜내는 데 전념했다. 마거릿 베킷 외무장관은 이를 위해 고위 외교관들에게 로버트 워들을 설득해 수사를 중단시킬 것을 지시했다. 외교관들은 "워들에게 그가 사우디의 심기를 완전히 건드리고 있으며 수사 중단은 안보, 테러, 중동의 미래가 달린 일이라고 전했다".[71]

사우디는 주로 방산수출기구와 쿠퍼 콜스 주사우디 영국 대사를 통해 SFO의 수사에 관한 의견을 영국 정부와 정기적으로 주고받았다. 2006년 9월 피터 리케츠Peter Ricketts 외무부 사무차관에게 보낸 편지에서 쿠퍼 콜스 대사는 다음과 같이 말했다.

회의 중간중간, 그리고 다른 자리(올해 3월 반다르 왕자의 웨일스 방문 등)에서 한두 차례 [사우디 정부 고위 대표(반다르로 추정)와] SFO의 수사에 관해 대화를 나눈 것이 기억납니다. [사우디 정부 고위 대표가] 지금은 기억나지 않는 독특한 표현을 사용해 '수사가 공익에 반한다면 수사를 중지시킬 수 있다는 것을 이해하고 있다'고 자발적으로 말하는 등, 수사에 대한 자신만 아는 정보를 갖고 있는 듯한 인상을 주었던 것이 기억납니다. 그에게 런던의 정부 고위 관계자들은 수사의 중대성을 잘 알고 있으며, 사법당국을 설득하기 위해 노력하고 있다고 재차 전했습니다. 그러나 저는 수사를 우리가 관장하는 것이 아니며, 수사 중단을 보장할 수 없다는 것을 항상 명백히 했습니다. 제가 제공한 정보를 듣고 [사우디 정부 고위 대표가] 수사에 대해 낙관적으로 생각하는 것 같아 우려했던 것으로 기억합니다. 고백하자면, 그의 생각을 바로잡기 위해 좀 더 노력했어야 하는 것은 아닌지 혼자 여러 차례 고민했습니다. 그러나 그는 항상 자신만이 알고 있는 정보를 갖고 있으며, 저를 통해서는 그가 얼마나 우려하고 있는지만 정부에 전달하고자 한다는 인상을 받았습니다.[72]

반다르 왕자는 수사를 끝내기 위해 올바르지는 않지만 훌륭한 수를 썼다. 알려진 바에 따르면 2006년 7월 블레어 총리와 조너선 파월 비서실장을 만나 정보협력을 철회하겠다고 위협한 것은 바로 반다르 왕자였다. "반다르는 총리 관저에 들어가 '수사를 중단하라'고 말했다. …… 반다르는 파월에게 SFO가 스위스 계좌를 조사하고 있다는 사실을 알고 있으며, 수사를 멈추지 않으면 타이푼 전투기 계약을 취소하고 정보협력 및 외교관계를 중단하겠다고 말했다."[73] 또한 2006년 12월 런던에서 블레어 총리를 만나 한 번 더 정보협력 중단으로 위협했다고 한다.[74] 그리고 11월에는 프랑스 전투기를 구매할 의도가 전혀 없었음에도 영국 정부에 무역압력을 넣기 위해 보란 듯이 파리를 방문해 라팔Rafale 전투기 구매를 논의했다.[75]

12월 8일, 토니 블레어는 법무장관을 통해 로버트 워들에게 "영국-사우디의 안보 및 정보협력과 외교관계 중단에 대한 실질적이고 당면한 위협"과 "타이푼 전투기 계약 협상에 발생한 중대한 어려움"에 관한 내용이 담긴 매우 이례적인 메모를 보냈다.[76] 블레어가 보낸 메모에 첨부된 첫 번째 문서는 영국의 석유 공급원 확보를 포함해 사우디 내의 테러리즘에 관한 내용을 다루었다. 하지만 해당 문서에 삭제된 부분이 많은 것을 감안하더라도 현재 영국이 처한 테러 위협에 대한 내용은 전혀 찾아볼 수 없었다.[77] 두 번째 첨부 문서는 대중동 외교정책 및 이스라엘-팔레스타인 평화협상에서의 사우디의 역할을 중점으로 다루었으나, 역시 영국이 어떤 위협에 처해 있는지에 대한 언급은 전혀 없었다.[78] 나중에 예상 외로 MI6은 OECD와의 협의 과정에서 '[이러한 안보] 평가에 동의했다'고 말하길 거부하면서 블레어가 불안감을 조장했음을 지적했다.[79]

며칠 뒤 골드스미스 장관은 블레어 총리에게, 협력을 중단하겠다는 사우디의 위협 때문에 수사를 중단하는 것은 "영국에 법의 신뢰성에 대해 좋지 못한 메시지를 전달할 수 있으며, 위협에 굴복하는 것처럼 보일 수 있다"고 말했다.[80] 이에 총리는 "더 큰 문제가 걸린 일"이라 생각한다며 다음과 같이 답했다. "수사를 지속하면 영국-사우디 관계가 끝날 수 있다. 수사를 멈추는 것이 가볍게 결정할 수 있는 문제는 아니지만 이번 사안의 경우 국익이 위태로운 상황이며, 따라서 영국 국민들도 국익을 지키는 것이 더 중요하다고 생각할 것이다."[81]

2006년 12월 13일 로버트 워들과 헬렌 갈릭은 법무장관의 호출을 받았다. 긴장되고 격한 분위기에서 그들은, 수사를 지속할 만한 충분한 증거가 없으며, 공익 부합 여부에 대한 조사 결과에 따라 수사를 중단할 수밖에 없다는 이야기를 들었다. 화가 난 워들은 증거가 불충분하다는 주장을 반박하면서 SFO 법률자문 티모시 랭데일Timothy Langdale 칙선 변호사에게 조언을 구할 시간을 벌고자 했다. 수사를 포기하라는 법무장관의 말에 화가 난 상태에서, 갈릭은 영국 국민의 생명이 위협받는 상황에 관한 견해를 밝히라는 요구를 받았다. 이런 고립된 상황에서 그녀는 국가안보에 대해 다른 이들에게 반박하는 것은 불가능하다고 판단했다.

> 법무장관님이 제 의견을 물었습니다. 저는 SFO가 국가 혹은 국제 안보보다 우리의 수사권을 우선시한 적은 절대 없다고 답했습니다. 제가 봤을 때 법무장관님과 워들 청장님은 같은 의견인 것 같습니다. SFO는 법과 증거에 대한 판단을 내릴 자격이 있는 기관입니다. 그러나 안보와 관련한 사안에 대해서는 다른 이들의 권고를 들어야 했습니다. SFO는 대사에게 직접 조언을 구한 것이 전부이지만, 법무장관님은 정보국의 조언을 포함해 더 나은 조언들을 들은 것으로 보입니다. JJ가 참석한 외무부 회의에서 우리는 "영국의 거리에서 영국 국민들의 생명"이 위협받고 있고, 또한 ○○○라는 말을 들었습니다. 그로 인해 7·7 테러(2005년 7월 7일 런던 지하철 테러—옮긴이)가 다시 발생한다면, 어떻게 우리가 성공적인 기소로 이어질지도 확실치 않은 우리의 수사가 더 중요하다고 말할 수 있겠습니까?[82]

그들은 미국과 스위스가 해당 사건과 관련한 다른 부분을 조사하기 시작함으로써 영국 정부가 난처해질 수 있는 경우를 포함해 수사 중단이 불러올 여파에 대해 논의했다. 법무장관은 워들과 갈릭에게 스위스와 미국의 입장을 파악할 것을 요구했다. 골드스미스 장관은 회의 내내 SFO의 입장이 맞는지 확인하고 싶고 가능하다면 수사를 지지하고 싶지만, 이 시점에서 수사를 중단함으로써 발생하는 여파에 대해 불만이 있다고 말했다.[83] 또한 그는 다음과 같이 주장했다.

공익 합치 여부와 관련해 영국 대사 등의 다양한 견해를 검토한 결과 SFO 청장은 수사를 계속하는 것이 국가 및 국제 안보에 위협이 될 수 있기에 공익에 반한다는 결론을 스스로 내렸다. 그는 2006년 12월 13일 법무장관에게 이러한 견해를 밝혔으며, 하루 더 고민한 뒤 2006년 12월 14일 법무장관실에 같은 판단을 전달했다.[84]

수사에 정통한 관계자들은 워들에게 선택권이 없었다고 주장한다. 거만하고 차갑고 무례하다고 알려진 골드스미스에게서 위협을 받았다는 것이다. 믿을 만한 소식통에 따르면 "내각사무처 회의를 통해 수사 지속 여부를 결정했다"는 소식이 수사관들에게 전달되었으나, 금세 "사실은 법무장관실에서 내린 결정"이라며 말이 바뀌었다고 한다. 이것이 사실이라면 행정부가 기소당국에 직접 지시를 내리고 있었다는 것이 명백해진다.

이 소식통은 또한 "골드스미스는 사건이 진행되는 내내 자신이 무슨 일을 하고 있는지 정확히 알고 있었다. 행정부의 지시에 따르고 있었던 것이다. 수사를 진행하자는 그의 말은 전혀 진심이 아니었다. 수사를 중단할 생각밖에 없었다"고 주장했다. 수사에 정통한 최소 1명 이상의 다른 관계자들도 이러한 주장이 사실임을 확인해주었다. 골드스미스는 국가안보를 들먹이지 않고도 수사를 중지시키기 위해 수사 자체에 결함이 있다는 것을 증명하려고 무던히 애를 썼다. 그러나 SFO는 그가 이 사건을 망치는 것을 손 놓고 지켜보지만은 않았다.[85]

다음 날 아침, 법무부 장관과 차관, 안보 및 정보 기관 수장들, 정보부 사무차관이 참석한 회의에서 사우디가 영국과 협력을 중단할 경우 발생 가능한 상황에 대해 논의했다. 법무장관은 "사우디가 실질적인 위협이 될 수 있다는 데 모두가 동의했다. SFO가 수사를 계속할 경우 사우디는 언제든지 영국과의 협력을 중단할 수 있다는 것이 MI6 국장의 견해였다"고 밝혔다.[86] 법무장관은 또한 "BAE가 지급한 자금이 사우디 지도부가 승인한 것이거나 사우디 지도부를 위한 것이라는 주장을 반박할 증거를 확보"할 필요가 있음을 고려하면 BAE를 기소하는 것은 불가능하다고 결론지었다.[87]

12월 14일 오후 5시 21분 법무장관은 알야마마 사업과 관련한 수사를 중단하겠다고 발표했다.[88] 그가 발표 시기를 잘 잡은 것은 분명했다. 다음 날은 다이애나비의 사망에 대한 보고서가 발표되기로 한 날이자 토니 블레어가 현직 총리로는 최초로 경찰 조사를 받기로 한 날이었기 때문이다. 블레어는 정치자금의 대가로 귀족 작위를 수여하도록 지시했다는 의혹을 받고 있었으며, 그의 정치자금을 총괄하는 보좌관이자 친구가 구속된 상태였다.

법무장관의 발표 이후 수사의 영향으로 부진했던 BAE 주가가 대폭 상승했다.[89] 당시 SFO 청장직 연장에 대한 법무장관의 승인을 기다리던 로버트 워들은 수사를 중단한 '대가'로 1년 더 자리에 남게 됐다.

당시 《가디언》은 토니 블레어에 대해 "전임 총리가 무기거래 때문에 '심각한 불명예'를 안게 되었다고 비웃으며 '가장 청렴하게' 총리직을 수행하겠다고 약속한 블레어 총리에게 어제는 취임 이후 가장 초라하고 수치스러울 뿐만 아니라 불명예스러운 날이었다"고 보도했다.[90]

이라크 침공을 정당화하기 위해 사용된 자료를 그럴듯하게 꾸며낸 대가로 영국 정보기관 MI6 국장의 자리에 앉은 존 스칼릿John Scarlett조차, 국가안보를 이유로 수사를 중단한 것에 대해 공개적으로 의문을 제기했다.[91]

수사 중단과 관련된 자신의 역할을 한 번도 부인하지 않은[92] 토니 블레어는 국제사회에서 영국의 명성과 평판에 먹칠을 하면서 비민주적이고 부패한 동맹국의 압력에 굴복했다.

영국 정부로서는 굴욕적이게도 OECD는 영국의 뇌물방지협약 위반 여부를 조사하기 시작했다. 2007년 3월 OECD는 수사관들을 보내 SFO의 수사가 종결된 이유와 OECD 뇌물방지협약을 국내법에 포함시킨 이후 기소된 사건이 단 1건도 없는 이유를 규명하도록 했다.[93] 이에 영국 정부는 은밀히 OECD 뇌물방지위원회 위원장을 해임시키려 했다.[94] 그러나 이러한 시도는 실패로 돌아갔다. 데이비드 치드지David Chidgey 의원은 상원에서 "영국이 OECD에서 웃음거리가 되었다"며 "시급히 영국 사법체계에 대한 신뢰를 회복하기 위한 조치를 취해야 한다"고 주장했다.[95]

토니 블레어의 비서실장 조너선 파월의 형이 알야마마 사건에 대한 수사를 중단시키기 위해 BAE에 로비스트로 고용되었으며 조너선 파월과 그 사실에 대해 이야기를 나누기도 했다는 소식이 전해지면서, 수사 종결은 국가안보가 아니라 정치인들의 어떤 필요에 따라 내려진 결정이라는 인식이 확산되었다.[96] 찰스 파월은 "정부 고위 관계자들"과 수사에 대해 논의했으며, 여기에 그의 동생이 포함된다는 사실도 "전혀 문제되지 않는다"고 밝혔다. 정부 대변인은 조너선 파월이 찰스 파월과 해당 사안을 논의하지 않았다고 주장했다. "그러므로 그들이 형제라는 사실은 이 사안과 전혀 관계가 없다"고 주장하며, 조너선 파월에게는 기소 여부를 결정할 권한이 없다고도 덧붙였다. 그러나 찰스 파월은 그의 동생과 수사에 대해 논의했는지에 대한 기억을 더듬으며 다음과 같이 말했다. "충분히 가능한 일이다. 그런 말을 들었다면, 기사에 그렇게 써도 좋다. 솔직히 나는 기억이 잘 나지 않는다. 우리는 온갖 것들을 함께 논의한다." 또한 그는 가족들과 함께 논의한 내용들은 '신성불가침'의 영역이라 덧붙였다.[97]

"영국 국민들도 국익을 지키는 것이 더 중요하다고 생각할 것"

이라는 블레어의 주장에 모두가 동의한 것은 아니었다. 수사 중단 발표 직후, 런던 기반의 NGO 무기거래반대운동Campaign Against Arms Trade, CAAT과 사회정의 실현을 위한 NGO 코너하우스Corner House는 수사를 중단하는 것은 위법이라 주장하며 정부에 수사 재개를 촉구하는 서한을 보냈다. 이후 2007년 1월, 37개국 140개 NGO가 토니 블레어에게 서한을 보내 수사 중단 결정에 항의하고 부정부패가 민주주의, 지속 가능한 개발, 인권, 빈곤에 미치는 악영향을 재차 강조했다.[98]

심지어는 일부 재계 인사들까지도 수사 중단 결정에 항의의 목소리를 냈다. 영국 최대의 연기금 운용기관 헤르메스Hermes는 총리에게 서한을 보내 수사 중단으로 인해 금융 중심지로서의 영국의 명성이 위태로워졌으며, 영국 산업 및 시장이 장기적으로 큰 손실을 입게 될 것이라 밝혔다.[99] 운용자산이 약 1,000억 파운드에 이르는 자산운용사 F&C는 수사 중단 결정이 업계에 악영향을 미칠 것이라는 견해를 담은 다음과 같은 서한을 정부에 보냈다.

> 우리 같은 장기 투자자들이 볼 때 뇌물과 비리는 시장 왜곡 및 불안정을 야기하고, 기업들을 법적 책임에 노출시키며, 부정을 저지르지 않는 업체들을 오히려 불리하게 만들고, 투자 기회 모색 과정의 투명성을 저해한다. OECD 뇌물방지협약이 널리 받아들여지기 시작한 지 얼마 되지 않은 이 시점에서, 최근 정부의 결정은 비리에 대한 영국 국내법의 일관된 적용을 저해하는 행동으로 여겨질 것이다.[100]

2007년 11월 CAAT와 코너하우스는 수사 중단에 대해 고등법원에서 법적으로 다툴 수 있게 되었다. 두 NGO는 수사 중단이 영국과 사우디의 관계, 특히 영국과 사우디의 국가안보, 정보 및 외교 협력에 미칠 수 있는 악영향을 근거로 결정된 것이므로 OECD 뇌물방지협약

제5조 위반이라고 주장했다. 또한 사우디가 테러방지를 위한 협력 및 관련 정보 공유라는 국제적 의무를 위반하도록 영국이 공모한 것이나 다름없다고 주장했다. 또한 총리를 포함한 정부 각료들이 SFO에 잘못된 조언을 제공했다고 덧붙였다. OECD 협약에 따라 상업적·경제적·외교적 측면을 고려하는 것이 금지된다는 사실을 법무장관으로부터 전달받았음에도, 타이푼 전투기 계약 체결에 실패하게 될 위험을 비롯한 기타 상업적·경제적·외교적 사안을 고려한 조언을 제공했다는 것이다. 두 NGO는 SFO 청장과 정부 각료들 모두가 수사 중단이 영국의 국가안보에 미칠 악영향에 대해서는 평가 혹은 고려하지 않았다고 주장했다.

또한 두 단체는 정부 각료들이 SFO 청장이 어떤 결정을 내려야 하는지에 대해 각자의 견해를 표시했다는 점을 개탄했다. 공익에 대한 협의에 관한 규정상 각료들이 기소 여부에 대한 의견을 제시하는 것이 금지되어 있음에도 토니 블레어는 수사를 중단하는 것이 가장 공익에 부합한다는 견해를 명백히 밝혔다는 것이다. 마지막으로 그들은 독립적인 수사관이 위협이나 협박에 의해 범죄수사 혹은 기소를 중지하는 것은 법치주의에 어긋나는 위법행위라 주장했다.

2008년 4월 고등법원은 CAAT와 코너하우스의 손을 들어주었다. 법원은 정부가 "영국의 법 집행을 방해하려는 타국 정부의 시도", 즉 "위협에 비굴하게 굴복했다"고 판결했다.[101] 법원은 쇼크로스 협의가 고려되지 않았어야 할 견해들로 인해 부당하게 진행되었다는 것에 동의했으며, SFO는 수사를 중단시키려는 노력에 적절하게 맞섰다고 밝혔다. 중요한 점은 반다르가 총리 관저를 방문해, 수사를 멈추지 않으면 타이푼 전투기 계약과 정보·외교 협력 모두를 중단하겠다고 위협했다는 NGO들의 주장에 정부가 반박하지 않았다는 것이다.[102] 또한 법원은 총리의 개입에 대해 다음과 같은 반론을 제기했다.

그(SFO 청장)가 〔협박에〕 기꺼이 굴복한 것은 행정부와 마찬가지로 위협이 실제로 발생할 경우 미치게 될 영향만 고려하고 그 위협에 어떻게 대항할 것인지에 대해서는 고민하지 않았기 때문이다.

영국 국내외를 막론하고 영국의 법 집행에 개입할 수 있는 사람은 아무도 없다. 영국 정부와 피고는 그러한 본질적 원칙을 유념하지 않았으며, 이에 따라 본 법정의 개입은 정당화된다. …… 본 법정의 개입은 SFO 청장 및 사법체계의 독립성을 위협으로부터 보호할 책임을 다하기 위한 것이다. 2006년 12월 11일 총리는 이것이 자신이 아는 한 가장 분명한 공익 목적의 개입이라고 말했다. 우리도 동의한다.[103]

법원은 반다르 왕자가 수사를 멈추지 않으면 사우디가 정보협력을 중단해 "런던 거리가 피로 물들게 될 것"이라 위협한 것이 수사가 중단된 이유라고 판단했다.[104] 법원은 판결문을 통해 "영국 형법의 적용을 받는 이가 이렇게 위협했다면 그는 법 집행 방해로 기소되었을 것"이라 밝혔다.[105]

판결문은 큰 호평을 받았다. 코너하우스의 수전 홀리Susan Hawley는 "정의로운 영국을 위해 중요한 날"이라 평했으며, CAAT는 "BAE가 더 이상 영국 사회를 좌지우지하지 않는 날에 한 걸음 더 가까워졌다"고 평가했다.[106] 저명한 철학자 앤서니 그레일링Anthony Gralying은 판결문에 대해 다음과 같은 글을 쓰기도 했다.

우리 시대가 겪고 있는 딜레마의 핵심을 찔렀다. 우리의 민주주의와 국가기관이 외부 세력에 의해 매수될 정도로 의도적인 조작, 은폐, 거짓으로 몸살을 앓고 있다는 사실 말이다. 모세(사건을 담당한 고등법원 판사의 이름이자 기독교 선지자의 이름—옮긴이) 판사가 산꼭대기에서 법전을 들고 내려오자, 자신의 이익을 위해 부끄럽게도 영국 법의 명예와 청렴성을 팔아먹고 편법이라는 금송아지를 숭배해온 자들이 산 아래에서 자신들에게 내려질 처벌을 피하기 위해 법전을 부술 준비를 하고 있었다고 말할 수 있다. 이들은 나라의 수치일 뿐만 아니라 사법체계 자체를 훼손하려 하고 있다.[107]

우익 성향의 《데일리메일》조차 외국인들의 위협에 굴복해서는 안 된다면서 영국이 더 이상 사우디에 비굴한 모습을 보이지 말아야 한다고 주장했다.[108] 《뉴욕타임스》에는 다음과 같은 사설이 실렸다.

10년 전 청렴한 정부를 만들겠다는 공약을 내세워 선거에서 압승을 거두고 집권에 성공한 토니 블레어 영국 총리는 얼마 남지 않은 임기 동안 그 공약을 얼마나 많이 저버렸는지 보여주려고 결심한 듯 보인다. 블레어 총리는 지난주 SFO의 수사가 사활적인 전략적 관계를 "완전히 박살내는" 것 외에 어떠한 결과도 내지 못했을 것이라고 말했다. 번지르르한 말로 혐의를 일축한 그의 발언은 한 가지 중요한 점을 간과하고 있다. 뇌물은 아무리 교묘하고 합법적이라 해도 절대 정당화될 수 없다는 사실이다.[109]

정부와 SFO가 사우디의 위협에 굴복하는 것을 제외한 다른 해결 방안은 고려하지 않았다는 것이 판결문의 요점이었다. 그들은 알카에다의 주요 타깃인 사우디가 영국과 미국에 크게 의존하고 있는 상황에서 정보 공유를 중단할 가능성이 실제로 얼마나 될 것인지에 대해서는 전혀 고려하지 않았다. 사우디에 대한 영국의 의존도보다 영국과 미국에 대한 사우디의 의존도가 더 큰 상황이었음에도 말이다. 사우디가 위협을 실천에 옮겼다면 미국과의 관계가 크게 틀어지고 조지 부시가 선포한 '테러와의 전쟁'에서 사우디의 지위가 흔들렸을 것이다. "런던 거리를 피로 물들이겠다"는 반다르의 위협이 실제로 일어날 가능성은 테러단체들이 자신들의 적인 사우디와 대규모 무기거래를 체결했다는 이유로 영국을 공격할 가능성과 맞먹었다.

물론 사우디의 위협은 자신들을 난처하게 만들 수사를 끝내도록 하기 위한 도구에 불과했을 가능성이 매우 크다. 이는 자신들의 부패한 행적이 밝혀지는 것을 원치 않았으며, 정부 간 계약인 알야마마 사업에서 공모한 비리를 숨기고자 한 영국 정부에 발목이 잡힌 사우디가 생각해낸 해결 방안이었던 것이다. 또한 BAE와 BAE의 향후 사업을 보호하기 위한 목적이기도 했다. 데이비드 하워스David Howarth 하원의원은 수사 중단을 위한 노력은 BAE를 보호하기 위한 술책이었다고 주장하며 이 같은 의견에 동의를 표했다.[110] 로빈 쿡Robin Cook 외무장관은 BAE를 "총리 관저 정원으로 통하는 문의 열쇠를 쥐고 있는 회사"라 묘사하며, "총리는 BAE에 불편을 끼칠 만한 일은 절대 하지 않았다"고 말했다.[111] 수사에 정통한 한 고위 소식통은 이에 동의하며 "BAE는 최고의 기득권 집단이며, 정부의 일부라 해도 과언이 아니다"라고 밝혔다.

고등법원 판결 이후 큰 타격을 입은 BAE는 해리 울프Harry Woolf 전 대법관에게 BAE의 윤리적 사업 관행에 관한 보고서 작성을 의뢰해 도덕성 문제에서 유리한 위치를 점하고자 했다. BAE는 울프 전 대법관의 보고서가 독립적으로 작성된 보고서라고 주장했으나, BAE가 울프에게 9개월간 매일 6,000파운드를 지급했다는 소식과 그가 BAE의 과거 행적에 관한 정보는 전혀 얻지 못한 채 향후 계획만을 바탕으로 보고서를 작성했다는 점으로 인해 보고서의 독립성에 대한 의문이 제기되었다.[112] 자신이 받은 터무니없이 큰 금액에 대한《이코노미스트》의 질문에 울프 대법관은 "액수에 영향을 받았느냐고? 내가 그 정도 액수를 제안받을 만한 사람은 아니지 않나"라고 답했다.[113]

필자는 고민 끝에 울프위원회Woolf Commission에 증거를 제공하고, 이를 기회로 삼아 울프 전 대법관에게 직접 '당신께서 너무 제한적인 정보를 기반으로 보고서를 작성했으며 그로 인해 BAE의 실체를 제대로 파악하지 못했다'고 지적했다. 비공식적인 자리에서 필자는 BAE가 부패한 과거 행적을 실토하지 않는 한 스스로의 도덕성과 윤리성을 제대로 세우는 것은 불가능하다고 말했다. 울프 전 대법관은 법적으로 그것은 어렵다고 답했다. 영국의 대법관을 지낸 인사마저도 범법 행위를 저지른 BAE가 과거의 잘못을 묻어두고 넘어가야 한다고 주장한 것이다. 또한 그는 실제로 그렇게 할 수 있도록 돕고 있었다.

울프 전 대법관의 보고서에는 BAE가 활용한 미심쩍은 에이전트나 엄청난 규모의 뇌물, 세계 각국의 부패한 정부들, BAE가 CAAT에 심은 스파이들에 대한 내용은 거의 언급되지 않았다.[114] 보고서에는 '급행료' 지급 중단, 영국 뇌물방지법 개정의 필요성, 자문위원에 대한 실사 절차 도입 등 합리적인(사실은 뻔한) 권고도 포함되었다.[115] 그러나 보고서는 BAE의 문제를 해결하거나 밝혀내고자 하는 의도로 작성된 것이 전혀 아니었다. 데이비드 레이는 보고서에 대해 "울프는 BAE가 팩트로부터 자유로운 성역이 되어야 한다고 태연하게 주장하는 것"이라 평가했다.[116] 이미지 세탁을 위한 170만 파운드짜리 보고서는 의미 없는 돈 낭비로 끝났다.[117]

과거를 지우려는 BAE의 방침은 새로운 시대를 여는 일조차 불가능하게 만들었다. 2008년 BAE 연차총회에서 딕 올버Dick Oliver 회장은 BAE가 가장 윤리적인 무기업체로 거듭날 것임은 물론 모든 업계, 모든 업체에 적용되는 '황금률'을 반영하겠다고 밝혔는데, 이는 거의 망상에 가까웠다.[118] 필자는 딕 올버나 어떤 방산업체 임원이 '윤리적인 무기업체가 되는 것이 애초에 가능한 일인가'라는 근본적인 문제에 대해 고심하는 모습이 상상조차 되지 않는다.

딕 올버가 이끄는 경영진은 회사 이미지를 바꾸기 위한 노력의 일환으로, 비자금 조성과 비밀 자금전달 시스템을 만드는 데 일조한 딕 에번스와 마이크 터너의 시절과는 완전히 달라진 모습을 보여주겠다고 주장했다. 그러나 BAE가 불명예스럽게 은퇴한 딕 에번스를 컨설턴트로 고용했다는 사실이 드러났다. 딕 에번스는 BAE에서 사우디와의 관계를 통해 커리어를 쌓았으며 알야마마 사업 진행 중에 사우디에서 현지 업무를 총괄한 바 있었다. 결국 딕 올버는 에번스가 2004년 사임 후 BAE로부터 약 150만 파운드를 받았다는 사실을 밝혔다. 에번스의 역할은 BAE와 사우디 간의 관계에 관해 조언하는 것이었다고 한다.[119] 2010년 초, 여론이 크게 나빠지고 난 후에야 에번스와의 계약이 종료되었다.[120]

BAE는 윤리적인 무기업체로 거듭나겠다는 실패한 시도를 벌인 바 있고, 앞으로도 그럴 것으로 보인다. BAE의 사회공헌 책임자 데버라 앨런Deborah Allen은 2006년 BBC에 BAE가 "전투기의 연비 향상부터 군수품의 소재 및 환경에 미치는 영향 검토까지 사회적 책임을 다하기 위한 모든 일을 하고 있다"고 밝혔다.[121] BAE는 납이 첨가되지 않은 '친환경' 총알을 생산해 환경에 '추가적 피해를 입히지 않도록' 하는 계획도 세웠다.[122] 부상 혹은 사망으로 인한 피해 이외의 추가적인 피해는 입히지 않겠다는 것이다. 또한 BAE는 사용자가 폭발로 인한 연기에 적게 노출되는 '조용한' 폭탄을 개발하겠다고 밝히기도 했으며, 매설된 후 시간이 지나면 비료로 바뀌는 지뢰도 개발하고 있다고 했다. 앨런은 BAE가 "무기로 파괴된 환경을 되살리기 위해 노력할 것"이며,[123] "매우 아이러니하고 모순적인 말이긴 하지만 모든 무기가 친환경적인 방식으로 생산된다면 좋을 것"이라 밝혔다. 이러한 친환경 계획은 '더욱 세심한 방식으로 무기와 군수품을 만드는 윤리적 무기제조업체'라는 우스꽝스러운 아이디어로 비웃음만 샀다. 2년 후 납 대신

텅스텐을 사용한 총알이 원가가 훨씬 높아 수익성이 떨어진다는 것을 깨달은 BAE는 친환경 총알 생산 계획을 취소했다.[124]

BAE는 영국 국기에 회사 슬로건을 입혀 대대적인 광고 캠페인을 시작했다. 광고는 진보 성향 매체 《가디언》과 《뉴스테이츠먼New Statesman》을 포함한 다양한 간행물과 런던의 택시와 버스에 게재되었다. 한번은 《뉴스테이츠먼》에 필자가 쓴 BAE 비판 기사와 나란히 광고가 실리기도 했다. BAE는 애국심을 앞세운 광고를 줄기차게 내보냈고, 이를 패러디하는 사람들도 생겼다.

적극적인 홍보 활동을 이어가는 와중에 딕 올버는 SFO의 수사가 "실패할 수밖에 없다"고 주장하며 수사 중단을 요구했다.[125] 고등법원 판결 1년 뒤 SFO에는 리처드 앨더먼Richard Alderman이 새 청장으로 임명되었다. 그는 내국세입청에서 세무조사를 담당한 직업공무원으로, 한 관계자는 패트리샤 스코틀랜드Patricia Scotland 법무장관이 "세무조정에 익숙하고 서류 작업을 좋아하는" 그를 안전한 선택이라 생각했을 것이라 말했다. 뇌물과 부패에 맞서 싸운 경력을 가진 인사를 외부에서 영입했다면 도덕적 방향성을 잃은 고리타분한 정부라는 인식이 강화되는 대신 SFO의 독립성과 평판이 개선되었을 것이다.[126]

앨더먼은 부정부패에 대한 인식 제고를 목표로 삼고 피해자가 확실히 파악되는 사건에 집중했다. 그는 앞으로도 수사를 우선순위로 삼을 것이라 주장했으나, 얼마 후 런던 기반 업체들이 보스니아에서 벌인 활동에 관한 부패 사건을 기소하겠다는 입장을 법무장관에게 제출했다가 스스로 철회하고 말았다. 앨더먼 청장의 취임과 함께 SFO의 고위급 인사 3분의 1가량이 대거 사표를 제출했다. 이 중 상당수는 신임 청장의 방침이 잘못된 것이며, 앞으로 기소가 유죄 판결로 이어지는 사례가 더욱 감소할 것이라 보았다.[127]

앨더먼이 취임한 후 고등법원의 판결은 영국 기득권층의 낡은 수호자라 할 수 있는 법관의원Law Lords(2009년 대법원 창설 전까지 최고법원의 역할을 수행한 상원의원들—옮긴이)들에게 상고되었다. 정부는 전략을 바꿔 이번에는 반다르가 수사를 중단하려 한 사실을 부인했다. 조너선 섬 션Jonathan Sumption 칙선 변호사는 반다르가 자신의 이익을 위해 수사를 중단시키려 했다는 의혹은 "근거가 없다"고 주장했다. 그는 이러한 주장이 어느 일요판 신문 기사에 근거한 것이며 정부가 사실로 인정한 적은 전혀 없다고 말했다. 또한 그는 각료들을 위협한 자가 누군지에 대해서는 말하지 않았으나 사우디 정부 최고위층이 "일정 기간 동안 다양한 경로를 통해" 이러한 위협을 해온 것은 "매우 확실하다"고 밝혔다.[128] 정부는 사우디 측에 SFO 및 법무장관은 독립적이며 정부가 기소에 개입할 수 없음을 수차례 알려 사우디의 위협에 대응했음을 보여주는 문서를 법관의원들에게 제출했다.

법관의원들은 재빨리 SFO와 정부의 손을 들어주었다. 5명의 법관 중 브렌다 헤일Brenda Hale 법관만이 정부가 수사 중단을 묵인했다는 사실에 유감을 표했다. 그녀는 "독립적인 공무원이 위협에 굴복할 수밖에 없다고 느꼈다는 사실이 매우 불쾌하다"고 밝혔다. 또한 그녀는 SFO 청장에게 이러한 위협과 위험을 고려할 자격이 있다는 점은 인정하지만 다른 4명의 법관과는 달리 "수사 중단이 유일한 선택지였다는 것"은 인정할 수 없다고 밝히면서, "정직하고 양심적인 공무원들이 이처럼 도저히 있을 수 없는 상황에 처하지 않는, 더 나은 세상이 오길 바란다"[129]고 덧붙였다.

또한 법관의원들은 SFO 청장의 결정이 OECD 뇌물방지협약 제5조에 부합하는지 여부를 결정할 수 있는 주체는 영국 법원이 아니라 해당 협약에 따른 분쟁해결기구인 OECD 뇌물방지실무그룹Working Group on Bribery이라 판결했다. 청장이 협약과 관계없이 동일한 결정을 내렸을 것이라고 시인했다는 사실도 판결에 영향을 미쳤다. 이러한 청장의 발언은 영국 국내법에 뇌물방지협약 제5조가 제대로 반영되지 않았으며, 따라서 제5조에 포함된 조항들을 영국에서 집행할 수 없음을 인정하는 것이다. 코너하우스가 지적한 바와 같이, "이는 SFO의 수사 중단의 위법 여부와 관계없이 영국이 국제법에 따른 의무를 위반했음을 의미한다".[130]

법관의원들의 판결은 많은 비판을 받았다. SFO의 수사가 시작될 수 있도록 도운 《가디언》은 해당 판결에 대해 다음과 같은 입장을 밝혔다.

> "애국주의가 악인에게 최후의 수단이 될지는 모르겠지만, 국가 안보는 독재자에게 최후의 수단이 될 수 있다." 워커Walker 법관의원은 강압적인 테러방지법의 적법성과 관련된 역사적 사건에서 정부 측의 손을 들면서 이처럼 날카로운 경고를 남겼다. 남용의 여지가 있음을 잘 알고 있음에도 영국 법원은 국가안보 관련 사안으로 행정부를 비판하는 것을 늘 삼갔다. 물론 각료들은 이와 관련해 특별한 책임과 가치 있는 정보를 갖고 있다. 어제 법관의원들은 항상 그래왔듯 만장일치로 행정부에 존중을 표했다. 그들은 BAE에 대한 수사를 중단한 것이 합법이며, 공공의 안전을 위한 결정이었다고 판결했다.[131]

수전 홀리는 다음와 같은 의견을 밝혔다. "매우 실망스럽고 보수적인 판결이었다. 법원이 정부에 책임을 물을 준비가 되어 있지 않다면, 그 역할은 과연 누가 수행해야 하는가? 모세 재판관과 설리번Sullivan 재판관이 판결문을 통해 강력히 주장했던 것처럼, '지나친 권력을 견제하지 못하면 법치주의는 아무런 의미가 없다'."[132] 로런스 콕크로프트Lawrence Cockcroft 국제투명성기구 영국 지부장은 "영국 법원이 정부의 부패척결 노력의 신뢰성을 회복해줄 것이라는 희망이 사라져버렸다"고 한탄했다.[133]

로버트 워들 전 청장이 인정했던 것처럼, SFO 청장은 위협에 굴복했으며, 법관의원들은 영향력 있는 인사들과 연줄을 구축한 대형 무기업체를 기소하는 것을 사실상 불가능한 일로 만들어버렸다.[134] 반대로 곤란한 수사를 중단시키기 위해 정부를 위협하고 협박하는 것은 허용 가능한 일이 되어버렸다.

2009년 4월 1일, 헬렌 갈릭은 SFO에 작별을 고했다. SFO는 런던 중심부 하이홀본High Holborn가에 위치한 벙홀셀러스Bung Hole Cellars라는 바의 지하에 자리하고 있다. 벙커를 연상케 하는 지하 공간에서 느껴지는 음울함은 SFO와 완벽하게 어울렸다. 헬렌처럼 청렴하고 원칙을 지키는 용감한 이들은 SFO에서 더 이상 환영받지 못했다. 그녀가 품위 있고 진심 어린 작별 인사를 건네자 SFO 직원들은 눈물을 보이고 말았다. 동료들이 하나둘씩 떠나고 있으며, 이는 영국 부패척결의 전망이 어둡다는 사실 때문이었다.[135]

8. 그리고 아무도 처벌받지 않았다

2000년 말, 유고슬라비아 내전 당사자 대부분을 상대로 한 무기거래, 라이베리아 및 시에라리온에서의 무기 밀수, 알카에다와의 다이아몬드 거래 같은 방대한 메렉스 네트워크의 악명 높은 활동이 UN과 글로벌위트니스, 국제엠네스티 등의 NGO들에게 알려지기 시작했다. '죽음의 상인'으로 알려진 빅토르 부트의 실화를 바탕으로 한, 니컬러스 케이지 주연의 할리우드 블록버스터 〈로드 오브 워Lord of War〉가 제작되었다. 또한 리어나도 디캐프리오 주연의 다른 할리우드 영화는 시에라리온에서 벌어진 참상을 다루며 '피의 다이아몬드'라는 표현을 대중적으로 알리는 데 큰 역할을 했다. 무기딜러들과 사기꾼들만의 지하 세계가 대중에게도 드러나기 시작한 것이다. 조 데르 호세피안의 전력과 니컬러스 오먼이 꾸민 사악한 음모 등 여전히 알려지지 않은 부분이 더 많긴 했지만 말이다.

그럼에도 무기거래 네트워크 멤버 중 불법거래 혐의로 기소된 사람은 단 1명도 없었다. 다른 혐의로 체포되어 유죄 판결을 받은 경우는 있었으나 전 세계적으로 막대한 피해와 손해를 끼치는 불법 무기 거래에 연루된 혐의로 법적 처벌을 받은 이는 아무도 없었다.

여기에는 법적인 이유와 정치적인 이유가 있다. 드물지만 무기거래 네트워크 멤버가 기소되는 경우도 있었다. 그러나 그중 대부분은 매우 약한 국제적 규제와 국제법 체계의 산물인 '사법관할권' 개념으로 인해 기소 절차가 제대로 진행되지 못한 채 유야무야 마무리되었다. 세계 곳곳에서 활동하는 무기 브로커들은 복잡한 네트워크를 통해 자금과 무기, 기타 상품을 다양한 관할권을 거쳐 이동시킨다. 또한 무기가 전달되는 그 순간 현장에 있는 경우는 거의 없기 때문에 무기 브로커들이 저지른 범죄는 자국의 관할권 밖에서 벌어진 일이라는 법원 판결이 나오기 쉽다. EU의 경우 무기밀매에 대한 EU 차원의 공동 입장을 채택하긴 했으나, 사법관할권에 구애받지 않고 무기딜러를 기소할 수 있는 통합된 법적 메커니즘이 마련되지 않아 '죽음을 공급하는' 무기딜러들에게 별다른 제재를 가하지 못하고 있다.

또 하나 중요한 문제는 분쟁 지역에서의 증거 수집 및 수집된 증거의 해석이다. 일례로 네덜란드 법원은 전쟁 지역에서 정보원을 통해 수집한 '상충되는' 증거를 증거로 인정하지 않은 바 있다.[1] 복잡한 수사의 맥락을 고려하지 않거나, 사건에 대한 현지의 이해 및 묘사가 서구권에서 어떻게 왜곡될 수 있는지를 고려하지 않은 증거는 증거로 채택할 수 없다는 이유였다.

이러한 법적 문제에 더해 많은 국가들이 정치적 이유로 무기딜러를 기소하려 하지 않는다는 문제도 있다. 메렉스 설립 초기의 행적만 보더라도 딜러들이 국가 정보기관 혹은 준국가기관과의 연줄을 통해 기소를 피한 경우가 흔히 있었다. 극단적인 경우에는 정치인들이 포함된 범죄 조직, 혹은 영향력 있는 정치인이나 정부 관계자에게 유용한 범죄 조직에서 매우 중요한 역할을 하는 딜러들의 위법행위가 노골적 혹은 암묵적으로 묵인되기도 한다. 딜러들이 체포 및 기소되면 범죄를 공모한 거물 정치인들이 상당히 곤란해지는 것은 물론, 정치적·법적 문제에 처할 수 있기 때문이다. 높은 자리에 있는 친구들을 둔 덕에 무기딜러로 활동하는 동안은 물론 은퇴 이후에도 체포 및 기소를 피한 무기딜러들도 있다.

수년간 정의의 심판을 피한 빅토르 부트의 사례는 이러한 법적·정치적 이유들로 인해 무기딜러를 기소하는 것이 얼마나 어려운지 잘 보여준다.

2002년 2월 벨기에 당국은 자금세탁과 무기거래 혐의로 부트에게 인터폴 적색수배*를 내렸다. 원칙적으로 적색수배에 따라 인터폴 회원국에서 부트가 발견되면 회원국 경찰당국은 그를 체포해 벨기에로 인도해야 한다. 9·11 테러 직후 부트의 아프리카인 동료 산지반 루프라는 미국 정보기관 관계자들과 연락을 취했다. 이후에도 루프라는 미 정부기관 관계자들과 오랜 시간 연락을 주고받았다. UN 여행금지 제재 대상에 오른 루프라가 여권도 없이, 입국 심사도 거치지 않은 채 미국을 방문해 직접 보고를 올리기까지 한 적도 있었다. 그는 미국 연락책 '브래드Brad'에게 다양한 정보를 제공하기로 약속했다.[2] 여기에는 아프가니스탄에 있는 탈레반과 알카에다의 움직임에 대한 정보도 포함되었다. 두 테러 조직에 무기를 공급하는 역할을 맡아 그들의 동태를 정확히 파악할 수 있었던 루프라와 부트는 자신들이 확보한 정보와 광범위한 네트워크 덕에 테러와의 전쟁에서 '부정한' 연락책으로 유용하게 활용되었다.[3]

미 정보기관이 공식 합의를 거쳐 부트와 루프라로부터 정보를 제공받은 것인지는 불분명하다. 그러나 부트가 몇 년 동안이나 체포를 피할 수 있었던 것은 미 정보기관의 개입 덕으로 보인다. 이러한 의혹이 깊어지자 벨기에 당국은 미 정보기관에 알리지 않고 체포영장을 발부하는 방법을 시도하기도 했다.[4] 벨기에와 유럽 각국은 '블러드스톤 작전Operation Bloodstone'을 위한 전담팀을 주축으로 영국 정보기관과 힘을 합쳤다. 여행금지를 상습적으로 위반하는 부트를 예의주시하기 위해서였다. 2002년 2월 말, 부트가 자신이 소유한 비행기를 타고 몰도바에서 아테네로 이동할 것이라는 확실한 정보가 확보되었다. 아테네에 착륙한 부트를 체포해 벨기에로 인도하기 위한 계획이 수립되었다.[5]

★ 인터폴의 적색수배는 체포영장이 발부된, 혹은 법원 판결이 내려진 수배자를 임시 체포해 본국으로 송환하기 위한 국제수배다. 이밖에 녹색수배는 동일 범죄를 다시 저지를 우려가 있는 우범자에 대해 경고하기 위해 내리는 수배이며, 흑색수배는 신원미상 시신의 신원을 확인하기 위한 조치다.

부트가 탄 비행기가 이륙한 직후 영국 현장요원들은 런던으로 암호화된 메시지를 보내 '자산'의 이륙 소식을 알렸다. 그러나 몇 분 뒤 부트가 탄 비행기는 갑자기 방향을 틀어 예정된 비행 경로에서 벗어나 레이더에 잡히지 않는 산악 지대로 사라졌다. 90분 뒤 다시 나타난 비행기는 아테네에 착륙했다. 경찰은 비행기를 수색했으나 조종사 외에는 아무도 발견하지 못했다. 24시간 후 부트는 약 4,800km 떨어진 콩고민주공화국에서 발견되었다. 아테네에서 부트를 체포하려는 계획을 파악한 부트 일당이 그를 안전한 곳에 내려준 것이다. 한 유럽 수사관은 "그렇게 빨리 영국의 암호화된 메시지를 풀어낼 수 있는 정보기관을 보유한 국가는 러시아와 미국 단 두 곳밖에 없는데, 러시아가 이 일에 연루되지 않은 것은 확실하다"며, 모든 정황상 미국이 개입한 것으로 보인다고 설명했다.[6]

아슬아슬하게 탈출에 성공한 직후 부트는 그에게 '홈그라운드'나 다름없는 러시아로 돌아갔다. 러시아 정부 관계자들은 러시아 기득권층과의 친분을 기반으로 수년간 불용 군수품을 조달해온 부트가 기소되는 것을 원치 않았다. 2002년, 그의 소재를 알려달라는 요청에 러시아 당국은 그가 러시아에 없는 것이 분명하다고 답했다.[7] 그러나 러시아 당국이 그의 체류 사실을 부인한 바로 그 순간 부트는 모스크바의 한 스튜디오에서 러시아 최대의 라디오 방송에 출연해 2시간짜리 인터뷰를 하고 있었다. 러시아 당국은 곧바로 말을 바꾸어 두 번째 답변을 내놓았다. 당국은 조지 오웰의 소설에 나올 법한 모호한 표현을 사용해 부트와 '현재 연락이 닿지 않는다'고 답했다. 러시아어로 크리샤krisha라 불리는 이러한 보호 덕에 부트는 이전보다 조심스러웠지만 사업을 재개할 수 있었다. 그 결과 2006년까지도 부트는 소말리아의 이슬람 무장단체와 레바논의 헤즈볼라에 무기를 공급했다.[8] 그는 같은 시기에 미국을 위해 이라크와 아프가니스탄에 항공기로 화물을 운송하는 역할도 했다.[9]

2007년 미국 마약단속국Drug Enforcement Administration은 부트의 악명 높은 행적에 주목하기 시작했다. '마약과의 전쟁'을 선포한 마약단속 국은 9·11 테러 이후 마약밀매 등 '테러리스트'의 자금줄이 되는 여러 활동에 연루된 이들을 잡아들이기 위해 적극적으로 함정수사를 펼치고 있었다. CIA보다도 많은 해외 지부를 두고 있는 마약단속국의 방대한 인프라는 무기딜러들의 수익원인 복잡한 다국적 범죄 수사에 특히 유용했으며, 2006년 거의 은퇴한 상태인 무기딜러 몬제르 알-카사르Monzer Al-Kassar를 잡기 위한 함정수사에서 그 진가를 발휘했다.

알-카사르는 폴란드로부터 소총 및 권총을 구매해달라는 예멘 정부의 요청을 받고 무기거래를 처음 시작했다. 그는 1980년대 폴란드에서 예멘 상무관으로 일했으며, 2002년까지 폴란드군의 불법 무기거래를 도왔다.[10] 이란-콘트라 사건(2장 참조)에 연루되기도 한 알-카사르는 그의 친구 아부 압바스Abu Abbas에게도 무기를 공급했다. 압바스는 1985년 유람선 아킬레라우로Achille Lauro호 납치를 주도했으며, 범행 과정에서 휠체어를 탄 미국인 탑승객 리언 클링호퍼Leon Klinghoffer를 살해한 인물이다. 알-카사르는 크로아티아, 보스니아, 소말리아에 대한 UN 무기금수조치를 위반하기도 했고, 《워싱턴포스트》에 인용된 기록에 따르면 이란에 중국제 대함미사일 부품을 조달한 경력도 있는 것으로 추정된다. 미 의회 도서관의 한 보고서는 그가 유명 테러리스트가 이끄는 브라질 단체에 폭발물을 전달했으며, 이전에는 키프로스의 이란 민병대에 무기를 팔았다고 비판하기도 했다.[11]

알-카사르는 시리아 외교관인 부친 덕에 시리아 정부 최고위층과 긴밀한 관계를 맺고 있었다. 그러나 무엇보다 중요한 사실은 그가 수니파 반란 세력을 지원한 혐의를 받았다는 것이다.[12]

마약단속국은 팔레스타인의 테러조직 '검은 9월단Black September' 조직원 출신을 이용했다. 그 조직원은 알-카사르와 친분을 쌓고, 무기를 구매하려 하는 고객이 있다며 그를 속였다. 알-카사르는 이전에도 검은 9월단과 함께 일한 적이 있었다. 마약단속국의 정보원이었던 과테말라인 2명이 콜롬비아무장혁명군Revolutionary Armed Forces of Colombia 고객으로 위장했다. 콜롬비아무장혁명군은 오래전부터 미국이 테러단체로 지정한 조직이다. 따라서 이들에게 무기를 공급하려는 모든 시도는 법적으로 미국 국적자 살해 음모에 가담한 것으로 간주된다.[13] 알-카사르와의 대화는 모두 녹음되었다. 그와 여러 차례 만남을 가진 끝에 마약단속국 정보원들은 그에게 기관총 수십 대, RPG, 지대공미사일 등을 포함한 약 1만 2,000개에 달하는 무기를 공급받겠다는 내용의 계약을 체결했다.[14] 알-카사르는 정보원들에게 설득당해 '콜롬비아무장혁명군 고위 지도자'를 만나러 스페인을 방문했다. 스페인 경찰들이 미국의 지시에 따라 그를 체포했다. 그는 여느 무기딜러와 마찬가지로 정보를 제공하는 대가로 스페인 및 여러 국가 정보기관과 관계를 맺어둔 상태였으나, 이러한 인맥도 그를 보호해주지는 못했다. 2008년 6월 알-카사르는 수갑을 찬 상태로 스페인에서 미국으로 인도되어 재판을 받았다.[15]

마약단속국은 알-카사르에게 사용한 것과 동일한 수법으로 '크리샤'의 보호하에 있는 빅토르 부트를 꾀어낼 수 있을 것이라 판단했다. 부트는 1998~1999년에도 콜롬비아무장혁명군을 위해 콜롬비아 정글 상공에서 무기를 공중 투하한 바 있었기 때문이다. 마약단속국 요원 마이클 브라운Michael Braun은 수년간 '온갖 인간 쓰레기'들의 뒤를 쫓으며 쌓은 경험으로 볼 때 같은 수법을 두 번 사용해도 통할 것 같았다며 이렇게 말했다. "범인들이 자만할수록 더 유리하다. 그런 놈들은 '똑같은 수법을 두 번 쓸 리 없다'고 생각한다."[16]

부트의 과거 행적에 대한 분석을 기반으로 수개월에 걸쳐 철두철미한 계획을 세운 끝에, 2007년 11월부터 본격적인 함정수사가 시작되었다. 첫 번째 단계는 부트의 측근 앤드루 스뮬리언Andrew Smulian과 연락을 취하는 것이었다. 군용기 조종사로 일한 경험이 있는 스뮬리언은 40대 중반의 미스터리한 영국 남성이다.[17] 암호명 'CS-1'으로 불리는 마약단속국 주요 정보원에 따르면 당시에도 스뮬리언은 여전히 부트와 긴밀한 관계를 유지하고 있었다. 마약단속국은 스뮬리언을 통해 부트에게 접근했다. CS-1은 이전에 스뮬리언과 일한 경험이 있었으며, 부트와도 교류한 적이 있었다. 1990년대 중반, 부트는 CS-1과 스뮬리언에게 접근해 체첸에 상자를 공중 투하하자고 제안했다.[18] "(부트가) 상자에 무엇이 들었는지 명확히 밝히지 않았으나 CS-1은 무기가 들어 있을 것이라 생각"했기 때문에, 두 사람은 제안을 거절했다.[19] 여전히 신분이 공개되지 않고 있는 CS-1은 이후에도 부트와 간간이 연락을 주고받았으며, 그와 같은 비행기를 타고 두바이에서 아프리카로 이동한 적도 있었다.[20]

2007년 11월, 마약단속국의 지휘 아래 CS-1은 스뮬리언에게 이메일을 보내 부트가 관심을 가질 만한 좋은 사업 기회가 있다고 전했다. 스뮬리언은 부트가 거래에 참여할 의사가 있다고 답하며, 직접 만나 논의를 하자고 제안했다. 12월에 스뮬리언은 이메일을 통해 "부트와 이야기를 해보았으며 농기구(무기를 칭하는 것으로 추정) 운반은 어려울 것 같지만 필요한 물품을 구해줄 수는 있다"고 밝혔다.[21] 스뮬리언은 CS-1에게 각별히 주의를 기울일 것을 당부하며 다음과 같이 말했다. "부트는 UN에 의해 기피인물로 지정되었으며 미국, 유럽, 스위스도 이러한 결정을 지지했다. 현금을 비롯해 총 60억 달러가량의 자산이 모두 동결되었으며, 러시아를 제외한 다른 국가는 절대 방문하지 못한다. …… 우리는 어떠한 형태로도 연락을 취해서는 안 되며, 과거와 현재의 연락 내역은 모두 전자적으로 조사 및 복사된다."[22]

CS-1과 그의 동료로 위장한 CS-2, CS-3는 2008년 1월 베네수엘라 해안 인근에 위치한 자그마한 섬, 퀴라소Curaçao에서 스뮬리언과 첫 만남을 가졌다. CS-2와 CS-3는 콜롬비아무장혁명군 대표단으로 위장했다. 스뮬리언은 전혀 의심하지 않았다. 두 사람은 그에게 콜롬비아무장혁명군이 구매하고자 하는 무기 리스트를 전달했다. 일반적인 기관총뿐만 아니라 지대공미사일도 포함되어 있었다. 스물리언이 리스트에 적힌 무기를 구해준다는 것은 곧 그와 부트가 미국과 직접 계약하지 않은 자에게 지대공미사일을 판매하는 것을 금지한 미국 국내법을 위반하는, 매우 중대한 범죄를 저지르는 것을 의미했다.[23] 거래의 성사 가능성을 높이기 위해 마약단속국 요원들은 스물리언에게 여행 경비로 5,000달러를 현금으로 건네며 성의를 표했다.

품목이 결정된 후 거래 조건을 논의하기 위해 여러 차례 만남이 이루어졌다. 1월 코펜하겐에서 만난 스물리언은 부트와 곧 직접 만날 수 있을 것이며, CS-2에게 부트의 이름 철자를 확인해주며 그가 '죽음의 상인'으로 알려진 바로 그 사람임을 확인해주었다. 또한 스물리언은 '100개'는 바로 전달이 가능하다고 밝혔는데, 지대공미사일을 의미한 것으로 추정된다. 그는 거래를 위해 콜롬비아무장혁명군 측의 자금을 세탁해주겠다는 부트의 제안을 전하며, 수수료로 세탁될 자금의 40%를 요구했다.[24]

며칠 후 루마니아에서 이루어진 만남에서 부트는 거래 규모를 키울 의지를 보였다. CS-2와 전화로 접촉 장소를 논의한 부트는 논의가 끝나자 스물리언을 바꿔주었다. 스물리언은 신이 난 목소리로 이글라 Igla 미사일 100발을 확실히 전달할 수 있다고 확인해주며, "적군 헬기를 쓸어버리는 특수 헬기"와 헬기 사용에 필요한 훈련, 미사일 3발을 연속 발사할 수 있는 현대식 로켓 발사기 구입을 제안했다.[25] 무기는 불가리아의 무기제조업체에서 공급받아 니카라과에서 가이아나를 향해 비행하는 동안 콜롬비아 상공에서 200개의 낙하산을 이용해 공중 투하해 전달하겠다고 했다. 부트는 콜롬비아무장혁명군이 자금세탁을 원치 않을 경우 늘 그래왔듯 그들의 세력권 인근에서 빈 항공기를 사용해 직접 현금을 수령하겠다고 제안했다.[26]

은거하던 부트를 유인해내는 데 성공하기까지 고통스러운 몇 달이 더 흘렀다. 콜롬비아무장혁명군 대표단으로 위장한 요원들은 부트를 직접 만나지 못하면 더 이상 거래를 진행하지 않겠다고 버텼다. 그들은 루마니아 부쿠레슈티Bucharest에서의 만남을 계획했으나 실패로 돌아갔다. 루마니아에 있는 부트의 연락책이 그를 위해 비자를 마련하려던 무렵, 부트와 관련된 루마니아 인사들에 대한 다큐멘터리가 루마니아 TV에 방영된 것이다. 비자 준비를 돕던 연락책은 루마니아를 방문하기에는 시기가 좋지 않다고 경고했다. 하지만 마침내 다른 곳에서 만남을 갖기로 결정되었다. 부트가 새로 생성한 야후 이메일 주소로 그와 연락을 취한 마약단속국 요원들은 그에게 자신들이 2월 말 사업차 태국을 방문할 예정이라고 알렸다.[27] 감시를 매우 두려워했던 부트가 CS-2에게 직접 전화까지 걸어 방콕에서 만남을 갖는 것에 동의한 것을 보면, 당시 부트는 거래 성사에 혈안이 되어 있었던 것으로 추정된다. 수개월에 걸쳐 공을 들인 끝에 마약단속국은 드디어 '크리샤'의 보호 아래 있던 부트를 유인해내는 데 성공했다. 2월 말 마약단속국은 서둘러 뉴욕 법원에 체포영장을 제출하고, 작전을 준비하기 위해 태국으로 떠났다.

부트는 2008년 3월 6일 방콕에 도착해, 정오가 되기 직전 방콕 도심의 상업지구에 자리한 5성급 소피텔 호텔Sofitel Hotel에 체크인했다. 오전 5시부터 현장을 모니터링하던 마약단속국 요원들은 부트가 호텔 프런트로 가서 오후 3시에 27층에 있는 회의실을 사용하기 위해 예약하는 모습을 지켜보았다. 몸단장을 마친 부트는 호텔의 바에서 CS-2, CS-3와 만났다. 부트는 술잔을 기울이며 "미국에 대항한 콜롬비아무장혁명군의 투쟁은 곧 자신의 투쟁이기도 하며, 따라서 미국제 헬기를 격추시킬 수 있는 무기를 무장혁명군 측에 제공하고 싶다는 뜻을 전했다".[28] 그는 세일즈맨 특유의 빠른 어투로 수류탄 발사기와 미사일 장착이 가능한 '초경량' 2인용 전투기가 헬기 격추에 제격이라며 칭찬을 아끼지 않았다. 세 사람은 함께 부트가 예약해둔 회의실로 올라갔다. 거래를 마무리하기 위해 부트는 "지대공미사일 700~800발, AK-47 소총 5,000정, 탄약 수백만 발, 다양한 러시아제 소총용 예비 부품, 대인지뢰와 C-4 폭약, 야간투시장비, 초경량 항공기, 무인항공기를 1,500만 달러에 제공할 수 있다"고 정리했다.[29] 부트는 무기 사양이 상세히 기재된 팸플릿을 보여주며, 나중에는 무장혁명군이 직접 무기를 운반할 수 있도록 안토노프와 일류신 화물수송기도 2대 구입하는 것이 어떻겠냐고 권했다.

부트의 말이 끝나기 무섭게 태국 경찰들과 마약단속국 요원들이 회의실을 덮쳤다. 부트는 저항하지 않았다. 수갑이 채워지는 동안 그는 "게임 오버"라고 중얼거렸다.[30] 그는 다소 비참한 모습으로 CS-2, CS-3를 비롯해 서로를 축하하는 마약단속국 요원들이 가득한 로비를 지났다. 이튿날 뉴욕에 있던 앤드루 스뮬리언 또한 경찰관들에게 붙잡혀 뉴욕 지방법원으로 향했으며, 법원은 그의 체포를 확인했다.[31] 스뮬리언은 해당 거래에서 부트가 한 역할에 대해 낱낱이 증언하고 그 대가로 감형 및 증인보호를 받는 조건으로 양형거래에 응한 것으로 알려져 있다.[32]

주요 제보자와 명백한 증거를 모두 확보한 상황이었기에 미국 당국이 부트를 기소하는 데는 별다른 문제가 없을 것 같아 보였다. 몬제르 알-카사르의 재판 및 선고가 매우 신속하게 이루어졌다는 점도 고무적이었다. 알-카사르의 경우처럼 빅토르 부트를 재빨리 송환해 미국 법원에서 판결을 받도록 하는 것이 가장 중요했다. 2008년 4월 미국은 부트를 기소하지 않겠다는 태국 당국의 결정이 내려진 뒤 범죄인 인도를 요청했다. 태국 당국의 결정을 기다린 이유는 범죄인 인도를 위해서는 해당 범죄가 미국과 태국 모두에서 처벌 가능해야 할 뿐만 아니라, 태국에서 범인이 기소되지 않아야 하기 때문이다. 미국의 범죄인 인도요청서에는 콜롬비아무장혁명군에 대한 기사, 남미 지도, 요원들과 갖기로 한 만남에 관련된 자필 메모를 포함해 부트가 체포

될 당시 압수한, 그의 "유죄를 입증할 수 있는" 문서들도 첨부되었다.[33]

2009년 8월 태국 법원은 부트의 인도를 거부한다는 내용의 판결을 발표했다. 이 사건의 쟁점은 부트가 저지른 것으로 의심되는 범죄가 정치적 행위가 아닌 명백한 범죄행위에 해당하는지 여부였다. 미국과 태국이 맺은 범죄인 인도조약에 따르면 "정치적 목적의 인도 요청" 및 "군사범죄 혹은 정치범죄에만 해당하는" 범죄의 경우에는 범죄인 인도가 불가능하다.[34] 태국 판사들은 콜롬비아무장혁명군을 지원하는 것은 단순한 범죄행위가 아니라 정치적 활동으로 보아야 한다고 판단했다. 태국 정부는 콜롬비아무장혁명군을 테러단체로 분류하지 않는다는 점, 법원은 국내법이 아닌 외교정책에 영향을 받아 판결을 내려서는 안 된다는 점에 기반해 이러한 결론을 내린 것이다.[35] 이는 법리적 측면뿐만 아니라 국제정치의 현실을 포함해 다른 요소들을 고려한 판결로 보인다. 재판이 진행되면서 미국의 요구를 묵살시키려는 러시아의 노력으로 인해 태국 당국은 큰 압박에 시달렸다.

러시아는 부트의 미국 인도를 강력히 반대했다. 주요 정치인들은 부트를 일제히 옹호하며 그에게 제기된 혐의가 미국의 야비한 정치적 음모라고 주장했다. 러시아 정부와 가까운 세르게이 마르코프Sergei Markov 하원의원은 "냉전이 끝났다고 해서 군사적·산업적 이익을 두고 벌이는 경쟁까지 끝난 것은 아니다. 이것은 이념적인 문제가 아니라 이해관계의 충돌에 관한 문제다. 러시아가 부트를 지지하는 이유는 그가 러시아 시민이며 범죄자가 아니라고 생각하기 때문이다. 대중은 그가 지지받아 마땅하다고 생각한다"고 말했다.[36] 부트는 자신이 수감된 것이 미국의 정책 때문이며, 미국으로 인도되면 악명이 자자한 관타나모 수용소에 수감될지도 모른다고 주장하는 등 이러한 대중의 인식에 호소하기도 했다.[37] 부트에게 가장 열렬한 지지를 보낸 유명 인사는 블라디미르 지리놉스키였다. 극우 인사인 지리놉스키는 메렉스 네트워크의 일원인 니컬러스 오먼을 이용해 핵무기를 확보하고자 한 바 있으며, 부트와 함께 일한 적도 있었다. 하원 부의장을 맡은 지리놉스키는 태국 총리에게 수차례 전문을 보내 부트의 석방을 요구하고 모스크바에서 해당 사안을 함께 논의하자고 제안했다.[38] 러시아 하원 또한 부트의 체포를 비판하는 성명을 발표했다. 부트의 석방을 위해 러시아가 태국에 저렴한 석유와 더욱 저렴한 군사장비를 포함해 상당한 유인책을 제시했다는 소문이 파다했다.[39]

태국 법원 판결 약 6개월 전인 2009년 2월, 일군의 미 하원의원들이 막 국무장관으로 취임한 힐러리 클린턴과 에릭 홀더Eric Holder 법무장관에게 공개 서한을 보냈다.[40] "국무부, 법무부, 정부는 부트의 송환을 최우선 과제로 삼아야 한다"는 내용의 서한이었다. 태국 법원의 판결 2개월 뒤 버락 오바마 대통령은 아시아 순방을 통해 부트의 신속한 송환을 위한 발판을 마련하고자 했으며, 데이비드 오그던David Ogden 법무차관은 부트의 기소가 "여전히 미국에 매우 중요한 사안"이라 밝혔다.[41]

이처럼 정치적 협의를 통해 사태를 해결하려 했다는 사실은 태국 법원의 판결 자체, 그리고 판사들에게 어떤 압력이 가해진 것인지에 대한 의문을 자아낸다. 해당 판사는 소송 진행 중에 "대러관계와 대미관계가 걸린 일이라 매우 곤란한 상황"에 처했다고 불평하기도 했다.[42] 더글러스 파라는 태국의 판결이 객관적이고 법리적인 판결이었다기보다는 판사가 "미국보다는 러시아를 더 두려워했기 때문"에 내린 판결이라 믿었다.[43] 에드 로이스Ed Royce 의원은 판결에 대해 한층 솔직하게 견해를 밝혔다. "태국 외교부는 태국-미국 범죄인 인도조약에 따라 부트의 송환이 가능하다고 밝혔으나, 러시아 정부가 부트의 석방을 강력히 주장했다. 법이 정치에 패했다. 태국 정부도 부정부패로부터 자유롭지 못한 듯하다."[44]

태국 법원이 인도요청 검토라는 법원의 핵심 의무와 무관한 내용의 추가 성명을 여러 차례 발표하면서 판결의 타당성에 대한 의문은 더욱 커졌다. 일례로 법원은 부트에게 제기된 무기거래 혐의를 '믿기 어렵다'고 주장했다. 판사는 "피고는 대량의 무기와 전투기를 판매한 혐의를 받고 있으나, 불법 무기거래라고 하기에는 판매한 품목들이 너무 고가다. 불법 무기를 이렇게 대량으로 구하는 것이 가능한지 의심스럽다"며 불법 무기거래에 대한 엄청난 무지를 드러냈다.[45]

태국 검찰은 즉시 판결에 불복하고 항소의 뜻을 밝혔으나, 미국은 항소 성공을 확신할 수 없다는 듯한 반응이었다. 그 대신 미국은 2010년 3월 다른 혐의로 두 번째 구속영장을 발부했다. 태국 법원이 항소심에서도 부트의 손을 들어줄 경우 두 번째 구속영장을 활용해 새로운 범죄인 인도요청서를 제출할 계획이었던 것이다.[46] 무기거래 혐의로 기소에 성공하는 것이 어렵다는 점을 감안해 이번에는 부트와 그의 동료로 추정되는 리처드 치차클리Richard Chichakli가 두 사람의 미국 자산을 동결하도록 한 미국 대통령령을 위반한 혐의에 초점을 맞췄다. 해당 자산동결 명령은 UN이 부트에게 부과한 제재에 대응해 승인된 것이었다. 두 번째 구속영장은 부트가 사마르항공Samar Airlines이라는 신생 회사를 이용해 어느 플로리다 기반 회사로부터 항공기 2대(보잉727, 보잉737)를 불과 1,700만 달러에 구매했다는 혐의를 근거로 발부되었다. 미 검찰에 따르면 사마르의 등록 서류에는 부트의 이름이 등장하지 않으나 실소유주는 부트였다.[47]

2010년 8월 20일 태국 항소법원은 제1심 법원의 판결을 뒤집고 콜롬비아무장혁명군은 테러단체이며, 태국은 미국과 체결한 조약에 의거, 부트를 인도해야 할 의무가 있다고 판결했다.[48] 부트의 변호인은 즉시 태국 정부 측에 인도를 막아달라는 내용의 탄원서를 제출하겠다고 밝혔다. 변호인은 "미국에서는 부트의 안전이 보장되지 않으며 공정한 재판을 받지 못할 것이라 생각한다"고 밝혔다. 세르게이 라브로프Sergey Lavrov 러시아 외무장관은 "이러한 불법적이고 정치적인 결정에 유감을 표한다"며, 이 결정은 "엄청난 외압"에 의해 내려진 것이라 주장했다. 또한 이전에 여러 차례 주장한 바와 같이 러시아는 부트의 귀환을 위해 계속해서 노력할 것이라 밝혔다.[49]

부트는 매우 도전적인 태도로 "미국 법정에서 당당히 승리할 것"이라 큰소리쳤다.[50] 그러나 마지막 반전이 남아 있었다. 부트를 미국으로 이송하기 위해 미국 정부 항공기가 방콕 공항 활주로에서 대기하는 사이에 태국 법무장관이 부트를 이송하지 말라는 경고를 내린 것이다. 첫 번째 이송 요청이 거부될 경우를 대비해 발부해둔 두 번째 구속영장이 걸림돌이 되었다. 법무장관은 부트가 미국으로 이송되기 전 두 번째 혐의에 대한 모든 법적 절차가 완료되어야 한다고 주장했다. 그러나 부트의 송환 조건에 따르면 두 번째 혐의에 대한 법원 판결 3개월 후에도 그가 태국에 머무르고 있는 경우 그를 석방해주어야 했다.

부트의 변호인단은 태국 체류 기간을 최대한 연장하기 위해 모든 법적 수단을 동원했다. 러시아 언론은 부트가 곧 석방될 것이라는 소식을 자랑스레 전하고 있었다. 그러나 앞서 말한 3개월이 나흘 남은 시점인 11월 20일,[51] 태국 정부가 행동을 취했다. 부트의 미국 인도를 승인한 것이다. 승인 결정이 내려진 지 몇 시간 만에 부트는 감방에서 나와, 방탄 조끼를 입은 채 안면 마스크와 전투장비를 착용한 경찰특공대의 호위를 받으며 전세기에 올라타야 했다. 마약단속국 요원들에게 인도된 부트는 미국에서 법의 심판을 받기 위해 뉴욕행 비행기에 올랐다.

이 소식을 들은 부트의 부인 알라Alla는 서둘러 부트의 변호인과 함께 부트가 있던 감옥으로 향했으나 그를 만나지는 못했다. 그녀는 러시아 TV 채널 러시아투데이Russia Today에 다음과 같이 말했다. "작전은 비밀리에 진행되었다. 태국 총리가 법적 절차가 진행되는 중에는 부트를 인도할 수 없다고 밝혔음에도 내각은 그의 인도를 명령했다. …… 그는 필요한 서류도 없이 거의 물건처럼 취급받으며 미국으로 이송되었다. 러시아 대사관에 이송 사실을 알리지도 않았다. 작전이 이렇게 서둘러 진행된 것은 이 작전이 태국 법에 위배되기 때문이다. 이에 대해 항소를 제기할 예정이다." 러시아 외교부는 그녀의 말에 동의하며, "미국이 전례 없는 수준의 압력을 넣은 결과" 부트가 "불법적으로 인도"되었다고 주장했다.[52]

미 법무부가 부트를 송환하기 위해 전력을 다한 것은 사실이었다. 그러나 부트의 체포 이후 미국 정부가 부트를 실제로 기소할 의지가 있는지, 그리고 그가 어느 정도의 정치적 보호를 받고 있는지에 대한 의문이 제기되기 시작했다. 필자는 미 정부의 서로 다른 부처에 소속된 2명의 정보원으로부터 다음과 같은 이야기를 들었다. 특히 2008년 부시 정권 시절, 부트에 대한 함정수사 및 그의 송환에 대해 법무부 내부 및 법무부와 국방부 사이에는 큰 이견이 있었다. 국방부와 정보기관들은 부트 사건으로 인해 과거 그들이 부트와 얼마나 가까운 사이였는지 밝혀지는 것을 우려한 것으로 추정되며, 마약단속국과 나머지 법무부 관계자들은 부트가 자행한 무기거래가 미국의 국토안보에 실질적인 위협이라고 판단한 것으로 보인다.[53] 《워싱턴포스트》가 부트의 이송 결정에 대한 논평에서 언급했듯 "부트의 입에서 나올 이야기들이 두려웠던 것이다".[54]

2005년 3월 17일 네덜란드 무기딜러 거스 코웬호벤은 로테르담역에서 기차를 기다리던 중 극적으로 체포되었다. 코웬호벤은 라이베리아 및 시에라리온의 참상을 조사하던 여러 기관들이 오랫동안 주목해온 인물이다. 그는 2000년부터 UN 조사 보고서에 찰스 테일러가 진행한 "많은 무기거래에서 화물을 이송하는 역할"을 한 인물로 언급되기 시작했다.[55] 추가 조사 결과 그가 벌목사업을 통해 번 돈으로 라이베리아애국전선이 정권을 잡을 수 있도록 지원했으며, 찰스 테일러 정권의 '핵심 인물'이라는 사실이 드러났다.[56] 또한 라이베리아의 뷰캐넌 항구를 통해 중국에서 라이베리아로 무기를 들여오는 일을 도운 것으로 알려지기도 했는데, 그의 회사 OTC가 최소 2척의 선박을 소유하고 있었고 뷰캐넌 항구가 사실상 OTC의 통제하에 있었다는 점을 감안하면 신빙성 있는 주장이었다.[57]

UN과 여러 NGO가 코웬호벤과 관련된 사실들을 폭로하자 네덜란드 당국은 수사에 나섰다. 당국은 코웬호벤을 다양한 혐의로 기소하기 전 라이베리아를 방문해 증인을 신문했다. 기소장에는 여러 논란을 일으킨 바 있는 코웬호벤이 제네바협약에 위배되는 전쟁범죄를 저질렀다는 혐의가 적시되어 있었다. 2000년부터 2002년 말까지 OTC 소속의 경비 인력을 다양한 소규모 전투에 투입한 사실도 포함되었다. 기니의 게케두Gueckedou 마을을 잔혹하게 공격한 사건에 연루된 혐의도 받았다. 기소 내용에 따르면 공격이 진행되는 동안 민간인과 군인을 가리지 않고 마을을 향해 '무차별' 발포가 이루어졌다. 전쟁 포로로 가득한 집 1채를 불태웠으며, 항복한 시민들로 가득한 건물 1채도 수류탄을 이용해 무너뜨렸다. 1명 이상의 영아가 벽에 던져져 살해당했으며, 최소 3명이 항복 의사를 밝혔음에도 불구하고 참수당했다.[58] 코웬호벤은 OTC에 고용된 병력에 직접 명령을 내리거나 찰스 테일러가 명령을 내릴 수 있도록 함으로써 이 사태에 적극 개입한 것으로 알려져 있다. 그는 전투에 사용되는 무기를 판매 및 공급하고 테일러와 그의 측근이 사용할 헬기를 마련했으며, 테일러의 병력 및 공모 세력에게 자금과 담배, 마리화나 등의 물질적 지원을 제공했다.[59]

3건의 전쟁범죄 혐의에 더해 2건의 무기거래 혐의도 받았다. 그 주장에 따르면 코웬호벤은 UN 제재 및 네덜란드 경제범죄법을 어기고 무기를 비롯한 군사장비 및 기술 공급에 실질적으로 관여했다. 무기거래와 관련된 혐의는 징역 10년가량에 그칠 가능성이 높지만 전쟁범죄와 관련된 혐의는 무기징역에 처해질 수도 있다. 그렇기 때문에 검찰은 코웬호벤이 전쟁범죄를 저질렀다는 사실을 증명해내는 것을 최종 목표로 삼았다.

2006년 3월 헤이그 법원 형사부의 세 판사는 끔찍한 잔혹행위가 자행된 것은 명백하나 코웬호벤에게 유죄를 선고할 만한 증거가 충분하지 않다고 판결했다. "녹음된 진술이 매우 다양하고 심지어는 서로 엇갈리는 경우도 있었으며, 제출한 문서에 드러난 증거 또한 충분치 않아 피고가 실제로 잔혹행위에 연루되었거나 관련 사실에 대해 알고 있었다고 확신하기 어렵다"는 것이 재판부의 견해였다.[60]

그러나 재판부는 코웬호벤과 찰스 테일러의 관계와 코웬호벤이 테일러를 대신해 무기거래를 했다는 사실은 인정했다. 법정에서 사실만을 말하겠다고 선서한 코웬호벤은 자신이 벌목회사 OTC의 운영을 맡았으며, 라이베리아애국전선에 '사전 납부 세금'의 형태로 전달한 500만 달러 외에도 OTC를 대표해 테일러와 그의 수행단을 위해 자금을 지급한 사실을 인정했다.[61] 테일러가 그 일대를 신속히 이동할 수 있도록 파란색과 흰색으로 칠해진 OTC 소유의 헬기 1대를 테일러에게 제공했다는 사실 또한 인정했다. 재판부는 코웬호벤, 테일러, OTC의 관계가 단순히 '특별한' 관계 이상이라 판단했다. 서류에 따르면 찰스 테일러는 OTC의 실질적 소유자였다. 즉 코웬호벤은 찰스 테일러의 사업 파트너였던 것이다.[62]

코웬호벤은 OTC가 뷰캐넌 항구를 운영했으며, 항구에서 일하는 인력의 거의 대부분이 OTC에 고용된 직원이라는 것도 시인했다. 증인 50여 명이 OTC 소유의 선박 1대 이상, 그중에서도 특히 앤타틱마리너호가 뷰캐넌 항구에 자주 정박했다는 사실을 확인해주었다. 항해 일지와 선하증권을 통해서도 그 사실을 확인할 수 있었다. 선박에 AK-47 소총 및 RPG가 든 거대한 상자들이 실려 있는 모습이 한 번 이상 목격되었다. 짐을 내린 뒤에는 이를 찰스 테일러의 '화이트플라워White Flower' 저택으로 보내 점검했고, 그중 일부는 OTC 경비 인력이 사용할 수 있도록 남겨두었다. OTC 경비 인력 대부분이 이러한 물품에 대해 증언했다. 한 경비원은 일단 이송이 완료되고 나면 상자 안의 내용물을 굳이 감추려고 하지 않았다고 말했다. "앤타틱마리너호에는 항상 무기가 실려 있었다. 무기는 상자와 컨테이너 안에 들어 있는 상태였다. 상자 겉면에는 안에 들어 있는 무기 이름이 보란 듯이 쓰여 있었다."[63]

재판부는 코웬호벤이 찰스 테일러와 OTC의 유일한, 그리고 가장 중요한 연락책이었다는 점을 근거로 코웬호벤이 무기거래에 직접 개입했을 것이라 판단했다. "피고가 처음부터, 그리고 지속적으로 체계적인 무기수입에 중요한 역할을 했다는 것에는 의심의 여지가 없다. 그러므로 본 법정은 피고가 1명 이상의 동료와 함께 찰스 테일러와 라이베리아에 무기를 공급한 것으로 간주한다."[64] 2006년 6월 7일 코웬호벤은 불법 무기거래 혐의로 징역 8년형을 선고받았다.

판결 직후 네덜란드 검찰과 코웬호벤 양측 모두 항소를 제기했다. 검찰은 전쟁범죄 혐의가 부당하게 기각되었다고 생각한 반면, 코웬호벤의 변호인단은 무기거래 혐의에 대한 판결에 이의를 제기했다. 제출된 증거가 신빙성이 없다는 것이 코웬호벤 측의 주장이었다. 당연한 일이지만 제출된 증거 중 대부분은 증인들의 증언이었다. 코웬호벤의 변호인단은 중요한 사실에 관한 진술에 일관성이 없다고 주장하며, 항소심이 진행되는 동안 파워포인트 발표까지 동원해 오류가 있는 진술을 하나하나 꼼꼼히 지적했다.

법원은 코웬호벤의 행적을 추적해온 이들을 모두 충격에 빠트릴 만한 판결을 내렸다. 2008년 3월에 내린 판결에 대한 코웬호벤 측의 주장을 인정한 것이다. 판사는 수사 방식, 특히 비밀 정보원을 활용한 방식을 크게 비판하며, 자기모순적이라는 이유를 들어 증인들의 증언을 사실상 무효화시켰다. 판사는 일부 증언의 경우 사실일 수가 없는 진술이 포함되어 있다고 주장했다. 법원이 제시한 '가장 놀라운' 예는 앤타틱마리너호의 명칭에 관한 것이었다.

증인들은 앤타틱마리너호가 1999년 10월 혹은 12월에 무기를 운송하는 모습을 [그리고 그맘때 뷰캐넌 항구에서 피고가 해당 선박에 타고 있는 모습을] 목격했다고 강조했다. 그러나 해당 선박은 OTC가 해당 선박을 취득한 2000년 5월 전까지 앤타틱마리너라는 이름으로 항해한 적이 없다는 사실이 확인되었다. 따라서 1999년에 앤타틱마리너라는 이름을 달고 뷰캐넌 항구에 정박하는 것은 불가능하다. 또한 해당 선박이 이전에 사용한 '시넬라Sinela'라는 이름을 사용해 뷰캐넌 항구에 정박한 증거도 전혀 없다.[65]

선박 이름을 비롯해 항소법원이 지적한 모순들은 증인들의 증언 전체가 신빙성이 없음을 증명하기에는 다소 설득력이 떨어졌다. 라리사 반 덴 헤릭Larissa van den Herik 레이던대학교Leiden University 법학과 부교수는 항소법원이 제시한 예시에 대해 다음과 같은 견해를 밝혔다.

> 1999년 12월 뷰캐넌 항구에서 발견된 선박이 나중에 앤타틱마리너호라는 이름으로 불리게 되었으며, 그 당시에는 그 이름을 사용하지 않았다 하더라도 그때 해당 선박을 본 증인들이 앤타틱마리너호라는 현재 이름을 사용해 해당 선박을 지칭하는 것은 충분히 가능하다. 만약 그렇다면 증인들의 진술에 언급된 선박은 결국 동일한 선박인 것이다.[66]

반 덴 헤릭 교수는 항소법원이 당시 전쟁 중인 라이베리아의 상황과, 전쟁으로 황폐해진 타국에서 얻은 증거를 쾌적하고 안락한 선진국 법정에서 제시하는 것의 본질적인 문제를 이해하지 못했다고 지적했다. 그녀는 법원이 문제가 있다고 판단한 다른 증거를 예로 들었다. 한 증인은 대부분의 화물을 사람이 직접 사다리를 이용해 하역했다고 진술했는데, 법원은 이를 설득력 낮은 억측으로 치부했다. 이에 대해 그녀는 "네덜란드 같은 선진국에서는 사람이 직접 모든 화물을 하역하는 경우가 거의 없는 것이 사실이다. 그러나 라이베리아가 최빈국에 속한다는 점을 고려한다면 그렇게까지 말이 안 되는 것은 아니다"라고 말했다.[67]

법원 판결에 따라 코웬호벤은 유죄 선고 2년 만에 모든 혐의를 벗고 자유의 몸이 되었다. 자신이 결백하다는 그의 주장은 곧이곧대로 받아들여졌다. 금전적 이득을 위해 세상에서 가장 잔인한 군벌에게 물질적 지원을 제공했다는 사실을 스스로 시인했음에도 불구하고 말이다. 네덜란드 CAAT는 이 판결에 대해 다음과 같이 규탄했다.

> 네덜란드 이외의 국가에서 무기거래를 중개한 네덜란드 국적의 무기딜러들은 네덜란드 당국을 두려워할 이유가 거의 없다. …… 정부는 무기거래에 관해 더 적절한 법안을 마련해달라는 국제적 이니셔티브와 의회의 요청에도 시간만 끌고 있다. 제대로 된 법이 마련된다 해도 무기 브로커들을 법정에 세우기는 힘들다. 무기구매국의 협조가 필요하기 때문이다.[68]

그러나 코웬호벤의 자유는 그리 오래가지 못했다. 검찰은 2008년 판결에 불복해 상고를 제기했다. 2006년 시에라리온 특별법원 판결 이후 나온 증언을 인정하지 않기로 한 항소심 판사의 결정이 상고심의 쟁점이었다. 2010년, 대법원은 항소법원이 해당 증언을 증거로 채택하고 검토했어야 한다며 항소심 판사의 결정이 부당하다고 판결했다. 항소법원의 판결은 번복되었으며 거스 코웬호벤에 대한 재심 명령이 내려졌다.[69]

부트와 코웬호벤의 사례는 무기딜러 기소를 힘들게 만드는 대표적인 문제 두 가지, 즉 무기딜러 처벌에 대한 정치적 의지의 부족과 전쟁으로 황폐화되고 혼란스러운 지역에서 증거를 수집하기 어렵다는 점을 잘 보여준다. 반면 레오니드 미닌의 사례는 사법관할권의 문제로 기소를 못하게 된 경우다.

미닌은 2000년 8월 20일 현행범으로 체포되었다. 경찰은 그가 저지른 위법행위를 하나씩 처리해나갔다. 우선 미닌은 불법 마약소지 혐의로 기소되었다. 소지하고 있던 다량의 코카인과 마약 관련 혐의로 체포된 전력으로 인해 그는 즉시 유죄 판결을 받고 징역 2년을 선고받았다.[70] 이 사건을 담당한 월터 마펠리Walter Mapelli 이탈리아 검사는 이후 무기거래 혐의로 눈을 돌렸다. 2001년 6월 마펠리 검사는 미닌이 소지하고 있던 문서, 라이베리아에서 운항 중인 그의 항공기를 찍은 사진, 여러 증인들의 증언을 근거로 미닌에 대한 미결 구금 기간을 연장하는 데 성공했다. 이때 제시된 증거만 해도 미닌의 유죄를 증명하기에 충분했다. 제출된 사진 중에는 라이베리아에 있는 미닌의 항공기 옆에 무기가 든 가방이 여러 개 놓여 있는 모습도 있었다. 가방 안으로 선명히 보이는 무기들은 미닌이 소지하고 있던 브로슈어 및 카탈로그에 나와 있는 무기와 정확히 일치했다.[71] 마펠리 검사는 미닌이 라이베리아로 무기를 운송하기 위해 사용한, 로베르 게이Robert Guéï 코트디부아르 대통령이 서명한 최종사용자증명서 또한 제출했다.[72] 이탈리아 수사관들이 코트디부아르 당국에 연락을 취해 해당 증명서는 결코 발행된 적 없는 위조서류이며, 미닌이 불법으로 무기를 밀수했음을 보여주는 명백한 증거라는 사실을 확인했다.[73] 마지막으로 마펠리 검사는 미닌이 거래를 성사시키기 위해 이체한 자금 내역을 요약해 제출했다.

빈틈없이 준비를 마친 마펠리는 당연히 미닌이 기소될 것이라 확신했다. 미닌이 갖고 있던 증거 외에도 한때 미닌과 함께 일한 사업 파트너 페르난도 로블레다 및 조종사의 증언을 확보했으며, 요한 펠레만 Johan Pelemann UN 수사관이 철저하게 수사를 진행했기 때문이다.[74] 이 사건에서는 코웬호벤의 경우와 달리 증거와 관련된 문제는 제기되지 않았다. 검사 측이 방대한 분량의 문서와 자금 전달 내역이라는 '확실한' 증거를 확보해, 자칫 처리가 까다로울 수 있는 증인들의 진술에 의존하지 않아도 되었기 때문이다.

게다가 미닌은 마치 자신의 변호를 망치기로 작정한 사람처럼 행동했다. 2002년까지 그는 변호인을 4명이나 해임했다. 그중 한 사람인 피에르 트라이니Pierre Traini는 미닌이 "정말, 정말 까다로운 고객"이었다며, "그의 변호를 맡은 지 3개월밖에 되지 않았는데도 매우 지쳤다"고 말했다.[75] 심문 과정에서는 미닌이 직접 진술한 내용이 서로 모순되는 경우, 압수한 문서와 일치하지 않는 과감한 주장을 내세우는 경우가 잦았다. 마펠리 검사는 심문 당시 "미닌의 태도와 행동이 자주 바뀌었다. 협조적인 태도로 수다스러울 때가 있는가 하면, 공격적이고 절박한 태도를 보이기도 했다. 미닌의 진술이 모두 사실이라고 생각하지는 않는다"고 말했다.[76] 미닌의 변덕스러운 행동과 범죄 전과를 고려하면 그를 믿을 만한 증인이라 보기는 힘들었다. 그의 미래는 어두워 보였다.

2002년 9월 미닌은 미결 구금 판결에 항소를 제기했다. 항소심 재판부가 그의 유무죄를 가리는 대신 해당 법원이 그가 저지른 범죄에 대한 관할권이 없다고 판결한 덕에[77] 그는 체포된 지 2년 만에 석방되었다. 마펠리는 이탈리아 최고법원에 상고를 제기했다. 2004년 이탈리아 최고법원인 파기원Supreme Court of Cassation은 사법관할권 문제 때문에 미닌의 기소가 어렵다고 판결했다. 파기원은 해당 범죄가 외국 국적자가 외국에서 저지른 것이라는 점을 지적했다. 또한 미닌이 거래한 무기가 조달처인 우크라이나에서 이송되는 과정에서 이탈리아 영토에 진입 혹은 영토를 통과한 적이 한 번이라도 있다는 증거나, 미닌이 이탈리아에서 중요한 거래를 중개했다는 증거가 없다는 점도 지적했다.[78] 유죄로 인정할 만한 것은 등록되지 않은 다이아몬드를 소지한

혐의뿐이었으며, 이에 대해서는 벌금 4만 유로가 선고되었다.[79]

분통이 터지는 판결이었지만 전혀 예상치 못한 결과는 아니었다. 미닌이 수년간 이탈리아에 거주하고 이탈리아 여성과 결혼하기까지 했다는 점을 고려하면 그가 저지른 범죄 중 일부는 그가 이탈리아에 머무르는 동안 일어난 것이 분명했다. 필자가 전해 들은 바에 따르면 미닌은 상고심에 승소하기 전 이탈리아 최고의 무기업체 중 한 곳을 통해 영향력 있는 변호인단을 선임했다.[80]

UN 회원국인 이탈리아가 UN 무기금수조치를 위반한 이탈리아 거주자에게 불리한 판결을 내릴 것이라 예상한 사람들도 있었을 것이다. 그러나 미닌의 사례는 국제법의 집행을 위한 노력이 얼마나 부족한지를 잘 보여준다. 각국 국내법이 일종의 보편관할권을 인정하지 않는 상황에서 UN의 제재나 무기금수조치는 무의미하다. 대부분의 사법당국이 현대 사회에 어울리지 않는 법률에 근거해 다국적 범죄를 단속하고 있는 것이다. 소송이 진행되는 동안 마펠리 검사는 "전 세계를 배경으로 하는 범죄가 점점 늘어가고 있는 상황에서 사법관할권이라는 개념은 오늘날 자행되는 범죄에 뒤처져 있다. 각국이 자국의 자주권 및 특권만을 지키려 한다면 결국은 큰 숲을 보지 못하고 나무만 보는 꼴이 될 것"이라 한탄했다.[81]

마펠리 검사는 이탈리아 형법 제10조를 근거로 미닌의 유죄를 주장했다. 형법 제10조에 따라 이탈리아에 실거주 중인 외국 국적자에 대해서는 법무장관의 요청에 따라 국외에서 저지른 범죄에 대해 최소 징역 3년을 선고할 수 있다. 1심 재판부는 이러한 의견에 동의했으나, 파기원은 불법 무기거래가 형법 제10조의 예외에 해당한다고 보며 구속영장을 기각했다. 마펠리 검사는 이러한 해석에 전혀 동의하지 않는다고 밝히면서 이탈리아에서 중대한 무기거래에 대한 유죄 판결이 단 1건도 없었다는 사실에 우려를 표했다.[82] 필자는 이 사건에 정통한 관계자로부터 법무부가 재판 진행을 허가하지 않으려 하며, 법원에 비공식적·정치적 압력이 가해지고 있다는 정보를 얻었다.[83] 다만 이러한 정보를 교차 확인하지는 못했다.

2부에서 다룬 사건들, 그리고 예상치 못한 재판 결과를 보면 크고 작은 무기업체들과 무기딜러들, 에이전트들은 엄청난 규모의 부정부패 및 뇌물수수, 반인도 범죄, 심지어는 살인에 연루되고도 처벌을 피할 수 있는 것이 현실이라는 안타까운 결론을 내리지 않을 수 없다. 이들은 어둠의 세계에서 활동하며 국제법 체계의 틈새를 이용하고, 영향력 있는 정치인과 정보기관 뒤에 숨는다. 그러면서 독재자들과 무책임한 정권들을 지원해 분쟁과 대규모 인권침해를 심화시킨다. 그 결과 세계는 대다수의 사람들에게 더 위험한 곳이 되고, 타인의 불행을 통해 엄청난 부를 거머쥔 소수의 범죄자들과 그들을 보호해주는 세력에게 더 살기 좋은 곳이 되었다.

3부

무기산업의 일상

역사상 최대 규모이자 최악의 부패를 동반한 무기거래, BAE의 알야마마 사업은 결코 예외적인 사건이 아니었다. 남아공의 프리토리아Pretoria부터 프라하를 거쳐 칠레의 푸엔테알토Puente Alto까지 계속된 BAE의 일상적인 사업 방식의 일부였을 뿐이다. 영국 정부의 암묵적 지지를 등에 업은 BAE는 정부 관계자와 정치인에게 뇌물을 지속적으로 제공했다. 자신들이 저지른 비리를 숨기기 위한 BAE의 노력 탓에 민주주의와 법치주의가 위태로워지고 사우디아라비아에는 비교할 수 없을 만큼 빈곤한 무기구매국들의 사회경제적 발전이 저해되었다. 1990년대 말의 행적을 볼 때 BAE가 알야마마 사업에서 얻은 유일한 교훈은 '필요하면 뇌물과 부패를 활용하고, 가까운 정치인 뒤에 숨어 보호를 받는다'는 자신들만의 시스템을 어떻게 활용해야 하는가였다.

남아프리카공화국 제9대 대통령 타보
음베키(1999~2008 재임)(좌)와 제11대
대통령 제이컵 주마(2009~2018 재임)(우)
© Guy Tillum/Reuters/Corbis.

9. 모든 것이 무너지다, BAE 덕분에

'무지개의 나라' 남아프리카공화국의 무너진 꿈

필자는 BAE가 개발도상국에 미치는 악영향을 직접 목격했다. 1994년 남아프리카공화국은 300년에 걸친 인종차별정책 및 불평등에서 벗어나 민주국가로 거듭났다. 필자는 당시 아프리카민족회의African National Congress, ANC 의원으로 당선되었다. ANC와 처음 인연을 맺은 것은 1980년대 중반 케이프타운의 임시 거주지에서 학생 복지기구의 대표로 일하면서였다.

넬슨 만델라 대통령의 훌륭한 리더십 아래에 새롭게 태어난 남아공은 전 세계 많은 국가에 퍼진, 겉보기에만 그럴싸한 정치에서 벗어나 화해, 통일된 목표, 진보적 인권, 좋은 거버넌스의 모범이 되었다.

그러나 만델라의 뒤를 이어 타보 음베키Thabo Mbeki가 대통령으로 취임하면서 인종차별 반대는 상대적으로 포용성이 낮은 아프리카주의Africanism로 대체되었고, 남아공의 국익보다 ANC의 이익이 우선시되었다. 개방적 책임성의 문화는 약화되고 ANC의 폐쇄성이 강화되었으며, 당과 지도자에 대한 충성심이 중시되었다.

당시 필자는 의회 결산위원회Public Accounts Committee의 ANC 간사였다. 결산위원회는 정부 지출을 검토하고 공공자금의 부정 유용을 방지하는 강력한 초당적 조직이었다. 필자는 정부의 책임성을 보장하는 최고 조직이라 할 수 있는 이 위원회에서 맡은 역할을 매우 기꺼이 수행했다.

이 위원회에서 처음으로 무기거래를 직접 접했다. 아파르트헤이트 철폐 이후 ANC는 사회경제적 발전을 위해 군비 지출을 줄인 상태였다. 따라서 1999년 군사장비를 대량 구매하겠다는 정부의 발표는 다소 뜻밖이었다. 정부는 당시 약 30억 달러를 들여 BAE와 사브에서 호크 전투기와 그리펜 전투기를, 독일에서 잠수함과 프리깃함을, 이탈리아에서 헬기를 들여왔다. 30억 달러라는 금액도 실제 구매 비용을 최소 250% 축소해 발표한 것이었다. 비용 측면에서 특히 많은 부분(50% 이상)을 차지한 항목은 바로 전투기였다.

무기조달 과정은 시작부터 비리 의혹에 시달렸다. 감사원장은 해당 무기거래 관련 비리 혐의를 상세히 적시한 보고서를 결산위원회에 제출했고, 우리는 공청회를 개최하고 조사에 착수했다.

수많은 이들이 정보를 갖고 필자에게 접근했다. 좋은 의도를 가진, 신뢰할 만한 이들도 물론 있었다. 그러나 분명한 다른 목적을 가진 이들과 정신적으로 문제가 있는 것이 아닌가 싶은 이들 또한 있었다. 공식적·비공식적 만남을 수없이 갖고 감사원장 및 용감한 기자들을 통해 수천 페이지에 달하는 증거를 전달받은 끝에, 필자는 한 동료와 함께 부정부패와 속임수로 가득한 섬뜩한 이야기를 발견해냈다. 그 주인공은 BAE였다.

우리가 확인한 바에 따르면 음베키 정권이 무기거래를 위한 논의를 시작한 시점은 음베키가 수백만 명에 달하는 남아공 에이즈 환자들에게 의약품을 제공할 재원이 부족하다고 주장한 바로 그때였다. 정권은 해당 거래에 2018년까지 총 약 60억 파운드가 들 것으로 자체 추산했다.[1] 남아공에 대한 외부 위협이 전혀 없는 상황임에도 에이즈 환자들의 목숨을 살릴 의약품 대신 무기를 택한 것이다.

중개인, 고위 정치인, 정부 관료, 이들의 공모자, ANC 측에 지급된 커미션은 총 3억 달러에 달했다. 이 거래의 가장 큰 동력은 뇌물이었다. 특히 ANC는 다가오는 선거에 대비해 자금이 필요했다.[2]

필자가 적극 참여하기도 한 개헌 협상이 시작된 1991년 말 무렵부터 음베키, 그리고 ANC의 무장 세력을 이끈 조 모디세Jo Modise 등

ANC 주요 인사들은 다양한 방산업체들과 연락을 주고받았다. 1993년 12월 모디세와 남아공 국영 무기업체 암스코어 회장은 영국 방산 수출기구의 초대로 영국을 방문했다.[3] 모디세가 아직 국방장관으로 취임하기 전이었다는 것을 감안하면 매우 뻔뻔한 행보였다. 공식 방문이 이루어질 때마다 영국 총리는 남아공 정부에 영국제 무기를 자랑했다. 1994년 민주국가로 거듭난 남아공에 첫 방문한 존 메이저 총리는 영국과의 무기거래를 고려해달라는 내용의 비공개 서한을 만델라에게 전달했다.[4] 영국 정부 관계자들은 대규모 무기거래가 아파르트헤이트 정권 출신 장성들을 달래는 데 좋을 뿐만 아니라 당에 필요한 자금과 개인 자금을 모으기에도 좋은 방법이라며 남아공 관계자들을 설득하기 시작했다. 이러한 관점에서 보지 않는 한 남아공 정부가 내린 많은 결정, 특히 최대 규모의 훈련기 및 전투기 계약을 BAE 및 사브와 체결한 것은 도저히 이치에 맞지 않는다.

의사결정 과정은 세 가지 주요 단계를 거쳤다. 첫 번째는 기술위원회였다. 두 번째 단계는 정치적 조언자인 파나 롱웨인Fana Hlongwane의 도움을 받은 조 모디세 당시 국방장관과 군의 조달을 담당한 샤민 샤이크Shamin Shaik를 주축으로 한 무기획득위원회Arms Acquisition Council였다. 샤민 샤이크는 성마르고 공격적이라는 뜻의 '치피Chippy'라는 별명으로도 잘 알려져 있다. 마지막 단계는 타보 음베키 부통령이 의장을 맡은 각료위원회였다.

BAE와 사브는 공동입찰에 나섰으나, 남아공에 방문한 토니 블레어 총리의 지지는 물론 특별 방문한 스웨덴 총리, 심지어는 영국 왕실의 지지를 등에 업고도 기술위원회가 무기획득위원회에 제출하는 최종 명단에 오르지 못했다. 일부 기술 기준을 충족하지 못한 반면 다른 부분에서는 초과 사양을 보유했기 때문이었다. 또한 주로 치타Cheetah(남아공의 항공기 제조사가 직접 만든 전투기―옮긴이)를 몰던 남아공 조종사들에게 호크 훈련기와 그리펜 전투기는 생소한 기종이었다. 게

다가 기술위원회가 선호한 이탈리아의 아에르마키Aermacchi에 비해 비용은 2.5배나 더 들었다. 다양한 사회경제적 도전과제를 안고 있는 남아공 입장에서 비용은 당연히 매우 중요한 요소였다.

비용 문제를 차치하고도 BAE가 최종 명단에서 제외될 수밖에 없는 또 다른 중대한 이유가 있었다. 1990년대 중반 예산에 맞춰 지출을 줄이기로 결정한 남아공 공군은 훈련기와 전투기 겸용으로 사용 가능한 한 가지 기종만 구입하고자 했다.[5] 훈련기로는 호크를, 전투기로는 그리펜을 공급하겠다고 제시한 BAE와 사브는 이 조건을 충족하지 못했다. 훈련과 전투 겸용으로 사용 가능한 항공기 공급이 불가능했던 BAE와는 달리 다른 업체들은 남아공이 제시한 조건을 충족했다. 특히 아에르마키가 제시한 가격은 BAE 및 사브에 비해 훨씬 저렴했다.[6]

그러나 1997년 11월, 조 모디세의 지시를 받은 남아공 공군은 훈련과 전투 겸용 항공기 한 기종만 구입하겠다는 기존의 방침을 포기하고, 훈련기와 전투기가 별도로 필요하다고 발표했다.[7] 그 덕분에 두 기종을 모두 공급할 수 있는 BAE는 유력한 후보가 되었다. 이는 BAE에 혜택을 줄 뿐만 아니라 그 자체로도 대단히 기이한 결정이었다. 사실 공군은 전투능력을 향상시키지 않는 선에서 전투기 추가 구입에 동의한 상태였다. 또한 나중에 감사로 밝혀진 바에 따르면 입찰한 모든 업체들은 남아공이 이미 보유하고 있는 훈련기의 용도를 전투기로 변경해도 전혀 문제가 없다는 사실을 남아공 측에 확인해준 상태였다. 즉 BAE가 끼워팔기를 시도한 호크 훈련기를 군이 구입할 필요가 전혀 없었던 것이다.[8]

입찰이 BAE에 유리하게 진행되도록 이런저런 수를 쓴 후에도 BAE가 최종 선정되는 것에는 무리가 있어 보였다. 입찰 제안서를 검토한 기술위원회는 호크와 그리펜이 각각 훈련기와 전투기로 최적은 아니라고 판단했다. 공군은 훈련기로 아에르마키 MB339FD를, 전투기로는 다임러벤츠Daimler-Benz AT2000을 원했다.[9] 호크와 그리펜이 다른 기종에 비해 훨씬 비싸다는 점이 불리하게 작용했다.

그러나 무기획득위원회는 세부 절차를 교묘히 이용해 그리펜이 최종 명단에 들 수 있도록 했다. 당시 거래자금 조달 제안서는 최종 점수의 33%나 차지하는, 전체 입찰에서 대단히 중요한 부분이었다. 이를 검토한 무기획득위원회 위원들은 BAE를 제외한 다른 업체들이 자금조달 제안서를 제출하라는 지속적인 요청에도 응답하지 않았다고 주장했다.[10] 그로 인해 다른 업체들은 매우 불리한 입장이 되었고, 그리펜은 가장 비싸고 기술적으로 가장 부적합한 기종임에도 자연스럽게 가장 유력한 후보로 떠올랐다.[11] BAE의 경쟁업체들이, 남아공의 지속적인 요청에도 불구하고 그렇게 중요한 정보를 제공하지 않으려 했다는 주장은 믿기 어렵다. 그리고 감사 결과에 따르면 BAE의 경쟁업체들에 자금조달 제안서를 제출해야 한다는 사실이 통지되었다는 증거는 전혀 없었다.[12] 선택적 침묵이 BAE에 유리하게 작용한 것이다.

호크의 경우에는 보다 허술한 방법을 사용했다. 호크가 꼴찌를 기록한 최종 명단이 무기획득위원회에 전달되자 조 모디세 장관은 격분했다. 모디세는 남아공이 민주국가가 된 이래 사상 최대 규모의 계약에 참여할 업체 선정을 위한 평가 기준에서 '비용' 항목을 제외하기로 결정했다. 후에 내각의 다른 장관들과 비겁한 조사관들은 이를 '선구자적 결정'이라 표현했다. 그 결과 두 가지 최종 명단이 만들어졌다. 하나는 비용을 고려한 명단으로, 호크의 순위가 가장 낮았다. 다른 하나는 비용을 고려하지 않은 명단으로, 이 명단에서도 호크가 1위는 아니었으나 상당한 규모의 절충교역을 제시할 경우 호크가 선정될 수 있도록 하기 위해 가산점을 부여했다. 무기획득위원회는 가격을 고려하지 않은 명단만 검토했고, 그 결과 남아공 공군의 의사와는 정반대로 호크가 다음 단계까지 진출할 수 있었다.

최종 선정 가능성을 한층 높이기 위해 BAE와 사브 측에 계약 수주에 따른 경제적 절충교역 규모를 확대하라는 요청이 전달되었으며,

다른 경쟁업체들에는 이 같은 기회가 주어지지 않았다.[13] BAE와 사브는 경쟁자들보다 약 열 배 큰 규모의 절충교역 프로그램을 제안했다. 그러나 해당 제안서를 검토한 남아공 무역산업부는 평가위원회에 의해 이 프로그램의 규모가 2억 4,500만 달러에서 16억 달러로 '심하게 부풀려진' 사실을 발견했다.[14]

연계무역 또는 절충교역은 공급업체가 거래로 인한 경제적 영향을 상쇄하기 위해 구매국의 산업에 투자하는 조건으로 거래하는 방식이다. 여러 사례 연구 및 논문에 따르면 절충교역은 경제적 궤변에 불과하다. 무기수입에 수십억 달러를 쓰는 정치인들에게는 그럴듯한 변명거리가 되지만 공급업체가 약속한 경제적 이득이 그대로 실현되는 경우는 매우 드물다. 특히 개도국의 경우 더욱 그렇다. 또한 절충교역은 주요 결정권자들에게 뇌물 및 특혜를 전달하는 교묘한 수단이 되기도 한다. 이렇듯 논란의 여지가 많기에 WTO는 무기거래를 제외한 다른 교역에서는 절충교역 항목을 계약업체 선정 기준으로 사용하는 것을 금하고 있다.[15]

남아공의 절충교역도 세계 여러 나라의 경우와 크게 다르지 않았다. 무기거래 체결 당시 정부는 절충교역을 통해 남아공에 약 6만 5,000개의 일자리가 창출되고 1,040억 랜드(약 100억 파운드) 규모의 경제활동이 이루어질 것이라고 약속했다. 이 약속이 그대로 이행된다 해도 막대한 투자 금액에 비하면 일자리 6만 5,000개는 상당히 저조한 수치이며, 창출되는 일자리 1개당 드는 비용이 터무니없이 높다는 문제가 있다. 그러나 가장 큰 문제는 실제로 창출된 일자리가 6만 5,000개에 턱없이 못 미쳤다는 점이다. 절충교역 담당 부처인 무역산업부가 2010년 확인한 바에 따르면 창출된 일자리는 총 2만 8,000개에 불과하다.[16] 이는 축소된 명목상의 비용을 기준으로 계산할 경우 일자리 1개당 약 10만 7,000파운드가, 2018년까지 실제로 들어갈 비용인 60억 파운드(2011년 8월 환율 기준)를 기준으로 계산할 경우 일자리 1개당 약

21만 4,000파운드가 든다는 의미다. 반면 2010년 8월 기준으로 남아공에서 교사 1명을 고용하는 데 필요한 비용은 평균 연 3,870파운드다.[17] 절충교역으로 일자리 1개를 창출할 비용이면 1년간 교사를 무려 55명이나 고용할 수 있다는 얘기다.[18]

사실 2만 8,000개라는 저조한 수치조차 부풀려졌을 가능성이 있다. 남아공 무역산업부는 공급업체들이 절충교역 제도에 따라 가산점을 얼마나 부여받았는지에 대한 조사를 전면 거부하고 있다. 무기거래에 참여한 업체들의 활동은 '사업 기밀'이기 때문에 공개할 수 없다는 것이 무역산업부의 입장이다.[19] 의회의 허가로 해당 거래를 검토한 조사팀조차 행정부의 방해로 절충교역 프로그램의 세부 사항을 검토하지는 못했다.[20] 절충교역 프로그램의 실제 결과가 매우 실망스럽다는 사실 때문에 관련 정보 공개를 꺼린 것이 분명하다.

남아공의 절충교역 프로그램은 무기거래에 참여한 업체들이 남아공 경제활동과 큰 관계가 없는 곳에 아주 소규모의 투자를 하면 그에 대해 수억 달러에 달하는 절충교역 크레딧을 부여하는 방식으로 운영되었다. 맥아더 수영장McArthur Bath이 대표적인 사례다. 2001년 사브는 1,500만 랜드(약 300만 달러)를 들여 남아공의 해안 도시 포트엘리자베스Port Elizabeth에 있는 온수 풀을 업그레이드하고 스웨덴에 해당 도시를 홍보하는 마케팅 활동을 펼쳤다.[21] 이처럼 대단히 적은 투자의 대가로 사브는 2005년 한 해에만 2억 1,800만 달러에 달하는 절충교역 크레딧을 인정받았다.[22] 그 근거는 포트엘리자베스만이 아니라 남아공 전체에 대한 북유럽 방문객 1명당 3,830달러의 가치가 창출되었다는 사브 측의 계산이었다. 사브는 2011년까지 계속해서 북유럽 방문객 1명당 같은 크레딧을 인정받았다. 2010년 남아공 월드컵을 보러 온 스웨덴 여행객들을 전부 포함해서 말이다.[23] 2005년 이후 인정된 절충교역 크레딧 규모는 아직도 공개되지 않고 있다. 그러나 동일한 방식으로 절충교역 프로그램이 계속 운영되었다면 사브는 겨우 300

만 달러를 투자하고 수억 달러에 달하는 크레딧을 인정받았을 것으로 추산된다.

이렇듯 절충교역에 본질적으로 의심스러운 부분이 많음에도 BAE 와 사브는 엄청나게 부풀린 절충교역 조건을 제시하며, 비용을 고려하지 않은 명단에서 1위를 차지했다.

그럼에도 BAE 및 사브가 최종 선정될 것이라 확신할 수 없었던 모디세와 공범들은 각료위원회 위원 중 일부만을 초대해 비공식 회의를 가졌다. 당시 회의에 참석한 군 대표자 2명은 이튿날 아침 샤민 샤이크가 그들에게 호크 및 그리펜 기종을 구매하기로 공식 결정한다는 내용의 회의록에 서명하라고 요구하자 크게 놀랐다. 두 사람은 해당 회의가 정식으로 개최된 것도 아니었으며, BAE 및 사브에 대한 대안은 논의조차 되지 않았고, 어떠한 결정도 이뤄지지 않았다고 주장했다.[24] 선정 과정에서 이러한 부정행위가 자행되고, 남아공 공군이 정치인들에게 강요받지 않는 이상 호크 및 그리펜 기종을 선택하지 않겠다고 명백히 밝혔음에도[25] BAE와 사브는 결국 계약을 따내는 데 성공했다.

결산위원회의 조사에서는 남아공이 BAE 및 사브에 이용당했음이 분명히 드러났다. 무기업체들은 정치인 및 군 관계자들을 설득해 당초 예상보다 많은 무기를 구매하도록 했다. BAE와 사브는 동일한 장비에 최대 35%에 달하는 웃돈을 얹어 팔았으며, 해당 거래를 통해 실현 불가능한 경제적 이득이 발생할 것이라 속였다.

이해상충의 문제와 부정부패가 발생했음을 보여주는 증거는 명백했다. 예를 들어 결산위원회는 모디세 국방장관이 1997년 복잡한 과정을 거친 끝에 결과적으로는 아무런 대가 없이 콘로그Conlog라는 회사의 주식을 취득했다는 사실을 밝혀냈다.[26] 콘로그는 BAE가 입찰과정에서 상당한 절충교역 계약을 수주할 업체로 선정한 곳이었다.[27] 모디세는 내부 정보를 이용해 무기거래 이후 BAE의 절충교역 조건

이행으로 주가가 크게 상승할 것으로 보고 콘로그 주식을 매입했다.[28] 모디세는 BAE가 최종 선정되도록 만들 상당한 동기를 갖고 있었던 것이다. 그는 1999년 초 정계를 떠나 콘로그 회장으로 임명되었다.[29]

이러한 정보를 근거로 야당 소속의 결산위원회 위원장과 필자는 무기거래의 진상 규명을 위한 범부처 합동조사팀 결성에 대해 위원들의 지지를 확보했다. 나아가 의회 차원에서 합동조사 결의안 통과를 위해 노력했다. 이 사실을 파악한 ANC 지도부는 격분했다. 우리는 ANC 고위급 지도부가 참석한 회의에 불려갔고, 음베키 대통령의 최측근인 한 각료는 탁자 반대편에 앉은 필자에게 "당신이 누군데 감히 대통령과 내각, 정부의 청렴성을 의심하느냐"며 고함을 쳤다.[30]

그들은 이후 유의미한 조사를 방해하기 위한 전략을 세웠다. 전략에 따라 결산위원회에 소속된 ANC 의원들은 ANC가 위원회의 과반을 차지한다는 점을 이용해 우리의 조사를 막기 위해 노력했다. ANC에 호의적이지 않은 조사관들을 배제하고, 다른 조사관들에게 조사 대상 및 내용을 일일이 지시하는 위헌적 행동을 일삼았다. 또한 국제 공조를 통해 조사를 진행하려는 노력 역시 엄청난 방해에 시달렸다.

필자는 사건 은폐에 협조하는 대신 계속해서 많은 정보를 확보하기 위해 노력했다. 당의 고위 관계자들은 사건 은폐를 위해 공조하라며 필자를 설득했다. 한 의원은 필자에게 이 싸움은 이길 수 없는 싸움이며, BAE와 사브에게 받은 돈은 이미 1999년 선거운동에 사용했기 때문에 ANC는 힘을 합쳐 이 거래가 문제되지 않도록 만들 것이라 말했다. 재무장관은 필자를 개인적으로 불러 다음과 같이 제안했다. "우리 모두 [ANC 지도부가 망명 중이었을 때조차 부패를 저지른] 모디세가 어떤 사람인지 잘 알지 않는가. 물론 거래에 잘못된 점이 있었던 것은 사실이다. 그러나 멍청하게 일처리를 한 것은 아니니 아무도 그 사실을 밝혀내지 못할 것이다. 형식적 측면은 문제가 없으니 그 점에만 집중하라."[31]

타보 음베키와 그의 측근들은 당의 이익과 일부 고위급 지도자들을 지키기 위해 의회 및 사법체계의 주요 요소들을 비롯해 새롭게 쟁취한 민주주의의 핵심 제도를 기꺼이 무너뜨렸다.

필자는 결산위원회에서 해임되었다. 당 지도부는 BAE 및 사브와의 무기거래를 계속 조사하려는 필자에게 끊임없이 징계를 내렸다. 결국에는 남아공의 비례대표제 규정에 따라 의원직을 사퇴할 수밖에 없었다.

2001년 11월, 필자는 영국에 도착하자마자 남아공의 무기거래 소식을 지켜본 수많은 사람들에게 둘러싸였다. 그제야 이 사건이 오랜 기간 이어져온 무기업체들의 체계적인 뇌물·비리 사건 중 하나라는 것이 이해되기 시작했다. 당시 SFO는 BAE와 관련한 여러 수사를 진행 중이었다. 알야마마 사업과 남아공 사건뿐만 아니라 탄자니아, 체코, 헝가리에서 체결된 유사한 거래에 대한 조사가 진행되고 있었다.

필자는 수사관들에게 남아공 거래에 대해 알고 있는 모든 정보를 털어놓은 뒤 BAE가 다른 국가에도 남아공에 제시한 것과 유사한 수단과 방식으로 절충교역을 약속했다는 사실을 알게 되었다.

SFO는 스콜피온Scorpion으로 불리는 남아공 반부패기구와 함께 뇌물 지급책으로 활용된 다양한 업체들을 밝혀냈다(나중에 남아공 정부는 스콜피온을 해체했다). 스콜피온과 SFO는 남아공 법원에 수색영장을 신청하면서 "BAE가 계약 수주 및 입찰 과정에서 부당한 이득을 취하기 위해 뇌물 지급 체계를 고안했다는 합리적인 의혹"을 제기했다.[32] 이러한 체계는 '공식 및 비공식' 자문위원을 활용해 이루어졌다. SFO는 '레드 다이아몬드 트레이딩Red Diamond Trading Ltd'이 "부정한 자금을 지급하고 사법당국이 [자금 전달을 위한 비밀] 시스템을 파악하지 못하도록" 설립되었다고 주장했다.[33]

SFO 수사 결과 BAE가 에이전트 및 주요 정치인, 남아공 정부 관계자들에게 지급한 커미션은 1억 1,500만 파운드에 달하는 것으로 드러났다. 모디세의 정치 자문 파나 롱웨인은 2002~2007년 BAE로부터 상당한 자금을 지급받았다. 2003년 9월부터 2007년 1월까지 BAE의 유령회사를 통해 여러 차례에 걸쳐 총 1,000만 파운드가 지급되었으며, 이후 다른 유령회사를 통해 혹은 보너스의 형태로 915만 파운드가 추가 지급되었다.[34] 자금 지급에는 사닙Sanip이라는 회사와 '아스토우 커머셜 코퍼레이션Arstow Commercial Corporation', CICCommercial International Corporation라는 2개의 비밀단체가 활용되었다. 사닙은 BAE와 사브가 절충교역 의무를 이행하기 위해 남아공에 설립한 회사이며, '아스토우 커머셜 코퍼레이션'은 영국령 버진아일랜드에, CIC는 영국령 저지섬에 등록된 법인이다. CIC는 '파나 롱웨인이 활용할 수 있도록' 금융 컨설턴트를 통해 매입된 것으로 보인다. BAE는 "[롱웨인에게] 제공한 보상을 정당화할 유의미한 기록을 제시하지 못했다".[35]

BAE는 롱웨인과의 관계가 계약 수주 이후 맺어진 것이라 주장하려 했으나, SFO는 협상 단계에서도 양측이 협력하고 있었음을 보여주는 문서를 확보했다.

SFO가 제출한 서류에는 BAE가 1999년 12월 남아공 정부와의 계약에 최종 서명하기 전 거래 성사를 위해 매우 비밀스러운 커미션을 두 차례 제공하기 위해 무척 애썼다는 사실 또한 기록되었다. 계약이 체결되기 하루 전인 12월 2일, BAE는 에이전트 리처드 차터Richard Charter가 비밀리에 설립한 후더필드엔터프라이즈Huderfield Enterprise 및 차터 소유의 컨설팅 업체에 400만 달러의 자금 지급을 승인했다. 남아공 정부가 호크 및 그리펜 전투기 구입을 발표한 후인 1999년 10월 5일에는 아스토우 측에 10만 파운드의 특별 자금이 제공되었다. 이렇게 두 차례 지급된 자금은 BAE 고위 임원들 몇 명만 참여한 '집행위원회'라는 이례적인 절차를 통해 승인되었다. 이때 지급된 자금 혹은 자금의 일부는 롱웨인과 다른 인사들을 위한 것으로 추정된다.[36]

영국인인 리처드 차터 외에도 짐바브웨 국적의 존 브레덴캄프

John Bredenkamp 또한 이 거래에 관여한 BAE의 비밀 에이전트로 밝혀졌다. 짐바브웨가 로디지아Rhodesia이던 시절 국가대표 럭비팀 주장이었던 브레덴캄프는 인종차별정책을 펼친 이언 스미스Ian Smith 정부에 대한 무기금수조치 위반을 시인했다.[37] 또한 EU 및 미국 당국은 그가 로버트 무가베Robert Mugabe 전 짐바브웨 대통령 혹은 그의 측근과 가까운 사이였을 것으로 보고 있다. 브레덴캄프는 이를 부인하고 있다.[38] 그는 1981년 이후 무가베와 만난 적이 없으며, 무가베 정권에 의해 불법 체포 및 감금을 당했고, 혐의를 벗기 전까지 자신의 여권이 취소되고 농장이 두 차례나 압류 대상으로 지정되었다고 주장했다.*

SFO가 제출한 법원 서류에 따르면 브레덴캄프 소유의 회사 중 하나인 케이스웰서비스Kayswell Services는 남아공 거래와 관련해 BAE로부터 3,700만 파운드가 넘는 자금을 지급받았다.[39] 전직 BAE 임원 앨런 맥도널드Allan McDonald는 브레덴캄프와 그의 팀이 BAE 입찰 성공과 관련해 도움을 준 것이라고는 어떤 '주요 결정권자'를 파악해 '금전적 인센티브'를 제공함으로써 호크 및 그리펜 계약에 관해 올바른 선택을 유도할 수 있을지 BAE 측에 조언해준 것뿐이었다고 주장한다. 브레덴캄프 측은 맥도널드에게 "샤민 샤이크에게 접근할 수 있다"고 떠벌렸으며, 실제로 맥도널드와 샤이크의 만남을 주선하기도 했다. 영국에서 브레덴캄프의 업체 운영을 책임지는 임원은 남아공 계약 수주를 위해 '제3세계식 절차'가 필요하다고 언급했는데, 이는 곧 뇌물을 의미한 것으로 추정된다.[40]

이 같은 사실을 통해 롱웨인과 브레덴캄프가 그들에게 지급된 것

---

* 이 책을 집필 중인 2011년 8월, 브레덴캄프는 짐바브웨에 거주 중이었으며 별다른 법적·정치적 문제를 겪지 않고 있었다. 또한 19장에 언급된 바와 같이 브레덴캄프는 미국의 해외자산통제사무소Office of Foreign Assets Control의 제재 명단과 EU의 금융제재 명단에 포함되어 있으며, 그 명단들에서 모두 무가베의 측근으로 기록되어 있다. 브레덴캄프의 자세한 자기 변론은 www.johnbredenkamp.co.za에서 확인할 수 있다.

으로 추정되는 거액의 자금 일부를 다른 관계자들을 매수하는 데 사용했을 것이라는 결론을 내릴 수 있다. 스콜피온은 영장 발부를 뒷받침하기 위해 제출한 문서에서 다음과 같이 결론지었다.

거액의 자금이 투입된 것으로 미루어 브레덴캄프나 BAE의 남아공 대표 리처드 차터, 혹은 둘 모두가 자신에게 지급된 자금 일부를 사용해 파나 롱웨인이나 입찰 평가를 맡은 다른 관계자들, 혹은 롱웨인 및 관계자들 모두에게 유인책 혹은 사례금을 지급한 것으로 의심할 만한 합리적 이유가 있다. …… 아니면 파나 롱웨인이 자신에게 직접, 혹은 그가 관리하는 다양한 단체를 통해 지급된 막대한 자금 일부를 사용해 관계자들에게 유인책이나 사례금, 혹은 둘 모두를 지급했다고 의심할 만한 합리적 이유가 있다.[41]

스콜피온의 이러한 주장을 통해 조 모디세 및 그 측근들이 선정 기준을 엉망으로 만들고 아에르마키 대신 BAE와 호크 전투기 계약을 맺은 이유를 알 수 있다.

브레덴캄프는 BAE에 어떠한 비공식적 도움이나 뇌물도 제공하지 않았다고 주장하고 있다. 필자와 주고받은 서신을 통해 그는 입찰 과정에서 BAE에 도움을 준 여러 회사에 투자했을 뿐이라 주장했다.

2010년 말, 롱웨인이 거래 체결 당시 시피위 니안다Siphiwe Nyanda 남아공 국가방위군 참모총장에게 상당한 규모의 주택 융자를 제공했다는 소식이 들렸다. 니안다의 융자는 그가 2009년 통신부 장관으로 임명되었을 당시 탕감되었는데, 탕감 시점에 원금을 거의 갚지 않은 상태였던 것으로 볼 때 기록을 최소화하며 자금을 전달하기 위해 주택 융자를 이용했음을 알 수 있다.[42] 2005년 남아공 국가방위군을 떠난 이후 니안다는 롱웨인 소유의 회사 중 하나인 응웨인디펜스Ngwane

Defence에서 임원직을 맡았다.[43] 그는 선정 및 협상 과정이 진행되는 동안 국가방위군 참모총장을 지냈으며 특히 2004년 BAE 및 사브와의 계약을 검토해 추가 발주로 이어질 수 있도록 하는 데 결정적인 역할을 했다. 2004년 롱웨인에게 지급된 보너스는 남아공이 추가 발주에 동의한 대가였다.[44]

수사관들은 롱웨인과 브레덴캄프의 자택 및 사무실을 불시에 수색하는 동시에 스위스와 리히텐슈타인의 롱웨인 소유 은행 계좌 5개에 보관된 약 1억 6,000만 랜드(한화 약 120억 원, 참고로 2021년 1월 현재 1랜드는 약 75원—옮긴이)의 자산을 동결했다. 스위스 당국은 자금세탁에 대한 자체 조사에 착수했다.

BAE 및 사브 계약과 관련해 큰 몫을 챙긴 여러 인사들은 각기 다른 결말을 맞았다. 제이컵 주마 당시 남아공 부통령(주마는 2009년 대통령으로 선출되었고 2018년에 부패 혐의로 불명예 퇴진했다—옮긴이)은 해당 거래와 관련한 부정부패로 인해 부통령직에서 물러나야 했다. 주마의 재정 자문 샤비르 샤이크Schabir Shaik(샤민 샤이크의 형제)는 사업상 이익을 위해 주마에게 자금을 지급한 것이 밝혀져 사기 및 부정부패 혐의로 징역 15년을 선고받았다.

필자가 해당 거래를 조사하는 것을 막으려 한 ANC 원내대표 또한 계약에 입찰한 업체 중 하나인 EADS로부터 '선물'을 받은 혐의로 짧은 징역형을 선고받았다. EADS는 프랑스, 독일 등 여러 유럽 국가들이 지분을 가진 방위산업체다. 그는 ANC 지도부의 극진한 보호를 받으며 징역을 살았으며, 조기 석방된 후에는 영웅 대접을 받았다. 현재 그는 ANC의 최고 의사결정 기구에 속해 있으며, 상당한 영향력을 가진 ANC 정치학교ANC Political School를 운영하고 있다. 샤민 샤이크는 티센크루프ThyssenKrupp로부터 300만 달러를 받은 증거가 드러난 이후 남아공을 떠났다. 티센크루프가 참여한 컨소시엄은 매우 수상한 정황 속에서 프리깃함 건조 계약을 따냈다. 타보 음베키 당시 부통령이 독일을 방문하기 전까지 해당 계약은 사실상 한 스페인 업체가 수주한 것과 다름없었다. 그러나 음베키 당시 부통령의 독일 방문 후 재입찰이 이루어졌다. 샤이크의 셋째 형제인 '모Mo'라는 정보요원은 독일 프리깃함 컨소시엄 본사가 있는 함부르크에 남아공 총영사 자격으로 즉시 파견되었고, 독일 컨소시엄은 계약을 따내는 데 성공했다. 독일 컨소시엄이 지급한 뇌물은 2,500만 달러에 달하는 것으로 알려져 있다. 남아공이 페로스탈Ferrostaal 주도 컨소시엄과 체결한 잠수함 계약 또한 매우 큰 논란을 일으켰다.[45]

해당 거래와 관련해 샤비르 샤이크를 통해 자금을 지급받은 제이컵 주마는 협박, 사기, 부정부패 등 총 783개 혐의로 기소되었다. 주마는 샤이크로부터 자금을 전달받고 그 대가로 샤이크가 톰슨CSF라는 프랑스 업체(현재 탈레스Thales)에서 수익성 좋은 도급계약을 수주할 수 있도록 개입했다. 1998년, 샤이크는 톰슨CSF가 자신을 파트너 자리에서 쫓아내려 하자 주마를 런던으로 불러 톰슨CSF 측과 만나도록 했다. 주마는 샤이크가 만델라와 음베키를 포함한 대부분의 ANC 의원들에게 좋은 평을 받고 있다며 톰슨CSF를 안심시켰으나, 이는 모두 거짓이었다. 이후 톰슨CSF는 주마가 자신들의 뒤를 봐주고 무기거래와 관련한 조사가 진행될 경우 보호를 제공하는 조건으로 주마에게 매년 50만 랜드를 지급하겠다는 암호화된 팩스를 보냈다. 남아공 헌법재판소는 샤비르 샤이크가 유죄 판결에 불복해 제기한 항소심 재판에서 다음과 같이 밝혔다.

항소인(샤이크와 그의 회사) 측 변호인이 인정한 바와 같이, 샤이크의 형사 유죄 판결을 고려할 때 이번 소송의 목적을 위해서는 샤이크가 실제로 주마에게 뇌물을 지급했다는 사실이 인정되어야 한다.
샤이크가 주마에게 지급한 자금은 영향력을 행사해 자신의 사업적 이득을 증대하기 위함이었으며, 1998년 7월 런던에서 〔톰 슨CSF와〕 가진 만남을 통해 주마는 사실상 샤이크의 이익 증대에 일조했다.[46]

제이컵 주마가 타보 음베키를 ANC 대표에서 몰아낸 뒤 남아공 대통령으로 당선되기 열흘 전, 그에 대한 기소가 취하되어 논란이 일었다. 기소취하 결정을 내린 검사는 주마의 당선 이후 고등법원 판사 직무대행으로 임명되었다. 결정에 관한 발표문은 홍콩의 한 상사商事 재판에서 콘래드 시그로트Conrad Seagroatt 판사가 내린 판결을 거의 그대로 따왔다고 해도 과언이 아닌 수준이었다. 후에 시그로트 판사는 자신의 판결은 형사재판이 아닌 상사재판에 관한 것이었기에 그에 적용되는 법률이 다르며, 항소심에서 뒤집히기도 한 만큼 유효한 판례가 아니라고 지적했다. 또한 주마에 대한 기소는 취하되지 않았어야 한다고 공식적으로 밝히기도 했다.[47] 샤비르 샤이크는 선고받은 15년 중 2년도 채 복역하지 않은 채 불치병 말기 수감자를 위한 법을 이용해 인도적 차원에서 석방되었다. 그가 내세운 병명은 고혈압과 우울증이었다. 석방 후 그는 나이트 클럽과 골프장에서 목격되었으며 폭행으로 두 차례 고소당했다.[48]

남아공은 이러한 무기거래로 인해 시민들의 생명을 그 대가로 치르고 있다. 타보 음베키는 에이즈 문제의 시급성을 부정하고 불필요한 무기구매 외의 모든 재정 지출을 삭감했다. 이처럼 국가가 항레트로바이러스제를 공급하지 않은 결과, 하버드대의 보수적 추산에 따르면 BAE 및 사브와의 거래 이후 5년간 36만 5,000명이 목숨을 잃었다.[49]

호크 및 그리펜 사업에 따라 남아공은 2011년까지 최대 710억 랜드에 달하는 비용을 지불하게 될 것으로 추산된다.[50] 이는 훨씬 시급한 과거 및 현재의 여러 사안에 대한 지출보다 현저히 큰 규모다. 2008년까지 남아공이 HIV/에이즈 및 성병 관련 정책에 지출한 금액은 87

억 랜드에 불과하며,[51] 에이즈 환자 1명을 살리는 데 들어간 예산보다 7.63배 많은 예산이 호크 및 그리펜 사업에 쓰였다.[52] 같은 기간 아파르트헤이트로 집을 잃은 사람들에게 주거를 제공하는 데 사용된 예산은 무기거래에 사용된 예산보다 300억 랜드나 적었다.[53] 호크 및 그리펜 사업에 사용된 예산을 주택에 사용했다면 200만 채가량을 건설할 수 있었고, 일자리 창출에 사용했다면 1년간 110만 명에 달하는 유지보수 요원 및 청소원을 고용할 수 있었을 것이다. 이를 다시 환산하면 10년간 10만 명에게 일자리를 제공해, 현재 30%에 육박하는 실업률 감소에 도움을 줄 수 있었다는 얘기다.[54]

남아공의 검찰 및 수사기관 또한 호크 및 그리펜 사업으로 인해 와해되기 시작했고, 이후 상황은 급격히 악화되었다. 의회는 별다른 문제 제기 없이 행정부의 주요 결정이라면 무조건 승인해주는 기관으로 전락했고, 다시 제 기능을 회복하지 못했다. 한때 신뢰받던 ANC는 호크 및 그리펜 사업을 기점으로 도덕적 잣대를 잃었다. 이후에도 ANC는 당과 지도부 일부에게 이익이 되는 부정한 계약을 체결하고 기본적인 사회복지 정책마저 후퇴시켰다. 남아공 부통령조차 ANC와 정부 각계각층에 만연한 비리를 개탄했다.[55] 남아공 최고의 정치신문은 "남아공이 겪고 있는 문제의 대부분은 호크 및 그리펜 사업에 뿌리를 두고 있다"고 주장하기도 했다.[56]

남아공이 구입한 호크 훈련기 24대 중 실전 투입된 것은 11대에 불과했다. 운행 비용 때문에 공군은 당시 구입한 그리펜 11대로 구성된 중대를 1년에 250시간, 즉 1대당 1년에 20시간 조금 넘게 운행하는 데 그쳐야 했다.[57] 250시간은 전투기 조종사로 인정받기 위해 필요한 연간 최소 비행시간이다. 호크의 경우 운행에 드는 비용이 상대적으로 적었음에도 비용 문제로 1년에 2,500시간밖에 운행하지 못했고, 이는 공군이 호크를 최대한 활용하기 위해 필요하다고 본 운행시간의 절반밖에 되지 않는다.[58] 주목할 점은 호크 훈련기 운행시간의 부족은 일부 조종사들이 그리펜 조종으로 넘어가기 위해 필요한 비행시간을 채우지 못한 상태로 졸업한다는 의미이며, 한 가지 기종만 구입한다는 당초 결정이 지켜졌다면 이러한 문제는 발생하지 않았을 것이라는 사실을 공군이 확인해주었다는 것이다.[59]

또한 남아공은 여전히 호크와 그리펜의 유지 보수에 수백만 달러를 들이고 있다. 2006년 이후 BAE에 지불한 호크 훈련기 유지보수 비용만 하더라도 2억 6,800만 랜드에 이른다.[60] 다른 장비들도 기대에 부응하지 못했다. 가장 많은 주목을 받은 사건은 독일 업체로부터 구매한 잠수함 3척 중 1척이 '매우 다양하고 번거로운 문제'에 시달린 일이다. 해당 잠수함은 결국 건식 도크에서 수리를 받으며 수명 대부분을 허비했다.[61]

2009년 10월 1일 SFO는 아프리카와 동유럽에서 자행한 해외 비리와 관련해 BAE에 대한 기소를 요청한다고 발표했다. SFO는 BAE에 유죄 인정과 약 5억 파운드의 벌금 부과를 조건으로 한 양형거래를 제안했다. 충격에 빠진 BAE는 양형거래를 거절했고 BAE 주가는 곤두박질쳤다.

가난도 막을 수 없는 무기거래

SFO 조사를 통해 알 수 있듯, BAE의 피해를 입은 아프리카 국가는 남아공만이 아니었다. 토니 블레어는 자신이 설립한 아프리카위원회 Commission for Africa의 '아프리카 대륙 거버넌스 개선을 위한 권고'를 자랑스럽게 전파하던 도중, 세계 최빈국 중 하나인 탄자니아의 대통령을 설득해[62] 군용기에 탑재되는 대공 레이더를 4,000만 달러가 넘는 가격에 판매했다. 당시 탄자니아 공군이 보유한 항공기는 8대에 불과했으며 대부분이 고장난 상태였다. 고장의 정도는 항공기마다 달랐다.

이 거래를 성사시키기 위해 지급된 뇌물은 1,000만 달러에 육박하는 것으로 알려져 있다.[63]

1997년 BAE는 SPSSiemens Plessey Systems라는 회사를 인수했다. SPS는 레이더 장비 계약을 위해 1992년부터 탄자니아 정부와 지속적으로 협상을 진행한 업체다. BAE는 SPS를 인수하며 SPS 소속의 에이전트 세일리시 비슬라니Sailesh Vithlani(혹은 셰일리시Shailesh)도 함께 고용했다. 당시 비슬라니는 탄자니아 정부 관계자와의 '약속'을 이유로 컨설턴트 계약을 수정해달라고 요청했다.[64] 처음 논의된 계약 규모는 1억 1,000만 파운드로 탄자니아가 감당할 수 없는 수준이었으므로,[65] 해당 계약은 세계은행과 영국의 해외개발청Overseas Development Administration의 반대로 무산되었다.[66] 2000년 BAE는 거래 금액이 적어 보이도록 하기 위해 계약을 두 단계로 나눠 체결하고자 했다.[67] 클레어 쇼트Clare Short 당시 영국 국제개발부 장관은 이 계약에 대해 "갑자기 규모를 반으로 줄였다. 처음부터 끝까지 비열한 거래였다. 너무 오래되어 이미 다른 기술로 대체된 기술을 팔아넘겼다. 군용기를 보유하지도 않은 탄자니아에 군용 관제 시스템을 팔았다. 탄자니아는 관광산업 발전을 위한 민간용 항공교통관제 시스템 업그레이드가 필요한 상황이었다"고 말했다.[68]

쇼트와 로빈 쿡Robin Cook 외무장관의 격렬한 반대에도 BAE는 2001년 탄자니아에 워치맨Watchman 항공교통관제 시스템을 2,800만 파운드에 판매하는 계약을 체결하는 데 성공했다.[69] 해당 레이더는 이동이 가능했으며 전파교란 방지 장치를 갖추고 있었다.[70] 거래에 들어간 자금은 BAE-남아공 거래에 자금을 제공한 바클레이은행의 융자로 조달되었다.[71] 2001년 10월 UN의 국제민간항공기구International Civil Aviation Organization는 보고서를 통해 이 계약의 불합리성을 지적했다.

계약에 포함된 관제 시스템은 군용 시스템이며 민간용으로 사용하기에는 한계가 있다. 민간용으로 제대로 사용하기 위해서는 다른 장비를 추가적으로 구입해야 한다. 해당 시스템은 민간용으로만 사용하기에는 적합하지 않으며 너무 고가다.[72]

BAE는 국제민간항공기구의 비용 비교가 잘못되었다고 항의했으나,[73] 세계은행 대변인은 BAE의 터무니없는 주장에 대해 다음과 같이 밝혔다. "세계은행은 이렇게 큰 금액이 근거가 불분명한 목적을 위해 지출된다는 점을 우려한다. 4,000만 달러는 탄자니아의 기본 교육예산의 3분의 1에 해당하는 거액이다. 이 거래로 인해 해당 자금이 교육, 보건 등 최우선 사안에 쓰이지 못하게 된다."[74]

당시 영국 자유민주당 하원의원이자 국제개발 담당 대변인이었던 노먼 램Norman Lamb은 해당 금액의 10%만으로도 현대적인 시스템을 도입할 수 있다고 밝혔다. 그는 "통상산업부가 총리의 지원을 등에 업고 BAE, 바클레이은행과 공모해 극심한 빈곤에 시달리는 탄자니아 사람들을 속이고 불필요한 무기를 고가에 팔아넘겼다"고 주장했다.[75] 그의 분노는 결코 사그라들지 않았다. 2009년 그는 이 계약이 "도덕적으로 변명의 여지가 없는 계약"이라며, "이런 거래가 수년 동안이나 계속되어왔다는 것이 개탄스럽다. 울프 경의 주도 아래 BAE가 실시한 조사는 순전히 눈가림이었다. SFO가 결단력 있는 행동을 통해 이러한 관행이 더 이상 용인되지 않는다는 것을 보여주어야 한다. 이 계약에 대한 수출 허가가 어떻게 이루어졌는지 공개적으로 조사해야 한다"고 말했다.[76]

클레어 쇼트 장관은 자신이 각료회의에서 반대한 거래가 체결되었다는 사실에 특히 분개했다. 항공교통관제 시스템 구매를 위한 지출로 탄자니아에 대한 교육 원조 3,500만 파운드가 사실상 무의미하게 되었다. 그녀는 토니 블레어 총리에게 그 책임을 물었다. "총리는 무기를 수출하기 위해 엄청나게 공을 들인다. BAE가 요구하는 것이라면

100% 지지한다. 그는 원칙에 따라 결정해야 하는 사안도 있다는 사실을 이해하지 못하는 것 같다. 또한 무기판매가 영국 경제에 이득이 된다는 거짓 주장에 속아 넘어간다."[77]

거래가 적법한지를 판단하기 위한 수출허가 절차가 마무리되기도 전에 국방장관이 BAE 측에 허가를 내주었다는 사실이 드러난 이후, 이 사안을 둘러싼 내각의 논의는 한층 치열해졌다.[78] 2001년 말, 격론 끝에 해당 거래를 검토하고 수출 허가 여부를 결정할 특별위원회가 설립되었다. 존 프레스콧John Prescott 당시 부총리가 위원장을 맡았다. 클레어 쇼트 장관은 고든 브라운Gordon Brown 재무장관에게 지지를 요청했다. "모든 사람들과 개인적으로 이야기를 나누었고 브라운 장관은 나를 지지하겠다고 밝혔다. 그러나 그는 존 프레스콧이 주재한 회의에 본인 대신 재무차관을 참석시켰다. 언론은 그가 나를 지지한다고 보도했으나 중요한 순간이 되자 그는 블레어 총리에게 문제를 제기하지도 않았다."[79] 블레어는 영국 아일오브와이트Isle of Wight 지방의 일자리 280개를 지키는 것이 국제 빈곤퇴치 목표를 이루는 것보다 중요하다는 주장을 펼쳤다.[80] 패트리샤 휴잇Patricia Hewitt 통상산업부 장관, 제프 훈Geoff Hoon 국방장관, 잭 스트로 외무장관이 이 같은 주장을 지지했다.[81] 이들은 모두 BAE에 무비판적 지지를 보낸 인물로 잘 알려져 있다.[82]

개비 콤바Gaby Komba 런던 주재 탄자니아 대사관 무관은 해당 거래를 둘러싸고 격론이 벌어진다는 사실에 놀라움을 표하며 다음과 같이 주장했다. "워치맨 관제 시스템이 군용 시스템이라는 주장은 잘못이다. 군용과 민간용으로 모두 사용될 수 있다. 더 저렴한 시스템을 구입할 수도 있지만 우리의 목적에 부합하는 것 중에는 최선의 선택이다."[83] 그는 해당 시스템에 "군사적 요소"가 있음을 인정하면서도 시스템 자체는 "탄자니아 영공을 지키기 위해" 사용될 수 있다고 주장했다.[84] 이 거래를 통해 탄자니아 관광산업이 살아나고 항공요금으로 매년 300만~500만 달러의 수입이 발생할 수 있다는 것이다.[85] 이 거래의 옹호자들은 탄자니아에 군용기가 8대밖에 없다는 사실, 그것도 제대로 활용되지 못하고 있다는 사실은 언급하지 않았다.[86]

거래 대금 지급을 위해 탄자니아는 상업은행인 바클레이은행으로부터 3,950만 달러의 차관을 제공받았다.[87] 얼마 전 탄자니아가 다자개발은행에서 제공하는 것과 같은 양허적 성격의 차관을 제외하고는 어떠한 차관도 받지 않겠다는 조건으로 20억 달러에 달하는 채무를 탕감받았다는 점을 고려하면 매우 수상한 일이었다.[88] 바클레이은행은 해당 자금이 1999년부터 마련되어 양허적 조건으로 제공되었으며 워치맨 계약 관련 논의에 자신들은 '관여하지 않았다'고 밝히면서, 모든 차관은 수출 허가 관련 법규에 따른 것이라 주장했다.[89] 그러나 클레어 쇼트 장관은 바클레이은행이 양허적 자금 조달처럼 보이도록 하기 위해 원래의 계약금액을 부풀렸다 낮추었을 것이라 추측했다.[90] 유럽투자은행European Investment Bank이 탄자니아와 두 이웃 국가를 위해 BAE의 반값으로 최신 레이더 시스템을 설치할 수 있도록 차관을 제공하고 있었다는 점을 고려하면 이는 변명의 여지가 없는 부정한 자금조달이었다.[91] 2002년 쇼트 장관은 탄자니아가 빈곤 완화를 위한 약속을 위반했다고 주장하며 약속한 원조금 중 1,000만 파운드의 지급을 지연시켰다.[92]

노먼 램 의원 또한 하원에서 이 같은 자금조달 방식을 비판하며 다음과 같이 주장했다. "[자금조달에 관해] 좀 나쁘게 표현하자면 계약금액을 조작했다. 바클레이은행이 양허적 조건으로 차관을 제공하는 것처럼 보이도록 하기 위해 인위적으로 가격을 부풀린 것이다. 이것이 사실이라면 사기나 마찬가지다. 장관이 부정부패의 가능성을 암시하고 있는 상황에서 이 거래에 대한 자금조달 방식을 철저히 조사할 필요가 있다. 또한 일을 손쉽게 진행하기 위해 검은돈이 오갔다는 이야기도 들었다."

앨런 존슨Alan Johnson 당시 통상산업부 차관은 "사기나 뇌물수수에 대한 어떠한 증거도 없다"고 답했다.[93] 벤저민 음카파Benjamin Mkapa 탄자니아 대통령은 "부정부패에 대한 증거를 조금이라도 제시한 사람은 아무도 없다"고 단호히 말했다.[94] 2002년, 전체 인구의 3분의 1이 하루 1달러 이하로 살아가는 상황에서 신형 걸프스트림Gulfstream 전투기를 4,000만 달러에 구매한 전적을 고려하면 그의 주장에 신빙성이 있다고 보기는 힘들다.[95]

걸프스트림 계약의 에이전트는 타닐 소마이야Tanil Somaiya라는 재계 거물이었다. 그는 통신, 건설, 광고, 홍보, 부동산, 그리고 다양한 분야를 통칭하는 '안보' 관련 사업을 펼치는 시바콤그룹Shivacom Group을 운영했다.[96] 그의 친구이자 BAE 에이전트 세일리시 비슬라니는 건장한 체구의 인도계였다. 그는 영국 여권을 갖고 있었으며 어머니와 형제는 런던 남부에 살았는데, 그는 탄자니아에서 "엄청난 파워를 가진 인물이었다".[97] 소마이야와 비슬라니는 탄자니아 빅토리아호 북쪽에 자리한 므완자Mwanza에서 함께 자랐으며 이후 다에스살람Dar es Salaam으로 이사하고 1986년 멀린인터내셔널Merlin International을 설립했다.[98]

BAE의 '숙적' 같은 존재인 데이비드 레이는 워치맨 레이더 거래를 조사하던 중 소마이야와 비슬라니를 찾아냈다. 레이는 다에스살람 잔지바르Zanzibar행 페리 터미널 바로 건너편, 사모라Samora가의 낡은 아발론Avalon 극장 건물의 후미진 사무실에서 두 사람을 만났다. 레이는 우선 소마이야와 인터뷰를 했다. 소마이야는 BAE와 이중계약을 했다는 사실을 인정했다. 처음에는 일반적인 에이전트 계약을 체결했다. 이는 합법적인 계약으로, 거래가 성사되면 멀린인터내셔널에 1%의 커미션을 지급한다는 내용이었다. 그러나 BAE의 '레드다이아몬드 트레이딩'은 두 번째로 체결한 비공식 계약에 따라 계약금액의 30%에 해당하는 620만 파운드를 스위스 계좌로 입금했다.[99] 이 자금은 또 다른 BAE 에이전트인 비슬라니가 관리했다. 소마이야와 비슬라니는 스위스 계좌의 자금을 탄자니아 정부 관계자들에게 전달한 적이 없다고 주장하면서도, 해당 자금이 탄자니아 외의 제3자에게 전달되었느냐는 질문에는 답변하지 않았다.[100] 탄자니아 사건에 정통한 관계자들에 따르면 정부 고위 관계자들과 뇌물 관련 협상을 진행하고 스위스 계좌에서 자금을 이체한 사람은 바로 비슬라니였다.[101] 파나마에 등록된 '엔버스 트레이딩 코퍼레이션Envers Trading Corporation'은 BAE와 비밀 컨설팅 계약을 맺고 이 거래에서 BAE의 '컨설턴트' 역할을 했다. 비슬라니와 소마이야 모두 위임장을 활용해 사실상 그들 소유의 '부패한' 회사, 엔버스의 에이전트로 활동했다.[102]

비슬라니는 마침내 BAE가 스위스 계좌로 비밀리에 지급한 620만 파운드를 자신이 관리했다는 사실을 인정했다.[103] 그러나 BAE는 늘 그랬듯 결백을 주장했다. BAE는 "우리는 공개적이고 공정한 경쟁을 통해 계약을 따냈다. 우리는 오늘날 따라야 할 규칙에 따라 정당하게 운영되는 세계적 기업이다. 모든 것을 더욱 투명하게 처리하고 있다"고 밝혔다.[104]

2007년 8월 세일리시 비슬라니에 대한 국제 구속영장이 발부되었으며, 탄자니아는 그를 위증 혐의로 기소했다. 2004년 중반 이후 지속적으로 이 계약을 주시해온 SFO는 2009년 7월 비슬라니를 직접 심문했다.[105] SFO가 그를 체포하지 않은 이유는 밝혀지지 않았으나, 그가 BAE를 배신하고 검찰 측 증인이 되는 데 동의했기 때문인 것으로 추측된다. 비슬라니는 스위스에서 안락한 생활을 즐기고 있다고 한다. 2007년 부정부패 혐의가 헤드라인으로 실린 후 뒤늦게 멀린인터내셔널에서 발을 뺀[106] 소마이야는 워치맨 레이더 거래에 연루된 사실을 전면 부인하고 있다.[107]

소마이야와 비슬라니는 워치맨 레이더 사건이 터지기 훨씬 전부터 무기거래로 엄청난 돈을 벌어들이고 있었다. 그들은 2억 4,000만 달러가 훨씬 넘는 규모의 공공조달 계약에 참여했다.[108] 2004~2005

년에는 국방부로부터 수백만 달러 규모의 계약을 수주해 탄자니아 인민방위군에 트럭 및 버스 약 650대를 공급했다. 탄자니아 정부가 2006년 업체에 대금을 모두 지불했음에도 2009년 탄자니아에 인도된 차량은 350대에 불과했다.[109] 입찰 과정에서 소마이야와 비슬라니는 이탈리아의 이베코IVECO 트럭 공식 딜러인 인카탄자니아INCAR Tanzania 소유주를 사칭했다. 두 사람이 실제로 인카를 매입한 것은 2006년 이후였다. 그사이 인카와 관련된 문서가 다에스살람의 기업 등록면허소에서 사라지는 미스터리한 일이 벌어졌다. 탄자니아군 안팎에서는 노후된 차량을 단가가 높고 연비가 낮으며 유지비가 많이 드는 이베코 트럭으로 교체하는 것은 적절치 않다는 우려가 제기되었다.[110]

또한 소마이야와 비슬라니는 탄자니아 국방부에 헬기를 공급한 사건에도 연루된 것으로 알려져 있다. 그들은 헬기 제조업체 벨아구스타Bell Agusta가 선정한 에이전트도 아니면서 탄자니아에 헬기를 공급했다. 그들이 공급한 헬기 4대 중 2대는 운행 도중 추락했으며 그 사고로 인해 사망자가 여러 명 발생했다. 그들은 헬기 가격을 부풀려 판매했을 뿐만 아니라 본래 민간용으로 설계된 헬기를 군용으로 속여 팔았다.[111] 또한 2002년 음카파 대통령이 사용할 최고급 걸프스트림 상업용 제트기를 미국으로부터 구매하는 조건의 4,000만 달러 규모 계약에도 개입했다.[112]

2008년 4월 워치맨 레이더 계약 체결 당시 법무장관이었던 앤드루 첸지Andrew Chenge 탄자니아 인프라부 장관은 저지섬 은행 계좌의 50만 파운드가 그의 소유라는 의혹이 제기되자 장관직을 사임했다. 첸지는 해당 자금의 존재를 부정하지는 않았으나 그 자금을 BAE로부터 지급받은 것은 아니라고 부인했다. 계약 체결 당시 법무장관이었던 그는 레이더 계약 관련 주요 사안에 관해 조언했으며, 그 조언을 바탕으로 탄자니아 내각은 레이더 구매를 승인했다. 특히 그는 상업은행을 통해 자금을 조달하는 것이 탄자니아의 부채 탕감 조건에 부합한다고 조언했다.[113] 알려진 바로는, 그의 법적 견해를 담은 문서가 세일리시 비슬라니를 거쳐 바클레이은행에 전달되기까지 했다. 첸지의 계좌에 50만 파운드가 입금된 시점은 그가 레이더 계약에 호의적인 견해를 밝힌 시점과 일치했다.[114]

SFO 보고서 초안에 따르면 1997년 6월부터 1998년 4월까지 바클레이은행 프랑크푸르트 지점에서 첸지에게 이체된 자금은 총 150만 달러다. 해당 자금은 저지섬의 바클레이은행 계좌로 지급되었으며,[115] 계좌의 소유주는 첸지가 자금을 전달받을 목적으로 설립한 프랜톤인베스트먼트Franton Investment였다.[116] 1998년 5월 그는 이드리사 라시디 Idrissa Rashidi 탄자니아 중앙은행 총재가 운영하는 랭글리인베스트먼트 Langley Investment에 60만 달러를 지급했다. 라시디는 바클레이은행이 제공한 차관에 대한 담보로 탄자니아의 금 보유고를 활용하는 조건으로 자금조달을 승인한 인물이다. 그는 또한 차관을 변제하지 못해 소송이 발생하는 경우 탄자니아가 자국법이 아닌 영국법을 따르도록 하는 데 동의했다. 1999년 9월 20일 첸지는 직접 프랜톤 소유의 계좌에서 저지섬의 스코틀랜드 왕립은행Royal Bank of Scotland International 계좌로 120만 달러를 이체했다.[117]

첸지는 그의 계좌에 든 자금을 '푼돈'이라 칭하는 몰지각한 태도를 보였다.[118] 미국과 영국에 있는 그의 변호인들은[119] 그가 탄자니아 정부에 해당 거래와 관련해 법적 조언을 제공한 것은 인정했으나 BAE 와의 계약을 지지한 것은 아니라는 입장을 고수했다.[120] 그가 영국과 미국의 비싼 로펌을 고용할 수 있었다는 사실만으로도 재산의 규모 및 출처에 대해 언론의 보도가 쏟아지기에 충분했다.[121]

영국에서 진행되고 있던 첸지와 워치맨 계약에 대한 수사는 2006년 가을의 한 사건으로 인해 어려움에 처하게 된다. 당시 노먼 램 의원은 다른 하원의원들도 의원실을 두고 있는 포트컬리스하우스에서

SFO 및 국방부 수사관들과 회의를 가졌는데, SFO 수사관 1명이 램 의원에게 의원실이 도청당할 가능성이 있으니 건물 안마당에서 만나는 것이 어떻겠느냐고 제안했다. 자신의 사무실이 도청당할 수도 있다는 언급에 램 의원은 크게 분노했고, 2008년 6월 5일 SFO의 칼 브라운Carl Brown에게 다음과 같은 내용의 편지를 썼다. "당신은 나에게 SFO 수사 과정에서 증인 심문을 통해 확보한 주요 사실과 정보를 BAE도 알고 있는 것 같다고 했다. 그리고 BAE가 잠재적 증인과의 인터뷰를 도청하는 듯한 인상을 받았음을 암시했다." 이에 대해 SFO는 "당시 우리는 매우 조심스럽게 일을 진행하고 있었다. 신중을 기하기 위해 미리 주의를 기울인 것"이라고 답했다. 그러나 램 의원은 이러한 주장을 "믿기 힘들다"고 밝히며, "SFO 측의 주장이 사실이 아니고 내 사무실이 도청된 것이 아니길 바랐다. 내가 도청 사실을 눈치챘다는 것을 BAE가 알게 될까봐 사무실에 도청 장치가 있는지 확인하지는 않았다. 그러나 사실이 아니길 바랐다. SFO는 이례적으로 수사 과정이 감시받고 있는 것 같다는, 대화가 도청되고 있는 것 같다는 우려를 내비쳤다"고 말했다.[122]

BAE는 이것이 "터무니없는 주장"이라며 일축했다.[123] 이후 램 의원은 "일개 회사가 SFO를 도청하고 있을지도 모른다는 우려가 발생한 것은 매우 엄중한 사안으로, 공개 조사에 포함되어야 한다"고 덧붙였다.[124] BAE가 CAAT를 비롯한 반대 세력에게 저지른 비열한 짓들을 고려하면 도청 가능성이 있다는 주장은 꽤나 설득력이 있었다.

램 의원의 자유민주당 동료들뿐만 아니라 뇌물과 부정부패 척결에 큰 관심이 없던 보수당까지도 2007년 의회 토론에서, 탄자니아 거래와 관련한 뇌물 의혹과 탄자니아의 지속 가능한 개발에 대한 위협을 언급하며 정부에 이의를 제기했다.[125] 보수당이 딕 올버 전직 BAE 회장이 2010년 정계로 복귀하자 그에게 통상장관직을 제안했다는 것을 고려하면 이는 매우 아이러니한 행보였다. 딕 올버는 통상장관직

그림 3. BAE가 탄자니아에서 사용한 대금 지급 체계

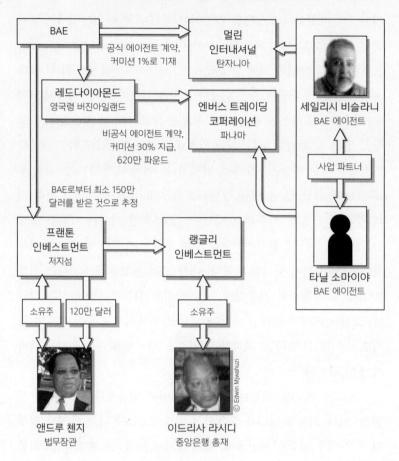

제안을 거절했다.[126]

자신이 감시받고 있는 것 같다는 램 의원의 우려는 워치맨 레이더 계약을 조사하던 탄자니아 검사가 당한 협박에 비하면 별것 아닌 수준이었다. 에드워드 호세아Edward Hoseah 검사는 2007년 미 관계자들에게 "목숨이 위험한 것 같다"며, 그가 BAE의 "더러운 계약"이라 부르는 레이더 계약에 개입한 탄자니아 정치인들을 "처벌하는 것은 불가능하다"고 말했다. 그는 "주요 인물"을 기소하지는 못했으나 "국방부

관계자들과 군 고위 관계자 최소 한두 사람이 연루된 것"은 확실하다고 전했다. 또한 그는 협박 문자 메시지와 편지를 받았으며, "부유하고 영향력 있는" 사람들에게 맞서고 있다는 점을 매일 잊을 수 없었다고 밝혔다. 그는 숨죽인 목소리로 "'이너서클'의 모임에 가면 그들은 '그 자리에 있을 수 있는 것이 누구 덕인지 명심하라'는 식의 태도를 보인다. 비타협적인 모습을 보이면 위험해진다"고 말했다. 그는 자신의 목숨이 위험해지는 상황이 오면 다른 나라로 망명할 수밖에 없을 것이라 밝혔다.[127] 그의 안전과 미래뿐만 아니라 탄자니아 민주주의에 악영향을 끼친 중요한 수사의 운명은 모두 SFO와 영국 사법체계의 손에 달려 있었다.

10. 베를린장벽 붕괴 이후: BAE식 자본주의

오스트리아 빈 한가운데 자리한 제1구역에서는 합스부르크 왕실이 남긴 건축물들이 위용을 뽐내고 있다. 제1구역 중심을 둘러싼 순환도로 링슈트라세Ring Straße를 따라 웅장한 건물과 프란츠 요제프Franz Jose 황제의 위엄 있는 동상이 줄지어 서 있다. 귀족 가문의 권력과 부를 고스란히 보여주는 모습이다. 케른트너링Kärntner Ring 14번지는 바로크 양식의 화려함이 묻어나는 벨베데레Belvedere 궁전과 세계 최고의 클래식 음악가를 배출한 무지크페어라인Musikverein, 최고급 호텔 임페리얼 사이에 자리하고 있다. 14번지 1층의 작은 흰색 문에는 황동 명패에 검정색으로 'MPA'라는 글자가 새겨져 있으며, 그 아래에는 '멘스도르프-포윌리Mensdorff-Pouilly'라는 이름이 적혀 있다.

건물은 외부만큼이나 내부도 고풍스러웠다. 높다란 천장은 화려했으며, 널찍하고 오래된 가죽 의자, 젊은 귀부인의 모습을 그린 값비싼 유화, 교외에 위치한 백작 소유의 사냥터에서 사냥한 박제된 동물 머리들이 장식되어 있었다. 필자를 맞이한 보좌관이 백작에게 내가 도착했다는 사실을 알렸다.

'알리Ali'라고도 불리는 알폰스 멘스도르프-포윌리Alfons Mensdorff-Pouilly 백작은 사진보다 실물이 더 훤칠하고 잘생겼다. 상당히 큰 키에 모직 소재의 초록색 티롤리안 재킷과 눈에 띄는 분홍색 타이를 착용한 그에게서 귀족적인 품위가 느껴졌다. 그에게는 악동 같은 매력이 있다. 호화로운 가죽 의자에 앉아 그와 이야기를 나누는 동안 엄격한 인상의 주자네 루카Susanne Luka는 자신의 노트를 뚫어져라 바라보며 내 옆에 앉아 있었다. 쾌활한 성격의 멘스도르프-포윌리 백작은 그가 BAE에서 가장 악명 높은 에이전트였던 시절, 동유럽에서 펼친 활동에 관한 불편한 질문을 던지는 필자에게 두 차례 짧게 수감되었던 자신의 경험담을 들려주며 어색한 분위기를 풀어주었다.

그는 자신의 남자다움을 은근히 과시하며 "오스트리아 감옥에서 보낸 5주는 영국 감옥에서 보낸 5일보다 훨씬 편했다. 영국 당국은 칫솔이나 빗을 포함해 어떤 생필품도 제공해주지 않았다. 감옥에 있는 동안 모든 수감자들과 친해졌다. 한 흑인 남성이 나에게 자신의 빗과 칫솔을 줬다. 몸을 씻은 뒤 그가 준 빗을 썼다. 그렇지만 칫솔은 차마 쓸 수 없었다"고 말했다.[1] 북런던의 펜튼빌 교도소에 수감된 이후 그는 지급된 수감자용 팬티가 너무 작아 자신의 인권이 침해되었다며 불만을 제기했다.[2] "여러 차례 요청했음에도 불구하고 제대로 된 팬티를 주지 않았다"는 것이 그의 주장이었다.[3]

그의 설명에 따르면 MPA는 컨설팅 회사이며 동유럽의 약 30~40개 고객사에 전략 자문을 제공한다. 고객의 사업 분야는 다양하나 의료 분야가 주를 이루며, 방산업체는 BAE가 유일하다. BAE와 처음 계약하게 된 것은 사촌의 남편인 티모시 랜던Timothy Landon을 통해서였다고 한다. '화이트 술탄White Sultan'이라는 별명으로도 잘 알려진 티모시 랜던은 오만에서 술탄 카부스 빈 사이드Sultan Qaboos bin Said가 자신의 아버지를 축출하기 위해 일으킨 쿠데타를 도왔다. 두 사람은 영국의 샌드허스트 육군사관학교에서 처음 만나 친구가 되었다. 랜던은 카부스와의 사업을 통해 수억 달러를 벌어들였다. 사업 초기였던 1980년대에는 남아공과 로디지아의 석유금수조치를 위반하고 오만에 보포스Bofors에서 생산한 기관포를 밀수하며 수익을 올렸다.[4]

멘스도르프-포윌리는 2007년 사망한 랜던을 매우 아낀 듯했다. 그를 BAE에 소개해준 것이 바로 랜던이었는데, BAE가 동유럽에서 사업을 따내기 위해서는 지역에 연고가 있는 사람이 필요하다는 것이 그 이유였다. 백작은 멘스도르프-포윌리 가문이 귀족으로 군림한 과거 오스트리아-헝가리 제국의 영역, 즉 오스트리아, 체코, 헝가리에서 영향력 있는 인사는 모두 자신과 아는 사이라 주장했다. 심지어 자신의 사촌이 빅토리아 여왕과 관계가 있다고 주장하기도 했다. 전직 오스트리아 장관이자 국민당 고위급 의원인 마리아 라우흐-칼라트 Maria Rauch-Kallat와 결혼한 멘스도르프-포윌리는 자신이 원할 때면 언제나 동유럽 주요 정치인들과 이야기를 나눌 수 있다고 주장한다. 또한 BAE가 그에게 매달 지불한 컨설팅 비용은 해당 지역에 대한 정치경제적 통찰력의 대가였다고 주장하고 있다.[5]

오스트리아, 체코, 헝가리 당국에 의하면 1990년대 말 BAE는 멘스도르프-포윌리 백작과 관련된 업체들에 1,900만 파운드가 넘는 자금을 지급했다. BAE가 지급한 자금 중 대부분은 "헝가리, 체코가 그리펜 전투기 임대 계약을 체결하도록 유도, 촉진하거나 계약 성사를 보장하기 위해 쓰였으며, 이 자금이 입찰 과정에서 BAE가 유리한 위치를 확보하도록 만드는 데 쓰일 가능성이 매우 높았음에도 BAE는 해당 자금을 지급했다".[6] 영국 법원의 한층 직설적인 표현을 빌리자면, "BAE는 동유럽에서 수익성 좋은 전투기 계약을 따내기 위해 비리를 선택하고 실행"했던 것이다. 톰 포스터Tom Forster 변호사는 BAE의 활동에 대해 "BAE 최고위급 임원들이 개입한, 정교하고 면밀히 계획된 조직적 작전으로, 오스트리아, 체코, 헝가리에서 뇌물로 1,000만 파운드 이상을 지출했다"고 말했다.[7] 또한 BAE는 "정부 관계자들에게 자금을 지급하기 위한 목적"으로 스위스에 역외 법인 세 곳을 설립해 "사법당국이 이러한 사실을 눈치채는 것"을 방지했다.[8] BAE가 멘스도르프-포윌리에게 지급한 자금의 약 70%가 오스트리아에서 사용되었다.[9] 방위조달과 관련한 중요한 결정이 이루어진 뒤 수일에서 수 주 안에 "상당한 금액의 현금이 인출"되었다. BAE 임원들은 "소위 제3자 지급 혹은 사후 지급"을 논의하는 회의에 참석한 혐의를 받았다.[10] 백작에게 전달된 금액은 1,900만여 파운드였으나 그 대가로 백작이 제공한 공식적인 서비스는 '마케팅 보고서'가 다였다.

하벨의 악몽

체코슬로바키아의 걸출한 반체제 극작가이자 대통령인 바츨라프 하벨 Vaclav Havel은 "도덕적으로 타락하기란 매우 쉬운 일이기 때문에, 정계에는 특히 깨끗한 사람들이 필요하다"고 말한 바 있다.[11] BAE는 이 격언을 직접 시험해 보였다.

체코공화국은 1993년 슬로바키아에서 분리 독립한 이후 1999년 NATO에 가입하면서 군사장비를 대거 업그레이드해야 했다. 그해 체코 정부는 다양한 업체들에 전투기 판매 제안서 제출을 요청했다. 사브를 비롯한 다섯 업체가 입찰에 참가했다. 사브는 1995년 그리펜 전투기 마케팅을 위해 BAE와 계약을 맺은 바 있었다. 입찰 당시 그리펜은 시험 비행 중 발생한 큰 사고 1건과 스톡홀름 워터 페스티벌에서 수만 명의 관중이 지켜보는 가운데 1대가 추락한 사건으로 판매가 매우 부진한 상황이었다.[12]

1997년부터 BAE와 사브는 체코 정부에 그리펜 전투기를 판매하기 위해 공을 들이고 있었다. 처음 판매를 맡은 이들은 BAE 소속의 스티브 미드Steve Mead와 줄리언 스콥스Julian Scopes였다. 결국 2001년 12월 체코 정부는 그리펜 전투기 24대를 약 10억 파운드에 구매하기로 결정했다. 나머지 4개 업체는 입찰 과정에서 비리가 발생했다고 주장하며 입찰 참가를 철회했다.[13] 이 계약은 체코 의회 양원 모두의 격렬한 반대에 부딪혀 가까스로 부결되었다.

2002년 여름 체코에 심각한 피해를 입힌 홍수와 정권 교체로 인해 그리펜 계약은 보류되고 있었다. 재해복구에 들어간 막대한 비용과 새 전투기를 구매하는 데 필요한 과도한 비용 문제를 해결하기 위해 '전문가 위원회'가 설치되었다.[14] 당시 영국은 전투기 입찰이 새롭게 진행되는 동안 임시로 사용할 중고 토네이도 전투기 14대를 제공하겠다고 제안했다. (영국 정부는 사용료를 요구하지 않았다고 알려져 있지만 훈련 및 예비부품 제공 명목으로 BAE가 이익을 얻었을 가능성이 크다.[15] 토니 블레어는 계약 추진을 위해 2002년 체코를 직접 방문하며 공공연히 로비 활동을 펼쳤다.[16] 그러나 전문가 위원회는 전투기 구입을 위한 공개 입찰을 생략하고 그리펜 전투기 14대를 10년간 4억 파운드에 임대하기로 결정했다. 2004년 6월 임대 계약이 체결되었으며, 비리 논란이 재점화되었다.[17]

미 국방부, 록히드마틴과 보잉의 입찰 철회 이후 미 정부는 케빈 테빗 영국 국방부 사무차관과 만난 자리에서 BAE 및 영국 정부가 '비리'를 저질렀다는 주장을 제기했다.[18] 미 정부 관계자들은 "BAE가 계약 수주를 위해 외국 정부 관계자들에게 뇌물을 제공했다는 의혹이 지속적으로 제기되는 것에 대해 우려를 표했다".[19] 또한 "동일한 패턴의 비리를 지속적으로 저지른다는 의혹도 제기되고 있으며, 언론보도를 통해 민감한 정보원을 통해 얻은 자료가 뒷받침되고 있다고 강조했다".[20] 미 정부 관계자들은 최근 체결된 계약 외에도 "여전히 뇌물이 지급되고 있는" 예전 계약과 관련한 BAE의 뇌물 혐의에 대해 영국 정부는 무엇을 하고 있는지 물었다.[21] 그러면서 "미국에서 한 회사와 관련해 이렇게 많은 혐의가 제기되었다면 이미 오래전에 법무부 형사국이 조사에 착수했을 것"이라 주장했다.[22]

미 정부 관계자들은 테빗에게 애니메이션 〈토머스와 친구들〉의 등장인물 중 하나인 '토팜 햇 경Sir Topham Hatt'이라는 별명을 붙였다. "BAE와 관련된 뇌물 혐의를 오만한 태도로 무시하는 모습"과 BAE가 저지른 범법행위에 대한 증거가 있다면 보여달라고 요구하는 당당한 태도 때문이었다.[23]

테빗이 비리 혐의를 애써 모른 척한 것은 체코 경찰이 BAE가 체코 정치인들에게 뇌물을 제공하려 했다는 사실을 이미 파악하고 있었기 때문인지도 모른다.[24] 그리펜 계약이 처음 의회에 제출되었을 당시 야당 하원의원 2명은 야당의 찬성을 끌어내기 위한 뇌물 제공 시도가 있었다는 사실을 공개했다. 이트카 시에틀로바Jitka Sietlova 야당 상원의원은 "한 지인이 그리펜 계약에 찬성하면 나에게 이익이 생길 것이라 말했다. 나는 그런 일은 할 수 없다며 부정적으로 반응했다. 그런 짓을 할 거라고 생각한 사람이 있다니 경악스러웠다"고 말했다.[25] 뇌물 제공 시도를 알린 또 다른 정치인, 셰미슬 소보트카Přemysl Sobotka는 "길에서 모르는 사람 2명이 내게 접근했다. 그들은 내가 그리펜 계약에 찬성표를 던지면 내 선거구에 투자하겠다고 했다. 나는 그런 식으로 일하는 것을 싫어하기 때문에 대화를 거부했다"고 말했다.[26] 뇌물 제의를 받은 세 번째 의원 미셸 잔토브스키Michael Zantovsky는 전화로 그의 소속 당에 1,000만 크로나를 후원하겠다는 제안을 받았다. 잔토브스키와 그가 당대표를 맡고 있는 시민민주연합ODA 소속 상원의원 7명은 그리펜 거래에 반대표를 던지지는 않았다. 그러나 잔토브스키는 이 사건을 경찰에 신고했으며, 전화를 추적한 결과 의회와 매우 가까운 정부 청사 바로 밖 공중전화에서 누군가 전화를 걸었다는 사실이 밝혀졌다. 경찰은 범행 사실은 확인했으나 전화를 건 범인을 잡지는 못한 채 6개월 뒤 수사를 종결했다.[27]

소보트카 의원에게 약속한 투자는 절충교역을 통한 투자였을 것이다. 절충교역은 BAE 및 사브가 그리펜을 홍보하며 내세운 핵심 요소였다. 그리펜 24대를 판매하기로 한 원래의 계약에는 체코 기업들과 구매 비용의 150%에 달하는 규모의 계약을 맺는다는 절충교역 항목이 포함되어 있었다.[28] 체코 정부가 그리펜을 구매하고자 한 가장 중요한 이유도 바로 후한 절충교역 조건이었다. 임대 계약 역시 구매 계약과 마찬가지로 임대 비용의 130%에 해당하는 9억 5,000만 달러 규모의 후한 절충교역 조건을 제시했으며, 이는 다른 경쟁업체에 비해 훨씬 큰 규모였다.[29] 그러나 절충교역 계약에는 실제 경제적 성과를 전혀 파악할 수 없도록 하는 비밀유지 계약이 포함되어 있었다. BAE를 제외한 그 누구도 약속한 투자의 세부 내역을 공개할 수 없었다. BAE는 실업률이 가장 높은 지역에 투자하겠다고 밝혔다. 보헤미아Bohemia 북부에는 총 투자 금액의 38%를, 모라비아Moravia 북부에는 33%를 투자할 계획이었다.[30] 2005년 중반, 보헤미아 북부와 모라비아 북부 지역의 고위급 의원들은 절충교역 프로그램에 대해 전혀 들은 바가 없다고 밝혔다. 당시 14.5%의 실업률을 기록한 모라비아-실레지아Moravia-Silesia의 주지사 에브젠 토세노브스키Evzen Tosenovsky는 "공개적으로 여러 차례 투자를 약속했으나 지금껏 실제로 진행된 절충교역 프로그램은 없는 것으로 알고 있다. 늘 그랬지만 절충교역 프로그램에 대해서 다소 회의적인 입장"이라고 말했다.[31] 밀란 어번Milan Urban 무역산업부 장관은 확인된 절충교역 프로그램은 총 열여섯 개이며 "그중 일부는 이미 진행되고 있다"고 밝혔으나 자세한 설명은 거부했다.[32] 야당 의원들은 절충교역 프로그램이 공개되지 않는 이유와 프로그램이 시행되기로 한 지역의 의원들이 해당 지역에 예정된 투자 내용에 대해 알지 못하는 이유가 무엇이냐며 우려를 제기했다. 무기산업협회 Armaments Industry Association 회장조차 절충교역 관련 정보는 "기밀로 처리되어야 할 민감한 정보가 아니다"라며 의아해했다.[33]

스웨덴 공영방송 SVT 소속의 스벤 베리만Sven Bergman, 요아킴 뒤프베르마르크Joachim Dyfvermark, 프레드리크 라우린Fredrik Laurin 기자는 BAE의 판매 활동에 연루된 익명의 내부고발자 및 체코 경찰이 확보한 다양한 기밀문서를 추적한 끝에 그리펜 계약의 실체를 밝혀냈다. 내부고발자는 기자들에게 다음과 같이 말했다.

모두가 좋은 결과를 얻고 싶어 했고, 매우 중요한 프로젝트였기 때문에 나도 이성적으로 판단하지 못하고 휩쓸렸던 것 같다. 하지만 체코 정부를 부패하게 만드는 짓을 멈추고 보니 모든 것이 잘못되었음을 깨달을 수 있었다. 그리펜 판매 활동을 위해 프라하에 마련된 전용 사무실은 프라하가 한눈에 내려다 보이는 높은 곳에 있었다. 사무실 안쪽에는 BAE 에이전트 스티브 미드의 방이 있었다. 그는 체코 정치인들을 조사했다. 방 안에는 책상 하나와 의자 한두 개가 놓여 있었으며, 벽에는 정부 구성원, 의회 주요 인사, 상원의원, 야당 의원, 국방부 장관 같은 주요 인사들의 사진 50~100장이 붙어 있었다. 각 인물의 이름과 지위, 상세 정보가 손 글씨로 쓰여 있었으며 그리펜 계약에 찬성하는 사람은 초록색, 반대하는 사람은 빨간색으로 표시되어 있었다.[34]

기자들은 제보자가 말한 고급 사무실을 방문해 BAE가 사용한 적이 있음을 확인했다. 사무실 열쇠에는 여전히 BAE라고 쓰인 라벨이 붙어 있었다. 임대인은 기자들에게 들뜬 목소리로 "가장 좋은 방"은 스티브 미드가 사용했으며, "벽에는 모든 정부 구성원들과 의회 의원들의 사진을 붙여뒀다. 체코공화국 역사상 가장 큰 사업이었기 때문이다"라고 말했다.[35]

익명의 내부고발자는 다음과 같은 사실도 전했다. "가장 중요한 목표는 이보 스보보다Ivo Svoboda 당시 재무장관이었으며, 미드는 야당에도 신경을 써야 한다고 말했다. 주로 다른 의원들을 설득해줄 수 있는 핵심 인사들을 노렸다."[36] 스보보다는 1999년 그리펜 계약과는 무관한 사기 사건으로 사임했으며 징역 5년을 선고받았다. 제보자는 이 사건에 대해 "스보보다가 수감되자 미드는 그리펜 계약 관련사항을 조정해야 했고 다른 정부 관계자와 접촉했다"고 말했다.[37] 제보자는 미드가 "조정한 관련사항"은 뇌물이 확실하다고 말했다. "스티브 미드는 체코 정부에 지급할 자금을 관리하는 오스트리아의 한 연락책에 대해 이야기했다. 그 연락책이 뇌물 지급을 담당했으며, 이미 우리 편이 된 사람들과 아직 넘어오지 않은 사람들에게 돈을 지급할 권한을 갖고 있었다고 한다. 정부의 주요 인사 몇 명만 공략하면 그리펜 계약을 통과시키는 것이 충분히 가능했다."[38]

해당 계약과 관련된 여러 비밀 에이전트 계약서를 통해 오스트리아 연락책의 비리행위와 신분을 밝혀낼 수 있었다. 첫 번째 계약서는 BAE와 체결한 것이었다.

극비사항
안건: 자문위원 임명

일자: 1999년 11월 5일
지역: 체코공화국
계약에 포함되는 제품: 그리펜
자문위원 이름: 알폰스 멘스도르프-포윌리
자문위원 주소: 빈 MPA[39]

기자들은 BAE가 연루된 다른 사건에서도 멘스도르프-포윌리 백작의 이름을 발견했다. 1995년 녹음된 한 테이프에 담긴 내용에 따르면 그는 항공기 계약을 성사시킨 대가로 BAE가 오스트리아 정당에 제공한 비밀 자금을 전달하는 역할을 맡았다. 구매 계약이 체결되면 두 오스트리아 정당은 7,000만 실링(당시 환율 기준 700만 달러 혹은 440만 파운드)을 받게 될 예정이었다. 테이프에는 다음과 같은 대화 내용이 담겨 있었다.

헤르만 크라프트 Herman Kraft(오스트리아 국민당 의원): 항공기는 수억 실링, 헬기는 수십억 실링입니다.
신원 미상의 사회민주당 의원: 그러면 커미션은 총 얼마죠?
크라프트: 2%입니다.

사회민주당 의원: 30억 실링의 2%요?

크라프트: 38억 실링의 2%입니다.

사회민주당 의원: 2%면 7,000만 실링이군요. 어떻게 분배됩니까?

크라프트: 우리가 직접 나누면 됩니다.

사회민주당 의원: 돈은 누가 전달합니까?

크라프트: 백작이 전달합니다.

사회민주당 의원: 백작의 이름은요?

크라프트: 멘스도르프입니다.

사회민주당 의원: 멘스도르프라고요? 그 사람이 BAE 대표인 겁니까?

크라프트: BAE 자문입니다.

사회민주당 의원: 오스트리아까지는 자금이 어떻게 전달되는 겁니까?

크라프트: 그건 BAE가 처리할 겁니다.[40]

헤르만 크라프트는 뇌물수수 미수로 유죄를 선고받았으나 멘스도르프-포윌리는 무죄 판결을 받았다. 대화 중 그의 이름이 언급되었다는 것만으로는 증거가 충분치 않다는 이유였다. BAE와 백작 모두 해당 사건에 연루된 사실을 부인했다.[41]

체코와 맺은 항공기 계약과 관련해서도 계약이 성사될 경우 멘스도르프-포윌리에게 최대 10억 파운드에 달하는 총 계약금액의 4%를 커미션으로 지급한다는 내용의 비밀 계약이 체결되었다.[42] 그에 따라 자문위원에게 정당한 도움을 받은 대가로 보기에는 과도한 4,000만 파운드가 커미션으로 지급되었다. 백작은 SVT와의 인터뷰는 거절했으나 《가디언》과의 인터뷰를 통해 "내가 운영하는 회사 MPA는 1992년부터 BAE와 계약을 맺고 동유럽 관련 컨설팅 서비스를 제공하고

있으며, 매달 자문료를 지급받는다"고 인정했다.[43]

에이전트는 멘스도르프-포윌리만이 아니었다. 그가 BAE와 체결한 비밀 에이전트 계약서 하단에는 "동일 지역의 다른 에이전트: 하바Hava"라는 문장이 쓰여 있었다.[44] 리처드 하바Richard Hava는 BAE가 2003년 지분을 사들인 체코 국영 무기업체 옴니폴Omnipol의 임원이다.[45] BAE와 옴니폴은 그리펜 계약을 위한 공식 계약 외에 더 많은 사항이 포함된 비공식 계약 또한 체결했다.

영업비밀

지역: 체코

사안: 그리펜 사업

에이전트: 리처드 하바

제네바, 레모 테로니 법률자문 귀중

추정 계약금액: 15억 파운드

커미션: 2%[46]

이 계약서를 통해 체코 정부가 그리펜을 구입할 경우 하바는 최대 3,000만 파운드의 커미션을 받을 예정이었음을 알 수 있다. 흥미로운 점은 하바의 주소지가 옴니폴로 되어 있지 않다는 것이다. 그는 갭스타Gabstar라는 회사를 통해 커미션을 지급받은 것으로 알려져 있다.[47] 하바는 SVT에 "BAE의 비밀 에이전트였던 적이 없으며, 지금도 마찬가지"라며 연루 사실을 부인했다.[48]

하바의 계약서에는 오토 젤리넥Otto Jelinek이라는 또 다른 에이전트의 이름이 언급되어 있었다.[49] 전직 피겨 스케이팅 세계 챔피언이자 아이스쇼 스타인 젤리넥은 현재 정치인으로 활동하고 있다. 그는 고국 체코로 돌아오기 전 브라이언 멀로니Brian Mulroney 캐나다 총리가 이끄는 보수당 정부에서 장관직을 맡았으며, 체코로 돌아온 후에는 재계 유명 인사가 되었다. 그는 "BAE도 내 고객 중 하나였다"며 BAE를 위해 일한 사실을 인정했다.[50]

젤리넥을 비롯한 다른 에이전트들 또한 BAE가 항상 사용하는 복잡한 시스템의 해외 계좌를 통해 보수를 지급받았다. BAE는 레드다이아몬드 소유의 뉴욕 해리스은행 계좌를 통해 젤리넥이 관리하는 두 회사, 젤리넥인터내셔널Jelinek International과 두보비믈린Dubovy Mlyn에 자금을 전달했다. 바하마의 피드라홀딩스Fidra Holdings라는 회사 또한 자금 전달에 활용되었으며,[51] 젤리넥이 대표를 맡은 것으로 알려진 마노홀딩스Manor Holdings라는 또 다른 바하마 회사에도 해리스은행을 통해 추가로 자금이 들어갔다.[52] 역외 법인들을 통해 지급받은 자금에 대해 묻자 젤리넥은 "그건 성생활과 마찬가지로 나의 사생활"이라 답했다.[53]

멘스도르프-포윌리가 자금 전달을 맡은 주요 에이전트였다는 사실에는 의심의 여지가 없다. 그리펜을 판매하고자 한 당초의 계약과는 조금 달라지긴 했으나, 그리펜 임대 계약도 판매 계약과 마찬가지로 부정한 청탁을 통해 체결되었다. 티모시 랜던의 회사 밸루렉스Valurex가 멘스도르프-포윌리에게 자금을 수차례 전달한 내역이 있었고, 그렇게 전달받은 자금 일부를 멘스도르프-포윌리가 다시 배분했다.[54]

멘스도르프-포윌리는 컨설팅 명목으로 밸루렉스에서 보수를 받은 뒤 버진아일랜드의 브로드먼비즈니스Brodman Business라는 회사를 통해 자금을 다시 배분했다. 브로드먼비즈니스의 상무이사는 학창 시절부터 백작과 친구 사이였으며, 2002년부터 랜던이 사망한 2007년까지 랜던이 전달한 자금 또한 이 회사를 통해 배분되었다.[55] 자금은 "10만 파운드 이하의 현금을 인출"하는 방식으로 "BAE가 지대한 관심을 갖고 있는 군수품 조달에 관한 주요 결정이 내려진 수일 혹은 수 주 이내"에 전달되었다.[56] 멘스도르프-포윌리는 브로드먼이 극도로 복잡한 투자기관처럼 보이지만 사실은 자신의 투자자금을 분산시키기 위한 메커니즘일 뿐이라 설명했다. 늘 그랬듯 그는 "신문 스크랩과 누구든 구할 수 있는 정보를 편집한 마케팅 리포트"를 써준 대가로 보수를 받은 것이라 주장했다.[57] 그러나 그는 자신의 회계사 마크 클리프Mark Cliff에게 보낸 이메일을 통해 계약의 "주요 결정권자에게 공격적 인센티브"를 제공한 사실을 자랑했다.[58]

BAE가 밸루렉스에 지급한 자금 역시 매우 복잡한 시스템을 통해 전달되었다. 레드다이아몬드가 프레피노Prefinor라는 버진아일랜드 회사에 돈을 보내면 프레피노는 랜던이 관리하는 두 회사, 폭스버리 Foxbury 및 밸루렉스와 컨설팅 계약을 맺고 자금을 다시 전달했다.[59] 수사관들은 프레피노와 브로드먼을 통해 630만 유로가 전달된 사실을 확인했다. 그중 30%에 달하는 190만 유로는 멘스도르프-포윌리와 랜던의 커미션이었을 것으로 추정된다. 이들이 나눠 가진 커미션은 비밀 자금 전달을 위해 리히텐슈타인에 설립된 '케이트Kate 재단'에 전달되었다. 케이트재단은 티모시 랜던의 부인이자 멘스도르프-포윌리의 사촌 카탈린 랜던Katalin Landon의 애칭인 케이트를 딴 것이며, 수사당국은 멘스도르프-포윌리가 해당 재단과 관련이 있다는 사실을 확인했다.[60]

BAE는 1995년 비밀 자금전달 시스템 구축을 위해 유령회사를 설립하던 중 리히텐슈타인이 유럽에서 가장 적당한 곳임을 알게 되었다. 리히텐슈타인에 등록된 재단은 일반적인 회계 및 투명성 요건을 지키지 않아도 되었기 때문이다. 설립 및 폐쇄 절차 또한 매우 간단했다. 오스트리아 수사관들은 케이트재단에 대해 더 자세히 조사하려 했으나 재단 변호인단은 일체의 정보 공개를 거부했다.[61]

멘스도르프-포윌리가 누구에게 자금을 전달한 것인지는 밝혀지지 않고 있으나, 한 오스트리아 잡지의 취재에 따르면 '티시첸코 Tishchenko'라는 러시아 의원에게 300만 유로가 전달되었다. 빈 소재의 블루플래닛Blue Planet이라는 회사를 비롯해 '싱가포르' '러시아' '인도'

같은 모호한 이름이 붙은 프로젝트에도 자금이 지급되었다. 470만 유로는 볼프강 함사Wolfgang Hamsa라는, 역외 법인 활용에 능한 빈의 사업가에게 지급되었다.[62]

그리펜 전투기 5년 임대 임시계약

계약 상대국 정부: 체코
자문위원: 밸루렉스인터내셔널SA 제네바 지사
지급금: 533만 유로, 100만 달러, 200만 파운드
분할지급 일정은 하기와 같음:
2004년 8월 31일 112만 5,000유로 지급 완료
2004년 12월 31일 112만 5,000유로 지급 완료
2005년 7월 31일 112만 5,000유로 지급 완료
2005년 8월 31일 100만 달러
2005년 8월 31일 120만 파운드
전투기 8대 최종 인도 시 80만 파운드
2006년 12월 31일 112만 5,000유로
본 계약에 따른 서비스 제공을 위한 주 담당자는 멘스도르프-포윌리 백작임.

매우 복잡하고 조심스러운 방법으로 전달한 것을 보면 이 자금이 멘스도르프-포윌리 및 랜던이 BAE와의 비밀스러운 사업으로 번 돈임을 알 수 있다.[63]

요아킴 뒤프베르마르크 기자는 제임스 커쇼James Kershaw로, 롭 에번스 기자는 밀러Miller 박사로 위장해 그리펜 임대 계약을 더욱 자세히

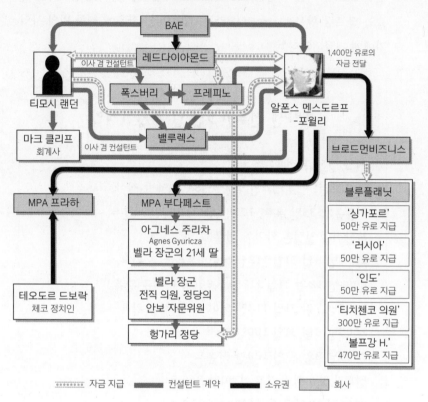

그림 4. BAE의 동유럽 네트워크[64]

- BAE
- 레드다이아몬드
- 이사 겸 컨설턴트
- 폭스버리
- 프레피노
- 티모시 랜던
- 밸루렉스
- 마크 클리프
  회계사
- 이사 겸 컨설턴트
- 알폰스 멘스도르프
  -포윌리
- 1,400만 유로의
  자금 전달
- 브로드먼비즈니스
- MPA 프라하
- MPA 부다페스트
- 블루플래닛
- 테오도르 드보락
  체코 정치인
- 아그네스 주리차
  Agnes Gyuricza
  벨라 장군의 21세 딸
- 벨라 장군
  전직 의원, 정당의
  안보 자문위원
- 헝가리 정당
- '싱가포르'
  50만 유로 지급
- '러시아'
  50만 유로 지급
- '인도'
  50만 유로 지급
- '티치첸코 의원'
  300만 유로 지급
- '볼프강 H.'
  470만 유로 지급

···· 자금 지급   ▬ 컨설턴트 계약   ▬ 소유권   ▢ 회사

조사하기 시작했다. 이들은 ESID라는 가공의 업체 대표로 행세하면서 BAE가 자신들의 고객사라고 암시했고, BAE가 그리펜 계약에 관한 진실이 언론에 보도될 경우를 대비해 정확히 무슨 일이 일어났는지 파악하려고 한다며 정보를 캐냈다. 두 기자는 멘스도르프-포윌리를 위해 일한 어느 전직 고위 공무원을 찾아갔다. 그는 1990년대 재무장관을 지낸 스보보다Svoboda와 멘스도르프-포윌리의 관계에 대해 알려주며, "내가 바로 스보보다를 멘스도르프에게 소개시켜준 사람"이라 말했다. 그는 뇌물에 대해서는 아는 바가 전혀 없다고 주장하면서도 절충교역 계약과 관련해 BAE와 함께 일한 사실을 인정했다. 그는 "당

신들의 고객이 누군지 모른다. 관심도 없다. 나는 멘스도르프와 계약했기 때문에 그와 이야기하겠다"고 말하며 갑작스레 인터뷰를 끝냈다.[65]

두 기자는 얀 카반Jan Kavan 전 체코 외무장관과 한 차례 전화 통화를 가진 후 프라하 도심의 한 호텔에서 직접 만났다. 그들은 그리펜 계약과 관련해 내부자만 알 수 있는 정보를 언급하며 카반의 신뢰를 얻었다. 두 기자는 그에게 해당 계약에 대한 경찰 수사가 진행된다면 어떤 일이 벌어질 것인지 질문했다.

얀 카반: 처참한 결과를 낳게 될 겁니다.
기자: 네?
카반: 처참한 결과를 낳게 될 거라고요.
기자: 더 자세히 말씀해주시겠어요?
카반: 스티브 미드가 알고 있는 걸 전부 경찰에 이야기한다면, 그 자신을 포함해서 체코의 수많은 주요 인사들이 연루되어 있다는 사실이 밝혀질 겁니다.[66]

자신은 절대 뇌물을 받지 않았다고 주장한 카반은 다른 고위 정치인들이 스티브 미드에게 매수되어 그리펜 계약에 찬성했다는 사실을 인정했다.

카반: 저는 그런 논의에 참여하거나 뇌물을 제공하겠다는 제의를 받은 적이 한 번도 없습니다. 제가 기본적으로 영국 쪽에 가깝다는 사실을 알고 있었기 때문이겠죠. 그들은 중간에 있는 사람들, 즉 별다른 의견이 없거나 설득 또는 매수할 수 있는 사람들에게 집중했습니다. 그러나 뇌물로 인해 의회 투표 결과가 바뀌었다는 사실은 사실 공공연한 비밀이었죠.
기자: 시민민주당과……

카반: 사회민주당.

기자: 네, 둘 다죠.

카반: 정치 성향과 무관했죠. 기독교민주당도 마찬가지였어요.

기자: 맞습니다.

카반: 그러니까 세 당이 전부 해당된다는……[67]

카반은 1998년 사회민주당 정부에서 외무장관을 지낸 이후 부총리에 오른 노련한 정치인이다. 4년의 임기를 모두 채웠으나 그의 사무실에서 상당한 금액의 현금이 발견되고, 그의 밑에서 일하던 고위 공무원이 체코에서 최고로 꼽히는 기자를 제거하기 위해 살인청부업자를 고용한 사실이 밝혀지는 등 다양한 사건에 휘말렸다.[68] 2002~2003년에는 UN에 파견되어 UN 총회 의장을 맡기도 했다. 두 기자는 그에게서 줄리언 스콥스와 스티브 미드에 대한 이야기도 끌어냈다. 스콥스는 BAE의 동유럽 책임자로, 스티브 미드의 상관이었다.

카반: 줄리언 스콥스도 연루되어 있으나 매우 조심스럽게 행동했고, 미드는 모든 일에 거침없이 개입했습니다.

기자: 그렇군요.

카반: 줄리언 스콥스는 일종의 감독 역할을 했기 때문에 관련 정보를 모두 알고 있었죠. 저는 스콥스, 미드 모두와 비공식 만남을 가졌는데, 현장에서 핵심적인 일을 처리한 것은 미드였습니다.[69]

카반은 밸루렉스에 대해 알고 있었으며, 경찰도 그 회사의 존재를 알고 있다는 사실을 알려주자 걱정하는 기색이 역력했다.

카반: 백작이 밸루렉스 관련 정보를 경찰에 알린 겁니까? 아니

면 스위스 당국인가요?

기자: 확실히는 모릅니다. 경찰이 실력이 좋더군요.

카반: 그럼 경찰이 모든 정보를 갖고 있는 겁니까?

기자: 그렇습니다.

카반: (깊은 한숨)

기자: 밸루렉스에 대해 알고 있는 사람은 몇 명입니까?

카반: 모르겠습니다. 적지는 않습니다.

기자: 네?

카반: 적지는 않을 거라고요.

기자: 알고 있는 사람이 많군요?

카반: (고개를 끄덕이며) 스티브 미드가 주축이 되었던, 그리펜 계약 이전의 협상들을 경찰이 철저히 조사하면 등골이 오싹해질 사람이 여럿 있습니다. 제 느낌으로는 수십 명은 될 겁니다.[70]

카반은 동료 고위 정치인 몇 명에게 혹시 더 아는 것이 있는지 물어봐주겠다고 했다. 이후 두 기자들과의 전화 통화에서는 자신이 경찰 수사를 지연시켜볼 수도 있다고 말했다.

기자: 경찰 수사에 영향을 끼치는 것이 가능한가요?

카반: 아, 불가능한 일은 아니라고 생각합니다만, 전화보다는 직접 만나서 논의하는 게 낫겠습니다.

기자: 어쨌든 가능하긴 한 거군요?

카반: 네, 그럴 것 같습니다.[71]

카반은 두 기자를 무척 신뢰했고, 그들이 프라하를 떠난 후에도 지속적으로 연락을 취했다. 기자들의 위장회사 이메일 주소와 전화를 통해 카반은 다음과 같은 소식을 들려주었다.

카반: 여러분이 프라하를 떠난 이후 친한 동료들에게 몇 가지를 질문해봤습니다. 스티브와 정식 계약은 아니지만 비공식 계약을 맺은 컨설팅 업체를 운영하는 동료가 대부분의 질문에 답을 해줬습니다. 스티브와 꽤 오랫동안 협력했다고 합니다.

기자: 프라하에서 활동하시는 분인가요?

카반: 그렇습니다. 꽤 많은 것을 알고 있습니다. 편하신 곳 어디서든 만나죠. 런던이나 파리도 좋습니다.[72]

2007년 1월 17일, 기자들은 카반 그리고 페트로스 미호풀로스Petros Michopulos라는 '컨설턴트'와 런던 외곽의 호텔에서 만남을 가졌다. 미호풀로스는 미드와 함께 일한 경험에 대해 말해주었다.

페트로스 미호풀로스: 스티브 미드는 항상 우리에게 많은 정보를 공유해주었습니다. 매주 누구에게 뇌물을 주었는지 일일이 알려준 것은 아니지만, 매일매일 연락했고 일주일에 세 번 정도 만났죠. 미드가 매수한 사람을 직접 말해주는 경우도 있었고, 갑자기 입장을 바꾸는 것을 보고 뇌물을 받았다는 사실을 눈치챌 수 있는 경우도 있었습니다.

카반: 미드는 주로 시민민주당과 사회민주당 의원들을 대상으로 활동을 펼쳤죠.

기자: 뇌물 지급과 관련해서요?

카반: 네, 맞습니다.

그런 다음 미호풀로스는 카반에게 체코어로 "몇 명이나 알려줘야 할지 모르겠다"고 했다. 카반은 "한 번에 다 알려주지 말라"고 답했고, 미호풀로스는 그에 동의한 뒤 다음과 같이 말했다.

미호풀로스: 미드가 경제적인 측면과 관련해 정치인들뿐만 아니라 공무원들과도 접촉했을 거라 확신합니다. 특히 국무부와 방위사령부, 산업부, 통상부, 그리고 재무부 소속 공무원들이요.[73]

미호풀로스는 자신은 뇌물 지급에 전혀 관여하지 않았으며 미드가 핵심적인 역할을 했다고 재차 강조했다.

미호풀로스: 거래와 관련해 중추적인 역할을 한 것은 스티브였어요.
카반: 스티브에게 알리지 않은 채로 진행되는 일은 단 하나도 없었죠.
미호풀로스: 전해 들은 바와 제 추측으로는 꽤 영리하게 일을 처리한 것 같습니다. 부패한 사람은 보통 다른 개인이나 회사, 기관을 통해 누군가와 계약을 맺고, 그 계약에서 뇌물을 마련하죠. 정치인이나 정부 관계자 소유의 계좌로 직접 돈이 전달된 경우는 절대 없었을 겁니다.[74]

미호풀로스는 BAE가 그리펜 계약을 위해 거액을 지출했다는 사실을 확인해주었다.

미호풀로스: BAE가 제공한 금액은 스티브가 실제로 사용한 금액보다 훨씬 컸습니다.
카반: BAE가 뇌물로 사용한 금액과 체코 정부가 이 거래와 관련해 지출한 비용은 스티브 미드가 실제로 사용한 금액보다 많았습니다.[75]

이는 범법행위가 있었음을 알려주는 매우 중요한 정보였다. 그러나 자신이 만난 사람들이 BAE를 위해 일하는 영국 회사 대표가 아니라 기자였음을 알게 되자 카반은 말을 바꾸었다. 그는 SVT에 다음과 같이 밝혔다.

그들이 기자일지도 모른다는 의심이 들었기 때문이 아니라, 불법이라 생각되는 어떤 일에 그들이 연루되었다는 의혹이 생겨 체코 경찰에 이 사안을 알렸습니다. 경찰에 그들이 가명으로 사용한 커쇼와 밀러라는 이름, 그리고 그들의 회사 이름을 알려주었으며, 그들이 비리 혐의에 대한 경찰 수사를 피하거나 지연시키려 하는 것 같다고 자세히 설명했습니다.[76]

카반은 1월 초에 체코 경찰과 이야기를 나누었다고 주장했으나, 기자들이나 위장회사 측으로 경찰이 연락을 취한 적은 전혀 없었다. 그리고 카반이 실제로 1월에 경찰에 신고했다고 해도, 이는 그가 자신이 경찰 수사를 지연시킬 수 있다고 말한 런던에서의 만남 이후 한 달이나 지난 시점이었다. 그는 런던에서 기자들을 만난 것에 대해 이렇게 변명했다.

카반: 경찰 측에 이러한 의혹에 대해 알린 이후에도 기자들과 계속 연락했습니다. 대화를 통해 더 많은 정보를 얻어낼 수 있다는 생각이 들었기 때문이죠.
SVT: 카반 씨, 카메라는 거짓말을 하지 않습니다. 그리고 의원들을 매수해 투표 결과를 바꿨으며, 많은 주요 인사들이 등골이 오싹해질 것이고, 많은 사람들이 뇌물을 받았으며 프라하에 있는 BAE 매니저가 뇌물을 관리한다고 직접 말씀하신 내용이 녹음된 테이프도 남아 있습니다. 그런데 갑자기 말을 바꾸시네

요. 본인의 말씀에 대해 책임질 수 있으신가요? 거짓으로 이야기한 부분은 없나요?

카반: 매우 정직하고 솔직하게 말씀드린 겁니다. 저는 기자들에게 의회에 떠도는 뇌물에 대한 루머와 추측에 대해 이야기해주었습니다. 그러한 추측에 대해 알고 있었다는 사실을 부인하는 것도, 두 기자에게 그러한 추측을 전해주었다는 사실을 부인하는 것도 아닙니다. 저에게는 그런 비리가 자행되었다는 증거가 없어 제가 직접 그 사실을 증명하는 것은 불가능하다는 말씀을 드리는 겁니다.[77]

미호풀로스는 "SVT 기자들이 비리 문제를 제기하며 증거를 갖고 있다고 주장했다. 나를 증거라고 칭하는 것은 아니길 바란다. 그건 심각한 사실 왜곡이다"라고 덧붙였다.[78] 카반은 잠입수사와 관련된 기사가 보도된 뒤 《가디언》에 다음과 같은 편지를 보냈다.

저는 그 무엇도 '인정'한 적이 없다는 사실을 분명히 하고 싶습니다. 영국 보안업체 대표로 위장한 두 기자에게 수년 전 체코 의회와 관련된 루머와 추측에 대해 이야기해준 것이 전부입니다. 기자들에게 뇌물수수에 대한 실질적 증거는 전혀 갖고 있지 않다는 사실을 분명히 밝혔습니다. 두 사람이 기자라는 것을 알았다면 더 주의를 기울이고, 더 정확한 정보를 제공했을 것이며, 기자들은 덜 자극적이고 더 신뢰할 수 있는 정보를 얻을 수 있었을 것입니다.

얀 카반, 전 체코 외무장관 배상[79]

BAE가 체계적으로 부패를 저지르는 동안 사브도 가만히 보고만 있지는 않았다. 그리펜 사업의 비리를 세상에 알린 내부고발자는 "스웨덴 측 사람들, 특히 페르 안데르손Per Andersson 또한 뇌물에 대해 이야기했으나, BAE만큼 구체적으로 언급하지는 않았다"고 말했다.[80] 페르 안데르손은 사브의 그리펜 판매 활동을 이끌었다. 스티브 미드가 정치인들을 어떻게 매수했는지 이야기하고 다니는 것을 들은 사브 직원은 한둘이 아니었다.

스티브 미드는 꽤 많은 사람들에게 공공연히 뇌물에 대해 이야기했다. 스티브는 다소 독단적으로 일을 처리했고, 우리 모두를 참여시키고 싶어 했기 때문에 스웨덴 측과 영국 측 직원들 모두 뇌물에 관한 이야기를 들었다. 사브의 판매 활동 담당자 페르 안데르손은 어떤 정치인이 '우리' 편이고, 누가 '반대' 편이며, 누가 '중간'에 있는지를 비롯해 모든 것을 논의하는 핵심 인물 중 하나였다. 중간에 속하는 사람들은 스티브가 벽에 붙여둔 사진에 노란색으로 표시되어 있었으며, 그들에게 접근해 계약에 찬성하도록 설득했다.[81]

인터뷰를 요청하자 안데르손은 "이 사건과 관련해 아무것도 알지 못한다. 사브를 떠났으며, 사브와 더 이상 일하지도 않는다. 이 사건과 관련해서는 '터무니없다'는 말 외에는 할 말이 없다"고 답했다.[82]

사브의 연루 사실을 뒷받침하는 증거는 내부고발자의 증언뿐만이 아니었다. 멘스도르프-포윌리가 "1999년 11월 5일 자"로 체결한 계약서에는 "사브를 대표해 본 계약의 조건을 승인한다"는 내용과 함께 사브의 고위 임원 "라스 예란 파스트Las Göran Fasth 수출 담당 부회장"의 서명이 담겨 있었다.[83]

인터뷰 요청을 받은 파스트는 난처한 기색이 역력했다.

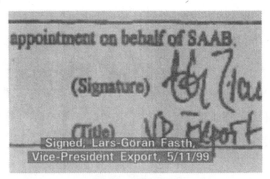

서명, 라스 예란 파스트
수출 담당 부사장, 99년 11월 5일

라스 예란 파스트: 무슨 말씀을 하시는지 전혀 모르겠네요.

SVT: 직접 서명하신 계약서를 보고 있는데, 이 결정은 직접 내리신 것이 맞습니까?

파스트: (긴 침묵) 아니요. 무슨…… 말씀을 하시는 건지 모르겠다는 말밖에는…… 드릴 말씀이 없네요.[84]

BAE와 체결한 계약은 사브의 공식 반부패정책의 적용 대상이 아니었다. 즉 BAE에 고용된 에이전트가 저지른 비리는 사브의 이익을 위한 것이라 해도, 혹은 그리펜인터내셔널Gripen International이 뇌물 지급에 직접 관여했음을 입증하는 BAE 회의 기록이 남아 있다 해도 사브의 정책에 위반되는 행위가 아닌 것이다.[85] 그리펜인터내셔널은 회의를 통해 밸루렉스에 4%의 커미션을 지급하는 것은 너무 과하다고 수차례 지적했다. "그리펜인터내셔널은 BAE에 이렇게 높은 커미션을 지급하는 것을 불편해했다. 예를 들어, 스웨덴 정부가 직접 중고 항공기를 공급하는 정부 간 계약으로 수정되는 식으로 주요 계약 내용이 바뀔 수 있었기 때문이다."[86] 사브의 영업 담당 상무 안데르스 프리센Anders Frisén은 그리펜인터내셔널 대표 자격으로 회의에 참석했다. 회의 기록에 따르면 사브와 BAE는 밸루렉스의 커미션을 줄이고자 했으며 계약금액에 비례하도록 하는 대신 정해진 금액을 지급하고 싶어 했다. 그러나 회의록에도 나와 있듯, "커미션은 추후에 결정"되었다.[87]

요제프 베르네커Josef Bernecker 전 오스트리아 공군참모총장은 BAE와 사브를 대표해 멘스도르프-포윌리와 함께 밸루렉스를 위해 일한 적 있다는 사실을 확인해주었다.

SVT: 두 분이 밸루렉스를 위해 일한 것이 사실인가요?

요제프 베르네커: 네, 컨설턴트로 고용되어 일했습니다. 저는 예전에 알고 지내던 인맥이 많아 군사적 사안에 대한 자문을, 멘스도르프는 정치와 관련된 자문을 맡았죠.

SVT: 그렇다면 백작은 정치인을 대상으로 일종의 로비 활동을 벌인 건가요?

베르네커: 네, 맞습니다. 저는 은퇴 이후 멘스도르프와 함께 일하기 시작했습니다.

SVT: 그렇군요.

베르네커: 그리고 그 당시에는 이미 계약이 모두 진행된 상태였습니다. 제가 합류했을 때는 거의 모든 일이 이미 진행된 후였죠. 멘스도르프는 정치적 혹은 사회적 로비 활동을 벌이고 있었습니다.

SVT: 계약 체결을 위해서요?

베르네커: 네. 계약을 위해서요.

SVT: 그리펜 임대 계약을 위해서……

베르네커: 네. 하지만 밸루렉스를 대표하는 역할을 했죠.

SVT: 오스트리아인인 멘스도르프가 어떻게 체코에서 그런 역할을 할 수 있었죠?

베르네커: 그는 귀족이었고 유럽 전역에 든든한 연줄이 있었어

요. 아는 사람이 많았던 거죠.

SVT: 그럼 BAE와 사브를 위해 일한 건가요?

베르네커: 네, 그럴 겁니다. 그게 아니었다고 해도 그들은 최소한 그 사실을 알고 있었을 거예요.

SVT: 사브도요?

베르네커: 네, 맞습니다.

SVT: 그렇군요, 왜냐하면……

베르네커: 그게 아니라면 그리펜인터내셔널을 위해 일했을 겁니다.[88]

미카엘 피아티-퓐프키르헨Michael Piatti-Fünfkirchen이라는 멋들어진 이름을 자랑하는 멘스도르프-포윌리의 팔촌도 이 거래에 연루되었다. 이 사실을 통해 '귀족'들이 얼마나 화려한 인맥을 갖고 있는지, 그리고 자신들이 부패에 연루되었다는 사실을 외부에 알리지 않으려 얼마나 노력했는지 잘 알 수 있다. 이러한 노력이 낭패로 이어지는 경우도 종종 있었다.

1990년대 피아티-퓐프키르헨은 체코 정부의 다양한 인사들과 가까운 사이였다. 멘스도르프-포윌리는 피아티-퓐프키르헨에게 인맥을 활용해 체코 정부가 그리펜을 구매하도록 하면 100만 유로의 커미션을 지급하겠다고 제안했다.[89] 1998년 여름 체코 정부 관계자들, BAE 매니저, 심지어는 이보 스보보다 재무장관까지 참석한 고위급 회의가 여러 차례 열렸으나 모두 허사였다. 멘스도르프-포윌리는 처음 제시한 판매 계약 대신 임대 계약을 체결했기 때문에 피아티-퓐프키르헨이 커미션을 받을 자격이 없다고 판단했다.[90] 이에 격분한 피아티-퓐프키르헨은 멘스도르프-포윌리가 체코 정부를 설득해 그리펜을 구매하도록 하는 과정에서 "중대한 사기를 저질렀다"며 그를 고소했다.[91]

그 탓에 백작은 뇌물 혐의로 빈의 감옥에 2009년 2월 말부터 5

주간 예방구금되었다. 판사는 "수사방해와 추가 범행"의 우려가 있다며 멘스도르프-포윌리를 가뒀다.[92] 그는 빈 감옥의 교도관들과 음식을 칭찬하며, "가끔 거울 앞에 서서 '알리, 너는 감옥에 있는 거야. 받아들여!'라고 스스로에게 말하기도 했다"고 회상했다.[93] 그는 필자에게 그를 체포한 경찰관, 검사, 교도관 들이 항상 그를 매우 조심스럽게 대했으며, 1919년 오스트리아가 귀족이라는 칭호 사용을 금지했음에도 그를 '백작'이라 칭했다는 이야기를 들려주었다.[94]

SFO는 2004년 7월 BAE가 체코, 남아공, 탄자니아, 칠레, 카타르에서 저지른 비리에 대한 수사에 착수했으며, 2006년에는 루마니아에서 저지른 비리에 대한 수사를 시작했다.[95] 2007년 BAE의 부정부패를 고발한 SVT의 다큐멘터리가 방영된 이후 체코 경찰은 수사를 재개했다. SFO의 요청에 따라 오스트리아 경찰은 2008년 9월 말 멘스도르프-포윌리의 자택을 수색해 다량의 문서를 압수했다.[96] 그해 10월 SFO는 백작을 신문했다. 줄리언 스콥스는 영국 경찰로부터 조사를 받았다. 2009년 2월 오스트리아 당국은 멘스도르프-포윌리를 체포해 BAE가 그에게 전달한 것으로 추정되는 1,100만 파운드에 대해 질문했다.[97] 2010년 1월 29일 SFO는 그를 체코, 헝가리, 오스트리아를 포함한 동유럽 정부와 BAE가 체결한 거래와 관련된 비리에 공모한 혐의로 기소했다.[98] 그러나 보석 심리에서 귀족 출신 존 검머John Gummer 보수당 의원이 멘스도르프-포윌리의 신원을 보증해 50만 파운드를 법원에 공탁하고 50만 파운드의 보석금을 내는 조건으로 보석이 허가되었고, 보석 기간 동안 백작은 전자 태그 부착, 자정부터 오전 6시까지 통금 준수를 조건으로 벨그라비아의 아파트에서 지냈으며, 본래 갖고 있던 여권 3개를 반납했다.[99]

오스트리아 검찰은 백작의 행적에 대한 면밀한 조사를 이어나갔다.[100] 오스트리아 에르스테은행Erste Bank을 예의주시하던 FBI는 체코 그리펜 계약에 대한 조사를 시작했다. 동유럽 최대의 금융기관 중 하나인 에르스테은행을 통해 그리펜 계약에 사용된 뇌물이 전달된 것으로 추정되었다.[101] 체코 당국은 매우 규칙적으로 수사를 개시했다가 종결하기를 반복했다. 이 책을 쓰는 2011년 8월 현재는 수사가 진행 중이다.[102]

체코, 헝가리, 남아공의 그리펜 계약에 대한 스웨덴 당국의 조사 또한 2007년 3월 시작되었으나 2년 뒤 중단되었다.[103] 크리스테르 판 데르 크바스트Christer van der Kwast 검찰총장이 다음과 같은 결론을 내렸기 때문이다.

> 수사 결과 BAE가 정교한 자금 지급 시스템을 통해 체코, 헝가리, 남아공에서 그리펜 판매 활동과 관련된 대규모 자금 지급 사실을 숨기고, 해당 국가들의 결정권자들에게 뇌물을 제공했다는 사실이 드러났다. 뇌물 제공이 조직적으로 이루어졌다는 점과 그 규모가 크다는 점에서 매우 심각한 사건이다. 여러 국가에서 수억 크로나에 달하는 자금이 비밀리에 지급되었고, 뇌물이 지급된 것으로 추정할 만한 강력한 이유도 있다. 그러나 사브가 뇌물 지급에 참여했다는 사실을 입증하는 확실한 증거는 없다. 따라서 사브를 대표하는 인사 일부가 뇌물공여에 의도적으로 참여했다는 사실은 법정에서 입증이 불가능하다.[104]

그는 30명이 넘는 사브 직원들을 신문했으나 중개인에게 왜 그토록 많은 자금이 전달되었는지에 대한 합리적인 설명을 들을 수 없었다고 말했다. 일반적인 사업 활동이었다는 사브의 주장을 신뢰할 수 있는지에 대한 질문에, 그는 "사브 관계자를 기소하기에는 수집된 증거가 충분하지 않다는 것 외에는 할 말이 없다"고 답했다.[105]

스웨덴 법에 따른 공소시효 때문에 판데르 크바스트 검찰총장이

2004년 7월 1일 이전의 사건을 기소하는 것은 불가능했다. 또한 그는 스웨덴 법에는 "중개인과 컨설턴트 간 합의사항에 적용할 수 있는 조항이 사실상 없다"고 밝혔다.[106]

OECD는 스웨덴이 수사에 활용한 재원이 너무 한정적이라는 점을 지적했다. 스웨덴이 수사에 배정한 인력은 수사관 단 1명이었다. 판데르 크바스트 총장 또한 간접적이지만 부적절한 압력에 시달렸다. 그는 "그들은 이러한 수사가 스웨덴 업계에 악영향을 준다고 강조했다"고 말했다. '그들'이 누구냐는 질문에 그는 "그 질문에는 답하고 싶지 않다. 내가 말할 수 있는 건 이게 전부다. 하지만 이는 나와 경찰 입장에서 이 사안을 신중하게 다루라는 일종의 신호로 받아들여졌다"고 답했다.[107] 판데르 크바스트 총장의 판단은 그가 스웨덴 부패방지청 National Agency Against Corruption 청장 임기를 마치기 전날 발표되었다.[108]

바츨라프 하벨 전 대통령은 몇 년 뒤 폭로된 사실과 '군사 분야'에서 발생한 비리에 큰 충격을 받았다.[109] 윤리적 정치를 실현하고자 했던 그의 꿈은 그 어느 때보다 요원해보였다.

헝가리: '가장 행복한 막사'*

미 국무부의 해외 판매 책임자로 일한 톰 월터스 주니어Tome Walters Jr. 중장은 미국 전투기를 헝가리에 판매하는 과정에서도 체코와 같은 문제가 발생했다고 주장했다. 헝가리에서도 계약을 수주한 업체는 결국 BAE였다. 미 정부 관계자들은 헝가리와 체코 정부가 모두 BAE가 제

---

* 소련 시절 헝가리는 자유로운 시장 활동을 일부 허용하고 다른 소련 위성국가에 비해 인권 탄압이 훨씬 덜한 일명 '굴라시 공산주의Goulash Communism'를 채택해, '가장 행복한 막사'라 불렸다.

공한 부적절한 자금에 영향을 받았다고 주장했다. 그들은 BAE가 계약을 따내기 위해 헝가리 주요 정당에 수백만 달러를 지급했다는 CIA 브리핑 내용을 근거로 들었다.[110]

1999년 헝가리 정부는 중고 전투기 구매를 위한 입찰을 실시했고, 2001년 6월 미국 거대 무기업체 록히드마틴과 계약을 체결하겠다고 발표했다. 헝가리 군사 전문가들은 미국의 F-16이 그리펜보다 우수하다고 판단했으며, 2001년 9월 6일 자 문서를 통해 F-16을 임대하고 최종적으로는 구매할 것을 권고했다. 야노시 서보János Szabó 국방장관은 전문가들의 판단을 지지했다.[111] 며칠 후 빅토르 오르반Victor Orbán 총리 주재로 소규모 국가안보 관계장관회의가 열렸으며, 기존의 결정과 정반대로 사브의 그리펜을 구매하기로 결정되었다. 이 거래와 관련한 의사결정 과정이 언급된 정부 문서는 모두 파기되었다.[112] 2003년 헝가리는 그리펜 전투기 14대를 총 2,100억 포린트(약 8억 2,300만 유로)에 10년간 임대하고, 10년 후에는 임대한 전투기의 소유권을 넘겨받는다는 계약을 체결했다.[113] 1차 인도분은 2005년 1월 양국 국방장관이 참석한 기념식에서 전달되었다.

헝가리는 그리펜을 택한 주된 이유에 대해 스웨덴이 5억 달러 규모의 임대 계약에 동일한 규모의 절충교역을 대가로 제안했으며, 그중 30%는 헝가리 업계에 투자하기로 했기 때문이라고 밝혔다.[114] 절충교역 의무가 거의 이행되지 못하고 있다는 증거에도 불구하고 정부는 이 같은 변명을 고수했다.

헝가리와 체코 모두 당초 록히드마틴의 F-16을 가장 선호했으나 최종적으로는 그리펜을 선택했다는 점으로 인해 비밀스러운 거래에 대한 의혹이 한층 커졌다. 알폰스 멘스도르프-포윌리를 수사하는 오스트리아 당국에 제출된 SFO 보고서는 헝가리 계약에 관해 다음과 같이 언급한다. "정치인들에 대한 자금 지급이 훨씬 명백히 언급되어 있다. BAE의 줄리언 스콥스와 데이비드 화이트David White의 대화 속기록에는 '사회당에 대한 자금 지급 7.5%'라고 명확히 언급되어 있다."[115] 당시 스콥스와 화이트는 BAE의 동유럽 담당 임원이었으며, 스콥스는 보수당 정권에서 앨런 클라크 국방장관의 보좌관을 지내기도 했다.

'그리펜 유럽, 극비'라는 라벨이 붙은 BAE 문서에는 멘스도르프-포윌리가 헝가리 계약의 에이전트이며, 계약 체결 성공 시 3%의 커미션을 그에게 지급한다는 내용이 기재되어 있다. 멘스도르프-포윌리는 BAE로부터 매년 일정한 보수를 받았으며, 그의 회사 MPA가 사용한 경비 또한 BAE가 지급했다. 막대한 금액의 커미션은 영국령 버진아일랜드에 설립한 그의 또다른 회사, 프레피노인터내셔널을 통해 지급되었다.[116]

헝가리 계약이 결국 정부 간 임대 계약으로 수정되며 그리펜 판매에는 실패했지만, 그럼에도 멘스도르프-포윌리는 약속된 커미션을 받았다. 정부 간 계약 체결 3개월 후인 2002년 3월 체결된 비공식 계약을 통해 "그리펜 프로젝트 관련 서비스 8년간 제공"이라는 명목으로 800만 달러에 달하는 돈이 지급되었다.[117] 이 자금은 레드다이아몬드를 통해 프레피노로, 거기서 다시 오스트리아의 멘스도르프-포윌리에게 전해졌다.[118] 이렇게 지급된 커미션에 대해 묻자 멘스도르프-포윌리의 대변인은 "알폰스 멘스도르프-포윌리를 비롯해 그의 회사에 고용된 그 누구도 BAE 또는 사브 측으로부터 커미션을 지급받거나, 그리펜 판매 촉진을 위해 BAE 또는 사브와 에이전트 계약을 맺은 바 없다"고 답했다.[119]

2007년 6월 SVT가 비리 의혹과 관련된 내용을 보도한 이후 헝가리 국방장관은 '부패 의혹'에 대해 조사하겠다고 발표했다.[120] 그러나 해당 계약을 검토한 헝가리 위원회는 비리 의혹에 대한 수사 허가를 받지 못했고, 위원장은 "비리 가능성 조사를 거부"하겠다고 밝혔다. 아그네스 바다이Agnes Vadai 국방장관은 비리 조사를 위해서는 의회가 새로 위원회를 구성해야 한다고 덧붙였다.[121]

필자가 빈에서 멘스도르프-포윌리와 만났을 당시 그는 한편으로 BAE로부터 자문료 외에는 받은 것이 없다는 주장을 되풀이하면서도, 다른 한편으로는 임대 계약을 체결한 것은 모두 자신의 덕이라 주장했다. 체코 및 헝가리 정부 관계자들과의 대화를 통해 두 국가가 전투기를 구매할 만한 정치경제적 여건이 되지 않는다는 사실을 파악한 뒤 BAE·사브에 임대 계약을 제안하고 그들을 설득했다는 것이다. 사브는 약속된 돈을 받지 못하게 될 것을 우려해 임대 계약을 특히 꺼렸다. 백작은 이것이 바로 그가 BAE 측에 제공한 서비스의 예라고 주장했으며, 정부 관계자들과 그토록 정기적으로 연락을 주고받으면서도 자신에게 자문료를 지급하는 회사를 포함해 특정 업체의 특정 항공기를 구매하라고 직접적으로 제안할 수는 없었다는, 솔직하지 못한 주장을 펼쳤다.[122]

또한 멘스도르프-포윌리는 정부 관계자들에게 BAE와 사브를 추천한 적 없다고 부인하면서도, 두 업체가 폴란드와의 협상에서도 그를 고용했다면 계약을 따낼 수 있었을 것이라 말했다. 그는 미국이 폴란드에 뇌물을 주고 계약을 따냈으며, 그렇기 때문에 미국이 본인들이 수주하지 못한 계약과 관련해 뇌물이 오갔을 것이라 생각하는 것이라고 주장했다. "영국과 스웨덴 측이 미국의 비리를 폭로하지 못하도록 하는 일종의 예방책"이라는 것이다.[123]

자신의 범행을 부인하는 내용이 주를 이룬 몇 시간에 걸친 긴 대화 끝에 필자는 백작에게 버진아일랜드, 리히텐슈타인, 스위스 등지의 회사를 통해 상당히 복잡한 방식으로 자문료를 지급받아야만 하는 이유는 무엇인지 물었다. 그는 어깨를 으쓱하며 "모르겠다. 나는 오스트리아에서 자문료를 받았으며 개인적인 이유로 가끔 스위스를 통해 받았을 뿐이다"라고 답했다.[124]

백작은 자신이 살아오면서 나쁜 짓을 전혀 하지 않은 것은 아니라고 시인하며, "술을 너무 많이 마시고 여자를 너무 좋아하긴 했다. 그렇지만 뇌물을 준 적은 절대 없다. 수많은 영향력 있는 인사들, 모든 국민당 의원들과 언제든 이야기를 나눌 수 있지만, 그렇다고 그들에게 다른 전투기 대신 그리펜을 사라고 말하지는 않았다. 내가 원하는 결정을 내리도록 정치인을 매수한 적은 결코 없다"고 말했다.

그러나 그가 미국이 폴란드에 지급했다고 주장한 것과 같은 커미션이 왜 그에게도 지급되었는지 묻자, 백작은 자신이 사냥 및 가금류 사업을 했을 때를 예로 들며 다음과 같이 말했다. "사업을 하려면 선물, 혜택, 인센티브를 줘야 한다. (엄지와 검지를 비비며) '이것'은 모든 사업에 적용되는 진리다."[125]

부유한 멘스도르프-포윌리 백작은 '이것'을 아주 잘 활용한 것이 분명했다.

스웨덴의 모순

역사상 가장 유명한 스웨덴인이라 할 수 있는 알프레드 노벨은 "어마어마한 대량 살상력으로 전쟁을 영원히 불가능하게 만들 물질 혹은 기계를 발명하고 싶다"고 말했다. 이러한 모순된 생각은 그의 생애와 가치관에도 반영되었다. 그는 시적인 이상주의자이자 반전주의자인 동시에 폭발물에 집착하는 무자비한 자본가였다. 외로운 사투 끝에 다이너마이트를 발명했으며, 그 이후에는 스웨덴 총기제조업체 보포스Bofors를 설립하고 노벨상을 만들었다.

알프레드 노벨의 모순은 세계 평화를 주창하면서도 매우 독창적인 무기를 제조하고 수출하는 스웨덴 및 노벨평화상을 둘러싼 논란과 함께 그의 사후에도 계속 언급되고 있다.[126] 사브가 이끄는 무기산업 덕분에 스웨덴은 늘 세계 10대 무기수출국에 이름을 올린다. 사브는 스웨덴에서 생산되는 무기의 평균 70%를 생산한다. 한때 BAE는 사브와 헤글룬스Hägglunds, 보포스의 지분 20%를 소유하기도 했다. 최근 스웨덴이 군비 지출을 GDP의 1.2%로 줄임에 따라 사브의 총매출 중 수출 비중은 약 65%까지 늘었다.[127]

모든 스웨덴 정권은 정치적 성향과 관계 없이 스웨덴이 '신뢰할 만한 중립성'을 유지하기 위해서는 국내에서 무기를 생산할 수 있는 역량이 필수적이라고 주장해왔으나, 현재 스웨덴 무기산업의 주요 목적은 수익 창출이다. 그리고 무기수출은 수익 창출에 매우 중요한 역할을 한다. 스웨덴이 엄격한 규제를 마련해놓고도 법을 철저히 적용하지 않는 이유가 바로 여기에 있다. 국제 무기밀수를 모니터링하는 코펜하겐의 단체 시맨유니언Seaman's Union의 헨리크 벨라우Henrik Berlau는 "스웨덴의 법은 매우 엄격하지만 집행은 매우 관대하게 이루어진다"고 말했다.[128]

모순된 이상을 품은 노벨평화상과 마찬가지로 수십 년간 논란과 비리, 배신에 휘말려온 스웨덴 무기산업에도 모순이 존재한다.

사브는 인도에 102억 달러 규모의 그리펜 전투기를 판매하기 위해 뉴델리에 사무실을 열었으나 최종 후보에 들지 못했다.[129] 2006년에는 나중에 그리펜을 판매할 목적으로 파키스탄에 에리아이Erieye 항공기 탑재용 레이더를 83억 크로나에 판매하면서 논란을 일으키기도 했다.[130]

스웨덴이 남아시아 국가와 논란의 여지가 있는 계약을 체결한 사례는 적지 않다. 올로프 팔메Olof Palme 스웨덴 총리가 1986년 인도를 두 번째로 방문할 당시 그는 라지브 간디Rajiv Gandhi 인도 총리와 '정치적 소울메이트'라 해도 과언이 아닐 정도였다. 팔메 총리는 사회당의 아이콘이자 세계 평화의 상징으로 명성이 높았고, 네루의 인도국민회의 운동을 계승한 간디는 인도 건국 이후 사회 곳곳에 스며든 부정부패 척결을 주장하며 총리에 당선되었다.

그러나 두 총리는 향후 수십 년 동안 양국에 어두운 그림자를 드리운 계약을 체결했다. 인도군은 미국이 파키스탄에 판매한 최첨단 포에 대응하기 위해 첨단기술을 활용한 강력한 곡사포 구매를 간절히 원하고 있었다. 팔메는 노벨인더스트리Nobel Industries 소속의 유서 깊은 무기업체 보포스가 계약을 따내기를 원했다. 보포스는 당시 이 계약을 따내지 못하면 대량 해고를 면치 못할 상황이었고, 그렇게 되면 팔메 정권도 정치적 타격을 입을 가능성이 컸다.[131]

보포스는 성공적으로 계약을 수주했다. 인도군은 저렴하면서도 사거리와 신뢰도 측면에서 우수한 프랑스 제품을 선호했고, 실제로 프랑스제 포는 여덟 번 연속 최우수 평가를 받았다. 그러나 무려 14억 달러 규모의 계약은 결국 보포스에게 돌아갔다. 계약 체결을 위해 제공된 뇌물은 2억 5,000만 달러였다.

간디는 어떠한 에이전트도 활용하지 않을 것이며 커미션 지급도 없을 것이라고 공공연히 밝혔지만, 팔메에게 보포스가 인도 측 에이전트를 바꾼다면 계약을 체결하겠다고 은밀히 알렸다. 보포스는 간디가 추천한 AE서비스AE Services를 에이전트로 고용했으나 기존에 고용한 에이전트도 컨설턴트로 직책만 바꾸어 거래에 계속해서 참여할 수 있도록 했다. 그중 하나인 스벤스카Svenska는 2,944만 달러를 받았으며, AE서비스는 1억 6,800만 달러라는 엄청난 성공수당을 받았다.

스웨덴과 인도가 이와 같은 비리를 감추기 위해 상당한 노력을 기울였음에도 양국의 언론은 탐사보도를 통해 비리를 폭로했다. 그 결과 기자들은 살해 협박에 시달리고 법원 명령을 받았으며, 인도 기자들의 경우 망명을 강요받기까지 했다. 기자들은 AE서비스의 소유주가 오타비오 콰트로키Ottavio Quattrocchi라는 이탈리아인과 간디 부인의 측근인 소니아Sonia라는 중요한 사실을 밝혀냈다. 콰트로키와 그가 소유한 회사 모두 무기거래에 참여한 경력은 전무했다. 비리가 폭로된 후 라지브 간디는 부정부패가 쟁점이 된 1989년 말 선거에서 낙선했다.

콰트로키는 몇 년 동안이나 그가 소유한 스위스 은행 계좌에 대한 인도 측의 접근을 막기 위해 노력했다. 이 사건에 연루된 인물 중 다수가 사망했고, 인도국민회의가 다시 집권하며 일부는 형 집행을 유예받기도 했으나, 주요 사안은 여전히 해결되지 않고 있다.

2005년 12월 인도국민회의 정권은 콰트로키의 영국 및 스위스 계좌 동결을 해제했다. 그러나 며칠 뒤 인도 대법원은 정부에 콰트로키가 해당 계좌에서 더 이상 돈을 인출하지 못하도록 요구했다. 2007년 인도 대법원은 콰트로키의 구속영장을 발부했다. 그러나 2009년 9월 말 새롭게 집권한 인도국민회의 정권은 대법원에 그를 상대로 한 소송을 취하하겠다고 밝혔다.

2011년 초, 보포스 관련 사안이 다시 수면 위로 떠올랐다. 인도의 한 조세재판소가 보포스 에이전트 W. N. 찬다W. N. Chanda의 아들이자 상속인에게 그의 아버지가 받은 커미션에 대한 세금을 납부할 의무가 있다고 판결한 것이다. 그 판결에는 "보포스가 인도 정부와 체결한 무기거래와 관련해 해외 은행 계좌를 통해 스벤스카, AE서비스, 모레스코Moresco 측에 자금을 전달했음을 보여주는 충분한 자료가 있다"는, 인도국민회의에 매우 불리한 내용도 포함되어 있었다.[132] 재판소는 오타비오 콰트로키도 뇌물을 수수한 인물 중 하나로 지목했다.[133]

인도 일간지 《더 힌두The Hindu》는 "다른 비리 사건과 달리 보포스 사건은 여전히 국가적 이슈다. 보포스 사건으로 인해 제기된 고질적인 정치적·도덕적·구조적 문제가 아직 해결되지 못했기 때문이다. …… 이 사건을 통해 얼마나 다양한 기관들이 비리를 저지르고 있는지 드러났다. 행정부는 잘못을 감추고 사법 절차를 방해하기에 급급하며, 의회, 중앙수사국, 사법부는 인도 국민에 대한 의무를 다하지 못하고 있다"고 보도했다.[134] 제1야당은 특별조사팀을 꾸리고 보포스 '뒷돈 사건'에 대한 수사 재개를 촉구했다.[135]

계약이 체결된 후 20년이 넘게 인도 정치권에서 지속적으로 언급되는 이 사건에서 판매된 포는 막상 그다지 많이 활용되지 못했다. 카길Kargil 분쟁 당시에는 제대로 작동했으나 마모와 예비 부품 부족으로 인해 상당수를 해체해 부품으로 재활용해야 했고, 결국 사용 가능한 포는 200문밖에 되지 않았다.[136] 전해지는 바에 따르면 그중 다수는 발포 시 과열 현상으로 사용되지 않고 있다.[137]

스웨덴에서는 여전히 미해결로 남아 있는 올로프 팔메 암살 사건이 이 곡사포 계약을 비롯한 여러 무기거래에 연루되었기 때문이라는 추측이 돌기도 했다. 분쟁 중이었던 이라크와 이란에 대한 무기판매 승인을 위해 스웨덴 사회민주당이 개입한 사실이 알려지며 이러한 추측에 신빙성을 더했다. 1980년대 초반 야당 시절, 팔메는 이라크와 이란 사이에서 UN 평화 중재자 역할을 수행했다. 1984년 다시 집권한 그는 스웨덴에서 싱가포르, 두바이, 바레인을 거쳐 분쟁 지역으로 무기가 전달되었다는 사실이 밝혀지며 엄청난 곤욕을 치렀다. 보포스 임원들은 정부가 이 사안에 대해 모두 알고 있었다고 주장했다. 그 후 팔메는 무기 수송을 중단시켰으며 살해되기 3주 전, 격분한 이란과 이라크 대표단과 만남을 가졌다.

해군 제독 출신으로 외무부에서 모든 무기수출에 대한 승인을 담당한 칼-프레드리크 알게르논Carl-Fredrik Algernon은 팔메의 암살 1년 뒤, 스톡홀름 중앙역에서 달리는 지하철 앞으로 떨어져 혹은 떠밀려 사망했다. 당시 그는 '매우 흥미로운 사실이 드러난 회의'를 끝낸 직후였으며, 불법 무기수송와 관련한 특검 조사에 출석하기 6일 전이었다.

오늘날의 스웨덴 무기산업, 특히 사브의 명성은 BAE와 불가분의 관계를 맺고 있다. 남아공, 체코, 헝가리, 오스트리아에서 자행된 부적절한 영향력 행사와 비리는 평화의 수호자를 자처하는 스웨덴에 부정적인 꼬리표가 되었다.

필자는 스웨덴의 무기수출 감독기관인 전략물자검사청의 토마스 셰데르Thomas Tjäder에게 비리 의혹이 향후 무기업체들에 대한 수출허가에 영향을 미치는지 물었다. 그는 뇌물이 구매국에 미치는 부정적인 사회경제적 영향을 일축한 후, "모든 뇌물은 불법이지만, 스웨덴 업체가 타국에서 뇌물을 제공한다면 그와 관련해 우리가 할 일은 사실상 없다"고 덧붙였다.[138]

셰데르가 19년간 국방부에서 일했고, 스웨덴 웁살라Uppsala주의 보수당 고위 자문위원이며, 6개의 업체에서 회장을 맡고 있을 뿐만 아니라 전략물자검사청에 오기 전 셀시어스Celsius라는 방산업체 임원이었다는 사실을 고려하면 이와 같은 답변은 그다지 놀랍지 않다.[139]

셰데르가 전략물자검사청에 임명될 당시 많은 사람들은 "그는 무기수출을 관리, 감독하는 것이 아니라 크게 늘리려고 노력할 것"이라며 충격을 표시했고,[140] 이는 스웨덴 사회의 깊은 모순을 잘 보여준다.

11. 결정적 책임 회피

2010년 초, 필자는 새로 임명된 SFO 청장을 만나는 자리에 초대받았다. 명망 있는 반부패 연구자 겸 운동가 수전 홀리도 함께였다. 영국 정부는 선구적이고 참신한 인사를 청장으로 임명하는 대신 영국 관료 조직의 중심에서 오랜 기간 일한 리처드 앨더먼을 믿을 만한 인물로 선택했다. 올빼미를 닮은 생김새와 미스터 빈을 연상케 하는 몸동작은 그의 거침없는 언사와 대조를 이루었다. 앨더먼은 남아프리카공화국, 탄자니아, 체코, 헝가리에서 BAE가 체결한 비리투성이 무기거래 계약에 대해 SFO가 수사 중이며, 수사와 관련해 BAE 측에 마지막 양형거래 제안을 했다는 사실을 우리에게 알려주었다. BAE는 제안을 거절했다. SFO가 제시한 조건은 유죄를 인정하고 약 2억에서 5억 파운드의 벌금을 지불하는 것이었으며, 앨더먼은 이러한 조건이 언론에 슬쩍 공개되도록 했다. 그는 우리 두 사람에게 더 이상 협상은 없을 것이며, 법무장관에게 부정부패 및 뇌물 혐의로 BAE를 기소할 수 있도록 승인해줄 것을 촉구할 것이라고 단호히 말했다. 청장 업무를 모두 파악하지는 못한 것 같았으나 그의 배짱과 솔직함은 칭찬할 만했다.

사흘 뒤인 2월 5일 금요일, 필자는 런던 킹스크로스역 부근 그레이스인Gray's Inn가에 위치한 다소 음울한 분위기의 SFO 사무실을 다시 방문했다. 지난 몇 년간 자주 드나든 이곳을 다시 찾은 것은 남아공 계약 수사팀에 또 한번 공식 증언을 하기 위해서였다. 필자를 인터뷰한 팀원들은 남아공 법무부의 협조를 얻는 것이 쉽지는 않지만 이 사건을 반드시 해결해내겠다고 재차 다짐했다. 수사관들은 필자가 수사에 협조한 지난 몇 년 동안 줄곧 이런 다짐을 갖고 수사에 임했다.

필자가 증언을 마치고 SFO를 떠난 직후 수사관들은 'RLI02' 수

사에 대한 합의가 체결되었다는 앨더먼의 메시지를 받았다. 'RLIO2'
는 BAE와 관련된 수사를 칭하는 암호명이다. 양형거래 합의안에 따
라 BAE에 부과되는 벌금은 탄자니아 계약에서 저지른 부정행위와 관
련한 3,000만 파운드가 전부였으며, 남아공, 체코, 헝가리와의 계약에
대한 수사는 아무런 조건 없이 중단되었다.[1] BAE의 부패와 관련된 개
인을 기소하는 경우에도 BAE에 비리 혐의를 제기하지 않겠다는 믿기
어려운 결정 또한 합의에 포함되었다.[2]

  지난 몇 년간 BAE 수사에 전념한 수사관들은 이 소식에 격분했
으며, 혼란스러워했다. 한 수사관은 너무 화가 나고 실망한 나머지 울
음을 터뜨렸으며, 자리를 박차고 나가 정신을 잃을 때까지 술을 마신
사람도 있었다. 또 다른 수사관은 청장이 해당 사안을 직급 높은 수사
관들과 논의조차 하지 않았다는 사실에 격분하며, "앨더먼은 이 사건
에 대해 아무것도 모른다. 그는 자신이 무슨 짓을 했는지 전혀 알지 못
한다"고 침울하게 말했다.[3]

  SFO 수사관들이 충격적인 메시지를 전달받을 무렵, 차를 몰고 집
으로 향하던 필자는 미 정부에서 일하는 한 연락책으로부터 전화를
받았다. 그는 미 정부도 방금 BAE와의 양형거래에 합의했다는 소식
을 전했다. BAE가 미국과 체결한 합의 조건은 영국과 체결한 합의안
과 다소 달랐다. 미국과의 협상에서 BAE는 사우디, 체코, 헝가리와 체
결한 계약에 대해 잘못을 인정하고, 미 당국에 알리지 않은 커미션을
무단으로 지급했다는 사실 또한 인정했다. 또한 비밀 자금을 전달하는
데 사용한 역외 법인들의 존재도 인정했으며, 2000년 미 당국에 '비밀
커미션을 지급한 적 없다'는 허위 서한을 보낸 사실도 인정했다. 미 정
부는 BAE에 4억 달러의 벌금을 부과했으며, 이는 영국 회사에 부과한
벌금 중 역대 최고액이다.[4]

  이튿날, 합의에 따라 영국은 알폰스 멘스도르프-포윌리에 대한
기소를 모두 취하하고 구금 중인 그를 석방했다. 당시 멘스도르프-포

윌리는 오스트리아, 헝가리, 체코와 체결한 계약에서 비리에 공모한 혐의로 기소되어 펜튼빌 교도소에 일주일간 수감되어 있었다.

미국이 BAE가 미국에서 타국으로 무기를 수출할 법적 권한을 제한할 수 있게 된 반면, 영국의 합의안은 보잘것없었다. 이는 BAE가 비리를 저지른 국가의 국민들과 영국의 납세자들, 사법체계에 대한 모욕이나 다름없었다. BAE가 법 위에 군림하고 있으며, 돈으로, 그것도 아주 적은 금액으로 처벌을 면할 수 있다는 사실이 다시금 증명되었다.

이처럼 범죄에 연루된 이들에 대한 법적 조치의 부재는 무기산업에서는 어떤 행동도 처벌받지 않는다는 현실을 보여준다. 확실한 증거가 있는데도 매번 용의자를 풀어주는 경우는 무기거래 관련 범죄를 제외하면 찾기 어렵다. 영국 정부와의 합의를 통해 BAE는 그들 자신이 총리 관저로 통하는 뒷문이 아니라 아예 정문 열쇠를 가지고 있는 것은 물론 총리 침실의 한편을 차지하고 있음을 보여주었다.

자유민주당 부대표이자 2011년 8월 당시 영국 상무장관이었던 빈스 케이블Vince Cable은 BAE가 무기거래와 관련된 중요 정보를 은폐하는 데 성공했다는 사실에 분노하며 이렇게 말했다. "한 가지 긍정적인 면이 있다면 BAE가 용납할 수 없는 사업 관행을 이어왔다는 것을 인정했다는 점이다. 그러나 그에 대한 책임은 누구에게도 묻지 않았다. 영국 정부는 무기산업에 깊이 관여하고 있다. 각료들은 분명 무슨 일이 일어나고 있는지 확실히 알고 있을 것이다."[5]

피터 킬포일Peter Kilfoyle 전직 노동부 장관은 "이제 BAE 관련 모든 사안에 대해 독립적인 사법적 수사를 벌일 만한 근거가 마련되었다. (블레어가 알야마마 수사에) 개입한 이유가 무엇인지, 그에게 어떤 영향력이 행사되었는지에 대해 심각한 문제가 제기된다"고 말했다.[6]

워싱턴에서는 래리 그린들러Larry Grindler 법무차관이 "미국과 사업을 하며 허위 사실을 통해 이익을 얻는 회사는 반드시 그에 대한 책임을 지게 될 것이다. 이번에 제기된 불법행위 의혹으로 인해 국제무역

에서 비리를 척결하기 위한 미국의 노력이 방해받았다"고 밝혔다.[7]

리처드 앨더먼 SFO 청장은 BAE와의 합의가 '실용적' 결정이었다고 주장했다. 합의 발표 후 SFO에 대한 비판의 목소리가 커지자 앨더먼은 '법무부가 미국 합의안의 규모와 범위를 이유로 자신의 입장에 대한 지지를 갑자기 철회했기 때문'이라는 식의 이야기를 흘렸다. 그러나 필자가 미국의 두 정보원을 통해 들은 이야기는 매우 달랐다. 한 정보원에 따르면 미 당국은 SFO의 합의에도 미국과 비슷한 규모의 벌금과 유죄를 상당 부분 인정하겠다는 내용이 포함될 것으로 예상했다. 갑자기 합의의 내용이 변경된 이유가 무엇인지 묻자 정보원은 그저 어깨를 으쓱하고 고개를 저었다. 해당 양형거래 합의에 정통한 두 정보원을 통해, 리처드 앨더먼이 갑자기 협상에 끼어들어 SFO의 입장을 후퇴시키기 전까지는 BAE가 1억 파운드 이상의 벌금과 비리 혐의 2건에 대한 유죄 인정에 동의한 상황이었다는 사실을 확인할 수 있었다. "앨더먼은 언론에 터무니없는 발언을 한 뒤 협상을 장악해버렸다. 그는 언론에 10억 파운드를 벌금으로 부과하겠다고 말했다는 이유로 벌금 10억 파운드를 요구했다. BAE는 그가 농담을 한다고 생각했을 것이다." 앨더먼은 자신의 강경함을 증명해 보이려 무리수를 두었던 것일까, 아니면 모든 BAE 관련 사안을 최대한 빨리 마무리해야만 했던 것일까?

언론 발표 이후 앨더먼은 법무장관의 전화를 피했다. 주요 수사관들과 사전에 논의하지 못한, 아니 논의하지 않기로 한 그의 선택은 단지 잘못된 행동 정도가 아니라 법무장관의 가이드라인 위반이었다.[8]

합의 체결 바로 며칠 전 멘스도르프-포윌리 백작을 체포한 것을 통해 앨더먼이 얼마나 청장으로서의 역량이 부족한지 알 수 있다. "협상이 진행 중일 때는 관련인을 체포해서는 안 된다. 며칠 뒤에 석방해줘야 할 수도 있기 때문이다. 이는 자신이 무엇을 하고 있는지 전혀 모르고 있다는 것을 온 세상에 알린 것과 다름없다."[9]

이 사안이 잘못 처리되었음을 강조라도 하듯, 법원은 10개월 후에야 마지못해 합의안을 승인했다. 별도의 사건에서 한 판사는 SFO가 마치 검사이자 판사가 된 것처럼 기정사실을 법원에 제시하고 있다며 강력히 비판하기도 했다.[10] SFO와 긴밀한 관계에 있는 한 정보원은 SFO가 합의 후 법원이 합의안을 승인하기까지 몇 달 동안 BAE에 SFO 측 변호인 2명을 제공했다는 사실을 폭로했다.

2010년 12월 20일, 마침내 합의안이 런던 남부의 한 판사에게 제출되었다. 탄자니아에서의 '분식회계' 혐의와 관련해 BAE와 SFO는 "1,240만 달러 중 일부가 BAE 측에 유리한 방향으로 협상이 진행되도록 하는 데 쓰였을 가능성이 높다"는 것에 동의했다.[11] SFO는 '비공식' 및 '공식' 에이전트로 이루어진 비밀 시스템을 의도적으로 구축하는 것은 '정당한 상업적 목적'에 해당한다고 주장했다. 에이전트에 대한 자금 지급을 비밀로 해야 하는 이유를 나열한 BAE 본사 마케팅서비스 부서장의 자필 메모를 확보했음에도 SFO는 이러한 주장을 견지했다. 메모 내용은 다음과 같다.

1. 중개인, 에이전트 등의 지정을 금지하는 관련국의 규칙 혹은 규제(정부 계약상 조항 포함)
2. 자문위원이 제3자에게 자금을 전달하고자 하지만 당국에 이를 신고할 수 없는 경우의 세금 문제
3. 고액의 수수료, 혹은 민감한 사안이라는 이유로 난처해지거나 언론의 관심을 끌게 될 가능성이 있음[12]

판사가 이러한 사업 관행에 대해 묻자 SFO와 BAE는 "무기거래에서는 기밀 유지가 가장 중요하다"고 답했다. SFO가 뇌물 제공에 대한 충분한 증거가 없으며 비슬라니는 거액의 보수를 받은 로비스트일 뿐이라고 주장하자, 판사는 BAE가 비슬라니에게 보낸 자금의 목적이

비리가 아니라 로비임을 입증할 증거를 제출하라고 했다. SFO와 BAE는 이 제안을 거절했다.[13] 판사는 비슬라니에게 지급된 자금의 목적이 뇌물 제공임이 명백하다고 판단하고 다음과 같이 결론지었다. "비슬라니에게 지급된 자금이 단순히 로비 활동을 위한 것이었다는 증거가 없는 상태에서 형을 선고할 의향은 없다. …… 이 자금은 매수 대상에게 지급하기 위한 것이며, …… 제출된 서류를 근거로 보았을 때 비슬라니가 거액의 보수를 받은 로비스트에 불과하다고 보는 것은 매우 순진한 판단이다. …… BAE는 비슬라니에게 자금을 지급하고 있었다는 사실과 그중 97%는 두 역외 법인을 통해 전달되었다는 사실, 그 자금을 활용해 피고의 레이더 계약 수주를 위해 매수해야 할 이들에게 뇌물을 지급하는 일을 비슬라니에게 모두 위임하고 피고는 세부 사항에 대해 알고 싶지 않아 했다는 사실을 감사들에게, 궁극적으로는 대중에게 숨기고자 했다."[14]

SFO는 BAE가 비리 혐의를 벗고 가벼운 분식회계로만 처벌받을 수 있도록 하기 위해 노력했을 뿐만 아니라 BAE와 관련된 모든 사건에 면죄부를 주었다. 양형거래를 통해 SFO는 BAE에 대한 모든 수사를 종료하고, 2010년 2월 5일 이전에 벌어진 사건에 대해서는 어떠한 BAE 그룹 계열사도 기소하지 않을 것이며, SFO가 수사한 사건과 관련해 모든 BAE 그룹 계열사를 상대로 어떠한 민사소송도 제기하지 않기로 합의했다. 또한 "SFO가 제3자를 기소하는 경우 어떠한 BAE 그룹 계열사도, 기소되지 않은 공모자 혹은 다른 어떤 역할을 한 것으로 지목 혹은 의심하지 않겠다"고 합의했다. 사건을 담당한 빈Bean 판사조차 "기소자가 공개적으로든 아니든 과거의 모든 범법행위에 무조건적 면책권을 제공했다는 사실에 매우 놀라워했다".[15]

합의에 따라 BAE에 부과된 벌금 3,000만 파운드에서 법정 벌금을 제외한 나머지가 탄자니아에 전달될 예정이었다. 즉 법원이 구형하는 벌금이 커질수록 BAE의 범행으로 피해를 입은 국가에 전달되는 금액은 적어지는 것이다. 그로 인해 판사는 소송 비용 22만 5,000파운드를 포함해 50만 파운드의 벌금을 선고하는 데 그쳐야 했다.[16]

약 5년에 걸친 수사로 SFO가 얻은 것은 엉터리로 진행된 소송과 부적절한 기소, 부족한 증거, 형편없는 양형거래가 전부였다. 이 수치스러운 사건에서 BAE는 자신의 정치적 능력과 SFO 청장의 무능력 덕분에 정의를 굴복시키는 데 성공했다.

피해국들은 발표된 합의에 크게 분노했다. 남아공 독립민주당 대표이자 케이프타운 시장으로 무기거래 관련 비리 혐의를 처음으로 제기한 패트리샤 드 릴Patricia de Lille은 영국이 이로써 다른 국가들에게 올바른 거버넌스와 부정부패 척결을 논할 자격을 잃었다고 말했다. "영국은 무기거래를 통해 받은 뇌물을 사용해 권력을 유지하는 아프리카의 부패한 국가 지도자들과 다를 바가 없다."[17] 남아공 제1야당 민주동맹 대변인 데이비드 메이니어David Maynier는 "BAE와 양형거래를 타결하고 BAE에 대한 기소를 취하하기로 했다는 소식은 매우 충격적이었다. 양형거래로 인해 수사와 관련된 다양한 세부 사항이 비밀로 남게 될 것이며 뇌물수수에 가담한 이들 중 그 누구도 처벌받지 않게 되었다"고 밝혔다.[18]

이로부터 몇 년 전, 독일 검찰은 남아공 계약의 최대 수혜자인 티센크루프 수사에 착수했다. 티센크루프는 프리깃함 4척을 건조하는 계약 수주를 위해 지급한 커미션에 대해 세액공제를 받고자 한 혐의를 받았다. 티센크루프가 세법 위반을 인정하고 벌금을 납부하는 것으로 사건은 마무리되었다. 티센크루프가 샤민 샤이크에게 뇌물을 제공했음을 입증하는 문서가 존재했으며, ANC 및 ANC 지도부와 관련된 자선단체에 지급된 수표 사본이 패트리샤 드 릴에 의해 의회에 제출되었지만, 독일 당국은 티센크루프가 건넨 뇌물에 대해서는 전혀 언급하지 않았다.[19]

남아공 정부는 BAE 및 티센크루프 사건에 대해 말을 아꼈다. 제이컵 주마의 대통령 당선 직전 그에 대한 모든 기소가 취하되어 논란이 일기도 했다. 국가기소청이 "주마의 유죄를 입증할 강력하고 상당한 증거"가 있음을 재차 밝혔으나 결국 기소는 취하되었다.[20] 주마의 재정자문 샤비르 샤이크는 주마에게 뇌물을 제공한 혐의로 수감되었으나 형 집행 2년 만에 석방되었다. 거래 체결 당시 남아공 국가방위군 조달 책임자였으며 티센크루프로부터 거액을 받은 샤민 샤이크는 다시 남아공에서 성공적인 사업가로 활동하고 있으며, 셋째 모 샤이크는 남아공 정보기관 기관장을 맡고 있다. 기관장 임명 당시 발표된 그의 임무 중에는 남아공의 무기 및 마약밀수 문제 해결도 포함되어 있었다.[21]

남아공 법조계 대다수는 주마에 대한 기소 취하는 아파르트헤이트 정권 몰락 이후 가장 뻔뻔한 정치공작이라며 강력 비판했다. 모호하고 논란의 여지가 많은 방식으로 기소가 취하되었다는 사실은 제이컵 주마가 비리 흔적을 지우지 못한 채로 대통령 자리에 올랐다는 것을 의미했다. 그는 곧 멘지 시메레인Menzi Simelane 전 법무장관을 국가기소청장에 임명하고 남아공의 무기거래를 수사하는 각국 수사기관에 최대한 협조하지 않도록 했다. 부임 첫날 시메레인은 어안이 벙벙해하는 직원들에게 헌법에 의해 독립성이 보장된 기관의 기관장으로 자신이 배치된 것은 그가 소속된 ANC의 지시를 따르기 위해서라고 말했다.[22] 머지않아 그는 남아공이 파나 롱웨인에 대한 자금동결 명령을 유지하지 않겠다고 발표했다. 그는 "지금까지 진행된 수사에서 불법행위에 대한 증거가 발견되지 않았기 때문"에 이러한 결정을 내렸다고 주장했으나, 사실은 유죄를 입증할 문서가 수백 장에 달하는 상황이었다.[23]

이후 시메레인의 대단히 무책임한 결정에 대한 비판이 이어졌다. 2011년 5월 스웨덴 민영방송 TV4는 스웨덴이 남아공 거래에 개입했다는 내용의 다큐멘터리를 방영했다. 필자도 이 다큐멘터리 제작에 협조했다. BAE·사브의 절충교역 프로그램 운영업체 사닙에 관한 내용과 롱웨인이 맺은 컨설팅 계약에 관한 내용이 특히 큰 파장을 일으켰다.[24] 사닙은 설립 당시 100% 사브 소유였으나, 사브는 2004년에 사닙의 운영권을 BAE 측에 넘겼다고 주장하고 있다.[25]

당초 사브는 사닙을 통해 롱웨인에게 자금을 지급한 사실을 부인했다. 그러나 내부 조사를 마친 사브는 재빨리 말을 바꾸어 2011년 6월 롱웨인이 사닙을 통해 자금을 지급받았음을 인정했다.[26] 그러나 사브는 롱웨인과 계약을 체결한 것은 사닙에서 일하던 BAE 직원이었으며, 해당 직원은 이러한 사실을 사브 측에 공개하지 않았다고 주장했다.[27]

롱웨인 역시 은밀한 방식으로 자금을 전달받았다. BAE가 사닙에 이체한 자금이 다시 롱웨인에게 전달되었으나, 사닙의 재무제표에는 이 같은 내역이 기록되지 않았다.[28] BAE와 사브가 롱웨인에게 자금을 전달했다는 사실을 사브 측에서 공식 인정한 것은 이번이 처음이었다. 자금이 매우 비밀스럽게 전달되었다는 점은 해당 자금이 부정한 의도로 전달된 것 아니냐는 의혹에 힘을 실어주었다.

불과 며칠 뒤 데이비드 메이니어 의원은 자신이 롱웨인과 BAE·사브가 체결한 컨설팅 계약서 수정본을 열람할 수 있다고 밝혔다.[29] 수정본에는 롱웨인의 업무가 BAE를 대표해 남아공 정부 관계자들과 "직접" 만나는 자리를 마련하고, "고객(남아공) 측 주요 인사, 특히 상품 및 서비스 선정과 관련한 결정을 내리는 인사들의 연락망"에 대한 자문을 제공하는 것으로 변경된다는 내용이 포함되었다.[30] 이 사실은 롱웨인에게 전달된 자금이 정치권과 군의 주요 인사들 및 그가 협력하고 있는 정부 관계자들에게 지급되기 위한 것이었다는 의혹을 더욱 뒷받침했다.

탄자니아의 반부패기관 부패방지척결국Prevention and Combating of

Corruption Bureau, PCCB은 SFO의 기소 취하 결정이 내려진 후에도 한동안 수사를 진행했다. 영국의 수사가 진행되는 동안 PCCB는 SFO가 주요 증거를 발견해내기를 기다리고 있었다. 그러나 양형거래에 합의한 SFO는 앤드루 첸지, 타닐 소마이야, 세일리시 비슬라니에 대한 기소를 모두 취하했다.[31]

합의가 타결된 후 PCCB의 에드워드 호세아는 SFO에 레이더 계약과 관련된 영국인들, 즉 마이클 루즈Michael Rouse, 딕 에번스, 마이크 터너, 줄리아 앨드리지에 대한 자세한 정보 공유를 요청했다.[32] 루즈는 2002년부터 BAE 마케팅 책임자였으며 앨드리지는 그의 바로 밑에서 일했다.

PCCB의 목적은 BAE가 지불한 3,000만 파운드의 벌금 중 상당 부분을 탄자니아에 전달되도록 하는 것이었다. 그러나 당시 탄자니아 내부적으로도 배상을 받을 주체가 누구인지에 대해 의견이 분분했다. 일부는 국가가 배상을 받아야 한다고 생각한 반면, 비리를 저지를 가능성이 전혀 없는 인도주의 단체에 자금을 전달해야 한다고 생각한 이들도 있었다. BAE는 탄자니아 정부에 직접 배상하는 것을 피하고자 했다. 유죄를 인정하거나 계약을 통해 받은 돈을 일부 돌려주는 것처럼 보일 수 있었기 때문이다. 결국 BAE는 벌금을 제3자에게 전달함으로써 탄자니아에서 진행된 소송에 대해 어떠한 법적 책임도 없다고 주장할 수 있게 되었다. 국제 반부패단체 코럽션워치Corruption Watch 활동가 수전 홀리는 "BAE는 자신들이 이 사건에 직접 연루되지 않은 것처럼 보이기 위해 이 같은 속임수를 썼다"고 주장했다.[33]

2010년 11월 4일 재선에 성공한 앤드루 첸지는 의회 의장직에 도전하겠다는 의사를 밝혔다. 사흘 뒤, 곤란한 상황에 처한 PCCB는 첸지가 레이더 계약 관련 비리에 연루되었다는 증거를 찾지 못했다고 발표해 탄자니아의 반부패 운동가들을 충격에 빠트렸다.[34]

이러한 결정으로 인해 PCCB의 신뢰도에는 금이 갔고, 일부에서는 수사가 어떻게 진행된 것인지에 대해 의구심을 품게 되었다. 시민연합전선Civic United Front의 전국위원장 이브라힘 리품바Ibrahim Lipumba 교수는 용의자의 범죄사실을 없던 일로 해주는 것은 PCCB의 역할에 해당하지 않는다며 PCCB의 청렴성에 의문을 제기했다. "여러 차례 스캔들에 휘말린 정부의 거물들을 보호해준 PCCB를 이제 신뢰하기 어렵다. 첸지는 아직도 그의 해외 계좌에 입금된, 의원 급여와는 비교도 되지 않는 거금의 출처를 밝히지 않고 있다."[35]

알폰스 멘스도르프-포윌리의 석방 또한 일부 오스트리아 의원들의 분노를 샀다. 그가 특별한 보호를 받는 것으로 보였기 때문이다. 멘스도르프-포윌리가 오스트리아로 돌아오자 그를 옹호하는 이들은 셍겐협정에 따라 그를 재판에 회부할 수 없다고 주장했다. 협정에 따르면 용의자가 셍겐협정 회원국에서 이미 수사를 받은 상황이라면 다른 셍겐 회원국들은 해당 혐의에 대해 유죄 혹은 무죄를 선고하는 것 외에 별도의 재판을 진행할 수 없다는 것이다.[36] 그러나 멘스도르프-포윌리는 영국 법원이 유죄 판결을 내리기 전 기소가 취하된 경우였기 때문에 무죄 선고를 받지는 못했다.

CAAT와 코너하우스가 양형거래에 이의를 제기하자 SFO는 "BAE에 대한 비리 혐의를 제기하지 않고는 멘스도르프-포윌리 백작에 대한 기소를 진행할 수 없다는 취지의 변호인단 자문을 받아" 결정한 사안이라 주장했다.[37] 이 사건에 정통한 변호사들은 SFO의 논리에 의문을 제기했다. 한 변호사는 이에 대해 "경악스럽다"고 표현했으며, 다른 변호사는 "이런 어이없는 설명은 차라리 하지 않는 게 나았을 것"이라 말했다.[38] CAAT와 코너하우스는 SFO 주장의 모순을 지적했다. "피고(SFO)는 멘스도르프-포윌리 백작에 대한 기소 절차를 진행할 수 없는 이유가 BAE를 기소하면서 제기된 비리 의혹이 백작의 기소 과정에 포함될 수 있기 때문이라 주장한다. 이는 곧 해당 업체의 법적 책임을 입증할 만한 증거가 있거나, 멘스도르프-포윌리 사건을 통해 적법하게 BAE에 대한 비리 혐의를 제기하는 것이 가능하다는 의미다."[39] 당초 SFO가 백작을 기소한 이유는 그가 BAE를 대표해 비리를 저질렀다는 혐의가 있었기 때문이다. 그러나 일주일 뒤, BAE와 양형거래가 체결되자 SFO는 백작을 기소하면 BAE에 대한 비리 의혹이 제기될 수 있다는 이유(즉 애초에 백작을 기소했던 바로 그 이유)로 백작을 석방했다. 그러니까 SFO가 멘스도르프-포윌리를 수감시킨 뒤 며칠 만에 기소를 취하한 것은 백작을 상대로 한 소송으로 인해 BAE와 체결한 우스꽝스러운 합의안에 악영향이 미치지 않도록 하기 위해서였던 것이다. 과연 법이 문제인지, SFO가 문제인지 참으로 우열을 가리기 어렵다.

정부에 보포스 사건 수사를 촉구했던 스웨덴 경찰관 스텐 린스트룀Sten Lindström은 "보포스 사건의 교훈은 진실은 언젠가는 밝혀진다는 것이다. 이 사건의 경우 10년이 넘는 시간이 걸렸으나, 결국 진실은 밝혀졌다"고 말했다.[40]

BAE를 위한 영국 정부의 적극적 묵인과 보호로 감춰진 무기거래의 진실은 무기거래가 가장 심각한 빈곤과 고통에 시달리는 전 세계 많은 국가에 더 큰 빈곤과 고통을 초래한다는 것이다. 무기거래의 여파로 고통받는 것은 고액의 보수를 받는 회사 임원들이나 정치인, 정부 관계자들이 아니다. 그 고통은 구매국과 판매국의 평범한 시민들에게 돌아간다. 시민들이 낸 세금은 무의미하게 낭비되고 민주주의와 법치주의는 후퇴한다.

헬렌 갈릭, 매슈 코위, 에드워드 호세아를 비롯해 부정부패 척결을 위해 노력한 용감하고 헌신적인 정부 관계자들은 해고되거나 좌절감에 휩싸여 일을 그만두는 경우가 다반사다. 업계에서 소외당하거나 심한 경우 고국에서 추방되기도 한다. 그럼에도 그들은 필자와 마찬가지로 진실이 언젠가는 밝혀지리라는 믿음을 잃지 않고 있다.

< 4부 >

무기 초강대국

미국 도버 공군기지 근처에서
추락한 군용기 C-5 갤럭시
ⓒ Lou Angeli, 2006.

12. 합법적 뇌물

2차대전 초반 미국을 '민주주의 최대의 무기고'로 만든 것은 바로 루스벨트 대통령이다. 일본의 진주만 공습 전, 미국은 전쟁에 직접 개입하지 않고 연합군에 무기 및 군수물자를 지원하는 역할만 맡았다. 1939~1945년 전례 없이 많은 무기를 비축한 미국은 진주만 공습을 계기로, 연합군에 물자를 지원하는 데 그치지 않고 비축한 군사력을 직접 사용하기 시작했다.[1] 2차대전 참전은 미국의 인력, 자원, 산업생산능력을 전쟁 및 전쟁물자 지원에 투입하는 계기가 되었을 뿐 아니라 미국 사회에 광범위한 변혁을 가져왔다.[2]

1944년, 역사학자 D. W. 브로건D. W. Brogan은 "전쟁은 예술이 아니라 사업이며 미국은 하나의 거대한 기업"이라 말했다.[3] 2차대전으로 미국 산업은 폭발적으로 성장했으며, 1940~1943년 미국의 제조업 생산량은 두 배 증가했다. 1941~1943년 미국의 무기 생산량은 여덟 배 증가해 영국, 소련, 독일의 생산량을 모두 더한 것과 맞먹었다. 영화감독 유진 자렉키Eugene Jarecki의 말처럼, 2차대전으로 인해 미국 사회는 전쟁과 불가분의 관계를 맺게 된 것이다. 군사 부문에 사용되는 국가 자원은 지속적으로 증가했으며, 연방정부와 재계는 유례없이 밀접한 관계를 맺었다. 이러한 현상은 권력분립에 악영향을 미쳤으며, 국방 관련 기관이 공공정책에 독자적 영향력을 행사하게 되는 결과를 가져왔다. 미 행정부와 재계가 서로를 보호하는 동시에 서로 힘을 실어주는 관계가 되어 투명성과 책임성을 저해하고 결과적으로는 행정부에 대한 견제가 이뤄지지 않게 되었다. 루스벨트 대통령의 재임 기간 동안 행정부는 그 어느 때보다 강력하고 비밀스러우며 자율적인 존재로 탈바꿈했다.[4]

해리 트루먼 대통령이 지시한 히로시마·나가사키 원자폭탄 투하는 작전의 전략적 효과와 관계없이 군사주의의 자생력을 잘 보여주는 극단적 예다. 미국의 주도로 이룬 2차대전 승리로 인해 이후 수십 년간 미국의 정책 및 사회는 행정부의 과도한 권력 확대와 군사주의적 침략행위의 영향을 받게 된다.[5] 이때부터 방산업체 경영진들은 자신들이 운영하는 회사의 필요에 부합하는 국내 및 외교 정책이 수립될 수 있도록 강력한 영향력을 행사하기 시작했다.

전쟁으로 인한 호황기가 끝나자 군비 지출은 1945년 9,080억 달러에서 1947년 1,410억 달러로 급감했다.[6] 그러나 곧 소련으로 인한 위협이 증대되며 군비확장 필요성이 다시 대두되었다. 2차대전 종전 후 미국은 영국을 제치고 서방의 강대국으로 자리매김했다. 특정 지역의 한 국가가 공산화되면 인접국들도 잇따라 공산화된다는 도미노 이론에 입각해 트루먼 독트린Truman Doctrine이 선포되었다. 트루먼 독트린은 1832년 선포된 먼로 독트린Monroe Doctrine 이후 미국 대외정책에 가장 큰 전환점이 되었다. 트루먼 대통령은 공산주의의 그늘이 드리워진 상황에서 전 세계 모든 자유민에 대한 위협은 곧 미국에 대한 위협이며, 미국이 언제 어디서든 위험에 처한 자유민들을 보호해야 한다고 주장했다. 이를 실천하는 과정에서 그는 평시와 전시의 경계를 모호하게 만들고 상시적 군비증강을 촉구했다. 그리고 1947년 제정된 국가안보법을 통해 개전권을 행정부에 집중시켰다.[7]

1947년 국가안보법 제정과 함께 탄생한 '안보국가national security state'에서는 국무부 대신 국방부가 권력의 중심에 서게 되었다. 무기산업계에는 천운이었다. 1947년 이후 국방부는 모병센터, 군사기지, 연구소, 실험장, 지휘본부, 방산업체, 교육기관으로 이루어진 거대한 시스템의 구심점 역할을 하게 되었다. 또한 냉전으로 인해 군사 부문과 산업계는 전례 없는 수준의 협력 관계를 맺고 정책에 점점 큰 영향력을 행사하게 되었다. 아이젠하워는 이를 군산복합체military-industrial complex라 불렀다.[8]

　1953년 4월 16일 아이젠하워 대통령은 미국 신문편집인협회에서 '평화를 위한 기회Chance for Peace'라는 제목의 연설을 했다. 대통령으로 취임한 지 3개월도 되지 않은 시점이었으며, 당시 미 정부는 다시 기본적 복지보다 군사 부문에 더 많은 예산을 지출하기 시작한 상황이었다. 그는 연설을 통해 "생산된 모든 총기와 진수된 모든 군함, 발사된 모든 로켓은 먹을 것이 없어 배고픔에 시달리는 이들과 입을 옷이 없어 추위에 떠는 이들에게서 훔친 돈으로 만들어졌다"고 말했다.[9]

　그럼에도 아이젠하워 정부는 여러 차례에 걸쳐 타국에서 비밀작전을 실시했다. 그중에서도 과테말라와 이란에서의 작전이 가장 유명하다. 당초 목적은 공산주의에 대항해 전략지정학적 우위를 확보하는 것이었으나, 기업들의 경제적 이해관계가 개입하는 경우가 점차 많아졌다. 명예훈장을 두 차례나 수상하고 역대 미 해병대원 중 가장 많은 훈장을 받은 스메들리 버틀러Smedley Butler 소장은 경제적 이익을 위해 세계 곳곳에서 실시된 군사작전에 참여한 경험을 이렇게 표현했다. "현역으로 복무한 33년 4개월이라는 기간 중 대부분을 대기업의 보디가드 노릇을 하며 보냈다. 나는 자본주의를 지키는 폭력배, 깡패였던 것이다."[10]

　아이젠하워가 시행한 비밀작전이 과거와 다른 점은 CIA를 활용했다는 것이다. CIA의 역할은 행정부, 비밀작전을 지지하는 소수의 의원들, 산업계, 특히 무기업계에 있는 그들의 측근들끼리 비밀리에 협의한 사항을 은밀히 실행하는 것이었다. 1947년 설립된 CIA 덕에 한층 비밀스럽게 일을 처리하고 책임을 회피하는 것이 가능해졌으며, 미국의 국익과 정부에 우호적인 기업들의 사익 간의 경계가 모호해졌다.[11]

　이해관계로 얽힌 산업계와 정치권은 탄탄한 군 경력을 자랑하는 아이젠하워를 소련에 유화적 태도를 취하고 군비경쟁에서 밀리고 있다는 이유로 크게 비판했다. 이러한 비판은 소위 '폭격기 격차'와 '미사일 격차'라는 두 가지 부정적 프로파간다로 발전했다. 두 프로파간다 모두 군, 의회, 방산업계가 은밀한 이해관계로 얽혀 있음을 잘 보여준다.

'폭격기 격차'는 폭격기 생산량을 늘려 돈을 벌고자 한 공군 고위 장교들과 방산업체들이 협력해 퍼뜨린 유언비어였다. 그들은 제트 추진식 전략폭격기 생산량 측면에서 소련이 미국을 앞서고 있으며, 소련의 전략폭격기가 미국에 핵공격을 가할 수 있는 성능을 갖추었다고 주장했다. 여러 의원들은 이것이 허위임을 뒷받침하는 증거가 있었음에도 이 주장을 지지했다. 초대 공군장관을 지낸 스튜어트 사이밍턴 민주당 미주리주 상원의원이 특히 큰 지지를 보냈다. 그는 오늘날 군산복합체들이 원하는 바를 이뤄주기 위해 로비 활동을 펼치고 공포감을 조장하는 의원들의 원조 격인 인물이다. 아이젠하워가 다음과 같이 말하게 된 것도 스튜어트 사이밍턴 때문이었다. "제조공장이나 군사시설이 있는 지역사회는 해당 지역에 소비되는 자금과 창출되는 일자리를 통해 이익을 얻는다. 이런 상황이니 해당 지역을 대표하는 정치인들은 이러한 시설을 최대로 활용해야 하지 않겠는가."[12] '폭격기 격차'는 허위 주장임이 드러났지만, 미 공군력을 월등히 강화하는 데 성공하며 소기의 성과를 거두었다.

'미사일 격차'가 대두된 것은 러시아가 세계 최초의 인공위성 스푸트니크 1호 발사에 성공한 이후였다. 마찬가지로 이러한 주장을 처음 제기한 것은 사이밍턴 의원과 한 방산업체 임원이었다. 이 임원이 소속된 방산업체는 소위 '미사일 격차'를 줄이기 위해 1발당 150만 달러를 들여 미사일을 생산해야 한다고 주장했다. 해당 임원은 사이밍턴 의원이 공군장관 재직 당시 그의 비서관으로 일한 바 있었다. 방산업체 보잉과 맥도널더글러스(당시 더글러스)가 이러한 여론을 부채질하기 시작하자 아이젠하워는 "군수업체들의 로비에 신물이 난다"며, "이 모든 것이 국방을 위한 것이 아니라 가진 자들의 주머니를 더 불리려는 것"이라 말했다.[13] 존 F. 케네디 역시 '미사일 격차'를 주장하며 아이젠하워와 닉슨 대통령을 난처하게 만들었으나, 대통령이 된 후에는 이것이 근거 없는 주장이었다고 인정했다. 케네디는 아이젠하워가 소련에 너무 관대한 태도를 보인다는 주장을 견지하며 미군을 공격적으로 해외에 배치하고 "미국 역사상 평시 중 가장 광범위한 국방력 향상"을 이루어냈다.[14] 그로 인해 1961~1962년 군비 지출은 3,710억 달러에서 3,880억 달러로 증가했는데, 이는 사상 최대의 평시 연간 증가율이었다.[15] 케네디는 베트남전 개입을 결정하기도 했다.

　무기제조업체들과 군당국뿐 아니라 의회까지 조직적으로 결탁해 미국 무기산업을 지원하고 있다는 사실을 가장 잘 이해한 사람은 다름 아닌 군 경력이 있는 아이젠하워였다. 그의 증손녀이자 저명한 냉전 전문가 수전 아이젠하워Susan Eisenhower는 "의회도 삼각동맹의 일원이라는 사실"을 아이젠하워 대통령도 알고 있었다고 말했다.[16] 일부 전문가들은 무기업체, 군당국, 의회의 유착관계를 두고 '군산정복합체military-industrial-congressional complex' 또는 '철의 삼각동맹'이라 비판했다.[17] 한 의회 고위 보좌관은 이러한 관행을 '합법적 뇌물'이라 표현했다.

　2010년 2월 세상을 떠난 두 인물이 있다. 70대 중반이었던 이들은 사망 일자도 이틀밖에 차이 나지 않는다. 논란의 여지도, 접점도 많은 두 사람의 커리어는 미국이 공식적으로 체결한 무기거래에 어떤 문제점이 있는지 고스란히 보여준다. 사망 당시 한 사람은 19선 의원으로 임기를 수행 중이었으며, 다른 한 사람은 전직 12선 의원이었다. 그들은 방산업체, 로비스트, 의원, 백악관, 국방부가 상부상조하는 시스템 안에서 탄탄한 커리어를 쌓아나갔다. 이러한 시스템은 미국에서는 불법이 아닐지 몰라도 일부 국가에서는 불법 뇌물수수에 해당한다.

　2010년 2월 8일 77세의 나이로 사망한 존 머사John Murtha는 1974

년 하원 보궐선거에서 당선되어 베트남전 참전용사로는 최초로 의원
직에 올랐다.[18] 민주당 소속인 그가 보수당 텃밭으로 여겨지던 지역구
에서 당선될 수 있었던 것은 닉슨 당시 대통령에 대한 반감이 반영된
결과로 볼 수 있다. '정직한 1명이 변화를 만든다'는 머사의 선거 구호
는 닉슨의 도덕성을 크게 의심한 유권자들에게 좋은 반응을 얻었다.

아이러니하게도 사망 당시 존 머사는 지정예산earmark의 대명사가
되어 있었다. 지정예산이란 의원들이 자신이 선호하는 사업 또는 업체
가 수의 계약을 체결할 수 있도록 연방정부 예산을 이와 연관이 많지
않은 법안에 끼워넣는 것을 의미한다. 머사 덕에 계약을 따낸 업체들
의 임원 및 로비스트 들이 그에게 거액의 선거자금을 지원한 사실이
밝혀지자 윤리적 문제가 수없이 제기되었다.

1989년 머사는 국방부 지출을 담당하는, 막강한 영향력을 자랑하
는 하원 세출위원회 국방소위원회 위원장이 되었다. 그는 자신의 고향
인 존스타운Johnstown에 막대한 세금을 쏟아부으며 '선심성 지정예산의
왕'이라는 별명을 얻었다. 2008년 한 해 그가 존스타운에 배정한 예산
은 1억 9,200만 달러에 달했다.[19] 이렇게 배정된 보조금 대부분은 그의
지역구에 본사나 지사를 둔 업체들과 국방 및 군사 연구 계약을 체결
하는 방식으로 집행되었다.[20] 머사는 부패 감시단체가 선정한 '가장 부
패한 하원의원' 명단에 정기적으로 이름을 올렸다.[21]

최고의 로비업체 중 하나로 꼽히는 PMA그룹은 존 머사로부터 지
정예산을 확보해내는 능력이 탁월했다. PMA그룹 설립자 폴 마글리오
케티Paul Magliocchetti는 머사의 측근이자 전직 국방소위원회 위원이다.
지정예산을 제공받은 업체들과 PMA그룹 직원들은 그 대가로 머사에
게 거액의 선거자금을 후원했다.[22]

2008년 10월, FBI는 부적절한 의원 기부금에 관한 수사의 일환으
로 알링턴의 PMA그룹 사무실을 수색했다. 마글리오케티는 불법자금
전달, 즉 가까운 의원들에 대한 불법 기부금 전달을 포함해 총 11건의

비리 및 공모 혐의로 기소되었다. 1년 뒤 의회윤리국Office of Congressional Ethics은 머사가 PMA그룹을 위해 저지른 일과 관련한 조사를 종료하기로 결정하고, 하원 윤리위원회에 머사와 관련해 어떠한 조치도 취하지 않도록 권고했다. 마글리오케티는 2010년 9월 연방선거법 위반으로 유죄 판결을 받았다.[23]

　　머사의 가족 또한 그의 권력을 이용해 이익을 얻었다. '키트Kit'라는 별명으로도 알려진 머사의 형제 로버트 C. 머사Robert C. Murtha는 세출위원회를 통해 국방예산을 확보하고자 하는 고객들을 활용해 로비 관행을 정착시켰으며, KSA라는 업체의 고위 임원이 되었다. KSA는 세출위원회 위원장으로부터 종종 수백만 달러 규모의 지정예산을 제공받은 바 있는 로비업체다.[24] 머사의 조카, 즉 로버트의 아들 로버트 C. 머사 주니어는 국방부 계약 수주에 의지하는 업체들과 일하며 수년간 막대한 돈을 벌어들였다. 자신의 삼촌이 국방부 예산에 상당한 영향력을 행사할 수 있다는 점을 이용한 것이다. 그가 운영하는 회사 머테크 Murtech는 국방부 수의 계약을 통해 수백만 달러를 수주했다.[25]

　　《워싱턴포스트》가 확보한 문서에 따르면 로버트 머사 주니어는 혈연을 활용해 자신의 사업을 키우고 군 당국에 엄청난 영향력을 행사했다. 일례로 그는 2001년 한 사업 파트너에게 연방정부 사업 중 일부가 존스타운으로 배정되도록 하는 것이 "자금 흐름을 유지할 수 있는" 조건이라고 말했다.[26] 한 전직 머테크 직원은 머테크가 더 큰 규모의 방산업체들과 함께 입찰해 계약을 수주하는 경우, 실질적으로 머테크의 역할이 없다시피 한 경우도 있었다고 증언했다.[27]

　　2010년 7월, 존 머사의 측근이기도 한 리처드 아이어니어리Richard Ianieri '코히런트 시스템 인터내셔널Coherent Systems International' 회장은 방산업체 관계자들로부터 뇌물 20만 달러를 받은 사실을 인정했다. 뇌물은 머사의 지역구에 위치한 쿠체라 방어시스템Kuchera Defense System이라는 회사에 전달되었다. 아이어니어리를 비롯한 코히런트 관계자들은 2003년부터 총 9만 2,000달러를 의원들에게 기부했으며, 그중 3만 4,700달러는 머사의 선거운동본부나 정치행동위원회PAC로 흘러들어 갔다.[28] 머사가 군 계약과 지정예산을 통해 1억 달러 이상을 지원한 덕에 성장할 수 있었던 쿠체라는 청구서를 허위로 작성해 정부 자금을 빼돌린 혐의에 대한 조사가 끝날 때까지 해군 계약을 수주하지 못하게 되었다.[29] 쿠체라 관계자들은 머사에게 6만 달러의 선거자금을 기부했다. 쿠체라는 PMA의 고객은 아니었으나 수년간 머사의 형제 로버트에게 로비를 의뢰했다.[30]

머사는 사망하기 1년 전《피츠버그 포스트-가제트Pittsburgh Post-Gazette》인터뷰에서 의원들은 누구나 스스로의 이익을 챙기기 마련이라고 주장했다. 그는 "내 지역구를 챙긴다는 이유로 사람들은 내가 부패했다고 말한다. 대통령들은 늘 모든 권력을 독점하고 의회가 아무것도 바꾸지 않기를 원한다. 하지만 시민들과 가장 가까운 곳에 있는 것은 우리다"라고 말했다.[31]

존 머사 존스타운-캠브리아 카운티 공항John Murtha Johnstown-Cambria County Airport은 피츠버그에서 동쪽으로 2시간 떨어진, 바람이 많이 부는 산지에 있다. 공항에는 약 2.6km²에 달하는 활주로, 널찍한 건물들, 헬기 격납고, 주방위군 훈련센터가 갖춰져 있다. 존 머사가 공항 건설 및 개발에 배정한 연방정부 예산으로만 운영되고 있는 이 공항은 그의 커리어를 집약적으로 보여준다. 공항 운영에 배정된 금액은 약 10년간 2억 달러에 달한다. 2009년 승인된 경기부양책을 통해 가장 먼저 자금을 제공받은 것이 바로 이 공항이었는데, 예비용 활주로 재포장 비용으로만 80만 달러가 지원되었다. 평일 하루 세 번 운항하는 워싱턴덜레스 국제공항행 비행기 한 편의 탑승객은 평균 4명으로, 총 7명인 공항 안전요원 및 관리자 수보다 적은 경우가 비일비재했다. 존스타운 토박이 빌 프리바잇Bill Previte은 반도 차지 않은 비행기와 텅 빈 터미널을 보며 이렇게 한탄했다. "비행기에서 내리는 사람이 15

명밖에 되지 않는데 컨베이어 벨트로 수하물을 옮긴다는 건 어이없는 일이다. 이 공항을 계속 운영하기엔 이용객이 너무 적다." 그러나 몇 안 되는 통근객만이 이용하는 존 머사 공항은 국방부의 전시 대비용 시설로 지정되어 3,000만 달러를 투자받았고, 개조 및 증축을 통해 규모를 두 배로 늘렸다.[32]

머사의 지정예산이 그의 고향 존스타운의 침체된 경기를 살리는 데 성공한 것은 분명했으나, 약속한 것만큼 많은 일자리를 창출하지는 못했다. 《워싱턴포스트》 분석에 따르면 머사를 통해 연방정부 지정예산을 제공받은 존스타운 회사 총 열여섯 곳 중 예상보다 훨씬 적은 일자리를 창출한 곳은 열 곳에 달했으며, 더 이상 존스타운에서 영업을 하지 않는 곳도 여덟 곳이나 되었다.[33]

자신의 영향력을 마음대로 휘두르는 존 머사에게도 의외의 면이 있었다. 참전용사 출신인 그는 자신이 옳다고 믿는 것에 대해서는 상대가 누구든 절대 자신의 뜻을 굽히지 않는 강단을 자랑했다. 머사는 "빌어먹을 국방에 대해 아무것도" 모른다고 스스로 인정한 딕 체니가 1989년 국방장관으로 임명될 당시 그의 핵심 측근이었다. 그럼에도 2005년, 이라크 점령을 위해 미군이 더 이상 희생되어서는 안 된다는 결론에 다다르자 머사는 이라크 파병에 강력 반대하기 시작했다. 체니는 그에게 줏대가 없다며 비난했다. 그러자 그는 체니가 1960년대에 징병을 회피한 사실을 언급하며 "자신은 다섯 번이나 징병을 연기해 군복무를 단 한 번도 해보지 않았으면서 다른 이들을 전쟁터에 내보내는 이들을 나는 좋아한다. 하지만 그들이 내게 이래라저래라 하는 것은 좋아하지 않는다"고 답했다. 머사가 파병에 반대 목소리를 내고, 그로 인해 체니와 언쟁을 벌이게 되면서 이라크전 논쟁에는 중대한 전환점이 마련되었다. 특히 부시와 체니가 미국이나 미군을 위해 옳은 일을 하기보다 자신들의 목적을 이루는 것에 더 관심이 많은, 저속하고 무지한 사람들이라는 사실을 드러내는 계기가 되었다.[34]

존 머사가 사망하자 록히드마틴은 그를 추모하는 전면 광고를 실었다. 록히드마틴 로고 아래에는 "우리는 누구를 위해 일하는지 결코 잊지 않는다"는 슬로건이 적혀 있었다.[35]

1980년 가을, FBI의 앱스캠Abscam 작전이 존 머사에게 불리한 방향으로 진행되자 머사의 민주당 측근이자 영향력 있는 하원의장 토머스 오닐Thomas Oneill은 찰리 윌슨Charlie Wilson 의원을 하원 윤리위원에 임명하고 머사와 관련된 모든 수사를 중단시키라고 요청했다. 앱스캠 작전은 부패한 정부 관계자를 노린 함정 수사로, 아랍 왕자로 위장한 FBI 요원이 하원의원 6명과 상원의원 1명에게 뇌물을 주고 그 대가로 정치적 요구를 제시하는 계획이었다. 앱스캠 작전으로 인해 머사가 기소되지는 않았으나, 하원 윤리위원회에서는 그가 뇌물 제공 시도를 보고하지 않은 것이 하원 내규에 위배되는지의 여부에 대한 조사가 진행되었다.[36]

플레이보이로 유명한 찰리 윌슨이 하원 윤리위원회에 배속된 것은 매우 의외였다. 한 기자가 어리둥절해하며 그에게 하원의 도덕성을 판단하는 윤리위원회에 자신이 임명된 이유가 무엇이라 생각하는지 묻자, 그는 "위원회에도 나처럼 여자와 술을 좋아하는 이들을 대변할 사람이 필요하기 때문"이라며 능청스럽게 답했다.[37] 윌슨이 오닐의 부탁을 들어준 것은 케네디센터(미국 최고의 공연장 중 하나—옮긴이)의 박스석을 평생 보장해준다는 설득에 넘어갔기 때문이기도 하지만, 그가 국방소위원회에서 함께 일한 머사를 자신과 같은 반공주의자이자 참전용사로서 존경했기 때문이기도 했다.[38]

윌슨은 보통 차분하게 흘러가는 윤리위원회의 판을 깨기로 작정하고 들어가 머사에 대한 수사 중단을 관철하고 특별검사를 사임하게 만들었다.[39] 머사는 윌슨이 자신을 구제해주었다는 사실을 결코 잊지 않았고, 세출위 소위원회 위원장이 된 후에는 자신의 가장 큰 정치적 관심사인 아프가니스탄 문제와 관련해 항상 윌슨의 의견을 따랐다.

텍사스 출신의 찰리 윌슨은 약 190cm의 거구에 남자다운 턱 선, 까무잡잡한 피부, 멋진 중저음의 목소리를 자랑했다. 그는 늘 화려한 스트라이프 셔츠와 멜빵으로 근사하게 차려 입은 모습이었으며, 키 크고 아름다운 여성들만 의원실 직원으로 뽑아 다들 그의 사무실 직원들을 두고 '찰리의 엔젤들'이라 불렀다. 외모가 출중한 여성들만 직원으로 채용하는 이유에 대한 질문을 받을 때마다 그는 "타이핑하는 법은 가르치면 되지만 가슴이 커지는 법은 가르칠 수가 없기 때문"이라 답했다.[40] 정치권에서도 알아주는 쾌락주의자인 그는 1980년 라스베이거스의 시저스팰리스 호텔 자쿠지에서 나체의 스트리퍼 2명과 코카인을 흡입하는 모습이 찍힌 사진으로 방종의 정점을 찍었다.[41]

같은 해 초여름, 윌슨은 하원 의원석에서 하원의장 로비Speaker's Lobby로 자리를 옮겨 카불에서 무선전신으로 송신된 기사를 읽었다. 소련 무장헬기가 아프간 마을을 공격해 가축을 도살하고, 소련의 침공에 저항하는 게릴라를 숨겨주고 있는 것으로 의심되는 모든 이들을 살해했으며, 그로 인해 아프간에서 수만 명의 난민이 발생했다는 기사였다. 열렬한 반공주의자인 윌슨은 아프간 저항 세력이 한밤중에 칼이나 권총을 사용해, 혹은 삽이나 돌로 머리를 내리쳐 러시아인들을 살해하고 있다는 기사 내용에 마음을 빼앗겼다. 그는 즉시 세출위의 '블랙예산', 즉 비밀작전용 CIA 자금을 담당하는 직원을 불렀다. 그는 직원에게 아프간에 지원되는 자금이 얼마냐고 물었다. 직원이 "500만 달러"라 답하자 윌슨은 액수를 "두 배로 올리라"고 지시했다.[42] 윌슨의 전기를 쓴 작가 조지 크라일George Crile의 표현을 빌리자면, "한층 치명적이고 정교한 무기를 끝없이 공급해 붉은 군대의 뒤를 쫓을, 미국 정부 내부의 미스터리한 힘이 발휘되기 시작한" 것이다.[43]

하원의원이 CIA 예산을 자발적으로 늘려준 것은 이것이 최초였다. 냉전이 시작된 이후에는 미 의회가 대통령에게 CIA 예산에 대한 독점적 권한을 부여했기 때문이다. 그러나 예산을 두 배로 늘리라는 지시는 꽤나 극적으로 보였지만 효과는 미미했다.

　2년 뒤, 부유한 우파 인사이자 한때 윌슨의 정부였던 조앤 헤링 Joanne Herring의 주도로 파키스탄 페샤와르Peshawar를 방문한 그는 소련 군 때문에 부상을 입은 게릴라들로 붐비는 적십자병원을 보고 "아프 간에 마음을 빼앗겼다". 아프간 저항 세력은 공중에서 공격을 퍼붓는 소련의 Mi-24 하인드Hind 공격헬기에 대항할 무기가 필요하다고 입 을 모았다.[44] 그들은 원하던 무기를, 그것도 아주 많이 확보했다. 윌슨 이 아프간에 지원되는 자금을 연간 500만 달러에서 7억 5,000만 달러 로 확대해준 덕이었다. 윌슨은 세출위원회를 설득하는 데 그치지 않고 알야마마 사업에 연루된 사우디아라비아 국방장관 술탄 왕자와 그의 아들 반다르 왕자를 설득해 미국과 동일한 규모의 자금을 지원하도록 했다.[45] 아프간전쟁 자금 지원에 가장 적극적이던 반다르 왕자는 윌슨 과 헤링을 사우디로 종종 초대해 접대하기도 했다.[46]

　윌슨은 미국이 개입한 흔적을 남기지 않기 위해 대공포는 이스라 엘로부터, 총알은 이집트로부터, 할인된 가격의 AK-47 소총은 중국으 로부터 구입했다. 스팅어Stinger 미사일 공급이 반대에 부딪혀 차질을 빚자 윌슨은 가능한 방법을 총동원했다. 결국 아프간에 공급된 스팅 어 미사일은 엄청난 파괴력으로 전쟁의 판도를 바꿔놓았다. 소련군이 아프간 반군의 운반수단인 낙타와 노새를 의도적으로 죽여 그가 '무 즈muj'라고 부른 아프간 저항 세력이 물자를 수송하는 데 어려움을 겪 게 되자, 미국 테네시에서 아프간까지 노새를 운송해주기도 했다. 또 한 CIA가 아프간 반군에 야전용 무전기를 공급하지 못하게 되자 1만 2,000달러를 들여 전자제품 소매점 라디오셰크Radio Shack에서 직접 무 전기를 구입했다. 그는 아프간을 서른두 번이나 방문했으며, '눈송이' 나 '폭죽'이라 불리는, 꽉 끼는 핑크 점프수트 차림의 매력적인 여성들 과 함께 나타나 아프간 군벌들과 지아 울 하크 파키스탄 대통령을 놀 라게 했다.[47]

10년 동안 수십억 발에 달하는 탄약과 수십만 개의 무기가 낙타, 노새, 당나귀에 실려 아프간으로 밀수되었다. 한때는 30만 명이 넘는 아프간 반군이 CIA가 공급한 무기를 사용하고, 수천 명이 도시 테러를 위한 훈련을 받기도 했다. 1989년 초 철수 당시 소련군 사망자는 총 2만 8,000명에 달했다.

미국은 소련판 베트남전이라 할 수 있는 잔혹한 아프간 전쟁에서 1980년대 내내 아프간 무자헤딘을 앞세워 대리전을 치렀다. 아프간 전쟁 패배는 소련제국 몰락의 원인이 되었다. 이 전쟁은 미 의회의 논의나 시민들의 반대 시위 없이 치러진, 역대 최대 규모의 비밀 전쟁이었다.[48]

소련 철수 당시 많은 이들이 "찰리가 해냈다"는 지아 파키스탄 대통령의 발언을 그대로 언급하며 찰리 윌슨을 치켜세웠다. CIA는 좀처럼 수여하지 않는 '명예요원Honored Colleague' 자격까지 수여하며 그의 공로를 높이 평가했다.[49] 그는 사우디에서 귀빈 대접을 받았으며, 언젠가는 사우디 측이 그가 묵을 호화로운 스위트룸을 보여주며 "이 방은 조지 H. W. 부시가 묵었던 방보다 더 크다. 부시는 부통령에 불과했지만 의원님은 아프간전쟁을 승리로 이끌었다"고 말한 적도 있다고 한다.[50]

퓰리처상을 수상한 스티브 콜Steve Coll은 윌슨이 "위스키와 낭만에 젖어 무자헤딘을 자유를 위해 투쟁하는 고결한 야만인이라 여기며, 마치 성경 속 인물처럼 고귀한 존재로 미화했다"고 평가했다.[51] 조지 크라일이 쓴 윌슨의 전기 중 아프간에 대한 그의 헌신을 묘사한 부분을 보면 콜의 견해가 사실임을 알 수 있다. 물론 저자는 그런 의도로 쓴 것이 아니었겠지만 말이다. 그러나 윌슨이 아프간에서 펼친 활동은 단순히 악에 맞서 싸우는 낭만적인 투쟁에서 그치지 않았다. 이는 "2001년 9·11 테러로 이어지는 일련의 역류 현상의 직접적 원인이 되었으며, 미국을 [당시] 전 세계에서 가장 미움받는 나라로 만들었다".[52]

낭만주의에 젖은 윌슨은 자신의 선택이 위험한 결과를 낳을 수도 있다는 경고에도 불구하고 지속적으로 아프간에 무기를 공급했다. 소련이 철수하자마자 아프간 반군들은 수백 년간 이어져온 군벌 간 내전을 재개했다. 이전과 달라진 점이 있다면 수억 달러어치의 무기와 상상할 수 있는 모든 종류의 폭발물을 손에 넣은 상태라는 것이었다. 소련은 아프간 괴뢰정부를 지원하는 데 1년에 약 30억 달러를 썼으며, CIA는 사우디의 도움을 받아 내전을 벌이는 군벌들에게 엄청난 양의 무기를 끊임없이 공급했다. 소련은 해당 지역에서 무장 이슬람단체가 등장하는 것은 소련뿐만 아니라 미국에도 위험한 일이라고 주장했다. 미국 정부도 윌슨에게 지속적으로 이 점을 경고했으나, 그는 귀담아듣지 않았다.[53]

이후 2년간 내내 윌슨이 자금을 제공하고 사우디에서도 동일한 액수를 지원한 덕에 무자헤딘은 전쟁 자금으로 1년에 약 5억 달러를 지원받았다. 또한 미국이 걸프전 중 획득한 이라크 무기를 무자헤딘에 전달하기로 결정하면서 엄청나게 많은 무기도 손에 넣었다. 그 결과 아프간 내에서 발생하는 분쟁은 더욱 늘어났으며, 1990년에는 사담 후세인이 쿠웨이트를 침공하자 그의 지지율이 오르기도 했다. 그럼에도 윌슨은 그가 사랑하는 '자유의 투사들'에게 어떤 일이 일어나고 있는지 인정하려 하지 않았다.[54]

전 세계 무장 이슬람단체들은 CIA 프로그램의 보호를 받고 있는 아프간으로 모여들었다. 1차 걸프전 때부터 미국에 깊은 인상을 남긴 무자헤딘 지도자 굴부딘 헤크마티아르Gulbuddin Hekmatyar는 미국이 전 세계를 정복하고 이슬람 국가들의 석유를 통제하려 한다고 역설했다. 윌슨이 '선량함의 화신'이라 칭한 잘랄루딘 하카니Jalaluddin Haqani는 오래전부터 사우디 극단주의자를 모집하는 역할을 맡았다. CIA가 가장 선호하는 지휘관이었던 그는 파키스탄 수도 이슬라마바드 역에서 매달 돈이 든 가방 여러 개를 전달받았다.[55]

10년에 걸친 CIA의 헌신 덕에 부족 차원의 구식 군대에 불과했던 극단주의 세력은 제대로 된 무기를 갖추게 되었고, 성전으로 이슬람을 지킨다는 지하드 정신과 소련이라는 초강대국 하나를 무너뜨렸으니 미국 또한 쉽게 무너뜨릴 수 있을 것이라는 신념으로 똘똘 뭉쳤다.[56] 1996년 사우디 다란에서 미 공군 병사 19명을 살해한 사건을 비롯해 1998년 케냐와 탄자니아 미 대사관 폭탄테러, 2000년 예멘 아덴항의 미군 전함 콜호 폭탄테러, 2001년 9월 11일 항공기 2대를 납치해 세계무역센터와 국방부를 공격한 사건까지, 모두 윌슨과 CIA가 키운 아프간의 극단주의 세력 혹은 그들의 후대가 저지른 사건이다. 1980년대에 아프간에서 자유를 위해 싸운 투사들은 10~20년 뒤 알카에다와 탈레반으로 거듭났다.[57]

9·11 테러 직후 윌슨은 범인들이 "모두 아프가니스탄인이 아니라 아랍인"이라는 점에 안도했으며, "이 모든 것이 아프간을 기반으로 일어났다는 것을 받아들이기까지는 2주 정도가 걸렸다"고 말했다.[58] 그러나 납치범들이 모두 아프간에서 지냈다는 사실을 알게 된 대부분의 미국 시민들은 9·11 테러를 아프간과 직접 관련된 사건이라 여겼다. 9·11 테러가 발생한 가장 큰 원인은 오사마 빈라덴을 숨겨준다는 이유로 탈레반을 공격하고 아프간을 전 세계 테러리스트의 온상으로 만든 부시 행정부였다. 미국 시민들은 부시가 선포한 테러와의 전쟁을 응원했다. 오사마 빈라덴뿐만 아니라 헤크마티아르와 하카니를 암살하려 한 CIA의 시도가 실패로 끝났을 때조차 미국을 공격한 세력의 무장을 도운 것이 바로 미국이었다는 사실은 거의 언급되지 않았다.[59]

윌슨이 알카에다 탄생 초기에 빈라덴과 해당 조직을 위한 조력자 역할을 했다는 주장이 제기되자 그는 아프간에서 소련을 물리친 것은 "세상을 바꾼 영광스러운 일이었으나, 우리가 마지막 단계에서 일을 망쳤다"고 주장했다.[60] 그러나 사실 9·11 테러는 무기거래로 인해 발생할 수 있는 최악의 '역류 현상'이었다. 특히 비밀스러운 방식을 사용해 무기를 공급하면 어떤 의도치 않은 결과를 가져오게 되는지를 잘 보여준다.

한때 그가 '고결한 야만인'이라 생각했던 무장 세력의 반미주의 성향에 대해 경고를 받은 후에도 무심한 태도로 양질의 무기를 공급해온 찰리 윌슨은 그야말로 역류 현상의 대명사라 할 수 있다.

저명한 학자 차머스 존슨Chalmers Johnson은 아프간 사태의 진정한 승자는 "윌슨이 비밀리에 게릴라들에게 제공한, 궁극적으로는 우리를 공격하는 데 사용된 무기를 공급한 군산복합체"라 주장했다.[61] 군산복합체의 요구에 따라 미국을 지키는 데 쓰여야 할 무기와 용역이 아프간 무장 세력에게도 공급되었으며, 공급 규모가 지속적으로 증가했다는 것이다.

찰리 윌슨은 그의 동료 존 머사가 사망한 지 이틀 뒤, 76세의 나이로 세상을 떠났다. 그가 사망한 뒤 그의 고향 러프킨의 시장은 "그는 악당이었지만 어디까지나 '우리의 악당'이었다"고 말했다.[62]

존 머사가 사망하기 한 달 전, 필자는 그에게 '모든 재량 지출과 지정예산을 동결하고 국방비 지출의 투명성을 제고하겠다'는 오바마 대통령의 주장에 대해 어떻게 생각하느냐고 물었다. 그는 낄낄 웃으며 "뭐, 대통령이 그렇게 주장할 수는 있겠지만 최종적인 결정권은 우리에게 있다. 나는 그들에게 항상 그 점을 상기시킨다"고 답했다.[63]

오바마 대통령 취임 당시 미군은 전 세계에서 가장 강한 군사력을 자랑했다. 동시에 미군은 가장 조직적으로 부패한 고비용 군대이기도 했다.

미국은 단연 세계 최대의 무기 제조국이자 판매국, 구매국이다. 미국의 무기판매량은 세계 판매량의 약 40%를 차지하며, 2008년에는 61%로 최고치를 기록했다.[64] 2001년 이후 81% 증가한 미국의 군비 지출은 2011년 기준 전 세계 군비 지출의 43%를 차지한다. 이는 2

위 중국보다 여섯 배 큰 규모다. 2010년 기준 GDP의 4.8%를 군비로 지출해, 중동 국가들을 제외하면 GDP 대비 군비 지출 비율이 가장 높았다.[65] 따라서 유럽의 경우와 달리 미국 무기업체들에게 가장 중요한 요소는 수출이 아니라 미 정부의 군비 지출이다. 관련 법규 강화로 무기수출 관련 비리는 줄어들었으나, 국내 시장의 중요성, 그리고 자신의 지역구에 일자리를 창출하고 2년에 한 번 치러지는 선거자금을 마련해야 하는 의원들로 인해 미국 내의 군비 지출은 조직적으로 자행되는 합법적 뇌물수수의 온상이 되었다.

우리의 비리는 합법이다. 합법적 뇌물수수다. 국방부는 원하는 것이 있으면 무엇이든 손에 넣는다. 우리는 파키스탄, 콜롬비아, 대만, 중동 국가, 사우디 등 누구에게든 기꺼이 무기를 판매하며, 이후 일어나는 일에 대해서는 신경 쓰지 않는다. 심지어 무기를 거저 주기도 한다. 무기거래를 통해 정치 권력과 미국의 일자리를 산다. 무기산업은 어느 업계보다도 강력한 로비를 펼치고 있으며 오바마가 로비 세력을 이기기는 어려울 것이다.[66]

군사주의는 미국의 국가 정체성에서 감히 이의를 제기할 수 없는 필수 요소가 되었다.[67] 예비역 육군 대령 앤드루 바세비치Andrew Bacevich는 이를 군사력을 보유하고 영속화하는 노예 상태라 표현하기도 했다. 군사주의 안에서 미국의 기업, 대학, 지역사회, 군산정복합체의 정치경제적 이해관계는 아주 다양한 방식으로 복잡하게 얽혀 있다. 군산정복합체가 "부적절한 영향력을 행사해 우리의 자유와 민주적 절차를 위태롭게 만들 것"이라는 아이젠하워의 예언이 현실화된 것이다.[68]

1970년대 말까지 미국의 주요 무기업체들은 정부의 지원하에 뇌물과 강압을 통해 세계시장에서 우위를 차지했다.[69] 록히드마틴은 CIA 와 매우 긴밀한 관계를 유지하며 '국가 고객'들에게 무기를 팔았고, CIA가 남미와 극동에서 저지른 떳떳하지 못한 일에 가담했다.[70] 남미 는 모든 무기딜러가 자유롭게 경쟁하는 무법 지대로 알려진 곳이다.

세계 최대의 방산업체 록히드마틴은 미국의 거대 방산업체 보잉 과 노스롭그루먼, 영국의 BAE와 함께 무기산업을 좌지우지하고 있다. 설립 초기 금융위기로 불안한 시기를 보낸 록히드마틴은 1932년 로 버트 그로스Robert Gross에게 매각되었다.[71] 그로스의 리더십 아래 록히 드마틴은 정치권에 큰 영향력을 미치는 회사로 거듭났다. 록히드마틴 의 일렉트라Electra 수송기는 험프리 보가트Humphrey Bogart의 대표작 〈카 사블랑카〉에 등장하기도 한다. 주인공들이 카사블랑카를 탈출할 때 탄 비행기가 바로 일렉트라 수송기다. 그러나 일렉트라만으로는 충분 한 수익을 올릴 수 없다고 판단한 그로스는 "정치권의 빛과 그늘에 의 존하는 것을 좋아하지는 않지만, 정부와 군수품 계약"을 체결하는 것 에 집중하기로 했다.[72] 전쟁 직전 일본군에 일렉트라를 판매해 일본 파 시스트 정권의 군사력 증강에 일조한 것에서 알 수 있듯, 그가 군수산 업에 뛰어드는 것을 망설인 이유는 그가 그리 도덕적인 사람이었기 때문은 아니다. 1934~1938년 미국의 대유럽 항공기 수출 규모는 약 4,200만 달러에 달했으며, 여기에는 영국, 나치 독일, 이탈리아 파시 스트 정권에 대한 각각 약 200만 달러 규모의 수출이 포함되었다. 대 일본 수출 규모는 1,550만 달러였다. 1938년 영국 공군은 록히드마틴 의 허드슨Hudson 폭격기 200대를 주문했다. 1939년 9월 미국 시민이 참전국에 군수품을 전달하는 것을 전면 금지하는 법안이 통과되자 록 히드마틴은 미국과 캐나다 국경에 걸쳐 있는 비행장을 매입했다. 우선 비행장의 미국 쪽으로 영국에 판매할 허드슨 폭격기를 운송한 다음 캐나다 쪽으로 옮겨 영국에 보내는 수법을 썼다. 이렇게 성사시킨 영 국과의 거래로 록히드마틴은 영향력 있는 무기업체로 자리매김할 수 있었다.

　종전과 함께 록히드마틴의 성장세도 끝이 났다. 그러자 그로스는 정치권의 환심을 사 정부가 그 뒤로도 군용기에 큰돈을 지출하도록 만들기 위해 노력했다. 그는 국방 관련 사안을 조사하는 상원 위원회에 출석해 "우리 수송기는 전쟁 무기가 아니라 생각한다. 내가 수송기에 대한 지출을 늘리자고 하는 것은 내가 이기적인 사업가여서가 아니라 미국 시민으로서의 의무를 다하기 위해서다"라고 주장했다.[73]

　록히드마틴이라는 회사와 록히드마틴이 군산복합체의 탄생에 기여한 과정에 관한 책을 쓴 빌 하텅Bill Hartung은 록히드마틴과 그 경쟁업체들이 무기산업의 이익과 국익을 하나로 만드는 방식으로 이후 수십 년간 번영을 누렸다고 말한다. 그러나 군비 지출 확대의 물꼬를 튼 것은 몇 마디 말이나 주장이 아니라 한국전쟁이었다. 한국전쟁 덕에 록히드마틴은 미군에 물자와 장비를 공급해 막대한 수익을 올렸을 뿐만 아니라, 물자와 장비를 수송할 수단도 함께 제공했다.

　냉전 또한 록히드마틴의 성장에 일조했다. CIA가 소련의 군사력을 지속적으로 파악하기 위해 활용한 고성능 정찰기와 미사일, 우주선을 생산한 것이 바로 록히드마틴이었다. 이렇듯 두 차례 '횡재'를 누렸음에도 1960년이 되자 록히드마틴은 또다시 재정난에 시달렸으며, 케네디 행정부의 군비 증강에 의존해 성장세를 이어나가고자 했다.

　그러나 군비 증강이 시작된 이후에도 록히드마틴은 다른 많은 무기업체들이 그랬던 것처럼 또 다른 문제에 부딪혔다. 문제의 중심에는 사상 최대 규모의 군용기 C-5A 갤럭시가 있었다. 미 공군은 대규모 병력과 장비를 며칠 안에 전 세계 어디로든 보낼 수 있는 거대한 수송기를 마련하기로 결정했다. 그 결과 동체 길이 약 80m, 날개 길이 약 68m, 건물 6층 높이의 갤럭시가 탄생하게 되었다. 거대한 크기에도 1.2km의 비포장 활주로에 착륙이 가능해야 한다는 것이 공군 측의 요구 사항이었다.[74]

이 거대한 수송기는 구상 초기부터 미군이 전 세계 어느 곳이든 즉시 군사기지를 구축할 수 있도록 해준다며 비판을 받았다. 1969년 윌리엄 풀브라이트William Fulbright 상원 외교위원회 위원장은 이러한 역량을 갖추게 되면 미국이 전 세계 모든 분쟁에 개입하게 될 것이라 주장했다.

공군 조달 담당자들의 뜻대로 일이 진행되었다면 갤럭시는 절대 탄생하지 못했을 것이다. 보잉의 수송기 설계는 록히드마틴보다 우수하다는 평가를 받았으나 가격이 4억 달러나 더 비쌌다. 록히드마틴은 로비를 통해 우위를 점했다. 당초 제시한 설계에서 실수가 발견되자 그 부분을 수정할 수 있는 기회를 얻기까지 했다. 갤럭시 생산시설 중 일부가 위치한 조지아주의 상원의원 리처드 러셀Richard Russell이 상원 군사위원회 및 세출위 국방소위원회 위원장을 맡았다. 그는 린든 존슨 대통령의 측근이기도 했다. 또한 록히드마틴은 하원 군사위원회 위원장 L. 멘델 리버스L. Mendel Rivers의 지역구에 갤럭시의 부품 조립공장을 지었다. 리버스는 존 머사와 마찬가지로 선심성 지역예산으로 정치를 하는 뻔뻔한 인물이었다. 사우스캐롤라이나에는 리버스가 자신의 지역구 찰스턴Charleston에 군사기지를 하나 더 만들면 찰스턴이 그 무게를 감당하지 못해 대서양으로 가라앉을 것이라는 우스갯소리가 있을 정도였다.

C-5A 갤럭시의 비용 및 성능 문제가 심각하다는 것이 확실해지자 리버스는 하원 군사위원회가 이에 관해 절대 조사하지 못하도록 방해했다.

그러나 록히드마틴이 계약을 따낼 수 있었던 가장 중요한 이유는 따로 있다. 국방부가 록히드마틴 조지아 공장이 방위산업의 기반으로서 계속 운영되기를 바랐던 것이다. 하텅은 이에 대해 다음과 같이 밝혔다.

특정 무기의 장점이 아니라 무기제조업체의 재정적 상황에 따라 계약을 배분하는 것은 군산복합체의 오랜 관행이다. 공장이 현대적인 무기를 즉시 생산할 수 있는 상태로 운영될 수 있게 하기 위해서는 수십억 달러를 투자해야 하는 경우도 있기 때문이다. 그 결과 국방부 및 국방부 주요 방산업체들은 서로의 생존과 번영을 위해 공생하는 관계가 되었다.[75]

공군은 기종선정위원회의 결정을 뒤집고 보잉이 아니라 록히드마틴의 C-5A를 구매하기로 결정했다. 국방부는 이 사업을 위해 R&D와 생산비용을 사전에 추산하고 명확한 일정과 성능 기준을 준수할 것을 요구하는 새로운 계약서 양식을 따로 마련하기까지 했다. 일정을 지키지 못할 경우 부과되는 벌금은 최대 1,100만 달러로, 사업 규모를 고려하면 터무니없이 적은 액수였다. 이는 이 계약이 허점투성이였음을 잘 보여준다. 대부분의 초과 지출분은 정부가 부담했다. 그러나 중요한 점은 1차 계약에서 발생한 초과비용을 2차 계약 비용과 합산할 수 있도록 가격을 재조정하는 것이 허용되었다는 것이다. 즉 비용을 부풀려 얻을 수 있는 이득이 벌금에 비해 훨씬 컸다.

공군에서 비용 추정을 담당한 어니 피츠제럴드Ernie Fitzgerald는 이 사업과 관련된 문제를 꾸준히 고발했다. 처음 제기한 의혹은 국방부에 의해 은폐되었지만, 그는 포기하지 않았다. 결국 그는 사업의 예상 소요 비용이 최초 추정치보다 거의 20억 달러나 증가했다는 사실을 밝혀냈다. 이는 미국의 역대 항공기 사업에 들어간 비용 중 최고 규모였으며, 초과비용 또한 사상 최고치였다. 공군은 늘 의회에 모든 것이 잘 진행되고 있다고 보고했고, 대부분의 의원들은 자신의 지역구에 수십억의 선심성 예산이 돌아가는 이 사업에 대해 곤란한 질문을 던지지 않았다.

정부의 예산 낭비를 고발한 기자로 명성을 얻은 윌리엄 프록스마이어William Proxmire 위스콘신주 상원의원만은 예외였다. 그는 예산 낭비라는 이유로 선거자금 후원 및 자신의 지역구를 위한 여러 대규모 사업을 거절했다. 그가 이끄는 상하원 합동경제위원회의 정부예산절감소위원회Subcommittee on Economy in Government는 피츠제럴드를 소환해 수십억 달러에 달하는 추가 비용이 발생했다는 증거를 제시해줄 것을 요청했다.

피츠제럴드의 내부고발 사실이 알려진 직후 그의 상관들은 그를 거의 모든 비용 평가나 구매 업무에서 제외시켰다. 사생활과 직장생활에 대한 집요한 조사가 시작되었으며, 결국 피츠제럴드는 첫 증언을 한 지 1년 만에 해고당했다. 비용 절감을 위해 그의 소속 부서를 없앤다는 소식도 들렸다. 피츠제럴드를 제거해 록히드마틴을 비롯한 다른 방위산업체들과 담합을 이어가는 것에만 관심이 있는 공군 관료들은 비용 절감을 위해 공군의 핵심 비용절감 담당 부서를 없애는 모순도 개의치 않았다.[76] 4년 뒤, 소송 끝에 피츠제럴드는 제한적인 역할만 수행하는 조건으로 국방부에 복직했다. 소송 과정에서 밝혀진 가장 충격적인 사실은 닉슨 대통령이 직접 "그 자식을 쫓아내라"는 지시를 내렸다는 것이었으며, 닉슨도 이를 인정했다.[77]

이러한 어려움에도 피츠제럴드는 결국 공군의 프로파간다에 맞서 싸울 중요한 문서를 손에 넣었다. 그는 초과비용의 규모뿐만 아니라 공군 고위 관계자들이 수년간 초과비용에 대해 알면서도 의회를 호도했다는 사실 또한 폭로했다. 몇몇 의원들의 노력 덕분에 초과비용에 대한 은폐 시도가 사실로 드러났고, 증권거래위원회SEC의 조사가 시작되었다. 조사 결과, C-5A와 관련된 의혹이 제기될 당시 록히드마틴 고위 임원들이 다른 주주들에게는 알리지 않고 주식을 매도했다는 사실이 밝혀졌다. 그러나 놀랍게도 SEC는 그 과정에서 어떠한 불법행위도 일어나지 않았으며 부당 내부거래도 없었다고 판단했다.

1969년 국방부 자체 조사 결과, 1차 계약의 초과비용으로 인한 록히드마틴의 손실을 만회해줄 C-5A 2차 계약은 불필요하다는 결론이 났다. 1971년 회계감사원은 공군이 착륙장치와 날개, 항공 전자장비에 심각한 결함이 있는 항공기들을 그대로 납품받았다는 사실을 밝혀냈다. 당초 공군의 요구 사항이었던 비포장 활주로 착륙도 불가능한 것으로 드러났다. 수송능력이 예상치의 절반밖에 되지 않는다는 점을 포함해 총 25개의 결함이 발견되었다.

록히드마틴에서는 문제가 처음 제기되기 시작한 1966년 이후 '해결방안'이 오히려 더 큰 문제를 부르는 경우가 종종 발생했다. 갤럭시 생산감독 헨리 더럼Henry Durham은 록히드마틴의 내부고발자로 나섰다. 그는 공장 도처에 "관리 부실과 낭비" 문제가 발생하고 있으며, "공군과 공모해 미완성 항공기를 생산한 대가로 성과를 인정받고 대금을 지급받은 것으로 보인다"고 밝혔다.[78] 해고와 살해 협박을 감수하고 이같은 사실을 폭로한 그는 자신과 가족에 대한 연방정부의 신변보호를 요청했다. 그는 여러 위협에도 불구하고 1971년 프록스마이어 상원의원이 이끄는 상하원 합동경제위원회에 출석해 증언했으며, 볼트 하나에 65달러를 청구하는 등 수억 달러에 달하는 세금을 낭비한 록히드마틴의 가격정책도 폭로했다. 이러한 관행이 록히드마틴의 생산공정 전반에 만연해 있으며, 막대한 초과비용 발생도 이 때문이라고 주장했다. 또한 공군으로부터 공정 진척도에 따른 대금을 지급받기 위해 중요한 부품이 확보되지 않은 상태에서 항공기를 급하게 생산해낸다고 설명하며, 안전성에 관해 다양한 문제를 제기했다.

갤럭시 스캔들이 터지자 록히드마틴은 다시 재정난에 시달리기 시작했다. 공군은 한층 느슨한 조건으로 갤럭시를 추가 매입해 록히드마틴을 구제하고자 했다. 계약에 적용된 계산법은 그야말로 어처구니없는 수준이었다. 1차로 계약한 갤럭시 53대의 생산비용이 당초 예상보다 100% 높았기 때문에 2차 계약분은 원래 가격보다 240% 높게 책정되었다. 사실상 록히드마틴이 스스로 발생시킨 엄청난 초과비용을 보상해주기 위한 계약이었던 것이다. 1969년 1월 공군은 프록스마이어 상원의원이 해당 계약에 대한 청문회를 개최하기 불과 몇 시간 전, 의회나 새로 들어선 닉슨 행정부에 알리지 않은 채 서둘러 2차 계약을 체결했다. 계약 체결 당시 1차 계약분 중 공군에 전달된 항공기는 4대에 불과했으며, 나머지 17대는 조립되지도 않은 상태였다.

의회가 당초 공군이 계획한 120대 대신 81대만 구입하는 것으로 사업을 수정하려 하자 존 스테니스John Stennis 상원의원은 이는 "우리 군사력의 핵심을 무너뜨려" 미국을 "러시아보다 뒤처지는 이류 국가"로 만드는 일이라며 반대했다.[79] 갤럭시의 주요 지지자인 리버스는 논의가 진행되는 동안 갤럭시를 비판하는 이들에게는 발언 시간을 45초로 제한하기도 했다.

어니 피츠제럴드는 C-5A의 초과비용이, 많은 문제를 겪고 있는 록히드마틴의 상업용 여객기 사업 자금으로 사용되고 있다는 사실을 폭로했다. 그럼에도 의회는 지속적으로 록히드마틴에 자금을 지원했다. 피츠제럴드는 "록히드마틴에 무제한적인 지원을 제공해야 한다고 주장하는 이들은 (일부 지원금 지급을 지연시키는) 아주 사소한 수정만으로도 국가경제가 무너지고 볼셰비키가 국방부를 장악하게 될 것처럼 호들갑을 떤다"고 말했다.[80]

그러나 갤럭시 및 여러 다른 사업의 초과비용으로 7억 5,700만 달러를 지급하는 등 국방부의 후한 지원에도 록히드마틴의 재무 상태는 회복되지 않았고, 2억 5,000만 달러 규모의 정부 채무보증에 의존하는 상황이 되었다. 어니 피츠제럴드는 이를 두고 "대항공기 강도The Great Plane Robbery"라고 불렀다(1903년 제작된 미국 최초의 서부영화 〈대열차 강도The Great Train Robbery〉의 패러디—옮긴이).[81]

갤럭시와 관련된 문제가 한창이던 중 록히드마틴은 샤이엔Cheyenne 헬기 문제에 부딪혔다. '헬기와 동일한 방식으로 이착륙이 가능한 항공기'로 설명되는 샤이엔은 생산비용이 세 배나 증가했으며, 끊임없이 기술적 문제에 시달렸다. 결국 1969년 3월 시제품이 추락해 조종사가 사망하는 사건이 발생했다. 록히드마틴이 문제를 해결하지 못하자 계약이 취소되었으며, 약 5억 달러에 달하는 정부 예산만 낭비되었다. 록히드마틴의 선정 과정에서 심각한 이해상충 문제가 있었다는 사실이 밝혀지며 상황은 더욱 악화되었다. 록히드마틴과 계약을 체결한 부서에는 록히드마틴 임원실을 떠난 지 2년밖에 되지 않은 윌리스 호킨스Willis Hawkins도 소속되어 있었다. 호킨스는 정부에서 일하게 되면서 록히드마틴의 주식을 팔았으나, 여전히 이연移延소득을 지급받고 있었다. 록히드마틴이 헬기 생산 경험이 전혀 없었다는 것을 고려하면 이해상충 문제가 매우 심각한 수준이었음을 알 수 있다. 호킨스는 샤이엔 사업이 위태로워지자 그의 보좌관 W. 딕 주니어W. Dick Jr. 장군과 함께 록히드마틴으로 돌아갔다. 멘델 리버스는 호킨스를 옹호하며 의회는 "정부에서 일하게 되는 모든 사업가에게 유죄를 선고"해서는 안 된다고 주장했다.[82]

이 사건으로 드러난 정부와 방산업체 간의 회전문 인사는 빙산의 일각에 불과했다. 1969년 프록스마이어 상원의원이 발표한 보고서에 따르면 주요 방산업체에서 일하는 전직 군 장성의 수는 1969년 기준 2,000명이 넘는다. 그중 록히드마틴이 고용한 전직 군 장성 수는 210명으로 가장 많았다. 프록스마이어는 이러한 관행에 대해 "지위 남용의 가능성이 높기 때문에 공익에 큰 위협이 된다. 은퇴 이후 다른 업계에서 성공을 거두고 있는 2,000여 명의 동료들의 사례를 보며 은퇴를 1, 2년 앞둔 장교들은 자신에게 이득이 되는 방향으로 협상을 이끌어간다"고 말했다.[83]

댄 호튼Dan Haughton 록히드마틴 CEO는 정부에 구제금융을 요청하며 갤럭시 사업은 완전히 성공적이었고 "의심의 여지가 없는 사상 최고의 항공기"가 탄생했다고 주장했다.[84] 록히드마틴에 대한 채무보증 결정은 정부가 주도했고, 어떤 이념이나 논리적 근거보다도 선심성 지역예산이 가장 큰 원동력이 되었다. 다른 사안에 대해서는 주로 진보적 입장을 취했던 앨런 크랜스턴Alan Cranston 민주당 의원은 록히드마틴에 대한 칭찬을 아끼지 않았다. 록히드마틴이 그의 지역구 캘리포니아에 주요 상업용 여객기 생산 공장을 두고 있었기 때문이다. 그는 국방부와 방산업체들 간의 관계를 극찬하며, "준정부기관이나 다름없는 방산업체들은 정부의 방위사업 계약에 의존하고, 정부는 치명적이고 정밀한 무기가 넘쳐나는 이 세상에서 미국의 국방과 안보를 위해 방산업체들에게 의존한다"고 말했다.[85]

그의 주장은 대형 방산업체의 양면성을 잘 보여준다. 대형 방산업체들은 주주의 감시를 받아야 하는 자유시장에서 활동하면서도, 정부의 폭넓은 지원 덕에 시장 변동으로부터 보호받으며 어떠한 감시도 받지 않는다. 한 가지 변치 않는 사실이 있다면 이러한 양면성으로 인해 방산업체들은 대개 부실하게 경영되며, 정부가 불법적인 방식을 동원하면서까지 사업 기회를 마련해줘도 반복해서 재정난을 겪는다는 것이다.

군산정복합체는 공공의 희생을 통해 사익을 얻고자 하는, 인간의 본성에 충실한 탐욕스러운 개인으로 이루어져 있다. 그러나 군산정복합체를 이루고 있는 모든 개인이 매우 복잡한 시스템을 조종하기 위해 의도적으로 음모를 꾸민다는 견해는 증명하기 어려울뿐더러 적절치 못하다. 방산업체들, 의원들, 군 장교들이 저지르는 비리는 미로처럼 얽힌 배타적인 시스템과 '국가안보 우선주의'에 가려져 있다. 이 시스템을 해체하는 것은 비리에 가담한 이들에게 책임을 묻는 것만큼이나 중요하다.[86]

필자는 이처럼 얽히고설킨 시스템을 이해하기 위해 척 스피니Chuck Spinney와 만났다. 그는 20년이 넘는 시간 동안 매일 이러한 시스템을 직접 경험한 국방부 내부자다. 그는 국방부가 실제로 어떻게 운영되고 있는지에 대한 방대한 자료를 만들기도 했다. 이러한 작업은 모든 군산정복합체 관계자의 분노를 사 중단될 수밖에 없었으나, 덕분에 그는 《타임》 표지를 장식하는 영광을 누렸다. 그는 현재 요트를 타고 전 세계를 누비며 은퇴생활을 즐기고 있다. 필자는 그가 미국에 잠시 머무는 틈을 타 그를 만났다. 처음 만남을 가진 곳은 워싱턴 D.C. 외곽의 알렉산드리아에 위치한 그의 깔끔한 아파트였다.[87] 다소 작은 키에 호전적이고 다부진 인상의 그는 강인한 턱과 매부리코, 형형한 눈빛이 인상적이었다. 그는 스스로를 비판적인 비주류이자 소크라테스식 문답법을 믿는 아웃사이더라고 표현했다. 단순히 '거침없다'거나 '독립적'이라고 표현하기에는 부족한 그는 오만한 권위에 대한 혐오, 확신, 강철 같은 의지, 용기를 가진 사람이다.

척 스피니는 말 그대로 군대에서 태어났다. 공군 대령의 아들인 그의 출생지는 오하이오주의 라이트-패터슨Wright-Patterson 공군기지다. 기계공학을 전공한 그는 라이트-패터슨 공군기지의 비행역학 실험실에서 일하다 2년간 군을 떠나 있었다. 1977년에는 시스템분석실의 존 R. 보이드John R. Boyd 밑에서 민간 분석가로 일하며 처음 국방부에 합류했다. 스피니의 멘토이기도 한 존 보이드는 유명한 전투기 조종사이자 부당한 관행 타파에 앞장서는 군 개혁가다. 그는 공군 최고의 전투기 조종사로 꼽혔을 뿐만 아니라, 오늘날까지도 사용되는 공중전 이론을 개발하고 항공기 설계에 대한 매우 영향력 있는 논문을 쓰기도 했다. 그는 지식에 대한 엄청난 열정 때문에 '미친 소령'이라는 별명으로 불렸으며, 거칠고 싸움을 거는 듯한 의사소통 방식으로 '칭기즈 존'이라는 별명도 있었다. 극도로 검소하고 엄격한 생활 방식으로 '빈민가 대령'이라 불리기도 했다. 언젠가 그는 스피니에게 "세상에서 가장 중요한 것은 자유를 얻는 것이다. 자유를 얻는 방법은 두 가지가 있는데, 하나는 부자가 되는 것이고 다른 하나는 나의 욕구를 모두 없애는 것이다. 나는 부자가 될 리 없으니 두 번째 방법을 택했다"고 말하기도 했다.

보이드는 습득력이 뛰어났던 젊은 시절의 스피니에게 크나큰 영향을 미쳤다. 1975년 국방부는 운용 비용이 이미 1억 달러를 넘어선 B1 폭격기 처리 방안에 대해 고심하고 있었다. 스피니는 '이처럼 비싼 실패작'을 계속 운용하는 것은 공군을 망치는 일이라고 보았다. 스피니가 B1 폭격기 운용 검토를 담당한 팀의 책임자인 채프먼Chapman 장군에게 이러한 내용이 담긴 보고서를 제출하자, 머리 끝까지 화가 난 장군은 "이 내용은 발표에서 제외하라"고 말했다. 스피니는 "수치를 분석한 결과가 그렇게 나온 것뿐"이라 답했다. 그러나 장군은 "이 내용을 발표하지 말라고 하는 이유는 내가 가진 정보가 더 제대로 된 정보이기 때문이며, 공군은 보고서 추산치보다 더 많은 자금을 확보할 것이기 때문이다. 내가 직접 명령을 내리는 것이니 자네의 방식이 아닌 내 방식을 따르라"고 단호히 말했다. 그러나 고위급 의사결정자들에게 보고서 내용을 발표하는 자리에서 스피니는 발생 가능한 모든 경우를 열거했다. 장군이 발표하지 말라고 지시했던 최악의 경우도 물론 포함되어 있었다. 열거한 경우 중 하나를 고르라면 무엇을 고르겠느냐는 질문에 당시 스물네 살이었던 스피니는 장군이 제외하라고 했던 바로 그 경우를 택했다. 채프먼 장군은 격분했다. 스피니는 곧바로 보이드에게 연락해 장군과 마찰이 있었다고 전했다. 그러자 "수화기 너머로 정적이 흐르더니 갑자기 보이드가 폭소했다. 그는 수화기를 멀리 떼고 다른 누군가에게 '스피니가 채프먼을 갖고 놀았다는군!' 하고 소리쳤다".[88]

스피니가 제기한 예산 문제로 인해 국방부는 결국 서방의 생존에 필수라고 주장해온 B1 폭격기의 운용을 중단할 방안을 모색하기 시작했다. 이후 대통령에 당선된 지미 카터는 B1 폭격기 운용을 중단하라고 지시했다. 그전까지는 로널드 레이건 캘리포니아 주지사 및 의원들과 협력한 B1 폭격기 제조업체들이 우주왕복선에 돌아가야 할 예산을 이용해 B1의 운용 비용을 대고 있었다. 카터의 뒤를 이어 레이건이 대통령에 오르자 공군은 아음속 항공기로 재탄생한 B1을 다시 활용하기 시작했다.

존 보이드는 군개혁운동Military Reform Movement이라 알려진 운동을 이끈 현명한 리더였다. 군개혁운동은 베트남전 패배의 원인이 정치인이 아닌 국방부에 있다고 믿는 국방부 내부자들의 운동으로, 전쟁에 대한 군 당국의 구태의연한 관점을 넘어서는 것이 이들의 목적이었다. 또한 이들은 전술적·전략적으로 활용할 수 있으면서도 과도한 비용이 들지 않는 무기를 개발하고자 했다.

이러한 목표를 이루기 위해 이들은 미국의 정책 입안에 악영향을 미쳐 부적절한 정부 지출, 나아가 전쟁을 야기하는 군산정복합체의 영향력과 국방부의 운영 방식에 대해 밝혀내야 했다.

군산정복합체는 육·해·공 3군 간 경쟁, 기업 간 경쟁, 의회 내부의 경쟁으로 인해 매우 복잡하게 얽혀 있다. 그리고 군, 기업, 의회는 단순한 공동 모의보다 훨씬 복합적인 방식으로 상호 작용한다. 함께 협력하기도, 서로 경쟁하기도 한다. 세 주체가 더 많은 것을 얻기 위해 서로 경쟁하는 과정에서 군산정복합체가 발전하고, 그 경쟁으로 인한 효과가 누적되어 복합체 전체에 이득을 가져다준다.
동맹을 맺고 특정 무기 프로그램을 지지하는 이들은 의회, 국방부, 무기산업에 분산되어 있으며, 각자 다른 목적을 갖고 있다. 방산업체가 특정 프로그램을 판매하고자 하는 이유는 명백하다. 국방부 프로그램 관리자는 자신에게 좋은 경력이 되기 때문에, 의원은 정치적 영향력을 키우거나 다른 이득을 누릴 수 있기 때문에 무기거래를 성사시키고자 한다.

방산업체와 국방부는 무엇이 필요한지를 논의하고, 그 필요를 충족시킬 수 있는 제품을 개발한다. 그러나 개발 과정에서 방산업체들은 온갖 부가 기능을 덧붙여 국방부를 현혹시킨다. 안타까운 점은, 이 단계까지 일을 진행시키기 위해 군산정복합체가 협력하면서 방산업체의 사익이 국방부가 대변해야 할 공익을 침해하게 된다는 것이다.[89]

일례로 국방부에서 일하는 군 지휘관 하나는 국방부와 록히드마틴이 결혼한 것과 다름없는 관계라 표현했다. "우리가 절차를 개선할 수 있는 새로운 방식을 발견할 때마다 록히드마틴도 관여했다. 국방부와 록히드마틴이 하나가 되었다고 해도 과언이 아니다. 록히드마틴은 우리에게 부품과 전문 지식을 전달하는 주요 공급원이며, 우리가 하는 모든 일에 참여한다. 산업과 군의 아름다운 결합이다."[90]

긴밀한 협력을 통해 무기체계 구축 계획을 마련한 뒤, 국방부와 방산업체는 국방부 및 의회의 지출 담당자들의 지지를 확보하기 위해 힘을 합친다. 국방부가 주도권을 잡기 위해 주로 활용하는 전략에는 두 가지가 있는데, 스피니는 이를 각각 프론트로딩frontloading과 정치공학이라 불렀다.

프론트로딩이란 무기체계의 성능은 과장하고 경제 및 기타 부담은 실제보다 적게 추산하는 것을 뜻한다. 약속했던 혜택이 실현되지 않고 예상보다 비용 부담이 크다는 것이 밝혀지면 자금 흐름을 차단하는 것이 불가능하도록 대비책을 마련하는데, 이 단계가 정치공학에 해당한다. 방산업체는 의도적으로 특정 무기체계와 관련된 도급계약 및 하도급계약을 다양한 선거구에 분산시켜 해당 무기체계에 대한 의회의 장기적 지지를 확보한다. 각 지역구에서 선출된 의원들은 사실상 의회와 행정부에서 무기제조업체를 대표하는 역할을 맡게 된다. 이러한 관행으로 이득을 보는 미국 국민들은 매우 소수이지만, 충분히 많은 의원들이 해당 무기체계를 지지하도록 하기 위해 전략적으로 계약을 배분한다.

대부분의 결정권자들은 자신이 내린 결정으로 이득을 얻는다. 나는 국방부를 '포토맥강의 베르사유 궁전'이라 부른다(미국 국방부의 본청 청사 펜타곤은 워싱턴 D.C.의 포토맥강 가까이에 자리하고 있다—옮긴이). 프랑스 혁명 직전 베르사유 궁전의 상황과 매우 비슷하기 때문이다. 대중의 피를 빨아 배를 불리는 기생충 같은 이들이 존재하며, 대중이 그 사실을 알지 못하도록 감춘다. 그러나 중요한 사실은 이들이 모두 악한 의도를 갖고 의도적으로 부당한 이득을 챙기는 건 아니라는 점이다. 정부에도 국방부와 마찬가지로 웅덩이를 흐리는 미꾸라지 같은 이들이 분명 있다. 그러나 헌신적이고 근면한 사람들도 아주 많다. 선의를 가진 수많은 사람들이 모여 일을 엉망으로 만들 수 있다는 것이 나는 늘 의아했다.

1977년, 나는 한 무기 프로그램을 중단시키기 위해 노력하고 있었고, 실제로 중단시키는 데 성공했다. 6억~8억 달러 규모의 비교적 소규모 프로그램이었다. 나와 함께 일한 한 동료는 훌륭한 엔지니어였으나, 이 프로그램을 도입하고 싶어 안달이 나 있었다. 그는 뇌종양 말기 판정을 받고 조기 퇴직을 했다. 그러나 내가 이 프로그램을 중단시키는 데 성공할 것 같다는 소식을 듣자 그는 프로그램이 중단되지 않도록 하기 위해 다시 복직했다. 뇌종양으로 조기 퇴직을 한 사람이 나를 끌어내기 위해 얼마 남지 않은 여생을 다시 직장에서 보내기로 한 것이다. 그렇게 해서 그가 얻는 것은 아무것도 없었다. 정말 아무것도.

이러한 사람들은 특정 무기 프로그램의 도입이 '우리나라를 지키기 위해 꼭 필요한 일'이라 믿는다. 함께 둘러앉아 서로를 세뇌하다 보면 실제로 그렇게 믿게 되는 것이다.

방산업체의 경우는 조금 다르다. 특정 무기 프로그램의 도입 여부가 그들의 생존과 더 직접적으로 관련되어 있기 때문이다. 방산업체의 고위층은 하나같이 부패했다. 그리고 의회 시스템은 의원실 보좌관들이 쏟아내는 정보에 압도당한 상태다. 이러한 보좌관 중 다수는 정치권에서 로비스트로 일하거나 국방부 등에서 차관보가 되고 싶어 한다.

구체적인 예를 하나 들겠다. 내 친구는 플로리다주의 한 지역구를 대표하는 의원 밑에서 일했다. 매우 도덕적인 친구였다. 상원이 F-16 전투기 생산을 중단하기로 하자, 하원은 필요한 자금을 전액 지원하기로 결정했다. 하원은 적당한 절충안을 체결해 생산을 지속시키고자 했다. 상원이 생산을 중단시키자마자 로비스트들이 개입해 의회에 서신을 보내기 시작했다. 제너럴다이내믹스General Dynamics는 상원에 'F-16은 국방을 위해 필수적이며 수많은 일자리를 창출한다'는 내용의 편지를 보내기도 했다. 내 친구는 격분했다. 나에게 전화를 걸어 '이건 강탈이나 다름없다'고 말했다. 이를 통해 이득을 얻는 주는 약 44개로, 모든 하원의원 선거구에 혜택이 돌아갔다. 앨라배마주의 한 선거구에 돌아간 이익은 약 132달러에 불과했다. 하나만 덧붙이자면 군비 지출은 일자리 창출을 위한 최악의 수단이다.

의회에서 이와 같은 방식으로 일하던 이들이 방산업체로 가게 되면 엄청난 경제적 왜곡이 발생하게 된다. 방산업체들이 생산비용에 일정 이익률을 더해 가격을 결정하는 원가 가산법을 활용하는 법을 배워, 비용이 오를수록 더 많은 이익을 볼 수 있게 되기 때문이다. 이런 식으로 이윤을 올리는 방산업체들은 불안정하며 자신의 생존을 위해 정부 계약에 의지한다는 점에서, 복지제도의 허점을 악용해 여유 있게 생활하는 사람이나 다를 바 없다. 무기거래와 관련된 악습을 타파할 수 없는 또 다른 이유가 바로 여기에 있다. 방산업체들이 전반적으로 위축되는 제조업에서 과도하게 큰 부분을 차지하고 있기 때문이다. 결국 우리는 이 괴물 같은 존재를 자유롭게 내버려두었다. 아이젠하워의 우려가 그대로 실현된 것이다. 수많은 사람들이 서로의 뒤를 봐주며 부당한 이득을 챙기고 있다.[91]

이러한 유착관계는 외교정책에서 더욱 뚜렷하게 나타난다. 군비 지출 규모를 유지해 방산업체들이 성장해나갈 수 있도록 해주기 위해서는 미국이 전 세계 어느 곳에서든 자유를 수호하는 '세계의 경찰' 역할을 맡아야 하기 때문이다. 따라서 모든 대통령은 취임하는 순간부터 국토안보를 확보하는 동시에, 국제사회에서 최고의 권위를 자랑하는 미군의 역할을 키우고 군비 지출을 늘려가면서 이러한 '선순환'을 지속하라는 방산업계, 로비스트, 상하 양원, 군 당국의 압력에 시달린다.

13. 엉클 샘의 이름으로

미국 무기산업은 미국 내에서 합법적 뇌물을 제공하는 것 외에도 무기 수출 촉진을 위한 대외적 지원을 제공하기도 한다. 이러한 대외적 지원은 보조금, 미국산 무기구매를 위한 원조, 구매국을 위한 후한 차관 등을 통해 이뤄지고, 여기에는 외국 정부 및 기업에 미국 무기업체와 거래하라는 압력을 공개적·비공개적으로 행사하는 방법도 활용된다.

무기수출은 지정학적 측면에서도 중요한 요소지만, 국내에서 사용되는 무기체계의 생산비용을 낮추고 수익성을 늘리기 위해서도 중요하다. 무기업체들은 해외 수출을 통해 더 많은 이윤을 올린다. R&D 비용은 이미 세금으로 충당된 상태인 데다, 판매된 무기의 유지 보수 및 업그레이드 비용을 구매국의 여력이 되는 선에서 업체 마음대로 정할 수 있기 때문이다. 국방부에 비판적인 이들은 군 당국과 주요 방산업체들이 무기수출을 위해 로비를 벌이는 것은 미국이 타국에 판매한 무기보다 뛰어난 새로운 무기를 보유해야 한다는 여론을 형성해 수요를 창출하기 위해서라고 주장한다.[1]

미국의 경우, 방산업체뿐만 아니라 방산업체와 거래하는 구매자 측에도 차관이 제공된다. 아우구스토 피노체트 독재정권은 1970년대 미 정부가 칠레에 제공한 차관을 활용해 군비 지출을 세 배나 늘렸다. 피노체트는 선거를 통해 선출된 좌익 성향의 살바도르 아옌데 정권을 미국의 도움을 받은 쿠데타로 몰아내고 대통령직에 올랐다. 피노체트는 여러 해외 은행에 125개에 달하는 개인 계좌를 비밀리에 보유하고 있었다. 그중 대부분은 릭스은행 계좌였으며, 릭스은행에 숨겨둔 자금은 2,700만 달러에 달했다.[2] 메렉스 네트워크가 피노체트 정권을 통해 막대한 이윤을 벌어들인 것이 전혀 놀랍지 않은 이유다.

1970년대 군사정권하의 아르헨티나에서는 군 장성들의 명의로 차용한 자금 약 100억 달러가 군사장비를 구매하는 데 사용되었다. 구매 계약 대부분은 미국과 체결했다. 헨리 키신저 미 국무장관과 아르헨티나 외교장관의 회담 전사본에 따르면 미 정부는 당시 아르헨티나 군부가 장성들에게 제공된 융자를 활용해 미국으로부터 무기를 구입할 계획이며, 그 무기는 군부의 반대 세력 탄압에 사용될 것이라는 점을 분명히 알고 있었다.[3]

1970년대 일본에서는 사업 및 정치 관행의 윤리가 노골적으로 위반되는 상황이 되풀이되고 있었다. 록히드마틴과 롤스로이스가 트라이스타TriStar 항공기 판매를 위해 노력하는 과정에서 업계와 정부 간의 유착관계가 밝혀졌다. 이로 인해 일본은 전후 역사상 가장 큰 정치 파동을 겪었다.

돈을 위해 정치를 한다고 해도 과언이 아닐 정도로 당시 일본 정치권에서 돈의 역할은 매우 중요했다. 일본에서 발생하는 비리 사건은 늘 무기업체와의 거래와 밀접한 관계가 있었다. 바실 자하로프도 바로 이 점을 활용했다. 그러나 무기거래의 본질과 중개인의 영향력은 '흑막'(쿠로마쿠)에 감춰져 있었다.[4]

록히드마틴이 일본에서 활용한 주요 에이전트는 '몬스터'라는 별명으로도 알려진 고다마 요시오児玉譽士夫였다. 그는 2차대전 종전 후 전쟁범죄를 저지른 혐의로 3년간 수감되었으나, 냉전기에 접어들어 공산주의 진영에 대항하기 위한 훌륭한 협력자가 될 수 있다는 이유로 미국에 의해 석방되었다. 자유의 몸이 된 그는 전쟁 중 일본군에 물자를 공급하고 일본군이 점령한 영토에서 다이아몬드와 백금을 채취하며 모아둔 자금을 정치권에 사용했다. '범죄조직의 우두머리'부터 'CIA의 자산'까지, 다양한 별명으로 불리던 그는 현재 일본의 주요 정당으로 거듭난 자유민주당을 세우고 그 자금을 대는 일을 도왔다.[5]

1950년대 말 록히드마틴은 스타파이터 전투기 230대 판매 계약을 체결하기 위해 여러 관계자들에게 1,500만~2,000만 달러의 뇌물을, 고다마에게는 75만 달러의 커미션을 지급했다. 뇌물 지급과 관련된 세부 사항은 CIA에 전달되었으며, 모든 결정은 미 정부의 승인을 받았다. 당시 록히드마틴이 미국 외교정책에 깊이 관여했던 것으로 추정된다.[6] 록히드마틴이 가장 많은 스타파이터를 판 계약이 바로 이 계약이었다. 독일 공군에 판매된 스타파이터는 10년간 178차례 추락해 조종사 85명의 목숨을 앗아갔다. 스타파이터에는 '하늘을 나는 관'이라는 별명이 붙었으며, 사망한 조종사의 부인 55명은 록히드마틴을 상대로 소송을 제기했다.[7]

10여 년 뒤 록히드마틴은 다시 한번 고다마를 에이전트로 활용해 경쟁업체 네 곳을 제치고 대규모 계약을 따내 트라이스타를 판매하고자 했다. 고다마는 700만 달러의 뇌물을 전달하는 대가로 500만 달러를 지급받았다. 전달된 뇌물 중 170만 달러는 다나카 카쿠에이田中角榮 일본 총리에게 지급되었다. 리처드 닉슨도 이에 직접 개입했으며, 트라이스타의 엔진을 제작한 롤스로이스를 대표해 테드 히스Ted Heath 영국 총리 또한 개입했다. 계약을 따낸 직후 록히드마틴이 1972년 닉슨의 재선운동 자금으로 100만 달러를 후원했다는 주장이 나중에 제기되기도 했다. 5년 뒤 총리직에서 물러난 다나카는 뇌물수수 혐의로 징역에 처해졌다.[8]

록히드마틴 임원들은 계약을 따낼 수만 있다면 자금이 누구에게 지급되는지는 신경 쓰지도 않고, 알지도 못한다고 주장했다. 댄 호튼 록히드마틴 CEO는 프록스마이어 상원의원의 질문에 다음과 같이 답했다.

프록스마이어 상원의원: 지급된 자금이 누구에게 전달되는지에 대해 정확히 알고 있습니까?

댄 호튼: 커미션을 지급했다는 사실은 정확히 알고 있습니다.

최종적으로 누구에게 전달되었는지는 정확히 알지 못합니다.

프록스마이어: 누구에게 전달되는지도 알지 못한 채 수백만 달러에 이르는 회사 자금을 지급한다는 말씀입니까?

댄 호튼: 컨설턴트 계약에 포함된 부분까지는 알죠. 최종적으로 누구에게 전달되는지는 모릅니다. 계약을 수주하기 위해 자금을 지급해야만 하는 상황에서 자금을 지급하고 계약을 따내는 데 성공한다면, 그것으로 그 돈을 지급해야만 했던 이유가 충분히 설명된다고 생각합니다.[9]

일본은 록히드마틴으로부터 가장 많은 뇌물을 받은 국가 중 하나다. 그러나 록히드마틴이 타국에 뇌물을 지급한 것은 일본이 처음은 아니었다. 든든한 연줄을 가진 에이전트를 통해 주요 정부 관계자들의 결정에 영향을 주는 경우는 1950년대 말에도 흔히 찾아볼 수 있었다.

록히드마틴은 프란츠 요제프 슈트라우스 독일 국방장관을 끌어들이기 위해 독일에서 대대적인 로비 활동을 펼쳤다. 슈트라우스 장관은 후에 메렉스의 게르하르트 메르틴스와 협력했다. 1958년 슈트라우스는 독일 하원에 스타파이터를 추천했다. 많은 사람들이 록히드가 슈트라우스를 비롯한 다른 관계자들에게 뇌물을 지급하거나 그들이 소속된 당에 기부했을 거라 생각했으나, 슈트라우스가 스타파이터 계약과 관련된 모든 국방부 문서를 파기하는 바람에 모든 증거가 사라졌다. 슈트라우스의 압력으로 록히드마틴의 대리인으로 임명된 에르네스트 하우저Ernest Hauser는 록히드마틴이 슈트라우스의 당에 1,200만 달러를 기부했다고 주장했다. 당시 록히드마틴의 유럽 담당 부서를 이끈 네덜란드 국적의 프레드 뫼저Fred Meuser는 거의 100만 달러에 달하는 커미션을 받았다. 그중 일부는 독일 관계자들에게 전달되었을 것으로 보인다.[10]

네덜란드에서 록히드마틴은 목표를 더 높게 잡았다. 록히드마틴은 뫼저의 도움으로 베른하르트Bernhard 왕자라는 거물급 인사를 고용하는 데 성공했다. 왕자는 당시 재위 중이던 베아트릭스Beatrix 여왕의 아버지이자 줄리아나Juliana 여왕의 남편이다. IG파르벤IG Farben 세일즈맨으로 커리어를 쌓기 시작한 그는 부인과 네덜란드 의회 때문에 금전적인 부분에서 많은 제약을 겪은 것으로 알려져 있었다. 그러나 그는 파리에 있는 자신의 정부와 혼외자가 편안한 생활을 누리도록 해주기 위해 많은 돈이 필요했다. 그는 네덜란드 군 감찰관이었으며, 당시 국영 항공사였던 KLM네덜란드항공의 임원이기도 했다. 베른하르트의 도움으로 록히드마틴은 1959년 말 네덜란드에 F-104 스타파이터 전투기를 판매하는 데 성공했다. 거래가 성사된 뒤 왕자는 로버트 그로스 록히드마틴 CEO에게 100만 달러를 요구했으며, 이를 스위스를 통해 지급받았다.[11]

베른하르트와 록히드마틴의 협력 관계는 1970년대 중반 프랭크 처치 상원의원의 다국적기업소위원회Subcommittee on Multinational Corporations(이하 '처치위원회'―옮긴이)가 둘의 관계를 밝혀낼 때까지 지속되었다. 1964~1974년, 베른하르트는 자신이 록히드마틴의 P-3C 오리온Orion을 네덜란드에 판매하기 위해 상당한 노력을 기울이고 있다고 록히드마틴에 알렸다. 록히드마틴이 계약을 수주하게 될 것이 확실해지자 그는 록히드마틴의 변호사 로저 스미스Roger Smith에게 두 차례 편지를 보내 자신이 창립회장을 맡고 있는 세계자연기금World Wildlife Fund에 보내는 기부금으로 위장해 400만~600만 달러의 커미션을 지급하라고 독촉했다. 당시 베른하르트와 뫼저가 록히드마틴의 경쟁사인 노스롭그루먼과도 협력하고 있었다는 사실이 나중에 밝혀졌다.[12] 이처럼 무기 에이전트가 신의를 지키는 경우는 거의 없다.

이탈리아에서 록히드마틴은 넓은 인맥을 자랑하는 에이전트 올비디오 르페브르Olvidio Lefebvre를 고용했다. 르페브르는 칼 코치언Carl Kotchian 록히드마틴 회장에게 "이런 말씀을 드리기는 민망하지만, 이탈리아에 항공기를 판매하고 싶다면 약간의 입금이 필요할 것"이라 말했다. 그는 1대당 12만 달러의 커미션을 요구했다. 처치위원회에 제출된 로저 스미스의 자필 편지에 따르면 록히드마틴은 '앤틸로프 코블러Antelope Cobbler'라는 연락책을 통해 이탈리아 측이 계약 성사의 대가로 받고자 하는 최종 금액을 전달받았다. '앤틸로프 코블러'는 이탈리아 총리를 뜻하는 암호명이라는 사실이 확인되었다. 그러나 협상이 진행된 2년 동안 총리가 세 번이나 바뀌었기 때문에 수사를 통해 그중 누가 '앤틸로프 코블러'였는지 밝혀내지는 못했다. 계약 체결을 위해 국방장관에게 전달된 5만 달러를 포함해 총 200만 달러의 뇌물이 지급되었으며, 그중 대부분은 국방장관이 소속된 정당과 당의 주요 의원들에게 전달되었다.[13]

같은 기간 록히드마틴은 터키, 인도네시아, 콜롬비아, 사우디아라비아에도 뇌물을 지급했다. 1965년 인도네시아에서 록히드마틴은 항공기 1대당 10만 달러의 뇌물을 지급했다. 얼마 지나지 않아 CIA의 도움으로 우파 장성 수하르토Suharto가 수카르노Sukarno 정권을 축출했다. 록히드마틴은 정권이 바뀐 상황에서 기존 에이전트인 아이작 다사드Isaak Dasaad를 계속해서 활용해도 괜찮을지 우려했다. 록히드마틴 마케팅 담당 임원에 따르면 록히드마틴 관계자가 "자카르타 주재 미 대사관에 가서 새 정권에서도 다사드를 에이전트로 활용해도 괜찮을지 여부를 확인했다". 이 사실을 통해 논란의 여지가 많은 해외 무기거래에 미국 정부가 얼마나 깊이 관여했는지 알 수 있다. 미 대사관은 다사드를 계속 활용해도 된다고 답했고, 록히드마틴은 "다사드가 교체된 정권에 잘 적응한 것으로 보인다"고 기록했다.[14]

이후로도 록히드마틴은 다사드를 에이전트로 활용했다. 그러나 몇 년 뒤 인도네시아 공군은 록히드마틴에 자금을 직접 전달하라는 메시지를 보냈다. 록히드마틴은 고민에 빠졌다. 뇌물을 제공하는 것이 윤리적으로 옳은가에 대한 고민이 아니라, 직접 뇌물을 전달하는 것이 현실적으로 가능한가에 대한 고민이었다. 제3자를 통해 뇌물을 지급하는 것은 "명목뿐이긴 하지만 최소한의 보호 장치 역할을 하며, 언젠가 뇌물 지급 사실이 대중에게 알려지게 되면 록히드마틴의 평판과 명성에 금이 갈 수 있다"는 의견이 내부에서 제시되었다. 또한 록히드마틴은 중개인이 없으면 "커미션을 필요 경비로 공제받을 수 있는 법적 수단이 사라지므로 미 국세청에서 커미션으로 사용한 금액을 공제받지 못할 수도 있다"는 점을 우려했다.[15]

록히드마틴에서 가장 많은 커미션을 지급받은 것은 사우디아라비아였다. 1970년대 초 사우디는 늘어난 석유 수익을 활용해 무기를 마구 사들였다. 록히드마틴 측 에이전트는 대담한 성격으로 잘 알려진 아드난 카슈끄지였다. 1964년 록히드마틴에 고용될 당시 스물여섯 살이었던 카슈끄지는 이미 사우디 주요 인사들과의 폭넓은 인맥을 자랑하는 수완가였다. 카슈끄지의 부친은 이븐 사우드 국왕의 주치의 중하나였으며, 카슈끄지 본인은 후세인Hussein 요르단 국왕과 동창이었다. 후에 각각 사우디 국방장관과 국왕에 오른 술탄 왕자, 파드 왕자와도 가까운 사이였다.

카슈끄지는 리처드 닉슨을 포함한 영향력 있는 미국 인사들과도 가깝게 지냈다. 닉슨이 정치적 망명 생활을 하는 동안 카슈끄지는 파리에서 그에게 술과 음식을 대접했을 뿐만 아니라 아랍 국가들과 좋은 관계를 유지할 수 있도록 해주었다. 이러한 카슈끄지의 노력은 닉슨이 1968년 대통령에 당선되며 결실을 맺었다. 이후로도 두 사람은 지속적으로 사적인 만남을 가졌다. 1972년 닉슨의 재선운동을 위해 카슈끄지가 수백만 달러를 지원했다는 소문이 돌기도 했다.[16]

카슈끄지는 수십억 달러 규모의 계약에 록히드마틴 에이전트로 수차례 참여했다. 1970~1975년 그에게 지급된 커미션은 1억 600만 달러에 달한다. 그중 얼마를 뇌물로 지급하고 얼마를 본인이 가졌는지는 확실치 않다. 당시 록히드마틴 국제마케팅 담당 부사장은 카슈끄지가 "사실상 록히드마틴의 마케팅 담당자"라며, "카슈끄지는 고객과 접점을 만드는 것에서 그치지 않고 전략과 지속적 조언, 분석을 제시한다"고 말했다.[17] 카슈끄지는 정기적으로 커미션 인상을 요구했다. 그는 C-130 항공기 계약의 커미션을 2%에서 8%로 인상해줄 것을 요구하면서, "거래에 개입하는 주체가 많아졌기 때문에 그들의 요구 사항을 들어주기 위해서는" 더 많은 자금이 필요하다고 주장했다.[18] 한 록히드마틴 임원은 "소위 '비밀' 커미션이 사우디 측 관계자들에게 전달이 되는지, 아니면 에이전트가 모두 갖는지는 알 도리가 없다"고 말했다.[19] 일례로 1968년 8월 한 사우디 관계자는 "카슈끄지가 약속한 15만 달러를 한 푼도 지급하지 않아서 그에게 크게 실망"했다고 밝히기도 했다.[20]

1970년, 카슈끄지는 네덜란드의 베른하르트 왕자와 함께 노스롭그루먼의 에이전트가 되었다. 그를 노스롭그루먼에 추천해준 사람은 커밋 루스벨트Kermit Roosevelt였다. 시어도어 루스벨트의 증손자인 그는 1953년 미국과 영국이 지원한 이란 쿠데타에서 중대한 역할을 한 인물이다. 또한 사우디와 체결한 타이거Tiger 항공기 계약에서 노스롭그루먼 에이전트로 활약하기도 했다. 록히드마틴과 노스롭그루먼 모두 카슈끄지가 동시에 두 업체와 일을 하고 있다는 사실을 알고 있었으나, 당시 사우디가 엄청나게 많은 무기를 사들이면서 업체 간 경쟁이 치열하지 않은 상황이었기에 양측 모두 이를 문제삼지 않았다.[21]

1980년대 초 세계적인 부호가 된 카슈끄지의 자산은 약 40억 달러에 달했을 것으로 추정된다. 그는 2,000만m²에 달하는 스페인 마베야의 저택을 포함해 파리, 칸, 마드리드, 몬테카를로 등지에 총 12채의 주택을 소유한 것으로 알려져 있었다. 맨해튼 5번가의 아파트 16채를 1채로 개조해서 소유하기도 했다. 아라비아 말을 비롯한 200여 마리의 이국적인 동물을 길렀으며, 리무진 100대와 가격이 7,500만 달러에 이르는 요트 1척 등을 소유했다. 나빌라Nabila라는 이름의 이 요트는

〈네버 세이 네버 어게인Never Say Never Again〉이라는 007 시리즈 영화에 등장하기도 했다. 또한 그는 '미스터 킬Mr. Kill'이라고 알려진, 무술을 익힌 한국인 보디가드를 고용한 사실을 자랑하고 다녔다. 사치스러운 생활을 즐긴 그는 부유하고 유명한 인사들과 만날 일이 잦았다. 그의 여동생은 한때 영국 고급 백화점 해러즈Herrods를 소유하기도 한 재계 거물 모하메드 알-파예드Mohammed Al-Fayed와 결혼해 도디 알-파예드Dodi Al-Fayed를 낳았다. 도디 알-파예드는 나중에 다이애나 왕세자비와 함께 교통사고로 사망한 인물이다.[22]

그가 이런 사치스러운 생활을 누릴 수 있었던 것은 사우디가 지급한 커미션과 뇌물 덕분이었다. 처치위원회가 조사를 실시하기 전에도 미국 정부는 카슈끄지에게 전달되는 자금에 대해 모두 알고 있었다. 특히 국방부는 그에게 자금이 처음 지급된 시점에 이를 이미 파악하고 있었다. 1973년 노스롭그루먼은 미국의 무기판매 중개 및 감시·관찰을 담당하는 국방부 관계자들과 카슈끄지와의 만남을 주선했다. 그는 관계자들에게 커미션 지급 시스템을 상세히 설명하며, 커미션은 사우디의 부족한 경제 기반을 보강하기 위한 것이라 주장했다. 사우디 왕자들에게 지급되는 자금은 물질적인 이득을 위한 것이 아니라 충성심의 표시라고도 했다. 회의가 마무리될 즈음, 데이비드 앨느David Alne 국방부 해외판매협상국장은 카슈끄지를 "저렴한 비용으로 경제원조 프로그램을 운영하는 정직하고 영리한 사업가"라 불렀다.[23]

처치위원회 및 SEC 조사를 통해 방산업계의 뇌물 관행이 밝혀지게 되었을 때도 칼 코치언 록히드마틴 회장과 댄 호튼 CEO는 이러한 관행에 전혀 문제가 없으며 판매량을 늘리기 위해 뇌물을 지급하는 것이 지극히 당연한 일이라고 주장했다. 관련 정보를 제공하지 않으려 했던 록히드마틴은 SEC의 압력에 못 이겨 결국 2,200만 달러를 뇌물로 지급한 사실을 인정했다. 그러나 록히드마틴의 향후 사업에 악영향을 미치고 타국 정부 관계자들에게 해가 될 수 있다는 이유로 뇌물을 수취한 인사들의 이름을 밝히는 것은 거부했다. 호튼은 변호사들의 조언에 따라 '뇌물' 대신 '환금액'이라는 단어만 사용했다.[24]

록히드마틴의 주요 법정대리인은 전직 국무장관이자 닉슨 행정부에서 법무장관을 지낸 윌리엄 P. 로저스William P. Rogers였다. 로저스는 자신의 옛 동료인 헨리 키신저 국무장관에게 록히드마틴을 위해 사건에 개입해달라고 요청했다. 《무기시장》의 저자 앤서니 샘슨에 따르면, 키신저는 로저스의 요청에 응했고 에드워드 레비Edward Levi 법무장관에게 짧은 서한을 보내 록히드마틴 문서에 담긴 정보가 "입증되지 않은, 악영향을 줄 수 있는 정보"이며 관련국들과의 관계에 해를 끼칠 수 있다고 주장했다. 그럼에도 처치위원회는 당시 확보한 모든 세부 정보를 공개하기로 결정했다.[25] 하지만 언론에 모든 사실이 폭로되고 난 후에도 록히드마틴의 비리는 워터게이트 사건 이후 연이어진 기업 및 정치권의 비리 중 하나로 여겨질 뿐, 큰 여파는 없었다.

그러나 일본에서 록히드마틴 스캔들은 워터게이트 사건과 맞먹는 파장을 일으켰다. 사건을 조사하기 위해 3,000여 명의 조사관이 배정되었으며, 당시 건강이 좋지 않았던 고다마 요시오를 포함한 전직 고위 정치인들과 록히드마틴 임원들의 자택과 사무실 스물여 곳이 수사 대상이 되었다. 10명 이상의 관계자 및 에이전트가 비리에 가담한 혐의로 유죄 판결을 받았다. 미국은 키신저가 이끄는 대로 관련 문서 제공을 일체 거부하며 비협조적인 태도를 보였다. 이에 일본 당국은 격분했으며, 한 시사평론가는 "미국은 우리에게 도둑이 들었다는 사실만 알려주고 도둑이 누구인지는 알려주지 않으려 한다"고 표현했다.[26] 1976년 7월 체포된 다나카는 전직 총리 중 최초로 재임 중 저지른 비리로 유죄 판결을 받았다. 7년 뒤 그는 록히드마틴으로부터 뇌물 160만 달러를 받은 혐의로 징역 4년과 벌금 210만 달러를 선고받았다.[27]

이탈리아에서는 사회당의 지지 덕에 단 한 표 차이로 전직 총리의 면책권 박탈에 실패한 가운데 전직 국방장관 2명이 유죄 판결을 받았다.[28] 이탈리아의 과거 행적을 고려하면 매우 놀라운 결정이었다. 베른하르트 왕자는 평판에 금이 가긴 했지만 수감되지는 않았다. 네덜란드 정부의 조사 결과 왕자가 록히드마틴과의 거래 관계에서 범법행위를 저질렀다는 증거가 발견되지 않았기 때문에 처벌을 피할 수 있었다. 그러나 네덜란드 조사당국은 베른하르트가 "자기 자신과 네덜란드 조달정책의 신뢰를 저해할 수밖에 없는 계획을 실행에 옮겼으며, 부도덕한 요구와 제안에 거리낌 없이 응했음을 스스로 증명해 보였다"며 강하게 비판했다. 베른하르트는 거의 모든 사업에서 손을 떼고 군 당국 및 정부에서 맡고 있던 대부분의 직책에서 물러나야 했으며, 더 이상 네덜란드 군복을 착용할 수 없게 되었다. 많은 사람들은 그가 자신과 네덜란드 왕실을 욕보이는 행동을 했다고 생각했다.[29]

그러나 일본, 이탈리아, 네덜란드를 제외한 록히드마틴 비리 사건에 연루된 대부분의 국가들은 공모자들에게 어떠한 책임도 묻지 않았다. 아드난 카슈끄지는 이후에도 계속해서 사우디 정부와 주요 고객, 그리고 터키, 인도네시아, 콜롬비아, 싱가포르 정부 관계자 사이에서 중개인 역할을 하며 큰 수익을 올렸는데, 카슈끄지를 포함해 그와 거래한 이들 중 자신의 행동에 책임을 진 사람은 아무도 없었다.[30] 워터게이트 사건으로 실각한 닉슨의 뒤를 이어 대통령이 된 제럴드 포드 행정부에서 국무장관에 오른 헨리 키신저는 인도네시아 독재자 수하르토에게 무기를 판매하는 계약을 승인했다. 수하르토는 구입한 무기를 동티모르 시민들을 상대로 사용했고, 이는 미 의회의 무기수출통제법을 정면으로 위반하는 행위였다. 그리고 도널드 럼스펠드 국방장관은 끊임없이 비리에 휘말리는 록히드마틴을 계속 계약에 참여시키고자 했고, 외국 정부가 록히드마틴을 신임하도록 열심히 설득했다.[31]

댄 호튼과 칼 코치언은 비리 폭로의 여파로 록히드마틴이 지나치게 큰 손해를 보는 사태를 방지하기 위해 각각 CEO와 회장직에서 사임했다. 사임 직후 록히드마틴은 두 사람에게 거액의 컨설팅 계약을 제안했으나, 여론의 강한 비판으로 두 달 만에 제안을 철회했다. 두 사람 모두 자신들의 행동에 대한 죄책감을 느끼지 않는 듯했다. 1977년 7월 《뉴욕타임스》와의 인터뷰에서 코치언은 자신이 이 사건의 '희생양'이었다고 주장하며 리처드 닉슨과 자신의 상황을 비교했다. "나의 경험은 워터게이트 사건과 유사한 점이 있다. 워터게이트 사건과 마찬가지로, 이번 스캔들을 통해 폭로된 사실 중 상당 부분은 예전부터 이어져오던 관행이다. 그럼에도 돌연 엄격한 도덕적 잣대를 들이밀며 우리의 행동을 문제삼았다."[32] 또한 코치언은 "상업과 무역에 관한 문제를 다루는 사업가의 입장에서 사업을 수주할 수 있게 해줄 테니 특정 금액을 지불하라는 요구를 거절하는 것이 가능하겠느냐"며, 합리적인 사람이라면 누구나 자신과 같은 선택을 했을 것이라 주장했다. 심지어는 뇌물이라는 표현은 적절하지 않다고 주장하기도 했다. "사람들은 사례금, 의심스러운 자금, 강탈금, 윤활유, 혹은 뇌물이라는 표현을 쓴다. 나는 이러한 자금이 '커미션'이라 생각하며, 제품 판매를 위한 필수 요소라 생각한다. 잘못을 저지르고 있다고 느낀 적은 한 번도 없다. 일반적인 관행이었다."[33] 방산업계에서 뇌물수수가 일반적 관행으로 여겨진 것은 맞지만, 그렇다고 그것이 도덕적이거나 올바른 일이 되는 것은 아니다.

워터게이트 사건의 여파로 대중은 다양한 비리 사건에 주목하게 되었으며, 기업들이 국내외에서 뇌물로 지급하기 위해 마련해둔 비자금이 공개되는 결과를 낳았다.[34] SEC가 의심스러운 자금이나 불법 자금을 자진신고하는 경우 사면을 해주겠다고 제안하자, 450여 개의 미국 기업들이 3억 달러 이상의 자금을 정부 관계자, 정치인, 정당에 제공한 사실을 인정했다.[35] 자진신고한 기업 중 117개 업체가 《포춘》 500대 기업에 선정된 기업이었다.[36] 대부분의 자금은 '급행료' 혹은 '커미션'이라는 명목으로 정당화되었다.[37]

록히드마틴이 전 세계에서 벌인 활동이 널리 알려지고 다른 수 많은 기업들이 비슷한 일을 저질렀다는 충격적인 사실이 밝혀졌음에 도,[38] 폭력적이고 부패한 무기딜러들의 도덕 관념은 전혀 변하지 않았다. 그러나 미국에서는 록히드마틴 스캔들을 계기로 비리의 규모 및 그로 인한 피해에 대한 인식이 전과 다르게 높아졌다. 대중은 한층 강력한 규제와 뇌물공여 방지대책을 요구했고 그에 반해 기업들은 미국이 경제적 불이익을 겪을 수 있다고 주장하며 이에 반대했다.[39] 그러나 기업들의 항변은 대부분 무시되었고, 1977년 해외부패방지법Foreign Corrupt Practices Act이 만장일치로 통과되었다.[40] 이 법의 의도는 건전한 자본주의를 위해 기업들이 자체적으로 질서를 유지하도록 하고, 발각되었을 때 겪을 망신을 우려해 뇌물공여를 삼가도록 만드는 것이었다. 주주에 대한 투명성 강화가 중심이었으며, 뇌물 방지를 위한 처벌은 예비책으로 활용되었다. SEC 위원 A. A. 소머 주니어A. A. Sommer Jr.는 해외부패방지법 제정 1년 전인 1976년 다음과 같이 말했다.

단순히 외국 정부 관계자들에게 불법 보상금을 지급하는 것 이상의 도덕적·법적 문제가 존재한다. 다국적 기업의 역할과 관련된 문제, 그들이 사업을 벌이는 국가에서 어느 정도의 의무를 져야 하는지에 대한 문제, 그 국가에서 사업 활동에 대한 기준을 어느 정도로 높여야 하는 것인지에 대한 문제, 타국의 법을 존중하는 것에 대한 문제 등이 존재한다.[41]

1990년대까지만 해도 미국은 해외 뇌물공여를 금지한 유일한 국가였다.[42] 당시 미국에서는 이러한 결정에 대해 상당한 반발이 있었고, 지금까지도 방산업체를 비롯한 기업들은 해외부패방지법이 강도 높게 시행되지 못하도록 손을 쓰고 있다. 미국 경제전문지 《포브스》는 2010년 5월 커버스토리를 통해 '해외부패방지법 담당 검사들은 자신들이 법무부를 떠날 때를 대비해서 민간 부문에 수요(법률서비스의 수요—옮긴이)를 창출하기 위해 수차례 거액의 벌금을 부과한다'며 비판에 가세했다.[43]

해외부패방지법에는 반부패 조항은 물론 기록보존 및 회계 관련 조항도 포함되어 있다. 반부패 조항은 해외 정부 관계자 및 정당에 '사업의 수주 혹은 지속'을 목적으로 자금을 제공하는 것을 금지한다. '부적절한 혜택'을 얻기 위해 자금을 지급하는 것은 명시적으로 금지되지 않았으나, 법원이 그 정의를 얼마나 넓게 적용하느냐에 따라 충분히 금지될 수 있다. 그러나 '급행료'는 예외적으로 허용한다. 급행료란 '해외 정부 관계자에 의해 통상적이고 일반적으로 행해지는 정기적인 활동'을 위해 지급하는 뇌물로 정의된다.[44] 이 조항은 법안의 도덕적 효력을 감소시키는 역할을 한다.

기록보존 및 회계와 관련된 조항들은 서류 기록을 남기고 뇌물공여 은폐를 방지하기 위해 마련되었다. 그러나 이 조항들은 미국에 등록되어 SEC에 정기적으로 보고서를 제출해야 하는 업체에만 적용된다.[45] 반부패 조항은 모든 주식 발행주체, 국내 업체, 관련인에게만 적용된다. 즉 비상장 민간 기업들은 기록보존에 관한 조항을 지키지 않아도 되는 것이다. 따라서 소규모 회사들이 저지르는 해외 비리의 상당 부분은 적발되지 않을 가능성이 크다.

이 법의 또 다른 허점은 미국 모회사가 완전히 소유하지 않은 해외 자회사의 경우 그 법을 적용할 수 있는 범위가 제한적이라는 것이다. 해외 기업이나 외국인이 미국에 있는 동안 뇌물공여에 연루되는 경우에는 해외부패방지법 적용이 가능하다.[46] 그러나 '정부 관계자'의 뇌물수수에만 적용이 가능하며, BAE의 경우에는 '정부 관계자'에 왕족들도 포함되었다.

법무부와 SEC의 주도로 제정된 해외부패방지법이 미국 기업들이 해외에서 사업하는 방식을 바꾸어놓은 것은 분명하다. 그러나 이

법안에는 분명 허점이 존재하며, 기업들은 그 허점을 끊임없이 활용하고 있다. 예를 들어 미국 기업들은 모회사가 자회사 주식의 과반을 소유하지 않은 해외 합작법인을 이용해 사우디에 뇌물을 지급한다. 또한 국제적으로 실시된 조사에 따르면 미국 기업들은 국내에서는 해외부패방지법 준수 방안을 마련했으나, 비리 가능성이 가장 높은 해외 자회사에서는 이러한 방침이 전달 혹은 시행되지 않고 있는 경우가 많다.[47]

해외부패방지법 도입 이후에도 기업들과 정부, 특히 레이건 행정부의 거센 반발로 법은 수년간 제대로 시행되지 못했다. 해외부패방지법이 의회를 통과하는 과정에서, 그리고 이후 1981년 공청회가 진행되는 과정에서 기업들은 국제 무역규범에 대한 간섭을 우려하며 SEC가 법의 시행과 관련해 어떠한 역할도 해서는 안 된다고 주장했다.[48] 레이건 행정부는 SEC가 해외부패방지법을 "해외 사업을 전혀 하지 않는 모든 기업들에까지 회계 기준을 확대하기 위한 트로이 목마로" 부적절하게 활용하고 있다고 주장하면서,[49] 이 법 때문에 수주하지 못한 계약과 사업 비용의 증가를 강조하려 했다. 그러나 상무부가 해외부패방지법 공포 이후 수출이 오히려 증가했다는 통계 자료를 제시하며 정부의 주장이 허위임을 밝혀냈다. 1981년 회계감사원이《포춘》 1,000대 기업 중 200개 기업을 상대로 조사를 실시한 결과, 응답 기업의 3분의 2가 해외부패방지법으로 인한 "사업상의 영향은 없거나 거의 없다"고 답했다.[50]

14. 레이건과 변기시트 스캔들

레이건 행정부가 해외부패방지법에 부정적인 입장을 취한 것은 산업계, 특히 방산업계를 지원하기 위해서였다. 지미 카터의 임기 말 군비지출은 1951년 이래 최저치를 기록했다. 특별히 개입 중인 분쟁도 없었고, 소련과의 긴장 완화로 핵전력이 어느 정도 대등해진 상황을 반영한 결과였다. 그러나 레이건 당시 캘리포니아 주지사를 비롯한 보수 강경파 정치인들은 소련을 엄청난 군사 강대국으로, 미국은 소련의 그림자 아래 움츠린 약한 존재로 보았다.

조지 H. W. 부시 당시 CIA 국장은 소련의 군사력 평가를 수정하기 위해 'B팀'이라는 전문가 위원회를 만들었다. 강경파 폴 월포위츠 Paul Wolfowitz도 여기에 포함되었다. 이 사실을 알게 된 레이건은 1980년 대선운동 내내 카터 행정부가 겁쟁이처럼 군비경쟁에서 밀리고 있다는 비판을 퍼부었다. 제너럴일렉트릭컴퍼니 대표로 반공주의적 연설을 하며 1950년대를 보낸 레이건다운 선택이었다.[1]

대통령에 오른 레이건은 그동안 주장한 바를 실행에 옮겼다. 레이건은 강경파 국방장관 캐스퍼 와인버거와 함께 1981년과 1982년에만 군비로 750억 달러를 추가 지출했다. 그리고 1982년에는 군비로 사상 최대인 1,859억 달러를 지출했다. 1980년과 비교해 39% 증가한 수치였다. 레이건의 두 번째 임기가 끝나갈 무렵에는 군비 지출이 두 배로 증가해 평시 군비증강으로는 미국 역사상 최대치를 기록했다. 그 덕분에 군산정복합체는 엄청난 횡재를 누렸다. 록히드마틴이 국방부와 체결한 계약 규모는 1980년부터 1983년까지 두 배 증가해 연 40억 달러에 달했다.[2]

이러한 정책에 대한 대중적 지지 때문에 막대한 군비증강에 대한 비판이 힘을 얻기까지는 꽤 오랜 시간이 걸렸다. 그러나 레이건의 첫 번째 임기 말이 되자 재정적자와 새로운 사회적 요구가 늘어가는 가운데 과도하게 군비를 늘린다는 비판이 제기되기 시작했다. 대폭 늘어난 핵무기로 인해 강대국 간 핵대결 위협이 가중될 수 있다는 우려도 제기되었다. 후자는 20세기 가장 성공적인 시민운동 중 하나인 핵동결 캠페인으로 이어졌고, 전자는 군비증강을 조금이나마 둔화시키는 결과를 가져왔다.

레이건을 비판하는 이들이 내세운 가장 효과적인 근거는 각각 600달러와 7,622달러라는 터무니없는 가격이 책정된 변기시트와 커피머신이었다. '예비 부품 스캔들'은 수백억 달러에 달하는 군비가 어디에 쓰이는지에 대해 객관적이고 비판적인 평가가 이루어지는 계기가 되었다. 의회에서 미국 평시 역사상 최대 규모의 국방예산이 "한 푼도 낭비되지 않고 있다"고 주장한 캐스퍼 와인버거는 스캔들이 터진 이후 조롱거리가 되었다. 만화가 허블록Herblock의 《워싱턴포스트》 연재 만화가 대표적인 예다. 이 만화에서 와인버거는 매번 목에 변기시트를 낀 모습으로 등장했다. 논란이 된 커피머신은 초과비용과 낮은 성능의 상징이라 할 수 있는 록히드마틴 C-5A 갤럭시 수송기 제작을 위해 조달된 것이었다.[3]

부품 가격이 과도하게 매겨졌다는 사실을 폭로하는 데 큰 역할을 한 것은 한 젊은 기자였다. 국방부 내부고발자 어니 피츠제럴드에게 조언을 받은 디나 레이저Dina Rasor는 엔진제조업체 프랫앤휘트니Pratt & Whitney가 1년 만에 엔진 부품 34개의 가격을 300% 이상 인상한 사실을 폭로했다. 한 조달 담당자는 가격 인상을 폭로한 메모에 "프랫앤휘트니는 그렇게 가격을 조작해서는 안 됐는데, 그 사실을 쉽게 깨닫지 못할 것"이라 적기도 했다.[4] 공군은 가격 인상이 정당한 것이었다고 답하며, "〔공군〕 홍보 담당자들은 사실을 말하는 것이 훨씬 유리한 상황에서도 본능적으로 거짓말을 한다"는 피츠제럴드의 말이 사실임을 몸소

증명해 보였다.[5] 세금으로 변기시트와 커피머신보다 더 많은 폭리를 취한 것은 굴드코퍼레이션Gould Corporation으로, 철물점에서 7달러에 판매되는 망치를 435달러에 공급했다. 공군은 그중 37달러는 엔지니어링 지원, 94달러는 생산 지원, 56달러는 순이익금이자 수수료 명목으로 책정된 것이며, 모두 정당하다고 주장했다.[6]

록히드마틴이 국방부에 공급한, C-5A 갤럭시에 들어가는 시계의 가격은 591달러, 엔진 덮개의 가격은 16만 6,000달러였다는 사실도 추가적으로 밝혀졌다. 역시 갤럭시에 탑재된 과도하게 비싼 커피머신은 만듦새가 조악하고 자주 고장이 났다는 사실도 드러났다. 록히드마틴은 또한 공군에서 자체 제작하는 경우 비용이 5~25달러밖에 들지 않는 팔걸이 가격을 약 670달러로 책정했다. 마지막으로, 20년 전에 개발된 기술로 만들어진 손전등을 181달러에 판매했으며, 훨씬 저렴한 가격으로 구매 가능한 기성품의 성능이 더 뛰어나다는 사실도 밝혀졌다.[7]

록히드마틴은 이러한 예비 부품에 들어가는 비용은 전체 국방예산의 1.6%밖에 되지 않는다고 변명했다. 그러면서 사기, 낭비, 권력남용을 폭로하는 이들은 평화와 자유의 적이며, 세계적인 적대 세력 앞에 국가가 하나로 뭉치기 위해서는 침묵을 지켜야 한다고 주장했다. 이에 대해 어니 피츠제럴드는 과잉 청구는 과잉 청구이며, 변기시트 및 커피머신 조달 방식과 동일한 조달 방식을 사용해 항공기를 만들면 결국 C-5A 같은 "하늘을 나는 부품 모음"이 탄생하는 것이라며 상식적으로 반박했다.[8]

또한 디나 레이저는 공군이 C-5A 날개 부분의 심각한 결함 수리를 위해 록히드마틴에 15억 달러를 지불할 계획이었다는 사실을 폭로했다. 날개 결함은 록히드마틴이 자체적으로 발생시킨 것이었으며, 수리는 록히드마틴에 수십억 달러에 달하는 구제금융 자금을 제공하기 위한 구실에 불과했다.[9]

이렇듯 큰 문제들이 연이어 발생했음에도, 공군은 록히드마틴이 차세대 수송기 생산 계약을 따낼 수 있도록 돕기 위해 불법 로비에 가담했다. 1981년 8월, 공군은 염두에 두고 있던 록히드마틴의 갤럭시 C-5B 대신 맥도널더글러스 제품을 차세대 수송기로 선정했다. 2주 뒤 공군은 처음의 결정을 번복했다. 레이저는 공군이 "지금까지 조달한 장비 중 가장 창피한 장비의 다음 버전을 구매하려 한다"는 사실을 믿을 수가 없었다.[10] 그녀와 어니 피츠제럴드는 이러한 결정이 록히드마틴을 위한 구제금융의 일환이라고 결론지었다.

공군이 C-5B를 선정하자 보잉은 훨씬 가격이 저렴하면서도 인상적인 성능을 자랑하는 모델을 새롭게 선보였다. '보잉 출신 상원의원'이라 불리는 헨리 잭슨Henry Jackson 의원이 보잉을 지지하도록 동료 의원들을 설득하기 시작하자, 국방부, 공군, 록히드마틴은 즉시 행동에 나섰다. 의원들의 표를 확보하기 위해 군 장성, 상원 다수당 대표 하워드 베이커Howard Baker, 공군성 장관, 국방부 차관, 레이건 대통령을 목표로 96쪽에 달하는 상세한 로비 계획을 마련했다. 의회 내 흑인 의원들의 모임인 블랙코커스Black Caucus 멤버들에게 로비하기 위해 시민운동가 겸 애틀랜타 시장 앤드루 영Andrew Young도 합류시켰다.[11]

국방부는 록히드마틴의 지휘 아래 로비 대상과 역할을 배정했다. 록히드마틴은 갤럭시 C-5B에 대한 국방장관 입장문 초안을 작성하기까지 했다.* 공군은《워싱턴포스트》에 게재되는 전면 광고용으로 특별히 촬영한 사진을 제공했다. 그러나 모든 로비 활동의 중심이 된 것은 선심성 예산이었다. 토머스 오닐 하원의장, 글렌 앤더슨Glenn Anderson 하원의원, 칼 레빈Carl Levin 미시간주 상원의원은 자신들의 지역구에 일

---

* 국방부 국회 연락사무소가 '동료 의원에게 보내는 서한Dear Colleague Letter' 초안을 작성했다. 국방부 국회 연락사무소는 정보 제공 이외의 역할은 수행하지 않는 기관으로서, 해당 서한은 1명 이상의 의원이 입법부 동료들과 소통하기 위한 목적으로 작성된 것이다.

자리가 창출될 것이라 기대하며 방산업체들과 손을 잡았다.[12]

로비 계획이 폭로된 후에도 공군과 록히드마틴 측의 사과는 없었다. 캘리 버크Kelly Burke 중장은 "이런 일은 매우 흔히 발생한다. 민주주의가 실현되는 과정일 뿐이다. 민주주의 시스템은 원래 이런 식으로 작동한다"고 주장했다.[13]

모두가 이런 주장에 동의한 것은 아니었다. 회계감사원은 보고서를 통해 그간의 행위 중에서 행정부 관계자의 로비 활동을 제한하는 법에 위반되는 것이 있었는지의 여부 및 방산업체와의 협력이 위법행위에 해당하는지의 여부에 대한 조사를 촉구했다. 후자의 경우와 관련해 해당 보고서는 "공군은 대인 로비 활동을 직접 펼치는 것이 금지되어 있으므로, 그러한 로비 활동을 하는 방산업체 네트워크에 참여하는 것 또한 불가능하다"고 지적했다.[14] 회계감사원은 공군 및 국방부가 록히드마틴과 합동 로비 활동을 펼치는 동안 공군 및 국방부 관계자들에게 지급된 임금은 공공예산이 부적절하게 사용된 경우에 해당한다고 판단했다. 어니 피츠제럴드는 이러한 사안들을 법무부에 가져가는 것에 대해 "왕의 변호사들에게 왕을 위한 사업을 벌이는 왕의 수하들을 기소하라고 요청하는 것"과 다를 바가 없다며 회의적인 반응을 보였다.[15] 관련 사안에 대한 특검 요구는 무시되었다. 피츠제럴드가 옳았던 것이다.

이 사건은 조달 절차에 지속적으로 영향을 주는 여러 구조적 문제를 잘 보여준다. 빌 하텅은 이 사건과 관련해 다음과 같이 말했다.

무기체계와 관련된 논의가 진행될 때면 항상 같은 상황이 발생한다. 업계 및 국방부 로비스트들이 의회로 몰려간다. 상하원의 군사위원회와 세출위 국방소위원회에 속한 의원들에게 압력이 가해진다. 그 의원들 중 다수는 자신의 지역구에 주요 생산시설을 보유하고 있다. 주요 의원들은 여러 무기체계 제조업체 및 방산업체로부터 거액의 정치 후원금을 받는다. 그 결과, 논의 중인 무기체계에 유리한 편파적인 보고서와 증거가 마련되며, 방산업체들이 보고서나 증거를 마련하는 과정을 돕는 경우도 많다.[16]

이렇게 작동되는 철의 삼각동맹은 국방예산의 규모를 거대하게 키우고 수상쩍은 과정을 통해 무기를 구매하는 결과를 낳는다.[17] 한때 국방예산의 낭비와 오용을 맹비난하던 진보 성향 의원들도 자신의 지역구에서 무기가 생산될 가능성이 높아지면 돌연 입장을 바꿔 국방예산 증대를 부추기는 경우도 있다. 일례로 주요 진보인사 테드 케네디Ted Kennedy와 앨런 크랜스턴은 과도한 초과비용과 성능 문제로 F-18 사업을 중단하려는 시도에 강력 반대했다. 크랜스턴이 10년 전 록히드마틴에 구제금융을 지원하는 방안을 지지한 것과 같은 이유에서였다.

그러나 레이건이 가장 큰 관심을 쏟은 사업은 미사일 방어 프로그램이었다. 1983년 3월 레이건의 지지율은 폭락했고 국민의 57%가 레이건으로 인해 미국이 핵전쟁에 개입하게 될까 우려된다고 답했다. 그러자 레이건은 이른바 '스타워즈Star Wars 구상'이라 알려진 연설을 통해 핵무기를 '완전히 무력화'할 수 있는 기술을 개발하겠다고 약속했다.[18] 조지 슐츠George Shultz 국무장관은 이러한 주장이 터무니없다고 생각한 반면, '어둠의 왕자'라 알려진 보수파 리처드 펄Richard Perle은 레이건에게 지지를 보냈다. 록히드마틴은 전략방위구상Strategic Defense Initiative이라고도 알려진 이 계획에 포함된 다양한 기술 중 하나를 담당했으며, 금전적 이익도 얻었다. 록히드마틴은 요격체에 우산살 형태로 펼쳐지는 탄두를 장착한 호밍오버레이실험Homing Overlay Experiment(사상 최초의 충돌 방식 요격 실험—옮긴이)을 실시했다. 세 차례나 실패하며 전략방위구상의 미래를 위협하던 이 실험은 마침내 1984년 6월 성공적으로 마무리되었다. 그러나 지금까지도 록히드마틴의 자랑으로 여겨지는 이 실험 결과는 조작되었던 것으로 밝혀졌다. 10년 뒤 회계감사원은 해당 실험에 사용된 모형 탄두가 타격이 용이하도록 '개선'되었다는 사실을 발표했다. 당시까지 스타워즈 구상에 투입된 자금은 350억 달러였다. 늘 부도덕한 일을 일삼던 록히드마틴이 또 한번 군당국과 협력해 미국 납세자들을 상대로 어마어마한 규모의 사기를 친 것이다.

방산업체, 특히 록히드마틴에 이익을 주기 위해 혈안이었던 레이건 행정부는 민간 부문에 대한 규제를 최대한 완화하는 일에도 많은 노력을 기울였다. 이러한 노력에는 해외부패방지법 완화도 포함되었다. 1988년, 업계의 로비에 힘입어 해외부패방지법을 완화하는 방향으로 개정이 이루어졌다. 개정안에 따라 예외로 인정되는 '급행료'의 정의가 한층 넓어졌다. 기존에는 급행료 지급 가능 대상에 '행정 혹은 사무 업무를 담당하는' 정부 관계자만 해당되었으나, 여기에 '정례적인 정부활동'을 하는 모든 정부 관계자가 포함되었다. 개정을 지지한 주요 인사 중 한 사람인 하인즈Heinz 상원의원은 해외부패방지법의 개정이 무역적자가 부담스러운 시대에 미국 기업들의 수출에 대한 걸림돌을 제거하는 일이라 주장했다.[19]

또한 자금의 '전부 혹은 일부'가 외국 정부 관계자에게 뇌물로 지급될 것이라는 사실을 '알거나 알 수 있는 상황에서' 제3자에게 자금을 지급하는 것을 전면 금지한다는 조항에서 '알 수 있는 상황'이라는 부분이 삭제되었다. 뇌물로 사용될 것이라는 사실을 '인지'하고 있는 상황에서 지급된 자금에 대해서만 법적 책임을 묻도록 하는 것이 그 목적이었다. '인지'하고 있었다는 것을 증명하기가 더 어렵기 때문이다. 또한 지급된 자금이 '자금을 지급 받은 국가의 법과 규범에 위배되지 않는 경우'와, '외국 정부 혹은 정부기관과의 거래 혹은 계약을 촉진하기 위해 외국 정부 관계자를 대신해 합리적인 지출을 한 경우'는 항변 사유로 인정되었다.[20] 이는 사우디아라비아와 같이 비리가 만연한 국가가 관계된 경우에 매우 중요한 요소다.

CIA는 개정안 채택 과정에서 국가안보 관련 예외 조항을 포함시켰다. 이 예외 조항에 따르면 CIA가 국가안보를 위한 작전으로 지정한 작전에 참여하는 모든 업체는 외국으로 지급되는 자금에 대해 SEC에 보고할 의무가 없다. 1988년 CIA 법무관과 피터 스톡턴Peter Stockton 의회 조사관이 회의를 가진 뒤 작성한 보고서에 따르면, CIA의 유령 회사 역할을 하는 '수많은' 미국 업체들이 이 예외 조항에 따라 SEC에 보고할 의무를 면제받았다. 스톡턴은 보고서에 "SEC는 무슨 근거로 업체들이 예외 조항을 남용하지 않을 것이라 생각한 것인지 궁금하다. 예외 조항은 뇌물을 제공해도 된다는 일종의 허가증이나 다름없다"고 썼다.[21] 이 조항은 미국에서 체결되는 혹은 미국과 체결하는 무기거래에 참여한 정식 업체들과 많은 딜러들이 유리하게 이용할 수 있다. 일례로 해당 조항에 따라 이란-콘트라 사건에서 지급된 막대한 뇌물은 해외부패방지법의 적용을 받지 않았다.[22]

수사에 참여한 특별검사가 "[레이건] 행정부 주요 관계자들이 가담한 음모"[23]라 표현한 이란-콘트라 사건은 무기수출통제법과 최소 1개의 국회 제정법을 위반했다. 사우디, 이스라엘도 가담한 이란-콘트라 사건 및 은폐 공작으로 결국 캐스퍼 와인버거 국방장관을 포함한 레이건 행정부 인사 11명이 유죄 판결을 받았다. 당시 부통령이었던 조지 H. W. 부시는 대통령에 오른 뒤 11명 전부를 사면했다. 이란-콘트라 사건은 불법 무기거래를 통해 정치적 목적과 이윤을 추구한 가장 악명 높은 사건 중 하나로 남았다. 또한 비밀스러운 목적 달성을 위한 무기거래 행위가 해외부패방지법을 포함한 법망을 얼마나 교묘히 피해갈 수 있는지를 보여주는 또 하나의 사례가 되었다.

국방부 관계자 척 스피니는 레이건 재임 시절을 무모한 군비증강이 최고조에 달했던 시기라고 평가했다. 존 보이드의 군사개혁운동에 참여하며 얻은 정보를 바탕으로 스피니는 1980년 국방예산에 대한 신랄할 비판을 담은 《국방의 실태Defense Facts of Life》라는 책을 출간했다. 책에서는 복잡한 기술을 개발하려는 시도가 비싸고 불충분하며 비효율적인 무기의 탄생으로 이어지는 과정을 설명한다. 마치 스스로를 망가뜨리는 중독자처럼, 공군은 유지할 여력도 없으면서 기술적으로 과도하게 복잡하며 비싼 무기체계 구입에 중독되어 엄청난 예산을 낭비했다. 기술이 군 당국을 좌지우지하는, 주객이 전도된 상황이 계속되었다. 스피니는 고가의 첨단장비 개발 및 구입을 선호하는 경향이 미국의 국방체계를 안에서부터 좀먹고 있다고 생각했다. 1980년 4월 발생한 이란 인질 사태는 이러한 접근 방식이 얼마나 어리석은 것이었는지 잘 보여준다. 당시 미군은 헬기 2대의 추락을 포함해 다양한 기술 장비 고장으로, 이란 혁명군에게 붙잡힌 인질을 구출하려다 실패하고 말았다.[24]

군사개혁운동에 관심을 갖게 된 샘 넌Sam Nunn 상원의원은 스피니와의 만남을 요청했으나 국방부가 이를 거절했다. 그러자 넌 의원은 소환장을 발부하겠다고 위협했고, 결국 국방부는 요청을 수락했다. 넌 의원은 군사개혁운동에 관한, 기밀로 취급되지 않는 보고서를 요청했고, 스피니는 그해 크리스마스 연휴 내내 보고서를 써야 했다.

이듬해 레이건이 대통령에 당선되었으며 캐스퍼 와인버거도 국방장관에 임명되었다. 스피니는 와인버거가 상원의 인준을 받은 것을 두고 "국방부에 돈을 퍼주고 싶어 하는 군사위원회 소속 의원들과 서로에 대한 호감을 표현한 자리"였다고 표현했다. 스피니는 샘 넌도 그중 하나라고 생각했다.

넌은 국방부의 통제를 받는 업자나 다름없기에 그에게 뭔가를 기대하는 사람은 아무도 없었다. 그러나 그는 돌연 "내가 갖고 있는 이 보고서에 따르면 더 많은 자금을 투자할수록 상황은 더욱 악화될 것이라고 한다. 국방부는 이 보고서가 공개되지 않도록 손을 쓰고 있다"고 말했다. 언론은 펄펄 뛰며 보고서를 요구했다. 그 덕에 국방부는 분주해졌다. 보고서 복사본을 2,000부 넘게 인쇄해야 했던 것이다. 그리고 나는 갑작스럽게 대단히 환영받지 못하는 사람이 되었고, "이 일에서 손 떼라"는 지시를 받았다. 나는 그러겠다고 답했다. 이미 조달 프로그램을 구체적으로 살펴볼 필요가 있다는 사실을 발견한 후였기 때문에 조달 프로그램을 조사하기 시작했다.[25]

스피니는 《계획과 현실의 불일치The Plans/Reality Mismatch》라는 책을 쓰기 위한 작업에 착수했다.[26] 이 책은 의회에서 특정 무기 프로그램에 예산안을 승인받을 당시 방위업체가 약속한 내용과 실제로 이행되는 프로그램 간의 격차를 폭로했다. 당초 약속한 것보다 생산되는 무기 수량은 적어지고 비용은 올라가는 경우가 많았다. 국방예산으로 요구된 금액과 실제로 사용된 금액이 매우 크게 차이난다는 사실도 폭로했다. 레이건 행정부가 실제로 국방에 사용한 자금은 1984년 예산안에서 계획한 5년간의 지출보다 최소 5,000억 달러 이상 많았다. "그러나 이런 사실을 알고 싶어 하는 사람은 아무도 없다." 스피니를 방해하기 위해 그의 상관들은 책에 대한 평가를 지시했다. 스피니는 자신이 밝힌 사실의 공개마저도 거부되자 저녁마다 모텔 방에서 기자들에게 책에 대해 설명하는 시간을 가졌다.

국방장관실에서 일하는 한 지인이 갑자기 제게 전화해 "보여주고 싶은 것이 있다"고 말했습니다. 그는 공군 보고서를 보여주었고, 제가 보고서를 읽는 동안 그는 "이 보고서 내용은 당신의 주장과 일치한다. 표현 방법은 조금 다르지만, 기본적으로 동일한 주장을 펼치고 있다"고 말했죠. 제가 그의 말에 동의하며 "이 자료를 구하고 싶다"고 했더니 그는 "이걸 가지면 된다"

고 답했습니다. 그렇게 우리는 은퇴한 3성, 4성 장군 여럿이 한데 모아둔, 기밀로 분류되지 않은 문서들을 확보했습니다. 이 문서들의 요지는 군이 붕괴되고 있다는 것이었죠.

모든 기자들이 저의 보고서를 요구하자 국방부에서는 난리가 났습니다. 지금은 대부분의 기자들이 보고서를 읽은 상태지만요. 이후 우리는 공군에 대한 보고서와 헤리티지재단에 대한 보고서를 발간했습니다. (비슷한 말 반복)

당시 아이오와주 초선 상원의원이었던 척 그래슬리Chuck Grassley 는 매우 보수적인 인물이었지만 이 소식을 듣고 큰 관심을 보였습니다. 레이건의 인기가 정점이었지만 그래슬리 의원은 대담하게 맞서려 했습니다. 그는 저와 만나고 싶어 했지만 저의 상관들은 허락하지 않았죠. 존은 저에게 "지금부터 몇 시간 동안 사무실에만 있으라"고 말했습니다. 그때는 몰랐지만 그래슬리 의원이 차를 몰고 와서 국방장관실에 불쑥 찾아가 "척 스피니를 만나게 해달라"고 말했다고 합니다. 장관 비서실 측은 제가 자리에 없어서 불가능하다고 답했습니다. 거짓말이라는 것을 아는 그래슬리는 상원의원인 자신을 그렇게 대했다는 것에 잔뜩 화가 났죠. 결국 그는 의회에서 청문회 개최를 위한 의사 진행 방해에 착수했습니다. [1983년] 3월 그는 청문회에 대한 지지를 이끌어냈고, 저를 증인으로 소환할 예정이었습니다. 와인버거는 "어차피 몇 주 지나면 다들 잊어버릴 테니 청문회를 열도록 놔두라"고 말했고요.

이 사건을 보도하려던 《타임》은 누구를 표지 모델로 선정할지 고민했습니다. 보이드가 후보에 올랐으나 그가 거절했죠. 보이드는 그들에게 "스피니가 표지를 장식해야 한다. 이유는 간단하다. 대중의 입장에서 봤을 때 이 사건은 다윗과 골리앗의 싸움과 다름없으며, 그를 큰 어려움에 빠뜨릴 청문회를 앞둔 지금 그를 보호해야 할 필요가 있다"고 말했습니다. 《타임》 측이 동의하자 그는 "스피니에게 동의를 구하겠다"고 말했어요. 다음 날 보이드는 제게 "《타임》 표지 모델을 하지 않겠냐"고 물었고 저는 "절대 하지 않겠다"고 펄쩍 뛰었습니다. 그러자 그는 "청문회가 열리고 나면 무슨 일이 일어날지 알지 않느냐. 표지 모델을 하는 것이 너를 보호할 수 있는 최고의 수단이다. 생각해보고 내일 마저 이야기하자"라고 답했죠. 그의 말이 옳았고, 다른 방법이 없다는 것을 깨달은 저는 고심 끝에 제안을 수락했습니다.

한편 국방부는 상원 군사위원회 위원장이자 국방부의 통제를 받는 업자나 다름없는 존 타워John Tower 상원의원을 설득해 금요일에 청문회를 열도록 했습니다. 목요일에는 시내에 남아 있는 사람이 적고, 주말판 신문에는 정치 이슈가 적게 보도되기 때문에 금요일에 청문회를 하면 큰 주목을 받지 못한다는 것을 알고 있었던 거죠. 국방부가 자주 사용하는 전략입니다. 그리고 아주 자그마한 회의실에서 청문회를 열 예정이었습니다. 그래슬리는 상원 예산위원회와 상원 무기위원회가 처음으로 함께 개최하는 합동 청문회가 이런 대우를 받는다는 사실에 격분했습니다. 결국 청문회는 올리버 노스와 매카시McCarthy 청문회가 열렸던 회의실에서 개최되었습니다. 청문회는 만원 사례를 이뤘죠. 국방부가 얼마나 바보 같았는지 조금 이야기하자면, 《타임》은 그 주에 의회에 있는 모든 사람들에게 "스피니를 표지 모델로 선정했고, 청문회를 아주 크게 다룰 것"이라고 말하고 다니며 기대감을 높여두었습니다. 그 결과 모든 의원들이 청문회에 참석하고 싶어 했어요. 하지만 국방부는 놀랍게도 이 사실을 전혀 모르고 있었습니다. 정말 놀라울 따름이죠.

마침내 저는 방송국 카메라 8대 앞에서 2시간 동안 발표를 했습니다.

이 소식이 실린 《타임》은 그다음 주 월요일에 발간되었습니다. 잡지가 국방부로 전달되기 전, 와인버거의 사무실에서 회의가 열렸습니다. 그 자리에 있었던 제 지인은 존 레이먼John Layman 해군성 장관이 "스피니인지 뭔지 하는 사람과 관련된 사안은 해결되었다. 주말에 청문회에 대한 짧은 광고가 몇 개 보도되긴 했지만 이 사안과 관련된 소식은 그게 마지막이 될 것이다"라고 말했다는 사실을 저에게 전해줬습니다. 하지만 《타임》이 발간되자 아수라장이 되었습니다. 국방부에 트럭 여러 대 분량의 복사본을 가져가야 했습니다. 월트 모스버그Walt Mossberg 《월스트리트저널》 기자는 제게 전화해 공보 차관보와 통화한 내용을 말해줬습니다. 공보 차관보는 그에게 전화해 청문회와 전혀 관계없는, 그가 쓴 기사를 언급하며 불평했다고 합니다. 그러다 갑자기 '세상에, 세상에'라고 하길래 무슨 일이냐고 물었더니, 차관보가 '방금 《타임》지를 받았는데 스피니가 표지 모델이다'라고 답했고, 제 지인이 '당신을 괴롭히기 위해 누군가 장난을 친 것 아니냐'고 묻자 차관보는 '아니, 정말이다. 끊어야겠다'고 답했다고 합니다.

제 친구 레이 레오폴드Ray Leopold는 《타임》지를 잔뜩 가져와서 사람들에게 나눠주었습니다. 책상에 발을 올린 채 기대 앉아 있던 보이드에게도 한 부 주었더니, 잡지를 쓱 보고는 한쪽에 던져두며 "뭐, 이제 끝났네"라고 말하더군요. 그는 사실상 "이건 그냥 업무일 뿐이니 너무 자만하지 말라"는 말을 행동으로 보여주고 있었던 겁니다. 어쨌든 엄청난 소동을 일으킨 이 사건 덕에 개혁운동에 박차를 가할 수 있었습니다. 그래슬리는 상원에서 우리의 조사 작업과 청문회 덕분에 1985년 레이건 행정부 예산 동결을 위한 연합체를 구성할 수 있었다고 여러 차례 언급했습니다. 이 사건의 여파가 컸던 것은 확실합니다.

이 사건 이후 스피니는 고립되었다. 그는 연이어 국방체계의 비효율에 대해 조사했으나 국방부는 이러한 사실을 진지하게 다루는 것조차 두려워했다. 알렉산드리아의 자택에서 스피니는 필자에게 이렇게 말했다. "요점만 이야기하자면, 1988~1989년 내내 나에게는 어떠한 업무도 주어지지 않았다. 2003년 은퇴할 때까지 나에게 주어진 공식 업무는 단 하나도 없었다. 하지만 나는 매우 바빴다. 국방부에 있는 그 누구보다도 많은 자료를 만들었다."

레이건 행정부의 예산 낭비는 조지 H. W. 부시 행정부에서도 이어졌다. 1989년, 군비 지출은 4,500억 달러를 돌파했다.[27] 부시의 친가와 외가 양측의 조부가 모두 군산정복합체와 군산정복합체의 정보 수집용 보조기관인 '아메리칸 인터내셔널 코퍼레이션American International Corporation'의 탄생에 직접 기여했다는 사실을 고려하면 그리 놀라운 결과는 아니다.[28] 워커Walker 가문과 부시 가문은 군산정복합체, 1945년 이후의 안보국가, '21세기 절대권력'(두 가문의 역사를 기록한 케빈 필립스Kevin Phillips의 표현)의 등장과 함께 성장한 대표적인 가문들이다.[29]

부시 가문이 부와 명성을 쌓는 데 결정적 역할을 한 것은 사우디 왕실과 맺은 사업 관계였다. 《부시 가문과 사우드 가문House of Bush, House of Saud》의 저자 크레이그 웅거Craig Unger는 각각 부시 가문 및 사우드 가문과 연관된 개인 및 단체가 주고받은 자금이 약 14억 달러에 달할 것으로 추산했다. 크레이그 웅거가 정의한 '부시 가문'에는 조지 W. 부시, 조지 H. W. 부시, 제임스 베이커 3세, 딕 체니, 그리고 조지 H. W. 부시 대통령 도서관, 칼라일그룹Carlyle Group, 핼리버튼Halliburton 등 그들과 연관된 주요 기관 및 기업이 포함된다. '사우드 가문'에는 사우디 왕족, 그들이 관리하는 기업, 그리고 빈라덴 가문 및 빈 마푸즈bin

Mahfouz 가문 등 왕족과의 긴밀한 관계를 활용해 부를 축적한 상류층 상인들이 포함된다.[30]

조지 W. 부시의 공군 동료 제임스 배스James Bath는 사우디 측 인사들을 부시 측 인사들과 만나게 해주는 다리 역할을 했다. 그는 거대한 기업 제국을 구축한 빈라덴 가문, 그중에서도 특히 살렘 빈라덴 Salem bin Laden과 친밀한 관계였으며, 사우디 사업가 칼리드 빈 마푸즈 Khalid bin Mahfouz와도 가까운 사이였다. CIA는 칼리드 빈 마푸즈가 오사마 빈라덴의 이복형제라고 밝혔으나, 이는 잘못된 정보일 가능성이 있다. 또한 배스는 이란-콘트라 사건에 연루된 수많은 이들과도 인맥을 갖고 있으며, 조지 W. 부시가 석유회사를 갓 설립했을 당시 5만 달러를 투자하기도 했다.[31] 하켄에너지Harken Energy가 부시의 회사를 매입하고 부시가 하켄에너지의 임원이 되자 사우디 자본가 압둘라 타하 바크시Abdullah Taha Bakhsh도 부시의 회사에 투자해 세 번째로 많은 자금을 투자한 투자자가 되었다.[32]

많은 논란을 일으킨 칼라일그룹 또한 부시 가문과 사우드 가문을 이어주는 연결고리다. 1987년 설립 당시 칼라일그룹은 사모펀드 투자 분야에 새로운 비즈니스 모델을 제시했는데, 그 그룹은 처음부터 각국 정부의 회전문 메커니즘을 이용하는 것을 설립 목표로 삼았다.

칼라일그룹은 미군, 대기업, 큰 영향력을 가진 정치 세력이 한 회사에 모두 모여 탄생한 군산정복합체의 전형적인 예다. 칼라일그룹은 정부활동에 의해 크게 좌우되는 기업들을 투자 대상으로 삼았다. 정부로부터 계약을 수주하기 때문에 법규 개정에 크게 영향을 받거나, 칼라일그룹과 관계된 정치권 거물들을 통해 세계 곳곳으로 진출할 수 있는 기업들이 타깃이 되었다. 정치 상황이 어떻게 진행될 것인지 미리 파악하거나 이를 바꿀 수 있었던 칼라일그룹은 '인맥 자본주의'에 통달한 세계 최대의 사모펀드 회사가 되었다. 칼라일그룹의 워싱턴 사무실은 미국 권력의 중심이라 할 수 있는 펜실베이니아가街 1001번

지에 자리하고 있다. 2010년 칼라일그룹이 운용한 자산은 905억 달러였다.[33]

칼라일그룹과 관계된 정치권 거물로는 조지 H. W. 부시, 그의 국무장관이자 칼라일그룹을 사우디 왕실에 소개해준 것으로 알려져 있는 제임스 베이커 3세,[34] 조지 W. 부시 등이 있다. 조지 W. 부시는 1990년, 칼라일그룹이 처음으로 인수한 회사 중 하나인 기내식 업체의 이사로 임명되기도 했다. 1992년 부시는 텍사스 주지사로 출마하기 위해 이사직을 사임했다.[35] 그는 주지사 당선 이후 텍사스 교직원 연금 관리위원회를 직접 선임했는데, 몇 년 뒤 이 위원회는 칼라일그룹에 1억 달러를 투자하기로 결정했다.[36] 1989~2005년 칼라일그룹 회장과 명예 회장을 맡은 프랭크 C. 칼루치Frank C. Carlucci는 전직 국방장관이며,[37] 2001년 칼라일그룹 수석 고문으로 임명된 아서 레빗Arthur Levitt은 빌 클린턴 행정부에서 SEC 위원장을 지낸 인물이다.[38] 존 메이저 전 영국 총리 또한 1998년 자문위원으로 칼라일그룹에 합류했으며, 2002~2005년 칼라일그룹 유럽법인 회장을 맡았다.[39] 피델 라모스 Fidel Ramos 전 필리핀 대통령[40]과 태국 총리를 두 번 지낸 탁신 친나왓 Thaksin Shinawatra 모두 칼라일그룹의 아시아 자문단 멤버였다.[41] 탁신 친나왓 전 총리는 퇴임 이후 궐석재판을 통해 비리 혐의로 유죄 판결을 받은 바 있다. 칼라일그룹에 속한 다른 거물급 인사로는 전 클린턴 행정부 백악관 수석보좌관,[42] 전 조지 W. 부시 행정부 재무차관,[43] BAE 의 미국 자회사 이사로도 활동하는 미군 예비역 4성 장군,[44] 클린턴 행정부에서 연임된 합참의장[45] 등이 있다.

칼라일그룹과 관련된 인사들은 불명예스러운 일로 여러 번 '미국 최초' 타이틀을 거머쥐었다. 방산업체를 위해 노고를 아끼지 않은 최초의 전직 대통령과, 대통령으로 재임 중인 아들에게 부자 모두의 자산에 큰 영향을 줄 수 있는 외교정책 관련 조언을 해준 최초의 전직 대통령 모두 칼라일그룹 소속이었다.[46]

조지 W. 부시 행정부 시절 미국 시민단체 공공청렴센터Center for Public Integrity의 이사를 지낸 찰스 루이스Charles Lewis는 "칼라일그룹만큼 정계와 깊은 유착 관계를 맺기도 어렵다. '아버지' 부시는 자신의 아들이 이끄는 정부를 위해 일하는 민간 이익단체를 통해 돈을 벌었다. 조지 W. 부시 대통령도 자신의 아버지가 해둔 투자와 자기 자신이 내린 정치적 결정 덕에 언젠가 금전적 이익을 얻게 될 것이다"라고 말했다.[47]

무기산업에서 칼라일그룹의 역할은 매우 중요했다. 한때 칼라일그룹은 미국에서 열한 번째로 큰 규모의 방산업체이자 터키와 사우디에 가장 많은 무기를 수출한 업체이기도 했다.[48]

영국에서는 무기조사 업체 키네틱QinetiQ의 떠들썩한 민영화에 관여하기도 했다. 영국 국방부 산하 방산업체였던 키네틱의 민영화 과정에서 칼라일그룹과 많은 공무원들은 해당 업체가 상장하기 전 업체의 지분을 취득해 막대한 이익을 챙겼다. 최고위 임원 10명이 챙긴 투자수익률은 1만 9,900%에 달했다. 이 때문에 당초 정부가 과도하게 낮은 가격으로 지분을 매각한 것이 아니냐는 비판이 일었다.[49]

1997년 10월 칼라일그룹은 '유나이티드 디펜스 인더스트리United Defense Industries, UDI'를 인수했다.[50] 2001년 12월 UDI는 칼라일그룹이 주식 소유권을 보유한 상태에서 뉴욕 증권거래소에 상장되었다. 브래들리Bradley 장갑차로 유명한 UDI는 주로 미군과 거래했으며, 2000년에는 보포스의 중화기 사업부를 인수했다.[51] 칼라일그룹은 2004년 4월 UDI의 주식을 모두 처분하고 UDI에 대한 투자를 종료했다.[52] 이듬해 BAE가 UDI를 인수했다.[53] 2010년 3월 칼라일은 또 다른 주요 방산업체 보우트Vought를 14억 4,000만 달러에 매각했다.[54] 보우트는 F-22, F-35, 블랙호크 헬기, 글로벌호크 무인기에 들어가는 부품을 생산하는 업체다.[55]

칼라일그룹의 UDI는 사우디 정부와의 합작투자에서 지분 51%를 확보하고, 사우디 육군이 걸프전 이후 구입한 브래들리 장갑차 수천 대의 유지 보수 및 전술훈련을 제공했다.[56] 또한 칼라일그룹은 한때 사우디의 공식 절충교역 자문을 맡으면서[57] 사우디군과 거래하는 미국 업체들이 수익의 35%를 사우디에 투자하도록 하는 절충교역 프로그램을 담당했다.[58] 한 사우디 정부 관계자는 이 프로그램이 '최악'이었다고 표현했다.[59]

칼라일그룹과 사우디군이 긴밀한 관계를 맺는 데 가장 큰 역할을 한 것은 프랭크 칼루치였다. 칼라일그룹 이사로 임명된 칼루치는 1990년 1억 3,000만 달러 규모의 BDM컨설팅 인수를 진두지휘했다. BDM은 방위계약 사업을 전문으로 했으며, 칼루치의 측근이기도 한 CEO 얼 윌리엄스Earle Williams 덕에 어마어마한 연줄을 사업에 활용할 수 있었다. 당시 냉전이 종식되고 무기업체를 저렴하게 인수할 수 있는 기회가 늘면서 방위사업은 대폭 줄어들고 있는 추세였다. 칼라일그룹은 미 정부가 고용한 최초의 현대적 용병업체 빈넬Vinnell을 목표로 삼았다.

빈넬은 베트남전쟁 중 활주로 건설 사업에 뛰어들었으나, 1970년대에는 유전 보호를 위해 사우디군을 훈련시키는 사업을 하고 있었다. 원래 미 정부는 외국 정부에 직접 군사훈련을 제공했으나, 1975년 빈넬이 사우디 국가방위군 훈련을 위한 7,700만 달러 규모의 계약을 수주했다. 미국 민간업체로는 최초로 외국 정부에 군사서비스를 제공하기 위한 독자적 계약을 체결한 것이다. 이후 해당 계약은 지속적으로 갱신되었으며 총 계약 규모는 약 5억 달러에 달했다.[60] 1998년에는 8억 3,100만 달러의 규모의 5년 계약을 새로 수주했으며, 이 계약에 따라 사우디 전역에 미 정부 관계자 280명, 빈넬 관계자 1,400명이 파견되었다.[61]

1997년 칼라일그룹은 빈넬 지분을 모두 매각했다.[62] 현재 빈넬은 노스롭그루먼 소유다. 막대한 정치자금 기부로 비판을 받는 빈넬이

1990~2002년 후원한 선거자금은 851만 7,247달러로, 884만 3,884달러를 후원해 1위를 차지한 제너럴일렉트릭의 바로 다음이었다.[63]

사우디 왕실은 칼라일그룹에 직접 투자하며 끈끈한 관계를 유지했다. 1990년대 초반 사우디와 막 협력하기 시작한 칼라일그룹은 알왈리드 빈 탈랄 빈 압둘 아지즈 알-사우드Alwaleed bin Talal bin Abdul Aziz Al-Saud 왕자를 통해 사업을 벌였다.[64] 파드 국왕의 조카인 알왈리드 빈 탈랄[65]은 시티코프Citicorp, 컴팩Compaq, 디즈니, 코닥 등에 투자하며 미국 최대의 외국인 투자자 중 1명이 되었다. 2001년 CNN은 그가 세계에서 여섯 번째로 많은 자산을 보유하고 있다고 보도했다.[66] 왕자가 어떻게 그런 재력을 갖게 되었는지는 알려져 있지 않으나, 그가 외국 건설업체와 사우디 업체를 연결하는 중개인 역할을 맡았던 것은 분명하다. 1991년 저축대부조합 사태로 시티코프가 도산 위기에 처하자 알왈리드 빈 탈랄은 시티코프에 6억 달러를 투자했다. 이 투자 계약을 중개한 칼라일그룹은 미국 은행에 대한 막대한 사우디 자금 투자로 발생할 수 있는 정치적 파문과 규제 문제를 해결해주는 역할도 했다.[67] 미국이 걸프전에 개입해준 것에 대한 대가로 왕자가 시티코프에 대규모 투자를 해준 것이라 생각하는 사람들도 있었다.[68] 칼라일그룹의 창립자 중 하나인 스티븐 노리스Stephen Norris는 "이 계약으로 사우디에서 엄청난 인지도를 얻었다"고 말했다.[69] 해당 계약과 알왈리드 빈 탈랄 왕자가 제공한 사업 기회 덕에 칼라일그룹은 사우디에서 사업을 대대적으로 확장할 수 있었다. 칼라일그룹은 그 이듬해 빈넬을 매입했다.

술탄 왕자와 반다르 왕자도 칼라일그룹에 투자했다. 그들은 조지 H. W. 부시를 위해 다른 사우디 부호들에게 칼라일그룹에 투자할 것을 권하기도 했다.[70] 칼라일그룹은 사우디인이 투자한 자금이 자신들이 운용하는 자금의 1%도 되지 않는다고 주장했다. 그러나 한 전직 칼라일그룹 직원은 이 회사가 케이맨제도 같은 조세피난처로부터 투자받은 일부 자금의 출처를 알지 못한다는 사실을 폭로했다. 칼라일그룹은 이를 부인했다.[71] 칼라일그룹의 가장 중요한 투자자는 1995년 최소 200만 달러를 투자한 빈라덴 가문이었다.[72] 텍사스에서 빈라덴 가문의 이익을 대변하는 역할을 한, 휴스턴의 변호사 찰스 슈워츠Charles Schwarts에 따르면, 사람을 끌어당기는 제임스 베이커의 매력 덕에 해당 투자 계약을 성사시킬 수 있었으며, 제임스 베이커는 "빈라덴 가문을 잘 알고 있었을 뿐만 아니라 그들이 가장 좋아하는 정치인"이었다.[73] 샤피크 빈라덴Shafiq bin Laden이 가문을 대표해 칼라일그룹 회의에 참석했으며, 9·11 테러 발생 당시 워싱턴 D.C.에서 열린 칼라일그룹 투자자 회의에 참석한 것도 샤피크 빈라덴이었다.[74]

방산업계에 분수령이 된 냉전이 종식되고 레이건 시대가 막을 내리면서, 놀랍게도 올리버 노스, 메렉스 네트워크와 관계 있는 무기딜러 샘 커밍스 및 그의 측근들이 기소되기 시작했다. 엔론Enron, 월드컴Worldcom 같은 쟁쟁한 기업들이 몰락하기도 했다. 1990년대 초반에는 군비 지출이 줄기 시작했다. 콜린 파월Colin Powell 전 합참의장의 말을 빌리자면, 미국의 "적이 사라져가고 있었기" 때문이다.[75] 이에 따른 군비 삭감으로 무기조달 및 연구 비용은 레이건 행정부 시절 군비 증강이 한창이었을 때와 비교해 절반 수준으로 감소했다. 방산업계는 대대적인 구조조정에 나섰다.

록히드마틴은 이를 기회 삼아 인수합병을 통해 세계 최대의 무기 제조업체로 입지를 굳히고자 했다. 그중에서도 가장 주목할 만한 것은 1995년 지금의 록히드마틴을 탄생시킨 마틴마리에타Martin Marietta와의 합병이었다. 록히드마틴 CEO로는 놈 어거스틴Norm Augustine이 임명되었다. 이듬해 어거스틴은 91억 달러라는 막대한 자금을 들여 군사용 전자장비 업체 로럴코퍼레이션Loral Corporation을 인수했다. 거대한 규모를 자랑하는 로럴은 당시 매년 미 국방부와 NASA로부터 가장 많은 자금을 지원받은 업체이기도 하다. 에너지부와 두 번째로 많은 핵무기

관련 계약을 체결한 업체이기도 했으며, 국세청과 우정청에 재화와 용역을 제공하는 주공급자였다. 1990년대에는 몇 년간 사회복지 서비스를 제공하기도 했다.[76]

어거스틴의 리더십 아래에서 록히드마틴은 로비 활동을 전례 없는 수준으로 확대했다. 하텅의 말처럼 어거스틴은 단순히 정책결정 과정에 영향을 주는 정도가 아니라 "미국 국방정책의 청사진과 세부 계획을 함께 정하는 몇 안 되는 사람 중 한 사람으로 자신의 커리어 대부분을 보낸" 사람이었다.[77] 그는 세계 최대의 방산업체를 운영했을 뿐만 아니라 무역 관련 국방정책자문위원회Defense Policy Advisory Committee on Trade, DPACT의 일원이기도 했다. DPACT는 거의 알려져 있지 않으나 "(국방)예산의 규모와 형태를 결정하는 데서 의회보다 더 큰 영향력을 미치는" 단체들의 네트워크에 포함된 단체로,[78] 무기수출 정책과 관련해 국방장관에게 비밀 자문을 제공한다. 또한 어거스틴은 초기 단계의 무기 프로그램을 승인하거나 거절할 수 있는 권한을 가진 국방부 자문위원회인 국방과학위원회Defense Science Board 위원장을 맡았으며, 은퇴한 군 관계자 및 방산업체 관계자로 이루어진 미육군협회Association of United States Army 회장이기도 했다.

그는 국방장관을 맡으라는 조지 H. W. 부시 대통령의 제안을 거절했다. 하지만 그의 오랜 사업 파트너인 윌리엄 페리William Perry와 존 도이치John Deutch가 클린턴 정부에서 각각 국방장관과 CIA 국장을 맡았다. 어거스틴은 자신의 연줄을 활용해 다양한 공공정책에 영향을 미치고 록히드마틴이 새로운 계약과 보조금을 따낼 수 있도록 하는 데 거리낌이 없었다.

어커스틴의 인맥과 그가 속한 단체들은 미국 무기산업이 납세자들에게 이익이 되는 방식으로 운영되는 것이 아니라 마치 회원제 클럽처럼 방산업체와 군 조직의 권력층만을 위해 운영되는 이유를 잘 보여준다.

클린턴의 임기 첫 3년간 어거스틴은 록히드마틴에 수십억 달러를 가져다줄 주요 정책과 기획을 적극 지지했다. 가장 대담한 행보로는 합병하는 무기업체들에게 보조금을 지급하는 정책을 만들어 록히드마틴의 합병에 수십억 달러의 세금을 지원받은 것을 꼽을 수 있다. 또한 무기업체 및 그들이 선호하는 고객들에게 지급되는 보조금을 신설하는 데에도 중심적인 역할을 했다. 그 결과 미국 무기수출 자금 지원을 위한 150억 달러 규모의 대출보증기금이 마련되었고, 미국 무기를 구매한 외국인 구매자들은 2억 달러 이상의 세금감면 혜택을 받게 되었다. 그는 또한 공화당이 장악한 의회를 설득해 F-22 전투기부터 스타워즈 구상에 포함된 미사일 방어체계에 이르는 록히드마틴의 다양한 대규모 사업에 수십억 달러를 지원받기도 했다. F-22 전투기 생산공장은 뉴트 깅리치Newt Gingrich 당시 하원의장의 조지아 지역구 인근에 있었다.

이처럼 어거스틴과 그 뒤를 이은 CEO들의 적극적인 로비와 이러한 로비를 환영한 의원들로 인해, 군비 지출을 합리적인 수준까지 줄이는 것은 냉전 종식 직후 위협이 감소한 시기에도 사실상 불가능했다.[79]

록히드마틴, 마틴마리에타, 보잉 같은 무기업체들을 위한 '구조조정 비용'으로 국방부에 수십억 달러를 지원하기로 한 빌 클린턴의 결정에 대해 의회가 조사를 실시함에 따라 어거스틴의 수법은 탄로나고 말았다. 존 도이치 당시 국방차관이 쓴 한 페이지짜리 메모에는 공장 폐쇄, 장비 이동, 퇴직금, 이사 및 임원에게 지급되는 거액의 특별 퇴직금에 사용할 수 있도록 정부 자금을 지원한다는 내용이 담겨 있었다. 이 메모는 윌리엄 페리 국방부 부장관의 승인을 받았다. 도이치와 페리는 어거스틴과의 사업 관계가 있었기 때문에 이해충돌에 관한 특별 면제를 요청한 후에야 그들의 측근이 지지한 정책 변경을 승인할 수 있었다.[80]

페리가 클린턴 정부 요직에 임명되기 불과 몇 달 전까지 그의 회사 TSATechnology Strategies Alliances가 마틴마리에타와 계약을 맺고 있었다는 사실이 밝혀졌다. 존 도이치는 1992년 어거스틴의 회사와 체결한 9년짜리 컨설팅 계약을 통해, 4만 2,500달러를 챙겼다. 레스 애스핀Les Aspin 당시 국방장관은 서한을 통해, 두 사람에게 이해충돌 금지 원칙을 면제해준 것에 대해 "두 사람에게 그들의 중립성에 우려가 제기될 가능성이 있다는 사실보다 정부의 이익이 더욱 중요했다"고 변명했다.[81] 의심스럽게 일이 처리되고 있음을 증명이라도 하듯, 합병 보조금은 의회에 알려지지도, 정부의 주요 결정이 기록되는 공보를 통해 공개되지도 않은 채 급히 처리되었다.

정부가 이런 복잡한 보조금 지급을 결정한 것은 후에 무기체계 계약을 통해 구조조정에 사용된 정부 지출을 회수할 수 있을 것이라는 생각에서였다. 그러나 레이건 행정부 시절 국방부에서 일한 로런스 코브Lawrence Korb가 지적한 것처럼, 합병 보조금으로 인해 무기체계 가격이 저렴해졌다는 증거는 전혀 없다. 오히려 합병 이후 무기 가격은 인상되었다. 록히드마틴은 보조금 정책으로 자그마치 18억 달러에 달하는 이익을 챙겼다. 한편 어거스틴은 합병된 회사에서 CEO직을 맡게 되었음에도 거액의 특별 퇴직금을 수령했다. 그는 마틴마리에타를 '떠나는' 조건으로 820만 달러의 보너스를 받았으며, 그중 300만 달러는 보조금, 즉 세금으로 충당되었다.[82] 반면 합병으로 인해 정리해고된 직원들 1만 9,000여 명에게 제공된 지원은 거의 없었다. 그럼에도 합병 보조금에 대해 불리하게 증언하고자 하는 정부 관계자는 아무도 없었다. 한 관계자의 말을 빌리자면 "놈 어거스틴이 보조금을 꼭 받고 싶어 했"으며, 아무도 그의 뜻을 거스르지 않으려 했기 때문이다.[83] '정리해고를 단행한 사람에게 보상을 제공한' 이 사건은 선거를 통해 선출된 보통의 정부 관계자들이 엄청난 영향력을 자랑하는 네트워크와 막대한 재원을 갖춘 록히드마틴 같은 기업에 맞서는 것이 얼마나 어려운 일인지 보여준다.

어거스틴이 CEO로 있는 동안 록히드마틴은 5년 내 무기수출을 두 배로 늘리겠다는 목표를 세웠다. 목표 달성이 어려울 수 있는 요인은 수십억 달러에 달하는 록히드마틴의 정교한 무기를 구매할 여력이 있는 국가가 거의 없다는 점이었다. DPACT 위원장이라는 자신의 지위를 이용해 어거스틴은 새로운 무기수출 보조금을 만들어내기 위한 노력에 앞장섰다. 잠재적 구매국들에게 미 정부가 보증하는 저금리 차관을 제공하기 위한 150억 달러 규모의 기금을 조성하는 것이 목표였다. 뉴트 깅리치가 주도한 의회 보수혁명의 결과로 1995년 12월 클린턴 대통령은 기금 조성안을 승인·결재했다.

'무기판매를 위한 백지수표'를 손에 넣은 어거스틴과 브루스 잭슨 Bruce Jackson 록히드마틴 국제영업총괄 부회장은 NATO의 확장을 새로운 사업 기회로 삼기로 했다. NATO 신규 회원국은 소련 시대에 사용한 구식 무기를 서방 회원국들의 무기체계와 호환 가능한 수준의 무기로 교체해야 했다. 어거스틴은 동유럽 곳곳을 방문했다. 루마니아 정부에는 록히드마틴의 신형 레이더 시스템을 구매하면 자신들이 미 정계를 설득해 루마니아의 NATO 가입을 지지하도록 하겠다고 약속했다. 다시 말해 주요 방위업체가 무기거래 체결을 위해 미국의 국제 안보 및 외교정책을 바꾸어놓겠다고 공언한 것이다.

1998년 CEO에서 물러난 어거스틴은 CIA에 인큐텔In-Q-Tel이라는 벤처캐피털 자회사 설립에 관한 자문을 제공했다. 또한 윌리엄 코언William Cohen 국방장관이 설치한 위원회에서 영향력 있는 멤버로 활동하기도 했다. 이 위원회는 골칫거리가 된 보잉 V-22(수직 이착륙이 가능한 틸트로터 기종—옮긴이)를 해병대가 계속 생산해도 될지를 평가했다. 두 번의 추락 사고로 23명의 해병대원이 사망했음에도, 어거스틴은 "V-22는 훌륭한 전투기가 될 것"이라는 의견을 제시했다.[84] 미국 정치권이 늘 그렇듯, 록히드마틴과 보잉이 F-22 사업 같은 수십억 달러 규모의 사업을 함께 진행했다고는 하더라도 어거스틴이 보잉의 V-22 사업을 구제해주는 것이 이해충돌의 문제를 발생시킨다는 점을 지적한 사람은 아무도 없었다. 2007년 프린스턴대학은 어거스틴에게 명예박사 학위를 수여했다. 그의 정계 인맥을 통해 록히드마틴이 손쉽게 수십억 달러에 이르는 정부 자금을 지원받음으로써 미국 납세자들이 피해를 입었다는 것을 언급하는 사람은 아무도 없었다.

어거스틴의 후임 브루스 잭슨 또한 자신의 영향력을 이용해 록히드마틴에 유리한 정책을 이끌어내는 능력이 탁월했다. 그는 '새로운 미국의 세기를 위한 프로젝트Project for the New American Century, PNAC'라는 신보수주의 싱크탱크 이사로 활동했다. PNAC는 클린턴 행정부 시절 "레이건주의에 기반한 군사력 증강 및 도덕적 투명성 정책 도입", 이라크의 사담 후세인 정권 같은 완강한 정권에 대한 적극적인 개입, 막대한 군비 지출 등을 촉구했다.[85] 잭슨과 함께 PNAC에서 활동한 강경파 인사로는 폴 월포위츠, 도널드 럼스펠드, 딕 체니, 후에 록히드마틴 로비스트가 된 빈 웨버Vin Weber 전 의원, 조지 W. 부시의 동생 젭 부시 Jeb Bush 등이 있었다. 잭슨은 정부 밖에서 정책 방향에 영향력을 미치는 역할을 한 반면, 록히드마틴 임원진들은 체니, 럼스펠드와 함께 부시 행정부에 합류했다. 체니의 부인 린 체니Lynne Cheney는 1994년부터 딕 체니가 핼리버튼과의 관계를 이용해 부통령 취임에 성공한 2001년까지 매년 12만 달러를 받으며 록히드마틴 이사로 활동했으며, 딕 체니의 부통령 취임 직전 이사직을 사임했다.[86]

브루스 잭슨 또한 정부에서 일하지는 않았으나 영향력 있는 공화당 활동가였다. 조지 W. 부시가 대선후보로 지명된 2000년 전당대회를 앞두고 그는 다른 무기업체에서 일하는 동료들에게 "내가 외교 분야에 대한 정강정책을 결정할 것이니 걱정하지 않아도 된다"고 말한 것으로 알려져 있다.[87] 1990년대 잭슨은 'NATO 확장을 위한 미국위원회US Committee to Expand NATO'라는 비영리 법인에서 회장을 맡아 방산업체들을 위한 시장 확대에 힘썼다. 상원에서 NATO 확대 지지표를 이끌어내기 위해 막대한 자금을 쏟아부은 이 단체는 1995~1996년 선거 기간에만 정치 후원금으로 230만 달러를 지급했다.[88]

이 같은 투자들은 2003년 록히드마틴이 폴란드와 38억 달러 규모의 F-16 전투기 판매 계약 체결에 성공하며 결실을 맺었다. 계약 체결을 위해 시중금리보다 낮은 금리로 비용의 100%를 지급하는 정부 보조 차관이 제공되었다. 8년간은 상환이 유예되는 조건이었다. 30억 달러 규모의 절충교역을 약속하고 폴란드에서 전투기 엔진을 생산하기로 하는 등, 미국 측이 부담한 비용은 차관을 넘어서는 규모였다. 결과적으로 이 계약은 록히드마틴에는 매우 좋은 계약이었을지 몰라도 다른 미국 기업 및 노동자들에게는 그렇지 않았다.

폴란드 계약을 위한 입찰 과정은 시작부터 비리로 엉망이었다. 2001년 7월 7일 로무알드 세레미에티우Romuald Szeremietiew 폴란드 국방부 부장관이 정직당했다. 그의 보좌관 즈비그니에프 파무스Zbigniew Farmus는 7월 10일 페리를 타고 스웨덴으로 달아나려던 중 체포되었다. 파무스는 폴란드 및 NATO 기밀 정보를 불법 입수하고 계약 체결의 조건으로 뇌물을 요구한 혐의로 기소되었다. 그가 입수한 정보는 입찰에 참여한 업체들에 판매되었다. 무기조달을 담당한 세레미에티우 부장관은 뇌물수수 및 기밀유출 공모 혐의를 받았다.[89]

이후 새롭게 진행된 입찰 과정에서는 록히드마틴의 F-16, 다소의 미라주 2000, BAE·사브의 그리펜이 고려되었다. 한 폴란드 시사 평론가는 "계약을 따낸 것은 록히드마틴이 아니라 최고위급 인사들을 동원해 압력을 행사하고 지원을 제공한 미국 정부다. 그들은 정치적으로나 경제적으로나 거절하기 힘든 프로그램을 만들어냈다"고 말했다.[90]

경쟁사들에 지인을 둔 한 관계자는 미국이 유럽 컨소시엄에 대한 전자도청과 경쟁사 기밀정보 입수 등 공정하지 못한 방법을 활용한 것으로 추정된다고 주장했다. 미국 업체가 계약을 수주하지 못할 경우 향후 폴란드에 대한 공급량을 줄이고, 기존에 폴란드에 기증한 미국 장비에 대한 유지 보수 및 업그레이드를 제공하지 않겠다는 위협도 있었던 것으로 추정된다. 또한 다자 금융기관의 지원 차단, 미국의 유럽/발트해 군사계획 및 NATO에서 폴란드의 역할 제한 등의 위협도 있었던 것으로 전해진다. 다른 정보원을 통해 이러한 주장의 사실 여부를 확인하지는 못했으나, 경쟁사들의 주장이 과장되어 있을지라도 분명 진실의 조각은 섞여 있을 것이다.

한 폴란드 통신사가 보도한 바와 같이, 록히드마틴과 계약이 체결된 이후 F-16에서는 다양한 결함이 발견되었다. F-16은 항공 전자장비 고장으로 두 차례나 비상착륙을 해야 했다. 또한 《뉴스위크 폴스카Newsweek Polska》는 F-16과 관련해 다음과 같이 보도하기도 했다. "작년 12월 폴란드 공군이 F-16 운용을 시작한 이후 전투기 장비에서 수십 건에 달하는 결함이 발견되었다. 폴란드 정부가 구입 계약서에 수리 및 서비스 보장과 관련된 조항을 포함시키지 못해 수리 비용은 전액 폴란드군이 부담했다. 현재까지 폴란드군은 1억 2,300만 달러 상당의 F-16 예비 부품을 주문했으며, 이는 2010년까지 사용할 수 있는 분량이다."[91]

록히드마틴과 군산정복합체는 자국 국민들을 우롱하는 한편 다른 나라를 상대로 원하는 것을 얻어내기 위해 강압적인 태도를 취했다. 그들의 호시절은 이후로도 쭉 이어졌다.

2001년 1월 취임한 조지 W. 부시와 내각에 가장 시급한 문제는 미국 기업을 위한 새로운 성장 동력을 확보하는 것이었다. 닷컴 버블이 붕괴했고, 다우지수는 취임 두 달 반 만에 824포인트나 하락했다. 부시가 선택한 해결책은 감세와 정부의 사업 발주 확대였다.

군사적으로 사고하고 행동하는 인사들이 새 행정부와 주요 정부 부처를 장악했다. 30여 명의 무기업체 고위 임원, 컨설턴트, 자문위원 등이 군 당국 및 정부 요직에 임명되었다.[92] 자신이 속한 회사에 정부 계약을 배분해주기 위해 부시 정부에 합류한 이들도 있었다. 피터 티츠Petter Teets 전 록히드마틴 COO는 공군성 부장관 및 국가정찰국 National Reconnaissance Office 국장, 전직 엔론 임원은 육군성 장관, 제너럴 다이내믹스 부회장은 해군성 장관, 노스롭그루먼 임원은 공군성 장관에 임명되며 이러한 관행이 정점을 찍었다.[93]

록히드마틴 임원들, 로비스트들 혹은 변호사들이 부시 행정부에서 정책을 결정하는 요직 6개 이상을 차지했다는 사실은 방산업체들이 부시 행정부 곳곳에서 영향력을 행사했음을 보여준다. 교통부 차관에 임명되었다가 이후 국토안보부 부장관으로 임명된 마이클 잭슨Michael Jackson도 그중 하나였다. 전 국토안보부 감찰관은 잭슨의 재임 기간 동안 국토안보부에는 "정부 계약을 소홀히 관리하는 관행이 생겨났다"며, "수의 계약을 비롯하여 수십억 달러를 쓰고도 약속한 바를 이행하지 못하는 계약을 무분별하게 체결했다"고 비판했다.[94] 2007년 잭슨이 국토안보부를 떠나기 전까지 록히드마틴이 계약을 통해 지급받은 자금은 약 6억 5,000만 달러에 달했다.[95]

2001년 10월, 여러 무기업체 임원들이 정부 요직을 꿰차고 있는 상황에서 국방부는 록히드마틴과 약 3,820억 달러 규모의 계약을 체결했다.[96] 역대 최대 규모를 자랑하는 이 계약은 냉전 시기에는 유용하게 활용되었을지 몰라도 21세기의 군사적 상황과는 전혀 맞지 않는, F-35 전투기 생산 계약이었다.[97]

부시가 임명한 수많은 인사들은 부시 행정부가 막을 내리자 곧바로 방산업체 고위직으로 복귀했다. 국방부에서 조달 책임자로 일하다가 퇴직한 바로 그날 록히드마틴 이사회에 복귀한 사람도 있었다. 빌 하텅은 부시 밑에서 일하다 방위산업으로 돌아간 사람이 몇 명인지 세는 것을 포기했다. 하나하나 셀 수 없을 정도로 많았기 때문이다.[98]

조지 W. 부시는 평판이 매우 좋지 않은 도널드 럼스펠드를 국방장관에 임명했다. 럼스펠드 외에도 부시와 함께 새로운 군사주의를 주창한 최고위급 인사는 딕 체니 부통령이었다. 딕 체니는 악명 높은 핼리버튼의 CEO로 일하기 전 '아버지' 부시 행정부에서 국방장관을 맡은 바 있다. 대표적인 강경파인 럼스펠드와 체니를 비롯해 폴 월포위츠, 리처드 펄 같은 주요 신보수주의자들은 수년에 걸쳐 트루먼 독트린 계승과 전쟁의 대규모 민영화를 주창했다. 1990년대 초반부터 그들은 "하나의 초강대국이 지배하는 세계"와 "새로운 라이벌의 등장을 막기 위한" 전략에 대해 논했다.[99] 트루먼 독트린의 극단적인 확장을 주장한 폴 월포위츠는 미국이 "신질서를 보호하기 위해" 헌신해야 한다며 다음과 같이 주장했다. "잠재적 경쟁자들이 지역적·세계적 역할에 대한 포부를 품는 것조차 불가능하게 만들어야 한다. 이러한 저지책에는 필요 시의 선제적 무력 행사도 포함되어야 한다."[100] 그들은 "주요 원자재, 특히 페르시아만에서 생산되는 석유 확보"를 이유로 이라크에 대한 군사 개입을 지지하기도 했다.[101]

보수 싱크탱크 PNAC는 '미국 국방력 재건Rebuilding America's Defences' 이라는 보고서를 통해 미국 주도의 세계질서와 군사개혁을 촉구했다. 또한 기존의 복잡하고 느린 미군을 정밀 유도무기와 기동성, 신속성, 유연성 중심의 군대로 바꿔야 한다고 주장했다.[102] 이러한 주장을 옹호한 7명의 신보수주의자를 포함해 이 보고서에 서명한 이들 중 다수가 부시 행정부에 합류했다. 이 보고서에 담긴 내용 대부분이 2002~2006년 부시 정부 정책에 반영되었다.[103]

이 보고서의 저자 토머스 도넬리Thomas Donnelly는 2002년 록히드마틴의 부회장으로 임명되었다. 록히드마틴은 향후 5년에 걸쳐 군비 지출을 750억~1,000억 달러로 늘릴 것을 촉구했다. 특히 많은 문제가 발생했음에도 가격이 과도하게 책정된 F-22 전투기에 대한 지출을 늘릴 것을 강력 주장했다. 이러한 주장의 기저에는 냉전 종식 이후 '평화 배당'을 누리기보다는 잠재적 경쟁국의 약점을 활용해 "이기고 있는 상황에서 점수 차를 더 벌리자"는 생각이 담겨 있었다. '점수 차를 벌린다'는 표현은 후에 F-22 관련 논의 중에 로버트 게이츠Robert Gates 국방장관이 사용한 표현이다.[104]

가장 열렬한 신보수주의자 중 하나인 로버트 케이건Robert Kagan은 미국은 건국될 때부터 많은 이들이 생각하는 것보다 훨씬 공격적이고 제국주의적인 국가였으며, 미국을 '위대한 나라'로 만든 예전의 국가 운영 방식을 지속하기 위해 공격적 외교정책이 필요하다고 주장했다. 미국이 공식적으로 전쟁을 선포한 것은 열 번밖에 되지 않지만, 실제로 미국이 군 병력을 배치하고 무력을 사용한 경우는 백 번이 넘는다. 미국이 군사주의에 대해 항상 이중적인 태도를 취해온 것도 어느 정도 사실이다. 그러나 그렇다고 해서 부시 독트린처럼, 위험 발생 가능성이 훨씬 적은 상황에서도 전쟁을 일으키고 그로 인해 발생하는 결과는 주의 깊게 살피지 않을 자유를 미국에 부여하는 일이 정당화되는 것은 아니다.[105]

PNAC의 '미국 국방력 재건' 보고서(이 보고서는 9·11 테러 발생 1년 전인 2000년 9월에 발간되었다—옮긴이)는 "촉매제 역할을 해줄 현대판 진주만 공습 같은 비극적인 사건 없이는" 군사개혁이 "매우 긴" 여정이 될 것이라 주장했다.[106] '역류 현상'으로 발생한 최악의 사건, 9·11 테러가 바로 그 촉매제 역할을 했다. 이 비극적인 사건은 미국이 영구적 전시 태세를 갖출 수 있게 했다는 점에서 부시 행정부에는 신의 선물과도 같은 기회였다. 9·11 테러가 발생할 무렵에도 이미 군비 지출은 새롭게 대두된 군사주의로 상당히 증가한 상태였으나, 신보주수의자들은 9·11 테러라는 비극을 적극 활용해 자신들의 목적을 달성하고자 했다. 미국의 패권 확보를 위해서는 수단과 방법을 가리지 않아도 된다고 믿으면서 말이다.

유진 자렉키 감독의 말처럼 "제국을 상대로 한 혁명전쟁을 통해 수립된 국가는 시간이 지나면, 끝을 모르는 팽창주의, 잊혀가는 건국이념, 지속적으로 증대되는 군사력, 그 범위와 정도가 점점 더 커지는 분쟁에 대한 개입 등, 그 국가가 대항하고자 했던 제국이 범한 과오를 그대로 반복한다".[107] 이를 가장 잘 보여주는 사례는 전쟁에 대한 지지를 이끌어내기 위해 9·11 테러로 유발된 사회적 분위기를 이용해 사담 후세인의 위협을 왜곡한 것이다. 수십 년 전 공포 조장을 위해 활용된 '폭격기 격차' '미사일 격차' 개념을 연상케 하는 프로파간다로 사실이 왜곡되었고, 방산업계는 이를 적극 뒷받침했다.

9·11 테러를 계기로 부시 행정부는 새로운 시대의 안보 위협에 대응하기 위한 정보와 기술을 갖춘 것은 민간기업밖에 없다고 확신하게 되었다. 부시가 추진한 '군사 뉴딜New Military Deal'을 통해 매년 수백억 달러에 달하는 정부 자금이 민간기업에 전달되었다. 체결된 계약 대부분은 입찰이나 경쟁이 없는 수의 계약이었다. 미 행정부는 우선 9·11 테러를 이용해 국방과 관련된 행정부의 권한을 크게 늘렸다. 앤드루 바세비치는 이를 "단계적 쿠데타rolling coup"라 표현하기도 했다.[108] 그런 다음 행정부는 이 확보한 권한들을 민간기업들에 아웃소싱했다.

9·11 테러는 모든 것을 뒤바꿔놓은 듯했다. 그러나 자유시장 근본주의자들과 기업들의 입장에서는 더욱 쉽게 이익을 챙길 수 있게 되었다는 점이 유일한 변화였고, 이러한 사실은 주목받지 못했다. 부시 행정부는 의회에서 성가신 논의를 진행하는 대신 대통령을 지지하는 '애국 세력'을 활용해 군사력을 강화하고 미국 사회를 무기업체들을 위한 유토피아로 만들 수 있게 되었다.《뉴욕타임스》의 표현을 빌리자면, "방산업체들은 공개적 논의 혹은 공식 정책결정 과정도 없이 사실상 입법부·사법부·행정부에 이은 정부의 네 번째 기관이 되었다".[109] 부시 행정부는 정부가 직접 안보를 지키는 것이 아니라 안보를 시장 가격에 구입하는 새로운 방식을 고안해냈다.

정부 역할의 외주화를 가장 대표적으로 보여주는 사례는 바로 국토안보부의 신설이다. 제인 알렉산더Jane Alexander 국토안보부 사무관의 말처럼, "민간 방산업체가 안보를 지켜주지 않으면 안보를 확보할 수

없는 상황"이 된 것이다.[110]

부시가 선포한 영구적이며 포괄적인 테러와의 전쟁은 새로운 군사주의를 가장 잘 보여주는 사례다. 테러와의 전쟁은 전적으로 무기산업의 수익성과 지속가능성을 극대화할 수 있는 방향으로 정의되었다. 국토안보부 발족의 계기가 된 어느 문서에 따르면, "현대의 테러리스트들은 거의 모든 종류의 무기를 사용해 언제, 어디든 공격을 가할 수 있다". 즉 안보기관은 모든 장소에 대한 모든 위협에 대비해 언제나 준비 태세를 갖추고 있어야 하는 것이다. 이러한 견해가 가장 잘 나타나 있는 것이 딕 체니의 '1% 독트린'이다. 위협이 발생할 가능성이 1%라도 있다면 100%의 확실성을 위해 미국이 개입해야 한다는 주장이다. 테러와의 전쟁은 승산 없는 전쟁이었을지 모르지만 경제적 관점에서 보면 절대 망하지 않는 사업이었다.[111]

테러와의 전쟁은 국방부가 민간업체에 끊임없이 자금을 제공할 수 있도록 해주었다. 이 자금은 물론 세금으로 충당된다. 1년간 민간 방산업체에 전달된 자금은 2,700억 달러에 달했다. 이는 부시가 취임하기 1년 전과 비교해 1,370억 달러 증가한 수준이다. 미 정보기관은 아웃소싱 비용으로 1년에 420억 달러를 지출했으며, 이는 1995년보다 두 배 증가한 수준이다. 국토안보부도 민간 방산업체에 총 1,300억 달러를 지급했다. 부시 행정부는 2003년 한 해에만 민간기업과의 계약 체결에 3,270억 달러를 지출했으며, 이는 정부 재량 지출의 40%에 해당하는 금액이다.[112]

그 결과 2011년 기준으로 미국의 군비는 전 세계 모든 국가들의 군비를 합친 것보다 많아졌다. 2008년 군비 지출은 7,090억 달러로 2차대전 이후 역대 최고치를 기록했다.[113] 국방 관련 기관의 예산과 전 세계에 설치된 안보 관련 시설의 예산까지 합하면 군비 지출은 약 1조 달러에 달할 것이다.[114] 닉 터스Nick Turse는 '형이상학적 군사주의'(모든 국제 정세를 군사적 관점에서 바라보는 것—옮긴이)가 놀랄 만큼 널리 확산되어 있으며 우리 생활의 모든 부분에 스며들고 있다고 설명한다. 그는 스타벅스가 현재 미 국방부 주요 방산업체라는 사실을 밝혀냈으며, '쿨함'의 대명사인 애플이 미군을 위해 어떤 일을 했는지 기록했다.[115]

이전에는 군 당국이 직접 수행했던 많은 활동이 민영화되면서 민간기업들이 군에 장비를 제공하는 것에서 그치지 않고 군사작전을 관리하거나 심지어는 전투에 직접 참여하게 되었다. 그 결과 브루스 잭슨 같은 방산업계 관계자들의 사업 기회와 무기업체들의 수익이 크게 늘었다. 국방부가 10대 방산업체들과 체결한 계약 규모는 2001년 460억 달러에서 2003년 800억 달러로 약 75%나 늘었다. 같은 기간 노스롭그루먼과 체결한 계약 규모는 52억 달러에서 111억 달러로 두 배 증가했으며, 록히드마틴의 경우 147억 달러에서 219억 달러로 50% 증가했다.[116]

2006년 조사에 따르면 테러와의 전쟁 선포 이후 방산업체 상위 34개의 CEO 평균 임금은 9·11 테러 발생 4년 전에 비해 두 배 인상되었다. 2001~2005년 방산업체 CEO 임금은 106% 인상된 반면 무기산업을 제외한 미국 대기업 CEO 임금은 평균 6% 인상되었다.[117]

이렇게 엄청난 돈을 벌어들이기 위해 어거스틴, 잭슨 같은 방산업체 임원들은 싱크탱크, NGO, 정부기관, 이사회에 개입해 다양한 공공정책에 영향력을 행사했으며, 그들이 속한 방산업체들은 로비를 펼치고 정치 기부금을 후원했다. 이 모든 노력은 금전적 이득이 되어 돌아왔다. 하지만 이들이 정책결정 과정에서 행사한 영향력으로 인해 록히드마틴뿐만 아니라 미국 전체에 파문을 일으킨 사건이 발생하게 된다.

핼리버튼과 핼리버튼의 자회사 KBR Kellogg Brown & Root은 최악의 정경유착의 전형으로 손꼽힌다.[118] 린든 존슨 대통령은 KBR에서 거액의 정치 기부금을 후원받아 'KBR 출신 상원의원'이라 불리기도 했다. 존슨의 대통령 당선 이후 KBR은 그 대가로 베트남에 군사기지를 건설

하는 수익성 높은 계약을 수주했다.[119]

1992년 국방부는 민간 부문을 더 공격적으로 활용하는 방안의 효과에 대한 연구를 위해 900만 달러 규모의 계약을 맺었다. 딕 체니 당시 국방장관은 KBR과 해당 계약을 체결했다. KBR의 보고서에는 공격적인 민영화가 도움이 된다는 주장과 함께 민간 부문에 맡겨야 할 모든 종류의 업무가 정리되어 있었다. 이 보고서에 의거하여 민간 병참지원사업Logistics Civil Augmentation Program, LOGCAP이라는 새로운 국방부 계약이 체결되었다. 이 계약에 따라 방산업체는 미군에 장비와 군수품을 공급하는 것에서 그치지 않고 군사작전을 관리하는 역할까지 수행하게 되었다.

업무가 정확히 규정되지도 않은 무제한적 미군 병참지원 계약에는 선정된 일부 업체만 입찰이 가능했다. 계약 규모 또한 금액으로 명시되지 않았다. 계약을 수주한 업체가 미군을 위해 어떤 업무를 하든 그 비용은 국방부가 지급할 것이며, 수익도 보증하겠다는 것이 계약 내용의 전부였다. '아버지' 부시의 임기가 끝나갈 무렵 이 계약을 수주한 것은 다름 아닌 핼리버튼이었다. 이 프로그램을 계획한 회사의 모기업이 프로그램 방산업체로 선정된 것이다. 이후 10년간 핼리버튼은 정부와 700~800건에 달하는 계약을 체결했다.[120]

1993년 국방장관직에서 퇴임한 딕 체니는 2000년 부통령 당선 전까지 핼리버튼 CEO로 일했다. 이 기간 핼리버튼은 두 배나 많은 정부 계약을 수주한 반면, 핼리버튼의 정부 대출금과 담보 대출금은 열다섯 배 증가했다. 로비 비용과 선거자금 후원 규모도 두 배로 늘었다. 또한 핼리버튼은 국방부와의 수의 계약, 미사일 방어체계에 대한 막대한 지출, '미국의 국방력 재건' 보고서 작성 작업 등에 학술적 권위를 부여해준 우익 싱크탱크에 거액을 기부했다. 체니는 이 모든 활동에 관여했으며 그의 개인 자산은 약 100만 달러에서 6,000~7,000만 달러로 늘었다.[121]

체니가 부통령으로 재직한 7년 동안 핼리버튼이 수주한 정부 계약 규모는 총 200억 달러가 넘었다.[122] 그중 대부분은 입찰 없이 체결되었다. 같은 기간 핼리버튼은 정부에 과도한 금액을 청구하고 분식회계를 저지른 혐의로 벌금을 물었다. 물론 여기서 분식회계란 BAE의 사례와 마찬가지로 다양한 범법행위를 뭉뚱그려 부르는 이름이다.[123]

체니는 재임 기간 핼리버튼을 공개적으로 높이 평가하며 무료로 홍보 효과를 누릴 수 있게 해주었다. 그는 부통령 재임 중에도 핼리버튼 스톡옵션 120만 주를 보유해 매년 배당금으로 수백만 달러를 받았으며, 핼리버튼으로부터 이연소득으로 매년 21만 1,000달러를 지급받았다. 주당 10달러 수준이던 핼리버튼의 주가는 이라크전 발발 이후 에너지 가격 급등과 이라크전 관련 계약 수주로 인해 41달러로 급등했다. 모두 미국을 이라크전에 개입시키고자 한 체니의 노력 덕이었다. 이라크전으로 핼리버튼은 역대 최고의 수익을 거둬들였다. 체니는 과연 미 정부를 대표해 일했던 것일까, 아니면 그가 한때 CEO로 일했던, 여전히 금전적 이해관계가 얽혀 있는 한 기업을 대표했던 것일까?[124] 예비역 공군 대령 샘 가디너Sam Gardiner는 체니가 "공익과 사익을 구분하지 못한다"고 말했다.[125]

체니의 정치권 동료이자 이념적 소울메이트인 도널드 럼스펠드도 체니와 다를 바 없었다. 그는 조지 W. 부시 대통령에 의해 국방장관에 지명된 후에도 자신이 보유 중인 방위업체 지분을 절대 포기하지 않으려 해 정부 측 변호인단을 곤란하게 만들었다. 그는 항공기 제조사 걸프스트림의 이사로 활동했으며, 엔지니어링 기업 ABB에서도 이사로 재직하며 매년 19만 달러를 받았다. ABB는 북한에 핵기술을 판매한 것으로 알려진, 스위스에 본사를 둔 다국적 엔지니어링 기업이다. 럼스펠드는 본인이 소유하고 있던 록히드마틴, 보잉을 비롯한 다른 방산업체 주식은 모두 매각하고 5,000만 달러를 백지신탁했다. 그러나 그는 장관직을 맡은 지 6개월이 지난 시점까지도 국방 및 생명공

학 부문에 주로 투자하는 민간 투자업체 여러 곳을 공동 혹은 단독 소
유한 상태를 유지했다. 임기 첫해, 이러한 이해관계에서 발생하는 문
제로 인해 그가 관련 공무 회의에 참석하지 못한 경우가 당혹스러울
만큼 빈번히 발생했다.[126]

체니와 럼스펠드 모두 이러한 사적 이해관계를 충분히 끊어낼 수
있었으나, 자신들이 만들어낸 호황을 놓칠 생각이 없었다. 그들은 "미
국에서 2차대전이라는 참사를 이용해 백만장자가 되는 사람은 단 1명
도 없어야 한다"는 루스벨트 대통령의 지시에 대해 어떻게 생각할까?
부시 행정부 시절, 전쟁을 통해 부당한 이득을 챙긴 이들은 정부에 접
근하기 위해 애쓰는 것을 넘어 자신들이 직접 정부 요직을 차지했는
데 말이다.

닉슨이 "정말 인정사정없는 녀석"[127]이라 표현하기도 한 럼스펠드
는 새롭게 시작된 21세기에 걸맞은 전쟁 방식을 고안하겠다는 목표를
품고 2001년 내각에 합류했다. 그는 21세기 전쟁 수행 방식에 대한 비
전을 바탕으로 다양한 기술개발 사업을 혁신이라는 이름으로 추진했
다. 럼스펠드는 매년 국방예산 증액을 요청하면서도 직원들을 위한 지
출은 줄이고 싶어 했으며, 민간기업들의 금고를 채워주는 공공자금의
규모는 훨씬 키웠다. 럼스펠드, 체니, 부시는 정부의 역할이 직접 나라
를 운영하는 것이 아니라 정부가 해야 할 업무를 정부보다 더 효율적
이고 우수한 민간 부문에 아웃소싱하는 것이라 생각했다. 럼스펠드는
이것이 공산주의를 무너뜨리는 것만큼이나 중요한 개혁운동이라 여
겼다.[128]

1998년, 럼스펠드는 럼스펠드위원회 위원장을 맡은 바 있었다.
위원회는 정보당국의 공식 견해와는 정반대로 북한의 미사일 위협에
대한 불필요한 공포를 자아내는 보고서를 발표했다. 미사일 방어체계
의 운용 가능성과 비용에 대한 논쟁이 지속되고 있는 상황이었음에도,
스타워즈 구상을 위한 개정안이 의회에서 통과되도록 하기 위해 북한

의 미사일이 큰 위협이 된다는 보고서를 발표한 것이다. 스타워즈 구상 자체도 군 출신 인사들이 은퇴 후 무기산업이나 군사 전문 싱크탱크에 거액의 연봉을 받고 들어가기 위해 군 경력 없는 미숙한 정치인들이 선호하는 정책을 밀어주며 탄생한, 기회주의 정치의 산물에 불과했다. 엉뚱한 곳에 큰돈을 쓰게 만드는 스타워즈 구상의 본질을 제대로 파악하고 문제를 제기한 과학자들은 즉시 주류에서 배척되었다.[129]

이라크, 북한 같은 '스커드 기반' 기술을 갖춘 국가들이 5년 안에 장거리 탄도미사일 발사에 성공할 것이라는 럼스펠드위원회 보고서의 결론은 록히드마틴 엔지니어들의 증언에 기반한 것이었다. 즉 미사일 위협이 증대되고 있다는 인식을 퍼트림으로써 이익을 보게 될 기업 직원들의 의견이, 미 정보기관들이 제시한 의견보다 더 중요하게 받아들여진 것이다. 또한 럼스펠드위원회는 스타워즈 구상이라는 무모한 계획에 신빙성을 제공하는 역할을 했다. '아버지' 부시 시절 연간 20억 달러였던 미사일 방어체계 관련 지출은 럼스펠드위원회 보고서로 인해 클린턴 정부에서 연간 30억 달러로 늘었으며, 클린턴의 두 번째 임기 말에는 연간 50억 달러까지 치솟았다. 록히드마틴이 수주한 미사일 방어체계 계약만 해도 10억 달러가 훨씬 넘었다. 레이건 스타일의 군비 증강을 꾀한 조지 W. 부시는 미사일 방어체계 지출을 연간 100억 달러로 두 배나 올렸다.[130]*

제럴드 포드 대통령 행정부에서 역대 최연소 국방장관에 오른 럼스펠드는 조지 W. 부시 행정부에서는 역대 최고령 국방장관이 되었

★ 빌 하텅이 지적한 바와 같이, 미사일 방어 관련 프로그램에 사용될 것으로 예상되는 총비용은 2011년 8월 현재 1,000억 달러를 넘어섰다. 2008년까지의 누적 비용은 록히드마틴의 조기경보 위성, 우주 기반 적외선탐지 시스템에 사용된 230억 달러를 포함해 총 370억 달러였다. 시험용 요격체를 투입했지만 우주 기반 적외선탐지 시스템의 실현 가능성과 실용성은 아직 분명히 밝혀지지 않은 상황이다. 오바마 대통령이 유럽 내 미사일 방어망 구축을 포기한 이유이기도 하다.

다. 럼스펠드를 "국방부 개혁이라는 사명을 품은, 걸어 다니는 군산복합체"라 표현한 군사 전문가 요제프 시린시온Josef Cirincione은 럼스펠드의 계획에 대해 다음과 같이 말했다. "군산복합체의 영향력이 권력 분립과 정부 지출 계획뿐만 아니라 미국의 국방전략에도 악영향을 미치는 방식을 보여주는 대표적 사례다. 과도한 군사주의와 심각한 오판의 악순환이 영원히 계속되도록 부추긴다. 유도탄, 무인기 등을 중심으로 한 이른바 '버튼을 누르는 전쟁'을 향한 야심은 군산복합체의 발전과 '미국식 전쟁'이라는 개념에 대한 군산정복합체의 영향력의 연장선일 뿐이다."[131] 럼스펠드의 '개혁'은 첨단 무기의 무의미한 소음으로 가득한, 어설프고 승산 없는 전투를 낳으며 이라크전을 실패로 이끌었다.

전쟁이 실패로 돌아가는 와중에도 수익을 벌어들일 기회는 넘쳐났다. 럼스펠드는 9·11 테러가 개혁을 위한 추진력을 제공해주었다고 믿은 반면, 척 스피니는 "개혁이란 현상 유지를 원하는 국방부 인사들이 사용하는 유행어에 불과하다"고 여겼다.[132] 시린시온도 이에 동의했다.

9월 11일 이후 (더 이상 쓰이지 않게 되어) 폐기되어야 할 모든 무기 프로그램이 이름만 새롭게 바뀌었다. 군을 다듬고 재정비하는 대신 돈으로 문제를 해결하려 들었다. 모든 일에 자금이 지원되었다. 동굴에 숨은 테러리스트를 상대로 한 전쟁을 위해 선진국을 초토화할 수 있는 무기를 사들였다. 소련 레이더에 포착되지 않도록 하기 위해 만들어진, 1대당 가격이 20억 달러가 넘는 B-2 폭격기를 대테러 무기라는 명목으로 정당화했다. 소련 항공기를 격추시킬 F-22 전투기를 테러리스트 격퇴용으로 이름만 바꾸었다. 기존의 무기를 '새로운 군사적 발상'에 따른 무기로 새롭게 포장한 것에 불과하다. 애국심을 내세워 무기 프로그램이 계속 운영되도록 하는 것이다.[133]

럼스펠드의 개혁은 미군을 완전히 변화시키는 것과는 거리가 멀었다. 새롭게 시작된 테러와의 전쟁에 적합해 보이도록 원래 있던 것에 새로운 이름을 붙인 뒤 무기업체들의 이익을 극대화하기 위한 구실에 불과했다. 무기업체들이 벌어들인 이익은 실로 놀라운 수준이다. 2003년 미 정부는 국방 관련 업무수행을 위해 민간 기업과 3,500건에 달하는 계약을 체결했다. 2006년 말까지 22개월 동안 국토안보부가 체결한 계약은 11만 5,000건이었다. 전 세계에 걸친 국토안보 산업 규모는 2,000억 달러에 달했다. 2006년 미 정부의 국토안보 관련 지출은 가구당 평균 약 550달러 수준이었다.[134]

척 스피니는 이러한 일이 발생할 수 있는 이유가 미국의 '크리스마스 트리식 정치'(입법 과정에서 법안이 끊임없이 수정되며 수많은 이해관계가 반영되는 관행—옮긴이) 때문이라 지적했다. 특수한 이해관계를 대변하는 의원들이 나중의 필요를 위해 행정부의 비위를 맞추거나 의원들이 서로 거래를 하는 등, 생산적인 논의가 아니라 협상에만 몰두하는 것이다. 이는 "경제적 이익과 정치적 이익이 맞물려 행정부의 군사주의적 성향을 정당화하고, 군산정복합체에 행정부까지 가세하게 되는 결과를 낳는다".[135]

이러한 행정권의 무분별한 확대는 조지 W. 부시 행정부에서 막을 내렸다. 콜린 파월 국무장관의 수석보좌관을 지낸 로런스 윌커슨 대령은 부시 행정부를 '딕 체니와 도널드 럼스펠드가 이끄는 패거리'라 묘사했으며, 그들의 배타적이고 비밀스러운 일처리 방식이 민주주의 국가보다는 독재국가의 의사결정 방식과 닮아 있다고 주장했다.[136] "대통령이 내리는 중대한 결정에 군산정복합체가 미치는 영향이 너무 커져 공화국에 위협이 되는 지경에 이르렀다."[137]

군산정복합체가 대통령의 결정에 영향을 주는 방식은 다양하다. 스피니의 표현을 빌리자면, 국방부에 후원자를 둔 방산업체들이 내리는 결정은 국방, 안보, 전쟁과 관련된 인식을 특정 방향으로 몰아가는 역할을 한다. 원자폭탄이나 무인기, 원격 무기의 개발이 전쟁 수행 방식에 어떤 영향을 미쳤는지 생각해보자. 이러한 무기를 통해 군 통수권자인 대통령은 막강한 힘을 갖게 되고, 무력을 바탕으로 '미국 제국'을 끝없이 확장할 수밖에 없으며, 이는 결국 군비의 끝없는 확대를 필요로 하게 된다.[138]

또한 군산정복합체는 영구적 전쟁 상태를 유지하는 수단과 동기를 제공한다. 2차대전은 개별적 사건으로 마무리된 반면, 냉전과 테러와의 전쟁은 안보 수단의 증가, 정부의 기밀 및 감시 확대, 행정권의 지속적 확장으로 이어졌다.[139] 군산정복합체, 특히 방산업체들은 언론, 공개 성명, 호전적 성향의 싱크탱크에 대한 막대한 지원에서 제 역할을 수행해내며 끊임없이 공포와 불안을 조장한다. 그렇게 우리 삶 곳곳에 스며든 공포와 불안은 안보국가의 탄생 및 유지라는 결과로 이어진다.

방산업계의 군사주의는 회전문 인사를 통해 행정부 및 각 정부 부처에 퍼져나간다. 알렉산더 헤이그, 콜린 파월, 딕 체니, 도널드 럼스펠드는 미 행정부에 영향을 미친 형이상학적 군사주의를 가장 대표적으로 상징하는 인물들이다. 군 장성 출신 인사 2명이 국무장관에 임명되어 외교정책을 군사주의화한 것은 결코 우연이 아니다. 무기수출은 단지 행정부의 외교정책 수단이 아니라 방산업계의 주요 인사들이 엄청난 돈을 갖고 자신의 이익을 위해 특정한 외교정책을 추진하는 결과로 이어진다. NATO 확대, 중동 정책, 그리고 사우디아라비아와의 관계 등이 그런 사례다. 방산업계가 선호하는 정책 방향이 행정부의 견해와 일치하는 경우도 있지만, 이스라엘 문제에 대한 집권 초기 오바마 대통령의 견해에서 볼 수 있듯 늘 그런 것은 아니다.

군사주의적 견해를 가진 인사들이 정부 부처에 투입되면 사업관리 방식, 사업을 (부적절하게) 관리하기 위해 체결하는 계약의 종류, 사업평가 방식 등에 영향을 미치게 된다. 국방 분야뿐만 아니라 우정청,

국세청, 인구조사국에서도 마찬가지다.

이러한 형이상학적 군사주의는 경제적 관념이 변화하는 시기에 가장 큰 영향력을 발휘했다. 지속 가능한 경제성장을 위해서는 평화와 안정이 필요하다는 것이 오랜 경제적 통념이었다. 그러나 테러와의 전쟁은 이 통념을 완전히 뒤집어놓았다. 세상은 덜 평화로운 곳이 되었으나 무기산업은 더 많은 이윤을 축적했다. 적어도 금융위기가 발생하기 전까지는 그랬다. 오늘날 전 세계적 불안정성은 수상한 무기딜러와 방산업체뿐만 아니라 나오미 클라인Naomi Klein이 '재난 자본주의 산업disaster capitalism industry'이라 표현한 업계에 속한 모든 이들(즉 자연재해와 인재, 특히 전쟁으로 이익을 얻는 모든 기업)에게 이익을 가져다준다. 9·11 이후 테러는 시장에서 호재로 여겨지는 듯하다. 9·11 직후 다우지수는 685포인트 하락했으나, 그로부터 4년이 채 지나지 않아 발생한 7·7 런던 테러 직후에는 국토안보 관련 주가가 급등하면서 미 증시가 상승했고, 이튿날 런던 증권거래소도 반등했다.[140]

9·11 테러 이후 국방 업무, 특히 국토안보 관련 업무의 아웃소싱으로 새로운 로비스트가 대거 탄생했다. 이에 따라 국토안보 관련 로비업체 수는 2001년 2개에서 2006년 중반 543개로 증가했다.[141] 로비업체들과 그들의 고객인 무기제조 및 국방서비스 제공업체들은 대중이 이 세상은 어둡고 위험한 곳이며, 무력을 통해서만 문제를 해결할 수 있다고 생각하게 만든다. 그들은 이러한 견해를 치켜세우는 싱크탱크에 자금을 댈 뿐만 아니라 미디어 기업과도 사업 관계를 맺는다. 예를 들어 제너럴일렉트릭은 미국 방송국 NBC를 소유하고 있으며, 폭발물 탐지장비 전문 기업도 새로 인수했다.[142] 전쟁을 통해 이익을 얻는 이들은 점점 큰 영향력으로 사회적 분위기를 조성해 정치인들이 '미국을 전쟁으로 이끄는 것은 명예로운 일'이라고 생각하게 만든다. 이것이 미국 민주주의의 불편한 진실이다. 2009년 파리 에어쇼에서 모든 방산업체들이 '우리를 안전하게 지켜줄' 무기체계를 본격적으로

소개하기 전, 이 세상은 대단히 위험한 곳이며 앞으로도 계속 그러할 것이라는 설명과 함께 발표를 시작했다는 점은 매우 흥미롭다.

나오미 클라인은 테러와의 전쟁을 설계한 것은 기업의 이익과 국익을 동일시하는 '기업을 대변하는 정치인'들이며, 그들 자신도 기업의 이익과 국익을 구분하지 못한다고 결론지었다. 가장 놀라운 예는 신보수주의자이자 럼스펠드의 오랜 친구인 리처드 펄이다. 럼스펠드는 펄을 엄청난 영향력을 가진 국방정책위원회Defense Policy Board 위원장으로 임명했다. 펄은 자신의 멘토처럼 이러한 지위를 활용해 무기딜러 아드난 카슈끄지가 사우디 기업가들을 만나도록 설득하고, 그 대가로 사우디 기업인들에게 갓 설립된 자신의 국방 전문 투자회사 트라이렘Trireme에 1억 달러를 투자하라고 요구했다. 또한 글로벌크로싱Global Crossing이라는, 부패하고 파산 위기에 처한 통신회사의 사업부를 중국에 판매하는 것을 승인해달라고 정부를 설득했다. 이 거래에서 그가 받은 수수료는 100만 달러에 달했다. 그리고 중국에 위성 관련 기밀정보를 제공한 혐의를 받은 한 업체에서 돈을 받고 미 정부를 상대로 해당 업체를 변호하는 역할을 하기도 했다.[143]

결국 펄은 사익을 위해 럼스펠드의 고문이라는 지위를 남용한 혐의로 기소된 후 국방정책위원장직을 사임해야 했다. 그러나 그는 사임 후에도 일반 위원으로 계속 위원회에 남아 있었다. 그가 사임할 당시 럼스펠드는 그가 "매우 청렴하고 존경할 만한" 사람이라 말했다.[144] 공공청렴센터는 국방정책위원회 소속 위원 30명 중 9명이 직전 회계연도에 국방부로부터 총 약 760억 달러 규모의 계약을 수주한 여러 무기업체와 관계를 맺고 있었다는 사실을 밝혀냈다.[145]

국방정책위원회는 다른 여러 국방 관련 정부단체와 마찬가지로 공공과 민간의 구분을 어렵게 만들어, 공공예산으로 시행된 활동의 투명성과 책임성을 크게 저해하는 결과를 낳았다. 이는 기업 활동은 해당 기업의 영역이며 대중과 의회는 그에 관한 정보를 제공받을 기본적 권리가 없다고 여기는 미국식 자본주의와 궤를 같이한다. 특히 미국 정보공개법은 민간기업에 적용하기가 어렵다. 일리노이주 출신의 한 민주당 하원의원은 이에 대해 "민간 방산업체들이 비밀 전쟁이라도 수행하는 것 같다"고 표현하기도 했다.[146]

부시 행정부는 너무나 많은 공공 부문 업무를 민간기업에 맡김으로써 기업의 영업비밀이라는 명목하에 정부활동의 본질과 부적절한 관행을 숨길 수 있는 환경을 만들었다. 이러한 환경에서는 특정 활동에 대한 재정적·정치적 책임을 묻는 것이 매우 어렵다. 정부와 계약을 맺은 민간기업이 상장기업인 경우 해당 기업의 재무행위를 면밀히 조사하는 주요 주체는 주주들이며, 계약 내용에 따라 정부 감사원의 조사를 받는 경우는 많지 않다. 정치적 차원에서도 정부는 방산업체가 약속과 다르게 이행했다고 주장하며 책임을 회피하는 것이 충분히 가능하며, 실제로도 그런 경우가 빈번히 발생한다.

이러한 불투명성과 국방이라는 명목으로 비밀을 보장해준다는 점 때문에 거대 군산복합체를 비판적으로 분석하고 군산복합체에 책임을 묻는 것은 매우 어렵다. 미국의 전쟁을 부추기고 미국 사회의 군사주의화를 이끄는 것이 바로 군산복합체임에도 말이다. 그나마 분석이 진행되는 경우도 대부분 간신히 세상에 알려진 몇몇 비리 스캔들을 중심으로 하는 경향이 있다. 물론 조지 W. 부시 시절에는 참담한 스캔들이 넘쳐났다.

15. 불법적 뇌물

군산정복합체 멤버들은 합법적 뇌물 시스템에서 용인되는 범위를 벗어난 일을 저질러도 좀처럼 처벌받지 않는다. 그러나 몇 안 되는 소중한 처벌 사례들은 법적 제한이 존재한다는 경고가 될 뿐만 아니라 군산정복합체라는 그들만의 세상에서 표준적 절차로 허용되는 비윤리적 행위가 어디까지인지 상기시키는 역할을 한다.

2001년 12월 미 의회는 보잉 KC-767 공중급유기 100대를 260억 달러에 10년간 임대하는 계약을 승인했다.[1] 공중급유기는 말 그대로 다른 항공기가 더 멀리, 오래 비행할 수 있도록 공중에서 긴 파이프로 급유해주는 항공기다.

KC-767 임대 계약이 체결된 과정은 실로 놀랍다. 의회예산처는 계약 만료 뒤 급유기를 구매하는 조건으로 임대 계약을 체결하면 바로 구매하는 것보다 오히려 50억 달러나 더 든다는 사실을 밝혀냈다. 존 매케인 상원의원은 이 계약이 "전쟁으로 부당 이득을 얻는 행위"라며 강력 비판했다.[2]

공군은 이미 KC-135E의 업그레이드 버전을 410대나 보유하고 있는 상황이었음에도, KC-767 100대를 새롭게 투입해 KC-135E 공중급유기 126대를 대체할 계획이었다.[3] 업그레이드된 135E는 2030년이나 2040년까지 현역으로 투입될 예정이었다. 공중급유기에 관한 공군의 자체조사 결과, 당시 보유한 공중급유기를 그대로 유지하는 데드는 비용은 향후 40년간 매년 2,300만 달러 증가하는 데 그칠 것으로 예상되지만, (기밀이라 밝힐 수 없는) 특정 상황에서는 급유량 부족 문제가 발생할 가능성이 있는 것으로 나타났다. 당초 공군은 2013년까지는 공중급유기를 업그레이드할 계획이 없었으나, 9·11 테러로 공중급유기 수명에 대한 우려가 제기되기 시작했다.[4] 신형 공중급유기가 테러 공격 방지와 어떤 관련이 있는지는 전혀 알 수 없지만 말이다.

2001년 10월 공개된 우선순위 선정 절차를 통해 공군은 구매해야 할 여섯 가지 항목을 제시했으나, 여기에 신형 공중급유기는 포함되지 않았다.[5] 조사 결과 당시 보유한 공중급유기의 상태가 양호하다는 결론이 났으며, 네 가지 방안이 검토되었다.

첫 번째는 현상 유지, 즉 향후 40년간 매년 2,300만 달러씩 증가하는 비용과 급유량 부족의 리스크를 안고 가는 것이었다. 두 번째는 320억 달러를 들여 126E 공중급유기를 업그레이드해 급유량을 소폭 늘리는 것이었다.[6] 합참의장은 공중급유기의 상태가 '비교적 양호'하며 '수명이 많이 남아 있다'는 견해를 밝혔다. 회계감사원도 이에 동의했으며, 세 번째와 네 번째 방안에 대해서는 심각한 우려를 표했다.[7] 세 번째 방안은 135E 모델을 그대로 보유한 상태에서 1대당 약 1억 5,000만 달러에 보잉 KC-767 공중급유기 100대를 추가 구매하는 것이었다.[8] 총비용은 약 180억 달러로 추산되었으며, 구매한 급유기를 모두 현역에 투입하기까지 걸리는 시간은 8~9년이었다. 한층 현대적인 기종을 사용할 수 있으며 수명도 더 길 것으로 예상된다는 장점이 있었으나, 총급유량이 소폭 줄어든다는 단점이 있었다.[9] 따라서 공군 조사에서 지적된 급유량 부족 문제는 해결할 수 없었다.

마지막 네 번째 방안은 보잉 KC-767 급유기 100대를 상업용 항공기 형태로 임대하는 것이었다. 즉 상업용 항공기를 급유기로 개조해 사용한 뒤 임대 기간이 끝나면 다시 상업용 항공기로 개조하는 것이다. 고작 10년 사용하는 데 들어가는 총비용은 260억 달러로 추산되었다. 급유량과 현역 투입에 소요되는 기간은 급유기를 구매하는 세 번째 방안과 동일했으며, 당장 들어가는 비용은 조금 적으나 10년만 사용이 가능하다는 것을 고려하면 실질적인 비용은 훨씬 컸다.[10]

네 번째 방안은 상하원 합동위원회가 2002년도 국방수권법안(지출권한법이라고도 한다.―옮긴이)에 포함시킨 것이어서 공개 조사 대상에 포함되지 않았다. 위원회나 소위원회를 통한 논의가 진행되지도 않았다. 켄트 콘래드Kent Conrad 상원 예산위원회 위원장은 급유기 계약에서 어떤 경우 구매 대신 임대가 허용되는지에 대한 정부 규정을 여기에 적용하지 말자고 제안했다. 해당 규정은 비용을 최소화하기 위해 도입된 것이었는데, 예산관리국이 지적한 것처럼 급유기 임대의 경우 오히려 비용은 크게 증가하는 대신 이득은 거의 없었다.[11]

KC-767 임대 계약은 보잉에 혜택을 주기 위한 계약이었다. 보잉은 9·11 이후 상업용 항공기 계약이 크게 감소한 반면 최대 라이벌인 록히드마틴은 F-35 전투기 생산을 위한 주요 계약을 따냈고, 이에 대해 보잉이 오랫동안 불만을 제기했기 때문이다.[12] KC-767 임대용 지정예산이 포함된 2002년 국방수권법안에는 공군이 보잉과 임대 계약을 체결할 경우에만 공중급유기 100대의 임대를 승인한다고 명시되어 있었다. 보잉에게 이보다 좋은 지정예산은 없었다.

이러한 편파적 지정예산은 2002년 2월 12일 상원 군사위원회의 국방예산 청문회 조사 대상이 되었다. 존 매케인은 제임스 로슈James Roche 공군성 장관에게 해당 계약과 관련해 보잉의 경쟁사인 EADS(에어버스 보유) 측과도 논의를 했는지 물었다. 로슈는 "그렇다. 지난 10월 에어버스가 입찰에 참여할 것인지 물었고, 참여할 수 있다면 좋겠다고 말했다. …… EADS의 CEO인 필리프 카뮈Philippe Camus와 만났으며, 원할 경우 입찰할 수 있는 기회를 제공했다"고 답했다. 매케인이 "하지만 국방수권법안에는 보잉 767을 임대할 경우에만 차관을 제공한다고 명시되어 있지 않았느냐"고 묻자, 로슈는 "그렇다. 하지만 에어버스가 훨씬 나은 조건을 제시했다면 의회에 보고했을 것"이라 답했다.[13]

마지못해 취한 조치였겠지만 공군은 일주일 뒤 보잉과 EADS 모두에 급유기 계약과 관련한 정보를 요청했다. 기한은 2주였다. 제출된 정보를 검토한 공군은 예상대로 보잉의 손을 들어주었다.[14]

존 매케인은 과도한 권력남용을 폭로해 임대 계약 체결을 막고자
했다. 그는 보잉과 공군이 비판 세력과 경쟁사들을 물리치기 위해 고
위급 인사들을 대상으로 실시한 로비 정보가 담긴 문서들을 공개했다.
그는 보잉과 공군이 따내고자 한 계약을 '기업 복지corporate welfare'라고
표현했다.[15] 약 8,000여 장의 문서에서는 보잉과 공군이 주고받은 이
메일과 내부 메모를 통해 이들이 서로 협력해 임대 계약을 구상하고,
정계에 임대 계약을 홍보하고, 다른 경쟁사들의 입찰 자격을 박탈할
요건을 포함시킨 사실이 드러났다. 심지어 공군은 보잉 측에 의회, 행
정부, 뉴스 매체의 영향력 있는 인사들에게 효과적일 논거를 알려주기
까지 했다.[16]

전직 공군성 차관이자 국방차관 루디 드 리온Rudy de Leon은, 매케
인이 공개한 이메일을 통해 알 수 있는 건 "임대 계약을 지지한 사람
들"이 계약 성사를 위해 열심히 노력했다는 것뿐이라고 말했다. 그는
2001년 7월 보잉 워싱턴 지사의 대표가 되었다.《워싱턴포스트》에 따
르면 다른 보잉 관계자는 '보잉과 공군의 로비 활동은 통상적인 것이
며, 이번에 특이점이 있다면 이메일에 공개적으로 그 사실을 언급했다
는 점밖에 없다'고 주장했다.[17]

제임스 로슈 또한 회전문 인사를 통해 정계에 진출한 인물이다.
1983년 대령이었던 그는 군을 떠나 1년간 상원 군사위원회 위원장실
실장으로 일한 뒤 노스롭그루먼에 합류했다. 노스롭그루먼에서 임원
직을 여러 차례 지낸 뒤에는 2001년 부시의 임명으로 정계에 복귀했
다. 임명 당시 그는 프랭크 개프니Frank Gaffney의 안보정책센터Center for
Security Policy에서 자문위원을 맡고 있었다. 안보정책센터의 2002년 연
례보고서 속표지에는 도널드 럼스펠드의 말이 인용되어 있었다. "당신
의 아이디어가 갖는 영향력에 의문이 든다면 부시 행정부를, 특히 국
방부를 가득 채운 안보정책센터 동료들이 얼마나 많은지를 떠올려보
라. 의문을 떨쳐버릴 수 있을 것이다."[18]

2001년 12월 국방수권법안에 '계약은 승인하되 자금을 지원하지 않는다'는 표현이 추가되었다. 베테랑 의원들은 이렇게 국방수권법안이 상하원에서 통과된 후 비공개 협상을 통해 조항을 추가하는 것을 '처녀 생식virgin birth'이라 불렀다. 이후 해당 조항이 포함된 절충안이 양원의 승인을 받았다. 일반적으로 큰 비용이 들어가는 무기체계의 경우 정식 예산안에 포함되어 의회 청문회 및 위원회, 상하원의 표결을 거친 뒤 구매한다. 그러나 이 급유기 계약의 경우는 청문회가 개최되지도, 위원회의 표결이 진행되지도 않은 상태에서 계약이 승인되었다.[19]

해당 조항을 삽입한 것은 오랜 기간 정부의 임대 계약 확대를 지지해온 테드 스티븐스Ted Stevens 상원 세출위원회 위원장이었다. 보잉 제품을 임대하는 경우를 제외하고는 자금 지원이 불가능하도록 한 것도 바로 스티븐스였다. 이 같은 조치를 취하기 한 달 전, 그는 보잉 본사가 위치한 시애틀에서 열린 모금행사를 통해 보잉 임원 31명으로부터 총 2만 1,900달러의 선거자금을 후원 받았다. 2002년 스티븐스의 재선운동 후원자 중 가장 큰 금액을 후원한 보잉은 회사 차원에서만 총 3만 4,000달러를 후원했다.[20] 그는 공중급유기 계약을 위한 다양한 로비 활동에 깊이 관여했다. 공군 고위 관계자 달린 드루이언Darleen Druyun은 보잉 측에, 스티븐스가 당시 예산관리국에 있는 자신의 예전 비서관을 '활용'할 수 있다는 점을 언급하며 브리핑 자료 작성을 도와달라고 요청했다. 공군은 그렇게 작성된 브리핑 자료를 스티븐스가 쓸 수 있도록 사무실로 가져다주었다. 또한 보잉은 존 머사의 지지를 확보하기 위해 그의 지역구에 있는 기업에 하도급을 주는 데 동의했다.[21]

보잉과 공군은 이 계약의 장점을 '언론에 교육하기 위한' 캠페인을 함께 마련했다. 이 '교육' 캠페인의 일환으로 예비역 해군 제독 아치 클레민스Archie Clemins는 KC-767 공중급유기를 높이 평가하는 칼럼을 간행물 다섯 곳에 실었다. 그런데 사실 그 칼럼은 보잉이 쓴 것이었다. 얼마 지나지 않아 클레민스는 보잉의 자문위원으로 임명되었다.[22]

리처드 펄 국방정책위원회 위원장 또한《월스트리트저널》에 급유기 계약을 지지하는 칼럼을 공동 기고했다. 보잉은 펄의 국방 관련 벤처 캐피털 회사에 2,000만 달러를 투자했다. 그러나 보잉이 펄의 회사에 투자했다는 사실은 해당 칼럼에 공개되지 않았다.[23]

보잉 급유기가 처음으로 선정된 것은 2002년이었으며, 2003년에 보잉과 임대 계약을 맺는 것으로 결정되었다.[24] 그러나 매케인 상원의원 등의 반발로 공군은 어쩔 수 없이 급유기 80대를 구매하고 나머지 20대만 임대하는 타협안을 받아들여야 했다.

그러나 2003년 12월, 보잉과 달린 드루이언을 둘러싼 혐의가 제기되며 타협안에 따른 계약 진행이 중단되었다.[25]

드루이언은 1993년부터 공군에서 구입 및 관리 책임자로 일했으며, 보잉의 공중급유기 임대 계약 관련 협상을 감독하는 역할을 했다.[26] 4월 1일, 공군과 보잉 관계자들이 참석한 회의에서 드루이언은 보잉 측에 에어버스 입찰가가 보잉 767보다 1대당 500만~1,700만 달러 저렴하다는 사실을 "유념하라"고 전했다. 2003년 보잉은 이 같은 드루이언의 발언이 "냉철한 협상가"인 그녀가 "우리에게 공격 준비를 하라는 신호를 보내기 위해" 사용한 협상 전략이었다고 설명했다.[27]

드루이언은 완고하고 냉철한 성격으로 유명했다. 그러나 그녀도 보잉에게는 부드러웠다. 한 보잉 임원은 회의를 마친 뒤 "오늘 진행된 가격 관련 회의는 아주 좋았다. 드루이언은 공군이 제시한 가격을 우리가 원하는 수준까지 올리기 위해 대부분의 시간을 할애했다. ...... 즐거운 하루였다"는 글을 남기기도 했으며, 이 문서 또한 매케인에 의해 공개되었다.[28] 보잉이 주고받은 이메일에 따르면 드루이언은 연방 회계규정에서 특별 면제를 받기 위해 의회를 설득할 방법을 모색하고 있었으며, 주요 의원을 끌어들일 수 있는 방법에 대해 보잉 측에 조언했다. 매케인은 이러한 이메일을 통해 "공군이 보잉과 협상을 했다기보다는 보잉을 지원한 것에 가까우며, 가격 설정 및 기타 계약 조건과

관련해 보잉에 이례적인 수준의 재량권을 주었다"는 사실이 드러났다고 말했다.[29]

2001년 11월 공군은 새로 구매할 공중급유기의 성능 요건을 자세히 나열한 문서 초안을 작성했다. 공중기동부 소속 마크 도너휴Mark Donohue 대령은 즉시 그 문서를 보잉에 보내 의견을 물었으며, 보잉은 공군이 제시한 조건이 767과 부합하도록 수정을 요청했다. 가장 놀라운 사실은 공군이 새로 구매하는 급유기의 급유량이 기존 급유기의 급유량과 같거나 많아야 한다는 조건을 삭제하기로 했다는 것이다.[30]

공중급유기 교체의 근거가 매우 부족한 상황에서 의원 및 관계자들을 설득하기 위해 보잉은 매우 적극적인 로비를 펼쳐야 했다. 보잉 측 로비스트가 보낸 내부 이메일에도 이러한 사실이 잘 드러나 있다. 이 로비스트는 드루이언의 상관이자 공군 조달 책임자인 마빈 샘버Marvin Samber, 그리고 로슈를 함께 만난 내용을 보고하며 샘버가 보잉을 돕기로 했다는 소식을 전했다. "그는 공군이 '지금 당장' 767 급유기를 구매해야 하는 근거를 찾기 위해 몹시 애쓰고 있다고 말했다. …… 계약을 진행시킬 방법을 찾고 있는 것이 분명했다." 또 다른 메모를 통해 로슈가 로비를 부추긴 정황도 발견되었다. 공군성 장관을 비롯한 공군 관계자들과 회의를 마친 뒤 로비스트는 그들이 "의회, 싱크탱크 등에도 우리 편을 만들어 급유기 계약을 대대적으로 지지하도록 할 것을 촉구했다"고 기록했다. 특히 로슈는 "매케인의 입을 다물게 할 만한" 방법을 찾는 데 큰 관심을 보였다.[31]

로비는 의회와 행정부 모두를 목표로 진행되었다. 보잉은 일리노이주 출신 공화당 의원이자 급유기 계약을 강력 지지한 J. 데니스 해스터트J. Dennis Hastert 하원의장을 활용해 부시 대통령을 포함한 행정부 관계자들과 접촉하겠다는 계획을 세웠다. 공군 장성이 오클라호마에서 비행기를 타고 의회로 가서 의원들에게 급유기 노후 현황을 보고하는 날에는 공군 관계자들이 부식된 급유기 날개를 차 트렁크에 신고 의회까지 가기도 했다. 보잉의 한 로비스트는 "우리는 앤디 카드Andy Card(백악관 수석보좌관)와 백악관 정무팀과 접촉하고 있다. 그들은 계약 체결에 대한 압박이 커지고 있으며, 계약을 진행하지 않을 경우 정치적 손실을 겪게 될 것임을 깨달았다"고 기록했다.[32]

보잉의 다른 로비스트는 폴 월포위츠 국방차관과 도널드 럼스펠드 국방장관이 큰 도움을 주고 있다는 사실을 언급했다. 로슈는 보잉 측에 럼스펠드가 더 깊이 관여하게 되면 "공군을 높은 곳에서 엄호할 수 있다"며, 그 편이 "행정부에도 더 잘 먹히고 의회에서도 도움이 될 것"이라 말했다.[33] 백악관 수석보좌관은 부시의 지시에 따라 공군과 예산관리국에 이견을 조율하라고 전했다. 지역구에 보잉의 본사와 주요 생산시설이 각각 위치해 있는 해스터트 하원의장과 노먼 딕스Norman Dicks 하원의원은 부시를 상대로 강력한 로비를 펼치고 있었다.[34]

드루이언은 주요 의원들의 지역구에 있는 기업들에 하도급을 주는 것을 적극 권장했다. 드루이언, 보잉 임원진이 참석한 회의를 마친 후 보잉의 한 직원이 작성한 메모에는 "그녀(드루이언)는 '하도급을 주는 것이 (계약 체결에) 도움이 될 것'이라 말했다. 즉 주요 의원들의 지역구가 하도급을 수주할 수 있도록 하라는 것이었다"는 내용이 쓰여 있었다.[35]

납세자들이 임대 계약을 합리적인 선택이라 생각하지 않을 것이라는 사실은 보잉도 잘 알고 있었다. 밥 고든Bob Gordon 보잉 부회장은 2002년 8월에 보낸 이메일을 통해 급유기를 구매하는 것보다 임대하는 것이 더 나은 선택이라는 논지의 "기사는 설득력이 없을 것"이기 때문에, "홍보 관련 리스크"가 발생할 수 있다는 우려를 표했다. 또한 이 계약에 정통한 투자은행과 보잉 모두 "성경에 손을 얹고 이 계약이 경제적 관점에서 타당한 계약이라 말하지는 못할 것"이라고도 했다.[36] 독립 싱크탱크인 국방분석연구소Institute for Defense Analyses가 자세한 조사를 통해 '공군은 임대 계약으로 급유기 1대당 최고 2,100만 달러를 더 내는 셈이며, 임대 계약 자체도 연방 회계규정에 어긋난다'는 내용의 보고서를 발표하자 문제는 더욱 악화되었다. 짐 알바Jim Albaugh 보잉 방위시스템 대표는 "우리가 〔미 정부와〕 공정하지 않은 계약을 체결한다는 우려가 아직 남아 있다. 국방분석연구소와 예산관리국이 이러한 우려를 계속해서 제기하고 있다"고 언급하기도 했다. 다른 보잉 임원이 쓴 글에 따르면 로슈는 보잉 측에 다른 국방부 고위 인사들을 압박해 조사를 진행하지 못하게 하라고 요청했다. 국방분석연구소는 물러서지 않았다.[37]

또한 보잉 임원들은 주요 방산업체들에 연락해 앤디 카드를 비롯한 행정부 관계자들과 접촉해 "논의에 참여할 것을 촉구"했다. 보잉의 말이라면 무조건 따르는 해스터트와 딕스는 2002년 9월 말 부시에게 직접 연락을 취했다. 보잉이 주고받은 이메일에 따르면 연락을 받은 부시는 카드에게 급유기 계약을 맡으라고 지시했다. 한 달 뒤 카드는 로슈와 다른 관계자들을 백악관으로 불러 임대 계약을 통해 정확히 얼마나 많은 일자리가 창출될 것으로 예상하는지 물었다. 당시 이미 일자리가 250만 개나 줄어든 상황에서 일자리 창출은 부시 행정부에 매우 중요한 사안이었다. 군산정복합체가 항상 그래왔듯 일자리를 핑계로 비효율적이고 불필요한 사업을 정당화하려는 속셈이기도 했다. 이튿날 보잉 임원들은 드루이언에게 이메일을 보내 임대 계약으로 유지 혹은 창출되는 일자리는 총 2만 5,000~3만 개라고 전달했다.[38] 다음 날 로슈는 카드에게 서한을 보내 이메일로 받은 수치를 부풀려 전달했다. '보잉 측에서 받은 자료에 따르면 급유기 계약을 통해 보잉에 창출되는 일자리 1만 1,000개, 공급업체에 창출되는 일자리는 2만 8,000개로 총 3만 9,000개의 일자리가 창출될 것'이라 전한 것이다. 이를 전달받은 카드는 계약과 관련된 회의를 주최하고 보잉 관계자들을 만났으며, 딕스와 보잉 로비스트들과 연락을 취했다.[39]

예산관리국이 급유기 계약 반대 의견을 지속적으로 제기하자 보잉은 국방분석연구소가 제시한 가격과 비슷한 수준으로 급유기 가격을 내리는 데 동의했다. 그러나 가격을 내리면서 급유량도 감소했다. 보잉이 주고받은 이메일에 따르면 보잉이 급유기 계약을 서둘러 체결하려 한 이유 중 하나는 계약을 지지한 에드워드 C. 앨드리지 주니어 Edward C. Aldridge Jr. 국방부 무기구매 책임자가 은퇴를 앞두고 있었기 때문이다. 그의 후임은 이미 보잉 측에 가격을 대폭 인하하라는 압력을 넣고 있었다. 엘드리지는 근무 마지막 날인 5월 23일, 보잉과의 계약이 급유기를 "구매하는 것보다 훨씬 빨리" 새 급유기를 도입할 수 있는 방법이라 주장하며 보잉과 임대 계약 조건 대부분에 합의했다고 발표했다. 기존 급유기의 퇴역을 서둘러야 할 이유가 없었으며, 임대로 구매보다 빨리 새 급유기를 도입할 수 있다는 증거가 전혀 없었음에도 보잉과 임대 계약을 체결한 것이다.

앨드리지가 체결한 계약에는 새 급유기 유지 보수를 위한 50억 달러 규모의 단독입찰 계약도 포함되어 있었으며, 보잉은 이 계약으로 계약금액의 15%에 달하는 수익을 올렸다(상업용 항공기 계약으로 벌어들인 수익의 두 배 이상).[40] 앨드리지는 맥도널더글러스가 보잉에 인수되기 전 맥도널더글러스 회장을 맡았던 인물로, 국방부를 떠난 후에는 록히드마틴에 합류했다.[41] 총 46년간 커리어를 쌓은 앨드리지는 고위직을 열두 차례 맡았는데, 그중 여섯 번은 무기업체에서, 다섯 번은 국방부에서, 한 번은 예산관리국에서 일했다. 도널드 럼스펠드는 록히드마틴에서 고위직을 맡은 앨드리지를 국방부에 무기구매 관련 자문을 제공하는 전문위원으로 임명했다.[42] 이런 회전문 인사가 반복되는 동안 앨드리지는 단 한 번도 기소되지 않았다.

보잉이 계약을 따내기 위해 사용한 주요 수단은 친인척 채용과 현금이었다. 보잉의 C-130 허큘리스 수송기 업그레이드를 위한 40억 달러 규모의 계약을 검토하는 과정에서 드루이언은 마이크 시어스 Mike Sears 보잉 CFO에게 전화해 자신의 딸과 약혼한 마이클 맥키|Michael

McKee를 보잉에 취직시켜달라고 요구했다. 보잉은 즉시 그를 채용했다. 3개월 뒤, 여전히 계약이 논의 중인 상황에서 드루이언은 다시 시어스에게 연락해 그녀의 딸인 헤더Heather도 채용해줄 것을 요구했다. 이번에도 보잉은 즉시 요구를 들어주었다. 상식 밖의 일이지만 이러한 채용 비리는 국방부 규정에 위배되지 않는다.[43] 군산정복합체 내에서 비리가 얼마나 자유롭게 자행되는지 알 수 있는 부분이다.

급유기 협상이 한창 진행되던 어느 날, 헤더는 시어스에게 이메일을 보내 자신의 모친이 공군을 떠날 예정이며, 새 직장에서는 "도전 의식을 불러일으키는, 많은 책임이 따르는 직책을 맡고 싶어 한다"고 전했다. 또한 "어머니는 보잉과의 협상에 관심을 보이고 있지만 그녀의 마음을 완전히 사로잡을 만한 조건을 제시해야 한다. 어머니는 보잉이 어머니가 가장 존경하는 자질인 정직함을 갖춘 기업이라 말씀하셨다"고 전했다.[44] 시어스는 드루이언과 향후 어떤 직책으로 보잉에 합류하면 좋을지 상의했다. 당시 드루이언은 여전히 국방부에서 보잉 계약을 감독하고 있는 상태였다. 두 사람은 2002년 10월 올랜도 공항에서 1시간 반 동안 비밀스런 만남을 가지며 임금과 보너스, 출근 시작 날짜 등을 논의했다. 보잉이 참여한 F-22 계약에 관한 논의도 이루어졌다. 2002년 11월 드루이언은 부회장 겸 미사일 방어체계 부문 부국장직을 수락했다.[45] 연봉은 25만 달러, 상여금은 5만 달러를 받는 조건이었다.[46]

드루이언을 기소한 폴 맥널티Paul McNulty는 가족들의 채용을 청탁하는 것은 위법이 아니지만 드루이언 자신의 채용을 청탁하는 것은 이해충돌방지법상 중죄에 해당한다고 밝혔다.[47] 드루이언의 상관 마빈 샘버는 그녀가 국방부에서 이직할 경우 적용되는 윤리규정을 설명했고, 드루이언은 록히드마틴에서 임원직을 맡는 것으로 샘버와 합의했다. 그러나 국방부를 떠난 직후 그녀는 록히드마틴에 합류하기로 한 약속을 어기고 보잉에 합류했다.[48]

드루이언이 보잉에 재직한 기간은 그리 길지 않다. 2003년 11월 내부 조사 끝에 해고되었기 때문이다.[49] 자신의 잘못을 감추려다 실패하고 징역 5년을 선고받을 위기에 처하자 그녀는 보잉이 저지른 불법행위에 대해 알고 있는 것을 모두 알려주는 조건으로 검찰과 양형거래를 했다.[50] 체포된 직후 드루이언은 국방부에서 일하는 동안 보잉과 채용에 대해 논의한 사실을 인정했으나, 그 대가로 보잉에 특혜를 준 사실은 부인했다. 그러나 얼마 안 있어 자신이 보잉의 편의를 봐주었으며 이해충돌 사실을 숨기려 개인 업무일지를 조작했음을 인정했다.[51] 2004년 10월 그녀는 양형거래 조건에 따라 보잉에 특혜를 제공한 혐의로 징역 9개월을 선고받았다.[52] 그녀는 2005년 1월부터 10월까지 플로리다 매리애나의 교도소에 수감되었다.[53] 또한 석방 후 벌금 5,000 달러, 사회봉사 150시간, 지역사회 시설 구금 7개월을 선고받았다.[54]

양형거래 협상 중 드루이언은 급유기 계약 외에도 2002년 NATO와 체결한 계약의 일환으로 보잉에 1억 달러를 지급한 사실을 인정했다. 그보다 적은 금액을 지급해도 되었지만 자신의 딸과 사위가 보잉에서 일하고 있으며 자신도 보잉에 합류할 계획이었기에 특혜를 주었다고 인정했다. 2001년 역시 보잉에 돌아간, C-130J의 항공전자장비를 현대화하는 40억 달러 규모 계약도 그녀가 담당했다. 보잉은 그녀의 사위를 채용해준 대가로 경쟁사 네 곳을 제치고 계약을 수주할 수 있었다. 그리고 사위가 구직 중이었던 2000년에는 C-17 계약과 관련한 분쟁 합의금으로 보잉에 4억 1,200만 달러를 지급하는 데 동의하기도 했다.[55] 또한 드루이언은 다른 공군 계약을 조작해 경쟁사 대신 보잉과 계약을 체결한 혐의에 대해서도 유죄 판결을 받았다.

이렇게 불명예스러운 사건에 휘말리고 수십억 달러 규모의 비리를 저질렀음에도 드루이언은 여전히 정부 연금을 수령하고 있는 것으로 알려져 있다.[56] 드루이언과 논의한 뒤 그 내용에 관해 거짓말을 하기로 합의한 보잉의 마이크 시어스는 2003년 11월 해고되었으며, 징

역 4개월을 선고받았다.[57]

남은 문제는 다른 보잉 임직원들이 드루이언과 보잉의 관계에 대해 얼마나 알고 있었는지였다. 시어스와 드루이언이 올랜도 공항에서 만나 논의한 내용은 시어스가 '회장단'에게 보낸 메일에 모두 나와 있었다. "어제 '비공식 회의'를 했으며 직책, 장소, 임금에 대해 합의했다. 이대로 공식 제의를 하면 될 것 같다"는 내용이었다.[58] 이는 고위 임원들이 당시 상황을 모두 알고 있었다는 의미다. 필 콘딧Phil Condit 당시 보잉 CEO는 이 메일 때문에 2003년 12월 사임해야 했다. 그가 보잉과 드루이언의 관계에 대해 얼마나 알고 있었는지는 확인되지 않고 있다.

제임스 로슈 공군성 장관의 흔적은 급유기 스캔들 곳곳에서 발견되었다. 결국 그는 윤리규정을 두 차례 위반한 혐의로 재판에 넘겨졌다. 급유기를 구매하는 것보다 초기 비용이 덜 드는 임대 계약을 통해 공군의 예산 부담을 덜고자 했을 수는 있겠지만, 그는 대중, 의회, 국방부, 대통령의 지지를 이끌어내기 위한 보잉의 노력을 비밀리에 돕는 것 이상의 역할을 했다. 2003년, 국방 프로그램 예산을 관리하는 로빈 클리블랜드Robin Cleveland 예산관리국 부국장은 로슈와 이메일을 주고받았다. 2003년 5월 9일 클리블랜드는 로슈에게 이메일로 그녀의 동생의 이력서를 보내며 "NG(노스롭그루먼)와 관련해 도움을 주면 좋겠다"고 말했다. 로슈는 한때 노스롭그루먼의 고위 임원으로 일한 바 있었다. 당시 정부는 다른 예산관리국 관계자들이 예산 낭비라고 주장하는 임대 계약을 진행할지 여부를 고심 중이었다. 로슈는 자신의 추천서와 함께 클리블랜드의 메일을 노스롭그루먼 고위급 변호사에게 전달했다. 그는 클리블랜드에게 이력서를 전달했다고 알려주며 이런 농담을 덧붙였다. "건강히 지내시고, 이제 급유기를 내놓으세요(앗, 내가 지금 무슨 말을?)." 그런데 노스롭그루먼은 클리블랜드의 동생을 채용해주지 않았다. 로슈는 나중에 노스롭그루먼 관계자에게 보낸 편지는 친구에게 보내는 개인적인 것이었다고 변명했다. 그러나 그의 추천서는 공군 측에서 공식적으로 보낸 것이었다. 로슈는 다른 사람의 사익을 위해 자신의 지위를 남용한 혐의와 이메일 시스템의 사적 사용에 대한 국방부 규정을 위반한 혐의로 재판을 받게 되었다.[59]

로슈는 2005년 1월 사임했다. 그가 윤리규정을 위반했다는 결론을 내린 급유기 스캔들 보고서가 발표되기 직전이었다.[60] 그는 2003년에 육군성 장관으로 지명된 바 있었다. 존 매케인은 "로슈 공군성 장관은 〔보잉〕 임대 계약 체결을 위해 공군의 조사 결과와 반대되는 주장을 펼치며 끊임없이 공중급유기 부족 문제를 부풀렸다. 그가 육군성 장관이 되어 실시하게 될 무기획득 관행 개혁과 국방개혁이 바로 이런 것이라면, 미군과 납세자들의 운명을 신에게 맡겨야 할 판"이라며 그의 임명을 반대했다.[61] 로슈는 결국 의회의 승인을 받지 못해 육군성 장관에 임명되지 못했다.[62]

로슈는 사임 직후 우주 기반 무기개발 업체인 오비탈사이언스 코퍼레이션Orbital Sciences Corporation의 이사가 되었다.[63] 2008년 9월 로슈는 "정교한 보안 제품, 시스템 통합 서비스, 치안 시장을 위한 기술을 제공하는 업계의 리더"를 자처하는 컴퓨다인Compudyne 이사회에도 합류했다.[64]

공군은 보잉 급유기 스캔들에 가담한 것은 드루이언뿐이라고 계속 주장했으나, 수사 결과 로슈 등의 국방부 관계자들도 연루된 사실이 밝혀졌다. 또한 다양한 국방부 관료 및 임명직, 백악관 정무팀, 의원이 이 임대 계약이 국민들에게 얼마나 가치 있는지는 무시하고 이를 추진한 것으로 나타났다. 그중에는 드루이언의 상관이자 공군 무기조달 책임자인 샘버도 있었다. 그는 2001년 해당 직책에 임명되기 전 ITT코퍼레이션에서 15억 달러 규모의 무기사업 부문을 맡았다. 그는 급유기 스캔들에 연루된 것에 대한 비판을 피하기 위해 2005년 1월 사임했다.[65]

보잉은 2006년 5월 급유기 스캔들 연루 혐의 및 경쟁사 록히드마틴의 기밀문서 수천 장을 불법 소지하고 계약 수주를 위해 활용한 혐의에 대한 합의금으로 6억 1,500만 달러를 지불했다.[66] 합의 타결 발표 일주일 뒤, 검열되지 않은 버전의 2005년 국방부 감찰보고서가 공개되며 기존에 공개된 보고서에는 상당히 많은 정보가 생략되어 있다는 사실이 밝혀졌다. 조지프 슈미츠Joseph Schmitz 감찰관은 공식발표 전 백악관에 보고서를 제출했고, 백악관은 백악관 관계자들이 언급된 부분 총 45군데를 비롯해 행정부에 불리한 정보를 삭제한 뒤 보고서가 발간되도록 했다.[67] 이러한 과정을 거쳐 공개된 보고서에는 보잉이 주고받은 이메일과 보잉이 언급된 부분들이 삭제되어 있었다. 정보공개법에 따른 요청 결과, 보잉 및 백악관을 포함한 정부기관들이 보고서 발표 전 중요 정보가 삭제되지 않은 상태의 보고서를 미리 확인했다는 것이 밝혀졌다. 의원들과 의회 직원들이 언급된 부분도 한층 모호한 호칭으로 대체되었다. 행정부와 의회가 대중에게 정보를 공개하지 않기로 합의했다는 내용도 삭제되었으며, 다음과 같은 주석을 달아 이를 정당화했다. "본 보고서는 해당 이메일 원본을 그대로 옮기지 않았다. 백악관 법률고문단이 급유기 관련 이메일에도 의원들과 백악관 간의 합의 사항을 적용하겠다는 뜻을 표명했기 때문이다. 감찰관의 독립적인 판단으로 이메일 원본을 보고서에 그대로 인용하는 것은 해당 합의를 위반하는 행위다."[68]

슈미츠의 보고서에는 도널드 럼스펠드나 폴 월포위츠의 견해는 전혀 포함되지 않았다. 슈미츠는 그 이유에 대해 그들이 '유의미한' 견해를 전혀 밝히지 않았기 때문이라 밝혔다. 《워싱턴포스트》는 사설로 "만약 슈미츠의 말이 사실이라면 분명 조사관들이 제대로 된 질문을 하지 않았기 때문일 것이다. 일례로 로슈에 따르면 럼스펠드는 2003년 7월 그에게 전화해 당시 공석인 육군성 장관 임명에 대해 논의하며, '급유기 임대 계약에 관해 양보하지 말라는 의견을 분명히 했다'"

고 밝혔다.[69] 감찰관실이 럼스펠드를 상대로 실시한 인터뷰 전사본에 따르면 조사관들이 그에게 수많은 조달규정 위반에도 불구하고 급유기 임대 계약을 승인했는지 질문하자, 럼스펠드는 "승인한 기억이 없다. 하지만 승인하지 않은 기억도 없다"고 답했다. 또한 감찰관실은 그에게 2002년 부시 대통령이 앤디 카드에게 국방부와 보잉의 회동에 개입할 것을 지시한 사실에 관해 질문했고, 그는 "대통령 및 대통령 직속 참모들과 논의하는 것은 매우 영광스러운 일이라 들었다"고 답했다. 해당 전사본의 나머지 부분은 대부분 까맣게 삭제되어 있었으며, 슈미츠의 보고서에는 전사본에 관한 내용이 전혀 포함되지 않았다.[70] 여러 의원, 정부 관계자, 심지어 대통령까지 급유기 스캔들에 연루되어 있었음에도 슈미츠의 팀은 국방부 소속 관계자 외에는 아무도 인터뷰하지 못했다.[71]

척 그래슬리 상원의원은 슈미츠에게 서한을 보내 "감찰보고서를 백악관 법률고문단에 미리 제출해 검토를 받기로 한 결정"에 대해 질문했다. 그래슬리 의원은 백악관과 의회의 합의는 "어떠한 법적 효력도 없기" 때문에 슈미츠가 이를 근거로 이메일 등을 공개하지 않는 것은 "부적절하고 근거 없는 주장으로 보인다"고 썼다. 또한 백악관이 보고서 내용을 삭제함으로써 스캔들을 "책임져야 할 인물들을 보호했다"고 주장했다.[72]

존 매케인은 상원에서 열린 급유기 스캔들 청문회에서 슈미츠를 강력 비판했다. 매케인은 슈미츠에게 국방부 무기구매 총책임자 에드워드 앨드리지가 "거짓말을 한 것과 다름없다"고 말했다. 앨드리지는 은퇴 직전 급유기 임대 계약을 승인해 제대로 된 승인 절차를 밟지 못하게 한 바 있다. 그러자 슈미츠는 "앨드리지와 다른 공군 〔및 국방장관실〕 관계자들이 해당 계약과 관련해 수많은 법적 요구 사항이 면제되는 것으로 취급했다는 것을 우리 모두 대략적으로 알고 있다"고 답했다. 그러자 매케인은 믿지 못하겠다는 듯 "앨드리지의 증언을 확보하는 것이 중요할 것이라는 생각은 하지 못했느냐"고 쏘아붙였다. 슈미츠는 "감찰관실 직원들이 그에게 연락했으나 연락이 닿지 않았다"고 답했다. 그러자 매케인은 비꼬는 투를 굳이 감추지 않으며 "록히드마틴을 통해서도 연락이 되지 않았다는 말이냐"고 되물었다. 존 워너John Warner 상원의원도 "주요 방산업체 이사회에 소속된 앨드리지의 소재를 파악하는 것이 그리 어려운 일일 것 같지는 않다"며 거들었다.[73] 임대 계약 체결 당시, 그리고 급유기 스캔들에 관한 수사가 진행될 당시 슈미츠의 형제가 록히드마틴에 로비스트로 등록되어 활동하고 있었다는 것을 고려하면 워너 의원의 생각보다도 쉽게 연락을 취할 수 있었을 것이다.[74] 슈미츠의 형제는 조지 H. W. 부시의 법률고문을 맡기도 했다.

조지프 슈미츠는 2005년 국방부 감찰관직을 사임했다. 급유기 스캔들 외에 다른 정치적으로 민감한 수사에 대해서도 백악관이 부적절하게 개입할 수 있도록 도왔다는 혐의를 받았기 때문이다. 슈미츠는 감찰관로 재임하던 중에, KBR이 인신매매, 직원 여권 압수를 비롯하여 식량과 물을 주지 않겠다고 협박해 직원들을 억지로 이라크로 가게 한 사건, 안전과 계약 조건에 대해 직원들에게 거짓말을 한 사건에 연루되었음을 보여주는 증거자료를 확보하고도 적절한 조치를 취하지 않았다.[75] 사임 직후 슈미츠는 이라크 방산업체 중 가장 규모가 크며 가장 많은 논란을 일으킨 블랙워터Blackwater에 합류했다.[76]

2007년 공중급유기 계약을 위한 입찰이 다시 시작되었으며, 1년 뒤 에어버스 330 기종을 주축으로 한 노스롭그루먼과 EADS가 계약을 수주했다. 보잉은 입찰 과정이 크기가 큰 에어버스에 유리하도록 편파적으로 진행되었으며, 평가 기준이 조작되었고, 근거 없는 비공개 우선순위를 적용해 주요 시스템 요구사항을 평가했다며 입찰 결과에 이의를 제기했다.[77] 회계감사원은 보잉의 편을 들며 재입찰을 실시할 것을 권고했다.[78] 2008년 7월 '긴급 재입찰'이 시작되었으나 그해 말까지 입찰이 완료될지 불확실해 9월에 입찰이 취소되었다. 결국 입찰은 다음 총선이 끝날 때까지 연기되었다.[79]

2009년 9월, 40여 년간 급유기 179대를 임대하는 350억 달러 규모의 계약 체결을 위한 입찰이 또다시 시작되었다. 이번에는 노스롭그루먼에서 입찰 과정이 보잉에 유리하게 수정되었다고 주장하며 입찰을 철회했다.[80] EADS는 그럼에도 계속 입찰에 참여했다.[81] 양측은 불법 보조금으로 이익을 취했다며 서로를 비난했다. WTO는 에어버스가 불법 재정지원을 받았다고 판정했으나, 이후 보잉도 에어버스보다 규모는 작지만 마찬가지로 불법 보조금을 받았다는 잠정적인 판정을 내렸다.[82]

웃음거리로 전락한 이 급유기 계약은 정계와 방위산업을 빠르게 오가는 회전문 인사들이 지배하는 군산정복합체에 이해충돌 문제가 내재되어 있음을 잘 보여준다. 나아가 사건에 연루된 누군가가 처벌받는 아주 드문 경우에도 솜방망이 처벌에 그치기 때문에 불법적 관행을 그만둘 유인이 거의 없음을 다시 한번 확인시켜주기도 한다.

급유기 입찰이 세 번째로 진행될 당시, 필자는 2009년 파리 에어쇼에서 보잉 급유기 부문 책임자에게 "첫 번째 입찰에서 저지른 비리가 이번 입찰에서 분명 보잉에 불리하게 작용할 것"이라 말했다. 큰 키의 예비역 장교인 그는 얼굴이 붉으락푸르락하며 필자를 한 대 치고 싶어 하는 것처럼 보였지만, 다행히 건장한 체격의 언론 담당자가 얼른 우리 사이에 끼어들었다.

2005년 6월, '공작Duke'이라는 별명으로도 알려진 캘리포니아주 의원 랜디 커닝엄Randy Cunningham이 여러 방산업체로부터 국방부 계약을 따내게 해준 대가로 100만 달러 이상을 받았다는 소식이 알려졌다. 베트남전에 참전해 큰 공을 세운 그는 당시 하원 세출위 국방소위원회 소속이었다. 그는 의원직을 사임했으며 뇌물수수 및 사기 공모로 징역 8년을 선고받았다. 언론은 그가 고급 요트에서 많은 여성들과 함께 문란하고 호화로운 샴페인 파티를 벌였다며 신나게 보도했다. 그는 군사주의 세력의 돈에 이끌려 비리를 저지른 수많은 미국 정치인 중 하나에 불과했지만, 그의 사례가 유독 흥미로운 것은 사실이다.

커닝엄은 1972년 5월 10일 베트남전에서 미그 전투기 3대를 격추시키며 일약 스타가 되었다. 이전에도 2대를 격추하는 공을 세운 그는 한국전쟁 이후 첫 에이스 조종사로 자리매김했다.[83] 대중의 지지를 받지 못한 베트남전 막바지에 작은 승리를 거둔 것을 계기로 유명 인사가 된 그는 완전히 새로운 삶을 살게 되었다. 그는 주목받는 것을 좋아하고 독선적이며 엄청난 특권의식을 가진 '공작' 같은 사람으로 변했다. 격추당해 7개월간 포로생활을 한 동료 조종사 잭 엔시Jack Ensch는 "랜디는 1972년 5월 10일부로 인간으로서의 성장을 멈춘 것 같다. 아직도 그 시절에 머물러 있으며 더 이상 발전하지 않는다. …… 나는 항상 그 사건이 내 인생의 일부에 불과하며, 그 사건이 곧 내 인생인 것은 아니라고 말한다. 그러나 랜디에게는 그 사건이 곧 그의 인생이 되었다. 그의 인생은 그날로 끝이 났다고 해도 과언이 아니다"라고 말했다.[84]

커닝엄은 그날의 무용담을 자신의 전부처럼 여겼다. 자신의 자서전에서 적군을 너무 과장되게 묘사하는 바람에 대필 작가가 역사적 사실을 따로 조사한 뒤 그가 쓴 내용을 정정하기도 했다.[85] 에이스 조종사가 된 그는 사이공에서 언론의 집중 조명을 받았다. 미국으로 돌아온 후에는 2주 동안 투어를 다니며 강연을 치를 계획이었으나, 엄청난 인기로 결국 다섯 달 동안 하루에 세 도시를 돌아다니는 일정으로 바뀌었다.[86] 그는 주목받는 것을 매우 즐겼다. 스포츠카에 '미그 에이스MIG ACE'라는 맞춤형 번호판을 다는가 하면, 번호판을 부착하는 자신의 모습을 찍어줄 사진작가를 고용하기도 했다. 그렇게 찍은 사진은 미국 전역의 50개 신문에 실렸다.[87]

그는 영화 〈탑건〉으로 유명해진 미라마 해병대 항공기지에 배치되어 126전투비행대대를 지휘했다. 특권의식에 취한 그는 재능 있는 조종사이긴 했지만 훌륭한 리더는 아니었다.[88]

커닝엄은 조종사 경력이 그리 오래되지 않았을 때에도 이미 특권의식과 탐욕에 젖어 있었다. 세 번째 공중전 승리 후 그는 해군에서 가장 명예로운 훈장인 십자훈장Navy Cross을 받을 예정이었다. 수여식 직전 커닝엄은 부대 지휘관을 찾아가 '더 높은 단계의 훈장인 명예훈장Medal of Honor을 주지 않으면 나와 부조종사는 수여식 참석을 거부하겠다'고 말했다. 지휘관은 이렇게 답했다. "명예훈장은 요구하는 것이 아니라 목숨을 바친 대가로 수여되는 것이다. 이제부터 할 일을 알려주겠다. 우선 두 사람 모두 머리를 깎아라. 그런 다음 제복을 깨끗이 하고 계급장을 제대로 달아라. 신발도 깨끗이 닦아라. 그리고 내일 10시, 조국이 고귀한 영웅 두 사람에게 십자훈장을 수여할 것이다. 너희 두 사람은 기쁜 마음으로 품위 있게 받으면 된다. 그 이하의 행동을 보이면 내가 직접 두 사람의 가슴을 찢어버리겠다. 내 사무실에서 나가라."[89] 그러자 커닝엄은 "그 돈을 받고 싶었을 뿐"이라 답했다. '그 돈'이란 명예훈장 수훈자에게 지급되는 매달 100달러의 연금과 소규모 세금감면 혜택을 말한 것이었다.

커닝엄은 영화 〈탑건〉이 자신의 이야기를 바탕으로 만들어진 것이라 주장했다. 심지어 의원 시절 자신의 홈페이지에도 〈탑건〉에 관한 내용을 언급했을 정도다. 그러나 〈탑건〉의 시나리오를 쓴 잭 엡스Jack Epps는 커닝엄의 아전인수식 주장을 비웃었다. "전혀 사실이 아니다. 랜디 커닝엄에 대해 2분 이상 생각해본 적도 없다. …… 단 한 번도 그와 직접 이야기를 나눠보지 않았으며, 커닝엄이라는 사람이나 그의 이야기에 대해 관심을 가져본 적도 전혀 없다." 그럼에도 커닝엄은 영화의 인기에 편승해 1998년 탑건엔터프라이즈Top Gun Enterprises라는 회사를 설립하고 자신의 책과 기념품 등을 팔았다.[90]

CNN에서 평론가로 활동하며 쌓은 명성 덕에 커닝엄은 연설 한 번당 1만 달러를 받았다.[91] 공화당 의원들을 비롯한 유명 인사들과 친분을 쌓은 그는 1990년 샌디에이고 44선거구에 출마했다. 항공 재킷을 입고 온몸에 국기를 두른 채로 유세 활동을 펼친 그는 경쟁자 짐 베이츠Jim Bates를 "격추해야 할 미그기"라 묘사했다. 베이츠가 자신의 직원을 성희롱한 의혹을 받자 그를 "죄악을 저지른 성 도착자"라고 부르기도 했다.[92] 선거 과정에서 커닝엄이 1966년(당시 25세)과 1988년에 유권자 등록을 하지 않았다는 사실이 밝혀졌다. 그의 첫 번째 부인은 후에 커닝엄이 주정부에 낼 세금이 오를까봐 자신도 유권자 등록을 못하게 했다고 설명했다. 그럼에도 커닝엄은 1,659표 차로 아슬아슬한 승리를 거두었다.[93]

커닝엄은 눈물이 많기로 유명했다. 취임 며칠 뒤, 그는 걸프전 승인에 찬성표를 던져달라며 눈물을 보였다. 뉴트 깅리치가 하원의장을 사임할 때도, 클린턴이 탄핵되었을 때도, 로널드 레이건이 사망했을 때도, 그의 아들이 마약거래로 유죄 선고를 받았을 때도 눈물을 흘렸으며, 자신의 어머니에 대해 이야기할 때면 목이 메었고, 미국이 베트남과의 국교정상화를 선언했을 때도 흐느껴 울었다. 하원에서, TV에서, 로비 활동, 캠페인 활동, 기금 모금행사에서 1972년 5월 10일에 일어난 일을 이야기할 때도 매번 눈물을 쏟았다.[94]

또한 그는 정치적 논쟁을 인신공격으로 변질시키는 것으로도 유명했다. 자신의 군 경력을 근거로 상대방을 압박하는 일이 잦았다. "군대에도 안 가본" 사람들 앞에서 잘난 체하며 설명을 늘어놓곤 했다. 그는 국방예산에 반대하는 민주당 및 공화당 의원들을 전부 군대에 가보지 않은 사람 취급했다. 의원으로 당선된 지 얼마 후 커닝엄은 베벌리 바이런Beverly Byron 메릴랜드주 민주당 의원이 공화당의 국방예산에 반대하자 "바이런 의원은 군용 전투기에 앉아본 적도 없기 때문에" 전투기에 대해 논의하기 위해 "필요한 배경지식"을 갖고 있지 않다며 맹

비난했다. 그러나 바이런은 군인 집안에서 자랐으며 시험비행 조종사로 새 장비를 몰아본 경험도 있었다. 그녀는 "전투기를 타본 적 있으니 안심하라고 말하고 싶다. …… 항공모함 케네디 호에서 A-6와 F-14를 수차례 발진시킨 것은 물론이고, 여성 조종사로는 최초로 SR-71을 마하 3.2의 속도로 몰기도 했다"고 받아쳤다. 커닝엄의 발언을 시원하게 맞받아친 그녀의 말에 환호가 터졌지만 그는 그다지 신경 쓰지 않는 듯했다.[95] 당시 많은 사람들은 커닝엄을 상스럽고 그리 영리하지 못한 인물로 여겼다.

암 생존자들을 위한 행사에서 커닝엄은 전립선암 때문에 직장 수술을 받은 경험에 대해 이야기하며 "바니 프랭크Barney Frank라면 모를까, 나에게는 매우 불편한 경험이었다"고 말했다(바니 프랭크는 동성애자로 커밍아웃한 바 있다—옮긴이). 당시 매우 존경받는 의원이었던 바니 프랭크는 후에 커닝엄이 "동성애자보다 더 동성애에 관심이 많은 것 같다"고 답했다.[96] 그 행사에 참여한 74세의 암환자가 국방예산을 삭감해야 한다고 말하자 커닝엄은 가운뎃손가락을 들어 보이며 욕설을 내뱉었다.[97]

커닝엄은 동료 공화당원들을 위한 기금 모금에 탁월한 능력을 보였다. 공화당 후보 60명의 기금 모금을 도운 1996년에는 자신 덕에 공화당에 100만 달러가 넘는 기금이 마련되었다고 자랑하기도 했다. 그는 세출위 국방소위원회에 임명되고 싶어 안달이 나 있었다. 뉴트 깅리치는 1997년 커닝엄을 국방소위원회에 앉혔다. 중진 의원들을 제치고 커닝엄을 임명해야 할 이유가 없다고 판단한 소위원장의 반대를 무릅쓰고 밀어붙인 결과였다. 깅리치는 또한 2001년 커닝엄을 정보특별위원회에 임명해주기도 했다. 그리고 이듬해 커닝엄은 공화당에 유리하게 확정되어 당선이 확실시되는 캘리포니아 50선거구로 지역구를 옮겨 출마했다.[98] 국방소위원회에 임명된 커닝엄은 자신의 지역구에 지정예산을 손쉽게 제공했다. 그러나 그의 미래에는 먹구름이 드리우고 있었다.

2005년 5월 중순, 《코플리Copley》라는 작은 지역 통신사에 새로 부임한 편집장 마커스 스턴Marcus Stern은 의원들의 해외출장과 민간기업의 출장 경비 지원 내역에 관한 보고서를 살펴보고 있었다. 당시 막 발표된 이 보고서는 의원들이 민간기업의 전용기를 이용하고, 호화 호텔 및 리조트에 숙박하는 비용 5,000만 달러를 특수 이익단체, 로비스트, 무기업체 등이 지급했다는 사실을 폭로해 파문을 일으켰다. 스턴은 《코플리》가 위치한 지역 의원이었던 커닝엄을 중점적으로 살펴보았다. 2000년 1월부터 2005년 6월까지 총 약 2만 5,572달러를 지원받은 커닝엄은 다른 의원들에 비해 양호한 수준이었다. 그러나 그중 2건이 스턴의 호기심을 자극했다. 첫 번째는 커닝엄이 사우디아라비아를 방문하는 데 들어간 경비를 미국에 거주하는 사우디 사업가가 지급한 경우였다. 사우디와의 정치경제적 관계 증진을 위한 출장의 경우 사우디 정부가 경비를 지급하는 것이 일반적이다. 스턴은 해당 출장에 관해 조사했으나 커닝엄과 사우디의 관련성은 발견하지 못했고, 커닝엄의 자산이 상식적으로 가능한 정도보다 많은지 살펴보기로 했다. 스턴이 발견한 사실들은 대규모 정치 스캔들의 발단이 되었다.[99]

스턴은 국가 부동산 데이터베이스에서 커닝엄이 뉴멕시코주 산타페의 엄청난 부촌에서 대저택을 매입한 사실을 발견했다. 당시 커닝엄의 연봉은 15만 4,700달러였으며, 그의 부인은 고등학교 행정직원으로 일했다. 그러나 그가 매입한 저택의 가격은 255만 달러였으며, 대출을 두 차례 받긴 했으나 대출금은 각각 50만 달러와 59만 5,000달러에 불과했다. 즉 145만 5,000달러라는 거액을 현금으로 낸 것이다. 그가 전에 살던 집을 팔아 꽤 많은 차익을 올린 것은 사실이었다. 1988년 31만 5,000달러를 대출 받아 42만 5,000달러에 매입한 집을 15년 뒤 167만 5,000달러에 팔았기 때문이다. 따라서 이 자금을 대저택 매입에 사용한 것으로 볼 수 있었다. 그러나 스턴은 관련 서류에서 흥미로운 점을 발견했다. 커닝엄이 살던 집이 개인이나 부부가 아닌 회사에 판매되었던 것이다.

커닝엄이 살던 집을 매입한 회사는 1523뉴햄프셔에비뉴1523 New Hampshire Avenue라는 유한책임회사로, 미치 웨이드Mitch Wade라는 인물이 대표로 등록되어 있었다. 웨이드는 워싱턴 D.C. 뉴햄프셔가 1523번지에 등록되어 있는 다른 회사인 MZM의 대표이기도 했다. 무명업체였던 MZM은 2003년 이후 갑자기 100위권에 드는 방산업체로 자리매김했다. 주요 정부 계약을 1건도 따내지 못하는 업체였으나 불과 2년만에 1억 달러 규모의 계약을 수주한 것이다.[100]

부동산 서류를 더 자세히 살펴본 결과 웨이드가 커닝엄의 집을 매입했으며, 곧바로 매입가보다 살짝 높은 168만 달러에 집을 다시 내놓았다는 사실을 발견했다. 집은 8개월 뒤 97만 5,000달러에 팔렸고, 웨이드는 70만 달러의 손해를 보았다. 웨이드가 커닝엄에게 시장가보다 훨씬 높은 금액을 주고 집을 매입한 것이 분명했다. 그러나 이런 식으로 과도한 금액을 지불하는 것은 흥미롭긴 하지만 이는 불법도, 범죄행위의 증거도 아니다. 군사 및 정보 관련 정부 계약을 다루는 영향력 있는 위원회에 속한 커닝엄이 순식간에 급성장한 방산업체에 보상을 지급했다는 증거가 필요했다.[101]

스턴은 미치 웨이드에게 연락해 해당 부동산 계약에 대해 직접 질문하고자 했다. 웨이드의 언론 담당 비서는 MZM이 당시 샌디에이고로 이전하는 것을 고려하고 있었으며, 해당 주택은 가장 좋은 가격에 매입 및 매도했다고 답했다. 커닝엄은 자신이 가장 좋은 가격에 주택을 판 것이며 가격을 결정한 것은 부동산 중개인이었다고 주장했다. 그는 MZM이 계약을 따낼 수 있도록 지원해준 사실을 인정하면서도 퀄컴, 타이탄, SAIC, TRW 같은 무기업체와 마찬가지로 그 업체가 샌디에이고에 소재하고 있었기 때문에 지원한 것이라 주장했다. 그는 이러한 업체들을 위해 자신이 한 일은 "이 프로그램을 지지한다, 혹은 어떤 장군이나 제독이 이 프로그램을 지지한다는 내용의 편지를 쓰는 게 전부"라며, "어떤 프로그램이 자금을 지원받게 될지를 직접 결정하는 것이 아니다. 국가안보를 지키기 위한 군 당국의 필요에 따라 결정되는 것이다"라고 말했다. 물론 지정예산의 경우에는 전혀 그렇지 않다. 심지어 커닝엄은 스턴에게 직접, 찰리 윌슨이 원하는 사업을 성공적으로 밀어붙인 일에 대해 이야기하기까지 했다.[102]

이렇게 독특한 주택 거래가 밝혀지자 수많은 기자, 블로거, 아마추어 조사원, 사법당국 관계자가 커닝엄과 그가 후원받은 선거자금, 해당 주택의 평가액, 미치 웨이드 덕에 이득을 본 다른 의원들에게 주목하기 시작했다. 기자들은 제보를 받아 요트 2척을 찾아냈다. 둘 중에서 최근 구매한 요트는 웨이드의 이름으로 등록되어 있었으나 듀크-스터Duke-Stir호라는 이름이 붙어 있었으며, 누가 봐도 커닝엄이 혼자 사용하는 것이 분명해 보였다. 또한 웨이드가 요트 클럽 회비와 정박 비용을 포함한 모든 비용을 지불했다는 사실도 밝혀졌다. 이러한 혐의가 공개적으로 제기된 지 며칠 만에 커닝엄은 FBI의 수사를 받게 되었다. 미치 웨이드는 곧바로 감형을 조건으로 수사에 협조했다.[103]

커닝엄은 오랜 기간 자행해온 비리의 증거를 서툴게 인멸하려 했다. 그는 단골 골동품점 사장에게 '웨이드가 커닝엄 대신 대금을 지불한 것은 사실이지만, 웨이드는 항상 그 돈을 다시 돌려받았다'고 말하라고 부탁했다. 자신이 구매한 고가의 물건들을 다른 곳에 보관해달라고 요청하기도 했다. 부동산 중개인에게는 그가 전에 살던 집의 가격을 누가 결정했는지, 그리고 그 가격이 시장 가치를 반영한 공정한 가격이었는지 여부에 대해 거짓말을 하라고 요구했다. 그리고 그 집을 구매한 웨이드가 결국 손해를 봤다는 사실에 크게 놀랐다는 내용의 가짜 서한을 작성했다. 검찰은 이를 "반복적이고 악질적인 증거 조작 및 증인에 대한 영향력 행사 시도"라 판단했다. 커닝엄은 수감되기 전날 밤 이혼을 앞둔 전처 집 진입로에 더러운 속옷과 현금 3만 2,000달

러가 든 여행 가방과 더플백을 두고 가기도 했다.[104]

커닝엄은 증거를 인멸하려 노력했으나 불리한 증거가 너무 많았다. 결국 그는 징역 8년 4개월을 선고받았다. 또한 부정 취득한 이득에 대한 미납 세금 180만 4,031달러를 납부하라는 판결을 받았다. 이처럼 불명예스러운 일을 저질렀지만 그는 세금으로 의원 및 해군 연금을 받을 수 있었다.[105]

커닝엄이 유죄 판결을 받을 수 있도록 협조한 미치 웨이드는 징역 3개월과 벌금 25만 달러를 선고받았다. 부정하게 체결된 계약으로 웨이드는 1억 5,000만 달러가 넘는 수익을 벌어들였으나, 이로 인한 손실은 모두 납세자들이 떠안게 되었다.[106] 1993년 MZM을 설립하기 전 웨이드는 국방부에서 다양한 민간, 군사, 정보 분야 직무를 맡았다. 그는 높은 수준의 기밀 정보에 접근할 수 있었고, 인맥도 다양했으며, 군사 및 정보 관련 지식도 풍부했다.[107]

1998년, 웨이드는 브렌트 윌크스Brent Wilkes가 추진한 계약에 참여했다. 브렌트 윌크스는 딜로이트Deloitte, 아서앤더슨Arthur Andersen에서 세무 전문가로 일하다 1984년 월드파이낸스그룹World Finance Group이라는 유한책임회사를 직접 설립했다. 부동산 거래, 장비 및 항공기 임대를 전문으로 하는 이 회사의 이름은 대실패로 돌아간 피그만 침공(1961년 피델 카스트로 정권 전복을 위해 미국이 훈련시킨 쿠바 망명자들이 쿠바 남부를 침공한 사건—옮긴이)에 연루된 CIA 유령회사의 이름과 의심스러울 정도로 유사했다. 미국 및 태평양 국가들의 군 관계자들을 수송하는 사우스퍼시픽아일랜드항공South Pacific Islands Airlines 등이 윌크스의 주요 고객이었다. 그는 엘살바도르와 온두라스에서도 사업을 벌이며 온두라스 고위층과 인맥을 쌓았다.[108] 또한 중미를 방문하는 의원들 및 방산업체 관계자들과 동행하며 '출장의 지루함'을 달래기 위해 호화로운 파티를 열고 매춘부들을 불러주었다.[109]

윌크스와 어린 시절부터 친구였던 카일 포고Kyle Foggo는 CIA 고위 관계자가 되었다. '더스티Dusty'라는 별명으로도 잘 알려진 포고는 파나마와 온두라스에 파견되어 CIA의 계약, 물류, 금융 거래를 처리하며 필요한 자금을 제공하는 역할을 했으며, 니카라과 콘트라 반군이 벌인 산디니스타 정권 축출에도 관여했다. 포고와 함께 일한 윌크스도 CIA와 관련이 있다는 소문이 파다했다.[110]

윌크스의 수상한 중미 방문은 이란-콘트라 사건이 터진 1987년 무렵 끝이 났고, 월드파이낸스그룹도 폐업했다. 1992년, 그는 고객들을 대신해 선거운동 기부금을 배분하는 정치 자문위원으로 일하며 풍족한 삶을 누리고 있었다. 그러나 그가 전달한 기부금 중 일부가 불법 자금이라는 사실이 밝혀지게 되었다. 윌크스는 한 디지털화 전문기업의 의뢰로 캘리포니아주 교통부가 지도 및 설계도를 디지털화하는 지정예산 사업을 통과시키기 위해 의원들을 설득했다. 그는 당시 재선 의원이었던, 커닝엄의 전임자에게 로비를 하고 기부금을 후원했으며, 군사 부문에도 비슷한 지정예산 사업이 진행될 수 있도록 존 머사 등의 유명 의원들에게도 기부금을 전달했다. 그 밖의 다른 의원들에게도 영향력을 행사해 지정예산을 따내기도 했다. 1995년, 윌크스는 경쟁사의 문서 디지털화 기술을 구매하고 엔지니어들을 고용해 ADCS라는 새로운 회사를 설립했다. 그리고 커닝엄의 지원을 받기 위해 호화 레스토랑에서 식사를 대접하며 공을 들였다. 1997년에는 그에게 1만 1,255달러짜리 보트를 사주기도 했다. 그 결과 커닝엄은 ADCS가 국방부와 더 많은 계약을 체결할 수 있게 도왔다.[111]

커닝엄은 1999년 12월로 예정된 파나마운하 운영권 반환을 기회 삼아 전략적으로 중요한 파나마운하 관련 문서를 디지털화하는 사업을 추진했다. ADCS가 정부 계약에 주 계약업체로 참여할 자격이 없었기 때문에 보훈부의 허가를 받은 방산업체를 통해 계약을 체결했다. 보훈부가 파나마운하 문서 디지털화 작업과 전혀 관계가 없었음에도 윌크스는 보훈세출소위원회 소속의 협조적인 의원에게 기부금을 제공했고, 곧 ADCS와 커닝엄은 파나마운하 문서 디지털화 계약을 성공적으로 수주했다. 당시 커닝엄은 보훈부의 사업 관리자들을 괴롭히고 회유해 사업과 관련된 근거 없는 청구서를 승인하도록 하고, 이의를 제기하는 공무원들을 위협하는 역할을 했다.[112] 미치 웨이드는 1997년 기밀정보 사용 권한이 있는 직원이라는 이유로 ADCS 사업에 고용되었으며, 이는 커닝엄과도 친분을 쌓는 계기가 되었다.

9·11 테러 및 테러와의 전쟁 선포 이후 군사정보 관련 계약은 사실상 아무 제약 없이 체결되었다. 커닝엄의 도움으로 MZM은 총 1억 6,300만 달러 규모의 계약을 체결했으며, 거의 대부분은 비밀 수의 계약이었다.[113] 2억 2,500만 달러 규모의 일괄구매 계약도 수주했다. 일괄구매 계약은 정부가 평상시 필요한 항목을 대규모로 간편하게 구매하기 위해 도입한 방식으로, 부실 감독, 경쟁 부재, 투명성 부족으로 많은 논란이 되었다.[114] MZM은 의심스러운 계약들을 체결해 막대한 이윤을 챙겼다. 일례로 MZM은 커닝엄이 국방부 산하 방첩국 예산에 끼워넣은, 저장장치를 공급하는 600만 달러 규모의 지정예산으로 850%의 이윤을 남겼다. 당시 방첩국은 저장장치가 필요하지 않았고, 요청한 적도 없었다. 윌크스와 웨이드는 기성품으로 판매되는 저장장치를 70만 달러에 구매해 600만 달러에 공급했다. MZM은 또한 이라크에서 체결한 번역 계약과 급조폭발물 대응 계약에도 연루되었으나, 자세한 사항은 기밀로 분류되어 확인이 불가능한 상태다.[115]

MZM과 웨이드는 의원들에게 선거자금으로 수천 달러씩을 기부했다. 웨이드는 MZM 직원들에게 개인적으로 정치 기부금을 후원하도록 하고, 같은 액수를 불법적인 방식으로 되돌려주기도 했다.[116]

1996년 이후 윌크스는 커닝엄에게 매춘부와 전용기, 리무진 서비스 등을 지속적으로 권했다. 그는 커닝엄에게 총 70만 달러에 달하는 선물과 현금을 주었고, 그 대가로 수백만 달러의 계약을 따냈다. 웨이드와 윌크스는 뇌물을 직접 전달하는 것 외에도 주택이나 보트 거래

를 가장해 뇌물을 전달하거나, 값비싼 골동품이나 롤스로이스를 선물로 주기도 했다.[117]

이들이 치러야 할 대가는 분명했다. 수사당국은 웨이드의 협조로 커닝엄의 자택과 보트를 수색해 뇌물 지급 내역이 적힌 문서를 찾아냈다. 커닝엄은 웨이드와 레스토랑에서 점심을 먹으며 계약을 따내게 해주는 대가로 뇌물을 얼마나 받을지 흥정하기도 했다. 의원용 메모지에는 언뜻 봐서는 무슨 뜻인지 알기 힘든 숫자가 적혀 있었다. 메모에 따르면 커닝엄은 총 1,600만 달러 규모의 계약을 수주하게 해준 대가로 14만 달러짜리 요트를 요구했고, 이후 총 계약금액이 100만 달러 늘어날 때마다 자신에게 5만 달러를 지급할 것을 요구했다. 총 계약금액이 2,000만 달러에 달해 34만 달러를 지급받은 후에는 계약금액이 100만 달러 늘어날 때마다 그에게 지급되는 금액이 2만 5,000달러로 감소하는 조건이었다(그림 5 참조).[118]

미치 웨이드는 커닝엄 외에도 다른 정치인들에게 불법 선거자금을 제공한 혐의를 인정했다. 선거자금을 받은 정치인들은 본인들이 불법적으로 후원받은 사실을 몰랐던 것으로 보인다. 또한 웨이드는 국방부 관계자 및 기타 직원에게 계약 수주를 도운 대가로 뇌물을 제공한 혐의도 인정했다. 법원 기록에 뇌물을 받은 국방부 직원들의 이름이 공개되지는 않았다.[119] 브렌트 윌크스는 뇌물, 공모, 사기, 도청 혐의로 징역 12년을 선고받았으나 복역하는 중에도 자신이 결백하다고 주장했다. 그는 2009년 1월 항소심에서 보석 허가를 받았다. 2011년 8월 현재 보석으로 풀려난 상태이며, 2010년 7월에는 포커 대회에서 우승을 차지해 상금 1만 달러를 받기도 했다.[120]

카일 포고는 CIA의 모든 대외 계약을 책임지는 자리에 올랐다. 물류 담당자였던 그는 테러와의 전쟁 선포 당시 유럽에서 아프가니스탄 및 이라크 변방까지 이어지는 비밀 공급망을 구축한 장본인이기도 하다.[121] 2008년 포고는 그의 측근 윌크스가 CIA와 계약을 체결할 수 있

그림 5. 랜디 커닝엄의 뇌물 메뉴판

도록 해준 혐의를 인정했다. 윌크스의 회사가 이라크나 아프간에서 활동한 경험이 전혀 없음에도, 이라크와 아프간에 생수를 공급하는 200만~300만 달러 규모 계약을 수주한 경우도 있었다. 포고는 윌크스에게 뇌물을 받고 호놀룰루로 공짜 여행을 가기도 했으며, 윌크스가 운영하는 회사 중 한 곳에서 고위직을 맡았다.[122] 그는 2009년 2월 징역 37개월을 선고받았다.[123]

마지막으로 화려한 정계 인맥을 자랑하는 그리스 국적의 부동산 개발업자 토머스 콘토지아니스Thomas Kontogiannis도 커닝엄에게 뇌물을 제공한 혐의로 징역을 선고받았다. 콘토지아니스는 커닝엄이 지불한 주택 구매자금이 불법적으로 조달되었을 가능성이 높다는 것을 알면서도 커닝엄이 필요한 자금을 마련하는 것을 도왔다. 또한 커닝엄이 과도하게 부풀린 가격으로 판매한 요트를 구매하기도 했다. 검찰은 콘토지아니스가 그 대가로 커닝엄의 인맥을 활용해 조지 W. 부시와 사우디 왕세자 겸 국방장관인 술탄 왕자와 만남을 가졌다고 주장했다.[124]

2010년 5월 20일 마크 크리츠Mark Critz는 예전 상관의 의원실 열쇠를 집어들었다. 존 머사 의원실 보좌관이었던 그는 이틀 전 존 머사의 사망으로 인한 공석을 채우는 존스타운의 보궐선거에서 당선했다. 머사의 영향력 덕에 국방부 계약을 따낸 많은 방산업체들이 마크 크리츠를 지지해준 덕이었다. 크리츠는 자신의 멘토인 존 머사처럼 존스타운 지역구에 연방정부 예산을 끌어오고 일자리를 창출하겠다고 약속했다. 선거운동 초기부터 방산업체, 지역 사업체, 로비스트 들이 총 14만 2,400달러를 후원했으며, 대형 방산업체들도 총 2만 1,400달러를 지원했다. 불명예스러운 사건에 휘말린 PMA그룹 로비스트 4명도 선거자금을 후원했다.[125] 존 머사가 사망하기 전에도 크리츠는 머사의 존스타운 사무실 운영책임자로서 머사에게 지정예산을 받아 계약을 체결할 업체를 추천하는 매우 중요한 역할을 했다.[126]

지정예산 제도를 무분별하게 남용한 것이 존 머사뿐이라는 오해가 생길까봐 덧붙이자면, 머사의 하원 세출위 국방소위원회 위원 16명 중 12명이 머사와 유사한 방식으로 전직 보좌관 혹은 측근이 임원으로 있는 특정 방산업체에 예산을 몰아준 바 있다.[127] 이러한 지정예산 규모를 대폭 축소하겠다는 오바마 대통령의 공약에도 불구, 2010 회계연도 지정예산 규모는 약 160억 달러로 증가했다.[128]

지정예산 규모는 레이건 행정부 이후 급증했다. 우익 싱크탱크 헤리티지재단에 따르면 1981년 레이건 취임 당시 교통 관련 법안에 포함된 지정예산은 10개 이하였다. 1988년 레이건은 그 법안에 포함된 121개 지정예산을 이유로 그에 대한 거부권을 행사했다. 정부 예산 감시단체 '상식을 위한 납세자들Taxpayers for Common Sense'에 따르면 1991년 지정예산은 538개로 증가했으며, 1998년에는 1,850개, 2005년에는 6,373개로 총 242억 달러 규모였다.[129] 2009년 예산관리국 데이터베이스에 공식적으로 기록된 지정예산은 총 1만 1,124개로 152억 달러 규모였다.[130] 지정예산은 특정 지역구의 지지를 강화할 뿐만 아니라 지정예산을 제공받은 기업에 그 대가로 지원을 받아내는 수단이다. 주로 기업들의 '지원'은 선거자금 후원의 형태로 제공된다. 지정예산에 대한 직접적 대가는 아니라는 가식적인 주장을 내세우는 이도 있겠지만, 미국 정계에 지정예산을 통한 합법적 뇌물이 횡행하는 것은 엄연한 사실이다. 익명의 로비스트에 따르면 존 머사도 "여러분을 계속 도울 수 있도록 나를 도와줘서 고맙다"며 지정예산으로 묶인 정계와 무기산업의 관계를 인정하는 듯한 발언을 했다.[131]

지정예산을 활용한 비리를 줄이기 위한 시도도 이루어지고 있다. 2010년 3월에는 영리단체에 지정예산을 제공하는 것을 금지하는 규정이 마련되었다. 물론 이 규정은 비영리단체를 통한 자금 전용은 전혀 규제하지 못한다. 지정예산의 투명성 제고를 위한 노력도 있다. '지정예산 투명성법Earmark Transparency Act'은 웹사이트에 해당 지정예산 및 지정예산의 대표발의자 및 공동발의자를 모두 공개하는 법안이다. 2011년 8월 현재 해당 법안은 의회에서 입법 절차를 거치고 있다.[132]

존 머사, 찰리 윌슨, 달린 드루이언, 랜디 커닝엄과 그들이 연루된 스캔들에 대한 관심도 물론 중요하지만, 더 주목해야 할 것은 현재의 정치경제 시스템에서 이러한 일들이 예외가 아니라 의회와 방산업계의 수많은 관행의 일부라는 사실이다. 셀 수 없이 많은 스캔들, 이해충돌의 문제, 권력 남용이 대대적으로 공개되거나 기소되지 않는다는 사실은 결코 언급되지 않으며, 그 이유는 너무나 명백하다. 커닝엄, 머사,

드루이언 같은 장사꾼들은 군산정복합체에서 체계적·일상적으로 이루어지는 합법적 뇌물수수 및 부정부패가 더욱 안전하게 진행되도록 하는 역할을 한다.

16. 방산업체 유토피아 이후, 희망은 있는가

방산업체들에게 유토피아나 다름없었던 부시 행정부에서 비교적 까다로울 수 있는 오바마 행정부로의 정권 교체는 무기산업에 큰 지장을 주지 않았다.

오바마는 대선 기간과 취임 초기, 방위산업과 국방부에 근본적 변화가 필요하다는 강경한 입장을 표명했다. 그러나 실제 일어난 변화는 곁가지에 불과했고, 전체적으로 군산정복합체에게는 과거와 다를 것이 없었다.

국방부 예산을 보면 방산업체들이 가져갈 사업 규모는 거의 변화하지 않았음을 알 수 있다. 2011년의 기본 예산(아프가니스탄 및 이라크 전쟁예산 제외)은 부시 행정부의 마지막 해 예산과 유사했고, 이후 증가할 것이 예정된다는 점도 같았다. 실제 2011년 국방부 예산은 총 5,130억 달러로, 부시 행정부의 마지막 해 예산보다 많았다. 2011년의 전쟁예산은 1,590억 달러로, 2010년의 1,550억 달러보다 약간 많았다. 이를 국방부 기본 예산에 더하면 2011년 군비 지출은 최소 6,720억 달러가 된다. 연방정부 예산의 다른 항목으로 분류된 군비 지출(에너지부의 핵무기 예산 등), 국방부가 아닌 부처의 잡다한 국방예산(2010년 기준 약 170억 달러)을 포함하면 오바마 행정부의 2011년 실제 군비 지출 총액은 약 6,890억 달러에 달한다.[1]

오바마가 유임한 로버트 게이츠Robert Gates 국방장관이 이에 대해 다음과 같이 발언한 것은 놀라운 일이 아니다. "작금의 경제 여건을 고려할 때 이는 우리의 안보에 대한 강력한 의지를 보여준다."[2] 오바마 행정부가 제출한 2012년 총 군비 지출은 7,030억 달러다.[3]

국방예산을 삭감하려는 시도는 의회와 군의 강력한 반격에 부딪힌다. 그 뒤에는 무기제조업체와 군사서비스업체의 전폭적인 로비가 있다. 군산정복합체의 변함없는 힘과 영향력은 록히드마틴의 대규모 무기체계이자 역사상 가장 비싼 전투기 F-22 랩터 문제에서 잘 드러났다. F-22는 1대당 3억 5,000만 달러로, 전국 44개주에 1,000개 이상의 부품공급업체를 두고 있다.[4] 2009년 1월 20일, 하원의원 200명과 상원의원 40명은 "F-22를 살리자"는 제목의 서한을 막 취임한 오바마에게 전달했다. 이들은 서한에서 F-22 사업이 "국가경제에 연간 120억 달러를 기여한다"고 주장했다. 주지사 12명도 비슷한 내용의 서한을 보냈다. 이처럼 교묘한 주장이 설령 사실이라 하더라도 F-22의 '기여'에는 커다란 비용이 따라온다. 미국의 개입 가능성이 있는 어떤 전쟁 시나리오에서도 쓸모없을 전투기를 도입하기 위해 총 700억 달러가량이 든다는 사실이다.[5]

대통령에게 서한을 전달한 후 록히드마틴은 "3억 국민을 보호합니다. 9만 5,000개의 일자리를 창출합니다"라는 제목으로 대대적인 광고를 시작했다.[6] "그 일자리가 어디에 존재하느냐"는 질문에 록히드마틴은 영업 기밀이라며 답변을 거부했다. 빌 하텅은 이렇게 비꼬았다. "록히드마틴이 수입과 이익을 거의 전적으로 연방정부에서 가져오더라도 신경 쓸 필요가 없다. 국민들의 세금이 어디에 들어가는지 밝혀야 할 때가 오면 그때부턴 '우리의 일'이 아니기 때문이다."[7]

록히드마틴은 결국 '일자리 9만 5,000개'라는 주장에서 한발 물러섰고, 그중 70% 이상은 F-22와 간접적으로 관련되어 있을 뿐이며 전투기 생산을 위해 직접 창출되는 일자리는 2만 5,000개에 불과하다고 설명했다.[8] 재미있는 것은 예산을 다른 방식으로 사용하면 (심지어 감세만 해도) 대부분 군비 지출보다 일자리를 더 많이 창출할 수 있다는 사실이다. 실제로 F-22에 지출되는 예산만큼 다른 공적 투자가 삭감될 경우 전국적으로 일자리 창출은 마이너스가 된다.[9]

F-22가 '테러와의 전쟁'에 필수라는 논리는 2008년 게이츠 국방

장관의 발언으로 크게 흔들렸다. "현재 우리는 이라크와 아프가니스탄에서 2개의 전쟁을 치르고 있습니다. 그런데 F-22는 어떤 전장에서도 임무수행을 한 적이 없습니다."[10] 실제로 F-22는 지금까지 단 한 번도 전투에 투입된 적이 없다.[11] 미 육군참모대학의 윌리엄슨 머리Williamson Murray는 이렇게 말한다. "F-22는 의심의 여지없이 세계 최고의 전투기다. 그런데 지금은 싸울 상대가 없다. 고등학교 권투 시합을 열면서 마이크 타이슨을 데려오는 것이나 마찬가지다."[12]

F-22 사업은 과거에도 걸림돌을 만난 적이 있었다. 1999년 하원의 존 머사 민주당 의원과 제리 루이스Jerry Lewis 공화당 의원은 사업 비용이 예산을 크게 초과한다며 F-22 생산 지원금 지급 보류를 위해 이례적으로 손을 잡았다. 사실 이들의 목적은 사업 취소가 아니라 록히드마틴과 공군의 주목을 받는 것이었다. 록히드마틴은 의원 출신 로비스트들을 대거 투입하며 적극 대응에 나섰다. 이들은 전직 의원들도 출입할 수 있는 볼티모어 오리올스 홈구장의 호화 관람석부터 하원 헬스클럽의 사우나까지 곳곳을 누비며 "지원금 지급이 몇 달만 보류돼도 국가안보와 경제에 어마어마한 타격이 발생한다"는 주장을 퍼뜨렸다. 데일 범퍼스Dale Bumpers 전 상원의원은 "내가 목격한 최대의 로비 중 하나"였다고 표현했다. 공군은 원래 의회를 상대로 로비를 할 수 없도록 되어 있지만, '랩터 살리기Raptor Recovery' 팀을 만들어 "우리는 공군과 국가에 이 전투기가 필요하다는 메시지를 의회의 지도자들에게 전달하겠다"고 나섰다.[13] 공군은 이를 '정보 제공' 차원의 활동이라고 설명했지만, 사실상 마음대로 로비를 벌이겠다는 의미였다.

당시 공군은 전투기 339대를 620억 달러에 구매하고자 했다. 당초 750대를 250억 달러에 구매한다는 계획과 비교하면 총액은 두 배가 넘고 도입 대수는 절반도 안 되는 수준이었다. 이렇게 말도 안 되는 상황이 발생한 것은 애초에 록히드마틴이 실제로는 비용이 훨씬 많이 들어갈 줄 알면서도 입찰 서류에 낮은 가격을 적어 냈기 때문이다. 무기업체들은 이러한 관행을 통해 일단 계약을 따낸 다음 나중에 가격을 올린다. 여기에 공군의 불필요한 '금칠'이 더해진다. 이미 개발 단계에 들어간 전투기에 대해 까다로운 성능 기준을 추가하는 것이다. 마지막으로 록히드마틴은 전투기 생산 과정에서 문제를 일으키고, 국방부에 간접 비용과 스페어 부품 비용은 그대로 청구한다. 하텅은 이를 가리켜 "엄청난 초과 비용 발생이 보장된, 역사적으로 검증된 방법"이라고 표현한다.[14]

국방부 내부 인사 척 스피니는 이렇게 설명한다.

사업이 시작될 때 최고의 관리 목표는 취소를 어렵게 만드는 것이다. 리스크 관리라는 차원으로 이해하면 된다. 성능 리스크는 해당 무기로 전투를 벌일 군인들이 부담한다. 경제적 리스크의 경우 비용을 대는 사람, 즉 납세자들이 부담한다. 그리고 사업 리스크, 다시 말해 어떤 이유로 사업이 취소될 리스크가 존재한다. 민간기업이든 공공기관이든 언제나 이렇게 세 가지 리스크를 안고 있다. 여기서 사업 리스크는 결국 해당 사업의 지속으로 이득을 보는 사람들이 부담한다. 군, 사업 성공에 커리어가 달린 민간인, 무기 생산시설이 자기 지역구에 있는 의원, 그리고 당연히 무기를 만드는 업체가 여기 포함된다. 전통적으로 엔지니어링은 시제품 설계와 시험부터 시작한다. 성능 리스크를 줄이기 위해 시험과 설계 변경을 반복한다. 이렇게 가장 적절한 설계를 찾아내는 과정에서 최초의 구상과 굉장히 달라질 수도 있다. 그러는 가운데 경제적 리스크도 줄어든다. 오류를 미리 제거하고 효율적인 제조방법을 찾아내기 때문이다. 하지만 이렇게 할 경우 사업 리스크, 다시 말해 제대로 작동하지 않거나 비용이 너무 많이 든다는 이유로 사업이 취소될 가능성은 늘어난다.

그런데 국방부 입장에서 가장 중요한 것은 사업 관련자들에게 계속 돈이 흘러가도록 하는 일이다. 따라서 전통적인 시제품 단계는 건너뛰고 충분한 이해가 없는 상태에서 바로 엔지니어링 개발 단계로 넘어간다. 부품공급업체와 일자리는 최대한 이른 시기부터 전국으로 퍼뜨려 사업의 정치적 안전망을 구축한다. 그런데 이처럼 비이성적인 방식은 성능 리스크와 경제적 리스크를 증가시킨다. 초기 설계가 나중에 어떤 결과를 낳을지 이해하기도 전에 이후의 과정을 확정해버리기 때문이다. 한마디로 미친 짓이다. 자기 돈을 쓴다면 절대 이렇게 하지 않겠지만 국방부는 남의 돈을 쓴다. 직접 무기를 사용할 일도 없다. 결국 리스크를 타인의 목숨에 전가하는 것이다. 이렇게 사업 자체와 돈의 흐름을 보호하는 일이 전체적인 리스크를 줄이는 일보다 우선이 된다. 그래서 국방부는 시제품 개발도 안 하고, 비용에 대해 거짓말을 하고, 애초에 약속된 성능을 발휘하지 못하는 무기를 일선 군인들에게 주는 것이다.

정부에서는 예산이 권력이다. 그 권력을 유지하려면 돈의 흐름에 위협이 될 만한 의사결정 지점을 없애면 된다. F-22의 경우 국방부에서 먼저 실전 투입이 가능한 시제품을 만들어야 했다. 하지만 냉전이 끝나가고 있었고, 공군은 기회가 사라지기 전에 돈줄을 열어두고 싶었다.[15]

육군은 루이스 의원과 머사 의원의 편을 들면서 정부기관 사이의 경쟁을 드러냈다. 이는 군산정복합체의 복잡성 중 하나로, 군 내부에서 전체 예산에 대한 이견은 없지만 어디에 예산을 쓸지에 대해 서로 대립하는 현상을 보여준다. 하지만 1999년 10월, 록히드마틴은 결국 F-22 사업을 위해 25억 달러를 더 얻어내는 데 성공했다.[16]

F-22 사업 비용에 대한 우려는 부시 행정부 초기까지 남아 있었

다. 하지만 9·11 테러 이후 군비가 급격히 늘고 안보에 대한 접근법이 바뀐 덕분에 F-22를 비롯해 불확실한 사업들이 살아남을 수 있었다. 보잉의 고위급 임원은 이렇게 말했다. "이제 지갑은 열렸다. 우리가 국가를 지키는 데 필요한 예산을 반대하는 의원은 내년 11월(중간선거) 이후에 다른 직업을 알아봐야 할 것이다."[17]

오바마 행정부 들어서도 F-22는 록히드마틴의 강력한 로비력으로 살아남을 수 있다는 시각이 지배적이었다. 하지만 2009년 4월 게이츠 국방장관은 F-22 총 187대의 인도가 완료되는 2011년부터 사업을 중단하겠다고 발표했다. 군 인건비와 무인항공기 사업에 각각 130억 달러, 20억 달러를 증액한다는 내용도 함께였다. 무기사업에는 40억 달러를 증액하기로 했는데, 록히드마틴의 F-35 전투기가 여기 포함되었다.

이처럼 다른 항목의 예산이 늘어났지만 의회는 강력 반발했다. 우선 상원 세출위원회는 공군에 F-22의 수출형 모델을 일본과 호주에 판매하는 방안에 대한 타당성 검토를 주문했다.[18] 하원 군사위원회는 F-22 12대를 추가 생산할 수 있는 부품 구입비용으로 2년간 3억 6,900만 달러를 배정했다.[19]

하지만 게이츠 장관의 발표 2주 후, 록히드마틴은 예산에 관한 결정을 받아들이기로 한 듯했다. 빌 하텅은, 게이츠 장관이 예산안을 발표하기 얼마 전에 로버트 스티븐스Robert Stevens 록히드마틴 CEO를 만나 "내 결정에 반대하면 가만두지 않겠다"는 취지로 말했다고 밝혔다. 록히드마틴 경영진은 회사의 최대 고객을 잃을 수 있다고 보고 F-22 로비를 중단하기로 했다.[20] 게이츠 장관은 F-22의 일자리 창출이라는 허술한 논리를 직접 건드리지 않은 채 일자리 문제를 영리하게 다루기도 했다. F-35 사업 예산을 늘리면 F-22 관련 일자리 감소를 상쇄하고도 남는다는 것이었다. 게이츠 장관은 F-22 일자리가 2009~2011년 1만 1,000개 줄겠지만 같은 기간 F-35의 일자리는 4만

4,000개 늘어날 것이라고 설명했다.[21]

그럼에도 의회의 반발은 전혀 수그러들지 않았다. F-22 사업 중단을 막기 위해 의회는 초당적으로 협력했다. 핵심 동기는 '지역예산 확보'였으며, F-22에 걸린 것이 많은 주의 상원의원들이 이러한 움직임을 주도했다. 하원 군사위원회는 생산라인을 계속 가동하기 위해 F-22 7대를 추가 생산하기로 결정하면서 다음 해에 추가 예산을 배정할 길을 열어놓았다. 13대 11이라는 표결 결과는 F-22 사업의 국내 정치 구도 그대로였다. 군사위원회는 지역예산을 위해 추가로 3억 6,900만 달러를 책정해 사업이 지속되도록 했다. 안건은 이제 상원으로 넘어가 최종적으로 극적인 결정을 남겨두게 되었다.

오바마 대통령은 F-22에 대한 추가예산이 포함될 경우 국방예산에 거부권을 행사하겠다고 밝혔다. 사실상 전례 없는 대담한 조치였다. 행정부 차원의 강력한 대의회 로비도 진행되었다. 게이츠 장관은 상원 표결이 일주일도 남지 않은 상황에서 공개적으로 의회를 강력 비판했다. 시카고 연설에서 그는 오바마 행정부의 국방예산이 부시 행정부의 마지막 해 예산보다 늘어났으며, 미국은 다른 나라들의 국방예산을 모두 합한 것보다 많은 예산을 투입하고 있다는 점을 강조했다. 그는 "이런 예산이 국방 '포기'로 취급되는 것은 워싱턴 D.C.라는 그들만의 세계에서나 가능한 일"이라는 강한 표현까지 덧붙였다.

상원에서 F-22를 강력하게 옹호한 의원 중 하나는 대니얼 이노우에(Daniel Inouye였다. 그는 하와이에서 선출된 민주당 의원으로, 세출위원회 산하 국방소위 위원을 20년 이상 맡았고, 스스로 '지역예산 확보 1등 의원'이라고 칭했다. 그가 하와이에 가져온 예산은 2009년 한 해에만 2억 600만 달러가 넘었고, 여기서 이득을 본 기업들은 11만 7,000달러가 넘는 선거자금 후원으로 보답했다. 그중 절반은 록히드마틴의 자금이었다.[22] 하텅은 "이노우에가 어떤 무기체계든 싫어하는 걸 본 적이 없다"고 말한다. 오바마의 상대 후보였던 존 매케인 상원의원은 대선 기간 동안의 오락가락 행보를 보여주듯 개혁적 입장으로 돌아와 "이는 무기체계가 한번 생산에 들어가면 절대 중단되지 않는 관행을 그대로 둘 것인지, 아니면 국가의 무기획득 절차를 개혁하기 위해 필요한 조치를 취할 것인지의 문제"라고 주장했다.[23] 결국 행정부의 국방예산은 58대 40이라는 예상보다 큰 표 차로 가결되었다.

어려운 여건 속에서도 막강한 로비력을 동원해 F-22를 오랫동안 살려온 록히드마틴은 상원 표결이라는 '전투'에서 패배했다. 그러나 '전쟁'에서까지 패배한 것은 아니었다. 게이츠 장관의 국방예산은 결국 록히드마틴에 이익이 될 것으로 보이는데, F-35 전투기 사업이 역사상 최대 규모가 될 가능성이 높기 때문이다. F-35의 1대당 가격은 당초 6,200만 달러로 의회에 제출되었으나, 1억 1,100만 달러로 81% 늘어난 상태였다.[24] 오바마 행정부의 첫 국방예산에서 F-35 사업에는 44억 달러가 추가 배정되었다.[25] F-35는 F-22에 비해 1대당 가격은 낮지만 미국과 영국이 3,000대 이상, 동맹국들이 600~700대를 구매할 예정이다. 록히드마틴 임원 미키 블랙웰Mickey Blackwell은 F-35 사업을 "슈퍼볼 같은 거대한 축제, 어마어마한 횡재, 세기의 전투기 사업"이라고 불렀다.[26] 생산 과정에서 노스롭그루먼과 BAE 역시 중요한 역할을 할 예정인데, 그 덕분에 미국과 영국에서 폭넓은 지지와 보조금 확보가 가능했다.

언제나 그렇듯 F-35 사업 역시 문제투성이다. 불충분한 사전 시험으로 인해 1대당 중량이 2,000파운드가 초과되었고, 일정이 지나치게 지연되어 5년간 166억 달러의 비용이 추가 발생한다. 그럴 경우 총사업 비용은 3,800억 달러가 넘는다.[27] 여기에 전투기 수명 전체에 걸친 유지 보수 및 운영 비용 1조 달러가 추가된다.[28] 척 스피니는 이러한 상황에 충격을 받고 "F-35는 F-22보다 훨씬 비싸고 문제 많은 전투기가 될 것"이라고 말하기도 했다. 국방부에서 항공우주 설계 엔지니어로 일한 피에르 스프리Pierre Sprey는 록히드마틴과 그 제품에 대해 더욱 혹독한 평가를 내놓는다. "[방산업체 중에서] 가장 허접한 곳이며, 형편없는 항공기를 만든다. F-35는 완전한 쓰레기다. 이전 세대 제품보다 훨씬 못하다."[29]

부시 행정부와 오바마 행정부 1년 차는 미국 무기수출의 호황기였다. 2001년부터 2008년까지 미국 무기업체의 주요 수출 규모는 두 배 이상 증가해 총 310억 달러에 달했다. 미국의 세계 무기시장 점유율 역시 극적으로 증가했다. 2008년의 경우 새로 체결된 무기판매 계약의 3분의 2 이상은 미국 업체가 차지했다.[30]

미국의 무기수입국에는 상당한 금액을 지속적으로 제공한다. 사상 최대의 국방예산과 해외 군사협력 예산(2003년 약 50억 달러, 미국 무기 구매에 사용되는 경우가 많음)[31]에 더해 국무부와 국방부는 연간 평균 150억 달러 이상을 '안보지원 예산'으로 지출하는데, 그 상당 부분은 미국 무기 구매와 훈련에 사용된다.[32] 또한 무기구매 가능성이 있는 국가에는 미국 정부가 보증하는 저금리 차관을 제공한다. 이러한 차관 사업은 1970~80년대 존재했으나 100억 달러 규모의 차관이 탕감 혹은 상환불능 상태가 된 이후 중단되었다. 이 역시 미국 무기업체와 해외 고객을 위한 보너스였다.[33] 그간 이러한 문제가 있었음에도 1995년 빌 클린턴 대통령은 150억 달러 규모의 차관보증기금을 새로 도입하는 법안에 서명했다. 이는 놈 어거스틴 록히드마틴 CEO의 주도로 무기산업이 6년간 공들인 로비의 결과였다.[34]

무기판매를 확정 짓기 위해 국방부와 백악관이 직접적인 압박을 사용하는 경우도 많다. 예를 들어 2002년 미국 정부는 한국에 프랑스 업체 대신 보잉과 45억 달러 규모의 계약을 체결하라고 요구했다. 한국 국방부에서 유출된 정보에 따르면 프랑스 업체의 기종은 모든 항목에서 보잉의 기종보다 우수했고, 가격도 3억 5,000만 달러 저렴했다. 그러나 폴 월포위츠Paul Wolfowitz 국방부 부장관은 한국 측에 "만약 프랑스 업체를 선택할 경우 미국은 정치적 지지를 철회할 뿐만 아니라 군 차원에서 항공기 피아 식별에 사용되는 암호 체계나 해당 기종이 사용하는 미국제 공대공 미사일 제공을 중단하겠다"고 위협했다. 계약은 결국 보잉에 돌아갔다.[35]

콜롬비아는 미국 대신 브라질의 경공격기 구매를 고려한 적이 있었다. 그러자 남미에 주둔하는 미군 사령관이 콜롬비아 정부에 "브라질 경공격기를 구매할 경우 향후 의회에서 콜롬비아에 대한 군사원조에 부정적인 태도를 취할 가능성이 있다"는 내용의 서한을 보냈다. 결국 브라질과의 거래는 무산되었다.[36]

오늘날 미국의 외교 관련 지출 중 93%는 국방부를 통해 집행되며, 7%만이 국무부를 거친다. 무기제조업체에 지원되는 양은 물론, 미국이 국제 문제를 군사적으로 해결하려는 이유를 알 수 있는 대목이다.[37]

이러한 경향의 최대 수혜자는 물론 록히드마틴이며, 록히드마틴의 최대 수출 품목은 F-16 전투기다. 2006년 이후 록히드마틴은 루마니아, 모로코, 파키스탄, 터키 등과 130억 달러에 가까운 규모의 F-16 판매 계약을 맺었다. 이보다 더 큰 수익을 남길 수 있는 최신 품목은 미사일 방어체계다. 2007~2008년 UAE, 터키, 독일, 일본 등과 체결된 미사일 방어체계 계약 규모는 총 240억 달러가 넘는다. 군용 수송기 C-130J는 이스라엘, 이라크, 인도, 노르웨이에 판매될 예정이며, 총 50억 달러에 달하는 규모다. 록히드마틴은 이 외에도 헬파이어 미사일, 아파치 헬리콥터, 다양한 폭탄과 유도 체계로 수십억 달러를 벌어들인다.[38]

최근 록히드마틴의 무기판매 중 가장 논란이 된 것은 대만과의 60억 달러 규모 계약으로, 여기에는 PAC-3 미사일 114기(28억 달러)가 포함되어 있었다.[39] 중국은 강력 반발하면서 미국과의 군사협력을 중단하고 대만에 판매될 부품을 공급하는 미국 업체들을 제재하겠다고 나섰다. 이 책을 쓰는 2011년 현재 그러한 제재는 이루어지지 않았으며 중국과 미국의 군사적 관계는 대부분 복원되었다.

록히드마틴은 무기수출이 전쟁 억지를 통해 안정에 기여한다고 주장하지만, 오히려 무기수출로 군비경쟁이 가속화되고 전쟁 가능성이 높아진다는 비판도 있다. 루마니아가 과연 F-16에 45억 달러를 지출할 필요가 있을까? 파키스탄이 구매한 F-16은 알카에다, 탈레반보다 인도를 상대로 사용될 가능성이 더 크지 않을까? UAE가 150억 달러가 넘는 돈을 들여 미사일 방어체계를 구매한 것은 국방을 위해서일까, 아니면 미국의 비위를 맞추기 위해서일까?

터키에서 F-16은 기지에서 그냥 잠자고 있는 것이 아니라 쿠르드노동자당PKK과 연계된 쿠르드족 분리주의 세력과의 참혹한 전쟁에 사용되었다. 15년간 이어진 전쟁으로 마을 수천 곳이 폭격을 당하고 불에 타 황폐화되었다. 사망자는 수만 명에 달했고, 고향에서 쫓겨난 이들 중 37만 5,000명은 아직 돌아가지 못했다.[40] 쿠르드족 탄압에는 다양한 무기가 사용되었는데, F-16은 터키 국내는 물론 이란과 이라크 북부의 PKK 은신처로 알려진 지역을 공습할 때에도 동원되었다. 공습 후에는 공격 헬리콥터, 병력수송 장갑차, 소총, 대전차 무기를 동원한 더욱 강력한 공격이 이어졌다. 당시 록히드마틴을 회원사로 둔 미국 항공우주산업협회Aerospace Industries Association에서 로비를 담당한 조엘 존슨Joel Johnson은 쿠르드족 거주지에 대한 터키의 폭격을 정당화하면서 사실상 '다른 나라도 다를 게 없다'는 논리를 폈다.

> 터키가 롤링선더 작전(베트남전 당시 미국의 대규모 공습 작전명—옮긴이)을 만들어낸 것이 아니라는 사실을 인정해야 한다. (베트남에서) B-52를 동원해 게릴라 문제를 해결한 것은 우리다. 러시아는 (아프가니스탄에서) 대규모 무기 플랫폼을 사용했다. 이스라엘은 지속적으로 도발을 당하고 있으므로 레바논 남부에

서 F-16을 사용한다. 누군가는 그런 일이 없기를 바란다고 말한다. 사무실에 편하게 앉아서 이런 나라들이 모두 잘못됐다고 말할지도 모른다. 여기서 그런 말을 하는 것은 쉽지만 실제 전장에서 우리 병사들이 다치는 것은 전혀 다른 문제다.[41]

존슨의 이 같은 발언은 이스라엘이 록히드마틴 제품을 많이 사용하는 국가이며, 제 아무리 긴밀한 동맹국이라 해도 일단 수출된 무기의 사용을 통제하기가 얼마나 어려운지를 보여준다(17장 참조).

록히드마틴이 미사일 방어체계의 모든 측면에 관여하고 있음이 드러난 것은 2009년 9월 오바마 행정부가 폴란드와 체코에 미사일 방어체계의 일부를 배치한다는 부시 행정부의 결정을 백지화하기로 결정한 때였다. 이로 인해 원래 체코에 배치될 레이더 체계를 담당한 보잉은 손해를 입게 되었지만, 록히드마틴은 오히려 전보다 큰 이득을 볼 가능성이 높아졌다. 이처럼 예상치 못한 결과가 발생한 것은, 오바마 행정부가 미사일 방어체계의 유럽 배치를 완전히 백지화한 것이 아니라 '수정'했기 때문이다. 국방부에서 유출된 자료에 따르면 오바마의 계획하에서 유럽에 배치될 록히드마틴 요격미사일 수량은 네 배 증가할 예정이다.[42]

오바마가 미사일 방어체계 계획을 수정하겠다고 밝힌 지 석 달 만인 2010년 1월, 록히드마틴의 PAC-3 미사일을 폴란드에 배치한다는 계획이 발표되었다. 이어 2월 초에는 트라이언 바세스쿠Traian Basescu 루마니아 대통령이 자국에 PAC-3 요격미사일을 배치하기 위해 오바마 행정부와 협상을 개시한다고 밝혔다. 미사일 방어체계 정책 수정이 록히드마틴에 이익이라는 것은 연간 100억 달러에 달하는 사업 전반에 록히드마틴이 관여하고 있음을 고려할 때 놀라운 일이 아니다. F-22 사업이 중단될 때와 마찬가지로 규모와 제품 다양성을 충분히 확보하고 있기 때문에 한쪽에서 손해를 봐도 문제가 없다. 록히드마틴의 입장에서 국방부는 언제나 한 손으로는 빼앗아가고 다른 한 손으로는 (약간 더 얹어서) 돌려줄 뿐이다.

사실 록히드마틴의 최대 성장동력은 미국 국내에 있을 가능성이 높다. 록히드마틴은 본토 안보사업부터 2010년 인구센서스까지 거의 모든 영역에 손을 뻗치고 있는데, 특히 본토 안보사업에 빠르게 진출한 후에는 기업 역사에 손꼽힐 만한 실패를 겪기도 했다. 미국은 9·11 테러 이후 오랫동안 방치되다시피 한 해양경찰을 신속하게 강화하기 위해 딥워터Deepwater 사업을 추진했다. 해경은 총 170억 달러가 투입되는 이 사업을 통해 선박 90척, 소형 경비정 124척, 신형 및 재활용 헬리콥터 및 항공기 200대, 무인항공기 약 50대, 통합감시/통신체계를 도입해 '작은 해군'에 버금가는 전력을 갖추기로 했다.[43]

그런데 딥워터 1차 사업이 처참하게 실패하면서 해경의 역량은 오히려 약화되었다. 입찰에서 선정된 사업자는 록히드마틴과 노스롭그루먼이었다. 두 업체는 각자 맡은 제품을 생산하는 것은 물론 사업에 참여하는 다른 업체들을 함께 감독하는 역할까지 맡았다. 이러한 방식은 해경이 자체적으로 사업을 감독할 때보다 관료적 비효율을 줄일 수 있는 '혁신'으로 포장되었다. 그러나 결과적으로는 대규모 사업 시행 면에서 정부보다 방산업체가 훨씬 비효율적일 수 있다는 것을 증명하고 말았다. 해경과 노스롭그루먼 모두에서 일한 경험이 있는 엔지니어 앤서니 다르미엔토Anthony D'Armiento는 딥워터 사업을 이렇게 표현했다. "미국을 벗겨먹는 것이나 다름없다. 해양 엔지니어링을 20년 동안 하면서 본 최악의 사업이다."[44] 먼저 1억 달러에 선박 8척이 건조되었다. 그런데 이 선박들은 운항할 수 없었다. 선체가 갈라지고 엔진이 제대로 작동하지 않았기 때문이다. 두 번째로 큰 선박은 간단한 물탱크 시험도 통과하지 못해 진행이 보류되었다. 5억 달러가 넘게 들어간 가장 큰 선박은 선체 갈라짐이 너무 심해 완전 붕괴 가능성까지 제기되었다.

2005년 5월, 의회는 처참하게 실패한 딥워터 사업 예산을 절반으로 삭감했다. 그러자 언제나처럼 의원들의 서한, 로비, 선거자금 기부 등이 뒤따랐고, 결국 삭감이 철회된 것은 물론 예산이 오히려 연간 10억 달러 증액되어 사업 규모가 총 240억 달러까지 늘어났다. 해경은 결국 2007년 4월 사업감독권을 방산업체들로부터 회수했다. 새로 건조된 선박들의 진수는 2011년 중으로 계획되어 있다. 해경 현대화 사업의 계기였던 9·11 테러로부터 무려 10년 만의 일이다.[45]

군산정복합체가 항상 그렇듯 록히드마틴은 연안전투함Littoral Combat Ship 도입 같은 여타의 사업을 통해 실패를 만회할 기회를 얻었다. 연안전투함은 해적, 마약밀수 조직, 테러리스트, 소형 공격정 같은 '비대칭 위협'에 대응하기 위한 함정이다. 연안전투함의 초기 모델 생산 비용이 세 배 이상 증가하자 게이츠 국방장관은 록히드마틴과 노스롭그루먼에 경쟁을 붙여 선박 10척을 추가로 건조하는 2차 사업을 추진했다. 2010년 12월 록히드마틴과 오스털 USA(어느 호주 업체의 미국 법인)가 사업을 수주해 우선 4척을 건조하게 되었고, 2015년까지 총 10척을 건조할 예정이다.[46] 비용은 총 370억 달러가량으로 추산된다.[47]

딥워터 외에도 록히드마틴은 미국 본토 안보 관련 사업을 다수 따냈다. 록히드마틴은 국토안보부 사업 수주 규모 8위 업체로, 공항 검색부터 생체 측정 기술까지 다양한 사업을 진행 중이다. 특히 생체 측정 기술은 국세청IRS 역시 사용하고 있다. 록히드마틴은 지문 정보 확보는 물론 세금신고 처리, 인구조사, 우편 분류까지 관여한다.[48]

2010년 록히드마틴은 육군 특수부대에 대한 군수/보급 서비스 계약을 수주했다. 아프가니스탄 등에 현재 파병된 부대와 향후 파병 가능성이 있는 분쟁 지역을 모두 포함하는 내용으로, 규모는 50억 달러. 록히드마틴은 카메라와 센서를 탑재한 무인항공기 시장에서도 입지를 강화하고 있다. 무인항공기는 조종사 없이도 특정 지역을 지속적으로 비행하면서 감시작전을 수행할 수 있다.[49]

록히드마틴은 2008년 한 해에만 연방정부 계약 360억 달러를 수주하는 등 미국 최대의 방산업체 자리를 지키고 있다. 빌 하텅은 가구당 260달러에 해당하는 이 금액을 '록히드마틴세Lockheed Martin Tax'라고 부른다. 록히드마틴은 무기제조 분야에서도 단연 1위로, 국방부 사업을 290억 달러 이상 수주한다. 자신의 영역을 지킬 수 있는 힘과 자금 면에서도 다른 무기업체들을 압도한다. 록히드마틴은 2009년 한 해에만 1,500만 달러를 로비 및 선거자금 후원에 사용했고(직원 1만 4,000명의 개인 후원은 별도), 2010년 중간선거 전후로도 같은 금액을 지출했다. 한편 록히드마틴은 '1995년 이후 50건의 형사상, 민사상, 행정적 위법행위'를 기록하면서 방산업체 중 위법행위 건수 1위에 올랐다.[50] 2004년 로버트 스티븐스 록히드마틴 CEO는 《뉴욕타임스》에서 이렇게 말했다. "우리 산업은 인류의 변화에 기여해왔다." 문제는 좋은 쪽이냐, 아니면 나쁜 쪽이냐일 것이다.

오바마 대통령은 방산업체들에 대한 관리감독이 허술하다는 사실을 인정하면서도 거의 변화를 주지 못했다. 가장 큰 이유 중 하나는 민영화된 군사 체제에서 계약서 작성부터 참여 업체에 대한 성과평가에 이르는 전 과정을 방산업체들이 직접 관리한다는 점이다. 이로 인해 군과 방산업체가 사용하는 수천억 달러에 대한 감독은 극도로 허술해진다.

국방부와 방산업체에 대한 의회의 감독 기능은 연고주의, 해외 구매자를 위한 행정부의 압박, 회전문 인사, 방산업체를 지역구에 유치하려는 의원들의 욕망으로 인해 심각하게 약화된다. 나아가 국가안보를 위해서라는 이유로 정부와 무기산업의 관계에 대한 공적 감시가 제한된다. 결국 군의 모든 사업에 사용되는 공공 재정의 책임성이 완전히 사라지는 것이다. 주간지 《인사이트Insight》는 2001년 국방부 감찰차장이 "국방부의 의무 회계 보고를 위해 4조 4,000억 달러의 분식이 이루어졌으며, 사라진 1조 1,000억 달러는 언제, 어디에서, 누구에게 흘러갔는지도 파악되지 않는다는 사실을 인정했다"고 보도했다.[51] 이는 같은 해 미국 연방정부 세수보다 많은 금액이다.

국방부는 놀랍게도 20년 이상 감사를 받지 않았으며, 2017년부터 감사를 받을 준비를 마치겠다고 최근 밝혔다.[52] 그러나 민주·공화 양당이 참여하는 어느 상원의원 그룹에서는 이 역시 현실성이 없다고 본다.[53] 만약 개발도상국 정부가 이런 식으로 운영되었다면 미국 국제개발처USAID나 영국 국제개발부DFID의 원조를 받지 못했을 것이다.

2008년 정부 감사보고서에 따르면 국방부의 무기체계 수십여 곳이 예산을 수십억 달러 초과했으며 일정은 몇 년간 지연된 상태다. 실제로 무기체계 95곳은 예산을 총 2,590억 달러 초과한 것은 물론 인도 시기도 평균 2년 지연되었다.[54] 국방부와 긴밀한 관계에 있는 방위산업 내부 관계자는 필자에게 이렇게 말했다. "미국의 조달 체계는 정말 말도 안 된다. 정권마다 조달 개혁이 필요하다고 말하지만 그런 일은 일어나지 않는다." 게이츠 국방장관은 장관으로 지명된 후 의회에 "우리는 정부의 획득 및 조달 방식을 철저히 검토해야 한다"고 말했다. 하지만 그는 2008년 6월 부시 행정부가 영국 및 호주와 무기와 서비스를 허가 없이도 거래할 수 있도록 하는 3자간 조약을 추진할 때 찬성한 장본인이었다. 이러한 조약은 절차상 문제가 많을 뿐만 아니라 정부의 감독을 더욱 약화시킬 우려가 컸으나 언론에 거의 보도되지 않았다. 결국 조약은 게이츠 장관이 재직 중인 2010년 9월 통과되었다.[55]

조달 책임성 강화를 위한 움직임은 9·11 이후, 그리고 이라크 및 아프가니스탄 전쟁으로 분명 약화되었다. 특히 이라크 및 아프가니스탄에서는 자신들이 상식적인 의무를 지키지 않아도 된다고 생각하는 이들이 비전통적 안보사업을 폭넓게 수행했다. 법무부 감사관은 이라크와 아프가니스탄과 연관된 수많은 무기와 막대한 예산에 대해 기록조차 남아 있지 않다고 밝혔다. 이라크 재건사업에서만 최소 1,250억

달러가 잘못 사용되거나 기록되지 않은 상태다.[56]

지난 2년간 이라크는 30억 달러 이상의 무기 계약을 체결했다. 국제앰네스티는 이라크 정부군에 공급된 소형화기 36만 정(주로 미국 및 영국제)에 대해 분명한 감시가 이루어지지 않았다고 주장한다. 또한 보스니아에서 이라크로 운반된 돌격소총 칼라슈니코프Kalashnikov 6만 4,000정과 영국에 의해 운반된 이탈리아 베레타 권총 수천 정 중에서 상당수가 이라크 내 알카에다의 손에 들어갔다.[57] 익명을 요구한 방위산업 내부 관계자는 필자에게 이렇게 말했다. "이라크 사업 전체가 뼛속까지 썩었다. 책임성이란 없다. 사업에 관여하는 이들은 능력이 아니라 연줄 덕을 보고 있다. 공화당 안팎의 인맥을 말하는 것이다. KBR만 봐도 알 수 있다." 또한 그는 이렇게 폭로했다. "파키스탄은 탈레반과 싸운다는 명목으로 수십억 달러를 지원받았는데, 여기에도 투명성 문제가 심각하다."

이러한 책임성 부재, 그리고 군을 최대한 민영화하려는 부시 행정부의 강력한 의지로 인해 급조되다시피 한 업체 다수가 이라크와 아프가니스탄에서 대규모 사업을 수주했다. 이러한 '카오스' 상태는 아프가니스탄 정부군이 사용할 탄약 조달사업에서 절정에 달했다.

플로리다주 마이애미비치의 허름한 원룸에 주소를 둔 AEY 주식회사는, 가정폭력으로 체포된 적이 있으며 위조 운전면허증을 사용하는 21세 청년 이프라임 디버롤리Efraim Diveroli가 운영했다. 디버롤리보다 네 살 많은 측근 데이비드 패코즈David Packouz는 마사지사 자격증이 있는 떠돌이였다. 두 사람은 파티를 좋아하고 대마초를 애용했으며, 코카인과 LSD도 가끔 즐겼다.[58] AEY와 디버롤리는 국무부의 무기밀수업자 감시 명단에 올라 있었다. 그럼에도 AEY는 2007년 1월 군에 의해 아프가니스탄에 대한 주요 탄약 공급업체로 선정되어 2억 9,800만 달러의 계약을 수주했다.[59]

미 육군은 AEY에 대한 제3자 평가를 랄프 메릴Ralph Merrill이라는 민간인에게 맡겼는데, 그는 AEY와 디버롤리를 적극 옹호하는 보고서를 제출했다. 알고 보니 메릴은 AEY의 부대표이자 투자자였다.[60] 계약서는 세부적 조건을 거의 달지 않고 모호한 언어로 작성되었다.[61]

디버롤리는 탄약을 최대한 값싸게 조달하기 위해 동유럽 국가들을 물색한 끝에 알바니아가 가격과 여건 면에서 최적이라고 결론 내렸다. 냉전이 끝난 1990년대 초, 경제적으로 고립된 공산주의 정권이 무너지기 시작할 무렵 알바니아의 1인당 무기 및 탄약량은 유럽 최고 수준이었다. 독재자 엔베르 호자Enver Hoxha는 '제국주의-수정주의 세력의 침략'에 대한 피해망상에 사로잡혀 국방에 가장 많은 예산을 썼고, 그 결과 알바니아는 완전히 군사화되었다. 무기와 군수물자가 넘쳐났고, 300만 명이 조금 넘는 인구를 위한 콘크리트 벙커와 방호 시설 60만 개가 전국에 분포해 있었다. 이러한 무기 중 상당수가 소련에서 들어온 것이었다. 1960~1970년대 들어 중국과 가까워지면서 중국제 무기와 탄약도 대거 수입되었다. 1960년대부터는 자체적으로 탄약을 생산하기도 했다.[62]

공산주의 체제가 무너지는 과정에서 알바니아 국가안보국은 몇 년에 걸쳐 이탈리아 마피아, 팔레스타인 및 아일랜드의 무장조직 등에 몰래 무기를 팔아넘겼다. 1991년에는 무기 재고의 판매를 담당하는 '자율적' 사업체, 메이코MEICO가 설립되었다. 일리 피나리Ylli Pinari가 이끈 메이코는 축구팀 FC 디나모의 구단주이기도 한 무기상인 미할 델리요르그지Mighal Delijorgji와 긴밀히 협력했다. 델리요르그지는 관세청 및 법원과 문제를 일으킨 전력이 있었다. 2004년에는 조세포탈 혐의로 디나모 홈구장 VIP 좌석에서 체포되었는데, 수사를 받는 와중에도 국방부의 전차 및 장갑차 해체 사업에 입찰해 사업자로 선정되었다. 그는 결국 관세청에 배상금 1억 2,200만 레크(2020년 기준 110만 달러—옮긴이)를 지급했고, 직인 및 서류 위조로 벌금형을 선고받았다. 그러나 1년 후, 델리요르그지는 군사항소법원으로부터 '무죄 선고'를 받아내는 데 성공했다.

피나리는 외국 업체들에게 항상 델리요르그지를 현지 협력인으로 내세웠다. 군은 델리요르그지에게 '황금알을 낳는 거위'였고, 국방부와 군의 고위급 인사들에게는 돈줄이기도 했다. 이는 알바니아에 상당한 부동산과 아파트를, 그리고 필라델피아에 호화 주택을 보유한 피나리에게도 마찬가지였다.[63]

알바니아의 무기는 대학살 1년 전의 르완다, 2005년 콩고민주공화국, 2004~2006년 수단에 판매되었다. 2009년에는 가자지구를 공격 중인 이스라엘, 그리고 아르메니아, 조지아, 이란이 고객이었다.[64] 판매된 무기의 양은 상대적으로 적을 수 있지만, 이로써 불법 무기거래가 얼마나 스스럼없이 이루어지는지 확인할 수 있다. 디버롤리는 이를 기꺼이 이용했다.

1997년 알바니아는 일련의 피라미드 사기가 드러나면서 거의 무정부 상태에 빠져들었다. 많은 이들이 얼마 안 되는 저축을 털어 넣었다가 손해를 입었다. 대규모 약탈이 일어났고, 오래된 무기고들도 목표물이 되었다. 무기들은 국내외 범죄조직의 손에 들어가 유럽은 물론 세계의 골칫거리가 되었다. 당시 알바니아의 가입을 검토 중이던 UN과 NATO는 이곳저곳으로 확산되는 무기와 탄약을 해체하고 불능화하며 파괴하기 위해 움직였다. 이를 가장 성공적으로 수행한 것은 무기해체 업계 1위이자 랜디 커닝엄이 지원하는 미국 업체 사이크 SAIC였다. 메이코도 해체 작업에 일부 관여했지만 주요 해체 공장에서 오랫동안 일한 직원에 따르면 단지 '부패와 관련된 일' 때문이었을 뿐이다.[65]

메이코는 해체 작업에서 상당한 돈을 남길 수 있음을 알고 사크 Southern Ammunition Company, SAC라는 미국 업체에 연락을 취했다. 사크는 스포츠용 총기를 전문으로 취급하는 작은 회사였다. 메이코가 사크를 선택한 이유는 미국 업체를 내세울 경우 알바니아에서 정치적으로 편한 점이 있고 해체 전문업체 사이크와 이름이 매우 비슷하기 때문이라고 볼 수밖에 없다. 사크의 패트릭 헨리Patrick Henry 대표는 알바니아를 여러 차례 방문한 후 메이코의 방침에 따라 델리요르그지와 함께 알바디밀Albademil이라는 합작회사를 설립했다. 사크는 그 대신 탄약 가격을 고정시킬 것, 그리고 해체 작업이 이루어질 티라나Tirana 근처까지 탄약을 운반하는 비용을 알바니아군이 부담할 것을 요구했다.[66]

알바니아의 파트미르 메디우Fatmir Mediu 국방장관은 티라나에서 패트릭 헨리를 만난 후 정부가 탄약 해체 작업을 민간기업에 맡길 수 있도록 하는 방안을 추진했다. 재무장관은 제대로 된 경쟁입찰 절차가 필요하다며 반대했지만 총리실이 국방장관의 손을 들어주면서 균형이 무너졌다. 총리가 최종 서명한 정부의 결정은 최소 두 가지 법률을 위반하는 일이었다. 메디우 국방장관은 정부 자산의 판매가격을 결정할 기관을 별도로 설립해 패트릭 헨리와 합의한 금액으로 탄약 판매를 승인했다. 그러나 실제로는 판매대금이 입금되지 않았다.[67]

메이두 장관은 이런 결정을 밀어붙이면서 군이 아무 대가 없이 탄약을 수거하고 운반해주기로 했다는 내용은 일절 언급하지 않았다. 정부 입장에서는 50만 달러 이상 손해를 보는 셈이었다. 그뿐만 아니라 알바디밀이 탄약 해체 작업에서 가장 많은 비용이 발생하는 사고 예방에 대해 어떤 보증도 거부했으며, 자신이 이를 승인했다는 사실도 숨겼다. 나중에 메이두 장관은 이 사업으로 사익을 챙겼다는 혐의를 받았다. 그가 숨긴 사실들이 드러났을 때 사람들은 크게 놀라지 않았다. 알바니아 대통령이자 나중에 총리가 되는 살리 베리샤Sali Berisha의 측근이었던 메이두는 1998년 이탈리아 밀라노 공항에서 경찰에 체포된 적이 있었다. 성매매를 위한 인신매매를 주도하고 국제 마약 밀매조직을 이끈 혐의로 이탈리아에서 수배된 알바니아 암흑가 인사를, 조직범죄에 관한 EU 회의에 참석하려는 의원단 가운데 숨겨주고 위조 신분증과 외교여권을 제공한 혐의였다. 메이두는 수배자를 도운 죄로 이탈리아 법원에서 징역 3년을 선고받았다. 밀라노 항소법원은 메이두의 항소를 기각했지만 대법원이 무죄를 선고했다. 2005년 7월 치러진 선거 이후 메이두는 베리샤에 의해 국방장관에 임명되었다.[68]

메이두 장관은 오래된 전차 기지를 탄약 해체 시설로 개조하라는 지시를 내렸다. 이 시설은 인구가 많은 도시이자 수도와 국제공항 사이에 자리잡은 게르데츠Gerdec에 있었다. 장관의 지시에 탄약 운반에 대한 규정이나 해체 시설에 필요한 안전조치는 포함되어 있지 않았다. 탄약 저장이나 폐기 허가도 없었다. 심지어 합동군 사령관도 해당 시설이 부적절하다는 의견을 밝혔다. 게르데츠의 해체 작업은 몇 주간 지연되었는데, 아마도 부시 대통령의 티라나 방문 때문이었던 것으로 보인다. 알바니아 관계자들은 미국 업체가 참여하는 해체 작업에 대해 되도록이면 미국 측이 알지 못했으면 하는 모습이었다. 2007년 4월, 델리요르그지가 소유한 한 업체가 시설 개조에 착수했다.[69]

한편 아프가니스탄에 공급할 탄약을 가장 값싸게 구할 곳으로 알바니아를 선택한 디버롤리는 탄약 1,000발당 22달러라는 헐값으로 메이코와 협상을 마쳤다. 디버롤리가 미국 국내법 때문에 중국제 탄약을 취급할 수 없다고 밝히자 메이코 측은 '메이드 인 차이나' 표시를 얼마나 쉽게 제거할 수 있는지 사진과 함께 설명했다. 그들의 계획은 디버롤리가 탄약을 재포장하고 메이코는 제품이 알바니아에서 생산되었다는 가짜 증명서를 발급한다는 것이었다. 피나리와 디버롤리는 아프가니스탄에 공급할 탄약이 제조 시점으로부터 길게는 40년이 지나 분해되거나 사용불가 상태이며, 상당수가 중국제임을 충분히 알고 있었다. 양측은 탄약 1억 발을 거래하기로 결정했다.[70]

디버롤리는 중요한 재포장 작업을 알바니아의 포장 업계 권위자인 코스타 트레비카Kosta Trebicka에게 맡겼다. 하지만 게르데츠에서 해체 작업이 시작되기 직전인 6월, 피나리는 디버롤리에게 키프로스의 에브딘Evdin이라는 업체로부터 탄약을 1,000발당 40달러에 구매해야 하며, 재포장 작업은 트레비카가 아니라 델리요르그지의 업체에 맡겨야 한다고 알려왔다. 이에 트레비카는 복잡하게 얽힌 거래 관련 서류를 과감히 공개하면서 에브딘은 사실 알바니아 정부 관료들에게 돈을 빼돌리기 위한 유령회사일 뿐이라고 폭로했다. 새로운 계획에 따라 에브딘은 알바니아로부터 탄약을 1,000발당 22달러에 구매하고 AEY에는 40달러에 판매했다. 트레비카는 이 차액을 피나리와 메디우 국방장관 등 알바니아 정부 관료들과 델리요르그지가 나눠 가졌을 것으로 보았다.[71] 여기서 중요한 사실은 베리샤 총리의 아들 역시 델리요르그지 및 피나리와 적어도 한 차례 만남을 가졌다는 의혹을 받았고, 이 때문에 총리 역시 거래에 관여한 게 아니냐는 추측이 나왔다는 점이다.[72]

에브딘의 설립자는 스위스의 무기딜러 하인리히 토메트Heinrich Thomet로, 과거 국제앰네스티 등의 단체로부터 회사명을 바꿔가며 불법 무기거래를 주도했다는 의혹을 받은 인물이다. 토메트와 에브딘은 미국 국무부의 국방거래 통제 감시 명단에도 포함되어 있었다. 시민단체 '무기거래 분석 이니셔티브Arms Transfer Profile Initiative'의 휴 그리피스Hugh Griffiths는 토메트가 막대한 무기 재고와 생산시설을 보유한 동유럽의 구舊 공산권 국가들에 인맥을 구축한 브로커라고 설명한다.[73] 10대 시절부터 무기딜러로 일한 토메트는 짐바브웨에서 불법으로 무기를 반입/반출한 혐의를 받는 한편, 세르비아에서 이라크로 무기를 운반한 일로 미국 사법당국의 수사도 받고 있었다.[74] 그가 AEY의 거래에 긴밀히 관여했다는 사실은 미 국방부가 자신의 이름으로 이루어지는 사업을 제대로 감독하고 있었는지 여러 의문을 자아낸다. 그리피스는 이렇게 말한다. "아주 간단히 말해 아프리카 무기 밀수에 관련된 인물 중 상당수는 AEY의 아프가니스탄 및 이라크 사업처럼 미 국방부가 지원하는 거래에도 똑같이 관여하고 있다."[75]

디버롤리는 부패가 숨어 있음을 알아채고 새로운 계획을 따르기로 했다. 그는 트레비카와 나눈 대화에서 이렇게 인정했다. "피나리 입장에서는 중간에서 자신과 주위 사람들을 챙겨줄 하인리히 〔토메트〕 같은 사람이 필요한데, 저는 상관없습니다. 그들 사이의 비즈니스에 대해서는 알고 싶지 않습니다." 디버롤리는 이어 트레비카에게 '여자를 하나 보내 피나리에게 성접대를 하라'고 권했다. 돈도 도움이 될 거라는 말도 덧붙였다. "피나리를 기분 좋게 해주자는 거죠. 한 번 더 기회를 줄지도 모르니까. 2만 달러 정도면 어떨까요?" 이때 디버롤리는 알바니아와 거래하기로 한 것을 후회하는 눈치였다. "총리와 아들 선까지 올라가버렸습니다. 이런 마피아와는 싸울 수가 없어요. 일이 너무 커졌으니까. 통제불능이 된 짐승들이라고나 할까요."[76]

이들의 음모가 진행되는 동안 델리요르그지의 처남 드리탄 민솔리Dritan Minxolli는 게르데츠에 감독관으로 임명되어 해체 작업을 맡을 인력을 고용하기 시작했다. 그중에는 아동도 포함되어 있었다. 사회보장이나 건강보험은 전혀 제공되지 않았다. 그해 여름부터 10월까지 게르데츠에서는 탄약 6,000만 발이 해체되었다. 수십 년 된 상자에 든 탄약은 세척과 재포장을 거쳐 위조된 라벨과 함께 총 36회에 걸쳐 아프가니스탄으로 운반되었다.[77]

트레비카는 티라나에 파견된 《뉴욕타임스》 기자 닉 우드Nick Wood에게 이 사업에 대해 폭로하는 문서를 건넸다. 우드 기자가 사건을 파헤치기 시작하자 판도라의 상자가 열렸다. 메이두 장관은 자신의 부정을 숨기기 위해 미국 대사를 찾아가 조언을 구하기까지 했다. 주알바니아 미국 대사관 국방무관은 존 L. 위더스 2세John L. Withers II 주알바니아 대사가 탄약이 중국제임을 은폐하려는 시도에 도움을 줬다고 주장했다. 대사가 메이두를 만난 것은 우드 기자가 티라나의 해체 작업 시설을 방문하기 몇 시간 전이었다. 당시 대사관 국방무관 래리 D. 해리슨 2세Larry D. Harrison II 소령은 2007년 11월 19일 심야 회의에 참석했다. 해리슨 소령의 주장에 따르면 메이두 장관은 "무기판매로 이익을 챙긴다고 기사가 나갈까 걱정된다"면서 대사에게 도움을 요청했고, 자신이 동맹국인 미국을 위해 최선을 다했으니 "미국도 내게 빚진 것이 있지 않느냐"고 말했다. 또한 메이두 장관은 알바니아 합동참모총장에게 우드 기자가 방문할 시설에서 중국제 탄약 상자를 모두 치우라고 지시하면서, "그렇게 하면 의혹을 가라앉힐 수 있을 거라고 대사도 동의했다"고 말했다. 국방무관이 하원 위원회에 출석해 이렇게 증언하자 당시 주알바니아 대사는 "기사가 나가면 부인하라고 조언했을 뿐"이라며 혐의를 부정했다.[78] 법무부는 대사가 불법행위 은폐에 관여했다는 혐의를 벗겨주었다.[79]

《뉴욕타임스》의 보도는 수사로 이어졌고, 디버롤리는 중국제 탄약을 국방부에 판매하기 위해 범죄행위를 계획한 것과 관련하여 사기 및 공모 혐의로 기소되었다. 2009년 디버롤리는 공모 혐의 1건에 대해 자신이 유죄임을 인정하고 징역 4년형을 선고받았다.[80] 그런데 마이애미 연방검찰청은 압류된 420만 달러 상당의 재산을 디버롤리에게 반환하도록 허용했다. 새로 뽑은 메르세데스 S550도 함께였다.

이라크 및 아프가니스탄 정부군이 사용하는 장비 상당수는 소련제였고 구 공산권의 여러 국가에서 조달될 수밖에 없었기 때문에, 미군의 여러 사령부와 국무부 등 정부기관이 조달 절차에 적용하는 기준과 무기의 품질은 들쭉날쭉했다. 하지만 아무리 그렇다 해도 이처럼 큰 규모의 계약을 명백히 부적절한 업체와 개인에게 맡긴 것은 상상을 넘어서는 심각한 문제다. 허술한 기준, 관리감독의 부재, 탄약에 대한 계약 담당 관료들의 무지로 인해 일이 완전히 어그러진 것이다. 게다가 무고한 알바니아인들은 더욱 심각한 피해를 입었다.

페루잔 두르다이Feruzan Durdaj는 알바니아 남부의 오래된 마을에서 1993년 게르데츠로 이사를 왔다. 아이 셋 모두 게르데츠에서 태어났다. 그는 오랫동안 열심히 일하면서 모은 돈으로 가족이 함께 살 집을 지었다는 사실을 자랑스럽게 생각했다. 게르데츠 주민들은 가난하지만 서로 의지하며 살아가는 친밀한 사이였다. 뒷산에는 지저분하고 나지막한 벙커 5채가 있었다. 이 벙커들은 호자 정권의 유산으로, 이제 양과 염소를 키우는 데 사용되고 있었다.[81]

2008년 3월 15일 토요일, 페루잔 두르다이의 일곱 살 아들 에리손Erison은 집에 가만히 있을 수 없었다. 숙제는 이미 끝냈고 복습도 지루해졌다. 에리손은 밝고 활발하며 수다스러운 아이였다. 가장 좋아하는 일은 일곱 살 생일 선물로 받은 새 자전거를 타고 마을 곳곳을 누비는 것이었다. 그날 아버지는 일하러 가고 어머니는 집을 청소하느라 바빴다. 누나는 얄미울 만큼 책에 푹 빠져 있었다. 에리손은 숙제를 한 번 훑어보고 나서 사촌들 집에 놀러 가기로 했다. 자전거를 타고 50미터도 안 되는 길을 가보니 사촌 로젠스Roxhens와 에리다Erida는 엄마에게 점심을 가져다주려고 막 집을 나서는 참이었다. 에리손도 기분 좋게 따라나섰다.

에리손의 이모 라이몬다Rajmonda는 마을에 새로 생긴 공장에서 일했다. 2007년 4월, 마을 한복판의 낡은 군사기지에서 공사가 시작되었고, 6월경 조립식 구조물과 허술한 울타리가 설치되었다. 군용 트럭들은 24시간 내내 공장을 드나들었다. 마을 주민들은 공장에 일을 하러 들어간 후에야 무엇을 위한 시설인지 알게 되었다. 이곳에서 탄약을 해체하는 것은 환경 및 안전에 관한 여러 법률과 규제 위반이었다. 초기에는 장비 사용을 감독하는 미국인들도 있었지만 마을 주민들은 이곳이 국가에서 운영하는 공장이라고 생각했다. 탄약 해체에 관한 자격 같은 것은 전혀 갖추지 못한 남성, 여성, 아동 수십 명이 순식간에 고용되었다. 다른 주민들은 일자리를 구하기 위해 매일 공장 울타리 앞으로 모여들었다. 공장 관리자는 마치 노예시장에 간 대농장 주인처럼 기다란 막대기로 건장해 보이는 주민들을 지목했다.

탄약 해체는 위험한 일이었다. 공장에서 일한 주민 한 사람은 종종 탄약이 폭발하거나 장비에 불이 붙기도 했다고 증언했다. 초기에는 소구경 탄약만 취급했기 때문에 진화가 쉬웠고, 몇몇 사람이 약간의 화상을 입는 정도였다. 탄피와 화약을 옮기는 일은 어렵지 않았다.

2007년 여름부터 9~10월까지 게르데츠에서는 탄약 6,000만 발가량이 해체되었다. 새로운 상자에 재포장된 탄약도 수천만 발에 달했다. 2007년 연말 알바니아 정부는 게르데츠 공장에서 대구경 탄약 해체까지 승인했다. 이는 추가로 수많은 안전 규제, 특히 주거지역에서 일정 거리를 유지해야 한다는 기준을 위반하는 일이었다. 더군다나 해체 작업을 맡은 업체들은 대구경 탄약을 다뤄본 경험이 전혀 없었다. 2008년 1월, 공장에 처음으로 대구경 탄약 55톤이 도착했다. 군용 트럭들이 24시간 드나든 결과 3월 중순까지 총 8,900톤이 반입되었다. 알바니아군이 보유한 탄약 전체의 10분의 1이 게르데츠에 버려진 것이다.

작업량이 늘어나자 주변 마을에서도 일을 찾는 사람들이 모여들었다. 대구경 탄약 해체 작업은 먼저 상자에서 탄약 구성품을 꺼낸 다음 신관과 포탄을 분리하고, 탄피를 개봉해 뇌관과 화약을 제거하는 순서로 진행되었다. 모든 작업은 가장 원시적인 수단, 즉 손으로 이뤄졌다. 기계가 사용된 유일한 작업은 군용 불도저로 포탄 더미를 공장 옆 공터에 밀어 넣는 일이었다. 2,000평방미터에 달하는 공터 두 곳이 가득 찼다. 화약은 자루에, 뇌관은 상자에 담겨 낡은 군사기지 내의 한 건물로 옮겨졌다. 포탄은 세제와 기름으로 세척했다. 세척을 맡은 여성들은 조립된 상태의 포탄도 세척했는데, 포탄이 담긴 상자가 너무 오래된 나머지 안에서 곰팡이와 쥐가 발견되기도 했다. 조립된 포탄은 세척을 거쳐 게르데츠에서 다른 곳으로 운반되고, 화약 수백 톤, 뇌관 및 해체된 포탄 수천 개는 그대로 남겨질 예정이었다.

2008년 3월 12~14일, 대구경 탄약 460톤이 군용 트럭에 의해 반입되었다. 화약 1,000톤 이상, 뇌관 28만 6,000개 이상, 해체된 포탄과 TNT 800톤에 해당하는 조립된 포탄을 합해 4,400개가량이었다. 포탄 수천 개가 불도저 등을 통해 공터로 옮겨졌고, 그중 여성들이 세

척한 것들은 한쪽에 쌓였다. 화약이 공장에 있는 모든 용기를 가득 채우고도 남아 중앙 작업 구역을 상당 부분 차지했고, 밀봉되지 않은 비닐봉투에 담긴 채 포탄 해체 작업을 하는 노천에 방치되었다. 탄피는 열흘 동안 수거되지 않은 상태였다.

에리손 두르다이와 사촌들은 그들이 모여 놀던 곳에서 200미터도 채 안 되는 공장으로 향했다. 5분 만에 공장 문 앞에 도착했다. 경비원은 아이들에게 공장으로 들어갈 수는 없지만 도시락은 전해주겠다고 했다. 로젠스는 경비원에게 부탁했다. "소금물에 절인 올리브가 있으니 새지 않게 조심하세요." 경비원은 고개를 끄덕이며 건물을 향했다. 아이들은 놀러 가려고 발길을 돌렸다. 에리손은 도랑을 살짝 뛰어넘은 다음 자전거를 타려고 잠시 멈춰 섰다. 로젠스는 에리손이 왜 안 따라오는지 확인하려고 뒤를 돌아봤다. 그 순간 거대한 불길과 연기가 에리손을 뒤에서 덮쳐오고 있었다. 귀가 찢어질 듯한 폭음 속에서 로젠스는 에리손에게 소리쳤다. 연기는 순식간에 아이들을 모두 집어삼켰다.

티라나에서 일하고 있던 페루잔 두르다이는 11시 55분경 부인으로부터 폭발이 일어났다는 전화를 받았다. 그는 전화기에 대고 외쳤다. "도망쳐! 아이들이랑 멀리 도망쳐!" 부인은 아이 둘은 같이 있지만 에리손은 친구들과 놀러 나갔다고 했다. 페루잔은 급히 집으로 향했다. 경찰이 마을로 들어가는 길을 막았지만 다른 길로 집에 도착했다. 그는 길에서 부인과 첫째, 둘째 아이와 마주쳤다. 조금 전에 눈앞에서 포탄이 터지는 것을 본 딸은 울음을 그칠 줄 몰랐다. 페루잔은 차에 8명을 태우고 병원에 내려준 다음 막내를 찾으러 서둘러 돌아갔다. 경찰은 이번에도 길을 막았다. 그는 어쩔 수 없이 병원으로 돌아와 아이를 찾았다.

오후 4시, 페루잔의 사촌이 에리손은 티라나의 병원에 있다고 전했다. 그는 티라나로 달려가 병원을 샅샅이 뒤졌다. 한번은 아이를 바로 앞에 두고도 알아보지 못한 채 그냥 지나쳤다. 얼마 후 페루잔의 부인이 아이를 발견했다. 에리손은 훌쩍이며 간신히 말했다. "놀고 있었는데, 불이 어디서 왔는지 모르겠어요." 페루잔은 아이를 보는 순간 모든 희망을 잃었다. 화상이 너무 심했기 때문이다. 에리손이 나지막이 말했다. "허락 안 받고 나가서 정말 죄송해요." 다음 날 페루잔은 에리손을 이탈리아의 한 병원으로 옮겼다. 하지만 그는 괴로워하는 아이의 모습을 유리창을 통해 지켜보는 것 외에 아무것도 할 수 없었다. 사고 18일째가 되던 날 오전 3시, 의료진은 아이가 숨을 거두었다고 말했다. 사고 첫날 이후 에리손의 목소리는 더 이상 들을 수 없었다.[82]

탄약 해체 공장의 폭발은 다음 날 오전 2시까지 계속되었고, 폭음은 160km가 넘게 떨어진 곳에서도 들릴 정도였다. 에리손의 이모 라이몬다를 포함해 마을 주민 24명이 사망했다. 페루잔의 친척 한 사람은 공장에서 가장 가까운 집에 살았는데, 기적처럼 목숨을 건졌다. 우란 델리우Uran Deliu는 어머니, 아버지, 세 살배기 아들, 임신 중인 아내, 동생, 그리고 우연히 집에 들른 처남을 한꺼번에 잃었다. 300명 이상이 부상을 입었다. 주택 318채는 완전히 파괴되었고, 400채가량이 손상되었다.[83] 폭발 당시 많은 주민들이 마을 밖에 나가 있지 않았다면, 그리고 수백 명이 뒷산으로 피해 호자 정권이 만든 벙커로 숨지 않았다면 사상자는 훨씬 많았을 것이다.

게르데츠 폭발사고 6개월 후, 탄약 해체 사업의 내부고발사 고스타 트레비카는 남동부의 도시 코르처Korçë 인근에서 숨진 채 발견되었다. 사망 원인은 교통사고로 보였지만 다른 증거들도 발견되었다. 특히 그는 게르데츠를 둘러싼 부패와 범죄를 폭로한 후 협박을 받았던 것으로 알려졌다.[84] 죽음의 원인이 무엇이든 트레비카 역시 거대한 범죄의 피해자였다.

필자는 게르데츠 뒷산에서 페루잔을 만났다. 그곳에는 마을 주민들의 고통을 상징하듯 앙상하게 뼈대만 남은 집 2채가 수리되지 않은 채 그대로 서 있었다. 폭발사고 이후 2년이 넘는 시간 동안 게르데츠에서 사는 것이 어땠는지 묻자, 페루잔은 이렇게 대답했다. "하루하루, 매 순간 공동묘지에서 사는 것 같습니다." 늠름하고 의젓한, 그러나 고통에 빠진 한 남자의 대답에 주민들은 고개를 끄덕였다. 염소들은 버려진 벙커를 드나들며 여기저기를 어슬렁거리고 있었다.

국방부와 국무부가 방산업체에 대한 관리감독에 너무나 허술하고, 의회도 자신의 이해관계 때문에 무기력하다 하더라도 법무부와 그 산하기관인 증권거래위원회는 무기거래가 통제불능에 빠지지 않도록 하는 보루가 되어야 할 것이다. 그러나 법무부의 자원은 제한되어 있으며 무기거래 관련 부패를 조사하려는 의지도 들쭉날쭉하다.

필자가 이러한 사실을 알게 된 것은 2008년 말 FBI의 반부패 담당 선임수사관을 만나서였다. 필자는 웅장하고 위압감 있는 FBI 본부 건물 앞에서 그를 기다렸다. 그는 남아프리카공화국의 무기거래에 대한 필자의 책을 보고 미국 방위산업의 부패에 대한 정보를 얻기 위해 먼저 연락을 취한 것이었다. 그는 필자가 앉은 벤치로 다가와 따라오라는 손짓을 했다. 전화상의 목소리로 짐작한 것보다 젊고 키가 큰 남성이었다. 필자는 그를 따라 여섯 블록이나 걷다가 외진 곳의 작은 카페에 들어갔다.

우리는 어두운 구석에 자리를 잡았다. 수사관은 긴장해 있었다. 이윽고 그는 말을 쏟아내기 시작했다. 누가 봐도 불만으로 가득한 모습이었다. "나이지리아를 살펴보시죠. 'W'라는 미국 업체도 보시고요. 그들은 부패를 저지르고 있지만 '소규모'로 취급됩니다. 한 번에 5,000만 달러에서 7,000만 달러 이상으로는 계약을 안 하거든요. 뇌물은 건당 100만~200만 달러 사이로 나갑니다. 이 정도 규모의 계약은 인원이 부족하다는 이유로 수사를 절대 안 해요. 이런 식의 계약을 10건, 15건은 해야 우리 쪽에서 관심을 가질 겁니다. 우리는 큰 계약에 집중할 수밖에 없어요. 무기, 더 넓게는 군사 분야의 해외부패방지법 Foreign Corrupt Practices Act 관련 사건에는 언제나 인력이 부족합니다." 그는 법은 있지만 무기 계약을 둘러싼 부패가 상당한 수준임을 암시했다. 필자는 그와 정기적으로 연락하고 정보를 교환하기로 했다.

수사관이 밝힌 대로 해외부패방지법은 제정 후 25년간 제대로 집행되지 않았다. 1977~2001년 유죄를 선고받은 업체는 스물여섯 곳, 개인은 26명에 그쳤다.[85] 2002년 OECD는 "해외부패방지법에 의한 기소 및 민사 집행 조치는 많지 않았다"고 결론 내렸다.[86] 다만 2002년 이후에는 자원이 보강되고 5명으로 구성된 해외부패방지법 전담팀이 출범하면서 조치 건수가 증가했다. 전담팀은 이후 몇 차례에 걸쳐 확대되었다.[87] 한때 60건의 사건에 대해 동시에 조사 중인 때도 있었다. 모든 조사가 끝까지 간 것은 아니지만 '30년에 가까운 기간 동안 불과 30건'이라는 이전의 수치에 비하면 집행이 개선되었음을 알 수 있다. 2009년 말 법무부와 증권거래위원회는 해외부패방지법과 관련해 120개의 사건을 조사하고 있었다.[88] 복수의 업체가 복수의 혐의에 대해 조사를 받는 병합 사건의 수 역시 증가했다.[89] 이 역시 분명한 개선이지만 여전히 매우 적은 수치다.

해외부패방지법의 집행에는 형사적·민사적 제재가 모두 사용된다. 증권거래위원회는 부패가 발견된 거래에 벌금을 부과하거나 이익을 환수하는 조치를 자주 사용하는데, 최근에는 증권거래위원회와 법무부 모두 조정, 기소유예합의 또는 불기소합의를 택하는 경우가 늘고 있다. 이들의 주장은 법정에서 유죄를 입증하려면 오랫동안 복잡하고 비용이 많이 드는 절차를 진행해야 하지만 이러한 조치를 활용하면 위반행위가 발생한 조직 내부의 구조개혁을 강제하는 등 더욱 큰 효과를 볼 수 있다는 것이다.[90] 해외부패방지법에 따라 기소되는 업체는 대단히 드물긴 하지만 수출 허가와 연방정부 입찰 참여자격을 상실할 수도 있다.[91]

1978~2002년 증권거래위원회가 문제삼은 13건 중 2건은 기각되거나 제재조치 없이 처리되었다. 1978~1996년 기간에는 13건 중 7건이 벌금이나 다른 불이익 없이 일종의 '솜방망이'라 할 수 있는 법원 명령 형태로 종결되었다. 또한 증권거래위원회는 해외부패방지법의 회계 및 기록 유지 의무조항에 따른 조치를 적어도 10년간 전혀 취하지 않았다.[92] 설령 벌금이 부과돼도 액수는 일반적으로 미미하다.[93] 1978~2001년 기업에 부과된 벌금은 1,500달러에서 350만 달러 사이였는데, 1994년 합의금 총 2,180만 달러로 마무리된 록히드마틴 사건이 유일한 예외였다. 같은 기간 개인에 대한 벌금은 2,500달러에서 30만 9,000달러 사이였으며, 1994년까지 징역 또는 금고형은 한 차례도 없었다.[94]

록히드마틴이 1994년에 지불한 합의금은 이집트 사업과 관련된 것이었다. 록히드마틴은 1980~1990년 레일라 타클라Leila Takla를 컨설턴트로 채용해 시장 개척과 판매를 맡겼다. 1987년 타클라는 이집트 의회에 진출했고, 국방부에 영향력을 행사해 록히드마틴이 C-130 수송기 3대를 공급할 수 있도록 했다. 계약을 위한 협상 과정에서 이집트를 담당하는 록히드마틴 부사장 슐레이만 나사르Suleiman Nassar는 타클라에게 매달 일정 금액을 입금해주기로 했다. 타클라가 받은 액수는 총 12만 9,000달러로, 경찰 총경이었던 남편을 대표로 둔 '타클라 주식회사' 계좌를 통해 전달되었다. 이 업체는 미 국방보안지원청Defense Security Assistance Agency에 뇌물에 관한 허위 진술서를 제출하기도 했다. 결국 록히드마틴은 7,898만 3,575달러 규모의 계약을 수주했고, 타클라는 커미션으로 100만 달러를 받았다.[95] 당시 그녀는 '수잔 무바라크 국제여성평화운동Suzanne Mubarak Women's International Peace Movement' 이사, UN 자원기금Voluntary Fund 회장, 세계의회연맹Union of the World's Parliament 대표를 맡고 있었다.

엔론, 월드컴, 타이코인터내셔널, 페레그린, 아델피아의 파산과 닷컴버블 붕괴로 지역구 유권자들이 동요하자 의회는 미국이 해외에서 저지른 부정행위, 그리고 시장을 지배하게 된 '기업 샤머니즘'을 척결하겠다고 나설 수밖에 없었다. 이로 인해 2000년에는 미국 기업들이 외국 정부나 관료에게 뇌물을 제공하지 못하도록 명문화한 '국제부패방지 및 좋은 거버넌스법', 그리고 사베인옥슬리법Sarbanes Oxley Act이 제정되었다. 정부는 '범죄와의 전쟁'에서 화이트칼라 범죄에 더욱 주목하겠다고 밝히면서 증권거래위원회와 법무부의 대대적 개혁을 추진했다. '테러와의 전쟁'에서 돈세탁이 주목받은 점, 그리고 애국법Patriot Act에 따라 현금 흐름에 대한 감시와 추적이 용이해졌다는 사실도 도움이 되었다.

해외부패방지법이 개정된 것은 아니지만 이러한 법이 제정되면서 위반자에 대한 불이익의 범위는 크게 늘었다. 또한 기업회계에 대한 투명성 요건, 실사 의무, 감사 기준이 강화되었다. 중대한 위반의 경우 최고경영자와 최고 재무책임자에게 최대 500만 달러의 벌금이 부과될 수 있도록 했다. 이러한 불이익의 가능성은 그 자체만으로도 어느 정도 효과를 발휘했다.

최근 몇 년간 해외부패방지법에 의한 조사 및 기소 건수가 늘었고, 대기업 역시 예외는 아니었다. 합동수사 역시 더욱 적극적으로 이루어졌다. 근래 미국 정부가 진행한 대규모 수사의 경우 영국(BAE 관련), 프랑스 및 나이지리아(핼리버튼 관련) 등 외국에서도 동시에 수사가 진행되는 경우가 많았다. 불이익도 강화되었다. 2009년 초 KBR은 4억 200만 달러의 벌금, 그리고 과거 제휴사였던 핼리버튼과 함께 1억 7,700만 달러의 이익반환 명령을 받았다.[96] 또한 우리가 아는 바와 같이 BAE는 결국 사우디아라비아 및 동유럽 국가들과의 부패한 거래에 관해 미국 정부에 허위 진술을 한 대가로 4억 달러를 지불하기로 했다.

이러한 사건에는 과거에 비해 훨씬 큰 불이익이 부과되었지만, 이것이 부패의 규모에 걸맞은 정도는 결코 아니다. 예를 들어 430억 파운드 규모로 추정되는 알야마마 사업을 위해 BAE가 사우디아라비아에 제공한 뇌물은 최대 60억 파운드에 가까운데, 이에 비해 벌금 4억 달러는 무시해도 좋은 수준이다. 벌금 부과 조치가 발표된 지 불과 며칠 후 BAE는 손해를 거의 상쇄할 수 있는 2억 6,100만 파운드 규모의 큰 계약을 체결했다. 또한 그해 BAE의 매출은 215억 파운드, 이익은 22억 파운드였다.[97] 버틀러대학교에서 기업법을 강의하는 마이크 콜러Mike Koehler 교수는 이렇게 비판했다. "누군가 벌금으로 4억 달러, 아니면 1억 8,000만 달러를 내기로 했다는 소식을 들으면 사람들은 '와, 이번엔 정말 세게 두들겨 맞네!' 하고 생각할 것이다. 하지만 법무부가 직접 발표한 혐의를 읽어보고, 뇌물 액수와 뇌물로 따낸 사업 규모를 보면 업체 입장에서는 여전히 남는 장사다."[98]

이러한 불이익을 주는 목적이 무엇인지 생각해보자. 어떤 업체가 설령 망할 수 있다 하더라도 마땅한 벌을 주는 것일까? 뇌물의 존재 여부를 전혀 몰랐던 주주들과 직원들이 금전적으로 손해를 보거나 일자리를 잃는다면 과연 공정한 일일까? 정부는 설령 산업 기반에 위협이 되거나 특히 군산정복합체의 경우 '국가안보'에 위협이 되더라도 위반행위의 심각성에 따라 해당 업체의 공공 부문 입찰 자격을 일정 기간 제한해야 할까? 기업은 직원 개개인의 행위에 대해 어느 정도까지 책임을 져야 하며, 개인의 기업 차원의 부패 속에서 수행한 역할에 대해 얼마나 처벌받아야 할까?

어떤 불이익이 충분했는지에 대한 판단은 해외부패방지법 사건에 대해 공개된 정보가 부족해 더욱 힘들어진다. 이러한 사건은 대중에게 잘 알려지지 않고 대부분 법원 바깥에서 결론이 나기 때문에 기업 입장에서는 몇 주산 언론에 이름이 오르내리는 것을 감수하거나 막대한 변호사 선임 비용을 지출하지 않아도 된다. 기업들은 대부분 겉으로는 범죄에 분명히 연관된 직원들을 모두 해고하는 등 잘못을 인정하고 적어도 새롭게 시작하려는 듯한 모습을 보인다. 그러면서 록히드마틴이 코치언 및 호튼 사건에서 그랬듯 처벌 면제를 요청하는 것이다. 이는 수사기관과 기업 모두에 편리한 방법이지만 대중이 외부에서 감시할 수 없게 된다는 점에서 투명성을 저해한다. 이에 대해서는, 어떤 법률의 적용에 대해 지속적으로 파악하지 못할 경우 민주적 절차에 제공되는 정보가 불충분해서 해당 법률을 개선하고 개정하기 어려워진다는 견해가 설득력을 지닌다.

기업들은 수사당국이 혐의를 충분히 입증할 수 있다고 판단하면 유죄를 인정하고 협조하는 경우가 많다. 그렇게 하지 않는 일은 대단히 드문데, BAE가 그중 하나였다. 수사당국은 BAE가 유죄를 인정하지도, 협조하지도 않자 마이크 터너Mike Turner, 나이절 러드Nigel Rudd 등의 임원들을 미국 공항에서 구금하고 이들의 노트북, 전화기, PDA, 서류 내용물을 복사한 후 풀어줬다. 이처럼 미국으로 반입되는 모든 데이터를 검사하고 복사할 권한은 '테러와의 전쟁' 관련 법률에 의해 테러 계획이나 아동 포르노, 저작권 침해 등의 범죄를 조기에 발견할 목적으로 수사당국에 부여된 바 있었다.[99]

해외부패방지법은 '상급자 책임의 원칙'을 따른다. 어떤 직원이 뇌물 혐의로 유죄일 경우 설령 그의 직급이 낮거나 회사의 공식적 정책을 위반했다 하더라도 회사 전체가 유죄로 간주된다는 의미다. 이때 회사의 유죄를 인정받기 위해서는 최소한의 증거만 있으면 된다.[100] 또한 2010년 7월에 통과된 '도드-프랭크 월스트리트 개혁 및 소비자 보호법Dodd-Frank Wall Street Reform and Consumer Protection Act', 혹은 금융개혁법은 해외부패방지법을 위반한 기업이 지불하는 합의금이나 벌금의 일부를 공익제보자에게 지급하도록 하는 조항을 두고 있다. 증권거래위원회는 이에 따라 제재 금액의 10% 이상, 특히 100만 달러 이상일 경우 최대 30%를 지급하게 된다. 최근 해외부패방지법 사건의 제재 금액을 볼 때 기업 부패 제보에 대한 인센티브는 크게 증가했다.[101]

무기거래와 관련된 뇌물과 부패 사건이 언론에 보도되는 것보다 많은 것은 분명하다. 대부분은 국가안보의 이름으로 은폐되고, 일부 기업이 자진신고와 약간의 교정 조치를 통해 법무부와 증권거래위원회로부터 법이 제대로 집행되었다는 판단을 얻어내는 정도다.[102] 하지만 BAE와 KBR 및 핼리버튼 사건에서는 불법행위를 은폐하려는 의도가 명백했다.

많이 알려진 바와 같이 BAE의 마이크 터너는 뇌물로 제공될 자금 세탁을 위해 해외에 수많은 비밀 업체를 두는 관행에 대해 "사업상 비밀을 유지하고 미디어 및 무기거래 반대운동가들의 방해를 피하기 위한 것"이라고 영국 SFO에 털어놓았다.[103] 이처럼 뇌물 은폐를 위한 체계적·의도적·지속적 작업은 자신이 무엇을 하고 있는지 분명히 인지하고 있는 임원들의 공모 속에서 이루어졌다. 당연히 불법이며 훨씬 강력한 처벌이 필요한 사안이었다.

KBR 사건의 경우, 테크닙Technip은 고위급 임원들의 승인에 따라 지브롤터 및 일본의 유령회사를 에이전트로 활용하여 나이지리아 정부 관계자들에게 뇌물을 제공했다.[104] 이에 대해 테크닙에는 합의금 2억 4,000만 달러, 이익 반환금 9,800만 달러가 부과되었다.[105] 과거 해외부패방지법 사건에 비하면 상당히 큰 액수이지만 테크닙 입장에서 '피해'라고 보기는 어려웠다. 2009년 한 해에만 4억 1,730만 유로의 이익을 남겼기 때문이다.[106] 수사당국은 테크닙의 기업 구조가 "나이지리아 정부 관료들에게 합작회사를 통해 뇌물을 제공하면서도 KBR이 해외부패방지법에 의한 책임을 면하도록 하기 위한 국제적 노력의 일환"이었다고 지적했다. 테크닙의 앨버트 스탠리Albert Stanley 회장은 징역 7년형을 선고받았다. 미국에서 기소된 영국 시민권자 제프리 테슬러Jeffrey Tesler, 보체크 초던Wojciech Chodan은 영국에서 체포되어 미국으로 송환되었다. 수사당국이 KBR의 임직원 개인을 기소하면서도 왜 BAE에 대해서는 그렇게 하지 않았는지, 참으로 미스터리다.

해외부패방지법에 의해 개인이 기소되어 재판을 받은 경우는

2002~2008년을 통틀어 3건에 불과했으나 2009년에는 한 해 동안 4명에 대해 재판 3건이 진행되었다.[107] 그러나 이는 여전히 적은 수치이며, 대규모 방산업체 관련자는 전혀 없다. 무기산업을 좌우하는 '최고 권력'에 대해서는 뇌물과 부패가 여전히 용인되고 있음을 보여주는 대목이다.

어떤 업체가 수출이나 입찰의 자격 상실에 가장 가까이 간 것은 미 국무부가 BAE의 대미 수출허가 취소를 고려하면서 허가의 효력을 일시 정지시킨 때다.[108] 이러한 경우 대규모 무기업체의 자격 박탈만큼은 피하기 위한 구체적 조치, 특히 BAE의 사례에서 볼 수 있듯 해외부패방지법이 아닌 다른 법에 의한 기소가 이루어지는 것으로 보인다.[109] 의회에서는 해외부패방지법을 위반한 블랙워터의 정부 입찰 참여자격을 박탈하기 위한 입법 노력이 이루어졌다. 2010년 5월 해당 법률이 도입되면서 해외부패방지법 위반 업체는 입찰에 참여할 자격을 잃게 되었지만, 연방정부 기관이 그러한 업체와 계약을 맺고 합당한 근거를 담은 보고서를 의회에 제출할 경우 불이익 조치가 면제되는 조항도 있었다.[110] 현실 속에서 정부, 의회, 방산업체의 상호의존은 '연쇄부패범'이더라도 내칠 수 없을 만큼 너무나 중요하다는 것을 의미한다. 예를 들어 미국은 이미 수십억 달러 규모의 군사적 기능을 KBR에 외주로 맡긴 상황에서 KBR의 자격을 박탈하기가 현실적으로 어렵다. BAE에 대한 자격 박탈도 새로운 무기 사업은 물론 미군이 이미 보유한 무기의 유지 보수에 지장을 초래할 수 있다.

일각에서는 무기업체들처럼 정부 계약에 전적으로 의존하는 기업에 과도한 불이익을 부과하는 것은 불공정하다고 주장한다. 거대한 기업구조 속에서 뇌물 제공에 관여된 것은 극소수이며, 직원들과 주주들이 소수 임원들의 범죄 때문에 함께 불이익을 봐서는 안 된다는 것이다. 하지만 현재와 같은 상황은 무기 업체의 입장에서 '만능 탈옥 카드'를 가진 것이나 마찬가지이며, 연쇄부패범조차 사업에 큰 타격이 될 만한 처벌로부터 자유롭다는 것을 의미한다.

무기업체는 규모가 작을수록 불법 무기거래에 대해 강력한 불이익을 받을 가능성이 크게 높아진다. 몇 년 전 해외부패방지법의 집행절차가 개선되고 무기거래에 대한 함정수사가 이뤄지기 시작하면서 더욱 그렇다. 대중은 함정수사가 주로 마약 사건에 활용된다고 생각하지만 기자들은 오래전부터 무기딜러에 대해 함정수사 기법을 일부 사용해왔고, 최근에는 미 마약단속국Drug Enforcement Agency 및 국토안보부가 같은 방법을 채택했다.

미 사법당국의 함정수사는 몬제르 알-카사르, 빅토르 부트, 그리고 이란의 무기조달업자 아미르 아르데빌리Amir Ardebili 사건에서 활용되었다.[111]

아르데빌리에 대한 함정수사는 국토안보부 이민관세국에 의해 4년에 걸쳐 계획되고 실행되었다. 이민관세국은 이란의 무기조달 네트워크를 노리고 가짜 무기업체들을 만들었다.[112]

이 작전을 《필라델피아 인콰이어러Philadelphia Inquirer》에 보도한 존 시프먼John Shiffman 기자는 아르데빌리가 프리랜서 무기 브로커이며, 그가 금수조치가 적용되는 군수물자를 미국 방산업체로부터 인터넷으로 구매해 이란 정부에 제공했다고 설명했다.

아르데빌리는 시라즈Shiraz라는 도시에서 부모와 함께 사는 20대 후반의 평범한 남성이었다. 그가 무기거래를 처음 맛보게 된 것은 한 국영회사에서 낮은 임금을 받으며 일할 때였다. 당시 아르데빌리는 이란의 무기 브로커들에게 금수조치가 적용되는 무기를 발주하는 업무를 맡았고, 브로커들은 미국과 유럽의 국제적 무기업체에서 무기를 조달했다.

시프먼은 이러한 무기밀수가 작동하는 복잡한 과정을 다음과 같이 간략히 설명했다. 어둠의 세계에서 언제나 그렇듯, 먼저 물건은 미국에서 유럽이나 중동의 안전한 장소로 운반된다. 암스테르담, 두바이, 베이루트 등이 이러한 중간 기착지로 자주 이용된다. 이곳에서 물건의 상표나 포장이 교체되고, 새로운 주문인 것처럼 이란의 구매자에게 전달된다. 물건은 주문을 발주한 이란의 국영기업으로, 다시 이란군으로 넘어간다.

아르데빌리는 일을 잘했지만 주급은 고작 650달러였다. 그는 돈을 더 벌기 위해 2004년 직접 회사를 차렸다. 그가 일한 적이 있는 업체들과 국영기업들은 그를 기꺼이 중개인으로 활용했다. 아르데빌리는 인터넷에서 '알렉스 데이브Alex Dave'라는 가상의 인물로 활동했고, 물건을 배송받을 주소지는 두바이에 두었다. 시프먼이 지적했듯, 흥미롭게도 아르데빌리는 자신의 거주지를 공개하지 않았고, 그에게 물건을 판매한 미국 업체들도 이에 대해 거의 묻지 않았다. 시간이 지나며 아르데빌리는 자신만의 사업 네트워크를 구축했고, 사업을 크게 확장했다.

이란에 대한 함정수사를 이끈 이는 이민관세국 수사관인 패트릭 레크레이트너Patrick Lechleitner였다. 다양한 사법기관 경력을 가진 그는 복잡하고 위험한 데다 비용도 많이 드는 이러한 작전을 책임질 적임자였다.

레크레이트너 수사관은 인터넷에서 직접 무기 브로커로 위장해 의심스러운 거래를 찾아내고, 해외 고객과 거래하는 미국 방산업체들 사이에서 네트워크를 구축했다. 그렇게 무대는 마련되었다.

시프먼에 따르면, 2004년 4월 레크레이트너 수사관에게 미국의 한 공장주가 찾아왔다. 두바이에서 전투기 부품에 대한 문의를 받았는데, 의심스러운 구석이 있다는 것이었다. 레크레이트너 수사관은 시프먼에게 '그는 문의 메일이 너무 퉁명스러워서 기분이 상한 것 같았다'고 표현했다. 수사관과 공장주는 모두 해당 문의가 두바이가 아니라 이란에서 온 것으로 의심했다.

군사적 야심과 핵무기 보유 가능성으로 인해 서방의 경계대상인 이란은 과거 샤 국왕 시절 미국에서 대규모로 수입한 군사 인프라가 거의 무너질 지경에 처해 있어 미국제 군수물자를 언제나 필요로 한다. 여기서 군수물자란 단지 예비부품 정도가 아니라 현대전에 필요한 모든 장비, 무기, 기술을 말한다. 게다가 미국은 유대인 대학살을 부정하는 마흐무드 아마디네자드 대통령과 이란의 신정체제가 이스라엘에 위협이 될 뿐만 아니라 탈레반, 헤즈볼라, 이라크 및 아프간의 게릴라 등 미국의 적에게 군수물자를 제공하고 있다고 본다.

레크레이트너 수사관은 뭔가가 있음을 직감하고, 자신을 찾아온 공장주가 이란 업체에 이민관세국이 만든 위장 업체를 소개해주도록 했다. 이는 불법 무기거래에서 흔한 관행이기 때문에 의심받을 이유가 없었다.

의심스러운 문의를 넣은 이란 업체는 시간이 지나면서 점점 많은 장비를 요청했다. 시프먼의 설명에 따르면, '알렉스 데이브'가 너무나 활발하게 움직이다 보니 한 수사관은 "견적이 엄청 많아. 셰익스피어 같다니까" 하고 농담을 할 정도였다(영어로 '견적'과 '인용구'가 똑같이 'quote'라는 점을 이용한 언어유희—옮긴이). 그때부터 알렉스 데이브는 셰익스피어, 수사는 '셰익스피어 작전'이 되었다.

셰익스피어의 활동이 더욱 왕성해지자 이민관세국은 행동을 개시하기로 하고, 다리우스Darius로 불리는 비밀요원을 수사에 투입했다. 그는 발트해 연안 국가에 위장 무기 업체를 설립해둔 상태였다. CIA는 1억 달러를 들여 이와 유사한 방식으로 해외에 위장업체 열한 곳을 만들었는데, 실제 성과를 낸 것은 이번 사례뿐이었다.

이민관세국은 영국의 한 브로커를 통해 아르데빌리에게 다리우스를 소개했다. 둘 사이에 직접 연락이 이루어졌고, 아르데빌리 체포를 위한 일련의 과정이 준비되었다.

'알렉스 데이브'는 다리우스와의 통화에서 야간투시경을 요청했는데, 다리우스는 미국의 금수조치에 대해 걱정하는 척하며 거래가 불법이라고 언급했다. 그러자 아르데빌리는 자신이 갈고 닦아온 환적 수법을 통해 물건이 이란으로 간다는 사실을 숨길 수 있다며 다리우스를 바로 안심시켰다. 자신이 비슷한 거래를 여러 차례 해왔으며, 아무 문제도 없었다는 설명도 덧붙였다.

몇 달간 연락을 주고받은 후, 두 사람은 조지아의 수도 트빌리시Tbilisi에서 만나기로 했다. 미 수사당국은 아르데빌리가 요청한 마이크로칩 레이더 부품과 자이로스코프를 준비해 현장에 도착했다. 수사당국은 아르데빌리가 지금까지 벌여온 다양한 사업과 앞으로의 계획에 대해 말하는 것을 촬영, 녹음하고 조지아 경찰의 협조를 받아 그를 체포하면서 노트북 컴퓨터를 압수했다. 이후 아르데빌리는 몇 달에 걸친 복잡한 협상 끝에 조지아에서 미국으로 인도되어 재판을 받게 되었다.

한편 미 수사당국은 아르데빌리의 노트북에서 엄청난 분량의 정보를 입수했다. 시프먼의 보도에 따르면, 국토안보부는 이 정보를 바탕으로 미국 방산업체 70개가 이란과 불법적으로 무기를 거래해왔으며, 그중에는 미 국방부와 대규모로 거래하는 업체도 16개나 포함되어 있다는 사실을 파악했다. 아르데빌리의 노트북에서는 테헤란에서 유럽을 거쳐 미국 방산업체로 들어간 송금 내역 33건도 발견되었다. 또한 이란의 무기조달 에이전트 20여 명, 이란 정부기관 50여 곳이 군수 물자를 구입해 군에 납품하고 있었다는 사실도 파악되었다.

아르데빌리가 필라델피아의 한 감옥에 비밀리에 수감된 사이, 국토안보부 수사관들은 '알렉스 데이브'가 되어 이란의 무기 브로커 행세를 했다. 미국 업체 150개와 중단되었던 협상도 재개했다. 여전히 비밀리에 진행 중인 셰익스피어 작전은 국토안보부 최대 규모의 수사로 확대되었다. 국토안보부는 이를 통해 군사기술이나 수출금지 기술을 불법적으로 판매하는 20여 개의 업체를 미국, 두바이, 유럽 등지에서 적발했다.

아르데빌리는 2년간의 고통스러운 독방 생활 후 드디어 2009년 재판을 받고 징역 5년을 선고받았다. 시프먼에 따르면, 아르데빌리는 법정에서 이렇게 주장했다. "저는 잘못한 게 전혀 없습니다. 우리 국민들이나 정부에 해를 입히지도 않았습니다. 그냥 저 자신을 위해 한 일입니다. …… 저에게 국제 무기딜러라는 딱지를 붙이는데, 새빨간 거짓말입니다. 저는 아무것도 아닙니다." 판사는 아르데빌리가 진심으로 뉘우치고 있으며 추후 이란으로 돌아갈 가능성이 거의 없다고 봤다. "피고인은 사실상 조국이 없는 사람이군요."

아르데빌리의 노트북을 통해 파악된 의심스러운 미국 방산업체는 거의 100개에 달했는데, 그중 상당수는 국방부 계약을 수주하는 곳이었다. 시프먼의 설명에 따르면 국토안보부는 아르데빌리 체포 성공을 발판으로 다른 국가기관들과 함께 100건 이상의 수사를 개시했다. 이미 4건은 기소되었으며, 다른 사건들도 절차가 진행 중이다. 다만 이 책을 쓰는 2011년 8월 현재까지 공개된 것은 상대적으로 가벼운 사건 하나뿐이다. 나머지 사건들은 수사가 진행 중이라 기밀로 취급되고 있다.

일부 업체들은 제품이 최종적으로 이란에 도착할 것이라는 사실을 알고 있었다는 증거가 불충분해 기소를 피할 수 있었다. 그러나 아마도 연방정부 수사관들은 이러한 업체를 조용히 방문했으며, 이란 고객과 거래를 중단하고 향후 당국에 정보를 제공하도록 요구했을 가능성이 높다.

아르데빌리 체포부터 시작된 여러 수사들은 현재도 진행 중이며, 용의자 일부가 당국에 정보를 제공하면서 새로운 수사의 단초가 마련되고 있다. 이를 통해 이민관세국이 어둠의 세계에서 활동하는 더 큰 세력을 파악할 수 있기를 바란다.

미국에서는 이와 매우 다른 사건도 하나 있었다. 2010년 1월 FBI

수사관 250명은 용의자 22명을 검거하기 위한 함정수사에 나섰다. 용의자들은 가봉의 대통령 경호팀이 장비를 구입한다는 가짜 계약에 대해 상당한 액수의 뇌물을 제공하기로 동의했다.[113] FBI에서는 '총포박람회 결전the shot show showdown',[114] 다른 기관에서는 '22명 검거작전 Catch-22'이라는 이름으로 불린[115] 이 수사('Catch-22'가 '진퇴양난'을 뜻하는 상용구라는 점을 이용한 언어유희—옮긴이)는 2년 반 동안 진행되었고, 2010년 1월 17일 라스베가스에서 열린 총포박람회에서 용의자 21명을 극적으로 검거하며 마무리되었다. 스물두 번째 용의자는 마이애미에서 체포되었다.[116] FBI는 무기딜러들이 가봉 국방장관의 에이전트로 위장한 수사관에게 거래대금의 20%를 커미션으로 제공하겠다고 동의하는 장면을 몰래 촬영했다. 체포된 용의자들은 중소 규모 무기업체의 관리자였다. FBI는 라스베가스에서 이들을 체포한 후 전국으로 흩어져 각 업체별로 수색영장을 집행했다.

이 사건은 해외부패방지법 관련 수사에서 처음으로 비밀요원을 활용한 함정수사이자 개인을 대상으로 한 최대 규모의 수사였다. 또한 FBI는 런던 경찰청과 함께 영국의 일곱 곳에서 수색영장을 집행하는 등 국제 공조도 활용했다.[117]

무기딜러들은 사업 수주를 위해 견적에 20%를 커미션으로 붙여야 하고, 그 절반은 가봉 국방장관에게, 나머지 절반은 가봉 정부의 다른 관계자들에게 돌아갈 것이라는 이야기를 들었나고 진술했다. 딜러 3명은 영국의 무기업체, 1명은 이스라엘 업체와 관련되어 있었다.[118] 이들이 판매하려던 제품은 권총, 수류탄, 최루탄 발사기, 폭발물 탐지기 등 다양했다.[119]

체포된 무기딜러 중 1명은 보석으로 풀려났다. 검찰은 반대했지만 법원이 페루 시민권을 가진 사울 미시킨Saul Mishkin에 대해 도주의 우려가 없다고 보았기 때문이다. 보석 여부를 결정하는 공판에서 검찰은 미스킨이 최루탄, 병력수송 장갑차, 다목적 차량 험비, 전투식량 등을 판매하는 대가로 페루, 콜롬비아, 조지아, 보츠와나 정부 관계자들에게 뇌물을 제공해왔다고 말하는 녹음 테이프를 제시했다. 녹음 테이프에는 미스킨이 볼리비아 대통령, 페루 정부의 고위급 관계자와 연락을 취한다는 발언도 포함되어 있었다. 함정수사에서 미스킨은 시위진압 장비 판매를 위해 커미션을 지급하기로 합의한 바 있었다. 그는 견적서 두 종을 건넸다. 하나는 제품의 실제 비용만, 다른 하나는 뇌물을 포함한 금액이 표시된 것이었다.[120]

미국 비밀경호국Secret Service에서 27년간 근무한 팻 캘드웰Pat Caldwell은 방탄조끼를 판매하는 아메리카방어제품Protective Products of America, PPA에서, 함정수사가 시작되기 5개월 전부터 세일즈 및 마케팅 책임자로 일하고 있었다. 그는 가봉과 1,500만 달러 규모의 계약을 성사시키기 위해 커미션 20% 지급에 동의했다. 시험구매 명목으로 PPA 계좌에 1만 8,000달러가 입금되자 7월 16일 자로 방탄복에 들어가는 방탄판 50개가 선적되었다. 캘드웰이 PPA의 대표이사로 승진한 것도 그날이었다. 그는 다음 해 1월 체포되며 매우 짧은 임기를 마감했다.[121]

함정수사가 이루어진 것은, 다른 사건으로 해외부패방지법 위반 혐의를 받고 있는 한 무기업체 임원의 협조 덕분이었다. 아머홀딩스 Armor Holdings(2007년 BAE에 매각)의 해외 판매 담당 부회장이었던 리처드 비스트롱Richard Bistrong은 2001~2006년 UN 평화유지군과 네덜란드 및 나이지리아 정부기관에 경찰 장비를 공급하기 위해 뇌물을 제공한 혐의로 기소되었다. 만약 유죄가 나올 경우 함정수사에 협조한 대가로 처벌 경감은 가능할 것이다. 함정수사에서 체포된 무기딜러 중 하나는 아머홀딩스에서 비스트롱의 상사였던 조너선 스필러Jonathan Spiller였다. 비스트롱은 2004년에서 2008년까지 낸시 소더버그Nancy Soderberg의 남편이었다. 소더버그는 1993~1997년에는 빌 클린턴 행정부의 국가 안전보장회의NSC 서열 3위의 비서관, 1997년부터 2001년 1월까지는 주UN 대사로 일했다.[122]

비스트롱은 FBI 비밀요원 2명이 국방부 관계자로 위장할 수 있도록 인물과 역할에 관해 중요한 조언을 제공했다. 비밀요원들은 5월부터 마이애미 만다린오리엔탈 호텔과 워싱턴의 식당 클라이드Clyde's에서 무기딜러들을 만났다.[123] 딜러들은 '가봉 관계자'들에게 수표와 계좌이체로 신속하게 뇌물을 제공했다.[124] 한번은 체포된 딜러 22명 모두가 클라이드에 모여 자신들을 한 자리에 불러모은 이들을 위해 함께 건배를 했다. FBI는 이 장면을 몰래 촬영하고 있었다.[125] 수사 전체에 걸쳐 FBI는 5,000건 이상의 통화, 그리고 딜러들의 모든 미팅을 촬영, 녹음했다.[126]

체포된 딜러들은 함정에 빠졌다고 주장할 것이다. 이러한 사건의 핵심 쟁점은 피고인의 주관적 성향, 즉 기회가 제공되면 범죄행위에 가담할 의사가 있었는가, 아니면 설득당했을 뿐 함정수사가 아니었다면 하지 않았을 행위였는가다.[127] 검찰 측은 무기딜러들이 단일 공모에 가담했다는 입장이다. 해외부패방지법 혐의 하나당 최고 징역 5년, 돈세탁 혐의는 최고 징역 20년이 선고될 수 있다.[128] 피고 측은 비스트롱의 신뢰성에 의문을 제기할 것으로 보이며, 이미 검찰 측에 비스트롱의 납세 내역, 비스트롱의 신병 처리에 관한 법무부-FBI의 내부 통신기록, 연방정부가 비스트롱에게 발급한 수출 허가서 일체를 요구했다.[129] 한편 실제로 뇌물을 제공받은 외국 정부 관계자는 없기 때문에 수사 자체가 실패로 끝날 가능성도 있다.[130]

체포된 딜러 중 대니얼 알비레즈Daniel Alvirez ALS 테크놀로지 전 회장은 탄약, 수류탄, 유탄발사기 판매를 위해 뇌물을 제공한 혐의에 대해 유죄를 인정했다.[131] 알비레즈 전 회장과 리 앨런 톨리슨Lee Allen Tolleson ALS 조달국장은 FBI 비밀요원의 계좌를 가봉 정부의 것으로 믿고 1만 6,200달러를 송금했으며, 이틀 후에는 커미션으로 그 돈의 20%를 다시 송금했다. 그해 10월, 알비레즈와 톨리슨은 워싱턴의 클라이드에서 다시 FBI 비밀요원을 만나 더욱 큰 규모의 계약을 논의했다.[132]

이 책을 쓰는 2011년 8월 현재까지 피고인 몇몇은 유죄를 인정했고, 4명은 재판이 진행 중이며, 대다수는 아직 재판을 기다리는 상태다. 가장 먼저 재판을 받은 무기딜러 4명은 비스트롱의 신뢰성을 집중 공격했는데, 이와 관련해 그를 담당한 FBI 관계자는 마약과 성매매를 활용했음을 인정하기도 했다.[133] 어떤 결과가 나오든 이 사건은 해외부패방지법 집행에 중대한 의미를 가질 것이다.[134]

함정수사 당시 해외부패방지법 전담 수사관은 20명 규모였던 것으로 알려져 있다.[135] 2010년 6월 한 FBI 관계자는 해외부패방지법 전담팀의 특별수사관을 3명에서 7명으로 늘리고 각자 지역을 하나씩 감독하도록 한다고 밝혔다.[136] 현재 법무부에는 해외부패방지법 전담 검사 8명이 있으며, 필요에 따라 사기범죄과 검사 54명으로부터 지원을 받을 수 있다.[137]

몬제르 알-카사르, 빅토르 부트, 그리고 무기딜러 22명 검거라는 성과를 올린 미 당국의 함정 수사는 분명 환영할 만한 일이다. 그러나 거대 무기업체들에게 해외부패방지법은 사업상 발생하는 약간의 추가 비용에 불과하다. 거대 무기업체들은 법률 이곳저곳의 허점을 이용할 가능성이 높다. 권력에 가까운 주요 업체에 부여되는 불이익은 그들이 충분히 감당할 만한 수준이다. 경제 시스템은 이윤의 지속적 증가를 바탕으로 하지만, 이때에 도덕적·윤리적 문제는 말할 것도 없고 법을 지켜야 한다는 조건은 특히 무기거래에서 부차적으로 취급되는 경우가 많다. 이러한 환경에서 해외부패방지법이 대부분 솜방망이식 자율규제로 마무리된다면 재앙적 수준의 부패를 몰아내기에 언제나 역부족일 것이다.

해외부패방지법의 집행을 위해서는 무기산업의 중요한 변화 또한 인식해야 한다. 2002년 12월 2일, 도널드 럼스펠드 국방장관이 아부그라이브 교도소 등에서 이루어진 고문행위를 '재가'하는 메모에 서명할 당시, 부시 대통령은 국방부에서 사상 최대의 국방예산에 서명하고 있었다. 이는 2차대전 이후 최대 규모인 7년 연속 예산 증액의 일부였다. 과연 군이 예산 삭감을 수용할 수밖에 없도록 강제될 수 있을까? 부시 대통령 임기 마지막 의회에서 국방예산을 큰 폭으로 삭감하고자 한 의원들은 바니 프랭크Barney Frank 등 '한 줌'에 불과했다.

오바마 대통령이 미국에서 가장 강력하고 공고한 이익집단, 군에 맞설 의지와 능력이 있는지는 여전히 불확실하다. 세계 질서에서 미국의 역할에 대해 오바마는 부시 행정부의 일방주의와 크게 다른 입장을 밝혀왔다. 하지만 그렇다고 무기산업의 거의 신성불가침한 지위까지 바꾼 것은 아니다. 경기침체의 한복판에서 '국방은 단순히 예산 항목 이상의 의미'라는 레이건의 발언은 여전히 유효할까?

수십 년간 국방예산의 삭감을 진지하게 검토한 정권은 없었다. 로버트 라이시Robert Reich는 빌 클린턴 대통령직 인수위원회의 경제팀을 이끌면서, 국방예산 삭감은 애초에 정치적 선택지가 아니라는 사실을 깨닫게 되었다고 말한 바 있다.[138]

미국에서 무기산업의 규모와 성격을 정당화하기 위해 가장 흔히 사용되는 논리는 우선 국가안보, 그리고 일자리다. 그러나 무기산업의 일자리 창출에는 다른 산업에 비해 비용이 많이 들고, 막대한 정부 보조금이 지출된다. 2009년 매사추세츠대학교 경제학 연구팀에 따르면 청정에너지, 교육, 의료 등 국내의 여러 우선순위에 각각 10억 달러를 사용할 경우 동일한 예산을 국방에 지출할 때보다 많은 일자리가 창출된다.[139] 10억 달러 투자 시 국방 분야는 일자리 1만 1,600개가 창출되는 반면 청정에너지 분야에서는 1만 7,100개, 의료에서는 1만 9,600개, 교육에서는 국방의 두 배가 넘는 2만 9,100개가 창출된다는 것이다.[140]

그럼에도 2010년 오바마 행정부의 첫 예산에는 방위산업을 위한 '부양책'이 포함되었고, 국방부는 거의 7,000억 달러에 달하는 예산을

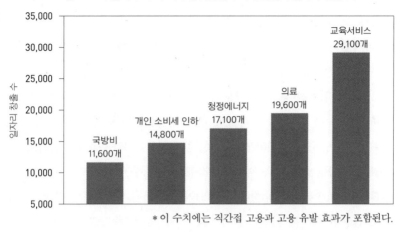

그림 6. 10억 달러 투자 시 미국 방위산업과 기타 산업의 일자리 창출 비교

* 이 수치에는 직간접 고용과 고용 유발 효과가 포함된다.

확보했다. 경제가 어려울 때도 방위산업은 군비 지출이 경제를 활성화한다는 확신을 방패 삼아 예산 삭감에서 완전히 자유로워 보인다.[141] 흔히 2차대전으로 인한 방위산업 활성화로 미국이 대공황에서 벗어났다고 말하는데, 오늘날 상황은 정반대로 보인다. '전쟁경제'가 현재 미국의 경제위기를 부채질했기 때문이다. 미국은 호황기에 불필요하고 막대한 예산이 들어가는 전쟁을 일으키는 등 과도한 지출로 인해 금융위기에 빠졌다. 부시 대통령은 평시보다도 큰 규모의 감세를 단행했고, "전 세계적 '테러와의 전쟁' 등 자신이 선택한 전쟁의 비용을 조달하기 위해 마치 게임에서 끝없이 지는 도박중독자처럼" 빚을 늘려나갔다.[142] 이로 인해 미국은 1929년과는 달리 이미 세계 곳곳에서 전쟁에 발을 들인 상태가 되었다. 미국이 진정 '문명화된' 정치공동체라면, 두 세대 전에 제기되었던 '총이냐 버터냐'라는 논쟁을 현재의 경제상황 속에서 다시금 떠올렸을 것이다.

경제가 좋았던 시절, 국방부 사업 수주 규모 1~3위에 해당하는 록히드마틴, 보잉, 노스롭그루먼은 대형은행이나 서브프라임 모기지 업체들만큼 신나게 돈을 벌어들였다. '테러와의 전쟁'이 처음 연간 예산에 온전히 반영된 2002년, 이 3대 방산업체는 도합 420억 달러를 수주해 1~10위 업체의 총 수주 규모인 670억 달러의 3분의 2 이상을 차지했다.[143] 국방부 계약 정보가 모두 공개된 마지막 해인 2007년, 3대 방산업체의 수주 규모는 690억 달러에 달하며 5년 전인 2002년 1~10위 업체의 총 수주 규모를 넘어섰다. 2007년 1~10위 업체의 수주 규모는 총 1,210억 달러로, 2002년 대비 80% 증가했다. 록히드 마틴의 수주 규모는 2002년 170억 달러에서 2007년 280억 달러로 64%의 증가율을 보였다. 이러한 수치를 보면 부시 행정부에서 국방 기본 예산(전쟁예산은 제외)이 약 3,000억 달러에서 5,000억 달러 이상으로 급증한 이유를 어렵지 않게 이해할 수 있다.[144] 거대 방산업체들은 금융위기가 최악으로 치달을 무렵 잠시 어려움을 겪었지만, 당시에도 록히드마틴은 이미 810억 달러 규모의 사업을 수주해 진행 중인 상태였다. 이후 2년간 사업 실적이 전무해도 충분히 생존할 수 있었다는 의미다.[145]

만약 이와 같은 군비 지출이 경기 활성화에 효과적이었다면 최근 은행권에서 촉발된 경제위기는 발생하지 않았을 것이다. 군비 지출이 도움을 주는 것은 방산업체의 주주들, 주가, 그리고 당연히 전쟁 그 자체다. 미국의 최신 국방예산을 보면 방위산업의 '좋은 시절'은 어떤 형태로든 계속될 것임을 알 수 있다. 막대한 군비 지출의 경제적 효과가 미미하고 다른 분야의 필요는 어미어마한 상황인데도 밀이다.

오바마 대통령은 취임 직후 관리예산실에 국방부 예산을 항목별로 상세히 검토하라고 지시했고, 여러 연설들에서는 국방예산이 불필요하게 낭비되고 있다고 강조했다. 2009년 3월 5일 자신의 웹사이트에서는 "방산업체들에게 백지수표를 끊어주는 시대는 끝났다"고 밝히기도 했다. 그러면서 그는 방위사업의 95%가 총 2,950억 달러의 예산을 초과했다는 2008년 회계감사원 연구 결과를 인용했다. 오바마 대통령은 이처럼 비합리적인 관행과 이에 자주 수반되는 수의 계약을

없애겠다고 약속했다.[146]

하지만 오바마 행정부의 첫 국방부 예산은 방산업체들에 돌아갈 실질적 금액이 크게 변하지 않을 것임을 보여주었다. 방위산업의 홍보 담당자들과 로비스트들의 주장과 달리 이러한 예산은 경기회복의 발목을 잡는 요소다. 2009년 1월 항공우주산업협회는 "우리 산업은 경제위기 탈출을 주도할 준비가 되어 있으며 역량도 충분하다"고 주장하면서, 방위산업 및 항공우주산업이 연간 수출 970억 달러, 일자리 200만개 유지에 기여한다고 홍보했다. 그러나 미 연방노동통계청은 2006년 기준으로 제품의 5분의 1 이상이 국방과 관련된 산업의 일자리는 65만 개 이하라고 밝히고, 항공우주산업협회의 주장이 상당히 과장되었다고 지적했다.[147] 방위산업이 실제로 고용을 창출하고 막대한 비용을 지출하는 분야는 바로 '로비'다. 2010년 방위산업이 의회 및 행정부 설득을 위해 로비 업체에 지불한 금액은 1억 5,000만 달러에 달한다.[148]

그런데 정부가 이처럼 비효율적인 일자리에 보조금을 제공하는 이유는 무엇일까? 국가안보라는 당위 때문일까? 물론 무기수출과 국내 정치에 영향을 미치는 지정학적 문제가 존재하는 것은 사실이다. 공공청렴센터의 찰스 루이스는 이렇게 말한다. "모든 대형 업체들은 정치행동위원회Political Action Committee를 활용하기 위해 전체 임원들에게 정치자금을 기부하도록 한다. 그다음 달에 기부금보다 약간 큰 금액을 급여로 돌려주는 경우도 많다. 조지 W. 부시 행정부에서는 누가 얼마를 냈는지 확실하게 하기 위해 번호가 매겨진 수표로 정치자금을 기부했다."[149] 럼스펠드의 평전을 쓴 앤드루 코번Andrew Cockburn은 필자에게 이렇게 말했다. "선거자금 기부는 대부분 뇌물의 다른 이름에 불과하다."[150]

이러한 관행은 정치인, 무기제조업체, 로비스트, 군대에는 분명 이익이겠지만 과연 미국의 시민들에게도 그런지, 세계 최강의 민주국가다운 책임성이 확보되는지는 의문이다.

찰스 루이스는 이것이 국방체계가 권력을 유지하기 위해 피할 수 없는 비용이라고 말한다. 오바마의 인기가 최고일 때도 그가 정치인으로서 살아남고 성장하려면 방산업체들을 불쾌하게 할 수 없었다. "그들에 의해 정치적으로 무너질 것이기 때문"[151]이다. 척 스피니는 군산정복합체가 "스스로를 핥아먹는 아이스크림"[152]처럼 자신의 주머니를 채우는 방식을 설명한 바 있다. 그는 오바마 행정부에서도 상황은 거의 그대로라고 본다.

> 소위 '싱크탱크'들과 방산업체들은 사실상 행정부의 정무직 임명에 대한 결정권을 가진 것이나 마찬가지다. 그래서 항상 보던 인물, 그들과 똑같은 인물, 그들이 뒤를 봐주는 인물만 보게 되는 것이다. 윌리엄 페리William Perry가 고전적인 예다. 페리는 카터 행정부, 클린턴 행정부에서 계속 국방부에 있었다. 애슈턴 카터Ashton Carter 획득 담당 차관, 미셸 플라워노이Michèle Flournoy 정책 차관 등 지금 국방부 인사 상당수는 페리의 사람들이다. 정권이 바뀌어도 변하지 않는 것은 대개 돈, 그리고 방위산업, 싱크탱크, 국방부를 돌고 도는 돈으로 이득을 보는 사람들과 관련되어 있다. 특히 소위 '정책통'들이 여기에 해당하는데, 내 경험으로 볼 때 이들이 국세 정세에 대해 쓰는 거창한 책들은 현실과 완전히 유리되어 있다. 오바마는 이들의 해로운 영향력에 특히 취약했다.[153]

오바마 행정부가 이 문제에 접근한 방식은 일관성이 부족했다. 로버트 게이츠 국방장관을 유임한 것은 현상유지의 신호였다. 척 스피니는 이렇게 말한다. "게이츠는 세련된 관료일 뿐, 개혁과는 거리가 먼 인물이다."

빌 하텅은 게이츠가 실제로 무기 지출을 줄이는 대신 예산을 한 쪽에서 다른 쪽으로 돌렸을 뿐이라고 본다. 게이츠 장관은 국방 효율화를 통해 5년간 1,000억 달러를 절감하겠다고 발표했다(연간 군비 지출 약 7,000억 달러 중 200억 달러). 장성의 수를 줄이고 합동군사령부를 폐지하며, 민간업체 외주 계약 축소 등을 통해 관료주의를 개혁한다는 계획이다. 하지만 실제로 이와 같은 절감이 이루어진다 하더라도 그만큼의 예산은 '장병들'을 위해 사용될 예정인데, 이는 결국 무기 지출 증가를 뜻한다. '방산업체들이 믿을 수 있는 변화'(오바마의 대선 구호 '우리가 믿을 수 있는 변화'의 패러디—옮긴이)라 할 만하다.[154]

게이츠의 방식은 후임 장관도 납득할 것이다. 가능하면 낭비를 줄이고, 국방부가 예산 사용의 '효율성'을 위해 얼마나 노력하고 있는지 대대적으로 선전하면서 전체 국방예산 감소 속도를 늦추는 것이다(실제로 감소하는지도 의문이지만). 게이츠는 이미 2차대전 이후 최대 규모가 된 국방예산을 매년 1% 증액해야 한다고 언급한 바 있는데, 이를 '긴축'이라고 부르기는 어려울 것이다.[155]

변화에 대한 희망이 살아 있던 취임 초기, 오바마는 모든 것을 재검토하겠다고 밝혔다. 감독기능 강화, 회전문 인사 축소, 수의 계약 금지, 조달 책임성 강화도 추진했다. 당시 오바마에게 조언을 제공하던 한 의원은 익명을 전제로 이렇게 털어놓았다. "오바마의 측근들은 '너무 나간 듯하다'고 보는데, 과연 그런 약속을 뒤집을 수 있을지는 정치적으로 확실치 않다."

아프가니스탄과 이라크 전쟁은 수의 계약을 가장 많이 줄일 수 있는 부분이다. 하지만 아프가니스탄의 카르자이 대통령(역시 부패에서 자유롭지 않은 인물이지만)이 어마어마한 회계 비리와 인권침해에 연루된 여러 민간 군사업체들의 전면 불법화를 추진하자, 오바마 행정부는 '궁극적으로 이들의 역할을 아프가니스탄 정부군이 넘겨받아야겠지만 지금은 시기가 적절치 않다'며 업체들의 편에 섰다.[156]

마지막으로 오바마 대통령은 재정적자 대폭 축소를 요구하는 보수 세력의 요구에 대해 향후 12년간 4조 달러를 감축하기로 발표하면서 군비 지출 역시 축소될 필요가 있다고 인정했다. 또한 '임무, 능력, 세계 속 미국의 역할'에 대해 종합적인 검토를 지시했다.[157] 하지만 국방부의 노련한 예산분석가 윈즐로 휠러Winslow Wheeler는 바로 그와 같은 검토가 2010년에 있었지만 변한 것은 없으며, 국방부는 그때와 같이 기만적인 검토보고서를 제출할 가능성이 높다고 지적했다.[158]

2011년 여름 리언 패네타Leon Panetta 전 CIA 국장이 게이츠 장관의 후임으로 임명된 것은 그의 풍부한 예산 협상 경력을 고려할 때 흥미로운 일이었다. 패네타 장관이 인건비, 의료비 등 '건드리기 쉬운' 항목만 삭감할지, 아니면 불필요한 무기 사업을 축소할 정치적 의지를 발휘할지는 앞으로 지켜볼 문제다.[159]

2011년 7월 말부터 8월 초에 걸쳐 재정적자를 둘러싼 대립이 극적으로 마무리된 후, 국가부채 한도 합의로 인해 국방예산이 3,500억~6,000억 달러 삭감될 것이라는 전망이 나왔다. 과도한 국방예산에 비판적인 이들은 3,500억 달러 감축은 실질적으로 감축이라기보다 국방예산 증가 속도를 늦추는 것에 불과하다고 지적하기도 했다. 그러나 휠러는 군비 지출이 실질적으로 축소될 수 있다는 것은 지나치게 낙관적인 전망이라고 잘라 말한다. 그는 '안보' 분야의 예산 한도가 2년 단위로 설정되었지만 결국 10년까지 그 기한이 늘어날 것이며, '안보 지출'이라는 항목이 신설된 것은 에너지부와 핵무기 예산, 국무부의 안보 관련 지출, 보훈부 및 국토안보부 예산 등을 하나로 묶어 국방부 예산의 삭감폭을 줄이기 위해서라고 지적한다. 또한 그는 합의에 포함된 '예산 자동 삭감sequestration' 조치가 발동되더라도 모든 분야의 지출이 축소될 가능성은 낮으며, 향후 10년간 1조 5,000억 달러 이상의 부채를 감축하기 위해 새로 소집될 의회 상하원 합동위원회가 국방부를 건드리지 않는 선에서 선택적인 예산 삭감을 제안하게 될 것이라고 본다. 실제로 하원이 제출한 법안에는 공화당이 주장한 '국방예산 보호 조항'이 포함되어 있다. 휠러는 국가부채 합의에 따른 국방예산 삭감은 오바마 대통령 취임 전에 작성된, 앞에서 설명한 바와 같이 이미 크게 증액된 10개년 예산 계획 수준으로 돌아가는 정도에 그칠 것으로 전망했다.[160]

평론가 톰 엥겔하르트Tom Engelhardt는 이처럼 고삐 풀린 국방예산에 의문을 던지며 이렇게 말했다. "몇 달간 부채 한도 상향을 이야기하는 가운데 '미국의 전쟁 한도를 낮춰야 할 때가 아니냐'는 당연한 질문은 왜 거의 나오지 않는 것일까?"[161]

'회전문 인사', 즉 기업 임원들이 국가안보 관련 기관의 고위급으로 자리를 옮기는 행태는 줄어들긴 했지만 여전히 계속된다. 오바마는 장성들이 방산업체 로비스트로 취직하는 것을 막지 못했다. 새로운 윤리규정 도입은 긍정적이지만 그것이 제대로 실행되는지는 의문이다. 그 규정에 따르면 로비스트 퇴직 후 2년 동안은 관련된 정부기관 취업이 금지된다. 하지만 윌리엄 J. 린 3세William J., Lynn III는 무기제조업체 레이시온Raytheon에서 8년간 로비스트로 일한 후 국방부 부장관으로 임명되었다. 레이시온은 2008년 국방부 사업 100억 달러를 수주한 바 있다.[162] 오바마의 선거자금 모금 책임자로 가장 오래 일한 최측근 래리 던컨Larry Duncan은 록히드마틴의 로비스트로 어마어마한 수입을 올렸다. 마찬가지로 선거자금을 담당하는 마크 앨더먼Mark Alderman은 록히드마틴 등의 고객을 둔 로펌을 운영하면서 2007년 워싱턴에서 거의 100만 달러를 벌어들였다.[163]

민주당 성향의 싱크탱크 신미국안보센터Center for a New American Security는 록히드마틴 등 방산업체들의 후원을 받았다. 창립자인 미셸 플라워노이, 커트 캠벨Kurt Campbell은 오바마 행정부에서 각각 국방부 서열 3위인 정책차관, 그리고 국무부 동아시아/태평양차관보로 임명되었다. 캠벨은 인사청문회에서 이해 상충 가능성에 대해 질문을 받자 "좋은 평가를 받은 보고서들에서 무기체계는 전혀 논의된 바가 없다"면서 방산업체의 후원에 문제가 없다고 주장했다. 그러나 빌 하텅은 이것이 거짓임을 밝혔다. 2010년 2월 신미국안보센터가 발표한 보고서 〈군비의 종말: 미국의 힘과 세계방위산업Arsenal's End: American Power and the Global Defense Industry〉에서 그들은 국방부가 록히드마틴의 F-35 등에 대한 무기예산을 대폭 늘려야 하며, F-35의 비용 초과는 록히드마틴의 책임이 아니라고 주장했다. 하텅은 "록히드마틴의 관점에서 이보다 좋은 분석은 아마 없을 것"[164]이라고 결론 내린다.

척 스피니는 오바마에 대해 그가 군산정복합체를 비판하는 많은 이들과 다를 바 없는 견해를 가진 것으로 본다. "나는 대단히 실망했다. 국방이라는 측면에서 오바마는 엄청나게 실망스럽다."[165] "오바마는 전 정권의 전쟁 중심 외교정책을 이어가고 있다. …… 미국을 망치는 기득권 세력의 관행, 특히 희소한 자원을 부풀려진 국방예산에 쏟아붓는 기괴한 정책도 계속하고 있다."[166] 필자는 척 스피니에게 현재의 국방부에 대해 어떻게 생각하는지 물었다. 그는 "전보다 나빠졌다. 과거 어느 때보다도 나빠졌다"고 답하며,[167] 그가 33년간 맞서 싸운 부패가 지금도 여전하다고 말했다.

오바마 대통령이 취임 직후 몇 년간 보인 조심스러운 태도에서 벗어나 대선후보 시절처럼 개혁의 대변자로 돌아오려면 과장된 안보위협에 기반한 수십억 달러의 예산, 근거 없는 경세적 주상, 고질적인 예산 낭비에 취해 있는 군산정복합체에 맞서야 할 것이다. 그러기 위해 중요한 것은 국방예산 삭감뿐만 아니라 조달, 로비, 무기 성능 면에서 투명성을 대폭 강화하는 일이다. 분명한 것은 무기산업이 의회에 합법화된 뇌물을 퍼뜨림으로써 미국의 민주주의를 근본적으로 저해한다는 사실이다. 통치의 책임성과 투명성 확보를 가로막는 비밀주의가 이러한 문제를 가리고 있다. 오바마가 내세운 '정치개혁'의 성패는 그가 무기산업과 무기거래에 어떤 태도를 취하는지에 따라 결정될 것이다.

17. 미국 무기의 전시장

이스라엘의 무기산업은 독특한 역할을 한다. 무기를 직접 생산하고 대규모로 구매하는 고객이면서 다른 국가, 특히 미국을 위한 중개자 역할도 하기 때문이다. 이스라엘 첩보계에 취재원을 보유한 로넨 버그먼Ronen Bergman 기자는 이스라엘을 미국이 중동에 뻗은 '긴 팔'이자 '미국 무기와 전술의 최초 시험장'이라고 표현한다.[1] 사실상 미국 무기산업의 전시장이라는 것이다.

이스라엘의 방위산업은 놀라운 사례다. 이스라엘 정부는 2007년 및 2008년의 무기수출 규모를 공개하지 않았지만, 2008년 체결된 무기수출 계약 규모가 63억 달러 이상이라는 사실은 밝힌 바 있다. 이는 무기수출에 대한 정보가 공개된 32개국 중 7위에 해당한다.[2] 또한 이스라엘의 무기수입은 2005~2010년 사이 102% 증가하며 세계 11위를 차지했다.[3] 실제 무기 수출 및 수입 규모는 공식 수치보다 훨씬 클 가능성이 높다.

이스라엘은 조달을 포함한 군사비의 상당 부분을 기밀로 취급한다. 인가를 받은 소수만 기밀에 접근할 수 있기 때문에 실제 군사비 규모를 아는 사람은 거의 없다. GDP 대비 군사비 규모는 미국이 4.5%인 반면 이스라엘은 8%다.[4] 대부분의 국가는 1%가량을 군사비로 지출한다. 이스라엘에서 국방비는 언제나 가장 큰 예산 항목이다. 이는 모든 예산이 비밀로 취급되는 국내 첩보기관 샤바크Shabak와 모사드Mossad를 제외해도 마찬가지다. 1980년대 경제학자 탈 울프존Tal Wolfzon은 이스라엘이 국방비를 정확히 집계하지 않고 있으며, 실제로는 GDP의 12.3%에 달하는 규모라고 주장했다. 그의 계산대로라면 이스라엘의 1인당 국방비는 세계 최고다.[5]

이스라엘은 건국 이후 20년간 정부가 무기산업을 운영했다. 그러나 현재는 상당 부분 민영화가 진행된 상태이며, 몇몇 대규모 업체만 국영기업 및 민관 합작으로 운영된다. 건국 초기 이스라엘은 주로 무기를 수입했고, 직접 생산하는 양은 미미했다. 그러다 1967년부터는 팔레스타인 점령과 프랑스의 무기금수조치로 인해 국내 무기산업을 육성할 필요가 생겼다. 팔레스타인 점령은 국제사회의 지지를 받지 못했고, 이스라엘은 특히 무기를 스스로 생산해 수요를 충당해야 했다. 1973년부터 미국은 이스라엘에 연간 30억 달러 규모에 달하는 원조를 제공하기 시작했는데, 그중 대부분은 군사원조였다.[6]

이스라엘은 30억 달러 규모의 국내 무기산업 육성에 착수했다. 하지만 국내 수요 중심의 무기생산에는 비용이 지나치게 많이 소모되었고, 국방 수요를 완전히 충족하지도 못했다. 대표적인 실패 사례는 라비Lavi 전투기 사업으로, 비용 초과로 결국 1987년 폐기되었다. 이스라엘은 직접 사용할 무기만 생산하는 방식은 지속될 수 없다는 사실을 깨닫고 무기수출 산업을 육성해 국방예산을 확보하기로 했다. 1970년대 말~1980년대 초 이스라엘은 중남미 군사정권, 샤가 통치하는 이란, 남아프리카공화국 등에 무기를 대규모로 수출하며 세계 8~10위의 무기수출국이 되었다. 1980년대 들어서는 레이건 행정부가 중남미에 무기를 대대적으로 수출하고 이란에서 샤가 축출되면서 무기수출이 감소했다. 이로 인해 이스라엘은 경제위기를 겪고 수출시장을 잃었지만 1980년대 중반 대규모 투자를 한 덕에 첨단산업을 세계 최고 수준으로 성장시켰다. 이러한 과정은 오슬로 프로세스(1993~1995년 이스라엘과 팔레스타인이 서로의 존재를 인정하고 분쟁을 종식키로 한 평화협정의 이행 과정—옮긴이)를 통해 이스라엘이 고립국가에서 군사적으로 수용 가능한 파트너가 되는 '정상화' 덕분에 가능했다.

1990년대 들어 이스라엘은 세계 10위의 무기수출국으로 확고히 자리잡았다. 특히 개발도상국에 대한 무기수출 규모는 세계 4위였는데, 아프리카, 중남미, 심지어 중동의 '깡패국가'들도 그 수입국에 포함되었다.[7] 2000년대 이스라엘 무기를 가장 많이 수입한 국가는 인도였고, 터키, 중국, 미국 등도 비슷한 규모였다. 현재는 브라질이 터키보다 이스라엘 무기의 수입을 늘리고 있으며, 러시아도 상당한 비중을 차지하기 시작했다. 싱가포르는 작은 나라임에도 수십 년간 이스라엘 무기를 많이 수입했고, 특히 1978년에는 사상 최초로 이스라엘 무인기를 구매했다. 스위스 역시 중요한 고객이다.

이스라엘의 고객들이 가진 공통점은 구매한 무기로 민간인 및 소규모 무장반군을 탄압했다는 것이다. 이는 당시 이스라엘이 국제사회에서 소외되었던 터라 무기수출의 외교적 영향에 대해 크게 걱정할 필요가 없었다는 점, 그리고 이스라엘 무기산업이 민간인 통제용 장비에 특화되어 있었다는 점 때문이다.[8]

초기에는 퇴역 간부들이 새로 등장하는 무기업체 대부분을 경영하면서 이스라엘의 공공과 민간 영역을 통제하는 엘리트층을 형성했다. 경제적으로 분석할 때 당시 무기산업의 경영 역량은 그리 좋은 편이 아니었는데, 세계화가 시작되면서 업계 전반의 민영화와 전문화가 진행되었다.[9]

이스라엘 경제는 세계에서 가장 군사화되어 있다. 금융위기 이전을 포함한 지난 10년간(2000~2010년—옮긴이) 이스라엘에서는 전쟁과 테러가 증가했는데, 경제 상식과 달리 텔아비브 주식시장은 역대급 호황을 누렸다. 이스라엘 업체들은 '국토안보homeland security' 산업을 개척했고, 지금까지도 해당 업계를 지배하고 있다. 이스라엘의 안보산업은 약 2만 5,000명을 고용하고 있으며, 600여 업체 중 300개 이상이 다양한 제품과 서비스를 수출하고 있다.[10]

2009년 파리 에어쇼에서 가장 인기를 끈 것은 엘빗시스템Elbit Systems이었다. 이 업체는 여러 사업 중에서도 25억 달러 규모의 점령지 고립장벽 건설에 참여한 것으로 유명하고, 미국-멕시코 국경장벽 건설사업을 보잉과 함께 수주하기도 했다(국경장벽은 2011년 1월 말 백지화되었다). (2017년 트럼프가 대통령직에 오르면서 국경장벽 건설이 다시 추진되었고 2020년 장벽 전체가 완공되었다.—옮긴이) 엘빗시스템은 거대한 아이맥스 스크린으로 팔레스타인 마을에 대한 가상 공격 영상을 줄기차게 상영했다. 감시용 및 공격용 무인기를 홍보하기 위해서였다. 판매사원들은 '우리는 수십 년간 실제 분쟁 상황에서 무기를 검증해왔다'며 잠재 고객들의 시선을 사로잡았다.

2000년 닷컴버블 붕괴로 이스라엘 경제는 1950년대 초반 이후 최악의 상황을 맞았다. 그러자 정부는 군사비를 10.7% 증액하고 IT 업계에 안보 및 감시 분야 진출을 독려했다.

9·11 테러 이후 이스라엘은 국가 차원에서 국토안보 산업 호황을 적극 활용하기로 했다. 경제는 2004년경 이미 회복되었고, 2005년 들어서는 서구 최고 수준의 성장률을 보였다.[11] 이스라엘은 국토안보 기술의 쇼핑몰로 자리잡은 상태였다. 업계의 메시지는 단순했다. '이스라엘은 태어날 때부터 테러와의 전쟁을 수행해왔습니다. 어떻게 하면 되는지 보여드리겠습니다.'[12]

'테러와의 전쟁 산업'은 이스라엘이 경제위기를 극복하는 데 결정적인 역할을 했다. 이스라엘의 한 저명한 투자분석가는 《포브스》에 평화보다 안보가 더 중요하다고 말하기도 했다. 이스라엘은 국방과 테러 방지를 경제전략의 중심으로 삼으면서 팔레스타인과의 평화협상을 중단했으며, 팔레스타인과의 분쟁을 민족주의 운동과의 싸움이 아니라 전 세계적 테러와의 전쟁의 일부로 새롭게 규정했다. 나오미 클라인 Naomi Klein은 이러한 움직임이 동시에 이루어진 것은 결코 우연이 아니라고 말한다.[13]

그럼에도 이스라엘이 평화로부터 막대한 이익을 얻을 수 있다는 사실은 변하지 않는다. 경제는 단기적으로 조정 국면을 겪겠지만 자원은 더욱 생산성 높은 활동에 투입될 수 있고, 아랍 국가들과의 교역은 기하급수적으로 증가할 것이다.

그러나 평화는 무기업체 경영진의 생각과는 거리가 멀다. 2006년의 레바논 침공 실패는 이스라엘과 미국 무기업계 입장에서 다소 체면을 구긴 사례이긴 했지만, 이스라엘 업체들은 이에 대한 단순한 지지를 넘어 회사 브랜드와 전쟁 홍보 메시지를 광고에 같이 실을 정도로 침공을 적극 후원했다. 전쟁이 일어난 2006년 8월, 주식시장은 활황을 맞았다. 팔레스타인 서안지구와 가자지구에서는 유혈 충돌이 확대되었는데, 그해 이스라엘 경제는 6% 성장했다. 2008년 말부터 2009년 초까지 벌어진 가자지구 공습은 마케팅에 적극 활용되었다. 엘빗시스템은 이 공습에서 무인기를 활용해 이스라엘군 사상자를 최소화하고 팔레스타인 사상자와 가자지구의 파괴를 극대화했다고 홍보했다.[14] 가자지구 공습 이후 이스라엘은 비공개 무기박람회를 열어 시가전을 위한 신무기가 어떤 효과를 보였는지 설명했다.[15]

방위산업은 이스라엘 경제의 핵심 축이지만 자국의 무기수요를 모두 충족하지는 못하고 있으며, 항공기, 대형 선박, 잠수함은 모두 수입하는 실정이다. 대부분의 제품은 역시 미국에서 대단히 좋은 조건으로 수입된다. 이스라엘은 1970년대 초반부터 미국 군사원조의 최대 수혜국이었다. 당시 닉슨 행정부는 이스라엘에 대한 군사원조를 급격히 증가시켰고, 이때 맺어진 관계는 지금까지 유지되고 있다. 헨리 키신저는 이런 말을 남겼다고 한다. "이스라엘에 우리 전차 1대를 제공할 때마다 주변국에서 4대를 사간다."[16]

미국의 군사원조와 무기 제공은 최근 확대되었다. 이로써 미국제 무기와 군사장비를 다양하게 구비하게 된 이스라엘은 군사작전의 강도와 잔인성을 높였다.[17] 2002~2007년 이스라엘은 부시 행정부로부터 190억 달러 규모의 직접적 군사원조를 받았고, 2007년 8월에는 향후 10년간 300억 달러 규모의 군사원조를 제공받는 내용의 양해각서를 체결했다.[18] 양해각서 서명식에서 미 국무부 정무 담당 차관보 니컬러스 번즈Nicholas Burns는 300억 달러가 "평화에 대한 투자"이며, 미국이 "이스라엘의 안보에 흔들림 없는 이해관계를 갖고 있다"고 강조했다.[19] 프랑스, 독일, 영국 역시 미국에 비해서는 규모가 작지만 이스라엘에 상당한 무기를 수출한다.[20] 2008년 1분기 영국 정부가 승인한 대이스라엘 무기수출 규모는 1,900만 파운드에 달한다.[21]

이스라엘에 대한 미국의 군사원조는 대부분 대외 군사차관Foreign Military Financing 형태로 이루어진다. 대외 군사차관은 무기구매를 위한 수십억 달러 규모의 보조금이며, 그 밖에 특별대우로 이와 거의 비슷한 규모의 혜택도 제공된다. 이스라엘은 세계에서 유일하게, 대외 군사차관 등의 군사원조를 활용해 미국의 설계를 기초로 자체 무기체계를 개발하고 군수물자를 구매할 뿐만 아니라 이스라엘 업체의 연구개발에 투자하는 특혜를 누리고 있다. 여기에 더해 미국은 탄도미사일 요격체계, 나아가 전투기 개발을 위한 공동 군사연구 및 생산에 별도의 자금을 투입한다. 다른 국가에 대한 대외 군사차관은 분기별로 나누어 제공되지만 이스라엘에는 1년치가 연초에 한꺼번에 제공된다. 이로 인해 미국 행정부는 약속된 금액을 의회로부터 승인받기 전에 재무부에서 미리 차입해야 하는 부담을 안게 된다. 또한 이스라엘을 비롯한 소수의 국가에는 국방부를 거치지 않고 무기를 구매할 수 있는 '패스트트랙'이 적용된다. 복잡한 절차를 생략하고 미국의 무기업체들과 직접 협의해 시간을 단축할 수 있다는 의미다.

1998~2008년 이스라엘 정부는 750억 달러를 군사비에 투입한 것으로 추산된다. 같은 기간 대외 군사차관은 250억 달러로, 이스라엘 전체 군사비의 3분의 1에 달하는 엄청난 규모다. 미국-이스라엘 공공문제위원회American-Israel Public Affairs Committee의 2008년 8월 메모에 따르면 이스라엘은 향후 10년간 군사비를 두 배로 늘려 총 1,500억 달러를 투입할 계획이다.[22]

수십억 달러의 군사원조를 통해 이스라엘은 미국제 무기 및 군사장비를 어마어마하게 갖췄다. 이스라엘군은 현재 F-16 전투기 226대, M-60 전차 700대 이상, 병력수송 장갑차 6,000대,[23] 그리고 수송기, 공격헬기, 다목적기, 훈련기 수십 대씩을 보유하고 있다. 다양한 폭탄 및 전술미사일은 셀 수 없을 정도이며, 그중에는 확산탄, 백린탄 같은 소이탄도 다수 포함되어 있다. 이스라엘은 미국으로부터 가장 정기적으로 무기를 구매하는 국가 중 하나다. 데이터가 공개된 지난 10년간 (회계연도 기준 1997~2007년) 이스라엘 정부는 총 105억 9,000만 달러 규모의 미국제 무기구매 계약을 체결했다. 이보다 큰 규모로 무기를 수입한 국가는 같은 기간 107억 달러의 계약을 체결한 사우디아라비아뿐이다.[24]

미국과의 무기거래는 단순한 구매 이상의 의미가 있다. 무기거래는 중동 지역의 정치와 다양한 지정학적 문제와 결부되어 있기 때문이다. 이스라엘에 우호적인 무기업계 관계자는 필자에게 이렇게 말했다. "이스라엘은 미국에서 매년 20~30억 달러를 받아 미국제 무기를 구매한다. 일부는 직접 사용하고, 일부는 미국이 무기를 판매할 수 없는 국가에 공급한다. 미국은 이를 알면서 묵인한다." 가장 극단적인 사례는 이란에 대한 무기판매다.

이스라엘이 미국과 함께 이란의 팔레비 왕조를 정치적·군사적으로 지원했다는 사실은 잘 알려져 있다. 샤가 축출되기 직전 이스라엘은 이란과 상당한 규모의 무기판매 계약을 체결하고 대금을 먼저 지급받았다. 하지만 아야톨라 호메이니가 이끈 혁명이 성공한 이후 이스라엘은 무기 인도를 거부했다. 호메이니는 이스라엘과 모든 관계를 단절하고 50억 달러를 반환하라는 소송을 제기했다. 이 문제에 대한 국제중재는 1983년부터 계속 진행 중이다.[25]

그런데 상대적으로 잘 알려지지 않은 사실이 있다. 서방, 그리고 얼마 동안은 소련이 이란의 호메이니 정권 견제를 위해 이라크의 사담 후세인 정권을 지원하는 사이, 이스라엘 정부와 무기 에이전트들이 미국을 대신해 수백 톤의 무기 및 장비를 이란에 판매했다는 것이다. 이는 사담 후세인 정권에 군사적으로 패배한 이란의 군사력을 강화하기 위해서였다. 이스라엘은 이란에 대한 무기판매를 중단한 뒤로 몇 년이 지나자, 프랑스 중개인을 통해 호메이니 정권에 무기를 판매하기로 했다. '조개Seashell 작전'으로 불린 이 거래를 통해 이스라엘은 이란 정권과 가까워지는 한편 이란과 이라크를 모두 약화시킬 수 있다고 봤다. 하지만 더 중요한 것은 무기업계가 돈을 벌고 싶었다는 사실이다. 조개 작전의 핵심 인물은 당시를 이렇게 회상한다. "이 거래의 윤리적 측면에 대한 논의는 전혀 기억나지 않는다. 그때 우리의 관심은 오직 이스라엘 무기를 더 많이 팔고, 그 무기로 그들이 서로 죽이도록 하는 것뿐이었다."[26]

7,500만 달러 상당의 이스라엘 무기는 포르투갈 무기딜러 조지 피노George Pinole를 통해 이란으로 전달되었다. 피노는 선적 서류를 위조하고 아르헨티나 항공사 관계자들을 매수해 무기를 운반했다. 무기를 나르던 비행기 중 1대가 추락하자 그는 해상 운송으로 방향을 바꾸기도 했다. 이란 측에서 이 거래를 지휘한 것은 호메이니의 먼 친척이자 민감한 사안을 맡는 측근, 사데크 타바타바이Sadek Tabatabai 박사였다. 아이러니하게도 타바타바이는 이 거래의 성공을 발판으로 승진을 거듭해 주레바논 이란 대사가 되었고, 그곳에서 이스라엘의 숙적 헤즈볼라Hezbollah의 탄생을 도왔다. 또한 타바타바이는 나중에 헤즈볼라가 이스라엘 병사 2명을 납치하도록 독려했고, 이 사건은 2006년 여름 이스라엘-헤즈볼라 전쟁의 도화선이 되었다. 하지만 가장 커다란 아이러니는 이란이 군사력을 강화한 후 이라크와 교착 상태에 빠지자 이스라엘에서 구매한 무기 일부를 헤즈볼라에 공급했다는 사실이다.[27]

버그먼 기자는 이란-콘트라 사건과 관련해 이스라엘과 미국이 무기딜러와 계약할 때 얼마나 욕심이 많은지 보여주는 새로운 정보를 폭로한 바 있다.[28] 이란의 온건파 의회 지도자로 나중에 대통령직에 오른 하셰미 라프산자니Hashemi Rafsanjani는 이라크와의 전쟁을 위해 무기거래를 포함한 서방의 지원을 받을 수 있도록 실용적인 외교정책을 채택해야 한다고 보았다. 1984년 레이건 행정부는 이란 측의 제안을 거절했다. 그러자 이란은 그 대신 이스라엘에 접근했다. 이 과정에서 이란은 라프산자니와 가까운 자국의 무기딜러이자 사기꾼인 마누체르 고르바니파르Manucher Ghorbanifar, 그리고 사우디아라비아의 무기딜러이자 억만장자인 아드난 카슈끄지를 활용했다. 이란은 이스라엘에, 자국에 무기를 판매하고 미국과의 무기거래를 중재해달라고 요청했다. 고르바니파르는 그리스 여권으로 이스라엘에 들어가 5,000만 달러 규모의 전투장비 계약을 성사시켰다. 계약에 참여한 이스라엘 측 인사 일부는 거래의 목적 중 하나가 수익 창출이었다고 인정했다.

미국은 이란이 지원하는 헤즈볼라가 레바논에서 미국인을 납치하는 사건이 계속 발생하자 이를 막기 위해 이란과의 거래에 나서기로 했다. 미국은 동시에 여러 방면에서 움직일 생각이었다. 첩보기관은 이미 GMT라는 위장회사를 설립해 이란 내부에서 정권을 약화시키는 한편 중남미에서 소련에 대항할 세력을 키우고 있었다. 그러한 세력 중 하나는 니카라과의 콘트라였다. 콘트라는 우익 반군으로, 소모사Somoza 독재정권을 무너뜨리고 1984년 선거에서 승리한 산디니스타 정권에 맞서고 있었다. CIA는 이들에게 군사훈련을 제공하고 GMT를 통해 무기도 공급하고 있었는데, 그 지원을 더욱 강화하고자 했다. 우선 이스라엘이 이란에 실제 가치보다 훨씬 높은 가격에 무기를 판매했다. 그 뒤 미국이 그 무기를 대체하기 위한 명목으로 NATO의 불용장비를 유럽에서 이스라엘로 옮김으로써 상당한 자금을 마련할 수 있었다. 미국은 이와 함께 이란과의 관계를 개선하고 레바논에 피랍된 인질을 석방시키겠다는 구상이었다.[29]

GMT와 이스라엘은 아리엘 샤론Ariel Sharon 국방장관이 소유한 네게브Negev 농장에서 계약을 체결했다. 양측은 이를 통해 무기거래의 실행 방식, 수익 및 커미션의 분배에 대해 합의했다. 윌리엄 케이지 William Casey CIA 국장은 거래의 내용과 스위스 은행 비밀계좌를 통한 자금세탁에 대해 보고를 받았다. 1985년 여름, 이스라엘 정부는 거래에 최종 동의하고 비공식적 중개인을 통해 이를 실행에 옮기기로 했다. 고르바니파르가 이란 측을 대표하고 카슈끄지가 대금을 지급했다. 1985년 8월, 무기 운반이 시작되었다. 그런데 이스라엘이 보낸 미사일은 '유통기한'을 넘긴 불량품이었다. 당시 불량품을 제공하라고 지시한 사람이 누구인지는 아직도 불확실하다. 그럼에도 이스라엘은 이란에 넘긴 무기에 대한 대체품을 미국으로부터 받았고, 미국인 인질 1명이 석방되었다.[30]

　분명한 것은 인질에 대한 우려를 명분으로 이 밖에도 수많은 비공개 거래가 미국, 이스라엘, 이란 사이에서 이루어지고 있었다는 점이다. 600톤에 달하는 탄약, 무기, 장비가 이란으로 운반되었다. 거래 관계자 중 하나는 이렇게 말했다. "이란에 팔 만한 것이 있는 업체는 이스라엘에 극소수만 존재했는데, 그전까지는 거래를 하지 않는 상황이었다. 당시 거래에는 방위산업의 공공과 민간 부문 전체가 아주 깊이 관여되어 있었다."[31] 버그먼 기자가 이스라엘 측의 내부 문서를 확인한 결과 이스라엘은 중미 지역 반군에 직접 무기를 판매해 별도의 수익을 올렸다.

　미국인 인질 석방이 1명으로 그치자 이스라엘은 총리익 대테러 보좌관 아미람 니르Amiram Nir를 새로운 작전의 책임자로 임명했는데, 이는 이란-콘트라 사건 제2단계의 시작이었다. 작전의 미국 측 책임자는 국가안전보장회의 소속의 강경파 올리버 노스Oliver North 중령이었다. 니르 보좌관은 정확히 몇 개의 장비를 제공하면 몇 명의 인질이 석방될 것인지를 이란 측과 합의해야 한다고 봤다. 이란 측에는 미국과의 협상, 그리고 레바논 남부 친이스라엘 민병대에 피랍된 시아파 포로 39명의 석방을 새로운 조건으로 제시했다. 이러한 제스처는 무기거래의 존재를 숨기는 가운데 이란이 왜 미국인 인질을 석방했는지 설명하는 수단으로도 활용될 수 있었다.

니르 보좌관은 노스 중령을 만난 후 고르바니파르와 카슈끄지를 만났다. 레이건 대통령은 실행을 승인했다. 스위스와 리히텐슈타인에 위장업체와 비밀계좌가 만들어졌다. 고르바니파르는 스위스 은행 계좌에 1,000만 달러를 입금했고, 1986년 2월 16일 새로 페인트칠을 한 엘알티AI 항공 화물기를 통해 미사일 1,000기가 이스라엘로 운반되었다. 그 미사일들은 미국인 조종사에 의해 테헤란으로 전달되었다. 이틀 후 레바논의 헤즈볼라는 이스라엘 병사 2명을 납치했다. 이스라엘이 무기를 더 많이 공급하도록 압박하기 위해 기존의 합의를 위반한 것이다. 이스라엘 총리와 미국 대통령은 니르 보좌관과 노스 중령을 통해 서신을 교환했고, 1,500만 달러가 추가로 입금되었다. 이어 두 번째 무기가 운반되기 시작했다. 여러 문서를 통해 알려진 바에 따르면 이스라엘은 이란에 불량품을 판매했고, 미국 역시 이스라엘에 불량품을 제공하려 한 것으로 보인다. 이유는 지금도 불확실하다.[32]

조지 H. W. 부시는 대통령에 출마하면서 자신의 부통령 재임 기간에 이처럼 추악한 거래가 있었다는 사실을 전혀 몰랐다는 입장을 고수했다. 하지만 첩보기관의 문서에 따르면 1986년 7월 그는 부통령 자격으로 니르로부터 해당 작전에 대한 모든 내용을 보고받았다. 니르는 나중에 시몬 페레스Shimon Peres 이스라엘 총리에게 자신과 부시 부통령과의 만남에 대해 보고하면서, '이스라엘은 미국의 명시적 요구에 따라 실행된 이 작전이 노출되지 않도록 모든 조치를 취하고 있음'을 강조했다. 니르는 부시 부통령이 협조적이며 낙관적인 태도를 취했다고 서술했다.[33]

그러나 1986년, 거래에 대한 정보가 새어나갔다. 레바논 잡지《아슈시라Ash-Shiraa》는 그해 11월 연재 기사를 통해 무기-인질 맞교환 거래를 폭로했다. 얼마 안 가 이란에 무기를 판매해 얻은 막대한 이익이 콘트라 지원에 사용되었다는 사실이 밝혀졌다. 콘트라 지원을 명시적으로 금지한 바 있는 미 의회는 발칵 뒤집혔다. 백악관 대변인은 이스라엘을 비판하고 나섰고, 이스라엘은 격분했다. 그러나 이스라엘은 공식 대응을 삼가기로 했다. 인질 석방의 가능성을 살려두기 위해 고르바니파르와 접촉을 유지하고 있었고, 인질이 석방되면 조만간 열릴 미 의회 청문회에서 레이건의 입장을 뒷받침하고 작전을 정당화하는 데 도움이 될 수 있었기 때문이다.

그런데 CIA가 이란과 비밀거래를 실행하는 동시에 이란의 주요 군사목표물에 대한 정보를 이라크에 제공하고 있었다는 사실이《워싱턴포스트》에 의해 밝혀졌다. 이란 정권은 모든 접촉을 끊었다. 미국과 이스라엘은 언론에 니르를 희생양으로 던져줬고, 니르는 은둔에 가까운 생활을 하다가 CIA 위장업체가 소유한, 과거에 이란으로 무기를 운반한 적이 있는 비행기가 추락하는 의문스러운 사고로 1988년 사망했다.[34]

첩보요원과 무기딜러의 만남은 흔한 일이다. 버그먼 기자는 이스라엘의 상황을 이렇게 설명한다. "무기딜러들은 보통의 사업가에 비해 민감한 정보를 훨씬 많이, 자연스럽게 파악한다. 이스라엘의 첩보기관은 자신의 목적을 위해 이런 딜러들을 어떻게 활용하면 좋은지 알고 있다. 첩보기관은 딜러들이 수출허가를 받는 절차에 공식적으로 관여하기 때문에, 딜러들이 자신에게 의존하도록 만들기 수월하다. 그 결과는 재앙에 가까울 때가 많다."[35]

무기거래로 수백만 달러를 벌어들이며 모사드와 관계를 유지하는 나홈 만바르Nahum Manbar는 이란에 화학무기를 판매했다. 이로 인해 CIA 내부에서는 이스라엘이 미국에 대이란 강경책을 요구하면서도 다른 속셈을 품고 있는 것은 아닌지 의심하는 기류가 생기기도 했다.[36]

모사드에서 암호명 '흰개미Termite'로 통하는 만바르는 자신의 가족이 함께 건설한 키부츠에서 태어났다. 그는 1967년과 1973년 전쟁 기간에 이스라엘군에서 복무한 이후 무기업계에 몸담았다. 초기에는 이란 국방부를 위해 무기를 구매하는 에이전트이자 비엔나에서 업체를 운영하는 바리 하셰미Bari Hashemi(별칭으로 '파르시Farschi'가 있음)와 사업 관계를 맺었다. 그는 주로 폴란드군에서 무기를 구매해 이란에 판매했다. 화생방 공격에 대한 방호장비도 판매했는데, 얼마 후 아예 폴란드에 공장을 세워 방호장비를 직접 생산하기도 했다. 그는 이스라엘 관계당국이 자신의 활동에 대해 모두 알고 있었다고 주장한다. 이란 관계자들이 그에게 접근해 화학무기 판매를 요구하자 이에 관한 내용을 이스라엘의 적절한 '전달책'에게 보고했다는 것이다. 이스라엘 측은 만바르에게 이란이 무엇을 원하는지 더 자세히 파악하라고 지시했다. 만바르는 이렇게 주장한다. "나는 이란 측에 세부계획이나 핵심 내용을 달라고 요구했다. 모든 정보는 이스라엘에 전달되었다."[37]

만바르는 비밀스러운 무기거래로 이미 큰돈을 벌고 있었고, 많은 업체들은 그와 함께 사업을 벌이고 싶어 했다. 만바르는 아모스 코처Amos Kotzer 준장을 통해 이스라엘 첩보기관에 군 인사는 물론 실종된 이스라엘 공군 조종사 론 아라드Ron Arad에 관한 정보를 넘기겠다고 제안했다. 아라드는 1986년 10월 레바논의 팔레스타인해방기구PLO 목표물 폭격을 위해 출격했다가 비상탈출한 뒤 시아파 민병대에 피랍된 바 있었다. 만바르는 자신이 보유한 이란 측의 연줄을 동원해 아라드를 석방시킬 수 있으리라고 생각했다. 하지만 그의 기대는 결국 물거품이 되었다.[38]

1990년 말, 만바르는 이란 대통령의 특별보좌관이자 무기조달의 핵심 책임자인 마지드 압바스푸어Majid Abbaspour 박사와 계약을 체결했다. 만바르가 화학무기용 물질 제조방법, 필요 장비가 갖춰진 제조공장, 직원 교육을 제공하고 1,623만 달러를 받는 내용이었다. 1992년, 이스라엘 첩보요원들은 만바르를 찾아와 이란과의 모든 거래를 중단하고 관련 서류를 전부 넘기라고 요구했다. 이후 6년간 만바르는 스위스-이탈리아 국경과 프랑스 남부 연안에 있는 별장에서 그동안 쌓아둔 수백만 달러의 재산으로 호화로운 생활을 즐겼다. 그 별장에서 그는 온갖 사치품을 동원해 이스라엘 권력층을 접대했다. 또한 이스라엘을 정기적으로 방문해 농구팀들에 투자하고 현 대통령인 시몬 페레스(2007~2014년 재임—옮긴이), 추후 총리가 되는 에후드 올머트Ehud Olmert, 그리고 이차크 라빈Yitzhak Rabin의 부인 레아Leah 라빈과 함께 사진을 찍는 등 활발한 활동을 펼쳤다.[39]

영국 첩보기관 MI6는 만바르의 네트워크를 활용해 이란 무기산업에 침투하고자 했다. 리처드 톰린슨Richard Tomlinson이라는 젊은 요원에게 임무가 주어졌다. 그는 이렇게 주장한다. "우리는 만바르의 사업을 방해하려는 것이 아니라 그 반대였다. 영국의 전통적 첩보작전 방식대로 실제 민간사업가가 적대국과 관계를 맺도록 하고 나중에 적대국의 네트워크에 침투해 목표에 관한 정보를 획득하려는 것이었다."[40] 나중에 자신의 경험담을 책으로 출판해 언론의 주목을 받으려 징역을 살기도 한 톰린슨은 만바르가 이란 측과 무기거래를 하면서 이스라엘 첩보기관을 대신해 행동했다고 확신한다. "그 점에 대해 우리는 확신했다. 공식적으로 모사드는 만바르가 자신을 대리했다고 인정한 바 없지만, 이스라엘 정부는 분명 그의 행동을 전부 파악하고 있었다." 그는 또한 "모사드는 우리의 활동을 계속 방해했고, 보유한 문서를 하나도 넘겨주지 않았다"고 주장한다.[41] CIA 역시 MI6와 마찬가지로 만바르가 모사드를 위해 일하고 있다고 확신했다. 이로 인해 CIA와 모사드의 관계에는 긴장이 발생했다.

만바르는 1993년 "이스라엘 정부의 이야기를 들은 후" 이란과의 모든 관계를 끊었다고 주장한다. 하지만 그는 1995년 압바스푸어의 명함을 당시 외교장관이었던 페레스에게 전달했다고 인정했고, 페레스가 "명함을 받은 후 그 문제는 처리 중이라고 말했다"고 밝혔다.[42] 그로부터 2주 후 만바르는 페레스의 선거자금으로 20만 달러를 기부했다.

만바르는 결국 1997년 3월 이스라엘에서 체포되었다. 언론에는 보도 금지령이 내려져 자세한 내용은 공개되지 않았고, 재판도 비공개로 진행되었으며 증언의 상당 부분은 기밀로 취급되었다. 만바르의 변호인단은 이스라엘 첩보기관의 표면적 허가를 받은 사업가들을 포함해 이스라엘의 무기업계가 이란에 막대한 양의 군수물자를 판매해왔다고 주장했다. 재판부는 이러한 주장을 일부 수용하고 이스라엘 정부의 행태를 날카롭게 비판했다. 만바르는 징역 16년형을 선고받았다. 리처드 톰린슨은 이렇게 설명한다. "첩보기관들이 흔히 그렇듯 모사드는 만바르와 모든 관계를 단절하고 제거한 뒤 희생양으로 삼으려 한 것이다. 모사드는 만바르의 결백을 증명할 만한 문서를 전혀 내주지 않았다."[43]

이스라엘의 느슨한 무기통제 정책으로 이득을 본 것은 이란만이 아니었다. 조지아와 러시아의 분쟁을 부채질한 것 역시 이스라엘 무기였고, 많은 이들은 미국이 이를 지원했다고 추측한다.[44]

2008년 8월 러시아의 침공 당시 조지아의 국방 분야는 이스라엘 출신들이 거의 장악하고 있었다. 물론 이스라엘의 무기업체 다수는 러시아 측과도 동시에 무기를 거래하고 있었지만 말이다.[45] 상황이 이렇게 된 것은 상당수의 조지아인들이 이스라엘로 이주한 뒤 국방 분야에서 일했고, 당시 조지아의 국방장관 다빗 케제라슈빌리Davit Kezerashvili가 이스라엘 출신이기 때문이다. 조지아의 믿을 만한 소식통에 따르면 이스라엘 무기업계와의 계약은 "주로 국방장관이 직접 관여한 덕분에 빠르게 진행되었다."[46] 조지아에 5억 달러 규모의 군사장비를 공급한 이들로는 로니 밀로Roni Milo 전 텔아비브 시장, 그의 형제인 슐로모 밀로Shlomo Milo 전 IMIIsrael Military Industries 사장, 갈 히르시Gal Hirsch 준장, 이스라엘 지브Yisrael Ziv 소장 등이 있었다.[47] 히르시 준장은 2차 레바논 전쟁에서 이스라엘 병력을 지휘한 바 있으며, 지도력 부족에 대한 비판을 받자 자리에서 물러났다. 이후 그는 업체를 세우고 조지아에 무기를 판매하는 에이전트가 되었다. 히르시는 조지아가 이스라엘 장비를 사용하면 러시아를 물리칠 수 있다고 설득했다.[48] 그는 자신을 무기딜러가 아니라 '군사훈련 전문가'라고 표현하지만, 어떤 장비를 어디서 구매해야 하는지 조지아 측에 구체적으로 분명하게 설명했다.[49]

'에어로노틱스 디펜스 시스템Aeronautics Defense Systems'은 전쟁이 일어나기 전 조지아와 러시아 양측에 장비를 판매했고, 전쟁 후에도 러시아와 거래를 유지했다. 이스라엘 업체들이 조지아와 맺은 계약을 포함한 모든 활동은 이스라엘 국방부의 허가하에 진행되었다. 하지만 구소련 시절 생산된 전투기 성능개선 사업을 러시아와 함께 진행하던 '이스라엘 에어로스페이스 인더스트리Israel Aerospace Industries'는 러시아가 불쾌해할 것을 우려해 조지아에 대한 무기판매를 거부했다. 결국이스라엘 측은 조지아에 공격용이 아닌 무기체계만 판매하기로 결정했다. 이처럼 미묘한 외교적 줄타기는 까다로운 일이었는데, 이는 조지아의 또 다른 유대계 장관이 러시아의 침공 직후 "미국과 이스라엘을 필두로 한 UN 및 우방국들"에 도움을 요청했다는 사실을 통해 알수 있다.[50]

2011년 중반, 지브 소장의 업체 '글로벌 CST'는 조지아에서 분리독립한 압하지야Abkhazia에서 사업을 따내기 위해 애쓰는 중이었다. 당시 압하지야는 하마스 등의 지원을 받고 있었는데,[51] 만일 글로벌 CST가 계약을 성사시켰다면 조지아군과 압하지야군 양측 모두 같은 업체로부터 군사훈련을 받은 상태에서 전쟁을 치렀을 것이다. 이스라엘이압하지야에서 사업을 벌이기가 용이해진 것은 러시아와의 군사관계가 지속적으로 개선되었기 때문이다. 압하지야의 뒤에는 러시아가 있기 때문에 러시아와의 관계 개선 전에는 이스라엘 업체가 사업을 하기 힘들었을 것이다.

조지아의 사례는 결코 예외가 아니다. 이스라엘 군 간부 출신들은 흔히 무기거래의 일환으로 전 세계에 군사훈련을 제공한다. 오직 하나의 목적, 무기와 군사장비 판매를 위해 온갖 방법이 동원된다. 한 예로 뉴호라이즌컨설턴트New Horizons Consultants, NHC는 아프리카 국가들의 민주화를 위한 '서비스'를 개발했다. NHC의 멤버는 아리엘 샤론과 베냐민 네타냐후Benjamin Netanyahu의 선거캠프 책임자였던 리쿠드당 사무총장, 이스라엘 경찰 대테러부대의 전 지휘관, 이스라엘 육군 전 사령관 등으로, 이들은 그야말로 '궁극의 서비스'를 제공한다. 정당을 만들고 선거운동을 하는 방법부터 '이로 인해 초래될 수 있는 불안정'을 관리하기 위한 '경찰력' 강화 방안까지 제공하고, 이를 '강한 민주주의에는 국경을 지킬 강한 군대가 필요하다'는 논리로 연결시키는 것이다. NHC는 시위 통제, 육군, 국토안보, 테러 대응 및 방지, 경찰견, 화생방 무기 식별 및 방호 등 모든 분야를 아우르는 '원스톱 쇼핑'을 통해 고객이 장비와 훈련을 함께 구매할 수 있도록 한다. 물론 이러한 원스톱 쇼핑을 제공하는 업체들은 "이스라엘 정부와 국제사회에 대한 방위체계 및 장비의 판매 및 공급"에 특화되어 있다.[52]

이스라엘의 적극적인 무기 및 노하우 수출은 미국에도 영향을 미친다. 이스라엘과 미국은 다양한 기술 개발과 무기생산을 공동으로 진행하는데, 이는 미국의 기술이 이스라엘 외에 '우호적이지 않은' 국가로 이전될 위험이 항상 존재한다는 의미다. 일례로 중국 공군이 보유한 J-10 전투기는 이스라엘과 미국이 F-16을 기반으로 함께 설계한 이스라엘 라비 전투기와 대단히 비슷하다. 라비 전투기 사업은 과도한 비용, 그리고 이스라엘이 수출시장에서 직접 경쟁국이 되는 것을 꺼린 미국에 의해 1987년 취소되었지만, 전투기의 설계와 기술은 결국 중국 정부로 넘어갔다. 사실 이스라엘은 러시아에 이어 중국에 무기를 가장 많이 수출하는 국가다.[53]

미국과 중국은 경제적으로 긴밀한 관계를 유지하고 있지만 군사적으로는 여전히 라이벌이며, 미 국방부의 국가 간 전쟁 시나리오 대부분은 중국을 어떤 방식으로든 적국으로 상정한다. 따라서 미국과 가장 가까운 동맹국이 '거의 동등한' 전력을 가진 라이벌의 첨단무기 획득을 지원한다면 큰 문제가 아닐 수 없다. 또한 중국이 무기딜러 역할을 하고 있다는 사실은 잘 알려져 있으며, 미국은 이를 신랄하게 비판해왔다. 10여 년 전 UN 재래식 무기 등록제도Register of Conventional Arms는 중국이 이스라엘 및 미국이 공동 개발한 기술을 이란, 이라크 등에 이전했다고 밝힌 바 있다.[54]

지금까지 살펴본 것처럼 어둠의 세계에는 중개상인, 에이전트, 딜러로 활동하는 이스라엘인들이 대단히 많다. 또한 이스라엘은 주로 구소련 출신의 무기 에이전트 및 브로커 다수에게 시민권을 부여해 자유로운 입출국과 은행거래를 허용해왔다. 이스라엘의 베테랑 탐사기자 요시 멜만Yossi Melman은 우스갯소리로 이스라엘에는 "무기딜러와 무기딜러임을 인정하지 않는 기업" 두 종류가 있다고 말한다.

테오도로 오비앙Teodoro Obiang 대통령은 1979년 유혈 쿠데타 이후 적도기니를 통치해왔다. 그는 아프리카에서 가장 부패한 정권을 이끄는 동안 수천 명의 국민을 살해하도록 지시한 것으로 알려져 있다. 몇 년 전 미 사법당국은 오비앙이 릭스은행 워싱턴 D.C. 지점 계좌에 약 7억 달러를 보유하고 있다고 밝혔다. 이 계좌는 뇌물수수 혐의로 인해 동결되었다. 이스라엘의 여성 사업가 야르데나 오바디아Yardena Ovadia는 적도기니를 방문한 이후 오비앙과 가까운 사이가 되었다. 2008년 오바디아는 적도기니가 1억 달러 상당의 무기를 구매하는 과정에서 중개인 역할을 했다. 판매업체는 이스라엘조선소Israel Shipyards와 IMI였다. 과거 오바디아는 슐로모 일리아Shlomo Ilia 및 남아공에서 활동하는 이스라엘인 보아즈 바디히Boaz Badihi와 오비앙의 무기거래에도 관여한 혐의를 받았다.[55]

어떤 무기 에이전트가 독자적으로 무기를 거래하는지, 아니면 특정 국가의 지원을 어느 정도 받고 있는지 파악하기는 항상 어렵다. 에이전트들이 고위급 정치인과 관계가 있다거나 첩보기관을 위해 일하고 있다는 등의 소문이 무성할 뿐이다. 특히 이스라엘은 국가 자체가 끝없이 전쟁을 수행하고 있으며, 남아공의 아파르트헤이트 정권에 무기와 핵무기 기술을 제공하고 칠레의 피노체트 정권, 짐바브웨의 무가베 정권, 앙골라 내전의 세 당사자 같은 고립된 세력과 긴밀한 관계를 유지해온 이력이 있다.[56] 따라서 오바디아, 아르카디 가이다막Arcadi Gaydamak, 레오니드 미닌, 야이르 클라인Yair Klein, 시몬 엘레닉 등 이스라엘 무기딜러들이 독자적으로 움직이는지 판단하기는 더욱 어렵다. 국방전문가 지미 존슨Jimmy Johnson은 미닌, 클라인, 엘레닉, 그리고 아프리카 등지에서 활동하는 이스라엘인 다이아몬드 딜러들의 일이 "전쟁범죄, 전쟁을 통한 폭리 추구, 거대한 환경파괴, 부패, 탐욕으로 점철된 활동에 기여할 뿐만 아니라 이스라엘, 헤즈볼라, 알카에다가 원칙이나 이념과 무관하게 상호 이득이 되는 사업을 다 같이 수행하는 과정의 일부"라고 표현한다.[57]

남아공 아파르트헤이트 정권과 이스라엘은 남아공의 인종차별주의 세력이 나치에 공감한다는 점을 고려할 때 대단히 특이한 관계를 갖고 있었다. 법무장관 시절 잔혹행위를 지시한 이력이 있는 B. J. 포르스터Vorster 남아공 총리가 유대인 대학살 박물관 야드바셈Yad Vashem을 찾아 희생자들을 추모하는 광경은 현실이라고 믿기 힘들었다. 포르스터는 2차대전 중 열성적인 나치 지지자로 분류되어 감금된 바 있기 때문이다. 사샤 폴라코프-수란스키Sasha Polakow-Suransky는 최근 발간한 책에서 이스라엘의 무기산업 호황과 남아공 정권의 고립이 반쯤 숨겨진 군사동맹으로 발전하고 1980년 이스라엘이 남아공 제재를 결정한 이후까지도 지속된 과정을 상세히 기록했다. 이스라엘과 남아공의 기이한 동맹 사이에서는 핵무기 기술을 포함해 극도로 민감한 군사물자 수십억 달러 상당이 오갔다. 이를 통해 이스라엘은 어려운 경기를 부양했고, 국제적으로 고립된 아파르트헤이트 정권은 입지를 강화했다. 폴라코프-수란스키가 양국 간의 수많은 거래와 관련해 발견한 문서들은 이스라엘이 수십 년간 핵무기를 보유해왔음을 확인해준다. 이는 미국이 감히 말하지 못하는 진실이다.[58]

이스라엘이 어둠의 세계를 지배하는 이유는 두 가지다. 첫째는 모든 유대인에게 부여된 이스라엘 귀환권,[59] 둘째는 이스라엘 사회의 뿌리 깊은 군사화와 부패의 만연이다. 이로 인해 이스라엘에서가 아니면 법적 문제에 시달릴 무기딜러들은 좋은 도피처를 얻을 수 있고, 그들이 지속적으로 무기거래를 하기 유리한 환경이 조성된다.

이스라엘은 부패로 몸살을 앓고 있다. 한 예로 에후드 올머트 전 총리는 2009년 8월 비리 혐의로 기소되었는데, 그로부터 1년 전인 2008년 8월 이후 범죄 혐의로 기소된 고위급 정치인은 그 외에도 3명 더 있었다. 이들은 모두 부패 혐의를 받았지만 실제 기소는 다른 명목으로 이루어졌다. '이스라엘 좋은 정부 만들기 운동Movement for Quality Government in Israel'은 "정부의 부패는 이스라엘에 전략적 위협이 될 정도에 달했다"고 평했다.[60] 비밀작전에서는 위조서류나 도난서류를 신원증명에 사용하거나 거래 과정을 추적할 수 없는 무기를 사용하는 등 '불법의 공식화'가 흔히 이루어진다.[61] 따라서 이스라엘은 불법적인 무기딜러들에게 더욱 매력적인 곳이 된다.

이스라엘의 군사화는 군과 민간 부문 사이에 '회진문' 정도가 아니라 언제나 활짝 열린 문이 설치된 격이다. 이는 군 퇴역 간부들이 쉽게 무기딜러가 된다는 사실로 알 수 있다. 이스라엘군에 비판적인 경제전문가 시어 헤버Shir Hever는 무기거래 허가제도가 너무 허술해 군 고위급 간부 출신들이 거의 대부분 인맥을 통해 허가를 받을 수 있다고 지적한다. 이스라엘군의 전역 연령은 전투원의 경우 평균 40세, 비전투원 및 간부는 45세로 대단히 낮다. 따라서 이들은 늦어도 45세면 다른 직업을 알아보게 되고, 방산업체의 CEO나 임원이 되는 경우가 많은 것이다.

　대다수 퇴역 간부가 가진 대표적 능력은 '전투'와 '통제'다. 그들 대부분은 무기업체를 창업하고[62] 신제품을 개발한 후 군에 남아 있는 지인들에게 소량이라도 구매를 요청한다. 이스라엘군이 사용 중이라는 사실 자체가 효과적인 마케팅 수단이기 때문이다. 한 관계자는 "잠재 고객들은 항상 우리 제품이 현재 이스라엘군에서 사용되고 있는지 궁금해한다"고 말한다. 그리고 이들은 오직 이윤 창출을 위해 누구에게나 제품을 판매할 준비가 되어 있다. 2006년 레바논에서 병사들이 피랍될 당시 헤즈볼라는 이스라엘 업체의 로고가 새겨진 무기를 사용했다. 이 무기들은 과거 이란에 판매된 후 헤즈볼라로 넘어간 것이다. 무기거래 허가가 너무 쉽게 이루어지다 보니 시스템은 통제불능 상태가 되고, 업체들은 간접적인 경로를 통해서라도 헤즈볼라에게까지 무기를 판매한다.[63]

　요시 멜만 기자는 위험한 무기거래가 이루어지는 이유에 대해 이렇게 설명한다. "이스라엘은 '올드보이'들의 인맥을 기반으로 한 작은 국가이고 시스템에 대한 감독이 불충분하다. 퇴역 간부의 입장에서는 위험한 거래 한 번으로 인생을 바꿀 수 있다. 현역 간부들은 제안을 거절하지 않는다. 나중에 그 민간업체에서 일할 수도 있기 때문이다." 무기거래 허가증은 무기업체를 운영하는 퇴역 간부들의 주요 자산이다. 허가증이 있으면 '전투에서 검증된 이스라엘 무기'를 판매할 수 있기 때문이다. 과거 이스라엘 국방부는 무기수출을 위한 마케팅, 무기거래 허가, 무기딜러 감독 업무를 모두 하나의 부서에서 처리했다. 멜만 기자는 "무기딜러를 지원하면서 동시에 감독할 수는 없다"고 지적한다. 2007년 들어 감독과 마케팅 업무가 다른 부서로 분리되었고, 현재는 형식상 광범위한 감독이 가능하다. 그러나 형식의 변화가 철저한 감독의 실행으로 이어지지는 않는다.[64] 멜만 기자는 또한 이렇게 말한다. "여전히 회전문 인사가 존재하기 때문에 끊임없이 문제가 발생한다. 부패에 대한 무관심도 여전하다. '올드보이'들의 인맥이 건재한 이상 이스라엘이 군사안보 분야의 부패척결에 나설 일은 없을 것이다."[65]

과거 이스라엘 무기업체에서 판매사원으로 일한 관계자에 따르면 "이스라엘처럼 군사화된 사회에서 방위산업의 주요 인사는 전부 퇴역 간부들"이다. 따라서 국방부는 방산업체에 일감을 제공해야 할 뿐만 아니라 업체들이 아무런 제한이나 감독 없이 움직일 수 있도록 해줘야 한다는 커다란 압박을 받는다. 부패의 정도가 워낙 심하다 보니 한 업체 내부에서 '양다리'를 걸치는 일도 발생한다. 필자의 정보원은 어떤 무기딜러가 대규모 무기제조업체와 합법적인 에이전트 계약을 맺어놓고도 무기거래 허가 절차를 우회해 판매가를 20% 낮춘 불법적인 계약을 몰래 체결한 사건에 대해 설명했다. 영국, 미국과 마찬가지로 이스라엘에서 대규모 무기업체가 제대로 수사를 받는 경우는 드물며, 법정까지 가는 경우는 더더욱 적다.[66]

존 미어샤이머John Mearsheimer 교수, 스티븐 월트Steven Walt 교수가 《이스라엘 로비 세력과 미국의 외교정책The Israel Lobby and US Foreign Policy》에서 지적한 바와 같이 이스라엘은 미국의 외교정책에 엄청난 영향력을 행사하는데, 그 결과가 항상 미국의 국익에 최선은 아니다. 이 책의 저자들은 로비 세력이 이스라엘에 대한 조건 없는 재정적·외교적 지원을 장려하면서(필자라면 여기에 군사적 지원을 포함시킬 것이다) 오히려 미국과 이스라엘의 장기적 안보를 저해한다고 주장한다.[67] 그러나 이스라엘에 대한 미국의 군사적 지원과 묵인은 지난 5년간 오히려 강화되어왔으며, 동시에 이스라엘 군사작전의 강도와 잔인성 또한 증가했다.

이스라엘은 2006년 레바논 침공과 2008년 12월에서 2009년 1월에 걸친 가자지구 공격에서 록히드마틴의 F-16 전투기와 보잉의 GBU-39 폭탄 등 미국이 공급한 무기를 사용했다. 이러한 작전의 파괴력은 엄청났으며, 민간인들이 대부분의 피해를 입었다. 2006년 여름 레바논 침공에서 F-16은 레바논의 목표물을 타격했고, 록히드마틴의 다연장로켓시스템MLRS은 농촌 지역에 확산탄을 대거 투하했다. 확산탄은 길이 약 4미터, 무게 9톤에 달하는 대형 용기 안에 수백 발의 소형 폭탄을 넣은 것으로, 축구장 3개 면적에 금속 파편을 뿌리면서 폭발력을 발휘한다.[68]

헤즈볼라 역시 이스라엘 북부에 확산탄이 가득한 중국제 로켓 100발 이상을 포함해 미사일 공격을 감행했다는 사실을 언급해야겠지만, 문제는 이스라엘의 공격이 얼마나 과도했는지, 그리고 민간인을 불필요하게 위험에 노출시켰는지의 여부일 것이다. 당시 이스라엘 공군은 7,000회 이상의 공습을 실시했다. 폭격으로 도로, 다리, 공항, 공장, 발전소가 파괴되었으며, 사망자 1,000명 이상, 부상자 4,300명 이상, 이재민 100만 명 이상이 발생했다. 또한 사망자 중 최소 860명은 민간인이었다. 헤즈볼라의 로켓 공격으로 발생한 사망자는 55명이었으며, 그중 민간인은 43명이었다.[69] 레바논을 무차별적으로 파괴한 이스라엘의 공격으로 인해 국제앰네스티는 "전쟁범죄가 저질러졌다"고 확언했고, 얀 에겔란Jan Egeland UN 인도적 지원 및 긴급구호 조정관은 이를 "국제 인도주의법 위반"이라고 표현했다.[70]

민간인 1,400명 이상이 사망한 것으로 추산되는 2008~2009년 이스라엘의 가자지구 공격에서는 작전명 '납주물Cast Lead'의 일환으로 F-16을 동원한 폭격이 이루어졌다.[71] 이로 인해 여성 121명, 아동 288명 이상이 사망했다. 반면 이스라엘 측의 사망자 13명 중 민간인은 2명이었다. 이스라엘군 전사자 11명 중 4명은 '우군에 의한 발포'로 사망했다.[72]

레바논과 가자지구 공습은 엄청난 파괴도 문제였지만 미국제 확산탄이 사용되었다는 점에서 국제사회의 가장 큰 주목을 받았다. 확산탄은 군사적으로 적 병력의 전진을 늦출 때, 활주로를 파괴할 때, 지대공 미사일 기지를 제거할 때 등에 사용된다. 확산탄은 넓은 영역 내의 무엇이든 살상할 수 있기 때문에 민간인이 공격을 받는 '부수적 피해'의 위험성이 매우 높다. 또한 지면에 뿌려진 다수의 소형 폭탄은 당장이 아니라 나중에 충격을 받았을 때 폭발할 가능성이 있다. 실수로 폭탄을 밟는 경우, 아동이 집어 드는 경우, 밭을 갈다가 쟁기로 건드리는 경우에 피해를 입는 것이다. 이스라엘은 34일간 계속된 레바논 침공에서 확산탄을 사용해 수백만 발의 소형 폭탄을 투하했고, 그중 수십만 발은 폭발하지 않은 채 땅에 남았다. 휴먼라이츠워치Human Rights Watch의 추산에 따르면 이로 인해 200명 이상의 사망자가, 수백 명에 달하는 부상자가 발생했다.[73]

확산탄에 들어 있는 소형 폭탄은 음료수 캔이나 손전등 배터리처럼 작고, 잘 모르는 사람에게는 특별히 위험해 보이지 않는다. 이러한 착각의 결과는 끔찍하다. 열한 살 소년 라미 시블레Ramy Shibleh는 동생과 함께 솔방울을 수레에 싣고 가다 길에 떨어진 소형 폭탄을 집어들었고, 오른팔을 잃었다. 확산탄은 레바논 남부의 농업 생산에 결정적인 타격을 입히기도 했다. 폭발하지 않은 소형 폭탄이 농지와 과수원을 마치 지뢰밭처럼 만들어 더 이상 농사를 지을 수 없게 되었기 때문이다. 이스라엘군의 로켓부대 지휘관 중 한 사람은 레바논에 대한 융단폭격에 대해 "끔찍했다. 우리는 마을들을 전부 확산탄으로 뒤덮었다"고 이스라엘 일간지 《하레츠Haaretz》에 털어놓았다.[74] 이처럼 비인도적인 무기의 사용에 대한 분노는 이스라엘이 휴전협상 진행 중에 확산탄 공격을 오히려 늘리자 더욱 커졌다. 얀 에겔란 조정관은 "확산탄 폭격의 90%는 분쟁의 마지막 72시간 동안 이루어졌다. 모두 합의가 나올 것을 알고 있는 상황이었다"고 밝히면서, 이러한 폭격은 "충격적이면서 비도덕적"이라고 말했다.[75]

레바논에 대한 확산탄 공격에서 핵심적인 역할을 한 것은 록히드마틴의 다연장로켓시스템이었다. 전쟁 이후 레바논을 방문한 연구자들은 다연장로켓시스템으로 발사된 M-26 로켓 다수를 발견했다. 다

연장로켓시스템은 한 번 사용될 때마다 7,700발의 소형 폭탄을 레바논에 뿌렸다.[76]

이스라엘은 설령 동맹국이라 해도 일단 무기를 판매한 후에는 그 사용을 통제하기가 얼마나 어려운지 잘 보여주는 사례다. 비정부단체 대인지뢰행동Landmine Action은 미국제 확산탄의 사용에 관한 미국과 이스라엘의 비밀 합의서를 폭로했다. 합의서는 확산탄이 "오직 방어 목적으로, 장갑이 강화된 목표물을 대상으로, 아랍 국가 2개국 이상의 공격을 받은 경우에 한해" 그리고 "주권국가의 정규군"만을 대상으로 쓰여야 한다고 규정했다. 미 국무부의 예비조사에서는 "위반 가능성이 높다"는 판단이 나왔으나, 최종 보고서는 기밀로 분류되었다.[77]

이스라엘은 미국과의 비밀합의를 위반했지만 미 의회는 철저히 조사하려 들지 않았다. 오히려 가자지구의 민간인 사망자가 늘어나는 와중에 상하 양원은 이스라엘의 공격을 지지하는 결의안을 압도적 다수의 지지로 통과시켰다. 이스라엘은 '정당방위'라는 논리를 내세우고 미국은 이를 앵무새처럼 반복하지만, 무력 사용이 비례성을 벗어난다는 점, 그리고 군사행동이 미리 계획된 채 하나의 계기만 기다리고 있었다는 사실 앞에서 이러한 주장의 신뢰성은 크게 떨어진다. 데니스 쿠시니치Dennis Kucinich 하원의원은 2009년 1월 콘돌리자 라이스 국무장관에게 서한을 보내 연방의원으로서는 유일하게 조사를 촉구했다. 서한에서 그는 이스라엘의 공격이 국내 안보를 증진하지도, '합법적인' 정당방위에 해당하지도 않는다는 점을 명확히 하면서, 공격으로 인해 오히려 "분쟁의 발발이나 확전 가능성이 높아진다"고 지적했다. 상대의 도발에 대해 전혀 비례성 없는 대응이 이루어지며, 군사행동으로 인해 생명과 재산을 잃고 고통을 겪는 팔레스타인 사람들의 수가 이스라엘 측보다 훨씬 더 많기 때문이다.[78]

특히 군사행동이 사전에 계획되어 있었다는 사실은 정당방위 논리를 무너뜨린다. 2007년 3월 당시 총리였던 에후드 올머트는 레바논 전쟁의 수행 과정을 조사하기 위해 출범한 위노그라드위원회Winograd Commission에 출석해 이스라엘 정부는 "최소 4개월 전부터" 국경지대에서 병사가 피랍될 경우 전쟁이 발발하게 될 것으로 판단했다고 명확히 진술했다. 마찬가지로 2009년 가자지구 공격의 경우 작전이 훨씬 전부터 계획되었고 하마스가 공격해오기만 하면 이를 실행할 준비가 되어 있었다는 설득력 있는 증거가 존재한다. 외교전문가 바락 라비드Barak Ravid는《하레츠》기고를 통해 "에후드 바락 국방장관은 공격이 시작되기 최소 6개월 전, 즉 이스라엘이 하마스와 휴전협상을 시작할 무렵 이미 이스라엘군에 작전을 준비하라고 지시했다"는 이스라엘군 관계자의 증언을 공개했다.[79]

미국은 때때로 이스라엘에 대한 무기판매를 일시적으로 중단하기도 했다. 한 예로 1982년 레이건 행정부는 이스라엘의 레바논 침공 당시 이스라엘이 1952년 체결된 상호방위조약을 위반했다고 보고 이스라엘에 대한 모든 군사원조와 무기판매를 중단했다(문제가 된 것은 미국의 군수물자 등의 원조를 "이스라엘의 국내 안보 유지 및 합법적 정당방위"를 위해서만 사용하고, "어떤 국가에 대해서든 침략행위를 수행하는 데는 사용할 수 없다"는 내용이었다). 이후 이스라엘이 미국제 무기를 '방어 목적'에 사용했는지에 관해 10주간 조사가 이루어졌지만 결론은 도출되지 않았고, 무기판매는 재개되었다. 이는 미국이 1975~2000년 사이 이스라엘의 군사행동에 대해 취한 가장 강력한 조치였다.[80]

이스라엘 무기업체에서 판매사원으로 일한 관계자는 2007년 미국 정부가 ITT라는 업체의 야간투시 장비를 이스라엘에 인도하지 못하도록 막았다고 필자에게 증언했다.[81] 이미 주문 완료된 야간투시경도 금지조치가 내려지자 선적 허가를 받지 못했다. 그런데 얼마 뒤 아프가니스탄에 파병된 미군은 탈레반과의 전투 후에 한 동굴에서 미국제 야간투시경을 발견했다. 제조번호를 확인하니 2007년 당시의 금지조치를 위반하고 이스라엘에 인도된 제품들이었다. 탈레반은 이 제품들을 아마도 상당한 웃돈을 주고 다시 구매했을 것이다. 위 관계자는 이것이 미국에서 무기수출에 관한 법이 통과되더라도 이스라엘 관련 사안에서는 완전히 무시되는 사례라고 설명했다.[82]

미국은 이스라엘이 미국제 무기 사용에 관한 법을 위반하거나 확산탄의 사례같이 특정 무기에 대한 양자합의를 무시해도 전혀 책임을 물을 의지가 없다. 과거 이스라엘군에서 복무 한 관계자는 자신이 사용한 미국제 탄약이 정작 미국에서는 허가받지 않은 제품이었다고 밝혔다. 문제의 제품은 미국의 ALS라는 업체에서 만든 것으로, 아직 시험 중이라 미국 내에서는 법적으로 사용이 불가능한 상태였다. 이스라엘군은 이 탄약을 점령지에서 이미 사용하고 있었던 것이다.[83]

미국은 이를 포함한 여러 가지 방식으로 이스라엘의 불법적 무기 사용을 받아들일 뿐만 아니라 미국제 무기로 민간인을 살상하는 군사작전을 적극적으로 지원한다. 레바논 침공 당시 미 국방부는 이스라엘의 요청에 따라 2억 1,000만 달러 상당의 군사용 연료를 제공했다. 가자지구 작전이 시작되고 이틀 후,《예루살렘포스트Jerusalem Post》는 이스라엘 공군이 최근 인도받은 GBU-39 폭탄을 사용해 하마스의 지하 로켓발사 시설을 공격하고 있다고 보도했다(GBU-39는 보잉이 생산하는 중량 100kg 이상의 GPS 유도탄으로, 두께 90cm 이상의 강화콘크리트를 관통할 수 있다). 또한 미국은 가자지구 공습이 한창 진행 중일 때 이스라엘에 신무기를 공급하려고 했다. 2009년 1월 9일《로이터》보도에 따르면, 미국은 상선을 빌려 수백 톤의 무기를 그리스에서 이스라엘로 운반하려고 시도했다.[84]

취임 초기 버락 오바마는 조지 W. 부시가 설정한 외교정책 경로에서 벗어나고자 했다. 몇 달간 오바마는 리쿠드당의 강경파 베냐민 네타냐후가 이끄는 이스라엘 우익정권을 비판했다. 하지만 2010년 3월 네타냐후 총리가 백악관을 방문할 무렵 미국은 이스라엘과 30억 달러 규모의 무기거래에 관한 세부사항을 막판 조율하고 있었다. 당시 네타냐후 총리는 평화협상의 핵심 걸림돌로 지목된 불법 정착촌 건설을 서안지구와 동예루살렘에서 영구 중단하라는 오바마의 요구를 거부하면서 미국을 매우 분노하게 만든 것으로 알려졌는데도 말이다. 이스라엘은 이 거래를 통해 록히드마틴이 이스라엘을 위해 특별히 설계하고 제작한 허큘리스 C-130J 수송기 3대를 구매하기로 했다.[85] 2010년 10월에는 이스라엘이 역시 록히드마틴의 F-35 전투기를 20대 구매할 예정이며, 향후 75대를 추가 구매할 수 있다는 내용이 공개되었다.[86]

오늘날 이스라엘은 첨단 무기개발의 최전선에 있으며, 이스라엘 업체뿐만 아니라 미국 업체 및 미 국방부를 대신해 엄청난 규모의 연구개발을 수행하고 있다. 시어 헤버는 이스라엘이 자국 업체의 미국 자회사를 통해 미국의 원조 자금으로 무기를 구매하는 세계 유일의 국가라고 본다. 이런 상황에서 기술은 자연히 양쪽으로 흘러간다.[87]

앞서 언급한 무기업체 판매사원 출신 관계자는 "최신, 최첨단 장비는 절대 판매되지 않고 이스라엘군과 미군만 사용한다"고 밝혔다. 이스라엘은 다양한 장비 중에서도 무인 불도저, 지프차, 무인기 개발을 선도해 세계 1위를 지키고 있으며, 무인 감시장비 및 선박도 최초로 개발했다. 고립장벽에는 무인 감시/무장 시스템이 설치되어 있어 이스라엘 담당자는 멀리 떨어진 안전한 곳에서 장벽에 지나치게 가까이 접근하는 사람을 식별하고 발포할 수 있다. 이처럼 로봇에 의한 전투가 일상화되면 인명 살상에 대한 감각, 그리고 사람이 그 책임을 져야 한다는 인식이 쉽게 희미해진다. 이는 아우슈비츠와 르완다에서 대학살이 일어난 중요한 요인 중 하나다.

필자는 유대인 대학살 생존자의 아들로서 절실한 소망 하나가 있다. 미국과 이스라엘이 유대인과 관련이 있든 없든, 이스라엘에 의해 이루어졌든 아니면 그 적에 의해 이루어졌든 간에 무기거래에 의해 발생한 잔혹행위를 단호히 비판함으로써 대학살로 희생된 유대인들을 추모하는 것이다. 무기거래와 연관된 부패를 줄이고 투명성을 높인다면 한 사람이 다른 사람을, 한 집단이 다른 집단을 억압하고 박해하는 일은 줄어들 것이다.

18. 죽음의 거래로 떼돈을 벌다: 이라크와 아프가니스탄

이라크전은 조시 W. 부시 행정부에 몸담은 많은 이들에게 평생 계속된 노력의 결실이었다. 이는 반다르 왕자의 권고와 토니 블레어의 흔들림 없는 지지에 힘입은 결정이기도 했다. 이라크전은 미국과 이라크인들뿐만 아니라 지정학과 무기산업에 엄청난 영향을 미쳤다. 무기딜러와 무기제조업체, 군사서비스 제공업체에 호재였다는 점을 제외하면 대부분 부정적 영향이었지만 말이다. 이들은 죽음의 거래로 떼돈을 벌었다.

록히드마틴 출신의 신보수주의자이자 사업가인 브루스 잭슨Bruce Jackson은 어찌 보면 자연스럽게 '이라크 해방'에 관심을 품게 되었다. 그는 록히드마틴에서 10년간 일하다 2002년 퇴사했는데, 이 회사생활은 그의 안보관에 지대한 영향을 미쳤다. 퇴사 후에도 그는 록히드마틴을 꾸준히 도왔다. 이라크해방위원회Committee for the Liberation of Iraq, CLI의 공동 설립자였던 잭슨은 전쟁 마케팅 분야에서 부시 행정부와 직접적으로 함께 활동했다. 실제로 그는 백악관이 "당신이 NATO에서한 일을 이라크를 위해서도 해달라"고 주문했다고 주장했다.[1] 콜린 파월Collin Powell이 UN에서 전쟁을 기만적으로 정당화한 직후, 잭슨은 동유럽 10개국 정상이 연서명한 이라크 침공 지지서한의 초안을 작성했다.

그가 매파 싱크탱크에 깊숙이 관여하고 있었다는 점은 저명한 신보수주의 인사가 그를 "방위산업과 신보수주의 세력을 이어주는 가교 같은 인물이다. 그는 그들과 우리 사이의 통역사"[2]라고 묘사했다는 사실에서 잘 드러난다. 잭슨의 활동은 부시 행정부에서 요직을 맡은 PNAC 동료들 덕에 수월하게 이뤄졌다. 이들은 모두 이라크 침공의 초기 제안자들로, 침공을 정당화하며 미국의 대중을 호도했다.

　잭슨의 이라크 침공 지지 활동은 군사력 증강 및 예산 확대를 위한 PNAC의 로비 외에도 그가 창립에 기여한 CLI로부터 상당한 지원을 받았다. 언론에서 가장 활발히 이라크 침공을 지지한 예비역 장성 배리 매캐프리Barry McCaffrey는 이라크 침공 전후 NBC의 컨설턴트로 활동했다. 그는 언론에 1,000회 이상 출연해 침공의 필요성과 전쟁의 이점에 대해 열변을 토했다. 물론 그가 이라크전을 통해 이윤을 노린 방산업체의 컨설턴트로 활동하며 수십만 달러를 챙겼다는 사실은 한 번도 언급되지 않았다.《뉴욕타임스》는 국방부가 군 출신 인사들을 여러 차례 언론에 출연시켜 전쟁에 대한 정부의 입장을 홍보했고, 매캐프리가 그 중심이었음을 치밀한 탐사보도를 통해 밝혀냈다. 이렇게 동원된 퇴역 군인 중 다수는 방위산업에도 연계되어 있었다. 이들은 평론에 필요한 정보를 얻기 위해 국방부의 특별 브리핑을 받았다. 2007년 중반, 매캐프리는 디펜스 솔루션Defense Solutions이라는 업체와 계약을 맺고 이라크 내 미군의 동유럽제 중고 장갑차 조달 계약 수주를 위한 로비를 지원하기로 했다.[3]

　이 같은 미디어 총공세에도 불구하고 정부는 대량살상무기의 존재는 차치하고 사담 후세인과 알카에다의 연계에 대해서조차 국민 다수를 설득하는 데 실패했다. 폴 월포위츠는《배니티페어》인터뷰에서 "그런 접근법이 전쟁을 선전하는 최선의 방식으로 보였기에 그렇게 결정한 것"이라고 시인하기도 했다.[4] PNAC는 이라크에 대량살상무기가 없다는 결정적 증거가 드러난 후에도 전쟁 정당화에 매달렸다. 2005년 4월에는 〈이라크: 사실 바로잡기〉라는 보고서를 발표하고 이라크에 여전히 대량살상무기가 존재할 수 있다는 주장을 내놓기도 했다.

　척 스피니의 주장에 따르면 록히드마틴 같은 방산업체와 정부, 싱크탱크, 국방부 내부의 방위산업 우호 세력 사이에 형성된 커넥션의 영향은 600달러짜리 변기부터 불필요한 F-22 전투기에 이르는 예산 낭비에서 그치는 것이 아니라, 전쟁 가능성 자체가 커지는 데까지 미친다. 이들의 이해관계가 맞아떨어지는 데다 행정부가 입법부에 우위를 점하고 있기 때문이다. 대통령의 권한은 점점 커졌고, 이에 따라 대통령이 교부할 수 있는 보조금도 점점 많아졌다. 행정부는 무기사업 지원이라는 직접적인 방식, 그리고 다양한 정부기관을 통한 간접적인 방식을 활용해 의원들의 지역구로 투입되는 예산을 통제할 수 있다. 선거 비용을 고려하면 이 같은 보조금은 매우 중요하다. 지역구에 방산업체가 있는 의원이 대통령의 전쟁 개시 결정에 반대하기는 극도로 어렵다. 이라크전이 더는 막을 수 없을 정도로 가까워지던 2003년 2월, 로버트 버드Rober Byrd 웨스트 버지니아주 상원의원이 다음의 논평을 내놓은 것도 바로 그러한 이유였다.

> 나라가 전쟁을 눈앞에 두고 있는 지금, 모든 미국인들은 어느 정도 전쟁의 참상을 머리에 그리고 있을 것이다. 그러나 이 의사당은 불길하고도 끔찍할 정도로 침묵을 지키고 있다. 숨소리마저 들릴 정도로 조용하다. 들어보라. 아무런 토론도 없다. 이 전쟁에 대한 찬반양론을 겨뤄보려는 그 어떤 시도조차 없다.[5]

록히드마틴과 핼리버튼은 이 전쟁의 최대 수혜자였다. 록히드마틴의 경우 2005년 한 해에만 혈세로 충당된 250억 달러의 수익을 올렸다. 이는 세계 100여 개국의 GDP를 웃도는 액수로, 상무부, 내무부, 중소기업청, 입법부 전체의 예산을 모두 합친 것보다 많았다. 2000년과 2005년 사이 록히드마틴의 주가는 세 배 상승했다. 방산 주가지수는 2001년부터 2006년까지 연평균 15%가량 높아져 S&P 지수 평균 대비 7.5배의 상승폭을 기록했는데, 방산업체들은 금융위기 때도 가장 회복력이 높았다. 록히드마틴은 2004년 부시 선거운동에 총 20만 달

러를 후원한, 무기업계 중 최대 후원자였다.[6]

미국 등 이라크 침공에 참여한 동맹국들은 사실, 사담 후세인이 1979년 절대적 권력을 손에 넣은 후 권위적·억압적 통치를 이어왔음에도 자금, 무기, 군수품을 제공하는 등 오랫동안 후세인 정권을 지원해왔다. 민간인을 대상으로 사상 최대 규모의 화학무기 공격이 자행된 할라브자를 포함해 사담 후세인이 북부 쿠르드족 5만~10만 명을 잔혹하게 학살한 사건은 그의 통치를 상징적으로 보여준다.[7]

아랍사회주의바트당은 1968년 당시 이라크 군사정권을 전복시켰고, 1979년에는 사담 후세인을 대통령으로 세웠다. 후세인은 종교적 색채가 옅고 서방 기업에 우호적인 태도를 보여 미국과 서방의 지지를 받았다. 또한 후세인은 이란에서 미국이 지지한 샤 국왕이 축출되고 신정체제가 수립된 이후 이에 대항할 중요한 보루이기도 했다.

후세인 정권에서는 수니파가 요직을 차지하며 다수인 시아파를 지배했고, 이란에서 다수인 시아파가 소수 수니파 집권 세력을 축출하는 것을 보며 우려를 품고 있었다. 1980년 이라크는 전략적 가치가 높은 수로에 대한 영유권 주장을 빌미로[8] 당시 혁명 직후 약해졌다고 판단된 이란에 선전포고했다.[9] 이란-이라크전은 1980년 9월부터 1988년 8월까지 지속되며 최소 50만 명의 목숨을 앗아갔다.[10] 전쟁은 결국 교착 상태에서 끝나게 되었는데, 이는 부분적으로 독일, 영국, 프랑스, 특히 미국의 공개적 혹은 비밀스러운 무기판매 때문이었다.[11]

1989년 8월 4일, 로마에 본사를 둔 라보로국립은행BNL의 애틀랜타 지사로 FBI 요원들이 들이닥쳤다. FBI는 회사 내부자 2명의 제보를 바탕으로 문서 수천 건을 압수했는데, 이를 종합하면 미국이 사담 후세인에게 자금을 제공하고 있었음을 포괄적으로 입증할 수 있었다.[12] 이 스캔들의 파장을 우려한 조지 H. W. 부시의 백악관은 수사에 끊임없이 개입했지만 헨리 B. 곤잘레스 의원은 진상규명을 위해 이후 3년 동안 사건을 파헤쳤다. 1992년이 되면서 상황이 보다 명확해졌다.

BNL은 1985~1989년 CIA 및 워싱턴 주요 권력자들의 지원과 공모 아래 이라크에 55억 달러 규모의 차관을 제공하고 사담 후세인의 최대 채권자가 됐다.[13] 미국 정부는 미국 식품의 수출진흥을 위한 농업 대출 기관인 상품신용공사를 통해 차관에 대한 보증을 제공했다. 훗날 이라크가 채무불이행을 선언했을 때 손해를 본 것은 미국의 납세자들이었다.[14]

사담 후세인 정권이 BNL 스캔들을 통해 융통한 자금은 이라크, 그리고 미국의 군사적 야욕을 펼치는 데 핵심적 역할을 했다. 미국은 장기화된 이란-이라크전 내내 겉으로 중립을 주장했지만 물밑에서는 이란과 이라크 양측 모두와 거래하고 있었다. 미국은 이스라엘, 사우디의 지원과 레이건의 승인하에 올리버 노스를 통해 이란으로 무기를 전달하는 불법적 프로젝트를 실시했다. 이는 후에 이란-콘트라 사건으로 알려졌다. 그래도 미국 정부의 결정은 대부분 후세인 쪽으로 기울어 있었다. 서방에 대한 이란의 종교적 반감을 우려하고 있었기 때문이다. 후세인이 받은 재정적 지원은 이란에 비해 훨씬 컸다. 마음대로 사용할 자금을 확보한 이라크는 대부분 유럽에서 수십억 달러 상당의 무기를 사들였다.[15] 미국은 자금을 지원했을 뿐만 아니라 '이중 용도' 물품이 이라크에 대거 유입되도록 용인했다. 여기에는 생물무기 생산에 사용된 주요 바이러스 물질도 포함돼 있었다.[16]

사담 후세인은 1980년부터 1990년까지 재래식 무기에 최소 500억 달러, 핵무기 및 생물무기 비밀 개발에 150억 달러 상당을 투자했다.[17] 미국은 재래식 무기 수출을 철저히 막았지만, 약 15억 달러 규모의 이중 용도 물품이 이라크로 공급되도록 방치했다. 이 중 상당수는 분명 비밀 무기개발에 사용될 수 있었다. 미 회계감사원은 상무부가 1985~1989년 승인한 대이라크 이중 용도 물품 수출 건수만 771건에 달한다는 사실도 확인했다.[18] 언론인 스티븐 브라운에 따르면 "사린,

소만, 타분, VX, 염화시안, 시안화수소, 수포작용제, 머스터드가스"등 당시 판매된 유해물질 목록은 소름이 끼칠 정도다. 이 목록에는 "탄저 균, 보톨리누스균, 히스토플라스마증 병원체, 말타열균, 웰치간균, 대 장균"등 생물작용제도 포함돼 있었다.[19] 재래식 무기 거래의 경우에 는 벨, 맥도널더글러스, 휴즈 등의 헬리콥터 60대가 후세인에게 판매 되었다. 이 헬리콥터들은 명목상 농약 살포용으로 판매됐지만, 실제로 는 바그다드에 도착하자마자 군사용으로 개조됐다. 상무부가 이라크 를 대신해 거래를 중개한 사르키스 소가나리안Sarkis Soghanalian에 대해 조금 더 주의를 기울였다면 실제 의도를 더 명확하게 파악할 수 있었 을 것이다.[20]

사르키스 소가나리안은 냉전 시기의 악명 높은 무기딜러였다. 그 는 1929년 혹은 1930년 시리아에서 태어나 레바논에서 자랐다. 이후 1944년 프랑스 육군에 입대해 전차사단에서 복무했다. 소가나리안은 첨단 무기들과 평생을 보낼 운명이었다. 그는 1970년대 초 레바논 정 부에 미국제 무기를 공급하는 사업에 적극 참여하면서 무기산업에 발 을 들였다. 오래지 않아 미국으로 이주하고 영구적으로 정착하면서 CIA 및 FBI 내부에 중요한 인맥을 다수 만들었다. 이라크에서 일하기 전에는 CIA의 적극적인 지원하에 다양한 정권에 무기를 공급한 바 있 었다. 그가 활동한 지역은 니카라과, 에콰도르, 아르헨티나, 모리타니 아 등으로, 이 외에도 1987년 리비아의 무아마르 카다피에게 C-130 수송기 1대를 판매하는 등 카다피뿐 아니라 자이르(콩고의 옛 이름—옮긴 이)의 모부투 세세 세코 등 주목할 만한 고객 명단을 갖고 있었다.[21]

그러나 소가나리안이 따낸 가장 큰 규모의 거래는 이라크로 16 억 달러 규모의 무기를 수입하는 일이었다. 그가 CIA의 비호하에 활 동했다는 주장이 있었지만, 그는 1991년 체포되어 연방정부의 허가 없이 이라크에 무기를 수출한 혐의로 유죄 판결을 받았다. 원래 소가 나리안의 형기는 6년이었지만, FBI와 협력해 레바논에서 100달러짜리 위조지폐를 생산하는 일당을 검거하는 데 협조하고 2년으로 감형받았다. 냉전 이후 그가 진행한 가장 악명 높은 거래는 AK-47 1만 정을 페루에 공중투하 한 것으로, CIA의 묵인하에 이뤄졌다는 의혹을 받고 있다. 이 무기들은 이후 콜롬비아로 운송돼 반군 FARC에 판매됐다. 2001년 그는 부정수표를 현금화해 다시 유죄 판결을 받았다. 소가나리안이 비밀수사에 협조하고 있었다는 미 법무장관의 증언 덕택에 즉시 석방되기는 했지만 말이다.[22]

영국 역시 다수의 이중 용도 물품을 이라크에 공급하는 데 일정한 역할을 했다. 엄밀히 말해 영국은 1984년부터 이라크에 대한 '살상물자' 수출을 금지한 바 있다. 비록 여러 의심스러운 '비살상' 물자의 세관 통과는 허용했지만 말이다. 판매된 물자에는 정밀 전자장비, 군용 랜드로버, 유니폼, 군용 레이더, 기계 공구 등이 포함됐다.[23] 양국의 교역 관계는 이라크가 영국 회사의 주식을 매입할 수 있을 정도로 좋았다. 1989년 이라크는 코벤트리 지역 소재의 매트릭스처칠Matrix Churchill을 인수했다. 당시 이 업체의 이사회에는 이라크 보안군의 구성원 2명이 요직을 맡고 있었다. 매트릭스처칠은 영국에서 가장 인정받는 공업회사로, 이라크에 정밀부품과 기계를 공급해 자체 무기제조 역량 강화에 도움을 줬다.[24] 1992년에는 이 업체의 이사 2명이 세관 규정 위반으로 기소됐다. 그러나 이들은 보수당의 암묵적 지원에 따라 무기를 판매한 것으로 밝혀지면서 무사히 풀려났고,[25] 2001년에는 잘못된 기소에 대해 상당한 액수의 보상금을 받게 됐다.[26]

이라크는 재래식 무기를 구매하는 과정에서 거의 모든 국가로부터 서비스를 제공받았다. 이라크군 관련 전문가인 앤서니 코드즈먼Anthony Cordesman은 "누가 사담 후세인을 무장시켰는가?"라는 질문에 "무기를 갖고 있던 모든 이들"이라는 솔직한 답변을 내놓기도 했다.[27] 이라크가 AK-47 같은 기본적인 무기를 가장 많이 수입한 곳은 소련으로, 이라크 교역에서 소련의 비중은 50%를 조금 넘는 수준이었다.[28]

나머지는 유럽 최대의 무기판매국 프랑스, 독일을 포함해 여러 국가로 구성돼 있었다. 독일은 기업들과 과학자들이 전문 장비와 기술자문을 제공하는 등 이라크의 탄도미사일 사업에 깊이 관여했으며, 프랑스의 경우 다소, 톰슨CSF, 아에로스파시알Aérospatiale 등의 기업들이 사담 후세인에게 다양한 무기를 판매하고 엄청난 돈을 벌어들였다.[29] 1979~1990년 프랑스는 F-1C 미라주 전투기 수십 대, 장갑차 150대, 푸마 헬리콥터 및 가젤 헬리콥터 여러 대, 지대공미사일 2,360기, 월등히 강력한 엑조세Exocet 대함미사일 300기 이상을 판매했다.[30] 1989년 후세인은 바그다드에서 최초로 국제 무기전시회를 개최했는데, 여기서 프랑스는 해외 전시회 사상 몇십 년 만의 최대 규모로 프랑스제 무기를 선보이기도 했다.[31]

그럼에도 사담 후세인은 BNL 스캔들 1년 뒤 미국의 굳건한 동맹국 쿠웨이트를 침공했다. 미국과 세계가 무장시킨 인물이 이제는 최대의 적이 되고 만 것이다. 무기거래로 인한 또 다른 역류 현상이었다.

조지 H. W. 부시 대통령의 주도하에 미국은 100만에 달하는 이라크군을 손쉽게 무너뜨렸다. 13년 후, 조지 W. 부시 대통령은 세계질서 재편을 목적으로 다시 사담 후세인을 공격했다. 두 전쟁은 큰 차이가 있었다. 1990년 미국의 군사작전은 국제사회의 지지와 UN의 공식 인정을 받으며 실시됐다. 반면 2003년의 경우 아들 부시는 UN의 반발을 무시하며 침공에 나섰고, 세계 대다수 국가가 반감 속에서 이를 지켜봤다. 전 세계에서 수백만 명이 행진하며 미국에 침공을 중단하라고 촉구했다. 가장 중요한 것은 이 전쟁이 미국의 헤게모니를 되찾고 자국의 전략적 필요에 따라 세계질서를 재편하겠다는 이데올로기적 충동에 의해 촉발되었다는 점, 그리고 상당 부분 민간기업에 의해 수행됐다는 점이다.

그 결과 '전쟁 비즈니스'에 뛰어든 기업들은 횡재를 했지만 세계는 더욱 위험해졌고, 소위 미국의 이상에 동조하는 이들은 줄어들었다.

이라크전과 아프간전은 '검은 황금'으로 불리는 석유라는 유인 외에도 부시 행정부의 이데올로기적 충동 두 가지에 의해 주도됐다. 먼저 미군이 세계를 재편할 힘과 권리를 갖고 있다는 강한 신보수주의적 신념, 그리고 자유시장의 효율성과 생산성에 대한 거의 종교적인 믿음이었다. 둘 다 미국 방위산업이 자신을 위해 강하게 고수하며 적극 퍼뜨린 견해였다.

이러한 이데올로기적 충동은 1997년 'PNAC 원칙'에서 하나로 묶이게 되었다. 이 문서는 모든 것이 확실했던 레이건 시절을 그리워하며, "우리의 안보, 번영, 원칙에 대해 우호적인 국제질서를 보호하고 확장해 나가는 데서 미국에 부여된 특별한 역할을 받아들일 책임"[32]이 있다고 주장했다. 또한 이에 따라 "오늘날 세계에 대한 우리의 책임을 수행하고 우리의 군대를 미래의 군대로 현대화하기 위해서 국방비 지출을 현격하게 늘려야 할 필요성"[33]이 있다고 역설했다.

PNAC 원칙에 서명한 인물 다수는 나중에 이라크전과 아프간전으로 가는 길을 주도했다. 조지 W. 부시의 동생 젭 부시, 딕 체니, 도널드 럼스펠드, 폴 월포위츠, '스쿠터' 리비, 미국의 침공 이후 다년간 아프가니스탄과 이라크의 미국 대사직을 수행한 잘메이 칼릴자드Zalmay Khalilzad 등이었다.

3년 후, 이처럼 오만한 신보수주의적 요구는 백악관의 새 주인을 이끄는 등불이 되었다. 2000년 9월, PNAC는 〈미국 국방력 재건〉이라는 중요한 보고서를 발표했다(14장 참조). 2000년 대선 직전 발표된 이 보고서는 조지 W. 부시의 국방정책에 상당한 영향을 미쳤다. 보고서는 각국이 미국의 우위와 미국이 소중히 여기는 가치를 위협하지 못하도록 억제하는 것은 미국의 군사력과 세계 곳곳에 주둔한 미군이라고 주장하면서, 그러한 힘이 줄어들게 되면 "이로 인한 행복한 환경도 불가피하게 무너질 것"[34]이라는 경고를 담고 있었다. 결론은 막대한 군비 지출이 필요하다는 것이었다.

이 보고서는 미국의 안보에 가장 큰 위협이 누구인지 구체적으로 지목하지 않았지만, 여기에 이라크가 포함된 것은 분명했다. 1998년 1월 26일, PNAC 원칙에 서명한 인사 다수는 빌 클린턴에게 공개서한을 보냈다. 서한은 사담 후세인의 핵무기 및 생물무기 개발(한때 미국이 지원했고 1990년 쿠웨이트 침공 실패로 완전히 파괴된) 의혹을 강조하며 이라크 정권 교체를 강력히 주장했다. 미래의 이라크전을 위한 예행연습과 같은 행동이었다.[35]

앞서 살펴봤듯이 대선을 준비하는 부시가 외교정책 원칙의 큰 틀을 잡아가며 이라크 침공을 줄기차게 요구할 즈음 PNAC 원칙에 서명한 이들 대부분은 사업으로 떼돈을 벌고 있었다. 딕 체니는 핼리버튼의 CEO였으며, 도널드 럼스펠드는 민간업계에 발을 들여 1,200만 달러 상당을 벌어들였다.[36] 이 둘은 '정치인 겸 사업가'의 표본이자, 새롭게 떠오르는 '재난 자본주의 산업'의 모델이었다.

미국이 결국 전쟁을 감행하자 어쩌면 당연하게도 이 전쟁은 '국가 기능을 민간에 하도급하는 것이 효율적이고 합리적일 뿐 아니라 애국심의 정수'라는 굳건한 믿음을 바탕으로 수행되었다.

세계무역센터 테러와 테러와의 전쟁은 조지 W. 부시 행정부에 활력을 불어넣었고, 체니와 럼스펠드가 다년간 발전시켜온 새로운 군사주의의 비옥한 토양을 마련해주었다. 세계무역센터에 대한 비극적 테러가 일어난 지 한 달도 되지 않아 미국은 탈레반 정권을 축출하겠다며 아프가니스탄 공격에 나섰다. 이전 정부에서 찰리 윌슨을 필두로 적극적인 지원을 퍼부었던 바로 그 탈레반 정권을 상대로 말이다. 미군의 막강한 위력을 마주한 탈레반은 산악 지역으로 흩어져 이후 10년간 저강도 게릴라전 위주로 싸웠다. 그럼에도 당시 많은 미국인들에게 강한 인상을 남긴 것은 바로 탈레반이 매우 쉽게 격파되었다는 점이다. 미군은 무적의 군대처럼 보였고, 이후 군사작전의 전망은 확실해 보였다. 드디어 사담 후세인을 권좌에서 몰아내는 신보수주의자들의 꿈이 이루어질 때가 온 것이었다.

2003년 3월 20일, 미국은 '의지의 동맹'이라는 터무니없는 이름의 연합군 파병부대와 함께 이라크를 침공했다. 미군은 50일 만에 이라크를 가로질러 수도 바그다드를 점령했다. 사담 후세인은 이후 고향 인근 땅굴에서 권총 한 자루를 소지한 채 체포되어 신속하게 재판에 넘겨졌고, 사형에 처해졌다. 2003년 5월 1일, 부시는 항공모함 링컨호에서 세계의 시청자들을 향해 다음과 같이 발표했다. "이라크에서 주요 군사작전이 종결됐다. 이라크전에서 미국과 우리의 동맹이 승리했다."[37] 이 장면은 나중에 모순으로 점철된 부시의 집권기를 상징하게 되었다. 사실 전쟁은 이제 막 시작이었다.

미국이 아프가니스탄과 이라크에서 외견상 신속하게 손쉬운 승리를 거둔 것은 엄격하고 효율적인 군사작전 덕분으로 보였다. 그러나 막대한 병력이 투입됐지만 사실 군사적 승리 이후 이 국가들을 어떻게 통치할 것인가에 대해서는 아주 기본적인 계획만 있었다. 오래 지나지 않아 동맹군이 장기전에 대비해야 할 것이라는 점이 명확해졌다. 이라크 작전 책임자들은 명확한 계획 없이 그때 그때 간신히 고비를 넘겼다. 미국 정부는 사방에 난 불을 끄기 위해 다양한 시나리오에 대한 검토 없이 임시방편만 내놓기 급급했다.[38] 소규모 병력을 보유한 연합군 임시행정처와 후속 기구는 역량 부족을 메우기 위해 반복적으로 민간 부문에 의존할 수밖에 없었고, 이는 전쟁 비용을 부풀리는 동시에 내부에서 유리한 위치에 있던 이들에게 막대한 수익을 안겨줬다. 체니와 럼스펠드, 그리고 이들의 신봉자들처럼 분쟁의 민영화에 모든 것을 건 이들에게는 대단히 즐거운 상황이었다.

이라크전과 아프간전은 독선적인 민영화론자들이 예측하거나 상상한 것보다 훨씬 큰 규모의 '방산업체들의 전쟁'이 되었다. 두 전쟁은 세계 역사상 최대의 민영화된 전쟁이다. 미국은 기존 전쟁에서도 방산업체를 활용했지만 이 정도 규모는 아니었다. 일례로 1차대전 당시에는 군인 20명당 방산업체 인력 1명이 고용됐으며, 2차대전에서는 군인 7명당 1명, 베트남전에서는 6명당 1명이 고용됐다.[39] 2010년 3월 기준 이라크와 아프가니스탄에 상주하는 방산업체 인력은 20만 7,553명에 달하는 데 반해 주둔 병력은 17만 5,000명에 불과했다. 군인 1명당 1.18명의 방산업체 인력이 고용된 것이다. 아프가니스탄만으로만 따지면 방산업체 의존 비율이 더 높게 나타났다. 11만 2,000명의 방산업체 인력이 군인 7만 9,000명을 지원하고 있어 군인 1명당 1.42명 꼴이었다.[40] 놀랍게도 이라크에서는 2010년 3월 기준으로 1만 1,610명의 방산업체 인력이 경비용역에 고용됐다. 이는 상당 규모의 용병에 의존하지 않은 채 미군만으로는 이라크를 통제할 수 없다는 무언의 인정이나 다름없다.[41]

이라크, 아프가니스탄에서 방산업체가 수주한 계약의 전체 규모를 추정하기는 어렵지만, 몇몇 통계자료를 지표로 활용할 수 있다. 2003~2007년 미 정부기관들은 이라크 내에서 민간업체들과 총 850억 달러 이상의 계약을 맺었다.[42] 다른 통계자료에서는 그 이후 계약금액이 기하급수적으로 늘어난 것으로 나타났다. 회계감사원은 한 연구에서 2008 회계연도와 2009년 상반기 동안 이라크, 아프가니스탄에서 총 8만 4,719건의 계약을 통해 390억 달러가 지출되었다고 기록했다. 이는 1개월당 약 20억 달러, 연간 260억 달러 규모였다.[43] 이 수치들을 함께 살펴보면 방산업체들이 2003년부터 2010년까지 이라크와 아프가니스탄에서 기존 추정치인 1,000억 달러보다 훨씬 큰 수입을 올렸음을 알 수 있다.

최대 규모의 계약을 수주한 것은, 2007년 6월 매각되기 전까지 텍사스주 소재 핼리버튼의 건설 및 물류 자회사였던 KBR이다. 2010년 3월까지 KBR이 벌어들인 금액은 314억 달러에 달했다. 이는 큰 논란이 된 민간 병참지원사업을 통한 것으로, 이 사업의 기획과 계약 수주에는 딕 체니가 크게 기여했다.[44] 민간 병참지원사업은 이라크 주둔 미 공병단이 하도급한 최대 규모의 계약이었으며, KBR은 이와 별도로 70억 달러 규모의 유전 재건사업을 수주했다. 핼리버튼 및 KBR은 이처럼 대놓고 특별대우를 받은 것도 모자라 허술한 사업관리, 가격 부풀리기, 과다 지출, 이중 청구 등으로 실비정산 계약의 특징을 최대한 이용했다.[45]

체니는 1992년 국방부를 떠나 1995년 핼리버튼 CEO로 취임했는데, 이는 연방정부 계약 수주를 통해 핼리버튼의 수익을 크게 늘리는 계기가 됐다. 그가 취임하기 전 5년간 핼리버튼은 고작 1억 달러 규모의 정부 신용보증을 받는 정도였다. 체니가 재임한 5년간 핼리버튼은 그 150배에 달하는 150억 달러의 지원을 얻어냈다.[46] 체니는 이런 성과의 보상으로 48개월간 4,500만 달러라는 엄청난 금액을 받았다.[47] 앞서 살펴봤듯이 일부는 그가 부통령으로 재임 중일 때 지급되기도 했다.[48] 공공청렴센터의 찰스 루이스는 이와 관련해 다음과 같이 비판했다.

이건 그저 사람들이 들어갔다 나오는 회전문 인사가 아니다. 아예 문도, 담벼락도 없다. 그 문이 어디에서 시작해서 어디에서 끝나는지 알 수가 없다. 이들은 퇴역 장성들이다. 비밀취급 인가를 받은 사람들이고, 기밀 회의에 참석한다. 그리고 기밀 계약으로 수십억 달러를 벌어들이는 기업에서 활동한다. 이들의 활동에 대한 정보는 기밀로 분류된다. 아니, 그게 바로 그들이 현역일 때 하던 일이 아닌가? 지금 민간 부문에서 일한다는 점을 빼면 도대체 뭐가 다른 것인가?[49]

더욱 의심스러운 것은 핼리버튼이 조지 W. 부시 선거운동의 최대 기부자였다는 점이다. 1998~2003년 핼리버튼이 공화당에 기부한 액수는 114만 6,248달러에 달했다. 같은 기간 핼리버튼이 민주당에 기부한 로비 자금은 5만 5,600달러에 불과했다.[50]

이와 관련한 첫 대형 스캔들은 이라크전이 본격적으로 시작되고 몇 개월 만에 터졌다.[51] 시간이 지나자 KBR의 경영상 부주의와 비리가 어디서나 체계적으로 발생한다는 점이 드러났다. 또한 중요한 것은 이러한 문제가 KBR의 기업문화와 분리될 수 없는 것으로 보였다는 점이다. 매파가 적극적으로 추진하는 군사용역 외주화의 핵심 모순이 드러나는 대목이다. 자유시장과 민간기업에 대한 지지가 애국으로 포장되지만, 실제로 시장 행위자들은 애국 같은 이상 따위가 아니라 이윤 극대화를 위해서만 행동한다는 사실이다.

베트남전 참전군인으로 KBR에서 일한 데이비드 윌슨도 바로 그런 인상을 받았다. 그는 회사의 신입직원 교육 당시 자신들이 이라크에 가는 이유가 "돈을 위해서"라는 설명을 듣고 충격을 받았다. 교육 담당자는 이라크에 가는 이유가 군부대를 돕기 위해서도, 이라크인들을 돕기 위해서도, 미국을 위해서도 아니라 "돈을 위해서"라고 설명했고, 이를 구호로 여러 번 외치도록 했다. 이라크에 도착하자 그가 상상한 최악의 상황은 결국 현실이 되고 말았다. 허술한 경영, 부조리, 낭비로 인해 KBR 소속 운전기사 6명과 군인 2명이 사망한 것이다.[52]

KBR이 위기를 모면할 수 있었던 것은 이러한 행동이 용인되기 때문이다. 미군과 정부는 방산업체가 어떤 일을 하는지 거의 감독할 수 없다. 방산업체 관련 문제를 예방하기 위해 설치된 초당파적 기구 전시도급계약위원회Commission on Wartime Contracting는 2009년 중간보고서를 발표했다. 보고서는 미국이 방산업체와 군에 수십억 달러를 쏟아붓지만 이들의 활동을 감독하거나 규제할 인력을 고용하는 데 인색했다는 내용을 담고 있다. 군 담당자 1명이 계약 19건을 감독했고, 그 외의 평소 업무도 그대로 수행해야 했다.[53] 또한 아프간전과 이라크전이 수행되는 대부분의 기간 동안 계약이 328% 증가했음에도, 국방부 발주 계약에 대한 감독 및 감사 업무를 수행하는 국방계약감사청Defense Contract Audit Agency, DCAA의 인력 규모는 늘지 않아 인력 부족이 우려되었다.[54]

DCAA는 테러와의 전쟁 시기에 체결된 여러 계약을 검토하면서, 문자 그대로 수십억 달러가 낭비성 지출과 과잉 지출로 허비되었음을 발견했다. DCAA는 2008 회계연도 말까지 청구금액 중 70억 달러를 줄이고, 추가로 "견적 금액에 대한 충분한 근거를 제공하지 않는" 경우 61억 달러를 감액할 것을 권고했다.[55] KBR의 민간 병참지원사업에 대한 부분 감사에서는 32억 달러의 부정지출과 증빙자료 없는 15억 달러의 지출이 발견됐다.[56]

더욱 어이없는 것은 이라크와 아프가니스탄에서 미국이 고용한 방산업체들이 많은 경우 딱히 훌륭한 능력을 보인 것도 아니어서 미국의 임무수행에 심각한 지장을 주었다는 사실이다.[57]

물론 KBR과 핼리버튼만 이라크 재건에 지장을 초래했다는 비판을 받아야 한다는 의미는 아니다. 이와 마찬가지로 중동 전역에서 미국의 정당성을 훼손한 것은 민간 경비업체, 혹은 적나라하게 표현하자면 '용병'이었다. 한때 광고업이 '자본주의의 엉덩이에 난 뾰루지'로 묘사된 바 있듯이, 용병 역시 무기산업에서 '사신의 주위를 맴도는 독수리'로 묘사될 수 있을 것이다. 용병활동의 성격을 고려할 때 이들이 직간접적으로 무기거래에 관여하는 것도 그리 놀라운 일이 아니다.

이라크 침공으로 전 세계 용병들은 호황을 맞이했다.[58] 이라크 주둔 미군의 규모가 필요에 비해 작았기 때문에 방산업체들이 그 공백을 메워야 했다. 이들은 군사기지, 대사관, 그리고 기이하게도 이라크와 외국의 고위급 관료 보호를 위해 대규모로 고용됐다. 실제로 이라크의 초대 미 군정청 최고행정관 폴 브레머 3세는 가장 큰 논란을 일으킨 민간 경비업체 블랙워터 소속 정예팀의 보호를 받았다.

민간 경비업체 직원의 수가 급증한 주요 원인은 미군이 다른 민간 방산업체를 보호할 능력이 없었다는 점이다. 따라서 방산업체들은 자신을 보호할 용병업체를 따로 고용해야 했다. 얼마 지나지 않아 재건사업 예산에서 민간 경비업체 비용이 차지하는 비중은 최소 10%에서 많게는 25%에 달하게 됐다.[59]

게다가 용병이 전쟁 수행 자체에 깊히 관여하게 되면서 2010년 9월 즈음에는 이라크와 아프가니스탄에서 방산업체 사망자가 미군 및 동맹군 전체 사망자의 25%를 차지할 정도였다.[60] T. 크리스찬 밀러는 이라크에서의 낭비와 탐욕, 희생자들을 다룬 저서 《피 묻은 돈Blood Money》에서 "미군 역사상 최초로 방산업체가 전쟁을 지원하는 역할뿐 아니라 교전에 투입되고 군인들과 함께 죽어가며 전쟁의 한가운데 놓이게 됐다"[61]고 기록하기도 했다.

불행하게도 용병 서비스는 그들의 어두운 과거, 의심스러운 동기와 분리되지 않았다. 최고 20만 달러 수준의 연봉을 받으며 민간 경비업체에 고용된 용병들의 정체에 대해 얼마 지나지 않아 많은 의문이 제기되었다. 용병 중에는 남아공 아파르트헤이트 시절 악랄하기로 유명했던 치안부대[62] 출신, 대학살로 얼룩진 발칸 분쟁에서 경력을 쌓고 전쟁범죄에 연루된 세르비아 특수부대 요원 출신들이 포함돼 있었다.[63] 2004년에는 이지스Aegis라는 영국 회사가 3억 달러에 가까운 경비용역 계약을 따냈다.[64] 이지스의 대표는 영국 육군 출신으로 여러 논란에 휘말린 팀 스파이서Tim Spicer 대령이었는데, 그는 역시 여러 분쟁과 무기거래에 연루되며 논란을 일으킨 용병업체 샌드라인인터내셔널 Sandline International도 운영하고 있었다. 샌드라인은 1998년 아마드 테잔 카바 시에라리온 대통령에 의해 고용돼 쿠데타 이후 권력 수복에 도움을 준 전력이 있었다. 당시 샌드라인은 시에라리온에 대한 무기금수 조치에도 불구하고 불가리아제 AK-47 35톤을 수입했다.[65] 스파이서는 무기수입이 영국 외무부의 승인하에 이뤄졌다고 주장했고, 이는 이후 다수의 정부 조사에서 인정됐다.[66] 영국 하원 외교위원회의 조사에 따르면 스파이서의 무기 운반은 피터 펜폴드Peter Penfold 주시에라리온 영국 고등판무관의 "일정한 지원"을 받았다. 펜폴드는 이것이 무기금 수조치 위반이 아니라는 어이없는 주장을 펼쳤다. 펜폴드는 보직 해임 되어 다른 부서로 발령되었다.[67]

스파이서가 어떤 인물인지 알려지자 미국 민주당은 도널드 럼스 펠드에게 서한을 보내 이지스와의 계약을 취소하고 상대적으로 논란 이 적은 업체와 계약을 맺을 것을 요구했다. 럼스펠드와 국방부는 이 를 거부했다.[68]

일반적으로 용병은 의심의 눈초리를 받기 때문에 이들에 대해 강 력한 감독이 이루어질 것이라고 생각하기 쉽다. 하지만 실상은 정반 대다. 2004년 6월 27일, 폴 브레머는 최고행정관으로서의 마지막 조 치로 포고령 제17호를 공포했는데,[69] 이는 연합군 병력 및 연합군에 고용된 방산업체에 대해 이라크 법률의 적용을 면제한다는 내용이었 다.[70] 포고령 제17호는 이라크 정부가 명시적으로 폐지하지 않는 한 법으로서 지속적인 효력을 지니게 됐다. 이로 인해 이지스와 블랙워 터 같은 방산업체는 법률의 사각지대로 숨을 수 있었다. 특히 이들은 미군의 모든 행위를 규율하는 통일군사법전의 제약을 받지도 않았으 며,[71] 이들이 외국 영토에서 저지른 범죄에 대해 미국 법원이 관할권을 행사할 수 있는지도 명확하지 않았다. 사실상 이들에게 '살인면허'가 주어진 것이나 다름없었다.[72]

포고령 제17호를 입안한 인물은 당시 이라크 내무부의 업무를 감 독하던 로런스 피터Lawrence Peter였다.[73] 논란이 된 이 포고령이 통과되 고 새로 선출된 정부로 권력이 이양된 지 얼마 안 있어 피터는 이라크 민간경비기업협회의 로비스트 겸 연락담당관으로 자리를 옮겼다. 저 명한 언론인 시드니 블루먼솔Sidney Blumenthal은 이에 대해 "새로운 이 라크에도 회전문이 들어섰다"고 논평했다.[74]

특히 블랙워터는 이렇게 만들어진 무법지대에서 크게 번창했다.

1996년 창립된 블랙워터는 전직 네이비실 요원으로 공화당에 완벽한 연줄을 가진 에릭 프린스Erik Prince가 운영했다.[75] 블랙워터는 9·11 테러 이후 성장을 이어갔고, 좋은 연줄을 가진 인사들을 꾸준히 이사회에 앉혔다. 이러한 인사로는 J. 코퍼 블랙 블랙워터 부회장을 들 수 있다. 블랙은 CIA에서 28년간 일했으며, 나중에 특별송환 정책(테러 용의자를 사실상 고문에 해당하는 강압적 심문 방식을 사용할 수 있는 타국으로 이송해 심문하는 방법—옮긴이)을 탄생시킨 CIA 대테러센터장을 맡은 바 있었다.[76] 그 밖의 영향력 있는 인사로는 2005년 9월 블랙워터에 합류해 최고운영책임자로 임명된 조지프 슈미츠도 있었다. 블랙워터에 합류하기 한 달 전, 그는 국방부가 발주한 모든 계약을 감독하는 국방부 감찰관직에서 물러났다. 보잉 공중급유기 사태 및 블랙워터에 대한 수백만 달러 규모의 계약 발주 등에 부적절하게 개입했거나 정치적 개입을 용인했다는 의혹이 제기된 후였다.[77] 놀랍게도 2010년 9월 슈미츠는 아프가니스탄 재건사업 특별감찰관실의 조사부서 역량 부족을 '독립적으로 감시하는' 사업을 수의 계약으로 따내게 된다.[78]

이처럼 막강한 인맥을 보면 블랙워터의 성장세를 이해할 수 있다. 9·11 테러 이전 블랙워터가 연방정부에서 따낸 계약 규모는 100만 달러에 불과했다. 그러나 2009년 국방부에서 수주한 이라크, 아프가니스탄 등 분쟁지역 용병사업의 규모는 약 15억 달러에 달했다.[79] 블랙워터가 관여한 두 사건에서 최소 18명의 이라크 민간인이 부당하게 살해된 이후 블랙워터라는 이름은 과도한 무력 사용의 대명사가 됐다.[80]

블랙워터는 바그다드에서 무고한 민간인에 대한 총격사건에 연루된 이후 이라크 내 사업을 금지당했다. 그러자 이들은 이름을 지서비스Xe Services로 바꾸고 아프가니스탄 등지에서의 사업을 따내기 위해 끊임없이 미 정부 입찰에 참여했다. 지서비스는 총 289건의 무기수출통제법 위반행위 적발로 기소 위기에 처한 바 있었다.[81] 하지만 이들에게는 다행히도 2010년 8월 국무부와의 조정에 따라 민사제재금 4,200

만 달러라는 솜방망이 처벌이 내려졌다. 이는 법적 벌금 상한인 2억 8,800만 달러에 한참 못 미치는 액수였다.[82] 또한 지서비스는 재판을 피하면서 정부 계약을 수주할 자격을 유지할 수 있었다.[83] 블랙워터는 결국 파괴, 살해, 엄청난 낭비, 안 그래도 찾아보기 어려운 법치주의 훼손이라는 유산을 이라크의 취약한 민주주의에 남긴 채 평소와 다름 없는 상황으로 복귀했다.

대규모의 불법과 비리, 부적절한 행위를 뒷받침하는 증거는 넘쳐 났지만 이라크에서 활용된 방산업체 중 퇴출 위협을 받은 곳은 없었 다. 오히려 KBR은 약간 수정된 4차 민간 병참지원사업 하나로만 10년 간 500억 달러를 벌어들였다.[84]

9·11 이후 찾아온 민간방산업체의 호황기는 무기제조업체, 딜러, 브로커 등이 활동하는 전통적 방위산업 전반에도 좋은 시기였다. KBR 이나 블랙워터 같은 이들의 활동은 언론 지면을 장식하고 분석의 대 상이 됐지만, 공식적 방위산업의 무기거래나 어둠의 세계에서 발생한 엄청난 이익에 대한 관심은 거의 없었다. 그러한 어둠의 세계에는 메 렉스와 연관된 브로커, 딜러, 깡패, 자금세탁업자, 폭력조직을 뿌리로 둔 세력도 있었다.

미군이 지출한 국방조달 금액, 특히 이라크와 아프가니스탄 전쟁 에 관련된 금액을 정확히 추산하기는 어렵지만, 한 가지 확실한 것은 그 규모가 엄청나다는 사실이다. 지금까지 중동에서의 전쟁 관련 조달 비용 중 가장 큰 부분을 차지하는 것은 '리셋reset'이다. 이는 미군이 전 투 현장에서 사용하는 군사장비를 지속적으로 수리하고 업그레이드 하거나 단순 교체하는 것으로, 장비와 부품을 전쟁 이전의 상태로 '리 셋'하는 것이 목적이다. 리셋 사업은 특히 2005년 이후 막대한 규모로 진행되었다. 2006년 기준 미 의회예산처는 미군 보유 재고의 20%가 량이 이라크, 아프가니스탄 및 주변 지역으로 보급됐다고 보고했다.[85] 2007년 초 미 육군이 두 전장에 배치한 장비만 해도 300억 달러 규모

였다.[86]

가혹한 전장 상황으로 인해 장비의 소모, 정비, 교체 비율은 높아졌다. 그 결과 미 육군은 이라크, 아프가니스탄에 배치된 무기 중 상당량을 매년 새것으로 교체해야 전시 이전 수준으로 보유량을 유지할 수 있다고 봤다. 실전 배치된 헬리콥터의 경우 매년 6%가량이 교체되어야 하는 것으로 추정되었고, 트럭의 경우 7%였다.[87] 장비 수준이 동일하다는 가정하에 현재 이라크, 아프라니스탄에 배치된 헬리콥터 전체가 2020년까지 교체되어야 한다. 물론 이라크 파병부대 병력이 2020년까지 유지될 것인지는 확실하지 않다. 특히 2011년 6월 중순경 오바마 대통령이 언급한 아프가니스탄 및 이라크 철군 일정에 따르면 2014년까지 병력 상당수가 철수할 예정이기도 하다.[88] 하지만 이 같은 계획은 미국과 아프가니스탄 양국이 '비밀협약'을 통해 2024년까지 수천 명 규모의 훈련 인력, 방산업체, 비밀 특수요원을 남기기로 했다는 보도가 나오면서 다소 불확실해졌다.[89] 그럼에도 2010년 예산안에서 가정한 바와 같이 2020년까지 전쟁이 계속된다면 전체 미군 장비 중 20%가 교체될 것이며, 군산정복합체는 이 예산에 군침을 흘리며 달려들 것이다.

차량과 장비에 대한 정비까지 포함하면 리셋 사업의 규모는 그야말로 거대해진다. 수천 개의 장비가 대형 방산업체와 연관된 수리업체에 보내질 것이다. 의회예산처는 이라크 작전 개시 2년 만에 본토로 복귀한 에이브럼스 전차 및 브래들리 장갑차 전체가 정비를 요하는 상태였다고 보고했다. 브래들리 장갑차의 정비 비용은 1대당 50만 달러, 에이브럼스 전차의 경우는 80만 달러다.[90] 브래들리 장갑차와 에이브럼스 전차에 붙은 모래와 먼지를 제거하는 청소 작업 비용만 연간 총 7~12억 달러 수준이었다.[91]

이러한 수치를 통해 누구나 예상할 수 있듯 아프가니스탄, 이라크에서 조달 및 리셋 사업비용은 급증했다. 2004년, 전쟁 비용을 충당하기 위한 추경예산에서 조달 비용으로 책정된 금액은 72억 달러였다. 이 수치는 2008년 615억 달러로 최고치에 달했다. 2004년부터 2010년까지 6년간 총 2,150억 달러의 예산이 책정됐으며, 2011년 추가로 요청된 액수만 214억 달러였다.[92]

2004년 이후 이라크전 비용은 꾸준히 증가해왔다. 매월 소요되는 비용은 2004년의 경우 약 44억 달러, 2006년의 경우 72억 달러 수준이었다가 2007년과 2008년에 급증해 각각 102억 달러, 111억 달러에 달했다.[93] 비용이 약 40% 급증한 2006년과 2007~2008년 사이 병력 규모는 거의 그대로였다. 따라서 사실상 증가한 비용은 모두 2007년 본격적으로 시작된 리셋사업 비용으로 볼 수 있다.[94] 다시 말해 장비의 리셋과 교체가 본격적으로 시작되면서 이라크의 전쟁 비용이 최소 40% 상승한 것이다. 이라크 주둔 미군의 감축이 드디어 마무리되자 전장에 배치됐던 장비의 리셋 비용은 2010년 기준 최소 400억 달러로 추정됐으며, 완료에만 2년이 소요되는 것으로 나타났다. 앞서 살펴본 연간 리셋사업 비용과 별도로 말이다.[95] 노벨상 수상자 조지프 스티글리츠와 케네디공공정책대학원의 린다 빌름즈 박사에 따르면 이로 인해 전쟁 비용 "급상승"에 원인이 되는 모든 요소 중에 리셋이 "아마도 …… 가장 두드러지는 비중"을 차지하게 됐다.[96]

이러한 비용은 국방부 예산과는 별도로 발생한 것이다. 국방부 예산이 조지 W. 부시 행정부와 오바마 행정부의 첫 2년간 테러와의 전쟁으로 인해 눈덩이처럼 불어났음에도 말이다.

2007년 미 의회예산처는 이라크, 아프가니스탄에서 발생한 리셋 비용에 대한 연구를 수행했다. 연구 결과에 따르면 리셋 비용으로 청구된 금액의 40% 이상은 사실상 전쟁 이전 수준으로 장비를 리셋하는 것이 아니라 기존 시스템을 업그레이드하는 데 쓰였고, 심지어 "새로운 장비를 구매해 상당 부분 오랫동안 존재해온 육군의 재고 부족분을 충당"하는 데 사용됐다.[97] 따라서 이는 단순히 전력 운용 수준을 유지하는 것과는 거리가 멀었다. 이라크전 예산으로 군 전체의 재고 현황 개선에 대대적으로 지출한 것이다. 일례로 2006년 국방부는 리셋 명목으로 험비 1만 8,000대를 급조폭발물에 대한 방호능력을 개선한 차량으로 교체하기로 했다.[98]

또한 국방부는 2007년 이라크, 아프가니스탄 전쟁을 위해서라며 록히드마틴 통합전투기 2대의 구매 예산을 요청했다. 실전에 투입될 정도로 빠른 시일 내에 완성될 가능성이 없었는데도 말이다.[99] 이처럼 군은 전쟁예산으로 무기 재고를 채우는 방법으로 기존의 거대한 국방부 예산에서도 감당하기 어려운 구매사업을 추진할 수 있었다. 이라크, 아프가니스탄 전쟁예산에는 심지어 선심성 지역예산도 다수 포함되어 있었다. 예산 수립에 관여한 군 관료는 "다들 게걸스럽게 자기 배를 채우고 있다. 추경예산으로 그동안 꿈꿔온 군대를 돈으로 사는 격"이라며 한탄했다.[100]

더욱 우려되는 것은 선심성 지역예산이 전쟁 추경예산에 포함되면 사실상 어떠한 책임도 물을 수 없게 된다는 점이다. 중동에서의 전쟁예산도 이처럼 잘못된 방식으로 편성되면서 부작용이 나타났다. 추경예산은 통상적인 예산 편성절차 외에 긴급하게 필요한 자금을 충당하기 위한 예산으로, 의회가 통과시킨다. 따라서 일사천리로 예산이 통과되며 전쟁의 긴급성으로 인해 지출 항목에 대한 무제한의 신뢰가 전제된다. 일례로 330억 달러의 이라크전 추경예산안에 첨부된 타당성 설명자료는 고작 다섯 쪽 분량으로 허술하기 짝이 없었다.[101] 이와 관련해 린다 블림즈 박사는 "예산학 교수인 본인의 견해로는 이는 미국 예산체계, 아니 그 어떤 예산체계에서도 최선의 방식이 아니다. 긴급 추경예산의 목적은 진정 긴급한 상황에 대한 자금을 조달하는 것이다. …… 예산 절차에서 뒤늦게 추경예산을 제출하게 되면 의회의 심의가 허술하게 이뤄지고, 세부 항목의 타당성을 따지는 통상적인 승인 절차에 비해 낮은 기준이 적용된다"고 평가했다.[102] 미 회계감사원

그림 7. 이라크 및 아프가니스탄 전쟁 관련 미 국방부 예산과 지출

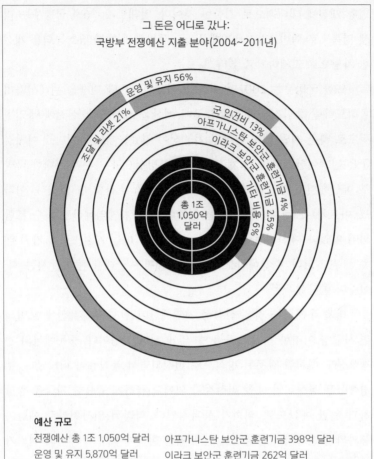

그 돈은 어디로 갔나:
국방부 전쟁예산 지출 분야(2004~2011년)

운영 및 유지 56%

조달 및 리셋 21%

군 인건비 13%

아프가니스탄 보안군 훈련기금 4%

이라크 보안군 훈련기금 2.5%

기타 비용 6%

총 1조
1,050억
달러

예산 규모

전쟁예산 총 1조 1,050억 달러

운영 및 유지 5,870억 달러

조달 및 리셋 2,364억 달러

군 인건비 1,419억 달러

아프가니스탄 보안군 훈련기금 398억 달러

이라크 보안군 훈련기금 262억 달러

기타 비용 737억 달러

도 이와 같은 견해를 밝힌 바 있다. "일정 기간 지속 중인 작전에 대해 긴급자금 요청이나 예산변경 제도를 활용할 경우 투명성이 감소하고, 자금 투입의 우선순위 결정에 필요한 심의가 어려워진다. 또한 우선순위 및 상충관계에 대해 충분한 정보를 바탕으로 토론하기 어려워져,

결국 신뢰도가 저해된다."[103]

주요 방산업체들은 모두 전쟁을 위한 무기공급 측면에서 유리한 위치를 차지하고 있었다. 앞서 상세히 설명했듯 록히드마틴은 테러와의 전쟁에 적합한 여러 제품을 갖추고 있다. 이라크 반군을 공격할 용도의 확산탄을 장착하는 다연장로켓시스템도 여기에 포함되는데, 확산탄은 이라크인들과 미군을 죽거나 다치게 할 수 있는 치명적인 불발탄을 남긴다.[104] 또한 F-16 전투기는 초기 폭격에 중점적으로 사용됐으며, 헬파이어 공대지미사일은 이라크 장갑차 공격에 대대적으로 쓰였다.[105] 통신장비 역시 주기적으로 교체되고 있다.[106]

록히드마틴은 군에 민간용역을 선도적으로 제공하면서 큰 수익을 올렸다. 그 결과 록히드마틴은 수직계열화를 통해 전쟁에 필요한 모든 것을 제공하는 종합 전쟁업체가 됐다. 이에 대해 2005년 빌 하텅은 "록히드마틴은 이제 공격 대상 선정과 침공, 점령과 심문 등 테러와의 전쟁의 모든 측면에서 수익을 낼 수 있는 위치에 섰다"고 평가했다.[107] 록히드마틴은 2005년 3월 사이텍스Sytex 및 ACSAffiliated Computer Services의 지분을 인수하고 국방부에 심문관 및 분석관을 공급했다. 심문관 중 일부는 아부그라이브 및 관타나모 수용소로 파견되었다. 록히드마틴은 미 첩보기관이 매년 500억 달러를 투입하고 그중 4분의 3이 민간 방산업체에 흘러들어가는 '첩보산업복합체' 시장에서 커다란 수익을 올릴 수 있는 입지를 차지했다.[108] 록히드마틴은 미 정부 계약을 수주한 최대의 민간 첩보업체였으며, 이로써 "세계 최대의 방산업체이자 민간 첩보기관"[109]이 되었다. 또한 이라크와 아프가니스탄에서 KBR에 이어 두 번째로 큰 규모로 미 정부와 계약을 맺은 업체이기도 하다.

한편 BAE는 미국의 브래들리 장갑차 거의 대부분을 공급했고, 2007년 23억 달러 규모의 새 계약을 따내기도 했다.[110] BAE는 2007년 아머홀딩스Armor Holdings를 45억 3,200만 달러에 인수하면서 국방부로부터 '지뢰 방호능력을 갖춘 신형 험비 교체사업'을 수주할 가능성이 높아졌다. 아머홀딩스는 지뢰 방호능력을 갖춘 장갑차에 특화된 업체였기 때문이다.[111] 노스롭그루먼의 제품들, 특히 지속적으로 '충격과 공포'를 가져다주는 데 쓰인 B-2 폭격기도 인기가 많았다.

또한 노스롭그루먼은 이스라엘의 엘빗시스템과 더불어 무인항공기 및 군용 무인기(이라크, 아프가니스탄, 파키스탄의 사막 및 산지를 비행하며 게릴라 대원과 테러리스트를 수색하고 제거하는 데 쓰여 논란을 일으킨 무기) 생산을 주도했다.[112]

예산 통과가 워낙 일방적으로 이루어지다 보니 전쟁예산과 첩보기관의 예산 중 정확히 얼마가 '공식적' 방위산업으로 흘러들어가는지 추적하기는 대단히 어렵다. 다만 9·11 이후 막대한 이윤이 발생했다는 점에는 의심의 여지가 없다. 이는 최대 방산업체들의 주가 폭등을 통해 부분적으로 알 수 있다. 2003년 1월 런던증권거래소에서 BAE의 월평균 주가는 1.13파운드였다. 하지만 2010년 9월 BAE의 월평균 주가는 3.41파운드였다. 마찬가지로 2000년 1월 15.32달러였던 록히드마틴의 주가는 2010년 9월 71.28달러로 상승했다. 노스롭그루먼의 주가 역시 같은 기간 19.76달러에서 60.63달러로 올랐다.[113] BAE와 노스롭그루먼은 300% 이상의 주가 상승률을 보였고, 록히드마틴의 경우 테러와의 전쟁이 시작된 이후 465%라는 사상 유례없는 상승률을 보였다.[114]

전쟁 기간의 리셋사업 예산은 2007년과 2008년에 포함됐는데, 2008년에만 600억 달러를 넘었다.[115] 같은 기간 주요 방산업체의 주가는 예외 없이 10년 만의 최고가를 경신했다. BAE 주가는 2006년 12월 주당 4파운드 이상으로 급등해 2008년 10월까지 비슷한 수준으로 유지됐다. 2007년 12월에는 2003년 1월 주가 대비 440% 상승한 주당 4.98파운드를 기록하며 사상 최고가를 달성했다.[116] 록히드마틴의 주가 역시 2006년 5월 주당 65달러에서 2008년 8월에는 10년 만의 최고가인 109달러를 기록했다.[117] 다만 BAE와 록히드마틴의 주

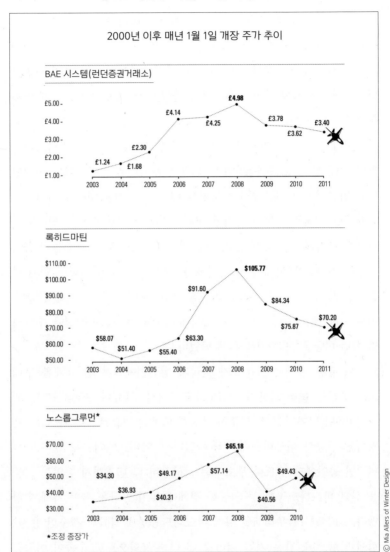

그림 8. BAE, 록히드마틴, 노스롭그루먼 주가 추이

2000년 이후 매년 1월 1일 개장 주가 추이

BAE 시스템(런던증권거래소)

£5.00 -
£4.00 -
£3.00 -
£2.00 -
£1.00 -

£4.98
£4.14
£4.25
£3.78
£3.62
£3.40
£2.30
£1.24
£1.68

2003 2004 2005 2006 2007 2008 2009 2010 2011

록히드마틴

$110.00 -
$100.00 -
$90.00 -
$80.00 -
$70.00 -
$60.00 -
$50.00 -

$105.77
$91.60
$84.34
$70.20
$75.87
$63.30
$58.07
$51.40
$55.40

2003 2004 2005 2006 2007 2008 2009 2010 2011

노스롭그루먼★

$70.00 -
$60.00 -
$50.00 -
$40.00 -
$30.00 -

$65.18
$57.14
$49.17
$49.43
$34.30
$36.93
$40.31
$40.56

2003 2004 2005 2006 2007 2008 2009 2010

★조정 종장가

가는 2008년 10월 급락한 후에는 꾸준히 하락세를 보이고 있다. 이는 이라크 철군을 약속한 버락 오바마 대통령이 백악관에 입성하기 한 달 전으로, 더 중요하게는 추경예산에서 조달 관련 지출이 2008년 615억

달러에서 2009년 320억 달러 수준으로 대폭 삭감된 시점이다.[118]

국방비 지출에 대한 감독 및 통제가 부족하고 대규모 사업들이 성급히 추진되면서 이라크, 아프가니스탄은 무기딜러와 중개업자에게 대단히 매력적인 시장이 됐다. 실제로 이라크에서의 일부 초기 작전은 의심스러운 관행에 가장 밀접하게 연관된 인물, 빅토르 부트에게 기회의 문을 열어줬다.

이라크 침공 직후인 2003년, 미군은 커다란 문제에 맞닥뜨리게 됐다. 미군이 주요 활주로 여러 곳을 성공적으로 점령하기는 했지만 민간 방산업체의 기준에서는 상황이 매우 위험했다. 일례로 바그다드 국제공항의 경우 공항을 둘러싼 교외 지역에서 줄곧 어디로 날아올지 모르는 박격포 공격을 받았다. 또한 바그다드 인근을 비행하는 항공기는 대공미사일을 피해야 하는 경우가 많았다. 그 결과 미국의 민간 화물운송업자들은 이라크 내로 화물을 운송하지 말라는 권고를 받았다. 이로 인해 베를린 공수작전 이래 최대 규모의 화물운송작전을 수행하려 했던 미군은 큰 공백을 겪게 되었다.[119]

이 같은 공백을 메우고자 미국과 방산업체들은 전 세계를 무대로 활동하는 여러 화물기 공급업체로 시선을 돌렸다. 2003년부터 최소 2005년 말까지 가장 꾸준히 운항한 업체는 빅토르 부트가 소유, 운영하는 항공사 이르비스에어Irbis Air였다. 이르비스에어는 2003~2004년 2년 동안에만 텐트나 부츠부터 군사장비 및 탄약까지 다양한 화물을 싣고 바그다드공항 등 엄중한 경계에 놓인 공항을 수백 차례 운항했다. 2004년 1월부터 5월 사이 바그다드공항에 착륙한 횟수만 총 92회에 달했으며, 같은 기간 이라크 내 다른 공항으로도 운송이 이뤄졌다. 국방 병참국은 2004년 3월부터 8월 사이 이르비스에어 항공기가 바그다드에서 재급유한 횟수만 142회에 달했음을 확인했다.[120] 부트가 이라크 운송으로 벌어들인 수입은 결코 적지 않았다. 부트는 왕복 운항 1회당 6만 달러, 2003년부터 2005년 사이에 6,000만 달러를 벌어들인 것으로 추정된다. 미군이 통상 화물 운송업자에게 무상으로 제공하는 연료는 별도였다.[121] 부트가 '죽음의 상인'으로 불렸다는 사실을 고려할 때 그의 이라크 고객 명단은 흥미로우면서도 오싹하다.

> 〔미군〕 관계자는 이르비스가 군의 2차 하도급업체로 계약돼 미 육군 및 해병대에 용역을 제공하는 미국 회사들에 텐트, 냉동식품, 기타 필수품을 수송하는 역할을 반복적으로 수행했다고 설명했다. 부트의 주력 업체는 미 공중기동사령부의 3차 하도급업체로서, 두바이 소재 화물운송업체인 팔콘익스프레스화물항공과 계약해 페덱스의 물품을 실어 나르기도 했다. 이르비스는 거대 석유화학업체 플루오르Fluor 그리고 KBR과 재건사업 관련 계약을 통해 …… 운항하기도 했다.[122]

바그다드공항의 민간화물 통제를 담당했던 크리스 워커Chris Walker는 이라크 침공 이후 몇 달 동안 항공사들이 모두 적절한 검증을 거쳐 운항했다고 생각했고, 따라서 부트의 운항을 허용한 것은 착오로 발생한 부끄러운 일이라고 보았다. 나중에 알려진 바에 따르면 CIA는 부트의 운항 사실을 이미 포착하고 있었다. 하지만 이를 알리는 이메일이 연합군 임시행정처의 담당자 워커에게 제대로 전달되지 않았다.[123] 워커는 정말 난처한 상황에 처하게 됐다. 부트가 자산동결 목록에 포함될 가능성이 크고 FBI와 CIA 수배명단에 오른 인물이었지만, 그렇다고 화물 운송을 중단시킬 경우 안 그래도 빡빡한 보급에 심각한 지장이 예상되었기 때문이다. 그 결과 2005년 중반까지도 부트의 화물기는 이라크로 계속 운항했다. 미 재무부가 부트와 부트 소유의 항공사를 자산동결 목록과 해외자산 통제 목록에 포함시키면서 이 업체를 이용하는 것이 불법이 되자 미 중부사령부는 일주일의 유예기간을 요청했다. 이 요청이 승인되면서 부트는 무기, 탄약, 기타 물자를 싣고 마지막으로 운송할 수 있었다. "이로써 민간업자들은 부트의 네트워크로 대금 지불을 이어갈 수 있게 됐다. 다른 미국 기업이 동일한 행위를 했다면 기소 대상이 되었을 것이다."[124]

부트가 미군과의 직접 계약으로 큰돈을 버는 동안 두 전쟁은 무기딜러들에게 또 다른 기회를 열어줬다. 가장 시급한 일은 이라크 보안군에 보급품을 공급하는 일이었다. 침공 초기에 보급품 재고분 상당량이 어딘가로 사라졌기 때문이다. 연합군은 이라크 측이 반군 소탕과 법질서 유지에 도움을 줄 것으로 기대했기 때문에 바트당 세력이 제거된 이라크 보안군의 재무장은 중요한 일이었다. 수백만 톤에 달하는 소형화기 및 탄약이 두 나라, 특히 이라크로 쏟아져 들어왔다. 2003~2007년 이라크군은 무기운송 계약 115건을 발주했으며 계약금액은 2억 1,700만 달러에 달했다.[125] 2007년 7월경 미 훈련사령부는 이라크군으로 무기 70만 1,000점이 수입됐음을 확인했다.[126] 대부분은 AK-47, 휴대용 기관총, RPG, 권총을 포함한 '소련식 보병 무기'였다. 안타깝게도 이러한 거래는 수상한 행적이 있는 브로커의 도움으로 수행되는 경우가 많았으며, 사실상 연합군이 교전 중인 상대방에게 무기를 공급하는 결과를 낳기도 했다.[127]

미군이 가장 꾸준히 이용한 주요 업체 중 하나는 타오스인더스트리Taos Industries다. 타오스는 2011년 현재 ADSAgility and Defense Services의 자회사로,[128] 최근 4차 민간 병참지원사업을 통해 다인코프Dyncorp 및 다른 업체와 공동으로 6억 4,350만 달러 규모의 1년짜리 계약을 따냈다.[129] 타오스는 "치안장비, 해외 군사시스템 및 희귀부품 등 비규격 군수품 조달"을 주력사업으로 하고 있다.[130] 이 업체가 미국 정부로부터 따낸 계약 중 하나는 AK-47 소총 9만 9,000kg을 이라크군에 조달하는 것이었다.[131] 무기의 공급처는 1990년대 중반 발칸전쟁 이후 잔여 무기 상당량을 비축하고 있던 보스니아였다. 타오스는 계약 수행을 위해 에어로컴Aerocom이라는 화물운송업체와 계약했다.[132]

2004년 당시 에어로컴은 2003년 매우 의심스런 거래에 관여한 이후 항공운송과 관련된 유효한 면허를 갖추지 못한 상태였다. UN은 2003년 에어로컴이 수 톤가량의 소형화기 및 탄약을 찰스 테일러에게 공급했다고 보고했다. 보고서에 따르면 에어로컴은 당시 라이베리아에 적용된 UN 무기금수조치를 위반하면서 세르비아에서 몬로비아까지 무기를 운송하는 계약을 테멕스인더스트리Temex Industries로부터 수주했다.[133] 에어로컴은 빅토르 부트와 연계가 있는 업체이기도 했다. 기록에 따르면 에어로컴은 빅토르 부트의 운송 네트워크에 포함된 제트라인Jet Line[134]과 서로 빈번히 항공기를 임대하거나 상대 측의 면허를 사용했다.[135]

타오스를 통한 또 다른 조달 건은 이라크군에 공급되어야 할 무기 중 상당량이 미군에 맞서 싸우는 반군에 흘러들어갈 가능성이 있음을 보여줬다. 2004년 미 정부는 타오스에 이라크에 공급할 무기 운송을 별도로 요청했는데, 타오스는 이를 다시 런던 소재의 슈퍼비전인터내셔널Super Vision International[136]에 하청을 주었고, 슈퍼비전은 이탈리아의 베레타에서 베레타 92S 권총 2만 318정을 구매했다.[137] 이 화물은 영국 엑서터를 거쳐 바그다드로 인도됐다. 이탈리아 경찰은 베레타가 허가 없이 무기를 수출했음을 적발하고 해당 거래를 문제삼았다. 슈퍼비전이 구매한 무기는 이탈리아 내무부에서 사용하던 중고품을 재정비해 영국으로 판매한 것이었는데, 베레타가 재정비 무기판매에 대한 등록 절차를 밟지 않았던 것이다. 베레타는 92S 모델이 이탈리아 법제상 '전쟁무기'로 분류되어 있었음에도 수출서류에 이를 '민수용'으로 기재했다. 그 결과 해당 거래는 군수품으로 기재된 물자에 비해 허술한 규제를 받았다.[138]

판매된 베레타 권총은 2004년 7월 바그다드로 운송됐지만, 이라크가 공식적으로 이를 접수한 것은 2005년 4월 18일이었다.[139] 이러한 지연이 발생한 이유는 명확하지 않다. 하지만 CIA는 2005년 2월 이탈리아 경찰에 '이라크에서 체포된 알카에다 요원이 베레타 92S를 보유하고 있었다'는 사실을 통보한 바 있으며, 해당 권총은 베레타가 슈퍼비전과 타오스에 수출한 제품으로 추정되었다.[140] 체포된 요원은 알카에다 이라크 지부 핵심 지도자인 아부 무사브 알자르카위의 조직 소속이었다. 이 권총이 어떻게 알카에다로 흘러들어갔는지는 확실하지 않지만, 이라크 경찰 내부에 반군 요원이 침투했다는 소문은 오래전부터 있었다. 이탈리아 경찰은 신속한 대처에 나서 이탈리아 내 창고에서 영국 운송을 기다리던 베레타 권총 수천 정을 압수했다.[141]

베레타 수출 사건은 미국이 이라크군에 공급하기 위해 구입한 무기가 반군에 흘러들어가지 않도록 보장할 시스템이 없거나 미비했음을 잘 보여준다. 2007년 7월 미 회계감사원은 보고서를 하나 발표했는데, 충격적인 그 내용에 비해 큰 관심을 끌지 못했다. 회계감사원 소속 감사관들과 수사관들은 이라크에서 무기운송이 어떻게 이루어지고 있는지 직접 확인하고 미국이 이라크 치안당국에 공급하기 위해 구매한 무기의 추적관리 실태를 파악하기 위해 이라크를 방문했다. 이들은 이라크 치안당국에 무기를 제공하고 훈련을 제공할 책임이 있는 기관이 2005년 12월까지 "이라크 보안군에 배치된 장비 일체에 대해 자기 책임하에 기록을 유지하지 않았고", 이로 인해 "장비를 인수한 일자와 수량, 해당 이라크 부대를 확인할 근거 서류를 지속적으로 취합하지 않았다"는 사실을 발견했다.[142]

엄청난 양의 무기가 사라진 상태였다. 2005년 9월 이라크 보안군은 AK-47 소총 18만 5,000정과 권총 17만 정, 방탄복 21만 5,000점, 헬멧 14만 개를 인수했다. 그런데 이에 대한 보급 책임이 있는 미국 정부기관은 이중 AK-47 소총 11만 정, 권총 8만 정, 방탄복 13만 5,000점, 헬멧 11만 5,000개의 소재를 파악할 수 없었다.[143] 상당한 비용을 들여 보급한 장비 전체의 50%가 넘는 수준이었다. 소재를 파악할 수 없었다는 것이 반드시 암시장으로 흘러들어갔다는 의미는 아니다. 일부는 아마 '시스템 내부에서 분실'되었을 것이다. 그럼에도 미 해군 출신의 영미 안보정보위원회British American Security Information Council 선임 분석가 데이비드 아이센버그David Isenberg는 2007년 미 회계감사원 보고서 발간 이후 이렇게 논평했다. "사라진 무기 일부는 이라크 내에서 미군과의 교전에서 사용되고 있을 가능성이 상당하다. 도난된 무기를 가장 구하기 쉬운 암시장이 대부분 이라크에 있다는 점을 고려하면 이러한 무기 중 일부는 반군에 판매되었을 것이다."[144]

이라크군으로 공급되는 무기의 규모와 보급 및 재건 사업의 수를 고려할 때, 메렉스 네트워크에 연계된 딜러들이 이라크 내에서도 활동했다는 사실은 그다지 놀라운 일이 아니다. 메렉스와 메르틴스 일당은 지난 50년간 미국이 치른 두 차례의 대규모 전쟁, 즉 냉전과 테러와의 전쟁이 진행되는 동안 무기산업의 전면에 있었다. 조 데르 호세피안도 이들과 함께였다.

데르 호세피안은 부패한 무기딜러들과 관계를 맺어왔으며, 활동한 기간 내내 다수의 불법 무기거래에 관여한 전력이 있었음에도 미국이 이라크와 아프가니스탄에 풀어놓은 선물보따리에서 자기 몫을 챙겼다. 필자와의 대화 시작부터 미국을 "지구상 최대의 테러리스트"라고 부른 그는 이라크에서 계약을 수주할 수 있게 해준 미 국방부 발급 신분증과 USAID 신분증을 보여주며 묘한 미소를 지어보였다. 그는 자신이 2005년 4월 6일부로 이라크의 '안보 컨설턴트'로 임명됐음을 확인해주는 USAID 우편물도 보여줬다. 데르 호세피안은 두 신분증의 유효기간이 모두 만료됐다고 말했지만, USAID 신분증은 2011년까지 유효한 것으로 보였다. 국방부와 USAID는 분쟁 지역 내에서 자신들이 활용하는 컨설턴트의 이름은 확인해줄 수 없다고 밝혔다.

호세피안은 이라크에서 KBR 소속으로 일했는데, KBR이 "언제나 계약을 따낸다. 심지어 존재하지도 않는 사업을 신청하기도 한다"고 표현했다. 그는 나지란Najran, 다하브알에마르Dahab Al E'amar, 자와르트알

이만Jawhart Al-Eman, 자와라트알하바Jawharat Al Mahabba 등 4개의 이라크 업체에서도 안보담당 고문으로 일하고 있다.

호세피안은 자신이 이라크 반군으로부터 무기를 뺏기지 않고 이라크로 들여오는 방법도 설명했다. 우선 특정한 색상의 트럭에 물자와 군수품을 싣고 국경 초소까지 이동해 국경을 넘어간다. 국경지대에는 반군 정보원들이 있기 때문에 은밀하게 차량을 교체한다. 매복한 반군이 다른 색의 트럭을 기다리게 하는 것이다. 또한 그는 전통 복장을 차려입고 부족장들을 만나는 데 많은 시간을 쏟는다. 자신의 차량이 습격당할 가능성을 줄이기 위해, 때에 따라서는 돈을 지불하고 보호를 받기 위해서다.

데르 호세피안은 필자와의 인터뷰에서 메렉스의 창립자 게르하르트 메르틴스의 아들 헬무트 메르틴스가 이라크 내에서 활동하고 있다고 확신했다. 그는 직접 확인해보라며 필자에게 헬무트의 이메일과 실제 주소를 알려줬다. 헬무트는 필자와의 만남을 거부했지만, 이메일 주소에는 흥미로운 점이 있었다. 헬무트가 SASISweet Analysis Services Inc. 라는 업체에 소속돼 있음을 알 수 있었던 것이다. SASI의 본사는 버지니아주 알렉산드리아에 있는데, 이곳은 헬무트 메르틴스의 현 거주지이자 메렉스 미국지사의 소재지였다.

SASI라는 이름은 창립자인 패트릭 스위트Patrick Sweet의 성에서 온 것으로, 그는 자칭 미 육군 출신 예비역이다. SASI는 1990년 창립됐으며 현재는 우크라이나 키예프와 루마니아 부쿠레슈티에 지사를 두고 있다. 스위트는 우크라이나에서 일부 유력인사들과 친분을 맺었다. 2009년 보도자료를 보면 그가 미국-우크라이나 비즈니스협의회 이사로 임명되었음을 알 수 있다.[145] 회사 웹사이트에 따르면 SASI는 "대외물자 획득 및 대외 군용품 판매" 전담 부서를 운영하고 있다.[146] SASI가 제공하는 무기는 열압력탄, RPG, 대함 순항미사일, 전차, 보병무기, 소구경 및 대구경 탄약, 레이더시스템 및 무인항공기 등으로 진정 범

상치 않다.[147]

패트릭 스위트는 VMRCVector Microwave Research Corporation에서 근무한 전력이 있는데, 이 업체는 "국방정보국 국장 출신의 예비역 중장 레너드 페루츠Leonard Perroots 회장 등이 가진 책략, 경험, 인맥을 활용해"[148] CIA와 미군을 위한 기밀업무를 수행했다. VMRC는 미 첩보기관이 사용할 외국제 미사일, 레이더, 기타 장비 조달 계약을 맺었다. 이 업체의 사업 관계는 대단히 복잡해 창립자인 도널드 메이에스Donald Mayes는 미 정부를 위해 중국제 무기를 비밀리에 사들이는 와중에 중국의 국영 미사일 제조사와 사업 파트너가 되기도 했다. 1990년대 말 VMRC가 폐업할 당시 언론은 이들이 오랫동안 자체적으로 불법 사업을 벌이고 있었음을 밝혀냈다. VMRC는 북한제 미사일을 구하기 위해 입찰에 참여하기도 했는데, 유리한 고지를 차지하기 위해 민감한 정보인 미국 스팅어 대공미사일의 기술제원을 중국 측에 제공하기도 했다.[149]

국방부가 제공한 정보에 따르면 미국은 이라크, 아프가니스탄 전쟁 기간 SASI의 용역을 최소 열여섯 차례 이용했는데, 이는 헬무트 메르틴스가 제공한 것으로 추정된다. 2000년부터 2009년 사이 SASI는 국방부로부터 4,500만 달러 상당의 계약을 수주했으며, 대부분 탄약 및 소형화기 관련 계약이었다. 역대 최대 규모의 계약은 2004년 발주돼 2007년 2월까지 지속된 계약이었다. 규모는 3,500만 달러 이상으로, 버지니아주 포트벨보어의 미 군수사령부 획득센터에 '다종의 무기'를 공급하는 내용이었다.[150]

그러나 이라크, 아프가니스탄 전쟁 기간 이뤄진 모든 무기거래 중 가장 흥미로우면서도 그로 인해 등골이 서늘해지는 것은 데일 스토펠Dale Stoffel의 거래일 것이다. 2004년 12월 8일, 모험이라면 사족을 못 쓰는 건장한 체격의 무기상인 스토펠은 이라크의 한 교외 지역에서 총격을 받아 사망한 채 발견됐다. 그가 탄 차량을 운전하던 동료 조지프 웸플Joseph Wemple은 아마도 저격수가 원거리에서 쏜 것으로 보이는 1발을 머리에 맞았다.[151] 스토펠은 앞뒤에서 거듭 총격을 받았다. 그의 노트북과 기타 개인 소지품은 도난당했다. 범죄 현장은 끔찍했다. 차 안에는 피가 가득했고, 차량 전면부는 급정차로 인해 종잇장처럼 구겨 졌으며, 앞유리는 총격으로 움푹 패이고 금이 가 있었다.[152]

누가 스토펠을 살해한 것인지에 대해서는 여러 가지 설이 있다. 그의 비극은 이라크 침공 이후의 폭력과 불안정뿐만 아니라 혼란스러 운 분쟁 속의 무기거래 대부분에 뒤따르는 부패와 이중 거래가 어떤 역풍을 불러오는지 보여주는 상징적인 사건으로 남게 될 것이다.

데일 스토펠은 평생을 군대, 그리고 첩보 및 무기거래라는 음지 에서 살았다. 대학 등록금을 벌고자 군에 입대한 그는 희소성 있는 수 학전공 학위 덕분에 기술하사까지 빠르게 진급했다. 1987년에는 걸프 만에서 침몰한 USS 스타크호의 잔해를 분석하면서 경력을 확실히 굳 히게 됐다. 그는 찻잎 모양의 미사일 파편을 살펴보다가 선체가 1발 이 아닌 2발의 미사일 공격을 당했음을 추측할 수 있었다. 사고로 인 한 오발이 아닌 의도적 공격이라는 의미였다.[153] 그는 1989년 군을 떠 나 레이시온, 메사/인비저니어링Mesa/Envisioneering 등 여러 방산업체에 서 일하기 시작했다.[154] 스토펠은 그동안의 경력 덕분에 독특한 지위를 차지했다. 그는 동구권 무기에 대해 해박했고, 베를린장벽 붕괴 이후 접근 가능해진 정밀무기체계를 조달할 능력을 갖추고 있었다. 그가 조 달한 무기체계는 기술적으로 적극적인 연구의 대상이 되었고, 그는 해 당 무기체계가 시장에서 자유롭게 거래되기 전에 군이 그것의 능력을 파악할 수 있도록 귀중한 정보를 제공하곤 했다. 군을 떠난 지 6년 후, 그는 자신이 직접 무기시장에 뛰어들기로 결심했다. 1995년 스토펠은 밀텍스Miltex라는 회사를 창립하고 자신의 조달 능력을 본격 발휘했다. 1999년 휴먼라이츠워치가 당시 무기금수조치 대상인 아프리카 국가 로 불가리아제 무기가 운송될 계획이었다는 사실[155]을 공개하면서 그는 밀텍스라는 회사명을 포기해야 했다. 문제의 화물 운송은 불가리아를 떠나기 직전에 중단됐는데, 당시 서류에는 밀텍스가 중개업체로 명기돼 있었다.[156] 스토펠은 해당 거래에 관여했다는 사실 일체를 부인했으며, 다른 딜러가 자신의 이름과 회사 직인을 도용했다고 주장했다.[157] 그가 동유럽의 비양심적인 브로커들과 일상적으로 연락을 주고받았다는 점을 고려하면 아주 터무니없는 이야기는 아니었다. 그는 밀텍스 대신 와이오크테크놀로지Wye Oak Technologies로 회사명을 바꿨다.

와이오크는 스토펠이 이라크에서 큰 수익을 노릴 당시의 회사명이었다. 2003년 그는 워싱턴을 주 무대로 활동하는 강력한 로비단체 BKSH를 고용했는데,[158] BKSH는 미국 최대 홍보업체인 버슨-마스텔러Burson-Marsteller 계열사였다.[159] BKSH는 이라크 침공 이후 확실한 영향력을 가진 고객 다수를 확보하고 있었다. 그중에는 이라크 망명 인사 중 가장 유력한 정치인인 아흐메드 찰라비Ahmed Chalabi의 이라크국민회의Iraqi National Congresss도 포함돼 있었다. 찰라비는 망명 중에 미국 공화당 지도부 및 첩보기관과 끈끈한 관계를 형성했다. 이들은 후세인이 축출되면 찰라비가 이라크를 통치할 것이라고 믿었다. 찰라비가 이끄는 이라크국민회의는 미국 정부로부터 약 4,000만 달러의 지원금을 받았고, 이는 찰라비가 미국의 이라크 침공을 열정적으로 지지할 동기가 되었다.[160]

부시 행정부에서 찰라비가 지니는 중요성은 콜린 파월이 UN에서 '전쟁 촉구' 연설을 한 2003년 2월에 확실히 드러났다. 이 연설에서 미국은 이라크가 대량살상무기를 보유하고 있다는 첩보를 제시했다.[161] 핵심 증거는 이라크에서 망명했다고 알려진 모하마드 하리스Mohammad Harith의 증언으로, 자신이 생물무기의 연구 및 생산이 가능한 이동식 연구소를 개발했다는 내용이었다. 탐사보도기자 애럼 로스턴Aram Roston에 따르면 하리스는 '잘 알려진 날조꾼'으로, 당시 이라크 침공을 유도할 '첩보'에 목이 마른 찰라비가 미국에 내놓은 인물이었다.[162] 제이 인슬리Jay Inslee 민주당 하원의원이 2004년 의회에서 인상적으로 말했듯, "찰라비와 그 측근은 대량살상무기와 관련해 백악관과 국방부에 거짓 정보를 제공해 이들을 완전히 속여넘겼다".[163]

2004년 1월, 스토펠은 수익성 좋은 사업을 위해 이라크에 가보자는 BKSH 로비스트 리바 레빈슨Riva Levinson에게 설득당했다. 스토펠은 몇 주 후 바그다드에 도착했고, 그에게 교통편과 숙식 제공에 도움을 주기로 BKSH와 계약이 돼 있던 마거릿 바텔Margaret Bartel의 영접을 받았다. 그는 빠르게 BKSH 및 이라크국민회의 그룹과 친분을 맺었고, 가지 알라위Ghazi Allawi와 자리를 함께하는 장면이 자주 목격됐다.[164] 가지 알라위는 아흐메드 찰라비의 친척으로, 이라크 침공 이후 내각에서 여러 자리를 차지한 알라위 가문의 일원이었다. 일례로 2004년 5월에는 가지 알라위의 사촌인 아야드 알라위Ayad Allawi가 이라크 과도정부 총리로 지명됐다. 다른 친척 알리 알라위Ali Allawi는 이라크 과도통치위원회 내각에서 2003~2004년 국방장관으로, 2005~2006년에는 재무장관으로 임명되었다. 아야드 알라위는 논란이 된 2010년 3월 선거 이후 제1당의 지도자가 되어 중요한 파워 브로커로 다시금 부상했다.

가지 알라위는 한때 레오니드 미닌의 사업 파트너였던 에르키 타미부오리와 파나마 사업에 관여한 적이 있다. 당시 업체의 이름은 센트럴이라크트레이딩컴퍼니Central Iraq Trading Company로, 타미부오리가 이라크 사업에 관심을 갖고 있었음을 보여준다.[165]

스토펠은 이러한 인맥을 갖고도 이라크 무기시장 진입에 어려움을 겪었다. 첫 계약을 따내기까지는 6개월이 걸렸다. 2004년 6월 이라크 다국적군 치안전환사령부는 이라크 내의 재고무기를 처리하기 위해 여러 방안을 검토했다.[166] 재고무기는 그 일부만 사용 가능할 뿐, 상당수가 이라크의 사막에서 녹슬고 부패해 사용이 불가능한 상태였다. 사용 불가능한 재고는 고철로 판매하고 여기서 마련한 자금으로 사용 가능한 무기를 재정비하는 방안이 제시됐다. 고철 판매의 예상 수익은 엄청났다. 스토펠은 이라크 무기에서 얻을 수 있는 고철의 가치를 최소 10억 달러가량으로 추정했다.[167] 이라크 국방부는 데이비드 퍼트레이어스David Petraeus 치안전환사령관의 승인하에 거래를 추진했다. 스토펠은 장비 재고조사를 위해 여러 기지에 대한 접근권을 얻었고, 2004년 8월에는 이라크 국방부와 업무수행을 위한 계약을 체결했다. 스토펠은 중개서비스의 대가로 재정비 비용 및 고철 판매액의 10%를 받기로 했다.[168] 이라크가 아닌 미국 법규상 이처럼 일정 비율을 지급하는 계약은 불법이었지만, 이로 인한 수입은 약 1억 달러 이상으로 예상됐다. 어찌됐든 스토펠은 대박을 터뜨리게 된 것이다.[169]

그러나 곧 일이 틀어지기 시작했다. 이라크 국방부는 계약 내용상 스토펠에게 직접 대금을 지불할 수 없다고 주장했다. 그 대신 국방부가 제3의 업체에 대금을 지불하고, 그 업체가 다시 스토펠에게 대금을 지불하는 방식이 채택됐다. 제3의 업체 역할을 차지한 것은 레바논 사업가 레이먼드 자이나Raymond Zayna가 대표를 맡은 제너럴인베스트먼트그룹General Investment Group[170]으로, 레바논의 소수 기독교계 정당에서 한 차례 외무담당관을 맡은 모하메드 아부 다르위시Mohammed abu Darwish도 여기 소속되어 있었다.[171] 다르위시는 훗날 미국을 속여 수백만 달러의 이익을 챙기려다 미 국방부 블랙리스트에 오르기도 했다.[172]

2004년 10월 스토펠은 이라크 정부에 첫 번째 청구서를 보냈다. 2005년 1월까지 지속될 재정비 서비스의 대가로, 2,500만 달러에 약간 못 미치는 금액이었다. 하지만 스토펠은 대금을 지급받지 못했다. 분노와 초조함으로 그는 미국으로 돌아가 지역구의 릭 샌토럼Rick Santorum 공화당 하원의원에게 민원을 제기했다. 샌토럼은 도널드 럼스펠드에게 서한을 보냈고, 그 결과 스토펠은 2004년 12월 럼스펠드와 면담을 갖기로 했다.[173] 하지만 며칠 뒤에 스토펠은 연합군의 '요청' 혹은 명령을 받고 이라크로 돌아갔다.[174] 12월 5일에는 대금 지급 문제 해결을 위해 이라크와 미국의 고위 관료들이 바그다드에서 회의를 가졌다. 회의는 험악한 분위기에서 진행됐지만, 결과적으로 스토펠은 자이나로부터 즉시 400만 달러를 지급받고 이후 추가분을 지급받기로 했다. 그의 동료는 당시를 이렇게 회상했다. "스토펠은 내 음성사서함에 메시지를 남겼다. 모든 것이 해결됐다면서 매우 기뻐하는 목소리였다."[175] 하지만 그는 사흘 뒤에 살해되고 말았다.

몇 달 후, '무자헤딘 중앙지휘부 정치위원회', 혹은 라피단Rafidan 이라는 조직이 자신들이 스토펠을 암살했다는 내용의 영상을 공개했다. 라피단은 "악마 스토펠"이 이라크에서 "어둠 속의 CIA 국장"이었다며, 스토펠의 노트북에 담긴 문서들을 웹사이트에 조금씩 공개했다. 이들은 스토펠이 이라크 국고와 이라크 국민들의 재산을 약탈하지 못하도록 암살했다고 주장했다. 이들이 공개한 문서 중 하나에는 특히 스토펠을 좋게 보기 어려운 내용이 담겨 있었다. 스토펠, 가지 알라위, 모하메드 찰라비, 터키의 무기딜러 아흐메트 에라스비지Ahmet Erasvic 간에 2004년 6월 20일부로 체결된 양해각서였다.[176] 양해각서에는 "본 양해각서의 당사자들은 재고, 획득, 조달 등 모든 군사무기의 처분과 관련하여 스토펠을 이라크 국방부의 독점적인 브로커로 선정하기 위해 노력한다"[177]는 문구가 있었다. 스토펠이 이라크의 유일한 무기 브로커가 될 것이라는 이야기였다. 스토펠은 에라스비지가 설립한 회사 뉴코Newco를 통해 사업을 진행할 예정이었다.[178] 뉴코는 모든 거래 금액의 10%를 '중개비'로 받기로 했는데, 이는 천문학적인 액수가 될 수 있었다.[179] 중개비 중 50%는 회사로 돌아가고, 나머지 50%에 해당하는 금액 중 스토펠이 60%를 챙기고, 나머지 40%는 다른 파트너들이 나누는 방식이었다.[180] 양해각서의 내용이 사실 그대로라면 스토펠 자신은 물론 정치적 연줄이 있는 여러 이라크인들이 엄청난 돈을 벌 기회를 잡은 것이었다.

라피단이 암살의 배후를 자처하면서 스토펠의 사망을 둘러싼 의혹은 해소된 것처럼 보였다. 하지만 많은 이들은 이를 믿지 않았다. 라피단이라는 무자헤딘 단체를 들어본 사람이 아무도 없었고, 스토펠 암살을 전후해 이들이 자신의 소행으로 자처한 공격이 전무했기 때문이다. 시청자들에게 문서의 내용을 상세히 설명해주는 '변호사' 스타일의 영상 역시 게릴라들과 길거리 전사들로 구성된 집단의 모습과는 거리가 멀었다. 가지 알라위의 경우도 스토펠 암살 한 달 전에 12일간 인질로 붙잡힌 적이 있었는데, 역시 기존에 알려진 바 없는 '안사르 알지하드'(성전의 대원들)라는 조직에 의한 것이었다. 이 사건은 가지 알라위가 풀려난 후 빠르게 잊혔다.[181]

여기서 확실한 사실은 단지 이름 없는 게릴라 단체 하나뿐 아니라 이라크 내에 스토펠의 적이 많았다는 점이다.

스토펠은 2004년 상반기 계약을 따내지 못한 것에 실망해 연합군 임시행정처의 계약발주 담당자와 관련 업체들에 대한 내부고발에 나선 적이 있었다. 그는 이라크와 임시행정처가 침공 이후의 혼란 속에서 비리의 온상이라는 사실을 직접 확인했다. 그가 빈번히 신고한 내용은 업자들이 피자박스에 현금을 넣어 임시행정처 행정관들에게 보낸다는 것이었다. 실제로 스토펠의 유족이 제출한 진술서에 따르면 스토펠은 이라크 내 비리에 대한 수사권을 가진 독립 감시기구인 이라크 특별감찰관실의 "(스튜어트) 보엔과 함께 활동하며 협력하고"[182] 있었다. 《뉴욕타임스》는 2009년 스토펠이 특별감찰관에게 정보를 제공하는 대가로 제한적인 기소 면책권을 부여하는 내용의 합의서에 2004년 5월 20일 서명했다고 보도했다.[183] 의미심장하게도 스토펠은 총격을 받고 사망한 날로부터 불과 이틀 뒤인 12월 10일 보엔과 만나 그의 이라크 계약 건에 대해 논의하기로 한 상태였다.[184]

2009년에는 스토펠이 폭로하려던 인물이 누구였는지에 관해 숨겨진 단서가 나왔다. 《뉴욕타임스》는 그해 2월 특별감찰관이 임시행정처 내부인에 대한 비리 의혹을 더욱 진지하게 조사하기 시작했다는 보도를 내놨다. 이라크 내 관계자에 따르면 조사 계획에는 스토펠이 제기한 비리 의혹에 대한 재조사도 포함되어 있었다.[185] 동시에 임시행정처의 고위급 관료 2명이 뇌물 및 리베이트 수사의 일환으로 소환돼 은행 거래 내역 제출을 요구받았다는 보도도 있었다. 이때 지목된 관료 중 하나는 앤서니 벨 대령으로, 2003년 6월부터 2004년 3월까지 임시행정처에서 계약담당관직을 수행했다.[186] 소환의 근거로 법원에 제출된 서류는 이라크 재건사업 특별감찰관실 소속의 '특수요원' 제임스 J. 크로울리James J. Crowley의 진술서로, 거기에는 "이라크 재건사업 특별감찰관실은 비밀 정보원으로부터 앤서니 벨 및 다른 인물이 이라크 내에서 체결된 특정 계약과 관련해 부적절한 리베이트를 받았다는 정보를 접수했다. 비밀 정보원은 미 관료와 접촉한 후 살해됐다"[187]고 기술돼 있었다. 여기서 '비밀 정보원'은 스토펠을 지칭하는 것으로 추정된다.

데일 스토펠의 사망을 둘러싼 의혹과 여전히 남은 의문들은 이라크 '해방' 이후가 무기거래가 이뤄지는 어둠의 세계와 마찬가지로 탐욕과 비리, 기회주의, 기만, 폭력 등으로 얼룩졌음을 드러냈다. 어마어마한 이익을 남길 기회도 있었지만, 그 대가로 목숨을 잃을 가능성도 컸다.

2011년 6월 오바마 대통령은 새로운 철군 일정을 발표했다. 2009년 추가 파병의 일환으로 이라크에서 아프가니스탄으로 재배치된 3만 3,000명 이상의 병력은 2012년까지 본토로 돌아오게 됐다.[188] 이로써 이라크 내에 남을 병력의 규모는 7만 명가량이었다. 제시된 계획은 2014년까지 모든 병력을 철수하는 것이었지만,[189] 2024년까지는 수천 명 규모의 병력을 유지한다는 '비밀협약'이 체결됐다는 최근 보도에 의해 그 신뢰성이 떨어지게 됐다.[190] 어떻든 미국의 개입은 적어도 몇 년간은 유지될 것이며, 그 모든 기간의 비용은 전쟁 비용에 합산될 것이다.

이러한 전쟁 비용 중 가장 수치로 환산하기 쉬운 부분은 전쟁으로 인한 재정 지출이다. 2010년 9월 미 의회조사국은 이라크, 아프가니스탄 전쟁 비용이 1조 920억 달러에 달한다는 추정치를 내놨다.[191] 이 중 이라크전 비용이 7,510억 달러로 컸고, 아프간전은 3,360억 달러였다.[192] 이는 1,710억 달러 규모의 2011년 추경예산안을 반영하지 않은 것으로, 이를 모두 더하면 총 1조 3,000억 달러라는 막대한 금액이 된다.[193] 이라크 병력 감축은 비용 절감에 전혀 도움이 되지 않았다. 줄어든 비용은 그대로 아프가니스탄에 투입되었고, 결국 아프간전 비용의 비중은 60%로 올라가게 되었다.[194]

2011년 브라운대학교의 경제학자 및 사회과학자 20인은 이러한 추가비용을 감안할 때 2011년까지 실제 총 재정지출은 보수적으로 추정해서 3조 2,000억 달러('통상적 추정치'로는 3조 9,000억 달러)에 달한다는 사실을 확인했다. 이 수치는 2051년까지 의무 적용되는 제대군인 돌봄정책 비용 등을 합한 것이다. 이보다 더 큰 비중을 차지하는, 1조 달러를 조금 넘는 항목에는 전쟁 비용 조달을 위한 차관 이자(1,850억 달러), 국방부 기본예산(3,260억 달러), USAID 및 국무부 예산(740억 달러), 2011년까지 제대 장애군인에게 지급된 비용(320억 달러), 그리고 가장 중요한 부분인 테러와의 전쟁 관련 국토안보부 예산(4,010억 달러)이 포함된다. 브라운대 연구팀은 2020년까지 전체 전쟁 비용이 4조 달러에 달하거나 이를 초과할 것이라고 추정했다.[195]

이 수치에는 여전히 기회비용이나 전쟁으로 인해 발생하는 장기적 간접비용은 제외되어 있다. 그러한 비용 중 하나는 미국의 국채 증가다. 스티글리츠와 빌름즈가 지적했듯 "미국 역사상 정부가 전쟁을 벌이면서 감세를 한 적은 처음"이었기 때문에, "결과적으로 전쟁 비용은 온전히 대출로만 충당된 셈이다".[196] 2003년 3월부터 미국 은행권 구제금융이 실시되기 직전인 2008년까지 미국의 국채 발행 규모는 6조 5,000억 달러에서 10조 달러로 증가했다.[197] 2008년 금융시장이 붕괴하며 세계적 경기침체를 일으킬 당시 미국의 위기대처 능력은 심각히 손상되어 있었을 가능성이 높다. 스티글리츠와 빌름즈는 세계적 경기침체의 심각성과 미국의 대처능력 부족의 원인을 직간접적으로 이라크, 아프가니스탄 전쟁에서 찾을 수 있다고 주장했다.

세계 금융위기는 최소한 부분적으로는 전쟁으로 인해 초래되었다고 할 수 있다. 고유가로 인해 해외 석유 구매에 추가로 지출하는 비용만큼 국내에서는 지출을 하지 못하게 되었다. 동시에 전쟁 비용 지출은 다른 형태의 재정지출보다 경기부양 효과가 미미했다. 이라크에서 활동하는 외국 방산업체에 대한 지출은 효과적인 단기 부양책도 아니었으며 (교육, 인프라, 기술 투자에 비해) 장기적 성장의 기반이 되지도 못했다. …… 부채로 비용을 충당한 값비싼 두 전쟁의 결과 우리의 재정은 금융위기 이전에도 암울한 상태였고, '재정에 대한 전쟁'으로 인해 경기침체는 더욱 악화되었다.[198]

이러한 논의에서는 전쟁으로 인한 지출의 기회비용, 다시 말해 그 돈을 다른 곳에 썼다면 무엇을 구매할 수 있었는지, 어떤 목표를 달성할 수 있었는지에 관한 분석은 명시적으로 제외되었다. 브라운대의 '전쟁 비용 프로젝트'가 추산한 결과에 따르면 군사비 지출 100만 달러(2011년 화폐가치 기준)당 창출된 일자리 수는 8.3개에 불과했다. 지출액 대비 매우 형편없는 결과다. 같은 비용을 지출할 경우 예상되는 일자리 창출 규모는 공교육 부문 15.5개, "보건 부문 14.3개, 주택 에너지 효율 개선사업*의 경우 12개이고, 여러 재생에너지 기술 관련 사업에서도 유사한 수준이다. 건설 부문(주거/비주거 포함)에 100만 달러를 투

---

* 전기 시스템, 냉난방(단열 및 누수 등), 가전제품 업그레이드 등을 통해 주택 에너지 효율성을 개선하는 것을 총칭한다.

입할 경우에는 11.1개의 직간접적 일자리가 생긴다".[199] 이라크, 아프가니스탄, 파키스탄 전쟁에 지출된 금액이 다른 부문에 사용됐다면 훨씬 더 많은 일자리가 창출됐을 것이다. 건설 부문을 예로 들면 매년 93만 6,000개, 보건 부문의 경우 78만 개가 창출되었을 것으로 추산된다. 대중교통, 재생에너지 사업 및 주택 에너지 효율 개선사업 등 에너지 관련 사업의 경우 매년 50만 개의 일자리를 만들어냈을 것이다.

하지만 미국과 중동 지역에서 가장 오랜 기간에 걸쳐 큰 피해가 발생할 부분은 바로 인명이다. 다만 이와 관련해 정확한 사망자 수를 추산하기는 매우 어려운 것으로 드러났다. 2011년 6월 공개된 가장 최근의 추산치 역시 브라운대 연구팀이 제공한 것으로, 이라크, 아프가니스탄, 파키스탄에서 살해된 민간인의 수는 최소 13만 7,000명에 달한다. 군사작전 수행 비용을 미국의 지원에 크게 의존하고 있는 파키스탄은 넓은 의미의 '테러와의 전쟁'에서 간과되는 경우가 많은데, 파키스탄의 사망자 규모는 아프가니스탄과 거의 같은 수준이다. 미군 전사자는 6,000명가량이지만, 부상자는 이보다 훨씬 많다. 미 보훈처가 2010년 가을까지 접수한 장애인 지원 신청은 55만 건에 달한다. 상대방의 전사자 규모도 상당하다. 정규군과 비정규군을 통틀어 이라크, 아프가니스탄, 파키스탄에서 발생한 전사자는 총 22만 5,000명에 달한다. 또한 최소 780만 명이 국내 실향민이 되거나 해외에서 난민 지위를 신청했다. 이는 연구팀이 지적하듯 "코네티컷주와 켄터키주 주민 모두가 피난을 떠난 상황"에 맞먹는다.[200] 게다가 "이제 이라크와 아프가니스탄은 더 많은 죽음과 참사를 초래할 무기, 탄약, 지뢰밭으로 가득하다".[201]

수치로 환산하기 더욱 어려운 정치적 비용 역시 심각한 수준이다. 중동의 질서를 재편하려는 시도는 이와 유사한 다른 시도들과 마찬가지로 역풍을 불러왔다. 중동 지역 주민들은 사상 어느 때보다 미국을 크게 경계하고 있다. 2004년 이라크에서 실시된 여론조사에 따르면 인구 51%가 미국의 점령에 반대하는 것으로 나타났다.[202] 그로부터 3년 후에는 78%가 미군의 철군을 희망한다고 응답했다.[203]

이라크과 아프가니스탄은 부패로 신음하고 있으며 정치권의 권력투쟁과 국가기관의 역량 부족으로 정체 상태에 빠졌다. 아프가니스탄은 끊임없는 부패사건과 정치적 무기력 속에 힘겨운 시기를 보내고 있다.[204] 오바마 대통령은 이전보다 이른 아프가니스탄 철군 일정을 발표했다. 철군 계획의 실제 이행과 그로 인한 결과는 아직 지켜봐야 할 것이다.

이라크에서는 특히 반미 성향의 정당들이 세력을 키우고 있다. 가장 최근에는 2010년 10월 무크타다 알-사드르Muqtada al-Sadr가 총선 이후 수립된 정부에서 킹메이커로 부상했다. 알-사드르는 강경한 반미 성향의 성직자로, 그의 정당은 2010년 3월 선거에서 유일하게 의석을 늘렸다. 인접한 파키스탄이 겪고 있는 결과 역시 참담하다. 국가는 붕괴 직전이며, 무능한 정부는 비리로 무너지고 있다. 미국으로부터 훈련과 대부분의 자금을 제공받는 파키스탄군과 정보기관은 국경지대를 점령한 반군을 은밀히, 때로는 공공연히 지원하는 이중 행보를 계속하고 있다. 미국의 개입은 지역의 불안정성을 높였다. 이라크는 호전적 이슬람주의자들이 몰려드는 나라가 됐다. 오사마 빈라덴이 거의 10년간 추적을 피하다가 파키스탄의 수도 이슬라마바드 외곽에서 발견된 사실로 입증됐듯, 이제 파키스탄은 테러와의 전쟁에서 신뢰하기 어려운 동맹국이다. 오바마 대통령의 대테러 수석보좌관은 빈라덴이 이슬라마바드 인근에서 가족과 편안하게 살 수 있게 해준 파키스탄 내에 "빈라덴을 지원하는 체계가 없었을 리가 없다"고 논평했다.[205]

테러와의 전쟁은 미국의 민주주의를 심각하게 훼손했다. 미국 헌법 체계의 핵심이 개악되고 폐기되고 무시됐다. 권력은 행정부로 더욱 집중되었고, 군은 전반적으로 민영화됐음에도 낭비가 심해지고 효율성은 떨어졌다. 감독체계는 의도적으로 약화되거나 주변화됐다. 비밀 구금시설, 특별송환, '고문'의 재정의 등은 국제법 체계를 무력화했고, 이로써 미국의 적들은 국제적으로 감시받지 않으며 대규모 인권침해가 일어나는 법적 사각지대로 내몰리게 됐다. 애국법을 통해 정부가 평범한 시민들의 일상을 들춰볼 막대한 권한을 얻으면서 미국 내의 개인적 자유 역시 위협을 받았다. 패트릭 코번Patrick Cockburn이 예리하게 평가했듯이, "이라크전은 1950년대 프랑스가 알제리에서, 그리고 1980년대 소련이 아프가니스탄에서 경험했듯 점령군에 막대한 피해를 안겨주는 작은 전쟁 중 하나가 됐다".[206]

신보수주의 세력은 어떤 의미에서 옳았다. 이라크와 아프가니스탄 전쟁이 세계와 중동을 바꿔놓았기 때문이다. 그러나 변화된 세계는 더욱 불안하고 위험하며 빈곤해졌다. 국내외의 민주주의는 후퇴했고, 특히 중요한 것은 미국, 그리고 이 전쟁을 지지한 영국 등의 서구 열강에 대한 적대감이 커지고 있다는 사실이다. 스티글리츠와 빌름즈는 논란의 여지 없는 진실을 말하고 있다. "이 전쟁의 유일한 승자는 막대한 이익을 거두는 방산업체들뿐이다."[207] 이들은 전쟁을 독려하는 데 엄청난 돈을 쏟아부었고, 어둠의 세계의 다른 구성원들과 함께 땅 짚고 헤엄치듯 막대한 수익을 거둬들였다.

5부

킬링필드

소말리아의 길거리 무기장터
© Hannah Allam/MCT via Getty Images.

19. 아름다운 대륙, 아프리카의 눈물

국제 무기거래의 복잡한 네트워크는 점점 확장된다. 수많은 행위자들 사이의 관계는 긴밀하고 지속적일 때도, 약하고 일시적일 때도 있다. 기업, 딜러, 중개인은 어떤 사업을 위해 협력하는 동시에 다른 사업을 따내기 위해 경쟁할 수도 있다.

필자는 지금까지 이러한 네트워크들을 설명했다. 그 뿌리는 독일의 메렉스였고, 상대적으로 공식적인 네트워크를 주도하는 것은 BAE와 영국 정부, 그리고 미국의 무기거래라는 독특한 환경하의 록히드마틴과 군산정복합체임을 밝혔다. 다만 이들은 가장 대표적인 사례일 뿐, 현실에서는 여건에 따라 수천 개의 느슨한 연결망이 끊임없이 변화한다. 분쟁이 있는 곳이라면 어디든지 이러한 네트워크가 등장해 사업에 가장 편리한 형태를 갖춘다.

누구나 예상할 수 있듯 아프리카는 그동안 어둠의 세계에서 가장 비옥한 땅이었다. 식민의 역사, 독립투쟁, 냉전, 취약한 국가 형성, 그리고 권력을 유지하고 부를 쌓기 위해 기꺼이 국가를 수탈하는 '거물' 통치자들로 인해 분쟁, 폭력, 빈곤이 지속되었다. 소형화기와 휴대용 무기를 언제든지 구할 수 있다는 점은 분명 이러한 폭력 중 일부의 결과이지만, 동시에 폭력을 촉진하는 원인이기도 하다. 무기의 손쉬운 공급은 다양한 분쟁의 폭력성과 살상 가능성을 기하급수적으로 높인다. 이로 인해 작은 싸움이 전면전으로 번지기도 했으니, 무기가 대규모로 반입된 후 가장 처참한 폭력사태가 발생하는 건 당연지사였다. 아프리카의 무기거래는 사회적 분쟁을 군사화했다. 이때 대규모 살상, 빈곤, 다수의 이재민 발생, 인권침해는 반드시 수반된다.

라이베리아, 시에라리온, 르완다, 콩고민주공화국, 앙골라, 소말리아, 수단의 가장 악명 높은 분쟁들, 그리고 최근 이집트, 리비아, 아이보리코스트의 불안정은 이러한 역학관계를 반영한다. 또한 이는 앞서 서술한 네트워크와 유사하거나 그와 상호 작용하는 네트워크들이 이윤을 창출하는 무대가 된다. 미국은 세계 유일의 무기 강대국으로서 아프리카에서 결정적 역할을 하고 있다. 이는 2007년 초 미군 아프리카사령부의 창설로도 나타나는데, 이로 인해 아프리카에 대한 미국의 개입이 더욱 군사화될 수 있다는 우려가 제기되었다.[1]

"바퀴벌레들에게 죽음을": 르완다 대학살

정부 지지자들과 그 반대자로 간주된 이들, 즉 투치족 모두와 '잘못된' 핏줄을 타고난 후투족 일부가 대립한 르완다 대학살은 '피의 20세기' 중에서도 가장 잔인한 사건이자 무기거래가 분쟁을 직접적으로 유발하고 악화시킨 비극적 사례였다.

대학살에는 오랜 역사적 뿌리가 있었다. 원래 르완다는 계층 간 이동이 자유로웠으나, 민족 정체성을 강조한 벨기에 식민 세력과 투치족의 지배동맹이 등장하면서 이 같은 사회적 유동성은 사라졌다. 1959년 투치족 왕실은 후투족의 저항운동으로 축출되었다. 벨기에는 재빨리 편을 바꿔 후투족의 통치권을 인정했다. 1962년 벨기에가 르완다를 떠날 무렵 르완다 사회는 민족 분쟁과 끓어오르는 긴장으로 분열된 상태였고, 새로운 후투족 정권은 투치족에 큰 원한을 품고 있었다.[2]

독립 직후 10년간 후투족 정권하에서 목숨을 잃은 투치족은 2만 명에 육박했고, 30만 명은 르완다를 대거 탈출했다. 이들은 이웃 나라에서 난민이 되었고, 이들 사이에서 르완다를 되찾자는 저항운동이 발생했다.[3] 1994년 투치족 난민은 약 50만 명에 달하는 것으로 추정되었다.[4] 1973년 투치족에 반대하는 폭력사태가 다시 일어나자 주베날 하비아리마나Juvénal Habyarimana는 질서 유지를 내세우며 군사쿠데타를 일으켜 권력을 장악했다. 그는 투치족과 후투족이 권력과 자원을 공유하는 균형정책을 약속했다. 그러나 현실에서 하비아리마나는 직책과 자원을 자신의 가족과 측근에게 나눠주며 르완다를 자신의 영지처럼 통치했다. 이후 20년간 르완다는 하비아리마나의 MNRDNational Republic Movement for Democracy and Development에 권력이 집중된 군사적 일당독재 국가가 되었다.[5]

1980년대 후반 들어 커피 가격의 급락으로 경제가 무너지면서 하비아리마나 정권은 흔들리기 시작했다.[6] 평범한 르완다 시민들은 경제붕괴로 가장 큰 피해를 보았고, 하비아리마나가 나라를 통치할 능력이 없다고 판단하면서 정치적 변화를 열망했다.[7] 1990년 6월, 하비아리마나는 국내적 논란과 극심한 국제적 압력에 떠밀려 2년 안에 르완다를 민주주의 국가로 전환하겠다고 선언하기에 이른다. 또한 당시 우간다에서 르완다 망명 세력과 요웨리 무세베니Yoweri Museveni 대통령이 이끄는 우간다 정부가 새롭게 동맹을 체결하게 된 점 또한 하비아리마나 정권에 새로운 위협으로 작용했다. 과거 이디 아민Idi Amin에 맞선 전쟁에 참여한 무세베니는 1985년 정권을 노릴 당시 반야르완다Banyarwanda로 알려진 르완다 출신 망명자들에게 도움을 받은 바 있었다. 무세베니는 그 대가로 대다수가 투치족으로 구성된 반야르완다가 우간다군에 합류하여 무기와 군사훈련을 제공받도록 했다.[8] 그리고 1987년, 르완다 침공 의도를 가진 투치족 위주의 르완다애국전선Rwandan Patriotic Front이 창설되었다.

1990년 10월, 르완다를 침략한 르완다애국전선은 빠르게 진군했다. 하지만 전선은 르완다 정부가 모부투 세세 세코Mobutu Sese Seko가 이끄는 자이르공화국, 그리고 더 중요하게는 프랑스의 군사원조를 받은 후 교착 상태에 빠졌다. 1991년 3월에 접어들어 하비아리마나 정권은 르완다애국전선과 정전협정을 맺었고, 이를 통해 하비아리마나 대통령은 다당제 민주주의 체제로의 전환에 합의했다. 하지만 하비아리마나는 약속을 이행하는 데 전혀 열의를 보이지 않았다. 2년간 지속된 정전협정은 1993년 2월 르완다애국전선이 다시 르완다를 침공하면서 깨져버렸다. 르완다애국전선은 르완다 수도 키갈리 외곽까지 진군했지만 전선은 그곳에서 교착됐다. 상당한 국제적 압력 속에 양측은 아루샤 협정으로 알려진 평화협정을 체결했고, 여기서 르완다를 완전한 민주국가로 변화시킬 로드맵이 제시됐다.[9]

하지만 르완다가 민주주의 체제로 평화롭게 전환될 가능성은 매우 희박했다. 특히 하비아리마나의 부인[10]을 포함한 주요 정치인들의 비밀 결사조직인 아카주AKAZU를 필두로 르완다의 엘리트 지배층은 현 체제에 변화를 불러올 모든 조치에 저항하려는 태세였다. 어떤 권력 이양도, 특히 투치족에게 권력을 넘긴다는 것은 당치 않은 일이었다. 이들은 고위급 정치인과 군대 내 극단주의 세력의 지지 속에 투치족의 '위협'을 일거에 제거할 최후의 싸움, 대학살을 준비하고 있었다.

이러한 움직임은 두 가지 방향에서 이뤄졌다. 첫 번째는 프로파간다 전쟁으로, 르완다애국전선과 르완다 내 투치족 전부를 악마화하는 언론과 정부의 합작품이었다. 르완다애국전선의 궁극적인 계획은 후투족의 멸절이며, 이로부터 후투족을 지키기 위해서는 투치족을 먼저 쓸어내야 한다는 소문이 돌았다. 또한 투치족은 제거되어야 하는 암, 질병, 국가적 위협으로 묘사됐다. 르완다에서 글을 읽을 줄 아는 이들 대부분을 독자로 두고 있으며 대중모임에서 낭독될 정도로 인기가 높은 극단주의 잡지 《캉구라Kangura》는 투치족의 위협에 대한 공포를 부추겼다. 그중에도 가장 악명 높았던 것은 '후투족 십계명'이었다. 십계명 중 하나는 "누구든 투치족과 사귀거나, 투치족을 고용하거나, 투치족과 결혼하는 사람은 배신자다"라는 내용으로, 열 가지 계명 모두가 투치족을 왜 피해야 하는지를 설명하고 있었다.[11] 이는 이후의 대학살이 어떤 방식으로 자행될 것인지 보여주는 소름 돋는 전조였다. 후투족 중 대학살에 반대하거나 그 같은 끔찍한 참사에 충분한 열의를 보이지 않는 이들, 즉 투치족과 가까운 것으로 간주되는 사람들은 투치족과 마찬가지로 잔인하고 효율적으로 살해당해야 한다는 의미였기 때문이다. 이 잡지는 또 르완다 내 투치족을 가리키는 '바퀴벌레'라는 표현을 대중화하기도 했다. "바퀴벌레는 바퀴벌레를 낳는다. …… 투치족은 절대로 변하지 않고 늘 그대로라는 점은 르완다 역사에서 명확히 드러난다. …… 1990년 10월, 그리고 1960년대에 르완다를 침략한 투치족들은 모두 연계되어 있다. …… 그들은 똑같이 사악하다."[12]

르완다 최초의 민영 라디오방송국인 RTLMC Radio Télévision Libre des Mille Collines는 이 같은 증오를 부채질했다. 1993년 개국한 RTLMC는 격렬한 극단주의를 신봉했다. 매일 반복되는 프로그램과 논설의 중심은 '투치족의 사악함'이었다. '바퀴벌레' 같은 표현이 지겹도록 반복됐고, 광고음악과 대중가요 사이는 '시대를 초월한 투치족의 배신'에 관한 짤막한 역사적 교훈으로 채워졌다. 방송국의 최대 주주는 하비아리마나 대통령, 그리고 가장 견고한 지지 기반이었던 사업가, 정치인, 은행 간부, 군 장성으로 구성된 아카주였다.[13]

체제 유지를 위한 또 다른 움직임은 1990~1994년 진행된 르완다 사회의 급격한 군사화였다. 군사화가 없었다면 르완다 대학살은 그 같은 규모로 일어날 수 없었을 것이다. 르완다의 엘리트 지배층은 1990년 10월 르완다애국전선의 침략에 대한 대응으로 '민방위 계획'을 실시했다. 민방위 계획이란 전국 방방곡곡에 군사훈련과 물자를 제공해 르완다의 모든 지역이 전투 준비를 마친 민병대와 지휘관을 갖추도록 하는 것이었다. 하비아리마나 대통령의 집권당 소속 청년 민병대이자 향후 대학살의 습격부대로 악명을 떨친 인터라함웨 Interahamwe가 바로 이때 만들어졌다.[14] 민방위 계획의 시행과 함께 르완다군의 병력 규모역시 1990년 1만 명에 조금 못 미치는 수준에서 1993년 3만 5,000명

으로 급격히 증가했다.[15]

그런데 민방위 계획은 무기 부족이라는 중대한 문제에 봉착했다. 1980~1988년 하비아리마나 정권이 무기수입에 지출한 비용은 500만 달러에 불과했지만[16], 1990~1994년에는 무기와 탄약 수천 톤이 수입돼 전국으로 보급됐다. 이러한 무기구매의 광풍이 얼마나 거세었던지, 미미한 규모의 무기수입국이던 르완다는 1992~1994년 아프리카 3대 무기수입국으로 급성장했다. 해당 기간 르완다의 무기수입 총액은 1억 1,200만 달러를 넘어서는 수준으로, 1980년대 무기수입액 전체의 스무 배에 달했다.[17] 1990년부터 4년간 르완다가 무기구매에 지출한 예산은 전체 연간 예산의 70%에 달했고, 이에 따라 국가부채도 100% 증가했다.[18] 1994년까지 르완다 전역에 보급된 무기와 탄약은 약 85톤가량으로, 르완다 인구가 700만에 불과하다는 점을 고려하면 상당한 규모였다.[19] 지방 민병대 지휘관들은 AK-47 소총과 탄약을 요청하는 서류를 끊임없이 작성했고, 수류탄의 경우는 서류조차 필요 없었다. 1994년에는 수류탄이 어찌나 광범위하게 보급되었던지 현지 채소시장에서 1발당 3달러에 살 수 있을 정도였다.[20]

르완다는 여러 경로를 통해 무기를 수입했다. 남아프리카공화국 국영 무기업체 암스코어의 경우 1992~1993년 하비아리마나 정권에 590만 달러 규모의 무기 및 탄약을 공급했다.[21] 남아공은 이 같은 무기 수출을 통해 대학살로 이어질 르완다의 군사화를 촉진했을 뿐 아니라 무기금수조치도 위반했다. 남아공의 무기금수조치 해제는 1994년 민주적 선거가 치러진 후의 일이었다.[22] 남아공은 R-4 소총 3,000정과 탄약 외에도 SS-77 기관총, 브라우닝 중기관총, 탄약 100만 발, 휴대형 유탄발사기 70정, 유탄 1만 발, 60mm 박격포 100문, M-26 세열 수류탄 1만 발을 공급했다.[23] 르완다는 또한 1990년 10월부터 1992년 6월까지 이집트에서 강력한 견인포 6문, 다구경 박격포 70문 및 포탄 1만 발, RPG 로켓 2,000발, 지뢰 2,000발, 이집트제 칼라시니코프 소총 450정, 가소성 폭약 200kg, 탄약 320만 발 등 총 1,200만 달러에 달하는 무기를 수입했다.[24]

파리 17구 7층 건물에 자리한 주프랑스 르완다 대사관은 르완다 정부의 명령에 따라 이러한 무기구매 광풍을 총괄했다.[25] 프랑스는 하비아리마나 정권의 최대 무기공급국이었으며, 르완다가 남아공과 이집트에서 무기를 조달하는 데서도 어느 정도 역할을 맡았다. 크레디뇨레 은행은 이집트 무기구매 대금에 대한 지급보증을 제공했으며, 오랜 기간 비밀리에 아파르트헤이트 정권에 무기를 공급해온 프랑스 정부는 남아공과의 거래에서 중개역을 수행했다.[26]

프랑스는 르완다 사태가 아프리카에서 자국의 영향력을 확대할 기회라고 보았다. 프랑스로서는 영어권 국가인 우간다로부터 자금 지원을 받는 투치족 저항 세력이 르완다 정부처럼 '신뢰할 만한' 프랑스어권 동맹에 극심한 군사적 압력을 가하는 상황은 있을 수 없는 일이었다.[27] 프랑스는 제5공화국 초기부터 대對 아프리카 업무를 대통령실에서 직접 담당해왔다. 1980년대 후반 해당 부서의 수장은 프랑수와 미테랑의 아들인 장-크리스토프 미테랑이었다.[28]

프랑스는 르완다 정부군 훈련과 전력 강화를 위해 파병을 하는 등 르완다애국전선을 상대로 한 전쟁에 적극적으로 참전했다. 프랑스의 개입은 "무기공급과 훈련 제공을 통해 르완다 정부군이 급격하게 전력을 증강할 수 있었던 직접적인 요인"이었다.[29] 프랑스는 또 대학살에 선행된 사상적 세뇌 작업에도 관여한 것으로 알려졌다. 민병대 인터라함웨의 장 쿠부라레Jean Kuburare 상병은 이와 관련해 "그들(프랑스군)은 신병들에게 투치족이 적이라고 말했다. 며칠간의 훈련이 끝난 후 그들은 훈련병 전원에게 총을 지급했다"고 기억했다.[30]

프랑스군은 르완다 정부군과 민병대에 꼭 필요했던 훈련 외에도 엄청난 화력을 제공했다. 일례로 내전 초기에 프랑스 포병부대는 르완다애국전선의 진군을 저지하는 데 상당한 역할을 한 것으로 평가된다.

프랑스군 조종사가 운용하는 중무장 헬리콥터를 활용한, 르완다애국전선 보급로 교란 및 공격은 1991년 초기의 격렬한 전투에서 반군의 공격을 상당 부분 좌절시켰다. 이 같은 헬리콥터 공격의 성공으로 인해 르완다애국전선은 전통적 군사전략을 포기하고 게릴라전에 의존할 수밖에 없었다.[31]

벨기에의 경우 르완다의 불안정한 상황을 악화시킬 추가적 무기 공급을 거부했지만, 프랑스는 조금도 거리낌이 없었다. 1990년 2월부터 1994년 4월 사이 프랑스는 총 1억 3,600만 프랑 상당의 무기 및 탄약을 수출했다.[32] 이 외에 직접 무기를 갖다주기도 했다. 국방부나 국제협력부가 비용을 치르고 자국으로 보급된 무기 일부를 르완다로 무상 공급한 것이다. 이 같은 직접 이전은 행정적으로 제약받지 않았기에 더욱 신속하고 빈번하게 이뤄졌다. 대학살 이전 4년 동안 프랑스는 4,300만 프랑 상당의 무기 및 탄약을 서른여섯 차례에 걸쳐 직접 이전했다.[33] 추가적으로 무상 이전된 무기의 목록은 섬뜩하다.

프랑스는 다음과 같은 무기를 판매하기로 합의했으며 실제 인도도 이뤄진 것으로 추정된다. 가젤Gazelle 헬리콥터 3대, 라수라Rasura 레이더 체계 3대, 알루엣Alouette II 헬리콥터 2대, 68mm 로켓발사기 6정(헬리콥터 탑재용 68mm 로켓 1,397발 포함), 밀란 대전차미사일 발사대 2문, 12.7mm 중기관총 70정(탄약 13만 2,400발 포함), 105mm 화포 8문(포탄 1만 5,000발 포함), 120mm 박격포 6문(포탄 1만 1,000발 포함), 90mm 포탄 3,750발(이미 운용 중인 AML-90 장갑차 탑재용), 60mm 박격포탄 8,850발, 81mm 박격포탄 4,000발, 20mm 탄 2,040발, 9mm 탄 25만 6,500발, 7.62mm 탄 14만 5,860발, 5.56mm 탄 125만 6,059발 외 다량의 소형화기 및 헬리콥터·장갑차 예비 부품.[34]

르완다에 자유롭게 무기를 공급한 프랑스의 정책은 대학살을 촉발한 사건과 직결된다. 1994년 4월 6일, 하비아리마나와 부룬디의 후투족 출신 대통령 시프리앵 은타랴미라Cyprien Ntaryamira가 탑승한 르완다 대통령기가 키갈리 공항 외곽에서 미사일 공격을 받아 격추되는 사건이 발생했다. 그리고 하루 뒤, 르완다 정치 체제에 대한 투치족의 비겁한 공격이라 묘사되는 이 사건에 대한 '보복' 차원에서 르완다 대학살이 본격적으로 발발했다. 당시 누가 대통령기를 격추했는지는 아직까지 밝혀지지 않았다. 후투족 민병대와 정계는 이를 투치족의 소행이라고 주장했으며, 혹자는 후투족 내 극단주의 파벌이 르완다애국전선과 권력을 분점해야 하는 상황을 하비아리마나가 무력으로 저지할 수 없을 것이라 보고 저지른 일이라고 주장하기도 했다.[35] 르완다의 한 전문가위원회는 2010년 1월 발표한 무친지니Mutsinzini 보고서에서 영국 국방대학교의 자문을 바탕으로 하비아리마나가 타고 있던 팔콘 다소Falcon Dassault 여객기를 격추시킨 미사일은 프랑스제가 분명하다는 점을 밝혔다. 이 보고서는 또 "이라크가 1988년 구매한 후 걸프전 당시 프랑스에 의해 회수된 SA-16이 프랑스에서 르완다로 제공됐음을 보여주는 추가적 정보가 존재한다. 또한 본 위원회는 1992년과 1993년 사이 르완다가 프랑스에 중거리 지대공미사일 150기와 발사대 12문을 구체적으로 요구했음을 보여주는 문서를 입수했다"고 덧붙였다.[36] 프랑스는 당연히 일체의 개입 사실을 부인했다. 반면 다수의 다른 전문가들은 르완다애국전선이 분명 연루되어 있다는 증거를 제시했다. 아마도 이 사건은 한동안 풀리지 않는 미스터리로 남게 될 것이다.[37]

국제사회가 르완다 상황에 늑장 대응을 했다는 평가는 당시 상황의 극히 일부만을 나타내주는 표현이다. UN은 대학살이 시작된 지 한 달 만인 1994년 5월이 돼서야 강제적 무기금수조치를 부과했는데, 그럼에도 르완다의 학살자들에게 공급되는 무기는 줄지 않았다. 르완다 정부는 언제나 존재해온 무기딜러들의 어둠의 세계로 공급처를 변경했다. 특히 영국 서섹스 지방에 소재한 한 무기업체는 무기금수조치를 대단히 성공적으로 무력화시켰다.

1996년 11월, 일군의 기자들이 콩고민주공화국 내 후투족 거점 인근의 버스를 뒤져본 일이 있었다.[38] 버스의 잔해 속에서 밀텍Mil-Tec이라는 업체가 대학살이 자행된 바로 그 시기, 1994년 4월 중순부터 7월 중순 사이 르완다군에 무기를 공급했음을 보여주는 서류가 발견되었다.[39] 밀텍은 런던 북부의 교외 지역 헨던Hendon의 "한 아로마테라피 가게 위층 어두침침한 사무실"에서 아시아계 케냐인인 아눕 비디아르티Anoop Vidyarthi가 운영하는 회사였다.[40] 이 업체는 대학살 당시 3개월 동안 550만 달러 상당의 무기를 르완다로 수출했다. 대부분 불가리아와 이스라엘에서 조달한 무기였다.[41] 당시 르완다로 인도된 물품에는 130만 달러 상당의 탄약, AK-47 소총 2,500정, 박격포탄 2,000발, RPG 발사기용 로켓 100발 등이 포함됐다.[42] 비디아르티는 사건이 언론을 타자마자 잠적했다. 그럼에도 밀텍은 영국 정부 규정을 단 1건도 위반한 사실이 없었는데, 이는 회사의 등록 소재지가 아일랜드해의 맨섬Isle of Man이었기에 가능한 일이었다. 영국은 법제상의 미비로 인해 맨섬 같은 왕실령에는 UN 무기금수조치를 적용할 수 없었다. 이에 대한 조치는 밀텍 관련 뉴스가 국제 언론에 등장한 지 한 달이 지난 1996년 12월에야 이뤄졌다.[43]

하비아리마나 대통령이 탑승한 비행기가 격추된 날, 농기구와 총기로 무장한 민병대가 르완다 각지로 투입돼 투치족, 그리고 대학살에 반기를 드는 온건파 후투족을 조직적으로 살해하기 시작했다. 지역 라디오는 시종일관 더욱 격렬한 폭력과 파괴를 부추겼다. 불과 3개월 만에 적게는 80만 명에서 최대 117만 4,000명가량이 살해됐다. 이 중 최소 40만 명은 아동이었다.[44] 이는 르완다 전체 인구 700만의 10%를 넘는 수준이며 전체 인구 중 14%를 차지하는 투치족 중 상당수에 해당했다.[45] 100일간 1분마다 남성·여성·아동 최소 6명이 쉼 없이 살해됐다.[46] 강간이 여성에 대한 무기로 사용되기도 했다. 강간 피해 여성의 규모는 10만~25만 명으로, 이중 67%는 그 결과 에이즈에 감염됐다.[47] 생존 아동 중 7만 5,000명 이상은 부모를 잃었고, 그중 상당수는 자신보다 어린 형제자매를 책임져야 할 처지가 되었다.[48] 연령대를 막론하고 생존자들은 모두 극심한 빈곤에 빠졌다.

그러나 이 같은 수치만으로는 르완다 전역을 뒤덮은 공포를 충분히 표현할 수 없다. 르완다애국전선이 키갈리에서 정권을 장악한 1994년 7월, 민병대에 의한 대학살의 압도적 규모와 잔학성이 명확히 드러났다. 교회에서 사람들이 대규모로 살해되기도 했고, 이웃 주민들이 일가족을 몰살시키는 사건들이 벌어졌으며, 공동묘지와 거리에는 썩어가는 시체들이 가득했다. 파악이 불가능할 정도의 체계적인 학살이었다.

대중에게 각인된 르완다 대학살의 모습은 원초적인 학살과 피와 살육에 굶주린 광기를 떠올리게 한다. 하지만 현실은 정반대였다. 대학살은 효율성을 극대화해 더 많은 사람을 죽일 수 있도록 세밀하게 기획된 사건이었다.[49] 르완다로 유입되어 산더미처럼 쌓인 무기들은 그러한 목적을 달성하는 데 결정적인 역할을 했다. 총기는 그보다 널리 보급된 벌목용 칼과는 달리 학살자들에 맞서 싸울 수 있는 영향력 있는 젊은이들을 죽이거나, 빠른 시간 안에 많은 수의 사람들을 살해하는 용도로 사용됐다. 학교와 축구 경기장에서 자행된 학살은 대부분 살상률 극대화를 위해 총기와 수류탄만 사용한 것이었다.[50]

무기수입이 르완다 대학살의 원인이라고 말할 수는 없을지 모른다. 하지만 이는 분명 르완다 내 사회적 갈등을 군사화해 파괴적인 폭력의 소용돌이로 몰아넣는 등 대학살이 가능한 환경을 조성하고 이를 악화시켰다. 무엇보다도 수입된 무기들은 대학살의 효율성을 극도로 높였다. 필자는 이런 질문을 던질 수밖에 없다. 그토록 잔인하고 효율적인 살해 도구를 그렇게 쉽게 손에 넣을 수 없었다면 얼마나 많은 사람들이 죽음을 면할 수 있었을까?

"약탈을 위한 지독한 아귀다툼": 콩고민주공화국

서유럽을 모두 합한 것만큼 큰 영토를 보유한 콩고민주공화국은 지난 150년 동안 억압적 독재와 폭력적 분쟁으로 고통받았다. 그동안 민주주의를 경험한 것은 단 한 번에 불과했다. 아프리카와 유럽의 약탈적 국가들, 그리고 BAE 에이전트 존 브레덴캄프와 빅토르 부트 같은 인물들은 대규모 산림자원, 다이아몬드, 금, 우라늄, 그리고 IT 혁명을 촉발한 콜탄을 비롯한 광물 등 풍부한 자원을 노리고 콩고와 콩고 내 민병대에 무기를 공급했다. 콩고민주공화국 최초의 민주적 자유선거는 벨기에 레오폴드 국왕이 콩고자유국Congo Free State에 식민통치를 선언한 지 119년이 지난 2006년에야 이뤄질 수 있었지만, 그 결과는 그리 오래 유지되지 않았다.[51] 2006년 선거는 2차대전 이후 가장 참혹했던 전쟁이 단지 부분적으로 마무리된 시기에 실시되었을 뿐이다. 지금도 콩고민주공화국 동부에서는 교전이 계속되고 있으며, 거의 무제한적인 소형화기 공급은 충돌을 더욱 부추기고 있다.

1960년 6월, 당시에는 콩고로 불린 콩고민주공화국은 독립을 요구하는 시위로 통치불능 상태에 빠진 후 벨기에로부터 독립했다. 당시 가장 인기 있는 정치인은 총리로 선출된 파트리스 루뭄바Patrice Lumumba였다.[52] 루뭄바는 확고한 민주주의자이자 당대에 가장 유려한 언변을 갖춘 인물이었는데, 콩고에 기득권을 가진 벨기에와 미국은 그에게 깊은 반감을 품었다.[53] 루뭄바가 정권을 잡은 지 불과 한 달 만에 군은 반란에 나섰고, 이어 대대적인 소요사태가 발생했다. 콩고의 주요 지역인 카탕가주는 지역 내 채굴권을 보호하려는 벨기에를 등에 업고 분리독립을 선언했다. 루뭄바는 서구 열강에 도움을 청했지만 별다른 소득이 없었다. 낙담한 그는 소련에 도움을 구했고, 상당한 물자를 신속히 공급받았다.[54] 이러한 결정으로 인해 콩고민주공화국은 거대한 냉전의 싸움터가 되었고, 필연적으로 무기가 대규모로 유입되었다. 당시 수도 레오폴드빌에 주재하던 미국 대사는 루뭄바 총리를 "루뭄바비치"라고 부르며 깎아내렸다(소련과 가깝다는 의미에서 소련식 이름으로 바꿔 부른 것—옮긴이).[55] 소련과의 관계는 루뭄바와 그 연정 파트너인 조제프 카사-부부Joseph Kasa-Vubu 대통령의 관계를 경색시켰다. 1960년 9월, 카사-부부는 루뭄바의 짧은 통치를 종식시키는 대통령령을 선포했고, 루뭄바는 이를 거부했다. 결국 양측 모두 콩고 정부군을 이끄는 조제프-데지레 모부투Joseph-Désiré Mobutu에게 개입을 요청하게 되었다. 모부투는 루뭄바가 임명한 언론인 출신의 명석한 인물로 서방과 긴밀한 관계를 유지하고 있었으며 루뭄바에 대해 의심을 품고 있었다.

모부투는 결국 9월 14일 루뭄바를 가택연금에 처했다. 루뭄바는 탈출에 성공했지만 1961년 1월 체포되어 잔혹하게 살해되었다. 당시 누가 그를 살해했는지는 지금까지도 명확히 밝혀지지 않았다. 그러나 CIA와 벨기에가 이에 연루되어 있었음을 강력히 시사하는 증거들이 존재한다.[56] 콩고의 첫 민주주의는 그렇게 불완전한 상태로 4년간 더 지속됐지만 실권을 장악한 것은 무장을 갖춘 군이었다. 1965년, 모부투는 무혈 쿠데타로 권력을 장악하고 이를 공식화했다. 그는 서방의 지지를 등에 업고 이후 30년 가까이 콩고를 통치했다. 이 기간 동안 정치 활동은 금지됐다. 모부투는 대단히 특이한 인물이었다. 그는 호피무늬 옷을 즐겨 입었고, 비상하는 독수리 모양의 지팡이를 들고 다녔다. 또 아프리카 민족주의를 어설픈 방식으로 채택하기도 했다.[57] 그는 1974년에 국명을 자이르로 바꾸고 자신의 이름도 모부투 세세 세코Mobutu Sese Seko로 개명했으며,[58] 대부분의 산업을 국유화했지만 3년 후 국가경제가 사실상 붕괴 수준에 이르자 국유화를 철회했다.[59] 병에 걸린 채 불명예스럽게 퇴진할 수밖에 없었던 1997년 당시 모부투는 약 50억 달러를 횡령해 세계 곳곳의 조세피난처에 숨겨둔 것으로 알려졌다.[60]

모부투 정권은 서방의 지지 속에 철옹성처럼 보였다. 미국은 자이르에 무기를 위주로 3억 달러 상당의 군사원조를 제공했는데, 그 이유 중 하나는 자이르를 앙골라 내 UNITA 반군 세력을 지원할 기지로 활용하기 위해서였다. 그러나 사실 자이르는 점차 국가적 파탄 상태로 빠져들었다.[61] 모부투는 일체의 반대 세력을 잔혹하게 대했다. 그가 특히 애용한 방식은 헬리콥터에서 떨어뜨려 살해하는 것이었다.[62] 그는 정부를 자신의 파벌로 채우면서 민족 간 긴장을 고조시켰다.[63] 전통적 지지층인 군부도 내부의 갈등으로 망가져갔다. 일반 군인들에게 지급된 터무니없는 수준의 급여는 특히 대통령 특별경호대의 사치와 대비되면서 분노를 자아냈다. 베를린장벽의 붕괴 이후 서방의 지원이 점차 줄어들자 모부투의 권력구조에는 금이 가기 시작했다.

모부투 정권은 1996년까지 위태롭게 이어졌지만, 르완다를 비롯해 아프리카에서 여러 변화가 일어나고 모부투의 건강에 이상이 생기면서 몰락했다. 르완다애국전선이 키갈리에서 권력을 장악하자 학살자들을 비롯한 르완다의 후투족 다수는 무기를 소지한 채 서쪽의 자이르로 탈출하기 시작했다. 1996년이 되자 거의 100만 명에 가까운 후투족이 자이르 동부에 정착하게 되었다. 이들은 대부분 급조된 난민 캠프에 거주했다. 자이르 동부에 인터라함웨 잔당이 남아 있다는 사실은 르완다, 또 르완다애국전선의 르완다 침략을 지원한 우간다의 입장에서 우려스러운 상황이었다. 인터라함웨는 프랑스가 대대적으로 제공한 무기를 갖고 다시 세력을 규합해, 폴 카가메Paul Kagame가 이끄는 르완다 정부의 전복을 노렸다. 하비아리마나 정권의 오랜 동맹이었던 모부투는 새로 유입된 후투족 난민이 자이르 동부 키부 지방에 정착해 그곳에 오랫동안 살아온 투치족 주민들을 공격하는 상황을 외면했다. 비록 증거가 불충분하기는 하나 이 같은 공격이 키부의 일부 정치인들과 자이르 정부군의 적극적 지원하에 이뤄졌다는 주장이 제기된 바 있다.[64]

1996년 9월, 콩고 동부에서 가장 오래된 투치족 바냐물렝게Banyamulenge가 새로 유입된 후투족 이주민에 대한 '예방적 선제공격'에 나섰다. 르완다 정부와 우간다의 무세베니 정부는 즉시 개입해 이들과 힘을 합쳤다. 대학살 이후 도덕적 우위를 점하고 있던 르완다 정부는 이러한 개입이 자위권 차원에서 이뤄졌다고 주장했다. 그러나 최근 보도를 보면 당시 공격의 동기가 복수와 민족적 증오였다는 점이 드러난다. 콩고에서 자행된 르완다애국전선의 잔학행위에 대해서는 상당히 많은 보고가 있는데,[65] 당시 르완다 및 우간다군의 습격이 르완다 대학살에 비견할 정도로 잔혹했다는 주장이 2010년 UN 보고서가 유출되면서 비로소 알려졌다. 이 보고서는 르완다군이 후투족 남성, 여성, 아동을 대규모로 포위한 채 괭이, 도끼, 망치, 총으로 살해했다고 주장하면서, "체계적이고 광범위하게 이뤄진 공격은 관할 법정에서 이를 입증한다면 대학살 범죄로 볼 결정적 요소들을 다수 포함하고 있다"고 결론지었다.[66] 르완다 정부는 이러한 주장을 반박했으며 UN은 후속 보고서에서 기존의 입장에서 일부 물러선 것으로 알려졌다.[67]

이것이 제2의 대학살이었는지 여부와 별개로 모부투 정권은 끝을 맞이하게 되었다. 제대로 된 훈련도 받지 못했고 사기도 바닥이었던 자이르군은 르완다-우간다 연합군의 공세에 무너졌다. 자이르군은 서쪽으로 퇴각하면서 마구잡이로 약탈을 저지르며 공포를 퍼뜨렸다. 르완다-우간다 연합군은 원래 자이르 동부에 대한 부분적 개입을 계획했으나, 생각을 바꿔 삼류 약탈꾼이자 밀수업자인 로랑 카빌라Laurent Kabila를 내세워 개입을 확대했다. 카빌라는 모부투 집권기 전반에 걸쳐 키부 남부에서 기본적인 병력을 갖췄다. 그가 어찌나 교활했는지, 국가로서 자이르가 얼마나 취약했는지, 무기를 구하는 게 얼마나 쉬웠는지가 여기서 드러난다. 카가메, 카빌라, 무세베니 연합군은 자이르를 가로질러 '기나긴 행군'에 나섰고, 이렇다 할 교전 없이 수도 킨샤사를 함락했다. 우간다-르완다 연합군이 자이르를 침공한 지 6개월만인 1997년 5월, 자이르라는 국가는 사라졌다. 카빌라는 국명을 콩고민주공화국으로 변경하고 직접 임시정부 대통령에 취임했다.

정권 초기, 콩고인들은 카빌라에게 많은 기대를 걸었다. 하지만 카빌라 정권은 빠르게 쇠퇴했다. 그는 과거에 자신이 실시한 정책을 그대로 채택했으나 긍정적인 반응은 거의 없었다. 특히 카탕가주에서와 같은 정치적 재교육 캠페인은 콩고인들에게 피로감을 누적시켰다.[68] 선거를 계속해서 미루는 태도, 그리고 그에게 권력을 쥐어준 동맹국들 모두 시민들의 분노를 샀다. 콩고인들, 특히 킨샤사 주민들은 한때 르완다-우간다 연합군을 해방군으로 환영했으나 불과 몇 달 만에 이들이 억압자가 될 수 있다는 우려를 품게 되었다.[69] 또한 르완다와 우간다 역시 카빌라가 지나치게 독자노선을 추구하고 있으며 콩고 동부에서 자신들에게 위협이 되는 게릴라 그룹과 분리주의 저항 세력 마이마이Mai-Mai를 제대로 제어할 의지가 없다고 보기 시작했다. 1998년 중반에 이르자 르완다는 인터라함웨가 정치적 보호를 받고 있어 이들과의 전투에 별다른 성과가 없다고 판단했고, 심지어 카빌라가 새롭게 창설된 콩고 정부군에 인터라함웨를 모병하고 있다는 주장을 제기하기도 했다.[70]

8월이 되자 르완다-우간다 연합군은 킨샤사로 진군해 카빌라 정권 전복에 나섰다. 군사력의 열세를 느낀 카빌라는 주변국에 도움을 요청했다. 짐바브웨, 나미비아, 앙골라가 파병을 결정했고, 수단, 차드, 리비아 역시 지원에 나섰다. 카빌라는 이들의 도움으로 킨샤사를 지켜냈지만 르완다 및 우간다 국경과 마주한 동부 지역을 내주고 말았다. 그런데 1999년 르완다와 우간다 정권의 사이가 틀어졌다. 광물자원에 대한 통제권 등을 둘러싼 갈등 때문이었다. 양국이 교전을 시작하면서

3개국은 끝없는 분쟁 상태에 놓이게 되었다. 어떤 국가도 완전한 군사적 승리를 얻어낼 만큼 강한 군사력을 갖추지 못했고, 각자의 영토 내에서도 소규모 민병대들이 통제권을 두고 경쟁했다.[71]

1998년부터 2003년 사이 콩고민주공화국은 훗날 '아프리카 대전'이라 불린 전쟁으로 황폐화됐다. 2003년까지 330만 명이 폭력과 기아, 질병으로 사망한 것으로 추정되는 등 콩고인들은 끔찍한 고통을 겪었다.[72] 살아남은 이들은 힘겹게 생계를 이어갔다. 동부 일부 지역의 주민들은 하루 18센트 미만으로 생활했다.[73] 230만 명 이상은 국내 실향민이 되었고, 별도로 33만 명이 국경을 넘어 난민이 되었다.[74] 이 중 아동은 40만 명에 달했다.[75] 군인들은 잔혹했다. 민병대들은 너나 할 것 없이 여성들을 강간했다.[76] 열 살밖에 안 된 여자아이를 성노예나 가사 노예로 끌고 갔고, 이에 저항하는 아이들은 본보기로 사지를 절단하거나 토막 내 죽이기도 했다.[77] 시에라리온에서와 마찬가지로 소년병이 광범위하게 동원되었다. 아이들은 협박에 못 이겨 전쟁터로 나갔다. 열 살짜리 소년이 AK-47 소총을 들고 다니는 것은 그리 이상한 모습이 아니었다.[78] 군인들이 사살된 적의 장기를 온몸에 두르고 다니는 '축하의식'도 특이한 일이 아니었다.[79] 그야말로 지상 위에 펼쳐진 지옥이었다. 서유럽만 한 국토 전역에서 이처럼 광범위한 충돌이 벌어질 수 있었던 것은 콩고민주공화국이 천연자원을 대대적으로 착취하면서 무제한적으로 무기를 수입했기 때문이다. 이 과정에서 분쟁 당사자들이 벌어들이는 엄청난 돈은 전쟁을 지속시킬 이유가 되었고, 분쟁을 확대하고 각자의 배를 불릴 수단이 되기도 했다. 르완다의 경우 2003년부터 2006년 사이 콩고에서 착취한 자원으로 군사비 지출을 80%나 늘릴 수 있었다.[80] 분쟁의 모든 당사자들은 혼란 속에서 군사력을 활용해 광산을 차지하려 했다. 결국 "전선은 금광과 콜탄 광산 인근에 집중됐다".[81]

분쟁과 광산을 둘러싼 사업은 콩고민주공화국, 르완다, 우간다 3

국이 지배하는 지역에서 각각 '엘리트 네트워크'를 통해 이루어졌다. 고위급 정치인, 군 지휘관, 저명한 사업가로 구성된 이 네트워크는 콩고민주공화국의 국고로 들어가야 할 거대한 부를 빼돌렸다. 이들은 "사람들을 위협하고, 폭력으로 협박하거나 특정 폭력행위를 저지르는 데 사용할 군과 무장조직을 통제함으로써 사업에서 이익이 발생하도록 했다".[82] 그러한 활동의 중심에는 바로 무기거래가 있었다. 무기거래는 위협 수단을 확보하기 위해서도 필요했고, 나아가 무기거래를 담당하는 밀수업자 및 운송업자의 네트워크를 통해 광물자원 거래도 이루어졌기 때문이다. 그중에서도 존 브레덴캄프와 빅토르 부트는 광물 채굴과 무기공급을 동시에 소화해내는 '원스톱 서비스'를 제공했다는 의혹을 받았다.

브레덴캄프는 국영 광산업체 제카마인으로부터 6건의 채굴권을 얻어냈다.[83] 브레덴캄프의 업체 트레몰트Tremalt는 25년 동안 유효한 채굴권으로 구리 270만 톤, 코발트 32만 5,000톤을 확보해 약 10억 달러의 수입을 올릴 것으로 추산되었다. 그 대가로 트레몰트가 지불한 금액은 연간 예상 수익의 1%에 불과한 40만 달러로, 실소를 자아낼 수밖에 없는 헐값이었다.[84] 채굴을 직접 시행한 카바반콜라마이닝컴퍼니Kababankola Mining Company는 트레몰트가 지분의 80%를, 제카마인이 나머지 20%를 가진 것으로 알려졌다. 짐바브웨 국방장관이 로버트 무가베 대통령에게 보낸 비밀 메모에 따르면, 채굴사업에서 발생한 순이익은 트레몰트가 32%, 콩고민주공화국과 짐바브웨 정부가 각각 34%를 가져가는 방식으로 분할하기로 했다.[85] 이외에도 트레몰트는 콩고 및 짐바브웨 군에 승용차, 트럭, 버스를 납품하고 현금도 지급하기로 했다. 여기에 소요되는 비용은 양국에 배분되는 수익에서 공제될 예정이었다.[86] 브레덴캄프는 짐바브웨에 매우 중요한 인물이었기 때문에, 트레몰트는 짐바브웨의 모요Moyo 준장과 즈비나바쉐Zvinavashe 대장, 카바반콜라 임원 등과 함께 콩고민주공화국 내 군사전략을 논의하는 '월

레포럼'에 참여하기도 했다.[87]

앞서 살펴본 대로 BAE의 거물급 에이전트였던 브레덴캄프는 평범한 사업가가 아니었다. 그는 담배업계의 거물로 영국의 100대 부호로 꼽힌 인물이었으며,[88] 과거 로디지아가 무기제재를 피해갈 수 있도록 도움을 제공하면서 처음으로 큰돈을 벌었다.[89] 그 뒤에 로디지아가 신생 독립국 짐바브웨가 되자 브레덴캄프는 충성의 대상을 바꿔 로버트 무가베의 측근이 되었다.[90] 그는 무기거래에 깊숙히 관여했다. 브레덴캄프가 지분을 갖고 있으며 실소유주로 간주되는 업체 ACSAviation Consultancy Services는 BAE뿐 아니라 프랑스의 도르니어Dornier, 이탈리아의 아구스타Agusta의 에이전트로도 활동했다.[91] UN은 짐바브웨가 콩고민주공화국에서 전쟁에 개입한 기간 브레덴캄프가 상당한 도움을 제공했을 것으로 본다. "브레덴캄프의 대리인은 그의 회사가 짐바브웨에 대한 EU의 제재를 준수했다고 주장하지만, 2002년 〔짐바브웨 정부군의〕호크 제트기용 BAE 예비 부품이 해당 제재를 위반하고 공급된 사실이 있다."[92] UN은 또 그가 짐바브웨의 부품 조달에 도움을 주지 않았다 하더라도 고위급 관료와의 논의 과정에서 "BAE 군사장비 판매를 중개해 콩고민주공화국에 공급하겠다고 제안한 사실"이 있다고 지적했다.[93]

브레덴캄프는 콩고민주공화국의 무기조달에 대한 일체의 개입을 강력하게 부인했으며, 채굴권을 헐값에 구입했다는 주장을 불쾌하게 여겼다. 2003년 UN의 추가 보고서는 브레덴캄프와 그의 회사가 기존 보고서에서 제기된 중대한 문제들을 OECD의 감시하에서 "해결했다"고 기록했다.[94] 그는 이 결정으로 자신의 누명이 벗겨졌다고 대대적으로 홍보했다. 브레덴캄프는 필자에게 보낸 서신에서 UN 보고서를 작성한 전문가들이 콩고민주공화국에 대한 투자를 지속할 것을 권고했다고 주장했지만, 그는 2003년 콩고민주공화국 사업을 접었다.

2003년의 추가 보고서에는 "해결"이 어떤 의미인지가 모호하게 기술되어 있는데, 기본적으로 더 이상 불법행위를 벌이지 않고 사업운영의 투명성을 높인다는 합의가 "해결"에 포함되는 것으로 설명된다.[95] 또한 다음과 같은 중요한 경고 문구가 붙어 있다. "해결이라는 표현이 해당 행위자의 활동에 대한 전문가들의 기존 조사 결과를 무효화하는 것은 아니다. 그보다 이는 현재 남아 있는 문제가 없음을 의미한다. ……"[96] 즉, 브레덴캄프는 UN의 기준을 충족하는 수준으로 문제를 '해결'했을 수 있지만, 그렇다고 해서 그가 2002년 보고서에 기술된 행위에 연루되지 않았다는 의미는 아닌 것이다.

브레덴캄프가 벌인 사업의 윤리적 문제는 2008년 미국 해외자산 통제사무소가 그를 제재 대상에 올려 개인 및 회사 자산을 동결하면서 더욱 분명히 드러났다.[97] 제재 발표에서 그는 "무가베 정권 내부의 인사"로 "담배 교역, 그레이마켓의 무기거래 및 밀매, 지분투자, 석유 유통, 관광사업, 스포츠 매니지먼트, 다이아몬드 채굴 등 다양한 사업 활동에 관여한" 인물이라고 설명됐다. 브레덴캄프는 업체 간의 복잡한 관계망을 통해 정권을 재정적으로 뒷받침했고, 고위 관료 다수를 다양한 방식으로 지원했다.[98] 그는 EU의 제재 대상에도 포함돼 있다.

브레덴캄프는 자신이 이 명단에 오른 것은 잠정적·일시적일 수밖에 없는 행정적 처분에 불과하며, 범죄의 성립 여부와는 무관하다고 주장했다. 또한 이러한 처분의 형평성과 정당성에 문제를 제기하고 있다고 밝혔다. 이 책을 쓰는 2011년 현재에도 브레덴캄프는 해외자산 통제사무소와 EU의 제재 명단에 포함돼 있었다.[99]

존 브레덴캄프가 분쟁의 당사자 하나와만 관계를 맺었다면, 빅토르 부트는 분쟁의 모든 당사자와 다양한 방식으로 관계를 맺었다. 그는 1999년 우간다와 르완다가 갈라선 이후 이스라엘 교관들이 우간다 공군을 훈련시킬 수 있도록 주선했다는 의혹을 받았다. 그 외에도 대량의 무기, 물자, 광물을 이전하는 데에 관여했을 가능성이 있다. 1998

년부터 2002년 사이 그가 소유한 업체의 주관하에 우간다 엔테베에서 콩고민주공화국으로 향한 국제선 항공편은 97회나 된다.[100] 이 항공기들은 부트가 인수한 항공사 오카피에어Okapi Air 로고를 달고 운항했으며, 우간다 유명 장성의 부인이 소유한 우간다 항공화물 운송사 플레닛에어Planet Air와 비행 일정 및 시간대를 공유했다.[101]

부트는 적어도 2000년 이후부터는 르완다애국군Rwandan Patriotic Army 참모총장과 연락을 주고받는 사이였다. 2002년 UN 보고서에 따르면 르완다는 "콜탄 및 주석 운송, 채굴현장 물자 운송, 군사물자 및 장비 운송 등 여러 목적"으로 부트의 항공기를 이용했다.[102] 부트는 또 이러한 목적으로 바카부항공운송Bakavu Aviation Transport이라는 업체를 설립했다.[103] UN은 심지어 부트의 회사가 르완다 정부로 보낸 송장들을 발견하기도 했다.[104] 그는 삼각 공급망을 완성시켜 2000년에 불가리아제 무기가 콩고민주공화국 킨샤샤로 운송되도록 주선했다는 의혹도 받는다.[105]

부트와 브레덴캄프가 받는 의혹은 콩고민주공화국에서 실제 벌어진 일에 비하면 빙산의 일각이다. 로켓발사기부터 어디서든 볼 수 있는 AK-47까지 값싼 소형화기가 지속적으로 대량 유입되었다. 이러한 무기들은 냉전 이후 아프리카에서 일어난 다른 분쟁에서와 마찬가지로 동유럽의 무기 재고에서 나온 것이었다. 일례로 전쟁이 적어도 겉으로는 소강상태에 빠진 2002년 6월부터 2003년 6월까지 르완다가 알바니아에서 수입한 탄약만 400톤에 달했다.[106] 짐바브웨의 무가베 정부 역시 콩고민주공화국 정부를 지원하기 위해 수많은 무기를 수입했다. 이 중 일부는 짐바브웨 준국영 방산업체인 ZDIZimbabwe Defence Industries가 생산 또는 조달한 것이었는데, ZDI는 2001년 "무기 및 식품 운송을 촉진"하기 위해 콩고 기업과 합작회사를 설립한 바 있었다.[107] 서류가 남아 있는 어느 계약 건에서는 체코 업체 암스모라비아Arms Moravia가 짐바브웨 및 콩고 군대에 RPG 1,000정, 기관총 500

정을 120만 달러에 공급하기로 한 사실이 밝혀졌다.[108] 짐바브웨는 콩고민주공화국 영토에서 BAE 호크 제트기를 운용한 일도 있었다.[109] 짐바브웨는 무기와 군사장비의 중국 의존도가 높은 편이다. 2008년에는 전체 무기수입의 무려 39%가 중국제였으며, 우크라이나제가 35%, 리비아제가 27%로 뒤를 이었다.[110]

무기가 끊임없이 공급되고, 기업들이 광물사업 지원에 혈안이 되면서 2차 콩고 전쟁이 영구화될 것이라는 우려가 발생했다. 그러나 2001년 콩고민주공화국 카빌라 대통령이 자신의 경호원에 의해 암살되는 사건이 일어났다. 카빌라의 빈자리는 그의 아들 조제프에 의해 채워졌다. 자신의 기반이 취약함을 아는 조제프 카빌라는 국제감시단의 지원하에 대대적인 외교전을 펼치며 대통령 직무를 시작했다. 2002년 12월, 콩고민주공화국의 전쟁 당사자 대부분은 한때 화려한 역사를 자랑한 남아공 선시티Sun City 리조트에 모여 '콩고민주공화국의 전환에 관한 글로벌 포괄협정Global and All-Inclusive Agreement on Transition in the Democratic Republic of Congo'을 체결했다. 협정은 우간다와 르완다를 위해 대리전을 펼치는 세력을 포함해 대부분의 분쟁 당사자들이 모든 적대행위를 중단하고, 주변국들이 콩고민주공화국에서 병력을 철수하도록 했다.[111] 또한 과도정부를 수립하고 2006년에 민주적 선거를 실시하기로 했다.[112] 협정은 콩고 중심부에서 제한적이나마 평화를 보장했지만, 일촉즉발의 동부 지역에는 거의 변화를 주지 못했다. 우간다와 르완다 양국은 자국과 동맹 관계에 있는 민병대, 특히 르완다와 연계된 대형 조직인 RCD-고마를 통해 북키부, 남키부에서 계속 활동했다. 큰 박수를 받은 양국 군의 철수는 환상에 불과했던 것으로 나타났다. 이들을 대신하여 숙련된 민병대가 콩고 동부에 남아 반군이 점령한 광산을 보호하고 감시했다.[113] 2010년 1월 기준으로 콩고 동부 전체 광산 중 50%는 민병대가 점령하고 있었다.[114] 계속되는 분쟁에 수반된 폭력은 잔혹했다. 1998년 2차 콩고 전쟁 발발 이래 2010년까지 콩고민주공화국에서 540만 명이 사망했으며[115], 이중 210만 명은 2002년 12월 전쟁이 공식적으로 종식된 이후에 사망한 것으로 드러났다.

분쟁은 지금도 전혀 사그라들 기미를 보이지 않는다. 2010년 1월 UN 감시단은 콩고민주공화국 정부군이 동부에서 르완다 민주해방군 Forces Démocratiques de Libération du Rwanda에 맞서 장기화된 교전을 벌이고 있다고 보고했다.[116] 인접국인 콩고공화국Congo-Brazzaville으로 피난한 동부 출신 난민만 16만 명에 달한다.[117] 2010년 9월 UN은 콩고 동부에서 4일간 민간인 최소 303명이 강간당한 사건을 상세히 다룬 보고서를 발표하기도 했다. 나비 필레이 UN 인권 최고대표는 주로 마이마이 민병대 남성들이 여성 235명, 여아 52명, 남성 13명, 남아 3명을 상대로 자행한 잔인한 집단강간 사건이 그 "규모와 악랄함" 면에서 "믿을 수 없는 수준"이었다고 평가했다.[118]

고강도 분쟁의 장기화로 전국에는 소형화기가 넘쳐났다. 이미 2003년 UN이 콩고민주공화국에 무기금수조치를 적용했음에도 다양한 전쟁 당사자에 대한 무기판매는 계속됐다. 놀랍게도 UN은 2차 콩고 전쟁 자체에는 무기금수조치를 부과할 이유를 찾지 못해, 모든 전쟁 당사자가 아무런 처벌도 받지 않고 무기를 수입할 수 있었다. 현재의 무기금수조치는 국토의 상당 부분이 통치불능 상태라는 점을 고려할 때 사실상 이행이 불가능하다. 더구나 무기금수조치는 매우 허술하게 실행되었다. 2002년 전환협정의 서명 주체가 아닌 당사자에 대해서만 무기수입이 금지되었기 때문에 RCD-고마 같은 핵심 교전 세력은 자유롭게 무기를 반입할 수 있었다.[119] 또 무기금수조치는 북키부 및 남키부와 인근 이투리 지역에만 적용되었다. 콩고민주공화국의 다른 지역으로는 얼마든 무기를 수입할 수 있었으며, 무기는 거기서 다시 분쟁 지역으로 운송됐다.[120]

2005년 UN은 기존 무기금수조치가 지나치게 약하다는 점을 인식하고 정부군을 제외하고 콩고민주공화국에 대한 모든 무기 인도를 금지하도록 적용범위를 확대했다.[121] 하지만 이 역시 르완다나 우간다 정부에 대해서는 제한을 두지 않았기 때문에 성과를 기대하기 어려웠다. 르완다, 우간다 양국 군대는 콩고민주공화국에서 광물을 채굴한 다음 사실상 치안이 부재한 다른 지역으로 몰래 운반했고, 이를 통해 국제 무기시장에서 아무런 제한 없이 무기를 구매할 수 있었다. 콩고민주공화국 정부가 무기금수조치 대상에서 빠진 것도 문제였다. 정부군은 북키부 및 남키부의 비정부 민병대, 주로는 마이마이 민병대에 군수물자를 제공했다는 의혹을 받는다.[122]

콩고민주공화국은 여전히 극단적 폭력과 극심한 빈곤의 악순환에 갇혀 있다. 대규모 광산개발에서 발생한 자금이 잔혹한 분쟁을 장기화하고 있으며, 끊임없는 무기공급이 이를 더욱 부채질하고 있다. 상당수의 광산에서는 무장조직의 협박에 의해 사실상 노예 노동이 이루어지고 있다. 조제프 카빌라는 마치 모부투처럼, 좋은 통치에는 관심이 없고 반대 세력에 잔인한 모습을 보여줬다.[123] 아프리카의 많은 분쟁이 그렇듯 이로 인해 엄청난 고통이 발생했다. 무기가 그렇게 쉽고 광범위하게 보급되지 않았다면 콩고민주공화국이 겪은 고통의 크기가 지금보다 훨씬 작았을 것이라는 데에는 의심의 여지가 없다.

"돈은 사람의 양심을 부패시키고, 죽이고, 썩게 만든다": 앙골라 내전

앙골라는 '석유의 저주'에 빠진 국가다. '검은 황금'이 풍부하게 매장된 탓에 분쟁이 발생하여 온 나라가 황폐해졌다. 이어서 집권한 부패 정치인은 세계 최대 부호 중 하나로 손꼽혔지만 국민들은 줄곧 빈곤 속에 고통받았다. "앙골라의 부패와 잘못된 통치는 심각한 수준이었다."[124] 석유로 발생한 수십억 달러의 수익은 빈곤 속에 신음하는 국가의 발전에는 조금도 쓰이지 않고 흔적 없이 사라져버렸다. 일례로 1997~2002년 앙골라의 국고에서 47억 달러가량이 증발한 사건을 들 수 있는데, 이는 같은 기간 앙골라가 받은 대외원조 규모와 비슷했다.[125] 앙골라의 GDP는 1997년 이래 성장을 거듭해 2008년 834억 달러로 열 배 증가했지만,[126] 여전히 UN 인간개발지수에서 182개국 중 143위를 차지하는 최빈국이다.[127] 건강한 신생아의 기대수명은 47세 수준에 불과하며, 앙골라의 1인당 GDP가 5,385달러에 달함에도 전체 인구 중 70.2%가 하루 2달러 미만으로 생계를 유지한다.[128] 탐욕과 폭력으로 가득한 이 비극의 중심에는 무기거래가 있다.

앙골라는 포르투갈의 가혹한 식민통치를 거쳐 냉전의 전장이 되었다. 냉전의 시대가 저문 이후에도 파괴적인 내전은 끝나지 않았다. 이제는 석유보다도 다이아몬드에 대한 탐욕이 내전을 부추겼다. 손쉽게 무기를 구할 수 있었고, 국제사회는 부패한 정권에 알게 모르게 힘을 보탰다. 그 결과 앙골라는 국제정치에서 썩어가는 환부나 다름없는 상태가 되었다. 막대한 천연자원을 갖고도 지구상 가장 저개발된 국가에 머무르게 된 것이다.

포르투갈의 무역상들은 15세기부터 앙골라 선주민과 거래를 시작했다. 앙골라 현지 지도자들은 포르투갈의 주요 위성국가인 브라질을 비롯해 세계 곳곳으로 팔려갈 노예를 거래하면서 큰돈을 벌었다.[129] 앙골라의 국경선이 확정되고 포르투갈의 통치가 인정된 것은 19세기 말 베를린 회담에서 유럽 열강이 아프리카를 대대적으로 분할한 이후였지만, 포르투갈은 16세기부터 앙골라에 세력을 갖고 있었다. 1951년까지 앙골라는 포르투갈의 공식 영토였다.[130]

1950년대 말에서 1960년대 초, 앙골라에서는 3대 주요 저항 세력이 민족주의 혁명운동을 주도했다. 첫 번째 세력은 1956년 결성된 앙골라해방인민운동Movimento Popular de Libertação de Angola, MPLA이었다. 두 번째는 앙골라민족해방전선Frente Nacional de Libertação de Angola, FNLA으로 1961년 결성됐으며, 마지막으로 앙골라완전독립민족동맹União Nacional para a Independencia Total de Angola, UNITA의 경우 1966년에 조직됐다.[131] 그러나 포르투갈에서의 혁명으로 마르셀루 카에타누Marcelo Caetano의 파시스트 독재정권이 전복되고 모든 식민지의 독립 절차가 진행된 1974년 4월까지 이 세력들이 독립운동에서 거둔 성과는 제한적이었다.

1975년, 앙골라는 민주주의 경험 없이 준비되지 않은 독립을 맞이했다.[132] 독립운동 세력들은 각자의 지역적 기반을 갖고 있었다. 초기 충돌 이후에는 아고스티뉴 네투Agostinho Neto가 이끄는 MPLA가 가장 큰 지지기반을 바탕으로 수도 루안다에 준정부를 수립했다. 지방보다는 도시 중심의 지지를 받은 MPLA는 서서히 마르크스주의적 정책을 채택했고, 그에 따라 소련의 군사적 지원을 받았다. MPLA 정부는 미국과 남아공 아파르트헤이트 정권을 제외하고 국제사회에서 인정을 얻어냈다.[133] 홀든 로베르토Holden Roberto의 FNLA는 MPLA의 마르크스주의적 편향에 반대했고, 한때 정권에 도전할 위치에 있는 듯했다.

그러나 얼마 후 MPLA에 도전한 가장 강한 세력은 UNITA였다. UNITA는 카리스마적 인물인 조나스 사빔비Jonas Savimbi가 이끌었는데, 그의 이념은 다소 유동적이었으며 의도적으로 모호하게 표현되기도 했다. 사빔비는 한때 공공연한 마오주의자였고, UNITA의 공식 모토는 "사회주의, 민주주의, 흑인의식"이었다.[134] 미국의 지지를 받는 조직으로는 이례적이라고 볼 수 있었다. 사빔비는 독립 이후 권력투쟁에서 패배를 시인하거나 MPLA 정권의 대통령보다 낮은 자리를 수용할 생각이 전혀 없었다. 그는 다양한 세력으로부터 최대한 지원을 받아내기 위해 자신을 포장하는 데 능숙했다.《이코노미스트》는 그의 부고 기사에서 이렇게 평가했다. "그는 중국에 군사원조를 요청할 때는 현지 문화에 맞는 마오주의 국가를 건설하겠다고 주장했다. 남아공의 동맹 세력에게는 자신을 공산주의적 제국주의에 맞선 보루로 포장했다. 레이건에게 지지를 요청할 때는 민주주의자이자 자유시장의 열렬한 옹호자로 행세했다."[135]

이후 세 독립운동 세력은 냉전 열강으로부터 조종받으며 15년간의 전쟁에 돌입했다. 마르크스주의 세력인 MPLA는 러시아와 쿠바로부터 막대한 지원을 받을 수 있었다. 특히 쿠바는 앙골라 정부의 전시 체제를 대부분 지원했다. 1975년부터는 앙골라에 쿠바 군인들이 대거 유입됐다. 이들은 현장에서 훈련과 군사장비를 제공하고 상당한 병력을 직접 제공했다. 1975년 쿠바의 앙골라 파병 규모는 5,500명으로,[136] MPLA가 UNITA를 상대로 대대적인 공세에 나선 1988년에는 5만 명에 달했다.[137] 소련이 1984년 한 해 앙골라에 제공한 군사원조는 무려 20억 달러에 달했다.[138]

한편 UNITA와 FNLA는 반공주의 진영의 지원에 의존했다. 독립 직후인 1975년, 제럴드 포드 행정부는 비밀리에 UNITA에 군사원조를 제공하기 시작했다. 사빔비의 UNITA는 석 달 만에 미국으로부터 거의 4,000만 달러에 달하는 원조를 받았다.[139] 이것이 언론과 정치인에 의해 밝혀지지 않았다면 UNITA에 대해 더 많은 군사원조가 이뤄질 수도 있었다. 비밀 원조가 공개된 후 1976년 1월에는 앙골라 내 모든 군부대에 무기 이전을 금지하는 클라크법이 통과됐다. 하지만 이 법은 1985년 로널드 레이건 대통령의 주도로 폐지됐고, 비밀 군사원조는 재개됐다. 이후 3년간 UNITA로 약 2,500만 달러 상당의 군사원조와 무기 이전이 비밀리에 이뤄졌다.[140] 이 같은 비밀 군사원조는 아프가니스탄 무자헤딘에 대한 지원에 이어 역사상 두 번째로 큰 규모였다.[141]

UNITA와 FNLA의 가장 큰 후원자는 남아공의 아파르트헤이트 정권이었다. 아파르트헤이트 정권은 MPLA가 앙골라에서 선전하는 상황에 큰 우려를 품고 있었다. MPLA가 공산주의를 표방했다는 점은 물론, 아파르트헤이트 정권의 주적인 넬슨 만델라의 아프리카민족회의와 남서아프리카인민기구South-West African People's Organization, SWAPO에 호의적이었기 때문이다. 남서아프리카인민기구는 남아공이 점령한 남서아프리카/나미비아에서 치열한 교전을 벌이고 있었다. 이후 15년 동안 아프리카민족회의, 남서아프리카인민기구는 앙골라를 군사원조와 보호를 받으면서 남아공을 공격할 일종의 주둔지로 활용했다. 남아공에 가장 큰 위협은 당시 UNITA가 통제하던 남부를 포함해 앙골라 전체를 MPLA가 장악할 가능성이었다.

남아공의 UNITA 지원은 두 가지 측면에서 이뤄졌다. 첫 번째는 상당한 군사원조 및 무기 제공이었다. 1980년대 중반까지 남아공 정부는 매년 약 2,000만 달러 상당의 무기와 탄약을 UNITA에 제공했다.[142] 두 번째는 남아공 병력을 UNITA 부대원과 함께 앙골라 치안교란 작전에 투입하는 것이었다. 1975년부터 13년간 남아공은 과감한 군사작전을 펼쳤다. 이 중 가장 잔혹했던 것은 1981년 감행된 '프로테아 작전'이었다. 작전의 목적은 앙골라 남부를 UNITA의 확고한 거점으로 만드는 것이었다. 남아공은 2차대전 이래 가장 큰 규모의 기계화 부대를 파병해, 면적이 5만 km^{2}에 달하는 쿠네네 지역을 공격하고 점령했다. 남아공은 점령에 저항하는 마을들에 장거리 포격과 공군에 의한 융단폭격을 실시하고 보병을 투입해 장악했다. 이 군사작전으로 쿠네네는 황폐화됐고 앙골라인 12만 명 이상이 고향을 등질 수밖에 없었다. 남서아프리카인민기구와 MPLA는 이 과정에서 부대원 2,000명 가량의 병력을 잃었다. 군사적으로 압도적 우위를 점한 남아공의 경우 단 14명의 전사자만 기록했다.[143]

1980년부터 1985년까지 앙골라에서는 약 10만 명이 전쟁의 직접적인 결과로 사망했고, 1981년부터 1988년까지 자연사 이외의 사유로 사망한 아동은 33만 3,000명 이상이었다.[144]

미하일 고르바초프에 의해 변해가던 소련은 1980년대 말, 대리전에 대한 군사적 지원을 중단하기 시작했다. 남아공도 1988년 쿠이토쿠아나발레Cuito Cuanavale에 대한 공격이 실패한 이후 UNITA에 대한 지원 규모를 줄여갔으며, 미국도 비밀 원조를 삭감했다. 그 결과 사빔비가 이끄는 UNITA가 1989년 정전에 합의하면서 1992년 9월에 앙골라에서 선거가 실시되었다. 결과는 MPLA의 압승이었다. 이들은 의회에서 과반 의석을 차지했고, 대통령 선거에서는 1979년 9월부터 MPLA의 지도자로 활동해온 에두아르도 도스 산토스Eduardo dos Santos가 49.6%를 득표해 40.7%를 득표한 사빔비를 상대로 승리를 거뒀다.[145] 그러나 대통령 당선을 위해서는 50% 이상을 득표해야 한다는 규정이 있었기 때문에 결선투표가 필요한 상황이었다.[146] 국제사회는 선거가 전반적으로 자유롭고 공정하게 열렸다고 확신했으나 사빔비는 공정성에 문제를 제기하며 결과를 부정했다. 결선투표에서 승산이 없다고 본 사빔비는 분쟁의 불씨를 되살렸다. MPLA는 미국의 클린턴 행정부를 포함한 국제사회에서 앙골라의 공식 정부로 인정받았다. 1993년 UN은 UNITA를 대상으로 강제적 무기금수조치를 부과하고 사빔비에 대한 일체의 무기 및 석유화학 제품 공급을 불법화했다. 이 조치는 탐욕스런 무기딜러들에게 막대한 기회를 열어주고 말았다.[147]

1992년부터 1994년까지 앙골라에서 벌어진 폭력적 파괴행위는 기존에 경험했던 것과는 차원이 달랐다. UNITA는 자신의 통치를 거부했다는 이유로 그렇지 않아도 빈곤에 시달리는 마을들을 점령했다. MPLA는 민간인과 군인을 거의 구분하지 않는 무차별 폭격으로 대응했다.[148] 이로 인해 단 2년 만에 앞선 15년의 내전에서 경험한 대규모 살육을 뛰어넘는 사회적 대혼란과 고통이 초래됐다.[149] 1992년 10월부터 1994년 말까지 일어난 분쟁으로 전체 인구의 2%에 달하는 30만 명이 사망했는데, 이 중 다수는 기아와 질병이 원인이었다.[150] 1993년 5월과 10월 사이 발생한 사망자는 하루 1,000명 꼴로, 당시 세계의 어떤 분쟁보다도 큰 규모였다.[151] 생존자들은 극심한 고난과 궁핍을 겪었다. 1차, 2차 내전에서 모두 대인지뢰가 광범위하게 사용되면서, 군사작전으로 사망하지 않은 앙골라인들은 이 숨겨진 지뢰로 인해 엄청난 피해를 입을 가능성에 노출되었다.[152]

지역 내에서 무기를 쉽게 구할 수 있었다는 점, 그리고 UNITA가 지속적으로 전쟁물자를 조달할 수 있었다는 점은 앙골라 분쟁의 인화성과 강도를 높인 중요한 요인이었다. UNITA에 대한 무기금수조치와 국제적 비난은 UNITA의 작전 수행에 아무런 위협이 되지 못했다. UNITA는 미국과 남아공이 제공한 무기를 충분히 비축하고 있었고, 앙골라 정부군으로부터 무기를 탈취해오기도 했다.[153] 이렇게 손에 넣은 무기는 소형화기만이 아니었다. UNITA는 MPLA의 정부군으로부터 전차 다수를 탈취하고, 예비 부품과 부속품을 시장에서 구입해 실전 투입이 가능한 상태로 재정비했다.[154]

1992년 말, UNITA는 다이아몬드 매장량이 풍부한 쿠앙고밸리 Cuango Valley 전투에서 대승한 이후 어둠의 무기딜러들을 통해 필요한 무기들을 추가로 조달할 수 있었다.[155] 초기에는 UNITA의 역량 부족으로 다이아몬드 생산이 제한적이었지만, 얼마 안 있어 UNITA는 다이아몬드 채굴 산업을 외국 기업에 개방했다. UNITA는 다이아몬드 광산 이용을 허락하면서 안전을 보장했고, 그 대가로 다이아몬드 생산량의 50%를 요구했다.[156] 이로 인한 수익은 어마어마했다. 1992~1997년까지 이들이 장악한 다이아몬드 광산의 생산량은 세계 다이아몬드 생산량의 10%에 달했다.[157] 남아공의 거대 광산업체 드비어스De Beers는 1992년 한 해에만 UNITA로부터 5억 달러 상당의 다이아몬드를 구매한 적이 있음을 시인하기도 했다.[158] 가장 큰 이익을 거둔 1996년 UNITA의 다이아몬드 매출은 7억 3,000만 달러에 달했다.[159]

UNITA는 다이아몬드 사업 초기에 다이아몬드 판매와 무기구매를 자연스럽게 통합한 형제 기업가들과 관계를 맺었다. 남아공 국적의 로니 데커Ronnie Decker, 조 데커Joe Decker 형제는 1992년부터 시작된 2년간의 내전 동안 UNITA의 무기구매 대부분을 책임졌다.[160] 로니는 무기조달을 담당했고, 드데커다이아몬드De Decker Diamonds의 소유주이자 드비어스와 거래하는 도매상이었던 조가 다이아몬드 판매를 담당했다. 데커 형제는 리어젯 항공기를 타고 안둘로Andulo의 UNITA 기지로 함께 출장을 가곤 했다. '왓슨'으로 알려진 로니가 먼저 UNITA 지휘관들과 만나 무기가 얼마나 필요한지를 논의하고, 이어 조가 다이아몬드의 가치를 감정한 후 400~500만 달러 단위로 물건을 전달받았다. '왓슨'은 "다양한 종류의 박격포, 전차용 무기, 대공무기, 유탄, 탄약과 소형화기 및 경량 무기" 등 무기 대부분을 동유럽에서 조달했다.[161] 이로 인해 앙골라는 냉전 종식 이후 동유럽의 막대한 무기 재고량에 크게 의존해 분쟁을 겪은 최초의 아프리카 국가라는 독특한 위치를 차지하게 되었다.

MPLA의 행태 역시 논란을 부르기는 마찬가지였다. 1993년 앙골라 MPLA 정부가 체결한 계약은 커다란 국제적 문제를 일으켰다. 훗날 앙골라 게이트로 불린 이 사건의 기원은 1991년 UNITA와 MPLA 간에 체결된 비세스 협정Bicesse Accords이다. MPLA는 협정에 규정된 전시동원체제 해체에 상대적으로 적극적이었다.[162] MPLA는 병력 다수를 소집해제 하고 무장을 해제시켰으며, 정식으로 창설된 지 얼마 안 된 정부군의 전투능력을 갖추는 데는 거의 노력을 기울이지 않았다. 더구나 베를린장벽의 붕괴로 한때 유용했던 쿠바와 소련의 무기와 전문적 지원도 사라진 상태였다. 이로 인해 UNITA가 협정을 위반하고 교전을 재개할 당시 앙골라 정부의 대응 능력은 심각할 정도로 미흡했다. 그 결과 UNITA는 앙골라의 주도 다섯 곳 이상과 전략적 가치가 높은 다이아몬드 생산지 다수를 점령하는 등 엄청난 성과를 거뒀다.[163]

당황한 도스 산토스 대통령은 곤경에 처한 정부군에 무기를 조달해달라고 프랑스에 직접 요청했다. 도스 산토스는 프랑스 사회당의 아프리카 남부 지역 전문가였던 장-베르나르 큐리알Jean-Bernard Curial에게 연락을 취했고, 그는 루안다에 와서 상황을 파악했다. 큐리알은 도움을 주고 싶어 했지만 당시의 프랑스 정치 상황은 중도좌파 정당과 중도우파 정당의 '동거정부'가 꾸려진 미묘한 상태였다. 중도좌파 프랑수아 미테랑 대통령은 중도우파 에두아르 발라뒤르Édouard Balladur 총리의 지지가 필요한 상황이었다. 미테랑과 사회당은 앙골라 정부의 명분에 공감했지만 중도우파의 생각은 달랐다. 일례로 당시 프랑스 국방장관 프랑수아 레오타르François Léotard는 UNITA의 열렬한 지지자였다.[164] 큐리알은 대통령의 아들이자 1992년까지 대통령의 대 아프리카 업무를 전담한 장-크리스토프 미테랑Jean-Christophe Mitterrand에게 접근했다. 그는 큐리알에게 피에르 팔콘Pierre Falcone에게 연락을 취해보라고 제안했다.

매우 논쟁적인 인물인 팔콘은 알제리에서 태어나 광고, 석유, 그리고 무기산업까지 다양한 분야에서 막대한 재산을 축적했다. 그는 로스차일드 가문의 19세기 저택에서 매력적인 볼리비아 여성 소냐 몬테로Sonia Montero와 결혼식을 올렸는데, 그와 친분이 있는 장-크리스토프 미테랑도 하객으로 참석했다. 팔콘은 실물로 봤을 때는 다소 실망스러운 편이었다. 뚱뚱하고 탈모가 시작된 그의 모습은 세계 곳곳을 오가는 비밀 공작원보다는 보험판매원 같아 보였다.[165] 그는 프랑스의 안보 분야 전문성 및 경찰장비 수출을 위해 설립된 국가기구 소프레미SOFREMI의 컨설턴트였다. 소프레미는 샤를 파스쿠아Charles Pasquar가 장관으로 있는 내무부 산하기관이었다. 파스쿠아는 베를린장벽 붕괴로 앙골라의 방대한 석유 매장량을 영미의 이익집단이 차지할 것으로 우려했고, 앙골라에서 프랑스의 이익을 증진할 수 있는 일이라면 무엇에든 긍정적이었다.[166]

팔콘은 재빠르게 움직여 1993년 11월 470만 달러 규모의 탄약, 박격포, 화포를 앙골라에 공급하는 내용의 계약을 1차로 성사시켰다.[167] 1994년까지 이 거래의 규모는 기하급수적으로 확대되어, 최종적으로는 총 6,330만 달러에 달했다.[168] 앙골라는 대금 지불을 위해 석유 생산을 통한 복잡한 선지급 방식에 합의했다. 석유업체를 통해 4년간 매일 2만 배럴 상당을 생산해 융자금을 상환하면서,[169] 전함 6척,

헬리콥터 12대, 전차 420대, 포탄 15만 발, 지뢰 17만 발, 다량의 소형 화기, 탄약 수백만 발 등 어마어마한 양의 무기를 구입하는 내용이었다.[170] 이 같은 군수물자의 출처는 동유럽으로, ZTS-오소스라는 슬로바키아 회사를 통해 앙골라로 수입됐다. 팔콘은 ZTS와의 계약 협상을 위해 또 다른 논쟁적 인물인 아르카디 가이다막과 힘을 합쳤다.[171] 이스라엘, 프랑스, 캐나다 여권을 소지한 러시아인 가이다막은 사기 및 자금세탁으로 기소된 전력이 있었다. 그는 베냐민 네타냐후 이스라엘 총리와 긴밀한 관계를 맺고 있었고, 2008년에는 예루살렘 시장 선거에 출마했으나 고배를 마셨다.[172] 그는 또한 러시아신용은행 이사장이었으며 러시아군 참모총장과 가까운 관계를 유지하고 있었다. 그의 러시아 인맥은 ZTS와의 협상에서 매우 유용했다.[173]

팔콘과 가이다막은 도스 산토스 대통령의 측근이 됐다. 도스 산토스는 국고를 체계적으로 횡령해 세계 50대 부호에 들기도 했다. 팔콘과 가이다막은 식품, 다이아몬드, 석유 등 앙골라 경제의 모든 주요 부문에서 이권을 확보했다. 또한 이들은 막대한 정치적 영향력을 행사했다. 가이다막에 따르면 그와 팔콘은 앙골라 시민권을 얻고 외교여권을 발급받았으며, 정부 자문위원과 외교부 고위 관료로 임명됐다.[174] 그러나 이들이 주도한 무기거래는 앙골라 평화협정, 그리고 앙골라 게이트의 첫 계약에 두 달 앞서 발효된 UN 무기금수조치를 위반하는 행위였다.[175] 무기금수조치는 상당 부분 UNITA를 대상으로 했지만, "모든 국가는 자국민에 의해, 또는 자국의 영토 내에서, 또는 자국의 국적 선박이나 국적기를 이용하여 무기 및 관련 물자 일체가 …… 앙골라 정부가 지정한 입국 지점에 포함되지 않은 곳으로 판매되거나 공급되지 않도록 방지해야 한다"[176]는 구체적인 내용을 담고 있었다. 또한 앙골라 내 모든 군부대에 대한 무기 인도는 UN 사무총장에게 신고되어야 했다. 당연히 UN은 이 같은 무기 인도에 대해 신고받은 사실이 없었고, 이 거래를 최대한 비밀로 유지하기 위해 상당한 노력이 기울여졌다.[177]

무기들이 프랑스를 경유한 것은 아니었지만 주요 계약의 상당수는 파리에서 체결됐다.[178] 따라서 이 거래는 프랑스의 관할권 내에서 집행되었으며 다수의 프랑스 법을 위반했다. 그중 2개의 법에는 프랑스에서 무기를 수출하기 위해서는 국방부의 허가가 필요하며 무기 중개인으로 활동하기 위해서는 등록해야 한다는 규정이 있었다.

팔콘과 가이다막은 이 거래에서 발생한 소득을 프랑스 세무당국에 신고하지 않았기 때문에 이것이 대규모 탈세에 해당할 가능성이 제기됐다. 또한 이 둘을 포함해 총 42명이 기소된 앙골라 게이트 재판 과정에서는 팔콘이 거래에 대한 지속적 지원을 확보하고 국제무대에서 앙골라의 이익을 증진한다는 명분하에 프랑스 정치인들에게 금품을 제공했음이 명백해졌다. 장-크리스토프 미테랑도 그중 하나로, 팔콘으로부터 220만 달러를 받았다. 다만 그는 이것이 다른 사안과 관련해 받은 돈이라고 반박했다. 샤를 파스쿠아도 유럽의회 선거자금을 받았다는 의혹에 휩싸였지만, 그는 자크 시라크 등이 자신의 명성을 깎아내리려는 정치적 의도에서 이러한 의혹을 퍼뜨렸다고 주장했다.[179] 또 팔콘과 그의 부인이 미국 공화당에 자금을 기부했으며 조지 W. 부시에게 호의적이라는 주장이 제기되기도 했다.[180]

앙골라 게이트 재판은 고위급 정치인과 기업인을 법정에 세우고 그들이 전 세계적으로 벌인 부정한 거래를 드러내 프랑스에서 큰 센세이션을 일으켰다. 이에 대한 법원의 판결은 2009년 10월에 내려졌다. 거래에 연루된 36명은 다양한 혐의에 대해 유죄를 선고받았다. 도스 산토스 대통령의 요청에 응답했던 장-베르나르 큐리알은 불법적인 거래의 공모자로 2년의 보호관찰과 10만 유로의 벌금을 선고받았다.[181] 장-크리스토프 미테랑의 경우 무기밀매 혐의는 벗었지만 회사 자금의 유용에 대해 집행유예 2년 및 37만 5,000유로의 벌금을 선고받았다.[182] 피에르 팔콘은 무기밀매, 권력남용, 기업자산 유용 등 대부분의 혐의에 대해 유죄가 인정돼 징역 6년을 선고받았다.[183] 아르카디

가이다막의 경우 궐석재판에서 무기밀매, 조세포탈, 자금세탁, 권력남용으로 유죄가 인정되어 역시 징역 6년을 선고받았다. 이스라엘과 러시아에 든든한 연줄을 가진 그는 적어도 2008년 말까지 이스라엘에서 아무런 제약 없이 살면서 체포를 피했다. 파스쿠아는 거래의 공모자로 권력남용에 대해 징역 3년에 집행유예 21개월을 선고받았다.[184]

1971년 프랑스 사회당의 3차 당대회에서 "돈은 사람의 양심을 부패시키고, 매수하며, 무너뜨리고, 죽이고, 망가뜨리며, 썩게 만든다"는 말을 남긴 사람이 바로 프랑수와 미테랑 프랑스 대통령이라는 사실은 참으로 아이러니다.[185] 아마 그는 자신의 말이 아들과 측근뿐 아니라 자신의 정부와 이후의 정부까지 무기거래 사건에 연루될 것이라는 예언이 될 줄은 상상하지 못했을 것이다.

도스 산토스 정부는 앙골라 게이트를 통해 공급된 무기의 도움으로 UNITA의 진군을 저지하고 영토를 수복할 수 있었다. 1994년까지 양측은 교착 상태에 빠졌다가 루사카 의정서Lusaka Protocols로 알려진 새로운 평화협정에 합의했다. 의정서는 의무적인 교전 중단, UNITA 병력의 해산, 해산된 병력의 앙골라 정부군 편입 등의 내용을 담고 있었다. 1993년 UNITA를 대상으로 부과된 UN 무기금수조치는 계속 유지되었다.[186] 그러나 사실 양측은 앞에서는 정전을 내세우고 뒤에서는 부대를 재정비하고 무기를 비축했다. 정부군은 앙골라 게이트를 통해 1994년 말부터 대규모로 조달된 무기로 전열을 가다듬었다. 또한 정부는 1994년 최초로 관계를 맺기 시작한, 악명 높은 무기상인 빅토르 부트에게 시선을 돌렸다. 부트는 4년에 걸쳐 앙골라 공군에 에어차터Air Charter라는 벨기에 업체 명의로 3,250만 달러 상당의 무기 및 군수품을 공급했다.[187] 부트가 무기를 공급한 것은 앙골라 정부뿐이 아니었다. 그에게는 UNITA도 똑같이 중요한 고객이었다. 부트의 이중 거래가 드러난 후 앙골라 정부는 그와의 관계를 끊었지만, UNITA에 대한 무기공급은 계속됐다.[188]

앙골라의 합법 정부인 도스 산토스 정권은 무기금수조치에도 불구하고 큰 어려움 없이 수많은 거래를 진행할 수 있었다. 1994년부터 2002년 사이 앙골라 정부는 총 15개국에서 무기를 구매했다.[189] 무기 구매의 규모는 말도 안 될 정도로 컸다. 앙골라는 1994년부터 2002년 사이 전차 349대를 구매했으며, 이 중 남아공에서 구매한 3대를 제외한 나머지는 모두 동유럽 국가에서 구매한 것이었다. 보병 전투차량 393대도 동유럽에서 들여왔으며, 122mm부터 152mm까지 다양한 구경의 견인포 92문과 다연장로켓포 86대도 마찬가지였다.[190] 이러한 무기의 구매 비용이 총 얼마인지는 확실히 알려지지 않았다. 그러나 앙골라에 절실했던 사회경제적 상황 개선에 사용된 금액에 비하면 이는 분명 천문학적 액수였을 것이다.

UNITA 역시 다이아몬드 광산 사업으로 발생한 수익이 무기구매 및 여러 인사를 매수하는 데 드는 비용보다 훨씬 많았기 때문에 별 어려움 없이 무기를 확보할 수 있었다. 모부투는 사빔비의 무기조달에 도움을 줬다. UNITA는 1994년 말부터 모부투가 퇴진한 1997년까지 무기를 자이르에 비축했다가 필요한 만큼 앙골라로 운반하는 방식을 활용했다. "대부분의 항공기들은 야간에 착륙해 군사물자를 하역했다. 그러고는 식량이나 의류로 위장하기 위해 이것들을 자루에 담았다. 화물 일부는 킨샤샤의 창고에 보관되었고 …… [앙골라의] 안둘로로 운송됐다."[191]

모부투는 또 UNITA를 대신해 최종 목적지가 자이르로 기록된 위조 최종사용자증명서를 무기딜러들에게 제공했다.[192] 1995년 모부투는 레바논 출신 무기상이자 자신의 측근인 이마드 카비르Imad Kabir에게 사빔비를 소개했다. 카비르는 1999년까지 UNITA의 "무기 및 군사 장비 분야의 1순위 수입중개인"이었다.[193] 이들이 구상한 시스템은 놀라울 정도로 단순했다. 먼저 사빔비가 모부투에게 필요한 무기 목록과 최종사용자증명서를 요청한다. 사빔비는 그 대가로 모부투에게 다이

이아몬드 상당량과 현금을 전달한다. 증명서가 이마드 카비르에게 전달되면 그는 이를 활용해 동유럽에서 무기를 조달하여 킨샤샤로 운송한 뒤 이를 앙골라로 전달하는 것이다.[194]

무기의 항공운반 과정에는 여러 화물운송업체가 개입됐는데, 그중에서도 빅토르 부트의 에어세스Air Cess와 에어패스Air Pass가 가장 활발하게 참여했다.[195] 남아공의 에어패스에서 일했던 직원에 따르면 카비르는 부트의 사무실에 빈번히 찾아왔고, 부트는 그를 "극진한 예우"를 갖춰 대했다.[196] 당시 부트는 요하네스버그 인근의 란세리아공항을 근거지로 활동하고 있었다. 그는 운송화물의 최종 목적지를 위장하기 위해 조종사에게 잠비아 영공을 경유한 다음에 방향을 틀어 앙골라의 인도 지점으로 이동하도록 하는 경우가 잦았다.[197]

카비르와 부트의 관계는 오래 가지 않았다. 1998년이 되자 사빔비는 카비르가 화물 일부를 빼돌리는 것은 아닌지 의심하기 시작했다.[198] 사빔비는 부트에게 직접 만날 것을 요구했고, 둘은 1998년 2월 UNITA의 핵심 기지가 있는 안둘로에서 회의를 가졌다. 이후 부트는 카비르를 배제한 채 사빔비 및 UNITA와 직접 거래하며 무기 밀수를 주도했다.[199]

사빔비는 또 자이르를 경유하는 방법이 더 이상 통하지 않을 경우에 대비해 다른 계획을 세워뒀다. 1993년, 그는 자신의 핵심 참모 하나를 보내 에야데마Eyadema 토고 대통령과 만남을 갖도록 했다. 사빔비는 에야데마가 최종사용자증명서와 UNITA 지도부 자녀들의 피난처를 제공하면 그 대가로 재정난에 허덕이는 토고에 자신들이 수입한 무기 중 일부를 제공하기로 합의했다. 에야데마는 이 제안을 수락하고 사빔비로부터 감사의 뜻이 담긴 다이아몬드 봉투를 받았다.[200] 모부투의 실권 이후 1997년부터는 UNITA로 이전되는 무기 대부분이 토고를 경유하게 됐고, 그 과정에서 에야데마는 화물의 20%를 챙겼다.[201] 부트의 에어세스는 이중에서 적어도 1회 이상 토고 명의의 최종

사용자증명서로 화물을 운송했다.[202] 부트는 다른 나라에서 발급된 증명서를 활용하기도 했다. 2002년에는 몰도바의 무기제조업체로부터 여러 차례 무기를 받아 조이슬로바키아Joy Slovakia라는 이름으로 운송했다. 당시 증명서에 기록된 최종사용자는 기니였지만, 실제로 무기를 인도받은 것은 UNITA였다.[203]

UNITA는 이렇게 끊임없이 무기를 공급받아 앙골라 정부에 맞서 4년간 전쟁을 이어갈 수 있었다. 양측 지도자 개인 간의 대립으로도 비화된 이 치열한 전쟁은 싱겁게 끝났다. 2002년 2월 22일, 앙골라 정부군이 사범비를 암살한 것이다.[204] 거기다 사범비의 2인자도 14일 뒤에 당뇨로 사망하고 말았다.[205] 카리스마를 가진 지도부를 잃은 UNITA는 피비린내 나는 전쟁을 끝내기로 합의했다. 사범비 사망 6주후 정전협정이 체결되면서 앙골라 전쟁은 막을 내렸다.[206] 사범비 한 사람이 40년이 넘는 기간 동안 잔혹한 민병대 세력을 이끌고 아프리카에서 가장 자원이 풍부한 나라를 황폐화할 수 있었다는 사실은 그가 병적인 에너지를 가진 강력한 지도자였음을 보여준다. UNITA가 그토록 오랫동안 분쟁을 이어갈 수 있었던 것은 사범비의 에너지 덕분이었을지 몰라도, 그가 파괴적 소시오패스로 활동할 수 있었던 것은 처음에는 서방, 나중에는 어둠의 세계에서 활동하는 무기딜러, 폭력조직, 부패한 대통령들 탓이었다. 수많은 이들이 UNITA와 MPLA에 적극적으로 무기를 공급하지 않았다면 앙골라 분쟁에서 50만 명에 가까운 사망자가 발생하지 않았을 것이고,[207] 7만 명 이상이 장애를 입지도 않았을 것이며,[208] 공포와 두려움에 고향을 떠날 수밖에 없었던 이들도 450만 명보다 훨씬 적었을 것이다.[209]

"길거리 무기장터": 소말리아

소말리아는 사실상 국가로서 존재하지 않는 상태다. 소말리아는 잔혹한 내전에 이어 2011년 정권의 전복을 겪은 후 단일 정부 구성에 실패했고,[210] 지방 군벌 겸 사업가들이 국토를 나누어 마치 작은 국가처럼 통치하는, 전적으로 강탈에 기반한 체제가 되고 말았다. 소말리아인들은 국가적 정체성보다 복잡하게 얽힌 부족 및 가문 관계를 중시하며, 실질적으로 여기에 복무한다.[211] 소말리아 크기의 나라를 내부에서부터 무너지게 만든 다양한 역학관계를 파악하기는 쉽지 않다. 그러나 적어도 그곳에서 넘쳐난 소형화기는 이러한 과정을 가속화했고, 자금과 군수 지원이 거의 없음에도 민병대를 조직할 수 있는 환경을 조성했다. 평범한 민간인들은 자신을 보호할 국가의 부재 속에서 수많은 민병대들의 위협에 일상적으로 노출되었고, 전쟁 무기의 확산은 상황을 더욱 악화했다. 군사화된 무법 상태에 더해 UN 무기금수조치가 형식적으로도 준수되지 않는 상황은 국제질서에 대한 새로운 위협을 탄생시켰다. 바로 극렬한 해적행위와 알카에다에 대한 지지 확대였다.

탈식민화의 바람이 아프리카 대륙을 휩쓴 1960년, 영국과 이탈리아의 식민지 두 곳이 독립을 얻었다. 북부의 영국령 소말릴란드와 남부의 이탈리아령 소말릴란드는 단합을 위해 새로운 통일국가, 소말리아를 세우기로 합의했다.[212] 소말리아는 처음부터 불안정한 구성을 갖고 있었다. 북부 소말리아인들은 수도 모가디슈의 중앙정부가 남부의 이익을 우선시하고 북부의 필요를 무시한다고 우려했다. 하위예Hawiye와 다로드Darod 같은 남부 부족들 역시 모가디슈에 권력이 집중되어 자신들의 목소리가 반영되지 않는다고 걱정했다. 단합은 듣기 좋은 말이었을 뿐, 사실 소말리아에서는 이를 어떤 형태로도 찾아보기 어려웠다. 수많은 이념과 정치집단이 난립했고, 첫 선거에는 무려 60개에 달하는 정당이 참여했다.[213]

이처럼 커다란 이질성을 가진 소말리아의 민주주의는 1969년 모하메드 시아드 바레Mohamed Siad Barre의 쿠데타와 독재정권 수립으로 잔인한 종말을 맞이했다. 바레는 22년 뒤 정권이 전복될 때까지 소말리아를 통치했다. 아프리카 동부 해안에 위치한 소말리아는 주요 선박 운송로와 가깝고, 지중해가 그야말로 지척이라는 지리적 이점으로 인해 냉전의 요충지가 되었다. 이미 1962년부터 소말리아는 소련의 지지 속에 군사물자를 중심으로 상당한 원조를 제공받았다. 바레가 대통령에 취임하면서 군사지원은 한층 강화됐고, 곧 소말리아에는 무기가 넘쳐나기 시작했다. 소련이 바레 정권에 제공한 무기는 1973년과 1977년 사이에만 2,600만 달러어치에 달하는 것으로 추정된다.[214] 소련의 지원은 소말리아 대 에티오피아의 오가덴 전쟁에서 소련이 에티오피아를 지원하자 소말리아가 관계를 끊은 1978년 중단되었다. 소련의 충격적인 배신에 더해 에티오피아에서 철수해야 하는 난처한 상황에 처한 소말리아는 전쟁물자 조달을 위해 서구 열강에 의지하게 됐다. 미국은 바레 정권의 잔인한 탄압에 대한 증거가 충분했음에도 1981년부터 1991년까지 1,540만 달러 상당의 무기를 제공했다.[215] 그러나 소말리아의 최대 무기공급국은 역사적으로 오랜 기간 관계를 맺은 이탈리아였다. 이탈리아가 1978년부터 4년간 바레 정권에 제공한 무기는 모두 3,800만 달러 상당으로, 연간 약 1,000만 달러에 달하는 수준이었다.[216] 그 결과 소말리아는 아프리카 대륙에서 가장 크고 강력한 군대를 갖출 수 있었다.

바레 정권은 혼란의 도가니였다. 소련의 지원을 받은 초기 그는 철저한 독재와 함께 자기만의 '과학적 사회주의'를 실험했다.[217] 안보 부문은 소련의 원조를 발판 삼아 빠르게 성장했다. 그로 인한 결과는 참혹했다. 그는 군대만으로 권력을 유지했고, 1975년 발생한 대기근으로 2만 명이 사망하고 농촌 인구의 20%가 구호캠프로 내몰리는 상황을 그저 지켜보기만 했다.[218]

서방으로 진영을 바꾸고 그 보상으로 상당한 원조를 받으면서 바레 정권의 경제정책은 교조적 공산주의에서 아예 비정상적인 변덕으로 변해버렸다. 그 결과 1970년대 말에서 1980년대를 거치며 소말리아라는 국가는 점차 쇠약해지다 붕괴에 이르렀다.[219] 바레 정권은 국가의 실패를 암묵적으로 인정하고 외환거래 통제까지 포기하는 경제자유화를 단행했다. 무역업자들은 비공식 네트워크를 통해서라도 외환을 확보하기만 하면 상품을 수출입할 수 있게 됐다.[220] 바레 정권이 살아남을 수 있었던 일차적 원인은 대외 군사원조와 인도적 지원이었다. 그러나 원조의 80%가 군비 지출로 전용되었고, 이는 소말리아 GNP의 25%에 해당했다.[221] 당시 소말리아라는 국가는 오직 권력을 유지하고, 고통받는 국민을 착취하기 위해서만 존재했다.[222]

소말리아 독재정권으로 제약 없이 무기가 유입됐음에도 1970년대 말부터 수많은 저항 세력이 권력에 도전하기 시작했다. 1980년대 말, 바레 정권은 붕괴되기 직전이었다. 소말리아 북부 및 남부의 부족들은 에티오피아로부터 방대한 양의 군사지원을 받았다. 에티오피아는 바레 정권이 자국의 영토에 대해 반복적으로 영유권을 주장하는 데 지쳐 있었기 때문이다. 냉전이 끝나갈 무렵 바레 정권에 대한 서방의 지원이 줄어들면서 주 수입원과 군사지원이 차단됐다. 1988년부터는 소말리아 전역에서 전투가 벌어졌고, 1991년 1월 바레 정권은 붕괴되었다.

바레가 축출되자 승리를 선언한 수많은 부족들이 전리품을 두고 싸움을 벌이기 시작했다. 지방의 '거물'들은 자신의 지위와 힘을 활용해 대규모 민병대를 조직했다. 국가기관들이 해체되어 민간 기업에 팔려나가면서 대대적인 자산 탈취가 벌어지기도 했다.[223] 돈은 끝없이 확대되는 전쟁에 대거 투입됐고, 이는 소말리아의 몰락을 더욱 부추겼다.

국제적인 대규모 무기공급으로 더욱 치열해진 소말리아 내전은 그 나라 사람들에게 매우 심각한 영향을 끼쳤다. 1988년부터 1991년까지 벌어진 전투에서는 소말리아 북부에서만 약 10만 명의 사망자가 발생했는데, 그 대부분이 도시에 대한 무차별 공습 및 포격 때문이었다.[224] 소말리아 북부에서 독립을 선언했으나 제대로 인정받지 못한 소말릴란드의 수도 하르게이사Hargeisa에서는 같은 기간 5만 명이 사망한 것으로 보고됐다.[225] 경제 기반시설이 공격의 표적이 되면서 생활도 불안정해졌다. 우물은 시체로 썩어갔고, 저수지는 폭격을 당했고, 시장은 폐쇄됐다. 1988년과 1992년 사이 소말리아의 가축 절반가량이 죽임을 당했다. 이는 농업 중심의 경제구조를 가진 소말리아에 파괴적인 결과를 가져왔다.[226] 바이도아Baidoa 인근에서 발생한 가뭄은 약 30~50만 명의 목숨을 앗아가며 상황을 더욱 악화시켰다. 가뭄 피해 지역 주민들은 의미 있는 지원을 받지 못했는데, 이는 세 군벌이 나중에 '죽음의 삼각지대'로 불린 이곳을 둘러싸고 경쟁을 벌이고 있었기 때문이다.[227] 전쟁 피해 지역에서는 난민이 대거 발생했다. 전쟁으로 황폐화된 남부에서는 인구의 3분의 1에 해당하는 170만 명 이상이 피난에 나섰다. 이들 중 일부는 제한적이나마 원조물자를 구할 수 있는 모가디슈에 정착했다. 이후 수도 모가디슈까지 내전이 확대되면서 이들은 다시 한번 피난을 떠나야 했다.[228]

1992년, 소말리아는 넘쳐나는 무기들로 몸살을 앓고 있었다. 그해 소말리아에 UN 무기금수조치가 부과되었지만 상황은 전혀 바뀌지 않았다. 소말리아 인구의 64%가 1개 이상의 총기를 소유하고 있을 정도로 무기가 흔했다.[229] 무기의 과잉공급은 길거리에서 무기장터가 열리는 상황으로까지 이어졌다. 그중에서도 모가디슈의 후와이카Huwaika 장터가 가장 컸다.[230] 후와이카 장터에서는 언제나 400명가량의 무기 딜러가 저렴한 가격에 엄청난 양의 무기를 팔았다. 수류탄은 25달러, 대인지뢰는 100달러, 다양한 AK-47 모델이 140달러에서 600달러에 판매됐다.[231] 이는 이윤이 많이 남는 장사였다. 길거리 무기장터의 상인 중 하나는 《로이터》 기자에게 "무기사업에 뛰어든 지는 5년밖에 되지 않았다. 하지만 빌라 건물 3채를 올리고 아내 2명에게 가게도 차려줬다"[232]고 털어놓았다.

이로 인해 부족 지도자들은 그럴 듯한 구실을 찾아낼 필요도 없이 신속하고 저렴하게 민병대를 모으고 무장시킬 수 있었다. 민병대 다수는 부대를 유지하고 장터에서 무기와 탄약을 구매할 만큼 시민들의 재산을 약탈하는 것이 기본이었다.[233] 이들은 예고 없이 도로를 차단하고, 세금을 걷고, 수익성 높은 중독성 식물 캇khat 거래를 통제했다.[234] 이는 전쟁경제의 원형이었고, 이로써 사람들은 폭력행위를 지속하고 일체의 중앙 권력을 거부하게 되는 것이다.

상대적으로 비밀스럽게 진행된 다른 분쟁과 달리 소말리아 내전의 무기공급처는 잘 알려진 편이다. 1990년대 초 내전 이후의 최대 무기공급처는 바로 전복된 바레 정권의 무기 비축분이었다.[235] 국가가 약화되면서 군수품이 약탈되었고, 가난한 병사들과 장교들이 생계를 위해 무기딜러에게 자신의 무기를 파는 경우도 많았다. 서방이 선물한 막대한 군사원조는 현재 소말리아를 장악한 수많은 약탈 집단과 민병대의 무장에 쓰였다. 2006년 이후에는 에티오피아가 다량의 무기를 공급했는데, 대부분은 알샤바브로 알려진 이슬람주의 세력과 싸울 의사를 가진 민병대가 그 대상이었다.[236] 소말리아 각지에 평화유지를 위해 간헐적으로 배치된 UN 평화유지군 병력들이 자신들이 지급받은 무기를 현지 딜러에게 판매하는 장면 또한 목격되었다.[237]

치안이 부재한 소말리아의 상황 덕에 프리랜서 국제 무기딜러들은 지금도 시행 중인 UN 무기금수조치를 위반하면서 소말리아로 새로운 무기를 손쉽게 들여올 수 있다. 2002년 UN의 한 보고서는 이에 대해 "지금까지 개인, 파벌, 정치 지도자, 지방정부 및 주정부, 국외 행위자 들은 무기금수조치를 일상적으로 수없이 위반해왔다"고 서술하며, "사실 위반 건수가 너무 많아 이를 모두 문서화하는 것이 무의미할

정도"라고 호소했다.[238]

그럼에도 이러한 무기거래의 방식을 어느 정도 보여주는 두 가지 사례가 있다. 무기금수조치가 부과된 지 6개월이 겨우 지난 1992년 6월, 세계에서 가장 악명 높은 무기딜러 몬제르 알-카사르는 전쟁으로 산산조각 난 소말리아로 대규모 무기 운송을 주관했다.[239] 알-카사르는 1980년대에 폴란드 무기제조업체와 밀접한 관계를 맺었다. 이란-콘트라 사건에서 그가 니카라과 반군에 공급한 무기 상당수가 폴란드에서 조달한 것이었다.[240] 1990년대에는 발칸반도에 부과된 무기금수조치를 위반하면서 폴란드에서 크로아티아로 무기를 밀수하기도 했다. 그의 폴란드 내 주요 연락책은 폴란드 무기업체 센렉스CENREX의 이사였던 제리 뎀브로프스키Jerry Dembrowski라는 인물이었다.[241] UN 조사에 따르면 알-카사르는 뎀브로프스키로부터 무기를 공급받은 후 '예멘민주주의인민공화국' 명의의 위조 최종사용자증명서를 활용해 이를 크로아티아로 밀수했다. 1990년 5월에는 이미 그런 나라가 더 이상 존재하지 않았는데도 말이다.[242]

1992년 5월 알-카사르는 두 번째 무기 운송을 준비했고, 목적지는 소말리아였다. 그런데 그가 평소 활용해온 서류들이 폴란드 내에서 감시 대상이 되면서 상황이 복잡해졌다. 알-카사르와 뎀브로프스키에게는 다행히도 마침 같은 시기 폴란드는 새롭게 창설된 라트비아 군대에 상당량의 무기를 제공하기로 합의했다. 뎀브로프스키는 라트비아 국군 수석조달관 야니스 디브란츠Janis Dibrancs와 친분을 맺었다. 디브란츠는 뎀브로프스키를 도와 소말리아로 보낼 무기의 최종 목적지를 라트비아로 기재한 서류를 제공하기로 했다. 그 대가로 뎀브로프스키는 폴란드의 무기 잉여분이 라트비아로 더 많이 들어가도록 하겠다고 약속했다. 1992년 6월 10일, MV 나디아호는 폴란드 세관의 출항 허가를 받아 라트비아에 도착했다. 디브란츠는 무기 전량이 하역됐다는 수령증에 서명했으나 사실 하역된 것은 일부에 불과했다. 기관단총

1,000정, 수류탄 100발, AK-47 300정, RPG 160정, 박격포탄 1만 발, AK-47 탄약 345만 발 등 나머지 화물 대부분은 예정된 목적지를 향해 운송됐다. MV 나디아호는 라트비아에서 소말리아 해변 인근으로 이동한 후 다른 선박으로 화물을 환적했고, 결국 무기는 소말리아 본토까지 운송됐다.[243]

무기는 내전 이후 가장 전형적인 민병대 지휘관이라 할 수 있는 알리 마흐디 모하메드Ali Mahdi Mohamed에게 전달됐다. 전쟁 전 모하메드는 건설업으로 큰돈을 벌었고, 막강한 정치적 연줄도 갖고 있었다. 모하메드는 바레 축출 이후 소말리아의 대통령으로 임명됐다. 그는 임기 중에 여러 분야의 국가자산을 팔아치웠다. 거기서 나온 돈은 모두 자신의 주머니에 넣거나 소말리아 남부 장악을 목표로 하는 자신의 민병대에서 썼다.[244] 1991년, 그는 소말리아원양어업공사Somali High Seas Fishery Corporation 소유의 선박 5척으로 구성된 소말리아 국유 선단을 통째로 팔아넘겼다. 1980년대 이탈리아의 한 조선소가 소말리아에 기부한 이 선단은 예멘과 연계된 소말리아 정치인 오마르 무니에Omar Munye에게 불과 50만 달러에 넘어갔다.[245]

알-카사르의 화물을 환적해 소말리아로 운반했던 선박이 바로 이 소말리아원양어업공사 소유였다.[246] 이 업체와 모하메드의 밀접한 관계를 고려할 때 알-카사르의 화물이 모하메드의 수중에 들어갔다고 볼 가능성은 충분하다.

이 사례는 소말리아의 비극과 무기거래의 영향을 보여주는 하나의 축소판이다. 무기구매를 위해 국토의 상당 부분이 파괴되고 팔려나갔고, 그렇게 소말리아에 들어온 무기는 취약한 정치체제를 더욱 망가뜨리고 어떤 형태의 국가도 세워질 수 없도록 만들었다.

두 번째 사례는 UN 무기금수조치 위반행위가 1992년부터 거의 줄지 않고 이어져왔음을 보여준다. 2010년 6월 미국 플로리다 남부 법원은 무기거래에 연루된 것으로 알려진 차노크 밀러Chanoch Miller와 조지프 오툴Joseph O'Toole이라는 두 남성을 기소했다. 오툴은 미국 시민 권자로 이란-콘트라 사건 당시에 무기를 공급한 인물이었다.[247] 밀러는 유명한 이스라엘 무기딜러로 이스라엘의 레이돔항공Radom Aviation 임원으로 일한 바 있었다.[248] 오툴과 밀러는 보스니아에서 소말리아로 소형화기 및 탄약 약 24톤을 공중투하하기 위해 각각 미국과 이스라엘의 거점에서 일을 진행시켰다.[249] 밀러의 핵심 역할 중 하나는 최종 사용자증명서를 위조해두는 것이었다. 서류상 종착지는 무기금수조치가 부과되지 않은 북아프리카의 차드로 기재되었다. 오툴은 밀러와 중간 운송업체를 연결해주는 대가로 4,000달러 남짓의 가벼운 수수료를 받기로 했다.[250] 이들이 무기 운송을 위해 연락을 취한 사람은 미 세관의 정보원이었다. 오툴과 밀러는 이 정보원과 약 두 달간 일련의 이메일을 주고받고 거래를 마무리짓기 위해 계약서류를 보냈다. 이 정보원은 한 번 운송을 진행할 때마다 1만 4,200달러를 받기로 했다.[251] 밀러는 이메일에서 일단 한 번만 운송이 성공하면 "100번은 더 운송할 만큼의 화물"이 있다며 자랑을 늘어놓기도 했다.[252] 운송만 기다리는 군수품 약 1,200톤이 확보되어 있다는 의미였다. 첫 번째 운송이 지연되자 밀러는 세관 정보원에게 연락해 다른 거래를 진행했다. 이 정보원으로부터 직접 AK-47 소총을 구매한 후 파나마를 경유해 소말리아로 운송하려는 계획이었다.[253] 이 둘은 2010년 6월 중순 체포되어 무기밀매 관련 7개 혐의로 기소됐다. 오툴과 밀러는 유죄가 확정되면 벌금 50만 달러에 최대 20년의 징역에 처해질 수 있었다.

2010년 10월 오툴과 밀러는 미 검찰과 유죄인정 협상에 들어갔다. 둘은 공소 사실 대부분을 취하하는 대가로 "미 국무부의 사전 서면 허가 또는 면허 없이 미국에서 무기금수조치가 부과된 국가인 소말리아로 방위물자를 수출"했음을 인정했다. 둘은 이 과정에서 차드 명의로 위조한 최종사용자증명서를 활용해 보스니아에서 소말리아로 AK-47 소총 700정을 보내려던 계획은 실패했다고 시인했다. 그 후 이들은 정보원으로부터 파나마와 미국의 무기 재고를 공급하겠다는 제안을 받기도 했다. 협상 결과 오툴과 밀러의 최대 형량은 5년으로 줄었다. 실제 오툴이 받은 처벌은 징역 1년 1일에 벌금 100달러, 보호관찰 2년이었다.[254] 밀러는 징역 18개월에 벌금 100달러, 보호관찰 3년을 선고받았다.[255]

무기의 확산으로 가속화된 소말리아 국가의 붕괴는 그 나라 내부의 인도주의적 위기를 넘어 세계적으로 중대한 영향을 미치고 있다. 이로 인해 야기된 첫 번째 위협은 가장 악명 높다고 할 수 있는 해적 문제다. 2007년부터 소말리아 인근 해역에서는 국제 선박에 대한 해적행위가 크게 증가했다. 해적행위는 그전부터 빈번하게 발생하고 있었는데, 2007~2010년 사이에는 220%나 증가했다.[256] 이는 해적이 더욱 진화하면서 유조선이나 대형화물선 등 1만 톤급 이상의 대형 선박까지 공격하기 시작했기 때문이다.[257] 더욱 대담해진 해적들은 소말리아 인근 해역을 넘어 활동 범위를 확장했고, 세이셸 제도까지 약 1,800km를 넘나드는 경우도 있었다.[258]

2008년 9월 25일, 남성 62명이 우크라이나 화물선 MV 파이나호를 습격하는 사건이 발생했다.[259] 해적들은 러시아제 전차 33대를 포함해 2,320톤 규모의 군사장비와 탄약을 수송하던 이 선박을 풀어주는 대가로 2,000만 달러를 요구했다.[260] 국제사회는 이 전차들이 아프리카의 여러 분쟁에 사용될 가능성에 경악했고, MV 파이나호의 석방을 최우선으로 생각했다. 몇 달간의 치열한 협상 끝에 2009년 2월 해적들은 320만 달러를 받고 선박을 풀어준 것으로 알려졌다.[261] 이 무기의 원래 목적지가 어디였는지는 명확히 드러나지 않았다. 케냐는 자국이 적법한 채널을 통해 해당 화물을 구매했다고 주장했지만, 이 선박의 화물 목록을 보면 목적지가 남수단이었을 가능성이 있다.[262]

해적행위와 밀수는 언제나 소말리아 해양경제의 일부였지만, 1991년 바레 정권 붕괴 이후 항구가 활용하기 쉬워지고 군사적 대립의 중심지가 되면서 더욱 크게 늘었다.[263] 해적들이 벌이는 교전행위는 민병대의 범죄행위와 별로 다를 바 없었기 때문에 이들은 처벌받지 않고 활동할 수 있었다. 1992년부터 소말리아를 휩쓴 무기들은 "해적의 전력을 무시무시할 정도로 향상"시켰다.[264] 해적 전문가인 롭 드 베이크Rob de Wijk가 지적했듯, "과거의 해적이 칼과 대포로 싸웠다면, 오늘날의 해적은 M-16과 AK-47 소총, RPG를 갖고 싸운다".[265]

소말리아에서 범죄를 저지르며 각축전을 벌이는 부족집단, 민병대 대부분과 마찬가지로 해적들도 예멘에서 들어오는 무기나 현지 무기장터에서 구매한 무기를 충분히 확보할 수 있다. 무기장터 상인 중에는 배송 서비스를 함께 제공하는 이들도 있다. 모가디슈의 무기딜러들은 먼저 하왈라 시스템을 통해 해적으로부터 착수금을 받고, 대개 푼트란드 지방에 있는 은신처까지 무기를 운송한 다음 잔금을 받는다.[266] 이러한 배송 서비스 덕택에 무기가 끊임없이 조달될 뿐만 아니라 해적들은 자신들이 붙잡히거나 처벌받을 위험이 없는 지역에서만 활동할 수 있게 되었다.

국제평화 및 안보에 대한 소말리아의 두 번째 중대 위협은 '청년'을 의미하는 알샤바브의 등장이다. 알샤바브는 남부를 장악하고 자신만의 정부를 수립한 이슬람법정연합Islamic Courts Union의 분파였는데, 2006년 그로부터 갈라져 나와 독립했다. 분열의 원인 중 하나는 이슬람법정연합이 '충분히 급진적이지 않다'는 점이었는데, 이는 이슬람법정연합이 지속적 인권침해와 샤리아 율법의 보편적 적용으로 국제적 비난을 받아왔다는 점에서 액면 그대로 받아들이기 어려운 주장이다. 알샤바브는 2007년 이후 세력을 확장해갔다. 2010년에는 전투원이 1만 명에 달했으며, 소말리아 남부 지역과 중심부 대부분을 장악했다.[267] 현재 알샤바브는 "소말리아 내에서 그 어떤 집단보다 많은 지역을 장악한, 가장 강력한 무장정파다".[268] 2010년 8월, 알샤바브 민병대는 수도 모가디슈 대부분을 점령했다. 8월 말 즈음에는 대통령궁으로 진군했지만 이슬람법정연합 정권 유지를 위해 파병된 아프리카연합 부대에 의해 저지됐다.[269] 오바마 행정부가 이슬람법정연합의 반민주성과 강경 이슬람주의 노선에도 불구하고 자위권 보장 차원에서 40톤 상당의 무기를 제공하기로 합의하는 진기한 장면이 펼쳐지기도 했다.[270] 알샤바브가 국제평화에 끼치는 위협이 어찌나 컸던지 이에 비해 이슬람법정연합은 초라해 보일 정도였던 것이다.

소말리아의 민병대 대부분과 마찬가지로 알샤바브는 국내 무기 시장뿐 아니라, 허술한 국경을 넘어 아프리카 각지에서 들어오는 무기를 언제든지 확보할 수 있다. 알샤바브의 최대 무기공급국 중 하나는 에리트리아다. 에리트리아는 2006년 에티오피아의 소말리아 침공을 막는 데에 쓰일 무기를 공급했으며, 그 결과 소말리아 내에서 알샤바브에 대한 민족주의적 지지가 강화되었다.[271] 에리트리아와 에티오피아는 이미 오랫동안 분쟁 중이었고, 소말리아는 이들에게 또 다른 전선에 불과했다.[272] 알샤바브는 국제적 이슬람주의 조직들과의 연계를 통해 무기를 더욱 쉽게 확보할 수 있었다. 2010년 알샤바브는 리비아, 이란, 카타르에서 무기를 조달한 것으로 보였는데, 이를 정확히 확인하는 것은 불가능하다.[273]

알샤바브 통제하의 삶은 가혹했다. 알샤바브가 질서와 상대적 안전을 회복했다고 평가하는 이들도 일부 있었지만, 이는 결사·종교·표현의 자유를 희생한 대가였다. 곳곳에 퍼진 밀고자들은 진지한 정치활동부터 흡연까지 모든 것을 신고했다. 알샤바브 율법을 위반한 이들은 태형, 공개 투석형, 사형 등 가혹한 처벌을 받았다. 엄격한 샤리아 율법은 여성이 공공장소에서 일하는 것을 금지하고 이슬람 의복의 착용을 강제했으며, 이를 지키지 않을 경우 구타를 당할 수 있도록 규정했다. 이는 남성이 납치되거나 살해돼 여성이 생계를 책임져야 하는 많은 가정에 엄청난 타격이었다.[274] 그러나 알샤바브의 소말리아 장악은 단지 소말리아인의 삶을 위협하는 것에서 그치는 문제가 아니다.

알샤바브는 알카에다와 자주 연계되었기 때문이다. 알샤바브 전체가 급진 이슬람주의자는 아니며, 국내 문제에 집중하는 민족주의 세력도 상당수 존재한다. 그러나 핵심 지도부 다수는 알카에다와의 연계를 분명히 드러내왔고,[275] 이는 특히 2009년 두드러졌다. 그해 크리스마스에 미국행 항공기를 폭파하려는 시도가 불발되는 사건이 발생했는데, 예멘의 알카에다 조직이 이를 자신의 소행이라고 주장했다. 미국이 예멘에 보복공습을 벌일 수 있다는 우려가 제기되자 알샤바브는 예멘의 알카에다 측에 지원 병력을 보냈다.[276] 오사마 빈라덴은 여러 메시지에서 알샤바브의 성과를 높이 평가하기도 했다. 물론 단순히 말로 그치는 것일 수도 있지만, 서방의 입장에서는 경계할 수밖에 없는 일이었다. 알샤바브는 현재 미국에서 테러조직 목록에 올랐다. 또한 알샤바브가 테러리스트의 훈련 및 공급원이 될 수 있다는 우려도 있다. 알샤바브 병력 중 소수의 핵심 인원이 소말리아가 아닌 파키스탄이나 아프가니스탄 등지의 급진 이슬람주의 세력에서 모집되었다는 사실은 이 같은 우려를 한층 높였다.[277] 2010년 9월, 영국 정보기관장들은 알샤바브가 반영국 테러리스트의 은신처가 되고 있다며 공개적인 우려를 표명했다. MI5 국장은 영국 거주민 100명 이상이 영국을 떠나 알샤바브에 합류했고, 영국 내에서 테러를 수행하기 위한 훈련을 받았다고 발언한 바 있다.[278] 2010년까지 영국에 대한 테러 위협 중 약 50%는 소말리아, 특히 알샤바브에 의한 것이었다.[279]

이 책을 쓰는 2011년 현재 소말리아는 60년 만에 최악의 가뭄을 맞이했으며, 일부 지역에서는 기근이 시작되었다. 미국 정부가 알샤바브를 테러조직으로 공식 지정했기 때문에 피해 지역에 원조를 제공하기도 어렵다. 수전 라이스 주유엔 미국 대사는 알샤바브가 최근 입장을 바꾸기 전까지는 소말리아 내의 인도적 지원이 대단히 위험하고 거의 불가능한 상황이었다며 알샤바브 측을 비판했다.[280]

국제사회, 특히 영국과 미국이 소말리아의 평범한 사람들이 겪는 고통에 더 큰 관심을 보이고, 소말리아에 대한 지속적 무기 유입을 막기 위해 노력했다면 상황이 달랐을까? 이 지역을 잘 아는 미국의 고위 관료는 이렇게 말했다. "걸프만 국가들에는 대단히 부유한 소말리아인들이 산다. 이들 중 일부는 사우디아라비아 측과 연결되어 있다. [미국] 당국이 소말리아로 무기가 유입되도록 내버려두는 것은 어떻게 개입해야 할지 모르거나 첩보전략의 차원에서 그 개입으로 얻을 것이 없기 때문이다. 미 당국은 자신이 선택한 인물을 선호하며, 그들에게 개입하지 않으려 한다. 소말리아는 서구 열강이 초래한 역류의 대표적 사례다."[281]

"칼라시니코프 소총이 없다면 당신은 쓸모없는 사람": 수단과 다르푸르

2003년 이후 국제사회는 다르푸르에서 벌어진 분쟁에 주목했다. 수단 남부의 다르푸르 지역에서 사실상 누구도 처벌받지 않는 가운데 엄청난 규모의 전쟁범죄와 반인도적 범죄가 발생했기 때문이다.

다르푸르 분쟁의 뿌리는 수단의 복잡하고 폭력적인 정치다. 수단은 수많은 민족이 혼합된 국가로, 1956년 영국에서 완전 독립했다. 북부는 대부분 무슬림이며, 지역 엘리트 정치 세력은 스스로를 아랍계로 규정한다. 반면 남부의 경우 대부분 무슬림이 아닌 아프리카계다.[283] 동부와 서부에는 각기 다양한 배경의 주민들이 거주하고 있다. 남부에 위치한 다르푸르 인구 대부분은 푸르족 출신으로, 다르푸르 자체가 '푸르족의 땅'이라는 의미다. 다르푸르 주민들은 자신을 아프리카계 농민이라고 생각하며, 여타의 남부 주민들과는 다르게 대부분 무슬림이다.[284] 식민지 시대의 국경선은 같은 마을을 두 나라로 나눌 정도로 비합리적이었다. 마을의 일부는 수단, 일부는 차드인 경우도 있었다. 이로 인해 수단 분쟁은 주변 지역의 광범위한 권력투쟁에 자주 휘

말렸고, 반대로 주변 지역을 위험에 빠트리는 경우도 있었다.[285]

독립 이후 북부의 엘리트 정치 세력은 정부의 각종 직위를 장악했다. 이는 영국이 북부가 남부를 행정적·정치적으로 통제하도록 식민정책을 추진한 영향이 컸다. 남부에서는 자신들이 '국내 식민지'가되었다며 크게 분노했다.[286] 독립 후 수단 정부는 남부의 자율권 요구나 연방제 강화 요구를 거부했다. 남부에서 석유가 발견되자 이러한입장은 더욱 강경해졌다.[287]

이 같은 대립은 1955~1972년, 1991~2005년 두 차례의 잔혹한내전으로 이어졌다. 많은 이들은 2005년 중재로 성사된 정전체제가불안정하며 지속될 수 없을 것이라고 우려한다.[288]

수단 내전은 참혹했다. 2차 내전의 경우 분쟁, 질병, 기아로 약200만 명의 사망자가 발생한 것으로 추정되며, 이 중 상당수는 대부분의 교전이 이뤄진 남부에서 발생했다. 타국으로 피난길에 오른 난민도 약 35만 명에 달했고, 남부 인구의 80%는 1983년 이후 최소 한 번은 국내 실향민이 된 경험이 있었다.[289] 소말리아와 마찬가지로 수단내전은 냉전에 의해 장기화되었다. 초기에 수단은 소련의 대대적인 지원을 받았지만, 1976년 관계가 경색되면서 지원을 받지 못했다. 이후수단은 여러 국가로부터 군사원조를 받았는데, 특히 미국이 대표적이었다. 1980년대 말까지 수단의 인권상황은 대단히 열악했지만, 미 국무부에 따르면 "사하라 이남 아프리카 국가 중 미국의 개발 및 군사원조 최대 수혜국"이었다.[290]

이러한 원조에도 불구하고 카르툼의 중앙정부는 전쟁을 위한 자금조달에 어려움을 겪었다. 전쟁이 장기화되면서 병력의 사기도 떨어지는 터였다. 그 결과 1985년 압델 라흐만 스와르 알다하브Abdel Rahmen Suwar al Dahab 장군의 '민병대 전략'이 채택됐다. 남부의 분리독립요구에 반대하는 집단을 남부에서 찾아내 무장시킨다는 계획이었다. 이러한 친정부 민병대는 중앙정부의 명령에 따라, 남부 반군을 지원하는 "마을들을 파괴"하는 습격부대로 활용될 예정이었다.[291] 이렇게 창설된 민병대는 "누구도 처벌받지 않는 현실"을 기반으로 "인종에 기반한 표적 살해"를 목적으로 했다. 다르푸르 사태의 불길한 전조였다.[292] 더욱이 중앙정부는 무라할린murahaliin으로 알려진 민병대에 급여를 지급하는 대신 약탈을 권장했고, 이는 민병대의 잔인성, 폭력성, 파괴력을 극대화했다. 소말리아와 마찬가지로 서방의 무기와 군사원조는 사실상 통치가 불가능한 민병대 세력에 흘러 들어갔고, 이들은 심각한 인권침해를 저질렀다.

북부와 남부의 내전은 그 뒤 수단에서 발생한 분쟁의 큰 틀을 형성했다. 다르푸르에서도 매우 유사한 요인들이 겹쳤다. 그 주민들은 북부의 통제와 배신에 반발하는 시위에 나섰다. 중앙정부는 폭력적으로 대응했고, 현지의 친정부 세력을 규합해 잔인한 민병대를 조직하고 무장시켰다. 국제사회는 때로는 분쟁을 적극 지원했고, 간혹 그들이 반성할 때도 분쟁을 중단시키기 위한 노력을 거의 보이지 않았다.

다르푸르는 여러 민족으로 구성된 지역이다. 다수인 푸르족은 스스로를 흑인 아프리카계 무슬림으로 규정한다. 자그하와족은 차드 영토의 일부에 대한 소유권을 주장하는 아프리카 선주민이며, 그보다 규모가 작은 마사리트족도 마찬가지다. 이 세 아프리카계 민족은 소를 키우고 파는 농경·목축업에 종사하며, 대부분 무슬림이다.[293] 다르푸르의 소수민족은 아랍계 목축 유목민으로, 이들은 가축을 대규모로 키우거나 환경이 좋은 지역으로 이동하며 생활한다. 다르푸르에서는 오랫동안 농업 중심의 아프리카계와 아랍계 유목민 사이에 방목이나 물 공급을 둘러싼 긴장이 있었다. 역사적으로 가뭄 때 심화된 이러한 갈등은 대부분 중재와 조정을 통해 해소됐다.[294]

1980년대 말이 되자 갈등의 빈도와 폭력성이 고조됐다. 사하라 주변 지역의 사막화가 확산되면서 쓸 만한 토지가 줄어든 것이 한 원인이었다. 하지만 리비아의 개입과 그로 인한 막대한 무기유입도 그만큼 중요한 원인이었다. 카다피 대령은 범아랍주의가 아프리카를 휩쓰는 꿈을 품고 있었다.[295] 그는 자신의 꿈을 이루기 위해 1975년 차드 북부를 병합하고 나머지 차드 영토에 대한 공격을 감행했는데, 결과는 신통치 못했다. 그로부터 10년 후, 카다피는 수단 정부에 다르푸르를 차드 공격의 전초기지로 활용하자고 제안했다. 수단 정부는 카다피의 범아랍주의에 공감하기도 했지만 그보다 리비아의 석유와 무기 제공에 마음이 더 끌렸을 가능성이 높다. 카다피는 자신의 비전에 동조하는 아랍계 다르푸르 주민들을 모집해 무장시켰다. 별도로 선발된 이들에게는 리비아에서 군사훈련을 시키고 아랍우월주의를 주입했다. 리비아에서 훈련받은 지휘관 다수는 민병대 지도자가 되어 이후 다르푸르에서 벌어진 폭력사태를 주도했다.[296]

리비아의 개입으로 다르푸르에는 무기가 넘쳐나기 시작했다. 1990년에는 시장에서 AK-47 소총을 40달러에 구매할 수 있을 정도였다. 당시 유행한 광고음악은 새로 등장한 무기문화, 그리고 이것이 정치에 어떤 영향을 끼쳤는지 잘 보여준다. "칼라시니코프 소총은 돈을 가져다줘요"라는 약속으로 시작되는 음악은 "칼라시니코프 소총이 없다면 당신은 쓸모없는 사람"이라는 경고로 마무리된다.[297] 비극적인 것은 이때, 같은 무슬림이라 해도 다르푸르의 아프리카계가 아랍계에 비해 열등하다는 관념이 함께 유입되었다는 사실이다. 1980년대 말, 정부 내 동조 세력을 가진 것으로 알려진 '알타자무 알아라비Al-tajammu Al-Arabi'('아랍인 모임'이라는 의미)라는 단체가 '쿠레이시 1'이라는 성명을 발표했다(쿠레이시는 고대 메카 지역을 다스렸으며 이슬람 선지자 무함마드를 배출한 부족의 이름이다—옮긴이). 이 성명은 아프리카계의 다르푸르 '지배'에 맞서자는 '전쟁 호소문'으로, 다르푸르 지방정부에 아랍계 대표자가 부족하다는 것이 불만의 근거였다. "아랍인에 대한 무시가 계속되고, 아랍인들이 정부에서 자신의 몫을 빼앗긴다면 형세가 현명한 이들의 통제를 벗어나 무지한 이들과 군중에 의해 좌우될까 두렵다. 그렇게 된다면 끔찍한 결과와 함께 재앙이 찾아올 것이다."[298] 10년 뒤인 1999년에는 아랍계 유목민들을 위해 2020년까지 수단과 차드의 상당 지역을 점령한다는 계획을 담은 '쿠레이시 2'가 발표됐다.[299]

다르푸르에 무기가 넘쳐나고 새로운 극단주의 사상이 자리잡으면서 폭력사태가 걷잡을 수 없이 늘어났다. 현지 아프리카계 주민들, 특히 마살리트족은 자신들이 폭력적인 아랍계 공격자들의 목표물이 되고 있으며 중앙정부가 이에 공모하고 있다는 불만을 표출했다. 마살리트족은 방어를 위한 조직화에 나섰고, 중앙정부는 아랍계 민병대에 무기를 추가로 공급하면서 폭력사태의 강도가 점점 높아졌다. 2000년 오마르 알-바시르Omar al-Bashir 수단 대통령은 다르푸르에 비상사태를 선포했고, 다르푸르 내 저항 세력에 대한 대대적 탄압이 뒤따랐다.[300]

현지 아프리카계 주민들은 크게 동요했고, 점점 중앙정부가 자신들의 요구와 공격당한 이들의 고충을 일부러 무시하고 있다고 생각하게 됐다. 2000년대 초반에는 알-바시르의 북부 군사·정치 엘리트에 대항하는 2개의 저항 세력이 형성되기 시작했다. 수단해방운동/군Sudan Liberation Movement/Army, SLM/A과 정의평등운동Justice and Equality Movement, JEM이다.[301] 소말리아의 경우와 마찬가지로 이들은 현지의 무기 비축분에서 엄청난 무기를 획득할 수 있었다.[302] 리비아가 아랍계 다르푸르 주민에게 공급한 무기가 이제 리비아의 동맹인 수단 정부에 맞선 싸움에 쓰이게 된 것이다. 2003년 초, 저항 세력은 수단 정부에 대한 공격에 나섰다. 4월에는 중기관총 1정과 로켓발사기 1정으로만 무장한 반군이 폭탄 투하 및 석유 운송에 사용되던 안토노프 화물기 2대와 중무장 헬리콥터 5대를 격추하기도 했다.[303]

중앙정부는 남부의 분쟁에 개입된 상태에서 또다시 새로운 군사적 위협에 노출된다는 우려로 크게 동요했다. 알-바시르는 수단해방운동/군, 정의평등운동에 적대적인 다르푸르 내 아랍계 세력, 특히 과거 중앙정부가 전쟁에서 활용한 바 있는 유목민 리제이가트족과 접촉했다. 아랍계 민병대는 나중에 잔자위드Janjaweed[304]로 불렸는데, 이 명칭은 G3 소총과 말이라는 단어가 혼합된 표현이라는 설[305]과 전통적으로 도적떼를 부르는 표현이라는 설이 있다. 이와 동시에 수단 정부군은 압도적인 재래식 무기를 바탕으로 다르푸르 지역에서 대대적인 작전에 나섰다. 힘을 합친 잔자위드와 정부군은 무서운 상대였다. 공격은 대개 정부군의 거주지 폭격으로 시작됐다. 이어 잔자위드 민병대가 들어가 남은 민간인들을 살해하고, 난도질하고, 강간했다.[306] 다르푸르 주민들은 무기거래의 두 가지 주요 요소를 모두 경험한 셈이었다. 첫째는 주로 정부 간 계약으로 조달되는 대규모 군사시스템, 둘째는 어둠의 세계에서 활동하는 무기딜러와 유목민 군벌이 보유한 경화기 및 휴대용 개인화기였다.

2003년 이후 벌어진 유혈사태는 상상을 초월했다. 추정에 따르면 지난 7년간 분쟁의 직접적 결과 혹은 기아로 사망한 사람은 30만 명에 달했다.[307] 1991년 이후 다르푸르 분쟁과 남수단 내전에서 사망한 수단인은 220만 명으로, 이로써 수단은 지구상에서 가장 폭력적이고 절망적인 국가 중 하나가 되었다. 프랑스와 비슷한 크기를 가진 다르푸르의 전체 인구 중 절반에 가까운 270만 명가량이 고향을 등져야 했다.[308] 최근 몇 년간은 특히 2005년 수단해방운동/군 반군이 카르툼에서 정전협정에 서명한 이후 잔학행위가 줄었지만, 여전히 폭력적 충돌은 비일비재하다.

다르푸르 분쟁의 규모와 피해가 대학살에 가까울 만큼 커진 것은 수단 정부가 쉽게 무기를 획득할 수 있었기 때문이다. 초기의 충돌이 특히 격렬해진 이유는 1999년 오마르 알-바시르 정권이 무기구매를 극적으로 늘렸기 때문이다. 무기구매 자금은 과거 내전으로 인해 접근이 불가능했던 남부의 유전 개발을 통해 충당되었다.[309]

수단 정부는 유전 개발을 위해 중국과 긴밀한 동맹을 맺었다. 중국은 수단 내 채산성이 있는 유전 아홉 곳 중 여덟 곳에 대한 채굴권

을 보유하고 있다.[310] 중국은 원유 채굴과 가공에 필요한 인프라 제공
과 함께 기계설비, 도로, 활주로 등에 투자하고 있다.[311] 그 결과 수단
의 대중 석유 수출은 폭발적으로 성장했고 이로써 중국 자금이 대거
유입됐다. 2001년의 경우에는 수단의 대중 석유 수출이 10억 달러를
조금 넘는 정도였다. 그러다 석유 수출이 2006년까지 증가를 거듭해
40억 달러를 넘었다.[312] 중국은 그 대가로 경화기를 거의 헐값에 무제
한 공급하기로 했다. 1999~2003년 중국과 이란은 수단의 소형화기
수입물량 중 95%를 공급했고[313] 2003~2006년에는 중국 혼자서 수단
의 소형화기 수입물량 중 90%를 공급했다. 이는 약 5,500만 달러에
해당한다.[314]

중국이 알-바시르 정권을 지원한 이유가 수단의 값어치 높은 석
유 확보를 위한 경제적 기회주의 때문이었다면, 이란의 경우는 이념적
동질감과 국제정치적 관계 때문인 것으로 보인다. 이란과 수단은 역사
적으로 오랫동안 밀접한 관계를 맺어왔다. 일례로 1991년 알-바시르
가 샤리아 율법을 더욱 엄격히 적용하기로 결정한 후 알리 아크바르
하셰미 라프산자니Ali Akbar Hashemi Rafsanjani 이란 대통령이 수단을 방문
하기도 했다. 라프산자니의 수단 방문에는 이란 관료 150명이 동행했
으며, 그는 "수단의 이슬람 혁명은 이란의 선도적 혁명과 더불어 의심
의 여지 없이 이슬람 세계 전반의 운동과 혁명의 원천이 될 것이다"[315]
라고 선언하기도 했다. 라프산자니는 자신의 발언을 현실로 만들기 위
해 수단에 자금을 투입했다. 수단 방문 직후 이란군 약 2,000명을 파
병해 수단 정부군을 훈련시키고, 수백만 달러 상당의 원조를 약속한
것이다.[316]

이란이 수단에 제공한 군사원조가 정확히 어느 정도 규모인지는
확실하지 않다. 2004~2006년 수단이 이란에서 1,800만 달러 상당의
군사장비 및 소형화기를 구매했다는 사실로 미루어 짐작은 가능하지
만[317] 그 이후에 대한 정보는 거의 없다. 2008년 3월 이란과 수단은 다

양한 분야에서 전문지식을 공유하기 위해 포괄적 군사협력협정에 서명했다.[318] 2010년 6월 수단의 한 야당지는 이란이 경화기 생산을 위한 무기공장 일체를 수단에 설립했을 가능성이 있다고 보도했다.[319] 이는 아마도 이란이 자국에서 생산한 무기를 운송하는 과정에서 수차례의 해상 차단 등 어려움을 겪었기 때문일 것이다.[320] 수단에 공장을 설립할 경우 이란은 지역 내의 동맹 세력, 특히 소말리아에 무기를 공급할 수도 있다. 공장 설립에 대한 보도의 진위는 지금까지 확인되지 않았지만, 기사를 발행한《오피니언오브더피플Opinion of the People》이 무기한 강제폐간 조치를 당하고 사주가 대통령 명령에 따라 수감됐다는 점을 볼 때 이 기사가 알-바시르 정권의 심기를 건드렸음은 분명하다.[321]

이란 외에 1990년대 초반부터 수단에 무기를 공급하고자 한 나라로는 벨라루스와 러시아가 있다. 특히 러시아는 상대적으로 복잡한 무기체계의 유용한 공급처였다. 수단은 석유 수출로 넘쳐나는 현금을 갖고 2000년 러시아로부터 BTR-80A 보병 전투차량 30대와 Mi-24 하인드 공격 헬리콥터 16대를 구매했다. 특히 공격 헬리콥터는 잔자위드가 진격하기 전에 다르푸르에 폭격을 가할 때 사용됐다.[322] 1996년 벨라루스는 Mi-24V 공격 헬리콥터 6대 및 벨라루스제 T-55 전차 9대를 수단에 판매했다고 보고했다. 1999년에는 추가적으로 T-55 AM-2 전차 60대가 수단으로 인도됐다. 또 2002년 수단은 다연장포 12대와 견인포 24대를 발주했다.[323] 다르푸르의 인도적 위기에 국제적 관심이 집중되었고, 알-바시르가 잔자위드 민병대를 무장시키는 데 긴밀하게 개입했다는 증거가 넘쳤기 때문에 수단으로의 무기판매가 중단되었으리라 예상하는 독자도 있을 것이다. 실제로 UN 안전보장이사회는 2004년 무기금수조치를 부과했다. 그러나 대상 지역은 다르푸르로 한정되었다. 결국 수단 정부는 아무런 제재도 받지 않은 채 마음껏 무기를 수입할 수 있었다.[324] 2005년에는 이처럼 눈에 뻔히 보이는 허점을 보완하기 위해 무기금수조치가 개정되었다. 그러나 실제 추가된 내용은 수단으로 무기를 수출하는 모든 국가에 '수단 정부가 해당 무기를 다르푸르에서 사용하지 않을 것이라는 서약을 받아야 한다'는 규정뿐이었다.[325] 2년이 지나자 이 조치도 불충분하다는 점이 드러났다. 무기금수조치는 다시 개정되어 모든 수출국은 수단 정부로부터 무기가 다르푸르에서 사용되지 않을 것이라는 최종사용자증명서를 받아야 했다. 그러나 무기거래에서 최종사용자증명서가 위조되거나 사실과 다른 경우가 많다는 점을 고려할 때, 이러한 조치는 극도로 순진하거나 의도적으로 허점을 만들어준 것에 지나지 않았다. 게다가 수단 정부가 그런 증명서를 발급하고도 다르푸르에서 무기를 사용하더라도 처벌할 방법은 전혀 없었다. 결국 무기금수조치는 쓸모도 없고 우스운 신세가 되었다.[326]

무기는 다르푸르로 제약 없이 흘러들어갔다. 2003년부터 2007년 사이 러시아와 중국은 수송기, 헬리콥터, 전투기 등 상당 규모의 첨단 무기체계를 판매했다. 러시아는 Mi-24 12대, Mi-8 15대 등 공격 헬리콥터를 두 차례에 나누어 공급했다. 이는 2004년 러시아제 미그 전투기 12대 구매 직후에 이루어진 일이었다. 여기에 더해 2004년 3월과 2006년 9월, 두 차례에 걸쳐 안토노프 수송기가 인도되었다. 수송기에는 인원 또는 물자 수송, 그리고 대량으로 폭발물을 투하하는 융단폭격이라는 두 가지 용도가 있었다.[327]

중국은 수단에 다양한 전투기를 공급했다. 2006년에는 기관포와 로켓을 장착한 것으로 알려진 K-8 훈련기 및 F-7M 군용 제트기 16대를 판매했고, 2007년 1월부터 다르푸르에서 사용된 것이 포착된 A5 판탄 제트기도 여러 대 판매했다.[328] 중국은 또한 압도적인 소형화기 판매 점유율을 유지하고 있다. 2003년 이후 수단이 구매한 소형화기 중 약 70%는 중국이 공급한 것이며, 2005년에는 상대적으로 덜 알려진 군용트럭 212대 등 전투차량도 공급했다.[329] UN은 다르푸르의 전장에서 중국제 및 러시아제 무기를 반복적으로 포착했다.[330] 이러한 무기의 정확한 구매 비용은 확실치 않으나, 석유 수출액의 80%가량이 여기에 투입된 것으로 추정된다.[331] 2006년 수단의 대중 석유 수출액만 40억 달러 이상임을 감안할 때[332] 알-바시르 정권이 2003년 이후 무기구매에 투입한 비용은 100억 달러를 훨씬 넘을 것으로 보인다.

무기금수조치 위반은 계속됐다. 일례로 2009년 10월 UN 안보리 수단 전문가위원회는 "분쟁의 모든 당사자는 자신이 통제하는 지역에서 국제 인도법 및 인권법상의 적극적 의무를 충족하지 못하고 있다. …… 분쟁의 거의 모든 당사자가 안보리 제재를 준수하고 전문가위원회의 감시 활동에 협력할 의무를 지키지 않고 있다"고 밝혔다.[333] 문제는 수단 정부가 벌어들일 수 있는 돈이 너무나 많다는 점이다. 현장 상황은 끊임없이 변화하고 있지만, 다시 남북 간 내전이 발발할 경우 수단 정부가 정부군을 철저히 무장시킬 능력을 충분히 갖고 있다는 데는 의심의 여지가 없다.

물론 모든 국제 행위자가 수단의 군사화를 쉽게 묵인했다는 의미는 아니다. 2009년 3월 국제형사재판소는 반인도범죄 및 전쟁범죄 혐의로 오마르 알-바시르 대통령에 대해 체포영장을 발부했다. 또한 국제형사재판소는 2010년 중반 기존의 입장을 바꿔 강간, 살인, 고문을 지휘한 "〔알-바시르의〕 책임이 있다고 볼 합리적 근거"가 존재한다며 알-바시르의 범죄혐의에 대학살 범죄 세 건을 추가해달라는 요청을 받아들였다.[334] 알-바시르는 아프리카 곳곳을 오가고 있지만 아직까지 체포되지 않았다. 국제형사재판소가 자신의 결정을 집행할 독자적 메커니즘을 갖추지 못한 탓에 회원국들의 권한에 의존할 수밖에 없고, 회원국들은 알-바시르를 체포할 경우에 발생할 외교적 후폭풍을 두려워하기 때문이다. 2010년 8월 알-바시르는 논란 속에서 케냐의 새 헌법 서명식에 참석했다. 케냐는 국제형사재판소 회원국으로 알-바시르를 체포할 의무가 있지만 결국 어떤 조치도 취하지 않았다.[335]

이 책을 쓰는 2011년 8월 현재 남수단은 대체로 평화적으로 치러진 국민투표에서 99%가 독립에 찬성해 신생 독립국이 됐다.[336] 그러나 구조적 문제는 여전하다. 북수단이 남부에서 이어지는 송유관을 여전히 통제하고 있기 때문에 현재의 화해 분위기에 조금이라도 균열이 가면 남수단의 석유, 특히 그로부터 누가 이익을 가져갈 것인가에 대한 분쟁이 발생할 수 있다. 또 알-바시르가 권력을 잡고 있는 한 북수단이든 남수단이든 누구도 편안히 잠들 수 없다. 경쟁국들에 비해 훨씬 많은 무기를 가진 알-바시르는 필요한 경우 더욱 넓은 지역적 분쟁을 일으킬 수 있다. 삶의 터전에서 벌어진 대학살로 엄청난 피해를 입은 다르푸르 주민들은 국제사회가 이미 수십 년 전 취했어야 할 조치가 시행될 때에야 비로소 안전하다 느낄 수 있을 것이다. 바로 대학살을 저지른 독재자에 대한 무기공급을 차단하는 일이다.

거세진 무기 역류: 이집트, 리비아, 코트디부아르

2010년 12월 17일, 대학을 졸업하고 과일을 팔던 스물여섯 살 청년 모하메드 부아지지Mohammed Bouazizi가 자신의 머리와 몸에 석유를 붓고 분신한 사건이 발생했다. 그는 2주 후 사망했고, 튀니지의 경제 불황, 극심한 인권탄압, 정치적 검열에 대한 그의 분노에 공감하는 이들로부터 열사로 불리게 되었다.[337] 부아지지의 사망은 아프리카에서 상대적으로 안정되어 있다고 평가받던 튀니지에서 아무도 예상하지 못한 혁명의 불씨를 댕겼다. 튀니지인들은 23년째 계속된 지네 엘 아비딘 벤 알리Zine El Abidine Ben Ali 독재정권과 정치적 부패라는 굴레를 벗기 위해 나섰다. 부아지지의 사망 9일 만에 벤 알리는 사우디아라비아로 도망쳤고 정권은 무너졌다.[338]

벤 알리 축출은 튀니지 주변국에도 반향을 일으켰다. 북아프리카

아랍 국가들의 시위는 더욱 격렬해졌다. 특히 이집트의 최장기 집권자 호스니 무바라크 대통령이 없는 미래를 꿈꾸던 이집트인들에게, 튀니지 혁명은 전쟁의 시작을 알리는 나팔소리와 같았다. 튀니지 혁명 11일 후, 이집트 전역에서 대규모 시위가 일어났다.[339] 수백만 명이 군의 통행금지령을 무시하고 거리로 몰려나와 공공장소를 평화적으로 점거했고, 자신들의 목소리가 반영될 때까지 해산을 거부했다. 카이로에서는 수십만 명이 시위의 시발점이었던 타흐리르 광장을 점거했다. 군부 내에서 무바라크에 대한 지지가 약화되자 그의 오른팔 오마르 술레이만Omar Suleiman 부통령은 무바라크의 사임을 발표했다.[340] 불과 2개월 이내에 북아프리카, 나아가 중동의 정치 지형은 근본적으로 바뀌었다.

이집트 정치 상황에 익숙하지 않은 이들에게는 이러한 전개가 급작스러워 보일 수 있다. 하지만 실제 무바라크 정권은 여러 해 동안 갖가지 어려움을 겪으며 흔들리고 있었다. 1928년 나일강 계곡에서 태어난 무바라크는 1981년 안와르 사다트 암살[341] 이후 권력을 잡았다. 사다트의 암살은 이집트와 이스라엘의 화해 분위기를 조성한 1978년 캠프 데이비드 평화협정 서명으로 촉발되었다.[342] 무바라크는 이집트가 대패한 1973년 대이스라엘 전쟁에서 공군을 이끈 이력을 갖고 있는데, 군 출신이라는 점에서 전임 독재자들과 같은 정치 지형을 그대로 유지할 수 있었다. 이집트의 정치 지형은 기본적으로 압델 나세르Abdel Nasser 장군의 강압통치에 의해 형성되었다. 나세르의 '사회계약'은 단순했다. "노동계급과 농민을 정치적으로 탄압하고 제한적인 정치 참여만 허용하며, 그 대가로 국가는 기초적 서비스를 제공한다"[343]는 것이었다.

무바라크는 이집트인들에게 나세르와 다를 바 없는 요구를 했다. 국민들이 요구를 따르지 않을 때는 곧바로 탄압하려 들었다. 2010년대 중반 무렵 수감된 정치범은 1만 7,000명에 달했고, 그중 상당수는 무슬림형제단과 관련되어 있었다.[344] 명목상의 선거가 치러졌지만 투표 방해, 각종 탄압과 금지, 투표조작 의혹이 끊이지 않았다. 선거는 국가의 정치적 방향을 결정하는 의미 있는 경쟁이 아니라 단순히 기념사진을 남기기 위한 퍼포먼스에 불과해 보였다. 그럼에도 무바라크는 나세르가 의도한 바대로 안정적인 군사독재로 경제를 성장시킬 수 없었다. 1991년 걸프전 이후 이집트는 세계은행의 권고에 따라 일련의 구조조정 정책을 이행하기로 합의했다. 이는 서방의 보수적 기술관료들과 프리드먼 추종자(밀턴 프리드먼은 대표적인 자유주의 시장경제 옹호자다—옮긴이)에게는 박수갈채를 받았지만, 이집트 빈곤층에게는 부정적인 결과를 가져다줬다.[345] 농민들의 농지 이용권을 확대한 나세르 때와는 달리 농업 자유화로 인해 농민들은 농지에서 쫓겨나고 대규모 지주들의 힘이 다시 강화되었다.[346] 실업률은 26%로 치솟은 채 떨어질 줄 몰랐고, 이집트 밀 소비량의 절반 이상은 수입산이었다.[347] 2005년 이후에는 성장률이 연간 5%를 넘을 만큼 경제가 회복됐지만 그럼에도 평범한 이집트인은 그 혜택을 누리지 못했다.

이스라엘과의 긴밀한 관계도 곪아 터졌다. 이집트와 이스라엘의 군사정보 공유, 그리고 이집트가 이스라엘의 가자지구 공격을 지원했다는 의혹은 팔레스타인에 동질감을 가진 이집트인들을 격앙시켰다.[348] 여기에 무바라크의 족벌정치가 민심을 더욱 이반시켰다. 1990년대 후반부터 대중들로부터 거의 인기가 없는 자신의 아들 가말 무바라크의 권력 승계를 준비한 것이다.

게다가 이집트인 대부분은 무바라크가 자신의 지위를 활용해 무기거래 및 이스라엘과의 관계에서 자기 주머니를 채우고 있다고 생각했다. 무바라크의 최측근이며 사업상 대리인으로 지목된 후세인 살렘은 이집트가 미국에서 무기를 구매하기 시작한 1970년대 후반 언론의 헤드라인을 장식했다. 갑자기 등장한 살렘이 무기운송 계약을 수주하게 됐는데, 자신과 사업파트너의 이익을 위해 계약금액을 800만 달러나 부풀렸다는 의혹을 받았다.[349] 몇 년 후 미 당국은 살렘의 문제를 지적했고, 그는 잘못을 인정하며 300만 달러를 반환할 수밖에 없었다.[350] 최근 들어 그는 이스라엘 사업가 요세프 마이만과 15억 달러 규모의 천연가스 계약을 성사시켰다. 많은 이들은 계약의 판매단가가 너무 낮아 이집트 경제를 이스라엘에 팔아넘기는 수준이라고 비판했다. 살렘은 시위대가 타흐리르 광장을 점거하자 조용히 외국으로 빠져나갔고, 소문에 따르면 현금 5억 달러를 갖고 두바이에 자리잡았다.[351]

무바라크와 그의 두 아들 가말과 알라, 그리고 후세인 살렘은 모두 부패 범죄로 기소되었다.[352] 호스니 무바라크와 살렘은 특히 미국이 연례 군사지원 패키지의 일환으로 이집트에 제공한 무기의 운송 및 수출에 관한 범죄 혐의를 받고 있다. 인터폴 역시 동일한 혐의로 이들의 체포를 추진 중이다.[353]

무바라크 정권이 살아남을 수 있었던 것은 군부의 지지, 그리고 두려움의 대상인 정보기관을 통제하고 있었기 때문이다. 무바라크가 이집트군의 50만 장병,[354] 특히 장교들에게 특혜를 제공할 힘을 가지는 한 그의 권력은 보장되었다. 이집트를 통치하는 무바라크와 군부에는 다행스럽게도 이들은 서방, 특히 미국의 지원에 크게 의존해 통치 자금을 마련할 수 있었다.

미국의 이집트 지원은 이스라엘 지원과도 연결되어 있었다. 이집트는 1979년 캠프 데이비드 협정 이후 이스라엘과 평화적·우호적 관계를 맺을 의사를 가진 몇 안 되는 아랍 국가 중 하나가 되었다. 무바라크 정권에서 이러한 관계는 계속 유지되었고, 사업적 관계와 첩보 공유로 인해 더욱 확대되었다. 국내에서 무바라크 최대의 적은 이슬람주의 운동이었으며, 이들은 내내 탄압을 받았다. 이스라엘과의 첩보 공유는 양국 관계를 단단히 할 뿐만 아니라 이집트의 적국에 대한 주요 첩보를 확보하는 데도 도움이 되었다.

이집트는 이스라엘과의 분쟁을 중단한 대신 미국의 후한 보상을 받았다. 1979년 이후 미국은 연평균 20억 달러 규모의 경제 및 군사 원조를 제공했다.[355] 최근에는 군사원조 규모가 경제원조를 추월했다. 2011년 오바마 행정부가 의회에 요청한 원조 총액 15억 5,200만 달러 중 13억 달러는 군사원조에 배정됐으며, 이에 훨씬 못 미치는 2억 5,000만 달러가 이집트 빈곤층에 배정됐다.[356] 미국의 대이집트 원조는 1998년 이후 매년 감소했지만 경제원조만 줄어든 채 군사원조는 안정적으로 유지됐다.[357] 2010년 이집트는 총 15억 5,000만 달러의 원조(군사원조 13억 달러 포함)를 받아 아프가니스탄, 이스라엘, 파키스탄, 아이티에 이어 미국의 5대 수원국이 됐다.[358] 사실 이는 그전에 비하면 초라한 성적이다. 1979~2010년 이집트는 이스라엘에 이어 미국의 2대 수원국이었기 때문이다.[359]

무바라크 정권은 미국의 군사원조에 더해 1988년 이후 평균 40억 달러가량(2009년 물가 기준)의 국방예산으로[360] 대대적인 무기구매 재원을 충당했다. 무바라크가 집권한 1981년부터 2010년까지 이집트는 군사장비 구입에 총 284억 달러를 지출했다.[361] 최대 판매국은 211억 7,000만 달러 상당을 판매한 미국으로, 약 75%의 비중을 차지했다.[362] 미국 외에 10억 달러 이상을 판매한 나라는 중국(23억 달러)과 프랑스(15억 달러) 둘 뿐이었다.[363] 그다음은 러시아(7억 7,800만 달러)와 영국(4억 8,200만 달러)이었다.[364]

이처럼 엄청난 무기구매 지출은 미국의 크고 작은 방산업체들에 이득을 안겨줬다. 규모를 감안할 때 판매된 무기를 전부 나열하는 것은 불가능하지만, 1981년 이후 판매된 무기의 목록이 스톡홀름국제평화연구소 무기거래 데이터베이스의 여섯 쪽을 가득 채울 정도라는 사실만 언급하도록 하자.[365] 그중 주목할 만한 사례로는 우선 미국이 설계한 에이브럼스 전차 수백 대가 있다. 이 전차는 현재 카이로 교외에서 제너럴다이내믹스의 감독하에 생산되고 있다.[366] 록히드마틴의 F-16 전투기, 보잉의 치누크 헬리콥터, 시콜스키항공의 블랙호크 헬리콥터도 특기할 만하다.[367] 이 거래의 수익은 어마어마했다. 최근 몇 년간 록히드마틴이 이집트와의 거래에서 벌어들인 돈은 38억 달러였으며, 제너럴다이내믹스는 25억 달러, 보잉은 17억 달러였다.[368]

이와 마찬가지로 중요한 것은 미국의 중소 방산업체에서 구매한 시위진압 장비, 경화기, 최루탄이었다. 타흐리르 광장을 돌아본 미국 ABC 방송 기자들이 빈 탄피와 최루탄 산탄통을 발견했는데, 거기에 "Made in USA"라는 글자가 뚜렷하게 새겨져 있었던 것이다.[369] 이 산탄통은 펜실베이니아의 중소기업 컴바인드시스템Combined Systems에서 만든 것으로 밝혀졌다.[370] 그러나 대형 방산업체의 손은 여기에도 닿아 있었다. 컴바인드시스템의 주주 중에는 2005년 일부 주식을 매입한 칼라일그룹Carlyle Group이 있었던 것이다.[371] 이집트, 이스라엘, 미국의 밀월관계를 보여주듯 이스라엘군이 가자지구에서 사용한 최루탄도 같은 업체 제품으로 밝혀졌다.[372]

영국에서는 정부가 2009~2010년 이집트에 1,680만 파운드 규모의 "기관총, 영상 카메라, 전자전 장비, 반자동 권총 부품" 등 무기류 수출허가를 발급했다는 사실에 대해 의회가 강하게 비판했다.[373] 더욱 경악스러운 것은 무바라크의 퇴진 이후 보수당 데이비드 캐머런 총리가 이집트를 방문했다는 점이었다. 이는 무바라크 퇴진 이후 최초의 외국 고위 인사의 방문이었다. 캐머런 총리는 타흐리르 광장을 찾아 이집트 시위가 "진정으로 고무적"이라며 이집트인들의 민주적 성과를 칭송했다.[374] 그는 시위대가 이슬람 극단주의 세력이 아닌, "영국이 당연하게 여기는 것과 같은 자유를 원하는 사람들"이라며 열변을 토했다.[375]

데이비드 캐머런은 미국과 영국의 무기업체들이 바로 그러한 자유를 억압해온 이집트 군부를 적극적으로 지원해왔다는 근본적 아이러니를 깨닫지 못한 채 영국 무기업계의 거물들과 동행했다. 총리와 함께 이집트를 방문한 인물로는 BAE의 CEO 이언 킹Ian King, 키네틱 QinetiQ 그룹 국제이사 앨라스테어 비셋Alastair Bisset, 롤스로이스 지역본

부장 롭 왓슨Rob Watson 등이 있었다.[376] 캐머런은 이 지역의 국가들과 국방 분야에서 협력해나가는 것이 "영국의 국익에 대단히 좋다"고 주장했다. 물론 그런 협력이 없다면 영국 무기업계의 수익은 급감할 것이다.

미국과 영국이 대단히 조심스럽게 이집트 시위대를 지원하기는 했지만, 무바라크의 퇴진으로 이어진 3주간의 시위에서 880명이 사망했다는 사실은 비극적 진실을 일깨워준다. 바로 서구의 방산업체들이 1981년부터 이집트의 독재, 인권침해, 정치범 탄압을 가능하게 한 수단을 제공해왔다는 점이다. 그런데 이러한 관계가 남긴 유산은 수많은 사망자만이 아니었다. 무바라크 퇴진 이후 많은 이들은 이집트 군부가 정말 자발적으로 권력을 내려놓을지 의문을 품었다. 4월 초 통과된 법률은 최악의 상황이 벌어질 것이라는 신호였다. 모든 시위가 금지되면서 시위자는 누구든 체포될 수 있었다. 군사위원회는 선거 실시를 약속했지만 무바라크의 동료이자 측근이었던 이들의 행적을 감안할 때 선거가 당연히 열릴 것이라고 기대할 수는 없었다. 군부와 서방에는 현상을 유지할 강력한 유인이 존재했다. 미국은 이집트에 수십억 달러의 원조를 제공하고, 이집트는 무기를 구매해 산더미처럼 쌓아놓는 탐욕의 톱니바퀴는 여전히 돌아갔다. 문민정부, 특히 이집트와 이스라엘의 우호관계에 오랫동안 부정적인 태도를 가져온 세력의 정부가 수립될 경우 이집트와 서방을 하나로 묶어주는 돈과 실리의 매듭이 풀어질 위험이 있었다.

새로운 군부 통치 세력 입장에서 한 가지는 확실했다. 시민들을 탄압하기로 결정하기만 하면 대부분 미국이 제공한 엄청난 규모의 전차, 전투기, 헬리콥터, 박격포, 포, 경화기, 화학무기, 최루탄, 시위진압 장비를 사용할 수 있다는 점이었다.

튀니지 정권의 붕괴로 인해 장기집권 중인 독재자에 맞선 저항이 촉발된 곳은 이집트만이 아니었다. 2001년 2월 15일, 무바라크가 퇴진한 지 불과 며칠 만에 리비아에서도 대규모 시위가 벌어졌다. 전반적으로 평화로웠던 이 시위는 여러 반카다피운동의 첫 번째 불꽃이었으며, 초기에는 리비아군에 의해 진압됐다. 하지만 그 이후에는 카다피의 강경대응에도 불구하고 리비아 반군이 국토 전역을 휩쓸었다. 전세가 엎치락뒤치락하는 가운데 리비아군은 민간인 거주지역에 확산탄을 사용하는 등 중화기로 반격에 나섰다.[377] 미국과 NATO가 반군 엄호를 위해 카다피의 중화기 부대 및 요새를 공습하고 있다는 점을 고려하면, 이 책을 쓰는 2011년 8월 현재 반군은 결국 '국부'를 자처한 괴상한 독재자를 거의 축출한 것으로 보인다(2011년 10월 반군과의 교전 중에 카다피가 사망하면서 리비아 독재는 막을 내렸다—옮긴이).[378] 이는 결코 쉬운 싸움이 아니었다. 카다피는 막대한 양의 무기를 비축했고, 그중 상당수가 반군을 저지하는 데 사용됐으며 현재는 관리가 허술한 벙커 및 건물에 보관되고 있다.

이러한 상황의 결과는 세 가지 측면에서 볼 수 있다. 첫째, 카다피의 축출이 민주주의가 아니라 내전으로 이어질 경우, 서로 경쟁할 세력들은 거의 무제한으로 무기를 공급받을 수 있다는 점이다. 상황이 조금 다르기는 하지만 이라크와 아프가니스탄에서는 독재정권의 전복이 장기적인 게릴라전이나 내전으로 이어져 주변 지역까지 여기에 끌어들이고 불안정성을 증대시켰다. 이미 이라크와 아프가니스탄에 깊이 개입된 서방은 많은 이들의 예상보다 오래 지속되는 분쟁에 줄곧 끌려들어갈 수 있다. 둘째, 리비아 내 저항운동이 평화적 민주주의로 이어진다 하더라도 미치광이 독재자가 비축한 무기들의 처리 문제는 남는다.[379] 이를 적절히 처리하지 않으면 리바아 곳곳이 또 다른 게르데츠가 되고 말 것이다. 마지막으로는 카다피가 비축한 재래식 무기, 생물무기, 폭발물(겨자가스 10톤 및 우라늄 1,000톤 등)[380] 등이 혼란을 틈타 지역 내 암시장에 유입될 수 있고, 그렇게 될 경우 카다피에게 가장 성실하게 무기를 공급해온 서방을 위협하는 세력의 손에 들어갈 수 있

다는 점이 심각하게 우려스럽다.[381]

　카다피는 1969년 집권 이후 강렬한 반식민주의 수사를 구사하며 숭배의 대상이 되는 동시에 국내외의 반대 세력을 탄압했다. 집권 직후 통과된 법률은 정당 설립을 사형으로 처벌이 가능한 범죄로 규정했다.[382] 언론은 국영매체 외에 허용되지 않았다.[383] 전략적 위협으로 간주된 분파들은 은밀히 군사재판, 고문, 죽임을 당하는 경우가 많았다. 아프리카의 각종 문제에 영향력을 행사하겠다는 광적인 집착은 대륙 전체를 가로지르며 상처를 남겼다. 앞서 살펴보았듯 카다피는 군사훈련, 물자, 무기를 제공해 찰스 테일러의 라이베리아애국전선, 시에라리온의 혁명연합전선 같은 끔찍한 집단을 탄생시켰다(물론 무기의 상당수는 서방과 러시아에서 구매해 비축한 것이었다). 또한 이웃 국가 차드를 침략해 북부 무슬림과 남부 아프리카계 사이의 긴장을 고조시켰고, 이들 사이의 장기적 내전을 부채질했다. 앞서 보았듯 다르푸르에서 잔자위드 민병대가 저지른 대학살도 카다피와 연관된 경우가 많았다. 민병대의 상당수는 카다피가 북아프리카에 범아랍주의 세력을 구축하겠다며 창설한 용병부대 이슬람군단Islamic Legion에 소속된 전력이 있었다.[384]

　만약 리비아가 이라크와 아프가니스탄의 전철을 밟거나 그보다 심한 상황에 처하게 된다면 그 원인은 카다피가 1969년 이후 막대한 석유 매장량에 힘입어 수십억 달러 상당의 무기를 손쉽게 구매할 수 있었다는 점에서 찾을 수 있을 것이다.[385] 리비아는 1992년부터 2003년까지 장기간 부과된 UN 무기금수조치에도 불구하고 1970년 이후 무기구매에 300억 달러를 지출했다.[386] 이중 대부분은 소련(최근에는 러시아)에서 공급받은 것으로, 총액은 220억 달러에 달했다. 그러나 카다피의 전력 증강에 핵심적 역할을 한 서방의 첨단 무기체계도 그에 못지않게 중요했다. 프랑스와 독일은 '물 들어올 때 노 젓는다'는 말처럼 각각 32억 달러, 14억 달러를 벌어들였다.[387] 미국은 1970년 이후 판매 총액이 2억 2,700만 달러에 그쳐, 여기서는 주요 무기판매국 중 최하

위를 차지했다.[388]

리비아의 무기구매는 그 규모만 봐도 어처구니없는 수준일 뿐만 아니라 두려울 정도다. 리비아는 러시아 한 곳에서만 전차 2,000대, 기갑전투차량 2,000대, 포병무기 350문, 함선 수십 대, 항공기 수십 대를 구매했다.[389] 구매한 무기가 너무 많다 보니 대부분은 영원히 사용될 일이 없을 것이라는 관측도 있었다. 군사전문가 앤서니 코더스먼은 이렇게 말했다. "리비아의 수입 규모는 자국군의 조직, 병력 동원, 훈련, 지원 역량에 비해 압도적으로 크다. 수입 규모는 1970년대 말과 80년대에 말도 안 되는 수준에 도달했으며, 운용할 인력 확보가 불가능한 장비들에 엄청난 낭비가 발생했다."[390] 리비아는 비합리적인 병력 대비 장비 비율로 인해 항공기 대다수와 전차 1,000대를 창고에 보관할 정도였다.[391]

이 모든 일은 카다피가 서방과의 오랜 충돌로 인해 국제 무기시장에 접근하기 어려웠음에도 일어났다. 무기금수조치가 소 잃고 외양간 고치는 격으로 부과되었기 때문이다. 1986년 카다피는 반식민주의에 대한 신념을 바탕으로 반미 테러조직들에게 무기, 자금, 훈련을 지원했다. 1986년 4월 5일, 리비아 테러리스트의 폭탄테러로 베를린의 라벨레 디스코텍이 폭파되고 이곳을 자주 드나들던 미군들이 살해되는 사건이 발생했다. 미국은 이에 대응해 리비아를 폭격하고 EU 국가들과 함께 무기금수조치를 부과했다.[392] 2년 뒤에는 리비아 공작원들이 독일과 미국을 오가는 팬암 항공기 화물칸에 폭탄을 설치했다. 이 항공기는 스코틀랜드 로커비 상공에서 폭파돼 270명이 사망했다.[393] 몇 달 후에는 프랑스의 UTA 여객기가 폭파돼 171명이 차드의 사하라 사막에서 사망했다. 카다피가 비밀리에 핵무기와 화학무기를 개발하고 있다는 사실이 명확히 드러나자 신속한 보복이 이뤄졌다. 카다피 집권 후 '겨우' 23년이 지난 1992년, 처음으로 카다피에게 UN 무기금수조치와 광범위한 제재가 부과됐다.[394]

이후 카다피는 11년간 고립되었다. 제재로 인해 석유 수출이 감소했고, 무기금수조치는 예상 외로 효과적이었다. 보도에 따르면 1992년부터 2003년까지 카다피의 연간 무기수입액은 1,000만 달러 미만에 그친 것으로 나타났다.[395] 그러나 최근 드러난 사실을 보면 이렇게 확정적으로 말할 수 없을지도 모른다. 2010년 안보개발정책연구소 Institute for Security & Development Policy는 유럽 최후의 진정한 독재자라 할 수 있는 알렉산드르 루카셴코 벨라루스 대통령이 1996년부터 2006년 사이 리비아에 11억 달러 상당의 무기를 수출했음을 시인했다고 주장했다.[396] 동유럽의 작은 내륙국인 벨라루스는 세계 곳곳의 불량국가들에 꾸준히 무기를 공급해온 것으로 알려져 있다. 벨라루스는 소련 시절의 막대한 무기 비축분, 그리고 동구권에서는 상대적으로 근대화된 경제구조를 갖고 있었으며, 러시아의 무기구매가 급감한 이후 세계 수출시장을 개척해왔다. 벨라루스는 시종일관 국제조약을 무시해왔다. 카다피의 개인재산 규모는 700억 달러에서 1,000억 달러로 추정됐는데, 이는 서방 대부분에서 동결되어 있었다. 이에 벨라루스는 카다피에게 무기, 금융, 운송을 원스톱 서비스로 제공하면서 카다피의 잔여재산을 감춰주기로 했다.[397] 어쩌면 당연하게도 벨라루스는 2011년 새로운 무기금수조치가 부과되기 직전 리비아로 물자(용병으로 추정)를 운송해준 마지막 국가이기도 하다.[398]

상당 부분 경제난으로 인해 2000년대 초부터 카다피는 언뜻 그럴 듯하게 들리는 뉴스거리를 만들어내기 시작했다(리비아는 경제제재로 330억 달러의 손해를 보았다고 추정한다[399]). 1999년 그는 자유시장과 세계화를 수용하면서 "인류 사이에 장애물은 더 이상 용납될 수 없다. 현재의 대세는 자유시장과 투자"[400]라고 화려하게 선언했다. 다음 해에는 "지금은 경제, 소비, 시장, 투자의 시대다. 이것들이 바로 언어, 종교, 국적에 관계없이 사람들을 하나로 만드는 것"[401]이라고 말하며 자신이 세상의 흐름과 함께하고 있음을 내비쳤다. 또한 구체적으로는 공식적으로 생화학무기 개발을 포기했으며 로커비 항공기 폭파사건에 연루된 이들이 재판을 받도록 하겠다고 선언했다. 2003년에는 드디어 폭파사건의 유가족들에게 배상금을 지불하는 데 동의했다.

이는 카다피의 고립에 종지부를 찍었다. 2003년 UN 무기금수조치와 제재가 해제됐고,[402] 1년 뒤에는 미국과 EU도 같은 결정을 내렸다.[403] 그 당시에는 리비아 내에서 그가 여태껏 저질러온 지속적인 인권침해나 아프리카 분쟁 개입은 거의 언급되지 않았다. 오히려 유럽의 사업가들과 정치인들은 그를 열렬히 환영했는데, 일부는 이를 역겨울 정도로 경솔하다고 평가했다. 2009년, 로커비 항공기 폭파사건에 연루된 혐의로 스코틀랜드 감옥에 수감된 리비아인 압델바셋 알리 모하메드 알 메그라히Abdelbaset Ali Mohammed Al Megrahi가 '인도적 사유'로 석방되어 리비아로 귀환했다.[404] 그는 치명적 전립선암으로 3개월 안에 사망할 것이라는 진단을 받은 것으로 알려졌는데, 2011년 6월 현재까지도 생존해 있다(2012년 5월 사망했다—옮긴이). 많은 이들은 그의 석방이 리비아의 주요 시장을 영국에 개방하도록 하기 위한 정치적 거래라고 의심한다. 실제로 얼마 지나지 않아 BP는 리비아와 9억 달러 상당의 리비아 유전탐사 계약을 체결했다.[405]

물론 새로 개방된 리비아 시장에서 이익을 본 것은 석유업계만이 아니었다. 무기제조업체, 특히 유럽 업체들은 대 리비아 수출을 적극 추진했다. 2009년, 메그라히가 석방된 지 몇 주 만에 영국 무역투자청 국방안보본부의 리처드 패니귀언Richard Paniguian 본부장은 "리비아, 오만, 인도, 알제리 등지에서 고위급 정치 개입이 종종 비밀리에 이뤄졌다"[406]고 밝혔는데, 이는 국방안보본부의 영국제 무기 판로개척을 지원하기 위해서였을 것이다. 총리실은 "영국 무역투자청 국방안보본부가 방산수출 진흥을 도모하는 것은 전혀 놀라운 일이 아니다. 그게 원래 임무"라며 위의 발언을 간단하게 해명했다.[407] 다른 정치인들도 리비아의 품으로 뛰어들기 바빴다. 니콜라 사르코지의 경우 프랑스 제품 수출과 사업 진흥을 위해 리비아를 방문했고, 러시아는 2010년에 전차, 전투기, 대공 방어망 등 18억 달러 상당의 대형 무기거래를 성사시켰다고 발표했다.[408] 러시아는 그로부터 불과 2년 전 과거 무기거래에서 리비아 측에 발생한 45억 달러의 부채를 탕감하기로 한 바 있었다.[409]

이 거래의 규모는 자료가 공개된 가장 최근 기간인 2005~2009년 EU의 리비아 무기수출 규모와 비슷하다. 이 기간 EU 국가들은 리비아로 총 8억 3,400만 유로 이상의 무기수출을 신고했다.[410] 이탈리아의 경우 2006~2009년 모두 2억 7,600만 유로 상당의 무기를 수출하며 가장 큰 성과를 냈는데,[411] 이 중에는 반군 공격에 쓰인 것으로 알려진 헬리콥터의 계약(1억 1,000만 유로)도 있었다.[412] 프랑스는 2억 1,000만 유로로 아슬아슬하게 2위를 차지했으며, 영국은 1억 1,935만 유로였다.[413] BAE는 당연히 리비아와의 거래에 관여했다. 2007년 판매 계약이 체결되어 2009~2010년 인도된 밀란 대전차미사일 200기의 제조업체는 MBDA로, BAE가 3분의 1의 지분을 가진 곳이었다.[414] 아이러니하게도 2011년 4월 카타르가 리비아 반군에 판매한 대전차미사일도 같은 제품이었다.[415] EU 국가들이 리바아로 수출한 물자 중에는 시위진압 장비, 소형화기 및 탄약, 군용 항공기 및 탄약, 그리고 반군이 SNS나 조직운영 도구를 사용하지 못하도록 휴대전화 및 인터넷을 차단하는 데 사용된 것으로 추정되는 독일제 전파교란 장치 등 전자 장비[416]도 있었다.

리비아는 2005~2009년 EU로부터 총 2억 7,800만 유로 상당의 군용 항공기, 1억 유로에 가까운 규모의 소형화기, 8,500만 유로 규모의 전자장비를 수입했다.[417] 리비아는 남쪽으로는 남아공에 의존했다. 카다피로부터 선거자금을 제공받은 혐의가 있는 제이컵 주마 남아공 대통령은 리비아 비행금지구역 설정에 대해 초기에 격렬하게 반대했다가 두 차례 입장을 바꾼 바 있다. 남아공은 2003~2009년 자국

의 무기수출위원회가 8,090만 랜드(750만 파운드) 규모의 수출을 허가
한 이후 2010년 실제로 7,000만 랜드(약 650만 파운드) 상당의 무기를 리
비아에 수출했다.[418] BAE는 카다피 정권에 병력수송 장갑차 50대를
공급하는 미국-리비아 거래에서 수익을 올릴 예정이었다. 리비아 정
권이 붕괴하기 불과 몇 달 전에 승인된 이 거래는 7,700만 달러 규모
로, BAE와 터키의 뉴롤Nurol이 수주할 예정이었다. 그러나 이 거래는
2011년 2월 말 리비아의 혼란 속에 취소된 것으로 알려졌다.[419]

비록 이처럼 무기거래가 취소되기도 했지만 2011년 부과된 무기
금수조치는 실질적인 의미를 갖기 어려웠다. 무기금수조치가 해제된
이후 리비아가 새로 비축한 무기들은 이미 반군의 진격을 저지하기
위해 쓰이고 있었기 때문이다(결과적으로 실패했지만). 그야말로 소 잃고
외양간 고친 격이었다. 미국과 NATO, EU 군대가 리비아에 개입할 수
밖에 없었을 때 이들은 모두 역류라는 문제에 부딪혔다. 자신들이 수
출한 바로 그 무기를 상대해야 했던 것이다.

그러나 아랍의 봄에서 세 번째로 독재자 카다피를 축출했다는 기
쁨은 현실에 대한 냉정한 진단과 함께 갈 필요가 있다. 그대로 남아 있
는 막대한 무기들은 제대로 된 방비나 경계가 이루어지지 않는 상황
이며, 카다피 잔당의 손에 쉽게 흘러들어가 장기적인 분쟁으로 이어질
수 있다. 그런 일이 일어나지 않는다 하더라도 카다피 축출을 자신의
이익을 챙길 기회로 보는 세력에게는 전쟁의 유혹이 여전히 존재한다.
그 과정에서 미국과 NATO는 분명 빠져나오기 힘든 분쟁에 휘말릴 것
이다. 적어도 카다피에게 무기를 공급했던 국가들은 공포정치의 칼날
에 고통받아온 리비아의 새로운 집권 세력에게 주의 깊은 해명을 내
놓아야 할 것이다. '외교적 역류'의 가능성을 배제할 수 없기 때문이
다. 또한 이미 밀수업자들과 약탈꾼들은 생화학무기를 포함해 카다피
가 쌓아둔 무기들을 노리는 것으로 알려져 있는데, 만약 이러한 무기
들이 암시장에 등장해 반군이나 테러조직, 야심을 가진 미치광이의 손

에 들어간다면 그야말로 최악의 역류가 발생할 것이다.

리비아 분쟁이 격화되는 가운데 서아프리카의 분쟁은 잦아들기 시작했다. 2011년 4월 11일, 코트디부아르에서는 10년간의 불안한 통치 끝에 로랑 그바그보Laurent Gbagbo가 프랑스 특수부대에 의해 대통령 관저에서 체포됐다. 그는 자신과 대통령직을 두고 경쟁했던 알라산 우아타라Alassane Ouattara 수하의 부대에 인계되었고,[420] 이어 UN의 경비하에 수감되어 다양한 범죄 혐의로 기소를 앞두게 되었다. 2010년 UN 감독하에 실시된 선거에서 승리한 우아타라는 대통령에 취임했다. 앞으로 코트디부아르에 평화가 찾아올 것인지는 우아타라의 행보, 그리고 친그바그보 성향의 잔인하기로 악명 높은 군의 태도에 달려 있다. 특히 코트디부아르군은 그동안 어렵지 않게 막대한 무기를 비축해왔다.

코트디부아르 분쟁의 근원은 복잡하고 뿌리 깊다. 아이보리코스트라고도 불린 코트디부아르는 독립 이후 펠릭스 우푸에부아니Félix Houphouët-Boigny 대통령이 통치했다. 막대한 영향력을 가진 그는 1959년부터 1993년 사망할 때까지 집권했다. 우푸에부아니는 정치적으로 많은 잘못을 저질렀지만 코트디부아르 경제를 크게 성장시켰고, 이는 흔히 '아이보리의 기적'으로 알려져 있다.[421] 그의 안정적인 통치와 코코아 수출 호황으로 경제는 급속히 성장했고, 정부는 이를 활용해 교육과 보건 부문에 대대적으로 투자했다.[422] 1978년 코코아 가격이 폭락하자 코트디부아르의 경제모델은 위협을 받게 됐다. 모든 지표상으로 이는 일시적 혼란에 불과했지만, 국제통화기금 같은 국제 금융기관들은 엄격한 구조조정 정책 도입을 전제로 차관을 제공하겠다는 입장이었다.[423] 구조조정은 매우 성급하게 진행됐으며, 국가의 역할 축소와 함께 장기간에 걸친 사회서비스 붕괴를 예고했다. 동시에 코코아 가격을 더 이상 정부 보조금이나 관세로 보호할 수 없게 되면서 가격은 정체 내지 하락했고, 이는 수출주도형 발전모델을 약화시켰다. '아이보리의 기적'은 산산조각 나기 시작했다. 1960~1978년 GDP는 연평균 3.9% 성장했지만 1978~1993년에는 연평균 3.7% 감소했다.[424]

경기침체는 정치개혁에 대한 압박으로 이어졌다. 우푸에부아니가 사망하면서 그가 구축한 정치적 합의도 무너졌다.[425] 새로 정권을 잡은 앙리 코낭 베디에Henri Konan Bedie 대통령은 자신의 주요 경쟁자인 우아타라를 정치에서 배제하려 했다. 베디에는 '아이보리 중심주의'를 선언하면서 경제난의 원인을 코트디부아르에 오랫동안 살아온 외국인과 이주자 탓으로 돌렸다. 특히 무슬림이 많은 북부가 비난의 대상이 됐다.[426] 그는 오직 '진정한 코트디부아르인'만이 선거에 참여할 수 있어야 한다고 주장했다. 사상 두 번째로 자유선거가 예정되었던 1995년, 코트디부아르 법원은 우아타라의 모친이 부르키나파소 사람이라고 판결하면서 그의 출마를 금지했다. 베디에는 당연히 다시 권좌에 올랐지만 유권자 다수는 항의의 뜻으로 기권표를 던졌다.[427] 베디에는 적극적인 선전에 나섰지만 몰락을 피할 수 없었다. 1999년 선거에서는 우아타라에 대한 정치적 박해에 항의하면서 인구의 60%가 기권표를 던지는 사태가 발생했다. 곧이어 로베르 게이Robert Guéï 장군이 군사 쿠데타를 일으켜 베디에를 축출했다.[428] 게이가 권력을 장악하자 코트디부아르인들은 격분했고, 그는 얼마 안 가 로랑 그바그보에게 밀려나 역사의 뒤안길로 사라졌다.[429] 이후 그바그보는 베디에와 거의 유사한 방향으로 코트디부아르를 통치했다. 2010년 그바그보는 마침내 선거 실시 요구를 수용했고, 우아타라에게 참패를 당했지만 패배를 인정하지 않았다.[430]

사실 그바그보는 자신이 코트디부아르를 통치하고 있다고 주장할 근거가 전혀 없었다. 2002년 여러 반군 세력이 최대 도시인 아비장을 점령하려 했다. 비록 실패로 돌아갔지만 이후 3개의 반군 세력이 포스누벨Forces Nouvelles이라는 이름으로 손을 잡고 북부의 무슬림 지역을 점령했다.[431] 기회를 포착한 찰스 테일러는 코트디부아르 서부를 침공해 농장들을 점령했고, 함께 들어온 용병들은 라이베리아에서 그랬던 것처럼 극단적인 폭력과 광기를 표출했다.[432] 2003년 이후 코트디부아르는 사실상 북부와 남부로 분리됐다. 프랑스군은 북부와 남부 사이에 '중립지대'를 설정하고 간신히 전면전을 억제했지만[433] 충격적 수준의 인도적 위기를 막아내기에는 역부족이었다. 과거에는 라이베리아 난민이 코트디부아르로 유입됐지만, 이제는 정반대로 수많은 코트디부아르인들이 라이베리아로 떠났다. 분쟁은 강간, 학대, 신체 절단, 소년병 징집으로 점철되었다. 특히 라이베리아와 시에라리온 용병이 점령한 서부의 상황은 더욱 끔찍했다.[434] 그바그보가 2010년 선거 패배를 인정하지 않으면서 새로 발생한 폭력사태로 인해 코트디부아르 난민 약 15만 명이 라이베리아 구호캠프로 내몰렸다.[435]

반군과 정부군은 아프리카에서 수많은 분쟁을 일으키고 지속시킨 두 원인, 원자재와 무기에 의존해 세력을 유지했다. 코코아[436]와 다이아몬드 원석[437]은 해외로 밀수출되었고, 그 수익은 대대적으로 무기를 수입하는 데 쓰였다. 2004년 UN은 무기구매 광풍을 잠재우기 위해 강제적인 무기금수조치를 부과했다.[438] 이는 언제나 그랬듯 분쟁이 시작된 지 2년 후에야 이뤄진 늑장 조치였다. 당시 코트디부아르 내 대부분의 세력은 이미 서아프리카의 여러 분쟁에 연계된 비공식 밀수 네트워크를 통해 비축해둔 무기를 더욱 늘린 상황이었다. 일례로 로베르 게이는 라이베리아와 시에라리온으로 전달되는 무기의 길목을 지키고 상당량의 군수품을 빼돌렸다. 게이는 최종사용자증명서를 제공하는 대가로 아비장을 경유하는 모든 무기의 절반을 챙겼다. 이는 찰스 테일러가 가장 선호하는 우크라이나인 레오니드 미닌이 주선한 거래였다. 이 중 상당수의 무기는 코트디부아르 정부의 손에 들어가 우아타라의 집권 저지에 사용됐다.

무기금수조치 이행을 감독하기 위해 설립된 UN 위원회의 위원장은 2005년 코트디부아르를 방문해 "주민들이 자유롭게 처분할 수 있는 무기가 대규모로 존재한다는 심각한 징후가 있다"고 다소 건조하게 밝혔다.[439] 이는 분쟁의 양 당사자 모두 무기금수조치가 부과되기 전에 자신의 지지 세력을 무장시켰기 때문이다. 2002~2004년 우크라이나, 루마니아, 불가리아, 벨라루스 같은 동구권 국가들에서 다량의 무기가 수입됐다.[440] 수많은 경화기가 이러한 국가들에서 코트디부아르로 항공편을 통해 운송되었다. 이는 2002년 29건, 2003년 35건, 2004년 16건으로 기록되었다.[441] 최대 공급국은 벨라루스로, 그 나라는 구소련 시절 생산된 전투차량, 박격포, 전투기, 화물기 및 예비부품 다수를 수출했다고 신고했다.[442]

어쩌면 당연하게도 전쟁의 혼란 속에서 브로커들과 은밀히 일하는 딜러들은 물 만난 고기나 다름없었다. 특히 이웃 국가 토고의 다크우드Darkwood라는 업체는 코트디부아르 정부의 핵심 무기공급처로 알려졌다. 2008년 국제앰네스티는 다크우드가 그바그보 수하의 부대에 판매를 제안한 무기목록을 입수했다. 국제앰네스티는 이 목록 중 일부가 무기금수조치 부과 직전까지 인도됐을 것으로 보았다. 목록에는 AK-47 소총 5,000정, 기관총 200정, 로켓발사기 200정, 박격포 100문, AK-47 탄약 500만 발, RPG 2,000발, 전투기 1대, 안토노프-12 수송기 1대, 장갑차 여러 대, 그리고 놀랍게도 지대공 미사일 7,000기가 포함돼 있었다.[443]

이처럼 어마어마한 양의 무기가 유입되었기에, 결국에 무기금수조치가 발효됐을 때 이를 무력화하기 위한 시도가 거의 이뤄지지 않을 정도였다. 2005년 코트디부아르 UN 전문가위원회는 이렇게 밝혔다. "안전보장이사회가 코트디부아르에 대한 조치를 내놓은 이후 해당국 정부는 무기 및 탄약 조달을 자제했다. 이는 무기금수조치 이전에 적극적인 무기조달 사업이 실시됐고, 2004년 상대적으로 짧게 진행된 고강도 분쟁에서 무기 및 탄약이 제한적으로 사용됐기 때문이다. 현재로서는 무기를 추가로 조달해야 할 시급한 전략적 필요가 존재하지 않는다. …… 〔포스누벨〕 역시 마찬가지의 상황으로, 2002년 9월 대대적으로 무기와 탄약을 포획해 충분히 무장을 갖춘 상태다."[444] 다시 말해 모든 전쟁 당사자가 2년간의 무기구매 광풍만으로도 8년간 전쟁, 고문, 대대적인 인권침해를 저지르기에 충분했다는 것이다.

알려진 바와 같이 코트디부아르의 무기 비축분은 2010년 말 들어 바닥을 보이기 시작했다. 그바그보는 선거 패배를 부정한 후 모자란 무기를 빠르게 조달해야 했다. 그는 운 좋게도, 세계적으로 고립된 두 지도자에게 도움을 청할 수 있었다. 2011년 3월, UN의 일급기밀 조사에서 로버트 무가베가 그바그보에게 비밀리에 무기를 공급하고 있었다는 사실이 밝혀졌다.[445] 무가베가 왜 그바그보를 돕기로 결정했는지는 확실하지 않지만, 기회만 있으면 UN과 서구 열강을 약화시키려는 평소 성향이 반영되었을 것이라는 추측도 있다.[446]

동시에 UN은 불량국가들의 든든한 공급처인 벨라루스가 2월 말 그바그보의 부대로 무기를 전달했다고 보고했다. 무기 중에는 코트디부아르 분쟁처럼 첨단무기가 적게 사용되는 경우, 전력증강에 크게 도움이 되는 공격 헬리콥터 3대도 포함돼 있었다.[447] 2월 말은 벨라루스에게는 참으로 바쁜 시기였다. 그때를 전후해 벨라루스는 리비아의 무아마르 카다피에게도 지원 물자를 분주하게 실어 나르고 있었기 때문이다.

그바그보가 수감된 현재, 우아타라는 마침내 우푸에부아니 사망 이후 자신에게 주어졌다고 생각한 임무를 수행할 수 있게 되었다. 그러나 우아타라의 집권기는 분쟁 당사자들이 민간정부를 받아들이도록 설득해야 하는 과제만 보더라도 대단히 힘겨운 전환기가 될 것이다. 불만을 품은 반군이나 군 장성들이 민주주의를 그 시작부터 좌초시킬 우려도 있다. 코트디부아르에 엄청난 양의 무기가 존재한다는 점을 고려할 때 이는 손바닥 뒤집듯 쉬운 일이 될 것이다.

대단원

무기산업의 피해자 에리손의 자전거
ⓒ Feruzan Durdaj, Ardian Klosi 제공.

20. 세계에 평화를

1986년은 아드난 카슈끄지가 이란-콘트라 사건을 이용해 엄청난 돈을 벌어들인 해였다. 그해 카슈끄지가 보낸 크리스마스 카드는 성공한 무기딜러의 필수 자질인 듯한 자기모순을 그대로 드러냈다. 카드에는 금색으로 다음과 같은 글귀가 적혀 있었다.[1]

> 세계에 평화를 가져올 책임을 느끼는 이들이 이번 크리스마스 동안 세계 모든 사람이 함께 우애를 축하할 수 있도록 기도와 행동으로 마음을 모아주기를 간절히 바랍니다.

카슈끄지는 세계 최고의 부자였던 적이 없다. 하지만 그가 너무도 당당하게 자신의 부를 내세웠기에 사람들은 대부분 그의 말을 믿었다. 하루 생활비로 25만 달러를 쓰는 그의 라이프스타일은 요트, 비행기, 수십 채의 저택, 여러 부인들, 매춘부들, 호화로운 선물, 사치스러운 파티, 세계 곳곳을 비행기로 누비는 부호들과 영화배우들과의 친분, 왕족들과 세계 지도자들과의 인맥을 공공연히 드러내는 방식으로 만들어진 것이다. 그의 사치스러운 생활은 그의 최대 후원자였던 사우디아라비아 왕족보다 더할 정도였다. 결국 그는 공공연한 향락으로 인해 사우디아라비아 왕족들을 불편하게 했고 결국 이들의 마음을 잃었다. 호화로운 1980년대가 끝으로 접어들면서 카슈끄지의 재산은 점차 사라져갔다. 요트도, 비행기도, 수십 채의 저택도 이미 사라졌거나 사라질 상황에 처했고, 그의 명성도 땅에 떨어졌다.[2]

1989년 7월 19일, 카슈끄지는 일반 범죄자처럼 수갑을 차고 스위스 사법당국의 호송하에 제네바발 스위스항공 1등석을 타고 뉴욕으로 이송됐다. 그는 폴리스퀘어Foley Square 소재 연방법원으로 이송돼 페르디난드 마르코스Ferdinand Marcos와 이멜다 마르코스Imelda Marcos 부부를 도와 불법 부동산 거래의 대리인 역할을 수행하여 필리핀 국고에서 1억 6,000만 달러의 손실을 일으킨 혐의로 기소됐다. 미 당국은 마르코스 부부의 횡령물 일부를 필리핀의 새 정부에 반환하는 과정에서 뉴욕시 소재의 커다란 고급 상가건물 4채가 아드난 카슈끄지의 명의로 이전됐음을 발견했다. 해당 건물들은 서류상 1985년 판매된 것으로 기재돼 있었으나, 당국은 판매일자가 실제와 달리 앞당겨져 있다고 보고 위조 혐의에 대해 공소를 제기했다. 카슈끄지는 마르코스 부부를 대신해 감정가가 2억 달러에 달하는 그림 30점 이상을 보관하고 있기도 했다. 이 그림들은 이멜다 마르코스가 마닐라 메트로폴리탄 박물관에서 빼돌린 것으로 여기에는 루벤스, 엘 그레코, 피카소, 드가의 작품 등이 포함돼 있었다. 나중에는 그들의 횡령 사실을 은폐하기 위해 카슈끄지가 그림들을 구매했다는 사실이 밝혀졌다.[3] 이후 카슈끄지는 검찰 및 증권거래위원회와 일련의 형량거래에 합의하고 석방됐다.

2000년대 초, 카슈끄지는 또다시 소송에 휘말렸다. 이번에는 태국과 로스엔젤레스에서의 주가조작 및 사기 혐의였다.[4] 2010년에 카슈끄지는 증권사기 혐의로 증권거래위원회의 조사를 받게 됐는데, 그와 해당 업체의 임원은 혐의에 대한 인정도 부정도 없이 조정안에 합의했다. 카슈끄지와 해당 업체의 CEO는 5년간 등록증권을 발행하는 회사의 임원이나 이사로 선임되지 못하는 조건에 합의했다.[5] 카슈끄지가 처음 재정난을 겪을 당시 그에게 초저가로 요트를 구매했던 도널드 트럼프는 다음과 같은 평을 내놨다. "카슈끄지는 훌륭한 브로커이자 형편없는 사업가다. 그는 사람들을 모아서 그 누구보다도 좋은 거래를 만들어내는 기법을 잘 파악하고 있다. 언사나 접대 등으로 과장하는 부분까지 말이다. 그러나 그는 자금 투자 방법은 잘 알지 못했다. 만약 그가 무기거래 커미션을 스위스 은행에 보관했다면 지금 그는 부자가 됐을 것이다. 하지만 그는 그 돈을 투자했고, 그가 한 선택들은 형편없었다."[6] 실패로 돌아간 솔트레이크시티 대형 부동산 개발사업이나 공개적으로 사들인 인터넷 회사가 IT산업 거품이 꺼지면서 파산한 것이 그런 사례다.[7]

하지만 그의 몰락은 단지 사업 수완의 부족이나 지나친 향락 때문만이 아니었다. 무기딜러들의 어둠의 세계, 즉 사기꾼들의 소굴에 존재하는 기이한 불문율을 위반했기 때문이다. 조 데르 호세피안에 따르면 카슈끄지는 중고품을 공급하면서 이를 신품이라 우겼고, 특히 1980년대 중후반의 거래에 연관된 다양한 인물들에게 약속한 뇌물을 지급하지 않았다. 그렇게 그는 업계에서 쫓겨났고, 신변의 위협을 받은 뒤 다시는 무기거래에 손대지 않겠다고 약속할 수밖에 없었다. 그는 현재 스페인 마르베야Marbella에서 1980년대에 비해서는 조금 낮은 생활수준을 누리며 조용한 삶을 살고 있다. 카슈끄지는 자신의 커리어에 대한《뉴욕타임스》의 질문에 다음과 같이 답했다. "어디서부터 잘못된 것일까? 나는 잘못한 것이 없다. …… 내 행동이 비윤리적이었다는 것은 인정한다. 하지만 그 동기는 윤리적이었다."[8] (아드난 카슈끄지는 파킨슨병으로 치료를 받다 2017년 6월 6일 런던에서 82세로 사망했다.―옮긴이)

호세피안의 상황은 여전히 좋다. 그는 반미감정을 갖고 있음에도 미 국무부, 국제개발처USAID, 그리고 이라크, 아프가니스탄, 라이베리아의 국제민주연구소National Democratic Institute에서 근무한 바 있으며, 현재는 일촉즉발의 상황에 놓인 예멘에서 사업을 확장하고 있다. 예멘은 2009년 말부터 알카에다의 국제적 활동의 근원지라는 우려가 집중되는 곳으로, 이 책을 쓰는 2011년 8월 현재 국제적 압력을 받는 독재정권이 통치하고 있다.

호세피안은 여러 해에 걸쳐 남아공과 구소련 국가들에서 군수품을 확보해 예멘에 공급해왔으며, 현재는 예멘 해양경찰을 통해 막대한 수익을 거두고 있다. 그는 해양경찰을 대신해 선박을 호위하는 경비서비스를 제공하고 있으며, 무기 및 레이더 체계도 판매하고 있다. 또한 그는 개발도상국에서 "제3세계에 전쟁용 또는 경찰용 무기 및 탄약을 제공"[9]하는 소규모 사업에도 관여하고 있다.

호세피안에 따르면 게르하르트 메르틴스의 아들 JT는 메렉스의 미국 법인을 잠시 운영했으나 금세 자리에서 물러나 경찰관이 됐다. 호세피안과는 관계가 좋지 않은 JT의 형제 헬무트는 버지니아주 알렉산드리아에서 여전히 무기산업에 몸담고 있다. 호세피안은 헬무트가 CIA를 위해 일부 활동을 수행하고 있으며, 이를 통해 거래를 따낸다고 주장했다.*

호세피안은 예멘 내 무기거래에서 몬제르 알-카사르에게 밀려난 적이 있었는데, 알-카사르는 예멘 정부와 사업을 수행하면서 처음으로 무기거래를 시작한 케이스였다. 성공적이라 할 수 있는 알 카사르의 오랜 무기거래 경력 중에는 이란-콘트라 사건 개입도 포함돼 있었다. 그런 알 카사르가 미국과 충돌하게 된 것은 그가 이라크의 게릴라들에게 무기를 공급하기 시작하면서였다. 알 카사르는 2006년 이라크 새 정부가 발표한 지명수배자 명단에서 26위를 차지했다. 한 이라크 관료는 그가 게릴라들에게 "재정과 군수물자를 지원하는 주요 공급원"이라고 설명했다.[10]

그는 2009년 2월 함정수사를 통해 마르베야의 거대 저택 밖으로 유인된 후 체포됐으며, 이후 미국 국민에 대한 살인 음모로 유죄 판결을 받았다. 마르베야의 왕자로 30년을 살아온 '공작새' 알 카사르는 이제 향후 30년, 어쩌면 남은 여생 전부를 자신의 화려한 저택이 아닌 미국의 감옥에서 보내게 됐다.[11]

알 카사르의 변호인은 재판 과정에서 알 카사르가 미 당국과 협

---

* CIA는 공작원이나 연관된 인사의 상세 정보를 밝히지 않기 때문에 이 같은 주장의 진위를 확인할 수 없었다. 헬무트 메르틴스는 반복적인 인터뷰 요청에 응하지 않았다.

력했음을 보여주는 증거를 제출하려 했지만 법무부는 증거에 기밀자료가 포함돼 있다며 이를 거부했다. 결국 법원은 해당 증거가 사건과 무관하다는 결정을 내렸다. 그가 실제로 자신의 형제이자 무기업계 멘토인 가산Ghassan과 몇 년간 CIA에 도움을 제공했다는 사실은 알 카사르의 몇몇 친구와 동업자를 통해 확인된다. CIA는 이에 대해 시인도 부인도 하지 않을 것이다.[12]

무기딜러들은 지정학적 도구로 활용되는 경우가 많았는데, 그 점에서 알 카사르는 자신의 유용성을 드러내려 상당한 노력을 기울였다. 미국 등 여러 국가의 정부가 국제 무기 브로커로부터 비밀리에 무기를 사들이는데, 이는 비밀공작에서 자국 무기가 사용될 경우 개입 사실이 드러날 수 있기 때문이다. 1992년 이 사안을 조사한 미국 하원은 "알 카사르 형제는 비정규 채널을 통해 각국 정부에 무기와 장비를 조달하는 능력을 갖췄기에 테러리스트나 정치적으로 민감할 수 있는 집단과 '기록을 남기지 않는' 거래를 원하는 정부 고위 관료들과 사업을 할 수 있었다"라고 결론 내리며, "그 같은 서비스를 제공받는 정부들은 이 형제의 밀수행위를 '못 본 척'했다"[13]고 지적했다. 가산 알 카사르는 몬제르 알 카사르와 긴밀한 관계를 유지했으며, 2009년 지병으로 사망할 때까지 무기업계에서 활발한 활동을 펼쳤다. 몬제르 알 카사르의 경우 미국이 수용하기에는 지나칠 정도로 이라크 게릴라를 지원했고, 그 결과를 감당하게 되었을 것으로 추측된다.

무기딜러 네트워크의 또 다른 멤버인 니컬러스 오먼은 호주의 감옥에 수감돼 있다. 하지만 그의 수감 사유는 다수의 불법 무기거래가 아닌 라이베리아에서 저지른 아동 성범죄다. 2006년 그는 자신이 1990년대 초반에 여러 차례 라이베리아를 방문할 당시 미성년 아동 여럿을 성적으로 학대했다고 시인했다.[14] 이처럼 역겨운 범죄행위는 이중성, 타락, 도덕성의 결여라는 무기딜러의 특징에 어울리는 것이었다. 그가 받은 처벌은 징역 6년형이었다. 슬로베니아 정부는 호주에

수감 중인 오만의 범죄인 인도를 지속적으로 추진하고 있다.[15]

찰스 테일러 라이베리아 전 대통령은 반인도적 범죄, 제네바협약 및 국제 인도주의법 위반 혐의에 대한 재판을 위해 2006년 수도 몬로비아에서 헤이그로 이송됐다. 그는 아직까지 헤이그에 구금돼 있으며 내내 무죄를 주장하고 있다. 이전과 다름없이 세련된 옷을 갖춰 입고 화려한 변호인단을 선임했다는 점을 볼 때 그는 여전히 부정하게 쌓은 막대한 재산에 일부나마 접근할 수 있는 것으로 보인다. 영국의 슈퍼모델 나오미 캠벨은 증인으로 소환된 자리에서 자신이 1997년 넬슨 만델라의 어린이재단 행사에서 찰스 테일러로부터 피의 다이아몬드를 선물로 받은 사실이 있다고 밝혔다. 캠벨은 그게 무엇이었는지 몰랐고, 어디서 온 것인지도 몰랐다고 주장했지만, 다른 참석자였던 배우 미아 패로우와 캠벨의 당시 에이전트는 그 같은 주장을 반박했다. 캠벨은 행사에 얼굴을 비쳐야 한다는 것이 '매우 불편한' 일이었다고 호소하면서 자신은 찰스 테일러가 누구인지 전혀 몰랐으며, 라이베리아에 대해 들어본 적도 없다고 주장했다.[16] TV 설교로 유명한 미국의 보수성향 목사 팻 로버트슨Pat Robertson 역시 라이베리아 금광 채굴권을 대가로 미국에서 찰스 테일러를 위해 로비 활동에 나선 바 있다. 로버트슨의 대변인은 테일러를 도운 것은 금광과 아무런 관계가 없으며, 라이베리아 내 기독교인들의 안전을 위해서였다고 주장했다.[17] 자신이 미국 정보기관과 연계되어 있었다는 찰스 테일러의 주장은 아직 확인된 바 없다.

마찬가지로 관계가 틀어지기 전까지는 미국을 위해서 일한 빅토르 부트도 현재 뉴욕시 맨해튼 남부의 메트로폴리탄 구치소에 수감돼 재판을 기다리고 있다. 그가 태국에서 강제로 추방되기 직전 몇 주 사이, 필자는 방콕에 있는 그의 동료와 연락을 취할 수 있었다. 부트를 지지하는 웹사이트를 운영하는 제프Jeff는 부트가 단순히 운반만 맡았을 뿐이라고 주장했다. 부트는 2011년 말 재판을 받을 것으로 예상되고 있으며, 앤드루 스물리언이 이 사건의 핵심 증인으로 서게 됐다. 검찰 측은 2008년 부트가 FARC 함정수사로 체포되기 직전에 리비아에서 미사일 체계 거래를 추진했다고 본다.[18]

부트의 증언은 그를 체포한 사법당국을 당황하게 만들 가능성이 있으며, 당국은 부트가 미국의 여러 정부 기관들을 위해 한 일을 증언하지 못하게 할 것이다. 그가 아프리카, 이라크, 아프가니스탄에서 벌인 일들이 재판에서 낱낱이 드러나도록 하는 것은 매우 중요하다. 유죄로 판단될 경우 부트를 감옥에 보내는 것은 불법 무기거래 방지를 위해 중요한 일임이 분명하다. 하지만 불법 무기거래보다 공식적 무기거래가 규모와 수익성 면에서 압도적이며, 이로 인한 피해도 결코 적지 않다는 사실 또한 명심해야 한다.[19]

레오니드 미닌은 현재 로마에서 자유의 몸으로 살고 있다. 그러나 여러 정보를 종합해볼 때 그는 오랜 기간의 마약 과다복용으로 거의 식물인간 상태나 다름없는 것으로 보인다.

무기딜러이자 CIA의 자랑스러운 자산인 로저 도노프리오는 80대 후반의 나이에 자살로 생을 마감했다. 찰스 테일러와 레오니드 미닌의 동료였던 에르키 타미부오리는 스위스 로잔에서 여전히 '무역업'에 종사하고 있다.

거스 코웬호벤은 네덜란드에서 재심을 기다리고 있다. 2011년 여름에는 추가적 증거수집 방식과 관련해 원심과 동일한 문제를 피하기 위한 공판준비 기일이 예정되어 있다.

알폰스 멘스도르프-포윌리 백작은 부당한 수감에 대한 배상금으로 영국 정부로부터 37만 2,000파운드를 받은 뒤 오스트리아에서 여전히 귀족으로 생활하고 있다. 그가 받은 배상금은 영국이 BAE에 부과한 벌금에 맞먹는 수준이었다.[20] 그와 무기업체의 관계는 끝이 났으며, 그가 유럽에서 일련의 수상한 무기거래에 관여했다는 사실에 대해 오스트리아, 체코, 헝가리, 스웨덴 등지의 검찰이 기소할 확률은 거의 없다. 2010년 말 체코에서 수사가 재개됐는데, 이를 위해 미국으로 공조 요청이 이뤄지고[21] BAE 사건에서 거론된 재무부 차관 및 전 국방부 관료가 정직되면서 수사가 활기를 띠는 것으로 보인다. 전 미국 대사이자 트럭 제조사 타트라Tatra의 한 임원은 체코군에서 수백만 달러 규모의 계약을 따내는 과정에서 발생한 문제를 해결해주겠다며 마틴 바탁Martin Bartak이 "수백만 달러를 요구했다"고 주장했다.[22]

헝가리 수사 상황에 밝은 관계자에 따르면 이 사건에 대한 조사는 고작해야 드문드문 이뤄지고 있는 수준이다. 반면 오스트리아에서는 검찰이 여전히 멘스도르프-포윌리를 뇌물, 부패, 자금세탁, 의회조사에 대한 위증 혐의로 기소할 작정이다. 오스트리아 사건에서 관건은 비밀주의로 잘 알려진 리히텐슈타인의 협조 여부다. 오스트리아, 체코, 헝가리, 리히텐슈타인 당국은 모두 SFO로부터 지침과 지원을 기다리고 있지만, 2011년 중반까지 아무런 소식을 듣지 못했다.[23]

2011년 5월, BAE는 미 국무부와 또 다른 유죄인정 협상에 나섰다. BAE는 무기수출 관련법 위반 혐의들에 대해 유죄를 인정하고 벌금 총 7,900만 달러를 부과받았다. 한 해 전 법무부에서 부과받은 벌금 4억 달러보다도 훨씬 적은 규모였다. 국무부와의 합의는 사실상 BAE의 미국발 군수품 수출 일시 금지조치를 중단시키기 위한 것이었다. BAE가 이 합의에서 시인한 내용은 남아공에 제출된 SFO 진술서와 대체로 일치한다. SFO 진술서에는 BAE의 '비밀 에이전트' 및 '공개' 에이전트의 광범위한 존재, 또한 얽히고설킨 비밀 대금 지급 내역이 정리되어 있다.

BAE의 유죄인정 사실이 포함된 공소장은 BAE가 무기수출통제법Arms Export Control Act 및 국제무기거래규정International Traffic in Arms Regulations을 2,591차례 이상 위반했다는 내용을 담고 있다.[24] 공소장의 핵심은 BAE가 자사의 무기체계, 구체적으로는 호크 및 그리펜 전투기에 통합되는 미국제 방위물자를 부적절한 방식으로 중개했다는 부분이다.[25] 미국제 방위물자는 미 국무부에 등록된 에이전트만 중개할 수 있으며, 모든 중개 활동은 연간보고서 또는 공시의 형식으로 공개되어야 한다. 하지만 1995년부터 2007년 사이 BAE는 사실상 어떤 요건도 충족하지 못했다. 공소장은 나아가 BAE의 비밀 에이전트 시스템의 존재를 명시적으로 확인했으며, "특히 〔BAE의〕 중개 활동과의 연관성을 감추기 위해" 1998년 레드다이아몬드가 설립됐다는 사실 역시 확인했다.[26] 1998년부터 2007년 사이 BAE가 직접 "브로커들"에게 대금을 지급한 횟수가 약 100건에 달했으며, 이 외에도 레드다이아몬드가 "미인가 브로커들"에게 대금을 지급한 횟수도 약 1,000건에 달한다는 사실 또한 인정되었다.[27] 미 국무부가 레드다이아몬드의 활동을 조사할 당시 BAE가 브로커 299명과 약 350건의 비밀 계약을 맺었음이 밝혀지기도 했다.[28]

중요한 사실은 BAE가 이 책에서 추적해온 주요 주체들에게 대금을 지급한 사실이 있음을 시인했다는 점이다. BAE는 남아공과 관련해 "판매를 성사시키는 데 관여한 브로커들에게 레드다이아몬드가 대금을 지급했다"고 시인했다.[29] BAE는 또 2010년 3월에 공개된 자료에서 체코와 헝가리로부터 그리펜 전투기 임대 및 판매 계약을 따내기 위해 기존에 확인되지 않은 고문 8명과 계약을 맺었음을 시인했다. 이들은 알폰스 멘스도르프-포윌리, 밸루렉스, CEC, 래리스 오버시즈Laris Overseas, 얀 하섹Jan Hasek, 두보브니 플린Dubovny Mlyn, 마노홀딩스Manor Holdings, 옴니폴Omnipol[30] 등이었다.

2010년 유죄인정 협상에서 BAE는 레드다이아몬드를 통해 "마케팅 담당 고문 및 에이전트"에게 1억 3,500만 파운드 및 1,400만 달러를 지불했음을 인정했다.[31] 또한 BAE가 대금이 수상한 방식으로 지급되고 있음을 인지하고 있었다는 사실도 다음과 같이 명확히 드러났다.

BAE는 대금의 일부가 방위물자에 관한 해외 정부의 의사결정에서 자사 제품이 선호되도록 하기 위해 사용될 확률이 높았음에도 2001년 5월과 11월 이후 역외 유령회사를 통해 특정 고문에게 대금을 지불했다.[32]

이에 따라 BAE는 미 정부와의 합의 과정에서 오랫동안 부인해온 의혹 대부분을 인정할 수밖에 없었다. 여기에는 BAE가 수백 명의 '에이전트' '마케팅 고문' '브로커'를 고용하고 있으며 이들에게 막대한 금액을 지불했다는 사실, 대금 지불이 대부분 레드다이아몬드를 통해 이뤄졌다는 사실, 레드다이아몬드는 BAE와 고문들 간의 연관성을 감추기 위해 설립된 회사라는 사실, 지불된 금액 중 적어도 일부는 BAE가 제품을 판매하려는 국가들에서 혜택을 받도록 보장하는 데 사용될 "확률이 높았음에도" 대금 지급이 강행됐다는 사실 등이 포함됐다.

또한 국무부는 "특정 위반행위가 최고위 경영진에 의해 승인됐다는 점, 위반행위가 체계적이고 광범위하며 10년 이상 지속됐다는 점, 위반행위 중 공개된 것은 단 3건에 불과하며, 이마저도 국무부의 요청에 따라 비자발적으로 이뤄졌다는 점, 그리고 여타 위반행위 역시 공개되지 않았으며, 오히려 국무부의 조사 과정에서 밝혀졌다는 점 등"[33]이 BAE의 행위를 가중처벌하는 요소가 될 수 있다고 설명했다.

상대적으로 덜 심각한 혐의를 인정하는 유죄인정 협상의 이점은 부패 및 뇌물 혐의에 대한 기소를 막을 수 있다는 것이다. 그러나 이 유죄인정 협상에서 확인된 내용은 계속해서 깊은 의구심을 불러일으키기에 충분했다. 또한 그토록 오랜 기간 동안 비윤리적·불법적·비도덕적으로 행동해온 기업이 너무도 가벼운 처벌만 받고 빠져나갔다는 점에서 분노를 일으키기에 충분한 내용이기도 했다.

스웨덴에서는 사브의 남아공 거래를 다룬 서적이 출간된 이후 2010년 9월 9일 평화단체들이 집단으로 사브를 형사 고발했다.[34] 그해 11월 필자는 스웨덴 검찰과 만나 필자가 해당 거래에 대해 가진 정보를 모두 제공했다. 2011년 6월, 사브는 검찰의 조사 끝에 당시 남아 공 국방장관의 측근 파나 롱웨인에게 수억 랜드를 제공했음을 시인했고, 이로 인해 남아공과 스웨덴에서는 남아공 무기거래에 관한 대대적 논란이 다시 점화되었다. 사브의 시인은 사실상 남아공 거래에서 방산 업체로서 뇌물을 제공했음이 확인된 것으로 널리 받아들여지고 있지만,[35] 사브나 BAE가 최종적으로 책임이 있는지, 혹은 두 업체가 서로 합의해가며 이러한 일을 저지른 것인지 여부는 명확하지 않다.

이 책을 쓰는 2011년 8월 현재 스웨덴 검찰은 사브 수사를 재개할지의 여부를 조만간 결정할 예정이다. 영국 검찰과 BAE는 이와 관련해 침묵하고 있다.

2011년 8월, 미국의 준법감시 변호사들의 페로스탈Ferrostaal 조사 내용이 유출되면서 남아공 무기거래 중 잠수함 수출 계약에서 의문스러운 대금 지불이 연달아 이뤄졌음이 밝혀졌다. 이 조사에서는 페로스탈이 남아공의 '고문' 및 컨설턴트 여럿에게 3,500만 유로에 가까운 돈을 지급했으며, 이들이 모두 권력 상층부와 정치적 연줄이 있다는 점이 확인됐다. 돈을 받은 것으로 확인된 사람들 중에는 토니 조지아데스Tony Georgiades도 포함돼 있었는데, 그가 2000년부터 2004년 사이 페로스탈에서 받은 금액은 1,650만 유로에 달했다. 조사 보고서에는 조지아데스가 "타보 음베키 대통령, 그리고 아마도 넬슨 만델라를 포함해 다수의 고위 정치인들을 알고 있으며, 이들에게 페로스탈의 고위급 임원을 소개했다"고 기록되었다. 나아가 변호사들은 "조지아데스가 받은 돈의 가치에 상응하는 활동을 수행했음을 보여주는 증거는 거의 없다"는 점을 밝혀냈다. 마찬가지로 1,650만 유로를 받은 또 다른 컨설턴트는 토니 엘링퍼드Tony Ellingford였다. 그는 페로스탈 임원들이 "'정치적 연줄'이 있는 누군가"가 필요하다는 뜻을 밝힌 뒤 고용됐다. 엘링퍼드는 방위산업체 임원 출신으로, 조 모디세Joe Modise 국방장관과 친분이 있다고 널리 알려진 인물이다. 조지아데스와 엘링퍼드가 받은 돈은 페로스탈이 이 사업에서 벌어들인 수익의 25%에 달하는 금액이었다. 설상가상으로 페로스탈이 절충교역으로 진행된 2004년 모잠비크 채굴사업의 일환으로 '치피Chippy' 샤이크와 합작회사를 설립한 사실도 드러났다. 앞서 살펴봤듯이 치피 샤이크는 해당 거래의 조달 책임자였으며, 그의 형제로는 현재 남아공 비밀경호국장 모 샤이크Mo Shaik, 그리고 주마 대통령의 '재정 고문'으로서 다른 무기거래에서 주마 대통령을 대신해 방산업체에 뇌물을 요구해 징역 15년을 선고받은 전력이 있는 샤비르 샤이크Schabir Shaik가 있다. 조사 보고서에는 페로스탈이 세계 각지의 컨설턴트에게 지급한 3억 3,600만 유로 중 일부가 무아마르 카다피에게 뇌물을 제공하는 데 쓰였다고 적혀 있으며, 조사를 수행한 변호사들은 이것이 "준법과 관련해 심각한 문제이자 중대한 적신호"라고 밝혔다.[36]

이러한 조사 내용이 유출됨과 동시에 페로스탈과 관련된 최근의 여러 스캔들이 터져나왔다. 2010년 3월에는 페로스탈이 그리스 잠수함 계약을 따내기 위해 그리스 핵심 정치인에게 8,300만 유로(약 1억 2,400만 달러)[37]에 조금 못 미치는 금액을 건넸다는 의혹이 제기됐다.[38] 포르투갈 해군에 잠수함 두 척을 공급하는 10억 달러 규모 계약도 비리 의혹으로 얼룩져 비슷한 논란이 일었다. 이러한 스캔들의 핵심은 뮌헨 주재 포르투갈 명예대사 주르젠 아돌프Jurgen Adolff를 둘러싼 것이었다.[39] 2003년 1월 페로스탈은 아돌프와 컨설턴트 계약을 맺으면서 총 계약금액의 0.3%를 지급하기로 했다. 아돌프가 '컨설턴트' 업무의 대가로 페로스탈에서 지급받은 금액은 총 1,600만 유로(약 2,400만 달러)에 달한다.[40] 이 외에도 페로스탈이 컨설턴트 계약을 체결한 이들은 포르투갈 해군 소장을 포함해 수십 명에 달한다.[41] 2010년 3월 포르투갈 당국은 자국의 정치인들에게 수백만 유로의 뇌물을 제공하기 위해 허위 작성된 것으로 보이는 3,000만 유로(약 4,500만 달러) 규모의 컨설턴트 비용 청구서를 입수했다.[42] 2010년 3월 중순에는 페로스탈 상임

이사 클라우스 레스커Klaus Lesker가 체포됐으며, 다른 상임이사 2명도 "국제적 사업계약에서 외국 관료에게 뇌물을 공여한 특히 중대한 사건"으로 조사를 받게 됐다.[43]

또 2010년에는 프랑스의 국영방산업체 DCNS, 그리고 남아공의 고위급 비리 사건에 연루된 프랑스 업체 탈레스가 1991년 28억 달러 상당의 대만 호위함 계약에서 공급가를 부풀리기 위해 뇌물을 제공한 혐의로 유죄를 선고받고 대만 정부에 8억 달러 이상의 벌금을 납부하라는 명령을 받았다.[44] 탈레스는 DCNS의 대만 스캔들에 연루된 것 외에도 말레이시아 총리의 친구에게 리베이트를 지급했다는 의혹에 대해 프랑스 당국의 별도 조사를 받았다.[45] 2002년 6월 DCNS는 12억 유로(18억 달러)에 달하는 말레이시아 잠수함 계약을 수주했다.[46] 훗날 밝혀진 바에 따르면, DCNS는 당시 국방장관이었던 현 총리와 가까운 인사의 부인이 대주주로 있는 업체에 '컨설팅 비용'으로 1억 1,400만 유로(1억 7,000만 달러)를 지급했다.[47] 말레이시아 내에서는 비리 의혹에 대한 수사가 이뤄지지 않았으나, 결국 2010년 프랑스 검찰이 이에 대한 수사에 착수했다.[48] 또한 거래 내용을 폭로하겠다고 위협한 말레이시아 협상단 통역사가 특별경호대에 의해 살해되기도 했다. 부패한 무기거래가 법치를 어떻게 훼손하는지 보여주는 사건이었다.[49]

2009년, 반다르 빈 술탄 왕자가 모습을 감췄다. 그가 심각한 우울증에 빠졌다는 소문, 혹은 사우디의 반정부 세력이 선호한 추정인 '왕실 내부 쿠데타 실패설'까지 여러 추측이 난무했다. 그는 2010년 9월 "모로코 아가디르에서" 다시 모습을 나타냈다. 당시 사우디 정보기관 수장이자 그의 아버지인 술탄 왕자 등 다른 왕자들, 자신이 사무총장으로 일하는 국가안전보장회의 직원들이 공항에서 그를 맞이했다.[50] 소재를 알 수 없었던 사이 그가 암이나 우울증, 혹은 마약이나 알콜중독 치료를 받았을 것으로 추정할 수 있다. 자산 규모가 200억 달러로 추정되는 그가 세계 최고 수준의 치료를 받았을 것이라는 데는 의문

의 여지가 없다. 물론 그 재산의 상당 부분은 영국인들과 미국인들의 세금으로 형성된 것이다.[51]

반다르는 국제 외교무대에 복귀할 수 있을 정도로 회복한 것으로 보인다. 2011년 3월 사우디아라비아가 바레인의 민주화 항쟁을 진압하기 위해 영국이 훈련시킨 국방군[52]을 투입한 이후, 반다르는 사우디의 강경 노선에 대한 지지 확보를 위해 파키스탄, 중국, 인도로 파견됐다. 그는 파키스탄 방문 기간 아랍의 봄이 사우디아라비아까지 번지게 될 경우 파키스탄 병력 수천 명을 지원받는 방안을 협의한 것으로 알려졌다.[53]

영국제 무기가 아랍의 봄을 탄압하는 데 쓰이는 사례가 다수 드러나자 영국 정부는 몇몇 국가에 대한 무기수출을 중단했다. 상당히 뒤늦은 조치였지만 무기가 독재정권들에 판매됐다는 점에서 이는 환영을 받았다. 그런데 바레인 등의 국가에 대해서는 사실상 무기금수조치가 부과됐음에도 유독 사우디아라비아는 제외되었다. 사우디 역시 바레인에 개입하며 BAE 택티카Tactica 장갑차를 동원했는데도 말이다. CAAT는 정부의 이러한 조치에 소송을 제기했다.[54]

사우디에서 처음 큰돈을 번 와픽 사이드는 현재 런던과 몬테카를로에서 별 탈 없이 살고 있다. 그는 여전히 영국 기득권 세력에게 귀한 존재다. 사이드는 필자에게 매우 정중한 서한을 보냈으나, 만나서 무기거래에 관해 이야기해보자는 제안은 받아들이지 않았다. 모하마드 사파디는 현재 레바논 임시정부의 장관직을 유지하고 있다.

많은 이들은 마크 대처가 멍청하고 부패했다고 생각하는데, 적어도 부패했다는 점에 관해서는 그렇게 볼 만한 근거가 있다. 그럼에도 그는 어떻게 보든 대단히 부유하다. 그가 적도기니의 감옥에서 석방되자 사이먼 맨Simon Mann은 자신이 주도했으나 우스꽝스럽게 실패한 쿠데타에 마크 대처가 자금을 지원했다며 그를 재판에 회부해야 한다고 주장했다.[55] BAE가 무기거래 비리에 관해 제대로 된 법적 책임을 질

가능성은 희박하기 때문에 마크 대처 역시 영국에서 재판을 받을 가능성은 낮다.

BAE는 2008년 최강자 록히드마틴을 누르고 잠시나마 세계 최대 방산업체의 자리를 차지했다.[56] BAE에게는 기록적인 액수의 벌금도 주머니 속 푼돈에 불과했다.

영국에서 논란이 된 BAE 합의 타결 이후 SFO의 고위 수사관 여러 명이 사표를 던졌다. 이는 사기가 크게 저하된 SFO 구성원들이 리처드 앨더먼 청장을 불신임한다는 표시였다. 2010년 10월 영국의 회계감독기관 '회계 및 보험계리 조사징계 위원회Accountancy and Actuarial Discipline Board'는 "BAE가 지급한 커미션"과 관련해 1997~2007년 BAE의 감사였던 KPMG를 조사한다고 발표했다.[57] 위원회가 BAE의 커미션 지급 사실을 인정하기는 했지만 금융위기에 일조한 회원들에 대해 다소 수동적으로 대처해왔다는 점을 고려할 때 위원회 조사 결과가 강력한 조치로 이어지리라 보기는 어렵다.

SFO에게는 사우디아라비아의 무기거래 비리를 다룰 또 다른 기회가 있다. EADS의 자회사가 20억 파운드 규모의 사우디군 통신장비 공급계약에서 뇌물을 제공했다는 공익제보가 접수된 것이다. 제보자는 영국 국방부가 관장한 이 계약의 성사를 위해 사우디 관료들에게 고급 승용차, 보석, 현금 가방이 뇌물로 제공됐다고 주장했다.[58] 과연 SFO가 무기거래 사건에 관한 과거의 굴욕을 벗어나 단호하고 적극적인 조사에 나설 수 있을지, 어떤 압력의 영향으로부터 자유로울 수 있을지 귀추가 주목된다.

영국 연립정부는 새로운 반부패 법률이 너무 엄격하다는 경영계의 우려에 해당 법률에 대한 재검토에 들어갔다.[59] 개정된 반부패법 및 관련 지침에 해외 뇌물과 관련해 여러 빠져나갈 구멍이 마련됐다는 점을 보면 경영계의 요구가 관철된 듯하다. 국제투명성기구 영국지부 사무국장은 이러한 개정을 다음과 같이 강력 비판했다. "지난 의회에서 통과된 반부패법은 세계 최고 수준이었다. 그러나 이 법의 관련 지침은 애초 법의 취지와 정반대의 결과를 낳을 것이다. 지침의 일부는 기업들이 법을 준수하기 위해 어떤 업무 절차가 필요한지가 아니라 법을 어떻게 피해갈 수 있는지 알려주는 듯하다. 작년 말부터 수정되어 현재 공식 지침에 반영된 내용은 여러 분야의 국제적 모범관행과 동떨어진다. 법무부는 반부패법을 약화시키고 실효성을 제한하는 지침을 마련함으로써 월권행위를 했다. 이제 뇌물을 제공하는 행위가 처벌받지 않을 심각한 위험이 존재하게 되었다."[60]

영국은 권위 있는 지표인 국제투명성기구 연례 부패인식지수에서 3년 연속 낮은 점수를 받다가 2010년 사상 최저 순위를 기록했다.[61] 이러한 추락에 책임이 있을 뿐만 아니라 BAE의 비리에 깊이 연루된 정치인들은 이제 더 많은 이득을 챙길 수 있는 곳으로 자리를 옮겼다. BAE의 불법행위를 기획하고 주도한 고위 임원들이 높은 자리로 승진하거나 세계의 비양심적인 정부를 대변하는 역할을 맡은 것과 마찬가지로 말이다. 지금은 작위를 받아 '리처드 경'이라고 불리는 딕 에번스는 카자흐스탄 국영 지주회사 삼룩Samruk의 회장이다. 에번스는 그 나라의 부패한 사실상의 독재자 누르술탄 나자르바예프Nursultan Nazarbayev와 매우 긴밀한 관계를 가진 것으로 알려졌는데, 나자르바예프의 가족은 삼룩 산하의 국영 기업들과 관련되어 있다.[62] 카자흐스탄은 부패인식지수에서 105위를 차지한 국가로, 10점 만점에 2.9점이라는 참담한 평가를 받았다.[63] 에번스는 카자흐스탄을 제2의 고향으로 여기는 사람으로, "나는 커리어 대부분을 항공우주 및 방위산업에서 보낸 사람으로, 부패에 대해 잘 안다"고 말한 바 있다.[64] BAE의 동유럽 책임자 줄리언 스콥스는 2008년 BAE의 인도 책임자를 잠시 맡았다가[65] 2009년 은퇴했다.[66]

앞서 언급된 이들 중 재판에 회부된 사람은 아무도 없다. 현재 BAE의 임원들은 회사가 부패에 취약하다는 사실이 얼마나 심각한 문제인지, 그로 인해 어떤 결과가 초래되는지 인정하지 않는다. 딕 올버 회장은 BAE의 입장을 알려달라는 필자의 요청을 거절했다. BAE는 미국법과 영국법 위반행위가 재발되지 않도록 감독관을 선임하라는 미 법무부의 명령에 로펌 허버트 스미스Herbert Smith의 선임파트너 데이비드 골드David Gold를 선임했는데, 이 로펌의 고객 중 1명은 반다르 빈 술탄 왕자였다.[67]

BAE의 수석 세일즈맨이자 비호자였던 마거릿 대처, 존 메이저, 토니 블레어, 고든 브라운은 모두 전쟁산업에 기여한 것에 일말의 후회도 없이 공직을 떠났다. 존 메이저는 1998년 퇴임하면서 사모펀드 칼라일 그룹의 유럽고문단에 들어갔으며, 2001년 5월에는 칼라일 유럽의 회장이 됐다. 2004년 8월, 그는 한때 무기산업에 집중 투자했던 이 회사를 떠났다.[68]

2010년 당시 토니 블레어는 근래 노동당에서 가장 인기 없는 인물이었다.[69] 이는 그의 자존심에 상처였겠지만 아마 2,000만 파운드에 달하는 자산으로 충분히 마음을 달랠 수 있었을 것이다.[70] 블레어는 칼라일그룹에서 여러 차례 강연을 하고 1회당 25만 달러를 받았다.[71] 헤지펀드 랜스다운파트너스Lansdowne Partners에서는 지정학적 상황에 대한 조언의 대가로 분당 약 2,000파운드를 받는다.[72] 또한 그는 경기침체기에도 JP모건체이스에서 월 250만 달러를 받는 자리를 얻어냈으며, 취리히파이낸셜서비스Zurich Financial Services에서는 200만 달러를 받는 것으로 알려졌다.[73] 그는 중동 4자 회담에서 따로 급여가 없는 다소 모호한 성격의 '평화특사'를 맡고 있는데, 그가 이라크 전쟁과 BAE에서 어떤 역할을 했는지 생각해보면 조지 오웰이 떠오를 수밖에 없다. 그가 설립한 컨설팅 업체 토니블레어 어소시에이츠Tony Blair Associates, TBA는 쿠웨이트 정부와 아랍에미리트의 국부펀드 무바달라Mubadala에 전략 자문을 제공한다. TBA는 여러 조세회피처를 포함해 유럽에서 '투자거래 주선'을 수행하는 기관으로 영국 금융감독청에 등록한 뒤,

부티크 투자은행 사업에 뛰어들었다. 블레어의 비서실장을 지낸 모건 스탠리 전무이사 조너선 파월Jonathan Powell도 토니 블레어의 회사 중 하나에 고문 직함을 갖고 있다.[74] 블레어는 공직을 떠나기 전부터 자산 포트폴리오를 엄청난 규모로 불리기 시작했다. 그는 런던 서부 코넛스 퀘어의 저택을 365만 파운드에 구입했으며, 한때 배우 존 길구드John Gielgud가 소유했던 버킹엄셔의 18세기 양식 전원주택을 560만 파운드에 사들이기도 했다. 토니 블레어의 부인 체리 블레어Cherie는 이 주택에 들일 조지 시대 및 섭정 시대(영국 18세기에서 19세기 초반—옮긴이) 양식의 가구에 25만 파운드를 썼다. 이들은 코넛스퀘어 저택 바로 옆의 전통주택을 80만 파운드에 구입했으며, 아들을 위해 113만 파운드 상당의 런던 소재 전통주택을 현금으로 구입했다.[75]

알야마마 거래에 대한 SFO의 조사 종결에 중요한 역할을 한 셰라드 쿠퍼-콜스 주사우디아라비아 영국 대사는 2011년 2월 BAE 국제사업개발 이사로 선임됐다.[76]

워싱턴의 전통 있는 금융기관이었던 릭스은행은 더 이상 존재하지 않는다. 릭스은행은 아우구스토 피노체트와 찰스 테일러의 부정한 재산을 숨겨주고 사우디 등지의 외교관 자금을 세탁해준 혐의로 고발돼 결국 2,500만 달러의 벌금을 부과받았다.[77] 2005년 릭스은행은 급성장한 금융서비스 스타트업에 인수됐다. 기존의 비상하는 독수리 모양의 로고는 기본만 갖춘 특징 없는 배지로 대체되었다. 안타깝게도 세계의 다른 거대은행 대부분은 여전히 무기거래로 큰돈을 벌고 있다. 그중 가장 악명 높은 곳은 현재 실질적으로 영국 정부가 소유한 로이즈 TSB, 찰스 테일러의 형제가 한때 근무한 바클레이은행 등이다.

미국 애리조나주 투손 교도소의 부대시설에 수감 중인 랜디 커닝엄, 수감 기간이 그리 길지는 않았던 달린 드루이언, 그리고 이프라임 디버롤리를 제외하면 군산정복합체의 사기극에 가담한 미국인들은 모두 부와 자유를 누리고 있다.

해외부패방지법에 따른 함정수사 '총포박람회 결전'으로 기소된 인사들 대부분의 운명이 아직 결정되지 않은 가운데, 2011년 5월에는 법무부 주요 인사들 다수가 일부 피고인의 재판 방청을 위해 워싱턴 D.C. 법정을 찾기도 했다.[78] 특히 미 상공회의소가 해외부패방지법을 공격하고 있는 지금, 어떤 결과가 나오든 이는 법에 엄청난 영향을 미치게 될 것이다.[79]

용병업체 지서비스(과거 블랙워터)의 에릭 프린스는 동료의 말에 따르면 "미국과 거리를 둘 필요가 있어서"[80] 수백만 달러를 챙겨 아랍에미리트로 떠났다. 2011년 6월 KBR의 고위급 임원 테드 라이트Ted Wright가 지서비스의 새 CEO로 지명됐다.[81] 지서비스는 조지 W. 부시 행정부에서 논란을 일으킨 존 애슈크로프트 전 법무장관을 최고윤리책임자로 선임했다.[82] 그는 국가에 엄청난 감시권한을 쥐어준 애국법의 적극적인 지지자였다. 애슈크로프트는 정부를 떠난 이후 이스라엘항공산업인터내셔널Israel Aircraft Industries International 등 30개가 넘는 본토안보기업에 자문을 제공하고 로비 활동에 나섰다.[83]

미국에서 세력을 회복한 우익은 올리버 노스, 딕 체니, 도널드 럼스펠드, '스쿠터' 리비, 조지 W. 부시, 방산업체의 수많은 고위급 임원들을 우러러본다. 록히드마틴은 수십억 달러에 달하는 수많은 계약들 중에서도 막대한 규모의 F-35 사업을 따내 여전히 군산정복합체의 최대 수혜자 자리를 지키고 있다.

보잉은 원래 취소됐던 사업을 몇 년간 뇌물을 동원해 성사시키고 2011년 2월 350억에서 1,000억 달러 상당의 신규 공중급유기 계약을 수주했다.[84] 이 성과는 의회를 포함해 군산정복합체의 구성원들이 막대한 지원을 제공했기에 가능했으며, 미국 무기거래의 무법성을 보여주는 확실한 증거다.

보잉이 공중급유기 계약을 수주하기 몇 개월 전인 2010년 10월, 오바마 대통령은 미국이 향후 15~20년간 사우디아라비아에 600억

달러 이상의 무기를 판매할 것이라고 발표했다.[85] 이는 미국이 공식적
으로 서명한 단일 무기거래 계약 중 최대 규모로,[86] '미국의 잠재적 대
외 무기판매액이 이전 10년 평균의 네 배 수준인 1,025억 달러로 예
상된다'는 2010년 의회 보고 내용과 일맥상통한다.[87] 사우디 계약에는
보잉 F-15 전투기 84대, 사우디가 기존에 보유한 F-15 전투기 70대
에 대한 업그레이드, 헬리콥터 150대, 미사일, 스마트폭탄, 비유도탄,
확산탄, 헬멧 장착 조준경 및 야간투시경 등의 무기체계가 포함됐다.[88]
이 거래의 최대 수혜자는 보잉이었지만 록히드마틴, 레이시온, GE,
ITT 에어로스페이스, MD 헬리콥터, 시콜스키 역시 제품을 공급할 수
있게 됐다.[89]

그렇다고 보잉의 행태가 변화한 것은 아니었다. 2011년 7월, 국방
부 감사관은 보잉이 육군에 2,300만 달러 규모의 헬리콥터 예비부품
을 공급하면서 1,300만 달러가량을 과다 청구했다고 보고했다. 그럼
에도 육군은 보잉에 대한 반환 청구를 주저하고 있다.[90]

사우디와의 무기거래가 발표되자 레미 네이선Remy Nathan 항공우
주산업협회Aerospace Industries Association 부회장은 백악관과 의회가 "미국
의 외교정책 및 국가안보 계획 수립 과정에서 해외판매에 대해 하루
빨리 고려해야" 한다고 주장하면서 방위산업의 오만과 외교정책에 대
한 자신들의 영향력을 동시에 드러냈다.[91]

과거 반다르 왕자가 사우디의 무기구매에 대한 합의를 이끌어내
기 위해 처음으로 이스라엘의 로비에 맞선 이후 국제정치 상황이 얼
마나 변화했는지는 이번 거래가 이스라엘과의 '고위급' 협의를 거쳐
승인을 받아 진행되었다는 사실로 드러난다.[92] 앤드루 샤피로Andrew
Shapiro 국무부 차관보는 무기판매 사실을 공개하면서 이 거래가 "걸프
만, 나아가 중동 지역에서 핵심 파트너와 동맹국의 안보를 지원할 미
국의 의지가 확고하다는 강력한 메시지를 역내 국가들에 전달할 것"[93]
이라고 언급했다. 이렇게 볼 때 오바마 대통령의 중동 관련 연설에서

사우디가 언급이나 암시조차 되지 않았다는 사실은 놀랍지 않다. 오바마 대통령은 아랍의 봄에 대한 연설에서 리비아, 시리아, 심지어 바레인에 다음과 같이 경고한 바 있었다. "현 상태는 지속 가능하지 않다. 미국은 독재자의 잔인한 권력보다 튀니지 거리 상인들의 존엄성을 더 중요하게 여긴다는 점을 보여줄 것이다. …… 우리는 수십 년간 이 지역에서 현실을 그대로 받아들였지만, 이제 바람직한 현실을 만들어갈 기회가 왔다."[94] 부패한 왕정국가 사우디가 석유수출국이자 수백억 달러 규모의 미국제 무기구매국이기 때문일 것이다.

사우디아라비아는 누구도 모방할 수 없는 방식으로 아랍의 봄에 대응했다. 일체의 국내 반정부운동을 잠재우기 위해 급여 인상, 주택 건설, 종교단체에 대한 재정 지원 등에 1,300억 달러를 지출한 것이다.[95]

이번 사우디 계약은 방산비리에 대한 법무부의 단속이 증가하고는 있음에도 군산정복합체의 주요 업체들이 모두 천문학적인 규모의 정부 계약을 한결같이 수주해왔다는 사실을 보여준다. 이들은 불법과 편법, 낭비를 얼마나 저지르든 수주 자격을 절대 잃지 않는다. 미국의 선거운동에서 무제한적인 정치자금 익명 기부가 점점 중요해지고 있고, 오바마는 조달 절차를 사실상 거의 개혁하지 못했으며, 우익 세력이 힘을 되찾으면서 오바마가 정치적으로 어려움을 겪는 일련의 상황을 고려할 때 군산정복합체의 힘은 계속 강화될 수밖에 없을 것으로 보인다. 방산업체, 정치인, 로비스트, 국방부는 앞으로도 정치에 대한 막대한 영향력을 통해 이익을 챙길 것이다.

살롱닷컴Salon.com에 따르면 상원 다수당인 공화당의 미치 매코넬Mitch McConnell 원내대표는 존 머사의 전례를 따라 막강한 정치적 영향력을 발휘해 2010년 지정예산 1,700만 달러를 BAE 미국법인에 배정했다. BAE의 자회사 유나이티드디펜스United Defense는 매코넬 원내대표의 이름을 딴 루이빌대학교 '매코넬 학술센터'에 50만 달러를 기부했는데, 이 학술센터 역시 맥코넬이 배정한 지정예산의 수혜기관이었다. '정치적 리더십'을 발휘하는 스타일답게 맥코넬은 나중에 가서야 지정예산 배정 권한을 일시적으로 내려놓기로 했는데, 이는 찰스 랭겔Charles Rangel 하원의원이 10여 개의 의회 규정을 어겨 유죄 판결을 받은 날 내려진 결정이었다.[96] 역시 합법적 뇌물만 한 것은 없다.

무기거래 관련 비리에 연루된 각국 정치인들에게 기쁜 소식이 또 있다. 로버트 무가베가 죽을 때까지 권력을 유지할 것으로 보이기 때문이다. 헤이그 특별법정에서 재판을 받고 있는 찰스 테일러의 변호사는 짐바브웨의 폭군 무가베가 네덜란드에서 수감될 경우 자신이 변호하겠다고 밝혔는데,[97] 무가베에게는 듣기 좋은 소식이겠지만 애초에 그런 일이 발생할 가능성은 거의 없어 보인다. 한편 EU와 미국 당국과 대립해온 존 브레덴캄프는 여전히 부유하고 자유롭게 살고 있다.[98] 브레덴캄프가 남아공 무기거래에서 BAE를 대신해 수행한 일로 법정에서는 일은 결코 없을 것이다. SFO가 사건을 우유부단하게 처리한 데다 2010년 말 남아공 경찰 특별수사단이 부끄럽게도 수사를 종결한다고 발표했기 때문이다. 이런 결과를 만들기 위해 집권 아프리카민족회의는 거의 10년간 공을 들였다. 특별수사단의 결정을 설명하는 문서는 불합리한 추론, 사실관계 오류, 오탈자로 점철되어 있었다. 어처구니없는 모순도 가득했다. 앞부분에서는 증거 불충분으로 수사가 종결돼야 한다고 했다가, 나중에는 살펴볼 증거가 너무 많아 수사의 부담이 과도하다고 주장하는 식이었다.[99]

그런데 사브가 남아공 무기거래에서 커미션을 지급했다는 폭로가 나오면서 경찰 특별수사단과 사법조사위원회가 수사를 재개해야 한다는 요구가 커졌다. 2011년 7월 말, 경찰 특별수사단은 추가 수사의 사유가 충분한지 판단하기 위해 SFO와 스웨덴 당국에 관련 정보를 요청할 것이라고 발표했다. 이 책이 인쇄에 들어간 8월 현재 주마 대통령은 국내의 정치적 압력, 그리고 대통령의 조사위원회 설치에 대한 헌법재판소 청구사건의 심리가 진행되자 조사위원을 선임하겠다고 발표했다. 하지만 누가 위원회를 이끌지, 위원회의 활동 범위가 어디까지인지에 대한 세부사항은 알려지지 않았다. 이는 위원회의 청렴성 확보를 위해 결정적인 요소일 것이다.

제이컵 주마가 이끄는 남아공 행정부는 그가 스스로 인정하듯 부패로 점철되어 있으며 국민들의 기본적인 사회경제적 필요를 충족하지 못하고 있다. 그는 자신이 쟁취해 얻어낸 남아공의 민주적 제도들을 지속적으로 병들게 하고 있다. 무기거래와 그 은폐공작의 막후에 있었으며 당내 무혈 쿠데타로 쓸쓸히 퇴장한 타보 음베키는 2010년 말 리더십연구소Institute for Leadership를 설립했다.

앙골라에서는 도스 산토스가 부패로 얼룩진 통치를 지속하고 있으며, 앙골라 게이트에 직접적으로 연루된 피고인들에 대한 유죄 판결은 그리 오래 유지되지 못했다. 피고인 대부분은 판결 후 얼마 지나지 않아 항소를 제기했다. 2011년 4월 유죄 판결 중 대부분이 뒤집혔다. 샤를 파스쿠아의 경우에는 모든 혐의에 대해 무죄를 선고받았는데,[100] 그가 부패범죄 등 중대 혐의를 받고도 무죄로 풀려난 횟수만 모두 일곱 번에 달했다.[101] 가이다막과 팔콘은 모두 크게 감형됐다. 두 사람에 대한 주요 혐의인 무기 불법중개에는 무죄가 선고되었고, 상대적으로 가벼운 혐의인 기업자산 유용에 대한 유죄 판결만 유지된 것이다.[102] 팔콘에 대해서는 그가 합법적으로 앙골라를 대리했으며, 따라서 앙골라를 대리해 거래 협상을 진행할 수 있었다는 판단이 제시되었다.[103] 가이다막의 형량은 6년에서 3년으로, 팔콘의 경우 6년에서 30개월로 줄었다.[104] 지금까지도 "도주 중"[105]인 가이다막은 항소심에 출석하지 않았다. 팔콘은 석방 직후 도스 산토스를 만나기 위해 앙골라로 떠나면서 자신은 "부당하게 고발된 앙골라 정부, 도스 산토스 대통령, 가족과 동료를 위해 오늘의 이 위대한 승리를 얻어내고 법적 진실을 밝히기 위해 언제나 싸우고자 했다"[106]고 말했다. 그러나 그날은 앙골라 국민들에게 위대한 승리의 날은 아니었다.

2010년 말 프랑스 기득권층은 또 다른 무기 스캔들로 홍역을 치렀다. 파키스탄과의 거래에서 리베이트가 지급됐다는 내용이었다. 프랑스 수사당국은 에두아르 발라뒤르 총리 재임 기간인 1994년 파키스탄에 잠수함 3척을 판매하는 9억 5,000만 달러 규모 계약 체결과 관련해 카라치 사건L'Affaire Karachi을 조사하던 중이었다. 당시 커미션 에이전트를 통해 상당한 액수의 뇌물이 파키스탄 정치인과 군 관계자에게 지급된 것으로 알려졌는데, 이 같은 관행은 당시 불법이 아니었다. 이 거래에 관여한 중개인으로는 레바논 무기딜러 압둘 라만 엘-아시르Abdul Rahman El-Assir와 지아드 타키에딘Ziad Takieddine 등이 있었다. 이 과정에서 타키에딘에게 거래금액의 4%를 커미션으로 지급한다는 컨설턴트 계약이 드러났다.[107]

당시 이 거래의 일환으로 200만 유로 상당의 리베이트가, 발라뒤르가 패배한 1995년 선거운동 자금으로 흘러들어간 것으로 알려졌다. 니콜라 사르코지 대통령은 당시 발라뒤르 정부의 예산장관으로, 거래의 재무적 측면에 대한 승인 책임자였다. 또한 사르코지는 발라뒤르 선거캠프에서 재무담당관과 대변인 역할을 수행하기도 했다. 만약 계획대로 일이 진행됐다면 사르코지가 이를 모를 리 없었다. 룩셈부르크 경찰은 리베이트에 대한 수사 과정에서 사르코지가 당시 룩셈부르크에 2개의 업체를 설립하는 일을 관장했음을 발견했다.[108]

자크 시라크는 발라뒤르에게 승리한 후 커미션 제도를 폐지했으며, 뇌물 지급을 중단하라고 지시했다. 2002년, 카라치의 잠수함 건조 현장으로 직원들을 수송하던 버스가 폭파돼 프랑스 기술진 11명을 포함 15명이 사망하는 사건이 발생했다. 파키스탄과 프랑스는 테러의 배후로 알카에다를 지목했지만, 2010년 말 폭파사건을 수사하던 프랑스 대테러 담당판사는 뇌물 지급 중단이 사건의 원인일 수 있다고 보았다. 시라크 정부에서 국방장관을 지낸 인사는 최근 "비밀경호국 보고서와 〔국방〕부 산하기관의 분석자료를 보면 파키스탄과의 계약에서 리베이트가 있었다는 절대적인 확신이 있다"며 해당 거래에서 리베이트가 지급되었음을 확인했다.[109]

기자들이 이러한 의혹에 대해 질문하자 사르코지는 화를 내며 "터무니없다" "말도 안 되는 소설이다"라고 반응했다. 버스 테러의 유족들은 정부 고위급 인사들이 협조를 거부하거나 기밀문서 공개를 거부하며 수사를 방해했다고 주장한다. 의혹이 사실로 밝혀질 경우 프랑스 정부는 앙골라 게이트와는 비교도 안 될 정도로 커다란 파문에 휩싸일 것이다.[110]

수단의 군벌 출신 대통령 오마르 알-바시르는 헤이그에서 전쟁범죄로 기소됐지만 여전히, 국토가 줄어든 수단의 통치자다. 2010년 영국의 새 정부는 윤리보다 상업적 이익을 우선시하는 외교정책을 발표하며 수단과의 '새 시대'를 선언했다. 수단은 여전히 미국의 제재 대상이지만, 수단 집권당의 고위급 인사들이 포함된 무역대표단은 런던을 방문해 영국 정부의 고위급 관료들, 재계 지도자들과 만남을 가졌다. 《인디펜던트》는 이러한 움직임의 메시지를 다음과 같이 정확히 표현했다. "알-바시르는 헤이그가 보기에는 다르푸르 학살의 수배자이지만, 윌리엄 헤이그(외무장관)에게는 무역 파트너다."[111]

탄자니아에서는 BAE가 벌금형을 받은 무기거래 사건에 연루된 앤드루 첸지가 2010년 11월 총선에서 재선에 성공했다. 그는 집권당 법률고문 및 윤리위원회 의장이기도 하다.[112] 한편 BAE는 탄자니아에 대한 배상금 지급을 계속 미루고 있다. 배상금 지급 대상과 목적을 결정할 '독립 자문위원회' 설치에만 1년 이상이 걸렸다. 자문위원회는 BAE 임원 및 재계 경력을 가진 인사 위주로 구성되어 있으며, 그들로부터 아프리카 개발에 관한 전문성은 찾아볼 수 없다. 2011년 7월 영국 의회의 한 위원회는 BAE가 배상금의 사용에 관해 영국 국제개발부와 탄자니아 정부가 마련한 계획을 무시한 것은 "기만"이자 "적법성

결여"라고 비판했다. 애초 양국 정부가 마련한 계획은 회계감사가 이뤄지는 투명한 시스템을 통해 배상금을 학생용 책상, 교과서, 교사 숙소 등을 갖추는 데에 사용하는 것이었다. 위원회에 출석한 BAE 관계자는 "공공선"에 대한 고려가 있었는지에 대한 질문에 "그것은 우리가 쓰는 표현이 아니다"[113]라고 답했다.

호스니 무바라크는 죄수복을 입은 채 병상에 실려 재판에 회부되는 수모를 당했다. 그는 모든 혐의를 부인했다. 카다피 대령의 미래는 리비아의 미래와 마찬가지로 불투명하다. 카다피 잔당, 반군, 그리고 수많은 민간인들은 이미 엄청난 고통을 겪었는데, 정부가 비축해둔 무기가 약탈되어 폭넓게 유통될 경우 무기의 '역류' 현상이 더욱 악화될 우려까지 있다. 약탈된 무기 중에는 민항기를 노릴 수도 있는 열추적 대공미사일도 있었다. 가격이 어마어마한 이 미사일은 '어둠의 세계'의 복잡한 네트워크에 언제든지 유입될 수 있다.[114]

개발원조 활동가들은 세계에서 가장 취약한 '아프리카의 뿔' 지역에서 1,100만 명이 기아 상태에 처했다는 경고를 내놓고 있다. 제프리 삭스는 극심한 빈곤, 기아, 기후변화의 영향으로 고통받는 이 지역에 즉각적 조치가 취해지지 않는다면 손쉽게 무기를 구할 수 있다는 특성 때문에 폭력의 확산을 피할 수 없을 것이라고 주장했다.[115]

알바니아에서는 게르데츠 폭발 사고가 발생한 후 파트미르 메디우 국방장관이 사임했다. 메디우는 자기 자신뿐 아니라, 심복인 일리 피나리와 미할 델리요르그지, 미국의 무기딜러 이프라임 디버롤리와 패트릭 헨리에게 상당한 이익을 안겨줄 게르데츠에서의 범죄적 행위를 정치적으로 설계하고 실행에 옮긴 인물이다. 그의 사임 후 1년이 겨우 지날 무렵 살리 베리샤 총리는 메디우를 다시 내각으로 불러들여 환경장관으로 임명했다. 베리샤는 군 통수권자였으며 자신의 내각에서 게르데츠 작전의 모든 주요 단계가 승인됐음에도 자국군의 무기 비축분 오용과 폭발 사고에 대한 책임은 받아들이지 않았다. 그는 자

신의 집무실에서 고작 20km 떨어진 사고 현장이 존재하는지도 몰랐다고 주장했다.[116]

에리손 두르다이를 비롯해 아무 잘못 없는 25명의 생명을 앗아간 것은 결국 알바니아 정부의 비리와 태만, 미 국방부 획득 절차에서 드러난 체계적 무능, 미국과 전 세계가 무기거래에서 드러낸 적나라한 탐욕이었다. 미국은 책임자 처벌을 요구하는 게르데츠 주민들을 돕지 않았다. 미국 정부에서 이 사건으로 기소된 사람도 없었다. 잡지 《롤링스톤》이 이렇게 밝혔음에도 불구하고 말이다. "국방부와 국무부 관료들은 AEY가 아프가니스탄으로 중국제 탄약을 운송하고 있었다는 사실을 알고 있었다. 부시 행정부의 전쟁 외주화가 AEY 같은 업체를 불법 무기거래의 세계로 몰아넣은 것이다. 그럼에도 일이 틀어지자 정부는 자신은 잘못이 없다는 듯 의분에 찬 모습으로 반응했다."[117]

알바니아에서는 마을 주민들을 죽음으로 몰아넣은 이 사건에 연루된 고위급 정치인에 대한 일체의 소송이 불허됐다. 현재 게르데츠 주민들은 이 사건을 유럽인권재판소에 제소하려 준비 중이다. 게르데츠 사건과 관련해 중국제 무기를 거래한 혐의로 징역 4년형을 받고 수감 중이던 이프라임 디버롤리는 재판을 기다리는 도중 보석으로 석방됐고, 여전히 무기거래 사업을 벌이고 있다.[118]

2010년 8월, 그는 또 다른 혐의로 기소된 상황에서 중범죄 전과자 신분으로 총기를 소지해 체포 및 기소됐다. 체포와 함께 제출된 서류에는 그가 무기딜러로 사업을 따내기 위해 어드밴스드 뮤니션Advanced Munitions이라는 유령회사를 운영하고 있다는 내용이 담겼다. 디버롤리는 연방정부의 무기중개업 면허를 받지 못한 상태이며, 중범죄 전과자로서 총기를 취급할 수 없다. 2010년 7월 디버롤리는 면허가 있는 무기딜러에게 접근해 마이애미에서 재판매될 탄약, 탄창, 기관총을 공급한 의혹을 받고 있다. 해당 딜러가 당국에 이를 신고하면서 수사가 개시됐다. 나중에 디버롤리가 비밀요원과 나눈 대화 녹음에 따르면, 당시 디버롤리는 자신이 한국의 공장에서 "100발짜리 탄창을 수입"하는 업체에 도움을 주는 컨설턴트이며, 연간 12만 개를 미국으로 수입하려 한다고 말했다. 또한 그는 재고로 갖고 있는 500~600만 발에 대한 "시제품 주문"을 제안하는 등 소총용 탄약 판매를 제안하기도 했다.[119] 그는 체포될 당시 요원 중 하나에게 이런 말을 남겼다. "한 번 무기밀수업자는 영원한 무기밀수업자다."[120]

디버롤리는 아직 위의 혐의에 대해 재판을 받지 않았지만 향후 14년간 연방정부 계약을 수주할 자격을 잃었다. 미 육군도 디버롤리의 공범들과 그들이 관여한 업체에 대해 10년간 사업 참여를 금지했다.[121] 데이비드 패코즈는 검찰에 협조하기로 하고 가택연금 7개월에 처해졌다.[122] 랄프 메릴은 중대한 사기 및 통신사기로 징역 48개월을 선고받았다.[123] 패트릭 헨리는 지금까지 어떤 혐의로도 기소되지 않았다.

무기딜러, 무기업체, 이들을 지원하고 비호하는 정치인들로 인해 피해를 입은 사람들 중에는 책임자 처벌을 위해 노력한 이들도 있다. 부족한 자원으로 강력하고 견고한 이익집단에 맞서 싸우는 수사관과 검사, 용기 있는 언론인, 그리고 개인적으로나 직업적으로 엄청난 대가를 치르면서도 진실을 밝히는, 어니 피츠제럴드의 표현대로 "숨은 애국자"인 공익제보자들이 바로 그들이다.

또한 진정한 피해자들은 땀 흘려 번 돈을 무기거래의 낭비, 부패, 남용에 빼앗기는 각국의 납세자들이며, 예멘 사나에서 멕시코 시우다드후아레스까지, 알바니아 게르데츠에서 팔레스타인 가자지구까지, 소말리아 모가디슈에서 스리랑카 몰라티부까지, 미얀마 양곤에서 팔레스타인 라말라까지, 콩고민주공화국 키부에서 아프가니스탄 카불에 이르기까지 죽음의 상인들과 함께 필연적으로 찾아오는 분쟁, 사회경제적 쇠퇴, 궁핍으로 고통받는 이들이다.

21. 불완전한 미래

필자는 이 책을 마무리하면서 지난 10년간 무기산업과 관련해 수집한 수십만 쪽의 문서, 아카이브, 기타 원천자료들을 세계 각국의 수사·검찰 당국에 전해주기 시작했다. 필자는 이러한 자료를 통해 어떤 조치가 이뤄질 것이라고 크게 기대하지는 않는다. 필자의 눈앞에서 남아공의 무기거래 수사가 좌절되는 것을 목격한 적도 있고, SFO가 BAE에 굴복하고, 이탈리아, 스웨덴, 독일, 인도, 알바니아에서 불법 무기거래 수사가 종결되는 것을 봤기 때문이다. 이스라엘, 앙골라, 러시아, 중국의 경우 무기거래 비리에 대한 수사는 거의 이뤄지지 않는다.

무기산업은 정부로부터 독특한 대우를 받는다. 많은 기업이 국영기업으로 시작했으며, 일부는 아직도 그렇게 운영되고 있다. 민영화된 기업들도 여러 면에서 공공 부문에 속한 기업처럼 대우받는다. 이들이 국방부에 물리적 접근권을 갖고 막대한 영향력을 행사하는 일도 매우 흔하다. 정부 관료들이나 장관들은 마치 민간 방산업체가 국영기업인 것처럼 이들의 열정적인 세일즈맨이 된다. 이는 방산업체들이 국가안보와 대외정책에 기여하는 동시에 국가경제에 상당한 역할을 하는 것처럼 보이기 때문이기도 할 것이다. 거의 대부분의 국가에서 무기업체들과 딜러들은 첩보 수집과 비밀작전에 중요한 역할을 한다.

각국 정부, 무기업체, 첩보기관, 로비업체 사이에서 지속적인 인사이동이 이뤄지면서 이러한 특별대우는 더욱 강화된다. 무기 구매국과 판매국에서 정당들에 제공되는 기부금과 지원도 마찬가지 역할을 한다. 이는 무기업체와 업계 인사들이 경제, 외교, 국가안보 등 모든 분야의 정책 결정 전반에 걸쳐 전쟁을 부추기며 과도한 영향력을 행사하는 결과를 낳는다.

따라서 무기거래에 관여하는 기업과 개인은 '국가에 대한 전략적 기여'와 전혀 관계없는 범죄를 저질러도 좀처럼 법의 심판을 받지 않는다. 정치적 개입은 많은 경우 국가안보라는 명목으로 정당화되는데, 이로써 무기거래는 자기만의 어둠의 세계에서 이뤄진다. 이 어둠의 세계는 다른 기업들이 겪는 법적·경제적 부침에서 자유롭다. 용기 있는 검사가 무기업체나 딜러를 수사하고 기소하려 해도 이는 언제나 비공개적으로 처리되며, 무기업체의 잘못이 인정되는 경우는 찾아보기 힘들다. 또한 사건을 다룬 수사관, 공익제보자, 검사의 경력에는 예외 없이 커다란 먹구름이 드리운다.

BAE나 록히드마틴 같은 대형 방산업체들은 자신들이 정부와 협력하는 공식적인 업체이며, 그레이마켓이나 블랙마켓 같은 어둠의 세계에서 활동하는 무기딜러들과 똑같이 취급되어서는 안 된다고 주장할 것이다. 그러나 현실은 그렇지 않다. 공식적 무기산업과 어둠의 무기산업은 이들이 인정하는 것보다 훨씬 자주, 정기적으로 교류하며 교차한다. 이들의 상호의존은 매우 뿌리 깊으며, 사실상 어둠의 세계를 구성하는 두 날개에 해당한다.

그레이마켓과 블랙마켓은 공식적 무기산업에서 생산된 무기와 물자를 비공식적 무기산업에 공급하는 역할을 한다. 공식적 무기산업이 런던증권거래소라면 비공식적 무기산업은 규모가 작고 규제가 약한 '대체거래소'라고 할 수 있다. 또한 그레이마켓과 블랙마켓은 제품의 실질적 수명을 연장하고, 이를 통해 제품의 초기 가치를 높여주는 기능을 한다. 공식적 무기산업에서 취급되기에는 품질이 낮은 제품이나 불량품을 거래할 시장을 형성하기도 한다. 결정적으로 우리가 지금까지 살펴보았듯 이러한 시장에서는 대형 방산업체나 국가가 법적·정치적·외교적 이유로 무기를 판매할 수 없는 개인, 집단, 국가가 고객이 된다. 어둠의 세계에서 활동하는 이들은 공식적 무기업체의 에이전트, 브로커, 중개인으로 활용되는 경우가 많다. 어둠의 세계는 공식적 무기산업에 비해 작은 규모이지만, 어둠의 세계가 있기 때문에 공식적 무기산업에서 무기 가격이 높게 유지된다는 점이 중요하다. 또한 어둠의 세계가 분쟁을 부추기고, 확대하고, 장기화함에 따라 공식적 무기산업의 새로운 시장이 창출된다는 점도 명심해야 한다.

세계는 위험하고 예측하기 어려운 곳이기에 어떤 형태의 무기산업은 필요할 것이다. 하지만 록히드마틴과 군산정복합체가 잘 보여주듯 무기산업의 특별한 지위, 그리고 범죄와 연결된 그레이마켓 및 블랙마켓과의 연계는 평범한 시민들에게 막대한 피해를 준다.

무기산업에는 측정 불가능할 정도로 큰 규모의 공적 자금이 사용된다. 여기에는 연간 1조 달러에 달하는 정부의 직접 지출만이 아니라 연구 개발과 수출 등에 대한 막대한 국가 보조금, 불필요한 무기체계에 대한 낭비, 방산업체의 과다 지출, 경영을 엉망으로 한 기업에 대한 구제금융 등이 포함된다.[1] 심지어 무기산업의 일자리 창출에는 다른 산업보다 큰 비용이 들기 때문에 더 많은 공적 자금이 쓰인다. 사실상 무기산업보다 비용 대비 효과가 낮은 산업은 없다.

또한 무기산업의 사회경제적 기회비용은 특히 개발도상국에서 어마어마한 규모지만 결코 개발도상국에 국한되지 않는다. 남아공은 특히 심각한 문제가 있지만 결코 드문 사례가 아니다. 2000년대 말 선진국들이 은행권 구제금융과 방만한 투자전략의 경제적 후과를 감당하기 위해 공적 지출을 삭감할 당시, 가장 영향을 적게 받은 것은 국방 관련 분야였다. 그 대신 희생된 것은 극빈층 지원, 교육, 보건, 공공서비스였다.[2]

게다가 무기산업의 작동 방식은 더욱 근본적인 문제를 낳는다. 무기거래가 이뤄지는 곳에서는 민주주의가 위축되며, 사우디아라비아나 이란 같은 비민주적이며 야만적이기까지 한 국가가 더욱 공고해진다. 무기거래 계약은 언제나 소수의 사익 추구 집단 사이에서 불투명하게 이뤄지기 때문에 대중은 막대한 세금이 최선의 방식으로 사용되는지 판단할 수 없게 된다. 정부와 방산업체 간의 밀접한 관계에 더해 국가안보라는 '절대 명제'는 실질적인 사법적 감시를 저해하기도 한다. 언론과 시민사회도 이를 제대로 감시하기 어렵다는 점에서 문제는 더욱 심각해진다. 국가안보상의 우려는 정당한 경우도 있겠지만 안보와 무관한 비리를 감추기 위해 악용되는 경우도 많다.

무기거래를 규제하는 법은 충분치 못하고, 아예 그런 법 자체가 없는 국가도 많다. 이러한 법에 대한 논의는 제대로 진행되는 경우가 드물다. 이는 모두 우리가 힘겹게 성취한 민주주의의 투명성, 책무성, 청렴성을 약화시킨다. 또한 시민들은 의사결정이 국익에 기반해 이뤄졌는지, 다른 누군가의 이해관계 때문에 이뤄졌는지 판단할 수 없게 된다.

물론 무기와 군수물자를 제조하는 업체는 일반적으로 안보에 기여할 수 있다. 하지만 여기에는 언제나 여러 부작용이 동반된다. 예를 들어 애초의 목적을 달성하지 못하는 전투기나 거대한 수송기에 예산이 잘못 쓰일 경우, 실제로 안보를 증진할 수 있는 장비나 조치에 예산을 사용할 수 없게 된다. 가장 심각한 부작용은 무기가 예상치 못한 이들의 손에 잘못 들어갈 경우 발생하는 '역류' 현상이다. 언제나 비밀스럽고 이중계약도 자주 이뤄지는 무기거래의 세계에서 이런 일은 흔하다. 신뢰성이 떨어지고 부패한 무기딜러를 활용해 정부가 첩보를 수집하는 일은 특히 위험하다. 정부, 군, 첩보기관은 무기딜러와 무기업체가 궁극적으로 자신만의 경제적 이익만을(BAE나 록히드마틴 같은 사기업의 경우에는 주주들의 이익도) 추구한다는 점을 제대로 이해하고 받아들일 필요가 있다.

성장과 고도화를 거듭하는 무기산업은 전쟁과 갈등을 부추기고 장기화한다. 이들의 과도한 영향력으로 인해 각국 정부는 더욱 쉽게 전쟁을 벌이게 된다. 무기의 다양성, 본질적 특성, 가용성은 조직범죄를 키우는 원동력이며, 실제 조직범죄는 지난 20년간 전 세계적으로 크게 성장했다.[3] 멕시코를 황폐화하고 있는 '마약 전쟁'에 미국제 무기가 사실상 무제한으로 공급되고 있다는 사실이 대표적인 사례다.

이와 관련해 데르 호세피안은 "지금은 고객들이 인터넷으로 공장에서 직접 구매하다 보니 고객과 교류하거나 조언을 해주는 일이 사라졌다"며 좋았던 시절을 그리워했다. 9·11 이후 금융 및 기타 분야의 확인 절차가 훨씬 엄격해진 것도 또 다른 변화다. 데르 호세피안은 이렇게 한탄하기도 했다. "예전에는 사업하기가 훨씬 쉬웠다. 500만 달러를 현찰로 들고 다녀도 문제없었다. 지금은 1만 5,000달러 이상을 입출금하려면 서류 수백 장을 작성해야 한다."[4] 이로 인해 정부 간 계약은 무기산업의 생명줄이 되었다. 소규모 사업자라 해도 규모가 큰 정부 행위자들과의 연계는 필수가 됐고, 이라크와 아프가니스탄에서 보듯 공식적 무기산업과 어둠의 세계가 한층 긴밀히 맞물리는 결과를 불렀다. 특히 데르 호세피안은 이렇게 덧붙였다. "미국인들과 가까워져야 한다. 그렇지 않으면 고객이 원하는 것을 해줄 수 없다. 이스라엘인들도 마찬가지다. 그들은 돈만 주면 누구에게든 물건을 판다."[5]

중국은 무기업계의 신흥 강자로, 그동안 무심하게 인권침해를 자행해왔다는 점을 고려할 때 안 그래도 규제가 부족한 무기업계에서 주목할 만한 위협이 되고 있다. 중국의 국방비 지출 규모는 세계 2위, 무기 및 군수물자 수출의 경우 세계 7위를 차지하는 것으로 추정된다.[6] 중국은 지난 10년가량 적극적인 아프리카 외교의 일환으로 최대 무기공급국 역할을 했으며, 파키스탄, 이집트, 방글라데시, 인도를 주요 고객으로 두고 있다. 남미 역시 중국의 무기판매 대상이 되고 있다. 미얀마의 군사정권은 1990년대 중국의 큰 고객이었지만 현재는 러시아, 우크라이나, 인도를 선호한다.[7] 중국은 이란, 수단, 짐바브웨에 오랫동안 무기를 판매해왔다. 또한 2009년 1~5월 스리랑카 정부군은 타밀 반군과 민간인 수만 명을 학살했고 이에 UN은 전쟁범죄와 반인도범죄가 자행된 것이 거의 확실하다고 보았는데,[8] 중국은 그 직전 해

에 스리랑카에 "전투기 등 10억 달러 상당의 원조를 제공"했다.[9]

20세기의 상당 기간 중국은 소련과 서방이 생산한 무기의 기술을 따라잡을 수 없었다. 하지만 중국은 품질 부족을 물량으로 만회했다. 방위산업에 수십억 달러를 투입해 1993년까지 2,000개가 넘는 업체에 300만 명 고용이라는 규모를 달성한 것이다.[10] 1990년대 말에는 산업 전반에 걸쳐 구조조정이 있었고, 여전히 문제가 있긴 하지만 기술적 역량은 커다란 발전을 이뤘다.[11]

2011년 중국은 언론의 대대적인 관심 속에 신형 스텔스 전투기 J-20을 공개했다. 당시 미국이 유일한 스텔스기 운용국이었다는 점을 고려할 때 이는 상당한 의미가 있는 군사력의 과시였다.[12] 전문가들은 스텔스기를 생산할 만큼 중국의 무기산업이 급속도로 발전할 수 있었는가에 대해 여전히 의견이 분분하다. 중국을 별로 신뢰하지 않는 이들은 중국이 1999년 세르비아에 추락한 미국의 스텔스 전투기 잔해를 바탕으로 기술을 개발했을 것으로 본다.[13]

중국에서 가장 잘 알려진 방산업체는 중국북방공업NORINCO이지만, 화웨이 같은 '민간기업'들 역시 이중용도 기술의 생산 및 판매에 깊이 관여하고 있다.[14] 이들은 아직 품질이 떨어지는 일부 제품을 '친선 가격'으로 판매한다. 확실한 것은 중국이 경제적·정치적으로 점점 두려운 세력으로 성장하면서 무기산업 내의 역할도 무서울 정도로 빠르게 커질 것이라는 점이다. 그러나 중국이 초강대국으로 성장한다고 해서 무기산업에 관한 윤리나 인권에 대한 태도에 긍정적 영향이 있을지는 확실치 않다.[15]

두바이는 무기거래 계약 체결의 중요한 거점으로 부상하고 있고, 나아가 아랍에미리트연합은 물류의 거점이 되고 있다. 그러나 아랍권 무기산업의 중심지는 여전히 베이루트다. 한편 인도와 브라질은 가장 매력적인 2대 시장으로 부상하고 있다.

남미는 군사독재가 정점에 달한 1970년대에 무기거래 비리로 몸살을 잃었다. 지금은 상황이 나아졌지만 여전히 부패는 사라지지 않았다. 페루, 볼리비아, 콜롬비아에서는 중국제 무기가 등장하고 있다. 볼리비아의 경우 러시아로부터 1억 달러 상당의 무기구매 절차를 거치고 있는 것으로 추정된다. 내수경제가 성장하고 있는 브라질의 경우 현대화와 경제성장과 함께 국방비 지출을 늘렸다. 칠레에서는 구리에서 발생한 수익의 10%를 국방비에 의무 배정하는 피노체트 시대의 법이 유지되고 있다. 멕시코는 마약 카르텔과의 전쟁을 위해 군벌들과 마찬가지로 미국과 중미 국가들로부터 무기를 공급받고 있다. 콜롬비아는 세계 5위 규모의 헬기부대를 보유하고 있으며, 이는 반군 콜롬비아무장혁명군FARC과의 전투와 라이벌 국가인 베네수엘라를 견제하는 목적으로 운용되고 있다. 콜롬비아의 장비 중 상당 부분은 미국이 '마약과의 전쟁' 명목으로 제공한 것이다. FARC는 중국과 어둠의 세계의 다양한 공급처로부터 무기를 구매한다. 우고 차베스는 비우호적인 주변국과 북쪽 국가들의 침략을 우려해 주로 러시아에서 헬리콥터, 전차, 미사일을 구매하는 데 큰 비용을 지출했다. 2011년 말 베네수엘라에 칼라시니코프 소총 공장이 설립될 예정이라는 주장도 제기됐다.[16]

인도, 파키스탄은 핵무기를 포함해 무기가 넘쳐나고 있다. 파키스탄은 역사적으로 중국, 프랑스, 미국에서 무기를 공급받아왔다. 9·11 이후 파키스탄은 미국으로부터 3위 규모의 군사원조를 받는 국가가 됐다. 9·11 직후 3년간 파키스탄에 대한 원조 규모는 9·11 이전 3년간에 비해 500배나 증가했다.[17] 역사적으로 이러한 군사지원에는 언제나 무기 역류 현상이 수반됐다. 지원된 군수물자는 아프가니스탄 접경 지역으로도 공급되는데, 이 지역에 자리잡은 아프가니스탄 출신 게릴라들이 파키스탄 정보기관과 밀접한 관계를 갖고 있기 때문이다. 오사마 빈라덴이 파키스탄 수도 외곽의 군부대 인근 주거단지에서 암살된 이후 미국과 파키스탄 사이에서는 상당한 긴장이 발생했다. 또한 파키스탄의 무기거래는 언제나 대규모 부패 의혹으로 가득하다.[18]

인도는 최근 경제성장의 과실로 방위물자 구매를 크게 늘렸고, 2009년에는 핵개발 비용을 제외한 군비 지출이 366억 달러에 달했다. 인도는 종종 개발도상국 중 최대 규모의 무기구매국 자리를 차지해왔다.[19] 인도는 2007~2011년 250억 달러에 더해 현재는 420억 달러 규모의 무기구매를 추진하고 있다.[20] 이로 인해 역사적으로 인도의 최대 무기공급국이었던 러시아, 그리고 서구의 대형 무기제조업체 모두의 이목이 인도로 쏠리고 있다. 미국제 무기 역시 최근 몇 년간 인기를 얻고 있다. 그럼에도 러시아, 미국, 스웨덴은 110억 달러 규모의 전투기 사업을 둘러싼 경쟁에서 유럽의 유로파이터 컨소시엄이나 프랑스에 밀려난 것으로 보인다.[21] 보포스Bofors 거래에서 명백히 드러난 고질적 비리도 여전하다. 뇌물 제공을 시도한 업체를 입찰에서 제외하는 등 몇 가지 조치가 주먹구구식으로 시행되고 있긴 해도 말이다. 이와 관련해 필자는 한 정보원에게서 인도의 조달 절차에 관여한 고위급 육군 장성의 이야기를 들었다. 그 장성은 무기업체 판매원이 조니워커 블루라벨 위스키 한 상자를 들고 오지 않으면 사무실에 들어오지도 못하게 했다고 한다. 정보원이 "블루라벨이 뭡니까?"라고 묻자, 그 장성은 "자네 수준을 훨씬 뛰어넘는 물건이지"라고 답했다고 한다.*

최근 몇 년간 선진국 대부분이 경기침체를 겪었지만 무기와 군수물자에 대한 전 세계적 수요는 줄어들 기미가 없다. 무기산업의 수익은 수억 달러에 달하고, 이로 인한 인명피해 역시 헤아릴 수 없는 정도다. 많은 NGO들은 무기산업의 존재 자체가 불가피하다고 보고 무기산업이 사회적으로 수용 가능한 규칙을 따르도록 강제해 그 피해를 최소화하기 위해 노력하고 있다. 최근 몇 년간 국제앰네스티, 세이퍼월드Saferworld, 소형무기국제행동네트워크IANSA, 옥스팜을 필두로 한

---

* 중국, 남미, 인도, 파키스탄의 무기산업에 관해서는 각기 따로 책을 써야 할 정도다. 이에 관한 보다 상세한 정보와 읽을거리는 다음을 참조. www.theshadowworld.com

여러 NGO들은 다자 간 행동강령 제정을 중심으로 활동했다. 2009년, 이들의 노력 덕분에 UN은 2012년 협상 및 서명을 목표로 국제적 무기거래조약Arms Trade Treaty을 추진하기로 했다. 조약이 체결된다면 분명 중요한 진전이 될 것이다. 특히 이는 9·11 이후 국가안보가 모든 의제를 휩쓸고 간 이후 다시 무기산업에 이목을 집중시키는 계기가 될 것이며, 시민들이 정부에 책임을 묻는 새로운 수단이 될 것이다.

그러나 안타까운 사실은 현재 EU 행동강령에서 정부 간의 거래가 제외되고 강제적인 이행이 잘 이뤄지지 않는 것과 마찬가지로, 무기거래조약 역시 탐욕과 죽음의 네트워크를 실질적으로 제약하지 못할 가능성이 높다는 것이다. 우선 미국의 무기산업이 보여주는 체계적인 '합법적 뇌물'에는 아무 영향이 없을 것이다. 짐바브웨, 북한, 이란, 미얀마 같은 국가가 조약에 서명할 가능성은 낮고, 중국, 러시아, 파키스탄, 그리고 아마도 인도, 이스라엘, 브라질 또한 자국의 무기산업을 실질적으로 제약할 조약을 거부할 수 있다. 또한 미국은 협상 초기에 중국과 러시아도 비준할 수 있는 조약을 원한다는 입장을 밝혔는데, 만약 조약이 실질적 의미 없는 내용으로 채워진다면 차라리 조약이 없느니만 못할 수 있다. 현재 전 세계 무기산업에서 일어나는 범죄 행위들에 그럴 듯한 명분만 제공할 수가 있기 때문이다. (이 조약은 2014년 12월 24일 비준, 발효되었으며 저자가 여기에 언급한 국가 중에서 조약을 비준한 나라는 2020년 11월 기준 미국, 브라질, 이스라엘, 짐바브웨뿐이다.—옮긴이)

무기거래조약의 효과를 극대화하려면 엄격하고 강제력 있는 반부패 메커니즘을 포함시켜야 한다. 무기가 분쟁을 확대하거나 인권 및 사회경제적 발전에 부정적 영향을 미칠 수 있는 경우 그것의 수출을 차단하고, 무기의 운송을 더욱 폭넓게 감독하며, 절충교역을 금지하거나 더욱 엄격한 감독이 이뤄지도록 해야 한다. 또한 에이전트, 브로커, 딜러, 중개인이 어떤 활동에 대해 얼마를 지급받는지 공개하도록 하는 등 정부와 기업에 투명성을 더욱 강제해야 하며, 국제기구를 설립해 조약을 집행하고 국가 간 공동 감시활동을 실시해야 할 것이다.

어떤 무기거래의 내용을 일부라도 비밀로 해야 할 필요가 있는 경우, 경력이 많은 판사로 이뤄진 위원회에 해당 내용을 제공해 비밀 유지의 필요성이 있는지 판단하도록 해야 한다. 또한 무기업체들이 자신의 활동 일부를 비밀로 하는 것을 허용한다면, 반대로 무기산업의 부패와 피해를 줄이기 위해 일정한 규제가 가해져야 할 것이다. 정부, 무기업체, 딜러 간의 밀접한 관계, 판매되는 제품의 민감한 성격을 고려해 무기업체나 관계자의 정당 및 정치인 후원은 불법으로 규정돼야 한다.

법과 규제를 지속적으로 무시하는 무기업체는 독립적인 감독기관의 기준에 맞게 그 회사 관행을 개혁할 때까지 정부 계약에 입찰할 자격을 주지 말아야 한다. 또한 궁극적으로 범죄에 쓰일 무기를 판매하는 무기업체와 그 대표자들은 국제 및 국내 형사법에 따라 기소되어야 한다. 이는 해당 업체가 무기판매를 통한 범죄의 의도가 있을 때만이 아니라 판매되는 제품이 그러한 폭력행위에 기여할 가능성이 상당히 높다는 사실을 인지하고 있었을 경우도 포함한다.[22]

2010년은 무기거래조약 협상이 시작된 해이기도 했지만, 동시에 무기산업의 비리에 대한 폭로가 정점에 달한 해이기도 했다.[23] 현실적으로 최대 생산국이자 소비국인 미국이 변화할 의지가 없다면 무기산업의 작동 방식은 바뀌지 않을 것이다. 과연 미국 대통령이 군산정복합체를 구성하는 정치적·군사적·경제적 이익집단의 막강한 권력과 영향력, 무책임, 기만을 억제할 수 있을까? 만약 그렇게 하지 못한다면, 우리는 선출되지 않은 철의 삼각동맹의 이해관계에 좌우되는 세상에서 살아야 할 운명일까?

무기산업은 20세기 전반에 걸쳐 분쟁을 일으키고 부추겼다. 이로 인해 2억 3,100만 명이 목숨을 잃었다.[24] 21세기의 첫 10년 동안 발생한 폭력은 그보다 더욱 심각했다.

우리가 보편적 인권, 평등, 정의를 원한다면, 살상무기를 만들어 목숨을 빼앗는 것보다 굶주린 사람을 살리는 것이 옳다고 믿는다면, 인류 역사상 가장 파괴적이고 부패한 무기산업이 지금처럼 규제와 감독에서 벗어난 채 계속 번창하도록 놔둬서는 안 될 것이다.

후기

이 책의 초판이 출간된 이후 경제는 악화되었지만 무기산업은 계속 성장했다. 2011년 세계 군비 지출은 총 1초 7,400억 달러에 달했고,[1] 2007년에서 2011년 사이 국제 무기거래는 이전 5년에 비해 24% 증가했다.[2]

세계금융위기로 가장 큰 타격을 받은 그리스의 경우, 최대 무기판매국인 미국, 독일, 프랑스가 그리스의 국방예산 삭감을 완강히 반대했다고 한다. 사회복지 등 다른 예산은 엄청나게 삭감되었는데도 말이다. 그리스는 EU 최대의 군비 지출국이며, 이는 부채위기 심화의 원인 중 하나다.[3]

아키스 조크앗조폴로스Akis Tschatzopoulos 그리스 전 국방장관은 2012년 4월 부패 혐의로 구속되었다. 그는 독일 페로스탈과의 잠수함 및 미사일 계약에서 2,600만 달러의 뒷돈을 챙긴 혐의를 받고 있다(20장 참조).[4] 독일 당국에서는 이와 관련해 페로스탈에 벌금 1억 4,900만 유로를 부과했다.[5] 페로스탈은 이와 별도로 포르투갈 관련 뇌물 건에 대해 당국과 협상 끝에 벌금 1억 4,000만 유로를 물게 되었다. 임원 2명은 뇌물공여로 집행유예 2년의 유죄를 선고받았다.[6] 그런데 페로스탈 내부 준법보고서에 따르면 의심스러운 자금 흐름의 규모는 무려 11억 8,000만 유로에 달했다. 이를 볼 때 벌금은 처벌이라기보다 '사업상 지출'이나 다름없는 규모에 불과했다.[7]

또한 페로스탈의 체계적 부패와 이를 바탕으로 한 운영 방식은 런던에 설립된 '마린포스 인터내셔널MarineForce International'을 통해 추가로 드러났다. 페로스탈 내부 변호사가 독립적으로 작성한 보고서는 의심스러운 자금 흐름을 다수 적시했을 뿐만 아니라 마린포스의 설립이

"페로스탈이 독일에서 세무조사 또는 수사를 피하기 위한 것"이며, "커미션 지급을 외주화"하기 위해 고안되었다고 지적했다. 다시 말해 마린포스는 무기거래에 사용되는 뇌물을 감추기 위한 법인이었다는 것이다. 인도의 한 무기 에이전트는 마린포스에 추가 자금을 요청하면서, "친구들의 주머니에 '기름칠'을 할 생각"이라고 전했다. 마린포스는 자금의 용처를 전혀 묻지 않은 채 그 요청대로 자금을 지급했다. 또한 보고서에는 마린포스가 과거 뇌물공여로 유죄 판결을 받은 바 있는 한국의 에이전트에게 4,290만 유로를 지급했다는 내용도 포함되어 있었다.[8]

내부 보고서를 보면 페로스탈이 "의도적으로 사실을 외면할 준비가 되어 있는" 기업임을 파악할 수 있다. 마린포스의 파키스탄 영업 담당 임원은 이렇게 인정하기도 했다. "설령 컨설턴트가 정부 관계자에게 돈을 지급할 것이라는 긍정적 암시가 있다 하더라도 컨설턴트에게 지급된 돈으로 어떤 일이 이루어지는지 알고 싶지 않다."[9]

뉴스에 빠지지 않고 등장하는 무기업체 BAE는 영국 SFO로부터 매우 유리한 합의를 얻어낸 지 2년 후 결국, 뇌물 제공 혐의를 받은 탄자니아 정부에 일종의 보상금을 지급했다(9장 참조). 이 보상금은 학교용 책상, 교과서, 교사 주거시설 등에 사용될 예정이다.[10]

BAE의 '레이더 스캔들'에 대한 탄자니아 당국의 수사는 영국 SFO의 협조가 있어야만 가능했는데, 에드워드 호세아 탄자니아 부패방지청장은 이례적으로 이에 연루된 탄자니아인이 없다고 주장했다. 그의 발언은 거센 비판을 받았다.[11]

2012년 7월, 동유럽에서 BAE 에이전트로 활동했던 멘스도르프-포윌리 백작은 BAE와 연관된 자금세탁 및 위증 혐의로 오스트리아 당국에 의해 기소되었다. 검찰은 그에게 흘러간 자금이 동유럽의 의사결정 책임자들에게 뇌물을 제공하는 데 사용되었을 가능성이 높다고 판단했다. 그는 검찰조사 및 의회 국정조사에 출석해 거짓 증언을 한 혐의로도 기소되었다. 멘스도르프-포윌리 백작의 변호사는 검찰의 기소 내용이 "고리타분한 이야기"라며 무죄를 주장했다.[12]

부패 혐의를 받는 동유럽 사업에 깊이 연관된 스티브 미드는 여전히 BAE의 동유럽 담당 부회장으로, 프라하에 사무실을 두고 있다.

BAE와 가까운 사우디아라비아 반다르 왕자는 2012년 7월 사우디아라비아 정보부를 이끌게 되었다.[13] 이는 사우디가 미국과의 관계를 공고히 하겠다는 의지의 표현으로 볼 수 있다. '아랍의 봄'이 찾아오면서 미국이 사우디의 주변 동맹국에 대한 지지를 철회했기 때문이다. 반다르 왕자는 아프가니스탄 및 이란-콘트라 사건에서 반군에 무기를 공급한 경험이 있으며, 이는 현재 시리아 반군에 대한 사우디의 무기공급을 뒷받침하고 있다. 사우디 정보부는 과거 일종의 재정적 '블랙홀'이기도 했다. 반다르의 전임자 투르키 알-파이살 왕자는 막대한 재산을 보유한 것으로 잘 알려져 있다.[14]

반다르 왕자의 아버지인 술탄 왕자는 2011년 10월 사망했다.[15] 그의 국방장관직을 승계한 동생 살만 왕자는 왕세자의 자리에도 올랐다.[16]

SFO가 반다르 왕자와 술탄 왕자가 깊이 연관된 알야마마 사업에 관한 수사를 중단한 것은 SFO 조직 차원에서 커다란 사건이었다. 당시 수사 중단의 후폭풍을 경험한 리처드 앨더먼 전 청장은 이렇게 말했다. "그 일로 인한 피해는 대단히 컸고, 아주 오랫동안 사라지지 않을 것이다. 대단히 유감스럽고, 대단히 불행한 일이었다."[17]

SFO는 2012년 8월 영국-사우디의 또 다른 대규모 무기거래를 수사함으로써 흔들리는 평판을 바로잡을 기회를 맞이했다. 사우디아라비아 국방군의 통신 부문 계약(20억 파운드 규모)에 관해 공익제보자 3명이 중대한 문제를 제기한 것이다. 상콤SANGCOM이라 불리는 이 사업은 알야마마 사업과 마찬가지로 영국 공무원들이 담당하고 사우디가 비용을 지불하는 정부 간 거래이며, 1차 수주업체는 유럽의 대규모 무기업체 EADS의 자회사 'GPT 특수사업관리Special Project Management'

다. 이 사업과 관련해 이미 2007년에서 2010년 사이 케이맨제도의 수상한 업체 두 곳(시멕인터내셔널Simec International, 듀랜튼인터내셔널Duranton International)으로 1,450만 파운드 이상의 의심스러운 자금이 흘러들어간 것이 포착되었다. 제보에 나선 사업관리자 2명과 재무관리자 1명은 계약 중 설비예산의 14%가 두 업체에 지급되었지만 어떠한 제품이나 서비스도 제공되지 않은 것으로 보인다고 폭로했다.

영국 국방부는 이러한 자금 흐름을 2008년 파악하고 해당 업체에 경고했지만, 이후 19개월간 같은 일이 반복되는 과정에서 아무런 조치도 취하지 않았다.[18] 사실 국방부는 거래가 처음 시작될 때부터 불법적 자금 흐름을 묵인해온 것으로 보인다. 이미 1975년 당시 국방부 사무차관과 영국 무기수출진흥단체 대표는 특정 계약의 '에이전시 비용'으로 15%와 10% 중 어느 쪽이 적절한지에 대해 의견을 교환한 바 있기 때문이다. 당시 '에이전시 비용'을 받을 곳은 바로 시멕인터내셔널이었다. 그로부터 35년이 지난 시점까지도 줄곧 불법적 자금이 제공되어왔던 것이다.[19]

상콤 사업에는 회계법인 KPMG가 연루되었다. KPMG는 이미 알야마마 사업 당시 BAE에 대한 회계감사를 맡았으면서도 뇌물공여를 방지하지 못해 수사를 받는 중이다. 상콤 사업의 관리자를 담당했으며 주요 공익제보자가 된 이언 폭슬리Ian Foxley 전 영국군 중령은 "GPT의 감사를 맡은 KPMG 역시 부패를 인지하고 있었지만 이를 밝히지 않았다. …… 2007년부터 분명하게 인지하고 있었음에도 말이다. …… GPT는 회계감사 및 보고 업무에 관한 '의도적 외면'으로 유죄가 될 가능성이 있다"고 주장했다. KPMG는 이에 대해 GPT는 부정한 자금을 지급한 혐의로 기소되지 않았다며, "폭슬리 씨가 우리에게 제기하는 혐의를 부인한다"고 답변했다.[20]

SFO는 이에 대해 2011년 '예비조사'를 실시했다. 도미닉 그리브 Dominic Grieve 법무장관은 SFO가 공식 수사에 본격적으로 착수하도록 허가했다.[21] 이 사건은 SFO가 BAE, 영국 정부, 사우디아라비아와 관련해 그간 반복해온 실패를 만회할 수 있는 유일한 희망이다. 한편 사우디아라비아는 자국 내의 민주화 운동을 탄압하고 국방군을 파병해 바레인의 민주화 운동을 잔인하게 탄압하고 있는데, 영국은 여전히 사우디에 대한 무기판매를 중단하지 않고 있다.[22]

이처럼 사법 절차와 무기산업에 대해 너그러운 태도는 EU에까지 확산되었다. 2012년 2월 17일, EU는 짐바브웨와 관련해 2000년대에 부과된 제재의 3분의 1을 해제함으로써 51명의 개인과 20개 기업에 대해 여행과 사업 활동을 보장하겠다고 발표했다.[23] 제재 해제의 혜택을 본 인물에는 SFO가 남아공 무기거래의 'BAE 비밀 에이전트'로 지목한 존 브레덴캄프가 포함되어 있었다. 브레덴캄프의 법률 대리를 맡은 카터-럭Carter-Ruck(과거 사이언톨로지교와 트라피구라Trafigura의 법률 대리를 맡은 법무법인)은 제재 문제를 유럽연합 및 영국 법원에서 계속해서 제기하겠다며 다음과 같이 발표했다.

> 2009년 1월부터 나는 제재 부과 및 유지의 근거를 확인하기 위해 노력했으나 실패했다. EU, 영국 모두 이에 관한 정보를 제공하라는 요청에 응답하지 않았다. EU 관련법에 따라 정보를 제공할 의무가 있음에도 말이다. …… EU 및 영국에 대한 법적 절차는 계속 진행될 것이다.[24]

브레덴캄프와 그가 설립한 여러 법인은 2012년 7월 24일 현재 여전히 미국 재무부 해외자산통제사무소 제재 대상 목록에 포함되어 있다.[25]

필자가 남아공 ANC 소속 국회의원으로 일할 당시 파헤치고자 했던 남아공 무기거래 문제는 2011년 말 다시 한번 흥미로운 분기점을 맞이했다. 끈질기게 무기거래 반대운동을 벌여온 테리 크로퍼드-브라운Terry Crawford-Browne이 '사법적 조사위원회를 구성하지 않은 것은 위헌'이라며 헌법재판소에 심판을 청구한 것이다.[26] 헌법재판소는 그의 청구를 헌법적 판단의 대상으로 인정하고, 남아공 정부 측에 크로퍼드-브라운의 청구서면에 포함된 부패 또는 공무상 과실의 증거를 다루거나 그러한 혐의를 반증하는 문서를 제출하라고 명령했다. 청구서면에는 필자의 책에 포함된 정보도 있었다. 문서 제출기한이 다가오자 제이컵 주마 대통령은 놀랍게도 문제의 무기거래에 대해 사법적 조사위원회를 구성하겠다고 발표했다.[27]

본인이 무기거래 관련 부패 혐의를 받는 주마 대통령이 조사위원회를 구성하기로 한 것은 정부 측 변호사들이 관련 문서를 제출할 의무를 피할 수 있도록, 따라서 헌법재판소가 조사위원회의 구성과 조건을 결정하고 이를 통해 ANC 내부의 정치에 영향을 미치지 않도록 하기 위해서였다. 주마 대통령의 집권을 도운 '분노한 이들의 동맹Alliance of the Angry'에서 중요한 역할을 한 ANC 청년연맹은 2011년 중반 무렵 주마와 공식적으로 결별 수순을 밟기 시작했다. 청년연맹은 불과 몇 년 전 주마 대통령에 대한 기소를 철회해야 한다고 주장했으나, 입장을 바꿔 주마 대통령이 무기거래의 불법성을 묵인했다는 사실을 폭로하겠다고 위협했다.[28] 주마는 조사위원회를 구성함으로써 적어도 2012월 12월로 예정된 ANC 전당대회까지 문제를 봉합할 수 있었다.

그러나 그의 계획대로 일이 진행되지는 않았다. 야당인 민주동맹 Democratic Alliance이 '주마 대통령의 부패 및 착복 혐의에 대한 기소를 철회한다는 결정을 법적으로 재검토해달라'며 고등법원에 제기한 소송에서 승소한 것이다.[29] 이후 진행된 법적 절차는 한 편의 희극이나 다름없었다. 주마 대통령에 대한 기소가 2009년 철회된 핵심 근거는 '대통령에 대한 혐의가 정치적 음모에서 비롯되었음을 보여주는 일련의 통신 내역'이 확보되었다는 것이었다. 민주동맹은 적어도 그러한 대화의 녹취록이 제공되어야 한다고 주장했다. 검찰은 민주동맹 측에 녹취록을 제공하라는 대법원 명령에도 불구하고 2012년 7월까지 명령을 이행하지 않았다. 이로 인해 확보되었다는 통신 내역과 녹취록 자체가 존재하지 않는다는 추측이 더욱 힘을 얻었다.[30]

조사위원회가 무기거래의 숨겨진 영역까지 다가갈 수 있을지는 아직 지켜봐야 한다. 한 가지 긍정적인 면은 조사위원회의 활동 조건이 폭넓고 포괄적으로 규정되어 있다는 점이다. 또한 조사위원으로 임명된 판사들은 과거 다른 사건 처리에 관해 좋은 평판을 갖고 있다. 그러나 무기거래 반대운동가들은 조사위원회의 활동 기간이 너무 짧고 자원이 부족해 의미 있는 조사를 수행하기 어려울 것으로 우려한다. 자료 제출에 관한 비밀유지 규정으로 인해 사실을 충분히 밝히기 어려울 것이라는 우려도 있다.[31] 만약 비밀자료의 보유 및 전파를 범죄화하는 반민주적 '비밀주의법secrecy bill'이 정부에 의해 통과될 경우 상황은 더욱 어려워질 수 있다.[32] 2012년 7월, 필자는 조사위원회에 현재 보유한 모든 증거를 제출했고, 공개 심리가 진행될 경우 증인으로 출석하기로 했다. 남아공의 신생 민주주의를 크게 약화시켜온 무기거래에 대해 조금이나마 정의로운 결과가 나오기를 바라기 때문이다.

남아공이 구매한 무기에 대한 조사는 얼마 안 있어 남아공이 아파르트헤이트 정권 이후 판매한 무기에 대한 조사로 이어져야 할지 모른다. 2012년 3월, 남아공의 《선데이타임즈》는 2008년 벨 212 헬리콥터가 미국 텍사스에서 남아공을 거쳐 이란으로 운반되는 과정에서, 전 텍사스 주재 남아공 영사의 아들 배리 오버홀저Barry Oberholzer가 이에 도움을 제공했다는 특종을 보도했다.[33] 오버홀저의 회사 '360 애비에이션'은 그 과정에서 남아공 통상산업부의 '지지 서한'을 두 차례 받았는데, 그중 하나는 이란항공이 최종 수신자였다.[34] 오버홀저는 이란의 알리제르 발라드카니Alizer Valadkhani의 협조하에 복잡한 유령업체 네트워크와 허위서류를 만들어 헬리콥터를 텍사스에서 이란으로 운반했다.[35] 오버홀저는 자신이 제재 위반으로 기소될 수 있다는 사실을 깨

닫고 정신이 들어 FBI 정보원이 되기로 했다고 한다.[36]

오버홀저는 FBI에 정보를 제공하던 2011년 또다시 이란에 총 3억 달러 규모의 벨 헬리콥터와 부품, 기타 항공기를 판매하는 5년 계약을 맺으려 했다. 2011년 2월, 그는 남아공 통상산업부의 지지 서한을 받는 데 도움을 줄 세 사람을 만났다. 녹취록에 따르면 세 사람은 적지 않은 현금이 지급될 경우 서한을 마련할 수 있다고 분명히 말했다. 그중 한 사람은 프루던스 '구구' 음샬리Prudence 'Gugu' Mtshali로, 당시 남아공 부통령 칼레마 모틀란테Kgalema Motlanthe의 연인이었다.[37] 이 계약은 2012년 무산됐지만 통상산업부에서 이미 지지 서한이 발송되었음이 확인되었다.[38] 모틀란테 부통령은 국민권익보호원에 이 계약과 음샬리의 관여 여부에 대한 조사를 의뢰하며 거리를 뒀다. 음샬리는 자신에게 아무 잘못도 없다는 "확고한 견해"가 있다고 한다.[39]

남아공의 헬리콥터 판매 스캔들의 규모는 터키의 통신사 터크셀Turkcell이 2012년 3월 미국 법원에 제기한 소송에 비하면 '새 발의 피'나 다름없었다. 터크셀은 자신이 수십억 달러 규모의 이란 통신사업에서 남아공의 휴대전화업체 MTN에 의해 부정한 방법으로 배제되었다고 주장했다.[40] 터크셀은 MTN이 남아공 고위 정치인들의 지원을 받았다고 주장했는데, 특히 폭발력이 큰 내용은 두 가지였다. 첫째, MTN이 2005년 남아공 정치권에 영향력을 행사하여 이란의 핵개발을 감시하는 국제원자력기구IAEA의 주요 결정에서 남아공이 기권하도록 했다는 것이다. 둘째, MTN이 남아공 고위 정치인에 대한 영향력을 활용하여 '피쉬Fish'라고 알려진 대규모 무기 패키지를 이란에 전달하겠다고 약속했다는 것이다. 피쉬에는 중포, 공격헬리콥터, 기타 미제 부품이 포함된 수많은 무기가 포함될 예정이었다.[41] 이에 MTN은 모든 혐의를 부인하고 미국 법원에 터크셀의 소송을 각하해달라고 요청했으며, 내부 조사를 실시하기로 했다. 남아공 경찰은 이 사건을 조사할 계획이라고 밝혔지만 아직 미국 법원에서는 결론이 나오지 않았다.

이 책의 초판이 출간된 이후 이란의 무기 에이전트 아미르 아르데빌리(16장 참조)는 미국 교도소에서 5년을 복역한 후 이란으로 돌아간 지 몇 주 후부터 필자와 연락을 주고받았다. 아르데빌리는 자신이 무기나 무기 부품을 거래한 적이 없으며, 미국 정보기관의 함정에 빠진 선량한 무역업자일 뿐이라고 주장했다. 필자는 그와 계속해서 흥미로운 대화를 이어갈 계획이다.

2011년 연말에는 냉전시대에 악명을 떨친 무기딜러 사르키스 소가나리안이 평온하게 사망했다.[42]

라이베리아의 독재자이자 메렉스 에이전트였던 찰스 테일러의 상황은 그다지 나아지지 않았다. UN에 의해 출범한 시에라리온 특별법정은 길고 치열한 재판 끝에 2012년 5월 18일 테일러의 모든 혐의를 인정했다.[43] 2,500쪽에 달하는 판결문에는 끔찍한 내용이 끝도 없이 나열되었다. 테일러는 다섯 가지의 전쟁범죄(테러행위, 인간의 존엄성 침해, 약탈, 살인, 잔인한 처우를 포함하여 인간의 생명 및 건강과 신체적·정신적 안녕에 대한 폭력), 다섯 가지의 반인도적 범죄(살인, 강간, 성노예화 및 기타 형태의 폭력, 그 밖의 비인간적 행위, 노예화), 국제인도법에 대한 하나의 중대한 위반(15세 미만 아동을 군 또는 무장집단에 징병 및 모병하고 교전행위에 적극적으로 참여하도록 이용한 행위)을 저질렀다.[44]

2주 후, 특별법정은 테일러에게 징역 50년형을 선고했다. 판결문은 다음과 같이 밝혔다. "피고인은 인류 역사상 가장 극악무도하고 잔인한 범죄를 선동 및 지원하고, 일부는 계획한 책임이 있다."[45] 대부분은 선고에 만족했지만 형기가 너무 짧다는 의견도 있었다. 시에라리온의 한 장관은 이렇게 말했다. "정의가 실현되었다는 점에서 한 발 나아갔으나 선고 형량은 그가 저지른 잔혹행위의 규모에 부합하지 않는다." 테일러는 유죄 판결 자체와 형량에 대해 항소하겠다고 밝혔다.[46]

한편 테일러 정권의 잔혹행위를 뒷받침한 수많은 무기판매업자,

중개인, 에이전트 중에서 현재 수감된 것은 빅토르 부트 한 사람인데, 그의 죄목은 라이베리아 및 시에라리온에서 저지른 일과는 무관하다. 거스 코웬호벤의 재판은 2010년 재심 결정 이후 아직 진행 중이다. 2011년 재판 전 절차에서 코웬호벤은 찰스 테일러를 증인으로 요구할 수 있다는 네덜란드 법원의 동의를 얻어냈다.[47] 테일러가 증인으로 출석하는 것은 본인의 재판이 진행 중일 때는 어려울 수 있었는데, 아마도 이러한 이유에서 코웬호벤 재판이 아직 마무리되지 못한 것으로 보인다.

2011년 10월 12일, 빅토르 부트의 공판이 열린 법원은 기자 및 방청객으로 가득 찼다. 이후 재판 과정에서 검찰 측은 부트가 지대공 미사일을 포함한 최신식 무기를 콜롬비아 반군 FARC에 전달하려 했다는 혐의를 구체적으로 제시했다. FARC는 오랫동안 미국에 의해 테러 조직으로 지목된 단체였다. 검찰 측은 풍부한 증거를 제시했지만 주심 판사는 '로드 오브 워Lord of War'라는 표현을 사용하거나 리비아 및 르완다를 언급하지 말라고 명령했다. 이로 인해 부트가 미국 정부기관 및 기업을 위해 벌인 일을 포함해 그의 이력을 정확하게 기술하는 데 제한이 생겼다. 뉴욕의 변호사 앨버트 다얀Albert Dayan의 변호를 받는 부트는 증인을 전혀 신청하지 않은 채 자신이 FARC에 무기판매를 '시도'한 것은 순전히 그들이 노후화된 수송기를 구매하도록 만들 계략이었을 뿐이라는 주장만 반복했다.[48]

재판부는 이러한 주장이 전혀 신빙성 없다고 보았고, 불과 이틀 만에 판결을 내렸다. 2012년 11월 2일, 재판부는 부트의 혐의 네 가지(미국인 살해 음모, 미국인 관료 및 직원 살해 음모, 대공미사일 획득 및 사용 음모, 테러리스트 은닉 음모)에 대해 유죄를 선고했다.[49] 넉 달 후에는 징역 25년형 및 1,500만 달러의 자산 압류가 선고되었다.[50] 부트와 한 차례 파트너로 일한 앤드루 스뮬리언은 2012년 5월 말 징역 60개월형을 선고받았는데, 이미 50개월은 복역한 상태였다.[51]

부트는 즉시 항소하겠다고 밝혔다. 그의 변호인단은 다른 법적 해결책도 모색했다. 2012년 7월, 한 변호인은 부트의 미국 송환 결정이 위법이었다고 주장하며 방콕에서 법적 절차를 개시하고 있다고 밝혔다.[52] 부트의 부인은 부트가 조국인 러시아에서 남은 형기를 마칠 수 있도록 해달라며 러시아 정부에 요청했다. 만약 이러한 요청이 승인될 경우 러시아의 결정은 미 당국에 공식 전달될 것이다.[53] 부트는 여전히 러시아 고위 정치인 상당수의 지지를 받고 있다. 부트에 대한 유죄판결이 나오자마자 러시아 외교부는 판결이 "근거 없고 편향되어 있다"며, 미국 사법체계가 "허술한 증거"를 무시하라는 "명백히 정치적인 명령"을 수행하고 있을 뿐이라고 주장했다.[54] 세르게이 라브로프 외교장관은 부트 판결 문제를 힐러리 클린턴 미 국무장관에게 제기하기도 했다.[55] 사법 절차가 무기산업의 필요에 따라 조종된다는 점을 고려할 때, 부트가 자신에게 우호적인 러시아에서 남은 형기를 마치는 대가로 미국과 관련된 활동에 대해 침묵을 지키기로 합의했을 가능성도 완전히 배제할 수는 없다.

언제나 그렇듯 부트가 가장 즐겨 찾는 아프리카에서는 엄청나게 빠른 속도로 사태가 전개되고 있다. 콩고민주공화국의 동부 지역은 여전히 여러 민병대들의 경쟁으로 몸살을 앓고 있다. 2012년 6월 유출된 UN 보고서에는 지역 최대의 민병대 M23이 르완다의 폴 카가메 정권으로부터 무기 및 탄약 등을 지원받았다는 내용이 포함되어 있었다. M23은 대규모 강간을 포함해 전쟁범죄를 무차별적으로 저지른 혐의를 받아왔으며, 정부군에 반기를 들고 교전 중이었다.[56] 르완다의 지원 소식이 알려지자 콩고 서부를 기반으로 한 정권은 르완다 대학살 이후 처음으로 상징적인 규모의 원조 삭감으로 이에 보복했다.[57] 이는 콩고민주공화국 분쟁 전체에 중요한 전환점이 될 수 있다.

수단에서는 오마르 알-바시르의 북부 정권으로부터 남수단이 분리된 이후 몇 달간 긴장이 고조되고 폭력사태가 발생했다. 국경에서는 산발적 교전이 지속되었고, 양측 군 사이에는 높은 긴장이 감돌았다. 이러한 긴장의 뒤에는 다가올 석유 분쟁이 있었다. 그러나 2012년 8월 초, 양측은 처음으로 공식 타협했다.[58] 알-바시르 정권은 수입의 상당 부분을 석유 판매에 의존하기 때문에 석유가 절실히 필요하다. 나아가 석유는 무기를 계속 들여올 자금을 마련하기 위해서도 필수적이다. 2012년 중반부터 알-바시르 정권은 '아랍의 봄'과 유사하지만 규모는 작은 시위로 어려움을 겪었는데, 무기를 사용해 인명을 살상하는 등 초강경 대응에 나섰다.[59] 동시에 다르푸르 분쟁은 과거에 비해 약화되었지만 계속 진행 중이다. 2012년 7월만 해도 다수의 폭력적 충돌이 발생했다는 보도가 있었다. 국제앰네스티는 이에 대해 수단 전체가 아니라 다르푸르에 대해서만 무기금수조치가 적용되고 있어 분쟁이 격화되고 금수조치의 신뢰성이 저하된다고 지적했다.[60]

카다피 축출 이후의 리비아도 남수단처럼 수많은 과제를 마주하고 있다. 새로 수립된 정부는 물리력을 독점하지 못하고 있다. 오히려 "카다피 정권을 무너뜨린 다수의 민병대는 무기와 폭력수단을 보유한 상태에서 일종의 '활동중지' 상태에 들어갔다".[61] 리비아는 군에 대한 무기 과잉공급이라는 카다피의 유산을 슬기롭게 해결해야 할 것이다. 무장한 밀수업자들은 허술하게 관리되는 최신무기 비축분을 대규모로 약탈하고 판매해왔다. 이러한 무기는 가자지구의 민병대,[62] 니제르의 알카에다 연계 단체,[63] 말리의 투아레그Tuareg 민병대 등 각지로 흘러 들어갔다.[64] 또한 전국에 흩어진 수많은 군용 폭발물은 리비아인들에게 심각한 위협이다.[65] 이러한 무기류의 상당수는 이 책에서 다룬 기업들을 포함해 서구의 주요 무기판매국에서 들어온 것이다.

예를 들어 영국의 무기판매를 촉진하는 방산판매국은 리비아의 악명 높은 '카미스 여단Khamis Brigade'에 대한 군사장비 마케팅을 비밀리에 진행했다. 카미스 여단은 카다피의 다섯째 아들 카미스 알카다피가 지휘하는 1만 명 규모의 부대다. 영국 제너럴다이내믹스가 개발한 최첨단 지휘통제시스템 계약은 8,500만 파운드 규모로, 2007년 블레어와 카다피의 '텐트 합의'와 함께 체결되었으며, 영국 정부의 지원을 받았다. 영국 엘리트 특수부대 SAS는 훈련을 제공했으며, 정부기관 관료들은 카미스가 런던에서 개최되는 무기전시회 DSEI에 공식 초청되었는지에 대한 정보공개청구를 피할 방법을 조언해줬다. 방산판매국장은 "고위급의 정치적 개입"이 리비아에 대한 무기수출을 지원했다고 털어놓은 바 있다.[66] 사실 리비아 혁명 불과 몇 주 전, 영국은 리비아 정권에 무기를 판매하기 위해 노력하고 있었다. 기관총, 저격소총 등의 무기를 직접 볼 수 있도록 리비아의 고위급 군 관계자들을 영국에 초청한 것이다. 리비아 정권이 자국민을 상대로 곧장 사용할 수 있는 무기들이었다.[67] 카다피 사망 2주 후에는 방산판매국이 영국 무기 업체 관계자로 구성된 리비아 방문단을 꾸려 임시정부에 보안장비를 판매할 수 있도록 노력 중이라는 보도가 나왔다.[68]

리비아의 이웃 국가 이집트의 민주화는 군이 민간의회 및 대통령에 대한 권력이양을 망설이면서 순탄치 않게 진행되었다.[69] 군이 구질서를 수호하고 민주화를 방해하는 것은 상당 부분 미국으로부터 수십년간 수십억 달러 규모의 군사원조와 엄청난 뇌물이 제공되었기 때문에 가능한 일이다(19장 참조).

시리아에서는 '아랍의 봄'과 함께 2011년 3월부터 시위가 시작되었다. 처음에는 평화적 양상이었던 민주화 운동은 알-아사드 정권의 폭력적 탄압에 직면했다. 군은 시위대에 발포하라는 명령을 받았으며, 탈영병 및 시민 들이 무장단체를 결성하면서 사태는 내전으로 치달았다.[70] 시리아 내전으로 지금까지 1만 명 이상이 사망하고 150만 명가량의 이재민이 발생한 것으로 추산된다.[71] 내전의 양측 모두 인권침해를 저지른 혐의를 받고 있으며, 이들의 폭력행위는 국제적으로 비판을 받았다.

그러나 러시아와 중국은 시리아 내전에 대한 UN의 조치를 가로 막았다. 러시아는 이란과 함께 역내 주요 동맹국인 시리아 정권에 무기를 제공해왔다.[72] 무기공급을 차단하려는 국제적 노력에도 불구하고 러시아 측은 공격헬리콥터, 대공시스템 등을 지속적으로 운반했다.[73] 런던의 보험업체 스탠더드클럽Standard Club은 수리된 공격헬리콥터를 싣고 러시아에서 시리아로 향하는 선박에 대한 보험 제공을 철회하는 놀라운 조치를 취했고, 해당 선박은 어쩔 수 없이 러시아 항구로 돌아갔다.[74]

카타르 및 사우디아라비아 정부는 시리아 반군에 적극적으로 무기와 자금을 지원하고 있다.[75] 이렇게 무기가 과잉공급되면서 시리아 내전은 폭력적 결말을 맞이할 수밖에 없게 되었다. 여러 갈래로 분열된 반군은 아사드 정권에 반대한다는 공통분모가 있지만 언제까지 서로 우호적인 관계를 지속할지는 미지수다. 무기의 역류 현상이 발생할 가능성도 충분하다.

시리아의 상황은 자연히 무기딜러들에게 큰 호재였다. 그중에서도 조 데르 호세피안은 시리아에 상당한 시간을 투자하고 있다. 분명 아사드 정권, 그리고 다른 세력들 중 일부에게 무기를 공급하고 있을 것이다.

참혹한 내전의 역사를 가진 국가로는 앙골라도 있다. 앙골라 내전은 러시아와 프랑스에서 판매된 무기가 부분적 원인이 되었다(19장 참조). 앞서 앙골라 게이트에 연루된 피에르 팔콘과 아르카디 가이다막에 대한 처벌이 감경되며 논란이 되었다고 언급한 바 있다. 그런데 이후 필자는 두 인물이 단지 부정한 무기딜러 이상이었다는 사실을 발견했다.

2011년 말, 필자는 무기딜러들이 어떻게 부패를 촉진하는지를 너무나 잘 보여주는 놀라운 문서들을 입수했다. 팔콘과 가이다막은 앙골라와 러시아 고위급 관계자에 대한 연줄을 활용해 거액을 벌어들였고,

은행들은 이를 묵인했다.

필자가 입수한 문서에 따르면 1996년 11월 앙골라 정부는 커다란 부담이 되는 국가부채에 관해 러시아와 합의에 도달했다.[76] 앙골라의 부채가 급증한 것은 사실상의 정부인 MPLA가 미국 및 남아공 아파르 트헤이트 정권의 지원을 받는 UNITA와 내전을 치르면서 러시아 무기 와 차관에 지나치게 의존했기 때문이다. 1996년경 앙골라의 대러시아 부채는 50억 달러에 달했는데, 그중 일부는 앙골라 게이트로 인해 발 생했다. 앙골라 정부가 이 부채를 전부 갚는 것은 대단히 어려운 일이 었다. 1996년 앙골라의 GDP는 총 74억 달러에 불과했기 때문이다. 앙 골라가 부채를 단기간에 갚으리라 기대하기는 어려웠고, 러시아 입장 에서는 어떤 인센티브를 제공하지 않는 이상 부채를 일부라도 회수하 기 어려운 상황이었다.

문제를 해결하기 위해 앙골라와 러시아는 1996년 11월 특별 합의 를 맺었다. 내용은 간단했다. 러시아는 부채를 15억 달러로 경감해주 고, 앙골라는 20년간 부채를 의무적으로 갚기로 했다. 15억 달러의 원 금에는 6%의 이자와 2%의 지연이자가 부과되었다.

합의를 이행하기 위한 방법 또한 단순했다. 앙골라는 약속어음을 발행하고, 그 소유자(러시아)가 앙골라에 어음을 제시하면 대금을 지급 하기로 했다. 약속어음의 액면가는 향후 20년간 앙골라가 러시아에 균등하게 나누어 지급할 액수로 결정되었다. 러시아는 부채상환증명 서를 발급하기로 했다. 즉 앙골라가 대금을 지급하면 러시아가 약속어 음과 함께 부채상환증명서를 앙골라에 전달함으로써 부채를 탕감하는 방식이었다.

그러나 이 합의는 겉보기에만 단순했다. 양측이 합의서에 공식 서 명하기 적어도 한 달 전, 러시아는 재무부가 앙골라의 약속어음을 민 간시장에서 처분할 수 있도록 하는 행정명령을 발표했다. 이는 중간에 불필요한 업체, 바로 아발론인베스트먼트Abalone Investments를 끼워넣기 위한 조치였다. 아발론은 이름과 달리 헤지펀드나 금융기관이 아니었다. 아발론의 소유자는 피에르 팔콘과 아르카디 가이다막으로, 러시아와 앙골라 정치인들과 긴밀한 연줄이 있다는 점, 그리고 앙골라 게이트에서 함께 음모에 가담했다는 점 외에는 그러한 역할을 맡을 이유가 전혀 없었다. 게다가 이들은 양국 정부가 합의서에 서명하기 전인 1996년 4월 앙골라를 대표해 부채 문제를 재협상할 권한을 부여받았다. 두 사람은 재협상의 당사자일 뿐만 아니라 자신들의 업체를 겉보기에 그럴 듯한 중개기관으로 직접 끼워넣어 이득을 보게 된 것이다. 합의가 공식 체결되자 현재 러시아 의회에서 가장 재산이 많은 비탈리 말킨Vitali Malkin 의원은 아발론의 파트너급 임원이 되었다.

앙골라와 러시아는 '정부 간 합의'에 서명하자마자 아발론과 이를 실행하기 위한 업무협약을 맺었다. 아발론은 앙골라 대신 러시아에 대금을 지급하고 약속어음과 상환증명서를 구매하기로 했다. 이후 약속어음과 증명서는 앙골라에 전달될 예정이었다. 앙골라는 다국적 석유 거래업체 글렌코어Glencore에서 사전조달 방식으로 자금을 융통해 아발론에 지급하는데, 글렌코어는 빌 클린턴 미 대통령이 임기 마지막 날에 사면해 논란이 되었던 마크 리치Marc Rich가 한때 운영한 곳이었다. 이들 사이의 대금 지급은 모두 스위스뱅크코퍼레이션(SBC, 나중에 UBS로 사명 변경)과 체결한 에스크로 계약에 의해 관리된다.

이처럼 독특한 합의에서 중요한 사실은 아발론이 약속어음을 구매하기 위해 러시아에 지급할 대금은 액면가의 50%이지만, 앙골라가 아발론에 지급할 대금은 액면가의 100%였다는 점이다. 다시 말해 아발론은 중개가 불필요한 거래에서 중개기관 역할을 하고 총 7억 5,000만 달러의 이득을 보게 된 것이다.

앙골라 및 러시아 정부와 국민들이 사기를 당했다는 점은 명백하다. 러시아는 아마도 앙골라가 15억 달러를 지급할 의사가 있다는 사실을 알고 있었을 것이다. 그러나 아발론과의 협약에 따라 실제로 받을 금액은 7억 5,000만 달러에 불과했다. 앙골라는 부채를 절반만 상환해도 러시아가 받아들일 것임을 충분히 알고 있었음에도 15억 달러를 전부 지급하게 되었다. 필자가 입수한 문서에 의하면 적어도 아발론, 관련 은행, 나아가 글렌코어도 이러한 내용을 전부 알고 있었던 것으로 보인다. 또한 도스 산토스 대통령을 포함한 앙골라 주요 관료들이 이 합의의 기본 구조를 몰랐다고 보기는 어렵다. 이들은 곧바로 아발론의 이윤에서 나오는 막대한 돈을 받을 예정이었기 때문이다. 만약 앙골라 측이 합의의 세부 내용을 몰랐다면 앙골라가 믿고 부채 문제 재협상을 맡긴 팔콘과 가이다막이 성실히 임무를 수행하지 않았다는 의미가 된다.

백번 양보해 아발론이 이 합의에 포함될 이유가 있다면 아발론이 정치적·상업적 리스크를 어느 정도 감수하는 경우일 것이다. 예를 들어 앙골라가 채무불이행을 선언할 경우 아발론이 대금을 지급할 의무가 있다면 말이다. 그러나 합의에 그러한 내용이 포함되었다는 증거는 전혀 없다. 또한 문서에 의하면 앙골라가 만에 하나 채무불이행을 선언할 경우 아발론에는 대금을 지급할 자본이 전혀 없었다. 합의 당사자들의 긴밀한 관계를 고려할 때 모두가 이 사실을 알고 있었을 가능성이 높다. 게다가 아발론은 러시아에서 약속어음을 반드시 구매해야 한다는 법적 의무가 아니라 일종의 우선매수청구권을 보유하게 된 것이었다.

알고 보니 아발론은 대부분의 경우 앙골라의 국영 석유업체 소낭골Sonangol에서 대금을 받은 후 러시아로부터 약속어음을 구매했다. 원래 아발론이 먼저 약속어음을 구매하고 나서 소낭골에 대금을 청구하기로 되어 있었는데도 말이다. 이를 통해 앙골라가 러시아에 직접 대금을 지급할 수 있었으며, 아발론에 중간에서 7억 5,000만 달러를 남길 필요가 없었음을 알 수 있다.

소낭골은 1997년 10월부터 2000년 7월까지 아발론의 UBS 계좌로 7억 7,600만 달러를 송금했다. 같은 기간 아발론은 여러 관계자에게 거액을 송금했다. 먼저 아발론의 스위스 계좌에서 아르카디 가이다막에게 1억 5,100만 달러가 송금되었다. 피에르 팔콘과 그가 소유한 업체들에는 총 8,800만 달러가량이 흘러 들어갔다. 1999년 말에 가담한 비탈리 말킨 의원은 아발론 투자지분을 근거로 4,800만 달러를 받았다.

아발론의 돈을 받은 이들 중에는 놀랍게도 앙골라의 고위급 정치인들도 있었다. 소낭골이 아발론에 대금을 지급하기 시작한 1997년 10월과 11월에는, 3,625만 달러가 피에르 팔콘이 관리하는 계좌를 거쳐 캄파랄Camparal이라는 업체의 계좌로 송금되었다. 프랑스 수사당국은 캄파랄이 도스 산토스 앙골라 대통령이 소유한 업체임을 확인했다. 일리지우 드 피게이레두Elísio de Figueiredo(1970년대 앙골라 최초로 UN에 파견되었으며 이후 앙골라 게이트 협상이 진행 중일 때 파리에서 무임소특사로 재직한 인물)가 소유한 업체 튜토럴Tutoral 계좌에도 같은 경로를 거쳐 738만 달러가 송금되었다. 2000년에는 1992~2004년 앙골라 대통령실 장관을 역임한 조즈 레이타우 드 코스타 이 실바 José Leitão Da Costa e Silva에게 300만 달러가 송금되었으며, 마지막으로 1989~1998년 소낭골 총재를 역임한 조아킹 다비드Joaquim David에게는 그가 소유한 업체 펜워스Penworth를 통해 800만 달러가 송금되었다.

이는 어디까지나 추적이 가능한 금액이다. 1억 달러 이상의 자금이 아발론에서 실제 소유주가 누구인지 알 수 없는 업체로 흘러 나갔다. 러시아 재무부는 1997년과 1998년에 걸쳐 1억 6,100만 달러를 송금받았을 뿐이다. 그다음부터는 아발론이 민간시장에서 러시아 어음을 구매하고 액면가로 다시 돌려주는 방식으로 지급되었다. 어음의 시장가는 액면가에 비해 매우 낮았다. 이처럼 어음의 시장가와 액면가의 차이를 고려하면 아발론은 당초 계획보다도 훨씬 많은 이윤을 남겼을 것으로 추정된다.

처음부터 문제가 많았던 앙골라와 러시아의 합의는 얼마 안 있어 그야말로 우스운 곡절을 겪었다. 2000년대 초반, 프랑스와 스위스 수사당국은 팔콘과 가이다막의 움직임에 주목했다. 상당 부분은 앙골라게이트와의 관련성 때문이었다. 2000년 12월 11일, 팔콘은 프랑스에서 체포되었다. 2001년 1월에는 가이다막에 대한 국제 체포영장이 발부되었는데, 그는 체포를 피하고 지금까지 도피 중이다. 바로 다음 달, 스위스 수사당국은 아발론이 이용해온 스위스 은행들을 수색해 계좌를 동결하고 UBS 제네바 지점에 보관된 약속어음을 전부 압류했다. 곧이어 UBS 및 디스카운트은행&신탁Discount Bank and Trust에 보관된 팔콘의 서류 및 자산이 압류 또는 동결되었다. 추후 러시아는 압류된 서류의 반환을 청구했는데, 앙골라와의 합의에 근본적 문제가 있음이 명백했지만 스위스 법원은 이를 받아들였다. 러시아는 반환청구 소송에서 앙골라와의 합의로 인해 권리를 침해받지 않았다고 주장했다. 합의의 구조와 내용을 보면 실소를 금할 수 없는 주장이었다.

어쨌든 스위스 수사당국의 조치로 인해 스위스 은행들을 이용하기는 불가능해졌다. 가이다막은 앙골라 관계자들에게 키프로스의 스베르인베스트Sberinvest라는 업체로 대금을 지급하라고 전했다. 이는 언뜻 볼 때 합리적인 대안이었다. 러시아 측은 약속어음으로 대금을 받기로 할 당시 항상 스베르인베스트은행Bank Sberinvest 모스크바 지점을 통하기를 희망했기 때문이다. 하지만 가이다막이 키프로스에 설립한 유령업체는 스베르인베스트은행 모스크바 지점과 아무 연관이 없었다. 가이다막은 팔콘과 말킨에게도 알리지 않은 채 이런 술수를 부렸다. 팔콘과 말킨은 나중에 이런 방식이 아발론, 러시아, 앙골라의 합의에 대한 "근본적 위반"[77]이라고 주장했다. 이를 통해 가이다막의 술수는 자신의 사업 파트너들만이 아니라 앙골라까지 속이기 위한 것이었음을 짐작할 수 있다.

2001년 3월에서 8월 사이, 가이다막의 스베르인베스트는 소낭골로부터 6억 1,800만 달러를 지급받았다. 앙골라는 이로써 남은 부채를 모두 갚았다고 생각했다. 이 중에서 1억 3,150만 달러는 러시아의 인터프롬은행Interprombank 계좌로 입금되었는데, 이는 러시아 재무부에 전달된 금액으로 보인다. 러시아는 다시 한번 원래 받아야 할 금액의 극히 일부만을 받은 것이다. 2,630만 달러는 앙골라 관계자들에게, 그리고 8,000만 달러는 정체를 알 수 없는 이들에게 전달되었다. 나머지 4억 3,500만 달러는 전부 3개의 펀드에 투자되었다. 이 투자금과 이를 통한 수익은 아르카디 가이다막의 소유가 되었다. 가이다막은 자신의 파트너들까지 배신하면서 엄청난 갑부가 된 것이다.

믿기 어려운 일이지만 러시아와 앙골라는 2005년 7월이 되어서야 뭔가 잘못되었음을 눈치챘다. 앙골라의 수도 루안다를 공식 방문한 러시아 관계자들은 앙골라 측이 부채 상환을 완료했다고 진심으로 믿고 있다는 놀라운 사실을 발견했다. 러시아 측은 합의가 이행되는 내내 대금의 일부만 지급받고 있었다고 설명했다. 이로 인해 2005년 9월 양측 대표단과 가이다막이 참석한 회의가 열렸다. 회의 속기록에 따르면 러시아 측은 아직 6억 달러 이상의 부채가 남았다고 주장했다. 해법이 필요한 상황이었다. 결국 2005년 11월 아발론과 앙골라는 새로운 합의를 체결했다. 앙골라는 러시아에 3억 8,700만 달러를 즉시 지급해 부채 상환을 완료하고, 아발론은 잘못이 있는 만큼 앙골라에 2억 600만 달러를 상환한다는 내용이었다.

앙골라가 실제로 아발론으로부터 위와 같은 금액을 받았는지는 확인되지 않았다. 만약 받지 못했다면 앙골라는 1997년부터 2005년까지 15억 달러의 부채를 갚기 위해 17억 8,400만 달러를 지출한 셈이 된다. 러시아는 7억 5,000만 달러만으로 만족할 의향이 있었는데도 말이다. 따라서 앙골라는 아발론이 합의에 포함되지 않았을 경우보다 10억 달러 이상을 추가로 지출하게 되는 것이다. 러시아는 애초 50억 달러의 부채를 7억 5,000만 달러만 받고 탕감해줬는데, 역시 앙골라와 직접 거래했다면 그만큼의 금액을 더 받을 수 있었다. 이 거래에서 이익을 본 것은 소수의 부정한 정치인, 은행, 그리고 중개인 역할을 한 무기딜러, 특히 가이다막뿐이었다.

스위스와 이스라엘 당국은 이처럼 기이한 거래에 대해 수사했지만 기소된 사람도, 압류된 자금도 없었다. 이와 관련된 유일한 실질적 소송은 팔콘과 말킨이 가이다막을 상대로 이스라엘 법원에 제기한 소송뿐이었다. 목적은 가이다막이 키프로스에 세운 유령업체로부터 자신들의 '정당한 몫'을 받아내는 것이었다. 소송은 기술적·절차적 문제로 각하되었고, 가이다막은 여전히 어마어마한 자금을 보유하고 있다.

러시아와 앙골라의 부채 합의는 무기산업이라는 악의 소굴을 상기시킬 뿐만 아니라 무기딜러들이 돈세탁, 부패, 정부 간 협상을 활용해 범죄를 저질러온 경험을 어떻게 이용하는지 잘 보여주는 또 하나의 사례다. 이들은 그러면서도 누구도 손댈 수 없는 위치에서 자신의 사악한 행위에 대한 법의 심판을 피하고 있다.

한편 프랑스에서는 카라치 사건(무기거래와 연관된 정치자금 스캔들, 20장 참조) 수사가 보기 드물게 순조롭게 이루어지고 있다. 무기딜러 지아드 타키에딘, 당시 총리 에두아르 발라뒤르의 선거운동 책임자 니콜라 바지르Nicolas Bazire, 그리고 니콜라 사르코지의 수석보좌관 티에리 고베르Thierry Gaubert가 돈세탁 혐의로 기소된 것이다. 사르코지는 자택과 집무실에 대한 압수수색 이후 본인이 기소를 당할 가능성도 있다.[78]

2012년 5월, 파리 예심법원은 마침내 2006년 프랑스가 말레이시아에 잠수함 2척을 판매한 사건에 대해 조사를 시작했다(20장 참조). 수사 범위에는 뇌물 혐의뿐만 아니라 협상단 통역사 살인 사건도 포함되었다. 피살된 통역사는 몽골 출신의 모델로, 당시 국방장관이자 현 총리의 측근인 라잘 바긴다Razal Baginda와 연인 관계였던 것으로 알려져 있다. 바긴다와 당시 국방장관 경호원 2명은 살인 혐의로 기소되었다. 경호원들은 사형을 선고받았지만 항소할 예정이다. 놀랍게도 바긴다는 살인교사 혐의로 제기되는 질문에 답변할 의무가 없었으며, 현재는 풀려나 영국에서 망명 생활을 하고 있다.[79]

게르데츠 폭발사고의 경우 적어도 알바니아에서는 어느 정도 진전이 있었다(16장 참조). 2012년 3월 법원은 알바니아 정부 관계자 19명이 군사장비 해체에 관한 보안절차를 위반했다며 징역형을 선고했다. 이들 중 가장 고위급 인사로는 당시 무기판매 책임자였던 일리 피나리(징역 18년), 그리고 당시 합동참모총장 루안 호자Luan Hoxha(징역 6년) 등이 있다. 언론 보도에 따르면 호자는 알바니아를 떠나 현재 미국에서 살고 있다. 하지만 게르데츠 참사에 연루된 정치인은 아무도 기소되지 않았다. 피해자 유족들은 여전히 정의가 실현되는 것을 보지 못했다. 유족들은 이렇게 말한다. "누가 26명을 죽였는지는 여전히 수수께끼로 남아 있다. 우리가 겪은 것은 대량학살이었다. 이 범죄는 그렇게 정의되었어야 한다."[80]

젊은 무기밀수업자 이프라임 디버롤리는 알바니아를 통해 중국제 탄약을 거래한 혐의로 미국에서 징역 4년을 선고받았으나 항소했다. 디버롤리의 변호인은 그가 양극성 장애 등 정신건강에 문제를 겪고 있어 양형거래를 하지 못했다고 주장한다.[81] 디버롤리를 적극 옹호한 랄프 메릴은 디버롤리의 업체에 재무적 이해관계를 갖고 있었음에도 일련의 절차상 문제를 들어 유죄 선고에 항소했다. 항소는 전부 기각되었다.[82]

해외부패방지법에 따른 함정수사 '총포박람회 결전'은 미국 무기산업의 부패에 선제적으로 맞서 싸우기 위한 전략의 발전을 잘 보여줬다(16장 참조). 그러나 이 수사는 재판 과정에서 웃음거리로 전락하고 말았다. 2건은 배심원단이 평결을 내지 못했고, 무죄가 선고된 건도 여럿이었다. 피고인 몇몇은 유죄를 인정했지만 미 연방 법무부가 기소를 포기한 일도 있었다. 가장 큰 문제는 함정수사의 정당성, 그리고 수사당국에 협조한 증인 리처드 비스트롱의 신뢰성과 역할에 의문이 제기되었다는 점이다.[83] 함정수사에 연루된 일부 업체의 다른 활동에 대해서도 광범위한 수사가 진행되고 있지만, 현재 수감된 것은 과거 뇌물사건으로 징역 18개월을 선고받은 비스트롱뿐이다.[84]

함정수사로 체포된 22명이 풀려난 것처럼 군산정복합체는 세계 무기산업의 '괴수'인 미국에서 평소와 다름없이 사업을 해나가고 있다.

방산업체, 방산 로비스트, 이들을 비호하는 의원들은 몇 년간 사상 최대 규모를 경신해온 국방부 예산이 2013년 최대 2.5% 삭감될 것이라는 전망에 벌써부터 비명을 지르고 있다.[85] 사실 역대 최고의 호황을 누리는 방산업체들의 '효자' 사업 현황을 보면 이처럼 미미한 삭감조차 실제로 이루어질 가능성은 크지 않다. 국방부 예산 감시활동가 윈즐로 휠러가 '국방부를 집어삼킨 전투기'라고 부르는 F-35의 기본 비용은 시범사업 진척도가 20%에 불과한 2012년 4월 거의 4,000억 달러로 증가했다. 이는 F-35 구매 비용만 계산한 것으로, 운영 및 지원 비용 11억 달러를 포함해 적게 잡아도 15억 달러가 추가로 소요될 전망이다. F-35의 개발 기간은 당초 계획보다 10년이나 늦어졌으며, 성능은 "그저 그런 정도"로 평가된다.[86]

이처럼 충격적인 수치들이 등장하는 가운데 2012년 5월 실시된 설문조사에서는 미국인 62%가 사실 국방예산 삭감에 찬성하는 것으로 나타났다.[87] 물론 의회에서 이에 귀 기울이는 이는 없었다. 2012년 7월에는 2011년 한 해에만 연방정부에서 330억 달러 이상의 사업을 수주한 록히드마틴의 임원이자 로비스트로 일한 바 있는 앤 엘리스 사우어Anne Elise Sauer가 상원 군사위원회의 공화당 실무국장으로 임명되었다. 군사위원회는 록히드마틴의 주력사업인 대규모 무기체계를 포함해 정부의 군비 지출을 감시하는 가장 중요한 기관 중 하나다.[88] 회전문은 쉴 없이 돌아가고 있다.

2011년 12월, 미국은 10년 가까운 전쟁 끝에 이라크에서 마지막 부대를 철수시키고 미국이 비용을 대는 군사 서비스업체 병력을 대신 남겼다.[89] 한편 아프가니스탄에는 여전히 약 8만 명의 병력이 주둔하고 있다. 이는 이라크에서 철수하는 대신 아프가니스탄 주둔 병력을 늘리기로 한 오바마의 결정에 따른 것이다. 성과가 좋지 않았던 두 전쟁에서 미국이 지출한 비용은 2012년 8월 현재 총 1조 4,000억 달러에 달한다(이라크 전쟁 8,500억 달러, 아프가니스탄 전쟁 5,540억 달러).[90] 미국은 이처럼 이라크와 아프가니스탄의 파병 규모를 조절하는 동시에 끝없는 '테러와의 전쟁'의 일환으로 무인기를 이용한 암살작전을 강화했다.

사상 최대 규모의 대외 무기판매를 기록 중인 미국은 세계 무기산업 속의 지배적 역할을 재확인하기라도 하듯 UN에서 진행 중인 국제 무기거래조약 협상을 2012년 7월 사실상 중단시켰다. 상당히 의미 있고 영감을 제공하는 조약 초안이 마련되어 90개국 이상이 서명하고자 했음에도 말이다.[91]

제어할 수 없는 무기산업으로 인해 민주주의 후퇴, 대량학살, 빈곤 심화로 고통을 겪는 세계에 바츨라프 하벨이 말한 '불가능의 정치', 즉 계산, 음모, 비밀거래, 계략이 아니라 우리의 삶을 개선하는 정치가 필요한 때가 있다면, 바로 지금일 것이다.

2012년 8월 9일

감사의 말

필자의 아이디어와 이를 표현할 방법을 구체화할 수 있도록 영감을 불어넣어주고, 본 프로젝트가 최적의 출판사를 찾을 수 있도록 해준 출판 대리인 데이비드 고드윈이 없었다면 이 책은 세상에 나오지 못했을 것이다. 그 덕분에 '해미시 해밀턴/펭귄Hamish Hamilton/Penguin'을 통해 책을 출판할 수 있었다. 사이먼 프로서는 필자와 출판계약을 맺어주었을 뿐만 아니라 엄청난 헌신과 열정을 이 책에 쏟아부었다. 그는 작가라면 누구나 함께 일하고 싶어 할 발행인이자 파트너였다. 지속적인 조언과 지칠 줄 모르는 탁월한 편집 작업은 정말이지 큰 도움이 되었다.

프로서와 더불어 이 책에 우리만큼이나 큰 열정을 쏟아부으며 세계 곳곳의 출판사들을 발견해준 펭귄 판권팀의 세라 헌트 쿡과 케이트 버튼에게도 감사드린다. 시간과 에너지, 지식, 열정을 나눠준 '퍼라, 스트라우스&지루Farrar, Straus & Giroux'의 에릭 친스키와 조너선 갈라시에게도 감사를 전하고 싶다. 이전에 남아프리카공화국에서 발행을 맡아주었던 '조너선 볼Jonathan Ball' 출판사는 필자의 '홈그라운드'에서도 실력을 제대로 발휘해주었다. 용기와 대담함을 갖춘 조너선 볼과 제러미 보레인은 매우 정치화된 시장에서 정치적인 책을 출간하는 데 꼭 필요한 발행인이었다. 꼭 필요한 도움을 주었을 뿐만 아니라 무척 열정적이고 헌신적인 역할을 해준 독일 출판사 '호프만 운트 캄페Hoffmann und Campe'의 귄터 베르크와 옌스 피터슨, 네덜란드 출판사 '더 베저허 베이De Bezige Bij'의 플로르 우스팅, 스페인 출판사 '에디시오네스 파이도스 이베리카Ediciones Paidos Iberica'의 엘리자벳 나바로에게도 감사드린다. 훌륭한 분들과 함께 작업할 수 있어 무척 영광이었고 즐거웠다.

열정과 인내심, 탁월한 역량을 보여준 해미시 해밀턴/펭귄의 애나 캘리(끊임없이 지원해준 샤밀라 울람), 엘리 스미스, 알렉스 엘람, 매트 클래서, 조 피커링에게도 감사를 전하고 싶다. 마찬가지로 훌륭한 역할을 해준 FSG의 가브리엘라 둡과 캐시 데인먼, 조녀선 볼의 애니카 에브라힘, 잉게보르크 펠서, 프랜신 블룸에게도 감사드린다. DGA의 모든 팀에도 고마움을 전하고 싶다. 데이비드 허스트는 전혀 힘든 기색 없이 이 책에 대해 탁월한 법률자문을 제공해주었다. 미국에서는 헨리 커프먼이, 남아프리카공화국에서는 마크 로신이 법률자문을 맡아주었다. 펭귄의 니컬라 에번스는 매우 전문적이고 효율적으로 모든 과정을 관리, 감독해주었다. 마크 핸즐리는 무척 노련하고 수사적이며 공감을 이끌어내는 교열 담당자였다. 이들 모두가 최종 원고를 완성하는 데 큰 도움을 주었다.

이 밖에도 많은 이들이 다양한 방식으로 도움을 주고 힘을 보탰다.

폭넓은 조사로 필자를 지원해주는 이들이 없었다면 이토록 방대한 주제에 대한 책을 쓸 수 없었을 것이다. 영광스럽게도 폴 홀든과 바너비 페이스가 주요 조사자를 맡아주었다. 두 사람의 헌신과 세부적인 것도 놓치지 않는 섬세함, 그리고 그들이 보여준(조지 갤러웨이 하원의원이 보여준 것과는 다른 의미의) 끈기는 꾸준하고 담대했다. 페이스의 적극적인 활동과 영국 무기산업에 대한 깊은 식견, 모든 정보를 찾아내겠다는 굳은 의지는 귀중한 도움이 되었다. 홀든은 사학자이자 아카이브 전문가, 작가로서 누구도 대신할 수 없는 역할을 해주었다. 페이스와 마찬가지로 산더미 같은 난해한 문서들과 정보들을 이해할 수 있게 해주었을 뿐만 아니라 메렉스 네트워크, 아프리카, 이라크, 아프가니스탄과 관련된 부분의 초안을 작성해주기도 했다. 최종 원고에 남은 실수들은 이 두 사람을 포함한 다른 모든 이들의 탓이 아니라 전적으로 나의 잘못이다. 반면 책의 훌륭한 부분들은 대부분 두 사람의 노력을 바탕으로 탄생했다. 두 사람과 함께 작업하는 것은 대단히 즐거웠고, 이

둘이 나의 동료라는 사실이 매우 자랑스럽다.

미국에서 조사를 진행해준 벤 킹에게도 감사드린다. 독창적이고 명료한 삽화 두 가지를 제공해준 미아 앨러스에게도 감사를 전하고 싶다.

프랑스의 무기거래에 대한 로랑 레저의 훌륭한 책을 번역한 팀 샐먼, 어려운 이탈리아어 문서들을 멋지게 번역해준 크리스티나 마사체시, 독일어 번역을 도와준 엘리자베스 셰더-비에쉰, 주디스 립, 비그나 페닝거에게 감사드린다.

마이클 힐리와 샐리 크로퍼드는 기나긴 인터뷰들을 전사해주었다.

데이비드 레이, 미샤 글레니, 아미라 하스, 더그 파라, 앤드루 코번, 메리 저코비, 크리스토퍼 매슈스, 에이드리언 클로시, 로렌크 뱅젤, 러트 콜라, 앤디 카나나지, 일카 램스, 클라우디오 가티, 로웰 버그먼, 디나 레이저, 프리다 베리건, 켄 실버스타인, 로랑 레저, 조 로버, 마크 파이먼, 로렌스 커크로프트, 폴 던, 개리 부슈, 마크 홀링스워스, 앤시아 로슨, 에릭 카반데라, 마커스 데트머, 마틴 슈타우딩거, 브라이언 우드, 브라이언 존슨-토머스, 피터 댄서트, 앨런 바카레스, 후안티나 올라야, 매트 슈뢰더, 이니고 게바라, 제임스 스튜어트, 애덤 아이작슨, 제프 할퍼, 로넨 버그먼, 요시 멜먼, 달리트 바움, 메라브 아미르, 닉 우드, 애럼 로스턴, 루벤 존슨, 데이비드 스토플, 레이철 스톨, 로이 이즈비스터, 오이스틴 모스크빌 토슨, 매그너스 왈란, 롤프 린달, 닐스 리사레, 퍼 허먼러드, 에릭 달룬데, 오트프리트 나사우어, 웬델라 드 브리스, 앤 펠텀, 이언 프리처드, 세라 월드론, 닉 길비, 닉 힐드야드, 세라 섹스턴, 마크 피스, 대니얼 테레스클라프, 사샤 폴라코프-스란스키, 샘 페를로-프리먼, 폴 홀튬, 휴 그리피스, 마크 브롬리, 수전 잭슨, 조이 폭스, 아비 다이먼드, 헬렌 클로즈, 크리스 로스데일, 피에르 스프레이, 윈즐로 휠러, 수 홀리 등 전 세계의 수많은 기자, 연구자, 학자, 사업가, 운동가가 기꺼이 시간을 내 정보를 제공해주고, 끊임없는 필자의 요청에 인내심을 갖고 응답해주었다.

필자와 만나 긴 대화를 나누고 이후 필자의 작업에 동참해주었으며, 무기거래에 대한 다양한 의견을 나눠준 조 데르 호세피안, 알폰스 멘스도르프-포윌리(그리고 그의 조수 주자네 루카), 토마스 셰데르 및 여러 익명 제보자들에게 감사를 전한다.

빌 하텅, 로라 럼프, 척 스피니, 스티븐 엘리스, 시어 헤버, 지미 존슨, 프레드리크 라우런, 롭 에번스, 제프 에이브럼슨을 비롯해 하나하나 열거할 수 없을 정도로 많은 이들이 시간을 투자해 식견을 나눠주었을 뿐만 아니라 원고 초본을 읽어주었다.

특히 록히드마틴과 관련해서는 빌 하텅의 도움을 무척 많이 받았다. 그의 탁월한 저서들과 그와 나눈 대화, 이메일을 통해 지속적인 지원을 받으며 귀중한 정보를 얻었다. 또한 국방부 내부 인사였던 척 스피니의 경험은 군산정복합체를 이해하는 데 큰 도움을 주었다. 두 차례 진행된 긴 인터뷰와 세계 곳곳에서 보내온 수많은 이메일, 그리고 그가 필자에게 제공해준 여러 인터뷰와 그가 쓴 글을 참고했다. 스피니는 시간을 내어 많은 아이디어를 주고 자주 연락을 해주었으며, 지속적으로 필자를 격려해주었다.

끊임없이 투쟁하며 희망을 잃지 않는 남아프리카공화국의 동료들, 테리 크로퍼드-브라운, 게빈 우즈, 레이넷 탈자드, 패트리샤 드 릴, 리처드 영, 샘 솔, 스테판스 브루머, 즐리카지 와 아프리카, 에이드리언 바송, 재키 아흐마트, 헤니 반 뷰른에게도 감사를 전한다.

귀한 인맥을 활용할 수 있게 해준 이들에게도 고마움을 표하고 싶다. 멍고 소고트는 많은 사람들, 그중에서도 전설적인 인물인 파울로 푸시에게 필자를 소개해주었다. 파울로 푸시는 음지에서 활동하는 여러 네트워크에 대한 귀중한 정보를 무척 많이 제공해주었다. 알렉스 이어슬리 또한 파울로 푸시를 만날 수 있도록 도움을 주었으며 토스카나에서 두어 차례 진기한 경험을 할 수 있었던 것도 그의 덕이었다.

나이절 브렛은 로마에서 필자에게 머물 곳을 제공해주고 용기를 북돋아주었다.

남아프리카공화국의 가장 재능 있는 논픽션 작가, 조니 스타인버그와 마크 게비서는 언제나 조언을 해주고 우정과 애정을 나눠주었다.

필자와 기꺼이 이야기를 나눠준 모든 수사관, 검사, 사법당국 관계자, 에이전트 들에게 깊이 감사드린다.

특히 비밀스럽게 진행되는 무기거래의 특성, 정부와 일부 기업의 보복 우려 때문에 실명을 거론할 수 없는 모든 익명 제보자들에게 감사를 전하고 싶다. 정보, 통찰, 조언을 나눠주고 무엇보다 용기를 내준 것에 대해 감사드리며, '숨은 애국자'인 여러분들에게 이 책을 바친다.

필자에게 흔쾌히 정보를 제공해준 페루잔 두르다이와 게르데츠 주민들의 강인함과 신념에도 찬사를 보내고 싶다.

18개월간 연구비를 제공해준 오픈소사이어티재단Open Society Foundations의 든든한 지원이 없었다면 이 프로젝트를 완수해내지 못했을 것이며, 처음 구상했던 수준을 훨씬 넘어선 이 책이 탄생하지도 못했을 것이다. 오픈소사이어티재단에는 특별한 인재들이 함께하고 있으며, 그 훌륭한 인맥 덕분에 필자는 생각지도 못했던 여러 국가에서 벌어진 일들과 아이디어들을 탐구할 수 있었다. 알바니아와 티라나의 훌륭한 사무실, 특히 앤디 도브루시와 루칸 타코에게 필자를 소개해주고, 브뤼셀, 불가리아, 부다페스트, 케이프타운, 요하네스버그, 런던, 뉴욕, 워싱턴 D.C.에서 일하는 팀들과 연결해준 조나스 롤렛에게 감사드린다. 소중한 동료이자 협력자가 되어준 앤서니 릭터, 톰 켈로그, 샌디 콜리버, 세라 프레이, 켄 허위츠에게도 고마움을 표하고 싶다. 지원과 조언, 배려를 아끼지 않고 따뜻한 우정을 베풀어준 연구지원팀의 레니 베르나도, 스티브 허벨, 비파샤 레이, 리세나 드 산티스, 알리아 아흐메드에게도 특별한 감사를 전한다. 이들을 통해 알게 된 멋진 동료 회원들에게도 감사드린다.

휴식을 취하고 머물 곳을 항상 제공해주는 등 지원과 애정을 아끼지 않은 케이프타운 식구들, 레슬리, 데이비드, 에마, 줄리아 유나이트에게 고마움을 전하고 싶다.

마찬가지로 아낌없이 도움을 주고 이 프로젝트를 '책 그 이상'이 될 수 있게 해준 뉴욕 식구들, 아나딜 호세인, 드리스 베냐클리프, 조슬린 반스, 아시시 시걸에게도 감사드린다.

필자의 '집주인'인 키슌 칸, '기술 구루' 비쿼 샤문, 끝없는 지지와 사랑을 보내준 어머니, 아버지 등 런던 식구들에게도 감사드린다. 특히 어머니는 엄청난 인맥을 동원해 도움을 주었다.

이 프로젝트를 위해 누구보다 큰 희생을 한 나의 가족, 시몬, 미샤, 마야에게도 감사를 전한다. 나에게 어둠 없는 세계가 되어주는 가족들의 사랑과 이해, 인내, 관용이 없었다면 이 프로젝트를 완수하지 못했을 것이다.

마지막으로, 필자가 미처 기억해내지 못한 모든 분들께 깊은 사죄의 말씀을 전하고 싶다. 지난 10년간 무기거래에 대한 작업을 하며 도움을 받았던 이들을 모두 기억해내는 것은 이 책을 완성하는 것만큼이나 쉽지 않은 일이었다. 모두에게 고마움을 전한다.

2011년 8월 런던에서
앤드루 파인스타인

옮긴이의 말

이 책의 저자 앤드루를 처음 만난 것은 2017년 여름이었다. 그는 평화 단체들의 초청으로 한국을 찾아 다큐멘터리 〈섀도 월드〉 상영회와 무기산업에 관한 간담회 등의 일정을 수행하고 있었다. 나는 평소 후원하는 단체의 연락을 받아 그를 통역했고, 무기산업과 전쟁의 잔인함과 참혹함을 고발하려는 그의 열정을 조금이나마 엿볼 수 있었다. 한국의 평화운동가들에게 보여준 따뜻함도 기억에 남았다.

앤드루가 가진 '열정'의 너비와 깊이를 제대로 이해하게 된 것은 이 책을 본격적으로 번역하기 시작한 후였다. 그동안 내 나름대로 여러 종류의 책을 번역해봤지만, 번역을 하면 할수록 놀라움을 넘어 경외심까지 생기는 것은 이번이 처음이었다. 과장이 아니다. 10년이 넘는 조사와 활동으로 이처럼 어마어마한 분량의 책을 쓰는 것은 아주 특별한 소명의식 없이는 불가능한 일이기 때문이다.

그는 무기산업에 관한 세계 거의 모든 지역의 사건을 포괄했다. 시기적으로도 2차대전 전후부터 최근까지 무기산업의 역사와 주요 사건을 꼼꼼히 다뤘다. 불법과 비리를 저지른 인물과 기업에게 이후 어떤 일이 일어났는지도 끈질기게 추적했다. 언론 보도, 다큐멘터리, 정부 문서, 판결문, 논문, 내부고발자 증언, 심지어 무기딜러와의 인터뷰까지 다양한 형태의 자료를 활용해 대단히 구체적으로 진실을 밝혔다. 무엇보다도 무기산업으로 인한 끝없는 죽음, 민주주의 파괴에 대한 분노와 안타까움을 책의 곳곳에서 느낄 수 있었다.

부끄럽게도 번역을 시작한 지 얼마 되지 않아 앤드루의 '필생의 역작'을 혼자서 감당할 수 없음을 깨달았다. 조금 늦게 번역에 참여했지만 나보다 더 많은 분량을 책임져준 조아영 선생님에게 깊은 감사의 말을 전한다. 이 책의 번역에 부족함이 있다면 전적으로 최종 검토를 맡은 나의 책임이라는 점을 밝혀둔다. 또한 번역을 도와주고 이 책과 인연을 맺어준 전쟁없는세상, 피스모모, 무기제로팀 활동가들에게 깊은 감사와 존경을 보낸다. 남북분단과 약소국 콤플렉스로 인해 평화군축운동의 여건은 여전히 열악하지만, 이들은 분명 한국 평화운동의 선구자로 기록될 것이다. 부족한 번역문을 정성스럽게 다듬어준 연희동 초콜릿책방의 이선경 대표님에게도 감사드린다. 일정이 계속 미뤄지는 가운데 나를 믿고 기다려준 오월의봄 박재영 대표님, 그리고 방대한 분량을 세세히 검토해 여러 오류를 바로잡아준 박대우 선생님과 한의영 선생님이 아니었으면 이 책은 출간되지 못했을 것이다. 마지막으로 번역을 마칠 수 있도록 지난 2년간 지원하고 인내해준 아내, 그리고 아이 하나를 키워낼 마을이 되어준 모든 분들께 말로 다 표현할 수 없는 사랑과 감사를 전한다.

옮긴이를 대표하여
이세현
2021년 2월

주

한국의 독자들에게

1 SIPRI, *Global military expenditure sees largest annual increase in a decade—says SIPRI—reaching $1917 billion in 2019* (April 27, 2020), https://www.sipri.org/media/press-release/2020/global-military-expenditure-sees-largest-annual-increasedecade-says-sipri-reaching-1917-billion.

2 SIPRI, *Global military expenditure*; William Hartung & Mandy Smithberger, "The US Is Spending $1.25 Trillion Annually on War", Truthout, May 7, 2019, https://truthout.org/articles/the-us-is-spending-1-25-trillionannually-on-war/.

3 SIPRI, *Global arms industry rankings: Sales up 4.6 per cent worldwide and US companies dominate the Top 5* (December 9, 2019), https://www.sipri.org/media/press-release/2019/global-arms-industry-rankings-sales-46-cent-worldwide-and-us-companies-dominate-top-5. 이 수치는 매년 크게 달라진다. 소형무기 거래 규모는 연간 40억 달러에서 80억 달러에 달하는데, 그 영향은 거래 규모를 훨씬 뛰어넘는다. 소형무기와 경량화기는 사용과 유지 보수가 간편하고, 매우 풍부하게 공급되기 때문이다(Rachel Stohl and Suzette Grillot, *The International Arms Trade,* Cambridge: Polity Press, 2009).

4 Jon Stone, 'Boris Johnson to announce £16.5bn military spending spree', *The Independent*, November 18, 2020, https://www.independent.co.uk/news/uk/politics/boris-johnson-uk-defence-spending-increase-military-b1725374.html.

5 Conn Hallinan, "In a Pandemic, Military Spending is an Extravagant Waste", *Foreign Policy in Focus*, May 13, 2020, https://fpif.org/in-a-pandemic-military-spending-is-an-extravagant-waste/; Mark Curtis, "The UK will spend over £350bn on extravagant military projects while failing to ensure national health security", *Daily Maverick*, March 25, 2020, https://www.dailymaverick.co.za/article/2020-0325-the-uk-will-spend-over-350bn-on-extravagant-military-projects-while-failing-to-ensure-national-healthsecurity/.

6 Mwatana for Human Rights, *Day of Judgement: The Role of the US and Europe in Civilian Death, Destruction and Trauma in Yemen*, https://mwatana.org/en/day-of-judgment/; UNICEF, Yemen Crisis, https://www.unicef.org/emergencies/yemen-crisis.

7 United Nations Security Council, Final report of the Panel of Experts on Yemen (January 25, 2019), https://www.securitycouncilreport.org/atf/cf/%7B65BFCF9B-6D27-4E9C-8CD3-CF6E4FF96FF9%7D/s_2019_83.pdf; United Nations Security Council, *Final report of the Panel of Experts on Yemen* (January 27, 2020), https://www.securitycouncilreport.org/atf/cf/%7B65BFCF9B-6D27-4E9C-8CD3CF6E4FF96FF9%7D/S_2020_70.pdf.

8 Dan Sabbagh and Bethan McKernan, "UK arms sales to Saudi Arabia unlawful, court of appeal declares", *The Guardian*, June 20, 2019, https://www.theguardian.com/law/2019/jun/20/uk-arms-sales-to-saudi-arabia-for-use-in-yemen-declared-unlawful.

9 Dan Sabbagh, "Truss admits UK broke ban on Saudi arms sales three times", *The Guardian*, September 26, 2019; Jamie Doward, "UK accused of selling arms to Saudi Arabia a year after court ban", *The Guardian*, June 21, 2020, https://www.theguardian.com/world/2020/jun/21/uk-accused-of-selling-arms-to-saudi-arabia-a-year-after-court-ban.

10 Jon Stone, "UK to resume arms sales to Saudi Arabia despite 'possible' war crimes in Yemen, government says", *The Independent*, July 7, 2020, https://www.independent.co.uk/news/uk/politics/britain-arms-sell-saudi-arabia-military-exports-a9605636.html.

11 Patrick Wintour, "Alleged breaches of international law by Saudi forces in Yemen exceed 500", *The Guardian*, July 13, 2020, https://www.theguardian.com/world/2020/jul/13/alleged-breaches-of-international-law-by-saudi-forces-in-yemen-exceed-500.

12 Phil Miller, "Children killed in Yemen by Saudi-led airstrikes days before and after UK arms sales resume", *Daily Maverick*, July 15, 2020, https://www.dailymaverick.co.za/article/2020-07-15-children-killed-in-yemen-by-saudi-led-airstrikes-days-before-and-after-uk-arms-sales-resume/.

13 Malachy Browne, Barbara Marcolini and Ainara Tiefenthäler, "How Did Bombs Made in Italy Kill a Family In Yemen?", *The New York Times*, 29 December 29, 2017, https://www.nytimes.com/video/world/middleeast/100000005254317/civilian-deaths-yemen-italian-bombs.html.

14 Open Secrets, "Rheinmetall Denel Munition: Murder and mayhem in Yemen", *Daily Maverick*, 22 January 2020, https://www.dailymaverick.co.za/article/2020-01-22-rheinmetall-denel-munition-murder-and-mayhem-in-yemen/

15 Defence Procurement, "Saudi Arabian Military Industries Announces Board of Directors: Former Rheinmetall head to help Saudi Arabian Military Industries become top 25 global defence company", 31 October 2017, https://www.defenceprocurementinternational.com/news/air/sami-appoints-ceo.

16 Michael Shields, "Austrian count cleared of arms deal money laundering", Reuters, 17 January 2013, https://uk.reuters.com/article/uk-austria-count-trial/austrian-count-cleared-of-arms-deal-money-laundering-idUKBRE90G0J920130117.

17 Clayton Swisher, Ewan MacAskill and Rob Evans, "US investigation into BAE Saudi arms deal watered down, leaked memo suggests", *The Guardian*, 6 March 2018, https://www.theguardian.com/world/2018/mar/06/us-investigation-into-bae-saudi-arms-deal-watered-down-leaked-memo-suggests.

18 Middle East Eye Staff, "US lifts nine-year ban on UK-Saudi arms firm implicated in fraud", *Middle East Eye*, 21 May 2020, https://www.middleeasteye.net/news/us-state-department-lifts-nine-year-ban-doing-business-bae-saudi-arms-subsidiary.

19 Defence Web, "New evidence of arms deal corruption – report", 3 June 2013, https://www.defenceweb.co.za/governance/governance-governance/new-evidence-of-arms-deal-corruption-report/.

20 Australian Strategic Policy Institute, "Australia Investigates Navy Contract Padding for Adelaide Class", *Baird Maritime*, 14 May 2019, https://www.bairdmaritime.com/work-boat-world/maritime-security-world/naval/ships-naval/australia-investigates-navy-contract-padding-for-adelaide-class/.

21 Shadow World Investigations, "The Anglo-Italian Job", https://shadowworldinvestigations.org/projects-and-publications/challenging-the-arms-

trade-and-the-militarism-that-supports-it/the-anglo-italian-job-leonardo-agustawestland-and-corruption-around-the-world/.

22 Mark Anderson, Khadija Sharife, and Nathalie Prevost, "How a Notorious Arms Dealer Hijacked Niger's Budget and Bought Arms from Russia", https://www.occrp.org/en/investigations/notorious-arms-dealer-hijacked-nigers-budget-and-bought-arms-from-russia.

23 Andrew Harding, "José Filomeno dos Santos: Son of Angola's ex-leader jailed for five years", BBC, 14 August 2020, https://www.bbc.co.uk/news/world-africa-53774288.

24 ICIJ, "Luanda Leaks", https://www.icij.org/investigations/luanda-leaks/; BBC, The Corrupt Billionaire; https://www.bbc.co.uk/programmes/m000bq46.

25 IOL, "$32bn missing in Angola", 21 December 2011, https://www.iol.co.za/entertainment/tv/international/32bn-missing-in-angola-1202666.

26 Henrique Almeida, "Portugal Freezes Isabel Dos Santos Accounts, Aiding Angola Asset Hunt", Bloomberg, February 11, 2020, https://www.bloomberg.com/news/articles/2020-02-11/portugal-freezes-dos-santos-accounts-aiding-angola-s-asset-hunt.

27 Ben Hallman, Kyra Gurney, Scilla Alecci and Max de Haldevang, "Western advisers helped an autocrat's daughter amass and shield a fortune", ICIJ, 19 January 2020, https://www.icij.org/investigations/luanda-leaks/western-advisers-helped-an-autocrats-daughter-amass-and-shield-a-fortune/.

28 Marianne Mertens, "State Capture wipes out third of SA's R4.9-trillion GDP – never mind lost trust, confidence, opportunity", *Daily Maverick*, 1 March 2019, https://www.dailymaverick.co.za/article/2019-03-01-state-capture-wipes-out-third-of-sas-r4-9-trillion-gdp-never-mind-lost-trust-confidence-opportunity/.

29 Open Secrets, "The Enablers: the Bankers, Accountants and Lawyers that Cashed in on State Capture", https://www.opensecrets.org.za/the-enablers/.

30 Kaajal Ramjathan-Keogh and Andrew Feinstein, "Why is South Africa providing a haven for an arms dealer convicted of war crimes?", *Daily Maverick*, 18 March 2020, https://www.dailymaverick.co.za/article/2020-03-18-why-is-south-africa-providing-a-haven-for-an-arms-dealer-convicted-of-war-crimes/.

31 Andrew Feinstein and Arnaud Labrousse, "Home Affairs rescinds visa of war crimes fugitive Guus Kouwenhoven, embarrassing a global resources 'transparency' initiative", *Daily Maverick*, 13 November 2020, https://www.dailymaverick.co.za/article/2020-11-13-home-affairs-rescinds-visa-of-war-crimes-fugitive-guus-kouwenhoven-embarrassing-a-global-resources-transparency-initiative/.

32 Tony Capaccio, "Stealthy Lockheed F-35 Breaks Down Too Often, Pentagon Says", Bloomberg, 13 November 2019, https://www.bloomberg.com/news/articles/2019-11-13/lockheed-s-stealthy-f-35-breaks-down-too-often-pentagon-says; Tony Capaccio, "F-35's list of flaws includes a gun that can't shoot straight", *Stars & Stripes*, 30 January 2020, https://www.stripes.com/news/us/f-35-s-list-of-flaws-includes-a-gun-that-can-t-shoot-straight-1.616869.

33 Meghna Chakrabati, "F-35 Fighter Jets Face Serious Flaws, Report Finds", WBUR, 19 June 2019, https://www.wbur.org/onpoint/2019/06/19/f-35-fighter-jets-military-problems-production.

34 CEOBS, "How does war damage the environment?", 4 June 2020, https://ceobs.org/how-does-war-damage-the-environment/.

35 Costs of War Project, 13 November 2019, "The cost of the global war on terror: $6.4 trillion and 801,000 lives", 13 November 2019, https://www.brown.edu/news/2019-11-13/costsofwar; Costs of War Project, "New Costs of War Study: 37 Million Displaced by U.S. Post-9/11 Wars", 8 September 2020, https://watson.brown.edu/research/2020/Post-9/11DisplacementStudy.

들어가며

1 *SIPRI Yearbook 2010* (Oxford: OUP, 2010); Sipri Updates; US Census Program, 'World POPClock Projection', 2011년 1월 1일 수치, http://www.census.gov/ipc/www/popclockworld.html; *CIA World Factbook*, 'World Economy' 기준 GDP 74조 4,800억 달러(구매력평가지수 반영), https://www.cia.gov/library/publications/theworld-factbook/geos/xx.html.

2 'FY 2012 Base Defense Budget Represents a Turning Point', Center for Strategic and Budgetary Assessments, 14 February 2011, http://www.csbaonline.org/publications/2011/02/fy-2012-base-defense-budget-represents-a-turning-point/.

3 Joe Roeber, 'Hard-Wired for Corruption', *Prospect*, 28 August 2005.

4 Anthony Sampson, *The Arms Bazaar* (London: Hodder and Stoughton, 1977)에서 인용되었으며, 미국의 무기딜러 샘 커밍스가 한 말로 알려져 있다.

5 Andrew Feinstein, *After the Party* (Jeppestown: Jonathan Ball, 2007; London: Verso, 2009); Andrew Feinstein, Paul Holden and Barnaby Pace, 'Corruption and the Arms Trade: Sins of Commission', in *Sipri Yearbook* 2011 (Oxford: OUP, 2011).

6 Roeber, 'Hard-Wired for Corruption'.

7 Bloomberg, 21 April 2011, http://www.bloomberg.com/news/2011-04-21/lockheed-martin-f-35-operating-costs-may-reach-1-trillion.html. 2011년 5월 기자가 미 국방부에서 근무한 경험이 있는 무기 분석가/설계 전문가 피에르 스프리(Pierre Sprey)와 가진 인터뷰에서 인용.

8 C. Wright Mills, *The Power Elite* (Oxford: OUP, 1956).

9 Farewell Address, 17 January 1961.

10 Chalmers Johnson, *The Sorrows of Empire* (London: Verso, 2004); Nick Turse, *The Complex* (London: Faber and Faber, 2008).

11 미 국방부를 지칭할 때는 미국식 철자법에 따라 'defense'를, 그 외의 경우에는 영국식 철자법에 따라 'defence'를 사용한다.

12 Turse, *Complex*.

13 David Bromwich, 'The Co-President at Work', *New York Review of Books*, 20 November 2008, Vol. LV, No. 18.

14 Gary K. Busch, 'The Chinese Military-Commercial Complex: The Globalisation of the Chinese Military Corporations' (unpublished).

15 Gary K. Busch, 'A Spectre is Haunting Europe: Putin, the Siloviki and Vampire Communism' (unpublished).

16 자세한 사항은 19장 참조.

17 'EU Arms Exports to Libya: Who Armed Libya?', www.guardian.co.uk에서 다운로드받은 스프레드시트 데이터.

18 다음의 책을 참고하라. David Hambling, *Weapons Grade: Revealing the Links between Modern Warfare and Our High-Tech World* (London: Constable, 2005).

19 국제범죄에 관한 기업책임 분야의 권위자이자 유고슬라비아 국제형사재판소에서 항소담당

검사를 역임한 제임스 스튜어트 교수와의 논의 내용.

1부. 세상에서 두 번째로 오래된 직업

1. 커미션이라는 죄악

1 George Bernard Shaw, *Major Barbara* (1907; Harmondsworth: Penguin Books, 1945, 1960).

2 Ibid.

3 Anthony Sampson, *The Arms Bazaar* (London: Hodder and Stoughton, 1977), pp. 51-52.

4 이 일화는 다음과 같은 다양한 자료에서 언급되었다. Sampson, ibid; Donald McCormick, *Pedlar of Death* (London: MacDonald, 1965); Bernt Engelmann, *The Weapons Merchants* (London: Elek Books, 1968); Richard Lewinsohn, *Sir Basil Zaharoff* (London: Victor Gollancz, 1929); Robert Neumann, *Zaharoff, the Armaments King* (London: Allen & Unwin, 1938); H. C. Engelbrecht, F. C. Hanighen, *Merchants of Death* (New York: Dodd Mead & Company, 1934); Guilles Davenport, *Zaharoff, High Priest of War* (Boston: Lothrop Lee and Shepard Company, 1934); George Tallas, *Peddler of Wars* (AuthorHouse, 2007). 자하로프의 생애에 대한 자세한 정보는 www.theshadowworld.com 참조.

5 *London Sunday Chronicle*, 29 November 1936.

6 Engelmann, *Weapons Merchants*, p. 182.

7 Ibid., p. 184.

8 Ibid., p. 183.

9 Ibid.

10 Ibid., pp. 183-184.

11 공식 조사에 제출된 증거, McCormick, *Pedlar of Death*, p. 74에서 재인용.

12 Ibid., pp. 77-79, p. 88.

13 Ibid., pp. 62-68.

14 Sampson, *Arms Bazaar*, p. 54에서 재인용.

15 Ibid.

16 Engelmann, *Weapons Merchants*, p. 185.

17 Lewinsohn, *Sir Basil Zaharoff*, p. 102.

18 McCormick, *Pedlar of Death*, p. 118.

19 Ibid., p. 120.

20 Ibid., p. 143.

21 Sampson, *Arms Bazaar*, p. 57에서 재인용.

22 Engelmann, *Weapons Merchants*, p. 186.

23 Ibid.

24 Ibid.

25 이 부분은 샘슨(Sampson)의 *Arms Bazaar*에 언급된 권위 있는 설명을 인용했다.

26 Royal Commission 1935-6, Minutes, p. 544, Q3989.

27 Sampson, *Arms Bazaar*, p. 70에서 재인용.

28 국제연맹 Six Points 요약, Sampson의 *Arms Bazaar*, p. 71에서 재인용.

29 J. D. Scott, *Vickers: A History* (London: Weidenfeld and Nicolson, 1962), p. 144.

30 Sampson, *Arms Bazaar*, p. 76.

31 Ibid., p. 77.

32 Ibid.

33 *Chicago Daily News*, 3–5 August 1933.

34 Sampson, *Arms Bazaar*, p. 78.

35 Ibid., p. 79에서 재인용.

36 Ibid., p. 79.

37 Ibid., p. 83

38 Royal Commission 1935–6, Minutes, p. 536, B3866.

39 Royal Commission 1935–6, Minutes, pp. 300–370, B3866.

40 Sampson, *Arms Bazaar*에서 인용.

41 2차대전 이후의 무기거래에 관한 이 설명은 샘슨(Sampson)의 *Arms Bazaar*에서 인용했다.

42 J. L. Sutton, G. Kemp, *Arms to Developing Countries 1945-65* (London: Institute for Strategic Studies, 1966), 그래프 1, 2.

43 Sampson, *Arms Bazaar*, p. 108.

44 *Plowdon Report on the British Aircraft Industry* (London: HMSO, 1965), Cmnd 2853 참조.

45 Robert L. Perry, *A Dassault Dossier* (Rand Corporation, 1973)에서 인용.

46 Charles Gardner, *British Aircraft Corporation: A History* (London: B. T. Batsford Ltd, 1981), p. 16.

47 Ibid., p. 278.

48 'Rolls-Royce and BAE in secret plea to Downing Street', *Sunday Times*, 16 March 2008, http://business.timesonline.co.uk/tol/business/industry_sectors/engineering/article3558484.ece.

49 헤클러앤코흐 웹사이트 '역사' 섹션, http://www.heckler-koch.de/History.

50 'Milestone for BAE as its trade with America outstrips MoD business', *The Times*, 10 August 2007, http://business.timesonline.co.uk/tol/business/industry_sectors/industrials/article2231494.ece.

51 Robert Lacey, *Inside the Kingdom* (London: Hutchinson, 2009).

52 'Saudi Arabia', US Energy Information Administration, Independent Statistics and Analysis, http://www.eia.doe.gov/cabs/Saudi_Arabia/Background.html. 매장량 비중이 지나치게 높게 산정된 것이 아니냐는 의문이 제기되기도 했다. 자세한 사항은 다음을 참조. John Vidal, 'How much oil does Saudi Arabia actually have?', *Guardian* Environment Blog, 15 February 2011, http://www.guardian.co.uk/environment/blog/2011/feb/15/oil-saudi-arabia-reserves?INTCMP=SRCH; Paul Mobbs, *Energy Beyond Oil* (Leicester: Matador Publishing, 2005).

53 'Russia becomes leading oil producer, BP says', BBC, 9 June 2011, http://www.bbc.co.uk/news/10275183.

54 *CIA World Factbook*, https://www.cia.gov/library/publications/the-world-factbook/geos/sa.html.

55 Daniel Yergin, *The Prize: The Epic Quest for Oil, Money and Power* (New York: Simon & Schuster, 1992), p. 300.

56 'Saudi Arabia', *Amnesty International Report 2009*, http://thereport.amnesty.org/en/regions/middle-east-north-africa/saudi-arabia.

57 Sampson, *Arms Bazaar*, 에드워즈 인터뷰, p. 158.

58 John Stonehouse, *Death of an Idealist* (London: W. H. Allen, 1975), p. 50.

59 Sampson, *Arms Bazaar*, p. 159, Multinational Hearings, Part 12, pp. 693, 697에서 인용.

60 Ibid., 2장.

61 'BAE in Saudi Arabia', http://image.guardian.co.uk/sys-files/Guardian/documents/2007/05/28/ch05doc01.pdf에서 열람 가능한 BAC 문서를 기반으로 작성.

62 'How to Sell an Air Force', II, *World in Action*, Granada TV, 26 January 1976.

63 Mark Phythian, *The Politics of British Arms Sales since 1964* (Manchester: Manchester University Press, 2000), p. 87에서 재인용.

64 《가디언》이 발표한 문서, http://image.guardian.co.uk/sys-files/Guardian/documents/2007/05/28/ch05doc01.pdf에서 열람 가능.

65 《가디언》에 따르면 외무부는 에드워즈를 둘러싼 분쟁에 관한 내용이 담긴 문서 FCO 8/2346, FCO 8/2347, FCO 8/2345를 비밀리에 보관하고 있었다. "외무부 관계자들은 '에드워즈와 [압둘 라만] 왕자의 엇갈린 진술로 인해' 영국과 사우디의 외교관계에 악영향을 미칠 우려가 있을 뿐만 아니라 '사우디의 국방력 관련 기밀사항이 포함'되어 있다는 이유로 해당 문서를 공개하지 않았다." 외무부에 따르면 "압둘 라만 왕자는 고소를 취하했으며 에드워즈는 1975년 합의 체결 후 고소를 취하했다." http://www.guardian.co.uk/world/2007/jun/08/bae32.

66 Sampson, *Arms Bazaar*, p. 162.

67 UK Foreign and Commonwealth Office, PRO: FO 371/185496, Jeddah to FO, 1 August 1966.

68 Sampson, *Arms Bazaar*, p. 162.

69 'BAE in Saudi Arabia', *Guardian*, 'The BAE Files', http://www.guardian.co.uk/baefiles: Phythian, *Politics of British Arms Sales*, p. 213.

70 'BAE in Saudi Arabia', 더글러스 헨리(Douglas Henley)가 프랭크 쿠퍼에게 쓴 서한, 12 January 1977, *Guardian*, 'The BAE Files', http://image.guardian.co.uk/sys-files/Guardian/documents/2007/05/29/ch05doc04.pdf.

71 더글러스 헨리(정부 감사관)에 따르면 "국방부 계좌를 통해 자금이 전달되었으며 (중략) 총 자문료는 3,000만 달러 이상인 것으로 추정된다. (중략) 국방부를 대신해 [BAC가 사용한] 비용을 조사한 감사관들은 자금 수령인의 신원을 파악할 방법이 없다고 밝혔다. 국방부가 BAC의 자금 지급 보장을 위한 특별 조항에 합의했다는 사실, 그리고 어느 정도의 커미션을 받아들일 것인지에 대해 '허용원가'라는 표현으로 판단한 것은 국방부가 이 사건에 연루되어 있음을 뒷받침하는 것으로 보인다". 12 January 1977, *Guardian*, 'The BAE Files', http://image.guardian.co.uk/sys-files/Guardian/documents/2007/05/29/ch05doc04.pdf.

72 'The unlovable Saudis', Willie Morris's Valedictory Dispatch, *Guardian*, 'The BAE Files', http://image.guardian.co.uk/sys-files/Guardian/documents/2007/05/29/ch04doc01.pdf.

73 'The unlovable Saudis', letter from Willie Morris to H. J. L. Suffield, 11 February 1970, *Guardian*, 'The BAE Files', http://image.guardian.co.uk/sys-files/Guardian/documents/2007/05/28/ch04doc03.pdf.

74 'The unlovable Saudis', dispatch from the British embassy at Jeddah to David Owen, 3 May 1977, *Guardian*, 'The BAE Files', http://image.guardian.co.uk/sys-files/Guardian/documents/2007/05/28/ch04doc04.pdf.

75 'The culture of bribery that became government policy', *Guardian*, 8 June 2007, 'The BAE Files', http://www.guardian.co.uk/world/2007/jun/08/bae10: Cooper Directive at http://image.guardian.co.uk/sysfiles/Guardian/documents/2007/06/01/ch08doc09.

76 정보공개법에 따라 상기 훈령에 관해 문의한 결과, 2010년 3월 18일 다음과 같은 답변을 받았다. "첫째, 1994년 11월 9일 크리스토퍼 프랑스(Christopher France) 당시 국방부 사무차관이 방산수출기구에 개정안을 제출한 이후 쿠퍼 훈령은 개정된 바 없음을 알려드립니다. 1994년 개정안은 전신인 방산판매국과는 여러 면에서 달라진 방산수출기구의 역할 변화를 반영한 것입니다. 당시 방산수출기구는 에이전트를 활용하거나 커미션을 지급하지 않았습니다."

77 James Callaghan, 'Britain blocks reform'에서 재인용, *Guardian*, 8 June 2007, 'The BAE Files', http://www.guardian.co.uk/baefiles/page/0,,2095820,00.html.

78 *Guardian*, 23 October 1975; *Sunday Telegraph*, 26 October 1975.

79 *Financial Times*, 16 September 1977.

80 'BAE in Saudi Arabia', minute from the Head of DSO (H. J. L. Suffield) to Frank Cooper, 23 June 1976, *Guardian*, 'The BAE Files', http://image.guardian.co.uk/sys-files/Guardian/documents/2007/05/29/ch05doc06.pdf.

81 'BAE in Saudi Arabia', *Guardian*, 'The BAE Files', http://image.guardian.co.uk/sys-files/Guardian/documents/2007/05/29/ch05doc06.pdf.

82 Ibid, http://www.guardian.co.uk/baefiles/page/0,,2095814,00.html.

2. 나치 커넥션

1 John R. Boker, 'Report of Initial Contacts with General Gehlen's Organization by John R. Boker Jr., 1 May 1952', in C. Ruffner (ed.), *Forging an Intelligence Partnership: CIA and the Origins of the BND, 1945-1949*, produced for CIA History Staff, Center for the Study of Intelligence and European Division, Directorate of Operations (1999; released May 2002).

2 'Statement of Gerhard Wessel on Development of the German Organisation', undated, in Ruffner (ed.), *Forging an Intelligence Partnership*.

3 Ibid.

4 Boker, 'Report of Initial Contacts'.

5 Ibid.

6 Neal Ascherson, 'Our Man in Pullach', *New York Review of Books*, 1 June 1972.

7 'Eine "Zweite Entnazifizierung"', *Frankfurter Allgemeine*, 18 March 2010.

8 Ken Silverstein, *Private Warriors* (New York: Verso, 2000), p. 110.

9 조 데르 호세피안 인터뷰, 요르단 암만, 2010년 5월 14일.

10 조 데르 호세피안 인터뷰, 요르단 암만, 2010년 5월 14일, 'Veterans' Attitude towards Rearmament', 22 August 1951, Information Memorandum No. 84, Office of the United States High Commissioner for Germany: Office of Intelligence - Reports and Analysis Division.

11 'Veterans' Attitude towards Rearmament' (미주 10번 참조).

12 Silverstein, *Private Warriors*, p. 111. 사회주의제국당이 니더작센주에서 11%를 득표하자 사회주의제국당의 잠재적 영향력을 우려한 독일 법원은 당을 반체제 단체로 지정하고 정당 활동을 금지시켰다.

13 Silverstein, *Private Warriors*, p. 112.

14 'A mini-Krupp in Kenwood', *Washington Post*, 28 April 1968.

15 Silverstein, *Private Warriors*, p. 118.

16 George Thayer, *The War Business: The International Trade in Armaments* (New York: Simon & Schuster, 1970), Chapter 7. http://alexanderhamiltoninstitute.org/lp/Hancock/CD-ROMS/GlobalFederation%5CWorld%20Trade%20Federation%20-%20105%20-%20The%20War%20Business.html에서 열람 가능.

17 Silverstein, *Private Warriors*, p. 118.

18 Ibid.

19 사실 메르틴스는 '메렉스'라는 이름을 살짝 바꾼 비슷한 사명의 회사를 여러 개 운영했다. 그중 가장 처음 설립된 것은 1963년 독일 본에 문을 연 메렉스AG다. 이 회사는 스위스 브베에 있는 메렉스AG가 관리했다. 또 다른 회사인 도이치메렉스 GmbH는 더 나중에

설립되었다. 메렉스 코퍼레이션은 미국에 설립되었다. 이후 30년간 메르틴스는 거래에 직접 참여하는 계열사를 계속 바꿔가며 다양한 거래를 벌였다. 이해를 돕기 위해 이 책에서는 메르틴스가 유럽에서 활용한 기업은 '메렉스'로, 미국에서 활용한 기업은 '메렉스 코퍼레이션'으로 칭했다. 자세한 사항은 *Executive Sessions of the Senate Foreign Relations Committee, together with Joint Sessions with the Senate and Services Committee*, Vol. XIX, 90th Congress, 1967, www.fas.org 참조.

20 'A mini-Krupp in Kenwood', *Washington Post*, 28 April 1968.
21 Anthony Sampson, *The Arms Bazaar* (London: Hodder and Stoughton, 1977), p. 57.
22 'Samuel Cummings - Obituary', *The Economist*, 9 May 1998; 'Samuel Cummings, 71, trader in weapons on a grand scale', *The New York Times*, 5 May 1998.
23 'Samuel Cummings, 71, trader in weapons', *The New York Times*, 5 May 1998.
24 Russell Warren Howe, *Weapons: The International Game of Arms, Money and Diplomacy* (New York: Doubleday, 1980) pp. 407-408.
25 Tom Gervasi, *Arsenal of Democracy II: American Military Power in the 1980s and the Origins of the Cold War with a Survey of American Weapons and Arms Exports* (London: The Book Service, 1981), pp. 120-121.
26 Thayer, *War Business*, Chapter 3.
27 Silverstein, *Private Warriors*, p. 120; 'Prozente für Pfadfinder', *Der Spiegel*, 23 March 1987; 'Fall Merex: Rechtsbruch durch Tarnung', *Der Spiegel*, 22 December 1975.
28 Thayer, *War Business*, Chapter 3; 'Prozente für Pfadfinder', *Der Spiegel*, 23 March 1987; Gervasi, *Arsenal of Democracy II*, pp. 50-51.
29 'Prozente für Pfadfinder', *Der Spiegel*, 23 March 1987.
30 Thayer, *War Business*, Chapter 3; 'Prozente für Pfadfinder', *Der Spiegel*, 23 March 1987; Gervasi, *Arsenal of Democracy II*, pp. 50-51.
31 Thayer, *War Business*, Chapter 3.
32 'Prozente für Pfadfinder', *Der Spiegel*, 23 March 1987.
33 Thayer, *War Business*, Chapter 3.
34 Silverstein, *Private Warriors*, p. 120; 'Fall Merex: Rechtsbruch durch Tarnung', *Der Spiegel*, 22 December 1975.
35 Silverstein, *Private Warriors*, pp. 123, 130.
36 'A mini-Krupp in Kenwood', *Washington Post*, 28 April 1968.
37 Ibid.
38 Howe, *Weapons*, p. 409.
39 Ibid.
40 Silverstein, *Private Warriors*, pp. 121-122.
41 'Lieber Christian Putsch', *Jungen Welt*, 16 July 1998.
42 O. Abegunrin, *Nigerian Foreign Policy under Military Rule, 1966-1999* (Westport: Praeger, 2003), pp. 50-53 참조.
43 K. J. Beattie, *Egypt during the Sadat Years* (London: Palgrave Macmillan, 2000), pp. 124-125.
44 Silverstein, *Private Warriors*, pp. 125-127.
45 A. Delgado, *Counterfeit Reich: Hitler's Secret Swindle* (Frederick, Md: PublishAmerica, 2006), p. 147 참조.
46 Hilton M. Linklater and Neal Ascherson, *The Nazi Legacy: Klaus Barbie and the International Fascist Connection* (London: Henry Holt & Co, 1985), p. 238.
47 Silverstein, *Private Warriors*, pp. 125-126.
48 'Special Article: Freikorps Deutschland', US Army Intelligence Report, undated. USAINSCOM에 의해 기밀이 아닌 것으로 그 등급이 다시 매겨졌다. 13 January 1997.

49 Ibid.

50 Silverstein, *Private Warriors*, p. 127.

51 Ibid.

52 Ibid, pp. 127-128.

53 P. Levenda, *Unholy Alliance: A History of the Nazi Involvement with the Occult* (New York: Continuum, 2002), p. 319. 타운리는 후에 진보 성향의 경제학자이자 살바도르 아옌데 정권에서 주미 대사를 지낸 저명한 정계 인사 올란도 레틀리에르(Orlando Letelier)를 암살한 혐의로 미국에서 유죄 판결을 받았다.

54 'Secrets of ex-Nazi's Chilean fiefdom', BBC News, 11 March 2005.

55 'Fugitive Nazi cult leader arrested', *Guardian*, 12 March 2005.

56 Letter from G. Bausch (Merex Corp) to Tongsun Park, 8 December 1969, in *Investigation into Korean-American Relations: Appendixes to the Report of the Subcommittee on International Organizations of the Committee on International Relations*, US House of Representatives (Washington: Govt Printing Office, 1978), p. 343.

57 'Park sentenced to 5 years in U.N. oil-for-food bribery scandal', *Washington Post*, 23 February 2007.

58 Howe, *Weapons*, p. 409.

59 Silverstein, *Private Warriors*, p. 132.

60 Howe, *Weapons*, p. 406.

61 'Die Oktoberfest-Connection', *Jungle World*, No. 48, 22 November 2000.

62 'Waffenexporte unter SPD-Regie', *Die Tageszeitung*, 22 December 1986.

63 Silverstein, *Private Warriors*, pp. 133-134.

64 메렉스AG 재무제표, 1980년 1월 1일.

65 Silverstein, *Private Warriors*, p. 137; 조 데르 호세피안 인터뷰, 요르단 암만, 2010년 5월 14일.

66 Evidence submitted in Merex AG. v. Fairchild Weston Systems Inc., United States Southern District of New York, 1992.

67 'Prozente für Pfadfinder', *Der Spiegel*, 23 March 1987.

68 Letter from Gerhard Mertins to Zhao Fei (NORINCO), 10 January 1984, *Merex v. Fairchild Weston Systems Inc.*, trial records.

69 Silverstein, *Private Warriors*, pp. 134-135.

2부. 부자가 되는 가장 쉬운 방법

3. 사우디아라비아 커넥션

1 *Sunday Times*, 20 August 2006.

2 1968년, 마이클 스튜어트(Michael Stewart) 외무장관은 이것이 프랑스의 오랜 전략이었다고 말했다. "프랑스는 이런 식으로 이득을 챙기기 위해 사우디를 지지하는 외교정책을 펼쳤다." PRO: CAB 148/38/OPD(68)/66, 'Sale of Chieftain Tanks to Israel', note by the Secretary of State for Foreign and Commonwealth Affairs.

3 *Flight*, 8 December 1984.

4 *Flight*, 16 February 1985; *Financial Times*, 12 March 1985.

5 *Flight*, 22 April 1985.

6 *Financial Times*, 22 April 1985.

7   *Observer*, 10 May 1992.

8   David Ottaway, *The King's Messenger: Prince Bandar Bin Sultan and America's Tangled Relationship with Saudi Arabia* (New York: Walker & Company, 2008), p. 67, 1996년 3월 4일 반다르 왕자 인터뷰에서 재인용.

9   *Observer*, 19 March 1989.

10 *The Times*, 18 September 1985.

11 Chrissie Hirst, *The Arabian Connection: The UK Arms Trade to Saudi Arabia* (London: CAAT, 2000).

12 Tim Webb, *Bribing for Britain*, CAAT Goodwin Paper No. 5, October 2007, p. 13.

13 Mark Phythian, *British Arms Sales since 1964* (Manchester: Manchester University Press, 2000), p. 221.

14 Ibid., p. 222.

15 *Jane's Defence Weekly*, 5 February 1994, p. 27.

16 *Guardian*, 8 May 1986; Hirst, *Arabian Connection*.

17 Luke Harding, David Leigh, David Pallister, *The Liar: The Fall of Jonathan Aitken* (London: Penguin Books, 1997), p. 64.

18 *Financial Times*, 27 November 1989; *Sunday Times*, 10 December 1989.

19 Anthony H. Cordesman, *Saudi Arabia: Guarding the Desert Kingdom* (Boulder, Colo., and London: Westview Press, 1997), p. 157.

20 William Simpson, *The Prince: The Secret Story of the World's Most Intriguing Royal Prince, Bandar Bin Sultan* (New York: HarperCollins, 2006), p. 147.

21 Mark Hollingsworth, Paul Halloran, *Thatcher's Fortunes: The Life and Times of Mark Thatcher* (Edinburgh: Mainstream, 2005)에서 재인용, pp. 199-200.

22 Phythian, *British Arms Sales*, p. 225.

23 *Sunday Telegraph*, 25 November 1990; Phythian, *British Arms Sales*, p. 226, 또한 p. 256의 주석.

24 *Jane's Defence Weekly*, 1 September 1990.

25 *Sunday Times*, 30 September 1990.

26 *The Times*, 25 October 1991.

27 'Secrets of Al Yamamah', *Guardian*, 'The BAE Files', http://www.guardian.co.uk/baefiles/page/0,,2095831,00.html.

28 *Jane's Defence Weekly*, 6 May 1995, p. 33.

29 *Independent*, 16 November 1988; *Sunday Times*, 18 January 1990; *BAE Quarterly*, Autumn 1989.

30 Terry Macalister, 'Profile: Dick Evans', *Guardian*, 5 February 2010, 'The BAE Files', http://www.guardian.co.uk/world/2010/feb/05/dick-evans-bae-arms-deal.

31 Ibid.

32 Ibid.

33 Elsa Walsh, 'The Prince', *The New Yorker*, 24 March 2003, http://www.saudi-usrelations.org/international-relations/prince-bandar.html.

34 'King Abdul Aziz Al Saud', The Saudi Network, http://www.the-saudi.net/al-saud/abdulaziz.html.

35 Walsh, 'The Prince'.

36 Ibid.

37 Ottaway, *King's Messenger*, p. 25.

38 Ibid., p. 26.

39 Simpson, *The Prince*, 2004년 6월 24일 모로코 마라케시에서 진행된 파이살 미프가이 장군 인터뷰 재인용, p. 15.

40 Ottaway, *King's Messenger*, p. 26, 1996년 3월 28일 반다르 왕자 인터뷰 재인용.

41 Simpson, *The Prince*, p. 16.

42 Ibid., p. 21, 2004년 1월 14일 링컨셔 리싱턴에서 진행된 켄 애덤스(Ken Adams) 병장 인터뷰 재인용.

43 Ibid., p. 26, 2006년 2월 26일 서섹스 브라이턴에서 진행된 존 워터폴(John Waterfall) 인터뷰 재인용.

44 Ibid., p. 27, 훈련교관 토니 율이 작성한 반다르 생도 관련 크랜웰 공군사관학교 보고서 재인용.

45 Ibid., pp. 33-34.

46 Ibid., p. 34.

47 David Leigh, 'Arms and the Man', *New Statesman*, 28 June 2007, http://www.newstatesman.com/books/2007/06/prince-bandar-saudi-mandela.

48 Simpson, *The Prince*, p. 34.

49 Ibid., p. 378, William Gildea, 'Saudi Prince Bandar has cowboy spirit', *Washington Post*, 20 June 1994에서 인용.

50 Simpson, *The Prince*, p. 41.

51 Ottaway, *King's Messenger*, p. 28, 1996년 3월 28일 반다르 왕자 인터뷰 재인용.

52 Ibid., p. 23.

53 Ibid., p. 24.

54 Ibid.

55 Ibid., p. 25.

56 Ibid., p. 29, 'Memorandum: F-15s to Saudi Arabia - A Threat to Peace' 인용.

57 Ottaway, *King's Messenger*, p. 30.

58 Ibid.

59 이스라엘 로비 세력의 막대한 영향력과 무기거래를 포함한 미 외교정책에 미친 영향에 대한 보다 자세한 정보는 John J. Mearsheimer, Stephen M. Walt, *The Israel Lobby and US Foreign Policy* (New York: Farrar, Straus and Giroux, 2007) 참조.

60 Ottaway, *King's Messenger*, p. 31의 Daily Diary, John C. West Papers, 'Sunday, April 23, 1978' 재인용.

61 Ottaway, *King's Messenger*, p. 33, 1996년 3월 28일 반다르 왕자 인터뷰 재인용.

62 Ibid. 반다르는《LA 타임스》가 그다음 날 '레이건, F-15 사우디 판매와 관련해 카터 의견 지지'라는 제목으로 기사를 냈다고 말했으나, 저자 오타웨이에 따르면《LA 타임스》는 물론 다른 미국 주요 신문사도 해당 사건을 다룬 바 없다. 존 웨스트 대사가 기록한 일지에도 해당 사건에 대한 언급은 없다.

63 Ibid. p. 25, 2001년 11월 30일 반다르 왕자 인터뷰 재인용.

64 Ibid., p. 31, 존 웨스트가 파드 빈 압둘 아지즈 왕자에게 보낸 편지 재인용, 6 June 1978, John C. West Papers.

65 Ibid., p. 39, 1996년 3월 28일 반다르 왕자 인터뷰 재인용.

66 Ibid., p. 40, 존 웨스트의 1978년 4월 19일 수요일 일지 재인용.

67 Ottaway, King's Messenger, 'Memorandum for: Dean Robert Osgood, the Johns Hopkins University, School of Advanced International Studies. From: David E. Long, 18 May, 1979' 재인용, Box 10, John C. West Papers.

68 Ibid. p. 41, 존 웨스트의 1980년 9월 15일 월요일 일지 재인용.

69 State Department, 'Saudi Regional Role', briefing paper, May 1977, Box 36, Staff Offices Counsel, Lipshutz's Files, Middle East: Saudi Arabia 10/77-6/78, [CF O/A 712] Jimmy Carter Library.

70 Ottaway, *King's Messenger*, p. 42.

71 Ibid. 1979년 7월 6일 존 웨스트가 카터 대통령에게 쓴 편지 재인용, Box 10, John C. West

Papers.

72 Ibid., p. 44, 존 웨스트의 1978년 12월 14일 금요일 일지 재인용.

73 Ibid., p. 45, 1998년 6월 8일 작성된 존 웨스트의 자필 메모, 'Draft. Letter to Crown Prince Fahd from President Carter'에 첨부, 3 April 1980, Box 10, John C. West Papers.

74 Harding, Leigh, Pallister, *The Liar*, p. 36.

75 Ottaway, *King's Messenger*, p. 47, 존 웨스트의 1980년 9월 28일 일요일 일지 재인용.

76 Ibid., p. 47, 1980년 10월 4일 토요일 일지.

77 Ibid., p. 48, 1980년 10월 13일 월요일 일지.

78 Ibid., p. 50, 1996년 3월 28일 반다르 왕자 인터뷰 재인용.

79 Ronald Reagan, *An American Life* (New York: Simon & Schuster, 1990), p. 410.

80 Richard F. Grimmett, Executive-Legislative Consultation on U.S. Arms Sales, 1982, pp. 33-35.

81 Ottaway, *King's Messenger*, p. 52, Melinda Beck, John J. Lindsay, 'Trying to Patch the AWACS Deal', *Newsweek*, 5 October 1981 재인용.

82 Ibid., p. 53, Associated Press, 25 September 1981, Adams, 'Saudi Prince, Reagan, Senators discussing AWACS compromise'; United Press International, 25 September 1981 재인용.

83 Ibid., pp. 50, 57, 1996년 3월 28일 반다르 왕자 인터뷰 재인용.

84 Ibid., p. 60.

85 패트릭 타일러(Patrick Tyler)의 모셰 아렌스(Moshe Arens) 이스라엘 대사 인터뷰, *A World of Trouble: America in the Middle East* (London: Portobello Books, 2009), p. 304.

86 Lawrence Walsh, *Firewall: The Iran-Contra Conspiracy and Cover-Up* (New York: W. W. Norton & Co, 1997), p. 19.

87 Ibid, p. 390.

88 Steve Coll, *The Bin Ladens: Oil, Money, Terrorism and the Secret Saudi World* (London: Penguin Books, 2008), p. 10에서 재인용.

89 Tyler, *World of Trouble*.

90 Ibid, pp. 312-313.

91 Walsh, *Firewall*, p. 390.

92 Ibid, p. 391.

93 Ibid, p. 392.

94 Ottaway, *King's Messenger*, p. 61.

95 Leigh, 'Arms and the Man'.

96 Simpson, *The Prince*, pp. 119-120.

97 Ottaway, *King's Messenger*, p. 77에서 재인용, 위의 증언이 언급된 다음을 참조. Samantha Sparks, 'Angola: Saudi aid to rebels may be "brother" of Irangate scandal', IPS-Inter Press Service, 1 July 1987.

98 Bob Woodward, *Veil: Secret Wars of the CIA, 1981-87* (New York: Simon & Schuster, 1987), p. 398.

99 Ibid.

100 Ottaway, *King's Messenger*, p. 63, 2002년 1월 4일 윌리엄 윌슨 인터뷰 재인용.

101 Simpson, *The Prince*, p. 100.

102 Leigh, 'Arms and the Man'.

103 Woodward, *Veil*, pp. 395-398.

104 Bill Moyers, 'Target America', *Frontline*, PBS, 4 October 2001.

105 Ottaway, *King's Messenger*, p. 64, 'Spotlight: Bandar Survives Casey Book, But Saudi Arms Battle Looms', *Mideast Markets*, 12 October 1987 인용.

106 Simpson, *The Prince*, p. 123.

107 Robert Lacey, *Inside the Kingdom* (London: Hutchinson, 2009), p. 194.

108 Ottaway, *King's Messenger*, p. 79, 2001년 11월 30일 반다르 왕자 인터뷰 재인용.

109 Ibid, p. 81, 1996년 3월 4일 반다르 왕자 인터뷰 재인용.

110 Hollingsworth, Halloran, *Thatcher's Fortunes*, p. 212에서 재인용.

4. 인류를 보호하기 위해

1 이 표현을 비롯해 이 장에 인용된 다양한 견해는 다음을 바탕으로 한다. 조 데르 호세피안 인터뷰, 요르단 암만, 2010년 5월 14일.

2 메렉스 기록에 따르면 데르 호세피안은 1980년 메렉스에 1만 8,000마르크를 갚아야 하는 상황이었다. Financial Statements: Merex AG, 1 January 1980.

3 Financial Statements: Deutsche Merex GmbH, 1 January 1980; 조 데르 호세피안 인터뷰, 요르단 암만, 2010년 5월 14일.

4 Statuten: Deutsche Merex GmbH, UR Nr. 1254/1990, dated 12 June 1990; Statuten: Deutsche Merex GmbH, UR Nr. 1022/1990, dated 15 May 1990; Amstgericht, Merex AG and Gut Buschoff Hotel und Sport Center AG, 9 April 1979-12 March 1996, German Company Registries (Deutsche Handelsregister) 검색 결과, 18 February 2010.

5 Ibid.

6 Company Register for Thomasberg und Sportanlagen Betriebs Gesellschaft, 2010년 6월 8일 열람. 'Kur Investor für eine Fünf-Sterne-Herberge in Thomasberg', General-Anzeiger, 16 January 2004 참조.

7 Steve Coll, *Ghost Wars: The Secret History of the CIA, Afghanistan, and Bin Laden, from the Soviet Invasion to September 10, 2001* (London: Penguin Books, 2004), pp. 71-73.

8 Ibid, p. 79.

9 BBC News, 20 July 2005; 'Prince Turki Al-Faisal resigns as Saudi Ambassador to US', in *Arab News*, 13 December 2006.

10 Coll, *Ghost Wars*, pp. 71-73.

11 조 데르 호세피안 인터뷰, 요르단 암만, 2010년 5월 14일.

12 Ibid.

13 Ibid.

14 Interrogation of Lorenzo Mazzega, Tribunale Civile e Penale di Venezia, 3 February 1994.

15 Interrogation of Franco Giorgi, Torre Annunziato Investigation: Cheque to Cheque, 25 June 1995.

16 Ibid.

17 Interrogation of Lorenzo Mazzega, Tribunale Civile e Penale di Venezia, 3 February 1994; 'Report on Angelos Scordas/Merex', Bavarian State Office of Criminal Investigation, Düsseldorf, Case Ref.: Ausl 142/96, Vol. M-4581-96, 11 January 2005.

18 C. Carr, The Security Implications of Microdisarmament, The Counterproliferation Papers Future Warfare Series No. 5 (USAF Counterproliferation Center [Air War College], 2000), p. 14. Commission of Inquiry into Alleged Arms Transactions between Armscor and One Eli Wazan and Other Related Matters (The 'Cameron Commission'), 15 June 1995, Section 4 참조.

19 Commission of Inquiry into Alleged Arms Transactions (미주 18번 참조).

20 Ibid.

21 Interrogation of Franco Giorgi, Torre Annunziato Investigation: Cheque to Cheque, 25 June 1995.

22 Arms transfers to all parties of the Yugoslav conflict were banned under the terms of UN Resolution 713. S/RES/171/1991 참조. www.un.org에서 다운로드 가능.

23 Interrogation of Franco Giorgi, Torre Annunziato Investigation: Cheque to Cheque, 25 June 1995. *Beverly Overseas SA v. Privredna Banka Zagreb*, 28 March 2001, Swiss Federal Court Case 4C.172/200 참조. www.bger.ch에서 다운로드 가능.

24 Interrogation of Franco Giorgi, Torre Annunziato Investigation: Cheque to Cheque, 25 June 1995.

25 'The woman who paid $2bn into foreign accounts', *Nacional* (Croatia), 7 November 2006 참조. 마르티노빅이 프리브레드나 은행장 및 재무장관으로 재임하던 당시 그의 고문이었던 테레지야 바바리치(Terezija Barbaric)는 마르티노비치의 개입 내용을 대략적으로 밝혔다. 그녀의 기억에 따르면 그녀와 마르티노비치의 재직 기간 중에 의심스러운 해외 은행 계좌로 약 20억 달러가 송금되었다.

26 Commission of Inquiry into Alleged Arms Transactions (미주 18번 참조).

27 Ibid.

28 Interrogation of Franco Giorgi, Torre Annunziato Investigation: Cheque to Cheque, 25 June 1995; 조 데르 호세피안 인터뷰, 요르단 암만, 2010년 5월 14일.

29 Promissory Note: Privredna Bank Zagreb, Bearer: Instersystems Inc, Signed Martin Katicic and Jozo Martinovic, 11 May 1992. Submitted in evidence in the matter of Beverly Overseas SA v. Privredna Banka Zagreb, 28 March 2001, Swiss Federal Court Case 4C.172/200. 해당 문서는 www.theshadowworld.com에서 열람 가능.

30 조 데르 호세피안 인터뷰, 요르단 암만, 2010년 5월 14일; Statement of Account: Intersystems Inc., addressed to H. E. Joso Martinovic, 4 August 1992, submitted as evidence in the matter of Beverly Overseas SA v. Privredna Banka Zagreb, 28 March 2001, Swiss Federal Court Case 4C.172/200. www.bger.ch에서 다운로드 가능.

31 Interrogation of Franco Giorgi, Torre Annunziato Investigation: Cheque to Cheque, 25 June 1995.

32 Ibid.

33 Interrogation of Lorenzo Mazzega, Tribunale Civile e Penale di Venezia, 3 February 1994.

34 Ibid.; 조 데르 호세피안 인터뷰, 요르단 암만, 2010년 5월 14일.

35 Interrogation of Lorenzo Mazzega, Tribunale Civile e Penale di Venezia, 3 February 1994.

36 조 데르 호세피안 인터뷰, 요르단 암만, 2010년 5월 14일.

37 Ibid.

38 데르 호세피안이 스위스 법원을 택한 이유는 약속어음에 스위스법을 따른다는 문구가 적혀 있었기 때문이다.

39 *Beverly Overseas SA v. Privredna Banka Zagreb*, 28 March 2001, Swiss Federal Court Case No. 4C.172/2000. www.bger.ch에서 다운로드 가능. B. Oxman, J. Kokott and S. Patrick, 'International Decisions - *Beverly Overseas SA v. Privredna Banka Zagreb*', *American Journal of International Law*, Vol. 97 (2003), No. 1, pp. 177-178 참조.

40 Interrogation of Nicholas Oman, Campania Region of Carabinieri (Vico Equense Station), Cheque to Cheque Investigation, 7 November 1996.

41 Ibid.

42 Fax from Interpol Canberra to Interpol Vienna, subject: 'Oman, Nicholas Born 28/10/1943', Ref: IP/0167/92/2-42, 4 March 1994.

43 'Informative di Reato Relativa all'operazione "Cheque to Cheque"', Regione Carabinieri Campania: Stazione di Vico Equense, 30 June 1998, pp. 455–456.

44 B. A. Cook (ed.), *Europe Since 1945: An Encyclopaedia*, Vol. I (New York: Garland, 2001), p. 433.

45 Ibid. 또한 P. Ginsborg, Italy and Its Discontents: *Family, Civil Society, State, 1980–2001* (New York: Palgrave Macmillan, 2003), p. 144 참조.

46 Cook, *Europe Since 1945*, p. 433.

47 Interrogation of Nicholas Oman, Campania Region of Carabinieri (Vico Equense Station), Cheque to Cheque Investigation, 7 November 1996.

48 Ibid.

49 Interrogation of Jornej (given as 'Jerney') Cepin, Interpol: Rome, 26 July 1996, in 'Informative di Reato Relativa all'operazione "Cheque to Cheque"', Regione Carabinieri Campania: Stazione di Vico Equense, 30 June 1998.

50 Interrogation of Nicholas Oman, Campania Region of Carabinieri (Vico Equense Station), Cheque to Cheque Investigation, 7 November 1996.

51 Arrest order issued by Interpol Ljubljana, 10 February 1998. Ref: 0225-19-92IP-7456/96.

52 Interrogation of Jornej (given as 'Jerney') Cepin, Interpol: Rome, 26 July 1996, in 'Informative di Reato Relativa all'operazione "Cheque to Cheque"', Regione Carabinieri Campania: Stazione di Vico Equense, 30 June 1998. *Republic of Liberia Truth and Reconciliation Commission: Volume III (Appendices), Economic Crimes and the Conflict: Exploitation and Abuse*, 2009, para. 115 참조.

53 Interrogation of Nicholas Oman (Additional Explanatory Notes), Campania Region of Carabinieri (Vico Equense Station), Cheque to Cheque Investigation, 19 November 1996.

54 Interrogation of Lorenzo Mazzega, Tribunale Civile e Penale di Venezia, 3 February 1994.

55 Table 1: 'List of individuals and corporate entities that the TRC holds responsible for economic crimes', in *Republic of Liberia Truth and Reconciliation Commission: Volume III (Appendices), Economic Crimes and the Conflict: Exploitation and Abuse*, 2009.

56 Interrogation of Nicholas Oman, Campania Region of Carabinieri (Vico Equense Station), Cheque to Cheque Investigation, 18 November 1996.

57 Ibid.

58 Ibid.

59 NATO군은 영국에서 제조된 블로우파이프를 사용한 바 있기 때문에 오먼이 제공한 미사일은 NATO군이 보유하고 있던 것이 확실하다. 영국은 블로우파이프를 포클랜드 전쟁에 활용했다.

60 Invoice Nr. 91716 from Orbal Marketing Services (Croatia) to the Ministry of Defence (Croatia), Att: Josip Vukina.

61 Memorandum from Criminal Investigation Directorate, Ministvo zo Notransje Zadeve, Ljubljana Slovenia to Interpol Rome, Subject: 'Oman, Nicholas – Trafficking with Weapons and Military Equipment – Transfer of Data', 3 July 1996.

62 Ibid. 또한 'War diplomacy – controversial armaments trade', *Aim* (Slovenia), 29 April 1998 참조.

63 Interrogation of Fulvio Leonardi, 5 June 1996, in 'Informative di Reato Relativa all'operazione "Cheque to Cheque"', Regione Carabinieri Campania: Stazione di Vico Equense, 30 June 1998.

64 *Nacional* (Croatia), No. 352, 13 August 2002.

65 'An old tale of swindle resurfaces in Bosnia', *The New York Times*, 14 December 1997; 'Main news summary' provided by the NATO Stabilization Force in Bosnia, 26 May 2004, www.nato.int에서 다운로드 가능.

66 'Serbs threaten to unleash deadly "secret weapon"', *Independent*, 15 February 1994 참조.

67 'The world: here comes the clown. No joke', *The New York Times*, 6 November 1994; *Sunday Times*, 16 June 1996; *Delo* (Ljubljana), 6 April 1996; *Kurier*, 6 December 1996; *Süddeutsche Zeitung*, 12 June 1996.

68 *Nacional* (Croatia), No. 352, 13 August 2002.

69 'Verwicklung Schirinowskijs vermutet Material für Atomwaffen', *Süddeutsche Zeitung*, 12 June 1996; 'Die Kardinal und die Dealer', *Focus*, 18 July 1996.

70 Interrogation of Franco Giorgi, Torre Annunziato Investigation: Cheque to Cheque, 25 June 1995.

71 'An old tale of swindle resurfaces in Bosnia', *The New York Times*, 14 December 1997.

72 Interrogation of Franco Giorgi, Torre Annunziato Investigation: Cheque to Cheque, 25 June 1995; and Statement by Lainovic Branislav, 17 November 1995, in 'Informative di Reato Relativa all'operazione "Cheque to Cheque"', Regione Carabinieri Campania: Stazione di Vico Equense, 30 June 1998.

73 Ibid.

74 Statement by Lainovic Branislav, 17 November 1995, in 'Informative di Reato Relativa all'operazione "Cheque to Cheque"', Regione Carabinieri Campania: Stazione di Vico Equense, 30 June 1998.

75 *Nacional* (Croatia), No. 352, 13 August 2002.

76 Commission of Inquiry into Alleged Arms Transactions (미주 18번 참조).

77 Ibid.

78 Ibid.

79 Ibid.

80 조 데르 호세피안 인터뷰, 요르단 암만, 2010년 5월 14일.

81 Commission of Inquiry into Alleged Arms Transactions (미주 18번 참조).

82 Ibid.

83 Ibid.

84 Ibid.

85 Ibid.

86 조 데르 호세피안 인터뷰, 요르단 암만, 2010년 5월 14일.

5. 최고의 거래인가, 최악의 범죄인가

1 Fidelity National Financial, 'Riggs Bank signs long-term agreement with Fidelity Information Services', http://fnf.client.shareholder.com/releasedetail.cfm?release id=112302.

2 George Washington University, 'The PNC Riggs Collection', http://www.gwu.edu/ gelman/spec/exhibits/pnc_riggs/dc_community.html.

3 Ibid.

4 Professional Risk Managers' International Association, 'Riggs Bank Summary', www.google.co.uk/url?sa=t&source=web&cd=8&sqi=2&ved=0CE4QFjAH&url=http %3A%2F%2Fprmia.org%2Fpdf%2FCase_Studies%2FRiggs_Bank_Short_version_Apr

il_2009.pdf&rct=j&q=riggs%20bank%20us%20embassies&ei=x9h0bKiM4PBtAb4sZi
EDg&usg=AFQjCNFh9qJza3KIbusrlpYvpdNMBDmR7A&cad=rja.

5 David Montgomery, 'The Bank of Dad', in *the Washington Post*, 23 April 2004, http://
www.washingtonpost.com/wp-dyn/articles/A62544-2004Jun22.html.

6 Kathleen Day, 'Web site cites Bush-Riggs link', in *the Washington Post*, 15 May
2004, http://www.washingtonpost.com/wp-dyn/articles/A28396-2004May14.html.

7 *Newsweek*, 2 December 2002.

8 'Riggs Bank fined $25M for Saudi transactions', *USA Today*, 14 May 2004, http://
www.usatoday.com/money/industries/banking/2004-05-14-riggs-fine_x.htm;
Timothy L.O'Brian, 'At Riggs Bank, a tangled path led to scandal', *The New York
Times*, 19 July 2004, http://query.nytimes.com/gst/fullpage.html?res=9507E4DC133
AF93AA25754C0A9629C8B63&pagewanted=1.

9 The 9/11 Commission Report, 22 July 2004, p. 498, http://
govinfo.library.unt.edu/911/report/911Report_Notes.pdf.

10 'The CIA and Riggs Bank', *Slate*, 7 January 2005.

11 Professional Risk Managers' International Association, 'Riggs Bank Summary' (미주
4번 참조).

12 O'Brian, 'At Riggs Bank, a tangled path led to scandal' (미주 8번 참조).

13 'Black Money', http://www.pbs.org/wgbh/pages/frontline/blackmoney/view/,
PBS, 전사본은 http://www.pbs.org/wgbh/pages/frontline/blackmoney/etc/
script.html에서 열람 가능. 이 거래와 관련된 문서는 www.theshadowworld.com에서
열람 가능.

14 'Secrets of Al Yamamah', *Guardian*, http://www.guardian.co.uk/baefiles/
page/0,,2095831,00.html.

15 *Panorama*, BBC, 11 June 2007; *Guardian*, 7-12 June 2007; copies of selected Riggs
Bank accounts of the Saudi Embassy and Prince Bandar.

16 'Secrets of Al Yamamah' (미주 14번 참조).

17 David Leigh, Rob Evans, 'BAE accused of secretly paying £1bn to Saudi prince',
Guardian, 7 June 2007, http://www.guardian.co.uk/world/2007/jun/07/bae1.

18 M. Hollingsworth, P. Halloran, *Thatcher's Fortunes: The Life and Times of Mark
Thatcher* (Edinburgh: Mainstream, 2005).

19 다음에서 발췌. Tim Webb, 'Bribing for Britain', CAAT Goodwin Paper No. 5,
October 2007, p. 12. 또한 저자가 다음 책의 내용을 작성하기 위해 사우디 전문가
사이드 아부리시(Said Aburish)와 가진 인터뷰 참조. *The Armour Plated Ostrich* (West
Wickham: Comerford & Miller, 1998), p. 101.

20 Christopher Hope, 'Twenty years of smokescreen over Saudi deal', *Daily Telegraph*,
21 June 2006, http://www.telegraph.co.uk/finance/2941537/Twenty-years-of-
smokescreenover-Saudi-deal.html.

21 *Guardian*, 21 October 1985.

22 Ibid.

23 Letter of 10 October 1985 from P. F. Ricketts, Private Secretary at FCO to Charles
Powell (10 Downing Street) and Richard Mottram (MoD), 《가디언》이 http://
image.guardian.co.uk/sys-files/Guardian/documents/2007/06/01/ch07doc05.pdf에
게시.

24 Hansard, 18 October 1994, Column 235, http://www.publications.parliament.uk/
cgi-bin/newhtml_hl?DB=semukparl&STEMMER=en&WORDS=saudi%20arabia%20
agent&ALL=Saudi%20Arabia%20agents&ANY=&PHRASE=&CATEGORIES=&SIMPL
E=&SPEAKER=&COLOUR=red&STYLE=s&ANCHOR=Debate-8_spnew9&URL=/pa/

cm199394/cmhansrd/1994-10-18/Debate-8.html#Debate-8_spnew9.

25 David Leigh, Rob Evans, 'Subcontractor corruption', *Guardian*, 7 June 2007, http://www.guardian.co.uk/world/2007/jun/07/bae16.

26 David Pallister, Richard Norton-Taylor, Owen Bowcott, 'Rolls-Royce in firing line on Saudi deal', *Guardian*, 7 February 1998, http://www.guardian.co.uk/world/1998/feb/07/bae; Leigh, Evans, 'Subcontractor corruption' (미주 25번 참조).

27 Hansard, 24 January 1996, Column 455, http://www.publications.parliament.uk/pa/cm199596/cmhansrd/vo960124/debtext/60124-51.htm.

28 Ibid.; Gerald James, *In the Public Interest* (London: Little Brown and Company, 1995), pp. 119-120; http://www2.warwick.ac.uk/fac/soc/law/pg/prospective/iel/modules/intl/mat/corruption_roleprivatesector.doc; The Statement of Facts for 786 F.Supp. 65 (1992) Thomas F. DOOLEY, Plaintiff, v. UNITED TECHNOLOGIES CORP., et al., Defendants.Civ. A. No. 91-2499. United States District Court, District of Columbia, 10 March, 1992; http://scholar.google.co.uk/scholar_case?case=49493 5081094814999&hl=en&as_sdt=2&as_vis=1&oi=scholarr.

29 Richard Norton-Taylor, David Pallister, 'Millions in secret commissions paid out for Saudi arms deal', *Guardian*, 4 March 1999, http://www.guardian.co.uk/politics/1999/mar/04/uk.davidpallister1.

30 Ibid.

31 Luke Harding, David Leigh, David Pallister, *The Liar: The Fall of Jonathan Aitken* (London: Guardian Books, 1999), p. 166.

32 'We did it their way', *Daily Telegraph*, 10 June 2007, http://www.telegraph.co.uk/news/uknews/1554076/We-did-it-their-way.html.

33 Ibid.

34 이는 데이비드 레이, 롭 에번스 기자와 함께한 수많은 회의를 기반으로 한다. 결국 레이, 에번스와 2010년 4월 26일 정식 인터뷰를 갖기도 했다.

35 Harding, Leigh and Pallister, *The Liar*, p. xiii에서 재인용.

36 PRO: WO 32/21301. Minute of meeting between Lord Shackleton and Sir Donald Stokes, 7 July 1965.

37 The National Archives: AVIA 65/1670 Minutes of Permanent Secretary's meeting, 14 July 1965.

38 The National Archives: AVIA 65/1670 Stokes Report.

39 Nicola Stanbridge, 'Arms deal fraud allegations', *Today*, BBC Radio 4, 12 November 2003, http://www.bbc.co.uk/radio4/today/reports/politics/bae_20031112.shtml.

40 Ibid.

41 Ibid.

42 David Leigh, Rob Evans, 'Diplomat linked to BAE slush fund claims', *Guardian*, 13 September 2003, http://www.guardian.co.uk/uk/2003/sep/13/saudiarabia.armstrade.

43 David Leigh and Rob Evans, 'Homes for executive's mistress bought from BAE fund', *Guardian*, 15 September 2003, http://www.guardian.co.uk/uk/2003/sep/15/freedomofinformation.saudiarabia.

44 1993년 사무변호사가 윈십에게 쓴 편지에는 "당신은 나에게 이 거래의 목적이 브리티시에어로스페이스가 나세르를 위해 해당 요트를 대절해주기 위한 것이었다고 말했다"고 쓰여 있었다. 그러나 투르키 왕자가 해당 거래에 대해 알고 있었다는 증거는 없으며, 《가디언》은 투르키 왕자 모르게 그의 이름을 사용한 것이라 추측했다. David Leigh and Rob Evans, 'Homes for executive's mistress bought from BAE fund', *Guardian*, 15 September 2003.

45 Letter from SFO to Kevin Tebbit (MoD), 8 March 2001,《가디언》이 http://
docs.google.com/viewer?a=v&q=cache:eSt1Q2DKs5oJ:image.guardian.co.uk/sys-
files/Guardian/documents/2003/09/11/wright1.pdf+kevin+tebbit+bae&hl=en&gl=u
k&pid=bl&srcid=ADGEESjK6Eu7Z-milphQhvMi10VLa4D_vs9X_pDaC_N0NWydmg
PgdtvjTRBZq-KmSZz3quJoiDvt1cYdtagKRGdC5vGMkEyI0Ljz8AkhLOdasz8QGcxM
92hnifEp0ahZmuJaGYiCR4LX&sig=AHIEtbQ—7DSCLbCfoHmEF5JjKUek2g-BiA에
게시.

46 Letter from Kevin Tebbit to Robert Wardle of 12 September 2003, 'Robert Lee
International Ltd – British Aerospace',《가디언》이 http://image.guardian.co.uk/
sysfiles/Guardian/documents/2003/10/10/doc_12sept2003.pdf에 게시.

47 Stanbridge, 'Arms deal fraud allegations' (미주 39번 참조). BBC는 테빗과 관련된
BAE의 부정부패 의혹을 찾던 중, 미 당국이 BAE가 체코와 체결한 그리펜 계약 관련
논의를 위해 테빗에게 접근한 적이 있었으나 테빗은 그것을 영국의 국익에 대한 공격으로
받아들였다는 사실을 밝혀냈다. 이때도 테빗은 이러한 주장은 근거가 없다는 딕 에번스의
말을 믿었던 것으로 보인다. 그는 BAE 그룹 법률자문 마이클 레스터(Michael Lester),
방산수출청 청장 직무대행, A. L. 투렐 방산수출청 지역마케팅 부장과 만나는 자리에서 미국의
우려를 전달했다(Response to BBC FOI from the MoD, 4 January 2007, http://
docs.google.com/viewer?a=v&q=cache:2BeNfPKedXgJ:www.bbc.co.uk/blogs/
opensecrets/TebbitWayne.pdf+kevin+tebbit+bae&hl=en&gl=uk&pid=bl&srcid=ADG
EESjnuZrv8h8kq9kuQr9ET37gSqDLMmObghi6-yfoKwnhaxnjwsX0nFj33aXxZAh9a
TCzkJiitzcEcZ15Rhw4upTGm6XWylmUQRCp8VvGwp8VaBntnp1dv9DsrDaxVahO9v
yu3Pkr&sig=AHIEtbQGzvxfbymSKq-6yqekriKGjcHFnA에 게시).

48 Stanbridge, 'Arms deal fraud allegations' (미주 39번 참조).

49 David Leigh, Rob Evans, 'Arms firm's £60m slush fund', *Guardian*, 4 May 2004,
http://www.guardian.co.uk/uk/2004/may/04/politics.saudiarabia.

50 'Prince Turki, the RAF Wing Commander, a secret £60m BAE slush fund ⋯ and
me', *Daily Mail*, 7 April 2007.

51 Leigh, Evans, 'Arms firm's £60m slush fund' (미주 49번 참조).

52 Ibid.

53 Ibid.

54 David Leppard, 'BAE paid for luxury Saudi honeymoon', *Sunday Times*, 17 June
2007, http://www.timesonline.co.uk/tol/news/uk/article1942914.ece.

55 *Trail of the Dove*, video, Al Jazeera, 13 May 2007, http://www.youtube.com/
watch?v=lnPrbCUrHEU.

56 'Black Money' (미주 13번 참조); David Leigh, Rob Evans, 'BAE chairman named in
"slush fund" files', *Guardian*, 5 May 2004, http://www.guardian.co.uk/uk/2004/
may/05/armstrade.politics; 'BAE chief linked to slush fund', *Guardian*, 5 October
2004, http://www.guardian.co.uk/uk/2004/oct/05/saudiarabia.armstrade; Michael
Robinson, 'BBC lifts the lid on secret BAE slush fund', BBC News, 5 October 2004,
http://news.bbc.co.uk/1/hi/business/3712770.stm.

57 Leigh, Evans, 'Homes for executive's mistress'.

58 Leigh, Evans, 'Arms firm's £60m slush fund' (미주 49번 참조).

59 David Leigh, Rob Evans, 'Dismay at BAE as fraud office comes calling',
Guardian, 4 November 2004, http://www.guardian.co.uk/business/2004/nov/04/
themilitary.freedomofinformation.

60 David Leigh, Rob Evans, 'MoD official took BAE gifts', *Guardian*, 6 April 2004,
http://www.guardian.co.uk/uk/2004/apr/06/politics.military.

61 'Black Money' (미주 13번 참조).

62 데이비드 레이 및 롭 에번스 기자 인터뷰, 2010년 4월 26일; 'Black Money.'

63 *CIA World Factbook*, https://www.cia.gov/library/publications/the-world-factbook/geos/vi.html.

64 Letter to Rob Evans (*Guardian*) from BVI Financial Services Commission giving details of Red Diamond Trading Ltd, 《가디언》이 http://image.guardian.co.uk/sys-files/Guardian/documents/2007/05/29/ch08doc05.pdf에 게시.

65 레드다이아몬드의 런던 로이드은행 계좌에서 레드다이아몬드의 취리히 UBS 계좌로 송금된 내역을 보여주는 문서. 일부가 삭제되어 있다. 《가디언》이 http://image.guardian.co.uk/sys-files/Guardian/documents/2007/05/29/ch08doc06.pdf에 게시.

66 G. Murphy, British Serious Fraud Office, Affidavit submitted as Annexure JDP-SW12 in the High Court of South Africa (Transvaal Provincial Division) in the matter of Ex Parte the National Director of Public Prosecutions (applicant) re: an application for issue of search warrants in terms of Section 29(5) and 29(6) of the National Prosecuting Authority Act, No. 32 of 1998, as amended (2008), Annexure B.

67 Novelmight Limited, Directors Report and Financial Statements, 31 December 1996, 《가디언》이 http://image.guardian.co.uk/sys-files/Guardian/documents/2007/05/29/ch08doc02.pdf에 게시.

68 Letter to Rob Evans (*Guardian*) from BVI Financial Services Commission giving details of Novelmight Limited, 《가디언》이 http://image.guardian.co.uk/sys-files/Guardian/documents/2007/05/29/ch08doc04.pdf에 게시.

69 'BAE's secret money machine', *Guardian*, 'The BAE Files', http://www.guardian.co.uk/baefiles/page/0,,2095840,00.html; David Leigh, Rob Evans, 'BAE accused of hiding cash paid to win deals', *Guardian*, 5 December 2003.

70 Ibid.

71 Ibid.

72 Ibid.

73 Ibid. (미주 69번 참조).

74 Leigh, Evans, 'BAE accused of hiding cash', *Guardian*, 5 December 2003.

75 Ibid.

76 Letter of 24 January 2006 to Rob Evans (*Guardian*) from BVI Financial Services Commission regarding Poseidon Trading Investments Ltd, 《가디언》이 http://image.guardian.co.uk/sys-files/Guardian/documents/2007/05/29/ch08doc07.pdf에 게시; 'BAE's secret money machine' (미주 69번 참조).

77 Leigh, Evans, 'BAE accused of hiding cash', *Guardian*, 5 December 2003.

78 'BAE's secret money machine' (미주 69번 참조).

79 CAAT와 함께 일한 아마추어 연구원 니컬러스 길비(Nicholas Gilby)는 당초 약속한 6억 파운드의 커미션을 제공하기 위해 토네이도 전투기 가격을 일부러 32%나 부풀렸다는 정황이 드러난 문서를 영국 기록보관소에서 발견했다. 사우디에 토네이도를 판매하고자 처음 시도한 것은 1984년 제임스 블라이스(James Blyth) 당시 방산판매국장이었다. 영국은 사우디가 구매한 라이트닝 전투기를 1대당 150만 파운드에 재매입하고, 토네이도 20대를 1대당 1,630만 파운드에, 호크 훈련기 24대를 1대당 400만 파운드에 팔겠다고 제안했다(1986년 1월 알야마마 사업 관련 회담의 기밀 기록, 《가디언》이 http://image.guardian.co.uk/sys-files/Politics/documents/2006/10/27/J5_40Riyadhreportconclusion Jan86.pdf에 게시). 이렇게 부풀려진 가격은 영국 공군이 지불하던 가격의 1,320만 파운드보다 확실히, 그러나 지나치지는 않을 정도로 높았다. 그러나 알야마마 사업이 체결되었을 무렵 토네이도 한 대의 가격은 2,150만 파운드였으며, 나머지 토네이도 전투기 52대는 1대당 2,530만 파운드였다('BAE's secret money machine'; David Leigh, Rob Evans, 'Kew's al-Yamamah files', *Guardian*, 7 July 2007, http://www.guardian.co.uk/world/2007/

jun/07/bae.nationalarchives).

80 Ibid.

81 'Nobbling the police', *Guardian*, 'The BAE Files', http://www.guardian.co.uk/baefiles/page/0,,2098531,00.html; 'Black Money' (미주 13번 참조).

82 *Sunday Times*, Rich List 2009, http://business.timesonline.co.uk/tol/business/specials/rich_list/rich_list_search/.

83 Andrew Alderson, '"Do I deserve to be labelled a Syrian terrorist?"', in the *Daily Telegraph*, 18 March 2001, http://www.telegraph.co.uk/news/uknews/1326942/Do-I-deserve-tobe-labelled-a-Syrian-terrorist.html.

84 Giles Worsley, 'The English country house rises once more', *Daily Telegraph*, 2 November 2004, http://www.telegraph.co.uk/news/uknews/1475634/The-English-country-house-risesonce-more.html.

85 David Hellier, 'The Mark Thatcher Affair: Saudi contact named as key player: David Hellier profiles the alleged middle-man who became a friend of the Thatcher family', *Independent*, 10 October 1994, http://www.independent.co.uk/news/uk/the-mark-thatcheraffair-saudi-contact-named-as-key-player-david-hellier-profiles-the-alleged-middlemanwho-became-a-friend-of-the-thatcher-family-1441988.html?cmp=ilc-n.

86 Alderson, '"Do I deserve to be labelled a Syrian terrorist?"' (미주 83번 참조).

87 David Leigh, Rob Evans, 'Wafic Said', *Guardian*, 7 June 2007, http://www.guardian.co.uk/world/2007/jun/07/bae17.

88 'Mr Wafic Rida Saïd gives £25 million to Oxford', Campaign for Oxford University, 28 May 2008, http://www.campaign.ox.ac.uk/news/news/wafic_rida_sad.html.

89 John Arlidge, 'The secretive billionaire who began in a kebab shop', *Evening Standard*, 1 December 2006.

90 Hollingsworth, Halloran, *Thatcher's Fortunes*, p. 204.

91 James, *In the Public Interest*, p. 107.

92 Alderson, '"Do I deserve to be labelled a Syrian terrorist?"' (미주 83번 참조).

93 Ibid.

94 Valerie Grove, 'My battle with the dons', *The Times*, 13 November 1996.

95 James, *In the Public Interest*, pp. 62, 106-107, referencing the *Sunday Times*, 9 October 1994; Gary Murray, *Enemies of the State* (London: Simon & Schuster, 1993).

96 Wafic Said, *Guardian*, 7 June 2007.

97 Hollingsworth, Halloran, *Thatcher's Fortunes*, p. 207.

98 Tim Kelsey, Peter Koenig, 'Scott seeks Iraq link to Al-Yamamah: Inquiry to ask for details of arms shipments', *Independent*, 12 October 1994, http://www.independent.co.uk/news/uk/scott-seeks-iraq-link-to-alyamamah-inquiry-to-ask-for-details-of-armsshipments-tim-kelsey-and-peter-koenig-report-1442401.html?cmp=ilc-n.

99 Hollingsworth, Halloran, *Thatcher's Fortunes*, p. 216.

100 Marie Colvin and Adrian Levy, '"An opportunist on a gravy train" - how Thatcher made his millions', *Sunday Times*, 9 October 1994.

101 Stephen Castle, Paul Routledge and Brian Cathcart, 'Mark Thatcher accused: sources say he got 12m pounds from arms deal signed by his mother', *Independent*, 9 October 1994, http://www.independent.co.uk/news/mark-thatcher-accused-sources-say-he-got-12mpounds-from-arms-deal-signed-by-his-mother-1441851.html.

102 Hollingsworth, Halloran, *Thatcher's Fortunes*, p. 215.

103 *Sunday Times*, 9 October 1994.

104 Hollingsworth, Halloran, *Thatcher's Fortunes*, p. 208.

105 Colvin, Levy, "An opportunist on a gravy train'", *Sunday Times*, 9 October 1994.

106 Hollingsworth, Halloran, *Thatcher's Fortunes*, p. 208.

107 James, *In the Public Interest*, pp. 105-106.

108 Hollingsworth, Halloran, *Thatcher's Fortunes*, p. 220.

109 James, *In the Public Interest*, p. 120. 이 주장을 뒷받침해주는 증거는 찾지 못했다.

110 'Profile: Mark Thatcher', BBC News, 26 August 2004, http://news.bbc.co.uk/1/hi/uk_politics/3597196.stm.

111 Kevin Maguire, Michael White, 'Scratcher, the millionaire fixer', *Guardian*, 26 August 2004, http://www.guardian.co.uk/politics/2004/aug/26/uk.southafrica.

112 Ibid.

113 David Pallister, 'Thatcher was integral to coup plot, Mann tells court', *Guardian*, 18 June 2008, http://www.guardian.co.uk/world/2008/jun/18/equatorialguinea.southafrica.

114 Ibid. 이 인터뷰에서 만은 타보 음베키 남아공 대통령이 남아공 및 스페인 정부와 마찬가지로 쿠데타를 지원했다고 주장했다. 또한 미 국방부, CIA, 주요 석유기업들이 오비앙 가문이 통치하고 있는 적도기니 쿠데타를 암암리에 지원했다고 주장했다. 그에 따르면 쿠데타의 주요 후원자는 런던에 거주하는 레바논 사업가이자 부동산 개발업자 일리 칼릴(Ely Calil)이었다. 만은 쿠데타 준비를 위해 칼릴이 자신에게 1,500달러를 주었다고 주장한다.

115 Hollingsworth, Halloran, *Thatcher's Fortunes*, p. 209; Leigh, Evans, 'Wafic Said'. 대처가 포르미골을 통해 아파트를 구입한 것인지, 포르미골이 직접 아파트를 구입한 뒤 대처에게 전달한 것인지는 확실치 않으나, 해당 아파트를 팔기 2년 전까지 대처가 그 아파트에 거주한 것은 분명하다.

116 Hollingsworth, Halloran, *Thatcher's Fortunes*, p. 213.

117 Webb, *Armour-Plated Ostrich*, p. 99.

118 Deirdre Hipwell, 'Investors cash in on Libya's post-sanction era', PropertyWeek.com, 5 April 2007, http://www.propertyweek.com/story.asp?storycode=3084341.

119 Holly Watt and Robert Winnett, 'Company with links to Tony Blair adviser in Libya tourism deal', *Daily Telegraph*, 7 November 2009, http://www.telegraph.co.uk/news/newstopics/politics/6515524/Company-with-links-to-Tony-Blair-adviser-in-Libyatourism-deal.html.

120 Wafic Said website, 'Said Foundation', http://www.waficsaid.com/Said_foundation.htm.

121 영국 및 아일랜드 기업 정보 데이터베이스, FAME 검색 결과.

122 Said Business School website, 'Our Benefactors', http://www.sbs.ox.ac.uk/about/Pages/benefactors.aspx.

123 Wafic Said website, 'Said Business School', http://www.waficsaid.com/said_business_school.htm.

124 Rachel Sylvester, 'The fixer who keeps a foot in both camps', *Daily Telegraph*, 17 March 2001, http://www.telegraph.co.uk/news/uknews/1326784/The-fixer-who-keeps-a-footin-both-camps.html.

125 Charlie Bain, 'Oxford dons vote against business school project', *Independent*, 6 November 1996, http://www.independent.co.uk/news/oxford-dons-vote-against-business-schoolproject-1350919.html?cmp=ilc-n.

126 'Climber cleared of trespass offence', *Oxford Mail*, 20 February 2002, http://archive.oxfordmail.net/2002/2/20/44121.html.

127 Centre for Lebanese Studies website, 'People', http://www.lebanesestudies.com/7/About%20the%20Centre%20%3E%20Who%20we%20are.html.

128 Wafic Said website, 'Profile', http://www.waficsaid.com/profile.htm.

129 UNESCO website, http://www.unesco.org/confgen/participants/lists/saint_vincent_et_grenadines.html; Wafic Said website, 'Profile', http://www.waficsaid.com/profile.htm.

130 Alderson, "Do I deserve to be labelled a Syrian terrorist?"(미주 83번 참조).

131 Robert Winnett and Jonathan Calvert, 'Cameron took £100,000 from Saudi arms dealer', Sunday Times, 26 March 2006.

132 당시 19세 학생이었던 그의 딸 라샤 사이드(Rasha Said), 부인 로즈메리는 2005년 보수당에 총 네 차례 기부한 것으로 알려져 있다. 그녀의 아버지에 따르면 당시 라샤의 자산은 2억 파운드에 달했다. Robert Winnett, 'Tories face investigation into donations from Syrian millionaire's family', Daily Telegraph, 31 March 2009, http://www.telegraph.co.uk/news/newstopics/politics/conservative/5084166/Tories-faceinvestigation-into-donations-from-Syrian-millionaires-family.html; David Hencke, agencies, 'Labour MP asks Electoral Commission to investigate Tory donor', Guardian, 18 November 2009, http://www.guardian.co.uk/politics/2008/nov/18/conservatives-bae; 보수당은 "2005년 로즈메리가 여러 차례 전달한 기부금이 선거관리위원회에 라샤가 기부한 것으로 잘못 기록되어 있었다. 행정상의 오류이며 전적으로 우리 책임이다. 확인 과정에서 선거인 명부를 오독해 발생한 일이다"라며 마지못해 이를 인정했다. 행정적 오류가 있었다는 보수당 측 주장에도 불구하고 한 노동당 의원은 선거관리위원회에 라샤 사이드가 기부한 4만 7,000파운드에 대한 조사를 요청했다.

133 Chris Blackhurst, 'Whitehall alarm over Mandelson's meetings in Syria', Independent, 16 February 2001, http://www.independent.co.uk/news/uk/politics/whitehall-alarm-overmandelsons-meetings-in-syria-692007.html?cmp=ilc-n.

134 Ibid.

135 David Leigh, Rob Evans, Ewen MacAskill, 'Lebanese billionaire is drawn into BAE arms deal inquiry as "second middleman for Saudis"', Guardian, 2 December 2006, http://www.guardian.co.uk/world/2006/dec/02/bae.armstrade.

136 Mohammad Safadi website, '생애' 페이지(구글 번역기를 이용해 영어로 번역, http://translate.google.co.uk/translate?js=y&prev=_t&hl=en&ie=UTF-8&layout=1&eotf=1&u=http%3A%2F%2Fwww.mohammad-safadi.com%2Fwhy.php&sl=auto&tl=en).

137 David Leigh, Rob Evans, 'Mohammed Safadi', Guardian, 7 June 2007, http://www.guardian.co.uk/world/2007/jun/07/bae6.

138 'Lebanon's unity government', Al Jazeera, 9 November 2009, http://english.aljazeera.net/news/middleeast/2009/11/2009119194612926893.html; 'Safadi urges boycott of Israeli goods in Arab markets', Daily Star (Lebanon), 28 April 2010, http://www.dailystar.com.lb/article.asp?edition_id=1&categ_id=3&article_id=114295#axzz0u7qnaQfs.

139 Leigh, Evans, MacAskill, 'Lebanese billionaire is drawn into BAE arms deal inquiry' (미주 135번 참조).

140 Leigh, Evans, 'Mohammed Safadi' (미주 137번 참조).

141 TAG Aviation website, http://www.tagaviation.com/TagFarnboroughAirport/tabid/84/Default.aspx; FAME에 기재된 'TAG AVIATION HOLDING SA' 관련 정보.

142 Leigh, Rob Evans, 'Mohammed Safadi' (미주 137번 참조).

143 Ibid.

144 FAME에 기재된 'BRITISH MEDITERRANEAN AIRWAYS LTD' 관련 정보.

145 Leigh, Evans, 'Wafic Said' (미주 87번 참조).

146 William Simpson, *The Prince: The Secret Story of the World's Most Intriguing Royal Prince, Bandar Bin Sultan* (New York: HarperCollins, 2006), p. 149에서 인용됨.

147 기밀 해제된 미 국무부 전문, 7 May 2004, http://www.pbs.org/frontlineworld/stories/bribe/images/pdf/helicopter.pdf에 게시됨.

148 Ibid.

149 Ibid.

150 'Black Money' (미주 13번 참조).

151 Ibid.

6. 다이아몬드와 무기

1 Bavarian State Office of Criminal Investigation, *Report on the Greek Citizen Angelos Scordas/Merex*, Case Ref: 142/96, Volume M-4581-96, Düsseldorf, 11 January 2005.

2 S. Ellis, *The Mask of Anarchy* (New York: New York University Press, 2006), p. 67.

3 'Charles Taylor: Africa's monster', *Independent*, 1 April 2006.

4 Ellis, *Mask of Anarchy*, p. 67.

5 Ibid.

6 'Charles Taylor: Africa's monster', *Independent*, 1 April 2006.

7 Ellis, *Mask of Anarchy*, p. 67.

8 'Charles Taylor claims US helped spring him from Plymouth Jail', *Boston Globe*, 16 July 2009.

9 Ibid.

10 'Ex-leader of Liberia cites CIA in jailbreak', *The New York Times*, 17 July 2009.

11 Ibid.; 'How Taylor escaped US prison', *Inquirer* (Liberia), July 2009.

12 'Ex-leader of Liberia cites CIA in jailbreak', *The New York Times*, 17 July 2009.

13 Ellis, *Mask of Anarchy*, pp. 67-69.

14 'Charles Taylor and the assassination of Sankara', *Pambazuka News*, 19 June 2008, Issue 382.

15 'Ghaddaffi, Compaore named external actors in Liberian conflict', *Daily Observer* (Liberia), 14 December 2009; D. Farah, *Blood From Stones: The Secret Financial Network of Terror* (New York: Broadway Books, 2004), p. 10.

16 Farah, *Blood From Stones*, p. 24.

17 Ibid.

18 Ibid.

19 Ellis, *Mask of Anarchy*, p. 78.

20 'Troubled past of Africa's first republic', BBC News, 12 August 1999.

21 'A bad man in Africa', *Daily Telegraph*, 29 June 2003.

22 'Liberia: the politics of brute force', *Perspective*, 17 July 2000.

23 'Liberia: TRC's most notorious', *New Democrat*, 6 July 2009.

24 *Republic of Liberia Truth and Reconciliation Commission: Final Report, Volume II*, 2009, pp. 127-128, www.trcofliberia.org에서 다운로드 가능.

25 Ibid., p. 128.

26 Ellis, *Mask of Anarchy*, pp. 90-91.

27 A. Adebajo, *Liberia's Civil War: Nigeria, Ecomog and Regional Security in West Africa* (Boulder, Colo.: L. Rienner Publications, 2002), p. 90.

28 G. Campbell, *Blood Diamonds* (Cambridge, Mass.: Basics Books, 2004), p. 72.

29 다이아몬드와 무기를 나르던 '인간 노새'에 대한 끔찍한 이야기는 *Blood Diamonds* 참조.

30 Ibid., p. 23.

31 Ibid., p. 42.

32 United Nations Security Council, *Report of the Panel of Experts Pursuant to Security Council Resolution 1343 (2001), Paragraph 19, Concerning Liberia*, S/2001/1015, 17 October 2001, para. 153, p. 35.

33 호주 정부 정보 서비스(Australian Government Information Service)를 통해 게시된 정보를 기반으로 작성된 내용. 2005년 5월 25일 열람.

34 Company Register: Orbal Marketing Services, Australian Securities and Investment Commission. 2010년 6월 16일 열람.

35 United Nations Security Council, 'Firm offers Liberian diamonds despite ban', *Rapaport*, 14 January 2003; *Report of the Panel of Experts Appointed Pursuant to Paragraph 4 of Security Council Resolution 1458 (2003), Concerning Liberia*, S/2003/498, 24 April 2003, p. 36.

36 Interrogation of Roger D'Onofrio, Regione Carabinieri Campania: Stazione di Vico Equense, 6 December 1995.

37 'Taylor, Ghadafi, ex-CIA agent organized arms, diamonds smuggling company', Truth and Reconciliation Commission of Liberia, press release, 18 February 2009, www.trcofliberia.org에서 다운로드 가능; 'Appendix A: Chronology of Nuclear Smuggling Incidents' in The Continuing Threat from Weapons of Mass Destruction, timeline/briefing document presented during 1996 Congressional Hearings on Intelligence and Security, Central Intelligence Agency (CIA), undated, www.cia.gov에서 다운로드 가능.

38 Interrogation of Roger D'Onofrio, Regione Carabinieri Campania: Stazione di Vico Equense, 6 December 1995.

39 P. Jenkins, 'Whose Terrorists? Libya and State Criminality', *Contemporary Crises 1988*, Vol. 12, p. 14.

40 'In Italy: a subtle mixture of intimidation and seduction', *Le Monde*, 22-23 April 1984, p. 4.

41 Ibid.

42 Ibid.

43 'The Burden of Billy', *Time*, 4 August 1980.

44 Ibid.; V. Pisano, 'Libya's Foothold in Italy', *The Washington Quarterly*, Vol. 5 (1982), No. 2, pp. 179-180.

45 'Billy Carter dies of cancer at 51; troubled brother of a president', *The New York Times*, 26 September 1980.

46 Interrogation of Roger D'Onofrio, Regione Carabinieri Campania: Stazione di Vico Equense, 6 December 1995.

47 Ibid.

48 Ibid.

49 Ibid.

50 Ibid. 또한 *Republic of Liberia Truth and Reconciliation Commission: Volume III (Appendices), Economic Crimes and the Conflict: Exploitation and Abuse*, 2009, paras. 113-115 참조.

51 *Republic of Liberia Truth and Reconciliation Commission: Volume III* (50번 참조).

52 Bavarian State Office of Criminal Investigation, *Report on the Greek Citizen Angelos Scordas/Merex*, Case Ref: 142/96, Volume M-4581-96, Düsseldorf, 11 January 2005.

53 'Agreement No. 002A between Swift International Business Services Canada Inc. (Montreal), Battisto Elmo (Milan) and IBC International Business Consult

(Monrovia)', undated; 'Agreement No. 002A between Swift International Business Services Canada Inc. (Montreal), Battisto Elmo (Milan) and IBC International Business Consult (Monrovia)', 25 February 1994 (signed Dennis Moorby, Battisto Elmo and Dr Rudolf Meroni); 'Agreement No. 001A between Swift International Business Services Canada Inc. (Montreal), Battisto Elmo (Milan) and IBC International Business Consult (Monrovia)', 2 March 1994, Signed Dennis Moorby, Battisto Elmo, Dr Rudolf Meroni and Carlo Galeazzi. Documents gathered and collated by Italian police under auspices of the 'Cheque to Cheque' investigation.

54 'Informative di Reato Relativa all'operazione "Cheque to Cheque"', Regione Carabinieri Campania: Stazione di Vico Equense, 30 June 1998, p. 308.

55 Memo conferring power of attorney to Francesco Elmo, Swift International Business Services Canada Inc., Signed Dennis Moorby, Zurich, 8 April 1994. Documents gathered and collated by Italian police under auspices of the 'Cheque to Cheque' investigation.

56 Interrogation of Roger D'Onofrio, Regione Carabinieri Campania: Stazione di Vico Equense, 6 December 1995. *Republic of Liberia Truth and Reconciliation Commission: Volume III* (50번 참조), para. 113 참조.

57 M. Hibbs, 'Plutonium, Politics and Panic', *Bulletin of Atomic Scientists*, November/ December 2004, p. 25.

58 'A master plan drawn in blood', *The New York Times*, 2 April 2006.

59 Ellis, *Mask of Anarchy*, p. 109.

60 Jimmy Johnson, 'Israelis and Hezbollah haven't always been enemies', 11 September 2006, http://www.williambowles.info/syria_lebanon/ israel_hezbollah.html.

61 Statement of Fernando Robleda, 6 June 2000, Central Examining Court: Madrid and Interrogation of Vadim Semov, 25 April 2002, Central Examining Court: Madrid and Interrogation of Leonid Minin, 8 July 2001, Monza Public Prosecutor's Office.

62 'Minin Leonid Efimovic', Anneso '1', Commando Generale dell'Arma dei Carabinieri, Ufficio Criminalita Organizzata, Roma, 17 March 1996 (Cheque to Cheque documents).

63 'Mafia Ucraina/Ukrainian Organized Crime', Servizio Centrale Operativo Della Polizia di Stato, Report of Symposium held in Rome, 7–8 October 1998.

64 Ibid.

65 Ibid.

66 Ibid.

67 Ibid. 'Naftna Mafija'라고 표기하기도 한다.

68 Ibid.

69 Ibid.

70 Ibid.

71 Interrogation of Leonid Minin, Busto Arsizio Prison, 7 July 2001.

72 Statement of Fernando Robleda, 6 June 2000 (61번 참조).

73 'Articles of Incorporation of Exotic Tropical Timber Enterprises', Monrovia, Liberia, 25 February 1997.

74 'Plantation Harvesting Rights and Investment Incentive Contract between the Government of the Republic of Liberia and Exotic Tropical Timber Enterprises', signed Mary Mamie Howe, Monrovia, Liberia, 15 May 1997.

75 Letter from Fernando Robleda to the Resident Representative, European Commission (Aid Coordination Office in Liberia), 15 January 1998, and attached

'Aide Memoire'.

76 Ibid.

77 Statement of Fernando Robleda, 6 June 2000 (61번 참조).

78 Interrogation of Leonid Minin, 8 July 2001, Monza Public Prosecutor's Office.

79 Minutes of the Meeting of the Board of Directors of Exotic Tropical Timber Enterprises, 10 December 1998, Hotel Africa.

80 'Forest Products Utilization Contract between the Government of the Republic of Liberia and Exotic Tropical Timber Enterprises', 14 December 1998.

81 United Nations Security Council, *Report of the Panel of Experts Pursuant to Security Council Resolution 1306 (2000), Paragraph 19, in Relation to Sierra Leone*, S/2000/1195, December 2001, para. 211, p. 35; Interrogation of Leonid Minin, 10 September 2001, Monza Public Prosecutor's Office. 미닌은 자신의 연루 사실을 보여주는 방대한 기록이 있음에도 이를 부인했다.

82 Gberie, *Dirty War in West Africa*, p. 129; reports compiled by Human Rights Watch.

83 Ibid., p. 127.

84 'Anatomy of two arms dealers', *Asia Times*, 19 June 2004.

85 Amnesty International and TransArms, *Dead on Time - Arms Transportation, Brokering and the Threat to Human Rights*, ACT 30/007/2006, 9 May 2006.

86 UN Security Council, *Report of the Panel of Experts Pursuant to Security Council Resolution 1306* (81번 참조), pp. 35-36. UN Security Council, *Report of the Panel of Experts Pursuant to Security Council Resolution 1343* (32번 참조), para. 212, p. 47.

87 'War crimes trial resumes for former leader of Liberia', *The New York Times*, 8 January 2008.

88 'The Tammivuori family has long advanced Finnish exports', *Helsingin Sanomat*, 2 July 2002.

89 Interrogation of Leonid Minin, 8 July 2001, Monza Public Prosecutor's Office.

90 Fax from Erkki Tammivuori to Leonid Minin, 20 March 1999, Minin Archives/Docs.

91 Interrogation of Leonid Minin, 8 July 2001, Monza Public Prosecutor's Office.

92 Fax from Erkki Tammivuori to Leonid Minin (Limad AG - Zug), Ref: Consulting Agreement Structure', 24 June 1999.

93 Fax from Erkki Tammivuori addressed to 'Dear Leo', undated, headed: 'Summary Report on the Meetings with a Checklist for Items Expected from the Liberian Side'.

94 'Minin Esame Documenti Sequestri', Italian translation and summary of documents seized from Leonid Minin by Italian police in August 2000, 23 May 2001.

95 Fax from Erkki Tammivuori to Leonid Minin, Ref.: 'Konkurs' Missiles Procurement, 23 March 1999, Minin Archives/Docs.

96 Ibid.

97 Fax from Erkki Tammivuori (Met A.S.) to Leonid Minin, 27 July 1999, Minin Archives/Papers.

98 'Finnish businessman implicated in weapons smuggling from Europe to Liberia', *Helsingin Sanomat*, 2 July 2002.

99 UN Security Council, *Report of the Panel of Experts Pursuant to Security Council Resolution 1343* (32번 참조), para. 218.

100 Amnesty International, *Dead on Time*.

101 Ken Silverstein, 'Comrades in Arms', *Washington Monthly*, January/February 2002.

102 'Sierra Leone: Gunrunners', transcript of PBS arms-dealing special, May 2002, www.stimson.org. 2010년 8월 9일 접속.

103 'From factory to firing line: the story of one bullet', *Sunday Herald Online*, 9 October 2005.

104 Silverstein, 'Comrades in Arms'.

105 Interrogation of Leonid Minin, 8 July 2001, Monza Public Prosecutor's Office.

106 Ibid.

107 Fax from Fernando Robleda to Vadim Semov, 19 March 1999, Minin Italian Case Legal Docs.

108 Greenpeace, *Logs of War: The Relationship between the Timber Sector, Arms Trafficking and the Destruction of the Forests in Liberia*, March 2001, pp. 17-18.

109 'Buyer beware: the stamps that fooled a nation', *Independent*, 13 May 2006.

110 정보원과의 인터뷰.

111 'The deadly convenience of Viktor Bout', *ISN ETH Zurich*, 24 June 2008.

112 'Times Topics: Viktor Bout', *The New York Times*, 11 August 2009.

113 'The deadly convenience of Viktor Bout', *ISN ETH Zurich*, 24 June 2008. 부트의 아내 알라(Alla)는 이러한 주장이 말도 안 되는 헛소리라며 해당 주장이 담긴 '우스꽝스러운' 기사를 맹비난했다. "정말 말도 안 된다. 아버지는 KGB 고위 임원이 아니라 평범한 교사였다!"

114 'Background: the life of Viktor Bout', *Guardian*, 6 March 2009.

115 Doug Farah, Stephen Braun, *Merchant of Death* (London: John Wiley & Sons, 2007), pp. 32-33.

116 Ibid., pp. 132-136.

117 Coalition for International Justice, *Following Taylor's Money: A Path of War and Destruction*, Washington DC, May 2005, pp. 16-22.

118 Ibid., pp. 45-49.

119 Doug Farah, Stephen Braun, 'The Merchant of Death', *Foreign Policy*, 10 October, 2006. 영국 정보기관 MI5가 해당 거래의 절반이 살짝 넘는 규모의 거래 가치를 약 3,000만 달러로 추산한 적 있다는 점에 주목할 필요가 있다. 'A merchant of death or decent businessman?', *Moscow Komsomolskaya Pravda*, 27 February 2002 참조.

120 Farah, Braun, 'Merchant of Death', *Foreign Policy*, 10 October 2006.

121 Farah, Braun, *Merchant of Death*, pp. 49-51.

122 Ibid.

123 Ibid., pp. 81-82.

124 'Victor Bout: Africa's merchant of death', *Guardian*, 23 December 2000. United Nations Security Council, *Final Report of the Monitoring Mechanism on Angola Sanctions*, S/2000/1225, 21 December 2000 참조.

125 Farah, Braun, *Merchant of Death*, p. 41. 라이베리아 항공기 등록사무소는 수년간 런던에 위치해 있었으며, 비행계획서 혹은 관련 문서가 제대로 평가된 적은 한 번도 없었다.

126 UN Security Council, *Report of the Panel of Experts Appointed Pursuant to Security Council Resolution 1306* (81번 참조), para. 224.

127 Centre for Public Integrity, *South Africa: The Merchant of Death*, 20 November 2000, www.allafrica.com에서 다운로드 가능. 루프라는 이그제큐티브아웃컴과 아무런 관계가 없다며 부인했다.

128 'Private Military Companies: Soldiers Inc.', *Jane's Defence Weekly*, 22 May 2002.

129 UN Security Council, *Report of the Panel of Experts Appointed Pursuant to Security Council Resolution 1306* (81번 참조), para. 225.

130 UN Security Council, *Report of the Panel of Experts Pursuant to Security Council Resolution 1343* (32번 참조), paras. 59-61.

131 Ibid.

132 UN Security Council, *Report of the Panel of Experts Pursuant to Security Council Resolution 1306* (81번 참조), para. 232.

133 Ibid., para. 234.

134 Ibid., para. 233.

135 'The international dealers in death', *Guardian*, 9 July 2001.

136 Farah, Braun, 'Merchant of Death', *Foreign Policy*.

137 Coalition for International Justice, *Following Taylor's Money*, p. 26.

138 *Republic of Liberia Truth and Reconciliation Commission: Volume III* (50번 참조), para. 94.

139 Farah, *Blood From Stones*, p. 5.

140 Ibid., pp. 6, 113-116.

141 Global Witness, *For a Few Dollars More: How al Qaeda moved into the Diamond Trade*, April 2003, p. 41.

142 Farah, *Blood From Stones*, p. 56.

143 Ibid., pp. 53-59.

144 Wanted poster for Abdullah Ahmed Abdullah, Rewards for Justice Program, US Department of State.

145 Global Witness, *For a Few Dollars More*, p. 41.

146 Ibid.

147 Ibid.

148 'Al Qaeda's growing sanctuary', *Washington Post*, 14 July 2004.

149 Global Witness, *For a Few Dollars More*, p. 47.

150 Ibid.

151 H. Anders, and A. Vines, 'Sanction and Enforcement', in *Developing a Mechanism to Prevent Illicit Brokering in Small Arms and Light Weapons - Scope and Implications* (Geneva: United Nations Institute for Disarmament Research (UNIDIR), 2007), p. 131.

152 Global Witness, *For a Few Dollars More*, pp. 53-59; 옐레닉은 'Yelnik'로 표기하기도 한다.

153 Ibid.

154 Ibid.

155 Farah, *Blood From Stones*.

156 코웬호벤의 성은 'Guus'로 표기되는 경우도 있는데, 그래서 그가 로테르담에서 태어난 것인지, 스헤르토헨보스에서 태어난 것인지를 두고 의견이 분분하다. 법원 기록조차 서로 일치하지 않는다.

157 'Crimes against humanity: anatomy of an arms dealer', *Independent*, 19 May 2006.

158 Ibid.

159 'Profile: Guus Kouwenhoven', BBC News Online, 10 March 2008.

160 'Crimes against humanity', *Independent*, 19 May 2006.

161 Ibid.

162 Ibid.

163 UN Security Council, *Report of the Panel of Experts Pursuant to Security Council Resolution 1343* (32번 참조), para. 333.

164 Ibid., para. 334.

165 *Africa South of the Sahara 2004* (London: Europa Publications, 2004), pp. 614-615.

166 Global Witness, *The Usual Suspects: Liberia's Weapons and Mercenaries in Côte d'Ivoire and Sierra Leone*, March 2003, p. 24.

167 UN Security Council, *Report of the Panel of Experts Pursuant to Security Council*

Resolution 1343 (32번 참조), paras. 334-335.

168 Judgment in the Matter of Public Prosecutors Office (Holland) vs Gus Kouwenhoven, District Court of The Hague (Criminal Law Section), LJN: AY5160/ 09/750001-05, 7 June 2006.

169 Ibid.

170 Ibid.

171 Ibid.

172 Ibid.

173 Ibid.

174 United Nations Security Council, *Security Council Committee on Liberia Updates Assets Freeze List*, SC/8570, 30 November 2005.

175 'Back to the Brink: War Crimes by Liberian Government and Rebels, Section III: Lurd Forces', *Human Rights Watch*, Vol. 14, No. 4(a), May 2002; and Stephen Ellis, email communication, 19 June 2011.

176 International Crisis Group, *Côte d'Ivoire: The War is Not Yet Over*, Africa Report No. 72, 28 November 2003; and Stephen Ellis, email communication, 19 June 2011.

177 *Africa South of the Sahara 2004*, pp. 607-609.

178 라이베리아 진실화해위원회는 2009년 12월 최종 보고서를 발간했다. 보고서는 www.trcofliberia.org에서 다운로드 가능하다. 보고서에는 라이베리아 진실화해위원회의 탄생 배경과 위원회의 기반이 된 법적 체계에 대해서도 명확히 기술되어 있다.

179 'Nigeria will end asylum for warlord', *The New York Times*, 25 March 2006.

180 'Taylor's new Nigerian home', BBC News, 11 August 2003; 'Taylor's Nigerian gilded cage', BBC News, 28 March 2006.

181 Coalition for International Justice, *Following Taylor's Money*, pp. 16-22.

182 Ibid.

183 Ibid., pp. 6-7.

184 'Nigerian to hand over Liberian ex-leader', *Los Angeles Times*, 26 March 2006.

185 'Ex-Liberian warlord behind bars', CBS NEWS, 29 March 2006; 'Charles Taylor caught in Nigeria', BBC News, 29 March 2006.

186 'Charles Taylor "duped" by Nigeria', BBC News, 10 November 2009.

187 라이베리아 내전으로 인한 정확한 사망자 수는 밝혀지지 않고 있다. 본문에 언급된 수치는 Ellis, *Mask of Anarchy*, 'Annex A: Casualties of the Liberian War, 1989-1997', pp. 315-316의 내용을 인용한 것이다.

7. 반다르에게 굴복하다

1 'Romania', *Guardian*, 'The BAE Files'.

2 이 장의 내용은 인용된 출처 외에도 해당 수사에 정통한 다양한 인사들과의 대화를 기반으로 한다.

3 Christopher Hope, 'Twenty years of smokescreen over Saudi deal', *Daily Telegraph*, 21 June 2006, http://www.telegraph.co.uk/finance/2941537/Twenty-years-of-smokescreenover-Saudi-deal.html.

4 Ibid.

5 FOIA Centre, 'Government falsely claimed that NAO report cleared "Al Yamamah" of bribery allegations', 21 June 2006, http://www.foiacentre.com/news-al-yamamah-060621.html.

6 Christopher Hope, James Kirkup, 'Extravagance uncovered during Saudi arms

probe', *Daily Telegraph*, 10 April 2008, http://www.telegraph.co.uk/news/uknews/1584599/Extravagance-uncovered-during-Saudi-arms-probe.html.

7 James, *In the Public Interest* (London: Little, Brown and Company, 1995), p. 56. 본은 결국 감사원장직을 사임했으나, 알야마마 사업으로 그의 신뢰도에 큰 타격을 입었기 때문이 아니라 3년 동안 출장비로만 36만 5,000파운드, 식대로 2만 7,000파운드를 청구했기 때문이다. 또한 영국 그랑프리에 BAE 내빈으로 초대되는 등, 자신의 감사 대상으로부터 거리낌 없이 접대를 받은 것으로 드러났다(Robert Winnett, 'How unsackable Sir John Bourn sealed his fate', *Daily Telegraph*, 26 October 2007, http://www.telegraph.co.uk/news/uknews/1567357/Howunsackable-Sir-John-Bourn-sealed-his-fate.html).

8 David Leigh, Rob Evans, 'Nobbling the police', *Guardian*, 'The BAE Files', http://www.guardian.co.uk/baefiles/page/0,,2098531,00.html.

9 Robert Wardle, witness statement of 17 December 2007 in High Court case between CAAT, Corner House and the Director of the SFO with BAE Systems PLC as an interested party. CO/1567/07, http://www.thecornerhouse.org.uk/sites/thecornerhouse.org.uk/files/WardleWitState.pdf에 게시, 14 April 2010.

10 Document 3 in High Court case between CAAT, Corner House and the Director of the SFO with BAE Systems PLC as an interested party. CO/1567/07, Exhibit RW4, letter of 7 November 2005 from Michael Lester to Lord Goldsmith QC, attaching a memorandum, http://www.thecornerhouse.org.uk/sites/thecornerhouse.org.uk/files/SecondRedactDocsRW4.pdf.

11 Ibid.

12 Ibid.

13 Ibid.

14 Ibid.

15 Ibid.

16 OECD Convention on Combating Bribery of Foreign Public Officials in International Business Transactions, Adopted by the Negotiating Conference on 21 November 1997, http://www.oecd.org/dataoecd/4/18/38028044.pdf.

17 Document 3 in High Court case between CAAT, Corner House and the Director of the SFO (미주 10번 참조).

18 Document 2 in High Court case between CAAT, Corner House and the Director of the SFO with BAE Systems PLC as an interested party. CO/1567/07, Exhibit RW4, letter of 10 November 2005 from Jonathan Jones to Michael Lester, http://www.thecornerhouse.org.uk/sites/thecornerhouse.org.uk/files/SecondRedactDocsRW4.pdf, 23 November 2009.

19 Document 4 in High Court case between CAAT, Corner House and the Director of the SFO with BAE Systems PLC as an interested party. CO/1567/07, Exhibit RW4, letter of 11 November 2005 from Michael Lester to Jonathan Jones, http://www.thecornerhouse.org.uk/sites/thecornerhouse.org.uk/files/SecondRedactDocsRW4.pdf, 23 November 2009.

20 Document 6 in High Court case between CAAT, Corner House and the Director of the SFO with BAE Systems PLC as an interested party. CO/1567/07, Exhibit RW4, letter of 15 November 2005 from Matthew Cowie to Jonathan Hitchin, http://www.thecornerhouse.org.uk/sites/thecornerhouse.org.uk/files/SecondRedactDocsRW4.pdf, 23 November 2009.

21 Robert Wardle, witness statement of 17 December 2009 in High Court case between CAAT, Corner House and the Director of the SFO (미주 9번 참조).

22 Document 1 in High Court case between CAAT, Corner House and the Director of the SFO with BAE Systems PLC as an interested party. CO/1567/07, Exhibit RW2, letter from Jonathan Jones to Gus O'Donnell and others, 6 December 2005, http://www.thecornerhouse.org.uk/sites/thecornerhouse.org.uk/files/RedactedDocsRW2.pdf.

23 Robert Wardle, witness statement of 17 December 2009 in High Court case between CAAT, Corner House and the Director of the SFO (미주 9번 참조).

24 Document 2 in High Court case between CAAT, Corner House and the Director of the SFO with BAE Systems PLC as an interested party. CO/1567/07, Exhibit RW2, letter from Gus O'Donnell to Jonathan Jones, 16 December 2005, http://www.thecornerhouse.org.uk/sites/thecornerhouse.org.uk/files/RedactedDocsRW2.pdf.

25 Ibid.

26 Ibid.

27 Document 7 in High Court case between CAAT, Corner House and the Director of the SFO with BAE Systems PLC as an interested party. CO/1567/07, Exhibit RW4, file note written by Robert Wardle dated 22 December 2005 recording conversation on 7 December 2005 with Michael Lester, http://www.thecornerhouse.org.uk/sites/thecornerhouse.org.uk/files/SecondRedactDocsRW4.pdf, 23 November 2009.

28 Document 8 in High Court case between CAAT, Corner House and the Director of the SFO with BAE Systems PLC as an interested party. CO/1567/07, Exhibit RW4, email from Jonathan Hitchin to Matthew Cowie of 8 December 2005, attaching a memorandum for the Director of the Serious Fraud Office, http://www.thecornerhouse.org.uk/sites/thecornerhouse.org.uk/files/SecondRedactDocsRW4.pdf, 23 November 2009.

29 Ibid.

30 Ibid.

31 Document 9 in High Court case between CAAT, Corner House and the Director of the SFO with BAE Systems PLC as an interested party. CO/1567/07, Exhibit RW4, Director Brief written by Matthew Cowie, 19 December 2005, http://www.thecornerhouse.org.uk/sites/thecornerhouse.org.uk/files/SecondRedactDocsRW4.pdf, 23 November 2009.

32 Document 10 in High Court case between CAAT, Corner House and the Director of the SFO with BAE Systems PLC as an interested party. CO/1567/07, Exhibit RW4, note of meeting on 11 January 2006, attended by the Law Officers and the Director of the SFO, and others, http://www.thecornerhouse.org.uk/sites/thecornerhouse.org.uk/files/SecondRedactDocsRW4.pdf, 23 November 2009.

33 Robert Wardle, witness statement of 17 December 2009 in High Court case between CAAT, Corner House and the Director of the SFO (미주 9번 참조).

34 Leigh, Evans, 'Nobbling the police' (미주 8번 참조).

35 정보공개법에 따라 법무장관이 《가디언》에 제출한 답변서, 2007년 4월 4일, p. 5, http://web.archive.org/web/20080407230917/http://www.attorneygeneral.gov.uk/attachments/Sample+SFO+&+bae+reply.pdf에 게시. (《가디언》 파일 링크인 http://www.guardian.co.uk/baefiles/page/0,,2098531,00.html는 현재 사용이 불가능하며, 웹아카이브WebArchive 웹사이트를 활용한 위의 링크는 2008년 기준 활성화된 상태였다.)

36 Document 1 in High Court case between CAAT, Corner House and the Director of the SFO with BAE Systems PLC as an interested party. CO/1567/07, Exhibit RW2, letter from Gus O'Donnell to Jonathan Jones, 29 September

2006, http://www.thecornerhouse.org.uk/sites/thecornerhouse.org.uk/files/
RedactedDocsRW2.pdf.

37 Document 11 in High Court case between CAAT, Corner House and the
Director of the SFO with BAE Systems PLC as an interested party. CO/1567/07,
Exhibit RW4, letter from Helen Garlick, Assistant Director of the SFO, to
Jonathan Jones, Legal Secretary to the Law Officers, 27 October 2006,
http://www.thecornerhouse.org.uk/sites/thecornerhouse.org.uk/files/
SecondRedactDocsRW4.pdf, 23 November 2009.

38 Ibid.

39 Ibid.

40 정보공개법에 따라 법무장관이 《가디언》에 제출한 답변서, 2007년 4월 4일, p. 6(미주 35번
참조). 에이브버리(Avebury) 의원 질의에 대한 법무장관의 의회 답변(2007년 1월 22일)을
인용하고 있다.

41 Ibid.

42 Ibid.

43 Leigh, Evans, 'Nobbling the police' (미주 8번 참조).

44 David Leppard, 'Blair hit by Saudi "bribery" threat', *Sunday Times*, 19 November
2006, http://www.timesonline.co.uk/tol/news/uk/article641360.ece.

45 Benedict Brogan, '50,000 British jobs at risk if vital defence deal is lost', *Daily Mail*,
24 November 2006, http://www.dailymail.co.uk/news/article-418481/50-000-
British-jobsrisk-vital-defence-deal-lost.html.

46 David Leigh, Rob Evans, 'Brutal politics lesson for corruption investigators',
Guardian, 16 December 2006, http://www.guardian.co.uk/uk/2006/dec/16/
armstrade.saudiarabia2.

47 Ibid.

48 Christopher Hope, 'Halt inquiry or we cancel Eurofighters', *Daily Telegraph*, 1
December 2006, http://www.telegraph.co.uk/news/uknews/1535683/Halt-inquiry-
or-we-cancel-Eurofighters.html.

49 Isabel Oakeshott, 'MPs demand Blair save Saudi weapons deal', *Sunday Times*, 3
December 2006, http://www.timesonline.co.uk/tol/news/uk/article658378.ece.

50 Christopher Hope, 'Pressure grows to resolve fraud inquiry into Saudi arms deals',
Daily Telegraph, 4 December 2006, http://www.telegraph.co.uk/finance/2951813/
Pressuregrows-to-resolve-fraud-inquiry-into-Saudi-arms-deals.html.

51 James, *In the Public Interest*, p. 104.

52 Ibid., p. 115; 'Pergau dam affair: "sweeteners" row sparked trade ban', *Independent*,
8 September 1994.

53 'Black Money', *Frontline*, PBS, http://www.pbs.org/wgbh/pages/frontline/
blackmoney/view/, 전사본은 http://www.pbs.org/wgbh/pages/frontline/
blackmoney/etc/script.html에서 열람 가능.

54 Ibid.

55 Leigh, Evans, 'Brutal politics lesson for corruption investigators' (미주 46번 참조).

56 Document 2 in High Court case between CAAT, Corner House and the Director of
the SFO (미주 24번 참조).

57 Leigh, Evans, 'Brutal politics lesson for corruption investigators' (미주 46번 참조).

58 Ibid.

59 Ewen MacAskill, Rob Evans, 'Britain "agreed in secret" to expel Saudis during
£40bn arms talks', *Guardian*, 28 September 2005, http://www.guardian.co.uk/
uk/2005/sep/28/saudiarabia.armstrade.

60 Richard Norton-Taylor, 'Britain and the Saudis finally sign £4.43bn Eurofighter deal', *Guardian*, 18 September 2007, http://www.guardian.co.uk/uk/2007/sep/18/saudiarabia.armstrade.

61 Ian Davis and Emma Mayhew, *What Happens When a White Elephant Meets a Paper Tiger?: The Prospective Sale of Eurofighter Typhoon Aircraft to Saudi Arabia and the EU Code of Conduct on Arms Exports*, BASIC Papers, Occasional Papers on International Security Policy, No. 49, December 2005, http://kms1.isn.ethz.ch/serviceengine/Files/ISN/17188/ipublicationdocument_singledocument/ceba82f1-3083-4138-a0ee-83f6ba56e3d7/en/BASIC+PAPERS.pdf.

62 CAAT, Control BAE website, http://www.caat.org.uk/campaigns/controlBAE/.

63 'The impact of the large cost overruns and delays', in *Select Committee on Public Accounts Forty-Third Report*, Chapter One, 2004, http://www.publications. parliament.uk/pa/cm200304/cmselect/cmpubacc/383/38305.htm#note12.

64 Hansard, 9 March 1989, Column 1055, http://www.publications.parliament.uk/pa/cm198889/cmhansrd/1989-03-09/Debate-2.html.

65 Davis, Mayhew, *What Happens When a White Elephant Meets a Paper Tiger?* (미주 62번 참조).

66 Hansard, 9 July 1997, Column 855, http://www.publications.parliament.uk/pa/cm199798/cmhansrd/vo970709/debtext/70709-02.htm#70709-02_spnew0.

67 Sylvia Pfeifer, 'Oman in talks to buy Eurofighter Typhoons', *Financial Times*, 3 April 2010, http://www.ft.com/cms/s/0/9616ce7a-3eb8-11df-a706-00144feabdc0.html; UPI, 5 April 2010; and 'Sources: Oman to buy 24 Eurofighters', http://www.upi.com/Business_News/Security-Industry/2010/04/05/Sources-Oman-to-buy-24-Eurofighters/UPI-28171270484630/

68 Davis, Mayhew, *What Happens When a White Elephant Meets a Paper Tiger?* (미주 62번 참조), US Department of State, *World Military Expenditures and Arms Transfers*, table III, 1999-2000 인용.

69 'BAE steps up Saudi effort', *Flight International*, 21 June 2005, http://www.flightglobal.com/articles/2005/06/21/199774/bae-steps-up-saudi-effort.html.

70 Davis, Mayhew, *What Happens When a White Elephant Meets a Paper Tiger?* (미주 62번 참조).

71 Leigh, Evans, 'Brutal politics lesson for corruption investigators' (미주 46번 참조).

72 Witness statement of Dr John Jenkins (FCO) in High Court case between CAAT, Corner House and the Director of the SFO with BAE Systems PLC as an interested party. CO/1567/07, http://image.guardian.co.uk/sys-files/Politics/documents/2008/07/09/JenkinsStatement.pdf.

73 *Sunday Times*, 10 June 2007.

74 David Leigh, Rob Evans, 'BAE: secret papers reveal threats from Saudi prince', *Guardian*, 15 February 2008, http://www.guardian.co.uk/world/2008/feb/15/bae.armstrade.

75 Michael Settle, 'French connection to axed inquiry. Fears Paris could snatch a new deal lay behind the U-turn, finds Michael Settle', *Herald Scotland*, 16 December 2006, http://www.heraldscotland.com/sport/spl/aberdeen/french-connection-to-axed-inquiry-fears-pariscould-snatch-a-new-deal-lay-behind-the-u-turn-finds-michael-settle-1.1971.

76 Corner House, 'Documents reveal that Blair urged end to BAE-Saudi corruption investigation', 21 December 2007, http://www.thecornerhouse.org.uk/

item.shtml?x=559591. 해당 메모는 www.theshadowworld.com에서 열람 가능.

77 Document 7 in High Court case between CAAT, Corner House and the Director of the SFO with BAE Systems PLC as an interested party. CO/1567/07, Exhibit RW2, first attachment to the Prime Minister's minute: letter and note from Sir Richard Mottram, Permanent Secretary Intelligence, Security and Resilience, 23 November 2006, http://www.thecornerhouse.org.uk/sites/thecornerhouse.org.uk/files/RedactedDocsRW2.pdf.

78 Document 8 in High Court case between CAAT, Corner House and the Director of the SFO with BAE Systems PLC as an interested party. CO/1567/07, Exhibit RW2, second attachment to the Prime Minister's minute: letter from Sir Peter Ricketts to Oliver Robbins Esq., Principal Private Secretary, 10 Downing Street, 24 November 2006, http://www.thecornerhouse.org.uk/sites/thecornerhouse.org.uk/files/RedactedDocsRW2.pdf.

79 Leigh, Evans, 'Nobbling the police' (미주 8번 참조).

80 Corner House, 'Documents reveal that Blair urged end to BAE-Saudi corruption investigation' (미주 76번 참조).

81 Document 9 in High Court case between CAAT, Corner House and the Director of the SFO with BAE Systems PLC as an interested party. CO/1567/07, Exhibit RW2, letter from Sir Oliver Robbins to Jonathan Jones, 12 December 2006, http://www.thecornerhouse.org.uk/sites/thecornerhouse.org.uk/files/RedactedDocsRW2.pdf.

82 Document 12 in High Court case between CAAT, Corner House and the Director of the SFO with BAE Systems PLC as an interested party. CO/1567/07, Exhibit RW4, note, dated 14 December 2006, of meeting on 13 December 2006, attended by the Law Officers and the Director, and others, http://www.thecornerhouse.org.uk/sites/thecornerhouse.org.uk/files/SecondRedactDocsRW4.pdf, 23 November 2009.

83 Ibid.

84 정보공개법에 따라 법무장관이 《가디언》에 제출한 답변서, 2007년 4월 4일, p. 7 (미주 35번 참조). 수전 크레이머(Susan Kramer) 의원의 서면 질의에 대한 법무차관(Solicitor General)의 의회 답변(2007년 1월 19일)을 인용하고 있다.

85 2004~2010년 정기적으로 정보원들과 인터뷰를 하며 수집한 내용. 필자는 이메일을 통해 골드스미스 경의 답변을 여러 차례 요청했으나 답장을 받지 못했다.

86 정보공개법에 따라 법무장관이 《가디언》에 제출한 답변서, 2007년 4월 4일, p. 7 (미주 35번 참조).

87 Ibid., p. 8.

88 Hansard, 14 December 2006, column 1712; Hansard, 14 December 2006, Column 1119.

89 Mark Milner, 'City shrugs off investigation into bribery allegations at BAE as earnings soar to £1.2bn', Guardian, 23 February 2007, http://www.guardian.co.uk/business/2007/feb/23/politics.freedomofinformation.

90 'Arms and the man', Guardian, 15 December 2006, http://www.guardian.co.uk/commentisfree/2006/dec/15/labour.partyfunding.

91 'MI6 and Blair at odds over Saudi deals', Guardian, 16 January 2007.

92 'Blair: I pushed for end to Saudi arms enquiry', The Times, 15 December 2006.

93 Guardian, 13 March 2007, 14 March 2007.

94 Guardian, 24 April 2007.

95 Guardian, 11 June 2007.

96 Guardian, 7 June 2007.

97 'Police hunt arms trail in Downing Street', *The Times*, 20 May 2007.

98 해당 서한은 www.theshadowworld.com에서 열람 가능.

99 'Hermes enters BAE probe fray', *Financial Times*, 22 December 2006.

100 'F&C express concern over dropping of BAE case', *Guardian*, 22 December 2006.

101 Case No: CO/1567/2007, The Queen on the Application of Corner House Research and Campaign against Arms Trade and The Director of the Serious Fraud Office and BAE Systems PLC, Approved Judgment, 10 April 2008, http://www.thecornerhouse.org.uk/pdf/document/JR-Judgment.pdf.

102 Ibid.

103 Ibid.

104 Leigh, Evans, 'BAE: secret papers reveal threats from Saudi prince' (미주 74번 참조).

105 *Guardian*, 10 April 2008.

106 Ibid.

107 A. C. Grayling, 'The law triumphant', *Guardian*, 15 April 2008, http://www.guardian.co.uk/commentisfree/2008/apr/15/thelawtriumphant.

108 'Can we stop grovelling to the Saudis?', *Daily Mail*, 11 June 2007, http://www.dailymail.co.uk/debate/columnists/article-461108/Can-stop-grovelling-Saudis.html.

109 'Keeper of the Saudi secrets', *The New York Times*, 14 June 2007, http://www.nytimes.com/2007/06/14/opinion/14thu3.html?_r=2.

110 David Howarth, 'Mystery of the Saudi "threat"', *Guardian*, 1 August 2008, http://www.guardian.co.uk/commentisfree/2008/aug/01/bae.saudiarabia.

111 R. Cook, *Point of Departure* (London: Simon & Schuster, 2003).

112 David Leigh, 'Woolf commands fact-free zone with aplomb', *Guardian*, 6 May 2008, http://www.guardian.co.uk/world/2008/may/06/bae.baesystemsbusiness1.

113 Ibid.

114 http://ir.baesystems.com/investors/storage/woolf_report_2008.pdf; Eveline Lubbers, Wil van der Schans, 'The Threat Response Spy Files', November 2004, http://www.evel.nl/spinwatch/TRFrontpage.htm; and CAAT, '2005 CAAT Steering Committee statement on spying', http://www.caat.org.uk/about/spying.php.

115 Leigh, 'Woolf commands fact-free zone with aplomb' (미주 112번 참조).

116 Ibid.

117 David Leigh, 'The unanswered questions', *Guardian*, 7 May 2008, http://www.guardian.co.uk/world/2008/may/07/bae.armstrade.

118 BAE 연차총회에서 직접 메모한 내용. Queen Elizabeth Conference Centre, 7 May 2008.

119 David Robertson and Matt Spence, 'BAE pleads guilty to US criminal charge', *The Times*, 1 March 2010, http://business.timesonline.co.uk/tol/business/industry_sectors/engineering/article7046011.ece.

120 'BAE announces surprise departure of former chief Sir Dick Evans', *The Times*, 30 March 2010.

121 'BAE goes big on "green" weapons', BBC News, 26 October 2006, http://news.bbc.co.uk/1/hi/technology/6081486.stm.

122 Ibid.

123 Ibid.

124 Mark Townsend, 'BAE drops plans to make "green bullets"', *Guardian*, 24 August 2008, http://www.guardian.co.uk/business/2008/aug/24/baesystems.military.

125 David Leigh, Terry Macalister, 'New BAE investigation doomed to failure, claims

chairman', *Guardian*, 8 May 2008, http://www.guardian.co.uk/business/2008/
may/08/BAesystemsbusiness; 윤리적 기업이 되겠다는 BAE의 행보를 다룬 비슷한 내용의
기사가 2009년에도 있었다. Terry Macalister, 'Critics attack BAE Systems over attempt
to become "ethical" arms firm', *Guardian*, 6 May 2009, http://www.guardian.co.uk/
business/2009/may/06/baesystems-arms-trade.

126 David Leigh, 'New head of Serious Fraud Office defies talk of crisis', *Guardian*, 18
April 2008, http://www.guardian.co.uk/world/2008/apr/18/bae.foreignpolicy.

127 Simon Bowers, 'Senior SFO prosecutors quit as new director changes priorities',
Guardian, 10 June 2008, http://www.guardian.co.uk/business/2008/jun/10/3.

128 David Leigh, 'Law lords: fraud office right to end bribery investigation in BAE
case', *Guardian*, 31 July 2008, http://www.guardian.co.uk/world/2008/jul/31/
bae.armstrade.

129 Ibid.

130 Ibid.

131 'Not the last word', *Guardian*, 31 July 2008, http://www.guardian.co.uk/
commentisfree/2008/jul/31/baesystemsbusiness.saudiarabia.

132 Leigh, 'Law lords: fraud office right to end bribery investigation in BAE case' (미주
128번 참조).

133 Ibid.

134 'Black Money', *Frontline*, PBS (미주 53번 참조).

135 해당 이벤트 참석자들과의 대화 및 Trevor Maggs, 'Has staff morale collapsed at the
SFO?', trevormaggs.com, 31 March 2010에서 발췌한 내용.

8. 그리고 아무도 처벌받지 않았다

1 무기거래 사건 재판의 입증책임에 대한 훌륭한 논문으로 L. van den Herik, 'The
Difficulties of Exercising Extraterritorial Criminal Jurisdiction: The Acquittal of a
Dutch Businessman for Crimes Committed in Liberia', *International Criminal Law
Review*, Vol. 9 (2009), pp. 211-226 참조.

2 Doug Farah and Stephen Braun, *Merchant of Death* (London: John Wiley & Sons,
2007), pp. 192-203.

3 Ibid.

4 Ibid., pp. 202-203.

5 Ibid.

6 Ibid., p. 203.

7 D. Farah, S. Braun, 'The Merchant of Death', *Foreign Policy*, 1 November 2006.

8 'Viktor Bout's Last Deal', Mother Jones, 18 March 2008.

9 Farah, Braun, *Merchant of Death*, Chapter 14; 'Flying Anything to Anybody',
The Economist, 18 December 2008; 'Merchant of Death denies arming terror',
Guardian, 15 March 2009.

10 'W Sieci Terroru', *Tygodnik Nasza Polska*, nr 42 (663), 2008.

11 'Monzer Al Kassar: The Prince of Marbella - Arms to All Sides', *Frontline* World,
PBS, May 2002, www.pbs.org/frontlineworld/stories/sierraleone/alkassar.html;
DEA Public Affairs, 'DEA investigation nets international arms dealer with ties to
terrorist organizations', press statement, 8 June 2007, www.justice.gov/dea/pubs/
states/newsrel/nyc060807.html.

12 'Meet the "Prince of Marbella" - is he really supporting Iraq's insurgency?',

Observer, 1 October 2006.

13 알 카사르를 체포한 함정수사에 대한 보다 자세한 설명은 P. R. Keefe, 'The Trafficker', *The New Yorker*, 8 February 2010 참조.

14 US Attorney's Office, 'International arms trafficker Monzer Al Kassar and associate sentenced on terrorism charges', press release, 24 February 2009.

15 Ibid.

16 'Taking Down Arms Dealer Viktor Bout', *Men's Journal*, 12 December 2008.

17 'Mystery Briton is key witness in "Merchant of Death" arms sting', *Sunday Times*, 8 February 2009.

18 Sealed Complaint: Violations of Title 18, United States Code, Section 2339B, Section 3238, United States of America v. Viktor Bout (and aliases), Southern District of New York, 27 February 2008, para. 5.

19 Ibid.

20 Ibid.

21 Ibid., para. 7.

22 Ibid., para. 8.

23 'Missile System Designed to Destroy Aircraft', US Code Part I, Chapter 113B, §2332g. www.law.cornell.edu에서 열람 가능.

24 Sealed Complaint: United States of America v. Viktor Bout (미주 18번 참조), paras. 12-13.

25 Ibid., para. 16.

26 Ibid., para. 19.

27 Ibid., paras. 22, 24.

28 C. Hanley, Affidavit in Support of Request for Extradition in the Matter of United States of America v. Viktor Bout (and aliases), Case No. 08, Cr. 365, United States District Court Southern District of New York, 28 April 2008, para. 24.

29 Ibid., para. 28.

30 'Taking Down Arms Dealer Viktor Bout', *Men's Journal*, 12 December 2008.

31 'Smulian, accused partner of Viktor Bout, is held', Bloomberg, 11 March 2008.

32 'Mystery Briton is key witness in "Merchant of Death" arms sting', *Sunday Times*, 8 February 2009.

33 J. Milione, Rebuttal Affidavit Concerning Request for Extradition in the Matter of United States of America v. Viktor Bout (and aliases), Case No. 08, Cr. 365, United States District Court Southern District of New York, 17 February 2008.

34 Judgment: Offense against Act on Extradition in the Matter between the Public Prosecutor (Thailand) and Mr. Viktor Bout, Bangkok Criminal Court, 11 August 2009, Black Case No. 3/2551.

35 Ibid.

36 *ABC World News*, 24 October 2009에서 재인용.

37 'Viktor Bout wonders why the US wants him so badly', *Bangkok Post*, 16 August 2009.

38 Judgment: Offense against Act on Extradition (미주 34번 참조).

39 'The notorious Mr. Bout', *Washington Post*, 13 August 2009.

40 E. Royce 외, 'Letter to Attorney General [Eric] Holder and Secretary of State Clinton re: Viktor Bout', 11 February 2009.

41 'Alleged arms dealer protected by Russia', *Christian Science Monitor*, 24 October 2009.

42 'Why the "Merchant of Death" might not stand trial', *Foreign Policy*, 11 August 2009.

43 Ibid.

44 Ibid.

45 Judgment: Offense against Act on Extradition (미주 34번 참조).

46 '"Merchant of Death" could face new charges', *Taipei Times*, 19 February 2010.

47 Sealed Complaint: United States of America v. Viktor Bout (and aliases) and Richard Chichakli (and aliases), Southern District of New York, S1 09 Cr. 1002, March 2010.

48 'Suspected Russian arms dealer Viktor Bout to be extradited to US', *Guardian*, 20 August 2010.

49 Ibid.

50 'Arms suspect vows to win case in U.S. after extradition order', *The New York Times*, 20 August 2010.

51 'Viktor Bout has a chance to be back to Russia', *The Voice of Russia*, 13 November 2010 참조.

52 'Viktor Bout, suspected Russian arms dealer, extradited to New York', *Guardian*, 16 November 2010.

53 2008년 11월과 2010년 2월 법무부, 국무부 소속 정보원을 대상으로 실시한 비밀 인터뷰 내용을 바탕으로 작성.

54 'U.S., Russia face off over alleged arms trafficker', *Washington Post*, 23 August 2010.

55 'The inner circle of the Taylor regime', *The Perspective*, 1 January 2001.

56 코웬호벤에 관해 글로벌위트니스, 퍼스펙티브(The Perspective), UN이 실시한 조사에 대한 보다 자세한 정보는 Amnesty International, TransArms, Dead on Time – Arms Transportation, Brokering and the Threat to Human Rights, ACT 30/007/2006, 9 May 2006 참조.

57 Judgment in the Matter of Public Prosecutors Office (Holland) vs Gus Kouwenhoven, District Court of The Hague (Criminal Law Section), LJN: AY5160/09/750001-05, 7 June 2006.

58 Ibid., section 2.

59 Ibid.

60 Ibid., section 6.

61 Ibid., section 7.

62 Judgment in the Matter of Public Prosecutors Office (Holland) vs Gus Kouwenhoven, District Court of The Hague (Criminal Law Section), LJN: AY5160/09/750001-05, 7 June 2006.

63 Ibid.

64 Ibid., section 8.

65 Judgment passed in Appeal Pronounced by the District Court in The Hague on 7 June 2006 in the Criminal Case against Gus Kouwenhoven, 10 March 2008, LJN: BC7373, 09-750001-05.

66 Van der Herik, 'The Difficulties of Exercising Extraterritorial Criminal Jurisdiction', *International Criminal Law Review*, pp. 218-219.

67 Ibid., pp. 219-220.

68 Campagne tegen Wapenhandel, 'Tussenhandel in wapens onvoldoende aangepakt', press release, 13 May 2009.

69 Judgment on Further Appeal of the Court of The Hague on 10 March 2008, Number 22/004337-06 in Criminal Proceedings against Gus Kouwenhoven, Supreme Court, S. No. 08/01322, 20 April 2010.

70 'Anatomy of two arms dealers', *Asia Times*, 19 June 2004.

71 W. Mapelli, 'Request for the Enforcement of an Order for Pre-Trial Detention - Article 272 et seq. of the Italian Criminal Procedure Code', Public Prosecutor: Tribunal of Monza, Criminal Records Bureau Number 8644/00/Form 21, 11 June 2011.

72 Ibid.

73 Ibid.

74 월터 마펠리 이메일 인터뷰, 2010년 8월.

75 Ken Silverstein, 'Comrades in Arms', *Washington Monthly*, January/February 2002.

76 월터 마펠리 이메일 인터뷰, 2010년 8월.

77 Amnesty International, TransArms, *Dead on Time*, pp. 60-63.

78 Ibid.

79 B. Wood, 'The Prevention of Illicit Brokering of Small Arms and Light Weapons: Framing the Issue', in *Developing a Mechanism to Prevent Illicit Brokering in Small Arms and Light Weapons* (Geneva: United Nations Institute for Disarmament Research (UNIDIR), 2007), pp. 4-6.

80 2009년 12월 이탈리아에서 수사에 정통한 정보원을 상대로 실시한 인터뷰; 월터 마펠리 이메일 인터뷰, 2010년 8월.

81 M. Brunwasser, 'Leonid Efimovich Minin: From Ukraine, a New Kind of Arms Trafficker', PBS/*Frontline* World Investigative Series: 'Sierra Leone Gun Runners', May 2002, www.pbs.org/frontlineworld/stories/sierraleone/minin.html.

82 월터 마펠리 이메일 인터뷰, 2010년 8월.

83 2009년 12월 이탈리아에서 수사에 정통한 정보원을 상대로 실시한 인터뷰.

3부. 무기산업의 일상

9. 모든 것이 무너지다, BAE 덕분에

1 이 수치는 공식적으로 알려진 2008년까지의 비용(공개된 유일한 수치, 단위: 랜드)과 2011년까지 예산에 포함된 거래 대금을 모두 합해 산정한 것이다. 이자는 2018년까지 지급될 예정이다. 여기에 남아공 재무부의 구입능력보고서(Affordability Report)에 제시된 데이터와 남아공 감사원이 발표한 데이터를 기반으로 산정한 부대비용을 더했다(2008 Estimates of National Expenditure, Vote 19: Defence, p. 379. www.treasury.gov.za에서 열람 가능).

2 이 거래에 대한 상세한 정보와 관련 주장은 필자의 책 *After the Party: A Personal and Political Journey inside the ANC* (Jeppestown: Jonathan Ball, 2007)와 *After the Party: Corruption, the ANC and South Africa's Uncertain Future* (London: Verso, 2009)에 자세히 나와 있으며, 폴 홀든(Paul Holden)의 책 *The Arms Deal in your Pocket* (Jeppestown: Jonathan Ball, 2008)을 통해 관련 주장의 사실 여부를 보다 다양한 정보를 확인할 수 있다. 홀든은 이 책을 위한 조사 작업을 이끌었다. 해당 거래와 그 결과에 대한 학술적인 해석은 A. Feinstein, P. Holden, B. Pace, 'Corruption and the Arms Trade: Sins of Commission', *SIPRI Yearbook 2011* (Oxford: OUP, 2011) 참조.

3 'Navy fires first salvo in push to keep afloat', *Sunday Times*, 8 May 1994.

4 'Guns vs. butter? Corvettes decision looms for new SA', *Weekend Argus*, 26 February 1995.

5 'BAE and the Arms Deal: Part 1', Moneyweb, 14 August 2007, www.moneyweb.co.za.

6 Ibid.

7 'Strategic Defence Packages: Draft Report of the Auditor-General', Chapter 5: 'Advanced Light Fighter Aircraft (ALFA) and Lead-In Fighter Trainer (LIFT)', undated, Richard Young/C2I2 personal archive (PAIA requests). 리처드 영(Richard Young)의 허가를 받아 사용.

8 Ibid.

9 'Strategic Defence Packages: Joint Report', Chapter 4, 2001, www.info.gov.za; 'BAE and the Arms Deal: Part 1', Moneyweb, 14 August 2007, www.moneyweb.gov.za.

10 'Strategic Defence Packages: Joint Report', Chapter 4, para. 4.3.6.3, www.info.gov.za.

11 Ibid.

12 'BAE and the Arms Deal: Part 1', Moneyweb, 14 August 2007, www.moneyweb.co.za.

13 'Strategic Defence Packages: Joint Report, 2001', Chapter 4, para. 4.51.10, www.info.gov.za.

14 Ibid., paras. 4.5.3.6, 4.5.5.3., www.info.gov.za.

15 국방 계약에서 절충교역의 역할에 관한 놀랄 만한 연구 결과는 J. Brauer, J. P. Dunne (eds.), *Arms Trade and Economic Development: Theory, Policy and Cases in Arms Trade Offsets* (London: Routledge, 2004) 참조.

16 'DA wants review of arms deal offsets', *Pretoria News*, 14 September 2010.

17 'South African unions threaten to escalate strike', BBC News, 26 August 2010.

18 P. Holden, and H. Van Vuuren, *The Devil in the Detail* (Jeppestown: Jonathan Ball, 2011).

19 Hansard, 'National Assembly: Questions and Replies', Wednesday, 10 October 2001, Vol. 43A, p. 4103.

20 Draft of introductory chapter, 'Methodology Employed', undated, Dr Richard Young personal archive (PAIA requests). 리처드 영의 허가를 받아 사용.

21 'PE set to become Viking Mecca', *Eastern Province Herald*, 2001; 'Local firms line up for foreign gain in arms deal', *Business Report*, 6 November 2002.

22 Y. Jonson, N. Resare, 'Tourists pay for Jas/Gripen fighter jets', 6 February 2007. 스웨덴어(원문)—영어 번역은 프레드릭 스펄링(Fredrik Sperling).

23 Ibid.

24 'BAE and the Arms Deal', Moneyweb, 14 August 2007, www.moneyweb.co.za.

25 S. Sole, E. Groenink, 'Pierre Steyn speaks out about the arms deal', *Mail & Guardian*, 2 February 2007.

26 'MK boss was bought', *Noseweek*, No. 52 (December 2003); P. Kirk, 'Three foresightful architects', *Citizen*, 16 December 2003; E. Groenink, S. Sole, 'The musketeers who bought the jets', *Mail & Guardian*, 2 February 2007.

27 South African Government Information Service, 'National Industrial Participation (NIP) - Defence Summary: Project Description', September 1999, http://www.info.gov.za/issues/procurement/background/nip.htm.

28 'MK boss was bought', *Noseweek*, No. 52 (December 2003); Kirk, 'Three foresightful architects'; Groenink, Sole, 'The musketeers who bought the jets', *Citizen*, 16 December 2003, *Mail & Guardian*, 2 Febuary 2007.

29 'Soldiering ahead in business', *Saturday Star*, 6 November 1999; 'How Modise wrangled SA's jet fighter deal', *Mail & Guardian*, 3 November 2001.

30 Feinstein, *After the Party* (2007), p. 176.

31 Ibid., p. 177.

32 G. Murphy, British Serious Fraud Office, Affidavit submitted as Annexure JDP-SW12 in the High Court of South Africa (Transvaal Provincial Division) in the matter of Ex Parte the National Director of Public Prosecutions (applicant) re: an

application for issue of search warrants in terms of Section 29(5) and 29(6) of the National Prosecuting Authority Act, No. 32 of 1998, as amended (2008).

33 Ibid.

34 Ibid.

35 Ibid.

36 Ibid.

37 'The arms dealer who could bring down Zuma', *Independent*, 27 November 2008; 'Millionaire accused of propping up Mugabe', *Guardian*, 27 November 2008; 'Smoke, sex and the arms deal', *Mail & Guardian*, 28 October 2008.

38 'Treasury Designates Mugabe Regime Cronies', statement issued by the United States Department of the Treasury, 25 November 2008; Council Decision 2011/101/CFSP of 15 February 2011 concerning restrictive measures against Zimbabwe, *Official Journal of the European Union*, 16 February 2011; Department of the Treasury, Office of Foreign Assets Control, 'Specially Designated Nationals and Blocked Persons', 21 June 2011, http://www.treasury.gov/ofac/downloads/t11sdn.pdf.

39 G. Murphy, British Serious Fraud Office, Affidavit (미주 32번 참조).

40 Ibid.

41 Ibid.

42 Stefaans Brümer, Sam Sole, 'The house the arms deal bought', *Mail & Guardian*, 3 December 2010.

43 Ibid.

44 Holden, *Arms Deal in Your Pocket*.

45 Feinstein, *After the Party*; 'Memorandum from ThyssenKrupp Executive Confirming Bribe to "Chippy" Shaik, Head of Procurement in the South African National Defence Force', www.theshadowworld.com.

46 Judgment in the Constitutional Court of South Africa, Case CCT 86/06 [2008] ZACC7, Schabir Shaik (and his companies) versus the State, decided on 29 May 2008.

47 'Ruling was not Mpshe's to make', *Cape Argus*, 8 May 2009.

48 'Action against Schabir Shaik welcomed', *Mail & Guardian*, 14 March 2011.

49 Pride Chigwedere, George Seage III, Sofia Gruskin, Tun-Hou Lee and Max Essex, 'Estimating the Lost Benefits of Antiretroviral Drug Use in South Africa', *JAIDS* Online, 16 October 2008.

50 Holden, Van Vuuren, *Devil in the Detail*; 'R70 000 000 000', *City Press*, 10 April 2011.

51 Ibid.

52 Ibid.

53 Ibid.

54 Ibid.

55 'SA groaning under the weight of patronage and corruption', *Business Day*, 22 June 2009.

56 *Mail & Guardian* 사설, 12 January 2007.

57 'Funds pinch may ground SA's R10bn Gripen fleet', *Business Day*, 26 October 2010.

58 'Air force boss slams poor state of affairs', *The Times*, 4 April 2010.

59 Ibid.

60 계약서 LGS/S2010/4406, ELGS/2006/193(매년 갱신된 내용 포함)을 기반으로 추정한 내용. www.armscor.co.za에서 열람 가능.

61 'The dud sub', *The Times*, 3 August 2008.

62 계약 체결 당시 탄자니아는 UN 인간개발지수 순위에서 173개국 중 151위였다.

63 'BAE in new corruption probe as Tanzanian minister resigns', *Daily Mail*, 21 April 2008, http://www.dailymail.co.uk/news/article-561000/bae-new-corruption-probe-Tanzanianminister-resigns-500-000-bribery-claim.html.

64 'Military radar probe: The key suspects … And the case against them', This Day, 15 February 2010, http://www.thisday.co.tz/?l=10648.

65 'Tanzania', *Guardian*, 7 June 2007, http://www.guardian.co.uk/world/2007/jun/07/bae9.

66 국제개발부의 전신.

67 Clare Short, 'BAE's government-backed rip-off', *Guardian*, 'Comment is Free', 1 October 2009, http://www.guardian.co.uk/commentisfree/2009/oct/01/bae-deal-blair-sfo.

68 'BAE: the Tanzanian connection', *Today*, BBC Radio 4 , 1 October 2009, http://news.bbc.co.uk/today/hi/today/newsid_8284000/8284510.stm.

69 Rob Evans, Paul Lewis, 'BAE deal with Tanzania: military air traffic control - for country with no airforce', *Guardian*, 6 February 2010, http://www.guardian.co.uk/world/2010/feb/06/bae-tanzania-arms-deal.

70 'Tanzania', *Guardian* (미주 65번 참조).

71 'Tanzania radar sale "waste of cash"', BBC News, 14 June 2002, http://news.bbc.co.uk/1/hi/uk_politics/2044206.stm.

72 'BAE: the Tanzanian connection', *Today* (미주 68번 참조).

73 'Tanzania radar sale "waste of cash"', BBC News (미주 71번 참조).

74 'Tanzania "needs costly radar system"', BBC News, 21 December 2001, http://news.bbc.co.uk/1/hi/uk_politics/1723728.stm.

75 'Tanzania radar sale "waste of cash"', BBC News (미주 71번 참조).

76 'BAE: the Tanzanian connection', *Today* (미주 68번 참조).

77 Ibid.

78 'Tanzania', *Guardian* (미주 65번 참조).

79 'BAE: the Tanzanian connection', *Today* (미주 68번 참조).

80 David Hencke, Charlotte Denny, Larry Elliot, 'Tanzania aviation deal "a waste of money"', *Guardian*, 14 June 2002, http://www.guardian.co.uk/uk/2002/jun/14/politics.tanzania.

81 Charlotte Denny, 'Backlash over costly hi-tech for Tanzania', *Guardian*, 21 December 2001, http://www.guardian.co.uk/world/2001/dec/21/tanzania.politics.

82 'Radar sale threatens aid to Tanzania', BBC News, 20 March 2002, http://news.bbc.co.uk/1/hi/uk_politics/1882651.stm.

83 'Tanzania "needs costly radar system"', BBC News (미주 74번 참조).

84 Ibid.

85 Patrick Wintour, Charlotte Denny, 'Overruled: Short loses in aid row', *Guardian*, 20 December 2001, http://www.guardian.co.uk/politics/2001/dec/20/uk.Whitehall.

86 David Hencke, 'Ministers at odds over £28m deal', *Guardian*, 20 March 2002, http://www.guardian.co.uk/politics/2002/mar/20/armstrade.foreignpolicy.

87 'Tanzania responds to air traffic furore', BBC News, 29 January 2002, http://news.bbc.co.uk/1/hi/world/africa/1788922.stm; 'Backlash over costly hi-tech for Tanzania', *Guardian*, 21 December 2001, http://www.guardian.co.uk/world/2001/dec/21/tanzania.politics; 'Overruled: Short loses in aid row', *Guardian*, 20 December 2001, http://www.guardian.co.uk/politics/2001/dec/20/uk.Whitehall.

88 'Overruled: Short loses in aid row', *Guardian*, 20 December 2001, http://

www.guardian.co.uk/politics/2001/dec/20/uk.Whitehall.

89 'Tanzania radar sale "waste of cash"', BBC News (미주 71번 참조).

90 Clare Short, 'BAE's government-backed rip-off' (미주 67번 참조).

91 Ibid.

92 'Radar sale threatens aid to Tanzania', BBC News (미주 82번 참조). 스캔들이 확산되자 상원은 EU 공동 입장에 포함된 것과 같이 무기수출 계약이 지속 가능한 개발과 양립할 수 있는지 검토하는 조항을 포함시키는 방향으로 법을 개정하고자 했다. 패트리샤 휴잇과 제프 훈은 무엇보다 영국 일자리 창출이 우선시되어야 한다고 주장하며 개정안 통과를 막으려 했다. 또한 그들은 개정안이 통과될 경우 탄자니아의 수출 허가가 철회될 것이라 주장했다. 법안 개정은 늘 그렇듯 흐지부지 마무리되었다.

93 'Short to visit Tanzania as fraud claims fly', *Guardian*, 26 June 2002, http://www.guardian.co.uk/politics/2002/jun/26/tanzania.foreignpolicy.

94 David Leigh, 'The arms deal, the agent and the Swiss bank account', *Guardian*, 15 January 2007, http://www.guardian.co.uk/world/2007/jan/15/bae.freedomofinformation.

95 Ibid.

96 '10 questions that Tanil Somaiya should answer', This Day, http://www.jamiiforums.com/jukwaa-la-siasa/28304-tanil-somaiya-kukutana-na-waandishi-5.html.

97 Leigh, 'The arms deal, the agent and the Swiss bank account' (미주 94번 참조).

98 '10 questions that Tanil Somaiya should answer', This Day (미주 96번 참조).

99 'Military radar probe', This Day (미주 64번 참조).

100 'Tories launch challenge over corruption claims in $40m radar sale to Tanzania', *Guardian*, 30 January 2007, http://www.guardian.co.uk/politics/2007/jan/30/conservatives.foreignpolicy.

101 'Military radar probe', This Day (미주 64번 참조).

102 Ibid.

103 Leigh, 'The arms deal, the agent and the Swiss bank account' (미주 94번 참조).

104 Ibid.

105 'Tories launch challenge over corruption claims in $40m radar sale to Tanzania', *Guardian* (미주 100번 참조).

106 '10 questions that Tanil Somaiya should answer', This Day (미주 96번 참조).

107 'Military radar probe', This Day (미주 64번 참조).

108 '10 questions that Tanil Somaiya should answer', This Day (미주 96번 참조).

109 '93bn military trucks deal', This Day, http://www.jamiiforums.com/jukwaa-la-siasa/2740-93bn-military-trucks-deal-2.html.

110 Ibid.

111 '10 questions that Tanil Somaiya should answer', This Day (미주 96번 참조).

112 'Tanzania', *Guardian* (미주 65번 참조).

113 'Military radar probe', This Day (미주 64번 참조); 'Tanzanian minister quits over BAE investigation', *Guardian*, 22 April 2008, http://www.guardian.co.uk/politics/2008/apr/22/defence.bae.

114 'Military radar probe' (미주 64번 참조).

115 계좌번호: 59662999; 은행 코드번호: 204505.

116 'Dr Edward Hosea corners SFO', *Guardian*, 14 February 2010, http://www.jamiiforums.com/habari-na-hoja-mchanganyiko/52982-dr-edward-hosea-corners-sfo.html.

117 'Military radar probe', This Day (미주 64번 참조).

118 Ibid.

119 J. 루이스 마도르스키(미국 오하이오 클리블랜드), 굿맨 데릭 유한책임회사(영국).

120 'Military radar probe', This Day (미주 64번 참조).

121 Ibid.

122 'Your office may have been bugged by BAE, investigators told MP', *Daily Mail*, 3 October 2009, http://www.dailymail.co.uk/news/article-1217919/Your-office-bugged-baeinvestigators-told-MP.html.

123 'BAE Systems: "Liberal Democrat Norman Lamb's bugging claim is preposterous"', *Daily Telegraph*, 4 October 2009, http://www.telegraph.co.uk/finance/newsbysector/industry/6259700/BAE-Systems-Liberal-Democrat-Norman-Lambs-bugging-claim-is-preposterous.html. Retrieved 8 August 2010.

124 'Your office may have been bugged by BAE, investigators told MP', *Daily Mail* (미주 122번 참조).

125 'Tories launch challenge over corruption claims in $40m radar sale to Tanzania', *Guardian* (미주 100번 참조).

126 'BAE's Dick Olver rejects Government's UK trade post', *Daily Telegraph*, 16 July 2010, http://www.telegraph.co.uk/finance/newsbysector/epic/badot/7893149/BAEs-Dick-Olverrejects-Governments-UK-trade-post.html.

127 'US embassy cables: BAE's "dirty deal" to sell radar to Tanzania revealed', *Guardian*, 19 December 2010, http://www.guardian.co.uk/world/us-embassy-cables-documents/116436.

10. 베를린장벽 붕괴 이후: BAE식 자본주의

1 알폰스 멘스도르프-포윌리 인터뷰, 빈, 2010년 9월 3일.

2 'Austrian count claims small underpants breached his human rights', *Daily Telegraph*, 12 February 2010, http://www.telegraph.co.uk/news/worldnews/europe/austria/7222007/Austrian-count-claims-small-underpants-breached-his-human-rights.html.

3 'BAE "bribery" lobbyist faces new investigations', *Austrian Times*, 24 March 2010, http://www.austriantimes.at/news/Business/2010-03-24/21888/BAE_%27bribery%27_lobbyist_faces_new_investigations.

4 작가 존 베전트(John Besent)와 스웨덴 TV 프로그램 〈Uppdrag Granskning〉, 〈Dagens Eko〉에 대해 인터뷰한 내용; 'Brigadier Timothy Landon: the extraordinary life of the white sultan', *Independent*, 12 July 2007, http://www.independent.co.uk/news/world/middle-east/brigadier-timothy-landon-theextraordinary-life-of-the-white-sultan-456942.html; 'Brigadier Tim Landon', *Daily Telegraph*, 12 July 2007, http://www.telegraph.co.uk/news/obituaries/1557161/Brigadier-Tim-Landon.html; and 'Brigadier Tim Landon', The Times, 20 July 2007.

5 알폰스 멘스도르프-포윌리 인터뷰, 빈, 2010년 9월 3일.

6 BAE Sentencing Memorandum, CRIMINAL NO.: 1:10-cr-035 (JDB), US Department of Justice, http://www.justice.gov/criminal/pr/documents/03-01-10%20bae-sentencingmemo.pdf.

7 Sam Sole, 'BAE's global bribing campaign', *Mail & Guardian*, 12 February 2010, http://www.mg.co.za/article/2010-02-12-baes-global-bribing-campaign.

8 David Leigh and Rob Evans, 'BAE chiefs "linked to bribes conspiracy"', *Observer*, 7 February 2010, http://www.guardian.co.uk/world/2010/feb/07/bae-chiefs-linkedbribes-conspiracy.

9 Ibid.

10 Ibid.

11 Vaclav Havel, *The Art of the Impossible: Politics as Morality in Practice* (New York: Knopf, 1997).

12 Sven Bergman, Joachim Dyfvermark, Fredrik Laurin, 'Gripen - the secret agreements', *Uppdrag Granskning*, 20 February 2007, 전사본은 http://svt.se/content/1/c8/01/44/71/73/The%20Secret%20Agreement.pdf에서 열람 가능.

13 Rob Evans, Ian Traynor, 'US accuses British over arms deal bribery bid', *Guardian*, 12 June 2003, http://www.guardian.co.uk/uk/2003/jun/12/politics.military.

14 Mark Milner, 'BAE contract swept away by Czech floods', *Guardian*, 20 August 2002, http://www.guardian.co.uk/business/2002/aug/20/naturaldisasters.weather.

15 Magnus Bennett, 'UK may give air force free fighter planes', *Prague Post*, 15 May 2003, http://www.praguepost.com/archivescontent/37288-uk-may-give-air-force-free-fighterplanes.html.

16 David Leigh, Rob Evans, 'Czech Republic', *Guardian*, 7 June 2007, http://www.guardian.co.uk/world/2007/jun/07/bae23.

17 Magnus Bennett, 'Jet deal criticized for lack of tender', *Prague Post*, 24 April 2003, http://www.praguepost.com/archivescontent/37153-jet-deal-criticized-for-lack-of-tender.html.

18 United States Department of State, Briefing Memorandum, 'To: EB - E. Anthony Wayne, From: EB/IFD - Janice F. Bay, Subject: Your Meeting with UK MOD Permanent Under Secretary Kevin Tebbit, Friday July 19, 10 a.m. (15 minutes)', http://image.guardian.co.uk/sys-files/Guardian/documents/2010/04/23/BAETebbitWayne.pdf.

19 Ibid.

20 Ibid.

21 Ibid.

22 Ibid.

23 Nelson D. Schwartz, Lowell Bergman, 'Payload: taking aim at corporate bribery', *The New York Times*, 25 November 2007, http://www.nytimes.com/2007/11/25/business/25bae.html?pagewanted=3&_r=2.

24 Evans, Traynor, 'US accuses British over arms deal bribery bid' (미주 13번 참조).

25 Bergman 외, 'Gripen - the secret agreements' (미주 12번 참조).

26 Ibid.

27 Bergman 외, 'Gripen - the secret agreements' (미주 12번 참조).

28 Ben Schiller, 'Agency investigates Senate Gripen vote', *Prague Post*, 20 November 2002, http://www.praguepost.com/archivescontent/36226-agency-investigates-senate-gripenvote.html.

29 'Postview', *Prague Post*, 23 December 2003, http://www.praguepost.com/archivescontent/38465-postview.html.

30 František Bouc, 'Dark Clouds', *Prague Post*, 5 May 2005, http://www.praguepost.com/archivescontent/40980--dark-%3Cbr%3E%3Cbr%3Eclouds.html. 간접 절충교역 투자금액 중 약 20%는 환경 프로젝트에, 16%는 전자장비 업체에, 11%는 교통 부문에, 10%는 철강 부문에 사용될 예정이었다. 밀란 어번 무역산업부 장관은 당시 투자를 받는 사업의 절반가량이 체코 공산품 수출 증대에 기여할 것이며, 프로젝트의 40%는 국내 투자, 나머지 10%는 R&D를 위한 것이라고 설명했다.

31 Ibid.
32 Ibid.
33 Ibid.
34 Bergman 외, 'Gripen - the secret agreements' (미주 12번 참조).
35 Ibid.
36 Ibid.
37 Ibid.
38 Ibid.
39 프레드릭 라우린이 필자에게 제공한 정보를 바탕으로 작성한 가상의 계약서다.
40 Bergman 외, 'Gripen-the secret agreements' (미주 12번 참조).
41 Ibid.
42 Ibid.
43 David Leigh, Rob Evans, 'Count named in BAE corruption inquiry', *Guardian*, 21 February 2007, http://www.guardian.co.uk/business/2007/feb/21/arms.uknews.
44 Bergman 외, 'Gripen - the secret agreements' (미주 12번 참조).
45 Ben Schiller, 'BAE confirms Omnipol purchase', *Prague Post*, 8 May 2003, http://www.praguepost.com/archivescontent/37257-bae-confirms-omnipol-purchase.html.
46 프레드릭 라우린이 필자에게 제공한 정보를 바탕으로 작성한 가상의 계약서다.
47 Leigh, Evans, 'Czech Republic' (미주 16번 참조).
48 Bergman 외, 'Gripen-the secret agreements' (미주 12번 참조).
49 Ibid.
50 Ibid.
51 이 회사는 젤리넥과 관계없는 사기 사건에 연루되었다. Indictment United States against Frank Dolney, Nick Pirgousis, Quentin Quintana, Joseph Ferragamom, John Donadio, Rocco J. Donadio, William G. Brown, Gary Todd, Mario Casias, Vladimir Ziskind, Vlad Goldenberg, CR no. 04-159, http://www.justice.gov/usao/nye/vw/PendingCases/CR-04-159_Indictment_US_v_FRANK_DOLNEY.pdf 참조.
52 Bergman 외, 'Gripen-the secret agreements' (미주 12번 참조).
53 Leigh, Evans, 'Count named in BAE corruption inquiry' (43번 참조).
54 프레드릭 라우린이 필자에게 제공한 정보를 바탕으로 작성한 가상의 임대 계약서다.
55 'Brigadier Timothy Landon', *Independent* (미주 4번 참조); Ulla Schmid and Martin Staudinger, 'Die einfachen Geschäftsverbindungen des kleinen Bauern Alfons M.', Profil, 15 February 2010.
56 Schmid, Staudinger, 'Die einfachen Geschäftsverbindungen'.
57 Ibid.
58 David Leigh, Rob Evans, 'Austria set to prosecute over BAE arms sales', *Guardian*, 19 June 2009, http://www.guardian.co.uk/world/2009/jun/19/austria-bae-arms-sales.
59 Schmid, Staudinger, 'Die einfachen Geschäftsverbindungen'.
60 Ulla Schmid, 'Der Fall Mensdorff-Pouilly: Neue Spuren führen nach Liechtenstein', *Profil*, 24 January 2011, http://www.profil.at/articles/1104/560/287153/der-fall-mensdorff-pouillyneue-spuren-liechtenstein.
61 Ibid.
62 Schmid, Staudinger, 'Die einfachen Geschäftsverbindungen'; 'Tote reden nicht', *Profil*, 9 March 2009. 함사는 2007년 심장마비로 40대 초반의 젊은 나이에 세상을 떠났다.
63 Ibid.; and G. Murphy, British Serious Fraud Office, Affidavit submitted as Annexure JDP-SW12 in the High Court of South Africa (Transvaal Provincial Division) in the

matter of Ex Parte the National Director of Public Prosecutions (applicant) re: an application for issue of search warrants in terms of Section 29(5) and 29(6) of the National Prosecuting Authority Act, No. 32 of 1998, as amended (2008), Annexure B, p. 8.

64 Schmid, Staudinger, 'Die einfachen Geschäftsverbindungen'에서 인용.

65 Sven Bergman, Joachim Dyfvermark, Fredrik Laurin, 'Gripen-under cover', *Uppdrag Granskning*, 27 February 2007, http://svt.se/content/1/c8/01/44/71/73/Transcript%20Jan%20Kavan.pdf.

66 Ibid.

67 Ibid.

68 'Case of Kavan's safe shelved-press', *CTK Daily News*, 11 February 2003; 'The trials and more trials of Jan Kavan', *Prague Post*, 22 July 1998, http://www.praguepost.com/archivescontent/28792-the-trials-trials-and-more-trials-of-jan-kavan.html; 'Murky case of the hitman and her leaves Czechs shaken', *Scotsman*, 13 August 2002.

69 Bergman 외, 'Gripen-under cover' (미주 65번 참조).

70 Ibid.

71 Ibid.

72 Ibid.

73 Ibid.

74 Ibid.

75 Ibid.

76 카반이 SVT에 서면 및 구두로 전달한 내용, 19 February 2007.

77 Bergman 외, 'Gripen-under cover' (미주 65번 참조).

78 Ibid.

79 'Bribery rumours', letter, *Guardian*, 16 March 2007, http://www.guardian.co.uk/politics/2007/mar/16/freedomofinformation.uk; František Bouc, 'Gripen corruption probe deepens', *Prague Post*, 7 March 2007, http://www.praguepost.com/archivescontent/3169-gripen-corruption-probe-deepens.html.

80 Bergman 외, 'Gripen-the secret agreements' (미주 12번 참조).

81 Ibid.

82 Ibid.

83 Ibid.

84 Ibid.

85 Sven Bergman, Joachim Dyfvermark, Fredrik Laurin, 'Gripen-the Hungarian deal', *Uppdrag Granskning*, 5 June 2007, http://svt.se/content/1/c8/01/44/71/73/Gripen%20Hungary.pdf.

86 Sven Bergman, Joachim Dyfvermark, Fredrik Laurin, 'The Gripen-Valurex International', script, *Uppdrag Granskning*, 27 February 2007, http://svt.se/content/1/c8/01/44/71/73/Valurex.pdf.

87 Ibid.

88 Ibid.

89 'Fraud complaint against Mensdorff-Pouilly in Eurofighter case', *Austrian Times*, 22 December 2008.

90 Ibid.; William Green, 'Mensdorff-Pouilly family grave vandalised', *Austrian Times*, 3 September 2009, http://www.austriantimes.at/news/General_News/2009-09-03/16082/Mensdorff-Pouilly_family_grave_vandalised.

91 'Fraud complaint against Mensdorff-Pouilly in Eurofighter case', *Austrian Times*, 22

December 2008.

92 'BAE bribery Count's jail time extended', *Austrian Times*, 16 March 2009, http://www.austriantimes.at/news/Business/2009-03-16/11827/BAE_bribery_Count%B4s_jail_time_extended.

93 'New investigation calls as BAE lobbyist walks free', *Austrian Times*, 8 February 2010, http://www.austriantimes.at/news/Business/2010-02-08/20407/New_investigation_calls_as_BAE_lobbyist_walks_free.

94 알폰스 멘스도르프-포윌리 인터뷰, 빈, 2010년 9월 3일.

95 빈스 케이블 의원의 질문에 대한 답변, 의회 의사록, 23 January 2007, Column 1666W.

96 Rob Evans, 'Fraud investigators raid BAE agent's Austria home', *Guardian*, 30 September 2008, http://www.guardian.co.uk/world/2008/sep/30/BAE.

97 'BAE Systems lobbyist held on bribery charges', Bloomberg, 28 February 2009, http://gulfnews.com/business/general/bae-systems-lobbyist-held-on-bribery-charges-1.55459.

98 'Former BAE agent charged with corruption', SFO press release, 29 January 2010, http://www.sfo.gov.uk/press-room/latest-press-releases/press-releases-2010/former-bae-agentcharged-with-corruption.aspx.

99 Rob Evans, David Leigh, 'Gummer backs count's plea for bail in BAE case', *Guardian*, 4 February 2010, http://www.guardian.co.uk/business/2010/feb/04/bae-austrian-bribesgummer-mensdorff.

100 Leigh, Evans, 'Austria set to prosecute over BAE arms sales' (미주 58번 참조); 호주 검사 인터뷰, 빈, 2010년 9월 3일.

101 'FBI to probe Gripen scam', *Czech News*, 25 November 2009, http://aktualne.centrum.cz/czechnews/clanek.phtml?id=653955.

102 Klára Jiřičná, 'Gripen inquiry ordered reopened', *Prague Post*, 5 May 2010, http://www.praguepost.com/news/4332-gripen-inquiry-ordered-reopened.html.

103 David Leigh, Rob Evans, 'Meeting of prosecutors increases BAE pressure', *Guardian*, 3 May 2007, http://www.guardian.co.uk/world/2007/may/03/bae.armstrade.

104 'JAS Gripen-inquiry is dropped', *Uppdrag Granskning*, 17 June 2009, http://svt.se/2.101059/1.1597705/jas_gripen_-_inquiry_is_dropped.

105 Ibid.

106 Ibid.

107 Ibid.

108 Ibid.

109 바츨라프 하벨 사무실과의 이메일 대화, 2010년 9월 17일.

110 Nelson D. Schwartz, Lowell Bergman, 'Payload: taking aim at corporate bribery', *The New York Times*, 25 November 2007, http://www.nytimes.com/2007/11/25/business/25bae.html?pagewanted=3&_r=2.

111 *Népszabadság*, 2 March 2009.

112 Ibid.

113 'New York Times alleges bribery in Hungarian Gripen purchases', Politics.Hu, 27 November 2007, http://www.politics.hu/20071127/new-york-times-alleges-bribery-in-hungariangripen-purchases.

114 'Hungary inks Gripen lease MoU', *Defence Daily*, 27 November 2001, http://findarticles.com/p/articles/mi_6712/is_38_212/ai_n28875765/.

115 Leigh, Evans, 'Austria set to prosecute over BAE arms sales' (미주 58번 참조).

116 Bergman 외, 'Gripen-the Hungarian deal' (미주 85번 참조).

117 Ibid.

118 Ibid.

119 Ibid.

120 AFP, 'Hungary to probe Gripen deal', The Local, 18 June 2007, http://www.thelocal.se/7643/20070618/.

121 'New York Times alleges bribery', Politics.Hu (미주 13번 참조); http://www.budapesttimes.hu/index.php?option=com_content&task=view&id=2326&Itemid=134.

122 알폰스 멘스도르프-포윌리 인터뷰, 빈, 2010년 9월 3일.

123 Ibid.

124 Ibid.

125 Ibid.

126 Anthony Sampson, The Arms Bazaar (London: Hodder and Stoughton, 1977)에서 인용.

127 SIPRI Military Expenditure Database, http://milexdata.sipri.org. 2011년 7월 31일 접속. 2010년 스웨덴은 세계 7위의 무기공급국이었다.

128 The New York Times, 11 April 2008에서 재인용.

129 'India rejects Saab Gripen fighter bid', The Local, 28 April 2011.

130 Swedish Peace and Arbitration Society, As the Carousel Spins Weapons: A Report on the Swedish Military-Industrial Complex and 10 of Its Most Powerful Players, September 2010; The New York Times, 17 May 1987.

131 이 이야기는 Forbes, 30 July 1997, Merinews, 5 March 2007, The Times of India, 다양한 일자, The New York Times, 1 March 1997 등에 실린 기사들과 이 사실을 폭로하는 데 일조한 탐사보도 기자와의 인터뷰에서 인용했다.

132 'Bofors has risen again', The Hindu, 6 January 2011에서 재인용.

133 'Bofors: BJP wants PM to apologise', The Hindu, 5 January 2011.

134 'Bofors has risen again', The Hindu, 6 January 2011에서 재인용.

135 'Cong unfazed; BJP wants SIT probe into Bofors kickbacks', Indian Express, 4 January 2011.

136 'No political pressure on Bofors gun: army chief ', Indo-Asian News Service, 26 September 2001.

137 Pranay Gupte and Rahul Singh, 'Money! Guns! Corruption!', Forbes, 7 July 1997, http://www.forbes.com/forbes/1997/0707/6001112a.html.

138 토마스 셰데르 인터뷰, 스톡홀름 전략물자검사청, 2010년 11월 25일.

139 사브에 매각되기 전 셸시어스는 정부 소유였다.

140 Swedish Peace and Arbitration Society, As the Carousel Spins Weapons.

11. 결정적 책임 회피

1 'BAE Systems plc', SFO press release, 5 February 2010, http://www.sfo.gov.uk/pressroom/latest-press-releases/press-releases-2010/bae-systems-plc.aspx.

2 Director of the Serious Fraud Office Summary Grounds for Contesting the Claim, para. 18, http://www.caat.org.uk/issues/BAe/jr/SFO_Grounds_2010-3-10.pdf.

3 수사에 정통한 정보원들을 통해 얻은 정보.

4 BAE Sentencing Memo, CRIMINAL NO.: 1:10-cr-035 (JDB), http://www.justice.gov/criminal/pr/documents/03-01-10%20bae-sentencing-memo.pdf.

5 'BAE admits guilt over corrupt arms deals', Guardian, 6 February 2010에서 재인용.

6 Ibid.

7 Ibid.

8 'Attorney General's Guidelines on Plea Discussions in cases of Serious or Complex Fraud', 18 March 2009, http://www.attorneygeneral.gov.uk/Publications/ Documents/AG%27s%20Guidelines%20on%20Plea%20Discussions%20in%20 Cases%20of%20Serious%20or%20Complex%20Fraud.pdf, p. 6: '피고가 제안한 양형거래 수락 여부를 결정하는 데 있어 검사는 관련법 제7항 및 제10항을 따른다. 제7항 및 제10항은 혐의 선정과 양형거래 수락에 관한 조항이다. 검사는 담당 수사관에게 양형거래 논의 진행 상황을 모두 전달한 상태에서 수사관의 견해를 고려해 양형거래 협상이 진행될 수 있도록 해야 한다.'

9 SFO 수사에 정통한 민간 변호사의 견해.

10 'Courts could tear up BAE plea bargain', *Daily Mail*, 8 May 2010; Susan Hawley, 'Innospec ruling forces major change to SFO approach to dealing with overseas corruption', Corruption Watch, 19 April 2010, http://corruptionwatch-uk.org/2010/04/19/first-ukexecutive-jailed-for-bribery/.

11 'Note for Opening', Regina v. BAE Systems PLC, Southwark Crown Court, 20 December 2010, http://www.sfo.gov.uk/media/133543/bae%20opening%20 statement%2020.12.10.pdf; 'Judgement', *Regina v. BAE Systems PLC*, Southwark Crown Court, 21 December 2010, http://www.judiciary.gov.uk/media/ judgments/2010/r-v-bae-systems-plc; 바너비 페이스(Barnaby Pace)가 법정에서 작성한 메모.

12 'Judgement', *Regina v. BAE Systems PLC*, Southwark Crown Court, 21 December 2010, http://www.judiciary.gov.uk/media/judgments/2010/r-v-bae-systems-plc.

13 바너비 페이스가 법정에서 작성한 메모.

14 'Judgement', *Regina v. BAE Systems PLC*, Southwark Crown Court, 21 December 2010 (미주 11번 참조); 바너비 페이스가 법정에서 작성한 메모.

15 'Note for Opening', *Regina v. BAE Systems PLC*, Southwark Crown Court, 20 December 2010 (미주 11번 참조); 'Judgement', *Regina v. BAE Systems PLC*, Southwark Crown Court, 21 December 2010 (미주 11번 참조); 바너비 페이스가 법정에서 작성한 메모.

16 'Judgement', *Regina v. BAE Systems PLC*, Southwark Crown Court, 21 December 2010 (미주 11번 참조).

17 'Arms deal details consigned to dark', *Business Day*, 8 February 2010에서 재인용.

18 Ibid.

19 Andrew Feinstein, *After the Party: Corruption, the ANC and South Africa's Uncertain Future* (London: Verso, 2010), pp. 260-263.

20 Ibid., p. 282.

21 Ibid., P. 285.

22 Ibid., p. 284.

23 Ibid.; 'Why I let Fana Hlongwane off the hook - Simelane', Politcsweb, 21 March 2010. 'Hlongwane order dropped', News24, 19 March 2010 참조.

24 해당 문서는 www.theshadowworld.com에서 열람 가능.

25 'Result of Saab's ongoing internal investigation regarding South African consultant contract', press statement issued by Saab Group, 20 May 2011, www.saabgroup.com. 2011년 5월 20일에 다운로드.

26 'Saab completes internal investigation regarding consultant contract in South Africa', press statement issued by Saab Group, 16 June 2011, www.saabgroup.com. 2011년 6월 16일에 다운로드.

27 Ibid.

28 Ibid.

29 D. Maynier, 'The Fana Hlongwane documents - David Maynier', Politicsweb, 23 June 2011, www.politicsweb.co.za.

30 해당 문서는 www.theshadowworld.com에서 열람 가능.

31 Abduel Elinanza, 'Dar to probe radar scandal despite $46m payout', AllAfrica, 15 February 2010, http://allafrica.com/stories/201002150075.html. Retrieved 8 August 2010.

32 'Dr Edward Hosea corners SFO', *Guardian on Sunday*, 14 February 2010, http://www.jamiiforums.com/habari-na-hoja-mchanganyiko/52982-dr-edward-hosea-corners-sfo.html. 2010년 8월 8일 검색.

33 'Confirmed: Radar billions destined to local charities', Guardian on Sunday, 14 March 2010, http://www.ippmedia.com/frontend/index.php?l=14439. 2010년 8월 8일 검색.

34 'Chenge gets clean bill on radar scam', *The Citizen*, 9 November 2010; 첸지는 의장으로 선출되지 못했다.

35 'Chenge case not yet closed, says UK', *The Citizen*, 11 November 2010.

36 Thomas Hochwarter, 'MPs' anger over Mensdorff-Pouilly', *Wiener Zeitung*, 8 February 2010, http://www.wienerzeitung.at/DesktopDefault.aspx?TabID=4082&Alias=wzo&cob=470621; 솅겐 지역은 솅겐협정에 가입한 25개 유럽 국가로 이뤄져 있다.

37 Michael Peel, 'BAE deal saw count's bribes case dropped', *Financial Times*, 21 April 2010.

38 Ibid.

39 Campaign against the Arms Trade, Corner House v. Director of the Serious Fraud Office, BAE Systems and Count Alfons Mensdorff Pouilly, 'Reply to defendants and first interested party's summary grounds', High Court, 17 March 2010, http://www.caat.org.uk/issues/BAe/jr/Reply_2010-03-17.pdf.

40 'Money! Guns! Corruption!', *Forbes*, 7 July 1997.

4부. 무기 초강대국

12. 합법적 뇌물

1 Eugene Jarecki, *The American Way of War* (New York: Free Press, 2008), p. 52에서 재인용.

2 Eugene Jarecki, *Why We Fight*, Sony Pictures Classics, 2005.

3 Jarecki, *American Way of War*, p. 53에서 재인용.

4 Jarecki, *American Way of War*, pp. 53-55, 57-61; Garry Wills, *Bomb Power: The Modern Presidency and the National Security State* (New York: Penguin Books, 2010).

5 Jarecki, *American Way of War*, pp. 53-55, 57-61.

6 미 국방부의 국방예산추산(National Defense Budget Estimates)에서 2005년 달러 가치로 산정한 수치(물가상승 반영), http://comptroller.defense.gov/defbudget/fy2011/FY11_Green_Book.pdf.

7 Jarecki, *American Way of War*, pp. 77-78.

8 Ibid., pp. 85-89, 96.

9 Ibid., p. 140.

10 Ibid., p. 145.

11 Ibid., pp. 144-146.

12 Ibid., pp. 149-151.

13 Ibid., pp. 151-154.

14 Ibid., pp. 154, 159.

15 미 국방부의 국방예산추산에서 2005년 달러 가치로 산정한 수치(물가상승 반영), http://comptroller.defense.gov/defbudget/fy2011/FY11_Green_Book.pdf.

16 Jarecki, *American Way of War*, pp. 191-192에서 재인용.

17 Ibid.; James Ledbetter, *Unwarranted Influence: Dwight D. Eisenhower and the Military-Industrial Complex*, Yale University Press, 2010.

18 'Unindicted and Misunderstood', *Slate*, 9 February 2010.

19 'Murtha's earmarks keep airport aloft', *Washington Post*, 19 April 2009.

20 'John Murtha dies', *Washington Post*, 9 February 2010.

21 'Unindicted and Misunderstood', *Slate*, 9 February 2010.

22 'The Murtha Method', Center for Public Integrity, 8 September 2009.

23 'PMA lobbyist pleads guilty', Center for Public Integrity, 27 September 2010.

24 'Murtha's nephew got defense contracts', *Washington Post*, 5 May 2009.

25 Ibid.

26 'Nephew mentioned Rep. Murtha in dealings as contractor', *Washington Post*, 12 May 2009.

27 Ibid.

28 'Bribery plea in firm with Murtha ties', *Washington Post*, 8 July 2010.

29 'John Murtha dies', *Washington Post*, 9 February 2010.

30 'Murtha defends earmarks to his District', *Washington Post*, 30 May 2009.

31 'Critics claim John Murtha is capitalizing on a corrupt system, but he's not apologizing', *Pittsburgh Post-Gazette*, 29 September 2010.

32 'Murtha's earmarks keep airport aloft', *Washington Post*, 19 April 2009.

33 'Rep. Murtha's earmarks lead to fewer jobs than promised', *Washington Post*, 31 December 2009.

34 'John Murtha: the Old Soldier who said "Bring the troops home"', *The Nation*, 8 February 2010에서 인용.

35 http://tpmlivewire.talkingpointsmemo.com/2010/02/lockheed-martin-takes-out-fullpage-ad-memorializing-murtha.php.

36 Silverstein, Ken, *Turkmeniscam: How Washington Lobbyists Fought to Flack for a Stalinist Dictatorship* (London: Random House, 2008), p. xviii.

37 George Crile, *Charlie Wilson's War* (London: Atlantic Books, 2007), p. 82.

38 Ibid.

39 'Murtha and the FBI: The Director's Cut', *The American Spectator*, 29 September 2006. 이 기사는 해당 사건에 관여하지 않았다는 머사의 주장은 사실이 아니며, 작전을 위해 왕족으로 위장한 요원과 자주 만남을 가지며 장기적 관계를 맺고자 했고 FBI나 자신이 속한 윤리위원회에 가짜 왕족들과 관련된 사안을 보고하는 대신 그들의 미국 입국을 도왔다고 주장한다.

40 Crile, *Charlie Wilson's War*, p. 22.

41 Ibid.; 'Charlie Wilson', *The Economist*, 18 February 2010.

42 Crile, *Charlie Wilson's War*, p. 20에서 재인용.

43 Crile, *Charlie Wilson's War*, p. 19.

44 Ibid., p. 10.

45 Ibid., p. 165, 238.

46 Ibid., p. 11.

47 'Charlie Wilson', *The Economist*, 18 February 2010.

48 Crile, *Charlie Wilson's War*, p. 5.

49 Ibid.

50 Ibid., p. 10에서 재인용.

51 Steve Coll, *Ghost Wars: The Secret History of the CIA, Afghanistan, and Bin Laden, from the Soviet Invasion to September 10, 2001* (London: Penguin Books, 2004), p. 91.

52 Chalmers Johnson, *Dismantling the Empire: America's Last Best Hope* (New York: Metropolitan Books, 2010), p. 85.

53 Crile, *Charlie Wilson's War*, Epliogue.

54 Ibid.

55 Ibid.

56 Ibid.

57 Johnson, *Dismantling the Empire*, p. 87.

58 Crile, *Charlie Wilson's War*, p. 508에서 재인용.

59 Ibid., p. 521.

60 Ibid., p. 523.

61 Johnson, *Dismantling the Empire*, p. 89.

62 'Charlie Wilson and the political uses of being a "character"', Crosscut.com, 11 February 2010.

63 'John Murtha dies', *Washington Post*, 9 February 2010.

64 R. Grimmett, *Conventional Arms Transfers to Developing Nations 2002-2009*, Congressional Research Service, 10 September 2010, CRS-71, http://www.fas.org/sgp/crs/weapons/R41403.pdf.

65 Dr Sam Perlo-Freeman, Head of the SIPRI Military Expenditure Project, http://www.sipri.org/media/pressreleases/milex.

66 2008년 11월 워싱턴 D.C.에서 수년간 무기거래와 관련된 사안을 담당한 고위 의회 보좌관과 가진 인터뷰.

67 A. Bacevich, *The New American Militarism* (London: OUP, 2005), Introduction; 2008년 11월 14일 메사추세츠주 보스턴에서 저자와 가진 인터뷰.

68 드와이트 아이젠하워 대통령 고별연설, 1961년 1월 17일.

69 Anthony Sampson, *The Arms Bazaar* (London: Hodder and Stoughton, 1977) 및 Johnson, Dismantling the Empire에 다양한 사례가 제시됨.

70 Sampson, *Arms Bazaar*, Chapter 10.

71 William Hartung, *Prophets of War* (New York: Nation Books, 2011), Chapter 2, 록히드마틴 설립 초기에 대한 자세한 정보는 하텅의 저서 참조.

72 Ibid., p. 40.

73 Ibid., p. 53.

74 C-5A 갤럭시 관련 설명은 대부분 Hartung, *Prophets of War*, chapter 5에서 인용.

75 Hartung, *Prophets of War*, p. 72.

76 피츠제럴드의 후임은 록히드마틴 담당 회계법인인 아서영앤컴퍼니(Arthur Young & Co.) 사원이었다. 그는 C-5A 갤럭시의 초과비용 문제를 은폐하는 일에도 관여했다. '고양이에게 생선을 맡기는 격'이라는 의회의 강력한 반발로 그의 임명은 취소되었다(Ibid., pp. 79-80.)

77 Hartung, *Prophets of War*, pp. 80-81에서 재인용.

78 Ibid., p. 87.

79 Ibid., p. 91.

80 Ibid., p. 93.

81 Ibid., p. 97.

82 Ibid., p. 102-103.

83 Ibid., p. 103.

84 Ibid., p. 107.

85 Ibid., p. 110.

86 이 견해는 Jarecki, *American Way of War*, p. 193에서 인용되었다.

87 이는 2010년 3월 1일 알렉산드리아에서 스피니와 나눈 긴 대화 및 이후 주고받은 이메일에서 인용되었다. Jarecki, *American Way of War*, Chapter 5에서 인용된 부분도 있다.

88 척 스피니 인터뷰, 알렉산드리아, 2010년 3월 1일.

89 Jarecki, *American Way of War*, Chapter 6에서 인용.

90 Jarecki, *American Way of War*, p. 206에서 재인용.

91 척 스피니 인터뷰, 알렉산드리아, 2010년 3월 1일.

13. 엉클 샘의 이름으로

1 Chalmers Johnson, 'Death Spiral at the Pentagon', TomDispatch.com, 2 February 2009.

2 Naomi Klein, *The Shock Doctrine* (London: Penguin Books, 2007), p. 157.

3 Ibid., p. 330.

4 Anthony Sampson, *The Arms Bazaar* (London: Hodder and Stoughton, 1977), Chapter 13에서 인용한 예시.

5 William Hartung, *Prophets of War* (New York: Nation Books, 2011), pp. 115-116.

6 Sampson, *Arms Bazaar*, p. 224.

7 Hartung, *Prophets of War*, p. 117.

8 Sampson, *Arms Bazaar*, Chapter 13, pp. 275-276.

9 Hartung, *Prophets of War*, p. 118에 언급된 '록히드마틴 뇌물' 관련 은행, 주택, 도시 문제에 대한 상원위원회 청문회 내용 인용, 25 August 1975, pp. 29-30.

10 Hartung, *Prophets of War*, p. 120; 독일의 한 익명 정보원.

11 Sampson, *Arms Bazaar*, pp. 122-123, 128-129.

12 Ibid., pp. 138-139.

13 Ibid., pp. 134-136.

14 Hartung, *Prophets of War*, pp. 123-125에 인용된 마케팅 담당 임원의 메모, DD Stone.

15 Hartung, *Prophets of War*, p. 125에 인용된 도빈스(Dobbins), 클릴랜드(Cleland), 미첼(Mitchell)이 주고받은 메모.

16 Sampson, *Arms Bazaar*, p. 192에서 인용.

17 Hartung, *Prophets of War*, p. 126에서 재인용.

18 Ibid.

19 Ibid., p. 127에 인용된 처치위원회 증거자료.

20 Ibid.

21 Sampson, *Arms Bazaar*, pp. 192-193에서 인용.

22 David Leigh, Rob Evans, 'Adnan Khashoggi', *Guardian*, 7 June 2007, http://www.guardian.co.uk/world/2007/jun/08/bae52.

23 Sampson, *Arms Bazaar*, p. 197에서 재인용.

24 Sampson, *Arms Bazaar*, Chapter 16에서 인용.

25 Ibid.

26 Hartung, *Prophets of War*, pp. 129-130에서 재인용.

27 Hartung, *Prophets of War*, p. 130.

28 Ibid.

29 Hartung, *Prophets of War*, p. 131; Sampson, *Arms Bazaar*, p. 274.

30 Hartung, *Prophets of War*, p. 131.

31 Sampson, *Arms Bazaar*, p. 279에 제시된 주장.

32 Hartung, *Prophets of War*, pp. 131-132에서 재인용.

33 Ibid.

34 SEC Release 34-15570, 15/2/1979, http://content.lawyerlinks.com/ default.htm#http://content.lawyerlinks.com/library/sec/sec_releases/34-15570.htm; 'Again, Political Slush Funds', *Time*, 24 March 1975, http://www.time.com/time/ magazine/article/0,9171,946547,00.html 참조.

35 Henry H. Rossbacher and Tracy W. Young, 'The Foreign Corrupt Practices Act within the American Response to Domestic Corruption', *15 Dickinson Journal of International Law* (1997), pp. 509, 518.

36 House Report, 1977, Unlawful Corporate Payments Act, No. 114, 95th Congress, 1st Sess., http://www.justice.gov/criminal/fraud/fcpa/history/1977/houseprt-95-640.pdf. 2010년 10월 7일에 검색.

37 United States Department of Justice website, 'Lay-Person's Guide to FCPA', http://www.justice.gov/criminal/fraud/fcpa/docs/lay-persons-guide.pdf. 2009년 9월 2일에 검색.

38 Ben R. Rich, Leo Janos, *Skunk Works: A Personal Memoir of My Years at Lockheed* (New York: Little, Brown & Co., 1994).

39 Miriam F. Weismann, 'The Foreign Corrupt Practices Act: The Failure of the Self-Regulatory Model of Corporate Governance in the Global Business Environment', *Journal of Business Ethics*, 2009, pp. 615-661.

40 Miriam F. Weismann, 'The Foreign Corrupt Practices Act: The Failure of the Self-Regulatory Model of Corporate Governance in the Global Business Environment', *Journal of Business Ethics*, 2009.

41 FCPA Blog, 'There are moral problems', 23 August 2007, http:// fcpablog.squarespace.com/blog/2007/8/23/there-are-moral-problems.html. Retrieved 11 September 2010.

42 Alvaro Cuervo-Cazurra, 'The Effectiveness of Laws against Bribery Abroad', *Journal of International Business Studies*, Vol. 39 (2008), No. 4, pp. 634-651.

43 Mary Jacoby, 'Forbes' Unbalanced Look at FCPA Enforcement', Main Justice, 10 May 2010, http://www.mainjustice.com/2010/05/10/commentary-forbess-unbalanced-lookat-fcpa-enforcement/; Nathan Vardi, 'How Federal Crackdown on Bribery Hurts Business and Enriches Insiders', *Forbes*, 24 May 2010, http:// www.forbes.com/forbes/2010/0524/business-weatherford-kbr-corruption-bribery-racket_print.html. 해외부패방지법 담당 검사들의 경우 회전문이 돌아가는 속도가 다른 인사들에 비해 느리긴 하지만, 워싱턴에도 회전문이 존재한다. 빌리 제이콥슨(Billy Jacobson)의 극단적인 사례를 보면, 사기범죄부(Criminal Fraud Division) 소속 검사였던 그는 해외부패방지법 시행 중 석유기업 웨더포드인터내셔널(Weatherford International)이 유럽에서 뇌물을 지급한 사실을 미 국무부에 자진 신고하도록 했다. 그는 법무부를 떠난 뒤 웨더포드인터네셔널이 고용한 로펌 폴브라이트앤자워스키(Fulbright & Jaworski)에서 시니어 파트너로 일했다. 그는 이후 웨더포드에 합류하기 전 연간 400만 달러를 받으며 폴브라이트의 컴플라이언스 계획서 작성을 담당했다(Jacoby, '*Forbes*' Unbalanced Look at FCPA Enforcement').

44 15 U.S.C. §§78dd-1 (b) and (f) (3) [section 30A of the Securities and Exchange

Act of 1934] 참조. 해외부패방지법에는 정례적 정부활동에 대한 다양한 예시가 포함되어 있다. 1) 허가증, 면허 또는 외국에서 사업을 할 수 있는 자격을 부여하는 기타 공식 문서 취득, 2) 비자, 작업 명령서 같은 정부 문서 처리, 3) 경찰 보호 제공, 우편물 전달 및 수거, 계약 이행 혹은 국내 물품 수송과 관련된 조사 일정 조율, 4) 전화 서비스, 전력 및 수도 공급, 화물 하역, 부패성 상품 혹은 원자재의 부패 방지 서비스 제공, 5) 상기 활동과 유사한 성격의 활동. 공공기관 직원의 직무를 하위에 두는 활동은 정부 관계자가 행하는 일반적 혹은 통상적 활동에 속하지 않기 때문에 불법이며, 예외로 인정되지 않는다. 즉 미국 기업들이 국경 경비대원에게 뇌물을 주고 원래 합당한 문서에 도장을 받는 것은 가능하지만, 자신들의 순서가 되기 전에 미리 도장을 받거나 통관 비용을 줄이기 위해 뇌물을 주는 것은 불법이다.

45 15 U.S.C. §§78c(a)(8), 78dd-1(a) 참조.

46 § 78dd-3(a), (f)(1) 참조.

47 OECD, *United States: Phase 2, Report on Application of the Convention on Combating Bribery of Foreign Public Officials in International Business Actions and the 1997 Recommendation on Combating Bribery in International Business Transactions*, 2002, www.oecd.org/dataoecd/52/19/1962084.pdf, 2010년 10월 9일에 검색; Weismann, 'The Foreign Corrupt Practices Act', *Journal of Business Ethics*.

48 House Report, 1977, Unlawful Corporate Payments Act, No. 114 (36번 참조).

49 Hearings before the Subcommittee on Telecommunications, Consumer Protection, and Finance of the Committee on Energy and Commerce, House of Representatives, 97th Cong., 1982, p. 256.

50 Ibid., p. 265.

14. 레이건과 변기시트 스캔들

1 William Hartung, *Prophets of War* (New York: Nation Books, 2011), pp. 133-135에서 인용.

2 Ibid., p. 135에 인용된 수치.

3 Ibid., p. 136-137에서 인용.

4 Ibid., p. 137에서 재인용.

5 Ibid.

6 Ibid., p. 138.

7 Ibid., pp. 138-140.

8 Ibid., p. 144.

9 Ibid., p. 145.

10 Ibid., p. 149.

11 Ibid., pp. 150-151.

12 Ibid., pp. 152-153.

13 Ibid., p. 153.

14 Ibid., p. 153-154.

15 Ibid., p. 154에서 재인용.

16 Ibid., pp. 154-155.

17 Ibid., p. 155.

18 Ibid., pp. 155-157에서 재인용.

19 Steven R. Salbu, 'Bribery in the Global Market: A Critical Analysis of the Foreign Corrupt Practices Act', *Washington and Lee Law Review*, Winter 1997, pp. 229-287.

20 Jack G. Kaikati 외, 'The Price of International Business Morality: Twenty Years under the Foreign Corrupt Practices Act', *Journal of Business Ethics*, 26 (April 2000), pp. 213-222.

21 'Corruption: U.S. Firms Handicapped', *Intelligence Newsletter*, 21 March 1996, p. 7.

22 W. Cragg, W. Woof, 'The U.S. Foreign Corrupt Practices Act: A Study of Its Effectiveness', *Business and Society Review*, 107 (1) (2002), pp. 98-144.

23 Walsh, interview.

24 2010년 3월 1일 알렉산드리아에서 스피니와 가진 인터뷰 및 이후 주고 받은 이메일에서 인용; Eugene Jarecki, *The American Way of War* (New York: Free Press, 2008), pp. 199-200.

25 척 스피니 인터뷰, 알렉산드리아, 2010년 3월 1일.

26 스피니의 작업은 이후 *Defense Facts of Life: The Plans/Reality Mismatch* (Boulder, Colo., and London: Westview Press, 1985)라는 책으로 출간되었다.

27 Chalmers Johnson, 'Death Spiral at the Pentagon', TomDispatch.com, 2 Febuary 2009, p. 56.

28 Kevin Phillips, *American Dynasty* (London: Allen Lane, 2004), pp. 151-152, 179-184.

29 Ibid., pp. 182-199.

30 Craig Unger, *House of Bush, House of Saud* (London: Gibson Square, 2007), Appendix C 참조.

31 Ibid., p. 101.

32 Larry Gurwin, Adam Zagorin, 'All That Glitters', *Time*, 6 November 1995, http://www.time.com/time/magazine/article/0,9171,983662-7,00.html.

33 이 부분에 사용된 모든 통계 자료는 칼라일그룹 웹사이트 '회사 소개'에서 인용, http://www.carlyle.com/company/item1676.html.

34 Melanie Warner, 'What Do George Bush, Arthur Levitt, Jim Baker, Dick Darman, and John Major Have in Common? (They All Work for the Carlyle Group.) What exactly Does It Do? To Find Out, We Peeked down the Rabbit Hole', *Fortune*, 18 March 2002, http://money.cnn.com/magazines/fortune/fortune_archi ve/2002/03/18/319881/index.htm.

35 Tim Shorrock, 'The Carlyle Group - Crony Capitalism Goes Global', *The Nation*, 26 March 2002, http://www.rense.com/general21/gf.htm.

36 Oliver Burkeman, Julian Borger, 'The ex-presidents' club', *Guardian*, 31 October 2001, http://www.guardian.co.uk/world/2001/oct/31/september11.usa4.

37 Steve Lohr, 'Gerstner to be Chairman of Carlyle Group', *The New York Times*, 22 November 2002, http://www.nytimes.com/2002/11/22/business/gerstner-to-be-chairman-ofcarlyle-group.html.

38 Carlyle Group website, 'Arthur Levitt, Senior Advisor', http://www.carlyle.com/team/item5771.html.

39 Dan Briody, *The Iron Triangle: Inside the Secret World of the Carlyle Group* (New York: John Wiley & Sons, 2003), p. xiii; Jason Lewis, 'REVEALED: How protection teams claim thousands of pounds of taxpayers' money to guard former Prime Ministers', *Daily Mail*, 4 July 2010, http://www.dailymail.co.uk/news/article-1291838/White-water-rafting-Sir-John-Major.html.

40 'Three former leaders leave posts at Carlyle Group', *The New York Times*, 6 August 2004, http://www.nytimes.com/2004/08/06/business/company-news-three-former-leaders-leaveposts-at-carlyle-group.html?ref=fidel_v_ramos.

41 Tim Shorrock, 'Carlyle's tentacles embrace Asia', *Asia Times*, 20 March 2002, http://www.atimes.com/china/DC20Ad02.html.

42 Carlyle Group website, 'Thomas F. (Mack) McLarty, Senior Advisor', http://www.carlyle.com/team/item5871.html.

43 Carlye Group website, 'Randal K. Quarles, Managing Director', http://www.carlyle.com/team/item9821.html.

44 BAE Systems website, US Board of Directors, http://www.baesystems.com/WorldwideLocations/UnitedStates/AboutBAESystemsUnitedStates/USBoardofDirectors/index.htm.

45 Laura Peterson, 'United Defence Industries L.P.', Center for Public Integrity, http://projects.publicintegrity.org/wow/bio.aspx?act=pro&ddlC=60.

46 Briody, *Iron Triangle*, http://www.fahrenheit911.com/library/book/carlyle/index.php에서 초록 열람 가능.

47 Eric Leser, 'Carlyle empire', *Le Monde*, 29 April 2004, http://www.culturechange.org/CarlyleEmpire.html.

48 Shorrock, 'The Carlyle Group - Crony Capitalism Goes Global' (35번 참조).

49 National Audit Office, 'The Privatisation of QinetiQ', 23 November 2007.

50 Kenneth N. Gilpin, 'Military Contractor Sold to Buyout Firm', *The New York Times*, 27 August 1997, http://www.nytimes.com/1997/08/27/business/military-contractor-soldto-buyout-firm.html.

51 'UNITED DEFENSE IN DEAL FOR BOFORS WEAPON SYSTEMS', *The New York Times*, 16 June 2000, http://www.nytimes.com/2000/06/16/business/company-news-united-defense-indeal-for-bofors-weapon-systems.html.

52 Global Security website, 'United Defense Industries', http://www.globalsecurity.org/military/industry/udi.htm.

53 Andrea Rothman, Edmond Lococo, 'BAE buys United Defense to tap U.S. military sales (Update10)', Bloomberg, 7 March 2005, http://www.bloomberg.com/apps/news?pid=newsarchive&sid=aBEULP6oGE.Y&refer=uk.

54 Bob Cox, 'Pennsylvania company buys Vought for $1.4 billion', *Star Telegram*, 23 March 2010.

55 Triumph Group Inc., 'Military Programs: Triumph Aerostructures - Vought Aircraft Division', http://www.triumphgroup.com/companies/triumph-aerostructures-voughtaircraft-division/about-us/military-programs.

56 Shorrock, 'The Carlyle Group - Crony Capitalism Goes Global' (35번 참조).

57 Tim Shorrock, 'US-Taiwan: the guiding hand of Frank Carlucci', *Asia Times*, 19 March 2002, http://www.atimes.com/china/DC19Ad02.html.

58 David Ottaway, *The King's Messenger: Prince Bandar Bin Sultan and America's Tangled Relationship with Saudi Arabia* (New York: Walker & Company, 2008), p. 164.

59 Robert G. Kaiser, 'Enormous wealth spilled into American coffers', *Washington Post*, 11 February 2002, http://www.library.cornell.edu/colldev/mideast/enormss.htm.

60 Laura Peterson, 'Privatizing Combat, the New World Order', Center for Public Integrity, 28 October 2002, http://projects.publicintegrity.org/bow/report.aspx?aid=148.

61 Global Security, 'Office of the Program Manager Saudi Arabian National Guard Modernization Program', http://www.globalsecurity.org/military/agency/dod/opm-sang.htm.

62 Leser, 'Carlyle empire' (47번 참조).

63 Center for Public Integrity, 'Windfalls of War: Campaign Contributions of Post-War Contractors', http://projects.publicintegrity.org/wow/resources.aspx?act=contrib.

64 사이드 아부리시(Said Aburish)는 자신의 이름을 왈리드 빈 탈랄(Walid bin Tallal)이라고 표기하지만 댄 브리오디(Dan Briody)는 그를 알왈리드 빈 탈랄(Alwaleed bin Talal)이라

칭하는 등 다양한 철자를 사용한다.

65 Said Aburish, *The Rise, Corruption and Coming Fall of the House of Saud* (London: Bloomsbury, 2005), p. 82; Briody, *Iron Triangle*, p. 51.

66 Time/CNN, '2001 Global Influentials: 18. Prince Al-Waleed'.

67 Shorrock, 'The Carlyle Group – Crony Capitalism Goes Global' (35번 참조).

68 Briody, *Iron Triangle*, pp. 51-59.

69 Ibid.

70 Kaiser, 'Enormous wealth spilled into American coffers' (59번 참조).

71 Ibid.

72 Briody, *Iron Triangle*, pp. 145-146; Burkeman and Borger, 'The ex-presidents' club' (36번 참조).

73 Steve Coll, *The Bin Ladens: Oil, Money, Terrorism and the Secret Saudi World* (London: Penguin Books, 2008), pp. 424-426.

74 Ibid., p. 520.

75 Hartung, *Prophets of War*, pp. 166-167에서 재인용.

76 Hartung, *Prophets of War*, pp. 168, 181-186.

77 Ibid., p. 168.

78 Ibid., p. 169.

79 Ibid., p. 170.

80 Ibid.에서 인용.

81 Ibid.에서 재인용.

82 어거스틴이 받은 보너스를 두고 한 의원이 '대량해고를 하고도 퇴직금을 받는다'고 비판하자 어거스틴은 퇴직금 중 세금으로 충당된 300만 달러를 자선단체에 기부했다.

83 Hartung, *Prophets of War*, p. 173에서 재인용.

84 Hartung, *Prophets of War*, p. 188.

85 Ibid., p. 191.

86 William D. Hartung, *How Much are You Making on the War, Daddy?* (New York: Nation Books, 2003), p. 40.

87 Hartung, *Prophets of War*, p. 193.

88 Ibid., p. 197에 인용된 수치.

89 파무스는 비리 혐의에 대해 무죄 판결을 받았다. 하지만 법원은 그가 대가로 돈을 요구하지는 않았으나 입찰업체의 기밀 문서를 공개한 것으로 간주했다(PolenForum, 29 January 2007). 세레미에티우는 이후 부장관직에서 해고되었다. 여러 차례 재판을 받은 끝에 2010년 11월 모든 혐의에 대해 무죄 판결을 받았다(wyborcza.pl, 9 November 2010).

90 Barre R. Seguin, 'Why did Poland Choose the F-16', George C. Marshall European Center for Security Studies, No. 11, June 2007, http://www.marshallcenter.org/mcpublicweb/MCDocs/files/College/F_Publications/occPapers/occ-paper_11-en.pdf; Clare McManus-Czubinska, William L. Miller, Radoslaw Markowski, Jacek Wasilewski, 2004, 'Why is Corruption in Poland "a serious cause for concern"?', *Crime, Law and Social Change*, 41(2), pp. 107-132; Newsline, Radio Free Europe, 26 August 2002, http://www.rferl.org/content/article/1142745.html; Gregory Filipowicz, 'An Existentialist Shift: The F-16 Reaching into Iraq', Dedefensa.org, 11 June 2005; Ahmedullah, 'Arms Sales: The U.S.-French Tug of War', *Bulletin of the Atomic Scientists*, Vol. 59, No. 5, September/October 2003.

91 'Emergency landing of Polish F-16s', *Polish News*, 2/10/2007.

92 Johnson, 'Death Spiral at the Pentagon', Nick Turse, *The Complex* (London: Faber and Faber, 2008)를 기반으로 산정.

93 C. Johnson, *The Sorrows of Empire* (London: Verso, 2006), pp. 62-63.

94 Hartung, *Prophets of War*, pp. 192-193에서 재인용.

95 Hartung, *Prophets of War*, p. 193.

96 *The Economist*, 14 July 2011, http://www.economist.com/node/18958487?story_id=1 8958487&fsrc=rss.

97 Johnson, *Sorrows of Empire*, p. 63.

98 2008년 12월 뉴욕에서 하텅과 나눈 대화. 클린턴 정부에서는 회전문 인사 규모가 다소 축소되어, 윌리엄 페리 국방장관과 그의 보좌관 중 하나이자 CIA 국장을 지내기도 했던 존 도이치 둘 정도가 다양한 방산업체에서 이사를 맡았다.

99 P. Wolfowitz, *Defense Planning Guidance for the 1994-1999 Fiscal Years* 등에서 발췌.

100 Jarecki, *American Way of War*, p. 12.

101 Ibid.

102 Project for the New American Century, *Rebuilding America's Defenses: Strategy, Forces and Resources for a New Century*, Washington DC, September 2000, http://www.newamericancentury.org/RebuildingAmericasDefenses.pdf.

103 '미국 국가안보 전략(The National Security Strategy of the USA)'이라는 제목의 2002년 정책 문서에 기재된 내용. 2003년 부시가 '악의 축' 연두교서에서 주장한 내용.

104 Hartung, *Prophets of War*, p. 209.

105 Jarecki, *American Way of War*, pp. 25-28.

106 Project for the New American Century, *Rebuilding America's Defenses*, p. 51.

107 Jarecki, *American Way of War*.

108 앤드루 바세비치 인터뷰, 매사추세츠 보스턴, 2008년 11월.

109 *The New York Times*, 4 February 2007.

110 제4부에서 언급된 일부 견해를 발췌한 Naomi Klein, *The Shock Doctrine* (London: Penguin Books, 2004), p. 300에서 재인용.

111 Klein, *Shock Doctrine*, pp. 300-301.

112 이 문단에 언급된 수치 및 다음 단락들에 등장하는 수치는 나오미 클라인, 유진 자렉키, 트레비스 샤프(Travis Sharp), 필자가 다양한 정부 및 방산업계 정보원들과 나눈 대화 등 다양한 출처에서 인용했다.

113 Travis Sharp, 'Fiscal Year 2010 Pentagon Defense Spending Request: February "Topline"', Center for Arms Control and Non-proliferation, 26 February 2009.

114 Turse, *The Complex*.

115 Ibid.

116 William D. Hartung, Michelle Ciarrocca, *The Ties That Bind: Arms Industry Influence in the Bush Administration and Beyond*, World Policy Institute, October 2004.

117 Klein, *Shock Doctrine*.

118 불리한 사법 조사 결과로 인해 핼리버튼이 KBR 지분을 매각한 2007년 4월까지 KBR은 핼리버튼의 자회사였다.

119 Pratap Chatterjee, *Halliburton's Army* (New York: Nation Books, 2009).

120 Klein, *Shock Doctrine*.

121 David Bromwich, 'The Co-President at Work', *New York Review of Books*, 20 November 2008.

122 L. Dubose, J. Bernstein, *Vice: Dick Cheney and the Hijacking of the American Presidency* (New York: Random House, 2006); Turse, *The Complex*.

123 공공청렴센터 창립자 찰스 루이스(Chuck Lewis)와의 대화에 기반한 내용.

124 Klein, *Shock Doctrine*.

125 Ibid.에서 재인용.

126 Ibid. 정보원들과의 대화 내용.

127 1971년 닉슨이 럼스펠드에 대해 한 말.

128 Klein, *Shock Doctrine*.

129 William Hartung, 'Reagan Redux: The Enduring Myth of Star Wars', *World Policy Journal*, Vol. 15 (1998) 참조.

130 Hartung, *Prophets of War*에 언급된 수치.

131 Jarecki, *American Way of War*에서 재인용.

132 Ibid.

133 Ibid.

134 Rachel Monahan and Elena Herrero Beaumont, 'Big Time Security', *Forbes*, 8 March 2006, http://www.forbes.com/2006/08/02/homeland-security-contracts-cx_rm_0803homeland.html.

135 척 스퍼니 인터뷰, 알렉산드리아, 2010년 3월 1일.

136 Jarecki, *American Way of War*에서 인용.

137 Ibid.에서 재인용.

138 이 견해에 대한 보다 자세한 정보는 Bacevich, Engelhardt, Johnson, *Sorrows of Empire* 참조.

139 Garry Wills, *Bomb Power: The Modern Presidency and the National Security State* (New York: Penguin Books, 2010) 참조. 2차대전 이후 현재까지 행정부의 권한이 어떤 식으로 확대되어 정점에 이르렀는지를 완벽히 설명해준다.

140 'U.S. stocks rise, erasing losses on London bombings; gap rises', Bloomberg, 7 July 2005.

141 Klein, *Shock Doctrine*, p. 302; Monahan, Herrero Beaumont, 'Big Time Security' (134번 참조)

142 'TIMELINE: NBC, Universal through the 20th century and beyond', Reuters, 3 December 2009.

143 Klein, *Shock Doctrine*.

144 Hartung, *How Much are You Making on the War, Daddy?* 리처드 펄은 사직서에 "나에 대한 잘못된 사실을 근거로 한 비판 여론을 누그러뜨릴 수 없는 상황에서 시급한 문제에 집중되어야 할 관심을 분산시키고 싶지 않다"고 밝혔다(Newsmax.com, 24 March 2003).

145 Hartung, *How Much are You Making on the War, Daddy?*

146 Klein, *Shock Doctrine*에서 재인용.

15. 불법적 뇌물

1 Project on Government Oversight, 'Fill 'Er Up: Back-Door Deal for Boeing Will Leave the Taxpayer on Empty', 7 May 2002, http://www.pogo.org/pogo-files/reports/nationalsecurity/back-door-deal-for-boeing/ns-btld-back-door-deal-for-boeing.html.

2 Leslie Wayne, 'Documents show extent of lobbying by Boeing', *The New York Times*, 3 September 2003, http://www.nytimes.com/2003/09/03/business/documents-show-extentof-lobbying-by-boeing.html; William D. Hartung, *How Much are You Making on the War, Daddy?* (New York: Nation Books, 2003), p. 126.

3 KC-135'R'이라 알려져 있다.

4 General Accounting Office, Briefing for Senate Armed Service Committee, 'Preliminary Information on Air Force Tanker Leasing Issues', May 2002, http://www.pogoarchives.org/m/cp/cp-boeing767c.pdf.

5 FY 2002 Air Force Unfunded Priority List, submitted by General John P. Jumper, Air Force Chief of Staff, 22 October 2001, http://www.pogoarchives.org/m/cp/cpboeing767e.pdf.

6 Memo to Senator John McCain from Mitchell E. Daniels, Jr, Director of Office of Management and Budget, 3 May 2002, http://www.pogoarchives.org/m/cp/cp-boeing767b.pdf.

7 General Accounting Office, 'Preliminary Information on Air Force Tanker Leasing Issues' (미주 4번 참조).

8 Memo to Senator John McCain from Mitchell E. Daniels, Jr, Director of Office of Management and Budget, 18 December 2001, http://www.pogoarchives.org/m/cp/cpboeing767a.pdf.

9 Ibid.

10 Ibid.

11 Memo to Senator Kent Conrad from Mitchell E. Daniels, Jr, Director of Office of Management and Budget, 2 November 2001, http://www.pogoarchives.org/m/cp/cpboeing767d.pdf.

12 Hartung, *How Much are You Making on the War, Daddy?* , p. 126.

13 Project on Government Oversight, 'Fill 'Er Up' (미주 1번 참조).

14 Letter and report to Senator John McCain from Department of Defense Inspector General Joseph E. Schmitz, 3 May 2002, http://www.pogoarchives.org/m/cp/cp-boeing767f.pdf.

15 R. Jeffrey Smith, Renae Merle, 'Rules circumvented on huge Boeing defense contract', *Washington Post*, 27 October 2003, http://www.washingtonpost.com/ac2/wp-dyn/A21584-2003Oct26?language=printe.

16 Wayne, 'Documents show extent of lobbying by Boeing' (미주 2번 참조); 해당 문서를 수령한 것에 대한 매케인의 설명은 http://mccain.senate.gov/public/index.cfm?FuseAction=PressOffice.Articles&ContentRecord_id=dfd71eae-28c5-41ff-99b4-a362135d276f&Region_id=&Issue_id=1bd7f3a7-a52b-4ad0-a338-646c6a780d65의 보도자료 참조.

17 Smith, Merle, 'Rules circumvented on huge Boeing defense contract' (미주 15번 참조).

18 Center for Security Policy, *Precision-Guided Ideas: 2002 Annual Report*, http://web.archive.org/web/20030630032717/www.centerforsecuritypolicy.org/Center2002AR.pdf.

19 Smith, Merle, 'Rules circumvented on huge Boeing defense contract' (미주 15번 참조).

20 Hartung, *How Much are You Making on the War, Daddy?*, p. 129.

21 Smith, Merle, 'Rules circumvented on huge Boeing defense contract' (미주 15번 참조).

22 Ibid.

23 Caroline Daniel, James Harding, Joshua Chaffin, Marianne Brun-Rovet, 'A cosy relationship: Boeing's Pentagon deal bears testament to its skilful lobbying efforts', *Financial Times*, 8 December 2003.

24 Dan Cook, 'Boeing Given Nod on Tanker Lease', *Military Aerospace Technology*, Vol. 1 (2), 1 May 2002, http://web.archive.org/web/20071114184441; http://www.military-aerospacetechnology.com/article.cfm?DocID=335.

25 John Tirpak, 'Tanker Twilight Zone', *Air Force Magazine*, February 2004, http://www.airforce-magazine.com/MagazineArchive/Pages/2004/February%202004/0204tanker.aspx.

26 Kimberley Palmer, 'Former Air Force acquisition official released from jail',

Government Executive.com, 3 October 2005, http://www.govexec.com/dailyfed/1005/100305k2.htm.

27 Rebecca Leung, 'Cashing in for profit?', *60 Minutes*, CBS, 5 January 2005, http://www.cbsnews.com/stories/2005/01/04/60II/main664652.shtml; Wayne, 'Documents show extent of lobbying by Boeing' (미주 2번 참조).

28 Wayne, 'Documents show extent of lobbying by Boeing' (미주 2번 참조).

29 Smith, Merle, 'Rules circumvented on huge Boeing defense contract' (미주 15번 참조).

30 Ibid.

31 Wayne, 'Documents show extent of lobbying by Boeing' (미주 2번 참조).

32 Ibid.

33 Ibid.

34 Smith, Merle, 'Rules circumvented on huge Boeing defense contract' (미주 15번 참조).

35 Ibid.

36 Ibid.

37 Ibid.

38 Ibid.

39 Ibid.

40 Ibid.

41 Renae Merle, 'Lockheed adds Director fresh from the Pentagon', *Washington Post*, 27 June 2003.

42 National Corruption Index, 'Edward Aldridge', 19 May 2008, http://www.nationalcorruptionindex.org/pages/profile.php?category=cat&selectcats=52&catidorcorp=Individual&checkview=1&profile_id=532.

43 Leung, 'Cashing in for profit?' (미주 27번 참조).

44 Ibid.

45 Palmer, 'Former Air Force acquisition official released from jail' (미주 26번 참조).

46 Leung, 'Cashing in for profit?' (미주 27번 참조).

47 Ibid.

48 Renae Merle, 'Pentagon's Druyun thrust herself into role of power', *Washington Post*, 21 November 2004.

49 Alan Bjerga, 'Ex-Boeing CFO pleads guilty in tanker deal scandal', *Seattle Times*, 16 November 2004, http://seattletimes.nwsource.com/html/businesstechnology/2002091816_webboeing16.html.

50 'An anxious time for Boeing as a fired worker starts to talk', *The New York Times*, 16 June 2004.

51 George Cahlink, 'Ex-Pentagon procurement executive gets jail time', Government Executive.com, 1 October 2004, http://www.govexec.com/dailyfed/1004/100104g1.htm.

52 'Ex-official goes to prison', *The New York Times*, 5 January 2005, http://query.nytimes.com/gst/fullpage.html?res=9B04EEDB1339F936A35752C0A9639C8B63.

53 Cahlink, 'Ex-Pentagon procurement executive gets jail time' (미주 51번 참조).

54 Palmer, 'Former Air Force acquisition official released from jail' (미주 26번 참조).

55 Cahlink, 'Ex-Pentagon procurement executive gets jail time' (미주 51번 참조).

56 Palmer, 'Former Air Force acquisition official released from jail' (미주 26번 참조).

57 Ibid.

58 Leung, 'Cashing in for profit?' (미주 27번 참조).

59 R. Jeffrey Smith, 'Roche cited for 2 ethics violations', *Washington Post*, 10 February 2005, http://www.washingtonpost.com/ac2/wp-dyn/A12344-2005Feb9?language=printer.

60 'Profile: James Roche', Right Web, 1 August 2009, http://www.rightweb.irc-online.org/profile/Roche_James#_edn10.

61 Office of Senator John McCain, 'McCain deplores Boeing tanker scheme', press release, 23 May 2003, http://www.globalsecurity.org/military/library/news/2003/05/mil-030523-dod0.htm.

62 'Profile: James Roche', Right Web (미주 60번 참조).

63 Orbital, 'Orbital names Dr. James G. Roche to Board of Directors', press release, 25 May 2005, http://www.orbital.com/NewsInfo/release.asp?prid=508.

64 'Dr. James G. Roche joins CompuDyne's Board of Directors', *Businesswire*, 9 September 2008, http://www.allbusiness.com/government/government-bodies-offices-government/11553368-1.html.

65 George Cahlink, 'Two top Air Force officials to resign', GovernmentExecutive.com, 17 November 2004, http://www.govexec.com/dailyfed/1104/111704g2.htm.

66 Peter Pae, 'US: Boeing to pay fine of $615 million', *Los Angeles Times*, 16 May 2006, http://www.corpwatch.org/article.php?id=13582.

67 Mike Allen, 'Details on Boeing deal sought: Senators raise questions about White House involvement', *Washington Post*, 8 June 2005, http://www.washingtonpost.com/wp-dyn/content/article/2005/06/07/AR2005060701751.html.

68 Project on Government Oversight, 25 May 2006, 'Defense Inspector General originally hid Boeing role in scandal report: White House and Congress' Roles in tanker lease deal still unclear', http://www.pogo.org/pogo-files/alerts/government-secrecy/gs-foia-20060525.htm.

69 'Holes in the tanker story', *Washington Post*, 20 June 2005, http://www.washingtonpost.com/wp-dyn/content/article/2005/06/19/AR2005061900705.html.

70 Allen, 'Details on Boeing deal sought' (미주 67번 참조).

71 'Holes in the tanker story', *Washington Post* (미주 69번 참조).

72 Project on Government Oversight, 'Defense Inspector General originally hid Boeing role in scandal report' (미주 68번 참조).

73 2005년 6월 7일 상원 군사위원회 청문회.

74 Jeremy Scahill, Blackwater: *The Rise of the World's Most Powerful Mercenary Army* (London: Serpent's Tail, 2008), p. 387.

75 Cam Simpson, 'Commander: Contractors violating U.S. trafficking laws', *Chicago Tribune*, 23 April 2006, http://www.corpwatch.org/article.php?id=13513; Scahill, *Blackwater*, p. 384.

76 Scahill, *Blackwater*, p. 388.

77 'Boeing protests U.S. Air Force tanker contract award', Boeing press release, 11 March 2008, http://boeing.com/news/releases/2008/q1/080311b_nr.html.

78 Government Accountability Office, 'Statement regarding the bid protest decision resolving the aerial refueling tanker protest by the Boeing Company', 18 June 2008, http://web.archive.org/web/20080625201918; http://www.king5.com/sharedcontent/northwest/pdf/gao_boeing.pdf.

79 Dana Hedgpeth, 'Pentagon postpones tanker competition', *Washington Post*,

11 September 2008, http://www.washingtonpost.com/wp-dyn/content/article/2008/09/10/AR2008091000986.html?hpid=sec-business.

80 Jon Ostrower, 'Northrop Grumman declines to bid on latest KC-X RFP', *Flight International*, 9 March 2010, http://www.flightglobal.com/articles/2010/03/09/339205/northrop-grummandeclines-to-bid-on-latest-kc-x-rfp.html.

81 뜻밖에도 우크라이나의 항공기 제조업체 안토노프와 함께 US에어로스페이스가 세 번째 입찰업체로 참여했다. 그러나 마감을 5분 넘겨 제안서를 제출해 입찰에서 제외되었다. US에어로스페이스는 이의를 제기했으나 2010년 10월 회계감사원은 제외 결정을 인정했다.

82 Andrea Shalal-Esa, 'EADS backer charges politics in tanker', Reuters, 21 September 2010, http://www.reuters.com/article/idUSTRE68J54R20100921.

83 적기를 다섯 기 이상 격추시킨 조종사를 에이스 조종사라 한다.

84 Marcus Stern, Jerry Kammer, Dean Calbreath, George Condon, *The Wrong Stuff* (New York: Public Affairs, 2007), pp. 25, 289.

85 Jerry Ethell, Alfred Price, *One Day in a Long War* (New York: Random House, 1989), p. 110; Stern 외, *Wrong Stuff*, p. 33.

86 Stern 외, *Wrong Stuff*, p. 50.

87 Ibid.

88 Ibid., p. 58.

89 Ibid., p. 6.

90 Ibid., p. 241.

91 Kitty Kelley, 'Ace in the Hole: Duke Cunningham's Wife Tells All', *New Republic Online*, 17 August 2006.

92 베이츠는 결국 하원 윤리위원회의 질책과 함께 향후 행동에 대해 경고를 받았다('Ethics panel gives Rep. Bates light penalty in sexual harassment case: Congress: woman who brought charges against San Diego lawmaker is "disgusted"', *Los Angeles Times*, 19 October 1989).

93 Stern 외, *Wrong Stuff*, p. 65.

94 Ibid., p. 68.

95 Ibid., p. 74.

96 Dana Wilkie, 'Cunningham version of weekend confrontation disputed', Copley News Service, 8 September 1998.

97 'Cunningham exchanges angry words with constituent', Associated Press, 6 August 1998.

98 Stern 외, *Wrong Stuff*, p. 80.

99 Ibid., p. 215.

100 Ibid.

101 Ibid.

102 Ibid., pp. 213-223.

103 Marcus Stern, Joe Cantlupe, 'Ties between contractor, Congressman questioned', Copley News Service, 17 June 2005.

104 Stern 외, *Wrong Stuff*, pp. 253-61; Kelley, 'Ace in the Hole', *New Republic* Online, 17 August 2006.

105 Associated Press, 'Cunningham moving to Arizona prison', *Washington Post*, 5 January 2007, http://www.washingtonpost.com/wp-dyn/content/article/2007/01/05/AR2007010501858.html.

106 Seth Hettena, 'Mitch Wade's sentence', 15 December 2008.

107 Stern 외, *Wrong Stuff*, p. 165.

108 Ibid., p. 44.

109 Ibid., p. 47.

110 Judy Bachrach, 'Washington Babylon', *Vanity Fair*, August 2006, http://
www.vanityfair.com/politics/features/2006/08/washington200608?currentPage=all.

111 Stern 외, *Wrong Stuff*, pp. 101-127.

112 Ibid., pp. 129-142.

113 Ibid., p. 166.

114 Ibid., p. 170.

115 Ibid., p. 177.

116 Ibid., p. 169.

117 Ibid., pp. 181-195.

118 Ibid., p. 3.

119 Associated Press, 'Defense contractor pleads guilty to bribery', MSNBC, 24
February 2006, http://www.msnbc.msn.com/id/11535676/.

120 Teri Figueroa, 'Congressman's briber finally makes bail', *North County Times*, 6
January 2009, http://www.nctimes.com/news/local/sdcounty/article_8e6aefcc-
0508-58d8-a455-2ed227c78143.html; Rachel Slajda, 'Duke Cunningham briber
rakes in $10k at poker tourney', Talking Points Memo Muckraker, 28 July 2010,
http://tpmmuckraker.talkingpointsmemo.com/brent_wilkes/.

121 David Johnston, 'Ex-CIA official admits corruption', *The New York Times*, 29
September 2008, http://www.nytimes.com/2008/09/30/washington/30inq
uire.html?_r=2&adxnnl=1&ref=randy_cunningham&adxnnlx=1287518428-
T1GiMk3n9QiVUOhq/QwkmQ.

122 Bachrach, 'Washington Babylon' (미주 110번 참조).

123 Zachary Roth, 'Foggo sentenced to over three years in prison', Talking Points
Memo Muckraker, 26 February 2009, http://tpmmuckraker.talkingpointsmemo.c
om/2009/02/foggo_sentenced_to_over_three_years_in_prison.php.

124 Zachary Roth, 'Cunningham crony charged in $92 million mortgage fraud', Talking
Points Memo Muckraker, 4 June 2009, http://tpmmuckraker.talkingpointsmemo.c
om/2009/06/cunningham_crony_charged_in_92_million_mortgage_fr.php.

125 'Cash pours in for Murtha's top aide in Pa. race for seat', *Washington Post*, 26 April
2010; 'Anti-government? Not in Rep Murtha's old district', *Washington Post*, 20 May
2010.

126 'Cash pours in for Murtha's top aide in Pa. race for seat', *Washington Post*, 26 April
2010. 이러한 기부금이 미국 법에 위반된다거나 크리츠 의원이 불법행위에 가담했다는
의견은 전혀 없다.

127 'Murtha's earmarking not unusual among subcommittee members', *Washington
Post*, 9 November 2009.

128 'Value of congressional earmarks increased in fiscal 2010', *Washington Post*, 18
February 2010.

129 Taxpayers for Common Sense, earmark database for HR 3, 2005년 8월 10일 대통령이
서명한 최종 예산안; Stern 외, *Wrong Stuff*, p. 85.

130 Office of Management and Budget, 'FY 2009 Earmarks by Appropriations
Subcommittee', http://earmarks.omb.gov/earmarks-public/2009-appropriations-
by-spendcom/summary.html.

131 Stern 외, *Wrong Stuff*, p. 87.

132 Govtrack.us, S. 3335: Earmark Transparency Act, 111th Congress, 2009-10, http://
www.govtrack.us/congress/bill.xpd?bill=s111-3335.

16. 방산업체 유토피아 이후, 희망은 있는가

1 미 국방부의 지출에 대해서는 다음을 참조. Rebecca Williams, 'House Appropriations Releases FY12 Spending Caps', The Will and the Wallet (website), Washington DC, Stimson Center, 12 May 2011, http://thewillandthewallet.squarespace.c om/blog/2011/5/12/house-appropriations-releases-fy12-spending-caps.html; 전쟁예산에 대해서는 다음을 참조. Amy Belasco, *The Cost of Iraq, Afghanistan, and Other Global War on Terror Operations since 9/11*, Congressional Research Service, 29 March 2011, Table 2, p. 8.

2 Frida Berrigan, 'How Shovel-Ready is the Pentagon?' TomDispatch.com, 12 March 2009.

3 'FY 2012 Base Defense Budget Represents a Turning Point', Center for Strategic and Budgetary Assessments, 14 February 2011, http://www.csbaonline.org/ publications/2011/02/fy-2012-base-defense-budget-represents-a-turning-point/.

4 Berrigan, 'How Shovel-Ready is the Pentagon?'

5 Chalmers Johnson, 'Death Spiral at the Pentagon', TomDispatch.com, 2 February 2009.

6 William Hartung, *Prophets of War* (New York: Nation Books, 2011). 제4부는 이 책의 논의를 바탕으로 기획되었다.

7 Ibid., p. 3.

8 Berrigan, 'How Shovel-Ready is the Pentagon?'

9 Hartung, *Prophets of War*, p. 4.

10 Sydney J. Freedberg, Jr, 'On the Sea and in the Air, Military Bills Come Due', GovernmentExecutive.com, 20 March 2008에서 재인용.

11 Hartung, *Prophets of War*, p. 1.

12 Ibid., p. 5.

13 Ibid., pp. 4-5.

14 Ibid., pp. 5-6을 바탕으로 한 내용.

15 척 스피니 인터뷰.

16 Hartung, *Prophets of War*, p. 6.

17 해리 스톤키퍼(Harry Stonechipher)의 《월스트리트저널》 인터뷰, Ibid., p. 7에서 재인용.

18 Reuters and AboveTopSecret.com, 2 June 2009에서 취합한 정보.

19 *Defence Talk*, 22 June 2009.

20 Hartung, *Prophets of War*, p. 10.

21 Ibid., p. 11.

22 Ibid., p. 16.

23 Ibid., p. 17.

24 T. Capaccio, 'Lockheed F-35 program faces $1 billion cut in U.S. Senate spending measure', Bloomberg News, 16 December 2010.

25 Johnson, 'Death Spiral at the Pentagon'.

26 Hartung, *Prophets of War*, pp. 18-19에서 재인용.

27 Bloomberg, 21 April 2011, http://www.bloomberg.com/news/2011-04-21/ lockheed-martin-f-35-operating-costs-may-reach-1-trillion.html.

28 Ibid.

29 피에르 스프리 인터뷰, 워싱턴 D.C., 2011년 5월.

30 The Congressional Research Service, Hartung, *Prophets of War*, p. 230에서 재인용. 제4부는 이 책의 논의를 바탕으로 기획되었다.

31 Federation of American Scientists, Arms Sales Monitoring Project.

32 'US Weapons at War 2008', New America Foundation, December 2008, http://www.newamerica.net/publications/policy/u_s_weapons_war_2008_0을 바탕으로 한 내용.

33 Hartung, Prophets of War, p. 179.

34 Ibid., pp. 179-180.

35 Johnson, 'Death Spiral at the Pentagon', p. 279를 바탕으로 한 내용.

36 Ibid., pp. 279-280.

37 Ibid.

38 Hartung, *Prophets of War*, pp. 230-231.

39 Ibid.

40 Ibid.

41 Ibid., p. 232.

42 Ibid., pp. 235-236.

43 Ibid., p. 239.

44 Ibid., p. 240.

45 Ibid., pp. 242-243.

46 'LCS Contracts Awarded to Lockheed Martin, Austal USA', *DefenseNews*, 29 December 2010, http://www.defensenews.com/story.php?i=5339223.

47 'Lockheed, Austal's littoral ships to cost at least $37 billion', Bloomberg, 19 April 2011, http://www.bloomberg.com/news/2011-04-19/lockheed-austal-s-littoral-ships-to-cost-atleast-37-billion.html.

48 Hartung, *Prophets of War*, pp. 243-246.

49 Ibid., pp. 248-249.

50 모든 수치는 Ibid., pp. 29-30에서 인용. 3대 방산업체는 2008년 총 750억 달러, 10대 방산업체는 총 1,520억 달러를 수주했다.

51 Kelly Patricia O'Meara, 'Rumsfeld inherits financial mess', Insight on the News, 3 September 2001, http://findarticles.com/p/articles/mi_m1571/is_33_17/ai_78127727/.

52 'Building affordability', DefenseNews, 26 July 2010; 'Pentagon says it's moving toward being "audit-ready"', CNN, 25 February 2011.

53 'Senators call for an audit of the Pentagon', RT, 16 May 2011.

54 'GAO blasts weapons budget', *Washington Post*, 1 April 2008.

55 'U.S.-U.K.-Australian trade treaties finally pass committee', *DefenseNews*, 21 September 2010.

56 다음을 참조. 'Missing Iraq reconstruction billions', *Independent*, 16 February 2009.

57 'Missing Iraq reconstruction billions', *Independent*, 16 February 2009.

58 Guy Lawson, 'Arms and the Dudes', *Rolling Stone*, 31 March 2011.

59 TPM, 'AEY Inc', July 2008.

60 A. Tilghman, 'Army awarded AEY contract after "recommendation" from firm's financial backer', Talking Points Memo (TPM) Muckraker, 24 June 2008, http://tpmmuckraker.talkingpointsmemo.com/2008/06/aey_contract_after_recomendation_from_firms_financial_backer.php.

61 'Supplier under scrutiny on arms for Afghans', *The New York Times*, 27 March 2008.

62 Ardian Klosi, *The Gerdec Disaster: Its Causes, Culprits and Victims* (Tirana: K&B, 2010).

63 Ibid.

64 Ibid.

65 Ibid.

66 Ibid.

67 Ibid.

68 Ibid.

69 Ibid.

70 Ibid.

71 'Supplier under scrutiny on arms for Afghans', *The New York Times*, 27 March 2008.

72 Klosi, *Gerdec Disaster.*

73 휴 그리피스 인터뷰, 스톡홀름, 2010년 11월.

74 Lawson, 'Arms and the Dudes', *Rolling Stone*, 31 March 2011.

75 휴 그리피스 인터뷰, 스톡홀름, 2010년 11월; 'Supplier under scrutiny on arms for Afghans', *The New York Times*, 27 March 2008.

76 'Supplier under scrutiny on arms for Afghans', *The New York Times*, 27 March 2008.

77 Klosi, *Gerdec Disaster.*

78 Ibid.; 'American envoy is linked to arms deal cover-up', *The New York Times*, 24 June 2008.

79 'U.S. ambassador to Albania cleared in ammo cover-up', *Los Angeles Times*, 19 March 2009.

80 'Miami gun runner gets 4 years', Talking Points Memo (TPM) Muckraker, 4 January 2011, http://tpmmuckraker.talkingpointsmemo.com/2011/01/miami_gun_runner_ge ts_4_years_says_good_times_werent_worth_it.php#more.

81 다음을 바탕으로 한 설명. 페루잔 두르다이 인터뷰, 게르데츠, 2010년 5월 26일; Klosi, *Gerdec Disaster.*

82 Ibid.

83 Klosi, *Gerdec Disaster.*

84 Ibid.

85 Miriam F. Weismann, 'The Foreign Corrupt Practices Act: The Failure of the Self-Regulatory Model of Corporate Governance in the Global Business Environment', *Journal of Business Ethics*, 2009, pp. 615–661.

86 OECD, *United States: Phase 2, Report on Application of the Convention on Combating Bribery of Foreign Public Officials in International Business Actions and the 1997 Recommendation on Combating Bribery in International Business Transactions*, www.oecd.org/dataoecd/52/19/1962084.pdf.

87 Nelson D. Schwartz and Lowell Bergmann, 'Payload: taking aim at corporate bribery', *The New York Times*, 25 November 2007, http://www.nytimes.com/2007/11/25/business/25bae.html.

88 Jeffrey Cramer, 'The FCPA Game Has Changed: Trends in Enforcement', Main Justice, 23 April 2010, http://www.mainjustice.com/2010/04/23/commentary-the-fcpa-game-haschanged-trends-in-enforcement/.

89 Shearer & Sterling LLP, FCPA Digest of Cases and Review Releases Relating to Bribes to Foreign Officials under the Foreign Corrupt Practices Act of 1977 (as of February 13, 2008), Danforth Newcomb & Philip Urofsky Partners, Shearman & Sterling LLP (New York, New York).

90 Brandon L. Garrett, Structural Reform Prosecution, 93 Va. L. Rev. 853, 860, 886, 890 (2007).

91 Richard L. Cassin, *Bribery Everywhere: Chronicles from the Foreign Corrupt Practices Act* (lulu.com, 2009), p. 10.

92 OECD, *United States: Phase 2, Report on Application of the Convention on Combating Bribery of Foreign Public Officials in International Business Actions and the 1997*

Recommendation on Combating Bribery in International Business Transactions (2002), p. 23, www.oecd.org/dataoecd/52/19/1962084.pdf.

93 Ibid., p. 16. 2010년 10월 9일 검색.

94 OECD, *United States: Phase 2, Follow up report on the implementation of the Phase 2 Recommendations on the Application of the Convention on Combating Bribery of Foreign Public Officials in International Business Actions and the 1997 Recommendation on Combating Bribery in International Business Transactions* (2005), www.oecd.org/dataoecd/7/35/35109576.pdf.

95 Shearman & Sterling LLP, *US v. Lockheed Corporation*, http://fcpa.shearman.com/?s=matter&mode=form&id=38.

96 Cassin, *Bribery Everywhere*, p. 10.

97 Tom Mcghie and Jenny Little, 'BAE pension windfall wipes out £285m fine', *Daily Mail*, 13 February 2010, http://www.dailymail.co.uk/money/article-1250840/BAE-pensionwindfall-wipes-285m-fine.html.

98 Dan Margolies, 'Cocktails and wiretaps signal new anti-bribery era', Reuters, 5 April 2010, http://www.reuters.com/article/idUSTRE6342MO20100405?pageNumber=2.

99 'New rules on US airport laptop searches', Reuters, 28 August 2009, http://www.pcpro. co.uk/news/enterprise/351172/new-rules-on-us-airport-laptop-searches.

100 Cassin, *Bribery Everywhere*, p. 54.

101 McKenna Long & Aldridge, 'Financial reform bill includes FCPA whistleblower provision', Lexology, 26 July 2010, http://www.lexology.com/library/detail.aspx?g=b41be68e-996f-499f-9d1e-92bbcaba3b6.

102 Cassin, *Bribery Everywhere*, p. 141.

103 Stefaans Brummer and Sam Sole, 'How arms-deal "bribes" were paid', *Mail & Guardian*, 5 December 2008, http://www.mg.co.za/article/2008-12-05-how-arms-deal-bribes-werepaid.

104 KBR은 테크닙 및 스남프로게티 네덜란드(Snamprogetti Netherlands, 이탈리아 업체 사이펨Saipem의 자회사)와 함께 설립한 합작회사, 그리고 일본의 JGC를 활용해 포르투갈 마데이라 제도에 만든 유령회사 세 곳을 운영했다. 이 유령회사들과 컨설팅 계약을 맺은 에이전트들은 나이지리아 관계자들에게 뇌물을 제공했다. 유령회사들의 실제 소유주는 KBR의 영국 자회사 M.W. 켈로그가 간접 보유하는 방식으로 감춰졌다. '마데이라 컴퍼니 1', '마데이라 컴퍼니 2', '마데이라 컴퍼니 3'라는 이름이 붙은 유령회사들 중 1번, 2번 업체의 이사회에는 미국 시민권자가 있었으나, 컨설팅 계약의 당사자인 3번 업체의 경우 미국 시민권자가 없었다. 이는 "역시 해외부패방지법에 의한 처벌을 피하기 위한 의도적 노력의 일환"이었다(Cassin, *Bribery Everywhere*, p. 37.)

105 Steptoe & Johnson LLP, 'French companies prepare to pay hundreds of millions to U.S. authorities in foreign corruption matters', Lexology, 15 July 2010, http://www.lexology.com/library/detail.aspx?g=c81d5e07-c77d-413c-9147-4a82c59cfe56.

106 Tara Patel, 'Technip poised to win contracts as shares top CAC (Update2)', Bloomberg, 31 December 2009, http://www.businessweek.com/news/2009-12-31/technip-poised-towin-contracts-as-shares-top-cac-update2-.html.

107 Fiona Phillip, '7-year prison term for engineering executive illustrates new reach of antibribery law', Main Justice, 30 April 2010, http://www.mainjustice.com/2010/04/30/commentary-7-year-prison-term-for-engineering-executive-illustrates-new-reach-of-antibribery-law/.

108 'Debarment for BAE', FCPA Blog, 4 March 2010, http://www.fcpablog.com/blog/2010/3/4/debarment-for-bae.html.

109 Cassin, *Bribery Everywhere*, p. 23.

110 Leah Nylen, 'FCPA debarment bill introduced in house', Main Justice, 25 May 2010, http://www.mainjustice.com/2010/05/25/fcpa-debarment-bill-introduced-in-house/.

111 아르데빌리 수사에 관한 구체적 설명은 다음을 포함하는 보고서 참조. John Shiffman, 'Shadow war: hunting Iranian arms brokers', *Philadelphia Enquirer*, 17 September 2010, http://www.philly.com/philly/news/20100917_YARDLEY_APRIL_2004_To_cap ture_a_global_arms_smuggler.html?viewAll=y.

112 다음을 바탕으로 요약한 설명. John Shiffman, 'Shadow war: hunting Iranian arms brokers', *Philadelphia Enquirer*, 17 September 2010.

113 Dan Margolies, 'Cocktails and wiretaps signal new anti-bribery era', Reuters, 5 April 2010, http://www.reuters.com/article/idUSTRE6342MO20100405.

114 'FBI's anti-corruption unit to expand', Main Justice, 24 June 2010, http://www.mainjustice.com/2010/06/24/fbis-anti-corruption-unit-to-expand/.

115 Bruce Carton, 'FCPA enforcement in 2010: prepare for blastoff', Securities Docket, 10 March 2010, http://www.securitiesdocket.com/2010/03/10/fcpa-enforcement-in-2010-prepare-for-blastoff/.

116 Dan Margolies and Jeremy Pelofsky, 'UPDATE 2 - U.S. charges 22 with bribery involving arms sales', Reuters, 19 January 2010, http://www.reuters.com/article/idUSN1920007620100119?pageNumber=1.

117 Margolies, 'Cocktails and wiretaps signal new anti-bribery era' (미주 113번 참조).

118 Neal Keeling, 'Millionaire businessman held by FBI in arms "sting"', *Manchester Evening News*, 3 February 2010, http://menmedia.co.uk/manchestereveningnews/news/s/1191265_millionaire_businessman_held_by_fbi_in_arms_sting.

119 Margolies and Pelofsky, 'UPDATE 2' (미주 116번 참조).

120 Dan Margolies, 'US request to detain arms sting defendant denied', Reuters, 22 January 2010, http://www.reuters.com/article/idUSN2214138020100122.

121 Ken Stier, 'U.S. cashes in on corporate corruption overseas', *Time*, 7 April 2010, http://www.time.com/time/business/article/0,8599,1977526,00.html.

122 Project on Government Oversight, 'The sting, part II: foreign bribery investigation claims another contractor scalp', 27 January 2010, http://pogoblog.typepad.com/pogo/2010/01/the-sting-part-ii-foreign-bribery-investigation-claims-another-contractor-scalp.html.

123 Stier, 'U.S. cashes in on corporate corruption overseas', (미주 121번 참조).

124 Carton, 'FCPA enforcement in 2010' (미주 115번 참조).

125 Ibid.

126 'Defense wants information on informant in dramatic FCPA white-collar sting case', Crime in the Suites, 16 July 2010, http://crimeinthesuites.com/defense-wants-informationon-informant-in-ramatic-fcpa-white-collar-sting-case/.

127 Peter J. Henning, 'Going undercover for a white-collar sting', *The New York Times*, 21 January 2010, http://dealbook.blogs.nytimes.com/2010/01/21/going-undercover-for-awhite-collar-sting/.

128 Warren Richey, 'FBI sting nets 22 executives charged with paying bribes abroad', Christian Science Monitor, 19 January 2010, http://www.csmonitor.com/USA/Justice/2010/0119/FBI-sting-nets-22-executives-charged-with-paying-bribes-abroad.

129 'Defense wants information on informant', Crime in the Suites (미주 126번 참조).

130 'Africa sting updates', FCPA Professor Blog, 7 April 2010, http://

fcpaprofessor.blogspot.com/search/label/Gabon.

131 Dan Margolies, 'Defendant to plead guilty in arms sting case', Reuters, 5 March 2010, http://www.reuters.com/article/idUSTRE62503D20100306.

132 Richey, 'FBI sting nets 22 executives' (128번 참조).

133 'Defendants attack cooperator's drug addiction in huge foreign bribery case', Main Justice, 7 June 2011.

134 Africa sting updates', FCPA Professor Blog (미주 130번 참조).

135 Margolies and Pelofsky, 'UPDATE 2' (미주 116번 참조).

136 'FBI's anti-corruption unit to expand', Main Justice (미주 114번 참조).

137 Stier, 'U.S. cashes in on corporate corruption overseas' (미주 121번 참조).

138 Robert Reich, Locked in the Cabinet (New York: Vintage Books, 1997), pp. 30, 41.

139 R. Pollin and H. Garrett-Peltier, The US Employment Effects of Military and Domestic Spending Priorities: An Updated Analysis, Political Economy Research Institute, University of Massachusetts, Amherst, October 2009.

140 Ibid.

141 이 섹션의 아이디어는 Frida Berrigan, 'How Shovel-Ready is the Pentagon?', TomDispatch.com, 12 March 2009 및 방위산업 전문가들과의 대화를 바탕으로 한다.

142 Frida Berrigan, 'How Shovel-Ready is the Pentagon?', TomDispatch.com, 12 March 2009.

143 모든 수치는 Ibid.에서 인용.

144 Frida Berrigan, 'How Shovel-Ready is the Pentagon?', TomDispatch.com, 12 March 2009.

145 Barron's, 2 March 2009.

146 Berrigan, 'How Shovel-Ready is the Pentagon?'

147 Ibid.에서 재인용.

148 'Remembering soldiers and defense lobbying, T-Paw's Mideast slipup and more in capital eye opener: May 30', Center for Reponsive Politics, Opensecrets.org, 30 May 2011, http://www.opensecrets.org/news/2011/05/ceo-5-30-2011.html.

149 찰스 루이스와의 대화, 2008년 12월; Center for Public Integrity: 'Outsourcing the Pentagon', http://projects.publicintegrity.org/pns/report.aspx?aid=385.

150 앤드루 코번과의 대화, 워싱턴 D.C., 2008년 12월.

151 찰스 루이스와의 대화, 워싱턴 D.C., 2008년 12월

152 척 스피니 인터뷰, 2010년 3월 1일.

153 Ibid.

154 빌 하텅 인터뷰, 2010년 7월 28일.

155 Ibid.

156 예를 들어 다음을 참조. 'Karzai issues decree disbanding private security firms', CNN, 17 October 2010.

157 'Obama announces framework for cutting deficit by $4 trillion over 12 years', Washington Post, 13 April 2011.

158 윈즐로 휠러의 이메일, 14 April 2011.

159 예를 들어 다음을 참조. 'Panetta comes armed with background in budget fights', The New York Times, 27 April 2011.

160 'Defense Buck Does Not Stop with This Debt Deal,' Straus Military Reform Project, 2 August 2011.

161 'Lowering America's war ceiling?' TomDispatch.com, 2 August 2011, www.tomdispatch.com/blog/175425/tomgram%3A_engelhardt%2C_two-faced_washington/.

162 Frank James, 'Obama lobbying ban hits DC reality', *Chicago Tribune*, 22 January 2009, http://www.swamppolitics.com/news/politics/blog/2009/01/obama_lobbying_ban_hits_realit.html.

163 *USA Today*, 16 April 2008.

164 이 문단의 바탕이 된 Hartung, *Prophets of War* 에서 재인용.

165 척 스피니 인터뷰, 2010년 12월 2일.

166 W. T. Wheeler (ed.), *The Pentagon Labyrinth* (Washington: Center for Defense Information, World Security Institute, 2011)에서 재인용.

167 Ibid.

17. 미국 무기의 전시장

1 R. Bergman, 'The Secret War with Iran', OneWorld, 2008. 미 해병대도 1990년 이와 유사한 견해를 제시했다. Major Cozy E. Bailey, 'U.S. Policy towards Israel: The Special Relationship', CSC, 1990, http://www.globalsecurity.org/military/library/report/1990/BCE.htm.

2 국토안보 분야의 계약, 정부 간 또는 경찰당국 간 훈련이나 군사서비스 계약은 제외한 수치다.

3 *SIPRI Yearbook 2010* (Oxford: OUP, 2010), pp. 286 and 320-321.

4 OECD, *OECD Reviews of Labour Market and Social Policies* (Paris: OECD Publishing, January 2010), p. 18.

5 경제/군사전문가 시어 헤버 인터뷰, 예루살렘, 2010년 5월.

6 Ibid.

7 국방전문가이자 활동가인 지미 존슨과의 이메일 대화 및 그가 제공한 정보, 그리고 시어 헤버 인터뷰를 통해 도출된 역사적 분석이다.

8 경제/군사전문가 시어 헤버 인터뷰, 예루살렘, 2010년 5월.

9 Ibid.

10 Neve Gordon, 'Israel—Homeland Security Capital', in Lyo Zureik and Abu-Laban (eds.), *Surveillance and Control in Israel/Palestine: Population, Territory and Power* (London: Routledge, 2011), p. 163.

11 경제/군사전문가 시어 헤버 인터뷰, 예루살렘, 2010년 5월.

12 Naomi Klein, *The Shock Doctrine* (London: Penguin Books, 2007), p. 435.

13 Ibid., pp. 436 and 439.

14 Ibid., p. 440.

15 경제/군사전문가 시어 헤버 인터뷰, 예루살렘, 2010년 5월.

16 Ibid.

17 Frida Berrigan, 'Made in the USA: American Military Aid to Israel', *Journal of Palestine Studies*, Vol. XXXVIII, No. 3 (Spring 2009), pp. 6-21.

18 'Arms unto the Nations', Globes Online, 29 April 2003.

19 'US and Israel in $30bn arms deal', BBC News, 16 August 2007, http://news.bbc.co.uk/1/hi/6948981.stm.

20 Amnesty International, *Israel/OPT: Fuelling Conflict: Foreign Arms Supplies to Israel/Gaza*, MDE 15/012/2009, 23 February 2009.

21 *New Statesman*, 26 January 2009.

22 Berrigan, 'Made in the USA'.

23 다만 병력수송 장갑차 다수는 대외 군사차관을 통해서가 아니라 이스라엘 국내에서 조달된다.

24 Berrigan, 'Made in the USA'.

25 Bergman, 'The Secret War with Iran'.

26 Ibid.

27 Ibid.

28 이후의 내용은 Ibid. 및 필자가 확인한 정보를 바탕으로 한다.

29 이란-콘트라 사건에서 이스라엘의 역할에 관한 문서로는 다음을 참조. http://www.negedneshek.org/2011/03/operation-tipped-kettle/.

30 Bergman, 'The Secret War with Iran' 및 필자가 확인한 정보를 바탕으로 한 내용.

31 Bergman, 'The Secret War with Iran'에서 재인용.

32 Bergman, 'The Secret War with Iran' 및 필자가 확인한 정보를 바탕으로 한 내용.

33 Ibid.

34 Ibid.

35 로넨 버그먼 기자 인터뷰, 텔아비브, 2010년 5월.

36 Bergman, 'The Secret War with Iran'을 바탕으로 한 내용.

37 Ibid.에서 재인용.

38 Ibid.을 바탕으로 한 내용.

39 Ibid.

40 Ibid.에서 재인용.

41 Ibid.

42 Ibid.

43 Ibid.

44 'Fear of Russia ends Israeli support for Georgia', *Israel Today*, 11 August 2008.

45 A. Egozi, 'War in Georgia: the Israeli connection', YNet News, 10 August 2008 참조.

46 Ibid.에서 재인용.

47 A. Egozi, 'War in Georgia: the Israeli connection', YNet News, 10 August 2008; 'Israel's military on display in Georgia', *Forward*, 11 September 2008. 2011년 중반, 지브 소장의 업체 '글로벌 CST'는 조지아에서 분리독립한 압하지야에서 사업 수주를 위해 노력하는 중이었다. 만일 글로벌 CST가 계약을 성사시켰다면 조지아군과 압하지야군 양측 모두 같은 업체로부터 군사훈련을 받은 상태에서 전쟁을 치렀을 것이다. 이스라엘이 압하지야에서 사업을 하기가 용이해진 것은 러시아와의 군사관계가 지속적으로 개선되었기 때문이다. 압하지야의 뒤에는 러시아가 있기 때문에 러시아와의 관계 개선 전에는 이스라엘 업체가 진출하기 힘들었을 것이다. 미주 51번 이하 참조.

48 경제/군사전문가 시어 헤버 인터뷰, 예루살렘, 2010년 5월.

49 이스라엘 기자 요시 멜만 인터뷰, 2010년 5월.

50 Ibid.

51 'Why does Israel have links to a breakaway state supported by Hamas?', *Haaretz*, 5 May 2011; 'Israeli security firm executives in Abkhazia', *Georgian Daily*, 15 April 2011.

52 www.theshadowworld.com에서 브로슈어 참조.

53 Berrigan, 'Made in the USA'.

54 Ibid.

55 'Sources: Israeli businesswoman brokering E. Guinea arms sales', *Haaretz*, 12 November 2008.

56 'Arms unto the Nations' Globes Online, 29 April 2003.

57 J. Johnson, 'Israelis and Hezbollah haven't always been enemies', 11 September 2006, http://www.williambowles.info/syria_lebanon/israel_hezbollah.html.

58 Sasha Polakow-Suransky, *The Unspoken Alliance: Israel's Secret Relationship with Apartheid South Africa* (New York: Pantheon Books, 2010).

59 모든 유대인은 이스라엘에 거주하고 시민권을 취득할 수 있다는 것이 귀환권의 개념이다. 이는 유럽 내의 이동 및 은행거래에 대단히 유용하다.

60 'Olmert's corruption indictment latest in host of Israeli cases', Bloomberg, 30 August 2009.

61 일례로 2010년 1월 하마스 관계자가 두바이에서 암살된 사건에서는 도난된 영국인 신분증이 사용되었다.

62 지미 존슨이 지적한 것처럼 이는 이스라엘의 경제 구조상 이들이 비군사 분야에 종사할 만한 여지가 거의 없기 때문이기도 하다.

63 경제·군사 전문가 시어 헤버 인터뷰, 예루살렘, 2010년 5월.

64 이스라엘 기자 요시 멜만 인터뷰, 2010년 5월.

65 Ibid.

66 무기업체 판매사원으로 일한 업계 관계자 인터뷰(익명), 예루살렘, 2010년 5월.

67 J. Mearsheimer and S. Walt, *The Israel Lobby and US Foreign Policy* (New York: Farrar, Straus and Giroux, 2008).

68 William Hartung, *Prophets of War* (New York: Nation Books, 2011), p. 232를 바탕으로 한 내용.

69 Berrigan, 'Made in the USA'.

70 Ibid.에서 재인용.

71 Hartung, *Prophets of War*, p. 233에서 수치 인용.

72 Berrigan, 'Made in the USA'.

73 Ibid.

74 Hartung, *Prophets of War*, pp. 233-234에서 재인용.

75 Berrigan, 'Made in the USA'.

76 Hartung, *Prophets of War*, p. 234에서 수치 인용.

77 Ibid.

78 Berrigan, 'Made in the USA'에서 재인용.

79 Ibid.

80 Ibid.

81 금지조치는 2007~2010년 기간 지속되었다. 'State Department lifts ban on exports of night-vision goggles', *Washington Times*, 24 February 2010 참조.

82 무기업체 판매사원으로 일한 업계 관계자 인터뷰(익명), 예루살렘, 2010년 5월.

83 Ibid.

84 Berrigan, 'Made in the USA'.

85 'Despite row, U.S. and Israel sign massive arms deal', *Haaretz*, 25 March 2010.

86 'US-Saudi arms deal ripples from Iran to Israel', *Miami Herald*, 21 October 2010, http://www.miamiherald.com/2010/10/21/1883887/us-saudi-arms-deal-ripples-from.html#ixzz13gn2ZR1l; 'Israel's Barak approves US F-35 fighters purchase', Reuters,15 October 2010.

87 경제·군사 전문가 시어 헤버 인터뷰, 예루살렘, 2010년 5월.

18. 죽음의 거래로 떼돈을 벌다: 이라크와 아프가니스탄

1 William Hartung, *Prophets of War* (New York: Nation Books, 2011), p. 197에서 재인용.

2 Ibid., p. 208.

3 Ibid., pp. 210-211.

4 Ibid., pp. 211-212.

5 Eugene Jarecki, *The American Way of War* (New York: Free Press, 2008), p. 217에서 재인용.

6 Hartung, *Prophets of War*, p. 213; Naomi Klein, *The Shock Doctrine* (London: Penguin

Books, 2007), p. 425.

7 Human Rights Watch, *Genocide in Iraq: The Anfal Campaign against the Kurds* (1993), http://www.hrw.org/legacy/reports/1993/iraqanfal/.

8 Roger Hardy, 'The Iran-Iraq war: 25 years on', BBC News, 22 September 2005, http://news.bbc.co.uk/1/hi/4260420.stm.

9 Derek Hopwood, 'British Relations with Iraq', BBC, 2 October 2003, http://www.bbc.co.uk/history/recent/iraq/britain_iraq_01.shtml.

10 'Iran-Iraq War', Twentieth Century Atlas, http://users.erols.com/mwhite28/warstat2.htm#Iran-Iraq. 사망자 수는 37만 7,000명에서 120만 명까지 여러 통계가 있으며, 대부분은 50만 명가량으로 추정한다.

11 'The Spider's Web: The Secret History of How the White House Illegally Armed Iraq', *Foreign Affairs*, March/April 1994.

12 'Gonzales's Iraq expose - Hill chairman details US prewar courtship', *Washington Post*, 22 March 1992.

13 William Hartung, *And Weapons for All* (New York: Harper Perennial, 1995), p. 224.

14 Ibid.

15 다음을 참조. A. Sampson, *The Arms Bazaar in the Nineties: From Krupp to Saddam* (Dunton Green: Coronet, 2008), Afterword.

16 Hartung, *And Weapons for All*, p. 240.

17 'The Arsenal: Who Armed Baghdad', *Time*, 11 February 1990.

18 'Rumsfeld's Account Book: Who Armed Saddam?', *Counterpunch*, 24 February 2003.

19 Ibid.

20 Sampson, *Arms Bazaar in the Nineties*, pp. 367-368.

21 'Sarkis Soghanalian', PBS/*Frontline* World, May 2002, as part of PBS/*Frontline* World Special: 'Gallery of International Arms Dealers', www.pbs.org.

22 Ibid.

23 Sampson, *Arms Bazaar in the Nineties*, pp. 363-364.

24 다음을 참조. R. Scott, *Report of the Inquiry into the Export of Dual-Use Goods to Iraq and Related Prosecutions*, Vol. 3 (1996).

25 Ibid. 및 'Arms-to-Iraq pair welcome payout', BBC News, 9 November 2001.

26 Ibid.

27 'The Arsenal: Who Armed Baghdad', *Time*, 11 February 1990.

28 Ibid.

29 Sampson, *Arms Bazaar in the Nineties*, pp. 367-368.

30 Stockholm International Peace Research Institute, Database of Weapons Transfers, www.sipri.org/contents/armstrade/at_data.html.

31 Sampson, *Arms Bazaar in the Nineties*, p. 369.

32 Project for the New American Century, 'Statement of Principles', 3 June 1997. www.newamericancentury.org에서 다운로드 가능.

33 Ibid.

34 Project for the New American Century, *Rebuilding America's Defenses*, September 2000, p. i. www.newamericancentury.org에서 다운로드 가능.

35 Open Letter from the Project for the New American Century to the Honourable William J. Clinton, 26 January 1998, www.newamericancentury.org에서 다운로드 가능.

36 Klein, *Shock Doctrine*, Chapter 15.

37 'President Bush announces major combat operations in Iraq have ended', remarks

by the President from the USS Abraham Lincoln, 1 May 2003. http://georgewbush-whitehouse.archives.gov에서 다운로드 가능.

38 S. Bowen, *Hard Lessons: The Iraq Reconstruction Experience. A Report from the Special Inspector General for Iraq Reconstruction* (SIGIR), Chapter 27, p. 8. www.nytimes.com에서 다운로드 가능.

39 다음을 참조. D. Trautner, 'A Personal Account and Perspective of the US Army Logistics Civil Augmentation Programme (LOGCAP)', paper presented at Conference of Army Historians, 15 July 2004 및 T. Christian Miller, *Blood Money* (New York: Back Bay Books, 2007), p. 75.

40 M. Schwartz, *Department of Defense Contractors in Iraq and Afghanistan: Background and Analysis*, Congressional Research Service, R40764, 2010, p. 5. www.crs.gov에서 다운로드 가능.

41 M. Schwartz, *Department of Defense Contractors in Iraq and Afghanistan: Background and Analysis*, Congressional Research Service, R40764, 2010, p. 8.

42 *Contractor's Support of US Operations in Iraq*, Congressional Budget Office, August 2008, pp. 1-3.

43 *Contingency Contracting: DoD, State and USAID Continues to Face Challenges Tracking Contractor Personnel and Contracts in Iraq and Afghanistan*, United States Government Accountability Office, GA0-10-1, October 2009, p. 19. www.gao.gov에서 다운로드 가능.

44 *At What Cost? Contingency Contracting in Iraq and Afghanistan*, Interim Report by the Commission on Wartime Contracting, June 2009, p. 44.

45 예를 들어 다음을 참조. 'Kellogg, Brown and Root (KBR) to pay $8m to settle allegations of fraud', US Department of Justice press release, 29 November 2006, www.usdoj.gov에서 다운로드 가능; P. Chatterjee, *Halliburton's Army* (New York: Nation Books, 2009), pp. 63-65; *Halliburton's Questioned and Unsupported Costs in Iraq Exceed $1.4 Billion*, Joint Report prepared for Rep. Henry A. Waxman and Sen. Byron L. Dorgan, United States House of Representatives: Committee on Government Reform (Minority Staff), 27 June 2005, p. 15, http://dpc.senate.gov에서 다운로드 가능.

46 J. Mayer, 'Contract Sport', *The New Yorker*, 16 February 2004.

47 'Halliburton's Boss from Hell', *Salon*, 21 July 2004.

48 'Cheney is still paid by Pentagon contractor', *Guardian*, 12 March 2003.

49 Chatterjee, *Halliburton's Army*, p. 72.

50 J. Stiglitz and L. Bilmes, *The Three Trillion Dollar War* (London: Penguin Books, 2009), p. 15.

51 *Halliburton's Gasoline Overcharges*, Report prepared for Reps. Henry A. Waxman and John D. Dingell, United States House of Representatives: Committee on Government Reform(Minority Staff), 21 July 2004. http://dpc.senate.gov에서 다운로드 가능.

52 D. Rasor and R. Bauman, *Betraying Our Troops: The Destructive Results of Privatizing War* (New York: Palgrave Macmillan, 2008), pp. 59-67에서 재인용; Miller, *Blood Money*, pp. 142-148.

53 *At What Cost?* , Interim Report by the Commission on Wartime Contracting, pp. 10-11.

54 Ibid., p. 13.

55 Testimony of April Stephenson, Director: Defense Contract Audit Agency before the Commission on Wartime Contracting, 4 May 2009.

www.wartimecontracting.gov에서 다운로드 가능.

56 Ibid.

57 Bowen, *Hard Lessons*, p. 17 (미주 39번 참조).

58 다음을 참조. Jeremy Scahill, *Blackwater: The Rise of the World's Most Powerful Mercenary Army* (London: Serpent's Tail, 2007), pp. 145-166.

59 Ibid., p. 155.

60 'This year, contractor deaths exceed military ones in Iraq and Afghanistan', Propublica, 23 September 2010, www.propublica.org.

61 Miller, *Blood Money*, p. 76.

62 'Hired guns from SA are flooding Iraq', *Cape Times*, 4 February 2004.

63 'Balkans soldiers find fortune in Baghdad', IPSNews, 12 May 2004.

64 'The enforcer', *Guardian*, 20 May 2006.

65 D. Campbell, 'Marketing the new dogs of war', Center for Public Integrity, 30 October 2002. www.publicintegrity.org에서 다운로드 가능.

66 Ibid.

67 Ibid.

68 'Tim Spicer's world', *The Nation*, 29 December 2004.

69 'The Rule of Order 17', *Newsweek*, 28 June 2006.

70 Coalition Provisional Authority Order Number 17, CPA/ORD/27 June 2004/17, Section 4, para. 3. www.iraqcoalition.org/regulations에서 다운로드 가능.

71 'Lawyers, guns and money', United Press International, 4 April 2008.

72 'The Rule of Order 17', *Newsweek*, 28 June 2006.

73 'Red, White and Mercenary in Iraq', *Salon*, 4 October 2007.

74 Ibid.

75 다음을 참조. Scahill, *Blackwater*, pp. 145-166.

76 'The Bush Administration's Ties to Blackwater', *Salon*, 2 October 2007.

77 Ibid.

78 'POGO joins bi-partisan group of Senators in demanding Obama oust the SIGAR', 23 September 2010, http://www.pogo.org/pogo-files/alerts/government-oversight/go-igi-20100923.html.

79 'Blackwater "set up $1m hush fund after Iraq shootings"', *Sunday Times*, 12 November 2009.

80 Ibid.; '3 Blackwater guards called Baghdad shootings unjustified', *The New York Times*, 16 January 2010; 'Blackwater in Baghdad: "It was a Horror Movie"', *Salon*, 14 December 2007.

81 Settlement Summary: Xe Services LLC (Xe) (Formerly Blackwater Worldwide), United States Department of State, Consent Agreement (CA), 18 August 2010 및 Consent Order in the Matter of the United States Department of State Bureau of Political and Military Affairs and Xe Services LLC, 8/13 August 2010. www.pmddtc.state.gov에서 둘 다 다운로드 가능.

82 Ibid.

83 Letter from Edolphus Towns, Chairman of US Congress Committee on Oversight and Government Reform, to the Hon. Hilary R. Clinton, Secretary of State, 26 August 2010. www.oversight.house.gov에서 다운로드 가능.

84 *At What Cost?* , Interim Report by the Commission on Wartime Contracting.

85 *Replacing and Repairing Equipment Used in Iraq and Afghanistan: The Army's Reset Programme*, Report by the Congressional Budget Office, September 2007, p. x. www.cbo.gov에서 다운로드 가능.

86 Ibid.

87 Ibid, pp. 18-22.

88 'Afghanistan withdrawal: Barack Obama says 33,000 troops will leave next year', *Guardian*, 23 June 2011.

89 Tom Engelhardt, 'Details of secret pact emerge', AlertNet, 23 August 2011.

90 *Replacing and Repairing Equipment Used in Iraq and Afghanistan* (위 미주 86번 참조), p. xii.

91 Ibid., p. 14 .

92 A. Belasco, *The Cost of Iraq, Afghanistan and Other Global War on Terror Operations since 9/11*, Paper for the Congressional Research Service, 2 September 2010, Table 7, p. 30. www.crs.gov에서 다운로드 가능.

93 Ibid., p. 24.

94 A. Belasco, *The Cost of Iraq, Afghanistan and Other Global War on Terror Operations since 9/11*, Paper for the Congressional Research Service, 2 September 2010.

95 C. Schumer and C. Maloney, *War at Any Price: The Total Economic Costs of the War beyond the Federal Budget*, Report by the Joint Economic Committee, 13 November 2007. www.cfr.org에서 다운로드 가능.

96 Stiglitz and Bilmes, *Three Trillion Dollar War*, pp. 15-16.

97 *Replacing and Repairing Equipment Used in Iraq and Afghanistan*, p. ix (위 미주 86번 참조). www.cbo.gov에서 다운로드 가능. 또한 다음을 참조. Belasco, *Cost of Iraq, Afghanistan and Other Global War on Terror Operations* (위 미주 93번 참조).

98 Stiglitz and Bilmes, *Three Trillion Dollar War*, p. 16.

99 'Pentagon redefines "emergency"', *Wall Street Journal*, 3 January 2007.

100 Ibid.

101 'Estimated Costs of US Operations in Iraq and Afghanistan and Other Activities Related to the War on Terrorism', Statement of Robert A. Sunshine, Assistant Director for Budget Analysis: Congressional Budget Office before the Committee on the Budget, US House of Representatives, 31 July 2007. www.budget.house.gov에서 다운로드 가능.

102 T. Sharp, 'Problems with Using Supplemental Budget Process to Fund Ongoing Military Operations in Iraq and Afghanistan', Center for Arms Control and Non-Proliferation, March 2008. http://armscontrolcenter.org에서 다운로드 가능.

103 *DoD Needs to Take Action to Encourage Fiscal Discipline and Optimize the Use of Tools Intended to Improve GWOT Cost Reporting*, Report to Congressional Committees, Government Accountability Office, GA0-08-68, November 2007, p. 33. www.gao.gov에서 다운로드 가능.

104 Hartung, *Prophets of War*, p. 213.

105 Ibid.

106 Ibid.

107 P. Chatterjee, 'Meet the new interrogators: Lockheed Martin', CorpWatch, 4 November 2005, www.corpwatch.org.

108 Hartung, *Prophets of War*, pp. 214-219.

109 Tim Shorock, *Spies for Hire: The Secret World of Intelligence Outsourcing* (New York: Simon & Schuster, 2008), p. 12.

110 'BAE Systems benefits from Iraq, Afghanistan armoured vehicles', *Daily Telegraph*, 15 October 2008.

111 'BAE Systems completes acquisition of Armor Holdings, Inc.', press release ref. 204/2007, 31 July 2007, www.baesystems.com.

112 'Drone Wars', *Forbes*, 6 January 2009.

113 뉴욕증권거래소 및 FTSE 웹사이트의 온라인 도구를 이용하여 계산.

114 Ibid.

115 Belasco, *Cost of Iraq, Afghanistan and Other Global War on Terror Operations*, p. 30 (위 미주 93번 참조).

116 뉴욕증권거래소 및 FTSE 웹사이트의 온라인 도구를 이용하여 계산.

117 Ibid.

118 Belasco, *Cost of Iraq, Afghanistan and Other Global War on Terror Operations*, p. 30 (위 미주 93번 참조).

119 D. Farah and S. Braun, *Merchant of Death* (Hoboken, NJ: John Wiley & Sons, 2007), pp. 214-217.

120 Ibid., p. 225.

121 Ibid., p. 226.

122 Ibid., p. 221.

123 Ibid., p. 232.

124 Ibid., p. 249.

125 Amnesty International, *Blood at the Crossroads: Making the Case for a Global Arms Treaty*, ACT 30/011/2008, September 2008, p. 45.

126 Ibid.

127 Ibid.

128 www.agilitylogistics.com 참조.

129 'Taos industries team wins Logcap IV task order in Afghanistan', *Business Wire*, 13 July 2009.

130 www.agilitylogistics.com 참조.

131 Amnesty International, *Dead on Time - Arms Transportation, Brokering and the Threat to Human Right*, ACT 30/008/2006, p. 104.

132 Amnesty International, *Blood at the Crossroads*, p. 46; B. Wood, 'International Initiatives to Prevent Illicit Brokering of Arms and Other Related Materials', in *Disarmament Forum*, No. 3 (2009), p. 10.

133 *Report of the Panel of Experts Appointed Pursuant to Paragraph 4 of Security Council Resolution 1458 (2003) Concerning Liberia*, S/2003/498, 24 April 2003, pp. 19-21.

134 'British businessman to testify against "Merchant of Death"', *Independent*, 27 July 2008; Farah and Braun, *Merchant of Death*.

135 'Case Studies: Aerocom', Stockholm International Peace Research Institute, undated, www.sipri.org.

136 Amnesty International, *Blood at the Crossroads*, Chapter 7.

137 Ibid.; 'UK guns in al-Qaeda hands', *Guardian*, 19 March 2006.

138 'UK guns in al-Qaeda hands', *Guardian*, 19 March 2006.

139 Ibid.

140 Ibid.

141 Ibid.

142 *Stabilizing Iraq: DoD Cannot Ensure That US-Funded Equipment Has Reached Iraqi Security Forces*, Report to Congressional Committees, Government Accountability Office, GAO-07-711, July 2007, p. 8. www.gao.gov에서 다운로드 가능. 해당 사업은 이라크 다국적군 치안전환사령부가 관장했다.

143 Ibid., p. 11.

144 'Missing US arms probe goes global', *Asia Times*, 17 August 2007.

145 'Chevron joins the US-Ukraine Business Council', press release, 5 August 2009,

US-Ukraine Business Council. www.usubc.org에서 다운로드 가능.

146 www.sasi-corp.com/forsales.html.

147 Ibid.

148 'US probes company's covert operations', *Washington Post*, 30 December 1998.

149 Ibid.

150 계약에 관한 모든 정보는 연방조달데이터체계 웹사이트(www.fdps.gov)에서 확인 가능하다.
     해당 계약은 작은 규모의 여러 계약으로 구성되어 있었으며, 그 중 최대 금액은 2,800만
     달러에 조금 못 미쳤다. 서명일은 2007년 2월 22일이다. 계약번호 W91CRB04D0024 참조.

151 Aram Roston, 'The Unquiet American', *Washington Monthly*, 5 June, 2005.

152 Ibid.

153 Miller, *Blood Money*, p. 230.

154 데일 스토펠 이력서, '라피단'에 의해 2005년 4월 26일 인터넷에 공개된 하드디스크 자료 1번,
     www.albasrah.net.

155 Human Rights Watch, *Bulgaria: Money Talks - Arms Dealing with Human Rights
     Abusers*, 1 April 1999, D1104, www.unhcr.org에서 2010년 4월 4일 다운로드.

156 Ibid.

157 Ibid., p. 231.

158 Roston, 'Unquiet American'.

159 R. Perucci and E. Wysong, *The New Class Society: Goodbye American Dream?*
     (Lanham, Md: Rowman & Littlefield, 2003), p. 124.

160 'Iran used Chalabi to dupe US, says report', *Seattle Times*, 22 May 2004.

161 Aram Roston, *The Man Who Pushed America to War* (New York: Nation Books,
     2008), p. 248.

162 Ibid.

163 Congressional Record: Proceedings and Debates of the 108 Congress, Second
     Session(Washington DC: US Government Printing Office, 2 June 2004), p. 11322.

164 Roston, 'Unquiet American'.

165 파나마의 중앙 사업자등록 기구에 제출된 등록서류.

166 *Wye Oak Technology Inc. v. Republic of Iraq*, in the United States District Court for
     the Eastern District of Virginia, Submission by John Quinn and David Stoffel, Filed
     20 July 2009, Civil Case No. 1:09CV793, paras. 10-14.

167 'Iraq: corruption, missing millions and two dead contractors', Associated Press, 28
     January 2006.

168 Complaint Exhibit 2 submitted as attachment to *Wye Oak Technology Inc. v. Republic
     of Iraq* (위 미주 167번 참조).

169 'U.S. Army failed to investigate warnings of corruption', *Los Angeles Times*, 14 March
     2005.

170 *Wye Oak Technology Inc. v. Republic of Iraq* (미주 167번 참조), para. 18.

171 'Salameh: government cannot force return of Iraqi money', *Daily Star* (Lebanon), 6
     February 2004.

172 'U.S. Army failed to investigate warnings of corruption', *Los Angeles Times*, 14 March
     2005; 'Contractor accused of fraud in Iraq', *Seattle Times*, 9 October 2004.

173 *Wye Oak Technology Inc. v. Republic of Iraq* (미주 167번 참조), para. 27.

174 Roston, 'Unquiet American'.

175 Ibid.

176 '양해각서', 2004년 6월 20일(미서명본), '라피단'에 의해 2005년 4월 26일 인터넷에 공개된
     하드디스크 자료, www.albasrah.net. www.theshadowworld.com에서도 다운로드 가능.

177 Ibid.

178 뉴코는 주소지만 있는 업체였던 것으로 보인다.

179 '양해각서' (미주 177번 참조).

180 Ibid.

181 msnbc, 12 November 2004.

182 *Wye Oak Technology Inc. v. Republic of Iraq* (미주 167번 참조), para. 29.

183 'Inquiry on graft in Iraq focuses on US officers', *The New York Times*, 14 February 2009.

184 *Wye Oak Technology Inc. v. Republic of Iraq* (미주 167번 참조), para. 29.

185 'Inquiry on Graft in Iraq Focuses on US Officers', *The New York Times*, 14 February 2009.

186 'Response to Motion for Order Pursuant to Customer Challenge Provisions of Right to Financial Privacy Act' in the Matter of Anthony B. Bell (Movant) v. Special Inspector General for Iraq Reconstruction (Respondent) in the United States District Court, Northern District of Georgia, Civil Action No. 3:09-mi-00003 and 3:09-mi-00002, 2 March 2009.

187 'Declaration of Special Agent James J. Crowley' submitted as supporting evidence in 'Response to Motion for Order Pursuant to Customer Challenge Provisions of Right to Financial Privacy Act' in the Matter of Anthony B. Bell (Movant) v. Special Inspector General for Iraq Reconstruction (Respondent) in the United States District Court, Northern District of Georgia, Civil Action No. 3:09-mi-00003 and 3:09-mi-00002, 2 March 2009.

188 'Afghanistan withdrawal: Barack Obama says 33,000 troops will leave next year', *Guardian*, 23 June 2011.

189 Ibid.

190 'US troops may stay in Afghanistan until 2024', *Daily Telegraph*, 19 August 2011.

191 Belasco, Cost of Iraq, *Afghanistan and Other Global War on Terror Operations* (미주 93번 참조). 이라크전, 아프간전, 그리고 역내 미군기지의 경계 강화에 소요된 비용을 합하면 1조 1,210억 달러에 달했다.

192 Ibid.

193 Ibid.

194 Ibid.

195 'Economic Cost Summary: Costs of War', www.costsofwar.org. 2011년 7월 2일 다운로드.

196 'The true cost of the Iraq War: $3 trillion and beyond', *Washington Post*, 5 September 2010.

197 Ibid.

198 Ibid.

199 'Potential Jobs', www.costsofwar.org. 2011년 7월 2일 다운로드.

200 'Costs of War Summary', www.costsofwar.org. 2011년 7월 2일 다운로드.

201 Amnesty International, *Blood at the Crossroads*, Section 7; 'Afghanistan: Arms Proliferation Fuels Further Abuse', Amnesty International public briefing, 2008, www.amnesty.org; M. Bhatia, 'Small Arms Flows into and within Afghanistan', in M. Bhatia, and M. Sedra, *Afghanistan, Arms and Conflict* (Abingdon: Routledge & Small Arms Survey, 2008), p. 38.

202 P. Cockburn, *The Occupation: War and Resistance in Iraq* (London: Verso, 2007), p. xxii.

203 Ibid.

204 알카르자이 정부에서 발생한 부패 사건을 상세히 서술한 글로는 다음을 참조. P. Chatterjee,

'Paying Off the Warlords: Anatomy of a Culture of Corruption', in N. Turse (ed.), *The Case for Withdrawal from Afghanistan* (London: Verso, 2010), pp. 81-86.

205 'Woman said to have been used as human shield for bin Laden', *Washington Post*, 2 May 2011.

206 Cockburn, *The Occupation*, p. xxii.

207 Stiglitz and Bilmes, *Three Trillion Dollar War*, p. 15.

5부. 킬링필드

19. 아름다운 대륙, 아프리카의 눈물

1 'President Bush Creates a Department of Defense Unified Command for Africa', White House statement, 6 February 2007, http://georgewbush-whitehouse.archives.gov. 미군 아프리카사령부는 2008년 말 정상 운영을 시작했다.

2 Richard H. Robbins, *Global Problems and the Culture of Capitalism* (Boston, Mass.: Allyn and Bacon, 2002).

3 D. Fruchart, 'Case Study: Rwanda, 1994-Present', in *United Nations Arms Embargoes: Their Impact on Arms Flow and Target Behaviour*, Report by the Stockholm International Peace Research Institute (SIPRI), 2007, pp. 2-5.

4 Human Rights Watch, *Arming Rwanda - The Arms Trade and Human Rights Abuses in the Rwandan War*, 1 January 1994, A601, http://www.unhcr.org/refworld/docid/3ae6a7fc8.html에서 열람 가능.

5 Ibid.

6 르완다 대학살과 커피 가격 하락으로 인한 경제위기의 관계에 대한 훌륭한 분석으로는 다음을 참조. P. Verwimp, 'The Political Economy of Coffee, Dictatorship and Genocide', *European Journal of Political Economy*, Vol. 19, Issue 2, June 2003, pp. 161-181.

7 Fruchart, 'Case Study: Rwanda, 1994-Present', pp. 2-5.

8 Human Rights Watch, *Arming Rwanda* (미주 4번 참조).

9 Ibid.

10 'Profile: Agatha Habyarimana, the power behind the Hutu presidency', *Guardian*, 2 March 2010.

11 L. Melvern, *Conspiracy to Murder: The Rwandan Genocide* (London: Verso, 2006), p. 50.

12 Ibid.

13 Ibid., pp. 55-56.

14 Ibid., pp. 21-32.

15 Ibid., p. 21.

16 P. Mangarella, 'Explaining Rwanda's 1994 Genocide', *Human Rights and Human Welfare*, Vol. 2, Issue 1, Winter 2002.

17 N. McNulty, 'French Arms, War and Genocide', *Crime, Law & Social Change*, Vol. 33 (2000), p. 107.

18 Fruchart, 'Case Study: Rwanda, 1994-Present', pp. 5-10.

19 N. Alusala, 'The Arming of Rwanda and the Genocide', *African Security Review*, Vol. 12 (2004), No. 2, p. 138.

20 Ibid.

21 Human Rights Watch, *Arming Rwanda* (미주 4번 참조).
22 Ibid.
23 Ibid.
24 Fruchart, 'Case Study: Rwanda, 1994-Present', pp. 5-10.
25 Melvern, *Conspiracy to Murder*, pp. 57-58.
26 Ibid.
27 McNulty, 'French Arms, War and Genocide', p. 109.
28 'France's shame?', *Guardian*, 11 January 2007; Stephen Ellis, email communication, 19 June 2011.
29 McNulty, 'French Arms, War and Genocide', p. 110.
30 Ibid.
31 Ibid., pp. 110-11.
32 Fruchart, 'Case Study: Rwanda, 1994-Present', pp. 6-7.
33 Ibid.
34 Ibid., p. 6.
35 'Rwanda's mystery that won't go away', BBC News, 29 November 2006. 또한 다음을 참조. 'Habyarimana killed by his own forces', *The New York Times*, 12 January 2010; 'Habyarimana killed by his own army - UK experts', *The East African*, 10 January 2010.
36 *Committee of Experts Investigation of the April 6, 1994 Crash of President Habyarimana's Dassault Falcon-50 Aircraft*, Media Guide, Republic of Rwanda, January 2010, pp. 5-6. http://mutsinzireport.com에서 다운로드 가능.
37 Zach Dubinsky, 'The Lessons of Genocide', in *Essex Human Rights Review*, Vol. 2 (2005), No. 1, p. 112; 'Rwanda leader defiant on killing claim', BBC News, 30 January 2007.
38 'Bloody trade that fuels Rwanda's war', *Independent*, 23 November 1996.
39 M. Phythian, 'The Illicit Arms Trade: Cold War and Post-Cold War', in M. Phythian (ed.), *Under the Counter and over the Border: Aspects of the Contemporary Trade in Illicit Arms* (Dordrecht, Netherlands: Kluwer Academic Publishers, 2000), pp. 21-24.
40 'Arming Africa: who is the second largest supplier of weapons on the world? China? France? Russia? No, it's Britain', *Independent*, 19 November 1996.
41 Ibid.; Fruchart, 'Case Study: Rwanda, 1994-Present', p. 17.
42 Fruchart, 'Case Study: Rwanda, 1994-Present', p. 17.
43 Phythian, 'The Illicit Arms Trade' pp. 21-24.
44 'Rwanda: how the genocide happened', BBC News, 18 December 2008; and 'OAU sets inquiry into Rwandan genocide', *Africa Recovery*, Vol. 12, No. 1, August 1998.
45 Ibid.
46 사망자 80만 명을 바탕으로 계산한 수치.
47 'Sex Violence: A Tool of War', Lessons from Rwanda: The United Nations and the Prevention of Genocide, www.un.org/preventgenocide.
48 Ibid.
49 다음을 참조. P. Verwimp, 'Machetes and Firearms: The Organization of Massacres in Rwanda', *Journal of Peace Research*, Vol. 43 (2006), No. 1.
50 Ibid.
51 콩고 식민통치에 관한 상세하고 충실한 기록으로는 다음을 참조. Adam Hochschild, *King Leopold's Ghost* (London: Pan Macmillan, 2006).
52 루뭄바의 생애에 관한 상세한 평전으로는 다음을 참조. R. McKown, *Lumumba: A*

Biography (London: Doubleday, 1969); L. De Witte, *The Assassination of Lumumba* (London: Verso, 2001); L. Zeilig, *Lumumba: Africa's Lost Leader* (London: Haus, 2008).

53 R. Fredland, *Understanding Africa: A Political Economy Perspective* (Lanham, Md: Rowman & Littlefield, 2001), p. 128.

54 *Country Profile: The Democratic Republic of Congo*, Action for Southern Africa Report, www.actsa.org.

55 'Who killed Lumumba?', BBC News, 21 October 2000.

56 다음을 참조. De Witte, *Assassination of Lumumba*, 또한 'US Role in Lumumba Murder Revealed', *AllAfrica* and *Washington Post*, 22 July 2002. 후자의 기사는 미 연방하원에서 잠시 일한 바 있는 아프리카 전문가 스티븐 와이스먼(Stephen Weissman) 박사가 작성한 것으로, 루뭄바 암살이 미 CIA의 '프로젝트 애로우' 실행 시기와 정확히 일치한다고 설명한다. 프로젝트 애로우는 루뭄바의 경쟁 세력에 자금을 지원하는 사업이었는데, 이때 지원을 받은 세력 가운데 루뭄바 암살을 실행한 집단이 있었다는 사실은 의미심장하다. 2007년 CIA가 공개한 일련의 문서에는 1쪽짜리 메모가 포함되어 있었다. 이 메모는 "당시 콩고공화국 총리 파트리스 루뭄바 암살에 관여된 프로젝트"를 서술하는데, "독극물이 암살 수단인 것으로 알려졌다"고 기록한다('CIA releases files on past misdeeds', *Washington Post*, 27 June 2007). 루뭄바 암살로부터 41년이 지난 2002년, 벨기에는 루뭄바의 사망에 관여된 사실에 대해 공식 사과했다('Lumumba apology: Congo's mixed feelings', BBC News, 6 February 2002).

57 N. McNulty, 'The Collapse of Zaire: Implosion, Revolution or External Sabotage?', *Journal of Modern African Studies*, Vol. 37 (1999), No. 1, p. 59

58 개명한 그의 본명은 '모부투 세세 세코 은쿠쿠 응벤두 와 자 방가(Mobutu Sese Seko Nkuku Ngbendu Wa Za Banga)'로, '끈기와 승리에 대한 단호한 의지로 정복을 거듭하며, 떠난 자리에 불길을 남기는 최강의 전사'라는 의미다.

59 H. Weiss, 'War and Peace in the Democratic Republic of the Congo', *Current African Issues*, No. 22 (2000).

60 'Mobutu Sese Seko, 66, longtime dictator of Zaire', *The New York Times*, 8 September 1997.

61 See McNulty, 'Collapse of Zaire', p. 59.

62 Joe Bavier, 'Congo's New Mobutu', *Foreign Policy*, 29 June 2010.

63 M. Wrong, 'The Emperor Mobutu', *Transition*, No. 81/82 (2000), p. 99-102.

64 Weiss, 'War and Peace'.

65 예를 들어 다음을 참조. Howard French, 'Kagame's Hidden War in the Congo', *New York Review of Books*, 24 September 2009.

66 'Leaked UN report accuses Rwanda of possible genocide in the Congo', *Guardian*, 26 August 2010. See also 'UN discovers possible DRC genocide', News24, 26 August 2010.

67 'UN revises DRC "genocide" report', Al-Jazeera, 1 October 2010.

68 Weiss, 'War and Peace'.

69 Ibid.

70 Ibid.

71 D. Fruchart, 'Case Study: Democratic Republic of Congo, 2003-2006', in *United Nations Arms Embargoes: Their Impact on Arms Flows and Target Behaviour* (Stockholm: Stockholm International Peace Research Institute (SIPRI), 2007), pp. 2-3.

72 A. Hochschild, 'Heart of Sadness: Congo', *Amnesty Magazine*, www.amnestyusa.org.

73 Amnesty International, *Democratic Republic of Congo: Children at War*, September

2003, AFR 62/034/2003, p. 4, footnote 8.

74 J. Murison, 'The Politics of Refugees and Internally Displaced Persons in the Congo War', in J. Clark (ed.), *The African Stakes of the Congo War* (New York: Palgrave Macmillan, 2002), p. 228.

75 Amnesty International, *Democratic Republic of Congo: Children at War*, p. 1.

76 'DR Congo's women in the frontline', BBC News, 6 November 2002.

77 Ibid.

78 다음을 참조. Amnesty International, *Democratic Republic of Congo: Children at War*, p. 1.

79 Hochschild, 'Heart of Sadness: Congo'.

80 Fruchart, 'Case Study: Democratic Republic of Congo, 2003-2006', pp. 2-3.

81 Ibid., p. 3.

82 *Final Report of the Panel of Experts on the Illegal Exploitation of Natural Resources and Other Forms of Wealth in the Democratic Republic of Congo*, 16 October 2002, S/2002/1146, paras. 12-24.

83 Ibid., para. 39.

84 Ibid.

85 Ibid., para. 40.

86 Ibid.

87 Ibid.

88 'The arms dealer who could bring down Zuma', *Independent*, 27 November 2008; 'Millionaire accused of propping up Mugabe', *Guardian*, 27 November 2008.

89 'Smoke, sex and the arms deal', *Mail & Guardian*, 28 October 2008.

90 Ibid. 브레덴캄프는 자신이 BAE와의 관계에서 중요한 역할을 맡았고 무가베와 가까운 사이였음을 부정했는데, 자세한 내용은 9장 참조.

91 *Final Report of the Panel of Experts on the Illegal Exploitation of Natural Resources and Other Forms of Wealth in the Democratic Republic of Congo*, 16 October 2002, S/2002/1146, para. 56.

92 Ibid.

93 Ibid.

94 Ibid., Annex II, Category II.

95 *Report of the Panel of Experts on the Illegal Exploitation of Natural Resources and Other Forms of Wealth of the Democratic Republic of Congo*, 23 October 2003, S/2003/1027, paras. 22-29.

96 Ibid., para. 23.

97 미 재무부 산하 해외자산통제사무소는 미국의 외교정책과 국가안보 목표에 따라 특정 국가, 정권, 테러리스트, 국제마약상, 대량살상무기 확산이나 미국의 국가안보, 외교정책, 경제에 대한 그 밖의 위협에 관여된 자에 대하여 경제 및 무역제재를 부과 및 실행한다. www.ustreas.gov/offices/enforcement/ofac.

98 'Treasury Designates Mugabe Regime Cronies', statement issued by the United States Department of the Treasury, 25 November 2008.

99 다음을 참조. Council Decision 2011/101/CFSP of 15 February 2011 concerning restrictive measures against Zimbabwe, in the *Official Journal of the European Union*, 16 February 2011; Department of the Treasury, Office of Foreign Assets Control, 'Specially Designated Nationals and Blocked Persons', 21 June 2011, http://www.treasury.gov/ofac/downloads/t11sdn.pdf.

100 Amnesty International, *Democratic Republic of Congo: Arming the East*, AFR 62/006/2005, July 2005, pp. 53-54.

101 *Final Report of the Panel of Experts on the Illegal Exploitation of Natural Resources and Other Forms of Wealth in the Democratic Republic of Congo*, 16 October 2002, S/2002/1146, para. 107.

102 Ibid., para. 72.

103 Amnesty International, *Democratic Republic of Congo: Arming the East*, pp. 53-54.

104 Ibid.

105 Ibid.

106 Fruchart, 'Case Study: Democratic Republic of Congo, 2003-2006', p. 5.

107 B. Johnson-Thomas and P. Danssaert, *Zimbabwe—Arms and Corruption: Fuelling Human Rights Abuses*, International Peace Information Service, July 2009, www.ipisresearch.be.

108 Ibid.

109 Tom Cooper and Pit Weinert, 'Zaire/DRC since 1980', ACIG.org, http://www.acig.org/artman/publish/printer_190.shtml; Ryan Dilley, 'The "trainer" jet the UK loves to Hawk', BBC News, 29 May 2002, http://news.bbc.co.uk/1/hi/uk/2012743.stm.

110 'Zimbabwe-China relations: who benefits?', a speech by Wilf Mabanga delivered at the University of the Witwatersrand, 8 April 2011.

111 다음을 참조. 'Global and Inclusive Agreement on Transition in the Democratic Republic of the Congo: Inter-Congolese Dialogue', signed in Pretoria on 16 December 2002, www.reliefweb.int에서 다운로드 가능.

112 Ibid.

113 다음을 참조. Peter Danssaert and Brian Johnson-Thomas, *Greed and Guns: Uganda's Role in the Rape of the Congo*, International Peace Information Service, 2005. www.ipisresearch.be에서 다운로드 가능.

114 *Conflict Minerals and the Democratic Republic of Congo*, Report by Business for Social Responsibility, 2010, p. 1. 식민지 시기부터 현재까지 콩고민주공화국 광산업의 상세한 역사와 분쟁에 미친 영향에 관해서는 다음을 참조. *The Role of the Exploitation of Natural Resources in Fuelling and Prolonging Crises in the Eastern* DRC, International Alert, 2009.

115 *Conflict Minerals and the Democratic Republic of Congo*, Report by Business for Social Responsibility, 2010, p. 1.

116 *Report of the Security Council Mission to the Democratic Republic of the Congo*, S/2010/288, 30 June 2010, paras. 3-6.

117 Ibid. para. 8.

118 'UN: DRC mass rapes defy belief', *Mail & Guardian*, 24 September 2010.

119 Resolution 1493 (2003) Adopted by the Security Council at Its 4797th Meeting, 28 July 2003, S/RES/1493 (2003).

120 Fruchart, 'Case Study: Democratic Republic of Congo, 2003-2006', pp. 9-11.

121 Resolution 1596 (2005) Adopted by the Security Council at Its 5163rd Meeting, 18 April 2005, S/RES/1596 (2005); and Resolution 1807 (2008) Adopted by the Security Council at Its 5861st Meeting, 31 March 2008, S/RES/1807 (2008).

122 Amnesty International, *Democratic Republic of Congo: Arming the East*, pp. 66-70.

123 Joe Bavier, 'Congo's New Mobutu', *Foreign Policy*, 29 June 2010.

124 Human Rights Watch, *Transparency and Accountability in Angola: An Update*, New York, 2010, p. 1.

125 Ibid.

126 Ibid., p. 2.

127 'Human Development Report 2009 - HDI Rankings', http://hdr.undp.org/en/
statistics.

128 Human Development Indicators - Angola (Rank 143), 2009, http://hdr.undp.org.

129 식민통치가 앙골라에 남긴 유산에 관한 훌륭한 요약으로는 다음을 참조. M. Newitt, 'Angola
in Historical Context', in P. Chabal and N. Vidal (eds.), *Angola: The Weight of History*
(New York: Columbia University Press, 2008). 특히 28~33쪽은 노예무역에 관해 유용한
내용을 담고 있다. 앙골라의 노예무역에 관한 더욱 상세한 설명으로는 다음을 참조. Joseph C.
Miller's mammoth, *Way of Death* (Madison: University of Wisconsin Press, 1997).

130 'Angola Profile: Timeline', BBC News Africa, 19 July 2011.

131 T. Hodges, *Angola: From Afro-Stalinism to Petro-Diamond Capitalism* (Norway and
Indiana: International African Institute and James Currey, 2001), pp. 6-8.

132 Ibid.

133 Human Rights Watch Arms Project and Human Rights Watch/Africa, *Angola: Arms
Trade and Violations of the Laws of War since the 1992 Elections*, 1994, p. 8. 또한
다음을 참조. W. Minter, *Apartheid's Contras* (Johannesburg: Witwatersrand University
Press, 1994).

134 'Jonas Savimbi - Obituary', *Independent*, 25 February 2002.

135 'Jonas Savimbi', *The Economist*, 28 February 2002.

136 A. Mazrui, *The Warrior Tradition in Modern Africa* (Leiden: Brill, 1977), p. 227.

137 Human Rights Watch Arms Project and Human Rights Watch/Africa, *Angola: Arms
Trade and Violations of the Laws of War*, p. 9; and D. Herbstein and D. Evenson, *The
Devils are among Us: The War for Namibia* (New York: Zed Books, 1989), p. 175.

138 C. Legum, *Africa Contemporary Record: Annual Survey and Documents, Vol. 18*
(Teaneck, NJ: Holmes & Meier, 1987), p. A-33.

139 Christopher Andrew, *For the President's Eyes Only* (London: HarperCollins, 1995), p.
412; R. Immerman and A. Theoharis, *The Central Intelligence Agency: Security Under
Scrutiny* (Westport, Conn.: Greenwood Press, 2006), p. 412.

140 A. Vines, *Angola Unravels: The Rise and Fall of the Lusaka Peace Process* (New York
and London: Human Rights Watch, 1999), p. 7.

141 미국의 앙골라 내 비밀원조에 대한 상세한 연구로는 다음을 참조. J. Stockwell, *In Search of
Enemies: A CIA Story* (New York: W. W. Norton & Company, 1997).

142 J. Potgieter, 'Taking Aid from the Devil Himself: Unita's Support Structures', in J.
Cilliers and C. Dietrich (eds.), *Angola's War Economy* (Pretoria and Cape Town:
Institute for Security Studies, 2000), p. 260.

143 *Truth and Reconciliation Commission of South Africa Report, Vol. 2*, 1998, Chapter 2,
paras. 50-73.

144 Ibid.

145 A. Vines, 'Angola: Forty Years of War', in P. Batchelor, K. Kingama and G. Lamb (eds.),
Demilitarisation and Peace-Building in Southern Africa (Aldershot and Burlington:
Ashgate Publishing, 2004), p. 78.

146 A. Vines, 'Angola: Forty Years of War', in P. Batchelor, K. Kingama and G. Lamb (eds.),
Demilitarisation and Peace-Building in Southern Africa (Aldershot and Burlington:
Ashgate Publishing, 2004).

147 Resolution 864 (1993) Adopted by the Security Council at Its 3277th Meeting, 15
September 1993, S/RES/864 (1993).

148 Vines, 'Angola: Forty Years of War', p. 78.

149 Ibid., pp. 79-80.

150 Vines, 'Angola: Forty Years of War'.

151 Ibid.
152 S. Roberts and J. Williams, *After the Guns Fall Silent: The Enduring Legacy of Landmines* (Washington: Vietnam Veterans' Association of America and Oxfam, 1995), p. 109.
153 다음을 참조. *Report of the Panel of Experts on Violations of Security Council Sanctions against Unita*, 10 March 2000, S/2000/203.
154 Ibid., para 49.
155 C. Dietrich, 'UNITA's Diamond Mining and Exporting Capacity', in Cilliers and Dietrich (eds.), *Angola's War Economy*, p. 274.
156 Ibid., p. 278.
157 C. Dietrich, 'UNITA's Diamond Mining and Exporting Capacity', in Cilliers and Dietrich (eds.), *Angola's War Economy*.
158 J. Sherman, 'Profit vs Peace: The Clandestine Diamond Economy of Angola', *Journal of International Affairs*, 1 April 2001, pp. 2-3.
159 Vines, *Angola Unravels*, Chapter IX.
160 다음을 참조. *Report of the Panel of Experts on Violations of Security Council Sanctions against Unita*, 10 March 2000, S/2000/203, paras. 16-17.
161 *Report of the Panel of Experts on Violations of Security Council Sanctions against Unita*, 10 March 2000, S/2000/203.
162 Global Witness, *All the Presidents' Men*, March 2002, p. 11.
163 Ibid.
164 Ibid.
165 K. Silverstein, 'The Arms Dealer Next Door', In These Times, 22 December 2001.
166 Global Witness, *All the Presidents' Men*, March 2002, p. 11.
167 Ibid., p. 12.
168 Ibid.
169 E. Allen and N. Intalan, 'Anatomy of a Scandal', *World Policy Journal*, Vol. 27 (2010), No. 1, pp. 14-15.
170 Ibid.
171 Ibid.; and Global Witness, *All the Presidents' Men*, March 2002, p. 11.
172 'Profile of Arcadi Gaydamak', BBC News, 13 July 2007.
173 Judgment, Tribunal de Grande Instance de Paris, 11eme Chambre: 3eme Section, Republique Francaise, Au Nom du Peuple Francais, No. 0019292016, p. 206.
174 Silverstein, 'Arms Dealer Next Door'.
175 Judgment, Tribunal de Grande Instance de Paris, 11eme Chambre: 3eme Section, Republique Francaise, Au Nom du Peuple Francais, No. 0019292016, pp. 170-171.
176 Resolution 864 (1993), United Nations Security Council, 15 September 1993, S/RES/864, para. 19.
177 Judgment, Tribunal de Grande Instance de Paris, 11eme Chambre: 3eme Section, Republique Francaise, Au Nom du Peuple Francais, No. 0019292016, pp. 170-171.
178 Global Witness, *All the Presidents' Men*, March 2002, p. 11.
179 Mitterrand: 'French establishment players convicted over arms to Angola scandal', *Sunday Times*, 28 October 2009. Pasqua: 'French power brokers convicted over arms to Angola', Reuters, 27 October 2009; 'France ex-minister Pasqua acquitted over Angola arms', BBC News, 24 April 2011.
180 Silverstein, 'The Arms Dealer Next Door'. 미 공화당은 팔콘이 수감되자 기부금을 반납했다.
181 Allen and Intalan, 'Anatomy of a Scandal', pp. 14-15.

182 Ibid.

183 Ibid.

184 Ibid.

185 Counterpunch, 26 February 2008, and Dominique Manotti, *Affairs of State* (London: Arcadia Books, 2009), Epigraph에서 재인용.

186 Vines, *Angola Unravels*, p. 7.

187 D. Farah and S. Braun, *Merchant of Death* (Hoboken, NJ: John Wiley & Sons, 2007), pp. 80-84.

188 Ibid.

189 벨라루스, 브라질, 불가리아, 캐나다, 체코공화국, 헝가리, 카자흐스탄, 몰도바, 페루, 폴란드, 러시아, 슬로바키아, 남아프리카공화국, 스페인, 우크라이나(스톡홀름국제평화연구소 무기거래 데이터베이스에서 추출한 자료. http://armstrade.sipri.org).

190 http://armstrade.sipri.org.

191 *Report of the Panel of Experts on Violations of Security Council Sanctions against Unita*, 10 March 2000, S/2000/203, paras. 18-20.

192 Ibid.

193 Ibid.

194 Ibid.

195 Global Witness, *For a Few Dollars More*, April 2003, pp. 21-33.

196 'Revealed: ex-Soviet officer turns sanction buster', *Financial Times*, 10 July 2000.

197 *Report of the Panel of Experts on Violations of Security Council Sanctions against Unita*, 10 March 2000, S/2000/203, paras. 28-31.

198 Global Witness, *For a Few Dollars More*, April 2003, p. 23.

199 Ibid.

200 'Africa's gems: warfare's best friend', *The New York Times*, 6 April 2000.

201 *Report of the Panel of Experts on Violations of Security Council Sanctions against Unita*, 10 March 2000, S/2000/203, paras. 28-31.

202 Ibid.

203 *Report of the Panel of Experts on Violations of Security Council Sanctions against Unita*, April 2000, S/2002/486, paras. 17-18.

204 'Jonas Savimbi: Obituary', *Guardian*, 25 February 2002.

205 *Africa South of the Sahara 2004* (London: Europa Publications, 2004), p. 45.

206 Ibid.

207 'Angola rebel leader's death confirmed', BBC News, 24 February 2002.

208 *Angola's Wealth: Stories of War and Neglect*, September 2001, Oxfam Briefing Paper, p. 6; and 'Digging up Angola's deadly litter', *Christian Science Monitor*, 27 July 2001.

209 V. Britain, 'Angola: What Kind of Peace after Decades of War?', *Conflict, Security & Development*, Vol. 2 (2002), No. 2.

210 K. Menkhaus, 'Governance without Government in Somalia', *International Security*, Vol. 31, No. 3 (Winter 2006/2007), p. 74.

211 소말리아 정치에서 부족 중심의 네트워크가 어떤 역할을 하는지에 관한 상세한 설명으로는 다음을 참조. H. Adam, 'Militarism, Warlordism or Democracy?', *Review of African Political Economy*, No. 54, July 1992.

212 Ismail I. Ahmed and R. H. Green, 'The Heritage of War and State Collapse in Somalia and Somaliland: Local-Level Effects, External Interventions and Reconstruction', *Third World Quarterly*, Vol. 20 (1999), No. 1, pp. 115-16.

213 Ibid.

214 *Report of the Panel of Experts on Somalia Pursuant to Security Council Resolution*

1425 (2002) , S/2003/223, p. 13.

215 Ibid.

216 Ibid.

217 K. Medani, 'Financing Terrorism or Survival?: Informal Finance and State Collapse in Somalia and the US War on Terrorism', *Middle East Report*, No. 223, Summer 2002, p. 7.

218 Ahmed and Green, 'The Heritage of War and State Collapse in Somalia and Somaliland', pp. 116-117.

219 Ibid., pp. 116-120.

220 Medani, 'Financing Terrorism or Survival', pp. 6-10.

221 Ahmed and Green, 'The Heritage of War and State Collapse in Somali and Somaliland', p. 116.

222 Menkhaus, 'Governance without Government in Somalia', p. 80.

223 다음을 참조. *Report of the Panel of Experts on Somalia Pursuant to Security Council Resolution 1425 (2002)*, S/2003/223.

224 Ahmed and Green, 'The Heritage of War and State Collapse in Somalia and Somaliland', p. 119.

225 Ibid.

226 Ibid.

227 Ibid., pp. 119-120.

228 Ibid.

229 L. Cliffe, *Armed Violence and Poverty in Somalia*, Centre for International Cooperation and Security/University of Bradford: Department for Peace Studies, March 2005, p. 7.

230 'Somalia: in the market for war', *Guardian*, 7 June 2010.

231 'Arms dealers revel in Somali war business', Reuters, 9 June 2009.

232 Ibid.

233 Cliffe, *Armed Violence and Poverty in Somalia*, pp. 8-9.

234 *Report of the Panel of Experts on Somalia Pursuant to Security Council Resolution 1425 (2002)*, S/2003/223, paras. 118-137.

235 Cliffe, *Armed Violence and Poverty in Somalia*, pp. 8-9.

236 'Arms dealers revel in Somali war business', Reuters, 9 June 2009.

237 'Peacekeepers sell arms to Somalis', BBC News, 23 May 2000.

238 *Report of the Panel of Experts on Somalia Pursuant to Security Council Resolution 1425 (2002)*, S/2003/223, para. 21.

239 Ibid., para. 41.

240 Ibid., para. 42.

241 Ibid., para. 43.

242 Ibid.

243 Ibid., paras. 43-47.

244 Ibid.

245 *Somalia: Continuation of War by Other Means?*, Report No. 88, International Crisis Group/Crisis Group Africa, 2004, p. 7.

246 *Report of the Panel of Experts on Somalia Pursuant to Security Council Resolution 1425 (2002)*, S/2003/223, para. 48; 다만 무니에는 자신이 무기거래에 관여한 바 없다고 주장한다.

247 'Israeli, American indicted for gun running to Somalia', 28 June 2010, www.politico.com.

248 'Inside Intel: a man, a plan, a near kidnapping, Panama', *Haaretz*, 15 July 2010.

249 Indictment in the matter of United States of America v. Joseph O'Toole and Chanoch Miller, United States District Court, Southern District of Florida, Case No: CR-COHN, 17 June 2010.

250 Ibid.

251 Ibid.

252 Ibid.

253 Ibid.

254 Judgment in a Criminal Case, USA v. Joseph O'Toole, United States District Court: Fort Lauderdale, Case No. 0:10CR60177-COHN-1, 14 December 2010.

255 Judgment in a Criminal Case, USA v. Chanoch Miller, United States District Court: Fort Lauderdale, Case No. 0:10CR60177-COHN-1, 14 December 2010.

256 R. De Wijk, 'The New Piracy: The Global Context', *Survival*, Vol. 52, No. 1, February–March 2010, p. 40.

257 Ibid., pp. 40–42.

258 Ibid.

259 'Somali pirates living the high life', BBC News, 28 October 2008.

260 'Somali pirates capture Ukrainian cargo ship loaded with military hardware', *Guardian*, 27 September 2008.

261 'Somali pirates "free arms ship"', BBC News, 5 February 2009.

262 Ibid.

263 Anderson, 'The New Piracy: The Local Context'.

264 De Wijk, 'The New Piracy: The Global Context', p. 42.

265 Ibid.

266 'Somali pirates living the high life', BBC News, 28 October 2008.

267 다음을 참조. 'Al-Shabaab', US Counter-Terrorism Calendar 2010, www.nctc.gov/site/groups/al_shabaab.html, and 'Al-Shabaab: Backgrounder', Council on Foreign Relations, 28 July 2010, www.cfr.org.

268 Human Rights Watch, *Harsh War, Harsh Peace: Abuses by al-Shabaab, the Transitional Federal Government and ANISOM in Somalia*, 2010, p. 2.

269 'Somalia's Al Shabaab rebels push towards palace', Reuters, 25 August 2010.

270 'Letter from Somalia', *The New Yorker*, 14 December 2009.

271 'UN Report: Eritrea delivering arms to Al-Shabaab to overthrow government in Puntland', Associated Press, 19 August 2010.

272 Ibid.

273 'Who are Al-Shabaab?', *The New Vision* (Uganda), 17 July 2010.

274 다음을 참조. Human Rights Watch, *Harsh War, Harsh Peace*, pp. 27–32.

275 Ibid., p. 17.

276 Ibid., pp. 17–18.

277 Ibid.

278 'MI5 chief warns of terror threat from Britons trained in Somalia', *Guardian*, 17 September 2010.

279 Ibid.

280 'Somalia: famine, Al-Shabaab complicate U.S. food delivery in face of severe malnutrition', *Huffington Post*, 21 July 2011.

281 이 관료는 2010년 초 워싱턴 D.C.에서 익명 인터뷰에 응했다.

282 수단과 다르푸르에서 벌어진 정체성 정치와 자원을 둘러싼 경쟁에 관한 훌륭한 연구로는 다음을 참조. A. De Waal and J. Flint, *Darfur: A New History of a Long War* (London:

Zed Books, 2008).

283 Ibid.

284 J. Flint, *Beyond 'Janjaweed': Understanding the Militias of Darfur* (Geneva: Small Arms Survey, 2009), pp. 11-12.

285 A. Vines, 'Counter-Insurgency on the Cheap', *Review of African Political Economy*, Vol. 31 (2004), No. 2, p. 720.

286 I. Gambari, *Situation in Sudan*. Report presented at the United Nations Association of the United States of America Model United Nations Conference, New York, 2005. www.un.org에서 다운로드 가능.

287 Human Rights Watch, *Sudan, Oil and Human Rights*, 2003.

288 'Aid groups warn of Sudan civil war risk', BBC News, 7 January 2010.

289 'Millions dead in Sudan civil war', BBC News, 11 December 1998; and 'Sudan: Nearly 2 Million Dead as a Result of the World's Longest Running Civil War', US Committee for Refugees, 2001.

290 'Background Note: Sudan', Bureau of African Affairs: US Department of State, 29 June 2010, www.state.gov.

291 Flint, *Beyond 'Janjaweed'*, p. 16.

292 Ibid.

293 Gambari, *Situation in Sudan*, pp. 3-4 (미주 286번 참조). 물론 실제 민족 구성과 정체성은 이보다 복잡하다.

294 Ibid.

295 Vines, 'Counter-Insurgency on the Cheap', pp. 720-721.

296 Ibid.

297 De Waal and Flint, *Darfur*, p. 47.

298 Ibid., p. 50.

299 Ibid., pp. 50-52.

300 T. Dagne and B. Everett, *Sudan: The Darfur Crisis and the Status of North-South Negotiations*, Report prepared for the US Congress by the Congressional Research Service/Library of Congress, 2004, p. 2.

301 P. Wezeman, 'Case Study: Darfur, Sudan, 2004-2006', in *United Nations Arms Embargoes*, pp. 2-3.

302 Ibid., pp. 3-4.

303 Flint, *Beyond 'Janjaweed'*, pp. 18-19.

304 Dagne and Everett, Sudan, pp. 2-3. 잔자위드의 영문 철자는 'Janjawid', 'Janjawiid' 등 다양하다.

305 Gambari, *Situation in Sudan*, pp. 4-5 (미주 286번 참조).

306 'Q & A: Sudan's Darfur conflict', BBC News, 23 February 2010.

307 Ibid.

308 Ibid.

309 Human Rights First, *Investing in Tragedy: China's Money, Arms and Politics in Sudan*, March 2008, pp. 3-5, www.humanrightsfirst.org.

310 Ibid.

311 Ibid.

312 Ibid., p. 13.

313 Ibid., pp. 3-13.

314 Ibid., p. ii (미주 309번 참조).

315 'A Deadly Love Triangle', *Weekly Standard*, 6 August 2008, and 'The Islamic Republic of Sudan?', *Foreign Policy*, 10 June 2010.

316 'A Deadly Love Triangle', *Weekly Standard*, 6 August 2008.

317 Human Rights First, 'Arms Sales to Sudan', www.stoparmstosudan.org.

318 'Sudan, Iran sign military cooperation agreement', *Sudan Tribune*, 8 March 2008.

319 'The Islamic Republic of Sudan?', *Foreign Policy*, 10 June 2010.

320 Ibid.

321 'Iran President hails "strategic ties" with Sudan', *Sudan Tribune*, 16 September 2010.

322 스톡홀름국제평화연구소 무기거래 데이터베이스에서 추출한 자료. http://armstrade.sipri.org.

323 Ibid.

324 Amnesty International, *Blood at the Crossroads: Making the Case for a Global Arms Trade Treaty*, ACT 30/011/2008, September 2008, pp. 88-89. 또한 다음을 참조. Wezeman, 'Case Study: Darfur, Sudan, 2004-2006'.

325 Amnesty International, *Blood at the Crossroads*, pp. 88-9.

326 Ibid.

327 Ibid., p. 94.

328 Ibid., pp. 94-95.

329 Ibid.

330 예를 들어 다음을 참조. *Report of the Panel of Experts Established Pursuant to Resolution 1591 (2005) Concerning Sudan*, UN Security Council, S/2009/562, 29 October 2009, p. 32-52.

331 Human Rights First, *Investing in Tragedy*, pp. 3-5.

332 Ibid.

333 *Report of the Panel of Experts Established Pursuant to Resolution 1591 (2005) Concerning Sudan*, UN Security Council, S/2009/562, 29 October 2009, p. 3.

334 'Genocide too', *The Economist*, 13 July 2010; 'African nations divided over Bashir genocide charge', Reuters, 25 July 2010; and 'Sudanese President Bashir faces fresh genocide charges', AFP/France24, 13 July 2010.

335 'Court worry at Omar al-Bashir's Kenya trip', BBC News, 28 August 2010.

336 'Over 99 percent of South Sudan vote to separate', *Mail & Guardian*, 30 January 2011.

337 'Tunisia suicide protestor Mohammed Bouazizi dies', BBC News, 5 January 2011.

338 'Tunisia: President Zine al-Abidine Bel Ali forced out', BBC News, 15 January 2011.

339 'Egypt protests: three killed in day of revolt', BBC News, 26 January 2011.

340 'Egypt's Last Pharaoh? The Rise and Fall of Hosni Mubarak', *Time*, 12 February 2011.

341 Ibid.

342 A. Shatz, 'Mubarak's Last Breath', *London Review of Books*, Vol. 32, No. 10, 1 May 2010.

343 R. Bush, 'Politics, Power and Poverty: Twenty Years of Agricultural Reform and Market Liberalisation in Egypt', *Third World Quarterly*, Vol. 28 (2007), No. 8, p. 1601.

344 Shatz, 'Mubarak's Last Breath'.

345 Bush, 'Politics, Power and Poverty'.

346 Ibid.

347 Shatz, 'Mubarak's Last Breath'.

348 Ibid.

349 'Where's Hosni Mubarak's money? Ask front man Hussein Salem', ABC News Radio, 2 March 2011.

350 Ibid.

351 'Hussein Salem caught in Dubai with $500m', Globes, 31 January 2011.

352 'Hosni Mubarak detained over corruption allegations', *Guardian*, 13 April 2010.

353 'Egypt asks Interpol to arrest businessman Hussein Salem', Egypt News, 22 March 2010; 'Fate of the ousted president inches further along', Ahram Online, 24 May 2011, http://english.ahram.org.eg/NewsContent/1/64/12862/Egypt/Politics-/Fate-of-the-ousted-presidentinches-further-along.aspx.

354 'Egypt's arms industry depends on U.S.', Aol News, 15 February 2011.

355 J. Sharp, *Egypt: The January 25 Revolution and Implications for U.S. Foreign Policy*, Congressional Research Service, RL33003, 2011, www.crs.gov.

356 Ibid.

357 Ibid.

358 Ibid., p. 24.

359 Ibid.

360 SIPRI Military Expenditure Database, www.sipri.org.

361 SIPRI Arms Transfer Database, www.sipri.org/contents/armstrad/output_types_tiv.html.

362 Ibid.

363 Ibid.

364 Ibid.

365 Ibid.

366 P. Chatterjee, 'Egypt's military-industrial complex', *Guardian*, 4 February 2011.

367 Ibid.

368 Ibid.

369 'Egyptian police using U.S.-made tear gas against demonstrators', ABC News, 28 January 2011.

370 Chatterjee, 'Egypt's military-industrial complex', *Guardian*, 4 February 2011.

371 'Egypt protest pictures highlight the arms trade's unintended consequences', 29 January 2011, www.warisbusiness.com.

372 'Controversial tear gas canisters made in the USA', CNN, 28 January 2011.

373 'Arms export deals: MPs criticise UK's stance', BBC News, 5 April 2011.

374 'David Cameron visits Egypt with arms industry group to help civilian "Transition"', *Scotsman*, 22 February 2011.

375 Ibid.

376 'Cameron attacked for Egypt visit with defence sales team in tow', *Independent*, 22 February 2011.

377 'Qaddafi forces fire cluster bombs into civilian areas' *The New York Times*, 15 April, 2011; and 'Nato must send in troops to save Misrata, say rebels', *Guardian*, 16 April 2011.

378 'Rebels overrun Gaddafi compound', BBC News Africa, 23 August 2011.

379 'Qaddafi's Great Arms Bazaar', *Foreign Policy*, 8 April 2011.

380 'McCain: The War isn't Over until We Secure Qaddafi's 10 Tons of Mustard Gas', *Business Insider*, 23 August 2011.

381 'After the fall, U.S. concerned about Libya weapons', Reuters, 22 August 2011.

382 M. Eljahmi, 'Libya and the US: Gaddafi unrepentant', *Middle East Quarterly*, 2006 (Winter), pp. 11–14.

383 Human Rights Watch, *Libya: Words to Deeds*, 24 January 2006, www.hrw.org/en/node/11480/section/11.

384 'Sudan's shadowy Arab militia', BBC News, 10 April 2004.

385 A. Cordesman, *A Tragedy of Arms: Military and Security Developments in the Maḫgreb* (Westport: Praeger, 2002), p. 206.
386 SIPRI Arms Trade Database, www.sipri.org.
387 Ibid.
388 Ibid.
389 Cordesman, *Tragedy of Arms*, p. 208.
390 Ibid.
391 A. Cordesman and A. Nerguizian, *The North African Military Balance: Force Developments and Regional Changes*, Center for Strategic & International Studies (CSIS), 2010, p. 34, www.csis.org.
392 Cordesman, *Tragedy of Arms*, pp. 185-186.
393 Ibid.
394 Ibid.
395 SIPRI Arms Trade Database, www.sipri.org.
396 W. Kego, A. Molcean and G. Nizhikau, 'Belarus Arms Trade', Policy Brief No. 60, Institute for Security & Development Policy, 14 March 2011.
397 'Belarus Defence Industry', Global Security, 2005, www.globalsecurity.org; 'Lukashenko: the dictator in the dock', *Independent*, 9 March 2011; and 'Libyan cash finds use in Belarusian arms', RT, 1 March 2011, http://rt.com/news/cash-arms-gaddafi-belarus/.
398 'The Tyrant of Belarus: Gaddafi's Friend Far, Far to the North?', *Time*, 2 March 2011.
399 R. Takeyh, 'The Rogue Who Came in from the Cold', *Foreign Affairs*, Vol. 80 (2001), No. 3, p. 64.
400 Ibid.
401 Ibid., p. 66.
402 SIPRI, Arms Embargo Database, 'EU arms embargo on Libya', www.sipri.org.
403 'EU lifts weapons embargo on Libya', BBC News, 11 October 2004.
404 'Lockerbie bomber Megrahi living in luxury villa six months after being at death's door', *Daily Telegraph*, 20 February 2010.
405 'Secret letters reveal Labour's Libyan deal', *Sunday Times*, 30 August 2009.
406 CAAT의 정보공개 청구로 입수된 속기록.
407 'Political help behind Libya's arms trade, says official', *The Times*, 5 September 2009.
408 'Libya, Russia agree $1.8bn arms deal: Putin', Reuters, 30 January 2010.
409 Ibid.
410 'EU arms exports to Libya: who armed Libya?', www.guardian.co.uk에서 다운로드한 데이터베이스 자료 및 필자 본인의 계산.
411 Ibid.
412 'Libyan Arms Deals Come Back to Haunt Europe', *Der Spiegel* Online, 24 February 2011.
413 'EU arms exports to Libya' (미주 410번 참조).
414 'BAE Systems to share £200 million arms deal with Libya', *Daily Mail*, 3 August 2007, http://www.dailymail.co.uk/news/article-472958/BAE-Systems-share-200-million-armsdeal-Libya.html#ixzz1JXPeQYEQ.
415 'Libyan rebels receiving anti-tank weapons from Qatar', *Guardian*, 14 April 2011, http://www.guardian.co.uk/world/2011/apr/14/libya-rebels-weapons-qatar.
416 'Libyan Arms Deals Come Back to Haunt Europe', *Der Spiegel* Online, 24 February 2011.

417 'EU arms exports to Libya' (미주 410번 참조).

418 'SA sold R70m in arms to Libya', *The Times* (South Africa), 10 April 2011.

419 'Libya army transport deal frozen after US approval', *Daily Herald*, 12 March 2011, http://www.dailyherald.com/article/20110312/news/703129979/#ixzz1LDMvusfR; and 'Uprising puts an abrupt end to recent surge in U.S. military exports to Libya', WorldTribune.com, 8 March 2011, http://www.worldtribune.com/worldtribune/WTARC/2011/ss_military0247_03_08.asp.

420 'Ivory Coast: Laurent Gbagbo captured by French Special Forces, rival claims', *Daily Telegraph*, 11 April 2011.

421 B. Klaas, 'From Miracle to Nightmare: An Institutional Analysis of Development Failures in Cote d'Ivoire', *Africa Today*, Vol. 55 (2008), No. 1.

422 Ibid., p. 113.

423 Ibid.

424 Ibid., p. 114.

425 D. Balint-Kurti, 'Ready for Peace, Ready for War', *The World Today*, Vol. 63, No. 5, May 2007, p. 25.

426 Ibid.

427 Ibid.

428 'Robert Guéï: deposed ruler', BBC News, 20 October 2000; and A. Vines, 'Peace on a Precipice', *The World Today*, Vol. 61, No. 1, January 2005, p. 23.

429 Vines, 'Peace on a Precipice', *The World Today*, Vol. 61, No. 1, January 2005, p. 23.

430 'Ivory Coast: Gbagbo held after assault on residence', BBC News Africa, 11 April 2011.

431 Balint-Kurti, 'Ready for Peace, Ready for War', p. 25.

432 Ibid.

433 Vines, 'Peace on a Precipice', p. 23.

434 다음을 참조. Human Rights Watch, *Cote d'Ivoire: The Human Rights Cost of the Political Impasse*, 21 December 2005, www.hrw.org.

435 'Refugees fleeing Cote d'Ivoire tell their stories', UN World Food Programme News, 5 April 2011, www.wfp.org.

436 다음을 참조. Global Witness, *Hot Chocolate: How Cocoa Fuelled the Conflict in Cote d'Ivoire*, www.globalwitness.org.

437 다음을 참조. Global Witness, *Making It Work*, 2005, pp. 8-15, www.globalwitness.org.

438 UN Security Council Resolution 1572, November 2004, www.sipri.org에서 열람 가능.

439 *Report of the Chairman of the Security Council Committee Established Pursuant to Resolution 1572 (2004) Concerning Cote d'Ivoire on His Mission to Cote d'Ivoire*, S/2005/790, para. 68, www.un.org.

440 Amnesty International, *Blood at the Crossroads*, pp. 28-32.

441 *Report of the Group of Experts Submitted Pursuant to Paragraph 7 of the Security Council Resolution 1584 (2005) Concerning Cote d'Ivoire*, S/2005/699, 2005, para. 11.

442 Amnesty International, *Blood at the Crossroads*, pp. 28-32.

443 Ibid.

444 *Report of the Group of Experts Submitted Pursuant to Paragraph 7 of the Security Council Resolution 1584 (2005) Concerning Cote d'Ivoire*, S/2005/699, 2005, paras. 85-86.

445 'UN investigates Zimbabwe-Ivory Coast arms trade claims', *Guardian*, 4 March 2011.

446 Ibid.

447 'Belarus breaks Ivory Coast arms embargo - UN chief', BBC News, 28 February 2011.

6부. 대단원

20. 세계에 평화를

1 A. Sampson, *The Arms Bazaar in the Nineties: From Krupp to Saddam* (Dunton Green: Coronet, 2008).

2 'Khashoggi's Fall: A Crash in the Limo Lane', *Vanity Fair*, September 1989.

3 Ibid; and 'Swiss extradite Khashoggi to US', *The New York Times*, 20 July 1989.

4 Seymour Hersh, 'Lunch with the Chairman', *The New Yorker*, 17 March 2003.

5 Securities and Exchange Commission v. Ramy Y. El-Batrawi, GenesisIntermedia, Inc., Ultimate Holdings, Ltd., Adnan M. Khashoggi, Richard J. Evangelista, Wayne Breedon, and Douglas E. Jacobson, Civil Action No. CV-06-2247 (MRP) (C.D. Ca.), Targeted News Service, 2 April 2010; and 'Saudi financier Adnan Khashoggi settles SEC lawsuit', Bloomberg, 31 March 2010.

6 'Khashoggi's Fall', *Vanity Fair*, September 1989에서 재인용.

7 Hersh, 'Lunch with the Chairman', *The New Yorker*, 17 March 2003.

8 'An arms dealer returns, now selling an image', *The New York Times*, 14 November 2009.

9 조 데르 호세피안 인터뷰, 요르단 암만, 2010년 5월 14일.

10 Patrick Radden Keefe, 'The Trafficker', *The New Yorker*, 8 February 2010.

11 이 수사에 대한 설명은 Patrick Radden Keefe, 'The Trafficker', *The New Yorker*, 8 February 2010 등을 바탕으로 한다.

12 Ibid.

13 Ibid에서 재인용.

14 'Child sex abuse guilt', *Herald Sun*, 21 November 2006.

15 'Slovenia to ask Australia for extradition of Nicholas Oman', Slovenian Press Agency, 23 November 2006.

16 *Guardian*, 5 and 9 August 2010. 나오미 캠벨은 당시 만델라어린이재단 대표에게 다이아몬드를 건넸고, 그는 재판을 받을 당시까지 그 다이아몬드를 소유하고 있었던 것으로 드러났다.

17 'The televangelist and the warlord', *The Nation*, 11 August 2010.

18 'Prosecutors hint Russian suspect sought arms deal in Libya as judge clears path for trial', *Washington Post*, 2 August 2011, http://www.washingtonpost.com/politics/courts-law/prosecutors-hint-russian-suspect-sought-arms-deal-in-libya-as-judge-clears-path-for-trial/2011/08/02/gIQAOxHypI_story.html.

19 이러한 생각 중 일부는 피터 댄서드(Peter Danssaert)와의 대화에서 떠오른 것이지만, 여기서 밝힌 최종 견해는 순전히 필자의 것이다.

20 'Mensdorff-Pouilly paid £372,000 compensation by UK for imprisonment', *Croatian Times*, 27 May 2011, http://www.croatiantimes.com/news/Around_the_World/2011-05-27/19592/Undie_Payments; 'Mensdorff wins £400,000 in damages from UK taxpayer', *Daily Telegraph*, 27 May 2011, http://www.telegraph.co.uk/news/uknews/law-andorder/8542570/Austrian-count-who-complained-over-prison-underpants-wins-damages-sayslawyer.html.

21 Bill Lehane, 'U.S. help sought in Gripen probe', *Prague Post*, 18 August 2010, http://www.praguepost.com/news/5432-u-s-help-sought-in-gripen-probe.html.

22 'Czech corruption busting promise tested', *Wall Street Journal*, 12 November 2010.

23 이러한 수사에 정통한 정보원과의 대화를 바탕으로 한 내용.

24 'Proposed Charging Letter re: Investigation of BAE Systems plc Regarding Violations of the Arms Export Control Act and the International Traffic in Arms Regulations', May 2011, www.pmddtc.state.gov/compliance/consent_agreements/baes.html에서 다운로드 가능.

25 Ibid.

26 Ibid.

27 Ibid.

28 Ibid.

29 Ibid.

30 Ibid.

31 'Statement of Offence' in the matter of the United States of America v. BAE Systems plc, Violation: Title 18, United States Code, Section 371 (conspiracy), United States District Court for the District of Columbia, paras. 18-29.

32 Ibid.

33 US Department of State Bureau of Political-Military Affairs, 17 May 2011, 'Proposed Charging Letter', http://www.pmddtc.state.gov/compliance/consent_agreements/pdf/BAES_PCL.pdf.

34 'Chrimial [sic] charges filed against defense firm Saab', *The Swedish Wire*, 9 September 2010. 언급된 책은 N. Resare, *Bribery, Power and Aid - Jas and the South Africa Affair* (Stockholm: Natur & Kultur, 2010).

35 해당 정보가 공개된 이후 수많은 언론은 이를 직설적으로 뇌물이라고 표현했다. 예를 들어 다음을 참조. 'Saab admits bribes paid in SA arms deal', News24/SAPA, 6 June 2011, www.news24.co.za. 2011년 6월 6일 다운로드.

36 'Ferrostaal: Final Report, Compliance Investigation', Devoise & Plimpton LLP, 13 April 2011, pp. 58-67.

37 'Submarine cash revealed', *Kathimerini*, 12 April 2010, http://archive.ekathimerini.com/4dcgi/_w_articles_politics_0_12 April 2010_116293.

38 C. Rhodes, 'The submarine deals that helped sink Greece', *Wall Street Journal*, 10 July 2010; 'Probe into German-Greek arms deals reveals murky side of defence sales', 12 August 2010, http:www.defense-aerospace.com; and J. Schmitt, 'How German Companies Bribed Their Way to Greek Deals', *Der Spiegel*, 11 May 2010, http://www.spiegel.de/international/europe/0,1518,693973,00.html.

39 'Algarve businessman embroiled in international scandal', *Algarve Resident*, 9 April 2010, http://www.algarveresident.com/story.asp?XID=35767.

40 J. Schmitt, 'Germany's Ferrostaal Suspected of Organizing Bribes for Other Firms', *Der Spiegel*, 30 March 2010,http://www.spiegel.de/international/business/0,1518,686513,00.html.

41 Ibid.

42 'Submarine scandal continues', *Algarve Resident*, 29 April 2010, http://www.algarveresident.com/story.asp?ID=36752.

43 A. Khalip and A. Palment, 'Portugal accuses 10 of fraud in submarines case', Reuters, 2 October 2009, http://www.reuters.com/article/2009/10/02/portugal-submarines-idUSL257190620091002.

44 'Taiwan wins arms suit', *Straits Times*, 5 May 2010(2007년 이전까지 DCNS는

DCN이었다).

45 'Defence scandals: Taiwan wins, Malaysia waits', *Malaysian Mirror*, 6 May 2010.

46 DCNS, 'Second Scorpene SSK arrives in Malaysia', *Defence Talk*, 13 July 2010, http://www.defencetalk.com/second-scorpene-ssk-arrives-in-malaysia-27458/; and S. M. Kamal, 'Government says spent RM6.7bn on Scorpene submarines', *Malaysia Insider*, 22 June 2010, http://www.themalaysianinsider.com/malaysia/article/government-says-spent-rm6.7b-on-scorpene-submarines/.

47 J Manthorpe, 'The prime minister, the private investigator, the murder of a Mongolian model, and 114 million euros', *Vancouver Sun*, 15 November 2010; J. Manthorpe, 'Ghost of Mongolian model continues to haunt Malaysian Government', *Vancouver Sun*, 5 July 2010; and A. Miller, 'Casualties of warfare', *Southeast Asia Globe*, 7 July 2010.

48 'Malaysia's submarine deal surfaces in France', *Asia Sentinel*, 16 April 2010, http://www.asiasentinel.com/index.php?option=com_content&task=view&id=2406&Itemid=178.

49 Manthorpe, 'The prime minister, the private investigator', *Vancouver Sun*, 15 November 2010; Manthorpe 'Ghost of Mongolian model', *Vancouver Sun*, 5 July 2010; and Miller, 'Casualties of warfare', *Southeast Asia Globe*, 7 July 2010.

50 'Saudi Prince Bandar, Standing and Role', Tactical Report, 29 September 2010.

51 'Bandar lawsuit dismissed, appealed', *Aspen Daily News*, 22 January 2009, http://www.aspendailynews.com/section/home/131860.

52 'UK training Saudi forces used to crush Arab spring', *Guardian*, 28 May 2011, www.guardian.co.uk/world/2011/may/28/uk-training-saudi-troops.

53 'Bandar's Return', *Foreign Policy*, 22 April 2011, http://shadow.foreignpolicy.com/posts/2011/04/22/bandars_return.

54 'Saudi Arabia uses UK-made armoured vehicles in Bahrain crackdown on democracy protesters', CAAT press release, 16 March 2011, http://www.caat.org.uk/press/archive.php?url=20110316prs; 'UK government challenged over failure to revoke arms exports to Saudi Arabia', CAAT press release, 24 June 2011, http://www.caat.org.uk/press/archive.php?url=20110624prs.

55 'Freed mercenary calls for Mark Thatcher to "face justice"', *Independent*, 4 November 2009.

56 *SIPRI Yearbook 2010* (Oxford: OUP, 2010).

57 AADB Communication, http://www.frc.org.uk/aadb/press/pub2407.html.

58 'SFO probes EADS defence contract with Saudi Arabia', *Daily Telegraph*, 29 May 2011, http://www.telegraph.co.uk/finance/financial-crime/8545282/SFO-probes-EADS-defencecontract-with-Saudi-Arabia.html.

59 'Exports warning as bribery law is delayed', *Financial Times*, 31 January 2011.

60 'Kenneth Clarke denies weakening new anti-bribery law', *Guardian*, 30 March 2011, http://www.guardian.co.uk/law/2011/mar/30/clarke-denies-weakening-bribery-law?CMP=twt_gu.

61 'Corruption Perception Index 2010 Results', Transparency International, 26 October 2010, http://transparency.org/policy_research/surveys_indices/cpi/2010/results.

62 'Ex-BAE chairman is recruited by Kazakhstan', *Guardian*, 4 December 2006.

63 'Corruption Perception Index 2010 Results', Transparency International, 26 October 2010, http://transparency.org/policy_research/surveys_indices/cpi/2010/results.

64 *Daily Telegraph*, 10 June 2010.

65 BAE Systems news release, 1 September 2008, http://www.baesystems.com/ Newsroom/NewsReleases/autoGen_10881105125.html#Before.

66 2011년 5월 BAE 연차총회 질의응답에서 얻은 정보.

67 Mike Koehler, 'Is BAE's monitor independent?', 'FCPA Professor', Corporate Compliance Insights, 2 September 2010.

68 www.carlyle.com, various.

69 Greenberg Quinlan Rosner Research, UK Post-Election Frequency Questionnaire, 7-9 May 2010, http://www.greenbergresearch.com/articles/2445/5674_ukeu050910 fq.uk.pdf.

70 'Tony Blair: "I'm basically a public service guy"', *Daily Telegraph*, 6 September 2010.

71 'Lectures see Tony Blair earnings jump over £12m', *The Times*, 29 October 2008.

72 'Tony Blair to boost earnings as paid speaker for Mayfair hedge fund', *Guardian*, 25 January 2010.

73 'Tony Blair: "I'm basically a public service guy"', *Daily Telegraph*, 6 September 2010.

74 'Tony Blair's new "bank" for super-rich', *The Australian*, 22 August 2010.

75 Ibid.

76 'BAE Systems hires Britain's former envoy to Saudi Arabia', *Guardian*, 8 February 2011.

77 *Washington Post*, 16 July 2004.

78 'DOJ notables crowd courtroom as FCPA sting trial begins', Main Justice, 18 May 2011, http://www.mainjustice.com/2011/05/18/doj-notables-crowd-courtroom-as-fcpa-stingtrial-begins/.

79 'The Chamber of Commerce, the FCPA and Rupert Murdoch', Main Justice, 14 July 2011, www.mainjustice.com/justanticorruption/2011/07/14/the-chamber-of-commercethe-fcpa-and-rupert-murdoch/.

80 'Blackwater founder moves to Abu Dhabi, records say', *The New York Times*, 17 August 2010.

81 'Xe, formerly Blackwater, announces new chief", CNN, 1 June 2011, http://edition.cnn.com/2011/US/06/01/xe.blackwater.chief/.

82 'Blackwater's new ethics chief', Wired.com, 4 May 2011, www.wired.com/dangerroom/2011/05/blackwaters-new-ethics-chief-john-ashcroft/.

83 'Ashcroft finds private-sector niche', *Washington Post*, 12 August, 2006.

84 Loren Thompson, 'How Boeing Won the Tanker War', *Forbes*, 28 February 2011, http://blogs.forbes.com/beltway/2011/02/28/how-boeing-won-the-tanker-war/.

85 'US-Saudi arms plan grows to record size', *Wall Street Journal*, 14 August 2010; 'US confirms $60bn plan to sell Saudi Arabia arms', BBC News, 20 October 2010, http://www.bbc.co.uk/news/world-us-canada-11587348.

86 'US to sell $60bn in advanced arms to Saudi Arabia', *Daily Telegraph*, 20 October 2010.

87 이는 미 국방부의 중개로 이뤄진 거래에만 해당되며, 민간 차원의 거래는 별도로 집계해야 한다. 'Proposed US arms sales reach new heights', *Arms Control Today*, March 2011, www.armscontrol.org/act/2011_03/US_Arms_Sales.

88 'Boeing may earn $24 billion from Saudi aircraft and helicopter orders', Defpro.daily, 21 October 2010, http://defpro.com/daily/details/676/; 'US signs $60bn Saudi arms deal as Iran's influence grows', *Belfast Telegraph*, 22 October 2010. 또한 다음 일자의 보도자료 참조. 20 October 2010 from http://www.dsca.mil/sc_news/archive-2010.htm#November.

89 '$60 billion arms sale to Saudi Arabia a needed boost for defence firms', *The Hill*, 24 October 2010.

90 Project on Government Oversight, 'Despite getting ripped off, army rallies to defense of Boeing', 7 July 2011, pogoblog.typepad.com/pogo/2011/07/despite-getting-ripped-offarmy-rallies-to-defense-of-boeing.html.

91 Ibid.

92 'US signs $60bn Saudi arms deal as Iran's influence grows', *Belfast Telegraph*, 22 October 2010.

93 'US Congress notified over $60bn arms sale to Saudi Arabia', *Guardian*, 21 October 2010.

94 'Barack Obama throws full US support behind Middle East uprisings', *Guardian*, 20 May 2011.

95 'In Saudi Arabia royal funds buy peace for now', *The New York Times*, 8 June 2011.

96 'Why Mitch McConnell is worse than Charles Rangel', Salon.com, 16 November 2010.

97 'I'd definitely defend Mugabe at the Hague – Charles Taylor's lawyer', *Sunday Telegraph*, 26 September 2010.

98 브레단캄프가 혐의를 부인한 것에 관해 자세한 내용은 9장, 19장 참조.

99 'The memo that sank the arms probe', *Mail & Guardian*, 3 June 2011.

100 'France ex-minister Pasqua acquitted over Angola arms', BBC News, 24 April 2011.

101 'Op-ed: Charles Pasqua, the politician no one dares to send to jail', *Digital Journal*, 24 July 2010.

102 'Angolagate: Pasqua acquitted on appeal', AFP, 24 April 2011.

103 Ibid.

104 'French ex-minister acquitted in "Angolagate" trial', SAPA/*Business Report*, 29 April 2011.

105 Ibid.

106 'Head of State, Pierre Falcone discusses Angolagate outcome', *Angola Press*, 18 May 2011.

107 다음 기사 및 프랑스의 정보원이 제공한 정보를 바탕으로 함. 'Sarkozy urged to testify to inquiry into Pakistan arms sale kickbacks', *Guardian*, 18 November 2010; 'Pakistan, Chirac a bien loque les com' des intermediaires balladuriens', Bakchich, 19 June 2009.

108 Ibid.

109 Ibid.

110 Ibid.

111 'UK hails "new epoch" in relations with regime accused of war crimes', *Independent*, 1 October 2010.

112 탄자니아의 탐사언론인 에릭 카벤데라(Erick Kabendera)가 2010년 11월 제공한 정보.

113 'BAE criticised by UK MPs over Tanzania corruption', BBC News, 19 July 2011, http://www.bbc.co.uk/news/world-africa-14204115; Uncorrected Transcript of Oral Evidence, 19 July 2011, International Development Committee, HC 847-i, http://www.publications.parliament.uk/pa/cm201012/cmselect/cmintdev/uc847-i/uc84701.htm.

114 'Experts fear looted Libyan arms may find way to terrorists', *The New York Times*, 3 March 2011; 'Antiaircraft missiles on the loose in Libya', *The New York Times*, 14 July 2011.

115 Jeffrey Sachs, 'The Horn of Africa crisis is a warning to the world', *Guardian*, 28

July 2011, www.guardian.co.uk/global-development/poverty-matters/2011/jul/28/
horn-africa-drought-warning.

116 Ardian Klosi, *The Gerdec Disaster: Its Causes, Culprits and Victims* (Tirana: K&B, 2010).

117 Guy Lawson, 'Arms and the Dudes', *Rolling Stone*, 31 March 2011.

118 'Armed again', *Miami New Times*, 5 February 2009.

119 'Arms dealer faces new charges', *The New York Times*, 23 August 2010.

120 'Enfant terrible of arms dealing in prison after sting operation', *Independent*, 25 August 2010.

121 Project on Government Oversight, '"Stoner arms dealer" gets 14-year ban from federal contracting', 2 June 2011, http://pogoblog.typepad.com/pogo/2011/06/stoner-arms-dealergets-14-year-ban-from-federal-contracting.html.

122 Lawson, 'Arms and the Dudes'.

123 'Munitions supplier sentenced on defense procurement fraud and lying to Army on government munitions contract', press release, United States Attorney's Office, Southern District of Florida, 23 March 2011.

21. 불완전한 미래

1 국방 및 국가안보 관련 모든 지출을 합산하면 미국은 연간 1조 달러 이상이며, 나머지 국가들은 모두 합해 이와 비슷한 수준이다. 다음을 참조. N. Turse (ed.), *The Case for Withdrawal from Afghanistan* (London: Verso, 2010).

2 세계 금융위기도 적어도 초기에는 국방예산에 거의 영향을 미치지 못했다. 다음을 참조. 'Report: Global military spending so far unaffected by economic downturn but expected to slow', San Francisco Examiner, 30 March 2010. 또한 다음의 5장을 참조. *SIPRI Yearbook 2010* (Oxford: OUP, 2010). 2010년 대비 2011년 미 연방정부 총예산은 3% 증가에 그칠 것으로 예상되지만 국방예산은 4.2% 증가할 것으로 보인다. 다음을 참조. 'Obama's 2011 Budget', *Guardian* Data Blog. 영국 정부의 총예산은 14%가 삭감되는 데 반해 국방예산은 8% 삭감될 예정이다. 다음을 참조. 'Spending Review 2010: Q&A', *Daily Telegraph*, 20 October 2010. 프랑스 정부의 공공지출은 2011년 5%, 그리고 2011~2013년 10% 삭감되며, 국방예산은 4% 미만으로 삭감될 예정이다. 다음을 참조. 'French premier outlines spending cuts', *Wall Street Journal*, 6 May 2010, and 'France to slash defense spending', *Defense News*, 1 July 2010. 독일 연방정부의 총예산은 3.8%, 국방예산은 3% 삭감될 예정이다. 다음을 참조. 'Changes coming as Bundeswehr faces budget cuts', *Defense News*, 27 May 2010.

3 예를 들어 다음을 참조. M. Glenny, *McMafia* (London: The Bodley Head, 2008), and http://www.fbi.gov/about-us/investigate/organizedcrime.

4 조 데르 호세피안 인터뷰, 요르단 암만, 2010년 5월 14일.

5 Ibid.

6 중국의 국방 관련 통계는 찾기 힘들지만 중국 정부는 2009년 군비로 1,000억 달러를 지출했다고 보고했다. 전문가들은 대단히 축소된 수치로 평가한다(Chinese Ministry of Finance, *Report on the Implementation of the Central and Local Budgets for 2008 and on the Draft Central and Local Budgets for 2009*, 5 March 2009). 스톡홀름국제평화연구소는 2010년 중국의 군비 지출을 1,190억 달러로 추정한다(SIPRI Military Expenditure Database, http://www.sipri.org/research/armaments/milex/resultoutput/milex_15). 2005~2010년 중국의 해외 무기수출은 43억 3,800만 달러로 세계 7위 규모다(1990년 미국 달러 기준). 그러나 이 역시 과소추정일 가능성이 높다(SIPRI

Arms Transfers Database, 2010 figure, http://armstrade.sipri.org/armstrade/html/export_toplist.php).

7 Richard Bitzinger, 'The Return of the King: China's Re-emergence as an Arms Dealer', Jamestown China Brief, 7 September 2009.

8 'Sri Lanka forces committed war crimes, says UN', Independent, 17 April 2011.

9 Jon Lee Anderson, 'Death of the Tiger: Sri Lanka's Brutal Victory over Its Tamil Insurgents', The New Yorker, 17 January 2011. 러시아와 파키스탄은 소형화기 및 포탄을 공급했다.

10 M. Gurtov, 'Swords into Market-Shares: China's Conversion of Military Industry to Civilian Production', The China Quarterly, No. 134 (June 1993), p. 216.

11 다음을 참조. E. Medeiros, R. Cliff, K. Crane and J. Culverson, A New Direction for China's Defence Industry, RAND Report for Project Air Force, 2005. www.rand.org에서 열람 가능.

12 'China stealth fighter a "masterpiece" of homegrown technology', Daily Telegraph, 25 January 2011; and 'China stealth fighter "copied from parts from downed US jet"', BBC News, 24 January 2011.

13 'China stealth fighter a "masterpiece" of homegrown technology', Daily Telegraph, 25 January 2011; and 'China stealth fighter "copied from parts from downed US jet"', BBC News, 24 January 2011.

14 Gary K. Busch, 'The Chinese Military-Commercial Complex: The Globalisation of the Chinese Military Corporations', unpublished.

15 중국의 무기거래 역사와 현황에 관한 더욱 상세한 자료는 다음을 참조. www.theshadowworld.com.

16 이러한 설명은 2010년 7월 '남미에 관한 워싱턴 사무소(Washington Office on Latin America)'에서 애덤 아이작슨(Adam Isaacson)과 가진 대화 및 스톡홀름국제평화연구소의 《2010년 연감(Yearbook 2010)》을 바탕으로 한다.

17 Sarah Fort, 'Billions in Aid, with No Accountability', Center for Public Integrity, 31 May 2007, http://projects.publicintegrity.org/MilitaryAid//report.aspx?aid=877.

18 파키스탄의 무기거래 역사와 현황에 관한 더욱 상세한 자료는 다음을 참조. www.theshadowworld.com.

19 'India tops weapons purchase table', BBC News, 31 August 2005, http://news.bbc.co.uk/1/hi/world/south_asia/4200812.stm.

20 'Indian defence deals worth $42 billion up for grabs', Times of India, 27 February 2011, http://articles.timesofindia.indiatimes.com/2011-02-27/india/28638182_1_indian-defence-defence-deals-defence-ministry.

21 'India takes a NAM-style route on $11bn fighter contract', Independent, 28 April 2011.

22 국제범죄에 관한 기업책임 분야의 권위자이자 유고슬라비아 국제형사재판소에서 항소담당 검사를 역임한 제임스 스튜어트 교수와의 논의 내용.

23 다음을 참조. A. Feinstein, P. Holden and B. Pace, 'Corruption and the Arms Trade: Sins of Commission', in SIPRI Yearbook 2011 (Oxford: Oxford, 2011).

24 Milton Leitenberg, Deaths in Wars and Conflicts in the 20th Century, Cornell University Peace Studies Program, Occasional Paper #29, 3rd edn, 2006, http://www.google.co.uk/url?sa=t&source=web&cd=6&sqi=2&ved=0CEAQFjAF&url=http%3A%2F%2Fwww.clingendael.nl%2Fpublications%2F2006%2F20060800_cdsp_occ_leitenberg.pdf&rct=j&q=Deaths%20in%20Wars%20and%20Conflicts%20in%20the%2020th%20Century&ei=YH—TePrINKHhQfehMnaBQ&usg=AFQjCNEjijwFGsDhKLoztO2QtsKaRoJhKQ&cad=rja.

무력분쟁과 폭력사태로 인한 사망자 수를 추산하는 일은 물론 어렵다. 전쟁 사망자를 추산하는 방법은 무수히 많기 때문이다. 위와 같은 라이텐버그의 추산에는 전투 중 사망한 군인뿐만 아니라 분쟁으로 피해를 입은 민간인 중 확인된 '간접적 사망자'도 포함된다. 물론 후자의 경우 명확한 정보가 부족하기 때문에 항상 과소 추정된다. 다음을 참조. Keith Krause, Robert Muggah and Achim Wennmann, *Global Burden of Armed Violence*, Geneva Declaration Secretariat, September 2008, http://www.genevadeclaration.org/fileadmin/docs/Global-Burden-of-Armed-Violence-full-report.pdf. 최근의 분쟁에서 간접적 사망자 대 직접적 사망자의 비율은 보수적으로 평균 4 대 1 정도로 추산된다. 간접적 사망자에는 '사람의 결정', 다시 말해 소련의 정치범 수용소나 중국의 '사상교정' 등으로 인한 정치적 사망자 수백만 명도 포함된다. 이 책에서 설명한 근대적 무기거래는 19세기 말에서 20세기 초에 시작된 것으로 보이며, 이와 같은 피해에 상당한 역할을 해왔다.

후기

1 'World military spending levels out after 13 years of increases, says SIPRI', SIPRI, 17 April 2012, http://www.sipri.org/media/pressreleases/17-april-2012-world-military-spending-levels-out-after-13-years-of-increases-says-sipri.
2 Paul Holtom, Mark Bromley, Pieter D. Wezeman and Siemon T Wezeman, 'Trends in international arms transfers', SIPRI, March 2012, http://books.sipri.org/product_info?c_product_id=443.
3 'Greek military spending criticized', Al Jazeera English, 13 May 2010.
4 'Corruption case hits hard in a tough time for Greece', *New York Times*, 2 May 2012.
5 Samuel Rubenfeld, 'Ferrostaal shareholders approve EUR 149 million fine in bribery case', *Wall Street Journal*, 14 October 2011.
6 Karin Matussek, 'Ferrostaal fined $ 183 million by court at ex-managers' trial'. *Bloomberg*, 20 December 2011.
7 'Ferrostaal: Final Report, Compliance Investigation', Devoise & Plimpton LLP, 13 April 2011. 내부 보고서의 일부는 다음 주소에서 다운받을 수 있다. http://www.wikigreeks.org/sites/default/fi les/pdfs/Ferrostal.pdf.
8 Ibid.
9 Ibid.
10 Daniel Msangya, 'BoT receives more than Sh72bn BAE settlement', *The Citizen*, 12 April 2012.
11 Marc Nkwame, 'Tanzania: "No local was involved in BAE radar scandal," says official', *All Africa*, 31 March 2012, http://allafrica.com/stories/201204010038.html.
12 Boris Groendahl, 'Ex-Bae lobbyist charged with money laundering In Austria', Bloomberg, 22 June 2012.
13 Simon Henderson, 'The prince and the revolution', *Foreign Policy*, 24 July 2012.
14 Steve Coll, *Ghost Wars* (London: Penguin Books, 2004), p. 399.
15 Trevor Mostyn, 'Crown Prince Sultan bin Abdul-Aziz obituary', *Guardian*, 23 October 2011.
16 Angus McDowall, 'Saudi appoints Prince Salman as crown prince', Reuters, 18 June 2012.
17 Frederika Whitehead, 'Block on SFO Saudi "arms" probe tarnished UK', Exaro News, 24 April 2012.
18 Frederika Whitehead, Mark Watts, Guy Eaton and Susan Cooke, 'MoD knew of

Cayman payments in Saudi defence deal', Exaro News, 18 May 2012.

19 Frederika Whitehead, 'How MoD approved "agency fees" in Sangcom deal', Exaro News, 26 June 2012.

20 Frederika Whitehead, 'Auditors "failed to stop £ 14.5m bribes in Sangcom project"', Exaro News, 30 May 2012; 이언 폭슬리와의 대화.

21 Frederika Whitehead, 'SFO faces pressure over £ 2 bn UK–Saudi defence deal', Exaro News, 30 May 2012.

22 House of Commons, Business, Innovation and Skills, Defence, Foreign Affairs and International Development Committees, 'Scrutiny of arms export controls 2012', 13 July 2012, pp. 148–50, http://www.publications.parliament.uk/pa/cm201213/cmselect/cmquad/419/419ii.pdf.

23 'EU cuts Zimbabwe targeted sanctions by one-third', Associated Press/Boston.com, 17 February 2012.

24 Press release: 'Council of the European Union removes John Bredenkamp and his companies from sanctions list', Carter-Ruck Solicitors, 17 February 2012, http://www.carter-ruck.com/Documents//Press_Release-John_Bredenkamp-170212.pdf.

25 'Specially designated nationals and blocked persons', Office of Foreign Assets Control, 24 July 2012, http://www.treasury.gov/ofac/downloads/t11sdn.pdf.

26 T. Crawford-Browne, Affidavit in the Matter of Terry Crawford-Browne and the President of the Republic of South Africa and the Government of the Republic of South Africa in the Constitutional Court of South Africa, http://www.politicsweb.co.za/politicsweb/view/politicsweb/en/page71639?oid=293835&sn=Detail&pid=71639.

27 'Zuma appoints inquiry into arms deal', Times Live, 15 September 2011.

28 'Youth want arms deal probe to resume', Business Day, 25 August 2011.

29 Judgment in the matter of the Democratic Alliance and others and The Action National Director of Public Prosecutions and others in the Supreme Court of South Africa, Case Number 288 / 11, 20 March 2012.

30 'DA seeks to punish NPA for Zuma's corruption documents', Mail & Guardian, 18 July 2012, and ' "Spy Tapes" debacle heads back to court', Times Live, 19 July 2012.

31 'The arms deal: secrecy clause invoked', Financial Mail, 11 June 2012.

32 'Information bill threatens arms deal probe', The Star, 11 May 2012. 공식 명칭은 '국가정보보호법'으로, 탐사보도 및 투명성을 위축시킬 수 있다는 우려로 '비밀주의법'이라는 별명이 붙었다.

33 'Inside South Africa's illegal helicopter smuggling operation', Sunday Times, 11 March 2012.

34 'Iran arms embargo query for SA firm', Business Day, 28 March 2012.

35 'Inside South Africa's illegal helicopter smuggling operation', Sunday Times, 11 March 2012.

36 'The spy who came in from the cold', Sunday Times, 11 March 2012.

37 'Sunday Times transcript of recording of meeting held on 17 February 2011 between Barry Oberholzer, Raisaka Masebelanga, Jo Mboweni and Prudence "Gugu" Mtshali', www.fraudabc.com.

38 'Iran helicopter stink grows', Sunday Times, 5 August 2012.

39 Ibid.

40 Complaint in the Demand for Jury Trial, Turkcell Ileti Im Hizmetleri A.S. vs. MTN Group Ltd, United States District Court of Columbia, No. 12 CV 00479, 28 March 2012.

41 'MTN's cash, weapons and diplomatic ties in Iran', *Mail & Guardian*, 30 March 2012; Complaint in the Demand for Jury Trial, Turkcell Ileti Im Hizmetleri A.S. vs. MTN Group Ltd, United States District Court of Columbia, No. 12 CV 00479, 28 March 2012.

42 'Sarkis G. Soghanalian, arms dealer dubbed "merchant of death," dies at 82', *Washington Post*, 11 October 2011.

43 'Charles Taylor sentenced to 50 years in prison for war crimes', *Guardian*, 30 May 2012.

44 'The charges against Charles Taylor', BBC News Africa, 8 February 2011; 시에라리온 특별법정 웹사이트에서 판결문 전문을 볼 수 있다. 다음을 참조. Judgment in the matter of Prosecutor v. Charles Ghankay Taylor, Case No: SCSL-03-01-T, Special Court for Sierra Leone, 18 May 2012, http://www.sc-sl.org/LinkClick.aspx?fileticket=k%2b03K REEPCQ%3d&tabid=107.

45 Sentencing Judgment in the matter of Prosecutor v. Charles Ghankay Taylor, Case No: SCL-03-01-T, Special Court for Sierra Leone, 30 May 2012, Para 70, http://www.sc-sl.org/LinkClick.aspx?fileticket=U6xCITNg4tY%3d&tabid=107.

46 'Liberia ex-leader Charles Taylor gets 50 years in jail', *BBC News Africa*, 30 May 2012.

47 'Liberia's Taylor to be called witness in arms case', Reuters, 1 February 2011.

48 'Disarming Viktor Bout', *The New Yorker*, 5 March 2012.

49 Judgment in a Criminal Case, United States of America v. Viktor Bout, United States District Court: Southern District of New York, Case 1: 08-cr-000365-SAS (document 94), p. 1.

50 'Viktor Bout sentenced to 25 years in prison', *Guardian*, 5 April 2012.

51 'Viktor Bout partner Smulian gets five years for arms deal', Bloomberg, 5 May 2012.

52 'Viktor Bout's legal battle takes Bangkok bounce', RT, 23 July 2012.

53 'Viktor Bout: closer to home', The Voice of Russia, 6 July 2012.

54 'Russia condemns US sentence for arms dealer Viktor Bout', *Guardian*, 6 April 2012.

55 'Kremlin to Viktor Bout: game not over', *Voice of America*, 25 April 2012.

56 'Rwanda military aiding DRC mutiny, report says', *BBC News Africa*, 4 June 2012.

57 'Rwanda and the DRC: why Washington lost patience', *Guardian*, 1 August 2012. See also 'Guilt blinds some to faults of Rwanda', *Irish Times*, 4 August 2012.

58 'Sudan and South Sudan end oil dispute', *Financial Times*, 4 August 2012.

59 'Govt authorities must end its crackdown on demonstrators and activists – Amnesty International', Amnesty International press release, 4 August 2012. See also 'Sudan protestors killed with automatic rifle ammunition – Amnesty', Reuters, 3 August 2012.

60 'Recent violence in Darfur reminder that conflict is not over', *The International*, 29 July 2012.

61 'The Libyan elections were another step towards stability', *Guardian*, 11 July 2012.

62 'Looted Libyan arms fl ooding into Gaza', *Daily Telegraph*, 23 August 2011.

63 'Alarm over smuggled Libyan arms', *Wall Street Journal*, 12 November 2011.

64 'Libya weapons aid Tuareg rebellion in Mali', *Los Angeles Times*, 12 June 2012.

65 'Libya's abandoned weapons serious threat to civilians', *Middle East Online*, 2 August 2012.

66 Colin Freeman, 'How Britain courted, armed and trained a Libyan monster', *Daily Telegraph*, 25 September 2011.

67 Colin Freeman and Patrick Sawer, 'UK promoted sale of sniper rifles to Gaddafi just

weeks before uprising began', *Daily Telegraph*, 10 September 2011.

68 Jerome Taylor, 'British delegation will visit Libya in eff ort to kick-start arms deals', *Independent*, 5 November 2011.

69 'Egypt's military ruler orders Parliament dissolved', Reuters, 16 June 2012.

70 'Syria Profile', BBC News, 30 July 2012; '"Defected Syria security agent" speaks out', Al Jazeera, 8 June 2011.

71 Margaret Coker and Joe Lauria, 'U.N. condemns Syria's campaign', *Wall Street Journal*, 3 August 2012; Louis Charbonneau, 'U.N. alarmed at rising death toll in Syria, Homs situation', Reuters, 19 June 2012.

72 'Iran "sending arms to Syria despite ban"', Al Jazeera, 17 May 2012.

73 Jo Adetunji, 'Russian arms dealer sends missile defence systems to Syria', *Guardian*, 16 June 2012.

74 Ian Black and Severin Carrell, 'Russian arms shipment bound for Syria foiled by Britain's insurers', *Guardian*, 19 June 2012.

75 Eric Schmitt, 'C.I.A. said to aid in steering arms to Syrian opposition', *The New York Times*, 21 June 2012.

76 앙골라-러시아 합의에 관한 아래 설명은 다음 책에서 가져온 것이다. A. Feinstein and P. Holden, The Den of Thieves: The Corrupt Russian–Angolan Debt Deal (Corruption Watch: forthcoming). 필자가 참조한 2013년 2월 기준의 상세 보고서는 다음에서 확인할 수 있다. http://www.corruptionwatch-uk.org/about/.

77 Founding Affidavit in the Claim of Vitaly Malkin and Pierre Falcone Against Arkadi Gaydamak, Global Alpha Star Fund, Premium Fund, Doxa Fund and the Mathanel Fund, Regional Court of Jerusalem, Case No: 11 C 81857, para. 105.

78 'Sarko facing money laundering charges', IOL News, 15 May 2012.

79 Jonathan Manthorpe, 'French judges begin bribery probe', *Vancouver Sun*, 7 May 2012.

80 BBC News, 12/3/2012 , 'Albania jails offi cials over Gerdec arms-dump blast', BBC News, 12 March 2012; Bernet Koleka, 'Albanian court jails 18 over deadly explosion', Reuters, 12 March 2012.

81 'Fla. arms dealer seeks new trial in fraud case', CBS Tampa, 21 January 2012.

82 U.S. v Merrill, Case No. 11-11432 (C.A. 11, Jun. 27, 2012), http://judicialview.com/index.php?m_menu=199&curpost=558122&type=2.

83 C. M. Matthews, 'Government drops high-profile FCPA sting case', *Wall Street Journal*, 21 February 2012; 'A guest post from the Africa sting jury foreman', FCPA Professor, 6 February 2012.

84 C. M. Matthews, 'Cooperator gets 18 months in complicated bribery case', *Wall Street Journal*, 31 July 2012.

85 Mattea Kramer, 'Spinning ourselves into a defi cit panic' *Tomgram*, 17 July 2012.

86 Winslow Wheeler, 'The jet that ate the Pentagon', *Foreign Policy*, 27 April 2012.

87 Anna Meier and Suzanne Dershowitz, 'Road show with senators, brought to you by Pentagon contractors', POGO, 31 July 2012.

88 'Ex Lockheed lobbyist now in key defense oversight role', POGO, 26 July 2012.

89 'No US troops, but an army of contractors in Iraq', *NPR*, 27 December 2011, and 'The US departure from Iraq is an illusion', *Guardian*, 25 October 2011.

90 According to the National Priorities 'Cost of War' Project, www.costofwar.com.

91 'Obama admin helps undermine U.N. arms treaty talks while touting record-high weapons sales abroad', *Democracy Now*, 2 August 2012.

찾아보기

ㄱ

가디너, 피터 154, 155, 157, 216

가봉 524~526

가이다막, 아르카디 33, 555, 647~649,
    719, 750, 752~757

가자지구 541, 558, 559, 561~563, 677,
    680, 724, 748

가젤 헬리콥터 573, 622

간디, 라지브 339, 340

갈릭, 헬렌 30, 33, 216, 221, 224, 226,
    227, 234, 235, 249, 355

갤러웨이, 조지 148, 149, 762

갤럭시 그룹 191

갤럭시 군용기 → C-5A 갤럭시

걸프스트림 전투기 299, 301, 441

검은 9월단 254, 255

게르데츠 5, 503, 505, 506, 508, 510,
    511, 682, 722~724, 758, 765

게이, 로베르 270, 690, 691

게이츠, 로버트 436, 483, 484,
    488~490, 496, 498, 532~534

겔렌, 라인하르트 70~74, 79

겔렌 조직 71~73

고다마 요시오 32, 33, 393, 394, 401

고르바니파르, 마누체르 32, 33, 545~48

고르바초프, 미하일 118, 119, 642

골드스미스, 피터 218, 221, 227, 228,
    234~236

공공청렴센터 423, 448, 531, 578

공중조기경보통제기(AWACS) 110~112,
    114~116

과테말라 75, 208, 255, 361

관타나모 수용소 260, 589

괴벨스, 요제프 74

9·11 테러 19, 24, 145, 201, 205, 252,
    254, 371, 373, 426, 436, 437, 439,
    444, 447, 450, 452, 477, 488, 495,
    496, 498, 540, 583, 584, 590, 729,
    731, 733

국가감사원(NAO) 217, 218

국방분석연구소(IDA) 457~459

국제 공조 수사 216, 285, 524, 704

국제민간항공기구(ICAO) 295, 296

국제부패방지 및 좋은 거버넌스법 514

국제앰네스티 250

국제연맹 규약 55

국제투명성기구 248, 711, 712

국제형사재판소 674

군비 지출 9, 14, 35, 38, 52, 95, 277,
    339, 360, 363, 374, 375, 377,
    390~392, 407, 420, 426, 428, 431,
    435, 436, 438, 483, 484, 529, 530,
    533, 534, 655, 732, 737, 759

군사개혁운동 414, 415

군산복합체 40, 59, 61, 360, 362, 374,
    377, 379, 444, 449

군산정복합체 363, 375, 384, 385, 387,
    388, 407, 420, 421, 433, 444~446,
    450, 458, 460, 467, 482~484, 487,

496, 515, 532, 536, 585, 615, 714,
715, 717, 727, 734, 759, 764
그래슬리, 척 417~419, 465
그레이마켓 36, 37, 726, 727
그로스, 로버트 376, 377, 396
그리펜 전투기 278, 279, 287, 308~310,
319, 335, 339, 704, 705
그리펜인터내셔널 329, 331
그리피스, 휴 504, 763
그바그보, 로랑 689, 690~693
글렌, 존 103, 112,
글로벌위트니스 212, 250
깅리치, 뉴트 428, 430, 470, 471

ㄴ

나미비아 630, 641
나세르, 가말 압델 73, 74, 79, 676, 677
나수르, 아지즈 207~209, 212
나이, 제럴드 56, 57
나이 위원회 56, 57
나이지리아 79, 181, 188, 213, 214, 216,
511, 514, 517, 525
나치, 네오나치 25, 44, 58, 60, 70~87,
122, 126, 376, 555
NATO 42, 59, 76, 110, 137, 209, 309,
430~433, 446, 461, 501, 545, 566,
682, 688
남미 159, 259, 376, 492, 729, 730, 732
남서아프리카인민기구(SWAPO) 641,
642
남아프리카공화국 17, 31, 38, 116, 129,
141, 202, 275, 277, 344, 511, 538,
620, 761, 762, 764, 765
남아프리카공화국 국가방위군 289, 290,

351
남예멘 103, 141~43
납주물 작전 559
냉전 10, 37, 42, 59, 85, 121, 127, 138,
260, 360, 363, 369, 377, 393, 424,
426, 428, 434, 435, 446, 487, 500,
571, 572, 597, 615, 627, 635, 639,
641, 645, 654, 655, 666, 745
네덜란드 17, 24, 36, 72, 209, 251, 264,
265, 267, 269, 395, 396, 399, 402,
525, 703, 718, 746, 761
네타냐후, 베냐민 553, 563, 564, 647
노동당(영국) 57, 64, 147, 713
노르덴펠트 51, 52
노르웨이 492
노벨, 알프레드 50, 338
노스, 올리버 85, 86, 116, 418, 426,
546, 547, 570, 715
노스롭그루먼 43, 64~66, 105, 376,
396, 399, 400, 424, 434, 439, 453,
462, 466, 467, 490, 495, 496, 529,
590, 591
누라 공주 155~157
니르, 아미람 546~548
니카라과 85, 86, 113~15, 208, 257,
476, 545, 571, 658
닉슨, 리처드 145, 363, 364, 380, 382,
394, 398, 401~403, 442, 541
닐, 테일러 136, 184

ㄷ

다나카 가쿠에이 394, 401
다르위시, 알리 207, 208
다르푸르 42, 665, 667~670, 672, 673,

675, 683, 721 748

다리우스 521, 522

다소 64, 432, 573

다소, 마르셀 29, 33, 60

다연장로켓시스템(MLRS) 559, 560, 589

다이아몬드 16, 24~26, 28, 36, 44, 114,
　　136, 177~215, 250, 271, 393, 555,
　　626, 634, 639, 644, 645, 647, 650,
　　651, 691, 702

대라이베리아 182, 189

대량살상무기(WMD) 23, 35, 139, 567,
　　601, 602

대만 375, 492, 709

대외 군사차관 542

대인지뢰행동 561

대전차 미사일 194, 622, 687

대전차 로켓 77, 203

대처, 마거릿 41, 61, 91, 92, 94, 97,
　　98, 117, 119, 120, 146, 163, 164,
　　166~169, 229, 713

대처, 마크 164~168, 229, 710, 711

댈러스 카우보이스 23, 101, 157, 175

더턴, 프레더릭 104, 106, 108, 111

데르 호세피안, 조 30, 33, 44, 89,
　　122~124, 126~133, 140~144, 177,
　　187, 202, 250, 597, 598, 699, 729,
　　750, 764

델리요르그지, 미할 500~505, 722

도, 새뮤얼 캐니언 178~181, 210

도노프리오, 로저 184~187, 189, 206,
　　703

도스 산토스, 조제 에두아르도 15~17,
　　643, 645, 647~650, 719, 753, 754

도이치, 존 427~429

도이치메렉스 124, 126, 133

독일 12, 36, 41, 42, 44, 50, 52, 58,

70~86, 122, 123, 126, 127, 129,
　　131~134, 187, 190, 231, 278, 290,
　　291, 294, 350, 359, 376, 394, 395,
　　492, 542, 569, 573, 615, 683, 684,
　　687, 725, 737, 738, 761, 763

되르펠, 게르하르트 131, 132

두르다이, 에리손 32, 33, 507, 509, 510,
　　695, 723

두르다이, 페루잔 506, 507, 509, 723,
　　765

두바이 256, 342, 520, 522, 593, 678,
　　730

뒤프베르마르크, 요아킴 312, 319

드 데커, 로니 644, 645

드 데커, 조 644, 645

드 릴, 패트리샤 350, 764

드루이언, 달린 32, 454, 455~457,
　　458~463, 481, 482, 714

디버롤리, 이프라임 7, 32, 499~501,
　　503~506, 714, 722~724, 758

디브란츠, 야니스 658

딕스, 노먼 457, 458

딥워터 495, 496

ㄹ

라만 왕자, 압둘 63, 66

라브로프, 세르게이 262, 747

라비 전투기 553

라시디, 이드리사 302, 304

라우린, 프레드리크 312, 764

라이베리아애국전선(NPFL) 179~184,
　　188, 211, 212, 264, 266, 683

라이스, 수전 664

라이스, 콘돌리자 561

라이시, 로버트 528

라이트닝 전투기 64~67, 93, 104

라트비아 658, 659

라프산자니, 알리 아크바르 하셰미 545,
　671

랜던, 티모시 307, 317~320

램, 노먼 296, 298, 302~304

러시아 15, 16, 24, 36, 41, 42, 50, 52,
　62, 72, 119, 138, 139, 190~192,
　200, 201, 205, 253, 256, 259~264,
　318, 320, 362, 369, 382, 493,
　539, 551~553, 641, 647, 649, 661,
　672~674, 679, 683~685, 687, 725,
　729, 731~733, 747, 749~757

럼스펠드, 도널드 402, 431, 434, 435,
　441~446, 448, 453, 457, 459, 464,
　465, 527, 531, 574~576, 582, 603,
　715

럼스펠드위원회 442, 443

레드다이아몬드 트레이딩 159, 160, 217,
　286, 299, 304, 317, 318, 320, 336,
　705, 706

레바논 44, 109, 112, 113, 122,
　128~131, 141, 169, 170, 207, 253,
　493, 541, 544~547, 549, 551,
　557~563, 571, 603, 650, 710, 720

레스터, 마이클 219, 224

레오파드 전차 123, 124, 126

레이, 데이비드 150~152, 154, 155, 158,
　159, 216, 244, 299, 763

레이건, 로널드 85, 95, 105, 106,
　110~114, 116~119, 165, 186, 386,
　387, 406~449, 470, 480, 481, 528,
　538, 545, 547, 548, 562, 570, 574,
　640, 641

레이시온 163, 535, 600, 716

레이저, 디나 408~410, 763

레크레이트너, 패트릭 520, 521

〈로드 오브 워〉 250

로블레다, 페르난도 192, 193, 199, 270

로슈, 제임스 452, 453, 456~458,
　462~464

로스틴, 애럼 601, 763

로열오디넌스 61, 149, 160

로이드 TSB 159, 161, 714

로이드 조지, 데이비드 52, 53, 55, 57

로커비 항공기 폭파사건 684, 686

로켓추진수류탄(RPG) 발사기 194, 211,
　255, 266, 594, 598, 620, 624, 635,
　659, 662, 692

록히드마틴 18, 40, 43, 44, 59, 64~66,
　124, 310, 335, 368, 376~384,
　388, 393~402, 404, 407~413,
　426~435, 439, 441, 443, 452, 459,
　460, 464, 466, 484~497, 513, 516,
　529, 530, 535, 536, 558~560, 564,
　566~568, 587, 589~591, 615, 679,
　680, 711, 715, 716, 726~728, 759,
　764

롤스로이스 61, 91, 148, 156, 229, 393,
　394, 478, 680

롱, 데이비드 104, 108

롱, 러셀 106, 107

롱웨인, 파나 13, 279, 287~290, 351,
　352, 707

루마니아 159, 217, 257, 258, 332, 430,
　492~494, 598, 692

루뭄바, 파트리스 626, 627

루이스, 제리 485, 487

루이스, 찰스 423, 531, 532, 578

루스벨트, 프랭클린 106, 145, 359, 399,
　442

루프라, 산지반 196, 197, 203~205, 211, 252

르완다 202, 501, 564, 615~625, 628~631, 634~638, 746, 747

르완다애국전선(RPF) 617~619, 621~623, 625, 628, 629

리버스, L. 멘델 378, 382, 383

리비, 스쿠터 574, 715

리비아 42, 52, 81, 95, 128, 168, 170, 180, 185, 186, 206, 525, 571, 616, 630, 636, 646, 663, 667~669, 675, 682~689, 693, 703, 717, 722, 731, 746, 748, 749

리히텐슈타인 290, 318, 337, 547, 704

릭스은행 24, 145, 146, 162, 392, 554, 714

ㅁ

마글리오케티, 폴 364, 365

마노홀딩스 317, 705

마르코스, 페르디난드 160, 698

마르크스주의 640, 641

마르티노빅, 요조 130, 132

마약과의 전쟁 254, 731

마약밀수 191, 351, 491

마이마이 630, 637, 638

마체가, 로렌초 127, 128, 130~132, 136, 139, 140

마틴마리에타 426, 428, 429

마펠리, 월터 270~272

마피아 98, 140, 185, 187, 190, 191, 500, 505

만델라, 넬슨 142, 277, 279, 291, 641, 702, 707

만바르, 나훔 548~551

말레이시아 230, 709, 757

매케인, 존 450, 452, 453, 455, 456, 463, 465, 466, 489

매코넬, 미치 717, 718

맥도널더글라스 105, 362, 410, 459, 571

맥팔레인, 로버트 113~116

맨섬 624

머사, 로버트 C. 365, 366

머사, 존 31, 33, 363~368, 374, 378, 454, 476, 480, 481, 485, 487, 717

멀린인터내셔널 299, 300, 304

메디우, 파트미르 502, 504, 722

메렉스 29, 30, 44, 70, 75~81, 83~87, 89, 121~29, 131, 133, 134, 136, 141, 145, 177, 184, 187, 189, 202, 215, 250, 251, 260, 392, 395, 426, 584, 597, 598, 615, 700, 745, 762

메르틴스, 게르하르트 29, 72~87, 122~126, 131~133, 187, 395, 597, 598

메르틴스, 요에르크 토마스 124, 126, 133, 700

메르틴스, 헬무트 86, 126, 133, 598, 599, 700

메릴, 랄프 499, 500, 724, 758

메이니어, 데이비드 350, 352

메이저, 존 97, 217, 279, 422, 713

메이코(MEICO) 500~503

멕시코 145, 156, 179, 539, 724, 729, 731

멘스도르프-포윌리 백작, 알폰스 12, 31, 33, 306~308, 314~21, 328, 330~332, 335~38, 345, 347, 354, 355, 703~705, 738, 739, 764

멜만, 요시 554, 557

모가디슈 653, 656, 662, 724

모디세, 조 278~281, 284, 285, 287, 289, 707

모로코 116, 492, 709

모부투 세세 세코 207, 208, 571, 617, 627~629, 638, 650, 651

모사드 79, 537, 548, 550, 551

모하메드 왕자 65, 149, 151, 169

몬로비아 26, 177, 180~182, 188, 193, 207, 210, 211, 214, 595, 702

몰도바 252, 652

뫼저, 프레드 395, 396

무가베, 로버트 15, 288, 555, 632~635, 693, 718

무기거래반대운동(CAAT) 56, 239~241, 244, 269, 303, 354, 517, 710, 741, 743

무기거래조약(ATT) 733, 734, 760

무기금수조치 36, 76, 85, 86, 127, 129, 130, 136, 137, 141, 184, 189, 254, 272, 288, 538, 581, 582, 595, 600, 620, 623, 624, 637, 638, 643, 644, 647, 649, 650, 653, 656~660, 672~674, 683~686, 688, 691, 692, 710, 748

무기수출통제법 402, 414, 583, 704

무기획득위원회 279, 281

무바라크, 가말 677, 678

무바라크, 호스니 42, 108, 676~681, 722

무세베니, 요웨리 617, 629, 630

무어비, 데니스 앤서니 187, 189

미국 국방부 31, 61, 62, 71, 87, 110, 310, 389, 426, 439, 504, 522, 553, 563, 564, 588, 597, 603, 723

미국 국방정책위원회 448, 455

미국 국제개발처(USAID) 498, 597, 607, 699

미국 국토안보부 434, 437, 438, 445, 496, 519, 522~524, 607

미국 마약단속국 254~259, 263, 264, 519

미국 의회예산처 450, 584~86

미국 이민관세국(ICE) 519~521, 523

미국 증권거래위원회(SEC) 380, 400, 403~406, 414, 422, 511~514, 516, 517, 698

미국 해외자산통제사무소(OFAC) 288, 634, 741

미국 회계감사원(GAO) 381, 406, 411, 413, 451, 466, 530, 570, 577, 587, 596, 597

미국-이스라엘 공공문제위원회(AIPAC) 104, 542

미군 아프리카사령부 616

미군 현장활동사령부(USAFAC) 83, 84

미그 전투기 201, 468, 470, 673

미닌, 레오니드 24~26, 28, 30, 33, 42, 61, 189~200, 204, 205, 207, 209, 211, 212, 270~272, 555, 602, 691, 703

미드, 스티브 309, 313, 321~325, 328, 501, 739

미라주 전투기 60, 91~93, 432, 573

미사일 방어 412, 428, 440, 442, 443, 460, 492~494

미테랑, 장-크리스토프 33, 621, 646, 648

미테랑, 프랑수아 92, 646, 649

미호풀로스, 페트로스 324, 325, 327

민간 병참지원사업(LOGCAP) 440, 577, 578, 580, 584, 594

민간 경비업체 580, 581
밀란 대전차미사일 622, 687
밀러, 차노크 659~661
밀텍스 600, 601

ㅂ

바, 이브라힘 184, 186
바그다드 571, 573, 576, 583, 592, 593,
    595, 602, 603
바딥, 아흐메드 124~126
바레, 모하메드 시아드 654, 655, 657,
    659, 661
바레인 342, 710, 717, 741
바방기다, 이브라힘 188
바비, 클라우스 80, 81
바세비치, 앤드루 375, 437
바세스쿠, 트라이언 494
바우슈, 헤라르트 79, 81
바이든, 조 18
바이런, 베벌리 470, 471
바클레이은행 177, 295, 296, 298, 302,
    714
박동선 83
반다르 빈 술탄 빈 압둘 아지즈
    알-사우드 왕자 19, 20, 23~25, 29,
    33, 63, 85, 91, 92, 96~119, 124,
    125, 127, 145, 146, 149, 157, 162,
    163, 166, 167, 171~176, 216, 217,
    228, 233, 240, 241, 243, 247, 370,
    425, 566, 709, 710, 713, 716, 739
발라뒤르, 에두아르 646, 720, 757
발칸반도 52, 127, 134, 139, 189, 202,
    658
방글라데시 729

배스, 제임스 421
배큠 중성자탄 139
밴스, 사이러스 108
벨루렉스 317~320, 322, 323, 329, 330,
    705
버그먼, 로넨 537, 544, 546, 548, 763
버그먼, 로웰 174, 175, 763
버드, 로버트 568
버마 42
버진아일랜드 146, 159~162, 287, 304,
    317, 318, 336, 337
베긴, 메나헴 109, 111
베네수엘라 75, 76, 256, 731
베디에, 앙리 코낭 690
베레타 499, 595, 596
베르네커, 요제프 330, 331
베른하르트 왕자 396, 399, 402
베른하르트 작전 90
베를루스코니, 실비오 216
베를린장벽 121, 200, 645, 646
베리샤, 살리 502~504, 722
베셸, 게르하르트 70, 71
베이루트 128, 128, 170, 520, 730
베이커 3세, 제임스 112, 420, 422, 426
베트남 439, 470, 493
베트남전쟁 83, 363, 364, 371, 387, 424,
    467, 468, 493, 577, 579
벤 알리, 지네 엘 아비딘 675
벨, 티모시 229
벨기에 72, 191, 202, 205, 208, 209,
    251, 252, 616, 622, 626, 627, 649
벨라루스 672, 685, 692, 693
벨라우, 헨리크 339
보스니아 127, 138, 139, 202, 246, 254,
    499, 594, 660
보스퍼 소니크로프트 148, 149

보어전쟁 52

보이드, 존 R. 385, 386, 387, 414, 417~419

보잉 43, 105, 110, 156, 162, 262, 310, 362, 376, 378, 379, 410, 428, 430, 441, 450~467, 488, 491, 492, 494, 529, 540, 558, 563, 583, 679, 680, 715, 716

보카리, 샘 26, 206, 207

보커 주니어, 존 R. 70, 71

보포스 307, 338~342, 355, 423, 732

볼리비아 52, 81, 525, 646, 731

볼턴-리, 아누스카 155

부르키나파소 179, 181, 194, 196, 690

부시 가문 420, 421

부시, 젭 431, 574

부시, 조녀선 24

부시, 조지 H. W. 85, 112, 115, 371, 407, 414, 420, 422, 425, 427, 466, 547, 569, 573

부시, 조지 W. 23, 40, 145, 420~423, 431, 433, 434, 441, 443, 445, 449, 480, 531, 563, 573~575, 578, 585, 648, 715

부아지지, 모하메드 675

부트, 빅토르 30, 42, 200~205, 211, 212, 250~264, 269, 519, 527, 592~595, 626, 632, 634, 635, 649, 651, 652, 702, 703, 746, 747

북한 42, 441~443, 599, 733

불가리아 187, 188, 202, 208, 257, 581, 600, 601, 624, 635, 692, 765

뷰캐넌항 210, 211, 264~266, 268

브라운, 고든 297, 713

브라운, 마이클 255

브라운, 스티븐 200, 570

브라질 254, 492, 539, 639, 730, 731, 733

브래들리 장갑차 423, 424, 585, 589

브레덴캄프, 존 15, 31, 287~290, 626, 632~635, 718, 741

브레머 3세, 폴 580, 582

브로건, D. W. 359

브로드먼비즈니스 317, 318, 320

브리티시에어로스페이스 61

VMRC 599

V-22 430, 431

블랙워터/지서비스 43, 466, 518, 580, 582~584, 715

블랙웰, 미키 490

블랙호크 93, 149, 423, 679

블러드스톤 작전 252

블레어, 토니 23, 41, 168, 220, 229, 232~234, 237~240, 242, 279, 294, 296, 310, 346, 566, 713, 714, 749

블루먼솔, 시드니 582

블루플래닛 318, 320

비세스 협정 645

비스트롱, 리처드 525~527, 759

비슬라니, 세일리시 295, 299~302, 304, 348, 349, 353

BAC 25, 26, 61, 63, 65~67, 69, 98,

BAE 12~15, 20, 23~25, 29, 41, 43, 44, 47, 50, 61, 62, 91, 93~98, 146, 148~162, 164, 166~168, 170~174, 216~222, 224~232, 237, 238, 241, 243~246, 248, 275, 277~323, 325~339, 341~355, 376, 405, 422, 423, 432, 441, 490, 514, 516~518, 525, 589, 590, 591, 615, 626, 633, 636, 680, 687, 688, 703~707, 711~714, 717, 718, 721, 722, 725,

726, 728, 738, 739, 740, 741

BND 71, 72, 84, 123

BNL 188, 569, 570

B1 폭격기 389, 387

비커스 52, 55~61

비커스-암스트롱 55, 60, 61

BKSH 601, 602

BP 91, 93, 94, 686

빈라덴 가문 420, 421, 426

빈라덴, 살렘 421

빈라덴, 샤피크 426

빈라덴, 오사마 125, 202, 206, 373, 421,
    610, 664, 731

빈넬 424, 425

빌레탈호 76, 77

빌름즈, 린다 586, 607, 608, 611

ㅅ
───────────

사납 287, 352

사다트, 안와르 80, 107, 109, 676

사르코지, 니콜라 686, 720, 721, 757

사베인옥슬리법 514

사브 41, 139, 278~287, 290, 292, 309,
    311, 327~331, 333, 335, 337~339,
    342, 352, 432, 596, 706, 707, 718

사빔비, 조나스 116, 640~643, 650~652

사이드, 와픽 29, 162~171, 228, 307,
    710

사이드경영대학원 168, 169

사이드재단 168

사이밍턴, 스튜어트 77, 362

사크(SAC) 501, 502

사파디, 모하메드 162, 169~171, 228,
    710

사파디그룹 170

사회주의제국당(SRP) 72, 73

살렘, 후세인 677, 678

상카라, 토머스 179

상코, 포다이 25, 26, 180

새로운 미국의 세기를 위한
    프로젝트(PNAC) 431, 435, 436,
    566, 567, 574, 575

샌드라인인터내셔널 581

샌슨, 알렉스 167

샌토럼, 릭 603

샘버, 마빈 456, 460, 463

샘슨, 앤서니 50, 401

샤 국왕 65, 521, 543, 569

샤론, 아리엘 545, 553

샤르자 201, 204

샤이엔 382, 383

샤이엔 헬리콥터 382

샤이크, 모 708

샤이크, 샤비르 31, 290, 292, 351, 708

샤이크, 샤민 '치피' 31, 279, 284, 288,
    290~292, 350, 351, 708

샤퍼, 파울 82, 83

샤프, 존 153, 158

샤피로, 앤드루 716

서아프리카경제공동체
    감시단(ECOMOG) 181, 188

서아프리카경제공동체(ECOWAS) 181

서안지구 541, 564

석유 16, 36, 40, 62, 83, 91, 93~96,
    101, 103, 104, 108, 119, 146, 147,
    171~175, 185, 190, 191, 228, 231,
    234, 261, 307, 372, 398, 421, 435,
    574, 593, 608, 634, 638, 639, 643,
    646, 647, 666, 668, 669, 671, 672,
    674, 675, 683, 685, 686, 717, 748,

752, 753

세계무역기구(WTO) 282, 467

세계무역센터 373, 575

세계은행 295, 296, 677

세모프, 바딤 192, 193

세이퍼월드 732

셰데르, 토마스 342, 343, 764

셰익스피어 작전 521, 522

솅겐조약 190, 354

소가나리안, 사르키스 571, 572, 745

소더버그, 낸시 525

소마이야, 타닐 299~301, 304, 353

소말리아 253, 254, 613, 653~667, 669, 672, 724

소머 주니어, A. A. 404

소보트카, 프르제미슬 311

소프레미(SOFREMI) 646

쇼, 조지 버나드 49

쇼크로스 협의 223, 224, 227, 230, 240

쇼트, 클레어 295~298

수단 42, 202, 501, 616, 630, 661, 665~675, 721, 729, 747, 748

수하르토, 하지 모하마드 397, 402

수호이 코퍼레이션 138

슈나이더-크뢰소 52

슈미츠, 조지프 464~466, 583

슈미츠보고서 464, 465

슈벤트, 프리츠 80, 81

슈워츠, 찰스 426

슈코르체니, 오토 73, 74, 80

슈트덴트, 쿠르트 72

슈트라우스, 프란츠 요제프 124, 395

슈퍼비전인터내셔널 595, 596

슐츠, 조지 412

스리랑카 724, 729, 730

스물리언, 앤드루 255~257, 259, 703,

746

스미스, 로저 396, 397

스벤스카 340, 341

스보보다, 이보 313, 320, 331

스와질란드 204

스웨덴 36, 41, 45, 50, 51, 279, 283, 312, 328, 329, 333~335, 337~340, 342, 343, 351, 355, 432, 703, 706, 707, 718, 725, 732

스위스 67, 75, 77, 116, 122, 133, 134, 135, 159~162, 170, 187, 190, 195, 217, 233, 235, 256, 290, 299, 300, 308, 323, 337, 341, 396, 441, 504, 539, 546, 547, 697, 698, 703, 752, 754, 755, 757

스위트, 패트릭 598, 599

스위프트인터내셔널서비스 187, 189

스칼릿, 존 237

스콜피온(기업) 137, 138

스콜피온(남아프리카공화국 반부패기구) 286, 289

스콥스, 줄리언 309, 322, 332, 335, 336, 712

스타워즈 구상 412, 413, 428, 442, 443

스타파이터 65, 393, 394~396

스턴, 마커스 472, 473

스토우시큐리티 170, 171

스토펠, 데일 32, 599~606

스톡스 보고서 151

스톤하우스, 존 64, 66

스트라이크마스터 67

스트로, 잭 228, 297

스티글리츠, 조지프 586, 607, 608, 611

스티븐스, 로버트 488, 497

스티븐스, 테드 454

스틴버그, 마이클 130, 141, 143, 144

스파이서, 팀 581, 582

스페인 52, 73, 192, 199, 231, 255, 291, 399, 699

스프리, 피에르 490

스피니, 프랭클린 '척' 31, 384, 385, 386, 388, 414~420, 444, 445, 486, 490, 532, 536, 567, 764

슬로베니아 127, 134~140, 184, 202, 701

시그로트, 콘래드 292

시라크, 자크 648, 720

시리아 42, 74, 162, 169, 254, 571, 717, 739, 749, 750

시린시온, 요제프 444

시맨유니언 339

시바콤그룹 299

CIC 287

CIA 23~25, 63, 65, 72, 73, 75, 80, 82, 85, 86, 115, 118, 134, 145, 150, 155, 179, 184~186, 209, 212, 246, 254, 287, 297, 312, 335, 350, 361, 369~373, 376, 377, 393, 394, 397, 407, 414, 421, 427, 430, 475, 476, 478, 493, 521, 534, 545, 546, 548, 550, 570, 571, 572, 583, 593, 595, 599, 604, 627, 640, 700, 701, 703, 713, 716, 739

시어러, 윌리엄 G. 55, 56

시어스, 마이크 459~462

시에라리온 25, 26, 28, 121, 177, 180, 182, 183, 186, 189, 193, 195, 203, 205~207, 209, 210, 212~214, 250, 264, 269, 581, 582, 615, 631, 683, 691, 745, 746

시에틀로바, 이트카 311

C-5B 410

C-5A 갤럭시 357, 377~383, 408~410

시콜스키 149, 679, 716

시티코프 425

시호크 MK 76

신노동당 41, 169, 228, 232

신미국안보센터 535, 536

심슨, 윌리엄 99, 117

싱가포르 318, 320, 342, 402, 539

ㅇ

아난, 코피 214

아라드, 론 549

아람코(ARAMCO) 62, 94

아랍사회주의바트당 569

아랍의 봄 688, 710, 717, 739, 748, 749

아루샤 협정 618

아르데빌리, 아미르 32, 519, 520, 521, 522, 523, 745, 841

아르메니아 44, 122, 501

아르헨티나 393, 544, 571

아머홀딩스 525, 589

아바차, 사니 216

아베카시스, 시릴 160

아부그라이브 527, 589

아비장 203, 690, 691

아비장프레이트 204, 211

아스토우 커머셜 코퍼레이션 287

아야스, 사이드 151, 169

아에로스파시알 573

아옌데, 살바도르 82, 392

아이보리코스트 → 코트디부아르 616

아이센버그, 데이비드 597

아이어너이어리, 리처드 365

IANSA(소형무기국제행동네트워크) 732

아이엠아이IMI 551, 554,

아이젠하워, 드와이트 D. 39, 145, 360

아이젠하워, 수전 363

아이트켄, 조너선 149~151, 168, 169

아이티티ITT 463, 562, 716

아카주 618, 619

아크티스 파이어니어호 142, 143

아프리카국민회의(ANC) 38, 142,
　277~279, 285, 290~293, 350, 351,
　741, 742

아프리카의 뿔 722

안데르손, 페르 328

안보정책센터 453

안토노프 수송기 194, 196, 259, 669,
　673, 692

알 메그라히, 압델바셋 알리 모하메드
　686

알-샬란 왕자, 안와르 빈 파와즈 빈
　나와프 141, 142

알게르논, 칼-프레드리크 342

알다하브, 압델 라흐만 스와르 666

알라위, 가지 602, 604, 605

알바니아 24, 500~506, 508, 635,
　722~725, 758

알바시르, 오마르 721

알-바유미, 오마르 145

알비레즈, 대니얼 526

알-사드르, 무크타다 610

알-사우드 왕자, 알왈리드 빈 탈랄 빈
　압둘 아지즈 425

알살람 사업 229~231, 232

알샤바브 657, 662~664

RCD-고마 636, 637

알-아사드, 바샤르 169, 749

알-아델, 셰이크 파하드 149, 150

알야마마 사업 13, 19, 24, 44, 91~98,

146~150, 152, 154, 161~174,
　216~218, 220, 221, 223~225,
　229~232, 237, 238, 243, 245, 275,
　286, 346, 270, 515, 714, 739, 740

알-카사르, 가산 701

알-카사르, 몬제르 30, 33, 86, 254, 255,
　259, 519, 527, 658, 659, 700

알카에다 28, 42, 177, 206, 207, 242,
　250, 252, 373, 493, 499, 555, 567,
　596, 653, 664, 699, 720, 748

알타자무 알아라비 668

암스모라비아 635

암스코어 129~131, 141~143, 279, 620

암스트롱 52, 55

압둘라 왕자 92, 110, 155

압둘라, 압둘라 아흐메드 206

압바스, 아부 254

압바스푸어, 마지드 549, 550

압하지야 552

앙골라 15~17, 33, 116, 202, 203, 207,
　555, 615, 628, 630, 638~652, 719,
　721, 725, 750~757

앙골라 내전 555, 638, 750

앙골라 게이트 33, 648, 750~752, 754,
　755

애국법 514, 611, 715

애슈크로프트, 존 715

애스핀, 레스 429

애트우드, 제임스 85, 86

애틀리, 클레멘트 57

애플 439

앤더슨, 글렌 410

앤타틱마리너호 211, 266~268

앨느, 데이비드 400

앨더먼, 리처드 246, 344, 345, 347, 711,
　739

앨더먼, 마크 535

앨드리지 주니어, 에드워드 160, 353

앨드리지, 줄리아 459, 465, 466

앨런, 데버라 245

앨런, 로버트 226, 231

앨런앤오버리 218, 219

앱스캠 뇌물사건 368

어거스틴, 놈 426~431, 439, 491

어번, 밀란 312

에겔란, 얀 559, 560

에드워즈, 제프리 63, 64, 66

에드워즈, 토니 96

에라스비지, 아흐메트 604

에르스테은행 332, 333

에리트리아 663

에번스, 리처드 98, 154, 157, 171, 216,
    218, 245, 353, 712

에번스, 롭 150, 151, 154, 155, 158, 159,
    161, 170, 216, 319, 764

에브딘 503, 504

SAIC 473, 501

SASI 598, 599

SPS 295

에야데마, 냐싱베 651

에어로노틱스 디펜스 시스템 552

에어로컴 594, 595

에어버스 23, 24, 156, 162, 174, 175,
    452, 455, 466, 467

에어세스 204, 651, 652

에어워크 63, 67

ADCS 476

에이브럼스 전차 585, 679

AE서비스 340, 341

AEI 63, 64, 65, 66

AEY 499, 500, 504

에이즈 38, 278, 292, 293, 625

AK-47 138, 142, 196, 211, 259, 266,
    370, 572, 581, 594, 596, 620, 624,
    631, 635, 656, 659, 660, 662, 668

에티오피아 654, 655, 657, 663

FBI 13, 77, 145, 173, 175, 206, 209,
    332, 364, 368, 474, 511, 523, 524,
    526, 527, 569, 571, 593, 744

F-15 91, 92, 102~107, 109, 111, 716

F-16 104, 335, 390, 432, 433,
    492~494, 543, 553, 558, 559, 589,
    679

F-22 423, 428, 430, 435, 436, 444,
    460, 484, 485, 487~490, 494, 568

F-35 18, 423, 434, 452, 488, 490, 491,
    536, 564, 715, 759

FARC 572, 703, 731, 746

FNLA 639~641

엔버스 트레이딩 코퍼레이션 300, 304

엘빗시스템 539~541, 590

MD 헬리콥터 716

MV 나디아호 658, 659

MV 파이나호 661

Mi-24 370, 672, 673

MI5 664

MI6 160, 234, 237, 550

Mi-8 673

MNRD 617

MZM 473, 475, 477

MPA 306, 314, 315, 320, 336

MPLA 15, 116

엡스, 잭 469

엥겔, 게르하르트 79

엥겔하트, 톰 535

역류 42, 75, 85, 371, 373, 374, 436,
    573, 665, 675, 688, 689, 722, 728,
    731, 750

연합군 임시행정처 576, 593, 605

영국 방산수출청 93, 96, 146, 158, 162,
171

영국 중대범죄수사청(SFO) 153, 154,
158, 159, 161, 170, 216~230,
232, 233, 235~238, 240~242,
246~249, 286~288, 294, 296,
300, 302, 303, 305, 332, 335, 344,
345, 347~350, 353~355, 517, 704,
711, 714, 718, 725, 738, 739, 740,
741

영국령 버진아일랜드 146, 159~162,
287, 304, 317, 318, 336, 337

영국령 케이맨제도 116, 425, 740

예멘 10~12, 100, 103, 125, 126,
141~143, 254, 373, 658, 659, 662,
664, 699, 700, 724

옐레닉, 시몬 208, 555

오닐, 토머스 368, 410

오데사 189, 190, 191

오만 166, 229, 307, 686, 702, 716

오먼, 니컬러스 134~141, 177, 184, 187,
189, 202, 250, 260, 701, 784

오바디아, 야르데나 554, 555

오바마, 버락 13, 40, 261, 374, 375, 443,
446, 480, 483, 484, 488~491, 494,
497, 528, 530~536, 563, 564, 585,
586, 606, 610, 663, 679, 715~717,
760

오바산조, 올루세군 213, 214

오세일리, 사미 207, 208, 209

오스트리아 12, 84, 92, 190, 306~308,
313~315, 318, 330, 332, 335~337,
342, 346, 354, 703, 704, 738

오시뮴 139

오언, 데이비드 68

OECD 뇌물방지협약 161, 220, 222,
223, 226, 238~240, 247

오제, 만수르 163, 171

오제, 압돌아지즈 171

오툴, 조지프 660, 661

옥스팜 732

온두라스 475, 476

올머트, 에후드 550, 556, 561

올버, 딕 244, 245, 246, 303, 713

옴니폴 316, 705

와인버거, 캐스퍼 114, 115, 407, 408,
414, 415, 417, 419

와잔, 엘리 128, 129, 141, 142

우간다 617, 621, 628~631, 634~636,
638

우드, 닉 505, 506

우아타라, 알라산 689~691, 693

우크라이나 24, 189, 190, 193~196, 199,
204, 205, 271, 598, 636, 661, 691,
692, 729

우푸에부아니, 펠릭스 179, 689, 690,
693

울프, 해리 243, 244, 296

울프보고서 243, 244

워들, 로버트 218, 221, 223, 226~228,
232, 234~237, 248

워치맨 항공교통관제시스템 295,
297~302, 304

월포위츠, 폴 407, 431, 435, 457, 464,
491, 567, 574

웨스트, 존 104, 105, 107, 108, 110

웨스트랜드 헬리콥터 93

웨이드, 미치 473~475, 477, 478

위노그라드위원회 562

윈십, 토니 153, 155, 157, 158

윌슨, 우드로 55

윌슨, 찰리 31, 368~374, 474, 481, 575

윌크스, 브렌트 475~479

유고슬라비아 내전 121, 136, 137, 250

UNITA 116, 628, 640~647, 649~652, 751

유로콥터 172

유로파이터 타이푼 전투기 12, 224, 229, 231

UAE 10, 18, 492, 493

UN 10, 23, 43, 83, 129, 130, 133, 136, 137, 184, 189, 196, 202, 204, 205, 211, 212, 214, 250, 252, 254, 256, 262, 264, 265, 270, 272, 295, 322, 342, 501, 513, 525, 552, 554, 559, 566, 573, 595, 601, 623, 624, 628, 629, 633~637, 639, 647, 653, 656~659, 662, 672~674, 683, 684, 686, 689, 691~693, 729, 733, 745, 747, 749, 754, 755, 760

은타랴미라, 시프리앵 623

음베키, 타보 31, 33, 275, 277~279, 285, 286, 290~292, 707, 719

음카파, 벤저민 299, 301

이라크국민회의 601, 602

이라크해방위원회(CLI) 566

이란-이라크 전쟁 87, 95, 110, 135, 569, 570

이란-콘트라 사건 85~87, 113~116, 254, 414, 476, 544~546, 548, 570, 658, 660, 697, 700, 739

이르비스에어 592, 593

이스라엘 좋은 정부 만들기 운동 556

이스라엘군 111, 541, 543, 549, 556, 557, 559, 560, 562~564, 680

이슬람법정연합 662, 663

EADS 231, 290, 452, 466, 467, 711, 739

EU 232, 251, 288, 502, 633, 634, 684, 686~688, 718, 733, 737, 741

이지스 581, 582

2차대전 55, 59, 60, 70, 72, 73, 75, 80, 81, 187, 359, 360, 393, 438, 442, 446, 528, 529, 533, 555, 577, 626, 642

이탈리아 10, 12, 14, 24, 36, 41, 42, 73, 76, 116, 122, 127, 128, 132, 134~136, 156, 184~190, 192, 195, 198, 216, 231, 270~272, 278, 280, 301, 340, 376, 396, 397, 401, 402, 499, 500, 502, 503, 510, 550, 595, 596, 633, 653, 654, 659, 687, 725, 763

ETTE 192, 193, 198, 199,

인터내셔널비즈니스컨설트(IBC) 184, 186, 187

인터라함웨 619, 621, 628, 630

인터암스 75, 78

일렉트라 수송기 376

일류신 수송기 202, 204, 259

1차대전 52~56, 59, 60, 577

ㅈ

자렉키, 유진 359, 436

자오 페이 86, 87

자유군단 80

자이르 571, 617, 627~630, 650, 651

자하로프, 바실 29, 47, 50~55, 58, 59, 65, 75, 76, 169, 393

잔자얀티 210

잔자위드 670, 672, 683

잭슨, 브루스 430, 431, 439, 566
잭슨, 헨리 410
적도기니 167, 554, 710
전략방위구상 412
전시도급계약위원회 579
절충교역 94, 97, 172, 281~284, 286,
    287, 311, 312, 320, 335, 352, 424,
    432, 708, 733
정의평등운동(JEM) 669
제너럴다이내믹스 390, 434, 679, 680,
    748
제너럴일렉트릭컴퍼니(GEC) 91, 230,
    407, 425, 447
제네바 군축회의 55
JP모건체이스 713
제카마인 632
젤리, 리치오 134, 135
젤리넥, 오토 316, 317
조개 작전 544
조던, 해밀턴 103, 108
조르지, 프랑코 128~132, 139, 140, 187
조지아(國) 186, 501, 522, 525, 551, 552
조지아(州) 378, 428
조지아데스, 토니 707
존슨, 린든 378, 439
존슨, 차머스 374
존슨, 프린스 179, 181, 182
주마, 제이컵 16, 17, 31, 290~292, 351,
    387, 708, 718, 719, 742
중국북방공업(NORINCO) 83, 86, 87,
    730
중국제 무기 500, 599, 723, 731
중앙아프리카공화국 204, 207
지대공미사일 255, 257, 259, 559, 573,
    623, 692, 746
지리놉스키, 블라디미르 139, 260, 261

지브, 이스라엘 551, 552
GBU-39 폭탄 558, 563
지서비스 583, 584, 715
지아 울 하크, 무하마드 125, 370
지정예산 31, 364~367, 374, 452, 471,
    474, 476, 477, 480, 481, 717, 718
지정예산 투명성법 481
ZTS-오소스 647
GPS 유도탄 563
진실화해위원회 136, 213
짐바브웨 42, 287, 288, 504, 555, 630,
    632, 633, 635, 636, 718, 729, 733,
    741

ㅊ

차드 214, 630, 660, 665, 667~669, 683,
    684
차터, 리처드 287, 289
찰라비, 아흐메드 601, 602
처치, 프랭크 103, 396, 397, 400, 401
체니, 딕 40, 97, 367, 420, 431,
    435, 438, 440~442, 445, 446,
    574~576, 578, 715
체코공화국 159, 286, 307~317,
    319~322, 324~327, 330~335, 337,
    342, 344~346, 494, 635, 703~705
체크 투 체크 수사 189
체핀, 예르네이 135, 136
첸지, 앤드루 31, 301, 302, 304, 353,
    354, 721
초소형 중성자탄 139
치누크 헬리콥터 679
친나왓, 탁신 422
칠레 81, 82, 83, 146, 159, 275, 332,

392, 555, 731

ㅋ

카다피, 무아마르 42, 170, 180, 183, 185, 571, 668, 682~688, 693, 708, 722, 748, 749
카드, 앤디 457, 458, 465
카라지치, 라도반 139, 140, 189
카르자이, 하미드 533
카르툼 202, 666
카뮈, 필리프 452
카반, 얀 321~327
카발라 재식림 연구조림지 192, 193
카비르, 이마드 650, 651
카빌라, 로랑 629, 630, 636
카사-부부, 조제프 627
카슈끄지, 아드난 32, 65, 66, 164, 165, 398~400, 402, 448, 545~547, 697~699
카스트로, 피델 75, 475
카자흐스탄 712, 860
카타르 159, 332, 663, 687, 750
카터, 지미 69, 103~110, 185, 186, 386, 387, 407, 532
칼라바르 213, 214
칼라일그룹 420~426, 680, 713
칼루치, 프랭크 422, 424
칼카테라, 크리스티나 190
《캉구라》 618
캐머런, 데이비드 680, 681
캘드웰, 팻 525
캠벨, 나오미 702
캠벨, 커트 535
커닝엄, 랜디 32, 467~481, 501, 714

커닝엄, 에드워드 152, 153, 154, 155, 216
커밍스, 샘 75~79, 426
케냐 24, 203, 206, 373, 624, 661, 674
케네디, 에드워드 412
케네디, 존 F. 104, 363, 377
케이건, 로버트 436
케이블, 빈스 346
KBR 43, 439, 440, 466, 499, 514, 517, 518, 577~580, 584, 589, 593, 597, 715
케이시, 윌리엄 115, 116, 118
KC-767 공중급유기 스캔들 450~452, 454
KGB 200
케이트재단 318
KPMG 711, 740
코너하우스 239~241, 248, 354
코드즈먼, 앤서니 572
코번, 앤드루 531, 763
코번, 패트릭 611
코언, 윌리엄 430
코웬호벤, 거스 17, 209~212, 264~267, 269, 271, 703, 746
코위, 매슈 221, 224, 226, 227, 355
코치언, 칼 396, 400, 402, 403, 516
코트디부아르 179, 181, 196~198, 203, 212, 270, 675, 689~693
콕크로프트, 로런스 248
콘딧, 필 462
콘로그 284, 285
콘토지아니스, 토머스 479, 480
콜, 스티브 371
콜러, 마이크 515
콜럼버스, 크리스토퍼 159
콜로니아디그니다드 82, 83

콜롬비아 208, 255~260, 262, 375, 397, 402, 492, 525, 572, 731, 746

콤바, 개비 297

콩고민주공화국 17, 207, 253, 501, 615, 624, 626, 627, 630~633, 635, 636~638, 724, 747

콩파오레, 블레즈 179

콰트로키, 오타비오 340, 341

칸트, 헤르베르트 74

쿠네네 642

쿠레이시 668, 669

쿠바 75, 475, 641, 645

쿠찬, 밀란 137

쿠체라 방어시스템 365, 366

쿠퍼-콜스, 셰라드 228

쿠퍼 훈령 68

쿡, 로빈 243, 295

퀴원크파, 토머스 179

큐리알, 장-베르나르 645, 646, 648

크라우디, 레이철 58

크라프트, 헤르만 314, 315

크랜스턴, 앨런 384, 412

크레이븐, 찰스 58

크로아티아 127~134, 137, 138, 141, 143, 254, 658

크루프 52, 58

크루프, 알프레드 50, 58

크리츠, 마크 480

크바스트, 크리스테르 판 데르 333, 334

클라인, 나오미 447, 448, 540

클라인, 야이르 189, 555

클라크, 앨런 231, 336

클라크법 641

클레민스, 아치 454

클리블랜드, 로빈 462

클리프, 마크 318, 320

클린턴, 빌 422, 427, 428, 430, 431, 443, 470, 491, 525, 528, 532, 575, 643, 752

클린턴, 힐러리 261, 747

키갈리 618, 623, 625, 628

키네틱 423, 680

키신저, 헨리 102, 393, 401, 402, 541

키웰리, 모하메드 165, 166

킨샤샤 630, 635, 650, 651

킬포일, 피터 346

ㅌ

타미부오리, 에르키 194~196, 602, 703

타바타바이, 사데크 544

타오스인더스트리 594

타운리, 마이클 82

타클라, 레일라 513

타키에딘, 지아드 720, 757

탄자니아 31, 159, 206, 286, 294~305, 332, 344, 345, 348, 349, 352, 353, 373, 721, 738

탈레반 42, 201, 205, 252, 373, 493, 499, 521, 562, 575

탈레스 14, 16, 291, 292, 573, 709

〈탑건〉 469

태국 258~264, 422, 698, 702

터너, 마이크 229, 232, 245, 353, 516, 517

터스, 닉 438

터키 51, 52, 194, 195, 397, 402, 423, 492, 493, 539, 604, 609, 688, 744

테러리즘 35, 234

테러와의 전쟁 19, 37, 205, 243, 252, 373, 438, 439, 445~448, 477, 478,

484, 514, 516, 529

테빗, 케빈 154, 216, 219, 310

테이처, 하워드 165

테일러, 찰스 25, 26, 28, 30, 44, 121, 136, 146, 177~184, 186~189, 192, 193, 195~198, 200, 203, 205~215, 264, 267, 595, 683, 690, 691, 702, 703, 714, 718, 745, 746

테크닙 517

토네이도 전투기 91~93, 96, 97, 148, 149, 162, 220, 224, 309

토마스베르크 호텔 앤 스포츠센터 125

토메트, 하인리히 504, 505

톨버트, 윌리엄 178, 181

톰린슨, 리처드 550, 551

톰슨CSF → 탈레스

통가 135

투르키 빈 나세르 왕자 29, 33, 155~158, 170, 173

투르키 알-파이살 왕자 102, 103, 124, 125, 153, 739

투치족 616~619, 621, 623, 624, 628, 629

튀니지 675, 676, 681, 717

트럼프, 도널드 13, 18, 540, 698

레블러스월드 154

트레비카, 코스타 503~505, 510

트루먼 독트린 360, 435

트리거, 데이비드 149, 150

티라나 502, 503, 505, 506, 765

티센크루프 290, 350, 351

TAG 건설 163

TAG 항공 171

티츠, 피터 434

ㅍ

파나비아 토네이도 전투기 91

파드 왕세자 103, 104, 107~111, 113, 114, 116~118, 123, 124, 126, 147, 148, 151, 398, 425

파드랄라, 셰이크 모하메드 117, 118

파라, 더글러스 200, 208, 261, 763

파라온, 가이스 64, 66

파루크 1세 73, 74

파리 에어쇼(2009년) 447, 467, 539

파무스, 즈비그니에프 432

파스쿠아, 샤를 646, 648, 649, 719

파스트, 라스 예란 328, 329

파월, 조너선 168, 233, 238, 714

파월, 찰스 168, 169, 171, 238

파월, 콜린 426, 445, 446, 566, 601

파이살 왕자(투르키 빈 나세르의 아들) 156, 157

파이어스톤타이어 182

파키스탄 76~79, 84, 125, 126, 206, 339, 340, 370~372, 375, 492, 493, 499, 590, 609, 610, 664, 679, 710, 720, 721, 729, 731~733, 738

파파, 미켈레 185, 186

판 데르 크바스트, 크리스테트 333

팔레스타인 111, 116, 142, 234, 254, 500, 538, 540, 541, 561, 677, 724

팔레스타인해방기구(PLO) 112, 549

팔메, 올로프 339, 340, 342

팔콘, 피에르 33, 593, 623, 646~648, 719, 750, 752~755, 757

패네타, 리언 534

패니퀴언, 리처드 686

패로우, 미아 702

패코즈, 데이비드 499, 724

펄, 리처드 412, 435, 448, 455

페레스, 시몬 547, 550

페로스탈 291, 707, 708, 737, 738

페루 80, 524, 525, 572, 731

페리, 윌리엄 306, 428, 532

페어차일드웨스턴 87

펜폴드, 피터 582

펠레만, 요한 270

평화주의 56, 144, 177

포고, 카일 475, 478

포드, 제럴드 104, 402, 443, 641

포럼라이베리아 199

포르스터, B. J. 555

포르투갈 16, 86, 544, 639, 640, 708,
737

포세이돈트레이딩인베스트먼트 146, 159,
161, 217

포스누벨 690, 693

포야 186, 206

폭스버리 318, 320

폴라코프-수란스키, 사샤 555, 556, 763

폴란드 86, 254, 337, 338, 432, 433, 494,
549, 658

푸르족 665, 667

프랑스 10, 14, 16, 24, 29, 36, 41, 42, 50,
52, 54, 60, 61, 64, 69, 81, 91, 92,
116, 119, 122, 147, 157, 165, 172,
173, 185, 190, 202, 234, 290, 291,
340, 389, 491, 492, 514, 538, 542,
544, 550, 569, 571, 573, 611, 617,
621~623, 628, 633, 645~670, 679,
683, 684, 686, 687, 689, 691, 709,
720, 721, 731, 732, 737, 750, 754,
755, 757, 763

프랜톤인베스트먼트 302, 304

프랫앤휘트니 408

프랭크, 바니 528

프레스콧, 존 297

프레피노 318, 320, 336

프로테아 작전 642

프록스마이어, 윌리엄 381~383, 394, 395

프리, 루이스 13, 173, 174

프리깃함 14, 217, 278, 290, 291, 350

프리먼, 로저 148

프리먼, 채스 96

프리타운 25, 26, 183, 214

프린스, 에릭 583, 715

플라워노이, 미셸 532, 535

피나리, 일리 500, 501, 503~505, 722,
758

피노, 조지 544

피노체트, 아우구스토 81, 82, 146, 318,
320, 336, 339, 555, 714, 731

피아트 185

피아티-퓐프키르헨, 미카엘 331

PMA 그룹 364~366, 386, 480

피츠제럴드, 어니 379, 380, 382,
408~411, 724

피터, 로런스 582

PPA 525

필라투스 훈련기 91

필비, 잭 62

ㅎ

하리스, 모하마드 601

하마스 552, 562, 563

하바, 리처드 316

하벨, 바츨라프 309, 334, 760

하비아리마나, 주베날 617~621, 623,
624, 628

하셰미, 바리 549

하왈라 시스템 206, 662

하이파 빈트 파이살 빈 압둘 아지즈
    알-사우드 공주 101, 145

하카니, 잘랄루딘 372, 373

하켄에너지 421

하팅, 빌 10, 377, 378, 411, 427, 434,
    443, 484, 486, 488, 489, 497, 533,
    536, 589, 764

한국 14, 83, 400, 491, 724, 738, 767,
    768

한국전쟁 377, 468

함사, 볼프강 319

함정수사 209, 254, 255, 264, 519, 520,
    524~527, 700, 703, 715, 758

해스터트, J. 데니스 456~458

해외부패방지법(FCPA) 404~407, 413,
    414, 512~519, 524~527, 715, 758

해적 496, 653, 661, 662

핵무기 35, 59, 139, 188, 260, 408, 412,
    483, 521, 534, 555, 556, 570, 575,
    684, 731

핼리버튼 40, 43, 420, 431, 435,
    439~441, 514, 517, 568, 575,
    577~580

허드슨 폭격기 376

허버트 스미스 713

허큘리스 C-130J 459, 564

헝가리 198, 286, 307, 308, 320,
    332~337, 342, 344~346, 703, 704,
    705

헤르메스 239

헤릭, 라리사 반 덴 268

헤링, 조앤 370

헤버, 시어 556, 564, 764

헤슬타인, 마이클 92, 150

헤이그 주니어, 알렉산더 111

헤이그, 알렉산더 446

헤일, 브렌다 247

헤즈볼라 117, 170, 253, 521, 544, 545,
    547, 555, 557, 559

헤크마티아르, 굴부딘 372, 373

헬파이어 미사일 492, 589

혁명연합전선(RUF) 25~28, 180,
    182~184, 186, 189, 203, 206~208,
    683

호메이니, 아야톨라 85, 113, 543, 544

호세아, 에드워드 304, 353, 355, 738

호자, 엔베르 500, 507, 510

호주 14, 56, 66, 134, 135, 139, 140,
    157, 184, 488, 496, 498, 701

호크 전투기 93, 148, 278, 289

호킨스, 윌리스 383

호튼, 댄 383, 394, 395, 400~402, 516

홀리, 수전 241, 248, 344, 353, 763

화웨이 730

화이트, 데이비드 335, 336

화해와 민주주의를 위한 라이베리아
    연합(LURD) 208, 212

확산탄 543, 559~561, 563, 589, 682,
    716

후사 공주 99

후세인, 사담 23, 83, 87, 96, 126, 188,
    372, 431, 437, 543, 544, 567,
    569~572, 573, 575, 576, 601

후투족 616~619, 623, 624, 628, 629

훈, 제프 297

휠러, 윈즐로 534, 535, 759, 763

휴먼라이츠워치 28, 560, 600

휴잇, 패트리샤 297

히르시, 갈 551, 552

히스, 에드워드 394

어둠의 세계

초판 1쇄 펴낸날 2021년 2월 15일
지은이 앤드루 파인스타인
공동조사 폴 홀든·바나비 페이스
옮긴이 조아영·이세현
펴낸이 박재영
편집 이정신·임세현·한의영
마케팅 김민수
디자인 조하늘
제작 제이오
펴낸곳 도서출판 오월의봄
주소 경기도 파주시 회동길 363-15 201호
등록 제406-2010-000111호
전화 070-7704-2131
팩스 0505-300-0518
이메일 maybook05@naver.com
트위터 @oohbom
블로그 blog.naver.com/maybook05
페이스북 facebook.com/maybook05
인스타그램 instagram.com/maybooks_05

ISBN 979-11-90422-61-1 03900

만든 사람들
교정교열 박대우
책임편집 한의영
디자인 조하늘